Christine Ammer
Gesundheitslexikon der Frau

Quintessenz Lexikon

Christine Ammer

Gesundheitslexikon der Frau

Aus dem Englischen übersetzt
und herausgegeben von
Elisabeth Haury

Quintessenz

Titel der englischsprachigen Originalausgabe:
„The New A-to-Z of Women's Health“
Erschienen bei: Facts on File, New York

Anschrift der Herausgeberin der deutschen Ausgabe:
Dr. med. Elisabeth Haury
Albrecht-Dürer-Str. 20
81543 München

Die Deutsche Bibliothek – CIP-Einheitsaufnahme

Ammer, Christine:
Gesundheitslexikon der Frau / Christine Ammer. [Aus dem Engl. übers. und hrsg. von Elisabeth Haury]. – München : Quintessenz, 1994
(Quintessenz-Lexikon)
Einheitssacht.: The new A-to-Z of women's health <dt.>
ISBN 3-928036-45-9
NE: HST

Wichtiger Hinweis für den Benutzer dieses Buches
Die in diesem Werk enthaltenen Angaben zu diagnostischen und therapeutischen Maßnahmen sind durch die Erfahrungen des Autors und den aktuellen Stand der Wissenschaft bei Drucklegung begründet. Dies entbindet den Benutzer jedoch nicht von der Pflicht, die Indikationen zu therapeutischen Interventionen für jeden Patienten sorgfältig abzuwägen. Die Gabe von Medikamenten erfordert in jedem Fall die Beachtung der Herstellerinformationen und die Prüfung von Zweckmäßigkeit, Dosierung und Applikation.

Umschlagentwurf: Dieter Vollendorf, München
Herstellung: Christa Neukirchinger, München
Satz: Stefan Granzow, München
Druck und Bindung: Ludwig Auer, Donauwörth
Printed in Germany

ISBN 3-928036-45-9
Verlagsbestellnummer 5136

Vorwort

Dieses Buch geht von der Überzeugung aus, daß jede Frau Verantwortung für die eigene Gesundheit übernehmen will. Um diese Verantwortung übernehmen und zum eigenen Besten sinnvoll und mit möglichst großer Sicherheit handeln zu können, ist es jedoch notwendig, die Anatomie und Physiologie des Körpers in ihren Grundzügen zu verstehen, eine grundlegende Vorstellung von den wichtigsten Krankheiten zu haben und die zur Verfügung stehenden medizinischen Untersuchungsmethoden und Behandlungsmöglichkeiten zu kennen. Dies ist vor allem deshalb wichtig, weil ein Großteil der normalen und pathologischen Vorgänge im Körper des Menschen noch nicht vollständig erforscht sind und es schon deshalb häufig mehrere Möglichkeiten gibt, mit diesen Vorgängen umzugehen. Und auch bei gut erforschten Krankheiten wird es häufig so sein, daß sich mehrere Behandlungsmöglichkeiten eröffnen. So gibt es beispielsweise mehr als eine Behandlungsform des Brustkrebses, mehr als eine Therapie der Scheidenentzündung und mehr als eine Methode der Empfängnisverhütung. In all diesen Fällen wird eine Entscheidung notwendig, die umso eher zur eigenen Zufriedenheit getroffen werden kann, je mehr man selbst über die zur Verfügung stehenden Möglichkeiten weiß.

Frauen sind die Hauptnutzer des Gesundheitswesens. Wir leben länger als Männer und gehen häufiger als diese zum Arzt. Wir haben Anspruch auf die bestmögliche medizinische Betreuung; wir müssen jedoch lernen, wie wir sie erhalten können.

Die Menge medizinischen Wissens wird ständig größer. Obwohl große Sorgfalt darauf verwandt wurde, sicherzustellen, daß die in diesem Buch enthaltenen Informationen „richtig“ sind und dem neuesten Stand entsprechen, so kommen doch ständig neue Erkenntnisse ans Licht, und neue Therapien und Untersuchungsmethoden werden entwickelt. Kein Buch kann eine körperliche Untersuchung, eine ärztliche Diagnose oder Behandlung ersetzen. Aus diesem Grund wird die Leserin aufgefordert, bei jedem ernsteren gesundheitlichen Problem ihren Arzt aufzusuchen und — bei danach verbliebenen Zweifeln — das zu tun, was von allen anerkannten Fachleuten und auch in diesem Buch durchgehend empfohlen wird: nämlich *eine zweite Meinung bei einem anderen Arzt einzuholen.*

Die Einträge in diesem Lexikon umspannen einen großen Themenbereich: Von der Anatomie des weiblichen und männlichen Fortpflanzungssystems bis zu den Grundzügen des hormonellen Zusammenspiels im Körper, von den Veränderungen und Vorgängen in der Pubertät über die Zeit der Geschlechtsreife bis zu den Wechseljahren und dem Alter. Behandelt werden die normalen Vorgänge und die möglichen Störungen im Leben der sexuell aktiven Frau einschließlich der Fragen des Kindergebärens, der Empfängnisverhütung und der Möglichkeiten, eine ungewollte Kinderlosigkeit zu beheben. Behandelt werden alle Aspekte der normalen und pathologischen Schwangerschaft und Geburt sowie einige der häufigen Probleme, die gelegentlich nach der Geburt bei Mutter oder Kind auftreten. Aufgenommen sind auch Stichworte zu allgemeinen Gesundheitsfragen, Ernährung, körperlicher Bewegung, Gewichtskontrolle, Alkohol, Rauchen und Medikamenten- und Drogenabhängigkeit. Und schließlich gibt es eine Reihe von Einträgen, die sich mit den wesentlichen Krankheiten und Störungen der weiblichen Körperfunktionen, ihrer Diagnose und Behandlung (einschließlich Empfehlungen aus der Pflanzenheilkunde), ihrer Prognose und ihren Auswirkungen auf die weibliche Sexualität und Gebärfähigkeit befassen.

Trotz der bisweilen hohen Komplexität der Materie wurde große Mühe darauf verwandt, die Themen einfach und klar in einer allgemeinverständlichen Sprache darzustellen. Aus diesem Grund werden manche eher schwierige Themen, wie z.B. der Menstruationszyklus oder die verschiedenen Möglichkeiten der Brustoperation, ausführlicher abgehandelt als andere, inhaltlich nicht minder wichtige Einträge. Die Länge der einzelnen Textbeiträge spiegelt deshalb im wesentlichen den Komplexitätsgrad der Themen wider und sagt nicht notwendigerweise etwas über ihre Wichtigkeit aus. Bei allen kontroversen Fragen und Themen wurden alle Bemühungen unternommen, sämtliche Standpunkte einschließlich aller bekannten Alternativen sowie der Vor- und Nachteile darzustellen.

Christine Ammer

Vorwort zur deutschen Ausgabe

Als der Quintessenz-Verlag mit der Frage an mich herantrat, ob meiner Ansicht nach in Deutschland Interesse an einem Lexikon der Gesundheit bestünde, das sich vor allem an Frauen wendet, und ob ich im positiven Fall bereit wäre, die amerikanische Vorlage zu übersetzen und zu überarbeiten, zögerte ich nur wegen des großen Aufwandes, den das für mich bedeuten würde. Davon abgesehen war ich von der Idee begeistert: Schon immer hatte ich es als einen Mangel empfunden, daß in deutschen Schulen (auch den Gymnasien) relativ detailliert über physikalische, chemische und biochemische Zusammenhänge gelehrt wird, jedoch zum Beispiel die Anatomie des menschlichen Körpers, Fragen der Empfängnisverhütung und wichtige Krankheiten für die meisten Schüler ein unbeschriebenes Blatt bleiben. Unwissenheit aber verstärkt die Abhängigkeit und mindert die Eigenverantwortlichkeit, und wer kennt nicht das ohnmächtige Gefühl, bei einem Arztbesuch nicht nur mit der Tatsache einer womöglich bedrohlichen Erkrankung, sondern zusätzlich noch mit einer Unmenge an unverständlichen Informationen und Fakten konfrontiert zu sein? Nicht jeder Arzt hat die Zeit und besitzt die Fähigkeit, mit seiner Patientin so zu sprechen, daß diese ihn versteht. Nicht jede Patientin hat den Mut, den Arzt mehr als einmal aufzufordern, auf die verwirrenden medizinischen Fachausdrücke zu verzichten.

Dieses Buch ist deshalb für den interessierten *Laien* geschrieben. Fremdwörter wurden weitgehend vermieden, Fachausdrücke, wo immer sie auftauchen, erklärt. Dabei ergibt sich im Gegensatz zum Englischen, wo medizinische Fachausdrücke z.B. für einzelne Organe mit den laiensprachlichen Begriffen identisch sind, im Deutschen die Schwierigkeit, daß für vieles sowohl ein deutsches Wort als auch ein medizinischer Begriff existiert (die Schilddrüse z.B. heißt unter Medizinern *Thyreoidea* und die Gebärmutter *Uterus*). Um die Leserin und eventuelle Patientin mit den Begriffen vertraut zu machen, mit denen sie beim Arzt und im Krankenhaus konfrontiert wird, sind die Einträge unter den Begriffen erklärt, die in der Medizinerwelt häufiger sind — und die nicht notwendigerweise die deutschen Ausdrücke sind, die der Laie kennt. Um sich dennoch zurechtzufinden, sind alle deutschen Begriffe mit entsprechenden Verweisen in dieses Buch mit aufgenommen.

Obwohl große Anteile der amerikanischen Vorlage unverändert ins Deutsche übersetzt werden konnten, so waren doch Änderungen und Hinzufügungen für die deutsche Ausgabe notwendig: Nicht nur juristische Aspekte gesundheitlicher Fragen (z.B. Schwangerschaftsabbruch) sind von Land zu Land verschieden, auch medizinische Fragen werden in unterschiedlichen Ländern unterschiedlich gehandhabt. Dies wiederum liegt nicht nur daran, daß verschiedene Krankheiten in verschiedenen Ländern unterschiedlich häufig sind (z.B. kommt eine Form der Blutarmut, die sogenannte Sichelzellanämie, in Deutschland wegen des geringeren Anteils an dunkelhäutigen Menschen in unserer Bevölkerung im Vergleich zu den Vereinigten Staaten sehr viel seltener vor), sondern auch daran, daß die Medizin keine „exakte" Wissenschaft ist, in der es nur ein „richtig" und ein „falsch" gibt (was oft auch verwirrend für den Patienten ist). Es sind also die in Deutschland zur Zeit vertretenen Lehrmeinungen, die in diesem Buch vermittelt werden. Wo immer beispielsweise genaue Dosierungen von Medikamenten erwähnt werden, möge der Leser in Erinnerung behalten, daß sich solche Empfehlungen *ständig* ändern können, wenn wissenschaftliche Untersuchungen und Studien neue Erkenntnisse ans Tageslicht bringen. Darüber hinaus sei betont, daß dieses Buch keine Anleitung zur Eigentherapie ist, sondern lediglich der Weitergabe von Wissen dient. Kein Buch kann bei einem ernsthafteren gesundheitlichen Problem den Besuch beim Arzt ersetzen! Es soll aber dazu beitragen, daß dieser Besuch für beide Seiten zur größeren Zufriedenheit führt.

München, im August 1993 *Elisabeth Haury*

Hinweise zur Benutzung dieses Buches

Die Stichworte in diesem Buch, egal ob sie aus einem oder mehreren Wörtern bestehen, sind alphabetisch geordnet. Wer beispielsweise etwas über das Stillen nachlesen möchte, findet den entsprechenden Eintrag unter S. Falls es sich um einen Begriff handelt, dessen medizinische Bezeichnung von der laiensprachlichen Bezeichnung abweicht, wird von der laiensprachlichen auf die medizinische Bezeichnung verwiesen (zum Beispiel: Anti-Baby-Pille Siehe → Orale Kontrazeptiva) und der Begriff dort erklärt. Wenn im laufenden Text eines Eintrags Begriffe erwähnt werden, die unter einem anderen Eintrag gesondert erklärt werden, dann wird dies durch einen Pfeil kenntlich gemacht. Zum Beispiel bedeutet „ ... Eierstock (→ Ovar) ... " im laufenden Text, daß man Genaueres über den Eierstock unter dem Stichwort „Ovar" findet. In Fällen, in denen es mehrere Ausdrücke für einen Begriff gibt, sind diese am Anfang des Stichwortes aufgezählt (zum Beispiel: Pfeiffer'sches Drüsenfieber Auch *Mononucleosis infectiosa* oder *infektiöse Mononukleose).* Bei der Erwähnung von Pflanzen sind in Klammern immer auch noch die lateinischen botanischen Bezeichnungen erwähnt, da mit den gleichen deutschen Pflanzennamen nicht selten unterschiedliche Pflanzen gemeint sind.

Wer alle Einträge zu einem größeren Themenbereich nachlesen möchte, wie zum Beispiel zu den Themen *Empfängnisverhütung* oder *Sexualität*, der sei auf den Anhang A am Ende des Buches verwiesen, in dem alle größeren Einträge zu den großen Themenbereichen aufgelistet sind.

Ein zweiter Anhang B am Ende des Buches enthält eine große Auswahl nützlicher Adressen von Organisationen und Beratungsstellen, an die man sich für weitere Informationen wenden kann. Die meisten aufgelisteten Organisationen haben zusätzlich zu der angegebenen, bundesweit gültigen Anschrift noch regionale Beratungsstellen in den einzelnen Bundesländern, deren vollständige Angabe aber den Rahmen des Buches gesprengt hätte. Es lohnt sich daher immer, bei der angegebenen Organisation nach Adressen in der eigenen Umgebung nachzufragen.

Abgang Siehe → Abort

Abort Auch *Abortus, Fehlgeburt, Abgang*. Die Beendigung einer Schwangerschaft vor Erreichen der Lebensfähigkeit des Feten. In Deutschland bezeichnet man als Fehlgeburt den Abgang der Frucht innerhalb der ersten 28 Schwangerschaftswochen, vorausgesetzt, daß der Fetus tot geboren ist und weniger als 1.000 Gramm wiegt. Bei lebend ausgestoßenen Feten oder Abgängen nach der 28. Schwangerschaftswoche spricht man dagegen von einer → Frühgeburt, auch dann, wenn der Fetus noch keine 1.000 Gramm wiegt. Solche Kinder müssen dem Standesamt gemeldet werden, während Fehlgeburten nicht standesamtlich erfaßt werden. Die Fortschritte in der Früh- und Neugeborenenmedizin haben zu einer stetigen Verbesserung der Überlebenschancen von Kindern mit einem Geburtsgewicht zwischen 500 und 1.000 Gramm geführt. Aus diesem Grund empfiehlt die → Weltgesundheitsorganisation (kurz WHO) ein Geburtsgewicht von 500 Gramm beziehungsweise die 22. Schwangerschaftswoche als Grenze zwischen Fehlgeburt und Frühgeburt.

Grundsätzlich muß zwischen einem unbeabsichtigten oder *spontanen* Abort und einem absichtlich herbeigeführten oder *induzierten* beziehungsweise *artifiziellen* Abort unterschieden werden. Im allgemeinen Sprachgebrauch verwendet man den Begriff Abort jedoch meist nur für den spontanen Abgang; der induzierte Abort wird hingegen als *Schwangerschaftsabbruch* beziehungsweise als Abtreibung bezeichnet. Dieses Buch folgt dem allgemeinen Sprachgebrauch, weshalb unter diesem Eintrag (Abort) alle Formen der Fehlgeburt behandelt werden. Bezüglich des induzierten Abortes siehe unter dem Stichwort → Schwangerschaftsabbruch.

Die Häufigkeit von Fehlgeburten wird in westlichen Ländern auf 15 bis 20% aller erkannten Schwangerschaften geschätzt. (In den Entwicklungsländern ist die Fehlgeburtsrate wesentlich höher.) Darüber hinaus enden wahrscheinlich sehr viele Schwangerschaften kurz nach der Empfängnis in einem spontanen Abgang, ohne daß dies überhaupt von der Frau bemerkt wird. Die Mehrzahl aller Fehlgeburten findet in den ersten drei Schwangerschaftsmonaten statt, und in mindestens der Hälfte dieser Fälle ist die Ursache für die Fehlgeburt im Fetus zu sehen, der irgendeine anatomische oder genetische Fehlentwicklung aufweist. Die Aktivitäten der Mutter — wie z.B. Springen, Stürze, extreme körperliche Anstrengung, häufiger Geschlechtsverkehr — verursachen keine Fehlgeburt, genausowenig wie emotionale Belastungen. Dagegen sind manchmal Hormonstörungen, entzündliche oder immunologische Faktoren bei der Mutter für eine Fehlgeburt verantwortlich (siehe auch unter → habitueller Abort), wenn auch lange nicht so häufig, wie man dies früher glaubte. Bestimmte Angewohnheiten wie Rauchen oder Drogenmißbrauch (z.B. LSD) erhöhen das Risiko für eine Fehlgeburt. Andere Gründe für einen Spontanabort innerhalb des ersten Trimenons, d.h. während der ersten drei Monate der Schwangerschaft, bestehen in einer eventuell ungenügenden Produktion von → Progesteron oder eines anderen Hormons, das entweder für die → Nidation (Einnistung) der befruchteten Eizelle in die Gebärmutterschleimhaut oder für die Erhaltung, Ernährung und das Wachstum des Feten von entscheidender Bedeutung ist, oder in irgendeiner Störung der Gebärmutterschleimhaut selbst, wodurch eine erfolgreiche Nidation verhindert wird. Zu den Gründen für eine Fehlgeburt im zweiten Schwangerschaftsdrittel (d.h. in der 13. bis 24. Schwangerschaftswoche) gehören anatomische Mißbildungen der Gebärmutter (z.B. ein doppelter oder geteilter Uterus, Narbengewebe in der Gebärmutter wegen wiederholter Entzündungen) oder andere Abnormalitäten der Gebärmutter wie → Myome, → Polypen und ähnliche Probleme, eine → Zervixinsuffizienz, Infektionen wie → Syphilis oder → Herpesinfektionen des Genitalbereiches oder eine immunologische Reaktion, die dazu führt, daß der Körper der Frau den Fetus abstößt, als ob er ein Fremdkörper wäre (siehe auch unter → habitueller Abort). Viele dieser Ursachen können durch Medikamente oder Operationen behoben werden, so daß eine zweite Fehlgeburt aus dem gleichen Grund nicht notwendig ist.

Eine erstmalige Fehlgeburt erfordert keine bis ins letzte Detail gehende Untersuchung, um die Ursache herauszufinden. Das Risiko für eine Fehlgeburt steigt jedoch mit dem Alter der Mutter. Eine Studie zeigt, daß sich das Abortrisiko in den frühen dreißiger Jahren gegenüber den Zwanzigern verdoppelt, und in den späten dreißiger Jahren verdoppelt es sich ein weiteres Mal. Aus diesem Grund ist es bei Frauen, die erst im Alter über 30 schwanger werden und eine Fehlgeburt haben, ratsam, die Ursachensuche schon etwas früher einzuleiten und nicht erst die drei aufeinanderfolgenden Fehlgeburten abzuwarten, ab denen man von einem → habituellen Abort spricht. Zu solchen Untersuchungen gehören unter anderem eine Biopsie der Gebärmutterschleimhaut zur Aufdeckung eventueller Hormondefizite in der Zeit nach dem Eisprung, Bluttests zur Bestimmung der Blutgruppen und von Antikörpern, eine Spermaanalyse des Vaters und → Chromosomenanalysen beider Partner.

Der Verlust eines Kindes, das geplant und sehnsüchtig erwartet war, kann für beide Partner und andere Verwandte emotional sehr schmerzhaft sein. Da die Fehlgeburt darüber hinaus von einer langen Geschichte verschiedenster Mythen und falscher Vorstellungen umgeben ist, kann die natürliche Trauer der Eltern über den Verlust oft noch zusätzlich durch Schuldgefühle („Was habe ich falsch gemacht?"), Ärger („Es ist alles seine/ihre Schuld") und Angst („Was, wenn ich/wir niemals ein Baby haben können?") verkompliziert werden. Selbst Personen, die ein rationales Verständnis von Statistik und Ursachen einer Fehlgeburt haben, können von nagenden Zweifeln und Ängsten geplagt werden. Aus diesem Grund ist es in jedem Fall einer Fehlgeburt mehr als ratsam, daß die Frau, am besten zusammen mit ihrem Partner, während eines Arztbesuches nach der Fehlgeburt sowohl ihr wichtig erscheinende Fragen stellt als auch die möglichen oder schon bekannten Ursachen der Fehlgeburt sowie die Chancen für eine erfolgreiche nächste Schwangerschaft mit einem Fachmann bespricht.

Es folgt eine Zusammenstellung der Stadien und verschiedenen Verlaufsformen der spontanen Aborte mit ihren jeweiligen Symptomen und notwendigen Maßnahmen.

1. **Abortus imminens** Der drohende Abort. Symptome, die als Warnsignal für eine vorzeitige Beedigung einer Schwangerschaft aufgefaßt werden müssen. Zu diesen Symptomen gehören vor allem leichte bis mäßige, schmerzlose Blutungen aus der Scheide bei geschlossenem → Zervikalkanal und einer Gebärmuttergröße, die der erwarteten Norm bezogen auf den Zeitpunkt in der Schwangerschaft entspricht. Der Begriff drohender Abort beinhaltet auch, daß ein Abort zwar möglich, jedoch nicht immer unausweichlich ist. So kann eine Blutung nach kurzer Zeit wieder sistieren, d.h. der Prozeß wieder zur Ruhe gekommen sein. Hält die Blutung jedoch länger an oder folgt auf eine leichte Schmierblutung auf einmal eine größere Menge frischen Blutes, so steigt das Risiko, daß aus dem drohenden Abort ein unausweichlicher Abgang wird. In jedem Fall

einer vaginalen Blutung in der Frühschwangerschaft ist eine engmaschige ambulante oder stationäre Untersuchung der Mutter notwendig. Zunächst muß herausgefunden werden, ob das Blut tatsächlich ein Zeichen eines drohenden Abortes ist ober ob andere Ursachen wie z.B. ein → Polyp im Zervikalkanal, eine → Extrauteringravidität oder womöglich eine Krebserkrankung im Genitalbereich vorliegen. Dazu werden verschiedene Untersuchungen durchgeführt: Eine → gynäkologische Untersuchung, bei der unter anderem auch die Weite des Zervikalkanals bestimmt wird und verdächtige Befunde am Muttermund erkannt beziehungsweise ausgeschlossen werden können, Blut- und/oder Urinuntersuchungen zur Bestimmung des Spiegels des „Schwangerschaftshormons" HCG (→ Humanes Choriongondadotropin) und vor allem eine → Ultraschalluntersuchung des Unterbauches, mit Hilfe derer eine eventuelle Extrauteringravidität, eine eventuelle → Blasenmole und die Größe der Gebärmutter bestimmt werden können.

Ist der Schwangerschaftstest positiv, der Zervikalkanal geschlossen und finden sich keine Hinweise für ein pathologisches Geschehen, d.h. kann also von der (Noch-)Intaktheit der Schwangerschaft ausgegangen werden, ist ein abwartendes Verhalten gerechtfertigt. Eine eigentliche Therapie für den drohenden Abort *in der Frühschwangerschaft* gibt es nicht, aber fast alle Fachleute empfehlen körperliche Schonung (Bettruhe für mindestens 24 Stunden, Verbot des Geschlechtsverkehrs für einige Tage). Da man davon ausgeht, daß die meisten in der Frühschwangerschaft erfolgenden Aborte eine Folge von Abnormalitäten des Fetus und damit im Prinzip eine natürliche Form der Vermeidung mißgebildeter Kinder sind, würde wahrscheinlich keine Therapie den Verlauf ändern und erscheint unter Umständen auch wenig sinnvoll. Bei einem drohenden Abort *in der Spätschwangerschaft* jedoch, der sich häufig durch ein Druckgefühl im Unterbauch und milde Krämpfe bemerkbar macht, noch bevor es zu Blutungen kommt, können jedoch Bettruhe, eventuell die Gabe von wehenhemmenden Mitteln und bei einer Zervixinsuffizienz als Ursache des drohenden Abortes die sofortige Cerclage (siehe unter → Zervixinsuffizienz) helfen, den Abgang eines „normalen" Feten zu verhindern.

Gehen die Abortvorgänge (trotz Therapie) weiter, ist also ein Abgang der Frucht nicht mehr zu verhindern, dann spricht man vom *unvermeidbaren* Abort oder auch vom *im Gang befindlichen* Abort (siehe unter 2.).

2. **Abortus incipiens** Der in Gang befindliche Abort. Eine Fehlgeburt, die bereits begonnen hat, nicht mehr aufgehalten werden kann und sich gewöhnlich in schwereren vaginalen Blutungen und/oder wehenartigen Schmerzen bei einer Schwangeren bemerkbar macht. In diesem Stadium des Abortes ist es meist schon zu einem → Blasensprung gekommen, der Zervikalkanal ist erweitert und die Frucht und → Plazenta sind dabei, ausgestoßen zu werden. Erfolgt der Abort *in der Frühschwangerschaft,* wird der Fetus meist als ganzes und mit der Plazenta unter erträglichen Schmerzen ausgestoßen. Die Blutung hört bald nach der Ausstoßung von alleine wieder auf, Komplikationen sind selten. Bei einem Abortus incipiens in der Spätschwangerschaft (ab der 13. Schwangerschaftswoche) läuft das Abortgeschehen in der Regel wie bei einer Geburt zweizeitig ab, d.h., zunächst wird unter wehenartigen Schmerzen nach dem Blasensprung und der Eröffnung des Zervikalkanals der Fetus ausgestoßen, und nach einem Intervall folgt die Ausstoßung der Plazenta. Fast immer bleiben jedoch von der Nachgeburt Reste in der Gebärmutter zurück, was zu starken Blutungen führen kann und außerdem die Gefahr einer Infektion erhöht.

In jedem Fall eines ablaufenden Abortes sollte die Mutter sofort ins Krankenhaus gebracht werden. Hier muß auf schnellstmöglichem Wege sichergestellt werden, daß die Gebärmutter vollständig entleert ist, um gefährliche Blutverluste und Infektionen zu verhindern. Sind die Frucht und anderes Material (Blut, Gewebestückchen) schon zuhause abgegangen, sollte es mit ins Krankenhaus genommen werden. Damit kann zum einen festgestellt werden, ob die abgegangenen Teile vollständig sind, d.h. ob es sich um einen *Abortus completus* (kompletten Abort) handelt, bei dem unter Umständen auf eine abschließende Ausschabung der Gebärmutter verzichtet werden kann, zum anderen können durch eine Untersuchung des abgegangenen Materials eventuelle Gründe für die Fehlgeburt herausgefunden werden.

3. **Abortus incompletus** Der inkomplette Abort. Eine abgelaufene Fehlgeburt, bei der nicht alle Teile der Frucht — Fetus, Plazenta, Fruchtblase — abgegangen, sondern einzelne Teile, meist von der Plazenta, in der Gebärmutter verblieben sind. Ein inkompletter Abort macht sich meistens durch anhaltende Blutungen im Anschluß an eine Fehlgeburt bemerkbar, die so schwer werden können, daß Lebensgefahr für die Mutter besteht. Manchmal kann man mit Medikamenten versuchen, Kontraktionen der Gebärmutter und dadurch eine Ausstoßung der restlichen Teile zu erreichen. In den meisten Fällen wird jedoch eine Ausschabung (→ Abrasio) oder eine → Vakuumkürettage zur vollständigen Entleerung der Gebärmutter notwendig sein, um weiteren Blutverlust und eine Infektion zu verhindern. Siehe auch unter 2.

4. Der **verhaltene Abort** Auch *missed abortion* (engl.). Eine Sonderform des Aborts, bei der der Fetus zwar abstirbt, aber nicht nach außen abgestoßen wird, sondern in der Gebärmutter verbleibt. Anders als bei den anderen Abortformen kommt es bei einem verhaltenen Abort kaum zu Symptomen. Manchmal treten leichte Schmierblutungen auf, wenn die Frucht abstirbt. Häufig bemerkt die Frau jedoch überhaupt nichts, und der Abort wird erst festgestellt, wenn das bei einer intakten Schwangerschaft zu erwartende Größenwachstum der Gebärmutter oder andere Schwangerschaftszeichen, wie beispielsweise Kindsbewegungen, ausbleiben beziehungsweise nicht zur Dauer der Schwangerschaft passen. Manche Frauen verspüren darüber hinaus eine auffallende Müdigkeit und seelische Verstimmungen sowie einen schlechten Geschmack im Mund. Fast immer wird ein verhaltener Abort irgendwann einmal zu einem spontanen Abort, d.h. wehenartige Gebärmutterkontraktionen setzen von allein ein und der Fetus wird wie bei den anderen Abortformen ausgestoßen. Jedoch kann das Bewußtsein, daß der Fetus tot ist, und das Warten auf eine spontane Ausstoßung für die Mutter und die Familie emotional extrem belastend sein. Außerdem birgt das Abwarten bei einem einmal diagnostizierten verhaltenen Abort auch Gefahren in sich, wie z.B. die Entwicklung einer → Blasenmole aus der abgestorbenen Frucht sowie Gerinnungsstörungen bei der Mutter. Aus diesem Grund ist, nachdem durch mehrere Verlaufskontrollen absolut sichergestellt ist, daß die Frucht wirklich abgestorben ist und damit ein verhaltener Abort vorliegt, die Ausräumung der Gebärmutter durch den Arzt (und immer im Krankenhaus) angezeigt. Das praktische Vorgehen richtet sich dabei nach dem Alter, d.h. der Größe der Frucht, und besteht entweder in der Geburtseinleitung mit wehenstimulierenden Mitteln und nachfolgender Ausschabung oder bei sehr kleiner Gebärmutter auch in einer Ausschabung oder → Vakuumkürettage allein. Siehe auch unter → Totgeburt.

5. Der **septische Abort** Jede Fehlgeburt, die mit einer Infektion der Gebärmutter und/oder der Eileiter und/oder der Frucht einhergeht. Ist die Infektion (noch) auf die Ge-

bärmutter beschränkt und zeigen sich keine allgemeinen Schockerscheinungen, spricht man in einer weiteren Unterscheidung auch vom *unkomplizierten, febrilen* (fieberhaften) Abort. Dehnt sich die Entzündung jedoch auch auf das Gewebe um die Gebärmutter herum aus und treten Symptome auf, die das Vorhandensein von Bakterien auch im Blut anzeigen (hohes Fieber, Schüttelfrost, Kreislaufinstabilität), dann handelt sich um den gefährlichen Zustand eines septischen Abortes. Zu den Symptomen eines solchen Abortes gehören zusätzlich zu den bei einer Fehlgeburt üblichen Blutungen aus der Scheide eine Druckempfindlichkeit der Gebärmutter und im Unterbauch, eventuell ein eitriger, übelriechender Ausfluß aus der Scheide, Fieber über 38° Celsius, Schüttelfrost und eine Erhöhung der Anzahl der weißen Blutkörperchen. Bei den geringsten Hinweisen darauf, daß ein Abort septisch werden könnte, muß die Patientin sofort ins Krankenhaus eingeliefert werden. Dort erfolgt unverzüglich eine Behandlung mit hochwirksamen Antibiotika sowie auch so schnell wie möglich die Entleerung der Gebärmutter. Septische Aborte sind besonders häufig nach illegalen Schwangerschaftsabbrüchen, die durch eine nicht genügend qualifizierte Person oder sogar durch die Frau selbst mit den verschiedensten Instrumenten durchgeführt wurden. Mit der zumindest teilweisen Legalisierung der Schwangerschaftsabbrüche (siehe dort), ist diese Komplikation etwas seltener geworden. Septische Aborte können auch die Folge einer während der Schwangerschaft auftretenden → pelvinen Entzündung sein oder einer Schwangerschaft, zu der es trotz liegender Spirale (→ Intrauterinpessar) gekommen ist. Wenn keine sofortige Behandlung erfolgt oder wenn ein geschlossener Muttermund die Entleerung der Gebärmutter bei bedrohlichem Allgemeinbefinden der Patientin und gleichzeitig wirkungsloser Antibiotikatherapie unmöglich macht, kann eine → Hysterektomie (Entfernung der Gebärmutter) notwendig werden, um das Schockgeschehen zu unterbrechen und schlimmere Folgen für die Patientin abzuwehren.

Abortiva Medikamente, pflanzliche oder andere chemische Substanzen, die zur Erweiterung des Muttermundes und/oder zu Kontraktionen der Gebärmutter führen und damit ein Ende der Schwangerschaft bewirken, bevor der Fetus außerhalb des mütterlichen Körpers überleben kann. Im Prinzip handelt es sich um Mittel, mit denen man einen → Abort, d.h. eine Fehlgeburt und damit einen Schwangerschaftsabbruch herbeiführen kann. Seit altersher wurden verschiedene Pflanzensorten zu diesem Zweck eingesetzt. Zu den wirksamsten unter denjenigen Abortiva, die eine Erweiterung des Muttermundes bewirken, gehört → *Laminaria,* eine Wasserpflanze, deren Stengel sich in feuchter Umgebung langsam ausdehnt. Wenn man getrocknete Laminaria in den Muttermund einführt, öffnet sich der Muttermund, und über eine Zeitdauer von Stunden weitet sich der → Zervikalkanal auf, ohne daß jedoch Uteruskontraktionen hervorgerufen werden.

Eine Reihe von Pflanzen werden als → Emmenagoga angesehen, d.h. als Mittel, die eine Regelblutung hervorrufen können sollen, die durch Krankheit oder emotionalen Streß und manchmal auch durch eine Schwangerschaft im Verzug ist. Als Abortivmittel wirken sie angeblich am besten, wenn man sie sehr bald nach der → Konzeption (Empfängnis) und sogar noch vor dem erwarteten Termin der nächsten Menstruation einnimmt. Im allgemeinen müssen sie zu einer ziemlich starken Konzentration eingekocht werden. Wenn sie wirksam werden, rufen sie Bauchkrämpfe und Uteruskontraktionen hervor, die schließlich in einer Abtreibung enden. Diese Prozedur geht tendenziell mit

Schmerzen, Erbrechen und Durchfall einher; tatsächlich warnen einige Pflanzenspezialisten davor, daß eine Abtreibung mit pflanzlichen Abortiva traumatischer ist als eine in der frühen Schwangerschaft durchgeführte medizinische Abtreibung wie die → Vakuumkürettage. Darüber hinaus sind einige als Abortiva eingesetzte pflanzliche Präparate in hohen Dosen giftig, und das Öl von mindestens zwei Pflanzen, nämlich vom Flohkraut (oder auch Poleiminze; *Mentha pulegium*) und vom Roten Zeder (*Juniperus virginiana*), hat zu einer Reihe von Todesfällen geführt. Zu den Pflanzen, die man als wirksame Abortiva betrachtet, gehören die Gartenraute (*Ruta graveolens*), das Wanzenkraut (*Cimicifuga racemosa*) und das Gänsefingerkraut (*Chrysanthenum* oder *Tanecetum vulgare*). Die letzten drei sind in hohen Dosen giftig, und Wanzenkraut sollte außerdem bei niedrigem Blutdruck vermieden werden. Ein im Süden Amerikas lange verwendetes Abtreibungsmittel ist die Baumwolle (*Gossypium herbaceum*), die bei Kaugenuß Gebärmutterkontraktionen hervorruft. Der Baumwollbaum ist außerdem oft Wirtspflanze für das → Mutterkorn, einen Pilzparasit, dessen Abkömmlinge seit langem unter medizinischer Kontrolle bei der Geburt eingesetzt werden, um bei schwachen Wehen die Kontraktionen der Gebärmutter zu verstärken.

Eine andere Substanzgruppe, die Uteruskontraktionen hervorruft und Schwangerschaften von der vierten bis zur achten Woche — d.h. vor der zweiten ausbleibenden Regelblutung — unterbrechen kann, sind die → Prostaglandine, die natürlicherweise in verschiedenen tierischen und menschlichen Geweben vorkommen und auch im Labor hergestellt werden können. Sie werden als Vaginalzäpfchen eingesetzt, die einige Stunden nach dem Einführen Gebärmutterkontraktionen hervorrufen. Wenn diese Substanzen jedoch für eine Abtreibung wirksam sein sollen, muß man sie in solch hohen Dosen verwenden, daß die betroffenen Frauen Übelkeit, Erbrechen, Durchfälle und starke Bauchschmerzen erleiden. Bei Schwangerschaften von längerer Dauer sind Prostaglandine tendenziell unwirksam oder führen zu einem inkompletten Abort (siehe → Abort, Def. 3), bei dem Teile des Fetus in der Gebärmutter verbleiben. In diesen Fällen halten die Blutungen länger als zwei Wochen an, und zur Entfernung des in der Gebärmutter verbliebenen Gewebes muß eine → Abrasio (Ausschabung) oder eine → Vakuumkürettage durchgeführt werden.

Ein in jüngerer Zeit in Frankreich entwickeltes Abtreibungsmittel, das → RU-486, wird zusammen mit Prostaglandinen eingesetzt und bewirkt in etwa 95% der Fälle einen → Schwangerschaftsabbruch während der ersten drei Monate. RU-486 bewirkt eine Blockade des Progesterons, des Hormons, das zur Aufrechterhaltung einer Schwangerschaft benötigt wird. Wenn man RU-486 alleine, d.h. ohne Prostaglandine einnimmt, ist es in 80 bis 85% bei sehr fühen Schwangerschaften (bis zur sechsten Woche) wirksam, danach läßt seine Wirksamkeit schnell nach. In der neunten Woche beendet es nur eine von drei Schwangerschaften. Außerdem kann es, wenn man es allein nimmt, schwere Blutungen und inkomplette Aborte verursachen. Zusammen mit Prostaglandinen ist RU-486 wirksamer und kann in einer niedrigeren Dosis eingesetzt werden. Zusätzlich werden so die Nebenwirkungen beider Medikamente vermieden. Zuerst nimmt man eine Tablette RU-486 ein und zwei Tage später dann Prostaglandine, entweder als Zäpfchen oder in Form einer Injektion. Der daraufhin einsetzende Abort ähnelt einer schweren Regelblutung. Zur Zeit (1993) ist RU-486 nur im Ausland erhältlich, wo es unter dem Namen Mifepristone auf dem Markt ist. Über eine Zulassung von RU-486 in Deutschland ist noch nicht entschieden. Epostane, ein ähnliches Medikament, das in den

Vereinigten Staaten entwickelt wurde, scheint auch wirksam zu sein, befindet sich jedoch noch im Experimentalstadium.

Wo ein medizinisch kontrollierter Schwangerschaftsabbruch nicht möglich war oder ist, haben Frauen eine Vielzahl von ineffektiven aber oft lebensbedrohenden Methoden und Substanzen verwendet, um den Abbruch einer Schwangerschaft herbeizuführen. Zu diesen gehören die mit einer Dusche in die Scheide plazierte konzentrierte Seifenlösung, das Einführen von Zäpfchen oder Kaliumpermanganat und das Schlucken von Chinintabletten, Rizinusöl oder starken Abführmitteln. Keine dieser Substanzen ist, abgesehen von den bereits erwähnten Gefahren, ein effektives Abtreibungsmittel.

Einige Fachleute weisen darauf hin, daß → Intrauterinpessare und einige → orale Kontrazeptiva eigentlich Abortiva sind, da sie nicht die *Befruchtung* einer Eizelle durch ein Spermium, sondern vielmehr die Einnistung der befruchteten Eizelle in der Gebärmutterschleimhaut verhindern mit dem Resultat, daß sie mit der nächsten Menstruation ausgestoßen wird. Siehe auch unter → Schwangerschaftsabbruch.

Abrasio Auch *Kürettage, Ausschabung*. Das Ausschaben der Schleimhaut der Gebärmutter zu diagnostischen und/oder therapeutischen Zwecken. Die Abrasio ist eine kleinere operative Prozedur, die unter Vollnarkose durchgeführt wird und insgesamt etwa 10 bis 20 Minuten dauert. Die Operation besteht aus einer schrittweisen Erweiterung des → Zervikalkanals (Gebärmutterhalskanal) mit einem Satz im Durchmesser zunehmender Metallstifte, um den Zugang in die Gebärmutterhöhle zu ermöglichen. Danach wird mit Hilfe eines scharfen Löffels, der sogenannten *Kürette*, die Gebärmutterschleimhaut Strich für Strich (*Strichabrasio*) abgekratzt und anschließend im Labor histologisch untersucht. Die Abrasio ist eine der häufigsten diagnostischen und/oder therapeutischen Maßnahmen bei Frauen, und man schätzt, daß 90 bis 95% aller Frauen zu irgendeinem Zeitpunkt in ihrem Leben eine Ausschabung bekommen.

Es gibt viele Gründe zur Durchführung einer Abrasio. Dazu gehören die Ursachenklärung bei ungewöhnlichen Blutungen aus der Scheide ebenso wie die Behandlung starker und nicht aufhörender Blutungen (siehe z.B. → Endometriumhyperplasie), die Entfernung von in der Gebärmutter verbliebenem Material nach einem → Abort oder nach der Geburt, die Untersuchung der Gebärmutterschleimhaut mit der Frage, ob ein Eisprung stattgefunden hat oder nicht oder ob eine maligne oder gutartige Gewebsveränderung in der Gebärmutter vorliegt, sowie schließlich die Entfernung von Polypen in der Gebärmutter oder im Zervikalkanal (siehe → Polyp). Auch dann, wenn der Hauptgrund für eine Abrasio nicht diagnostischer Natur ist, sollte das ausgeschabte Material immer histologisch (d.h. unter dem Mikroskop) untersucht werden, um sicherzugehen, daß keine Krebszellen vorhanden sind. Bis ungefähr 1960 war die Abrasio darüber hinaus die Hauptmethode bei einem frühen → Schwangerschaftsabbruch (d.h. während des ersten Drittels der Schwangerschaft). Danach wurde sie weitgehend durch die → Vakuumkürettage ersetzt. Auch bei anderen Störungen, z.B. zur Entnahme einer → Biopsie oder um schwere Blutungen zu stoppen, bevorzugen viele Gynäkologen zunehmend zuerst die schonendere Aspirationskürettage (siehe unter → Biopsie, Def. 4), bevor sie, falls es notwendig ist, noch eine Abrasio anschließen.

Die Erholungszeit nach einer Ausschabung beträgt einige Stunden bis wenige Tage. Manchmal kommt es danach zu geringen Blutungen für ungefähr zwei Wochen und zu milden Krämpfen oder Rückenschmerzen in den ersten Tagen. Fieber, schwere Krämpfe oder Bauchschmerzen, starke Blutungen oder übelriechender Ausfluß aus der Scheide sind Hinweise auf eine Entzündung und sollten unverzüglich dem Arzt berichtet werden. Solche Infektionen, die die häufigsten Komplikationen einer Abrasio darstellen, sprechen zwar in der Regel gut auf → Antibiotika an, sollten jedoch niemals verschleppt werden, um ein Fortschreiten der Infektion und damit ernstere Folgen zu vermeiden. Die meisten Gynäkologen empfehlen, nach einer Abrasio für etwa zwei Wochen vaginalen Geschlechtsverkehr und den Gebrauch von Tampons zu vermeiden, da der Zervikalkanal eine gewisse Zeit benötigt, um sich wieder zu verschließen, und sowohl Geschlechtsverkehr als auch Tampons eine potentielle Infektionsquelle darstellen. Möchte man dennoch nicht auf den vaginalen Geschlechtsverkehr verzichten, sollte der männliche Partner ein Kondom verwenden, um den Eintritt von Bakterien zu verhindern. Nach zwei Wochen wird man in der Regel zu einer Kontrolluntersuchung einbestellt.

Komplikationen nach einer Abrasio sind selten. Es ist zwar möglich, daß man mit den Instrumenten die Gebärmuttermuskulatur ansticht, was *Uterusperforation* genannt wird, aber selbst dann ist keine besondere Behandlung notwendig, da diese Wunde in der Regel von allein wieder ausheilt. Noch seltener sind Verletzungen der Blase und des Enddarms, die beide in der Nachbarschaft der Gebärmutter liegen. So ungefährlich eine Ausschabung auch ist, so sollte sie natürlich dennoch nur dann durchgeführt werden, wenn ein triftiger Grund vorliegt. Bei unregelmäßigen Blutungen bei jungen Frauen kann z.B. zuerst für einige Monate eine Hormontherapie versucht werden (siehe → Durchbruchblutung). Darüber hinaus sollte natürlich nicht nur eine Schwangerschaft vorher ausgeschlossen worden sein, sondern auch jegliche Entzündungen der Gebärmutter, der Eileiter oder des Gebärmutterhalses sollten vor einer Abrasio sachgerecht behandelt werden, um eine Verschleppung der Krankheitserreger bei der Ausschabung in die Gebärmutterhöhle zu verhindern. Siehe auch unter → Asherman-Syndrom.

Abruptio placentae Auch *Vorzeitige Plazentalösung*. Die teilweise oder totale Ablösung des Mutterkuchens (→ Plazenta) von der Gebärmutterwand nach der 20. Schwangerschaftswoche, aber vor der erwarteten Geburt des Kindes, wodurch die Nahrungszufuhr zum Fetus unterbrochen wird. Eine solche Ablösung kann auch *vor* der 20. Woche erfolgen und ist in der Tat ein häufiger Grund für eine Fehlgeburt (→ Abort). Die klinischen Merkmale einer frühen oder späten Ablösung unterscheiden sich jedoch insofern, als die vorzeitige Plazentalösung *nach* der 20. Schwangerschaftswoche wesentlich ernstere Konsequenzen haben kann. Die Abruptio placentae ist neben der → Placenta praevia eine der beiden häufigsten Ursachen für eine Blutung in der späten Schwangerschaft. Sie ist jedoch immer noch relativ selten und tritt vornehmlich bei älteren Schwangeren oder bei Frauen auf, die sechs oder mehr Kinder geboren haben. Die genaue Ursache dieser Komplikation ist nicht bekannt. Angenommen werden zum Teil ein schweres äußeres Trauma (selten) oder gewebliche Veränderungen an der Grenze zwischen Uteruswand und Plazenta, wie sie z.B. bei einer → Eklampsie (Schwangerschaftsvergiftung) auftreten können. Die Symptome sind vom Ausmaß der vorzeitigen Plazentaablösung und der Menge des dabei abgehenden Blutes abhängig. Gewöhnlich beginnt die Blutung direkt unter der Plazenta, die im siebten Schwangerschaftsmonat im allgemeinen an der Vorder- oder Rückseite der Gebärmutterwand festsitzt. Das Blut sammelt sich an und bewirkt, daß sich die Plazenta von ihrer komplizierten Anheftung an die Uteruswand ablöst. In einigen Fällen fließt das Blut durch den Muttermund in die Scheide und von dort nach außen (äußere Blutung); in anderen verbleibt es innerhalb der Gebärmutter (verdeckte Blutung); in wieder anderen Fällen wird ein Teil des Blutes zurückgehalten, während der andere Teil nach außen abfließt. Die verdeckte Blutung ist die gefährlichste, weil sie die Ernsthaftigkeit der Situation weniger sichtbar macht als ein ausgeprägter vaginaler Blutverlust. Während der Plazentalösung zieht sich die Gebärmuttermuskulatur fest zusammen, einem plötzlichen Unterbauchschmerz folgt ein Dauerschmerz, die Patientin beginnt, Schockzeichen zu zeigen, und man findet Anzeichen der Bedrohung des Kindes, da der Fetus ja all seine zum Überleben notwendigen Nährstoffe von der Mutter über den Weg der Plazenta bekommt.

Das therapeutische Vorgehen bei einer Abruptio placentae ist vom Schweregrad abhängig: In leichteren Fällen, wenn es Mutter und Kind gut geht, kann bei Bettruhe und ständiger Kontrolle abgewartet werden. In schweren, hochakuten Fällen ist eine sofortige Notfallbehandlung mit Bluttransfusionen und einer effektiven Schockbehandlung notwendig. Der Fetus muß entweder vaginal nach einer → Blasensprengung und/oder einer → Oxytozin-Gabe oder chirurgisch durch einen → Kaiserschnitt entbunden werden. Obwohl eine sofortige Behandlung fast immer das Leben der Mutter rettet, sind die Überlebenschancen für den Fetus, der für seine Sauerstoffversorgung von der Plazenta abhängig ist, wesentlich geringer. Die Sterblichkeitsrate für das Kind beträgt etwa 30%. Viele Kliniker glauben, daß ein sofortiger Kaiserschnitt die besten Ergebnisse für Mutter und Kind bietet.

Absolute Kontraindikation → Kontraindikation

Abstillen Siehe unter → Stillen, siehe auch → Laktation

Abstinenz, periodische Siehe unter → Natürliche Methoden der Empfängnisverhütung

Abstrich nach Papanicolaou Siehe → Papanicolaou-Abstrich

Abszeß Eine Eiteransammlung in einer umschriebenen Gewebshöhle, meist als Resultat einer akuten bakteriellen Infektion. Abszesse können an vielen Stellen des Körpers, sowohl innerlich als auch äußerlich, auftreten.

1. **Douglasabszeß** Eiteransammlung im → Douglasraum, dem Raum zwischen Gebärmutter und Enddarm. Er kann durch Fortleitung einer Entzündung des Darmes (z.B. → Appendizitis), der Eileiter (siehe unter → pelvine Entzündung), der Eierstöcke oder einer anderen Infektion des Bauchraumes entstehen. Die Symptome eines sich entwikkelnden Douglasabszesses bestehen in hohem Fieber, Schüttelfrost, eventuell Erbrechen, schnellem Herzschlag und zunehmenden Schmerzen bei der Stuhlentleerung. Therapeutisch ist die Punktion des Douglas-Raumes notwendig mit Entleerung des Eiters nach außen sowie eine Behandlung mit → Antibiotika zur Bekämpfung der Entzündung.

2. **Ovarialabszeß** Ein Abszeß meist in einem, seltener auch in beiden Eierstöcken als Komplikation einer akuten Eileiterentzündung (siehe unter → pelvine Entzündung).

3. **Brustabszeß** Ein Abszeß, der sich meistens während des Stillens, wenn die Brustwarzen trocken und rissig sind, über eine Brustdrüsenentzündung (→ Mastitis) entwickelt. Über diese Risse oder auch Rhagaden können Bakterien, meistens Staphylo-

kokken von der Haut oder dem Mund des Säuglings, in die Brustdrüse eindringen. Zuerst wird die Haut rot, geschwollen und druckempfindlich. Oft treten auch hohes Fieber und Schüttelfrost auf. In dieser Phase der Entzündung muß die Brust leergepumpt und durch Hochbinden und kalte Alkoholumschläge ruhiggestellt werden. Zusätzlich ist eine hochdosierte Antibiotikatherapie erforderlich. Schreitet die Entzündung fort, entwickelt sich ein großer, harter, schmerzhafter Knoten (Abszeß) in der Haut, aus dem sich Eiter nach außen entleeren kann. Auch bei einem Abszeß muß sofort abgestillt werden, außerdem empfiehlt sich die chirurgische Eiterdrainage, d.h. der Abszeß wird über einen kleinen Schnitt eröffnet und der Eiter nach außen abgelassen, sobald der Abszeß reif, d.h. abgekapselt ist. Obwohl man in der Regel die Ruhigstellung der Brust durch Abstillung dringend empfiehlt, meinen manche Fachleute, daß dies nicht zwingend notwendig sei (siehe auch unter → Mastitis). Früher war der Brustabszeß nach einer Geburt, vor allem nach dem ersten Kind, sehr häufig, heutzutage heilt eine solche Entzündung durch die frühe Therapie mit Antibiotika oft aus, bevor ein Abszeß entstehen kann.

Abtreibung Siehe → Schwangerschaftsabbruch

Acquired immune deficiency syndrome Siehe → AIDS

Adenofibrom Eine andere Bezeichnung für → Fibroadenom.

Adenokarzinom Ein → Krebs, der von Drüsengewebe ausgeht, oder dessen Zellen die Form eines Drüsengewebes ausbilden. Die meisten Brustkrebse sind Adenokarzinome. Adenokarzinome kommen außerdem im Magen-Darm-Bereich vor, seltener auch z.B. in der Lunge.

1. **Adenokarzinom der Scheide** Ein Krebs der Scheide und des Muttermundes, der zum ersten Mal in den sechziger Jahren bei den Töchtern von Frauen festgestellt wurde, die während der Schwangerschaft → Diäthylstilbesterol (DES) eingenommen hatten (ein Mittel, das in Deutschland nie eingesetzt wurde). Normalerweise hat die Scheidenschleimhaut kein Drüsengewebe, so daß sich dort auch kein Adenokarzinom bilden kann. Bei vielen Töchtern jedoch, deren Mütter in der Schwangerschaft DES genommen hatten, finden sich zahlreiche kleine Drüsen in der Scheidenschleimhaut (→ Adenosis, Def. 1), die wahrscheinlich durch das DES im sich entwickelnden Fetus entstanden sind. Seit dieser Entdeckung und der Erkenntnis, daß die sogenannten DES-Töchter ein weit höheres Risiko besitzen, ein Scheidenkarzinom zu entwickeln, hat man sich große Mühe gegeben, all diese Frauen ausfindig zu machen und sie auf die Notwendigkeit häufiger Vorsorgeuntersuchungen hinzuweisen. Die Behandlung hängt von der Lokalisation des Tumors ab. Diejenigen Tumore, die in der Scheidenwand sitzen, sprechen normalerweise gut auf eine Bestrahlung an, die ihrerseits jedoch eine Scheidenstenose (Verengung) bewirken kann; manchmal kann diese dann mit chirurgischen Mitteln behoben werden.
2. **Adenokarzinom der Gebärmutter** Siehe → Korpuskarzinom.
3. **Adenokarzinom der Brust** Siehe → Mammakarzinom.

Adenomyosis uteri Eine Krankheit, bei der Anteile des → Endometriums (Schleimhaut der Gebärmutter) in das Muskelgewebe der Gebärmutter (→ Myometrium) vordringen und dort abgekapselt von der übrigen Schleimhaut liegen bleiben. Wie bei der → Endometriose stellt dies praktisch eine nicht normale Ansiedlung von Endometrium an einer anderen Körperstelle dar. Meistens tritt die Adenomyosis im Alter von 35 bis 50 Jahren auf und bevorzugt bei Frauen, die mehrere Kinder geboren haben. Sie macht sich bemerkbar durch → Menorrhagien (verlängerte Regelblutungen), → Hypermenorrhoen (verstärkte Regelblutungen) und → Dysmenorrhoen (schmerzhafte Regelblutungen), die von einem leichten, unangenehmen Druckgefühl bis hin zu schweren, kolikartigen Schmerzen (die durch das Anschwellen des Schleimhautgewebes in der zweiten Zyklushälfte entstehen) reichen können. Bei der Untersuchung wird die Gebärmutter vergrößert und druckschmerzhaft getastet. Für leichtere Fälle ist keine Therapie erforderlich. Bei schwereren Fällen kann man eine Therapie mit Hormonen versuchen, die aber nur selten Erfolg zeigt. Da die betroffenen Frauen meist schon älter sind und keinen Kinderwunsch mehr haben, kann man in diesen Fällen eine → Hysterektomie (operative Entferung der Gebärmutter) vornehmen. Nach der → Menopause, wenn sehr viel weniger → Östrogene produziert werden, kommt es sehr oft zu einer Rückbildung der Adenomyosis uteri.

Adenosis 1. **Adenosis mammae** Auch *sklerosierende Adenosis* der Brust, *Adenomatosis*. Eine gutartige Veränderung im Brustgewebe, die bevorzugt bei Frauen um die 40 auftritt und durch ein verstärktes Wachstum (Hyperplasie) der die Milchdrüsengänge auskleidenden Zellschicht gekennzeichnet ist. Diese Gewebsneubildung ist vollkommen harmlos, kann jedoch manchmal schwer von einem bösartigen Brusttumor zu unterscheiden sein, so daß man in der Regel eine Gewebsprobe entnimmt, um einen Brustkrebs auszuschließen.

2. **Adenosis vaginae** Die Anwesenheit nicht normalen, schleimproduzierenden Drüsengewebes im Muttermund oder in der → Vagina. Diese eigentlich sehr seltene Veränderung kam in den USA vermehrt, d.h. bei fast 90% der Töchter vor, deren Mütter während der ersten drei Monate der Schwangerschaft das Hormon → Diäthylstilbesteron (DES) eingenommen hatten. Weil man davon ausgeht, daß aus dieser Veränderung ein → Adenokarzinom (Def. 1) entstehen kann, rät man diesen Frauen zu einer gründlichen Untersuchung und regelmäßigen Kontrollen.

Zur Diagnosestellung benötigt man die → Schiller-Jodprobe und eine Gewebsprobenentnahme an all den Stellen der Scheidenschleimhaut, die sich bei diesem Test nicht durch die Jodlösung anfärben lassen. Besser noch ist eine → Kolposkopie. Hat man eine Adenosis gefunden, sollten alle sechs Monate eine gynäkologische Untersuchung und → Vaginalabstriche mit cytologischer Untersuchung und wenigstens jährlich eine Kolposkopie durchgeführt werden. Manche Ärzte behandeln diese Veränderung mit eher aggressiven Methoden, die von der elektrischen → Kauterisation (Verbrennen) und der → Kryotherapie bis hin zur chirurgischen Entfernung der betroffenen Stellen reichen, während andere einen eher konservativen Behandlungsweg bevorzugen. Einige Kliniker empfehlen, nicht die Anti-Baby-Pille zu nehmen aufgrund der Annahme, daß sie die Veränderungen verschlimmern kann, andere sehen jedoch dafür keine Notwendigkeit.

Adhäsion Auch *Synechien* oder *Narbengewebe*. Eine dichte Lage von Bindegewebe, das sich über einer abheilenden Operationsstelle (z.B. nach einer Ausschabung), einem Schnitt oder einer anderen Art der Gewebsverletzung bildet. In der Beckenregion, besonders im Bereich der Eileiter, in der Gebärmutter und im Muttermund, können solche Adhäsionen eine Ursache für → Unfruchtbarkeit sein. Siehe auch → Asherman-Syndrom.

Adipositas Auch *Fettleibigkeit, Fettsucht, Übergewicht.* Ein Körpergewicht, das 20% oder mehr über dem Normalgewicht der betroffenen Person liegt (siehe auch unter → Gewicht). Die Fettsucht ist fast immer die Folge von zu viel Essen. Die Gründe dafür, daß eine Person weit mehr ißt, als der Körper benötigt, so daß die überschüssige Nahrung als Körperfett gespeichert wird, sind jedoch nicht genau bekannt. Manchmal führt eine seelische Krankheit zur Fettsucht (siehe unten). Manche Personen scheinen essen zu können, soviel sie wollen, ohne deutlich an Gewicht zuzunehmen, während andere sehr schnell und leicht zunehmen. Einige Forscher glauben, daß es für diesen Unterschied biochemische Gründe gibt. Sowohl Männer als auch Frauen, und letztere vor allem nach der → Menopause, zeigen die Tendenz, mit steigendem Alter an Gewicht zuzunehmen und adipös zu werden. Ob dies aber zum Teil durch die Hormonveränderungen im Alter bedingt wird oder einfach eine Folge davon ist, daß man dieselben Mengen ißt, sich aber immer weniger körperlich anstrengt beziehungsweise aktiv ist, ist unklar. Was man jedoch mit Sicherheit weiß, ist, daß Fettleibigkeit gefährlich ist, insbesondere für Frauen nach der Menopause. Bei adipösen Personen ist nämlich das Risiko, an einer Reihe von verschiedenen und zum Teil lebensbedrohlichen Krankheiten zu erkranken, im Vergleich zu Normalgewichtigen deutlich erhöht. Zu diesen Krankheiten gehören unter anderem der → Diabetes mellitus, der → Bluthochdruck, Schlaganfälle (siehe → Apoplex), → Herzinfarkte und andere Herzerkrankungen, Erkrankungen der → Gallenblase sowie → Brust- und Gebärmutterkrebs (siehe → Korpuskarzinom). Während der Zeit der Geschlechtsreife kann eine Fettsucht über eine anhaltende → Östrogenstimulation zu einer Störung im Hormonsystem der Eierstöcke und Hirnanhangsdrüse führen und dadurch die Fruchtbarkeit der betreffenden Frau beeinträchtigen.

Es gibt keinen einfachen Weg, Gewicht zu verlieren und wieder schlank zu werden. Man schätzt, daß 3.500 über die Nahrung zugeführte Kalorien sich in ein Pfund Fett verwandeln. Eine Frau, die 50 Pfund schwerer ist als sie sein sollte, muß daher ihre Nahrungsaufnahme über einen gewissen Zeitraum um insgesamt 175.000 Kalorien verringern. Theoretisch kann man durch eine Reduktion von 500 Kalorien täglich (und zwar abgezogen von dem, was man essen muß, um nicht zuzunehmen, und nicht von dem, was Übergewichtige normalerweise und zuviel essen!) mindestens ein Pfund pro Woche abnehmen. Unglücklicherweise ist der Gewichtsverlust unter einer Diät selten konstant, aus Gründen, die nur teilweise verstanden werden und unter anderem mit vermehrter Flüssigkeitszurückhaltung im Körper zusammenhängen. Nichtsdestotrotz ist zur Vermeidung einer Fehlernährung — und selbst übergewichtige Personen können fehlernährt sein, wenn sie hauptsächlich ungesunde Nahrung zu sich nehmen und nicht genügend Vitamine und Mineralstoffe bekommen — die beste Diät für eine ansonsten gesunde erwachsene Frau eine Diät mit 1.000 bis 1.200 Kalorien täglich, verteilt auf mehrere kleine Mahlzeiten über den Tag. Die Zusammensetzung der Nahrung sollte abwechslungsreich sein, um den erforderlichen Vitamin- und Mineralstoffbedarf abzudecken, und zu 20 bis 25% aus Proteinen, zu 30% aus Fett und zu 45 bis 50% aus Kohlenhydraten bestehen. Jede Diät sollte von regelmäßiger körperlicher Bewegung begleitet sein, vorzugsweise indem man sich bewußt bemüht, sich jeden Tag beim Schwimmen, Joggen oder was man sich auch immer an sportlicher Aktivität ausgesucht hat, etwas mehr anzustrengen. Diätformen, bei denen man nur eines oder wenige ganz bestimmte Nahrungsmittel zu sich nehmen und alles andere weglassen soll, sollten ebenso vermieden werden wie jede Form von „Diätpillen", Pulvern oder ähnlichem. Selbst wenn solche Maßnahmen zum gewünschten Gewichtsverlust führen, ist der Effekt meist schnell wieder dahin, und die Pfunde sind wieder da, sobald man mit der Diät oder den Pillen aufhört. Viele Leute finden Selbsthilfegruppen, in denen man sich gegenseitig zu vernünftigen Eßgewohnheiten zu erziehen versucht, hilfreich, insbesondere was die Langzeitlösung des Problems angeht (siehe auch im Adressenanhang am Schluß des Buches).

Bei manchen Frauen ist die Adipositas eine Folge von Freßanfällen, einer psychischen Störung, bei der versucht wird, durch Essen mit Streß, emotionalen Belastungen oder Alltagsproblemen fertig zu werden. Die Freßanfälle äußern sich, wie der Name schon sagt, in periodisch auftretenden Attacken, während derer man sich unkontrolliert an Essen hineinstopft, was man nur finden kann, und werden in der Regel von Schuld- und Schamgefühlen über dieses Verhalten gefolgt (siehe auch → Bulimie). Wenn solche Freßanfälle nicht (wie manchmal) von strengen Fastenkuren begleitet werden, können sie zur Fettleibigkeit führen. Die einzige Behandlungsmöglichkeit besteht in verschiedenen Formen der Psychotherapie, wie sie auch für andere Eßstörungen wie z.B. die → Anorexia nervosa eingesetzt werden.

Früher wurden gelegentlich extrem übergewichtige Personen, die mehr als zweimal so viel wogen wie ihr Normalgewicht, einer sogenannten *intestinalen Bypass-Operation* unterzogen hat. Bei dieser Operation wurde ein Teil des Dünndarms ausgeschaltet, um die wirksame Länge des Darmes und damit die mögliche Fläche zur Resorption von Nahrungsbestandteilen zu verkleinern. Die Nebenwirkungen solcher Operationen waren jedoch so massiv, daß man diese Methode größtenteils wieder aufgegeben hat. Eine ähnliche Operation, genannt *gastraler Bypass*, bei der ein Teil des Magens entfernt wird, wird gelegentlich, jedoch nur als letztes Mittel in der Not durchgeführt. Siehe auch → Ernährung, → Gewicht, → Gewichtszunahme.

Adjuvante Therapie Jegliche Art von Behandlung, die zusätzlich zu einer anderen Therapie angewendet wird, um die Wirksamkeit der ersteren zu verstärken. Der Begriff wird hauptsächlich für zusätzliche Therapien nach einer Krebsoperation gebraucht wie z.B. für eine → Strahlen-, → Hormon- und/oder → Chemotherapie.

Adnexe Die an jeder Seite der Gebärmutter sitzenden Organe, nämlich die beiden → Eileiter und Ovarien (→ Ovar).

Adoleszenz Die Endphase des Jugendalters. Siehe auch unter → Pubertät.

Adrenalektomie Die operative Entfernung einer oder beider → Nebennieren. Gründe für eine solche Maßnahme können ein Tumor oder eine pathologische Vergrößerung der Nebennieren sein, manchmal auch ein sehr schwerer Bluthochdruck, weil in den Nebennieren das Hormon → Aldosteron gebildet wird, das bei einer Vermehrung im Blut zu einem Bluthochdruck führen kann. Früher führte man eine Adrenalektomie auch bei fortgeschrittenem Brustkrebs durch, dessen Wachstum durch → Östrogen stimuliert wird. Weil die Nebennieren etwas Östrogen produzieren, führt ihre Entfernung zu einem Absinken des Östrogenspiegels im Blut. Heutzutage gibt man jedoch eher Hormone, die die Östrogenproduktion blockieren, was genauso wirksam ist und weniger Nebenwirkungen hat, da der Patient nach einer Adrenalektomie in der Regel für den Rest seines Lebens die lebenswichtigen Hormone der Nebennieren wie z.B. das → Cortison ersetzt bekommen muß.

Adrenogenitales Syndrom Abkürzung *AGS*. Ein entweder angeborenes oder erworbenes Krankheitsbild, das durch eine Überproduktion von Androgenen (männlichen Hormonen) in den → Nebennieren und deren Effekte gekennzeichnet ist. Bei den erworbenen und meist erst nach der Pubertät auftretenden Formen liegt dem Syndrom meistens eine → Hyperplasie (d.h. eine Vergrößerung) der Nebennieren und seltener auch ein gut- oder bösartiger Tumor in einer Nebenniere zugrunde. Bei den angeborenen Formen, die gewöhnlich von Geburt an erkennbar sind, ist die Ursache ein nicht funktionierendes Enzym, das für die normale Produktion der Hormons → Cortison in der Nebennierenrinde gebraucht wird. Weil das Cortison nicht gebildet werden kann, werden über einen Nebenweg vermehrt Androgene produziert, was bei Mädchen zur Entwicklung von männlichen → sekundären Geschlechtsmerkmalen und bei Jungen zu einer sexuellen Frühreife führt. Bei Mädchen sind die Effekte ausgeprägter. Das Hauptsymptom ist der sogenannte *Hirsutismus,* d.h. eine äußerst starke Körperbehaarung, die sogar bei ganz milden Krankheitsverläufen in Erscheinung tritt. Andere Symptome sind Glatzenbildung, Akne, Tieferwerden der Stimme, Versiegen der Menstruation, → Atrophie (Schrumpfung) der Gebärmutter, verformte Genitalien (vor allem Wachstum der → Klitoris, so daß sie einem kleinen → Penis ähnlich sieht), kleine Brüste und Vermehrung der Muskelmasse. Eine Behandlung mit Cortison führt in der Regel zu einer Rückbildung der Krankheit; bei den angeborenen Formen muß sie über das ganze Leben hinweg durchgeführt werden.

Agalaktie Das Fehlen der Milchproduktion in den weiblichen Brüsten nach der Geburt eines Kindes. Die eigentliche und vollständige Agalaktie ist eine äußerst seltene Erscheinung. Wenn die Menge der gebildeten Milch geringer ist als erwünscht, kann man das normalerweise durch ein häufigeres Anlegen des Kindes an die Brust beheben, da das Einschießen der Milch durch das Saugen des Kindes an den Brustwarzen stimuliert wird. Siehe auch unter → Stillen.

Agoraphobie *Platzangst.* Eine irrationale, wiederkehrende Angst (Phobie) vor überfüllten öffentlichen Plätzen, was für viele Betroffene alle Orte mit Ausnahme des eigenen Zuhauses einschließt. Eine unter Agoraphobie leidende Person, die das Haus verläßt und sich z.B. in einem Geschäft, einem Theater, einem öffentlichen Verkehrsmittel, auf der Straße oder einem Flughafen aufhält, wird oft eine Panikattacke erleiden, d.h. ein Gefühl von intensivster Angst mit körperlichen Begleiterscheinungen wie Übelkeit, Schweißausbruch, Herzrasen und Benommenheit. In extremen Fällen führt die Agoraphobie dazu, daß der Betroffene sich überhaupt nicht mehr aus dem Haus wagt und praktisch als sein eigener Gefangener zuhause bleibt (und unter Umständen auch dort nicht angstfrei ist, wenn er z.B. allein gelassen wird).

Die Agoraphobie kommt bei Frauen etwa doppelt so häufig wie bei Männern vor und beginnt meist in jungen Jahren (um 20). Es gibt verschiedene Erklärungsansätze und

Behandlungsmöglichkeiten dieser Erkrankung. Der traditionellen psychoanalytischen Theorie zufolge entwickeln Patienten Phobien, um bestimmte Objekte oder Situationen zu vermeiden. Sie haben oft das Gefühl, daß ihnen etwas Schreckliches, aber gewöhnlich Unbenennbares, passieren wird. Die psychoanalytische Behandlung der Agoraphobie, die darauf ausgerichtet ist, den Patienten die Wurzeln seiner Angst in seiner Vergangenheit entdecken zu lassen, war nicht sehr erfolgreich. Mehr Patienten scheinen von einem verhaltenstherapeutischen Ansatz zu profitieren, der sich weniger mit den Gründen der Angst beschäftigt als damit, über ein systematisches Verhaltenstraining dem Patienten beizubringen, keine Angst mehr zu haben.

AIDS Abkürzung für *acquired immune deficiency syndrome,* was auf Englisch soviel heißt wie „erworbene Immunschwäche". AIDS ist eine tödlich verlaufende Erkrankung, die erstmals im Jahre 1981 diagnostiziert wurde und vom sogenannten HIV, dem *human immunodeficiency virus*, hervorgerufen wird, das man erstmals im Jahre 1983 identifizieren konnte. Das Virus greift das Abwehrsystem des Körpers an, so daß Infektions- und Krebserkrankungen ausbrechen können, gegen die man ursprünglich restistent war. Diese Erkrankungen führen schließlich zum Tod.

Eine Person kann auf verschiedenen Wegen mit dem HIV infiziert werden, insbesondere durch intimen sexuellen Kontakt mit einem infizierten Partner, durch die Verwendung schon gebrauchter intravenöser Injektionsnadeln von einer infizierten Person oder durch Kontakt mit HIV-positivem Blut z.B. bei Verletzungen oder Bluttransfusionen. Zu den Risikogruppen, d.h. Personengruppen, die ein erhöhtes Risiko haben, sich mit HIV zu infizieren, gehören daher homosexuelle Männer, Drogenabhängige, Personen mit häufig wechselnden Geschlechtspartnern und Patienten, die Bluttransfusionen zu der Zeit erhalten haben, als man noch nichts über die Krankheit wußte und noch nicht bei jeder Blutkonserve einen HIV-Test durchführte. Frauen stecken sich vor allem durch intravenösen Drogenmißbrauch an; die zweithäufigste Ansteckungsquelle ist der Geschlechtsverkehr mit einem infizierten Mann. Eine infizierte Frau kann dann zum einen während der Schwangerschaft oder nach der Geburt über das Stillen ihr Kind anstecken und zum anderen über Geschlechtsverkehr auch ihren Partner (siehe zu den Ansteckungsrisiken und -formen auch weiter unten).

HIV ist ein sogenanntes *Retrovirus*, das neun Jahre und länger im Körper verweilen kann, ohne irgendwelche Symptome hervorzurufen. In dieser Zeit kann eine HIV-positive Person jedoch andere Personen anstecken, bei denen die Symptome dann sogar noch vor den eigenen auftreten können. Oft bestehen die frühesten Symptome aus geschwollenen Lymphknoten und einer kurzen, wieder vergehenden Krankheit, die dem → Pfeiffer'schen Drüsenfieber ähnelt und mit Gliederschmerzen, Fieber und geschwollenen Lymphknoten einhergeht. Diese sogenannte *akute HIV-Krankheit* tritt wenige Wochen nach der Infektion mit dem Virus auf. Sie kann bei vielen Patienten jedoch auch fehlen.

Die Infektion schreitet langsam fort und führt in einem Zwischenstadium zu einem Krankheitsbild, das *AIDS-related complex* (ARC) genannt wird. Hier ist das häufigste Symptom die *Lymphadenopathie* — das sind geschwollene Lymphknoten am Hals, in der Achselhöhle und/oder der Leiste, die sowohl schmerzhaft als auch schmerzlos auf Druck sein können. Andere Symptome bestehen in einem plötzlichen Appetits- und Gewichtsverlust (mehr als fünf Kilo in zwei Monaten), unklarem Fieber, nächtlichen

Schweißausbrüchen und Schwächegefühl vor allem in den Beinen, anhaltenden unerklärlichen Durchfällen, anhaltendem trockenen Husten, Pilzinfektionen im Mund und Rachen, erkennbar an weißlichen Flecken und Belägen, einer → Gürtelroseerkrankung oder der sogenannten *Haarleukoplakie*, einer → präkanzerösen Veränderung, die durch weiße wunde Stellen und verdickte Schleimhautbeläge im Mund und in der Vagina charakterisiert ist. Schließlich kann in diesem Stadium auch ein *Lymphom*, ein Krebs des lymphatischen Systems, entstehen.

Vom *Vollbild AIDS* spricht man, wenn der Patient eine oder mehrere lebensbedrohende sogenannte *opportunistische Erkrankungen* (Erkrankungen, die die geschwächte Körperabwehr ausnutzen) durchgemacht hat.

Die Diagnose kann durch einen positiven HIV-Antikörper-Test im Blut, eine positive → Blutkultur für das Virus selbst oder durch positive Labortestergebnisse bestätigt werden, die eine ausgeprägte Störung der Funktion des Immunsystems und ein Absinken der T-4-Lymphozyten anzeigen, den weißen Blutkörperchen der Immunabwehr, die vom HIV befallen und schließlich zerstört werden.

Die hauptsächlichen opportunistischen Erkrankungen sind die Pneumocystis-carinii-Pneumonie (PCP), eine Lungenentzündung, die durch den Parasiten *Pneumocystis carinii* hervorgerufen wird und in 25 bis 50% der Fälle zum Tode führt; eine Infektion mit dem Zytomegalievirus (CMV), einem Herpesvirus, das Blindheit, Lungenentzündungen, Speiseröhren- und Darmentzündungen hervorrufen kann; Candidiasis oder Soor (eine Pilzinfektion durch *Candida albicans*) der Speiseröhre, die mit Schmerzen und Schluckbeschwerden einhergeht; die Kryptokokkose, eine Infektion des Zentralnervensystems, der Nieren, des Knochens oder der Haut durch *Cryptococcus neoformans*, die in bis zu 25% der Fälle tödlich endet; die → Toxoplasmose, eine bestimmte Form der Enzephalitis (Gehirnentzündung), die durch *Toxoplasma gondii* verursacht wird; das Kaposi-Sarkom, ein Krebs der Haut und manchmal auch der Lungen; die Tuberkulose; Infektionen des Gehirns und der Lungen mit einem atypischen Tuberkelbakterium, dem *Mycobacterium avium intracellulare*; Herpes simplex-Infektionen verschiedener Organe und schließlich eine Demenz. Obwohl das Hauptziel des HIV die T-4-Lymphozyten sind — d.h. die weißen Blutzellen, die die Immunantwort des Körpers auf krankmachende Organismen kontrollieren — befällt es auch andere Zellen, vor allem Nervenzellen, und kann auf diese Weise ernste neurologische und psychiatrische Probleme verursachen.

AIDS ist eine Erkrankung, die durch Blut weitergegeben wird. Am leichtesten wird sie durch ungeschützten analen Geschlechtsverkehr übertragen, da die Schleimhaut des Enddarms verletzbarer ist als die der Vagina. Auch durch Injektionen mit kontaminierten Nadeln oder Blutserum, über die Plazenta und wahrscheinlich auch durch das Stillen kann eine Übertragung leicht erfolgen. Obwohl AIDS eine ansteckende Krankheit ist, wirkt ein oberflächlicher Kontakt nicht ansteckend. Durch Berühren oder Umarmen eines Patienten bekommt man kein AIDS. Der Virus kann zwar im Speichel einer infizierten Person vorhanden sein, aber ein kurzer Kuß auf den Mund führt wahrscheinlich nicht zu einer Ansteckung. Ein intensiver Zungenkuß kann jedoch vor allem bei Schleimhautläsionen im Mund ansteckend sein. Es gibt keinen Zweifel daran, daß der heterosexuelle vaginale Geschlechtsverkehr ein Weg der Übertragung sein kann, aber er ist weit weniger gefährlich als der anale Geschlechtsverkehr. Ein infizierter Mann trägt das Virus in seiner Samenflüssigkeit. Seine Partnerin kann durch vaginalen Geschlechtsverkehr infiziert werden, vor allem dann, wenn sie gerade ihre Tage hat oder kleine Schleimhautläsionen in der Scheide durch eine Entzündung oder eine Pilzinfektion vorliegen. Auch eine trockene Scheide oder das Tragen einer Spirale (→ Intrauterinpessar) kann das Ansteckungsrisiko erhöhen. Bei vaginalem Geschlechtsverkehr ist die häufigste Übertragungsrichtung von AIDS vom Mann zur Frau, obwohl das Umgekehrte nicht unmöglich ist.

Man glaubt, daß das AIDS-Virus von afrikanischen Affen herstammt. In den späten siebziger Jahren gab es eine Epidemie unter den Menschen in Zentralafrika. Nach einer Schätzung der Weltgesundheitsorganisation (WHO) sind derzeit weltweit 14 Millionen Menschen mit dem AIDS-Virus infiziert. Hochrechnungen gehen von 40 bis 110 Millionen infizierten Menschen im Jahr 2.000 aus. Weltweit infizieren sich rund 5.000 Menschen täglich neu mit dem AIDS-Virus. In Deutschland stecken sich jährlich etwa 2.000 Menschen mit HIV an. Bis zum Frühjahr 1993 sind in Westdeutschland etwa 56.500 Infektionen gemeldet worden, in Ostdeutschland dagegen nur 390. Etwa 10.000 Frauen in Deutschland sind von der Infektion betroffen. Dagegen scheinen in Afrika beide Geschlechter gleich häufig betroffen zu sein. Die Gründe für diesen Unterschied sind noch nicht vollständig klar, aber höchstwahrscheinlich spielen das häufige Vorkommen von verletzten Schleimhautoberflächen der Genitalorgane durch andere Geschlechtskrankheiten sowie die insgesamt schlechteren Ernährungsbedingungen und hygienischen Verhältnisse in den afrikanischen Ländern eine Rolle.

Zum Zeitpunkt der Veröffentlichung dieses Buches (1993) gibt es keine endgültige Heilung von AIDS. Bisher bestanden die vielversprechendsten Behandlungsversuche in der Verabreichung der antiviralen Substanz Azidothymidine (AZT) und/oder von alpha-Interferon, das die Abwehrkraft des Körpers steigert. Keines der beiden Mittel führt zu einer wirklichen Heilung, beide sind sehr teuer und haben teilweise schwere Nebenwirkungen.

Bis es eine wirksame Heilung und/oder eine prophylaktische Impfung für AIDS gibt, ist die Vorbeugung der einzig mögliche Schutz gegen eine Ansteckung. Sie besteht hauptsächlich im sogenannten *safer sex* (engl.) oder „geschützten Geschlechtsverkehr". Die dabei zu beachtenden Punkte und Empfehlungen sind am Ende dieses Stichworts aufgelistet.

Der früheste eingesetzte HIV-Test wies lediglich die Antikörper nach, die der Körper als Antwort auf das AIDS-Virus gebildet hatte. Seit 1988 gibt es bessere Tests, die das Virus selbst, sogar wenn es sich in Zellen versteckt hat, nachweisen können. Ein negativer Antikörpertest kann bedeuten, daß die Person zwar den Virus schon im Körper, aber noch keine Antikörper gebildet hat. Die Antikörperbildung braucht einige Wochen, in manchen Fällen viele Monate oder sogar Jahre, bis sie in Gang kommt. Deshalb empfiehlt man oft mindestens zwei HIV-Tests im Abstand von mehreren Wochen, um sicherzugehen, daß man wirklich nicht infiziert ist. Die Anwesenheit von Antikörpern zeigt an, daß eine Person wahrscheinlich an AIDS erkranken wird, wenn auch möglicherweise erst in sechs bis acht Jahren (die Bandbreite von der Ansteckung bis zum Ausbruch der Krankheit reicht von einem bis 15 Jahre). Jede HIV-positive Person ist aufgefordert, kein Blut, Sperma oder Organe zur Transplantation zu spenden, und eine infizierte Frau sollte eine Schwangerschaft tunlichst verhindern, um eine Weitergabe des Virus an ihr Kind zu vermeiden.

Bezüglich der AIDS-Beratungsstellen siehe im Adressenanhang.

Empfehlungen zum *Safer Sex*

- Vermeiden Sie häufigen sexuellen Partnerwechsel sowie Partner, die Sie nicht kennen oder die ihrerseits viele verschiedene und/oder unbekannte Partner hatten.
- Vermeiden Sie jede Form des analen Geschlechtsverkehrs. Vermeiden Sie den Kontakt mit Samen, Blut, Stuhl oder Urin von Personen, die Sie nicht kennen. Wenn Sie analen Geschlechtsverkehr durchführen, benützen Sie ein Kondom und ein Gleitmittel auf wäßriger Basis.
- Verwenden Sie nur eigene Dildos, Vibratoren oder ähnliche Gegenstände, von denen Sie sicher sein können, daß sie nicht mit einer infizierten Person in Kontakt gekommen sind.
- Vermeiden Sie sexuellen Kontakt, einschließlich des Zungenkusses, mit Drogenabhängigen.
- Verwenden Sie für jeden vaginalen Geschlechtsverkehr ein frisches Kondom und ein Spermizid (z.B. Nonoxynol-9, das den Virus möglicherweise abtötet). Verwenden Sie ein Kondom für oralen Sex. Verwenden Sie Latex- und keine „natürlichen" Kondome, und werfen Sie sie nach Benutzung sofort weg.
- Verzichten Sie auf Vaginalduschen vor und/oder nach dem Sex.
- Verwenden Sie keine Vaseline oder andere Gleitmittel auf öliger Basis (sie machen die Kondome durchlässiger). Verwenden Sie nicht Speichel als Gleitmittel, sondern nur Gele auf wäßriger Basis.
- Vermeiden Sie intravenöse Drogen. Wenn Sie sie nehmen, verwenden Sie niemals eine schon benutzte Nadel.

Akne Eine häufige, entzündliche Erkrankung der Haut, vor allem des Gesichts, des Halses, der Brust und des oberen Rückens. Sie ist charakterisiert durch Hautveränderungen, die als Komedonen (Mitesser), Pusteln (eitergefüllte Bläschen) und manchmal auch als Zysten und Abszesse auftreten. Im Gegensatz zu früheren Überzeugungen ist die Akne kein Resultat bestimmter Speisen, wie z.B. Schokolade und Fette, und sie ist auch nicht die Folge (im Sinne einer „Bestrafung") von sexuellen Phantasien oder sexueller Selbstbefriedigung. Sie entsteht vielmehr durch ein kompliziertes und noch nicht vollständig verstandenes Zusammenspiel von Hormonen, Talg (ein Produkt der Talgdrüsen der Haut) und Bakterien. In der Regel beginnt die Akne in der → Pubertät, wenn der Anstieg der Androgenspiegel im Blut eine Steigerung der Zahl und der Aktivität der Talgdrüsen hervorruft. (Androgene sind männliche Hormone, die bei Mädchen in den Nebennieren und bei Jungen sowohl in den Hoden als auch den Nebennieren gebildet werden.) Diese Drüsen bilden vermehrt Talg, wodurch einige der kleinen Poren der Haut, in die die Drüsen ihr Sekret abgeben, verstopfen. Der sogenannte Mitesser ist entstanden. Beim schwarzen Mitesser hat ein Teil des Talges Kontakt mit der Luft und färbt sich daraufhin schwarz an. Bei einem weißen Mitesser besitzt die Pore keine Öffnung nach außen, wodurch der Talg nicht abfließen kann. Stattdessen entsteht durch den nicht abfließenden Talg eine kleine→ Zyste unter der Haut. Die Einwirkung von Bakterien führt zur Umwandlung des Talges in Eiter, der von außen weiß durchschimmert. Oft ist die unmittelbare Umgebung um einen weißen Mitesser auch schmerzhaft. Manchmal bricht die Akne erst nach der Pubertät aus, bei Frauen vor allem vor einer Menstruation, während der Einnahme oder nach dem Absetzen von → oralen Kontrazeptiva (Anti-Baby-Pille). Auch in diesen Fällen scheint der auslösende Faktor eine Veränderung des Hormonspiegels zu sein, auch wenn hier das → Progesteron angeschuldigt wird, das offenbar den Androgenen in seinem Einfluß auf die Talgdrüsen ähnelt. Eine Akne, die nach dem Absetzen der Pille auftritt, verschwindet in der Regel innerhalb von sechs Monaten wieder von allein. Auch in den Wechseljahren kann eine Akne entstehen, weil die Eierstöcke weniger → Östrogene und Progesteron produzieren, die → Nebennieren aber weiterhin Androgene bilden. Eine schwere Akne, die plötzlich im mittleren oder höheren Lebensalter entsteht, kann ein Symptom für eine Funktionsstörung der Eierstöcke oder der Nebennieren sein und sollte Anlaß zu einer Untersuchung beim Arzt geben.

Die Behandlung einer Akne, die im wesentlichen nur die Erscheinungen und Beschwerden lindern kann, jedoch nicht zu einer grundsätzlichen Heilung führt, hängt von der Schwere der Erkrankung ab. Bei leichter Akne wird empfohlen, das Gesicht zwei- oder dreimal am Tag gründlich mit einer milden Toilettenseife oder einer Seife zu waschen, der bestimmte austrocknende Substanzen beigesetzt sind (Salicylsäure, Resorcin oder Benzoylperoxid). Fettlotionen und Kosmetika, die bei manchen Frauen sogar eine Akne auslösen können, sollten vermieden werden. Das Haar sollte häufig genug gewaschen werden, da fettiges Haar die Akne verschlimmern kann. Sonnenlicht (mäßig genossen) und lokal abschälende Substanzen können oberflächliche Pusteln und Mitesser ausheilen. Tretionin (Vitamin-A-Säure) in flüssiger Form, als Creme oder Gel kann hilfreich sein, sollte aber mit Vorsicht angewendet werden. Man trägt es über mehrere Wochen während der Nacht auf die Haut auf. In dieser Zeit müssen Sonnenstrahlung und andere Medikamente vermieden werden. In der Regel dauert es dann mehrere Monate, bis die Wirkung sichtbar wird. Auf dem Markt ist Tretionin unter den Namen Airol® oder Eudyna® erhältlich und scheint neben seiner Wirkung gegen Akne auch den Problemen einer sonnengeschädigten Haut, wie z.B. feinen Fältchen, braunen Flecken oder schuppigen Stellen, entgegenzuwirken und machmal auch die Entwicklung eines Hautkrebses im Frühstadium aufzuhalten oder umzukehren. Die „altersvorbeugende“ Wirkung wurde zufällig bei Patienten im mittleren Lebensalter entdeckt, deren Akne man mit Tretionin behandelte. Die Langzeiteffekte einer Behandlung mit Tretionin sind jedoch noch nicht bekannt, und die meisten Ärzte raten Frauen von einer Anwendung während der Schwangerschaft ab.

Andere lokal anwendbare Substanzen in der Behandlung der Akne schließen das *Benzoylperoxid*, das Bakterien abtötet, und verschiedene Kombinationen aus *Schwefel* und *Resorcinol* ein, die zur Austrocknung und Abschälung der Haut führen. Ausdrücken und andere Manipulationen an den Mitessern und Pickeln sollten vermieden werden, da dadurch häßliche Narben entstehen können. Dies ist eine Maßnahme, die Fachpersonal mit speziellen Instrumenten überlassen bleiben sollte. Bei schwerer Akne kann eine orale Antibiotikatherapie, üblicherweise mit Tetrazyklinen, über mehrere Monate hilfreich sein. Man sollte jedoch wissen, daß Tetrazykline wie alle Antibiotika bei Frauen zu einer erhöhten Anfälligkeit für Scheideninfektionen, insbesondere mit Pilzen, führt.

Lokale Antibiotika vermeiden diese Nebenwirkung. Auch eine Kryotherapie (d.h. das Anfrieren der Haut, um eine Abschälung zu bewirken) hilft in manchen Fällen. Eine Radiotherapie (eine Behandlung mit Röntgenstrahlen), die lokale Anwendung von Glukocorticosteroiden und die Anwendung von Hormonen im allgemeinen werden nicht empfohlen. Egal wie schwer die Akne ist, sie heilt fast immer nach der Pubertät, wenn die Hormonspiegel sinken, von alleine aus.

Akromegalie Bezeichnung für ein Krankheitsbild, das durch eine Überproduktion des Wachstumshormons aus der → Hypophyse (Hirnanhangsdrüse) entsteht und durch das übermäßige Wachstum von Händen, Füßen, Nase und Unterkiefer gekennzeichnet ist. Blutuntersuchungen weisen die Erhöhung der Hypophysenhormone sowie gewöhnlich auch einen Abfall der Geschlechtshormone nach, was bei jungen Frauen zur → Amenorrhoe (d.h. zum Versiegen der Regelblutungen) führen kann. Die Akromegalie kann z.B. durch einen Hypophysentumor entstehen, den man mit Strahlentherapie oder durch eine chirurgische Entfernung behandeln kann.

Akrosin-Test Ein Test, der die Aktivität eines Enzyms (des Akrosins) im Spermium mißt, das das Spermium benötigt, um die äußere Hülle des weiblichen Eis zu durchdringen und damit die Befruchtung zu ermöglichen.

Akupunktur Ein Diagnose- und Behandlungskonzept, das auf der Vorstellung beruht, daß Krankheiten und Verletzungen und die aus ihnen resultierenden Schmerzen und Beschwerden Störungen im normalen Fluß der bioelektrischen Energien des Körpers sind. Die Behandlung richtet sich daher auf die Korrektur von Blockierungen, Unausgewogenheiten oder anderen schädlichen Veränderungen in den Wegen, die diese Energien im Körper nehmen. Diese Wege wurden auf einer Karte als ein System von mehr als zwei Dutzend *Meridianen* aufgetragen, die mehr als 800 Punkte verbinden, die wiederum mit bestimmten Organen und Körperfunktionen verbunden sind. Die grundsätzliche Methode, um das natürliche Gleichgewicht im Körper wieder herzustellen, ist das Einbringen von hauchdünnen Nadeln aus Edelstahl an den Punkten, die über die Meridiane mit genau dem Organ oder Problem verbunden sind, das behandelt werden soll. Die Nadeln bleiben bei einer Sitzung zwischen zehn Minuten und einer Stunde an der jeweiligen Stelle; in der Regel ist für eine erfolgreiche Behandlung eine Folge von Einzelsitzungen — im Durchschnitt zwischen fünf und 20 — erforderlich. Die genaue Dauer und Anzahl von Einzelbehandlungen hängt vom Alter und dem allgemeinen Gesundheitszustand des Patienten ab sowie von der Art seiner Beschwerden. Die Nadeln werden sorgfältig sterilisiert und sind so fein, daß sie kaum jemals Blutungen oder Schmerzen hervorrufen.

Die Akupunktur ist vor Hunderten von Jahren in China entstanden und wird zunehmend auch in der westlichen Welt angewandt. Hier wird sie vor allem für die Behandlung von Schmerzen, vor allem bei orthopädischen Beschwerden (Rückenschmerzen, Nackenschmerzen, Schleimbeutelentzündungen, Ischiasbeschwerden, Sportverletzungen etc.) eingesetzt, wobei man davon ausgeht, daß die Akupunktur nicht nur die Schmerzen lindert, sondern auch die Heilung an sich fördert. Manche Frauen machen die Erfahrung, daß Akupunktur auch bei prämenstruellen Beschwerden oder anderen schmerzhaften Regelstörungen, bei Infektionen des Genital- und Harnbereichs, bei →

Endometriose, bei einer → fibrozystischen Mastopathie, morgendlicher Übelkeit und Hitzewallungen wirksam ist. In diesen Fällen glaubt man, daß die Akupunktur dadurch zur Beschwerdelinderung führt, daß sie das hormonale Gleichgewicht wieder herstellt. Zumindest theoretisch ist die Akupunktur für eine Vielzahl von Beschwerden nützlich, angefangen vom banalen grippalen Infekt über Asthma, Arthritis (Gelenksentzündung), Bluthochdruck und Unfruchtbarkeit bis hin zum Medikamenten-, Drogen-, Alkohol- oder Nikotinmißbrauch und zu seelischen Störungen (Panikattacken, Depressionen). In der Praxis sieht es so aus, daß die Akupunktur für viele Patienten in westlichen Ländern der letzte Ausweg und Versuch ist, nachdem die schulmedizinischen Behandlungsversuche ergebnislos waren. (In China und anderen östlichen Ländern hat die Akupunktur den Status, den die Schulmedizin im Westen hat.) Jemand, der an der Bluterkrankheit (→ Hämophilie) oder an einer anderen Krankheit mit erhöhter Blutungsgefahr leidet oder der gerinnungshemmende Medikamente wie z.B. Marcumar® einnimmt, sollte sich jedoch wegen der Blutungsgefahr keiner Akupunkturbehandlung unterziehen.

Da die Akupunktur ein invasives, d.h. den Körper des Patienten „verletzendes" Verfahren ist, darf sie in Deutschland nur von Personen mit einer Heilausbildung, nämlich von Ärzten und Heilpraktikern, ausgeübt werden. Da die Methode der Akupunktur jedoch nicht Bestandteil der normalen Medizinerausbildung an den Universitäten ist, können nicht alle Ärzte diese Behandlung durchführen, sondern nur diejenigen, die sich um eine zusätzliche Ausbildung bemüht haben. Es gibt verschiedene Vereine und Organisationen, die Lehrgänge und Ausbildungen zum Akupunkteur anbieten, wobei man sich derzeit in Deutschland um eine Vereinheitlichung der verschiedenen Ausbildungsformen bemüht. Die bekannteste dieser Organisationen ist die Deutsche Ärztegesellschaft für Akupunktur, die auch Mitglied in verschiedenen europäischen und internationalen Gesellschaften für Akupunktur ist. An diese Organisation (siehe im Adressenanhang am Schluß des Buches) kann man sich wenden, wenn man auf der Suche nach Ärzten ist, die die Methode der Akupunktur als Therapie anbieten.

Eine der Akupunktur verwandte Methode ist die Akupressur, bei der die jeweils wichtigen Punkte des Körpers durch Druckausübung und nicht durch Nadelstiche stimuliert werden. Es gibt eine Vielzahl an verschiedenen Akupressurtechniken. Hat man einmal eine Technik gezeigt bekommen, kann man sie selbst oder durch einen anderen weiter ausüben.

Akute lymphatische Leukämie Siehe unter → Leukämie

Albuminurie Das Vorhandensein von Albumin, dem Hauptprotein des Körpers, im Urin. Normalerweise findet man kein Albumin im Urin. Bei vielen verschiedenen Nierenerkrankungen tritt das Albumin aus dem Blut in den Urin über und kann dort nachgewiesen werden. Bei schwangeren Frauen ist es ein Warnzeichen für die → Präeklampsie. Aus diesem Grund gehört die Untersuchung des Urins auf das Vorhandensein von Albumin zu jeder Untersuchung bei der → Schwangerenvorsorge.

Aldosteron Ein Hormon aus den Nebennieren, das bewirkt, daß Natrium und damit Wasser im Körper zurückgehalten und gleichzeitig Kalium über die Nieren ausgeschieden wird. Die Überproduktion von Aldosteron (*Aldosteronismus* oder auch *Hyperaldosteronismus*) durch einen Tumor oder eine Hyperplasie (Größenzunahme) der Nebennieren zeichnet sich durch einen hohen Blutdruck (durch das vermehrt zurückgehaltene Natrium), → Ödeme (durch das vermehrt zurückgehaltene Wasser) und Muskelschwäche (durch den Kaliumverlust) aus. Die Behandlung besteht in der Entfernung des Tumors oder manchmal in der Entfernung der ganzen Nebennieren (→ Adrenalektomie).

Wenn die Ursache für die Überproduktion von Aldesteron nicht inner-, sondern außerhalb der Nebennieren liegt, spricht man vom *sekundären Hyperaldosteronismus*. Die Symptome sind im wesentlichen die gleichen und bestehen in Ödemen und Bluthochdruck. Die Behandlung richtet sich auf die Beseitigung der auslösenden Grundkrankheit (z.B. eine Nierenarterienstenose) oder, wenn dies nicht gelingt, in der Gabe eines Medikamentes, das die Wirkungen des Aldosterons bekämpft (sogenannte Aldosteronantagonisten wie z.B. Spironolacton). Manche Fachleute glauben, daß das Aldosteron bei der prämenstruellen Flüssigkeitsretention eine Rolle spielt (→ prämenstruelles Syndrom).

Alkoholembryopathie Siehe unter → Alkoholismus

Alkoholismus Jeglicher Konsum von alkoholischen Getränken, der einem Individuum oder der Gesellschaft oder beiden Schaden zufügt. Nach der Definition der → Weltgesundheitsorganisation sind Alkoholiker „exzessive Trinker, deren Abhängigkeit vom Alkohol einen solchen Grad erreicht hat, daß sie deutliche geistige Störungen oder Konflikte in ihrer körperlichen und geistigen Gesundheit, ihren mitmenschlichen Beziehungen, ihren sozialen und wirtschaftlichen Funktionen aufweisen, oder sie zeigen Prodrome (Warnzeichen) einer solchen Entwicklung; daher brauchen sie Behandlung". Aus dieser Definition kann man ersehen, daß die wesentlichen Punkte beim Alkoholismus die *Abhängigkeit* und die *Schädlichkeit* sind. Es wird auch klar, daß es keine bestimmte Menge des täglichen Alkoholkonsums gibt, ab der man von Alkoholismus spricht. Das liegt daran, daß sowohl die individuelle Reaktion auf Alkohol sehr unterschiedlich ist als auch die Tendenz, vom Alkoholkonsum abhängig zu werden. Man weiß jedoch, daß eine *tägliche* Trinkmenge von 60 Gramm Äthylalkohol bei Männern und von nur 20 Gramm bei Frauen toxisch (giftig) auf die Leber wirkt und dort zu schweren Schädigungen führt. (60 Gramm Alkohol entpricht der Menge Alkohol, die in zwei Liter Exportbier oder in 0,75 Liter Wein oder in 0,5 Liter Sherry oder in 0,2 Liter Whisky enthalten ist.)

Man schätzt, daß mindestens 2 Millionen Menschen in Deutschland Alkoholiker sind. Männer sind sechs- bis siebenmal häufiger alkoholsüchtig als Frauen. Alkoholabstinent leben in Deutschland nur etwa 6% der Bevölkerung. Der Grund für die Beliebtheit des Alkohols liegt in seinen Wirkungen. Alkohol ist nicht nur ein Genußmittel, sondern wirkt auf das Gehirn wie ein Psychopharmakon mit Tranquilizereffekt: Alkohol kann Spannungen und Angst herabsetzen, Niedergeschlagenheit und Mißbefinden bekämpfen, das Selbstwertgefühl heben und zur Überwindung von Schlafstörungen beitragen. Bei den Trinkgewohnheiten des Einzelnen spielen die Sitten und Gebräuche innerhalb der jeweiligen Gesellschaft in Hinblick auf den Alkohol eine bedeutende Rolle. In Deutschland herrscht eine sogenannte *Permissivkultur*, die nicht nur den mäßigen Alkoholgenuß, sondern auch Alkoholexzesse bis zu einem gewissen Ausmaß billigt. Von den vielen, die regelmäßig Alkohol zu sich nehmen, werden jedoch nur wenige alkoholabhängig. Der Grund hierfür ist noch nicht genau bekannt. Man nimmt an, daß sowohl genetische als auch familiäre und milieubedingte Faktoren eine Rolle spielen.

Der Alkohol hat jedoch nicht nur die oben beschriebenen, erwünschten positiven Wirkungen, sondern er kann vor allem bei chronischem Mißbrauch zu schweren Schäden an praktisch jedem Körperorgan führen: Die Leber verwandelt sich zunächst in eine Fettleber und geht schließlich ganz zugrunde (Leberzirrhose), die Bauchspeicheldrüse entzündet sich in regelmäßigen Abständen immer wieder (Pankreatitis), die Nerven werden geschädigt, und Teile des Gehirns gehen zugrunde, was langfristig zu schweren geistigen Beeinträchtigungen führen kann. Darüber hinaus kommt es zu Rauschzuständen, Entzugssymptomen und Vergiftungserscheinungen mit Halluzinationen und Krampfanfällen, die unter Umständen sogar lebensbedrohlich sein können. Bei alkoholabhängigen schwangeren Frauen gelangt der Alkohol über die Plazenta in den Blutkreislauf des heranwachsenden Kindes und kann dort zu schweren Schädigungen mit Herzfehlern, körperlichen Mißbildungen und geistiger Minderbegabung führen. Diese sogenannte *Alkoholembryopathie* führt zu bleibenden Schäden beim Kind und ist nicht wieder rückgängig zu machen. Da man nicht genau weiß, ab welchen Alkoholmengen der Fetus geschädigt werden kann, empfiehlt man im allgemeinen, daß eine Schwangere für die Dauer der Schwangerschaft am besten auf Alkoholkonsum ganz verzichtet.

Soziale Komplikationen des Alkoholismus sind Invalidität, Vernachlässigung der Familie, Ehescheidung, Verkehrsdelikte, Führerscheinentzug, häufiger Arbeitsplatzwechsel und schließlich Arbeitslosigkeit und manchmal auch Kriminalität.

Wenn man einmal alkoholabhängig ist, gibt es keinen leichten Weg, vom Alkohol wieder wegzukommen. Die Therapie des Alkoholismus besteht nicht nur in einer kurzfristigen Entgiftung und Behandlung der dabei auftretenden Entzugserscheinungen, sondern muß sich im Gegenteil über lange Zeit (Monate bis Jahre) erstrecken. Der eigentlichen Entgiftungsphase, die meist im Krankenhaus durchgeführt wird, folgt die langdauernde Entwöhnungsphase meist stationär in Fachkrankenhäusern für Alkoholabhängige, während der der Alkoholkranke lernt, sein Leben auch ohne Alkohol zu bewältigen und unabhängig zu werden. In diese Behandlung werden meist auch die Angehörigen des Kranken mit einbezogen. An die Entwöhnungsphase schließt sich die Phase der Rehabilitation an, die gewöhnlich ambulant durchgeführt wird und in der es darauf ankommt, die Lebensbedingungen so zu gestalten, daß die Flucht in die Sucht nicht mehr zwingend erscheint. Als Alternative zu diesem Modell gibt es mehrere Selbsthilfeorganisationen, von denen die bekannteste die der 1933 in den Vereinigten Staaten begründeten Anonymen Alkoholiker (AA) ist. Die AA nehmen nur Trinker auf und verzichten weitgehend auf die Unterstützung durch gesunde Helfer. Die Erfolge der Anonymen Alkoholiker, die ein eigenes 12-Stufen-Programm haben, sind bemerkenswert und liegen höher als bei jedem anderen Therapiekonzept. In Deutschland gibt es über 400 AA-Gruppen. Die Kontaktanschriften der örtlichen Gruppen sind können über das Telefonbuch oder auch über eine zentrale Kontaktadresse erfragt werden (siehe Adressenanhang am Ende des Buches).

Allgemeinnarkose Siehe unter → Anästhesie

Alopezie Siehe → Haarausfall

Alpha-Fetoprotein-Test Ein Bluttest, der zur Beurteilung der normalen Entwicklung des Fetus und zur Suche nach bestimmten Krankheiten des Fetus bei schwangeren

Frauen durchgeführt wird. Alpha-Fetoprotein (AFP) ist eine Substanz, die vom Fetus ab der vierten Schwangerschaftswoche produziert wird und sowohl im Fruchtwasser als auch im Blut der Mutter nachgewiesen werden kann. Abnorm hohe Werte kommen bei verschiedenen Erkrankungen des Fetus, vor allem bei offenen Spaltbildungen des Gehirns und des Rückenmarks vor, wie z.B. der → Spina bifida, sowie auch bei Zwillingsschwangerschaften oder wenn der Fetus abgestorben ist. Niedrige Spiegel lenken den Verdacht auf das Vorliegen eines → Down-Syndroms (Mongoloismus). Aus diesem Grund wird bei jeder Schwangeren zwischen der 16. und 18. Schwangerschaftswoche ein Bluttest auf Alpha-Fetoprotein durchgeführt. Bei erhöhten oder erniedrigten Werten werden weitere Schritte wie die Bestimmung des AFP im Fruchtwasser durch eine → Amniozentese und eine → Ultraschallsonographie notwendig, um zu beurteilen, ob tatsächlich eine Erkrankung des Kindes vorliegt oder nicht. Siehe auch unter → Schwangerenvorsorge.

Altersveränderungen der Haut Änderungen der Struktur und Pigmentierung der Haut, wie sie unter anderem als Folge veränderter Hormonspiegel im Alter auftreten. Während der Pubertät leiden viele heranwachsende junge Menschen an einer → Akne, die unter anderem durch die steigenden Spiegel von → Androgenen im Blut (männliches Hormon) verursacht ist. Aus diesem Grund ist die Akne häufiger und meist auch schwerer bei Jungen als bei Mädchen ausgeprägt. Während der geschlechtsreifen Jahre können entweder eine Schwangerschaft oder die Einnahme von → oralen Kontrazeptiva (Anti-Baby-Pille), die beide mit erhöhten Spiegeln von → Östrogen im Körper einhergehen, zu Veränderungen der Pigmentierung der Haut führen wie z.B. zu großen Leberflecken bei einem → Chloasma oder zu einer Nachdunkelung der Brustwarzen während einer Schwangerschaft. Orale Kontrazeptiva, die große Mengen an → Progesteron enthalten, können bei manchen Frauen zu Hautausschlägen und/oder zu einer Akne führen.

Im mittleren Lebensalter und vor allem nach der → Menopause wird die weibliche Haut dünner und verliert einiges ihrer Elastizität. Die oberste Hautschicht, die sogenannte *Epidermis*, besteht aus Zellen, die sich ständig wieder von unten her erneuern. Mit steigendem Alter wird dieser Erneuerungsprozeß immer langsamer: Bis die Zellen an die Oberfläche gewandert sind, sind sie alt, ausgetrocknet und abgeflachter als in früheren Lebensjahren. Auch die Aktivität der Talg- und Schweißdrüsen läßt deutlich nach. Dies führt zu vermehrt trockener Haut, was manchmal mit Juckreiz und unangenehmen Spannungsgefühl einhergeht, und zu Falten und deutlicher sichtbaren Hautlinien. Außerdem können Pigmentveränderungen auftreten, sogenannte Altersflecken, die ebenfalls ein Resultat der langsameren Zellerneuerung als auch der im Laufe des Lebens angesammelten Sonnenlichtbelastung der Haut sind. Aus diesem Grund empfiehlt sich die regelmäßige Anwendung von Feuchtigkeitscremes für die Haut und ein gelegentliches Ölbad, um die Haut geschmeidig zu halten und vor dem Austrocknen zu schützen. Andere Maßnahmen bestehen in der Vermeidung von zu viel Seife und zu trockener Umgebung (z.B. indem man Wasserbehälter vor die Heizung hängt, um die Luft anzufeuchten).

Ambulante Geburt Eine alternative Form der Geburt, die im Prinzip einen Kompromiß zwischen der Kliniksgeburt und einer → Hausgeburt darstellt. Bei der ambulanten Geburt geht die Schwangere zur Entbindung in ein Krankenhaus, verbringt aber die Zeit des → Wochenbetts nicht in der Klinik, sondern zuhause in der vertrauten Umgebung. Darüber hinaus stellt das Konzept der ambulanten Geburt jedoch in seiner idealen Form mehr dar als die frühe Entlassung aus der Klinik. Verwirklicht werden soll eine ganzheitliche Betreuung der Familie in der Zeit der Schwangerschaft, der Geburt, des Wochenbetts und der frühen Elternschaft, die an sozialen und emotionalen Bedürfnissen der Betroffenen orientiert ist. Aus diesem Grund ist eine „gelungene" ambulante Geburt eng verbunden mit einem über Monate heranreifenden Vertrauensverhältnis zwischen den Eltern und einer Hebamme. Die Rolle der → Hebamme ist bei diesem Konzept um einiges größer als bei der Kliniksgeburt, worin auch eine der Schwierigkeiten bei der breiten Umsetzung dieses Konzeptes besteht: Nötig wären deutlich mehr frei berufstätige Hebammen, die diese Rolle übernehmen könnten, als derzeit durch die in den letzten Jahrzehnten erfolgte Beschneidung der Hebammentätigkeit vorhanden sind. Idealerweise betreut die Hebamme die Schwangere über die Zeit der Schwangerschaft, vermittelt und führt die → Geburtsvorbereitung durch, geht mit der Frau zur Entbindung in die Klinik und betreut sie dort und kommt nach der Geburt für etwa zehn Tage mindestens einmal täglich zur Wochenbettpflege. Neben den Vorteilen der ganzheitlicheren und persönlicheren Betreuung bietet die ambulante Geburt gegenüber der Hausgeburt den Vorteil, daß die Entbindung selbst unter Nutzung moderner medizinischer Errungenschaften stattfinden kann und von daher die Risiken einer Hausgeburt (siehe dort) verringert. Eine wachsende Zahl von Kliniken in allen Bereichen Deutschlands bietet inzwischen die Möglichkeit der ambulanten Geburt an, z.B. in Form sogenannter *Hebammenzimmer*, die örtlich und organisatorisch direkt an die Klinik angeschlossen sind, in denen die der Schwangeren vertraute Hebamme die Entbindung leitet, wo jedoch in Notfällen schnell und unkompliziert ein Arzt für Mutter und/oder Kind zur Stelle ist. Wenn man eine ambulante Geburt in Betracht zieht, empfiehlt es sich von daher, bei den örtlichen Kliniken oder dem Frauenarzt nach solchen Möglichkeiten zu fragen.

Amenorrhoe Das Ausbleiben der Regelblutung. Zu bestimmten Zeiten, nämlich vor der Pubertät, während der Schwangerschaft und des Stillens und nach der Menopause, ist das Ausbleiben der Regelblutung ein normaler Prozeß. Man bezeichnet dies als *physiologische Amenorrhoe* und grenzt sie von der *pathologischen Amenorrhoe* ab, d.h. dem Ausbleiben der Blutung, ohne daß einer der oben genannten Gründe dafür vorliegt. Ferner unterscheidet man je nach dem Zeitpunkt des Eintretes einer Amenorrhoe eine *primäre* von einer *sekundären Amenorrhoe*.

1. **Primäre Amenorrhoe** Die Regelblutung ist bis zum 18. Lebensjahr noch nicht eingetreten. Obwohl sich viele heranwachsende Mädchen beunruhigen, wenn ihre Menstruation im Vergleich zu ihren gleichaltrigen Freundinnen noch nicht eingesetzt hat, muß man bedenken, daß der Verlauf der → Pubertät und das Alter der → Menarche so sehr variieren, daß bis zum Alter von 16 Jahren kein Grund für eine echte Beunruhigung besteht, vorausgesetzt jedoch, daß andere Anzeichen der Pubertät vorhanden sind (Wachstumsschub, Achsel- und Schambehaarung, Brustentwicklung). Viele Ärzte führen bei Mädchen, deren Regelblutung bis zu ihrem 16. Lebensjahr noch nicht eingesetzt hat, einige vorläufige Tests durch, um einerseits die Patientin zu beruhigen und andererseits eine ernsthafte Erkrankung auszuschließen. Ein Phänomen, das leicht ausgeschlossen werden kann, ist die sogenannte *Kryptomenorrhoe*, bei der die Blutung zwar erfolgt, aber wegen eines anatomischen Hindernisses, z.B. wegen eines nicht durchläs-

sigen Jungfernhäutchens, nicht nach außen abfließen kann. Eine andere auszuschließende Erkrankung wäre ein Tumor der Hypophyse (Hirnanhangsdrüse), den man mit Hilfe einer Röntgenaufnahme oder einer → Computertomographie des Schädels entdecken kann.

Es gibt viele verschiedene, meist organische Ursachen für eine primäre Amenorrhoe, die sich entweder in einer Störung des normalen hormonellen Zusammenspiels zwischen → Hypophyse und → Ovarien äußern oder in einem Fehlen oder mangelnder Ausbildung der Genitalorgane, z.B. der Gebärmutter, begründet sind. Die Amenorrhoe ist keine Krankheit, sondern ein Symptom für eine zugrundeliegende Erkrankung. Sie kann jedoch auch *idiopathisch* sein, d.h. trotz gründlichster Untersuchung und ausgedehnter Tests kann kein physischer oder psychischer Grund für die Amenorrhoe gefunden werden. Der normale diagnostische Weg geht nach dem Ausschlußprinzip vor. Er beginnt mit einer genauen Anamneseerhebung, bei der unter anderem nach akuten oder chronischen Vorerkrankungen jeder Art, der Möglichkeit einer nicht bemerkten Schwangerschaft, einem Gewichtsverlust oder einer Gewichtszunahme in der letzten Zeit, Symptomen einer Erkrankung der Schilddrüse oder einer Zuckerkrankheit sowie nach der frühkindlichen Entwicklung der Patientin gefragt wird. Auch die Familienanamnese bezüglich Menstruation, Fruchtbarkeit und sonstiger Erkrankungen wird mit einbezogen. Danach folgt eine gründliche körperliche Untersuchung, wenn möglich auch mit einer vaginalen Untersuchung. Wenn letztere aus physischen oder psychischen Gründen schwierig ist, kann man oft auch durch eine Untersuchung vom Darm aus die Lage, Größe und Form der Gebärmutter und der Eierstöcke bestimmen. Röntgenaufnahmen zum Ausschluß eines Hypophysentumors können gemacht werden, Abstriche aus der Scheide und dem Mund sowie Blut- und Urinuntersuchungen zur Hormonbestimmung und zur Erstellung einer → Chromosomenanalyse. Eine Röntgenaufnahme der Hände kann eventuell die normalen Knochenveränderungen der Pubertät nachweisen und daher Indiz für eine bald einsetzende → Menarche sein.

Wenn sowohl die körperliche Untersuchung als auch die Laboruntersuchungen normal sind und sich keine Hinweise auf eine andere Erkrankung finden, handelt es sich wahrscheinlich um eine harmlose verzögerte pubertäre Reifung, die sich von selbst geben wird. Manchmal ist dies lediglich eine Frage des Gewichtes, da anscheinend ein bestimmtes Gewicht für das Einsetzten der Regelblutung notwendig ist. Wichtig ist eine gute psychische Betreuung der betroffenen Mädchen. Manchmal gibt man auch Hormonpäparate, die die Blutung in Gang bringen, um der Patientin zu demonstrieren, daß im Prinzip eine Menstruation und damit auch das Kinder-Bekommen möglich und nur eine Frage der Zeit ist.

Zu den *pathologischen* Ursachen für eine primäre Amenorrhoe gehören die → Akromegalie und andere Störungen in der Hypophyse, das → Stein-Leventhal-Syndrom und andere Störungen der Eierstöcke, Krankheiten der Schilddrüse oder Nebennieren, chromosomale Störungen wie das → Turner-Syndrom, der → Hermaphroditismus und die → testikuläre Feminisierung, Eßstörungen wie die → Anorexia nervosa oder starkes Übergewicht, schwere Erkrankungen, die das Hormonsystem des Körpers betreffen wie z.B. der → Diabetes mellitus oder die ganz allgemein zu einer Verzögerung des Wachstums und der Reifeentwicklung führen wie z.B. der → Morbus Crohn, Herzerkrankungen und die Tuberkulose. Darüber hinaus können Nebenwirkungen verschiedenster Medikamente einschließlich einiger Tranquilizer (siehe unter → Psychopharmaka), Barbiturate, Cortisonpräparate und Progesteron und schließlich psychischer Streß in Form einer zeitweiligen Überlastung bis hin zu schweren psychiatrischen Störungen ein Ausbleiben der Menstruation bedingen.

Es gibt verschiedene Behandlungsmöglichkeiten für Frauen mit einer primären Amenorrhoe und Kinderwunsch. Wenn Gebärmutter und Eierstöcke normal sind und hormonelle Probleme für die Amenorrhoe verantwortlich sind, versucht man über eine medikamentöse Hormongabe das hormonelle Gleichgewicht wieder herzustellen (siehe auch unter → Ovulationsauslöser). Ein Verschluß des Jungfernhäutchens oder des Muttermundes kann durch einen kleinen chirurgischen Eingriff behoben werden. Die erfolgreiche Behandlung einer eventuellen Grundkrankheit bringt oft die Menstruation von allein wieder in Gang. Schließlich gibt es in Abhängigkeit von der zugrundeliegenden Störung als letzte Möglichkeit auch noch die der → künstlichen Befruchtung (siehe dort). Siehe auch unter → Unfruchtbarkeit.

2. **Sekundäre Amenorrhoe** Das Ausbleiben der Regelblutung für länger als drei Monate nach vorheriger normaler Menstruation und vor dem gewöhnlichen Alter der Menopause. Zunächst muß sie von der → Oligomenorrhoe, bei der das Intervall zwischen zwei Blutungen mehr als 31 und weniger als 90 Tage beträgt, und der → Hypomenorrhoe, bei der eine Blutung kürzer als drei Tage dauert und sehr schwach ist, unterschieden werden. Es gibt so große Zyklusschwankungen sowohl zwischen verschiedenen, völlig gesunden Frauen wie auch bei ein und derselben Frau, daß kein großer Untersuchungszwang besteht, solange die Symptome nicht extrem sind oder andere Probleme, wie z.B. ein unerfüllter Kinderwunsch, hinzukommen. Vor allem während der ersten Monate oder sogar Jahre nach der ersten Regelblutung sind die Menstruationszyklen vieler junger Frauen unregelmäßig. Bevor man weitere diagnostische Schritte unternimmt, sollte eine Schwangerschaft oder eine frühe → Menopause selbstverständlich ausgeschlossen werden.

Der Untersuchungsgang ist im Prinzip der gleiche wie bei der primären Amenorrhoe. Zusätzlich kann man noch eine Ausschabung mit anschließender histologischer Untersuchung eines Gewebestücks der Gebärmutterschleimhaut durchführen, wenn Hormonuntersuchungen ein hohes Risiko für einen Gebärmutterkrebs ergeben.

Die Gründe für eine sekundäre Amenorrhoe liegen im Gegensatz zur primären Amenorrhoe, die meist organische Ursachen hat, überwiegend in hormonellen Funktionsstörungen, die wiederum verschiedene Ursachen haben können und z.T oben schon erwähnt wurden. Dazu kommen Zerstörungen der Hypophyse durch eine postpartale Blutung und/oder Schock (→ Sheehan-Syndrom), Beschädigung oder Verwachsungen der Gebärmutterschleimhaut durch eine zu ausgedehnte Ausschabung (→ Asherman-Syndrom), Zysten und/oder Tumore der Eierstöcke und Medikamente einschließlich → oraler Kontrazeptiva. Extremer Gewichtsverlust und/oder ausgeprägte physische Aktivitäten wie z.B. bei Ballettänzerinnen oder Leistungssportlerinnen können ebenfalls zu einer Amenorrhoe führen (siehe auch unter → Kritisches Gewicht). Außerdem kann es nach der Geburt und dem Stillen zu einer Amenorrhoe kommen (wobei man dann von einer Amenorrhoe spricht, wenn die Blutung bei einer nicht stillenden Mutter mehr als drei Monate nach der Geburt oder nach dem Abstillen mehr als sechs Wochen ausbleibt). In diesen Fällen bildet die Hypophyse weiterhin → Prolaktin, ohne daß sie, wie es normal wäre, vom → Hypothalamus daran gehindert würde. Diese Funktionsstörung kann sich mit der Zeit von selbst geben oder durch eine Hormontherapie korrigiert werden.

Wenn keine ernste zugrundeliegende Erkrankung vermutet oder gefunden wird, muß die sekundäre Amenorrhoe nicht unbedingt behandelt werden, es sei denn, die betroffene Frau möchte schwanger werden. In diesem Fall ist eine Hormontherapie mit Progesteron allein oder in Kombination mit Östrogenen zur Hervorrufen einer Menstruation und einer anschließenden hormonellen Stimulation des Eisprungs mit → Ovulationsauslösern angezeigt und oft wirksam.

Bezüglich pflanzlicher Mittel, die eine ausbleibende Menstruation in Gang bringen können, siehe unter → Emmenagogum.

Amenorrhoe-Galaktorrhoe-Syndrom Eine Störung, die durch das Ausbleiben der Regelblutung und durch eine gleichzeitige, unpassendende (d.h. nicht während der Stillzeit erfolgende) Milchproduktion in der Brust gekennzeichnet ist. Hervorgerufen wird diese Störung durch eine übermäßige Produktion des Hormons → Prolaktin in der Hypophyse (Hirnanhangsdrüse), entweder durch einen prolaktinproduzierenden Tumor oder weil die Substanz aus dem Hypothalamus, die normalerweise die Produktion des Prolaktins hemmt, der sogenannte Prolaktin-inhibierende-Faktor (PIF), fehlt. Häufig wird dieses Syndrom auch durch Medikamente hervorgerufen: Das Östrogen der Antibabypille stimuliert die Prolaktinproduktion, und nach Absetzen der Pille kann es passieren, daß die Brust weiter Milch produziert. Phenothiazine (eine Gruppe von → Psychopharmaka) und die trizyklischen Antidepressiva bewirken im Gehirngewebe die Blockade einer Substanz, von der man glaubt, daß sie die Produktion des PIF stimuliert, wodurch diese Medikamente zu einer ungehemmten Prolaktinproduktion führen können. In fast einem Drittel der Fälle ist aber ein (manchmal sehr kleiner) Tumor der Hypophyse der Grund für die Überproduktion von Prolaktin. Die Behandlung besteht in der Ausschaltung der zugrunde liegenden Ursache (z.B. Absetzen eines antidepressiven Medikamentes, in manchen Fällen operative Entfernung eines Hypophysentumors) und/oder in der Gabe des Medikamentes Bromocriptin, das die Produktion von Prolaktin hemmt.

Amnion Siehe unter → Eihäute

Amnionhöhle Siehe unter → Eihäute

Amnioskopie Auch *Fruchtwasserspiegelung*. Eine Untersuchungsmethode, mit deren Hilfe man das → Fruchtwasser beurteilen und damit Aufschluß über eine eventuelle Gefährdung des Kindes im Mutterbauch erhalten kann. Die Amnioskopie kann ambulant durchgeführt werden und ermöglicht die Überwachung von gefährdeten Feten in der Spätschwangerschaft und zu Beginn der Geburt, solange die Fruchtblase noch steht, d.h. solange noch kein → Blasensprung stattgefunden hat. Für die Durchführung einer Amnioskopie wird die Schwangere wie zu einer gynäkologischen Untersuchung in die → Steinschnittlage gebracht. Dann führt man das *Amnioskop*, ein röhrenförmiges optisches Instrument mit einer Lichtquelle, durch die Vagina und durch den Zervikalkanal bis zur → Fruchtblase vor und kann sich dann durch das Amnioskop hindurch das hinter der durchsichtigen Fruchtblase befindliche Fruchtwasser anschauen. Hat das Fruchtwasser eine klare oder durch Zumischung von kindlicher Käseschmiere (Hautschmiere, siehe unter → Tragzeit) eine milchige Farbe, dann besteht kein Grund zur Besorgnis.

Eine Verfärbung des Fruchtwassers jedoch spricht für eine Gefährdung des Kindes. Eine *Grünverfärbung* resultiert aus der Beimengung von → Mekonium, dem kindlichen Stuhl, und ist ein Zeichen für eine leichte bis mäßig schwere Gefährdung des Feten durch Sauerstoffmangel. Eine *Gelbverfärbung* wird durch die Abbauprodukte von kindlichen roten Blutkörperchen hervorgerufen und ist ein Hinweis auf einen Untergang der roten Blutkörperchen des Fetus z.B. durch eine Blutgruppenunverträglichkeit zwischen Mutter und Kind. Ein *fleischwasserfarbenes* Fruchtwasser findet sich beim intrauterinen Fruchttod.

Wie alle eingreifenderen Untersuchungsmethoden muß die Durchführung einer Amnioskopie begründet sein. Indikationen für eine Amnioskopie sind z.B. eine → Eklampsie (Schwangerschaftsvergiftung) in der Spätschwangerschaft, jeglicher Verdacht auf eine Gefährdung des Kindes sowie der Verdacht auf eine → Übertragung. Nicht selten wird auch bei jeder Schwangeren, die zur Entbindung ins Krankenhaus kommt, eine Aufnahmeamnioskopie auch bei bisher unauffälligem Schwangerschaftsverlauf durchgeführt, um eine eventuelle Gefährdung des Kindes frühzeitig entdecken und behandeln zu können.

Die Untersuchung ist praktisch ohne Gefahren für Mutter und Kind und kann die vorgeburtliche Sterblichkeitsrate des Kindes deutlich herabsetzen.

Amniozentese Auch *Amnionpunktion, Punktion der Amnionhöhle*. Eine erstmals 1966 entwickelte Methode zur Gewinnung von → Fruchtwasser mit dem Ziel, noch vor der Geburt bestimmte genetische Erkrankungen und Geburtsfehler des Kindes sowie Blutgruppenunverträglichkeiten zwischen Mutter und Kind diagnostizieren zu können und/oder um die Reife des Kindes zu beurteilen. Die Untersuchung dauert nur wenige Minuten und wird in der Regel mit lokaler Betäubung ambulant durchgeführt. Sie kann jedoch erst ab der 16. Schwangerschaftswoche ausgeführt werden, weil erst ab dieser Zeit die Fruchtwassermenge groß genug ist, um eine Verletzung des Fetus bei der Punktion zu vermeiden. In der Regel wird zuerst mit Hilfe der → Ultraschalluntersuchung die Lage der → Plazenta und des Fetus bestimmt. Dann wird eine Nadel durch die Bauchwand und die Gebärmutter bis in die Amnionhöhle (siehe unter → Eihäute) vorgeschoben und 10 bis 20 ml Fruchtwasser für Laboruntersuchungen abgesogen. Weil die fetalen Zellen aus dem Fruchtwasser erst in einem bestimmten Medium wachsen müssen, dauern Chromosomenuntersuchungen in der Regel zwischen zwei und vier Wochen und Untersuchungen zum Stoffwechsel, für die man eine größere Zellzahl braucht, benötigen sogar noch mehr Zeit. Selbst bei sachgerechter Durchführung der Amniozentese und bei Labors, die sehr viel Erfahrung in der Untersuchung fetaler Zellen haben, kommt es in ca. 10% der Fälle vor, daß die Zellen nicht wachsen und eine zweite Untersuchung durchgeführt werden muß. Dazu kommt es vor allem dann, wenn der erste Versuch vor der 16. Schwangerschaftswoche stattgefunden hat.

Das Risiko einer Amniozentese für die Mutter ist minimal. Das Risiko für den Fetus ist etwas größer, hauptsächlich deshalb, weil durch die Untersuchung vorzeitige Wehen in Gang gesetzt werden können, was jedoch nur in weniger als 1% der Fälle passiert. Mit der Amniozentese können nicht alle → angeborenen Erkrankungen diagnostiziert werden. Sie ist hilfreich bei der Aufdeckung von Chromosomendefekten, einigen angeborenen Stoffwechselerkrankungen und bestimmten Strukturdefekten des Rückenmarks, insbesondere der → Spina bifida und der Anenzephalie (d.h. dem Fehlen der Schädeldecke und von Teilen des Gehirns, was den Fetus lebensunfähig macht). Man kann sie jedoch nicht einsetzen, um Schäden des Kindes aufzudecken, die durch eine Erkrankung der Mutter an → Röteln, durch Röntgenbestrahlung, Drogen- oder Tabletteneinnahme oder durch die Wirkung anderer schädigender Substanzen während der Schwangerschaft entstanden sind. Trotz dieser Begrenzung wird die Amniozentese als eine Routineuntersuchung für alle Schwangeren über 34 empfohlen, da dann das Risiko für Chromosomendefekte wesentlich höher ist als bei Jüngeren. Ebenso für alle Frauen, egal welchen Alters, die ein hohes Risiko besitzen, eine bestimmte vererbbare Krankheit wie z.B. die → Muskeldystrophie oder die → Hämophilie an ihr Kind weiterzugeben, und für all die Frauen, die schon ein Kind mit einer vererbbaren oder chromosomalen Erkrankung zur Welt gebracht haben. Da mit Hilfe der Amniozentese das Geschlecht des Kindes bestimmt werden kann, ist sie außerdem hilfreich bei Frauen, die Trägerinnen für geschlechtsgebundene vererbbare Krankheiten sind wie z.B. die → Muskeldystrophie oder die → Hämophilie (Bluterkrankheit). Schließlich kann die Amniozentese bei Frauen, bei denen das Austragen des Kindes bis zum errechneten Termin Probleme bereiten könnte, dabei helfen, die Reife des Kindes, insbesondere seiner Lungen (siehe → Idiopathisches Atemnotsyndrom) zu bestimmen. Auf diese Weise erhält man Aufschluß über den Zeitpunkt, zu dem ein Kaiserschnitt mit möglichst wenig Gefährdung für Mutter und Kind durchgeführt werden kann. Ein neuerer Test, der schon zu einem früheren Zeitpunkt in der Schwangerschaft durchgeführt werden kann, ist die → Chorionbiopsie. Siehe auch → Fetoskopie.

Anabolika Eine Gruppe synthetisch hergestellter Hormone, die den männlichen Geschlechtshormonen, wie z.B. dem Testosteron darin ähnlich sind, daß sie die Muskelmasse des Körpers vergrößern. Gelegentlich werden Anabolika in der Behandlung bestimmter hormoneller Störungen oder bei Blutkrankheiten, bei schweren Verbrennungen oder bei konsumierenden (aufzehrenden) Erkrankungen (z.B. Krebserkrankungen) eingesetzt. Anabolika werden außerdem zum Muskelaufbau bei männlichen und weiblichen Athleten verwendet, vor allem in Sportarten, für die eine beträchtliche Muskelkraft erforderlich ist (wie z.B. Gewichtheben und Ringen). Das wird nicht nur als unfair (und bei manchen Wettkämpfen wie z.B. den Olympischen Spielen als illegal) betrachtet, sondern kann auch zu ernsthaften Nebenwirkungen führen. Diese Nebenwirkungen bestehen bei Männern in einer Vergrößerung des Penis, Unfruchtbarkeit, Brustvergrößerung und Milchsekretion, Magen-Darm-Beschwerden (Übelkeit, Erbrechen, Appetitsverlust), Gelbsucht und einer pathologischen Zurückhaltung von Wasser und Elektrolyten im Körper. Sportlerinnen, die Anabolika einnehmen, können einen Bartwuchs sowie eine Vertiefung der Stimmlage (manchmal für immer), eine Brustverkleinerung, Akne, eine Vergrößerung der Klitoris und Blutungsunregelmäßigkeiten entwickeln. Die Anabolika führen außerdem zu einer Erhöhung des Cholesterinspiegels im Blut, unterdrücken das Abwehrsystem des Körpers und erhöhen das Risiko für eine schwere Lebererkrankung. Weil sie immer häufiger verwendet werden, sind Urintests entwickelt worden, mit denen man die Anabolika nachweisen kann und denen sich die Sportler vor bestimmten Wettkämpfen unterziehen müssen. Siehe auch → Chromosomenanalyse.

Anämie Blutarmut. Eine verminderte Anzahl von roten Blutkörperchen — den *Erythrozyten* — im Blut, feststellbar mit Hilfe eines Blutbildes (siehe unter → Bluttest). Eine Frau wird als anämisch bezeichnet, wenn die Erythrozyten weniger als 37% des gesamten Blutvolumens ausmachen und der rote Blutfarbstoff, das Hämoglobin, weniger als 12 Gramm pro 100 ml Blut beträgt. Die Normwerte für Männer liegen etwas höher. Die allgemeinen Symptome einer Anämie bestehen in Müdigkeit, Benommenheit, häufigen Kopfschmerzen, Augenflimmern, Ohrgeräuschen und Blässe der Haut und Schleimhäute. Die überwiegende Mehrheit der Anämien entsteht durch einen Eisenmangel. Andere Gründe sind Blutverluste (z.B. durch Blutungen oder größere Operationen), Vitaminmangel (in der Regel Vitamin B_{12} und/oder Folsäure), Knochenmarkserkrankungen und eine Gruppe von vererblichen Blutkrankheiten wie z.B. die Sichelzellanämie.

Unter bestimmten Umständen ist das Risiko für eine Frau, anämisch zu werden, besonders hoch. Dazu gehören vor allem die Schwangerschaft, die hohe Ansprüche an den Körper bezüglich der Ernährung, insbesondere an Eisen und Folsäure, stellt; der Gebrauch einer Spirale, die häufig zu starken Regelblutungen und damit zu Eisenverlusten führt, was durch eine Eisengabe (entweder durch die Ernährung oder in Medikamentenform) ausgeglichen werden muß; sowie der Gebrauch von → oralen Kontrazeptiva (Anti-Baby-Pille), der bei manchen Frauen zu einem Folsäuremangel führt. Es besteht eine gewisse Uneinigkeit darüber, ob oder ob nicht alle menstruierenden Frauen zusätzlich Eisen nehmen sollten. Obwohl mit jeder Regelblutung etwas Eisen verloren wird, wird dieser Verlust normalerweise zwischen den Perioden wieder ausgeglichen. Frauen, die sich schlecht ernähren und/oder die besonders starke Blutungen haben, haben ein höheres Risiko für eine Eisenmangelanämie, aber die meisten Frauen, die eine normale Blutung haben und sich ausgeglichen ernähren, brauchen kein zusätzliches Eisen. Die meisten Fachleute sind sich jedoch darin einig, daß während der Schwangerschaft der Ersatz von Eisen und Folsäure sinnvoll ist.

Die besten Nahrungsquellen für Eisen sind Eier, Fleisch, Leber und getrocknete Früchte. Folsäure (und Eisen) ist vor allem in grünem Blattgemüse (Salat, Spinat, Kohl, Brokkoli, Wasserkresse, Petersilie) enthalten, während man Vitamin B_{12} vor allem in Leber und Nieren sowie in Rinder- und Schweinefleisch, Eiern, Milch und Milchprodukten findet (siehe auch unter → Ernährung). Zahlreiche Pflanzen enthalten Eisen, zu ihnen zählen das rote Himbeerblatt (*Rubus idaeus*), das Erdbeerblatt (*Fragaria vesca*), das Schwarzwurzelblatt (*Symphytum officinalis*), die Klettenwurzel (*Arctium lappa*), die Löwenzahnwurzel (*Taraxacum officinalis*) und die Gelbrübenwurzel (*Rumex crispus*).

Anästhesie Die Unempfindlichkeit gegenüber Schmerz-, Temperatur- und Berührungsreizen. Die Anästhesie bestimmter Körperbereiche kann entweder Folge einer Störung im Nervensystem sein oder gewolltes Ergebnis einer Anwendung von chemischen Substanzen, den sog. *Anästhetika*. Je nach Ausmaß der Gefühlsbetäubung unterscheidet man verschiedene Anästhetika: Bei der *Oberflächenanästhesie* z.B. wird lediglich ein begrenztes oberflächliches Hautareal betäubt, bei der *Leitungsanästhesie* ein bestimmtes umschriebenes Körpergebiet und bei der *Allgemeinanästhesie* werden die Empfindungsfähigkeit des ganzen Körpers und das Bewußtsein ausgeschaltet. Oberflächenanästhetika sind erhältlich in Form von Halstabletten, Ohrentropfen, Mundwassern, Salben und Zäpfchen. Viele von ihnen sind sehr mild und auch ohne Rezept erhältlich.

Im Gegensatz dazu kann die lokale oder Allgemeinanästhesie nur von einem Arzt oder Zahnarzt durchgeführt werden. Für größere Eingriffe, die eine Allgemeinanästhesie erfordern, wird ein *Anästhesist*, d.h. ein Arzt mit einer spezifischen Ausbildung für

Anästhesien, hinzugezogen; kleinere Eingriffe unter Lokalanästhesie werden auch von anderen Ärzten und den Zahnärzten durchgeführt. Dabei wird ein Lokalanästhetikum mit einer Nadel in dem Bereich unter die Haut gespritzt, der betäubt werden soll oder wo der Nerv entlang läuft, der den Schmerz aus dem Gebiet, das betäubt werden soll, weiterleitet. Bei der Allgemeinanästhesie wird die Substanz entweder inhaliert (eingeatmet) oder in die Blutbahn gespritzt. Die Art des Anästhetikums und die Anästhesieform werden in der Regel von den Umständen einer beabsichtigten Operation — die Art der Operation, ihre Dauer und das betroffene Körperareal — sowie vom allgemeinen Gesundheitszustand des Patienten bestimmt und sind in der Regel eine Entscheidung des Arztes, für die er jedoch auf die Einwilligung des Patienten angewiesen ist. Eine gewisse Ausnahme bildet die Schmerzausschaltung während der Geburt, wo die Wünsche der Frau eine größere Rolle bei der Auswahl des Verfahrens spielen.

Das erste Anästhetikum, das während der Geburt verwendet wurde, war das 1847 entdeckte Chloroform. Die erste Frau mit Wehen, die Chloroformdämpfe einatmete, wurde bewußtlos und gebar ihr Kind innerhalb einer halben Stunde. Sie selbst wachte erst nach drei weiteren Tagen auf und hatte keine Erinnerung an die Geburt. Danach wurde diese Methode zunächst abgelehnt, und erst als Königin Victoria von England selbst sie zur Geburt ihres Kindes einsetzte, ebbten die Einwände ab. Mit der Zeit kamen andere *Inhalationsanästhetika* in Gebrauch, hauptsächlich Äther, Zyklopropan und Halothan. Diese Allgemeinanästhetika haben alle — wie auch das Thiopental-Natrium (Pentothal®), das intravenös gegeben wird — während der Geburt einen großen Nachteil: sie passieren die Plazenta und betäuben nicht nur die Mutter, sondern auch das Baby. Sie führen tendenziell zu schläfrigen Babies mit verzögertem Saugreflex und verzögerter Gewichtszunahme und manchmal auch zu ernsthaften Atemschwierigkeiten beim Kind. Auch für die Mutter ist eine Allgemeinanästhesie nicht risikolos. Am gefährlichsten ist das Erbrechen, was zu einer Aspiration (Einatmung) von Mageninhalt in die Lungen und anschließenden Komplikationen führen kann. Außerdem verlangsamt die Allgemeinanästhesie die Gebärmutterkontraktionen, so daß sie heutzutage eher selten und wenn, dann nur gegen Ende kurz vor der Geburt des Kindes eingesetzt wird. (Stickoxydul, das inhaliert wird, bewirkt eine Schmerzlinderung und Bewußtseinsbeeinträchtigung, ohne den Schmerz ganz auszuschalten. Es wird in der Regel zusammen mit Sauerstoff in einer Konzentration von 80% gegeben.)

Die meisten Probleme der Allgemeinanästhesie während der Geburt können mit Hilfe einer Form der *Regionalanästhesie*, der sogenannten → Leitungsanästhesie, umgangen werden. Diese Anästhesieform verändert die Bewußtseinslage nicht, sondern blockiert lediglich die Weiterleitung des Schmerzgefühls von einer bestimmten Körperregion zum Gehirn. Nur relativ wenig des Anästhetikums gelangt in die mütterliche Blutbahn oder über die Plazenta zum Kind, so daß es während der ganzen Geburt verwendet werden kann, ohne daß dem Kind dadurch geschadet wird. Die Anästhetika, die für diesen Zweck gespritzt werden, sind Procain (Novocain®), Lidocain (Xylocain®) und verschiedene andere verwandte Substanzen. Jedoch können auch sie zu manchen Problemen führen, wie z.B. zu einem niedrigen Blutdruck bei der Mutter, zur Verschlechterung der Gebärmutterkontraktionen und für den Fall, daß sie am Rückenmark eingesetzt wurden, zu Kopfschmerzen nach der Geburt. Da kein Anästhetikum vollständig risikolos ist, wird seit den fünfziger Jahren ein verstärkter Wert auf verschiedene psychologische Methoden der Schmerzkontrolle gelegt, angefangen von der Hypnose bis hin zu bestimmten Atemtechniken (siehe unter → Geburtsvorbereitung), um Anästhetika zu ersetzen oder zu ergänzen.

Analer Geschlechtsverkehr, Analingus, Analer Sex Siehe unter → Anus

Analfissur Ein tiefer Riß in der Schleimhaut des Darmausgangs, der oft extrem schmerzhaft ist, weil er zu Spasmen des Schließmuskels führen kann. Die Fissur entsteht durch die Passage großen und sehr harten Stuhls oder auch durch Operationen in diesem Bereich, durch analen Geschlechtsverkehr oder andere Traumata. Der Schmerz ist besonders heftig und anhaltend, wenn der Darmausgang durch eine Stuhlpassage oder während einer Untersuchung gedehnt wird. Eine oberflächliche Fissur heilt in der Regel von selbst aus, sie kann jedoch auch in eine chronische Fissur übergehen. Die häufigeren tieferen Fissuren müssen behandelt werden. Die Behandlung besteht aus einer ballaststoffreichen Diät sowie in der Verwendung von betäubenden Salben vor und nach dem Stuhlgang. Ein warmes → Sitzbad sofort nach dem Stuhlgang kann den Schmerz lindern. Chronische und tiefere Fissuren, die auf diese Therapie nicht ansprechen, müssen vom Chirurgen operiert werden.

Analgetikum (Plural *Analgetika*) Jedes schmerzlindernde Medikament oder Mittel. Analgetische Medikamente können zusätzlich narkotisch (einschläfernd) wirken, müssen dies jedoch nicht. Die Hauptvertreter unter den narkotischen Analgetika sind Opium und seine Derivate (Abkömmlinge) wie z.B. Morphium und Codein sowie synthetisch hergestellte Narkotika, zu denen z.B. das Methadon oder Levomethadon (L-Polamidon®) gehört. Alle narkotischen Analgetika machen potentiell physisch und psychisch abhängig, d.h. eine Person zeigt Entzugssymptome, wenn sie abgesetzt werden.

Die Hauptvertreter der nicht-narkotischen Analgetika, von denen die meisten nicht nur schmerzlindernd sind, sondern auch gegen Fieber und Entzündung wirken, sind die Salicylate wie z.B. das Aspirin® oder das Ibuprofen (Brufen®), das wie das Aspirin die Ausschüttung von Prostaglandinen hemmt; die Pyrazolonderivate wie z.B. das Phenylbutazon (Butazolidin®) und das Indometacin (Amuno®) sowie die Anilinderivate wie z.B. das Paracetamol (Ben-u-ron®), die nicht entzündungshemmend wirken. Aspirin®, Paracetamol und Ibuprofen sind bei der Fieberbekämpfung und der Linderung von leichten bis mäßigen Schmerzen etwa gleich gut wirksam. Ibuprofen ist etwas effektiver für Schmerzen bei Verstauchungen, Zerrungen und anderen Weichteilverletzungen sowie bei Menstruationsschmerzen.

Etwa 5 bis 10% aller Personen vertragen das Aspirin® schlecht und zeigen Nebenwirkungen wie Magenbeschwerden, Ohrgeräusche, Sehstörungen und blutigen oder schwarzen Stuhl. Die Langzeitanwendung von Aspirin® kann zu Geschwüren im Magen-Darm-Bereich und durch Blutungen aus diesen Geschwüren zu Anämien (Blutarmut) führen. Aus diesem Grunde rät man schwangeren und stillenden Frauen, Alkoholikern und Personen, die anfällig für Geschwüre oder Gicht sind oder die gerinnungshemmende Medikamente einnehmen, vom Aspirin® ab. Paracetamol wird für etwas sicherer gehalten, obwohl es für Patienten mit Leber- oder Nierenerkrankungen und für Alkoholiker nicht angezeigt ist. Das Ibuprofen irritiert wie das Aspirin® den Magen und verschlechtert die Blutgerinnung. Es sollte ebenfalls nicht von schwangeren oder stillenden Frauen eingenommen werden. Alle diese Analgetika sollten nicht auf nüchternen Magen, sondern am besten zu oder nach einer Mahlzeit genommen werden. Außerdem sollte man nicht zwei oder mehrere Analgetika zusammen einnehmen. Bedenken sollte man auch, daß eine regelmäßige Schmerzmitteleinnahme über einen längeren Zeitraum selbst zur Entstehung von Schmerzen, z.B. von Kopfschmerzen, führen kann.

Auch eine Reihe von Kräutern und Pflanzen werden als Analgetika verwendet. Das Opium z.B. wird aus Mohn gewonnen. Zu den pflanzlichen Mitteln, die milde Schmerzen lindern können, gehört auch die Echte Katzenminze (*Nepeta cataria*), aus deren Blättern und Blumen ein Tee bereitet wird.

Androgene Sammelbegriff für die männlichen Geschlechtshormone, d.h. die Hormone, die einen maskulinisierenden (vermännlichenden) Effekt auf den Körper beider Geschlechter haben. Der wichtigste Vertreter der Androgene ist das → Testosteron, das bei Männern in den Hoden und bei Frauen in wesentlich geringeren Mengen von den Eierstöcken und den Nebennieren gebildet wird. Andere Androgene aus den Eierstöcken und Nebennieren sind das Androstenedion und das Dehydroandrosteron, die jedoch mit Ausnahme von bestimmten Krankheiten normalerweise in so geringen Mengen gebildet werden, daß sie keinen maskulinisierenden Effekt haben. Während der Schwangerschaft wandelt die → Plazenta diese beiden Androgene in → Östrogene (weibliche Geschlechtshormone) um. Synthetisch hergestellte Androgene werden hauptsächlich in der Behandlung von Männern eingesetzt, deren Hoden keine Androgene bilden können. Sie sind nicht wirksam in der Behandlung einer Sterilität oder Impotenz, es sei denn, diese Störungen sind das Resultat unterentwickelter Hoden. Man glaubt, daß die Androgene zum Teil für den Sexualtrieb verantwortlich sind (siehe auch → Libido), die genauen Zusammenhänge sind jedoch nicht klar. Siehe auch unter → Anabolika.

Andrologie Männerheilkunde. Die Andrologie beschäftigt sich mit dem Bau und der Funktion der männlichen Geschlechtsorgane, vor allem in bezug auf die Zeugungsfähigkeit und deren Störungen.

Angeborene Krankheiten Krankheiten, die schon zum Zeitpunkt der Geburt vorhanden sind. Manche von ihnen, wie z.B. die → Phenylketonurie (PKU), können sofort entdeckt und behandelt werden, andere, wie z.B. die → Tay-Sachs-Erkrankung oder die Sichelzellanämie, bleiben möglicherweise für Monate oder Jahre unentdeckt und sind manchmal nicht nur unheilbar, sondern auch lebensgefährlich. Wieder andere, wie z.B. geistige Behinderungen, kommen in verschiedenen Schweregraden vor.

Prinzipiell können angeborene Erkrankungen auf zwei Wegen entstehen. Der eine besteht in von außen kommenden störenden Einflüssen während der Schwangerschaft oder Geburt. Dazu gehören unter anderem radioaktive Strahlen, Medikamente und Drogen (auch Alkohol und Nikotin), Virusinfektionen, Ernährungsmängel, verschiedene chronische Erkrankungen der Mutter und Verletzungen während der Geburt (→ Geburtsschäden). Die andere grundsätzliche Entstehungsweise von angeborenen Erkrankungen besteht in einem oder mehreren Fehlern in den → Genen oder → Chromosomen, also der Erbanlage des Kindes. Diese Fehler in der Erbanlage können entweder schon bei einem der Elternteile vorhanden und dann an das Kind weitergegeben worden sein, oder es handelt sich um eine beim Kind neu entstandene Störung. Im Falle einer Vererbbarkeit der Chromosomenfehler spricht man auch von *genetischen Krankheiten.*

Die Zahl der bekannten *teratogenen* Substanzen — Substanzen mit einem schädigenden Effekt auf die Entwicklung eines Fetus — ist groß und wird mit dem wachsenden Wissen über verschiedene Chemikalien und deren Wirkungen ständig größer. Zu ihnen gehören unter anderen Methyl-Quecksilber, das in vergiftetem Fisch vorkommt und angeborene Hirnschäden verursachen kann; die Hormone Östrogen und Progesteron,die bei Einnahme während der Schwangerschaft zu Schäden des Herz-Kreislaufsystems führen können; die Tetrazyklin-Antibiotika, die verfärbte und unterentwickelte Zähne verursachen können; das Rubella-Virus (→ Röteln) , das sowohl zum Tod der Frucht noch während der Schwangerschaft als auch zu schweren angeborenen Schäden führen kann; das inzwischen aus dem Handel genommene Schlafmittel Thalidomid (→ Contergan-Syndrom), das bei 4.000 in den sechziger Jahren in Deutschland geborenen Kindern zu fehlenden oder unterentwickelten Gliedmaßen geführt hat; und verschiedene Strahlenarten, einschließlich hochdosierter Röntgenstrahlen, die zu einer Vielzahl von Störungen führen können. Die Röteln-Erkrankung der Mutter während der Schwangerschaft ist keineswegs die einzige häufige Infektionskrankheit, die zu Schäden beim Kind führen kann. Auch andere Viren sind gefährlich, wie z.B. diejenigen, die → Windpocken, → Toxoplasmose, → Syphilis u.a. verursachen (siehe auch unter → konnatale Infektionskrankheiten). Aus diesem Grunde empfiehlt man allen Frauen, die schwanger sind (oder sein könnten), auf Impfungen, die mit lebenden, aber nicht krankmachenden Impfstoffen durchgeführt werden, zu verzichten. Außerdem sollten Betäubungen, chemische Substanzen, Strahlen sowie Drogen und Medikamente — nicht nur verschriebene, sondern auch rezeptfreie Medikamente wie z.B. Aspirin® — vermieden werden. Sie sollten außerdem möglichst gar nicht oder so wenig wie möglich rauchen und den Alkoholgenuß einschränken. Der beistehende Kasten liefert eine Zusammenstellung aller dieser Vorsichtsmaßnahmen während der Schwangerschaft. Siehe auch unter → Drogenmißbrauch während der Schwangerschaft, → Medikamenteneinnahme während der Schwangerschaft, → Alkoholismus, → Rauchen.

Wenn Sie schwanger sind, schützen Sie Ihr ungeborenes Kind, indem Sie die folgenden Dinge vermeiden:

- jedes nicht unbedingt notwendige Medikament (einschließlich Antazida [Mittel gegen Magengeschwüre], Abführmitteln und rezeptfreien Schmerzmitteln), es sei denn, es wurde von einem Arzt verordnet, der weiß, daß Sie schwanger sind (oder sein könnten);
- alkoholische Getränke (trinken Sie nur sehr wenig oder am besten gar nicht);
- Impfungen mit lebendem Virus-Impfstoff, einschließlich Grippe-Impfungen;
- Ansteckung beziehungsweise zu engen Kontakt mit Personen, die an einer der folgenden Infektionskrankheiten erkrankt sind: Röteln, Masern, Mumps, Herpes simplex, Syphilis, Gornorrhoe, Hepatitis, Zytomegalie, Grippe und Toxoplasmose;
- Tabak in jeder Form;
- Röntgenstrahlen, falls nicht unbedingt notwendig (in diesem Fall vergewissern Sie sich, daß Ihr Unterbauch mit einer Bleischürze abgedeckt ist).

Bezüglich der angeborenen Krankheiten durch Erbanlagenfehler sind drei grundsätzliche Arten von genetischen Störungen zu unterscheiden: Chromosomendefekte beziehungsweise Chromosomenanomalien, Einzel-Gen-Erkrankungen und multifaktorielle oder polygene Krankheiten. Bei *Chromosomendefekten* besteht entweder ein Mangel oder ein Überschuß an chromosomalen → Nukleinsäuren, was zu Fehlern in der Struktur oder in der Zahl der Chromosomen führt. Anders als bei den anderen genetischen Störungen kommen sie selten familiär gehäuft vor, daß heißt sie treten in der Regel in einer Familie nur einmal auf. Die bekannteste Chromosomenanomalie ist das → Down-Syndrom, das normalerweise durch ein zusätzliches Chromosom Nr. 21 verursacht wird. Sein Auftreten ist, wie das von noch einigen anderen Chromosomendefekten, vom Alter der Mutter abhängig, d.h. das Risiko für diese angeborene Erkrankung ist um so höher, je älter die Mutter ist. Eine besondere Gruppe von Chromosomendefekten bilden diejenigen, die nur die Geschlechtschromosomen betreffen, so daß Doppeldeutigkeiten in der Geschlechtsentwicklung des Kindes auftreten können. Zu ihnen gehören das → Turner-Syndrom und das → Klinefelter-Syndrom. Letzteres steht in Zusammenhang mit dem Alter des Vaters: Je älter er bei der Zeugung ist, desto größer ist die Wahrscheinlichkeit für die Entstehung eines Klinefelter-Syndroms. Chromosomendefekte bei zukünftigen Eltern können durch eine Untersuchung der Zellkerne von weißen Blutkörperchen, die man aus einem Abstrich aus dem Mund gewinnt, leicht entdeckt werden, da diese Defekte in jeder Körperzelle vorhanden sind. (Siehe auch unter → Chromosom, → Chromosomenanalyse, → Genetik.)

Einzel-Gen-Defekte treten auf, wenn ein Gen oder ein Genpaar mutiert (verändert) ist. Wenn dieses mutierte Gen *dominant* ist, führt seine Anwesenheit beim Vater oder bei der Mutter zu einer 50%igen Wahrscheinlichkeit, daß die Erkrankung an das Kind vererbt wird. (Die Begriffe Gen, Mutation, dominant und rezessiv werden unter → Genetik erklärt.) Man kennt mehr als 1.200 dominante genetische Erkrankungen. Zu ihnen gehört z.B. die *Chorea Huntington*, eine chronisch progrediente (voranschreitende) und schließlich zum Tod führende neurologische Erkrankung, die erst im mittleren Erwachsenenalter in Erscheinung tritt. (Für diese Erkrankung gibt es inzwischen einen Bluttest, mit dem man ihr Auftreten vorhersagen kann.) Bei einem *rezessiven* Gen bei beiden Eltern beträgt die Erkrankungswahrscheinlichkeit für das Kind 25%. Zu den rund 950 bekannten rezessiv vererbbaren Krankheiten gehören z.B. die Sichelzellanämie, die → Phenylketonurie, die → Tay-Sachs-Krankheit und die → Mukoviszidose. Wenn das defekte Gen rezessiv und gleichzeitig an das weibliche Geschlechtschromosom gebunden (d.h. es sitzt nur auf dem X-Chromosom) vererbt wird, so wird es prinzipiell nur von Müttern an ihre Söhne weitergegeben (mit einer 50%igen Wahrscheinlichkeit). Von diesen rezessiven, X-chromosomalen Krankheiten kennt man ungefähr 150, wie z.B. die → Hämophilie A (Bluterkrankheit), bei der ein Gerinnungsfaktor im Blut fehlt, oder die → Muskeldystrophie Typ Duchenne, bei der es zu einer fortschreitenden Schwäche und zum Untergang der Muskelfasern kommt.

Multifaktorielle oder *polygene Erkrankungen* entstehen aus einem komplexen Zusammenspiel von Genpaaren untereinander und mit Umgebungsfaktoren. Zu dieser Art von angeborenen Erkrankung gehören viele angeborene Mißbildungen, wie z.B. die Lippen- und/oder → Gaumenspalte, der Klumpfuß oder die → Spina bifida. Einige von ihnen scheinen auch mit dem Alter der Eltern zusammenzuhängen. Außerdem geht man davon aus, daß genetische Faktoren zum Teil für die Entstehung von Gicht, Magengeschwüren, → Multipler Sklerose, → Bluthochdruck, → Schizophrenie, → Diabetes mellitus, → manisch-depressiven Krankheiten und einigen Krebsarten mitverantwortlich sind.

Seit 1968 bedient man sich der → Amniozentese, um Chromosomendefekte, einige wenige biochemische Störungen und manche Gehirn- und Rückenmarkserkrankungen im Fetus noch vor der Geburt zu diagnostizieren. Zu den neueren Tests gehören die → Chorionbiopsie und der → Alpha-Protein-Test. Wertvoll und wichtig ist auch die → genetische Beratung, um das Vorhandensein einer Krankheit und das Risiko der Vererbung an Kinder zu bestimmen.

Es gibt verschiedene Möglichkeiten der pränatalen (vor der Geburt) Therapie. Z.B. kann man direkt über die Nabelschnut Blut des Fetus abnehmen und Medikamente oder Bluttransfusionen geben, was bei bestimmten Krankheiten wie einer schweren → Blutgruppenunverträglichkeit oder einer Toxoplasmose zur Rettung des Kindes beitragen kann. Oder man versucht durch die Gabe von Medikamenten an die Mutter eine therapeutische Wirkung auf das ungeborene Kind zu erzielen.

Angina pectoris Auch *Stenokardie*, *Herzenge*. Plötzlich auftretende, Sekunden bis Minuten anhaltende heftige Schmerzen im Brustkorb, meist hinter dem Brustbein, die in die linke Schulter-Arm-Region und/oder in den Hals-Unterkiefer-Bereich hin ausstrahlen können und nicht selten mit Atemnot, Erstickungsgefühlen sowie Vernichtungsgefühl und Todesangst einhergehen.

Die Angina pectoris ist Ausdruck einer akuten Mangelversorgung des Herzmuskels mit Sauerstoff und tritt vor allem dann auf, wenn die den Herzmuskel versorgenden Blutgefäße, die *Herzkranzgefäße*, durch eine → Arteriosklerose verengt sind. Die Arteriosklerose der Herzkranzgefäße oder Koronarien und die daraus entstehenden Angina-pectoris-Beschwerden werden auch zusammenfassend als *koronare Herzkrankheit* (kurz KHK) bezeichnet. Angina pectoris-Anfälle sind häufig auslösbar durch körperliche Anstrengung, Aufregungen, Kälte und gelegentlich auch durch üppige Mahlzeiten. Bei einer *stabilen* Angina pectoris treten die Schmerzen nur bei körperlicher Belastung auf und sind über Monate hinweg konstant. Bei einer *instabilen* Angina pectoris treten die Schmerzen schon in Ruhe auf oder ändern sich beziehungsweise nehmen von Attacke zu Attacke zu. Jede Angina pectoris ist als Vorbote für einen drohenden Herzinfarkt anzusehen, und insbesondere aus einer instabilen Angina pectoris kann sich schnell ein Herzinfarkt entwickeln.

Da bei den meisten Formen der Angina pectoris eine arteriosklerotisch bedingte Stenose (Verengung) eines oder mehrerer Herzkranzgefäße vorliegt, wird man in den meisten Fällen zunächst versuchen, mittels einer Kontrastmitteluntersuchung, der sogenannten *Koronarangiographie,* festzustellen, ob eine oder mehrere Stenosen vorliegen oder nicht. In manchen, jedoch nicht allen Fällen kann man solche Stenosen operativ durch eine Bypass-Operation oder durch eine Aufdehnung des Gefäßes mit einem in das Gefäß eingeführten Katheter beheben. Darüber hinaus versucht man, durch die Gabe von Medikamenten den Sauerstoffbedarf des Herzens zu verringern, seine Muskelkraft zu steigern und damit die Schmerzattacken zu lindern beziehungsweise seltener zu machen. Ein sehr häufiges zu diesem Zweck eingesetztes Medikament ist das Nitroglyzerin (z.B. Nitrolingual®), das bei einer Attacke entweder als Spray oder als Kapsel eingenommen wird und die Schmerzen oft prompt beseitigt.

Angstneurose Eine psychische Störung, die durch anhaltende Gefühle tiefer Angst ohne triftigen Grund gekennzeichnet ist. Jeder Mensch ist ab und zu ängstlich, aber diese Angst ist in der Regel von kurzer Dauer und betrifft einen benennbaren, äußeren Grund. Wenn dieser Grund wegfällt, verschwindet auch die Angst. Wenn der Grund der Angst darüber hinaus immer wieder auftritt (wie z.B. das Lampenfieber vor einem Bühnenauftritt oder die Angst, vor einem großen Publikum zu sprechen), dann wird die Angst in der Regel mit der Zeit, wenn sich die betreffende Person an die Situation gewöhnt, immer geringer. Bei der Angstneurose jedoch kann sich das Angstgefühl mit jeder Wiederholung bis zur Panik steigern, was dazu führt, daß diese Situation grundsätzlich gemieden wird. Eine neurotische Angst, die sich auf eine bestimmte Situation oder ein bestimmtes Objekt bezieht, wird manchmal auch als *Phobie* bezeichnet (siehe z.B. unter → Agoraphobie). Manchmal nimmt die Angst die Form hartnäckig wiederkehrender Ideen (z.B. Verfolgungswahn) an, oder sie führt zu zwanghaft wiederholten Handlungen wie z.B. unaufhörlichem Händewaschen, die ihrerseits die Angts vermindern sollen.

Die Angst äußert sich sowohl in psychischen als auch in physischen (körperlichen) Symptomen. Häufig sind Gefühle der Anspannung und der Besorgnis; das Fällen einer Entscheidung wird schwierig, und man kann sich nicht richtig konzentrieren. Die Schwelle für Frustration ist niedrig, und in der Regel treten auch Schlafstörungen wie Schwierigkeiten beim Einschlafen, unruhiger Schlaf und Alpträume auf. Physische Symptome, die sich während einer Angst- oder Panikattacke akut äußern können, bestehen in Schwindel, Herzrasen, Kurzatmigkeit und Schweißausbrüchen. Auch Übelkeit und Erbrechen oder Durchfälle können auftreten.

Bisher konnte man keinen organischen Grund für die Angstneurose finden. Anhaltende und zu völliger Erschöpfung führende Angstzustände werden in der Regel mit → Psychotherapie und → Psychopharmaka, vor allem mit schwächeren Tranquilizern und → Antidepressiva, behandelt. Als eine erfolgreiche Form der Psychotherapie für Angstneurosen hat sich die Verhaltenstherapie bewährt, bei der der Patient durch eine langsam zunehmende Konfrontation mit angstauslösenden Situationen und Objekten lernt, seine Angst in den Griff zu bekommen oder sogar zu verlieren.

Anorexia nervosa *Magersucht.* Eine Form der Nahrungsverweigerung mit sowohl physischen als auch psychischen Symptomen. Sie betrifft meistens Mädchen, oft aus „gutem Hause", in der Pubertät bis Anfang zwanzig und kann in immerhin 10 bis 15% der Fälle mit dem Tod enden. Das Hauptmerkmal ist die Weigerung der Patientin, zu essen. Oft ist darüber hinaus das Eßverhalten bei der Nahrung, die noch aufgenommen wird, merkwürdig: Der Nahrungsaufnahme können wiederholtes, selbst herbeigeführtes Erbrechen und/oder Durchfälle folgen (siehe auch unter → Bulimie). In der Folge kommt es zu einem extremen Gewichtsverlust (mindestens 25% des Körpergewichtes) mit mehreren oder allen der folgenden Begleiterscheinungen: Sekundäre → Amenorrhoe (Versiegen der Menstruation), Hyperaktivität, Hypothermie (Intoleranz gegen Kälte), niedriger Blutdruck, verlangsamter Herzschlag, übermäßiges Haarwachstum auf der unteren Körperhälfte, Angst vor Gewichtszunahme, Schlankheitswahn, Verleugnung von Hunger, Gefühl der Unzulänglichkeit und das Bemühen, Kontrolle über das eigene Leben zu erlangen und zu bewahren.

Anorektische Patienten, in 90 bis 95% der Fälle Frauen, haben eine extrem gestörte Körperwahrnehmung und betrachten sich als fett, auch wenn sie in Wirklichkeit völlig abgemagert sind. Manche leiden auch unter schweren Depressionen und begehen eventuell einen Selbstmordversuch.

Die Ursachen für die Anorexia nervosa sind nicht genau bekannt. Lange Zeit glaubte man eher an psychische als an organische Gründe für die Erkrankung. Zahlreiche Erklärungsmodelle wurden vorgeschlagen: der Wunsch, Sexualität zu vermeiden (Angst vor Schwangerschaften, Verleugnung der Weiblichkeit), die Übertreibung oder Überzeichnung konventioneller Weiblichkeitsideale (der Wunsch, durch Schlankheit den sozialen Normen zu entsprechen), das Gefühl der Hilflosigkeit in Anbetracht des kommenden Erwachsenseins und die Anorexie als ein Weg, Selbständigkeit zu vermeiden. Auch die Eltern anorektischer Mädchen wurden verantwortlich gemacht — die Mütter in dem Sinne, daß sie dominant und aufdringlich seien, die Väter für Passivität und emotionale Zurückhaltung. In letzter Zeit haben Forscher begonnen, die Möglichkeit einer organischen Erkrankung, vielleicht des → Hypothalamus, der den Appetit kontrolliert, zu untersuchen.

Anorektische Patientinnen, die öfter erbrechen, sollten auf eine eventuell bestehende Schwangerschaft hin untersucht werden, was zwar bei bestehender Amenorrhoe unwahrscheinlich ist, aber dennoch vorkommt und dann sorgfältig überwacht und betreut werden muß. Die Behandlung der Anorexie richtet sich im übrigen zunächst im wesentlichen darauf, den Tod durch Aushungerung zu verhindern. In der Regel werden die gefährdeten Patientinnen stationär in eine Klinik aufgenommen und dort mit einer unterstützenden Psychotherapie und „Eßkuren" behandelt. Bei weniger schweren Fällen kann die ambulante Psychotherapie allein ausreichen. Im allgemeinen limitiert sich die Krankheit selbst — d.h. das betroffene Mädchen beginnt wieder zu essen, was nach Monaten des Hungerns selbst wieder zu Magen-Darm- und anderen körperlichen Problemen führen kann — oder aber der Patient hungert sich zu Tode.

Anovulatorische Blutungen Auch *Anovulation.* Vaginale Blutungen, meist in unregelmäßigen Abständen, ohne zuvor erfolgten Eisprung (→ Ovulation). Bei der gesunden, geschlechtsreifen Frau gibt es einen regelmäßigen Monatszyklus: → Östrogene bewirken den Aufbau der Gebärmutterschleimhaut (Endometrium); eine Eizelle wird vom Eierstock in den Eileiter abgegeben; der im Eierstock verbleibende Follikelrest der Eizelle bildet → Progesteron; die Eizelle wird entweder befruchtet und nistet sich im Endometrium ein oder sie wird zusammen mit dem oberen Anteil des Endometriums bei der dann einsetztenden Regelblutung abgestoßen (siehe unter → Menstruationszyklus für eine genauere Beschreibung). Ohne den Eisprung wird kein Progesteron gebildet, und das hormonelle Rückkopplungssystem gerät aus dem Gleichgewicht. Das unter der Östrogenwirkung aufgebaute Schleimhautgewebe in der Gebärmutter wird schließlich abgestoßen, jedoch meist nicht in regelmäßigen Abständen und nicht zu der Zeit, zu der die Blutung mit einer Ovulation eingetreten wäre. Progesteron reguliert die zeitlichen Abläufe des Menstruationszyklus. Ohne Progesteron wird die Menstruation unregelmäßig oder hört ganz auf, oder es kommt zu schweren, langdauernden Blutungen.

Anovulatorische Blutungen sind in den ersten zwei oder drei Jahren nach der → Menarche (erste Regelblutung) und dann wieder in den Jahren vor der → Menopause (letzte Regelblutung) relativ häufig. Auch Frauen unter einer → Östrogensubstitutionstherapie oder Frauen, die → orale Kontrazeptiva (Anti-Baby-Pille) einnehmen, die den Eisprung unterdrücken, haben anovulatorische Zyklen. Fachleute glauben, daß ein fehlender Eisprung in etwa 20% der Fälle die Folge von Streß (einschließlich starker körperlicher

Anstrengung), Adipositas (Dickleibigkeit), Diäten, überschießender Androgenbildung, Schilddrüsenfunktionsstörungen oder überschießender Produktion von → Prolaktin ist. Da die Unregelmäßigkeit der anovulatorischen Blutungen durch das fehlende Progesteron zustande kommt, kann man durch die Behandlung mit Progesteron in der zweiten Zyklushälfte die Blutungsintervalle symptomatisch regulieren. (Eine solche Ersatzbehandlung mit Progesteron sollte auch dann erfolgen, wenn sich die Frau durch die unregelmäßigen Blutungen nicht gestört fühlt, weil damit dem erhöhten Gebärmutterkrebsrisiko durch alleinige Östrogenwirkung auf den Körper vorgebeugt wird.) Durch die Progesterontherapie wird jedoch nicht die zugrundeliegende Ursache, nämlich der fehlende Eisprung, behoben. Falls die betroffene Frau schwanger werden will, kann man sich hier eventuell mit der Gabe von Clomifen helfen, einer Substanz, die bei 60 bis 70% der anovulatorischen Patientinnen zum Eisprung führt (siehe unter → Ovulationsauslöser). Wegen der nicht unerheblichen Nebenwirkungen von Clomifen muß eine solche Therapie jedoch sorgfältig abgewogen werden. Eine starke Blutung im Rahmen anovulatorischer Zyklen kann durch die Verabreichung einer Kombination von Östrogen und Progesteron gestillt werden. Siehe auch unter → Dysfunktionelle Blutungen und unter → Endometriumshyperplasie. Bezüglich einer einfachen Methode zur Feststellung, ob ein Eisprung stattgefunden hat oder nicht, siehe unter → Basaltemperatur.

Anteflexio uteri Die normale, nach vorne gerichtete Abknickung des Gebärmutterbauches im Verhältnis zum Muttermund. Unter *Anteversio uteri* versteht man die normale, nach vorne zur Bauchwand gerichtete Neigung der Gebärmutter. Siehe Abbildung unter → Retroflexio uteri.

Anti-Baby-Pille Siehe → Orale Kontrazeptiva

Antibiotika Sammelbegriff für eine Gruppe von Medikamenten, die in der Behandlung von Infektionskrankheiten eingesetzt werden. Die meisten Antibiotika sind bestimmte Stoffwechselprodukte von Mikroorganismen, von denen man herausgefunden hat, daß sie die Fähigkeit besitzen, andere Bakterien, Pilze oder Parasiten abzutöten oder in ihrem Wachstum zu hemmen. Einige wenige Antibiotika sind synthetisch im Labor hergestellte Substanzen, wieder andere sind natürliche Stoffe, die zusätzlich im Labor chemisch verändert wurden — sogenannte *Derivate* (Abkömmlinge). Innerhalb der großen Gruppe der Antibiotika unterscheidet man nach der Art ihrer chemischen Grundstruktur zahlreiche Antibiotikagruppen. Diese Untergruppen unterscheiden sich darüber hinaus auch in ihrem *Wirkmechanismus*, d.h. in der Art, mit der sie Bakterien angreifen und vernichten, in ihrem *Wirkungsspektrum*, d.h. gegen welche Bakterien sie wirksam sind, in ihrer *Wirkungsstärke* und in ihrem *Wirkungstyp*. Der Wirkungstyp kann *bakteriostatisch* oder *bakterizid* sein. Der bakteriostatische Effekt eines Antibiotikums ist dadurch gekennzeichnet, daß die Infektionserreger nicht abgetötet, sondern in ihrer Vermehrung gehindert werden. Bakterizid wirkende Antibiotika töten dagegen die Erreger ab. All diese Unterschiede sind der Grund dafür, daß für verschiedene Infektionskrankheiten verschiedene Antibiotika eingesetzt werden und daß es kein Antibiotikum gibt, daß gegen alle Infektionen gleich gut hilft. Stattdessen gibt es für jede Infektionskrankheit oder Pilzerkrankung oder Parasitenerkrankung ein oder eventuell mehrere Antibiotika, die als Mittel der ersten Wahl angesehen werden, d.h. von deren Einsatz man sich den größten Erfolg verspricht. Das bedeutet jedoch auch, daß man den Erreger einer Infektionskrankheit kennen muß, um entscheiden zu können, welches Antibiotikum jeweils das beste ist. Um den Erreger — und damit das geeignete Antibiotikum — herauszufinden, entnimmt man Gewebe oder Flüssigkeiten (z.B. Blut oder Urin) aus dem Körper, am besten von der Stelle, an der sich die Infektion hauptsächlich abspielt, und legt eine sogenannte → Bakterienkultur oder Pilzkultur an. Z.B. entnimmt man bei einer Lungenentzündung etwas Auswurf für die Kultur, bei einer Blasenentzündung etwas Urin oder bei Durchfall etwas Stuhl. Im Idealfall wartet man das Ergebnis der Bakterienkultur ab, was etwa 48 Stunden dauert, und kann sich dann je nach Ergebnis für das entsprechende Antibiotikum entscheiden. In der Praxis ist es jedoch häufig so, daß es der Zustand des Patienten nicht erlaubt, mit der Therapie zu warten, bis das Kulturergebnis vorliegt. Da es für bestimmte Infektionskrankheiten je nach dem klinischen Bild bestimmte *wahrscheinliche* Erreger gibt, behilft man sich in diesen Fällen so, daß man das Antibiotikum — oder auch eine Kombination aus mehreren Antibiotika — gegen den wahrscheinlichen Erreger verabreicht, nachdem man jedoch zuvor Material für eine Kultur abgenommen hat. Wenn das Kulturergebnis dann etwa 2 Tage später kommt, kann man seine zuerst getroffene Wahl des Antibiotikums je nach Ergebnis revidieren oder auch belassen, wenn der vermutete Erreger auch tatsächlich nachgewiesen wurde.

Ein weiteres Problem der Antibiotikatherapie besteht darin, daß viele Mikroorganismen in der Lage sind, gegen Antibiotika eine Resistenz zu entwickeln, so daß das betreffende Antibiotikum nicht mehr wirksam ist. Diese Möglichkeit der Resistenzentwicklung ist umso größer, je mehr Mikroorganismen eine Antibiotikatherapie „überlebt“ haben. Dies ist auch der Grund dafür, warum man viele Antibiotika auch noch über eine gewisse Zeit nach Abklingen der Symptome einnehmen sollte. Auf diese Weise möchte man sicherstellen, daß wirklich alle Erreger unschädlich gemacht worden sind.

Manche Antibiotika können sowohl als Tabletten als auch als Infusion gegeben werden, andere sind nur als Infusion wirksam. Eine lokale Anwendung von Antibiotika als Salbe oder Lutschtablette ist jedoch bei den meisten Infektionen nicht angezeigt, sondern kann im Gegenteil nur zu einer unnötigen Resistenzentwicklung gegen das jeweilige Antibiotikum führen.

Die Hauptgruppen der Antibiotika sind die Penicilline, die Tetrazykline, die Aminoglykoside, die Cephalosporine, das Erythromycin und das Chloramphenicol sowie viele andere. Über die Anwendungsform, Anwendungsdauer sowie die Nebenwirkungen des jeweiligen Antibiotikums kann man sich über den behandelnden Arzt oder anhand der Packungsbeilage informieren. Darüber hinaus sind in diesem Buch unter dem Stichwort der jeweiligen Infektionskrankheit auch wichtige Informationen über die jeweilige Therapie einschließlich ihrer Nebenwirkungen vermerkt.

Antidepressiva Eine Gruppe von Medikamenten, die in der Behandlung von → Depressionen eingesetzt werden. Unterschieden werden die *trizklischen Antidepressiva* (so genannt, weil ihre chemische Grundstruktur aus drei „Ringen“ besteht) und die nicht-trizyklischen Antidepressiva, zu denen die MAO-Hemmer (MAO = Monoaminoxidase, ein Gehirnenzym) und einige neuere antidepressive Medikamente gehören. Bei den trizyklischen Antidepressiva können zusätzlich drei verschiedene Untertypen unterschieden werden, die sich in ihrer Wirkung auf einzelne Symptome einer Depression unterscheiden. So wirken Antidepressiva vom *Amitriptylin-Typ* eher dämpfend und angstlösend und werden deshalb bevorzugt bei ängstlich-agitierten (d.h. unruhigen) depressiven Störungen eingesetzt. Antidepressiva vom *Imipramin-Typ* wirken im wesentlichen stimmungsaufhellend, und *Desipramin-Antidepressiva* haben einen starken aktivierenden Effekt. Allen gemeinsam ist ein grundsätzlich stimmungsaufhellender Effekt sowie die Notwendigkeit einer Einnahme über zwei bis drei Wochen, bevor sich ihre Wirkung zeigt. Sie helfen oft, aber nicht bei jeder Depression. Auch müssen sie mit großer Vorsicht bei Patienten angewendet werden, bei denen aus der Anamnese ein Glaukom (Grauer Star), eine Venenentzündung, eine Herz- oder Schilddrüsenerkrankung, eine Epilepsie oder Schwierigkeiten mit der Prostata bekannt sind. Außerdem kann es zu unangenehmen Nebenwirkungen wie Mundtrockenheit, Schwindel, Sehstörungen, Verstopfung und Harnverhalt kommen, obwohl diese Nebenwirkungen oft nach einigen Wochen oder nach einer Dosisreduktion wieder verschwinden. Antidepressiva sollten nie abrupt abgesetzt werden; wenn die depressiven Symptome verklingen, sollte die Dosis ganz langsam reduziert werden.

MAO-Hemmer wirken stimmungsaufhellend und stark antriebssteigernd und können bei schweren Depressionen, bei denen die trizyklischen Antidepressiva nicht geholfen haben, versucht werden. Sie haben jedoch unter Umständen ernsthafte Nebenwirkungen und können bei gleichzeitiger Krankheit der Leber, der Nieren, der Lunge oder des Herzens nicht gegeben werden. Außerdem kann es, vor allem im Zusammenhang mit bestimmten Lebensmitteln (Käse, Bier, Wein, Fisch u.a.), zu lebensbedrohlichen Blutdruckkrisen kommen, weshalb eine strenge Diät eingehalten werden muß.

Eine weitere Substanz schließlich ist das *Lithium*, das spezifisch bei → manisch-depressiven Erkrankungen eingesetzt wird, die sich insofern von der Depression unterscheiden, als sich manische mit depressiven Phasen abwechseln. Lithium kann in der manischen Phase erfolgreich sein und darüber hinaus das Auftreten weiterer manischer und depressiver Phasen verhindern. Es hat jedoch, soweit bekannt, keine spezifisch antidepressive Wirkung, sondern ist vor allem von prophylaktischem Nutzen. Schwangere und stillende Frauen dürfen wegen der toxischen Effekte auf das Kind kein Lithium einnehmen. In Anbetracht der potentiell ernsten Nebenwirkungen, insbesondere bei schon vorgeschädigten Herzen und Nieren, müssen regelmäßige und sorgfältige Blutspiegelkontrollen des Lithiums vorgenommen werden, da die zur Wirksamkeit erforderliche Dosis sehr nahe an der Dosis liegt, bei der die Nebenwirkungen auftreten. Kein Antidepressivum sollte ohne eine sorgfältige Abwägung der Vorteile und möglichen Nebenwirkungen eingenommen werden. Siehe auch unter → Psychopharmaka.

Anti-D-Prophylaxe Siehe unter → Rhesus-Faktor

Antigen Jede Substanz, die den Körper zur Bildung von Antikörpern anregt und dann spezifisch mit diesen Antikörpern reagiert. Solche Substanzen schließen Toxine (Gifte), Fremdeiweiß, Bakterien, Viren und Fremdgewebe ein. Siehe auch unter → Antikörper.

Antikörper Eine spezifische Substanz im Blut, die sogenannte → Antigene (körperfremdes Material) entdeckt, mit ihnen reagiert und diese dadurch unschädlich macht. Antikörper bilden eines der beiden Hauptabwehrsysteme des Körpers gegen eindringende Organismen. Das andere besteht aus Zellen, vor allem den Leukozyten, das sind bestimmte weiße Blutkörperchen, die sich um eine fremde Substanz legen und sie zerstören.

Antikörper werden nur in Gegenwart eines passenden Antigens in den sogenannten Plasmazellen gebildet. Jeder Antikörper kann nur mit einem spezifischen Antigen reagieren. Am Ende einer Infektion sinken die Blutspiegel der passenden Antikörper. Wenn es zu einer nochmaligen Infektion mit dem gleichen Organismus kommt, erfolgt die Antikörperbildung schneller und effektiver als beim ersten Mal. Dieses Phänomen wird auch „immunologisches Gedächtnis“ genannt und ist Ausdruck der *Immunität,* d. h. der Resistenz gegen die jeweilige Krankheit. Siehe auch → Autoimmunerkrankungen.

Anus *After*. Die Öffnung des Enddarms zur Körperaußenseite, durch die der Stuhl abgesetzt wird. Der *Analkanal* ist das kurze Verbindungsstück zwischen After und Enddarm. Die Haut um den After ist hochempfindlich sowohl gegenüber Irritationen (z.B. bei Durchfall oder Ausfluß) als auch gegenüber erotischen Stimulationen wie z.B. beim oral-analen Sex.

Der *anale Geschlechtsverkehr*, bei dem der Penis des Partners in den Anus eingeführt wird, erfordert mehr Umsicht als der vaginale Geschlechtsverkehr, weil der Anus nicht so elastisch wie die Vagina ist und die zarte Schleimhaut des Anus einreißen kann. Daher ist die Verwendung eines Gleitmittels (z.B. von Speichel [nicht bei HIV-positiven Personen!], Vaginalschleim oder eines wasserlöslichen Gels) und, zum Schutz vor → AIDS, eines Kondoms ratsam. Da Darmbakterien ernsthafte vaginale Infektionen hervorrufen können, sollte ein Penis oder Finger, der in den Anus eingeführt worden war, gewaschen werden, bevor er mit der Scheide in Berührung kommt (oder man verwendet ein Kondom für den analen Verkehr, das man dann vor dem vaginalen Geschlechtsverkehr abstreift). Aus dem gleichen Grund empfiehlt man Mädchen und Frauen, sich nach dem Stuhlgang von vorne nach hinten abzuwischen, um ein Verschleppen von Darmbakterien zur Vagina oder zur Harnröhre zu verhindern.

Der oral-anale sexuelle Kontakt, auch *Analingus* genannt, birgt die Gefahr des oralen Kontaktes mit Stuhl, was zu einigen ernsthaften Infektionen führen kann, unter ihnen die → Hepatitis-B und die HIV-Infektion (→ AIDS). Am sichersten ist es, diese Methode zu meiden, aber wenn sie durchgeführt wird, sollte man einen Gummifingerling oder einen Teil eines Latexhandschuhs verwenden, um einen Flüssigkeitsaustausch zwischen Zunge und Anus zu vermeiden. Eine andere Methode im analen Sex besteht darin, die ganze Hand in den Enddarm einzuführen und dann zu einer Faust zu ballen (sogenanntes *„fisting“* [engl.]). Hier kann es leicht zu Rissen im Enddarm kommen, die das Risiko einer potentiell lebensbedrohlichen Verletzung oder Infektion mit sich bringen (Bauchfellentzündung, AIDS). Wenn man diese Technik durchführt, sollte man einen Gummihandschuh anziehen, den man hinterher sofort wegwirft.

Sowohl das → Lymphogranuloma inguinale als auch die → Gonorrhoe können den Anus in Mitleidenschaft ziehen, und die → Syphilis und die → Herpes-Infektion sind zwei weitere → sexuell übertragbare Krankheiten, die perianale (um den Anus gelegene) Läsionen hervorrufen können. Siehe auch → Analfissur, → Hämorrhoiden.

Anus praeter Siehe → Ileostoma und → Kolostomie

Aorta Die große Körperschlagader. Die Aorta ist die größte → Arterie des Körpers. Sie nimmt ihren Ursprung aus der linken Herzkammer und biegt nach einem kurzen, nach oben zum Kopf verlaufenden Stück nach hinten unten um. Diese Biegung wird *Aorten-*

bogen genannt. Aus dem Aortenbogen entspringen die Arterien für die Arme sowie die beiden Halsschlagadern. Die im weiteren Verlauf nach unten ziehende Aorta wird oberhalb des Zwerchfells *Brustaorta* und nach dem Durchtritt durch das Zwerchfell *Bauchaorta* genannt. Von der Bauchaorta gehen nicht nur die Arterien für die Blutversorgung des gesamten Darms, des Magens, der Milz und der Bauchspeicheldrüse ab, sondern auch die beiden Nierenarterien sowie weitere Gefäße für die Unterbauchorgane. Im unteren Bauchraum, etwa in Höhe des vierten Lendenwirbels, teilt sich die Bauchaorta in die beiden Beinarterien auf, die die Beinmuskulatur mit sauerstoffreichem Blut versorgen.

Eine gefürchtete Erkrankung der Aorta ist das sogenannte *Aortenaneurysma*, eine Ausstülpung und Aufweitung der Gefäßwand, deren Gefahr darin liegt, daß sie plötzlich platzen und dadurch zu einer massiven inneren Blutung führen kann, bei der in vielen Fällen jede Hilfe zu spät kommt. Ein solches Aneurysma kann durch eine → Arteriosklerose, in seltenen Fällen durch eine Entzündung der Gefäßwand oder nicht selten auch durch eine Gewalteinwirkung von außen entstehen. Durch eine nicht ungefährliche Operation kann man versuchen, das Aneurysma auszuschalten beziehungsweise einen künstlichen Nebenweg einzubauen (Bypass-Operation).

Apgar-Index Ein Punktesystem zur Beurteilung des physischen Zustandes eines neugeborenen Kindes, das in Krankenhäusern weltweit angewandt wird. Eine Minute nach der Geburt sowie nach fünf und noch einmal nach zehn Minuten wird das Kind auf der Basis von fünf verschiedenen Kriterien beurteilt: Herzfrequenz, Atmung, Muskeltonus, Reflexerregbarkeit (beim Absaugen durch die Nase und bei einem Fußklaps) und Hautfarbe. Für jedes Kriterium bekommt das Baby 0, 1 oder 2 Punkte. Der höchste erreichbare Wert ist 10 (2 Punkte für jedes Kriterium) und der niedrigste 0. Ein Wert zwischen 7 und 10 Punkten bedeutet, daß das Kind in guter körperlicher Verfassung ist. Zwischen 4 und 6 Punkten spricht man von einer mittelgradigen bis leichten Depression der Vitalität des Kindes, die je nach Ausmaß z.B. mit Sauerstoff behandelt werden muß. Bei 3 oder weniger Punkten ist der Zustand des Kindes so schlecht, daß sein Überleben in Gefahr ist. Der Index wurde nach *Virginia Apgar* benannt, einer amerikanischen Anästhesistin, die dieses Punktesystem in den fünfziger Jahren entwickelte.

Apgar-Index

Kriterium	***Punkte***		
	0	**1**	**2**
Herzfrequenz	keine	< 100/min	> 100/min
Atmung	keine	langsam, unregelmäßig	regelmäßig, kräftiges Schreien
Muskeltonus	schlaff	leicht gebeugte Arme und Beine	aktive Bewegungen
Reflexantwort	keine Reaktion	Grimassieren	Niesen/Husten, Schreien
Hautfarbe	blaß/dunkelblau	Körper rosig, Arme und Beine blau	komplett rosig

Apoplex Auch *Gehirnschlag, Hirninfarkt, Schlaganfall* (des Gehirns), *apoplektischer Insult*. Eine plötzliche Störung in der Blutversorgung des Gehirns, wodurch es zur Funktionsstörung und/oder zum Untergang von Gehirnzellen kommt, was seinerseits in Abhängigkeit von der ursprünglichen Funktion des betroffenen Gehirnareals zu verschiedenen Symptomen beim Patienten führt. Grundsätzlich kann dem Apoplex entweder eine *Blutung* (15% der Fälle) oder ein *Gefäßverschluß* (85% der Fälle) durch entweder eine → Embolie (d.h. durch ein an anderer Stelle des Körpers entstandenes und dann mit dem Blutstrom in das Gehirn verschlepptes Blutgerinnsel) oder durch einen Thrombus (d.h. durch ein im Gehirngefäß selbst entstandenes Blutgerinnsel, siehe → Thrombose) zugrunde liegen. Im ersteren Fall spricht man auch von einem *hämorrhagischen* und in zweitem Fall von einem *ischämischen Infarkt.*

Egal, ob die Ursache eine Blutung aus einem geplatzten Gefäß oder ein Gefäßverschluß ist, letztlich werden die Gehirnzellen nicht mehr ausreichend mit Sauerstoff versorgt und können die Funktionen, für die sie zuständig waren, nicht mehr ausüben. Wenn davon ein sehr großes oder für das Überleben sehr wichtiges Gehirngebiet betroffen ist, kann ein Apoplex tödlich sein. In anderen Fällen kann man eine bleibende oder vorübergehende Behinderung davontragen. Z.B. kann ein Infarkt bestimmter Areale der rechten Gehirnhälfte zu einer Lähmung der linken Körperseite führen. Diese halbseitige Lähmung, die in der Regel auch mit Gefühlsstörungen wie z.B. einem Taubheitsgefühl einhergeht, wird *Hemiplegie* genannt und ist typischerweise im Gesicht und Arm stärker ausgeprägt als am Bein. Andersherum kann ein Infarkt auf der linken Gehirnhälfte eine Hemiplegie der rechten Körperseite hervorrufen. In diesem Fall ist oft auch zusätzlich noch eine Sprachstörung vorhanden, da das Sprachzentrum in der linken Gehirnhälfte lokalisiert ist. Andere mögliche Symptome bestehen in Blasenstörungen, emotionaler Instabilität, Gedächtnis- und Sehstörungen.

Wie der Begriff „Schlaganfall" schon sagt, ist der Beginn dieser Erkrankung in der Regel schlagartig und stellt einen medizinischen Notfall dar. Erste Symptome bestehen in der Schwäche einer Körperhälfte, Taubheitsgefühl, Sehstörungen wie z.B. Doppelbildersehen und/oder zerebralen Krampfanfällen.

Mit wenigen Ausnahmen ist ein Schlaganfall Folge einer → Arteriosklerose und/oder eines → Bluthochdrucks. Andere Faktoren, die zum Auftreten eines Schlaganfalles beitragen, sind der → Diabetes mellitus und Herzerkrankungen, insbesondere solche, die mit Veränderungen der Herzklappen einhergehen. Die Einnahme von Östrogenen, entweder in → oralen Kontrazeptiva oder als Substitutionstherapie, geht mit einem erhöhten Risiko für einen Schlaganfall einher und sollte daher bei Frauen mit ohnehin schon erhöhtem Risiko für einen Apoplex vermieden werden. Auch Übergewicht, starkes Rauchen, körperliche Inaktivität und Streß scheinen das Risiko zu erhöhen, vermutlich weil diese Faktoren das Auftreten von Durchblutungsstörungen und Herzerkrankungen, die so oft mit einem Schlaganfall einhergehen, wahrscheinlicher machen.

Ein frühes Warnsymptom für einen Schlaganfall ist eine Art „Minischlaganfall", genannt *transitorische ischämische Attacke*, kurz TIA. Auch sie wird durch eine vorübergehende Unterbrechung der Hirndurchblutung verursacht, die jedoch nur einige Minuten bis zu einer Stunde dauert. Nach spätestens 24 Stunden sind die Symptome wieder vollständig verschwunden. Zu diesen Symptomen gehören Schwäche und/oder Taubheitsgefühl in einem Arm, Bein oder im Gesicht, in der Regel immer nur auf einer Seite des Körpers; Doppelbilder oder Schleiersehen auf einem oder beiden Augen; Taubheit oder Ohrgeräusche; Schwindel oder Ohnmachtsgefühle; Schwierigkeiten bei der Ausführung einer vertrauten Aufgabe oder die Unfähigkeit, die eigenen Bewegungen zu kontrollieren; Schluckstörungen; Schwierigkeiten zu sprechen oder die Bedeutung von Wörtern zu verstehen; plötzliches Kopfweh; plötzliche Persönlichkeitsveränderungen und Beeinträchtigungen der Urteilskraft oder Vergeßlichkeit. Man geht davon aus, daß 80% aller Patienten mit einem Schlaganfall vorher eine oder mehrere TIAs durchgemacht haben. Um einen späteren Apoplex zu verhindern, behandelt man diese Attacken mit niedrig dosiertem Aspirin® (100 mg am Tag) oder anderen Medikamenten, die die Bildung von Blutgerinnseln verhindern sollen, und in manchen Fällen wird auch operiert, um die Durchblutung von Gehirnarealen, die von krankhaft veränderten Arterien versorgt werden, zu verbessern.

Schlaganfälle machen etwa ein Drittel aller Fälle von Lähmungen bei Frauen im Alter zwischen 17 und 44 aus und sind überdies der häufigste Grund für neurologische Störungen bei Männern und Frauen aller Altersgruppen. Das Risiko, einen Schlaganfall zu erleiden, steigt mit dem Alter, da ursächlich beteiligte Faktoren wie Arteriosklerose und Bluthochdruck ebenfalls häufiger nach dem 50. Lebensjahr auftreten. Der Verlauf eines Schlaganfalles ist sehr unterschiedlich. Etwa ein Drittel aller Patienten, die mit einem Apoplex ins Krankenhaus eingeliefert werden, sterben. Von denen, die überleben, erholen sich 30% vollständig, etwas mehr als die Hälfte behält eine leichte und der Rest eine schwere bleibende Behinderung zurück.

Allgemein gesagt, hängt das Ausmaß der Zurückbildung neurologischer Störungen nach einem Schlaganfall vom Alter und Gesundheitszustand der betroffenen Person ab, vom Ort und der Größe des zerstörten Hirnareals und von den Rehabilitationsmaßnahmen, die früh begonnen und konsequent weiter fortgesetzt werden sollten. Je schneller sich die ersten Symptome zurückbilden, desto besser ist die Chance für eine vollständige Besserung. Ungefähr die Hälfte der Patienten mit mäßiger oder ausgeprägter Halbseitenlähmung und die meisten Patienten mit leichter Hemiplegie haben sich bis zum Zeitpunkt der Entlassung aus dem Krankenhaus teilweise erholt und sind auf lange Sicht wieder in der Lage, für sich selbst zu sorgen. Rehabilitationsmaßnahmen wie Krankengymnastik und Ergotherapie sollten so früh wie nur irgend möglich begonnen und auch dann weiter durchgeführt werden, wenn sie den Patienten offensichtlich erschöpfen. Sowohl die körperlichen Übungen als auch die Sprechtherapie (Logopädie) können von großem Nutzen für den Patienten sein. Das volle Ausmaß der Besserung wird in der Regel nach sechs Monaten erreicht, jedoch zeigen manche Patienten auch nach dieser Zeit noch eine langsame kontinuierliche Besserung.

Bei Frauen, die einen Schlaganfall erlitten haben, kann es über einige Monate zu einem fehlenden Interesse an sexueller Betätigung kommen. Extreme Ermüdbarkeit wird von fast allen Schlaganfallpatienten beklagt. Sie kann manchmal bis zu einem Jahr anhalten und führt häufig zu einer Beeinträchtigung sexueller Stimulierbarkeit. Krämpfe (Spasmen genannt) im gelähmten Bein und Harninkontinenz (d.h. die Unfähigkeit, den Urinabgang zu kontrollieren) können den Geschlechtsverkehr empfindlich stören, und es kann schwieriger sein, einen Orgasmus zu bekommen. Menstruation und Fruchtbarkeit sind jedoch nicht beeinträchtigt. Bei einer eventuellen Schwangerschaft kann die Blasenkontrolle zusätzlich erschwert sein. → Orale Kontrazeptiva (Anti-Baby-Pille) sind kontraindiziert, und wenn eine Spirale verwendet wird, sollte man sorgfältig auf jegliche verstärkte Blutungen achten.

Appendektomie Siehe unter → Appendizitis

Appendizitis *Wurmfortsatzentzündung*, im Volksmund auch häufig (fälschlicherweise) *Blinddarmentzündung* genannt. Eine in jedem Lebensalter vorkommende, sehr häufige Erkrankung, bei der sich der *Appendix*, ein kleines wurmartiges Anhängsel am Blinddarm, entzündet. Die Entzündungserreger sind dabei meist Bakterien, die auch normalerweise im Darm leben und dort wichtige Aufgaben erfüllen, wie z.B. das Bakterium *Escherichia coli*. Damit es zu einer Entzündung kommt, muß gleichzeitig eine Verstopfung oder Verlegung des Appendix z.B. durch einen Kotstein vorliegen. Eine Appendizitis ist deshalb so gefährlich und erfordert eine sofortige Behandlung, weil die Entzündung vom Wurmfortsatz auf das Bauchfell übergreifen kann, was eine potentiell lebensbedrohliche Bauchfellentzündung, die sogenannte *Peritonitis*, zur Folge haben kann. Die Symptome einer Appendizitis setzen meist ganz plötzlich aus völligem Wohlbefinden heraus ein und bestehen in kolikartigen Schmerzen meist im Mittel- bis Unterbauch, Übelkeit und Erbrechen und einer leichten Temperaturerhöhung. Die Diagnose wird anhand einiger typischer druckschmerzhafter Punkte bei der Untersuchung des Bauches sowie einer erhöhten Anzahl der weißen Blutkörperchen im Blut und der Temperaturerhöhung gestellt beziehungsweise vermutet. Die Abgrenzung gegenüber anderen Ursachen für Bauchschmerzen ist oft nicht einfach und kann nicht selten erst bei der operativen Eröffnung des Bauchraumes erfolgen.

Eine Appendizitis kann sich auch während einer Schwangerschaft entwickeln und macht dann eine besonders schnelle Diagnose und Therapie erforderlich. Die Appendizitis ist der häufigste Grund für einen operativen Eingriff bei schwangeren Frauen. Nicht selten macht es eine Schwangerschaft schwieriger, die richtige Diagnose einer Appendizitis zu stellen. Das liegt zum einen daran, daß bestimmte Symptome der Appendizitis wie z.B. Übelkeit und Erbrechen, Unterbauchbeschwerden und die Erhöhung der weißen Blutkörperchen zu einer normal verlaufenden Schwangerschaft gehören können. Zum anderen ist die Stelle des größten Schmerzes wegen der vergrößerten Gebärmutter schwierig zu lokalisieren. Bei früher Behandlung kommt es selten zu Problemen mit der Schwangerschaft. Verzögert sich die Therapie jedoch, kann der Wurmfortsatz platzen und im Gefolge zur Auslösung von Wehen führen, unabhängig davon, in welchem Schwangerschaftsmonat sich die betreffende Frau befindet.

In fast jedem Fall einer Appendizitis ist die beste und einzig richtige Therapie die Operation. Bei der Operation, *Appendektomie* genannt, wird der entzündete Wurmfortsatz entfernt, eine Prozedur, die nur wenige Minuten dauert und einige der am häufigsten durchgeführten Operationen überhaupt ist. In den Fällen, in denen sich schon eine Bauchfellentzündung entwickelt hat, müssen zusätzlich zur Operation stark wirksame → Antibiotika gegeben werden, um die Infektion unter Kontrolle zu bekommen. Da der Appendix keine eigentliche Funktion erfüllt, wird er häufig bei Bauchoperationen aus anderen Gründen, vor allem bei Gebärmutterentfernungen und Kaiserschnitten, prophylaktisch mit entfernt, um einer eventuellen späteren Appendizitis vorzubeugen.

Arterie Ein Blutgefäß, das Blut vom Herzen weg transportiert (im Gegensatz zu den → Venen, die Blut zum Herzen hin führen). Die großen Arterien laufen zu allen Strukturen des Körpers, indem sie sich immer weiter aufteilen und kleiner werden bis in die sogenannten *Arteriolen* und schließlich *Kapillaren* in den Organen, die sie mit Sauerstoff versorgen. Jede Kontraktion (Zusammenziehung) der Herzkammern pumpt eine gewisse Menge Blut in die Arterien, deren muskuläre Wände sich ausdehnen, um diese plötzlichen Blutwellen fassen zu können. Nach jeder Welle folgt eine Kontraktion der Arterienwand, wodurch das Blut weiter transportiert und die Pumparbeit des Herzens unterstützt wird. Auf diese Weise fließt das Blut in den Arterien eher in regelmäßigen Wellen als in einem ständigen Strom.

Die Ausdehnung der Arterien durch die Blutwellen kann an den Gefäßen ertastet werden, die wie z.B. die Arteria radialis am Handgelenk nahe an der Körperoberfläche laufen, und wird *Puls* genannt. Die Schnelligkeit des Herzschlages kann daher in der Regel durch die Auszählung des Pulses bestimmt werden. Der durchschnittliche Puls bei einem Erwachsenen in Ruhe liegt zwischen 60 und 80 Schlägen pro Minute, kann aber auch darunter oder darüber liegen, ohne daß das pathologisch ist. Ein schneller Herzschlag — 100/Minute und mehr (mit Ausnahme bei einem Neugeborenen, bei dem ein Herzschlag von 140 noch normal ist) — wird *Tachykardie* genannt und kann ein Symptom bei zahlreichen Erkrankungen sein. Die Herzfrequenz steigt jedoch auch bei körperlicher Anstrengung, psychischer Aufregung und unter zahlreichen anderen Umständen. Einen langsamen Herzschlag — unter 60 Schläge pro Minute — bezeichnet man als *Bradykardie*. Die häufigste Erkrankung der Arterien ist die → Arteriosklerose, deren Grund man nicht genau kennt und deren meist ernsthafte Komplikationen unter Umständen tödlich sein können. Siehe auch unter → Vene.

Arteriitis temporalis Auch *Arteriitis cranialis*, *Horton-Riesenzellarteriitis*. Eine etwas häufiger bei Frauen und im mittleren bis höheren Lebensalter auftretende Entzündung unklarer Ursache einer oder beider Schläfenarterien und/oder einer oder (seltener) beider Augenarterien. Die Beteiligung der Augenarterien ist besonders gefürchtet, da sie zu Blindheit auf dem betroffenen Auge führen kann. Die Symptome bestehen typischerweise in akut auftretenden heftigen Schläfenkopfschmerzen sowie Sehstörungen oder anderen neurologischen Ausfällen. Typisch ist die sogenannte *Sturzsenkung*, d.h. eine extrem beschleunigte Blutsenkungsgeschwindigkeit (siehe unter → Bluttest). Die Diagnose kann anhand der Symptomatik vermutet, jedoch nur mittels einer histologischen Untersuchung eines unter lokaler Betäubung entnommenen Gewebestückes aus der Schläfenarterie bewiesen werden. Die Behandlung besteht in der Verabreichung von Cortison in mittlerer Dosierung über mehrere Wochen bis Monate, was in aller Regel zur schnellen Rückbildung der Beschwerden führt. Eine bereits eingesetzte Blindheit oder Sehkraftabschwächung bessert sich jedoch durch die Therapie nur selten wieder. Aus diesem Grund ist die schnelle Diagnose und Therapieeinleitung so wichtig, um einer eventuellen Sehstörung zuvorzukommen.

Arteriosklerose Umgangssprachlich auch *Arterienverkalkung* genannt. Arteriosklerose ist der Überbegriff für eine Gruppe von Gefäßerkrankungen, die sich alle durch eine Verhärtung und einen Elastizitätsverlust der Gefäßwände auszeichnen. Diese Verhärtung hat eine Verschlechterung des Blutstroms durch die Gefäße zur Folge. Die bei weitem häufigste Form der Arteriosklerose ist die sogenannte *Atherosklerose*, bei der Fettablagerungen (sogenannte Atherome) in der innersten Wandschicht der Blutgefäße typisch sind. (Meistens gebraucht man den Begriff Arteriosklerose und meint damit die Atherosklerose.) Die Atherosklerose führt oft zu einer Verstopfung vor allem der Gefäße, die das Herz und das Gehirn versorgen, und ist damit die häufigste Todesursache in Deutschland.

Die Atherosklerose kann früh im Leben beginnen und zeigt normalerweise für Jahre keine Symptome. Die Wände der Arterien werden langsam dicker und behindern damit den Blutstrom. Am Ende können die Fetteinlagerungen eine größere Arterie vollständig verstopfen, was, je nachdem, wo diese Arterie sitzt und was sie versorgt, dramatische und manchmal tödliche Folgen haben kann — z.B. einen Herzinfarkt oder einen Schlaganfall. Die Atherome begünstigen außerdem die Blutgerinnung innerhalb der Gefäße und können über ein daraus entstehendes Blutgerinnsel ebenfalls zur Verstopfung der Arterie und damit zu entsprechenden Symptomen führen.

Obwohl man den genauen Grund für die Atherosklerose nicht weiß, kennt man eine Reihe von Faktoren, die ihre Entstehung begünstigen und/oder beschleunigen. Zu diesen sogenannten *vaskulären Risikofaktoren* gehören vor allem der → Bluthochdruck, erhöhte Werte für Blutfette (Cholesterin und Triglyzeride), der → Diabetes mellitus (Zuckerkrankheit), Nikotinmißbrauch, Übergewicht (→ Adipositas), Bewegungsmangel und Streß. Das Risiko steigt mit dem Alter und auch dann, wenn bereits ein Angehöriger in der Familie in frühen Jahren eine Atherosklerose entwickelt hat. In den Jahren vor der → Menopause sind Frauen sehr viel seltener von einer Atherosklerose betroffen als Männer, wobei sich dieser Unterschied jedoch nach der Menopause ausgleicht. Vorbeugende Maßnahmen bestehen in regelmäßigen Kontrollen des Blutdruckes und der Blutspiegel für Cholesterin und Triglyzeride sowie einer konsequenten Therapie, wenn die Kontrollen pathologische Ergebnisse erbringen. Außerdem sollte man das Rauchen unterlassen und bei Übergewicht sein Gewicht normalisieren. Im Prinzip rät man zur Vorbeugung einer Atherosklerose jedermann zu einer gesunden Ernährung, vor allem zur Vermeidung von zu viel Kochsalz und von Nahrungsmitteln, die das Cholesterin erhöhen wie z.B. Butter und Schweinefleisch. Die gesättigten Fettsäuren in diesen und anderen Ernährungsmitteln sollte man so weit als möglich umgehen und stattdessen auf Lebensmittel zurückgreifen, die reich an ungesättigten Fettsäuren sind, wie z.B. pflanzliche Öle und Fette.

Frauen neigen zwar dazu, im Vergleich zu Männern erst in einem höheren Lebensalter an einer Herzerkrankung durch Atherosklerose, der sogenannten *Koronarsklerose*, zu erkranken, jedoch ist der Krankheitsverlauf, wenn es soweit kommt, fast regelhaft schwerer als bei Männern. Weil diese Erkrankung bei Frauen später beginnt, glaubte man, daß die höheren Östrogenspiegel vor der Menopause die Frauen vor einer Koronarsklerose schützen. In Studien, bei denen man Männern Östrogenpräparate verabreichte, zeigte sich jedoch, daß dieses Hormon anscheinend keinen schützenden Effekt hat. Die Beziehung zwischen Hormonen und Koronarsklerose wird noch immer nicht genau verstanden. In jedem Stadium einer Koronarsklerose scheint es Unterschiede zwischen Männern und Frauen zu geben. Wenn die → Cholesterinspiegel hoch sind, ist für beide das Risiko erhöht, aber bei Frauen scheint ein hoher Spiegel eines anderen Blutfetts, der Triglyzeride, das Risiko selbst dann zu erhöhen, wenn die Cholesterinspiegel normal oder niedrig sind. Frauen haben oft über lange Zeit Schmerzen in der Brust, *bevor* sie einen Herzinfarkt bekommen, bei Männern signalisiert ein solcher Schmerz jedoch in der Regel, daß der Herzinfarkt schon eingetreten ist. Das Zigarettenrauchen erhöht die Wahrscheinlichkeit für eine Frau, einen Herzinfarkt zu erleiden, drastisch. Eine Studie zeigt, daß sich das Risiko für eine Frau, die nur eine Zigarette pro Tag raucht, verdoppelt und sogar elfmal so hoch ist, wenn sie 45 oder mehr Zigaretten am Tag raucht. Schließlich sterben doppelt so viel Frauen wie Männer innerhalb von 60 Tagen nach einem Herzinfarkt, und sie vertragen eine Bypass-Operation (bei der die verstopfte Arterie durch das Einnähen eines Ersatzgefäßes umgangen wird) nicht so gut wie Männer. Siehe auch unter → Angina pectoris.

Arthritis Gelenksentzündung. Eine Arthritis zeigt sich durch Schwellung, Rötung, Überwärmung und Schmerzen im Bereich eines Gelenkes. Wenn mehrere Gelenke gleichzeitig entzündet sind, spricht man von einer *Polyarthritis*. Eine bestimmte Form der Polyarthritis verläuft chronisch mit immer neuen Entzündungsschüben und wird primär chronische Polyarthritis oder auch → rheumatoide Arthritis genannt. Eine Arthritis kann durch eine Infektion mit Bakterien, z.B. Streptokokken, Staphylokokken, Pneumokokken (Verursacher von Lungenentzündungen) oder Gonokokken (Verursacher der → Gonorrhoe) entstehen oder als Begleiterkrankung bei anderen Krankheiten, vor allem des Magen-Darm-Traktes oder auch im Rahmen von → Autoimmunerkrankungen des Körpers auftreten. Die Therapie einer Arthritis richtet sich nach der Ursache und besteht bei den bakteriellen Gelenksentzündungen z.B. in der Gabe von Antibiotika. Außerdem helfen das Auflegen von Eisbeuteln sowie das Ruhighalten des betroffenen Gelenkes.

Arthrose Auch *Osteoarthrose*, *Arthrosis deformans*, *degenerative Gelenkserkrankung*. Eine degenerative Gelenkserkrankung, die durch die allmähliche Zerstörung des Gelenkknorpels gekennzeichnet ist. Die Arthrose eines oder mehrerer Gelenke ist ausgesprochen häufig und betrifft mehr oder weniger ausgeprägt und früher oder später jede Person, selten jedoch vor dem 45. Lebensjahr. Die Symptome machen sich nur allmählich bemerkbar und bestehen in Gelenkschmerzen nach Belastung über längere Zeit und in Steifigkeitsgefühlen im Gelenk nach einer längeren Ruhephase. Von Zeit zu Zeit können die Symptome wie bei einer Gelenksentzündung zunehmen und zur Anschwellung des Gelenkes führen. Prinzipiell kann jedes Gelenk von einer Arthrose betroffen sein, meistens sind es jedoch die Wirbelsäulengelenke, die Hüft- und Kniegelenke und bei Frauen häufig auch die Fingergelenke. Eine Arthrose der Hüft- und/oder Kniegelenke, häufig erst nach dem 60. Lebensjahr auftretend, kann zu wachsenden erheblichen Beschwerden und gelegentlich bis zur Behinderung führen. Eine Arthrose der Wirbelsäulengelenke dagegen kann sehr ausgeprägt sein, ohne daß man davon viel verspürt.

Es gibt viele verschiedene Gründe, die zur Ausbildung einer Arthrose führen. Am häufigsten sind Abnützungsschäden des Gelenkknorpels durch Belastung (z.B. Sport, Schwerarbeit, hohes Körpergewicht) und Alterungserscheinungen des Knorpelgewebes durch innere Faktoren (Alter, Stoffwechselstörungen). Andere Ursachen sind angeborene oder erworbene Fehlstellungen der Gelenke, durch die es mit den Jahren durch die Fehlbelastung ebenfalls zur Knorpelzerstörung und damit zur Arthrose kommen kann. Zu diesen angeborenen Fehlstellungen gehören unter anderem die Hüftdysplasie (d.h. eine zu kleine Hüftgelenkspfanne) sowie Luxationen (Ausrenkungen) vor allem des Knies und der Hüfte. Zu erworbenen Gelenkschäden kann es durch Gelenksentzündungen unterschiedlichster Genese (siehe → Arthritis), nach Gelenksverletzungen durch Unfall, durch Verschiebungen der Gelenkachsen (z.B. bei → Skoliose) und bei Gelenkbeteiligung verschiedener Stoffwechsel- oder anderer Krankheiten (z.B. bei der →

Hämophilie oder bei der Gicht) kommen. Die Diagnose wird letztlich anhand eines Röntgenbildes des betreffenden Gelenkes gestellt.

Eine einmal aufgetretene Arthrose ist durch keine Therapie wieder rückgängig zu machen. Man kann lediglich versuchen, den Prozeß aufzuhalten (was nur selten gelingt) oder die Folgen (Schmerzen, Behinderung) unterstützend zu behandeln. Da Übergewicht zu einer zusätzlichen und unnötigen Belastung der Gelenke führt, ist die Normalisierung eines eventuell bestehenden Übergewichts eine der wichtigsten Maßnahmen, den Prozeß aufzuhalten und auch die Schmerzen zu lindern. Eine häufige Ruhigstellung der betroffenen Gelenke kann ebenso hilfreich sein wie die Verwendung von Gehstützen oder Gehstöcken zur Verlagerung des Körpergewichtes vom Gelenk weg. Wärme (z.B. durch Angoraschützer oder warme Bäder) hilft gegen die Schmerzen und die Muskelverspannungen, während krankengymnastische Übungen gut zur Verhinderung von Muskelschwund durch Inaktivität sind. Viele erfahren auch durch Schwimmen und Gymnastik im Wasser eine Erleichterung. An Medikamenten können Aspirin® und Ibuprofen sowohl die Schmerzen lindern als auch eventuell aufflammende Entzündungsvorgänge bekämpfen. Ein weiteres anti-entzündliches Medikament, Indomethacin (Amuno®), das nur auf Rezept erhältlich ist, kann eine gute Wirkung bei denjenigen haben, die diese Art von Medikamenten gut vertragen (die hauptsächlichen Nebenwirkungen sind Magenprobleme und Hautausschläge). Bei einer sehr fortgeschrittenen Arthrose kann eine orthopädische Operation, die von einer Versteifungsoperation bis zum Einsatz eines künstlichen Gelenkes (Gelenkprothese) reichen kann, notwendig werden. Siehe auch unter → rheumatoider Arthritis.

Artifizielle Insemination Siehe unter → Künstliche Befruchtung

Asherman-Syndrom Die teilweise oder völlige Verklebung der Gebärmutterhöhle durch Narbengewebe. Solches Narbengewebe kann nach wiederholten Infektionen, wie z.B. bei der chronischen → pelvinen Entzündung, nach mehreren oder nicht sorgfältig genug durchgeführten Ausschabungen (→ Abrasio) oder auch nach einer vorausgegangenen Schwangerschaft, bei der die Plazenta an einer ungewöhnlichen Stelle saß, entstehen. Das Asherman-Syndrom ist zwar selten, kann aber im Extremfall zur → Amenorrhoe und zu einer nicht behebbaren → Unfruchtbarkeit oder wiederholten Fehlgeburten (siehe → habitueller Abort) führen. Meistens sind die Regelblutungen jedoch lediglich spärlich, aber regelmäßig. Daher sollte, wenn eine Abrasio bei vorliegender Entzündung (wie z.B. im Falle der Entfernung entzündeten Plazentagewebes nach einer Fehlgeburt oder Abtreibung) durchgeführt werden muß, die Kürettage (Ausschaben) der Schleimhaut mit größter Sorgfalt erfolgen, um die Entstehung von Narbengewebe und damit ein Asherman-Syndrom zu verhindern.

Die Diagnose eines Asherman-Syndroms wird mit Hilfe einer → Ultraschalluntersuchung und eventuell einer zusätzlichen → Hysteroskopie gestellt. Wenn eine Frau mit Asherman-Syndrom schwanger werden will, besteht die Behandlung in der Regel in einer chirurgischen Entfernung des Narbengewebes, entweder mit einem Hysteroskop und kleinen Scheren von der Vagina aus oder durch eine Eröffnung der Bauchhöhle. Danach setzt man für einige Monate eine Spirale ein, um die Gebärmutterhöhle offen zu halten und die Entstehung neuer Verklebungen während des Nachwachsens der Schleimhaut zu verhindern. Zum Aufbau der Gebärmutterschleimhaut wird außerdem über kurze Zeit

(60 Tage) ein Östrogenpräparat verabreicht. Die Spirale wird entfernt, sobald die Menstruationsblutungen wieder regelmäßig und normal sind.

Aspiration Das Ansaugen oder Einatmen von Luft oder Flüssigkeit. In der Regel ist damit die Aspiration von Mageninhalt in die Lungen gemeint, die bei gesunden Personen durch einen Schutzreflex (Verschluß der Luftröhre durch den Kehlkopfdeckel bei Schluckakten) normalerweise verhindert wird. Vor allem bei Bewußtlosen fehlen jedoch diese Schutzreflexe, weshalb solche Personen besonders gefährdet sind, vorher erbrochenen Mageninhalt oder z.B. Blut aus dem Nasen-Rachenraum zu aspirieren. Deshalb lagert man solche Patienten mit nach hinten überstrecktem Kopf, damit Blut oder andere Flüssigkeit in die Speiseröhre und nicht in die Luftröhre läuft. Auch bei einer Narkose kann es zu einer Aspiration vor allem von Mageninhalt kommen. Um das zu verhindern, muß man vor einer Narkose nüchtern bleiben. Die Gefahr einer Aspiration besteht in einer Verlegung der Atemwege mit nachfolgendem Atemstillstand oder in der Entstehung einer Lungenentzündung durch das fremde Material in den Lungen. In solchen Fällen muß man in der Regel den Patienten künstlich beatmen und mit Antibiotika behandeln.

Aspirationskürettage Siehe unter → Biopsie, Def. 4

Astrologische Geburtenkontrolle Eine Methode, auf der Basis von Mond- und Sonnenstand zueinander die fruchtbaren Tage im Monatszyklus einer Frau zu bestimmen. Die Methode wurde von dem tschechischen Gynäkologen *Eugen Jonas* entwickelt, der ab 1956 Untersuchungen bei mehr als 10.000 Frauen durchführte, und von dem ungarischen Arzt *Kurt Reichnitz,* der weitere Testungen vornahm. 1968 gründete die tschechische Regierung ein Zentrum für Forschungen auf der Basis dieser Methode in den Bereichen der Geburtenkontrolle, der Fruchtbarkeit, des Austragens von normalen, termingerechten Babies sowie der Beeinflussung des Geschlecht des Kindes. Jonas behauptete, daß die fruchtbare Zeit einer Frau durch den Winkel zwischen der Stellung von Sonne und Mond zur Zeit ihrer eigenen Geburt bestimmt wird. Für zwei Tage vor diesem Zeitpunkt, der monatlich wiederkehrt, befindet sich die Frau in ihrer sogenannten „kosmischen Fruchtbarkeitsperiode" und kann ein Kind empfangen. Von den 10.000 Frauen, die Jonas untersuchte, begannen 85% ihre Schwangerschaft während dieser Zwei-Tages-Periode. Um diese Methode anzuwenden, muß eine Frau zur zusätzlichen Sicherheit diesen persönlichen natürlichen Fruchtbarkeitszyklus auf vier Tage pro Monat berechnen. Um eine Schwangerschaft zu verhindern, wird diese Berechnung dann mit den 13 fruchtbaren Tagen der Rhythmus-Methode (zur Erklärung siehe unter → Natürliche Familienplanung) kombiniert. In der Regel fallen die vier Tage in die 13-Tages-Periode, aber es gibt auch Ausnahmen, so daß eine Enthaltsamkeit vom Geschlechtsverkehr von bis zu 17 Tagen notwendig werden kann. Ein anderer Nachteil ist, daß Jonas seine Methode der Berechnung, die er offensichtlich über die Jahre verändert hat, niemals veröffentlicht hat. Darüber hinaus sind seine Studien, soweit bekannt, niemals in unabhängigen, kontrollierten Experimenten überprüft worden, so daß sie von vielen westlichen Fachleuten mit Skepsis betrachtet werden. Dennoch gewann die Methode den Beifall der römisch-katholischen Kirche, und man nimmt an, daß sie in Osteuropa weite Verbreitung gefunden hat. Siehe auch unter → Lunazeption.

asymptomatisch Ohne Symptome, d.h. ohne Anzeichen für eine bestimmte Störung oder Erkrankung. Z.B. kann ein Mann eine Infektion mit dem Bakterium *Trichomonas* haben, ohne es zu wissen, weil kein Jucken, kein Ausfluß aus der Harnröhre oder sonstige Symptome vorhanden sind. Die Infektion kann er dann, ohne es zu wollen, an seine Partnerin weitergeben.

Atemnotsyndrom, idiopathisches Siehe → idiopathisches Atemnotsyndrom

Atherosklerose Siehe unter → Arteriosklerose

Atrophie Verkleinerung oder Schwund von Gewebe.

Aufguß Siehe unter → Pflanzenheilkunde

Ausfluß aus der Scheide Auch *Fluor vaginalis*. Auch normalerweise bilden die Drüsen im Gebärmutterkanal und die → Bartholin-Drüsen kleine Mengen an Sekret. Zusammen mit abgeschilferten Scheidenhautzellen und physiologischerweise in der Scheide lebenden Bakterien bilden diese Schleimmengen das normale Scheidensekret, das wegen der von den → Döderlein-Bazillen gebildeten Milchsäure leicht sauer ist.

Die Konsistenz des Zervikalschleims ändert sich im Verlauf des Menstruationszyklus und kann daher als Hinweis darauf verwendet werden, ob und wann ein Eisprung stattgefunden hat (siehe unter → Zervikalschleim-Methode). Das normale Scheidensekret riecht praktisch nicht und wird kaum wahrgenommen. Wenn der Ausfluß jedoch an Menge zunimmt, seine Farbe verändert, zu riechen beginnt oder Jucken, Brennen oder andere Mißempfindungen hervorruft, spricht man vom *Fluor vaginalis,* der in der Regel das Vorhandensein einer Infektion anzeigt und vom Arzt weiter untersucht werden sollte (siehe → Zervizitis, → Kolpitis).

Auskultation Das Abhorchen von im Körper entstehenden Geräuschen meist mit Hilfe eines speziellen Hörrohres, dem sogenannten *Stethoskop*. Mit Hilfe der Auskultation z.B. des Herzens kann man etwas über die Regelmäßigkeit und die Beschaffenheit der Herztöne erfahren und das Vorhandensein pathologischer Herzgeräusche überprüfen, die z.B. auf einen Herzklappenfehler hinweisen können.

Ausschabung Siehe → Abrasio

Austreibungsperiode Die zweite Phase der Geburt, die mit der vollständigen Öffnung des Muttermundes beginnt und mit der Geburt des Kindes endet. Für eine genauere Beschreibung der Geburt siehe unter → Geburt.

Autoimmunkrankheiten Jede Erkrankung, bei der der Körper durch die Bildung von Antikörpern gegen körpereigenes Gewebe, den sogenannten *Autoantikörpern*, sich selbst angreift. Dazu gehören z.B. der Morbus Basedow (siehe unter → Schilddrüse), der → Lupus erythematosus, die → Rheumatoide Arthritis, die → Myasthenia gravis und viele andere. Frauen scheinen anfälliger für die Ausbildung von Autoimmunerkrankungen zu sein, haben auf der anderen Seite aber gleichzeitig einen größeren Schutz gegen bakterielle und virale Infektionen. Man vermutet den Grund dafür darin, daß Frauen während der Schwangerschaft das Wachstum eines fremden Gewebes (nämlich des Fetus) innerhalb ihres Körpers dulden müssen. Wahrscheinlich wird dieses Gewebe deshalb nicht abgestoßen, weil bestimmte Substanzen während der Schwangerschaft gebildet werden, die die immunologische Abwehr des Körpers etwas unterdrücken, jedoch nicht so sehr, daß schwere Infektionen auftreten können. Die gleichen übergeordneten immunologischen Abwehrmechanismen machen Frauen eventuell anfälliger für Autoimmunkrankheiten.

Axilla Anatomische Bezeichnung für die *Achselhöhle*. Ein → Brustkrebs, der begonnen hat, Metastasen (Absiedlungen) zu setzen, bezieht oft die Lymphknoten in der Achselhöhle mit ein. Das ist der Grund, warum bei jeder Vorsorgeuntersuchung und im Fall eines Brustkrebsverdachtes die Achsellymphknoten sehr sorgfältig untersucht werden. Das Wachstum der Achselhaare ist eines der frühen Zeichen der → Pubertät.

Azinus (Plural Azini) Beerenförmiges Endstück eines Drüsengangs, z.B. der milchproduzierenden Drüse der weiblichen Brust. Jeder Lappen im Inneren einer weiblichen → Brust besteht aus vielen kleineren Läppchen, die ihrerseits zwischen zehn und 100 Azini enthalten. Jeder Azinus besteht aus Drüsenzellen, die konzentrisch um ein zentrales Lumen (Hohlraum) angeordnet sind. Die Zellen geben Milch in das Lumen ab, das seinerseits mit den Milchgängen in Verbindung steht. Die Azini und Milchgänge sind von einer Schicht aus Zellen umgeben, die die Fähigkeit zur Kontraktion besitzen. Wenn sie sich kontrahieren, drücken sie die Milch vom Lumen in die Milchgänge bis hin zum Endgang jedes Lappens, der auf der Oberfläche der Brustwarze endet. Siehe auch unter → Stillen.

Azoospermie Das völlige Fehlen von Spermien in der Samenflüssigkeit, was zur Unfruchtbarkeit des Mannes führt. Siehe unter → Unfruchtbarkeit.

Bakterienkultur Die Anzüchtung von Bakterien in geeigneten Nährmedien, d.h. unter der Zugabe von Substanzen, die das Wachstum der Bakterien fördern. Die entstehende Bakterienpopulation wird ebenfalls Kultur genannt. Kulturen können von verschiedenen Körperflüssigkeiten oder -sekreten angelegt werden, mit dem Ziel, herauszufinden, ob sich in der betreffenden Probe normalerweise nicht vorhandene Bakterien befinden. Je nach Probe nennt man dies auch Blutkultur, Urinkultur, Stuhlkultur etc. Die Anzüchtung dauert in der Regel einige Tage. Gleichzeitig bestimmt man bei Vorhandensein von Bakterien häufig auch noch ihre Ansprechbarkeit auf → Antibiotika.

Ballottement Das Ertasten des kindlichen Kopfes in der Gebärmutter durch einen bestimmten Handgriff, den sogenannten dritten → Leopold-Handgriff. Dabei wird durch kleine, ruckartige Druckbewegungen auf den Unterbauch der Schwangeren der Kindskopf im → Fruchtwasser bewegt. Beim Zurückkehren des Kopfes an seine ursprüngliche Stelle stößt er durch die Bauchwand gegen die Hand des Untersuchers. Auf diese Weise kann man sowohl die Lage des Kindes, ob nämlich der Kopf oder der Steiß nach unten liegt, bestimmen als auch, ob der Kopf schon fest im Beckeneingang liegt. In diesem Fall läßt sich das Ballottement nicht mehr auslösen.

Bartholin-Drüsen Zwei kleine, erbsengroße Drüsen auf jeder Seite des Scheideneingangs, deren Ausführungsgänge in den Scheidenvorhof münden. Bei sexueller Erregung produzieren sie winzige Mengen Schleim, der dabei hilft, den Scheideneingang gleitfähiger und damit aufnahmebereiter für den Penis zu machen. Normalerweise sind diese Drüsen klein und unscheinbar. Bei einer Entzündung, die *Bartholinitis* genannt wird und gar nicht so selten ist, können sie zu einem Vielfachen ihrer ursprünglichen Größe anwachsen. Meistens sind es Gonokokken, die Erreger der → Gonorrhoe, die die Infektion verursachen, aber auch andere Bakterien kommen in Frage. Erstes Anzeichen einer Bartholinitis ist in der Regel eine überwärmte, extrem empfindliche Schwellung neben dem Scheideneingang. Diese Schwellung kann die Größe einer Zitrone annehmen. Bei einer schweren Infektion kann sich ein Abszeß ausbilden, der chirurgisch eröffnet werden muß, um den Eiter abfließen zu lassen. Eine Antibiotikatherapie allein hilft normalerweise nicht schnell genug, da die Blutzufuhr zu dem gut umschriebenen Abszeß gering ist, so daß nicht genügend große Mengen des Antibiotikums dorthin gelangen können. Die Abszeßeröffnung wird in der Regel unter lokaler Betäubung durchgeführt.

Wiederholte Entzündungen der Bartholin-Drüsen können zur Bildung von Narbengewebe führen, das die Ausführungsgänge verlegt und damit den normalen Abfluß des Sekretes verhindert. Durch den Aufstau des Sekretes kann eine große → Zyste entstehen, die ebenfalls chirurgisch behandelt werden muß, damit nicht immer wieder neue Entzündungen entstehen. Manchmal kann auch die sogenannte *Marsuapialisation* — ein chirurgisches Verfahren, bei dem die eröffnete Zystenwand mit der Schleimhaut des Scheidenvorhofs vernäht wird — eine immer wiederkehrende Entzündung verhindern. Falls dies nicht gelingt, muß die ganze Drüse entfernt werden. Sowohl die Marsuapialisation als auch die Drüsenentfernung müssen unter einer Allgemeinnarkose im Krankenhaus durchgeführt werden. Meistens erholt man sich sehr schnell nach einer solchen Operation, auch wenn eine lokale Druckempfindlichkeit und Schwellung noch für einige Wochen bestehen bleiben können.

Basaltemperatur Die Aufwach- oder Morgentemperatur, d.h. die Körpertemperatur, die sofort nach dem Erwachen und noch vor dem Aufstehen oder anderen Aktivitäten gemessen wird. Die Messung der Basaltemperatur kann dabei helfen, zu klären, ob und wann eine → Ovulation (Eisprung) stattgefunden hat oder nicht. Wenn nämlich ein Eisprung stattgefunden hat, wird das Hormon → Progesteron gebildet, das zu einer Erhöhung der durchschnittlichen Basaltemperatur um etwa 0,4 bis 0,6° C führt. Kurz vor der Menstruation fällt der Progesteronspiegel und damit auch die Basaltemperatur wieder ab. Ist es zu einer Schwangerschaft gekommen, bleiben das Progesteron und die Basaltemperatur erhöht (siehe auch Abb. 1).

Um dieses Phänomen entweder zur Verhütung oder zur Planung einer Schwangerschaft auszunutzen, muß die Frau jeden Morgen, am besten zur gleichen Zeit und immer an der gleichen Stelle (d.h. entweder im Mund, unter der Achsel oder im Anus) die Basaltemperatur messen und in eine Kurve eintragen. Bei einer Erhöhung der Temperatur um etwa 0,5° C über mindestens drei Tage ist es wahrscheinlich, daß der Eisprung erfolgt und die fruchtbare Zeit vorüber ist. Solche Temperaturkurven sollte man über mindestens sechs bis acht Monatszyklen durchführen, um einen Eindruck über das persönliche Eisprungmuster zu bekommen, bevor man sich auf diese Methode z.B. zur Verhütung verläßt. In dieser Hinsicht ist zwar die Basaltemperatur-Methode um einiges genauer als die Kalender-Methode, man kann sich aber dennoch nicht vollständig auf sie verlassen (→ Natürliche Methoden der Empfängnisverhütung). In Kombination mit der → Zervikalschleim-Methode wird sie auch als sogenannte *symptothermale* Methode bezeichnet und ist bei genauer Einhaltung um einiges verläßlicher. Durch grippale Infekte oder andere Entzündungen, Müdigkeit, psychischen oder körperlichen Streß und viele andere Faktoren können die Ergebnisse jedoch ungenau oder verfälscht werden. Darüber hinaus haben manche Frauen kein bestimmbares Muster in ihrer Basaltemperatur, obwohl ein regelmäßiger Eisprung erfolgt.

Bauchhöhlenschwangerschaft Siehe unter → Extrauteringravidität

Bauchspeicheldrüse Auch *Pankreas*. Ein sowohl → exokrines als auch → endokrines Organ, das auf der linken Seite des Oberbauchs hinter dem Magen zwischen der Milz und dem Zwölffingerdarm liegt. Seine Hauptfunktionen sind die Produktion und Abgabe von Verdauungsenzymen in den Zwölffingerdarm sowie die Produktion und Abgabe der Hormone Insulin und Glukagon in die Blutbahn, die für die Regulation des Blutzuckerspiegels von entscheidender Bedeutung sind (siehe auch → Diabetes mellitus).

Eine der häufigsten Erkrankungen der Bauchspeicheldrüse ist die *Pankreatitis*, d.h. die Entzündung des Pankreas. Die häufigsten Gründe für eine Pankreatitis wiederum sind zum einen ein übermäßiger Alkoholkonsum (→ Alkoholismus) und zum anderen Erkrankungen der Gallenwege. (Das letzte Stück des Gallengangs vereinigt sich mit dem Ausführungsgang der Bauchspeicheldrüse, und zwar noch innerhalb des Pankreas, bevor dieser gemeinsame Gang dann in den Zwölffingerdarm mündet. Deshalb können Erkrankungen vor allem des unteren Abschnitts der Gallenwege leicht auf die Bauchspeicheldrüse übergreifen.) Eine Pankreatitis kann entweder akut oder chronisch verlaufen. Die Symptome einer *akuten* Pankreatitis bestehen typischerweise in plötzlich auftretenden, heftigsten Bauchschmerzen, oft mit Ausstrahlung in den Rücken, Übelkeit

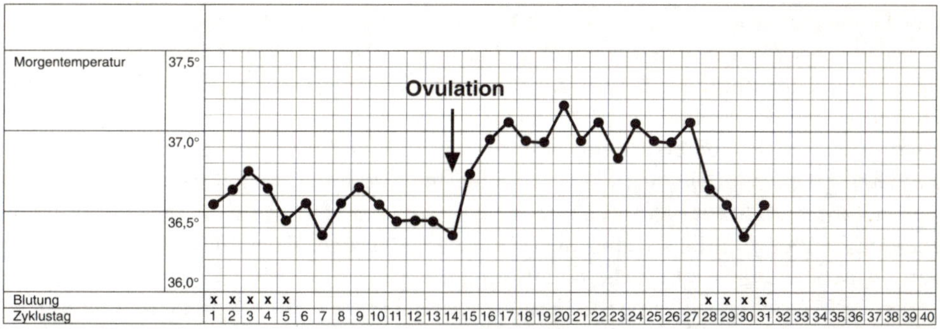

normale Basaltemperaturkurve

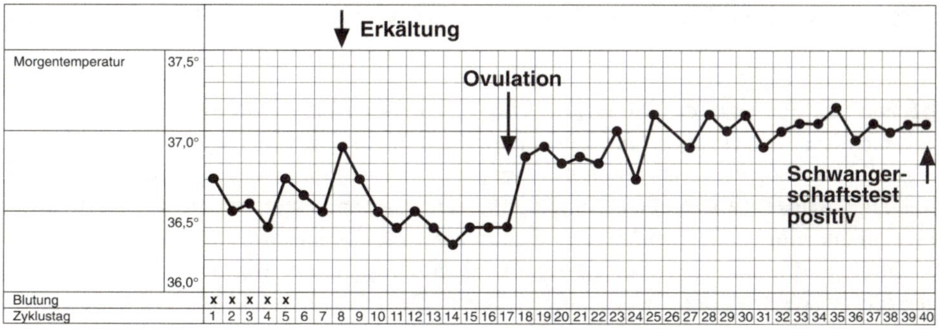

Basaltemperaturkurve bei Schwangerschaft

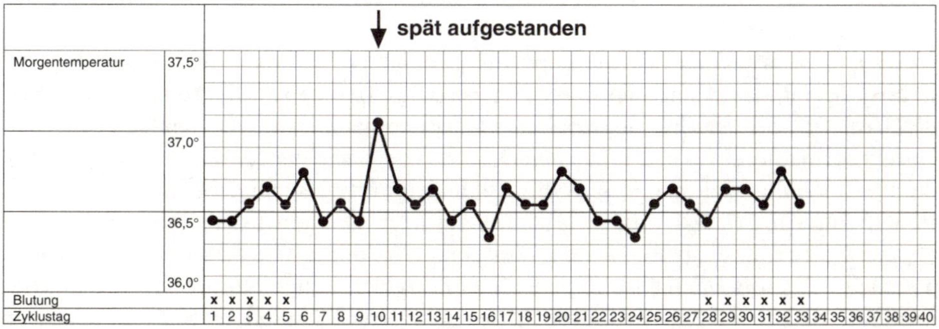

Basaltemperaturkurve bei fehlendem Eisprung (= anovulatorischer Menstruationszyklus)

Abb. 1: Der typische Verlauf der Basaltemperaturkurve bei einem normalen Menstruationszyklus ohne Empfängnis (oben), bei in diesem Zyklus erfolgter Konzeption und anschließender Schwangerschaft (Mitte) und bei fehlendem Eisprung (unten) und Erbrechen sowie in schweren Fällen in einem zusätzlichen Darmverschluß und Kreislaufschock. Die *chronische* Pankreatitis kann völlig unbemerkt verlaufen oder sich in immer wiederkehrenden Schmerzattacken wie bei der akuten Pankreatitis äußern. Die Diagnose einer Pankreatitis wird anhand der typischen Beschwerden vermutet und mit einer einfachen Blutuntersuchung bestätigt, bei der erhöhte Blutwerte für die beiden Verdauungsenzyme des Pankreas, die *Lipase* und die *Amylase*, gefunden werden. Die Behandlung besteht (bei gleichzeitiger Ernährung über Infusionen) in einem absoluten Nahrungsverbot, um die Bauchspeicheldrüse zu entlasten, sowie in einer Behandlung bzw. Ausschaltung der Ursache der Pankreatitis (z.B. Operation einer Gallenwegserkrankung, Alkoholabstinenz). Bleibt die Ursache wie etwa ein Alkoholismus bestehen, dann kann es immer wieder zu Entzündungen und schließlich zu einem Untergang und völligen Versagen der Bauchspeicheldrüsenfunktionen kommen. Dies bedeutet, daß die Verdauungsenzyme für den Rest des Lebens als Tabletten zu jeder Mahlzeit mit eingenommen werden müssen sowie häufig auch, daß der Betroffene zuckerkrank wird und z.B. Insulin spritzen muß (siehe → Diabetes mellitus).

Eine andere Erkrankung, die den Pankreas in Mitleidenschaft zieht, ist die → Mukoviszidose.

Becken Ein knöcherner Gürtel am unteren Ende der Wirbelsäule oberhalb der Beine, der sich aus dem Kreuzbein und den beiden Hüftbeinen zusammensetzt und die Beckenorgane, d.h. Gebärmutter, Eileiter, Eierstöcke, Harnblase und Enddarm beherbergt. Nach unten hin ist das Becken durch die Beckenbodenmuskulatur verschlossen. In diese Muskulatur eingebettet jedoch sind das untere Stück der Harnröhre und die Scheide, wodurch Verbindungen zwischen den Organen innerhalb des Beckens und nach außen geschaffen werden. Siehe auch unter → Perineum, → Beckendiagnostik.

Beckenbodengymnastik Gymnastische Übungen zur Stärkung der Muskulatur des Beckenbodens mit dem Ziel, ein Absinken der Unterbauchorgane so weit wie möglich und damit eine Urininkontinenz (siehe → Streßinkontinenz) zu vermeiden, die Muskelreaktionen beim Orgasmus zu verstärken und sich auf die Geburt vorzubereiten sowie sich danach zu erholen. Die Übungen bestehen prinzipiell in einem abwechselnden Anspannen und Entspannen der Beckenbodenmuskulatur. Um ein Gefühl für diese Muskulatur zu bekommen, kann man sich mit gespreizten Beinen auf die Toilette sezten und den Urinfluß abwechselnd stoppen und wieder beginnen lassen. Die einfachste Übung besteht darin, diese An- und Entspannungsversuche nacheinander bis zu 50mal pro Tag durchzuführen, wobei man jeweils drei Sekunden im angespannten und drei Sekunden im entspannten Zustand verharren sollte. Hat man dies gemeistert, folgt eine zweite Übung, bei der diese abwechselnden Muskelkontraktionen und -erschlaffungen bis zu 50mal pro Tag so schnell wie möglich hintereinander durchgeführt werden sollen. Dies kann man auch noch mit einer zusätzlichen Atemübung kombinieren: Dabei holt man tief Luft und spannt gleichzeitig die Beckenbodenmuskeln an, dann läßt man wieder locker und atmet gleichzeitig aus. Dies wiederholt man 10mal täglich. Schließlich gibt es noch eine Übung, bei der man abwechselnd preßt, als ob man etwas durch die Scheide nach außen drücken wollte, und anschließend die Muskeln wieder entspannt. Diese letzte Übung sollte jedoch während der letzten Monate einer Schwangerschaft vermieden werden.

Beckendiagnostik Die Untersuchung des weiblichen Beckens zur Klärung der Frage, ob das Becken groß genug ist, um die Passage des Kindes bei der Geburt und damit eine vaginale Entbindung zu ermöglichen. Manche Maße des Beckens kann man mit den Händen ausmessen, indem man die Finger der einen Hand in die Vagina und/oder den Enddarm einführt, während die andere Hand von außen den Unterbauch betastet. Ist eine genauere Messung notwendig, dann kann man auch eine Röntgenuntersuchung des Beckens durchführen. Da Röntgenstrahlen vor allem während des ersten Schwangerschaftsdrittels zu Schäden beim Kind führen können, wird man sich zu einer solchen Röntgenaufnahme nur dann entscheiden, wenn der hochgradige Verdacht besteht, daß das Becken zu klein ist, um eine normale Entbindung zu erlauben, oder wenn es im Verlauf der Geburt zu einem plötzlichen Stillstand kommt und/oder das Baby eine abnorme Geburtslage eingenommen hat (siehe → Lage-, → Haltungsanomalien).

Traditionellerweise werden bei der Beckendiagnostik unter anderem zwei Beckendurchmesser gemessen. Dies erfolgt schon während der Schwangerschaft, muß aber unter der Geburt erneut überprüft werden. Der eine Durchmesser wird als *Conjugata vera* bezeichnet und stellt den Abstand in Zentimetern von der am weitesten nach innen reichenden Stelle des Schambeins bis zum Oberrand des Kreuzbeines dar (d.h. der Rückseite des knöchernen Beckens an der Stelle, wo die Wirbelsäule in das Kreuzbein übergeht). Letztere Stelle kann durch eine vaginale Untersuchung getastet werden. Wenn die Länge der Conjugata vera mehr als 11 Zentimeter beträgt, dann ist der sogenannte Beckeneingang groß genug für ein durchschnittlich großes Kind. Mit dem zweitem Durchmesser bestimmt man die Weite des Beckenausgangs. Dazu mißt man den Abstand zwischen den beiden Sitzbeinhöckern, die man tasten kann, wenn von unten das Gesäß auf beiden Seiten nach oben drückt. Dieser Abstand sollte mindestens 10 Zentimeter groß sein. Es gibt noch eine Reihe von anderen Durchmessern im Beckenraum, die alle mehr oder weniger routinemäßig durch den Geburtshelfer erfaßt werden, um einen Eindruck über das Verhältnis zwischen der Weite des → Geburtskanals und der Größe des kindlichen Kopfes zu bekommen.

Beckenendlage Eine → Lageanomalie bei der Geburt eines Kindes, bei der nicht der Kopf, sondern der Steiß (Becken) des Kindes den bei der Geburt vorangehenden Körperteil bildet. Eine Beckenendlage tritt in ungefähr 3% aller Geburten auf. Bei der häufigsten Form, der reinen Steißlage, sind die gestreckten Beine des Kindes an der Bauchseite nach oben geschlagen. Bei der unvollkommenen Steiß- oder auch Fußsteißlage ist zusätzlich zum Gesäß noch ein Fuß, bei der vollkommenen Steißlage sind beide Füße tastbar. Bei der reinen Fußlage liegen nur die beiden Füße des Kindes vorne. Im Gegensatz zur normalen → Schädellage, bei der nach der Geburt des größten Körperteils, nämlich des Kopfes, der übrige Körper ohne Schwierigkeit durch den → Geburtskanal geboren werden kann, müssen bei der Beckenendlage nacheinander immer größere Körperteile des Kindes den Geburtskanal passieren: Zuerst das Gesäß (bzw. die Füße), dann die Schultern und zuletzt der Kopf. Darüberhinaus wird bei der normalen Geburt der noch sehr verformbare Kopf durch die Kraft der Muskelkontraktionen, durch die er durch den Geburtskanal nach außen gedrückt wird, so verformt, daß er im Durchmesser ungefähr 2,5 cm kleiner wird. Bei der Beckenendlage gibt es diese Möglichkeit nicht, so daß letztlich das mütterliche Becken größer sein muß, um die Passage des Kopfes zu ermöglichen.

Die Meinungen darüber, ob Geburten aus der Beckenendlage länger dauern als normale, gehen auseinander: Die meisten Kliniker sind der Überzeugung, daß es länger dauert, und alle sind sich darüber einig, daß das Risiko für das Kind bis zu viermal größer ist als bei einer normalen Geburt. Zum Teil liegt das daran, daß Kinder in einer Beckenendlage häufig noch unreifer sind. Dies ist auch der Hauptgrund für die Beckenendlage, da kleinere (unreifere) Babys mehr Platz in der Gebärmutter haben, sich umzudrehen. Ein anderes Risiko besteht in der Gefahr für den kindlichen Kopf: Gehirnblutungen, Druck auf den Kopf, die Versuche des Geburtshelfers, den Kopf durch den Muttermund zu ziehen, der sich schon wieder etwas verschlossen hat, bevor der Kopf geboren werden konnte — all das trägt zur Erhöhung der Risiken bei. Außerdem besteht die Gefahr, daß die Nabelschnur zusammengedrückt und damit die Sauerstoffversorgung des Kindes unterbrochen wird. Angesichts all dieser Risiken versuchen die meisten Geburtshelfer, eine Geburt aus der Beckenendlage zu vermeiden. Wenn eine Bekkenendlage in den letzten Wochen vor der Geburt erkannt wird (durch Ertasten durch den mütterlichen Bauch), kann man eine sogenannte *äußere Wendung* versuchen, d.h. die Drehung des Kindes um 180 Grad zur Schädellage durch vorsichtige Bewegungen von außen. Dieses Verfahren ist allerdings umstritten und sollte nur dann durchgeführt werden, wenn die Möglichkeiten zu einer sofortigen Schnittentbindung vorhanden sind. Außerdem kommt es selbst nach erfolgreicher Wendung vor, daß sich das Kind wieder in die Beckenendlage zurückdreht.

Bei einer Erstgebärenden, bei der die Weichteile noch besonders fest und die Gefährdung des Kindes damit besonders groß ist, strebt man heutzutage in aller Regel bei einer Beckenendlage eine Schnittentbindung, d.h. einen → Kaiserschnitt, an. Bei einer Mehrgebärenden, bei der die Weichteile durch eine oder mehrere vorangegangene Geburten schon vorgedehnt sind, kann man eine vaginale Geburt versuchen. Normalerweise ist die Geburt bis zum Erscheinen des kindlichen Nabels unproblematisch. Ab diesem Moment muß man jedoch besonders wachsam sein. Wenn der Kopf zu groß für das Becken ist, muß man einen Kaiserschnitt durchführen, der immer noch sicherer ist als ein schwieriges oder langwieriges Herausziehen des Kopfes durch die Scheide. Hat man schon vor Beginn der Geburt den Eindruck, daß das Kind besonders groß ist, wird man gleich einen Kaiserschnitt machen. Auf jeden Fall stellt eine Beckenendlage immer eine Risikogeburt dar und sollte von Anfang an im Krankenhaus entbunden werden.

Befruchtung Die Vereinigung einer Ei- und einer Samenzelle einschließlich der Verschmelzung der jeweiligen Zellkerne zu einem neuen, alleinigen Zellkern. Das so befruchtete Ei wird → Zygote genannt. Beim Menschen findet die Befruchtung im → Eileiter statt. Die durch die → Ejakulation des Mannes beim Beischlaf in der Scheide abgesetzten → Spermien wandern durch den Muttermund in die Gebärmutter und von dort in die Eileiter, wo sie auf das vom Eierstock gesprungene und vom Eileiter aufgenommene Ei treffen. Diejenigen Spermien, die in der Lage waren, diesen langen Weg zu überleben, „umzingeln" die Eizelle und lösen deren äußere Zellschichten auf. Das schnellste von ihnen dringt schließlich durch die *Zona pellucida* (das ist die innerste Zellschicht um die Eizelle) in die Eizelle ein, wobei es seinen Schwanz abwirft und eine Reihe von Veränderungen in Gang setzt, die das Eindringen weiterer Spermien verhindert. Dann verschmilzt der Zellkern des Spermiums, der die genetische Information des Mannes trägt, mit dem der Eizelle, und die Grundvoraussetzung für die Entwicklung eines neuen Lebens ist geschaffen. Der zur Befruchtung führende Beischlaf wird auch *Konzeption* oder *Empfängnis* genannt.

Beinvenenthrombose Siehe unter → Thrombose, → Thrombophlebitis

benigne Gutartig. Beschreibung eines Tumors oder Gewebewachstums, das kein Krebs ist. Obwohl die Anwesenheit eines gutartigen Tumors heißt, daß sich eine Gruppe von Zellen schneller als normalerweise geteilt und vervielfacht hat, so daß eine bestimmte Masse zusätzlichen Gewebes entstanden ist, unterscheidet sich ein gutartiger in dreierlei Hinsicht von einem bösartigen Tumor: Er kann keine Metastasen (Tochtergeschwülste) an anderen Stellen des Körpers setzen; er kann nicht in das umgebende Gewebe einwachsen und es zerstören; und er kann nach Entfernung nicht rezidivieren (wieder nachwachsen). Gutartige Tumoren können in der Regel, wenn sie nicht zu nahe an lebenswichtigen Organen gelegen sind, vollständig entfernt werden, und ihre Prognose (Heilungsaussicht) ist ausgesprochen günstig. Siehe auch unter → Krebs.

bilateral Beidseitig. Eine bilaterale Ablatio mammae bedeutet z.B. die operative Entfernung beider Brüste.

Bilirubin Abbauprodukt des roten Blutfarbstoffes Hämoglobin. Bilirubin hat eine gelbbraunrote Farbe und ist normalerweise in bestimmten Konzentrationen im Blut vorhanden. Bei verschiedenen Krankheiten (vor allem der Leber, der Gallenwege und des Blutes) steigt der Blutspiegel des Bilirubins, es wird in der Haut abgelagert und verursacht dann ein typisch gelbes Aussehen des Patienten, was → Ikterus (Gelbsucht) genannt wird. Siehe auch unter → Neugeborenenikterus.

Billings-Methode Siehe → Zervikalschleim-Methode

Bimanuelle Untersuchung Siehe unter → Gynäkologische Untersuchung

Biopsie Die Entnahme von Gewebe bei einer lebenden Person zur Untersuchung und Beurteilung durch einen Pathologen (Spezialist für krankhafte Gewebs- und/oder Organveränderungen). Es gibt verschiedene Formen der Biopsie, je nachdem, auf welche Art und mit welchem Instrument man das Gewebe gewinnt. So kann man z.B. mit dem Skalpell ein Gewebestück herausschneiden, ein Verfahren, das auch *Probeexzision* genannt wird, oder man kann mit Hilfe einer feinen Nadel das Gewebe anstechen und ansaugen. Wenn dabei nur Flüssigkeit angesaugt wird, spricht man korrekterweise von einer *Aspiration,* wenn richtiges Gewebe entfernt wird, von einer Biopsie. In der Praxis werden jedoch beide Begriffe oft nicht unterschieden. Eine andere Möglichkeit ist die Zangenbiopsie, bei der mittels einer kleinen Zange etwas Gewebe „abgezwickt" wird. Letztere Methode kommt vor allem auch in Kombination mit endoskopischen Verfahren (Spiegelung z.B. des Magen oder Darms) zum Einsatz. Nadel- und Zangenbiopsien können häufig ambulant unter lokaler Betäubung durchgeführt werden, die Probeexzision wird sowohl ambulant als auch häufiger im Rahmen einer Operation durchgeführt. Das entnommene Gewebe kann, wenn seine Dignität (d.h. ob es gut- oder bösartig ist) das weitere Vorgehen innerhalb einer Operation bestimmen soll, mit einem sogenannten

Schnellschnitt untersucht werden, bei dem das Ergebnis dem Operateur innerhalb einer halben bis ganzen Stunde vorliegt. Das Nicht-Schnellschnittverfahren dauert naturgemäß länger, liefert dafür aber auch genauere Ergebnisse. Insbesondere Flüssigkeit kann auch *zytologisch* untersucht werden, d.h. man beurteilt unter dem Mikroskop das Aussehen der einzelnen Zellen und nicht wie bei der *histologischen* Untersuchung feine Gewebeschnitte. Der Grund für eine Biopsie und die anschließende Beurteilung unter dem Mikroskop ist in den meisten Fällen die Frage, ob ein maligner (bösartiger) Prozeß vorliegt oder nicht. Ein positives Ergebnis — d.h. es sind zweifelsfreie Zeichen *für* eine Bösartigkeit vorhanden — ist immer überzeugend, ein negatives Ergebnis kann jedoch ein bösartiges Wachstum trotzdem nicht ausschließen, da es immer sein kann, daß man bei der Biopsie oder Aspiration zufällig tumorzellfreies Material entnommen hat. Bei weiterhin bestehendem Verdacht auf einen bösartigen Tumor kann es daher vorkommen, daß eine Biopsie öfters wiederholt werden muß.

1. **Brustbiopsie** Eine Probeexzision von Brustgewebe. Dabei macht man einen drei bis vier Zentimeter langen Schnitt über dem Knoten, wenn er dicht unter der Oberfläche liegt. Wenn der Knoten tiefer im Gewebe sitzt, kann man den Schnitt auch unter der Brust machen und sie dann nach oben schieben, um an den Knoten zu gelangen. Dann wird der Knoten zusammen mit umgebendem Gewebe herausgeschnitten, wobei die kleinen Blutgefäße in der Umgebung abgebunden oder verödet werden, so daß kein oder nur wenig Blut verloren geht. Bei einem großen oder tiefen Knoten wird manchmal auch eine Drainage (ein kleiner Schlauch, über den Blut und/oder Gewebswasser nach außen abfließen kann) gelegt. Danach wird die Wunde mit Nähten verschlossen, die nach einigen Tagen wieder entfernt werden können. Die Brustbiopsie kann sowohl unter Allgemeinnarkose bei einem stationären Krankenhausaufenthalt oder auch mit lokaler Betäubung ambulant durchgeführt werden. Letzteres ist seltener, hat aber den Vorteil der geringeren psychischen Belastung. Vor jeder Biopsie wird in der Regel eine → Mammographie durchgeführt, um andere, verstecktere Gewebsveränderungen in der gleichen oder anderen Brust aufzufinden oder auszuschließen.

2. **Vulvabiopsie** Die Entfernung und anschließende histologische Untersuchung eines kleinen Hautstückes im Bereich der → Vulva, um auf einen eventuellen Hautkrebs eines verdächtigen Gebietes zu testen. In der Regel ist dazu lediglich eine lokale Betäubung notwendig, und bei einem kleinen Schnitt oder bei einer Zangenbiopsie muß nicht einmal genäht werden.

3. **Zervixbiopsie** Die Entfernung und Untersuchung eines kleinen Gewebestückes vom Muttermund. Diese Biopsie wird in der Regel dann durchgeführt, wenn Abstriche aus dem Muttermund irgendwelche Auffälligkeiten gezeigt haben. Mit Hilfe eines Kolposkops (siehe unter → Kolposkopie) kann man die Stelle besser eingrenzen, an der das Gewebe entnommen werden soll. Dies kann oft auch ambulant durchgeführt werden und erfordert keine Betäubung. In der Regel spürt man nur einen oder zwei kleine ziehende Schmerzen, wenn das Gewebe entnommen wird. Wenn sich das verdächtige Gewebe am Muttermund bis in den Muttermundkanal hinein erstreckt, wird normalerweise auch noch eine endozervikale → Kürettage empfohlen, bei der Schleimhautgewebe aus dem Muttermundkanal abgeschabt und danach untersucht wird. Bei der → Konisation wird ein Gewebestück in der Form eines Konus aus dem Muttermund herausgeschnitten.

4. **Endometriumbiopsie** Die Entfernung und Untersuchung von Gebärmutterschleimhaut, dem Endometrium. Die Endometriumbiopsie kann grundsätzlich auf zwei

Weisen erfolgen: Das erste Verfahren ist die sogenannte Strichkürettage oder Strichabrasio (siehe → Abrasio). Dabei wird nach schrittweiser Dehnung des Muttermundkanales mit immer dickeren Metallstiften (Dilatation genannt) eine scharfkantige Strichkürette (Schaber) durch den Muttermundkanal in die Gebärmutter eingeführt und dann entlang der Schleimhaut Strich für Strich nach unten gezogen, wobei kleine Teile der Schleimhaut hängenbleiben und dann untersucht werden können. Diese Biopsie wird in aller Regel unter einer kurzen Allgemeinnarkose durchgeführt. Das andere, neuere Verfahren ist die sogenannte *Aspirationskürettage*. Die Aspirationskürettage ist im Prinzip eine → Vakuumkürettage, die zu diagnostischen Zwecken (und nicht zur Abtreibung) durchgeführt wird. Hierbei wird ein elektrisches Absauggerät ohne vorherige Dilatation (Dehnung) des Muttermundkanals in die Gebärmutter eingeführt und dann etwas Schleimhaut abgesaugt. Das ganze dauert eine halbe Minute und kann ambulant und ohne Narkose durchgeführt werden.

Bipolare affektive Psychose Siehe → Manisch-depressive Krankheit

bisexuell Das Bedürfnis nach und/oder das Eingehen von sexuellen Beziehungen mit Personen beiderlei Geschlechts, d.h. die Entwicklung von sowohl → homosexuellen als auch → heterosexuellen Aktivitäten.

Blasenentzündung Siehe → Zystitis

Blasenkatheter Ein röhrenförmiges, flexibles Instrument, das durch die Harnröhre in die Harnblase eingeführt wird, entweder um eine Urinprobe zu gewinnen, die nicht durch Bakterien auf der Haut oder in der Harnröhre verunreinigt ist, oder um den Abfluß des Urins zu gewährleisten, wenn im Falle eines Unfalls oder einer Erkrankung die normalen Verschlußmechanismen der Harnblase nicht richtig funktionieren. Da das Einbringen des Katheters in die Blase, die sogenannte *Katheterisierung*, selbst zur Verschleppung von Bakterien in die Harnblase und damit zu einer → Zystitis führen kann, ist es außerordentlich wichtig, daß dabei unter sterilen Bedingungen gearbeitet wird. Eine Blasenkatheterisierung erfolgt oft nach Operationen im urogenitalen Bereich, z.B. auch nach einem → Kaiserschnitt, um die Leerung der Harnblase sicherzustellen. Manchmal wird der Katheter einige Tage belassen, bis die Blase wieder normal arbeitet. Patienten, die sich auf Langzeitbasis selbst katheterisieren — eine Prozedur, die *intermittierende Selbstkatheterisierung* genannt und z.B. von manchen Querschnittsgelähmten durchgeführt wird — bedienen sich im allgemeinen eher einer sauberen als einer richtig sterilen Technik, wobei es trotzdem erstaunlich selten zu Blasenentzündungen kommt.

Eine andere Form der künstlichen Harnableitung ist die sogenannte *suprapubische Blasenfistel*. Hierbei wird bei voller Blase knapp oberhalb des Schambeins die Harnblase mit einer dünnen Nadel punktiert. Durch die entstandene Öffnung wird dann ein dünner Katheter eingeführt und mit einer kleinen Naht an der Bauchhaut befestigt. Diese Prozedur ist völlig gefahrlos und erfordert auch keine Betäubung. Im Gegensatz zum normalen Blasenkatheter wird also nicht der natürliche Weg, nämlich die Harnröhre, benutzt, sondern es wird ein künstlicher Ausgang geschaffen. Das hat einige Vorteile: Zum einen gibt es Patienten, bei denen die Harnröhre z.B. durch Narbengewebe so verengt ist, daß man mit einem Blasenkatheter gar nicht bis zur Blase vordringen kann. Zum anderen bleibt der natürliche Weg durch die Harnröhre offen. Dies bedeutet, daß man immer wieder versuchen kann, auf natürlichem Weg zu urinieren, ohne dazu den Katheter entfernen zu müssen. Außerdem kann man den suprapubischen Katheter abklemmen beziehungsweise abstöpseln und nur bei Bedarf öffnen. Bei einem herkömmlichen Katheter ist ein Abklemmen deswegen nicht ungefährlich, weil es dadurch zu einem Rückstau des Urins kommt und damit zu einer erhöhten Gefahr der Keimverschleppung in die Blase, was zu einer Blasenentzündung führen kann. Ein einmal gelegter suprapubischer Katheter kann darüberhinaus bei Langzeitpatienten länger belassen werden als ein normaler Katheter, der bei Verwendung von Silikon-Material spätestens nach sechs bis sieben Wochen ausgetauscht werden muß. Trotz der vielen Vorteile wird die suprapubische Blasenfistel nur dann gelegt, wenn abzusehen ist, daß der Patient auf längere Zeit auf einen Blasenkatheter angewiesen ist. Für kurzfristige Harnableitungen ist ein normaler Blasenkatheter völlig ausreichend und angebrachter, da er doch um einiges leichter zu legen und zu entfernen ist.

Blasenmole Auch *Mola hydatiformis* oder *hydatiforme Mole*. Eine Entwicklungsstörung des embryonalen Gewebes (genauer der → Plazenta), die mit der Bildung eines traubenförmigen Gewebsgebildes anstatt eines normalen Embryos einhergeht. Eine Blasenmole kann von einer normal verlaufenden Schwangerschaft dadurch unterschieden werden, daß die Gebärmutter wesentlich schneller wächst, daß es ab dem dritten oder vierten Monat zu leichten bis schweren Blutungen aus der Scheide kommen kann und daß man keine kindlichen Herztöne oder Kindsbewegungen ausmachen kann. Oft kommt es auch zu heftiger Übelkeit und Erbrechen und schließlich zur Abstoßung von traubenförmigen Gewebestücken durch die Scheide. Im Verdachtsfall kann man mit Hilfe der → Ultraschallsonographie die Blasenmole erkennen und durch die Anwesenheit von außergewöhlich hohen Spiegeln des Hormons → humanes Choriongonadotropin (hCG) im Blut und Urin etwa im dritten Schwangerschaftsmonat bestätigen. Obwohl es sich bei 80 bis 90% aller Blasenmolen um gutartige Gewebsveränderungen handelt, werden sie als potentiell bösartig (maligne) eingestuft, weil aus ihnen gelegentlich ein bestimmter bösartiger Tumor, das → Chorionkarzinom, entstehen kann. Die Behandlung besteht in der vollständigen Entfernung der Blasenmole mittels einer → Vakuumkürettage. Von besonderer Bedeutung ist auch die Nachsorge, bei der zunächst in wöchentlichen, dann in monatlichen Abständen der Spiegel des hCG bestimmt wird, bis für mindestens ein Jahr keine erhöhten Werte mehr gefunden werden. In dieser Zeit muß auch von einer Schwangerschaft dringend abgeraten werden, weswegen meist auch die Pille verschrieben wird. Danach geht man mit einer erneuten Schwangerschaft kein Risiko mehr ein, während vorher eine Schwangerschaft zum Wiederaufleben der Blasenmole oder gar zur Entstehung eines Chorionkarzinoms führen kann. Bleibt die Normalisierung der Spiegel des hCGs aus oder steigen die Werte nach vorübergehendem Abfall wieder an, muß wie beim Chorionkarzinom mit einer → Chemotherapie behandelt werden.

Blasensprengung Die künstliche Durchtrennung der Eihäute mit dem Ziel, die Geburt in Gang zu bringen oder eine schon laufende Geburt zu beschleunigen. In der Regel geht dies so vor sich, daß die Hebamme oder der Arzt einen oder zwei mit einem sterilen

Handschuh bedeckte Finger durch den teilweise eröffneten Muttermund einführen, bis der Kopf des Kindes getastet wird. Dann werden mit Hilfe einer Kugelzange oder Klemme die Eihäute nahe beim Muttermund durchtrennt und von der Gebärmutterwand abgezogen. Mit einem Finger drückt man den Kopf des Kindes leicht nach oben, so daß das Fruchtwasser durch den Muttermund und die Scheide nach außen abfließen kann. Wenn der Muttermund weich ist, setzen die Wehen in der Regel innerhalb von einer bis zwei Stunden nach der Blasensprengung ein, obwohl es manchmal auch noch sechs bis acht Stunden dauern kann. Wenn die Geburt nicht innerhalb von 24 Stunden in Gang kommt, kann man die Wehen noch zusätzlich mit Oxytozin auslösen (siehe unter → Geburtseinleitung). Für die Blasensprengung ist keine Betäubung notwendig. Das Hauptrisiko für die Mutter besteht in einer bakteriellen Infektion; das Risiko für das Kind besteht in einem Verlust des schützenden Effekts des Fruchtwassers während der Frühphase der Geburt, wobei dieser Schutz ohnehin verloren geht, wenn die Eihäute zu einem frühen Zeitpunkt der Geburt spontan einreißen.

Blasensprung Das spontane Einreißen der → Eihäute, die die Wand der → Fruchtblase bilden, und der damit verbundene Abgang von → Fruchtwasser durch die Scheide nach außen. Bei einem normalen Geburtsverlauf erfolgt der Blasensprung gegen Ende der Eröffnungsperiode oder am Anfang der Austreibungsperiode (siehe unter → Geburt), wenn der Muttermund vollständig eröffnet ist und die ersten Preßwehen einsetzen. Dies wird auch als *rechtzeitiger* Blasensprung bezeichnet. Kommt es schon früher im Verlauf der Eröffnungsperiode zum Blasensprung, spricht man von einem *frühzeitigen* Blasensprung, der in der Regel keinen Grund zur Besorgnis darstellt. Nicht das gesamte Fruchtwasser fließt beim Blasensprung nach außen ab, sondern nur das sogenannte *Vorwasser*, das sich vor dem Kopf des Kindes befand. Nach dem Ablaufen des Vorwassers dichtet der tiefertretende kindliche Kopf die Seiten zur Gebärmuttermundöffnung ab, so daß das restliche Fruchtwasser noch in der Gebärmutter verbleibt und erst mit der Geburt des Kopfes nach außen abfließt. Die Farbe des abfließenden Fruchtwassers wird genau begutachtet, da z.B. eine Grünverfärbung auf einen Sauerstoffmangel des Kindes hinweist (siehe auch unter → Amnioskopie). Nach dem Blasensprung kann die bis dahin externe Kardiotokographie (siehe unter → fetale Überwachung) durch Ansetzen einer „Skalp-Elektrode" am kindlichen Kopf in eine interne Kardiotokographie umgewandelt und damit die Überwachung des Wohlergehens des Kindes optimiert werden.

Ein Blasensprung vor Beginn der Wehen wird als *vorzeitiger Blasensprung* bezeichnet. Er komt in etwa 20% aller Entbindungen vor, und zwar bevorzugt bei → Frühgeburten und bei → Mehrlingsschwangerschaften. Außerdem ist ein vorzeitiger Blasensprung etwas häufiger bei Erst- als bei Mehrgebärenden. Die Diagnose eines vorzeitigen Blasensprunges ist meist einfach zu stellen, nur gelegentlich wird das abgehende Fruchtwasser, vor allem dann, wenn es nur sehr wenig ist, mit einem vermehrten Ausfluß aus der Scheide oder mit einem unwillkürlichen Urinabgang verwechselt. Der weitere Verlauf der Schwangerschaft und der Entbindung nach einem vorzeitigen Blasensprung sind im einzelnen nicht voraussehbar. Im günstigsten Fall schließt sich die eingerissene Stelle in der Eihaut wieder, und die Schwangerschaft besteht bis zum erwarteten Geburtstermin ungestört fort. Verschließt sich die Rißstelle nicht und geht weiter ständig Fruchtwasser ab, dann setzen nach einer unterschiedlich langen Zeit unabhängig von der Schwangerschaftsdauer auf jeden Fall die Wehen ein und die Geburt beginnt. Diese muß nicht gestört sein und kann durchaus zur Entbindung eines gesunden Kindes führen. Andererseits ist der Geburtsablauf nach vorzeitigem Blasensprung häufig verlängert, und nicht selten wird eine operative Entbindung notwendig. Die Hauptgefahr eines vorzeitigen Blasensprungs besteht jedoch in der Möglichkeit einer durch die Scheide nach oben in die Fruchthöhle aufsteigenden Infektion. Ein solches sogenanntes *Amnioninfektionssyndrom* zeigt sich durch Fieber und durch eine zunehmende Erhöhung der weißen Blutkörperchen und kann zum Kreislaufschock bei der Mutter und bei Übergreifen der Infektion auf das Kind zu einer lebensbedrohlichen Gefährdung des Fetus führen. Die Therapie in solchen Fällen besteht in einer rechtzeitigen Gabe von → Antibiotika und gegebenenfalls in der operativen Beendigung der Schwangerschaft durch z.B. einen → Kaiserschnitt.

Gibt es keine Anzeichen für eine Infektion, kann nach einem vorzeitigen Blasensprung zunächst abgewartet werden. Eventuell gibt man zusätzlich Medikamente, um die Lungenreifung beim Kind zu beschleunigen und damit seine Überlebenschancen zu erhöhen. Eine weitere Gefahr des vorzeitigen Blasensprungs für das Kind besteht in der Möglichkeit eines → Nabelschnurvorfalls, insbesondere dann, wenn der Blasensprung zu einem Zeitpunkt erfolgt, zu dem der kindliche Kopf noch hoch im mütterlichen Becken steht. In jedem Fall eines vorzeitigen Blasensprungs ist aus all diesen Gründen eine sofortige Einweisung ins Krankenhaus und dort eine strenge Bettruhe notwendig, um bei eventuellen Komplikationen sofort eingreifen zu können.

Blasenvorfall Auch *Zystozele*. Die Vorwölbung der Harnblase in den Scheidenkanal als Folge einer Erschlaffung der Beckenbodenmuskulatur, die die Blase normalerweise an ihrem Platz hält. Der Blasenvorfall kann allein oder zusammen mit einem → Gebärmuttervorfall auftreten. Die Erschlaffung der Beckenbodenmuskulatur ist meist ein Resultat des Kindergebärens (z.B. nach einer langen, schwierigen Geburt, sehr großen Kindern oder vielen Geburten). Eine Zystozele führt in der Regel zu mehreren Symptomen, von denen das häufigste der unfreiwillige Urinabgang vor allem beim Husten, Lachen oder Schneuzen ist (siehe unter → Streßinkontinenz). Oft kommt es auch zu wiederholten Harnwegsinfektionen mit häufigem Harndrang, Brennen beim Wasserlassen und einem Gefühl der unvollständigen Harnentleerung nach dem Wasserlassen (siehe auch → Zystitis). Die Diagnose ist anhand einer gynäkologischen Untersuchung einfach zu stellen. Kleinere Zystozelen können bereits durch gymnastische Übungen zur Stärkung der Beckenbodenmuskulatur behandelt werden (→ Beckenbodengymnastik). In schwereren Fällen kann eine Operation notwendig werden. Bei der Standardmethode wird dabei die Vorderwand der Vagina eröffnet, danach die Blase nach oben geschoben und dort an ihrer normalen Position vernäht. Das kann mit einer gleichzeitigen operativen Verstärkung der Scheidenhinterwand kombiniert werden (siehe → Rektozele). Vier von fünf auf diese Weise behandelten Patientinnen erfahren nach der Operation eine Erleichterung. Für die restlichen 20% kann unter Umständen eine etwas schwierigere Form der Operation, die sogenannte Operation nach *Marshall-Marchetti-Kranz*, notwendig werden, um die Urininkontinenz zu beheben. Bei dieser Operation eröffnet der Chirurg die Bauchhöhle und verändert den Winkel zwischen Blase und Harnröhre. Siehe auch → Urethrozele.

Blinddarmentzündung Siehe → Appendizitis

Blutbild Siehe unter → Bluttest

Blutdruck Siehe unter → Bluthochdruck

Bluterkrankheit Siehe → Hämophilie

Blutgerinnsel Siehe unter → Thrombose, siehe auch unter → Apoplex

Blutgruppe Verschiedene erbliche Eigenschaften der Blutbestandteile und im engeren Sinne der roten Blutkörperchen (Erythrozyten), durch deren Vorhandensein bzw. Fehlen das Blut einer einzelnen Person einer bestimmten Gruppe zugeordnet werden kann. Am bekanntesten ist das sogenannte *A-B-Null-System.* Bei diesem System bedient man sich der Tatsache, daß die roten Blutkörperchen mancher Personen an ihrer Oberfläche ein bestimmtes Eiweiß oder Antigen tragen, das man A genannt hat. Andere Personen dagegen haben statt A das Antigen B oder A *und* B an ihrer Erythrozytenoberfläche, und wieder andere haben weder A noch B. Daraus ergeben sich vier verschiedene mögliche Blutgruppen, nämlich Blutgruppe A, Blutgruppe B, Blutgruppe AB und Blutgruppe Null. Neben diesen Antigenen besitzt jedoch jede Person auch noch Antikörper gegen die A- und B-Antigene, und zwar abhängig davon, welche Blutgruppe die betreffende Person jeweils selbst hat. Ein Mensch mit der Blutgruppe A besitzt z.B. zusätzlich Antikörper gegen B-Erythrozyten, nicht jedoch gegen Blutkörperchen mit dem A-Antigen. Ein Mensch mit der Blutgruppe AB dagegen besitzt keine Antikörper, und jemand mit Blutgruppe Null hat sowohl Anti-A- als auch Anti-B-Antikörper. Das ist deshalb so wichtig, weil diese Antikörper mit den entsprechenden Antigenen (d.h. Anti-A-Antikörper mit A-Antigen usw.) eines fremden Blutes reagieren und damit zum Untergang der fremden (gespendeten) roten Blutkörperchen führen können, was sich in einer unter Umständen lebensbedrohlichen Unverträglichkeitsreaktion mit Kreislaufschock äußern kann. Aus diesem Grunde ist es unumgänglich, vor jeder Bluttransfusion die Blutgruppe sowohl des Empfängers als auch die des gespendeten Blutes zu testen, um sicherzugehen, daß bei beiden die gleiche Blutgruppe vorliegt und damit keine Unverträglichkeitsreaktionen auftreten können. Eine gewisse Ausnahme bildet Blut mit der Blutgruppe Null, das man im Notfall jedem Patienten gleich welcher Blutgruppe geben kann, da die Blutkörperchen des gespendeten Null-Blutes ja keine Antigene tragen, mit denen evenutell vorhandene Antikörper beim Empfänger reagieren könnten.

Die Blutgruppeneigenschaften des A-B-Null-Systems (wie auch die der anderen Blutgruppensysteme) werden von den Eltern auf ihre Kinder vererbt. Die Blutgruppe des Kindes hängt also davon ab, welche Blutgruppeneigenschaften es jeweils vom Vater und von der Mutter bekommt (eine Tatsache, die man sich bei der Erstellung von Vaterschaftsgutachten zunutze macht). Das heißt auch, daß das Kind nicht zwingenderweise dieselbe Blutgruppe wie seine Mutter hat. Dies kann dann zum Problem werden, wenn eine Frau mit der Blutgruppe Null mit einem Kind mit der Blutgruppe A, B oder AB schwanger ist. In einem solchen Fall können die bei der Mutter ja vorhandenen Anti-A- und Anti-B-Antikörper über die → Plazenta in den Blutkreislauf des Kindes gelangen und dort zur Zerstörung der kindlichen Blutkörperchen führen. Diese Unverträglichkeitsreaktion zwischen den Blutgruppen von Mutter und Kind verursacht eine als *A-B-Null-Erythroblastose* bezeichnete Erkrankung beim Kind, die jedoch in der

Regel nicht so schwerwiegende Folgen hat wie die Erythroblastose bei → Rhesus-Faktor-Unverträglichkeit und bei der richtigen Therapie meist folgenlos ausheilt.

Ein anderes Blutgruppensystem ist der eben schon erwähnte → Rhesus-Faktor. Für eine genaue Beschreibung siehe dort. Es gibt noch sehr viele weitere Blutgruppensysteme beziehungsweise -eigenschaften, die ebenfalls alle getestet werden, bevor eine Bluttransfusion durchgeführt wird.

Bluthochdruck Auch *arterielle Hypertonie* oder kurz *Hochdruck* oder *Hypertonus.* Die Erhöhung des arteriellen systolischen und/oder diastolischen Blutdrucks entweder als Folge eines Nierenleidens oder einer anderen Grundkrankheit (*sekundäre* Hypertonie) oder, wie in den allermeisten Fällen (etwa 90%), ohne erkennbare Ursache (*primäre* oder *essentielle* Hypertonie). Ein Bluthochdruck kommt bei Männern häufiger vor als bei Frauen und kann prinzipiell in jedem Lebensalter auftreten, wird aber mit zunehmendem Alter deutlich häufiger. Zwischen dem 55. und 65. Lebensjahr sind schätzungsweise ein Viertel der Gesamtbevölkerung von einem Bluthochdruck betroffen.

In der Regel spürt man es nicht, wenn der Blutdruck erhöht ist, und wird oft erst dann auf die Erkrankung aufmerksam, wenn sich Komplikationen eines Bluthochdruckes einstellen, wie z.B. ein Herzinfarkt, ein Schlaganfall oder Nierenerkrankungen. Die einzige Möglichkeit, einen Bluthochdruck zu entdecken, ist die Blutdruckmessung. Der Blutdruck, d.h. der Druck, den das Blut auf die Arterienwände ausübt, ist abhängig von der Herzleistung, der Elastizität der Gefäßwände (die mit dem Alter abnimmt) und dem Volumen und der Viskosität (Zähflüssigkeit) des Blutes. Bei der Blutdruckmessung bestimmt man zwei Werte: Der erste oder systolische Wert entspricht dem Druck, der bei der Kontraktion der linken Herzkammer (die das sauerstoffreiche Blut in die Hauptschlagader und damit zu den Körpergeweben pumpt) entsteht. Der zweite oder diastolische Wert entspricht dem Druck, der durch die Erschlaffung der linken Herzkammer entsteht, während derer sich die Kammer erneut mit Blut aus dem Vorhof füllt (d.h. dem Druck in der Ruhephase der Herzkammer vor einer erneuten Kontraktion). Die Blutdruckmessung erfolgt mit einem Blutdruckmeßgerät, das es in verschiedenen Ausführungen gibt. Bei einem gesunden Erwachsenen beträgt der normale systolische Blutdruck 120 mmHg (mmHg steht für Millimeter auf der Quecksilbersäule) und der diastolische 80 mmHg. Man sagt, der Blutdruck ist 120/80 (sprich 120 zu 80). Von einer *grenzwertigen Hypertonie* spricht man bei systolischen Werten zwischen 140 und 160 und diastolischen Werten zwischen 90 und 95. Eine *manifeste Hypertonie* liegt bei systolischen Werten über 160 und diastolischen über 95 mmHg vor. Da die Elastizität der Gefäßwände im Alter abnimmt und somit ein größerer Druck notwendig wird, um das Blut fließen zu lassen, sind etwas höhere Blutdruckwerte im Alter noch normal. Jede Erhöhung über 160/95 wird jedoch auch im Alter als pathologisch betrachtet und erfordert eine Therapie. Um die Diagnose eines Bluthochdruckes zu stellen, genügt es jedoch nicht, einmal einen erhöhten Wert zu messen, da der Blutdruck auch bei Gesunden breiten Schwankungen unterworfen ist. Erst nach mehrmals gemessenen erhöhten Werten kann man von einem Bluthochdruck sprechen.

Bislang gibt es keine Heilung für den primären Bluthochdruck, sondern man kann nur den Verlauf beeinflussen. Die sekundäre Hypertonie erfordert die Behandlung der zugrundeliegenden Grundkrankheit. Eine unbehandelte Hypertonie (egal ob primär oder sekundär) bringt gefährliche und zum Teil lebensbedrohliche Komplikationen mit sich. Zu den größten Gefahren gehören das Herzversagen und der Schlaganfall. Zum Herzversagen kann es kommen, weil der erhöhte Druck in den Blutgefäßen eine zusätzliche Pumparbeit des Herzens erfordert, um das Blut am Fließen zu halten. Durch diese Mehrarbeit kann sich das Herz vorzeitig erschöpfen und versagen. Zu einem Schlaganfall kann es dadurch kommen, daß der erhöhte Blutdruck zum Reißen von kleineren Hirngefäßen und damit zur Mangelversorgung von Gehirngewebe führt (siehe auch unter → Apoplex). Eine andere häufige Komplikation besteht in der Entwicklung von Nierenschäden oder von Augenkrankheiten.

Zu den allgemeinen Maßnahmen in der Behandlung einer Hypertonie gehören eine Gewichtsnormalisierung bei Übergewicht (Übergewicht trägt erwiesenermaßen zur Entstehung der Krankheit bei und belastet darüber hinaus das Herz noch zusätzlich) und die Gewährleistung einer ausreichenden körperlichen Betätigung. Besonders wichtig ist auch der Verzicht auf Tabak und die Einschränkung der Kochsalzzufuhr. Bei manchen Frauen kommt es auch unter → oralen Kontrazeptiva zum Bluthochdruck, was eine sorgfältige Kontrolle erfordert und gegebenfalls zum Absetzen der Pille führen sollte. Diese allgemeinen Maßnahmen können ausreichend sein, um den Blutdruck wieder zu normalisieren. Liegen schon Komplikationen vor, wie z.B. eine Nierenerkrankung, oder reichen diese Maßnahmen nicht aus, werden Medikamente (sogenannte *Antihypertensiva*) eingesetzt, die in der Regel ein Leben lang eingenommen werden müssen.

Es gibt eine Reihe von antihypertensiven Medikamenten: → *Diuretika* bewirken eine erhöhte Kochsalz- und Wasserausscheidung über die Nieren, wodurch das Blutvolumen verringert wird, und setzen gleichzeitig den Gefäßwiderstand herunter, wodurch der zur Aufrechterhaltung des Blutflusses notwendige Blutdruck vermindert wird. *Beta-Blokker* (z.B. Beloc®) wirken über eine Herabsetzung der Herzfrequenz und Herzleistung sowie wahrscheinlich auch über eine Blockierung der Reninausschüttung in den Nieren (Renin ist ein Enzym, das eine andere Substanz im Blut, das Angiotensinogen, in seine wirksame Form, in das Angiotensinogen I, überführt. Angiotensinogen I wird durch ein weiteres Enzym, dem *Angiotensin-Converting enzyme* (kurz ACE), in Angiotensinogen II verwandelt, das seinerseits über verschiedene Mechanismen zur Kontraktion der Blutgefäße und damit zur Blutdruckerhöhung führt). Beta-Blocker dürfen nicht bei Herzinsuffizienz, bestimmten Herzrhythmusstörungen und auch nicht bei Asthma gegeben werden. Nebenwirkungen bestehen u.a. in Schlaflosigkeit, Pulsverlangsamung und bei Männern auch in Erektionsschwierigkeiten. *Calcium-Antagonisten* (z.B. Adalat®) greifen direkt an den Gefäßen an und bewirken dort eine Erweiterung und damit eine Blutdrucksenkung. Nebenwirkungen bestehen hier in Schwindel, Kopfschmerzen, Herzklopfen, Gesichtsröte und manchmal auch in Schwellungen der Unterschenkel. Die sogenannten *ACE-Hemmer* (z.B. Lopirin®) die das oben schon erwähnte Angiotensin-converting-Enzym hemmen und dadurch den Blutdruck senken, können als Nebenwirkung Hautausschläge, Geschmacksstörungen und Blutbildveränderungen verursachen.

Welches der genannten Antihypertensiva im Einzelfall eingesetzt wird, hängt von mehreren Faktoren ab wie z.B. dem Lebensalter des Patienten und seinem allgemeinen Gesundheitszustand. Oft sind in einer Tablette auch zwei oder mehr verschiedene Wirkstoffe kombiniert. Nicht jedes Medikament wirkt bei jedem Patienten gleich gut, so daß es unter Umständen eine Zeit dauert, bis das richtige Medikament in der richtigen Dosierung gefunden wird. Voraussetzung für eine sinnvolle Therapie ist es jedoch in jedem Fall, daß die entsprechenden Medikamente regelmäßig eingenommen werden, was oft schwierig ist, da der erhöhte Blutdruck ja keine subjektiven Beschwerden bereitet. Spezialisten aus der → Pflanzenheilkunde vertreten die Ansicht, daß die Blätter und Stengel von Ysop (*Hyssopus officinalis*) als Tee eingenommen ebenfalls eine blutdrucksenkende Wirkung haben. Auch Knoblauch (*Allium sativum*), Weißdorn (*Crataegus oxyacantha*), die Blätter des Ölbaums (*Olea europea*) und vor allem die Schlangenwurzel (*Rauwolfia serpentina*), die nur über Rezept zu haben ist, sind gegen Bluthochdruck empfohlene pflanzliche Präparate.

Mit Behandlung, d.h. mit einem gut eingestellten Blutdruck, können die meisten Patienten mit einer unkomplizierten Hypertonie ein relativ normales Leben führen. Frauen mit Bluthochdruck sollten die Pille vermeiden und eine andere Form der → Empfängnisverhütung wählen. Frauen, die eine Schwangerschaft anstreben, sollten bedenken, daß ein erhöhter Blutdruck die Schwangerschaft sowohl für die Mutter als auch für das Kind risikoreicher macht. Wenn der Blutdruck jedoch gut eingestellt und engmaschig kontrolliert wird, ist die Prognose für beide akzeptabel. Bezüglich eines durch die Schwangerschaft entstandenen Bluthochdruckes siehe unter → Präeklampsie.

Bluttest Die Untersuchung einer Blutprobe, um bestimmte Krankheiten oder Störungen zu entdecken oder auszuschließen. Es gibt Bluttests für → Syphilis, → Röteln, → AIDS, die Schilddrüsenfunktion, Leberschäden und viele andere Funktionen und Erkrankungen. Vielleicht der bekannteste Bluttest ist das *Blutbild* zum Ausschluß oder zur Diagnose einer → Anämie. Hierfür reicht eine kleine Blutprobe aus der Fingerkuppe oder dem Ohrläppchen. (Für die meisten anderen Blutuntersuchungen benötigt man größere Blutmengen aus einer Armvene oder einer anderen Vene am Körper.) Beim Blutbild werden sowohl die Anzahl der verschiedenen Blutkörperchen (rote und weiße Blutkörperchen und Blutplättchen) als auch die Konzentration des *Hämoglobins* (roter Blutfarbstoff) bestimmt. Ein Hämoglobin-(Hb)-Wert unter 12 Gramm pro 100 Milliliter zeigt eine Anämie an. Zum Blutbild gehört auch die Bestimmung des *Hämatokrits*, das ist der prozentuale Anteil der roten Blutkörperchen am gesamten Blutvolumen. Ein Hämatokrit-(Hk)-Wert unter 35% ist wiederum ein Hinweis auf eine Anämie. Das Blutbild gehört in aller Regel zu jeder medizinischen Routineuntersuchung.

Eine etwas feinere Untersuchung der Blutbestandteile liefert das *Differentialblutbild*, bei dem der prozentuale Anteil der verschiedenen Unterarten der weißen Blutkörperchen sowie die Form der roten Blutkörperchen bestimmt werden. Damit kann man z.B. sehen, ob eine Erhöhung der Zahl der weißen Blutkörperchen durch eine Vermehrung der sogenannten *Lymphozyten* zustande kommt, was ein Hinweis auf eine virale Entzündung wäre. Oder man kann anhand der Form der roten Blutkörperchen sehen, ob z.B. eine Eisenmangelanämie vorliegt, weil in diesem Fall die roten Blutkörperchen besonders klein und blaß sind.

Bei *serologischen* Tests wird das Serum untersucht, das ist der Teil des Blutes, der übrig bleibt, wenn man das Blut gerinnen läßt und den geronnenen Anteil entfernt. Das Serum enthält alle löslichen Anteile des Blutes, insbesondere Antikörper, weswegen serologische Blutuntersuchungen in der Regel zur Bestimmung von verschiedenen Antikörpern durchgeführt werden.

Die Bestimmung des *Cholesterins* im Serum gibt Aufschluß über die Höhe bestimmter Blutfette. Ein erhöhter Cholesterin-Spiegel kann potentielle Probleme anzeigen, wie z.B. manche Stoffwechselstörungen oder ein erhöhtes Risiko für Herzerkrankungen oder Arteriosklerose. Die Interpretation und Bedeutung der Serumcholesterinbestimmung hängt vom Geschlecht, dem Alter und dem Ausmaß an körperlicher Aktivität ab. Im allgemeinen wird ein Wert von über 240 Milligramm pro 100 Milliliter als erhöht angesehen, der durch eine Diät gesenkt werden sollte, während Werte zwischen 120 und 200 für normal gehalten werden (siehe auch unter → Cholesterin).

Die *Triglyzeride* im Serum stellen neben dem Cholesterin eine weitere Form der Blutfette dar. Auch hier schwanken die Spiegel in Abhängigkeit vom Alter, der Ernährung und der körperlichen Aktivität. Werte über 200 mg/100 ml kommen bei bestimmten Stoffwechselstörungen vor und zeigen ebenfalls ein erhöhtes Risiko für Herz- und Gefäßerkrankungen an.

Bei der Untersuchung der *Serumglukose* — auch Blutzucker genannt — bestimmt man die Menge an Glukose (Zucker) in Milligramm pro 100 ml Serum. Erhöhte Blutzuckerwerte zeigen in der Regel einen → Diabetes mellitus an, kommen aber auch bei körperlichem oder seelischen Streß oder z.B. bei einer Bauchspeicheldrüsenentzündung vor. Ein niedriger Blutzuckerwert kann ein Hinweis auf Störungen in den Nebennieren oder eine Folgeerscheinung von bestimmten Tumoren sein. Am häufigsten aber kommt er bei Diabetikern vor, die trotz Insulingabe nichts gegessen oder sich mehr als sonst körperlich bewegt haben.

Ein *Kalium*-Wert im Serum zwischen 3,5 und 5 mmol/l wird als normal betrachtet. Erhöhte oder erniedrigte Werte können ein Hinweis auf eine Nierenerkrankung sein. Niedrige Werte können aber auch bei Störungen im Magen-Darm-Bereich oder auch als Nebenwirkung von Medikamenten vorkommen.

Die *Blutkörperchensenkungsgeschwindigkeit* (BSG oder BKS genannt) mißt die Geschwindigkeit, mit der die roten Blutzellen in einer bestimmten Zeit in einem dafür vorgesehenen Röhrchen nach unten sinken. Man liest den Wert nach einer Stunde und nach zwei Stunden ab. Normal sind Werte bis 8 mm in der ersten und bis 18 mm in der zweiten Stunde bei Männern und bei Frauen bis 11 mm in der ersten und bis 20 mm in der zweiten Stunde. Die BSG wird als grobes Verfahren bei der Frage eingesetzt, ob im Körper eine Entzündung besteht oder nicht. Erhöhte Werte sind ein Hinweis auf eine Entzündung, können aber nichts über die Art, den Ort und den Zeitpunkt einer Entzündung aussagen. Für bestimmte Erkrankungen ist eine sehr deutlich erhöhte BSG, die dann *Sturzsenkung* genannt wird, typisch, wie z.B. für die → Arteriitis temporalis oder bei bestimmten Tumoren.

Darstellung einzelner Blutkomponenten

Die **Glukose** (Zucker) ist der Hauptenergielieferant des Körpers. Die Bestimmung des Blutzuckers kann dabei helfen, einen Diabetes (Zuckerkrankheit) oder eine Hypoglykämie (niedriger Blutzucker) zu diagnostizieren. Normalwert (nüchtern): 60–120 mg/dl.

Der **Harnstoff** ist das Endprodukt des Eiweißstoffwechsels im Körper. Die persönlichen Harnstoffwerte variieren in Abhängigkeit von der Eiweißzufuhr. Die

Bestimmung des Harnstoffgehaltes des Blutes kann Hinweise auf eine Erkrankung der Nieren und des Harntraktes liefern. Normalwert: 11–55 mg/dl.

Das **Kreatinin** ist ein Abbauprodukt des Kreatins, das zur Energiegewinnung im Muskelgewebe gebraucht wird. Der Kreatininspiegel im Blut bleibt einigermaßen konstant und ist ein guter Indikator für die Nierenfunktion. Ein erhöhter Kreatininspiegel kann ein Hinweis darauf sein, daß die Fähigkeit der Niere, das Blut zu filtern und von überschüssigen Substanzen zu befreien, eingeschränkt ist. Normalwert: 0,7–1,2 mg/dl.

Enzyme sind verschiedene Proteine, die die biochemischen Prozesse im Körper unterstützen. Enzymspiegel werden kontrolliert, um zu beurteilen, ob z.B. der Herzmuskel oder die Leber richtig funktionieren. Zu den am häufigsten bestimmten Enzymen gehören unter anderem die Glutamat-Oxalat-Transaminase (GOT), die Glutamat-Pyruvat-Transaminase (GPT) und die Gamma-Glutamat-Transaminase (Gamma-GT) zur Beurteilung der Leberfunktion, die Alkalische Phosphatase (AP) zur Beurteilung der Gallenwege, die Creatininkinase (CK) und die Laktat-Dehydrogenase (LDH) zur Beurteilung der Herzfunktion sowie die Amylase und die Lipase zur Beurteilung der Bauchspeicheldrüse. Normalwerte:

Enzym	*Männer*	*Frauen*	*Einheit*
GOT	6–18	6–16	U/l (= Units pro Liter)
GPT	4–22	4–20	U/l
Gamma-GT	4–28	4–23	U/l
CK	10–80	10–70	U/l
LDH	140–290		U/l
Amylase	bis 140		U/l
Lipase	30–180		U/l

Das **Bilirubin** ist ein Abbauprodukt des Hämoglobins (roter Blutfarbstoff in den roten Blutkörperchen). Das Bilirubin kommt in einer unlöslichen (indirekten) und einer löslichen Form im Blut vor. Die Bestimmung des Bilirubinspiegels kann verwendet werden, um Störungen der Leber, der Gallenwege (Kanäle, durch die die in der Leber gebildete Galle in die Gallenblase und von dort in den Darm fließt) oder der roten Blutkörperchen zu entdecken. Ein erhöhter Spiegel des direkten, in Blut löslichen Bilirubins kann ein Hinweis darauf sein, daß die roten Blutkörperchen schneller und in größerem Ausmaß als sonst zerfallen. Bei einer Blockade in den Gallenwegen, z.B. durch einen Gallenstein, kann es zum Rückstau von Galle und damit des indirekten Bilirubins und zum Übertritt ins Blut kommen, wo man dann erhöhte Bilirubinspiegel feststellen kann. Normalwert: 0,2–1,2 mg/dl.

Calcium und **Phosphat**. Dem Gewicht nach ist Calcium das am meisten im Körper vorkommende Mineralsalz. Es wird im Blut und in den Knochen gespeichert. Phosphat verbindet sich mit Calcium zu einer unlöslichen Form, die dem Skelett seine Form und Struktur gibt. Das Verhältnis von Calcium und Phosphat wird u.a. durch Hormone sorgfältig kontrolliert, und die Untersuchung des Calcium- und

Phosphatspiegels kann u.a. Hinweise auf eine Erkrankung der Nieren, des Magen-Darm-Traktes oder der Nebennieren liefern. Normalwerte: Calcium 2,15–2,75 mmol/l; Phosphat 0,77–1,55 mmol/l.

Die **Harnsäure** ist das Endprodukt aus dem Nukleinsäurestoffwechsel. Die Nukleinsäuren speichern genetische Informationen, die für die Erfüllung der jeweiligen Aufgabe jeder Zelle notwendig sind. Erhöhte Harnsäurespiegel kommen bei einer Vielzahl von Störungen vor. Eine davon ist die Gicht, bei der große Mengen von Harnsäure in den Gelenken abgelagert werden und auf diese Weise Schmerzen hervorrufen können. Normalwerte: 2,6–6,5 mg/dl (bei Frauen) und 2,6–7,0 mg/dl (bei Männern).

Das **Cholesterin** ist die Grundsubstanz für die Bildung von Stoffen, die viele wichtige Körperprozesse regulieren. Das Cholesterin wird vor allem in der Leber hergestellt. Es kommt aber auch in bestimmten Nahrungsmitteln wie fetten Fleischstücken, Molkereiprodukten und Eigelb vor. Es gibt zwei Formen des Cholesterins, je nachdem, an welches Eiweiß gebunden es im Blut zirkuliert: Das HDL-Cholesterin (*high-density lipoprotein*) und das LDL-Cholesterin (*low-density Lipoprotein*). Ein hoher Wert für HDL wird als „gut" erachtet, weil es anscheinend den Körper vor den negativen Auswirkungen erhöhter Blutfette schützt. Niedrige HDL- oder hohe LDL-Spiegel dagegen sind unerwünscht, weil sie die Gefahr von Fettablagerungen in den Gefäßen (siehe unter → Arteriosklerose) erhöhen. Normalwerte: Cholesterin 130–220 mg/dl; LDL-Cholesterin 70–180 mg/dl; HDL-Cholesterin > 40 mg/dl.

Proteine (Eiweiße) sind feste Substanzen, die im Blut gelöst vorkommen und viele verschiedene Aufgaben erfüllen. Unterschiedliche Eiweißmengen im Blut können anzeigen, wie gut der Körperstoffwechsel funktioniert, wie gut das Blut verschiedene Nährstoffe zu verschiedenen Körperteilen transportiert und wie gut die Körperabwehr gegen Infektionen ist. Im allgemeinen umfassen die Untersuchungen auf Eiweiß spezifische Tests für Albumin und für Globuline, zwei Arten von Proteinen, die für den Transport von anderen Substanzen mit dem Blutstrom von großer Bedeutung sind. Normalwerte: Gesamteiweiß 6,2–8,2 g/dl;, Albumin 3,5–5,5 g/dl.

Zur Beurteilung der **Blutgerinnung** werden verschiedene Tests durchgeführt. Am wichtigsten sind die sogenannte PTT und der Quick-Wert. Sind beide Werte normal, dann ist eine Gerinnungsstörung des Blutes sehr unwahrscheinlich. Diese Tests sind außerdem wichtig, um den Erfolg einer gerinnungshemmenden Therapie z.B. bei einer → Thrombose zu beurteilen. Bei einer Behandlung mit *Heparin* verlängert sich die PTT-Zeit wie erwünscht auf etwa das drei- bis vierfache ihres ursprünglichen Wertes. Bei einer Behandlung mit Marcumar® sinkt der Quick-Wert wie erwünscht auf Werte zwischen 20 und 35%. Normalwerte: PTT 20–38 sec; Quick 70–100%.

Blutungen im Wochenbett Siehe → Postpartale Blutung

Blutung, vaginale Blutungen aus der Scheide, bei denen es sich meist um normale Regelblutungen (→ Menstruation) handelt, die in manchen Fällen aber auch als sogenannte → dysfunktionelle Blutungen Ausdruck einer Störung im hormonellen Gleichgewicht des → Menstruationszyklus oder organischer Natur, also z.B. durch ein → Myom oder eine Krebserkrankung bedingt sein können. Genau besehen kommt das Blut in aller Regel aus der Gebärmutter und gelangt durch die Vagina lediglich nach außen, ohne von dort seinen Ursprung zu nehmen. Vor der → Menarche (erste Regelblutung) und nach der → Menopause (letzte Regelblutung) sollte jede vaginale Blutung als abnormal betrachtet und sofort untersucht werden, da eine Krebs- oder andere ernste Erkrankung dahinter stecken kann. Auch vaginale Blutungen während der Schwangerschaft sind nicht normal und sollten ohne Verzögerung weiter untersucht werden, da z.B. eine Fehlgeburt (→ Abort) oder eine → Extrauteringravidität dahinter stecken können. Blutungen in der Spätschwangerschaft können Zeichen einer → Abruptio placentae oder einer → Placenta praevia sein und sollten ebenfalls unverzüglich ärztlich untersucht werden. Zu einer → *postpartalen* Blutung, d.h. einer vaginalen Blutung nach der Entbindung, kann es kommen, wenn sich die Gebärmutter nach der Geburt nicht ausreichend kontrahiert oder wenn Plazentagewebe in der Gebärmutter verblieben ist. Aus ähnlichen Gründen kann es auch nach einem → Schwangerschaftsabbruch zu Blutungen kommen. Blutungen während oder kurz vor der Entbindung können durch eine Abruptio placentae oder eine Placenta praevia verursacht sein. Manchmal kann eine Entzündung der Vagina zu einem blutigen Ausfluß führen (→ Kolpitis). Jede starke, unkontrollierte Blutung gleich welcher Ursache stellt einen medizinischen Notfall dar und sollte zum sofortigen Aufsuchen eines Arztes oder Krankenhauses veranlassen. Für andere Ursachen und Formen der vaginalen Blutung siehe unter → Anovulatorische Blutung, → Durchbruchblutung, → Dysfunktionelle Blutung, → Endometriumhyperplasie, → Entzugsblutung, → Metrorrhagien, → Postmenopausale Blutung, → Postpartale Blutung, → Zwischenblutung.

Bowen-Krankheit Eine → Präkanzerose der Haut. Die Bowen-Präkanzerose äußert sich als ein scharf begrenzter, Ein- bis Fünfmarkstück großer, scheibenförmiger, rötlich-schuppender und oft auch nässender Herd auf der Haut des Gesichts, am Rumpf oder oft auch im Genitalbereich. Der Herd wird langsam größer und kann schließlich in einen Hautkrebs übergehen und → Metastasen (Tochtergeschwülste) setzen. Die Therapie besteht in der möglichst frühzeitigen chirurgischen Entfernung des betroffenen Hautareals.

Braxton-Hicks-Kontraktionen Schwangerschaftswehen. Unregelmäßige Kontraktionen der Gebärmuttermuskulatur während der Schwangerschaft. Diese Kontraktionen treten ungefähr ab der 20. Schwangerschaftswoche auf, werden aber von der Frau als periodische Anspannungen ihres Unterbauches erst einige Wochen vor dem errechneten Termin bemerkt. Sie sind (im Gegensatz zu den Geburtswehen) nicht schmerzhaft und haben die Aufgabe, den Muttermund durch Auflockerung, Abflachung und Erweiterung geburtsbereit zu machen. Sie sind nach dem Arzt benannt, der sie als erster beschrieben hat. Gelegentlich sind sie stark genug, um mit echten Geburtswehen (→ Wehen) verwechselt zu werden. Siehe auch → Senkwehen.

Bronchialkarzinom Siehe → Lungenkrebs

Brust Eines von zwei aus Drüsen-, Fett- und Bindegewebe bestehenden Organen im oberflächlichen Gewebe der vorderen Brustwand, das bei Männern nur rudimentär angelegt ist und keine Funktion hat, bei Frauen hingegen zu bestimmten Zeiten zur Milchbildung in der Lage ist. Bei Frauen reicht die Brust in der Regel von der zweiten oder dritten bis zur fünften oder sechsten Rippe. Unter der Brust liegen die Brustmuskeln. Jede Brust enthält 20 getrennte Lappen, die wie Speichen eines Rades angeordnet sind. Jeder Lappen besteht aus vielen kleineren Läppchen und endet in winzigen, milchproduzierenden Drüsen, die → Azini genannt werden. Die Lappen, Läppchen und Azini sind über ein komplexes Gangsystem mit der → Brustwarze verbunden. Außerdem gibt es ein Netz aus Blutgefäßen und Lymphgefäßen, die Blut und → Lymphe zur Versorgung mit notwendigen Nährstoffen und zum Abtransport von Abfallprodukten führen. Das restliche Brustgewebe besteht aus Fett und Bindegewebe.

Zwei Strukturen unterstützen die Brust und erhalten ihre Form. Die eine ist eine Lage aus Bindegewebe, die direkt unter der Haut liegt. Die andere besteht aus mehreren fibrösen (faserreichen) Bändern, die von diesem Bindegewebe durch die Brust ziehen und locker an der Faszie (dünnes Bindegewebe) der Brustwandmuskeln ansetzen. Der Hauptanteil des Drüsengewebes sitzt im oberen äußeren Quadranten (der Achselhöhle am nächsten). An dieser Stelle treten auch die Brustkrebse am häufigsten auf. Manchmal sitzt auch ein wenig losgelöstes Brustgewebe in oder in der Nähe der Achselhöhle, was *aberrierende Mamma* („verirrte" Brust) genannt wird.

Das Wachstum und die Entwicklung der Brust wird durch Hormone reguliert. Dazu gehören vor allem das → Östrogen und → Progesteron aus den Eierstöcken und das → Prolaktin aus der → Hypophyse (Hirnanhangsdrüse). Östrogen stimuliert das Wachstum des Milchgangsystems und der Drüsenknospen am Ende der Gänge, führt zur Ablagerung von Fett und zur Bildung von Bindegewebe innerhalb der Brust und zur Pigmentierung (Verfärbung) der Brustwarze und des Warzenhofes. Progesteron stimuliert das Wachstum und die Ausreifung des Brustdrüsengewebes und führt zur Weiterentwicklung der Drüsenknospen in Azini. Es kann jedoch seinen Einfluß nur dann ausüben, wenn die Brust vorher durch die Einwirkung von Östrogen vorbereitet wurde. Prolaktin wirkt direkt auf das Brustdrüsenwachstum und ist verantwortlich für die Milchproduktion. Noch zwei andere Hormone, das Wachstumshormon (oder Somatotropin) und das Adrenocorticotropin (ACTH) sind notwendig, damit das Brustgewebe auf Östrogen, Progesteron und Prolaktin reagieren kann. Der genaue Mechanismus dieses Zusammenspiels ist jedoch noch nicht bekannt.

Die Brustentwicklung beim Mädchen beginnt in der Regel um das Alter von 10 bis 11 Jahren. Wenn sie vor 9 Jahren beginnt oder mit 16 immer noch nicht begonnen hat, sollte eine ärztliche Untersuchung erfolgen. Am Anfang wächst nur die Brustwarze nach vorne, später beginnt das darunterliegende Drüsengewebe zu wachsen. Dieses Anfangsstadium wird manchmal auch als Brustknospe bezeichnet und kann auf einer Seite früher als auf der anderen auftreten. Die beiden Brüste einer Frau sind selten genau gleich groß. Wenn der Größenunterschied jedoch sehr ausgeprägt ist, sollte man einen Tumor oder ein anderes zugrunde liegendes Problem ausschließen lassen.

Die Größe der Brüste hängt von genetischen Faktoren und dem Einfluß von Östrogen und Progesteron ab. Auch die Ernährung, Gewichtszunahme oder Gewichtsverlust beeinflussen die Brustgröße. Fast jede Brustgröße wird als normal betrachtet. Manche Frauen, die mit dem Aussehen ihrer Brüste nicht zufrieden sind, lassen sie sich operativ verkleinern oder vergrößern (siehe → Mammaplastik). Ein massives Brustwachstum kann während der Pubertät oder Schwangerschaft als Folge einer ungewöhnlichen Empfindlichkeit einer oder beider Brüste gegenüber den erhöhten Östrogenspiegeln auftreten. Manche Frauen finden, daß die Anti-Baby-Pille einen ähnlichen, wenn auch normalerweise geringeren Effekt hat. Auch die Form der Brüste hängt von genetischen Faktoren sowie von Fettablagerungen und der Straffheit des Bindegewebes ab. Veränderungen der Form sind in erster Linie das Ergebnis von erschlaffendem Bindegewebe, was früher oder später im Alter auftritt. Die Verwendung eines Büstenhalters für schwere Brüste kann diese Erschlaffung eventuell etwas verzögern, der Hauptgrund zum Tragen eines Büstenhalters besteht jedoch im größeren Komfort und — je nach Geschmack — im besseren Aussehen.

Die Brust kann Gegenstand einer Reihe von Erkrankungen sein, die von einer harmlosen Zyste oder kleineren Entzündung bis hin zum Krebs reichen. Die drei häufigsten Erkrankungen sind die → Fibrozystische Mastopathie, das → Fibroadenom und der → Brustkrebs. Siehe auch unter → Brustuntersuchung, → Laktation, → Lipom, → Mastitis, → Paget-Krankheit, → Stillen.

Brustkrebs Die häufigste Form des → Krebses bei Frauen im Alter zwischen 25 und 75 und die zweithäufigste zum Tod führende Krebserkrankung bei Frauen (nach dem Lungenkrebs). Das höchste Risiko besteht für Frauen über 50, die keine Kinder geboren haben oder die bei ihrer ersten Schwangerschaft älter als 30 Jahre alt waren, und für Frauen mit einer sehr frühen ersten Regelblutung (vor dem 11. Lebensjahr) und einer späten → Menopause (nach dem 55. Lebensjahr). Frauen, deren Mutter oder Schwester Brustkrebs gehabt haben, haben ebenfalls ein zwei- bis dreimal höheres Brustkrebsrisiko, z.T. abhängig davon, in welchem Alter der Krebs bei der Angehörigen auftrat (höher, wenn vor der Menopause) und ob er eine oder sogar beide Brüste betroffen hatte. Ungefähr 15% der Frauen mit Krebs der einen Brust entwickeln mit hoher Wahrscheinlichkeit auch ein Karzinom in der anderen Brust. Eine Verletzung oder ein Schlag auf die Brust gehen nicht mit einem höheren Brustkrebserkrankungsrisiko einher, genausowenig wie Stillen. Dagegen erhöhen ionisierende Strahlen (z.B. bei Atomreaktorunfällen) das Risiko.

Einige Studien weisen darauf hin, daß eine Ernährung mit viel Fett, vor allem tierischen Fett, das Risiko für einen Brustkrebs erhöht. Andere Studien legen nahe, daß übergewichtige Frauen nach der Menopause eher Brustkrebs bekommen als schlanke Frauen, aber diese Befunde sind noch nicht gesichert. Das Vorliegen einer → fibrozystischen Mastopathie wurde lange Zeit als ein Krebsvorläuferstadium angesehen, heute ist man sich nicht mehr sicher, ob sie tatsächlich mit einem erhöhten Brustkrebsrisiko einhergeht. Während das gewöhnliche Schweregefühl und die Knotigkeit der Brüste, die bei vielen Frauen feststellbar sind, nicht mit einem erhöhten Krebsrisiko einhergehen, sollte man bei durch Biopsie oder Punktion bestätigten gutartigen Zysten dennoch wachsam sein, da man von ihnen glaubt, daß sie mit einem zwei- bis viermal höheren Brustkrebsrisiko einhergehen.

Der Brustkrebs ist keine einheitliche Erkrankung. Es gibt mindestens 15 verschiedene Formen des Brustkrebses, die jede eine unterschiedliche Wachstumsrate und Metastasierungstendenz (Tendenz zur Setzung von Tochtergeschwülsten) aufweisen. Der Krebs bleibt nur kurze Zeit lokal begrenzt und kann von vielen Stellen der Brust seinen Ausgang nehmen: von den Milchgängen, vom Gewebe zwischen den Milchgängen, vom Fettgewebe, von Blut- oder Lymphgefäßen, von der Brustwarze und von den Drüsenzellen, in denen die Milch gebildet wird (siehe → Paget-Krankheit, Def. 1). Auch bei Männern kann Brustkrebs entstehen, jedoch machen sie nur ein Prozent aller Brustkrebsfälle aus.

Fast 95% aller Brustkrebse werden zuerst durch die betroffenen Frauen selbst bei einer der regelmäßigen Selbstuntersuchungen entdeckt (→ Brustuntersuchung). Neben Knoten (von denen sich 80% als gutartige Tumore oder Zysten herausstellen) bestehen weitere, früh auftretende Symptome des Brustkrebses in verdickten Gewebsarealen, Unregelmäßigkeiten in der Brustform, Ausfluß aus der Brustwarze, Einziehungen der Brustwarze, Rötung oder Grobporigkeit der Haut („Apfelsinenhaut" genannt) oder andere Hautveränderungen. Schmerzen treten meist erst in einem weit fortgeschrittenen Stadium des Krebses auf. An diagnostischen Untersuchungen werden — vor allem als Suchtests — die → Mammographie, die → Ultraschalluntersuchung und die → Thermographie eingesetzt sowie bei positiven Befunden die Punktion und anschließende zytologische Untersuchung und beim leisesten Verdacht einer malignen Entartung schließlich die histologische Untersuchung eines durch → Biopsie aus dem veränderten Brustgewebe entnommenen Gewebestückes, der einzigen Untersuchung, die letztlich das Vorliegen eines Brustkrebses sichern oder ausschließen kann. Von den Suchtesten ist die Mammographie die zuverlässigste Methode. Brustkrebse können, müssen aber nicht hormonabhängig sein, weshalb bei jeder positiven Biopsie eine zusätzliche → Östrogen-Rezeptor-Untersuchung durchgeführt werden sollte.

Die Behandlung eines Brustkrebses hängt von der Größe, dem Stadium und dem Vorliegen von Metastasen bei der Erstdiagnosestellung ab, wobei die Brustkrebse prinzipiell als sehr unberechenbare Karzinome gelten. In der Regel besteht die Therapie immer in einer mehr oder weniger radikalen Form der Brustoperation und damit Karzinomentfernung (siehe unter → Mastektomie), meist mit gleichzeitiger Entfernung der Achsellymphknoten auf der betroffenen Seite. In selteneren Fällen, besonders bei einem Brustkrebs, der sich in einem sehr frühen Stadium befindet, kann eventuell auch die Brust erhalten werden. Nur bei einer Operation in einem sehr frühen Stadium kann man jedoch die chirurgische Therapie als eine kurative (d.h. heilende) Maßnahme betrachten. In allen anderen Fällen stellt die Mastektomie nur eine palliative (d.h. unterstützende) Therapie dar, die durch weitere Maßnahmen ergänzt werden muß. Das gilt auch dann, wenn der Tumor durch die Operation als ganzes entfernt worden ist. Der Grund dafür liegt in der Erkenntnis, daß es sich beim Brustkrebs, zumindest in dem Erkrankungsstadium, in dem er klinisch erfaßt und diagnostiziert werden kann, um eine systemische Erkrankung handelt, die nicht nur auf die Brust beschränkt ist. Davon geht man auch aus, wenn bei einer gründlichen Untersuchung nirgends sonst im Körper Metastasen gefunden wurden. Aus diesem Grund wird oft an die Operation noch eine → Strahlentherapie und/oder eine → Chemotherapie angeschlossen, um die Heilungschancen zu erhöhen. Im Falle eines hormonabhängigen Tumors kommt außerdem auch eine → Hormontherapie in Betracht. Da jede Therapie eines Brustkrebses vom Stadium der Erkrankung und noch einigen anderen individuell unterschiedlichen Faktoren abhängt, kann man keine allgemein gültigen Therapierichtlinien angeben. Wenn der behandelnde Arzt nach einer

Operation wegen eines Brustkrebses keine zusätzliche Therapie vorschlägt, empfiehlt es sich jedoch, ihn nach den Gründen dafür und nach der Möglichkeit weiterer Behandlungsmaßnahmen zu fragen.

Ebenso wie die Therapie ist auch die Prognose und Überlebenschance bei einer Brustkrebserkrankung von deren Stadium, dem Ausmaß der Metastasierung sowie der Differenzierung des bösartigen Gewebes abhängig und im Einzelfall sehr unterschiedlich. Ein wichtiges Kriterium ist der Lymphknotenbefall. Bei fehlenden Metastasen in den Achsellymphknoten überleben etwa 80% der Patientinnen immerhin fünf Jahre und 65% sogar zehn Jahre, ohne daß es zu einem Rezidiv (d.h. zu einem Neuwachstum) des Tumors kommt.

Brustuntersuchung Die systematische Untersuchung der → Brust mit dem Ziel der Entdeckung irgendwelcher Auffälligkeiten. Sie sollte bei jeder Vorsorgeuntersuchung und darüber hinaus auch regelmäßig durch jede Frau selbst in der sogenannten Selbstuntersuchung durchgeführt werden. Letztere sollte man idealerweise einmal im Monat durchführen, aber wenn man dies vergißt, ist eine gelegentliche Selbstuntersuchung immer noch besser als gar keine. Der → Brustkrebs ist die häufigste Krebserkrankung der Frau und führt von allen weiblichen Krebserkrankungen am zweithäufigsten zum Tode. Da eine frühe Diagnose es sehr viel einfacher macht, den Brustkrebs erfolgreich zu behandeln, ist die Selbstuntersuchung die einfachste und beste Prophylaxe. Ungefähr vier von fünf Knoten in der Brust, die auf diese Weise entdeckt werden, stellen sich als eine Zyste oder eine andere nicht bösartige Läsion heraus. Wenn man einen Knoten feststellt, ist es trotzdem unumgänglich, so schnell wie möglich zu untersuchen, ob er bösartig ist oder nicht.

Die Selbstuntersuchung wird für alle Frauen ab einem Alter von 20 empfohlen. Die beste Zeit für die Untersuchung ist die Woche nach jeder Regelblutung. Frauen, die nicht mehr oder sehr unregelmäßig menstruieren oder die schwanger sind, sollten sich einen bestimmten Tag des Monats (z.B. den ersten jedes Monats, oder den „Zahltag") aussuchen, an dem sie sich selbst untersuchen. Die Selbstuntersuchung besteht aus zwei Teilen: aus der Inspektion (Betrachtung) und aus der Palpation (Tasten). Die Inspektion findet vor dem Spiegel statt, zuerst mit locker in die Hüfte gestützten Armen, dann mit hinter dem Kopf gehaltenen und nach vorne gedrückten Armen und zuletzt bei Vorbeugung des Rumpfes. Dabei schaut man auf Änderungen in der Größe oder Form der Brüste, auf wunde Stellen oder Einziehungen der Brustwarze oder des Warzenhofes, auf Ausfluß von Sekret aus der Brustwarze, auf Änderungen der Stellung der Brustwarzen, auf Rötung oder andere Verfärbungen der Haut, auf Vergrößerung der Hautporen (auch Apfelsinenhaut genannt) und auf irgendeine andere Veränderung des früheren Aussehens der Brüste. Bei der letzten Haltung, dem Vorbeugen des Rumpfes, legt man die Hände auf die Hüften, beugt die Schultern und Ellenbogen nach vorne und lehnt sich leicht nach vorn. Auf diese Weise kontrahieren sich die Brustwandmuskeln, wodurch Einziehungen der Haut und des Brustgewebes besser sichtbar werden.

Die Palpation wird in zwei Positionen durchgeführt, zuerst im Stehen und dann im Liegen. (Siehe zum besseren Verständnis auch Abb. 2.) Bei der stehenden Selbstuntersuchung, die vorzugsweise auch unter der Dusche durchgeführt werden kann, weil das Tasten bei nasser und seifiger Haut einfacher ist, hebt man den rechten Arm und betastet mit der flachen linken Hand die rechte Brust mit kreisenden Bewegungen im Uhr-

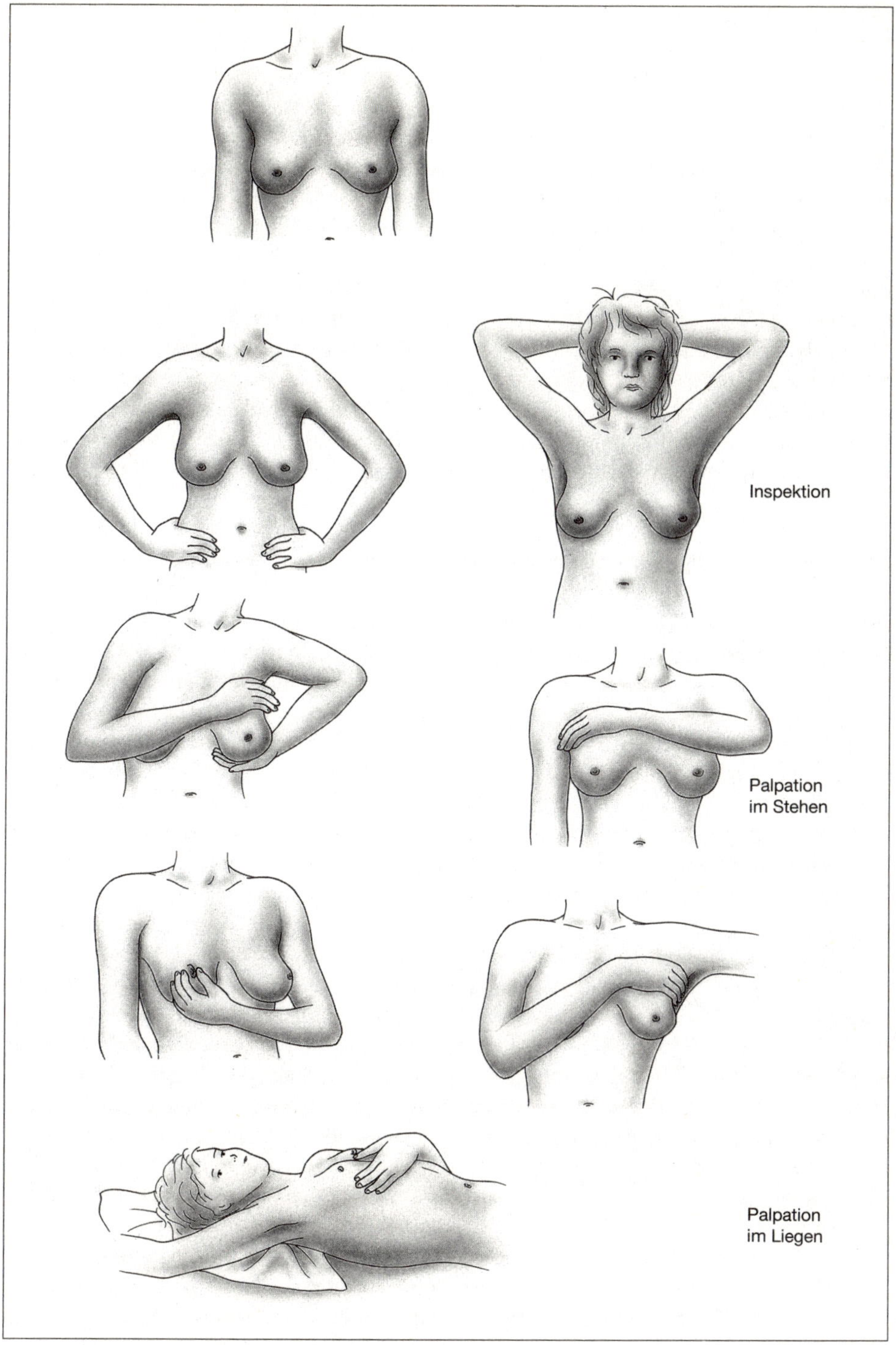

Abb. 2: Die Selbstuntersuchung der Brust (nähere Erläuterungen siehe Text)

zeigersinn. Dabei fühlt man nach Knoten, Verdickungen, druckschmerzhaften oder empfindlichen Stellen oder irgendwelchen Veränderungen im Vergleich zu vorherigen Untersuchungen. Dann wiederholt man den Prozeß auf der anderen Seite. Außerdem drückt man jede Brustwarze leicht aus und schaut nach Flüssigkeitsaustritt. (Ein wenig weißliches, milchiges Sekret stammt aus den Talgdrüsen und ist normal.) Bei der liegenden Untersuchung legt man ein kleines Kissen oder ein gefaltetes Handtuch unter die rechte Schulter und die rechte Hand unter den Kopf. Dann untersucht die linke Hand mit flachen Fingern unter leichtem Druck ebenfalls im Uhrzeigersinn die linke Brust. Dabei beginnt man am oberen äußeren Ende der Brust und arbeitet sich langsam bis zur Brustwarze vor. Außerdem tastet man die Achselhöhle nach irgendwelchen Knoten oder Verhärtungen ab. Das gleiche wiederholt man dann auf der anderen Seite.

Bei Hängebrüsten verwendet man beide Hände für die Palpation. Die eine Hand legt man mit der Handfläche nach oben unter die Brust und die andere mit der Handfläche nach unten auf die Brust. Dann tastet man das Gewebe zwischen den Fingern beider Hände, während man beide Hände langsam im Uhrzeigersinn bewegt. Auf diese Weise wird das Brustgewebe zwischen beiden Händen und nicht zwischen einer Hand und der Brustwand ertastet.

Brustvergrößerung, -verkleinerung, -veränderung Siehe → Mammaplastik

Brustwarze Auch *Mamilla*. Der Teil der weiblichen → Brust, durch den während der Stillzeit die Muttermilch nach außen gelangt. Die milchproduzierenden Drüsen der Brust, die Azini (siehe unter → Azinus), sind durch ein komplexes Gangsystem mit der Brustwarze verbunden. Mit ihrem Eintritt in die Brustwarze erweitern sich die Gänge zu sogenannten Sinus (Höhlen), deren Öffnungen nach außen die zahlreichen stecknadelkopfgroßen „Löcher" in der Brustwarze darstellen. Normalerweise hat die Brustwarze eine zylindrische Gestalt und ragt etwas über die Oberfläche des umgebenden → Brustwarzenhofes heraus. Ihre Farbe ist bräunlich und in der Regel etwas dunkler als die des Warzenhofes. Bei manchen Frauen jedoch kann die Brustwarze ziemlich flach und fast auf gleicher Höhe mit dem Warzenhof (*Flachwarze*) oder sogar nach innen eingezogen (*Hohlwarze*) sein und fast dieselbe Farbe wie der Warzenhof haben. Auch die Form der Brustwarze ist von Frau zu Frau sehr unterschiedlich. Normalerweise sind beide Brustwarzen etwa gleich groß und gleich geformt, wenn jedoch eine Brust deutlich größer als die andere ist, dann kann auch die Brustwarze größer sein. Gelgentlich kommt es vor, daß eine Frau eine oder mehrere zusätzliche Brustwarzen hat. Diese liegen dann in der Regel unterhalb der Brust und sind flach wie bei einem Mädchen vor der Pubertät.

Die Brustwarze ist mit einer haarlosen Haut überzogen und enthält zahlreiche Muskelfasern, durch die hindurch die Milchgänge nach außen münden. Es ist die Kontraktion dieser Muskelfasern, die die Brustwarzen bei sexueller Erregung (oder auch Kälte) steif werden lassen, und durch die die Milch bei einer stillenden Frau nach außen abgegeben wird.

Eine Hohlwarze, bei der die Mitte der Brustwarze nach innen gestülpt zu sein scheint, ist nicht pathologisch, obwohl es unter Umständen zu Schwierigkeiten beim Stillen kommen kann. Man kann versuchen, eine Hohlwarze operativ aufzurichten, was jedoch oft nur teilweise erfolgreich ist. Häufig wölbt sich eine Hohlwarze während der Stillzeit etwas weiter nach außen, und auch eine zweimal durchgeführte „Roll-Massage“ der Warze mit den Fingern vor dem Stillen kann so weit zur Vorwölbung der Hohlwarze führen, daß der Säugling die Brustwarze leichter fassen kann.

Die Hohlwarze muß von einer *eingezogenen* Brustwarze unterschieden werden, bei der die Brustwarze durch einen tiefer gelegenen Tumor oder eine Entzündung nach innen gezogen wird. In der Regel wird aber die Brustwarze im Falle eines Brusttumors eher größer und abgeflachter. Außerdem wird nur die Brustwarze auf einer Seite eine solche Veränderung zeigen, was ein zusätzliches Warnsignal ist, während Hohlwarzen meist beidseits vorkommen. Auch eine Rötung, eine Schuppung oder eine offene Stelle auf der Brustwarze sind Zeichen für eine Erkrankung.

Ausfluß aus der Brustwarze bei einer nicht-stillenden Frau kann durch einen gut- oder bösartigen Tumor in der Brust, durch Störungen der → Hypophyse (Hirnanhangsdrüse) oder des → Hypothalamus, durch Infektionen, als Nebenwirkung mancher Medikamente (vor allem der Neuroleptika des Phenothiazin-Typs, siehe unter → Psychopharmaka) oder durch chronische Stimulation der Brustwarzen, z.B. beim Liebesspiel, verursacht sein. Ein dünner weißer Ausfluß ist dabei wahrscheinlich die Folge einer Hormonstörung, durch die es abnormerweise zur Milchbildung kommt. Bei einer Infektion, wie z.B. einer → Mastitis, ist der Ausfluß eitrig. Ein dicker, klebriger Ausfluß wechselnder Farbe ist in der Regel Zeichen einer Entzündung der Endabschnitte der Milchgänge, während ein seröser (dünnflüssiger, klarer, gelblicher) Ausfluß mit oder ohne Blutbeimengung meist durch einen gut- oder bösartigen Tumor verursacht wird. Die ernsteste Form eines Tumors mit Beteiligung der Brustwarze ist die → Paget-Krankheit, Def. 1. Siehe auch → Brustuntersuchung, → Laktation, → Stillen.

Brustwarzenhof Auch *Areola.* Die ringförmige, bräunliche oder rosa Haut um die Brustwarze. Wie die Brustwarze selbst hat der Warzenhof feine Nervenendigungen und Blutgefäße, die mit größeren Gefäßen innerhalb der Brust in Verbindung stehen. Innerhalb der Areola befinden sich einige rudimentäre Talgdrüsen, *Montgomery-Drüsen* genannt, die kreisförmig um die Brustwarze angeordnet sind. Während der Schwangerschaft fallen diese kleinen, rundlichen Erhebungen etwas mehr auf. Außerdem wird die Farbe des Warzenhofes dunkler, und einige Frauen bekommen etwa vom fünften Schwangerschaftsmonat an einen zweiten Hof, einen blassen Ring direkt um den echten Hof. Nach der Geburt wird dieser zweite Hof heller oder verschwindet ganz. Siehe auch → Brustwarze.

Bubo Eine schmerzhafte Anschwellung durch mehrere, entzündete und miteinander verbackene Lymphknoten in der Regel in der Leistenregion, die sich vor allem im Verlauf von → sexuell übertragbaren Krankheiten ausbildet. Siehe unter → Schanker, weicher und → Lymphogranuloma inguinale.

Bulimie Eine Erkrankung, bei der sich Freßanfälle mit extremem Hungern abwechseln. Der ursprüngliche Name, Bulimarexia oder Bulimarexie, wurde von einer amerikanischen Psychologin, *Marlene Boskind-White,* in den siebziger Jahren geprägt. Heutzutage verwendet man in der Regel die kürzere Bezeichnung Bulimie. Die Erkrankung tritt vor allem bei jungen Frauen auf, die ein sehr niedriges Selbswertgefühl haben und sich immer mehr darauf fixieren, eine ideale Figur zu bekommen, die für sie in einem extrem dünnen Körper besteht. Sie tendieren dazu, sich selbst als fett zu betrachten, wenn sie in

Wirklichkeit eher schlank bis dünn sind. Der Zyklus beginnt in der Regel mit einem Freßanfall, bei dem die Frau alles ißt, was sie finden kann — 1.000 bis 6.000 Kalorien in kurzer Zeit und normalerweise nur im Geheimen —, bis sie sich buchstäblich krank fühlt. Darauf folgt ein Gefühl der Selbstverachtung und der Scham, das sie mit extremer Diät oder Nulldiät bekämpft und manchmal auch durch selbst herbeigeführtes Erbrechen, die Verwendung von Abführ- oder Aufputschmitteln und/oder extreme körperliche Aktivitäten unterstützt. Dieses Verhalten wird dann zu einer regelmäßigen Routine. Im Gegensatz zur → Anorexia nervosa verhindert die Bulimie selten ein normales Alltagsleben oder erfordert gar eine Krankenhauseinweisung, obwohl die bizarren Eßgewohnheiten beträchtliche Zeit und Energie aufbrauchen. Man weiß nicht, wie häufig diese Erkrankung ist, zum Teil, weil sie erst seit kurzen erkannt wurde und zum Teil, weil es eines ihrer Hauptmerkmale ist, daß die Freßanfälle und das Hungern im Geheimen stattfinden. Behandlungsversuche bestehen in der Regel aus einer Form der Psychotherapie. Vor allem die Gruppentherapie scheint erfolgversprechend zu sein, da durch sie die Patientin gezwungen wird, zu sehen, daß weder ihr Verhalten noch ihre Gefühle einzigartig sind, sondern von anderen geteilt werden. Im wesentlichen hat die Psychotherapie das Ziel, das Selbstwertgefühl aufzubauen und zu stützen. Bei manchen Patientinnen hat auch der Einsatz von → Antidepressiva Erfolg gezeigt.

Wie bei der Anorexia nervosa besteht die überwiegende Mehrheit der Bulimiker aus Frauen (90 bis 95%). Die Gewichtsschwankungen und periodischen unzureichenden Ernährungsphasen können zu Störungen im Menstruationszyklus führen, was sich in unregelmäßigen oder fehlenden Regelblutungen zeigen kann. Darüber hinaus können das häufige Erbrechen und/oder hohe Dosen von Abführmitteln die Wirksamkeit von → oralen Kontrazeptiva (Anti-Baby-Pille) beeinträchtigen, was bei manchen Patientinnen zu einem erhöhten Risiko für eine ungewollte Schwangerschaft führt.

Bezüglich Selbsthilfegruppen und anderer Organisationen zur Unterstützung bei Eßstörungen siehe im Adressenanhang am Schluß des Buches.

Calcium Siehe unter → Bluttest, siehe auch unter → Ernährung

Candida albicans Siehe unter → Pilzerkrankung des Genitale

Carcinoma in situ Wörtlich aus dem Lateinischen übersetzt ein → Karzinom „am Ort". Eine Wachstumstörung, bei der normale Zellen durch anormal erscheinende Zellen ersetzt sind, denen noch zwei der hauptsächlichen Eigenschaften von fortgeschrittenen Karzinomzellen fehlen: das invasive Wachstum und die Metastasen (Tochtergeschwülste; siehe unter → Krebs). Das heißt, daß die Gewebsschädigung örtlich begrenzt ist, noch nicht in Nachbargewebe eingewachsen ist oder an anderen Orten des Körpers Metastasen gesetzt hat. Manche Fachleute glauben, daß das Carcinoma in situ eine sehr frühe und örtlich begrenzte Form eines Karzinoms ist, das später in andere Gewebe vordringen und Metastasen setzen kann. Deshalb wird es auch Stadium 0 (siehe unter → Stadieneinteilung) genannt. Da man darüber hinaus nicht vorhersagen kann, welche solcher Läsionen lokalisiert bleiben und welche sich zum Karzinom entwickeln, wird oft die sofortige operative Entfernung des betroffenen Gewebsareals empfohlen. Das Carcinoma in situ kann prinzipiell in jedem Organ des menschlichen Körpers entstehen. Bei der Brust gibt es z.B. zwei verschiedene Formen des Carcinoma in situ. Die eine ist das *intraduktale Carcinoma in situ,* bei dem innerhalb der Milchgänge und nur dort anormale Zellen gefunden werden. Wenn diese Zellen durch die Wand der Milchgänge vorwachsen und das umgebende Fettgewebe erreichen, ist aus dem Carcinoma in situ ein invasives Karzinom geworden. Man kann es mit Hilfe der → Mammographie entdecken und mit einer anschließenden → Biopsie bestätigen oder ausschließen. Die andere Form wird *lobuläres Carcinoma in situ* genannt. Hierbei scheinen die Zellen keine echten Vorläuferzellen eines Karzinoms zu sein, sondern ihr Auftreten wird lediglich als Hinweis darauf gedeutet, daß das Risiko für die spätere Entwicklung eines → Brustkrebses überdurchschnittlich hoch ist, d.h. daß eine 20- bis 30%ige Wahrscheinlichkeit besteht, in den nächsten 30 Jahren an Brustkrebs zu erkranken. Siehe auch unter → Cervikale intraepitheliale Neoplasie, → Präkanzerose

Cerclage Siehe unter → Zervixinsuffizienz

Cervikale intraepitheliale Neoplasie Kurz *CIN* genannt. Medizinischer Ausdruck für das Vorhandensein von atypischen, nicht normalen Zellen in der obersten Hautschicht, die die → Zervix (Gebärmutterhals) bedeckt, wodurch diese Hautschicht histologisch unter dem Mikroskop anders aussieht als völlig gesundes Gewebe. Je nachdem, wie ausgeprägt das Ausmaß der atypischen Zellveränderungen ist, wird die CIN in drei Schweregrade eingeteilt. Bei der CIN I und II, die auch als leichte bzw. mäßige *Dysplasie* bezeichnet werden, sind die Veränderungen gering bzw. mäßiggradig ausgeprägt. Bei der CIN III, die auch schwere Dysplasie oder → Carcinoma in situ der Zervix genannt wird, sind die atypischen Zell- und Gewebeveränderungen am ausgeprägtesten. Eine Weiterentwicklung zum → Karzinom ist bei der CIN III am wahrscheinlichsten, sie wird deshalb auch als → Präkanzerose bezeichnet. Die beiden leichteren Formen sind dagegen potentiell rückbildungsfähig, und bei zwei Drittel der Patientinnen kommt es zu einer

Spontanheilung. Alle Formen der CIN verursachen keine Symptome oder Beschwerden für die Patientin. Die Diagnose kann also nur im Rahmen von Vorsorgeuntersuchungen oder Arztbesuchen wegen anderer gynäkologischer Probleme gestellt werden. Dabei ist die wichtigste Suchmethode der Abstrich nach → Papanicolaou. (Für eine genaue Beschreibung dieses Verfahrens siehe dort.) Je nach Ausfall dieser Untersuchung kann unter engmaschiger Kontrolle abgewartet werden oder müssen andere diagnostische Methoden wie die → Konisation oder eine → Abrasio angeschlossen werden. Falls nur eine CIN III vorliegt und noch kein Karzinom, dann ist die Konisation auch gleichzeitig die Therapie. Für die Behandlung des → Zervixkarzinoms siehe dort.

Chadwick-Schwangerschaftszeichen Eine Farbveränderung der Gewebe des Scheideneingangs, der Scheide und des Gebärmutterhalses, die ein frühes Anzeichen für das Vorliegen einer Schwangerschaft ist. Normalerweise sind diese Gewebe rosa, bei einer Schwangerschaft nehmen sie jedoch als Folge der vermehrten Durchblutung eine bläuliche, dunklere Farbe an. Das Blau wird im Verlauf der Schwangerschaft immer dunkler und ist bei der zweiten und den folgenden Schwangerschaften in der Regel ausgeprägter als in der ersten.

Chemotherapie Genau genommen jede Behandlung mit den sogenannten Chemotherapeutika. Als Chemotherapeutika werden bestimmte natürliche oder synthetische Substanzen bezeichnet, die die Fähigkeit besitzen, Krankheitserreger oder Geschwulstzellen abzutöten. Je nach Art der Substanz oder danach, bei welchen Krankheiten sie jeweils wirksam sind, werden die Chemotherapeutika in verschiedene Gruppen eingeteilt: Mittel gegen Bakterien werden → *Antibiotika* genannt. Außerdem gibt es Mittel gegen → Parasiten (die sogenannten *Antihelmintika*), gegen → Pilzerkrankungen (*Antimykotika*) oder gegen Tuberkulose. Eine andere große Gruppe stellen die *Zytostatika* dar, d.h. Substanzen, die (Tumor-)Zellen abtöten können.

Im allgemeinen Sprachgebrauch wird der Begriff Chemotherapie jedoch oft lediglich für die medikamentöse Therapie von Krebserkrankungen, d.h. mit Zytostatika, verwendet. Zytostatika sind sehr agressive Substanzen, die sowohl Krebszellen, die vom Muttertumor in das Blut- und Lymphsystem abgegeben worden sind, abtöten können als auch die Zellen des Muttertumors selbst, vor allem, wenn man sie direkt in den Tumor spritzt. Sie greifen jedoch auch gesunde Zellen an. Die zur Zeit eingesetzten Zytostatika sind vor allem bei Tumoren wirksam, deren Zellen sich gerade in der Vermehrungsphase befinden. Aus diesem Grund zerstören sie auch bestimmte normale Gewebe, die einen hohen Anteil an sich vermehrenden Zellen haben, wie z.B. die weißen Blutkörperchen, Haarwurzeln und verschiedene Gewebe aus dem Magen-Darm-Trakt, insbesondere die Schleimhäute. Weil sie so toxisch sind, ist es besonders wichtig (und schwierig), Dosisangaben zu finden, bei denen zwar Krebszellen, aber so wenig wie möglich normale Gewebszellen abgetötet werden.

Die Chemotherapie mit Zytostatika wird hauptsächlich mit vier unterschiedlichen Zielsetzungen eingesetzt: 1. als primäre Therapie bei bestimmten Tumoren mit dem Ziel, sie zu heilen; 2. als Versuch, einen Krebs zu heilen, der schon Metastasen (Absiedlungen, Tochtertumore) gesetzt hat; 3. als adjuvante (unterstützende) Therapie nach operativer Entfernung eines Tumors mit dem Ziel, eventuell noch verbliebene Krebszellen abzutöten und damit die Heilungschancen zu vergrößern, und 4. zur Verbesserung der Lebensqualität und eventuell auch zur Lebensverlängerung in all den Fällen, in denen eine endgültige Heilung nicht mehr möglich ist. Je nachdem, ob man beim Einsatz von Zytostatika heilende oder — falls dies nicht möglich ist — zumindest lebensverlängernde und/oder -verbessernde Ziele verfolgt, wird die Therapie *kurativ* (von lateinisch *curare* = heilen) oder *palliativ* (von lateinisch *palliare* = verdecken) genannt.

Auch wenn alle Zytostatika letztlich das Zellwachstum verhindern, unterscheiden sie sich in der Art und Weise, wie sie diese Wirkung erzielen. Manche Stoffe, die sogenannten Antimetaboliten, wirken dadurch, daß sie sich wegen ihrer Ähnlichkeit mit normalen und von der Zelle benötigten Substanzen an deren Plätze setzen und damit auch deren Funktion, nämlich die Mitarbeit bei der Bildung von → Nukleinsäuren (d.h. den genetischen Grundbausteinen einer Zelle) verhindern. Andere binden sich direkt an die Nukleinsäuren und verhindern dadurch den normalen Zellneubildungsablauf. Wieder andere blockieren die Zellteilung durch Bindung an bestimmte, dafür notwendige Enzyme. Nicht jede Art Zytostatikum wirkt bei jedem Tumor gleich gut. Z.B. reagiert das → Chorionkarzinom besonders gut auf den Antimetaboliten Methotrexat. Bei manchen Tumoren wiederum wirkt eine Kombination mit mehreren verschiedenen Zytostatika, eine sogenannte *Polychemotherapie,* besser als eine Therapie mit nur einem Zytostatikum. Dazu gehören vor allem die akute lymphatische → Leukämie und der Morbus Hodgkin (eine bösartige Erkrankung der → Lymphknoten).

Zytostatika werden entweder in Tablettenform, als intramuskuläre Injektion oder als Infusion über eine Vene gegeben. Dies erfolgt entweder wöchentlich, monatlich, selten auch täglich oder in bestimmten Zyklen. Die häufigsten Nebenwirkungen sind Übelkeit und Erbrechen, offene Stellen im Mund, Hautausschläge und Haarausfall. Letzteres ist jedoch in der Regel nur vorübergehend, nach Abschluß der Therapie wachsen die Haare wieder nach. Bei der Frau können die Regelblutungen unregelmäßig werden oder ganz aufhören, bei Männern kann die Spermienzahl entweder vorübergehend oder für immer absinken. Aus diesem Grunde empfehlen manche Onkologen (Spezialisten für Krebserkrankungen), daß Männer vor einer Chemotherapie etwas von ihrem Sperma einfrieren lassen. Manchmal kann die intravenöse Gabe von Zytostatika an der Stelle der Injektion für einige Tage brennende Schmerzen verursachen. Zu den ernsteren möglichen Nebenwirkungen, die sich erst nach einiger Zeit bemerkbar machen, gehören die sogenannte *Knochenmarksdepression* (d.h. eine Unterdrückung der vom Knochenmark produzierten weißen und roten Blutkörperchen und Blutplättchen), die die Anfälligkeit gegenüber anderen Krankheiten, insbesondere Entzündungskrankheiten, erhöht; Blasenentzündungen durch Zerstörung der Blasenschleimhaut; Leberversagen und, bei Langzeitbehandlung, die Entwicklung einer akuten Leukämie. Eines der Hauptprobleme der Zytostatikatherapie — und aller anderen Krebstherapien — ist es, daß Substanzen, die potent genug sind, einen Tumor zu zerstören, manchmal an anderer Stelle des Körpers einen anderen Krebs entstehen lassen können. Da jedoch die meisten Krebserkrankungen eine lange Latenzzeit (Zeit bis zur Entstehung des Tumors) haben, hält man es bei vielen Patienten für vertretbar, dieses karzinogene (krebserzeugende) Risiko einzugehen. Siehe auch → Immunsuppression.

Chlamydieninfektion Sammelbegriff für eine Reihe von Erkrankungen, die durch Chlamydien hervorgerufen werden. Chlamydien sind in der Wirtszelle lebende und dort wachsende Bakterien. Man unterscheidet zwei Gruppen: *Chlamydia trachomatis* und

Chlamydia psittaci. Letztere werden vor allem durch papageienähnliche Vögel (z.B. auch Wellensittiche) auf den Menschen übertragen und rufen eine Lungenentzündung hervor. Besonders gefährdet für eine solche Infektion sind Menschen, die viel mit Vögeln zu tun haben. Eine Übertragung von Mensch zu Mensch ist selten. Häufiger sind Infektionen mit *Chlamydia trachomatis.* Hier erfolgt die Ansteckung von Mensch zu Mensch. Weil sich diese Gruppe von Chlamydien im Genitaltrakt aufhält und von dort an andere Menschen, insbesondere durch Geschlechtsverkehr, übertragen wird, zählt man die durch sie hervorgerufenen Krankheiten auch zu den → sexuell übertragbaren Krankheiten oder Geschlechtskrankheiten.

Eine Chlamydieninfektion bei der Frau betrifft meist zunächst die Harnröhre und die → Zervix und verläuft oft vollkommen ohne Symptome. Wenn Symptome auftreten, dann in der Regel mit Verzögerung, etwa drei Wochen nach Kontakt mit einer infizierten Person. Sie bestehen in Ausfluß aus der Scheide und/oder Harnröhre mit Juckreiz und Brennen beim Wasserlassen. Unbehandelt kann eine solche Infektion aufsteigen und auf die Eileiter übergreifen, was zu Infertilität (→ Unfruchtbarkeit) führen kann. Beim Mann dagegen führt eine Chlamydieninfektion fast immer zu Symptomen wie Ausfluß aus der Harnröhre und unangenehmen Gefühlen im Penis. Außerdem kann die Prostata mit betroffen sein, genauso wie die Nebenhoden. Auch hier kann eine Nicht-Behandlung zur Infertilität führen. Darüber hinaus können Chlamydien sowohl beim Mann als auch bei der Frau Bindehautentzündungen der Augen hervorrufen. Bei der Geburt kann das Neugeborene während der Passage durch den Geburtskanal von seiner Mutter angesteckt werden, was zu einer vorübergehenden Bindehautentzündung beim Kind führt.

Die Diagnose wird in der Regel durch Abstriche aus dem Genitaltrakt und anschließende Anzüchtung der Chlamydien in speziellen Nährmedien gestellt. Andere Möglichkeiten bestehen in der Begutachtung unter dem Mikroskop sowie in Blutuntersuchungen. Die Therapie besteht in der Behandlung mit den → Antibiotika Tetrazyklin oder Erythromycin. Dabei sollte auch immer der Partner mitbehandelt werden, um eine Wiederansteckung zu verhindern. In bestimmten Situationen, z.B. bei Frauen mit Ausfluß, bei denen man keinen Erreger nachweisen konnte, oder bei Personen, die Kontakt mit jemandem haben, der Chlamydien-verdächtige Symptome hat, oder bei Personen mit → Gonorrhoe, wird man zur Sicherheit auch dann therapieren, wenn man keine Chlamydien nachweisen konnte.

Bestimmte Untergruppen von Chlamydia trachomatis können eine weitere, etwas anders verlaufende sexuell übertragbare Krankheit verursachen, das sogenannte → Lymphogranuloma inguinale. Zur näheren Beschreibung dieses Krankheitsbildes siehe dort.

Chloasma Auch *Schwangerschaftsmaske*. Unregelmäßige, bräunliche Flecken verschiedener Größe, die bei etwa zwei Drittel aller Schwangeren ungefähr ab dem zweiten Monat auf der Stirn, den Wangen und um den Mund herum entstehen. Gewöhnlich verschwinden sie nach der Entbindung wieder oder werden zumindest deutlich heller. In ähnlicher Weise können normale Sommersprossen während der Schwangerschaft dunkler werden. Frauen, die solche Pigmentveränderungen während der Schwangerschaft erleben, bemerken sie eventuell auch bei der Einnahme von → oralen Kontrazeptiva oder bei einer → Östrogen-Substitutionstherapie, was die Theorie stützt, daß die Flecken eine Folge der erhöhten Melaninbildung (Melanin ist ein Hautpigment) sind, die ihrerseits durch erhöhte Spiegel an → Östrogen und/oder → Progesteron oder an Melanozyten-stimulierendem Hormon (MSH) ist. Frauen mit einem Chloasma sollten sich so wenig wie möglich der Sonne aussetzen und außerhalb des Hauses immer eine Sonnencreme auftragen, da Sonnenlicht tendenziell dazu führt, daß sich die Pigmentierung verstärkt und sich die Wahrscheinlichkeit ihres Verschwindens verringert.

Cholesterin Eines von mehreren Lipiden (Blutfetten), das mit bestimmten Proteinen des Blutes zusammen sogenannte *Lipoproteine* bildet und Fett im Blutstrom transportiert. *High-density Lipoproteine* (HDL) transportieren Fett weg von den Körperzellen und verhindern dadurch eine Fettansammlung in den Arterienwänden. *Low-density Lipoproteine* (LDL), die einen hohen Anteil an Cholesterin haben, scheinen den Anbau von fettigen Substanzen in den Arterienwänden zu fördern und gehen daher mit einem erhöhten Risiko für eine → Arteriosklerose einher. Die Arteriosklerose wiederum erhöht das Risiko für einen Schlaganfall (→ Apoplex) und/oder für einen → Herzinfarkt. Diese beiden Erkrankungen machen die Hauptursache aller Todesfälle aus. Es scheint so, als ob das Auftreten dieser Krankheiten durch das Senken des LDL-Spiegels mit Hilfe von diätetischen Maßnahmen, vor allem durch eine Einschränkung der Nahrungsmittel, die reich an Cholesterin und gesättigten Fettsäuren sind, verringert werden kann. Darüber hinaus können Gewichtsverlust und körperliche Betätigung oft den HDL-Spiegel erhöhen, was eine schützende Wirkung hat. Zu den Diätempfehlungen gehören das Essen von Geflügel (ohne Haut) und Fisch anstelle von Fleisch, die Beschränkung auf magere Fleischsorten, der Ersatz von Butter durch Margarine und Öle, die reich an ungesättigten Fettsäuren sind, die Beschränkung auf nicht mehr als drei Ei(gelbe) pro Woche und die Verwendung von Milchprodukten mit niedrigem Fettgehalt.

Der Cholesterinspiegel kann durch eine Blutuntersuchung bestimmt werden. Die Meinungen darüber, wie hoch ein idealer Cholesterinspiegel sein darf, gehen unter Fachleuten etwas auseinander. 200 mg pro Deziliter oder weniger scheinen jedoch akzeptabel zu sein, obwohl manche einen Spiegel von 160 mg/dl für weitaus wünschenswerter erachten. Man ist sich darüber einig, daß Werte ab 240 mg/dl ein Risiko für den Betroffenen darstellen. Cholesterinbestimmungen sind nicht immer zuverlässig, und von daher sollte ein einziger hoher Wert durch eine zweite Kontrolle bestätigt werden. Ist auch der zweite Wert hoch, wird man zusätzlich die Spiegel der Lipoproteine im Blut bestimmen. Dazu muß man mindestens 12 Stunden vor der morgendlichen Blutabnahme nüchtern bleiben, um zuverlässige Werte zu erhalten. Insbesondere bei hohem LDL-Spiegel und niedrigem HDL-Spiegel müssen dann diätetische, oder, wenn diese erfolglos bleiben, medikamentöse Maßnahmen erfolgen.

Chorion Die äußere der beiden → Eihäute, die als Hülle um die befruchtete Eizelle liegen. Das Chorion ist mit Zotten besetzt, aus denen sich später die → Plazenta entwickelt. Diese Zotten liegen in der Gebärmutterschleimhaut und werden von mütterlichem Blut umspült, was den Austausch von Nährstoffen und Abfallprodukten zwischen der Mutter und dem sich entwickelnden Kind ermöglicht.

Chorionbiopsie Die Entnahme von Choriongewebe (→ Chorion), die meist zwischen der 9. und 11. Schwangerschaftswoche aus diagnostischen Gründen vorgenommen wird. Der Eingriff kann entweder durch die Scheide oder durch die Bauchwand erfolgen. Dabei wird unter sonographischer Kontrolle (siehe unter → Ultraschallsonographie) ein Kunststoffkatheter an die Stelle in der Gebärmutter vorgeschoben, an der aus dem kindlichen Choriongewebe später die → Plazenta entsteht. Dann wird etwas Gewebe angesaugt und im Labor untersucht. Auf diese Weise kann man bestimmte genetische Fehlanlagen des Embryos schon früh erkennen und gegebenenfalls therapieren.

Chorionkarzinom Ein sehr maligner (bösartiger) Tumor, der seinen Ausgang vom Trophoblastgewebe nimmt, d.h. dem Gewebe des Embryos, aus dem sich die → Plazenta (Mutterkuchen) entwickelt. Dabei hat in etwa der Hälfte der Fälle vorher schon eine Fehlentwicklung der Plazenta in Form einer → Blasenmole bestanden. Das Chorionkarzinom kann aber auch nach ganz normalen Schwangerschaften oder nach Fehlgeburten und → Extrauteringraviditäten entstehen. Das Hauptsymptom besteht in vaginalen Blutungen, die manchmal so schwer sind, daß Lebensgefahr besteht. Das Chorionkarzinom setzt sehr früh und sehr schnell Metastasen in andere Organe des mütterlichen Körpers, vor allem in Lunge, Gehirn, Knochen und Leber, so daß eine frühzeitige Diagnose und Behandlung besonders wichtig sind. Gestellt wird die Diagnose durch Blutabnahmen, bei denen die extreme Erhöhung eines bestimmten Hormons, des sogenannten → Humanen Choriongonadotropins (β-hCG), auffällt. Dieses Hormon wird auch von der gesunden Plazenta gebildet, erreicht aber in der 12. Schwangerschaftswoche seinen höchsten Wert und fällt dann langsam ab. (Auf der Bestimmung dieses Plazentahormons beruhen auch die gängigen → Schwangerschaftstests.) Bei einer Blasenmole ist das β-hCG auch noch nach der 12. Schwangerschaftswoche extrem erhöht. Erhöhte Werte auch nach der Entfernung der Blasenmole sind stets hochverdächtig auf das Vorliegen eines Chorionkarzinoms, das dann durch die feingewebliche Untersuchung des entnommenen Plazentagewebes entweder bestätigt oder ausgeschlossen wird. Glücklicherweise spricht das Chorionkarzinom sehr gut auf eine → Chemotherapie mit dem Medikament Methotrexat an, so daß die früher durchgeführte operative Behandlung heute meist nicht mehr notwendig ist. Wesentlich ist eine regelmäßige Nachsorge mit Bestimmungen des β-hCGs. Bei erfolgreicher Therapie muß auch der β-hCG-Spiegel im Blut absinken. Ist dies trotz mehrmaliger Chemotherapie nicht der Fall, kommt doch noch eine operative Entfernung von Metastasen oder eine gezielte → Strahlentherapie in Betracht.

Chromosom Auch *Erbkörperchen.* Ein kleines längliches Gebilde im Zellkern fast jeder lebenden Zelle, das die Informationen darüber enthält, was die Zelle während ihrer Lebenszeit produzieren kann und soll, und das an alle Tochterzellen weitergegeben wird. Ein Chromosom kann als eine Kette von aneinandergereihten *Genen* (siehe unter → Genetik) betrachtet werden. Jeder Mensch hat normalerweise 46 Chromosomen in jeder einzelnen Körperzelle, von denen jeweils 23 von der Mutter und 23 vom Vater stammen. Der Chromosomenbestand einer Zelle kann durch eine sogenannte → Chromosomenanalyse auf eventuelle Chromosomenanomalien hin untersucht werden. Bei schätzungsweise jeder 250. Geburt eines lebenden Kindes kommen bedeutende Chromosomenveränderungen vor, und etwa drei Viertel dieser genetischen „Irrtümer" werden als nicht wünschenswert betrachtet. Darüber hinaus geht man davon aus, daß etwa ein Drittel aller Fehlgeburten durch Chromosomenanomalien verursacht sind. Siehe auch unter → Angeborene Krankheiten.

Chromosomenanalyse Auch *Karyogramm*. Die genetische Untersuchung der → Chromosomen eines Individuums mit dem Ziel, eventuell Veränderungen in der Chromosomenzahl oder -struktur festzustellen. Dazu werden Lymphozyten (eine Untergruppe der weißen Blutkörperchen) in geeigneten Nährmedien angezüchtet und zur Teilung angeregt. In einer bestimmten Phase des Teilungszyklus (in der Metaphase), in der alle 46 Chromosomen der Zelle besonders gut sichtbar sind, wird die Teilung blockiert. Die Chromosomen werden photographiert, vergrößert und dann einzeln ausgeschnitten, nach Größe und Struktur sortiert und entsprechend numeriert und beschriftet. Das so entstandene Karyogramm kann jetzt auf eventuelle Anomalien hin untersucht werden. Man kann auch ohne Photographieren und Ausschneiden den Chromosomensatz direkt unter dem Mikroskop betrachten. Neben der Aufdeckung von verschiedenen Chromosomenanomalien, wie zum Beispiel dem → Down-Syndrom mit drei anstatt zwei Chromosomen Nr. 21 oder dem sogenannten *Fragile-X-Syndrom*, bei dem das Geschlechtschromosom X besonders brüchig ist, was zu geistiger Behinderung führen kann, kann die Chromosomenanalyse auch zur Geschlechtsbestimmung verwendet werden. Dazu werden die sogenannten Geschlechtschromosomen, nämlich zwei X-Chromosomen bei der Frau und ein X- und ein Y-Chromosom beim Mann, untersucht. (Siehe für weitere Erklärungen auch unter → Genetik .)

Eine weitere, indirekte Methode zur Geschlechtsbestimmung ist die Untersuchung auf das Vorhandensein von sogenannten *Barrschen Körperchen*. Dazu wird ein Abstrich aus der Mundschleimhaut und/oder Vaginalschleimhaut genommen und nach spezifischer Aufarbeitung unter dem Mikroskop betrachtet. Enthält eine Zelle zwei X-Chromosomen, dann liegt eines davon in einer inaktiven Form als kleines, rundes Gebilde, dem Barr-Körperchen, in der Zelle. Ist wie bei Männern nur ein X-Chromosom vorhanden, findet sich kein Barr-Körperchen. Bei bestimmten Chromosomenanomalien mit mehr als zwei X-Chromosomen finden sich auch entsprechend mehr Barr-Körperchen. Dieser Test wird manchmal bei weiblichen Sportlerinnen eingesetzt, um zu untersuchen, ob sie tatsächlich dem biologischen weiblichen Geschlecht angehören. Eine Geschlechtsbestimmung kann auch pränatal, d.h. vor der Geburt des Kindes, erfolgen, wobei man in diesem Fall durch eine → Amniozentese gewonnene Zellen einer Chromosomenanalyse unterzieht.

Chromosomenanomalie Siehe unter → Angeborene Krankheiten

Chronische Schmerzen Schmerzen, die sechs Monate und länger andauern und auf eine konventionelle Therapie nicht ansprechen. Sie können die Folge einer schweren Verletzung, Operation oder Krankheit sein. Es kommt aber auch vor, daß man trotz wiederholter, gründlicher Untersuchungen keine organische (körperliche) Ursache für die Schmerzen findet, was entweder auf eine psychische (seelische) Entstehung der Beschwerden hinweist oder in seltenen Fällen daran liegen kann, daß eine organische Störung mit den zur Verfügung stehenden Untersuchungsmethoden (noch) nicht entdeckt werden kann, obwohl diese Störung schon Schmerzen bereitet. In solchen Fällen muß man in größeren Abständen die Untersuchungen wiederholen, um sicher zu gehen, daß keine organische Störung vorliegt. Chronische Schmerzen dominieren oft das gesamte Leben der betroffenen Person. Die Medikamente, die man gegen akute Schmerzen verwendet, verlieren mehr und mehr ihre Wirkung und können darüber hinaus im

Gegenteil bei Einnahme über lange Zeit hinweg die Schmerzen sogar verstärken (abgesehen davon, daß viele zur Schmerzbekämpfung eingesetzten Mittel auch abhängig machen können). Daher erfordert die Behandlung von chronischen Schmerzen eine besondere Vorgehensweise, die neben der Therapie spezifischer körperlicher Symptome auch psychotherapeutische Komponenten enthalten sollte, um die Schmerzwahrnehmung des Patienten zu verändern. Die beste Adresse für eine solche Behandlung sind Schmerzambulanzen oder Schmerzkliniken, in denen Spezialisten aus mehreren Fachbereichen zusammenarbeiten. Ein zentrales Prinzip bei der Behandlung chronischer Schmerzen ist die Ermutigung des Patienten, eine aktive Rolle bei der Bekämpfung der Beschwerden einzunehmen. Dazu gehören die Änderung der Wahrnehmung und der Reaktionen auf Schmerzen sowie das Verständnis der Beziehung zwischen Streß und Schmerzen. Die eingesetzten Therapieformen umfassen → Akupunktur, Hypnose, elektrische Stimulationen, physikalische Maßnahmen und Beschäftigungstherapien sowie die verschiedenen Formen der → Psychotherapie. Anschriften von Organisationen, an die man sich für eine Schmerzambulanz oder -klinik in der Nähe des eigenen Wohnortes wenden kann, finden sich im Adressenanhang dieses Buches.

Clomifen Siehe unter → Ovulationsauslöser

Computertomographie Abgekürzt CT. Ein bildgebendes diagnostisches Verfahren, das in den siebziger Jahren entwickelt wurde und seitdem zunehmend eingesetzt wird. Bei dieser komplizierten Technik wird mit Hilfe von Röntgenstrahlen und einem speziellen computerisierten Auswertungsverfahren der gewünschte Körperbereich in Schichten dargestellt. Bei bestimmten Fragestellungen wird zusätzlich noch Kontrasmittel verabreicht, um z.B. Tumorgewebe besser sichtbar zu machen. CT-Bilder sind Querschnittsbilder, die z.B. die Organe im Bauch oder das Gehirn sowie irgendwelche krankhaften Gewebsveränderungen mit sehr großer Präzision darstellen können, wodurch eine frühere Erkennung von Krankheiten und damit auch eine gezieltere Therapie möglich wird. Mit einer normalen Röntgenuntersuchung kann im wesentlichen nur Knochen sichtbar gemacht werden, Weichteilgewebe wie z.B. Hirngewebe sieht man gar nicht, weshalb die Einführung der Computertomographie einen großen medizinischen Fortschritt bedeutete. Zur Durchführung eines Computertomogramms wird man auf einer speziellen Liege in eine große Röhre geschoben. Dann muß man unterschiedlich lange ruhig liegen bleiben, damit die Bilder nicht verwackeln und eine gute Qualität ergeben. Die Prozedur ist schmerzlos, jedoch mit einer Strahlenbelastung verbunden, weshalb man z.B. während einer Schwangerschaft auf eine Computertomographie wenn irgend möglich verzichten sollte. Siehe auch → Kernspintomographie.

Condylomata acuminata Auch *Spitze Kondylome, Feigwarzen*. Eine Virusinfektion mit anfangs kleinen, warzenförmigen, gutartigen Tumoren der Schleimhaut, vor allem der Schleimhaut im Genitalbereich und um den → Anus, wo die Feuchtigkeit ihre Entwicklung fördert. Diese sogenannten Kondylome können durch Wachstum blumenkohl- oder hahnenkammartige Gebilde formen und sind bei Frauen meist im Bereich der Schamlippen und in der Vagina und bei Männern am Penisschaft und/oder unter der Vorhaut lokalisiert. Manchmal jucken sie, wobei Kratzen ihre Ausbreitung weiter fördert. Sie werden durch ein Virus, das sogenannte *Humane Papilloma-Virus* (HP-Virus) hervorgerufen, das durch vaginalen, oralen und analen Geschlechtsverkehr übertragen wird. Außerdem spielt mangelnde Hygiene eine begünstigende Rolle. Das Virus hat eine lange Inkubationszeit (das ist die Zeit von der Übertragung des Krankheitserregers bis zum Ausbruch der Krankheit), so daß es bis zu sechs Monate nach der Ansteckung dauern kann, bis die Warzen entstehen. Die Diagnose wird durch das typische Aussehen gestellt. Manchmal ist eine Gewebsentnahme mit anschließender histologischer Untersuchung notwendig, um sicher zu sein, daß keine bösartige Erkrankung vorliegt. Die Behandlung kleiner Warzen besteht im Betupfen mit *Podophyllin*, einem sehr toxischen Pflanzenwurzelextrakt, zwei- bis dreimal in wöchentlichen Abständen, wobei man sehr vorsichtig sein muß, damit kein gesundes Gewebe benetzt wird. Nach sechs Stunden wird das Medikament wieder abgewaschen. Bei sehr großen Warzen oder bei einer schwangeren Frau, bei der das Podophyllin wegen seiner Giftigkeit nicht eingesetzt werden sollte, kann man die Warzen mit einer → Kryotherapie, → Lasertherapie, → Kauterisation oder auch operativ entfernen. Außerdem muß man unterstützende Faktoren, wie z.B. einen Vaginalausfluß, beseitigen und wenn möglich die Infektionsquelle ausschalten, am besten indem man auch die/den Partner/in der betroffenen Person behandelt. Nur so kann eine ständig neu erfolgende Ansteckung verhindert werden. Siehe auch unter → Sexuell übertragbare Krankheiten.

Contergan-Syndrom Auch *Thalidomid-Syndrom*. Das Auftreten von Fehlbildungen an den Extremitäten (Armen und Beinen) und an inneren Organen bei Kindern, deren Mütter während der frühen Schwangerschaft das Medikament Thalidomid (Contergan®) eingenommen hatten. Dieses Medikament war ein in Deutschland hergestelltes Schlaf- und Beruhigungsmittel, das in den frühen sechziger Jahren unseres Jahrhunderts häufig und eben auch an Schwangere verabreicht wurde. Es stellte sich jedoch heraus, daß es bei Einnahme in den ersten Monaten einer Schwangerschaft zu schweren Mißbildungen beim Fetus führen konnte, indem es die normale Entwicklung der Gliedmaßen beeinträchtigte. Solche Kinder wurden daher mit kurzen Armen und Beinen geboren, mit Händen, die z.B. direkt an der Schulter oder kurz darunter ansetzen, und anderen Mißbildungen. Nach dem Verbot dieses Medikamentes wurden auch keine Kinder mehr mit einem Contergan-Syndrom geboren.

Corpus luteum Ein kleines, rundliches Gebilde im Eierstock, das sich aus dem → Graaf'schen Follikel nach dem Eisprung (→ Ovulation) bildet. Corpus luteum ist lateinisch und heißt *Gelbkörper;* gelb, weil sich nach dem Eisprung im Follikel eine gelblich pigmentierte Substanz, genannt *Lutein*, ansammelt. Im Verlauf des normalen → Menstruationszyklus bildet der Follikel → Östrogen und — unter dem Einfluß des Luteinisierenden Hormons (LH) — auch → Progesteron. Wenn die gesprungene Eizelle nicht befruchtet wird, sinken die vom Follikel und später vom Gelbkörper gebildeten Mengen an Östrogen und Progesteron langsam ab, und nach einer gewissen Zeit ist aus dem Corpus luteum ein winziges Stück Narbengewebe geworden. Manchmal schrumpft der Gelbkörper jedoch nicht und bleibt abnorm groß. In diesem Fall ist eine sogenannte Corpus luteum-Zyste entstanden, die Progesteron produziert und besonders häufig in den ersten Wochen einer Schwangerschaft auftritt (siehe auch unter → Zyste, Def. 2).

Im Falle einer Befruchtung des Eis bleibt das Corpus luteum zunächst — nicht unter dem Einfluß des LH sondern unter der Wirkung eines Schwangerschaftshormons, dem

→ Humanen Choriongonadotropin (HCG), das schon bald nach der Befruchtung von den Plazentavorstufen gebildet wird — erhalten und bildet das für die Aufrechterhaltung der Schwangerschaft notwendige Progesteron. Sechs bis acht Wochen später, wenn die → Plazenta groß und entwickelt genug ist, um selbst genügend Progesteron und Östrogen zu bilden, geht die Hormonproduktion des Gelbkörpers langsam zurück, und das Corpus luteum zerfällt in Narbengewebe.

Corpus-luteum-Insuffizienz Siehe unter → Nidation

Cortison Ein in der Rinde der → Nebennieren gebildetes Steroidhormon (siehe unter → Hormon), das einen Einfluß auf zahlreiche Stoffwechselvorgänge im Körper ausübt. Alle Einflußmöglichkeiten des Cortisons dienen im wesentlichen dem Ziel, dem Körper eine erhöhte Menge von sofort verwendbaren Nährsubstraten zur Verfügung zu stellen, indem es Körpervorräte an Fett und Eiweiß abbaut und den Blutzuckerspiegel erhöht. Diese Wirkung des Cortisons zeigt sich auch an der Tatsache, daß die Cortisonproduktion im Körper unter Streß auf das bis zu Zehnfache ansteigt. Die normale Cortisonproduktion in den Nebennieren unterliegt einem typischen Tag-Nacht-Rhythmus: das Produktionsminimum liegt um Mitternacht, das Maximum morgens zwischen sechs und acht Uhr. Dies ist auch der Grund dafür, daß die therapeutische Gabe von Cortison fast immer in einer Einzeldosis und am Morgen eines Tages erfolgt, um diesen natürlichen Rhythmus möglichst nicht zu stören.

Die Produktion des Cortisons wird wie die von anderen Hormonen auch durch ein komplexes Regelsystem gesteuert: Der → Hypothalamus stimuliert über die Abgabe des *Corticotropin-releasing-Hormons* (CRH) die → Hypophyse (Hirnanhangsdrüse) zur Abgabe des *Adrenocorticotropen Hormons* (ACTH). Dieses wiederum fördert die Produktion von Cortison in den Nebennieren. Hohe Cortisonspiegel im Blut wirken bremsend auf den Hypothalamus, niedrige dagegen stimulierend. Ein Überschuß an Cortison im Körper wird → Cushing-Syndrom genannt (für eine genauere Beschreibung dieses Krankheitsbildes siehe dort).

Da das Cortison neben seinen stoffwechselaktivierenden Effekten auch entzündungshemmende Wirkungen hat, wird es häufig zur Behandlung von entzündlichen Erkrankungen eingesetzt, die nicht durch Bakterien oder Viren bedingt sind, d.h. vor allem bei den → Autoimmunerkrankungen. Wegen seiner nachteiligen Effekte auf den Magen, wo es zur Entstehung von blutenden Magengeschwüren führen kann, wird Cortison dabei in der Regel zusammen mit einem Magenschutzmittel gegeben. Zu weiteren Nebenwirkungen einer Cortisontherapie siehe unter → Cushing-Syndrom.

Credé-Prophylaxe Eine gesetzlich vorgeschriebene Maßnahme bei jedem Neugeborenen, durch die einer Infektion der Augen des Kindes mit Gonokokken, den Erregern der → Gonorrhoe, vorgebeugt werden soll. Zu diesem Zweck wird bald nach der Geburt in jedes Auge ein Tropfen einer 1%igen → Silber-Nitrat-Lösung geträufelt. Hat sich das Neugeborene bei der Passage durch den mütterlichen Geburtskanal mit eventuell vorhandenen Gonokokken bei der Mutter angesteckt, dann sterben diese durch das Silber-Nitrat ab. Die Credé-Prophylaxe selbst kann jedoch zu einer Bindehautreizung mit Rötung, Eiterung und Lidschwellung beim Neugeborenen führen, weshalb in einigen Bundesländern die Verpflichtung zur Credé-Prophylaxe wieder aufgehoben wurde.

Cunnilingus Eine Form des Geschlechtsverkehrs, bei dem der Partner oder die Partnerin der Frau mit Hilfe des Mundes und der Zunge die Geschlechtsteile stimuliert. Manche Fachleute vertreten die Ansicht, daß diese Praxis bei fortgeschrittener Schwangerschaft vermieden werden sollte, zumindest wenn dabei gleichzeitig Luft in die → Vagina geblasen wird, weil das eine potentiell gefährliche → Luftembolie hervorrufen kann. Siehe auch unter → Fellatio und → Oraler Geschlechtsverkehr.

Cushing-Syndrom Eine hormonelle Stoffwechselerkrankung, die durch die Erhöhung des Hormons → Cortison im Blut gekennzeichnet ist. Zu dieser Erhöhung kann es entweder aus endogenen Gründen, d.h. bei Funktionsstörungen innerhalb des Körpers, oder aus exogenen Gründen, d.h. durch die Zufuhr von Cortison von außen, kommen. Endogene Ursachen sind z.B. hormonbildende Tumoren der → Hypophyse (Hirnanhangsdrüse), Regelkreisstörungen zwischen dem → Hypothalamus — einem der Hypophyse übergeordneten Gehirnteil — und der Hypophyse, hormonbildende Tumoren der → Nebennieren sowie verschiedene Krebserkrankungen, bei denen der Muttertumor Cortison oder ACTH (adrenocorticotropes Hormon) bildet. Ein exogen verursachtes Cushing-Syndrom entsteht durch die therapeutische Gabe von Cortison wegen einer anderen Erkrankung, meist einer Entzündung. Dies ist bei weitem die häufigste Ursache für ein Cushing-Syndrom. Die Erhöhung des Cortisons im Blut führt zu vielfältigen Symptomen wie z.B. einer Fettumverteilung mit schlanken Armen und Beinen, aber dickem Bauch, Nacken und einem Vollmondgesicht, bläulichen Streifen auf der Haut vor allem des Bauches (sogenannte *Striae*), vermehrtem Haarwuchs, Akne, Bluthochdruck, → Osteoporose, erhöhten Blutzuckerwerten sowie bei Frauen der Möglichkeit einer → Amenorrhoe und bei Männern von Potenzstörungen. Die Diagnose wird durch Bestimmung der erhöhten Cortisonwerte im Blut und im Urin gestellt. Weitere Untersuchungen haben dann das Ziel, die Ursache für die erhöhte Cortisonbildung zu finden. Dazu gehören Röntgenaufnahmen des Schädels, der Lunge, → computertomographische Aufnahmen der Nebennieren sowie spezielle hormonelle Bluttests. Die Therapie hängt von der jeweiligen Ursache ab und kann z.B. in der operativen Entfernung eines Tumors in der Hypophyse oder einer oder beider Nebennieren bestehen (→ Adrenalektomie). Andere Möglichkeiten sind die → Strahlentherapie sowie die Gabe von Hemmstoffen gegen das Cortison. Bei einem exogenem Cushing-Syndrom müssen die Vorteile der Cortisontherapie gegen deren Nachteile abgewogen werden.

Damm Siehe → Perineum

Dammriß Auch *Scheiden-Damm-Riß*. Eine Weichteilverletzung des Damms (→ Perineum) während der Geburt, bei der stets auch die Scheidenhaut mit eingerissen ist. Zu einem solchen Dammriß kommt es, wenn die Dehnungsfähigkeit des Gewebes beim Durchtritt des kindlichen Kopfes überschritten wird. Der Dammriß tritt in drei unterschiedlichen Schweregraden auf: Beim Dammriß 1.Grades ist die Scheidenschleimhaut und das darunterliegende Bindegewebe bis zu einer Tiefe von etwa 2 cm eingerissen. Beim Dammriß 2. Grades ist auch die darunterliegende Muskulatur eingerissen, und beim 3. Grad zusätzlich noch der Schließmuskel des Afters. Um einen Dammriß zu vermeiden, wird bei jeder Entbindung der sogenannte *Dammschutz* durchgeführt. Das sind bestimmte Handgriffe beim Durchtritt des kindlichen Kopfes, durch die die Spannung auf das Dammgewebe vermindert werden soll. Eine andere und häufig angewandte Möglichkeit, einen Dammriß zu vermeiden, ist das Setzen eines *Dammschnittes* (→ Episiotomie), durch den man dem unkontrollierten Einreißen des Gewebes zuvorkommt. Die Versorgung eines einmal aufgetretenen Dammrisses erfolgt wie bei der Episiotomie durch schichtweisen Wundverschluß der eingerissenen Gewebslagen mit Nadel und Faden. Oft sind jedoch die Wundverhältnisse bei einem Dammriß im Vergleich zum Schnitt weniger übersichtlich und schwieriger zu versorgen, und gelegentlich verbleiben unregelmäßige und störende Narben zurück.

Dammschnitt Siehe → Episiotomie

Danazol Ein synthetisch hergestelltes männliches Hormon, das unter dem Namen Winobanin® auf dem Markt ist und zur Behandlung der → Endometriose eingesetzt wird. Es unterdrückt die Bildung der hypophysären (aus der Hirnanhangsdrüse stammenden) Hormone → LH und → FSH, was wiederum eine Hemmung der Hormonproduktion in den Eierstöcken und damit eine → Amenorrhoe hervorruft, während derer die Endometrioseherde verschwinden. Danazol scheint am besten bei Frauen mit leichter oder mäßiger Endometriose zu wirken. In schwereren Fällen kann es mit einer operativen Therapie kombiniert werden. Damit es wirksam ist, muß man es ungefähr drei bis neun Monate lang einnehmen. Nach Absetzen des Danazols dauert es ungefähr vier bis sechs Wochen, bis die Menstruation wieder einsetzt, und etwa zwei Monate, bis eine Schwangerschaft wieder möglich ist. Die Einnahme von Danazol kann jedoch auch Nebenwirkungen haben, die manchmal schwer genug sind, um eine Weiterbehandlung zu verhindern. Dazu gehören Depressionen und andere Stimmungsänderungen, unerklärliche Muskelkrämpfe, eine Verkleinerung der Brustgröße, Schwitzen, Müdigkeit, Akne, Haarwachstum und Gewichtszunahme. Danazol sollte nicht eingesetzt werden bei ungeklärten, abnormen vaginalen Blutungen, schwangeren oder stillenden Frauen oder bei schweren Leber-, Nieren- oder Herzerkrankungen.

Defloration Auch *Entjungferung*. Das Einreißen des → Hymens (Jungfernhäutchens) durch das Eindringen des Penis beim ersten Geschlechtsverkehr im Leben einer Frau. Siehe auch unter → Hymen und unter → Jungfrau.

Deodorant Eine Gruppe von → Kosmetika, die bei der Unterdrückung des Schweißgeruchs mitwirken, indem sie einige der Bakterien, die diesen Geruch hervorrufen, abtöten und/oder durch einen Geruchszusatz den Schweißgeruch maskieren. Bei Verwendung in den Achselhöhlen sind sie im allgemeinen harmlos, man sollte sie jedoch nicht im Schambereich einsetzen. Manchmal rufen Deodorants allergische Reaktionen hervor, was vor allem auf das in ihnen enthaltene Parfüm zurückzuführen ist. Das Wechseln auf eine andere Marke kann dieses Problem oft lösen. Ein Deodorant stoppt nicht die Perspiration (das Schwitzen) an sich, sondern unterdrückt nur den Geruch, den das Schwitzen verursacht. Es gibt jedoch auch Deodorants, die Substanzen enthalten — in der Regel Aluminiumsalze — , die vorübergehend die Öffnungen der Schweißdrüsen verschließen und damit die Absonderung des Schweißes verhindern.

Depression Eine psychische Erkrankung, die in ihrem Schweregrad von ungewöhnlich intensiven oder langdauernden Gefühlen der Traurigkeit, Enttäuschung und Frustration bis hin zur chronischen Schlaflosigkeit, Konzentrations- und Handlungsunfähigkeit und Selbstmordversuchen reicht. Die Depression ist eine der häufigsten Erkrankungen im Erwachsenenalter und betrifft schätzungsweise 8 bis 20% der Bevölkerung. Sie ist bei Frauen mindestens zweimal so häufig wie bei Männern. Die Symptome einer Depression sind zahlreich (siehe untenstehende Liste), und praktisch jede Person durchlebt zu irgendeiner Zeit das eine oder andere davon. Von einer Depression im klinischen Sinne spricht man jedoch erst, wenn die Symptome sehr lange anhalten oder so schwer sind, daß ein normales Leben für Monate oder gar Jahre nicht möglich ist.

Die Ärzte unterscheiden häufig zwischen einer sogenannten *reaktiven* Depression (oder auch *exogene* Depression), die als eine natürliche Reaktion auf eine bestimmte Situation oder ein bestimmtes Ereignis (wie z.B. den Tod einer geliebten Person) beginnt, dann jedoch länger als normal anhält und heftiger abläuft, als die auslösende Situation normalerweise erwarten läßt, und einer *endogenen* Depresssion, die keinen erfragbaren Grund in den Lebensumständen etc. der betroffenen Person erkennen läßt. Außerdem gibt es eine Unterscheidung zwischen *neurotischer* und *psychotischer* Depression, wobei erstere häufig der reaktiven und die psychotische eher der endogenen Depression entspricht. Manche sind der Ansicht, daß der Unterschied zwischen neurotischer und psychotischer Depression durch den Schweregrad bestimmt wird, wobei eine Person mit psychotischer Depression praktisch lebensunfähig und mit größerer Wahrscheinlichkeit selbstmordgefährdet ist als jemand mit einer neurotischen Depression. Andere wieder glauben, daß bei einer psychotischen oder endogenen Depression organisch-biologische Faktoren bei der Entstehung mitwirken, während dies bei der reaktiven oder neurotischen Depression weniger oder gar nicht der Fall sein soll.

Die Tatsache, daß endogene Depressionen besser auf Medikamente und (in seltenen Fällen) Elektroschocktherapie ansprechen als mildere Depressionen (siehe → Antidepressiva), unterstützt die Theorie, daß endogene Depressionen eine organische Basis haben. Manche Forschungsergebnisse legen nahe, daß bestimmte Individuen aufgrund ihrer genetischen Ausstattung für eine Depression anfälliger sind als andere. Andere Studien deuten darauf hin, daß bei Personen mit Depressionen zuviel oder zuwenig von bestimmten chemischen Substanzen im Gehirn vorhanden sein kann, die wiederum die Aktivität der Neurotransmitter beeinflussen. (Neurotransmitter sind Stoffe im Gehirn, die für die Informationsübertragung im Nervensystem verantwortlich sind.) Eine Depression tritt überzufällig häufig zusammen mit bestimmten anderen physischen Erkrankungen auf: z.B. kommt bei einem → Pfeiffer'schen Drüsenfieber oder einer infektiösen → Hepatitis oft eine milde Depression vor, während man für die → Arteriosklerose ein überzufälliges gemeinsames Auftreten mit einer eher schwereren Depression beobachtet hat. Darüber hinaus wurde von manchen Forschern ein Zusammenhang zwischen einer Depression und der Einnahme von → oralen Kontrazeptiva postuliert.

Bezüglich all dieser organischen Hypothesen gibt es noch keinen abschließenden Beweis. Bestimmte soziale und emotionale Aspekte der Depression sind jedoch schon gut erforscht. Aus diesem Grund werden Depressionen weiterhin sowohl mit Psychotherapie — z.B. mit Psychoanalyse oder Verhaltenstherapien — als auch mit Medikamenten behandelt, wobei die jeweilige Erfolgsrate sehr unterschiedlich ist. Viele Feministinnen behaupten, daß eine Depression zumindest teilweise eine normale Antwort von Frauen auf die unterdrückenden und sexistischen Tendenzen unserer Gesellschaft ist. Aus diesem Grund befürworten sie eine Behandlung, bei der die Frau lernt, durch eine Stärkung ihres Selbstbewußtseins besser in der Gesellschaft zurechtzukommen. Siehe auch unter → Feministische Therapie.

Eine Sonderform der Depression ist die *postpartale Depression,* d.h. eine Depression, die von vielen Frauen drei oder vier Tage nach der Geburt ihres Kindes erfahren wird. Diese Depression ist typischerweise durch Gefühle der Angst oder Sorge darüber gekennzeichnet, nicht in der Lage zu sein, richtig für das Baby zu sorgen, als auch durch eine allgemeine Erschöpfung nach den Anstrengungen der Entbindung. Weil die postpartale Depression so häufig ist, glauben viele Fachleute, daß sie durch physische Veränderungen im Körper, insbesondere durch den ausgeprägten Abfall des Östrogenspiegels nach der Geburt und die deutliche Verringerung des gesamten Blutvolumens verursacht wird. Im allgemeinen dauern die depressiven Gefühle zwischen einem Tag und einer Woche. Wenn sie darüber hinaus anhalten oder so schwer sind, daß sich die Frau von der Familie abkehrt, sollte man professionelle Hilfe in Anspruch nehmen. Oft ist jedoch auch die Kontaktaufnahme mit einer Selbsthilfegruppe aus „frischgebackenen Elternpaaren" ausreichend.

Einige wenige Frauen — ungefähr eine von 600 — leiden nach der Geburt an einer besonders schweren (jedoch ebenfalls vorübergehenden) Form der Depression. Sie tritt in der Regel plötzlich innerhalb von zwei Wochen nach der Entbindung auf und hält ungefähr drei Monate an. Hierbei gehen die Symptome über ein bloßes Traurigkeitsgefühl oder Rückzugstendenzen von der Umwelt hinaus und bestehen unter anderem in Verwirrtheitszuständen, Sprachschwierigkeiten, Halluzinationen und gelegentlich auch in schweren psychotischen Episoden: Manche Frauen werden euphorisch und hyperaktiv; andere werden völlig unfähig zur Pflege ihres Babys und bitten bei den einfachsten Dingen um Hilfe und Mitarbeit. Eine Studie zeigte, daß die meisten Frauen mit einer solchen schweren postpartalen Depression besonders hohe Blutspiegel an → Östrogen und niedrige an → Progesteron aufweisen sowie andere Abnormalitäten in den Hormonspiegeln, was auf ein hormonelles Ungleichgewicht im Körperhaushalt als Grund für die Depression hinweisen könnte. Therapeutisch können Beratungsgespräche, Medikamente und eventuell eine stationäre Aufnahme angezeigt sein, je nachdem, wie schwer die Depression ausgeprägt ist. Siehe auch unter → Manisch-depressive Erkrankung.

Symptome bei einer Depression*

- Traurigkeit
- Unfähigkeit, sich an oder über irgendetwas zu freuen
- Deutliche Änderung des Appetits mit Gewichtszu- oder abnahme
- Verstopfung
- Schlafstörungen, ständiges Schlafen oder Schlaflosigkeit (vor allem frühmorgendliches Erwachen)
- Energieverlust, Müdigkeit, Lethargie
- Ruhelosigkeit, Agitation (Erregtheit)
- Verlangsamung der Sprache, der Bewegungen und des Denkens
- Gebeugte Körperhaltung, trauriger Gesichtsausdruck
- Libidoverlust
- Interesselosigkeit
- Gefühle der Wertlosigkeit, Selbstanklagen, Schuldgefühle
- Verminderte Denk- und Konzentrationsfähigkeit
- Vergeßlichkeit
- Unentschlossenheit, Entscheidungsschwierigkeiten
- Vermindertes Selbstwertgefühl
- Gefühle der Hilflosigkeit, Angstgefühle und -zustände
- Pessimismus, Gefühle der Hoffnungslosigkeit
- Gedanken an den Tod, Selbstmordgedanken, Selbstmordversuche
- Ich-Bezogenheit, Klagen über körperliche Symptome

* Kein Symptom macht für sich allein eine Depression im klinischen Sinne aus, aber das anhaltende Vorhandensein von sechs oder mehr dieser Symptome zugleich kann auf eine Depression hinweisen.

Descensus uteri Siehe → Gebärmuttersenkung

Diabetes mellitus Auch kurz *Diabetes, Zuckerkrankheit*. Eine Erkrankung, die durch die Unfähigkeit entweder der → Bauchspeicheldrüse gekennzeichnet ist, genügend wirksames Insulin bereitzustellen, oder der Körperzellen, das Insulin aufzunehmen und es damit wirken zu lassen. Insulin ist ein Hormon, das überschüssigen Zucker aus dem Blut entfernt und in der Leber speichert. Beim Diabetes steigen die Blutzuckerwerte über das normale Maß an, was seinerseits wiederum zu vielen verschiedenen Problemen und Symptomen führt. Die Hauptkennzeichen eines Diabetes sind ein hoher Zuckerspiegel im Blut (*Hyperglykämie*) und im Urin (*Glukosurie*). Weil der Zucker im Urin Wasser bindet, steigt die Urinmenge an, und der Patient muß häufig Wasser lassen. Außerdem leidet er unter vermehrtem Durst, Hunger und Gewichtsverlust. Andere Symptome sind eine erhöhte Anfälligkeit für → Pilzerkrankungen und andere entzündliche Krankheiten, vor allem der Haut. Die Ursache des Diabetes ist nicht bekannt, obwohl ein Zusammenhang zwischen seinem Auftreten und bestimmten anderen Faktoren wie Alter, Übergewicht, Virusinfektionen mit möglicherweise anschließender Autoimmunreaktion des Körpers gegen die Bauchspeicheldrüse (siehe → Autoimmunerkrankungen) und genetischen Faktoren zu bestehen scheint. Eine Heilung ist nicht möglich, jedoch kann man die Blutzuckerspiegel mit Diät und/oder Tabletten oder Insulinspritzen unter Kontrolle halten. Ein auf Dauer erhöhter Zuckerspiegel im Blut kann zu ernsthaften Langzeitkomplikationen führen, vor allem im Kreislaufsystem, wo es in schweren Fällen zu Geschwüren an Füßen und Beinen mit anschließender Notwendigkeit der Amputation und am Auge zu Blindheit kommen kann. Andere Komplikationen sind Nierenerkrankungen und Erkrankungen des Nervensystems.

Man unterscheidet grundsätzlich zwischen zwei verschiedenen Formen des Diabetes. Die eine Form beginnt in der Regel in der Kindheit, oft im Anschluß an einen viralen Infekt, und geht mit einem völligen Versiegen der Insulinproduktion in der Bauchspeicheldrüse einher, weswegen eine lebenslange Therapie mit Insulin notwendig ist. Diese Form führt, auch weil sie schon so früh beginnt, häufiger zu ernsten Komplikationen. Sie wird *jugendlicher Diabetes* oder *Typ I-Diabetes* genannt. Die andere Form, der *Alters-Diabetes* oder *Typ II-Diabetes*, beginnt in der Regel erst im höheren Alter und ist bei Frauen etwas häufiger als bei Männern. Der Typ II-Diabetes ist 10- bis 20mal häufiger als der Typ I-Diabetes. Die meisten Betroffenen sind übergewichtig. Weil er — im Gegensatz zum Typ I-Diabetes — oft über lange Zeit keine merklichen Symptome verursacht, wissen viele Patienten nichts von ihrer Erkrankung. Der Typ II-Diabetes muß nicht unbedingt mit Insulin behandelt werden. Oft genügt eine strikte Diät mit Gewichtsreduktion und genügend körperlicher Betätigung. Nur wenn diese Maßnahmen erfolglos bleiben, kann man zusätzlich zunächst mit Tabletten und dann auch mit Insulinspritzen versuchen, den Blutzuckerspiegel zu senken.

Es gibt noch weitere Formen des Diabetes: Ein *sekundärer* Diabetes ist ein Diabetes, der aufgrund einer anderen Grunderkrankung entsteht, z.B. bei einer chronischen Entzündung der Bauchspeicheldrüse mit Zerstörung der insulinbildenden Zellen. Eine wieder andere Form des Diabetes tritt zuerst während der Schwangerschaft auf und bildet sich in vielen Fällen (jedoch nicht immer) nach der Entbindung wieder zurück. Manche Fachleute glauben, daß in diesen Fällen eine Schwangerschaft lediglich zur „Demaskierung" eines schon bestehenden Diabetes geführt hat, während andere sie als eine besondere Form des Diabetes betrachten, die sie als *Schwangerschaftsdiabetes* bezeichnen. Da ein Diabetes in der Schwangerschaft ein beträchtliches Problem darstellt (siehe unten), werden Schwangere mit Diabetes normalerweise als → Risikoschwangerschaften angesehen.

Zuviel Insulin oder zu wenig Nahrungsaufnahme kann bei Diabetikern eine Unterzuckerreaktion bis hin zum Schock (*hypoglykämischer Schock*) auslösen, während zu wenig Insulin und damit ein zu hoher Blutzuckerspiegel zu einem *hyperglykämischen Schock* führen kann. Beide Komplikationen können lebensgefährlich sein. Deshalb sollten insbesondere insulinpflichtige Diabetiker in regelmäßigen Abständen mehrmals am Tag ihren Blutzucker messen, um eine der beiden oben beschriebenen Gefahrensituationen rechtzeitig erkennen und behandeln zu können. Bei beginnendem oder manifestem Unterzuckerzustand, der sich durch starkes Hungergefühl, Schweißausbrüche und allgemeine Unruhe ankündigt und bei Nichtbehandlung in Bewußtlosigkeit mit Krampfanfällen übergehen kann, reicht oft das Essen eines Zuckerwürfels. Eine andere Möglichkeit ist das Spritzen von Glukagon, dem Gegenspieler des Insulins. Bei zu hohem Zucker muß Insulin nachgespritzt werden. Das Gleichgewicht zwischen Insulin und Blutzucker ist sehr empfindlich, und immer wenn der Körper größere Veränderungen im Stoffwechsel oder Hormonsystem durchmacht, wie z.B. während der → Pubertät oder der Schwangerschaft, durchmacht, wird diese Balance gestört. Auch z.B. körperliche Anstrengung oder banale Infekte wirken sich auf dieses Gleichgewicht aus in dem Sinne, daß bei physischer Aktivität weniger Insulin zur Verarbeitung des Blutzuckers benötigt wird.

Aus noch unklaren Gründen neigen Babies von diabetischen Müttern dazu, zwar besonders groß, aber gleichzeitig für ihr Alter weniger weit entwickelt (reif) zu sein als Neugeborene nicht-diabetischer Mütter. Sie kommen häufiger zu früh auf die Welt (→ Frühgeburt) und sind nach der Geburt von gefährlichen Unterzuckerzuständen bedroht, die dadurch entstehen, daß nach der Geburt die hohe Blutzuckerzufuhr über das Blut der Mutter wegfällt und die aus diesem Grund erhöhte Insulinausschüttung des Kindes sich noch nicht auf den neuen Zustand umgestellt hat. Eine Schwangere mit Diabetes besitzt ein höheres Risiko, einen Bluthochdruck, eine → Präeklampsie und → Eklampsie sowie verschiedene Infektionen während der Schwangerschaft zu entwickeln. Die Übergröße des Kindes macht darüber hinaus oft auch die Entbindung schwieriger. Die Zahl der Totgeburten ist höher, ein → Hydramnion ist häufig, und auch Blutungen nach der Geburt stellen oft eine zusätzliche Gefahr dar. Wegen dieser Risiken ist es wichtig, schon am Beginn der Schwangerschaft genau zu klären, welcher Typ von Diabetes vorliegt und wie er am besten unter Kontrolle gehalten werden kann. Meistens wird man sich auch bei Diabetikerinnen, die im nicht schwangeren Zustand ohne Insulin auskommen, für eine Insulintherapie für die Dauer der Schwangerschaft entscheiden, weil damit die Kontrollle des Blutzuckers einfacher und schneller zu handhaben ist. Darüber hinaus sollte bei allen schwangeren Frauen regelmäßig und routinemäßig der Blutzucker bestimmt werden, um das Auftreten eines Schwangerschaftsdiabetes (siehe oben) rechtzeitig zu erkennen und gegebenenfalls mit Insulin zu behandeln. Eine gute und regelmäßige Betreuung während der Schwangerschaft ist für alle Diabetikerinnen von besonderer Bedeutung und notwendig, um vermeidbare Komplikationen zu verhindern. Obwohl durch eine solche gute Betreuung die diabetische Mutter in aller Regel die Schwangerschaft gut übersteht, sind die Aussichten für ihr Kind weniger günstig. Die perinatale Mortalität des Kindes, d.h. die kindlichen Todesfälle vor, während oder direkt nach der Geburt wird auf 10 bis 15% geschätzt, und die Kinder, die überleben, tragen oft eine mehr oder weniger starke Behinderung davon.

Besonders im letzten Drittel der Schwangerschaft ist eine gute Überwachung notwendig. Früher bestanden die Ärzte darauf, daß alle Schwangeren mit Diabetes in der 38. Schwangerschaftswoche einen → Kaiserschnitt bekamen. Heute verhält man sich abwartender. Frauen mit einem Schwangerschaftsdiabetes können in der Regel auf normalem Wege am Termin entbinden. Wenn jedoch während der Geburt Probleme auftreten, wird man sich eher schnell für einen Kaiserschnitt entscheiden.

Nach der Entbindung muß die Insulindosis der Mutter unter ständiger Kontrolle drastisch gesenkt werden, um den neuen Bedürfnissen gerecht zu werden. Manche Ärzte vertreten die Ansicht, daß sich Diabetikerinnen, die schon mehrere Kinder haben und außerdem unter Kreislauf- und Nierenproblemen leiden, einer → Sterilisation unterziehen sollten, um die Gefahren einer erneuten Schwangerschaft zu vermeiden.

Diät Siehe unter → Adipositas, → Ernährung und → Gewicht

Diäthylstilbesterol Abkürzung *DES.* Eine hormonähnliche Substanz, die vor allem in den USA als Ersatz für Östrogenhormone in der Behandlung eines drohenden → Aborts zur Erhaltung der Schwangerschaft eingesetzt wurde. Später fand DES auch als Postkoitalpille Verwendung. Nachdem es rund 25 Jahre im Gebrauch gewesen war, stellte man bei den Töchtern der einst während der Schwangerschaft mit DES behandelten Mütter vermehrt Anomalien im Genitaltrakt auf wie z.B. eine → Adenosis vagninae, aus denen sich gehäuft → Adenokarzinome der Scheide und des Gebärmutterhalses entwickelten. Auch bei männlichen Nachkommen der mit DES behandelten Schwangeren wurden genitale Auffälligkeiten entdeckt, vor allem unterentwickelte Penisse und Zysten in den Nebenhoden. Aus diesem Grund empfiehlt man heutzutage den weitgehenden Verzicht auf dieses Medikament auch in Form von Salben, Cremes und ähnlichem. Eine Ausnahme hiervon bildet die Behandlung des Prostata-Karzinoms beim Mann, bei dem DES nach wie vor zum Einsatz kommen kann.

Diagnose Die Erkennung und Benennung einer Krankheit. Die Diagnose beruht auf einer Vielzahl von Maßnahmen, die von der einfachen Krankenbeobachtung durch ein geschultes Auge bis hin zu komplizierten Untersuchungen mit verschiedensten Geräten reicht. Die Gesamtheit der Maßnahmen und Schritte, die unternommen werden, um die Diagnose zu stellen, wird *Diagnostik* genannt. Besondere Bedeutung hat dabei die sorgfältig erhobene *Anamnese* (Krankengeschichte) sowie die gründliche *körperliche Untersuchung*. Nach diesen beiden Schritten wird in der Regel eine *Verdachtsdiagnose* aufgestellt, d.h. aufgrund der vom Patienten aus Anamnese und körperlicher Untersuchung gewonnenen Informationen äußert der Arzt eine Vermutung darüber, welche Krankheit in diesem speziellen Fall vorliegen könnte. Kommen mehrere Krankheiten in Frage, spricht man von *Differentialdiagnosen* zur Verdachtsdiagnose. In Abhängigkeit von der Verdachtsdiagnose wählt der Arzt dann aus der Vielzahl der zur Verfügung stehenden weiteren diagnostischen Maßnahmen diejenigen aus, die am eheseten dazu geeignet sind, seine Verdachtsdiagnose zu bestätigen oder auszuschließen, um damit letzlich zur endgültigen Diagnose zu kommen. Beispiele für solche Maßnahmen sind Laboranalysen von Blut-, Urin-, Samen-, Nervenwasser-, Sputum- oder Stuhlproben, das Elektriokardiogramm (EKG) zur Aufzeichnung der Erregungsleitung im Herzen sowie andere elektrophysiologische Untersuchungen verschiedenster Körperfunktionen, Röntgenuntersuchungen verschiedenster Art (z.B. → Computertomographie, → Kernspintomographie u.a.) und endoskopische Untersuchungen, bei denen man mit Hilfe von optischen Geräten das Innere mancher Organe untersuchen kann (z.B. den Magen mit der Gastroskopie oder die Bauchhöhle mit der → Laparaskopie). Siehe auch unter → Gynäkologische Untersuchung.

Diaphanoskopie Die Durchleuchtung von Körperteilen mit einer starken Lichtquelle, dem sogenannten *Diaphanoskop*, um zwischen einer flüssigkeitsgefüllten oder einer soliden Gewebsvermehrung zu unterscheiden. In ersterem Fall scheint das Licht durch, in zweiterem wird es vom Gewebe absorbiert. Die Diaphanoskopie findet vor allem Einsatz in der Urologie als Durchleuchtung des Hodensackes zur Unterscheidung zwischen einem Hodentumor und einer → Hydrozele. Nicht mehr so gebräuchlich ist sie in der

Gynäkologie zur Unterscheidung zwischen einer soliden Gewebsvermehrung in der Brust oder einer Zyste, d.h. einem flüssigkeitsgefülltem Gewebe.

Diaphragma 1. Anatomische Bezeichnung für das *Zwerchfell*, d.h. den Muskel, der die Thoraxhöhle (Brustkorbhöhle) von der Bauchhöhle trennt. 2. Kurz für → Scheidendiaphragma.

Diarrhoe Medizinische Bezeichnung für *Durchfall.* Dünnflüssiger, reichlicher Stuhl, der mit einer erhöhten Frequenz, nämlich bis zu 20mal am Tag und öfter abgesetzt wird. Fast immer liegt die Ursache für eine Diarrhoe in einer Erkrankung des Magen-Darm-Traktes. Grundsätzlich kann man zwischen einer Diarrhoe unterscheiden, die dadurch zustande kommt, daß die mit der Nahrung zugeführten Bestandteile nicht resorbiert, d.h. aus dem Darm nicht in das Blut aufgenommen werden, und solchen Durchfallerkrankungen, bei denen die Nahrung zwar resorbiert, aber von der Darmschleimhaut vermehrt Wasser in den Darm abgegeben wird. Zur ersteren Gruppe gehören z.B. die weichen und großvolumigen Stühle bei einer Unterfunktion der → Bauchspeicheldrüse, bei der die Enzyme fehlen, um die Nahrung aufzuspalten und zu resorbieren. Zu der zweiten Gruppe gehören unter anderem entzündliche Darmerkrankungen z.B. durch Salmonellen oder anderen Bakterien, Viren oder Parasiten.

Vor der Behandlung einer Diarrhoe ist es notwendig, die Ursache für den Durchfall herauszufinden. Dazu werden Stuhlproben entnommen und je nach Art des Durchfalls weitere Untersuchungen durchgeführt, wie z.B. eine Spiegelung des Darms mittels der sogenannten *Coloskopie.* Die Therapie richtet sich nach der gefundenen Ursache: Infektionen werden z.B. mit Antibiotika, eine mangelnde Enzymproduktion durch die Gabe von Enzymen behandelt. In vielen Fällen findet man keine Ursache für den Durchfall. Hier kann man sich durch die Verabreichung von „stopfenden Substanzen", z.B. von Kohle (Immodium®), behelfen. Ein weiterer häufiger Grund für Durchfälle ist das sogenannte *Colon irritabile* oder zu deutsch *Reizdarm.* Bei diesem Krankheitsbild liegt keine organische, sondern eine funktionelle Störung vor, d.h. das besonders sensibel reagierende Nervensystem dieser Patienten reagiert schon auf kleinste Anspannungen mit einer Überaktivität des Darmes, wie sie jeder zum Beispiel als Ausdruck von Lampenfieber oder Prüfungsangst kennt. Im Vordergrund der Behandlung einer solchen Störung steht daher die psychische Betreuung der meist weiblichen Erkrankten.

Eine weitere häufige Ursache für Durchfälle ist die Einnahme von Medikamenten, von denen manche als Nebenwirkung zu Diarrhoen führen können. Dies gilt vor allem für im Übermaß eingenommene Abführmittel.

Dick-Read-Methode Siehe → Entbindung nach *Read*

Diuretika Auch *Wassertabletten.* Medikamente, die an den Nieren eine erhöhte Salz- und Wasserausscheidung in den Urin bewirken, wodurch der Flüssigkeitsgehalt im Körper verringert wird. Diuretika werden zur Behandlung von Erkrankungen des Herzens, des Kreislaufsystems, der Nieren oder der Leber eingesetzt, die mit einer vermehrten Zurückhaltung von Flüssigkeit im Körper einhergehen. Diese vermehrte Flüssigkeit äußert sich in sogenannten → Ödemen, d.h. Wasseransammlungen an verschiedenen Stellen des Körpers, z.B. in den Beinen. Diuretika werden auch allein oder zusammen mit anderen Medikamenten zur Therapie eines → Bluthochdruckes verwendet. Es gibt verschiedene Substanzen mit diuretischer Wirkung, die sich sowohl in ihrer Wirksamkeitsstärke als auch in ihren möglichen Nebenwirkungen unterscheiden. Zu den mittelstark wirksamen Diuretika gehören die Benzothiadiazin-Derivate (z.B. Esidirix®), die vor allem bei der Herzinsuffizienz und bei Bluthochdruck eingesetzt werden. Die wichtigsten Nebenwirkungen sind eine Verschlechterung des Zuckerstoffwechsels mit der Möglichkeit des Manifestwerdens eines → Diabetes mellitus und die Erhöhung des Kaliumspiegels im Blut. Die zweite Gruppe besteht aus den stark wirksamen sogenannten „Schleifen-Diuretika" (z.B. Lasix®) — so genannt, weil sie an der *Henleschen Schleife*, einem bestimmten Abschnitt im Leitungssystem der Niere, wirken. Sie kommen vor allem in der Akuttherapie eines Lungenödems oder bei Nierenversagen zum Einsatz und sind für eine Dauertherapie mit Diuretika weniger geeignet. Die sogenannten kaliumsparenden Diuretika (z.B. Moduretik®) und die Aldosteron-Antagonisten (z.B. Aldactone®) sind weitere Substanzgruppen, die eher schwach diuretisch wirken und in der Bluthochdrucktherapie oder auch bei Leberversagen eingesetzt werden. Anders als bei den ersteren Gruppen bewirken sie nicht eine Abnahme, sondern eine Erhöhung des Kaliumspiegels im Blut, weshalb regelmäßige Blutkontrollen des Kaliumspiegels bei jeglicher Diuretikatherapie notwendig sind, um Komplikationen zu vermeiden.

DNS Siehe unter → Nukleinsäuren

Döderlein-Bazillen Auch *Laktobazillen*. Stäbchenförmige Bakterien, die in der Scheidenschleimhaut leben und aus Zucker Milchsäure bilden. Durch diesen Abbau des Zuckers, der ein guter Nährboden für Pilze und Bakterien ist, helfen die Döderlein-Bazillen bei der Bekämpfung von → Pilzinfektionen und anderen Infektionen mit. Eine Therapie mit → Antibiotika zur Behandlung von bakteriellen Infektionen führt oft auch zur Abtötung der Döderlein-Bazillen, wodurch ihre schützende Wirkung wegfällt und Pilzinfektionen leichter entstehen können.

Douglas-Abszeß Eine Eiteransammlung im → Douglas-Raum, die ihren Ausgang von einer → Appendizitis, einer Eileiterentzündung oder anderen Entzündungen im Bauchraum nimmt. Ein solcher Abzseß ist schmerzhaft, insbesondere bei Bewegungen der Scheide durch Geschlechtsverkehr oder eine vaginale Untersuchung durch den Arzt. Zur Therapie führt man eine → Douglaspunktion durch, wodurch der Eiter nach außen abgelassen wird und gleichzeitig der verursachende Keimerreger bestimmt und gegebenenfalls mit → Antibiotika behandelt werden kann.

Douglaspunktion Die Entnahme von Flüssigkeit aus dem → Douglas-Raum durch Punktion von der Scheide aus. Diese Punktion wird manchmal bei Verdacht auf eine geplatzte → Extrauteringravidität durchgeführt, d.h. eine Schwangerschaft außerhalb der Gebärmutter meist im Eileiter, bei der das Wachstum des Embryos zum Zerreißen des Eileiters geführt hat. In einem solchen Fall ist die punktierte Flüssigkeit blutig. Heutzutage ist diese Methode zugunsten der → Sonographie und der → Laparoskopie weitgehend verlassen worden. Ein anderer Grund für eine Douglaspunktion ist der → Douglas-Abszeß, in welchem Fall die Punktion neben der Diagnostik auch gleich die Therapie darstellt.

Douglas-Raum Auch *Excavatio rectouterina*. Die nach unten blind endende, mit Bauchfell ausgekleidete Höhle zwischen dem unteren, hinteren Teil der Scheide und dem Enddarm.

Down-Syndrom Auch *Trisomie 21, Mongolismus*. Eine → angeborene Krankheit, die in der Regel durch das Vorhandensein eines überzähligen → Chromosoms verursacht wird. Das Down-Syndrom führt bei den betroffenen Kindern zu geistiger Behinderung verschiedenen Ausmaßes, Wachstumsstörungen und zu sehr charakteristischen Körpermerkmalen wie einer kleinen flachen Nase, schräg stehenden Augen (daher der ältere Name Mongolismus), tiefsitzenden Ohren und einem fast immer offen stehendem Mund mit vermehrter Speichelbildung.

In etwa 95% der Fälle eines Down-Syndroms sind es Störungen in der Entwicklung der Geschlechtszellen (meistens in der mütterlichen Eizelle, selten auch in den väterlichen Spermien), die zur Weitergabe eines überzähligen Chromosoms an das Kind führen, so daß der Embryo also insgesamt 24 statt normalerweise 23 Chromosomen von einem Elternteil (meist der Mutter) erhält. Zusammen mit den 23 Chromosomen des anderen Elternteils hat das Kind 47 Chromosomen in jeder Körperzelle, also eines mehr als normal. Bei den meisten Kindern mit Down-Syndrom ist es das Chromosom 21, das dreifach (und nicht wie normal zweifach) vorhanden ist, weshalb die Erkrankung auch Trisomie 21 genannt wird. In ungefähr 5% der Fälle liegt der Grund für das Down-Syndrom in einer sogenannten *Translokationstrisomie*, d.h. einem genetischen Defekt, bei dem entweder der Vater oder die Mutter ein verändertes Chromosom hat, das dann an das Kind weitergegeben wird. Die eigentliche Chromosomenanzahl ist dabei mit 46 normal. Diese Form des Down-Syndroms ist erblich und kann mit Hilfe eines Karyogramms (siehe → Chromosomenanalyse) entdeckt werden.

Man geht davon aus, daß das Down-Syndrom der häufigste Grund für eine geistige Behinderung ist. Es tritt bei ungefähr einem pro 600 lebendgeborenen Säuglingen auf und ist für fast drei Zehntel aller Fälle mit schwerer geistiger Behinderung in der westlichen Welt verantwortlich. Viele Kinder mit Down-Syndrom leiden außerdem noch an ernsthaften Herzerkrankungen, und bis vor kurzem starben die meisten noch vor dem Erwachsenenalter. Diejenigen, die überlebten, wurden oft in Heime gegeben. Heute hat man erkannt, daß Down-Syndrom-Kinder sich im Ausmaß ihrer geistigen Behinderung unterscheiden und daß viele bei einer entsprechend guten Betreuung während der Kindheit im Erwachsenenalter ein mehr oder weniger selbständiges Leben führen können. Frühe Lernprogramme, mit denen so bald wie möglich nach der Geburt begonnen werden sollte, können erwiesenermaßen die späteren Möglichkeiten und Fähigkeiten eines Kindes mit Down-Syndrom entscheidend verbessern.

Die Ursache des Down-Syndroms, d.h. warum es zur Zellteilungsstörung bei einem Elternteil kommt, ist nicht bekannt. Weil jedoch die Häufigkeit der Trisomie 21 mit zunehmendem Alter der Mutter steigt (siehe Tabelle 1), vermutet man, daß das Altern in irgendeiner Form die Eizellenentwicklung stört. Eine Heilung, etwa in Form von Medikamenten, gibt es nicht. Es ist jedoch möglich, das überzählige Chromosom beim Kind noch vor der Geburt mit Hilfe der → Amniozentese oder der → Chorionbiopsie zu entdecken, so daß Frauen, die ein Kind mit Down-Syndrom nicht gebären wollen, die Möglichkeit zum → Schwangerschaftsabbruch haben. Siehe auch → Gebärfähiges Alter.

Tab. 1: Alter der Mutter und Auftretenshäufigkeit des Down-Syndroms

Alter der Mutter	*Häufigkeit pro Anzahl Neugeborener*
Unter 20	1 von 2500
20–29	1 von 1500
30–34	1 von 850
35–39	1 von 280
40–44	1 von 100
Über 44	1 von 40

Drogenmißbrauch während der Schwangerschaft Der Mißbrauch von Drogen während einer Schwangerschaft birgt einige Gefahren für das Kind, da diese Substanzen (z.B. Kokain, LSD, Marihuana, Mescalin, PCP, Amphetamine) über die Plazenta (Mutterkuchen) in den kindlichen Blutkreislauf gelangen und damit auch beim Kind zur Drogenabhängigkeit führen. Nach der Geburt, wenn die Versorgung des Neugeborenen mit dem jeweiligen Suchtmittel unterbrochen wird, können zum Teil lebensbedrohliche Entzugserscheinungen beim Kind auftreten. Darüber hinaus kommt es bei drogenabhängigen Schwangeren vermehrt zu → Aborten (Fehlgeburten), → Früh- oder → Mangelgeburten. Zusätzliche Schwierigkeiten sowohl für den Schwangerschaftsverlauf und -ausgang als auch für die spätere Entwicklung des Kindes ergeben sich oft aus den ungünstigen sozialen und auch psychischen Lebensumständen der drogenabhängigen Schwangeren und Mutter. Die Betreuung einer schwanger gewordenen Drogenabhängigen ist von daher besonders wichtig und stellt hohe Anforderungen an die betreuenden Personen und Ärzte, die möglichst über diesbezügliche Erfahrungen verfügen sollten. (Solche speziellen Betreuungsstellen können der Adressenliste im Anhang dieses Buches entnommen werden.) Eine akute Entzugsbehandlung der Schwangeren stellt eine Gefährdung für das ungeborene Kind dar und sollte deshalb während der Schwangerschaft unterlassen werden. Bei entsprechend ungünstigen Verhältnissen kann sowohl im Interesse des Kindes als auch der Mutter ein → Schwangerschaftsabbruch erwogen werden. Auf jeden Fall ist bei allen drogenabhängigen Frauen eine möglichst sichere → Empfängnisverhütung anzustreben.

Drohender Abort Siehe → Abort, Def. 1

Drüse Auch *Glandula*. Organe, die Wirkstoffe mit einer bestimmten chemischen Zusammensetzung und bestimmten Funktionen im Körper bilden und diese über einen Drüsenausführungsgang nach außen abgeben (sogenannte → *exokrine* Drüsen) oder als → Hormone direkt an das Blutgefäßsystem weiterleiten (sogenannte → *endokrine* Drüsen). Beispiele für exokrine Drüsen sind die Mund- und Bauchspeicheldrüsen, die Verdauungsenzyme in den Mund beziehungsweise Darm abgeben. Endokrine Drüsen sind beispielsweise die → Schilddrüse, die → Nebennieren, die → Hypophyse (Hirnanhangsdrüse) und auch die Eierstöcke (→ Ovar), die alle bestimmte Hormone bilden und an das Blut abgeben. Als Drüsen werden laiensprachlich auch oft die → Lymphknoten bezeichnet.

Drüsenfieber, Pfeiffer'sches Siehe → Pfeiffer'sches Drüsenfieber

Durchbruchblutungen Vaginale Blutungen, die auftreten, wenn die Hormonspiegel von → Östrogen oder → Progesteron nicht ausreichen, um die zuvor aufgebaute Gebärmutterschleimhaut zu erhalten (→ Menstruationszyklus). Meist liegt gleichzeitig ein anovulatorischer Zyklus vor, d.h. es findet kein Eisprung statt. Durchbruchblutungen treten unregelmäßig und unabhängig vom Menstruationszyklus auf, sind ihrem Charakter nach also → Metrorrhagien und werden den → dysfunktionellen Blutungen zugeordnet, da sie durch ein hormonelles Ungleichgewicht verursacht werden. Ist die Blutung nur gering, spricht man auch von einer *Schmierblutung* oder bei noch geringeren Mengen von einer *Spurblutung*. Zu einer Durchbruchblutung kann es sowohl bei nicht ausreichenden Spiegeln *endogener*, d.h. im Körper gebildeter, als auch *exogener*, d.h. von außen zugeführter Hormone kommen. Darüber hinaus unterscheidet man zwischen einer *Östrogen*durchbruchblutung und einer *Progesteron*durchbruchblutung. Eine Östrogendurchbruchblutung entsteht, wenn eine Östrogenbehandlung mit gleichbleibender Dosis über längere Zeit durchgeführt wird. Sie kann durch eine Erhöhung der Östrogendosis wieder gestillt werden. Nach einiger Zeit wiederholen sich jedoch diese Blutungen, falls die Dosis nicht in gewissen Abständen weiter erhöht wird. Das gleiche passiert, wenn bei fehlendem Eisprung die endogene Östrogenproduktion konstant bleibt. Anscheinend entwickelt sich ein Mißverhältnis zwischen dem steigenden Östrogenbedarf der ständig wachsenden Gebärmutterschleimhaut und der zur Verfügung stehenden Östrogenmenge. Östrogendurchbruchblutungen treten typischerweise bei der → Endometriumhyperplasie oder bei Gabe von → oralen Kontrazeptiva auf. Analog dazu kommt es zu Progesterondurchbruchblutungen, wenn bei einer Gestagentherapie das Progesteron über längere Zeit oder in zu niedriger Dosis gegeben wird (exogene Durchbruchblutung) oder wenn der Gelbkörper (→ Corpus luteum) nicht genügend Progesteron bildet wie z.B. bei einer Corpus-luteum-Insuffizienz. Hier hilft die Gabe von Progesteron, um die Blutung zu stillen und den Zyklus zu stabilisieren. Eine endogene Progesterondurchbruchblutung geht nicht notwendigerweise mit einem fehlenden Eisprung einher.

Durchfall Siehe → Diarrhoe

Dysfunktionelle Blutungen Anomalien der Regelblutung, die durch eine Störung in der Funktion der Eierstöcke (Bildung des → Graaf'schen Follikels, → Ovulation [Eisprung], Bildung des → Corpus luteum [Gelbkörper]) verursacht sind und gehäuft in den Jahren nach der → Menarche und vor der → Menopause auftreten sowie nach einer Schwangerschaft, wenn hormonelle Umstellungen im Körper stattfinden. Auch psychische Faktoren, wie z.B die Angst vor dem Erwachsenwerden, können über eine Störung des hormonellen Gleichgewichtes zu dysfunktionellen Blutungen führen oder beitragen. Dysfunktionelle Blutungen können sich durch eine Änderung in der Häufigkeit, der Dauer und/oder der Stärke der Regelblutung bemerkbar machen und werden dementsprechend in verschiedene Blutungstypen eingeteilt, die jeweils verschiedene Ursachen haben und unterschiedliche Therapien erfordern (siehe dazu die Abb. 3 und unter den jeweiligen Stichwörtern). In jedem Fall einer vaginalen Blutung (siehe unter → Blutung, vaginale) muß jedoch eine Blutung aus organischer Ursache, d.h. eine nicht-dysfunktionelle Blutung (z.B. aufgrund eines → Myoms oder eines → Zervixpolyps) ausgeschlossen werden, bevor man von einer dysfunktionellen Blutung ausgeht. Siehe auch unter → Durchbruchblutung, → Anovulatorische Blutung sowie → Endometriumhyperplasie.

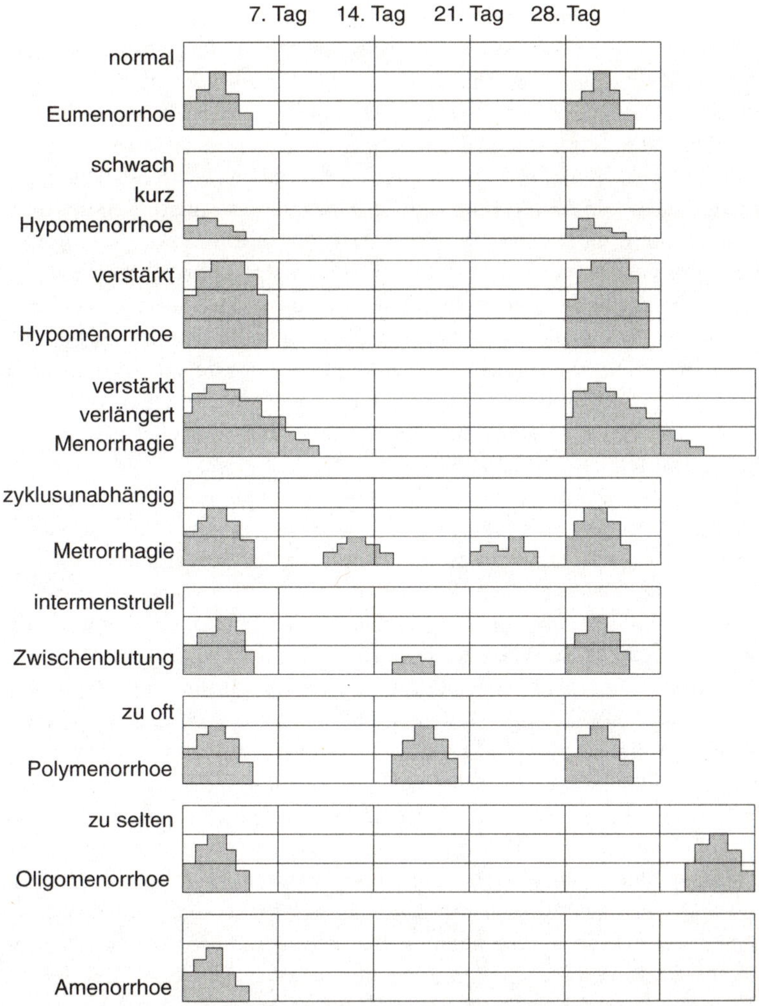

Abb. 3: Schematische Darstellung verschiedener Blutungstypen. Die dunkel markierten Flächen zeigen die Dauer (je breiter, desto länger) und die Stärke (je höher, desto stärker) der Blutung an.

Dysmenorrhoe Auch *Menstruationsbeschwerden* oder *Periodenschmerzen*. Krampfartige, ziehende oder dumpfe, drückende Schmerzen im Unterbauch, die am ersten Tag der Regelblutung oder schon einige Stunden zuvor auftreten und für ein bis zwei Tage, manchmal auch während der gesamten Menstruation anhalten. Normalerweise betreffen die Schmerzen lediglich den Unterbauch- und Genitalbereich, manchmal werden sie jedoch auch im Kreuz, an den Innenseiten der Oberschenkel und/oder im ganzen Beckenbereich empfunden. Bei manchen Frauen kommt es neben den Schmerzen auch noch zu Übelkeit, Erbrechen, Benommenheitsgefühlen und Ohnmachtsanfällen. Menstruationsbeschwerden treten – wenn überhaupt – in der Regel nur bei Regelblutungen auf, denen ein Eisprung vorausgegangen ist, und nicht bei → anovulatorischen Blutungen. Man vermutet, daß das Ausstoßen der Gebärmutterschleimhaut nach einem Eisprung mit stärkeren Gebärmutterkontraktionen einhergeht, was zusammen mit einer Engerstellung der Blutgefäße in der Gebärmutterwand und der damit einhergehenden mangelnden Blutversorgung zu den Krämpfen führt. Ursache für die gesteigerte Kontraktionsbereitschaft der Gebärmuttermuskulatur wiederum ist das Hormon → *Prostaglandin*, das während der Menstruation vermehrt von der Gebärmutterschleimhaut freigesetzt wird. Gewöhnlich tendieren Menstruationsbeschwerden dazu, nach dem 30. Lebensjahr an Intensität abzunehmen. Es gibt Frauen, die nie oder fast nie Schmerzen bei der Regelblutung haben und nicht einmal vorübergehend von der Menstruation beeinträchtigt werden, wohingegen andere jeden Monat bis zur → Menopause unter ihnen leiden. Bei etwa 5% der Frauen sind die Beschwerden so stark, daß Bettruhe nötig wird und ihr Leben dadurch deutlich beeinträchtigt ist.

Je nachdem, ob die Dysmenorrhoe bald nach der → Menarche einsetzt oder erst in späteren Jahren auftritt und sich eventuell im Laufe der Zeit auch noch verstärkt, unterscheidet man eine *primäre* Dysmenorrhoe (bald nach der Menarche) von einer *sekundären* Dysmenorrhoe. Beide Formen können unterschiedliche Ursachen haben, jedoch stehen bei der primären Dysmenorrhoe psychische und bei der sekundären organische Faktoren im Vordergrund. So wie jede organische Erkrankung den Menschen in seiner gesamten Persönlichkeit betrifft und nicht ohne Einfluß auf die seelische Situation des Betroffenen bleiben kann, können sich auch andersherum seelische Probleme, Sorgen und Ängste in körperlichen Symptomen äußern, unter Umständen, ohne daß man den zugrundeliegenden psychischen Prozeß bewußt wahrnimmt. So kann sich z.B. die Angst vor dem Erwachsensein und der damit verbundenen reifen, weiblichen Rolle in Familie und Gesellschaft in einer Dysmenorrhoe äußern, d.h. in Schmerzen bei der Menstruation, einem Prozeß, der als spezifisch weiblich und erwachsen gilt. In diesem Fall ist die Dysmenorrhoe als eine Art Protesthaltung und als Ausdruck des Bedürfnisses, noch länger Kind bleiben zu dürfen, zu verstehen. Mit zunehmendem Alter und Hineinwachsen in die weibliche Rolle verlieren sich die Beschwerden in der Regel. Bei der psychisch verursachten sekundären Dysmenorrhoe, d.h. Menstruationsschmerzen erst in späteren Jahren nach einer Zeit ohne Periodenschmerzen, stehen dagegen eher aktuelle Konflikte im Vordergrund wie z.B. ein unerfüllter Kinderwunsch, bei dem jede erneute Menstruation als Ausdruck des „Versagens" und vergeblicher Hoffnung empfunden wird, oder Konflikte mit dem Partner und/oder im Sexualleben der betroffenen Frau.

An organischen Ursachen kommen bei der primären Dysmenorrhoe vor allem Fehlbildungen und Lageveränderungen der Gebärmutter und bei der sekundären Dysmenorrhoe andere organische Erkrankungen wie z.B. die → Endometriose, die → Adenomyosis uteri, → Myome, Ovarialzysten (→ Zyste, Def. 2) oder auch die Spirale (→ Intrauterinpessar) in Betracht. Die sorgfältige Anamnese durch den Arzt ist dabei wichtig, um zu entscheiden, ob bei einer Frau mit einer Dysmenorrhoe eher psychische oder organische Faktoren eine Rolle spielen und inwieweit weitere diagnostische Maßnahmen angeschlossen werden sollten, um eine organische Ursache auszuschließen.

Die Therapie richtet sich nach der Ursache der Periodenschmerzen. Bei der primären Dysmenorrhoe, die meist keine organische Ursache hat, kann man entweder mit Hilfe von Ovulationshemmern (siehe unter → orale Kontrazeptiva) den Eisprung und damit in der Folge auch die Schmerzen unterdrücken, oder man kann durch bestimmte Medikamente wie z.B. Ammuno®, Brufen®, Proxen® u.a. die Bildung von Prostaglandinen in der Gebärmutterschleimhaut hemmen, was ebenfalls zusammen mit dem gleichzeitigen schmerzlindernden Effekt dieser Medikamente zu einer Linderung oder vollständigen Unterdrückung der Periodenkrämpfe führt.

Seit jeher verwenden Frauen darüber hinaus eine Reihe von verschiedenen Methoden zur Bekämpfung der Menstruationsbeschwerden. Wärme kann z.B. die Krämpfe lösen, und oft verspürt man eine Erleichterung der Schmerzen, wenn man ein warmes Bad nimmt oder sich eine Wärmflasche oder Wärmekissen auf den Unterbauch legt. Bei manchen Frauen entkrampft sich die Gebärmuskulatur durch ein starkes alkoholisches Getränk, wieder andere finden einen heißen Tee oder einen Aufguß aus bestimmten Pflanzen (siehe unten) hilfreich. Das tiefe Durchatmen und das Massieren des Rückens, wie sie bei bestimmten Formen der Geburtsvorbereitung verwenden werden, können ebenso helfen wie bestimmte Yogaübungen (z.B. „Kobra“, „Brücke“ u.a.). Es ist nicht notwendig, normale körperliche Anstregungen zu vermeiden, manche Frauen finden im Gegenteil Joggen oder Tennisspielen hilfreich. Auch ein Orgasmus verschafft Erleichterung der Schmerzen, wahrscheinlich durch die erhöhte Blutzufuhr im Beckenbereich.

Eine gute Ernährung ist wichtig. So kann manchen Frauen durch eine ausgewogene Calcium- und Magnesiumgabe (500 mg Calcium und 250 mg Magnesium) in der Woche vor der Periode geholfen werden. Vitamin A, C und D werden für eine gute Calciumaufnahme gebraucht. Eine ballaststoffreiche Ernährung (d.h. reich an ganzen Körnern, rohem Obst und Gemüse) kann mit ihrem natürlichen abführenden Effekt eine Verstopfung verhindern, die oft mit einer Dysmenorrhoe und auch dem → prämenstruellen Syndrom verbunden ist.

Zu den pflanzlichen Mitteln, die bei Menstruationsschmerzen wirksam sind, gehören: ein Aufguß aus Himbeerblättern (*Rubus idaeus*) allein oder zusammen mit Fünffingerkraut (*Potentilla reptans*) für milde Krämpfe und Kapseln aus Wasser-Schneeball (*Viburnum opulus*), eingenommen mit rotem Himbeertee (siehe oben) für mäßig schmerzhafte Krämpfe. Darüber hinaus werden Aufgüsse aus Zitronenmelisse (*Melissa officinalis*), Kamille (*Matricaria chamomilla* oder *Anthemis nobilis*), Beifuß (*Artemisia vulagris*) oder Herzgespann (*Leonurus cardiaca*) verwendet. Siehe auch unter → Pflanzenheilkunde. Bei offensichtlichem Mitspielen von psychischen Faktoren ist außerdem eine psychotherapeutische Unterstützung sinnvoll. In den Fällen, in denen die Regelschmerzen durch organische Krankheiten verursacht werden, wird man versuchen, diese Krankheiten selbst zu therapieren.

Dyspareunie Schmerzen beim vaginalen Geschlechtsverkehr. Schmerzen in der Scheide selbst können durch eine lokale Störung wie z.B. die Irritation der Scheidenschleimhaut durch → spermizide Vaginalcreme, ein vaginales Deodorant oder durch das Gummimaterials eines → Scheidendiaphragmas oder → Kondoms entstehen und können sich noch zusätzlich verstärken, wenn der Penis durch seine Bewegungen an der Schleimhaut der Vagina reibt. Auch gleichzeitig bestehende Entzündungen der Scheidenschleimhaut durch Bakterien oder Pilze können die Schmerzen verschlimmern. Bei einer Frau mit bisher wenig sexueller Erfahrung kann das Eindringen des Penis in die Vagina unangenehm sein, entweder weil das Jungfernhäutchen noch nicht genügend gedehnt ist, aus Angst oder Anspannung oder, am häufigsten, durch mangelnde sexuelle Erregung bei zu kurzem oder ungenügendem Vorspiel, was zu einer mangelnden Bildung von Scheidenflüssigkeit und damit zu Schmerzen bei der Penetration führt. Gelegentlich reicht auch ein langes Vorspiel mit viel sexueller Stimulation nicht aus, um für genügend Feuchtigkeit der Scheidenwände zu sorgen. Dies ist besonders häufig nach der → Menopause (siehe unter → vaginale Atrophie), während des Stillens, direkt im Anschluß an eine Regelblutung und nach einer → Strahlentherapie wegen einer Krebserkrankung im Bekkenbereich. In diesen Fällen hilft oft die Verwendung von wasserlöslichen Vaginalzäpfchen, -cremes oder -schaum, von spermiziden Vaginalcremes, wie man sie auch zur Empfängnisverhütung benutzt, oder von angefeuchteten Kondomen. Manchmal reicht auch schon die Benetzung des Penis mit etwas Speichel. Schmerzen, die von Verkrampfungen der Scheidenmuskeln herrühren, können oft durch eine Therapie behoben werden, bei der die Frau lernt, bestimmte Muskeln zu entspannen (siehe unter → Vaginismus). Wenn der Schmerz tief im Becken empfunden wird, können die Ursachen z.B. eine → pelvine Entzündung, eine → Endometriose, Tumore oder Zysten der Eierstöcke sein, die durch entsprechende diagnostische Maßnahmen gesichert und dann behandelt werden müssen. Manchmal kommt es nur dann zu Schmerzen beim Geschlechtsverkehr, wenn der Penis den Muttermund berührt. Das kann nur durch eine weniger tiefe Penetration, z.B. indem das Paar seine Position ändert, vermieden werden. In all den Fällen, in denen keine organische Ursache gefunden wird und die Schmerzen am ehesten von psychischen Konflikten wie z.B. der Angst vor Schwangerschaft oder vor einem „Versagen“ herrühren, kann eine psychotherapeutische Beratung der betroffenen Frau oder besser des Paares sinnvoll sein. Oft reicht auch schon die Aufklärung oder die Vermittlung von mehr Information über sexuelle Fragen und über Verhütungsmethoden, damit sich eventuelle Ängste und damit die Anspannung lösen und ein befriedigender Geschlechtsverkehr ohne Schmerzen möglich wird.

Dysplasie Siehe unter → Cervikale intraepitheliale Neoplasie

Dystokie Medizinischer Sammelbegriff für einen gestörten Geburtsverlauf. Er ist in der Regel Folge von drei Faktoren, die entweder allein oder, öfter, in Kombination auftreten: → Lageanomalien des Kindes, Anomalien des → Geburtskanals oder andere mechanische Hindernisse bei der Geburtspassage des Kindes und Störungen in der Funktion der Gebärmuttermuskulatur während der Geburt (→ Geburtsverzögerung).

Dysurie Schmerzen beim Wasserlassen, in der Regel als Folge einer Blasenentzündung (siehe unter → Zystitis) oder einer Nierenbeckenentzündung (→ Pyelonephritis).

EEG Abkürzung für *Elektroenzephalographie*. Eine Methode zur Aufzeichnung von Hirnstromwellen. Dazu werden viele kleine Elektroden auf die Kopfhaut geklebt, mit deren Hilfe die Hirnströme abgeleitet und nach Verstärkung mit einem Tintenschreiber aufgezeichnet werden. Die so entstehende Kurve wird *Elektroenzephalogramm* genannt. Die Untersuchung ist schmerzlos, hat keine Nebenwirkungen und dauert etwa eine halbe Stunde. Das EEG ist von besonderer Bedeutung bei der Diagnose von epileptischen Krampfanfällen. Hier zeigen sich typischerweise sogenannte Krampfpotentiale im EEG. Aber auch bei anderen Erkrankungen des Gehirns oder auch unter bestimmten Medikamenten ist das EEG verändert und kann zur Diagnosestellung beziehungsweise zur Verlaufskontrolle beitragen.

Eierstock Siehe → Ovar

Eihäute Die die Wand der → Fruchtblase bildenden Hautschichten. Die Eihäute bestehen aus zwei Schichten, die die heranwachsende Frucht als geschlossener, doppelwandiger Sack umgeben. Die äußere Schicht, das sogenannte → *Chorion*, bildet an der Seite, die der Gebärmutterwand zugewandt ist, im weiteren Verlauf den Mutterkuchen, die sogenannte → Plazenta, aus und ist damit für den Austausch von Nährstoffen zwischen Mutter und Fetus verantwortlich. Die innere Schicht der Eihäute, das sogenannte

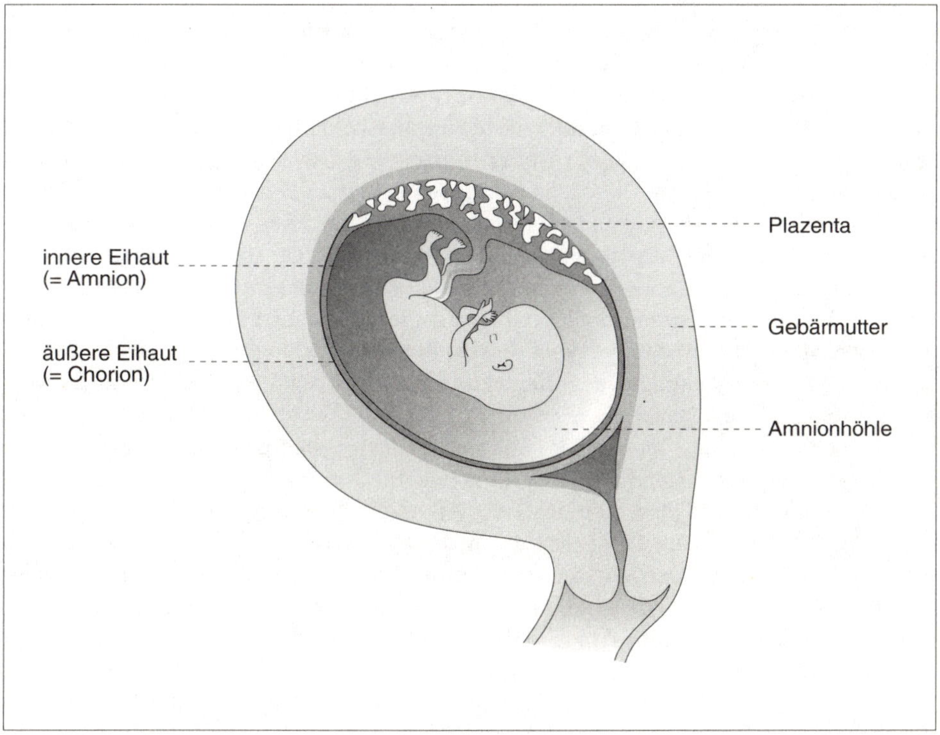

Abb. 4: Schematische Darstellung des Fetus mit Eihäuten und Plazenta in der Gebärmutter

Amnion, kleidet die Fruchthöhle tapetenartig aus und erfüllt abdichtende Funktionen. Die durch die Eihäute gebildete Höhle, *Frucht-* oder *Amnionhöhle* genannt, ist mit einer klaren Flüssigkeit, dem → Fruchtwasser, gefüllt, wodurch eine Art Blase entsteht, in der der Fetus schwimmt.

Im Verlauf der → Geburt, in der Regel gegen Ende der Eröffnungsperiode oder früh in der Austreibungsperiode, reißen durch den Druck der Wehen die Eihäute ein, und das Fruchtwasser läuft nach außen durch die Scheide ab. Dieser Vorgang wird → Blasensprung genannt. In seltenen Fällen bleiben die Eihäute intakt und umgeben das Kind, bis es geboren ist. Dabei wird der Teil der Eihäute, der dann den Kopf des Kindes bedeckt, manchmal auch als *Glückshaube* bezeichnet. Die Durchtrennung der Eihäute mit Instrumenten oder den Fingern vor Einsetzen der Wehen oder in einer frühen Geburtsphase ist eine der Methoden, eine Geburt in Gang zu setzen oder zu beschleunigen (siehe unter → Blasensprengung).

Eileiter Auch *Tuba uterina Fallopii, Tube*. Ein Paar dünner Röhren, die von beiden Seiten des oberen Teiles der Gebärmutter (→ Uterus) in die Nähe der Eierstöcke (→ Ovar) reichen und dem Eitransport dienen. Jeder Eileiter ist etwa 10 bis 12,5 cm lang. Ein Eileiter mit dem dazugehörigen Eierstock wird auch als *Adnexe* bezeichnet. Nahe an der Gebärmutter und im mittleren Abschnitt sind die Eileiter dünn mit einem äußeren Durchmesser von der Größe eines Strohhalmes und einem inneren Durchmesser von der Größe eines Haares, bevor sie sich am offenen Ende zum Eierstock hin trompetenartig aufweiten. Dieses Ende ist innen mit *Fimbrien* ausgekleidet, kleinen fingerartigen Fortsätzen der Schleimhaut, die ständig in Bewegung sind. Durch ihre Bewegungen wird das Ei nach dem Eisprung (→ Ovulation) von der Oberfläche der Eierstockes in die Tube hineingezogen. Dann kontrahieren sich die Muskeln in der Wand des Eileiters und transportieren die Eizelle dadurch weiter in Richtung Gebärmutter. Dieser Transport wird zusätzlich von den wellenartigen Bewegungen kleiner Härchen auf der Oberfläche der Tubeninnenwand, den sogenannten *Cilien*, unterstützt. Die → Befruchtung (d.h. die Vereinigung von Eizelle und Samenzelle) findet in der Regel statt, wenn das Ei ungefähr ein Drittel des Weges zur Gebärmutter zurückgelegt hat, wozu es ungefähr 24 Stunden von Beginn des Eisprunges an braucht. Länger ist die Eizelle (ohne Befruchtung) nicht lebensfähig. Unabhängig davon, ob eine Befruchtung stattfand oder nicht, wird es durch die Muskelbewegungen des Eileiters weiter bis in die Gebärmutter transportiert, was vier bis fünf Tage dauert.

Die Hauptfunktionen der Eileiter sind die Schaffung einer günstigen Umgebung für Eizelle und Samenzelle und der Transport von Eizellen in den Uterus. Gelegentlich kommt es zu Störungen dieses Transportes (z.B. durch Narbengewebe nach Entzündungen), und das befruchtete Ei nistet sich in der Eileiterwand ein und beginnt dort zu wachsen. Dann handelt es sich um die gefährliche Situation einer → Extrauteringravidität oder Eileiterschwangerschaft. Ohne die normale Funktion der Eileiter kann eine Empfängnis nicht stattfinden. Manche Frauen sind unfruchtbar, weil ihre Eileiter durch Narbengewebe oder eine andere Störung verschlossen sind. Tatsächlich sind Vernarbungen der Eileiter die häufigste Einzelursache für eine Unfruchtbarkeit bei jungen Frauen. Zu diesen Vernarbungen kann es durch Entzündungen, eine durchgebrochene Blinddarmentzündung (→ Appendizitis), gynäkologische Operationen (einschließlich eines → Kaiserschnittes) oder postoperative Entzündungen, eine → Endometriose, eine

Extrauteringravidität, Darmoperationen oder durch Infektionen nach der Geburt kommen. Glücklicherweise kann mit Hilfe der Mikrochirurgie und der Laserchirugie versucht werden, den Schaden zu beheben.

Frauen, die keine Kinder (mehr) haben möchten, können sich ihre Eileiter durchschneiden oder abbinden lassen, um eine Empfängnis zu verhindern (siehe → Tubensterilisation).

Die Hauptkrankheit der Eileiter ist die *Salpingitis*, d.h. die Entzündung der Eileiter, die durch eine → Gonorrhoe, andere Bakterien, im Rahmen einer Genitaltuberkulose, als Folge einer Fehlgeburt (→ Abort), einer Geburt oder bei Verwendung einer Spirale (→ Intrauterinpessar) entstehen kann. Ein Krebs der Eileiter ist selten, obwohl die Eileiter manchmal von Krebserkrankungen der Gebärmutter oder der Eierstöcke mitbetroffen sein können. In diesem Fall oder auch im Zusammenhang mit einer Extrauteringravidität oder einer → Hysterektomie kann die operative Entfernung eines oder beider Eileiter notwendig werden. Siehe auch unter → pelvine Entzündung, → Salpingektomie.

Eileiterentfernung Siehe → Salpingektomie

Eileiterentzündung Siehe unter → pelvine Entzündung

Eileiterschwangerschaft Siehe unter → Extrauteringravidität

Eineiige Zwillinge Siehe unter → Mehrlingsschwangerschaft

Einschneiden Siehe unter → Geburt

Einstellungsanomalie Eine Komplikation im normalen Geburtsablauf, bei der sich der kindliche Kopf im Verhältnis zum mütterlichen Becken nicht richtig einstellt. Man unterscheidet zwei Formen der Einstellungsanomalie: den *hohen Gradstand* und den *tiefen Querstand*. Beim hohen Gradstand steht der kindliche Kopf beim Eintritt in das mütterliche Becken nicht wie normal quer, sondern gerade, d.h. mit der Pfeilnaht nach vorne. Dies kann Zufall oder bereits Folge einer Beckenanomalie (z.B. langes Becken) sein. Der hohe Gradstand kann fortbestehen und macht dann eine Schnittentbindung notwendig oder kann durch Nachholen der Anpassung, also Drehung in den Beckeneingang hinein, zur Normalgeburt führen. Gelegentlich kann ein kleinerer Kopf den Geburtskanal vom Beckeneingang bis zum Beckenausgang im geraden Durchmesser passieren.

Beim tiefen Querstand ist die normale Drehung des Hinterhauptes nach vorne ausgeblieben. Stattdessen steht der Kopf auf dem Beckenboden quer. Es handelt sich somit um eine Beckenausgangskomplikation. In dieser Position kann der Kopf nicht geboren werden. Durch Seitlagerung der Mutter kann man versuchen, die notwendige Drehung des Kopfes herbeizuführen. Gelingt dies nicht, muß die Geburt operativ mittels Zange oder Saugglocke beendet werden. Bezüglich der normalen Kopfhaltung des Kindes während der Geburt siehe unter → Geburtsmechanismus.

Eisen Siehe unter → Anämie, → Ernährung

Eisprung Siehe unter → Ovulation

Eiter Auch *Pus*. Eine weiß-gelbliche, dickliche Flüssigkeit, die sich in infizierten Geweben bildet. Eiter besteht hauptsächlich aus abgestorbenen Gewebszellen sowie weißen Blutkörperchen und enthält häufig auch die Bakterien, die die Infektion verursacht haben.

Eizelle Auch *Ovum* (Plural *Ova*). Das lateinische Wort für „Ei", womit man sich in der Medizin auf die *Eizelle* bezieht, einer weiblichen Keimzelle aus den Eierstöcken (→ Ovar), die für die menschliche Fortpflanzung von entscheidender Bedeutung ist. Anders als die Spermien — den männlichen Fortpflanzungszellen, die erst nach der Pubertät in den Hoden gebildet werden — sind die Eizellen schon bei der Geburt eines Mädchens in großer Anzahl in den Eierstöcken vorhanden und müssen nach der Pubertät nur noch bis zum Eisprung ausreifen. Die menschliche Eizelle ist sehr klein, etwa 0,2 Millimeter groß, und wird im Eierstock von sogenannten → Follikeln umhüllt. Zum Zeitpunkt der Geburt liegen etwa 400.000 Eizellen in den Ovarien, zur Zeit der Pubertät, im 11. bis 12. Lebensjahr sind es nur noch etwa 75.000, und nach der Menopause sind alle Eizellen untergegangen. Im Laufe des Lebens reifen von diesen Eizellen etwa 380 zur vollständigen Reife aus, alle anderen gehen zugrunde. Trotz des Untergangs so vieler Eizellen sind im Prinzip zur Zeit der Geschlechtsreife immer mehr Eier da, als benötigt werden. Außerhalb des Eierstocks überlebt die Eizelle im Durchschnitt etwa 24 Stunden, bevor sie untergeht. Idealerweise sollte die → Befruchtung der Eizelle durch ein Spermium innerhalb von 12 Stunden nach dem Eisprung (→ Ovulation) stattfinden.

Ejaculatio praecox Auch *Vorzeitiger Samenerguß*. Bezeichnung für den Orgasmus und Samenerguß des Mannes zu einem unbefriedigend frühen Zeitpunkt, d.h. vor der vollen sexuellen Erregung der Partnerin. Der Begriff „vorzeitig" ist dabei recht ungenau, da das, was für die eine Partnerin zu früh sein mag, für die andere gerade rechtzeitig sein kann. Bei manchen Männern jedoch, insbesondere bei noch sehr jungen und sexuell unerfahrenen, tritt der Orgasmus innerhalb von ein bis zwei Minuten nach der → Erektion ein, was für die meisten Partnerinnen zu schnell sein dürfte. Der vorzeitige Samenerguß ist die häufigste → sexuelle Funktionsstörung beim Mann und stellt meist nur ein vorübergehendes Problem dar. Mit einer einfachen Methode, der sogenannten *Squeeze-Technik* (*to squeeze* engl. = drücken, pressen), die gewöhnlich von der Frau durchgeführt wird, kann man lernen, den Orgasmus zu verzögern. Dabei signalisiert der Mann der Partnerin, wenn er kurz vor dem Orgasmus ist, woraufhin sie den Penis in ihre Hand nimmt, und zwar so, daß der Daumen auf der Unterseite und der Zeige- und Mittelfinger auf der Oberseite der Eichel am kranzartigen Übergang zum Penisschaft liegen (siehe auch die Abbildung unter → Penis zum besseren Verständnis); dann preßt sie Daumen und Finger für einige Sekunden fest zusammen, wodurch das Bedürfnis nach einem Orgasmus verschwindet, die Erektion jedoch erhalten bleibt. Durch Praktizierung dieser Technik lernen die meisten Männer, die Ejakulation selbst zu kontrollieren. Auch die Verwendung eines → Kondoms kann den Orgasmus bei den Männern mit Ejaculatio praecox hinauszögern, die die Erfahrung gemacht haben, daß ein Kondom die außerordentliche Empfindlichkeit der Eichel ausreichend herabsetzt.

Ejaculatio retarda Auch *Verspäteter Samenerguß*. Die Unfähigkeit oder deutliche Verzögerung der Ejakulation des Mannes beim vaginalen Geschlechtsverkehr trotz lange fortgesetzter Beischlafbewegungen. Bei Paaren mit Kinderwunsch kann der verspätete Samenerguß Grund für eine → Unfruchtbarkeit sein. Der verspätete Samenerguß ist meist psychisch bedingt und kann mit einer → Sexualtherapie oder anderen Beratungsformen behoben werden.

Ejakulation Auch *Samenerguß*. Die Entleerung der → Samenflüssigkeit aus dem → Penis beim → Orgasmus des Mannes. Bei jeder Ejakulation werden ungefähr 2 bis 5 ml Flüssigkeit entleert. Die Flüssigkeit wird auch *Ejakulat* genannt. Bei einem Orgasmus vor der → Pubertät fehlt die Ejakulation ebenso wie bei einem Samenerguß in die Harnblase (→ Ejakulation, retrograde), wie er z.B. nach operativer Entfernung der Vorsteherdrüse vorkommt. Das Erleben des Orgasmus ist jedoch nicht vom gleichzeitigen Vorhandensein einer Ejakulation abhängig. Bezüglich des vorzeitigen bzw. verspäteten Samenergusses siehe unter → Ejaculatio praecox bzw. → Ejaculatio retarda.

Ejakulation, retrograde Ein Vorgang, bei dem die Samenflüssigkeit bei der Ejakulation rückwärts in die Blase läuft anstatt durch den Penis nach außen. Das kann passieren, wenn sich die Blasenausgangsmuskeln nicht wie normalerweise bei der Ejakulation verschließen und damit für das Ejakulat nur den Weg nach außen offen lassen. Die in die Harnblase gelangte Samenflüssigkeit wird später mit dem Urin entleert. Eine retrograde Ejakulation kann nach Operationen an der Prostata (Vorsteherdrüse) auftreten und kommt oft bei Diabetikern, Querschnittsgelähmten und Männern vor, die bestimmte blutdrucksenkende Medikamente einnehmen müssen. Sie ist nicht gefährlich, verringert oder vernichtet jedoch die Möglichkeit einer Schwangerschaft bei der Partnerin, da nur wenige oder gar keine → Spermien die → Vagina der Frau erreichen. Eine Therapie ist meist nicht möglich, in seltenen Fällen kann eine Operation weiterhelfen.

EKG Abkürzung für *Elektrokardiographie*. Die Aufzeichnung der bei der Herztätigkeit entstehenden elektrischen Vorgänge. Dazu werden Kunststoff- oder Gummielektroden in einer bestimmten Anordnung auf die Brustwand geklebt; die entstehende Ableitung wird auch *Brustwandableitung* genannt. Bei der *Extremitätenableitung* werden an beide Hände und Füße Elektroden angelegt. Normalerweise werden nacheinander sowohl eine Brustwand- als auch eine Extremitätenableitung durchgeführt. Die abgeleiteten Herzströme werden elektronisch verstärkt und mit einem Tintenschreiber aufgezeichnet. Die entstehenden Kurven werden auch als *Elektrokardiogramm* bezeichnet. Die Untersuchung ist schmerzlos und dauert wenige Minuten. Nebenwirkungen gibt es nicht. Das EKG ist eine der am häufigsten durchgeführten medizinischen Untersuchungen. Mit seiner Hilfe kann man bestimmte Erkrankungen des Herzens erkennen, z.B. einen Herzinfarkt oder Herzrhythmusstörungen, oder auch Störungen in der Lunge oder im Mineralhaushalt des Körpers. Auch Medikamente, insbesondere Digitalispräparate, die zur Behandlung einer Herzschwäche eingesetzt werden, führen zu einer Veränderung des EKGs.

Eklampsie Auch *Schwangerschaftsvergiftung, EPH-Gestose*. Eine akute, lebensgefährliche, schwangerschaftsbedingte Erkrankung, die nach der 24. Schwangerschaftswoche, während oder direkt nach der Geburt auftritt und unter anderem durch schwere cerebrale (epileptische) Krampfanfälle mit Bewußtlosigkeit und Koma gekennzeichnet ist. Der

Eklampsie geht fast immer die sogenannte → Präeklampsie mit ihren Warnsymptomen → Bluthochdruck und Proteinurie (= erhöhte Eiweißausscheidung im Urin) voraus, so daß bei einer konsequenten Behandlung der Präeklampsie die Eklampsie heute meistens verhindert werden kann. Die Eklampsie ist bei Erstgebärenden dreimal so häufig wie bei Frauen, die schon ein oder mehrere Kinder geboren haben, und kommt bei Mehrlingsschwangerschaften etwa viermal so häufig vor wie bei Einlingsschwangerschaften. Besonders gefährdet sind außerdem Übergewichtige, Diabetikerinnen und Schwangere mit früheren Nierenererkrankungen und/oder einem schon vor der Schwangerschaft bestehenden Bluthochdruck. Etwa die Hälfte aller Eklampsiefälle tritt vor der Geburt (fast immer im letzten Schwangerschaftsdrittel) auf, ein Viertel während der Geburt und ein Viertel nach der Entbindung (in der Regel in den ersten 24 Stunden danach).

Die Diagnose einer Eklampsie läßt sich anhand des Auftretens von cerebralen Krampfanfällen und des Komas leicht stellen. Ein Krampfanfall kann zu jeder Zeit auftreten, manchmal auch während des Schlafes, und wird von einem Koma unterschiedlicher Dauer gefolgt. Weitere Zeichen sind ein schneller Puls, erhöhter Blutdruck und erhöhte Körpertemperatur, das Auftreten von Eiweiß im Urin, lokale oder generalisierte → Ödeme (Flüssigkeitseinlagerungen) und eine Reflexsteigerung. Wenn die Eklampsie während oder nach der Geburt auftritt, kann es bei einem einzigen Krampfanfall bleiben. Häufiger wird jedoch der erste Krampfanfall von einem oder mehreren weiteren Anfällen gefolgt. Die Patientin kann zwischen den Krampfanfällen das Bewußtsein wiedererlangen, manchmal bleibt sie jedoch bewußtlos, bis der nächste Anfall kommt, und in sehr schweren Fällen kann sie sterben, bevor sie wieder erwacht. Wenn die Anfälle vor der Entbindung auftreten, setzen in der Regel bald die Wehen ein mit einem sehr schnellen Fortschreiten des Geburtsvorganges bis hin zur vollständigen Geburt, manchmal bevor überhaupt irgend jemand bemerkt, daß die Patientin Wehen hat. Wenn die Anfälle während der Geburt auftreten, werden die Wehen schnell häufiger und stärker, was die Dauer der Geburt verkürzt. Nach der Entbindung bessert sich der Zustand der Patientin gewöhnlich innerhalb eines Tages, und nur gelegentlich kommt es auch später noch (in der Regel zwischen dem zweiten und vierten Tag nach der Entbindung) zu potentiell lebensgefährlichen weiteren Krampfanfällen.

Genauso wie bei der Präeklampsie kennt man trotz großer Anstrengungen die Ursache der Eklampsie noch nicht. Die beste Behandlung besteht in der Verhinderung dieser Komplikation, indem man die zeitlich vorher auftretende Präeklampsie therapiert (siehe dort). Wenn es dennoch zu einer Eklampsie kommt, muß die Patientin sofort notfallmäßig ins Krankenhaus gebracht und dort auf der Intensivstation überwacht und behandelt werden. Im Anfall gibt man Valium® intravenös und zur Verhinderung von weiteren Anfällen Magnesiumsulfat. Außerdem muß der erhöhte Blutdruck gesenkt und die Urinausscheidung kontrolliert werden. In jedem Fall wird bei einer schweren Eklampsie die baldige Entbindung des Kindes angestrebt, wenn möglich erst nach Abklingen der Anfälle. Wenn diese jedoch nicht aufhören, muß auch ein eventuell noch unreifes Kind sofort entbunden werden, um die Lebensgefahr für die Mutter abzuwenden.

Die Risiken einer Eklampsie sind auch für das Kind groß: Viele Neugeborene leiden unter einem Sauerstoffmangel und unter den großen Mengen von Beruhigungsmitteln, die zur Therapie der Krampfanfälle bei der Mutter notwendig sind. Oft sind die Kinder noch unreif, und eine schnelle Entbindung kann zu Verletzungen führen. Hat eine Frau einmal eine Eklampsie gehabt, so ist die Wahrscheinlichkeit für eine Eklampsie bei einer weiteren Schwangerschaft erhöht. Darüber hinaus kann eine Eklampsie das Risiko für die spätere Entwicklung eines Bluthochdrucks erhöhen. Diese Faktoren sollten bedacht werden, wenn eine erneute Schwangerschaft in Betracht gezogen wird. In jedem Fall einer schweren Eklampsie sollte sich die Patientin etwa 6 bis 12 Wochen nach der Entbindung und der meistens damit verbundenen Genesung einer gründlichen Untersuchung unterziehen, um eventuelle Restschäden erfassen und behandeln zu können.

Ektopie Allgemeine Bezeichnung für die Verlagerung von Gewebe oder ganzen Organen entweder nach außen oder innerhalb des Körpers an eine nicht normale Stelle. Bei der *Ektopia cervicis* (lateinisch für Ektopie der → Zervix) wird Schleimhautgewebe aus dem Gebärmutterkanal nach außen auf die Zervixoberfläche verlagert, wo es dann bei der Untersuchung sichtbar ist. Normalerweise besteht die Oberfläche der Zervix aus mehreren Schichten mit flachen, glänzenden Zellen, die *Plattenepithel* genannt werden. Dagegen ist der Zervikalkanal mit Schleimhaut ausgekleidet, die aus einer Lage großer, zylindrischer, roter und samtartiger Zellen mit vielen dazwischen gelagerten Drüsenzellen besteht, die *Zylinderepithel* genannt wird. Die Grenze zwischen Zylinderepithel und Plattenepithel ist normalerweise nahe der Öffnung des Zervikalkanals. Bei der Ektopie reichen die Schleimhautzellen über diese Grenze hinaus und bedecken einen Teil der sonst mit Plattenepithel überzogenen Zervixoberfläche. Das häufigste Symptom einer solchen Ektopie ist ein deutlicher schleimiger Ausfluß aus der Vagina, der Folge der erhöhten Anzahl an Drüsenzellen auf der Zervixoberfläche ist. Werden ektopische Drüsenzellen mit der Zeit wieder von Plattenepithel überzogen, kann ihr Sekret nicht mehr abfließen, wodurch Zysten entstehen, die als gelbliche Gebilde die Oberfläche vorbukkeln und *Ovula Nabothi* genannt werden. Die Ektopia cervicis tritt am häufigsten dann auf, wenn die Östrogenspiegel im Körper hoch sind, wie z.B. während der Pubertät, der Schwangerschaft oder bei Verwendung von → oralen Kontrazeptiva. Ihre Bedeutung liegt unter anderem auch darin, daß diese an sich harmlose und physiologische Veränderung mit einer ernsthaften Gewebeveränderung verwechselt werden kann, die deshalb immer durch weitere Diagnostik (→ Papanicolaou-Abstrich, eventuell → Kolposkopie) ausgeschlossen werden sollte. Von den Ergebnissen dieser Diagnostik hängt auch die Therapie der Ektopie ab. Sind die Untersuchungsergebnisse unauffällig, die Ektopie nicht zu sehr ausgedehnt und bestehen keine Beschwerden, dann kann eine Ektopie unbehandelt bleiben. Bei Ausfluß oder gar Blutungsneigung wird man versuchen, das fremde Gewebe durch verschiedene lokale Maßnahmen zu zerstören, um damit das Wachstum des ursprünglichen Plattenepithels wieder anzuregen. Bezüglich der weiteren Diagnostik bei pathologischem Abstrichergebnis siehe unter → Papanicolaou-Abstrich und unter → Cervikale intraepitheliale Neoplasie.

Elektroenzephalographie Siehe → EEG

Elektrokardiographie Siehe → EKG

Elektromyographie Siehe → EMG

Embolie Der Verschluß einer Arterie durch einen *Embolus*, der aus einem Blutgerinnsel (*Thrombembolie*, siehe unter → Thrombus), einer Luftblase oder irgendeinem anderen Material bestehen kann, das mit dem Blutstrom von einer anderen Stelle des Körpers transportiert wurde. Eine Luftblase (*Luftembolie*) kann über eine intravenöse Infusion in den Blutkreislauf gelangen oder durch Druckänderungen wie beim Tiefseetauchen im Körper selbst entstehen. Zu einer *Fettembolie*, d.h. einer Embolie, bei der der Embolus aus einem oder mehreren Fetttröpfchen besteht, kann es manchmal nach Brüchen von sehr großen Knochen, wie beispielweise des Hüftknochens, kommen. Zu den gefährlichsten Embolieformen gehört die *Lungenembolie*, bei der ein Blutgerinnsel, das in der Regel aus einer der tiefen Bein- oder Beckenvenen stammt, eine Arterie verstopft, die das Lungengewebe versorgt. Je nach der Größe des daraufhin absterbenden Lungengewebes und dem allgemeinen Gesundheitszustand der betroffenen Person kann eine solche Lungenembolie fast unbemerkt verlaufen oder aber auch tödlich sein. Die Lungenembolie ist die Hauptkomplikation der → Thrombose, deren Behandlung deswegen vor allem in der Verhinderung einer Lungenembolie durch die Gabe von blutverdünnenden Medikamenten besteht. Eine *arterielle* Embolie entsteht, wenn Blutgerinnsel aus dem Herzen oder einer großen Arterie über die Blutgefäße zu den Beinarterien oder anderen Arterien im Körper transportiert werden. Wenn ein solcher arterieller Embolus z.B. die Blutzufuhr zu einem wichtigen Hirnareal unterbricht, kommt es zum Schlaganfall (siehe unter → Apoplex), bei Verstopfung einer Herzkranzarterie zum Herzinfarkt. Siehe auch unter → Arteriosklerose.

Embryo Bezeichnug der befruchteten Eizelle oder → Zygote vom Zeitpunkt der Implantation (Einnistung) in der Gebärmutter bis zum Abschluß des zweiten Monats nach der Befruchtung. In dieser Zeit findet (neben dem Wachstum des Embryos) die Organogenese statt, d.h. die einzelnen Organe (Herz, Lunge, Gehirn etc.) werden angelegt. Ab dem dritten Monat wird die Frucht → Fetus genannt. Der Begriff Embryo wird nicht immer ganz einheitlich gebraucht. So bezeichnen manche die Eizelle sofort nach ihrer Befruchtung als Embryo und nicht erst nach der Einnistung in die Gebärmutterschleimhaut, andere wählen erst ab der vierten Woche die Bezeichnung Embryo, wenn die eigentliche Organentwicklung beginnt.

Embryonentransfer Siehe unter → Künstliche Befruchtung

EMG Abkürzung für *Elektromyographie*. Eine Untersuchungsmethode, bei der die elektrischen Vorgänge im Muskel aufgezeichnet und beurteilt werden. Dazu sticht man mit einer winzigen Nadel, die über ein Kabel an einen Verstärker und einen Bildschirm angeschlossen ist, den zu untersuchenden Muskel an und leitet dadurch die im Muskel entstehenden Ströme sowohl in Ruhe als auch bei Anspannung des Muskels ab. Die Untersuchung ist ungefährlich, jedoch manchmal etwas schmerzhaft. Sie darf nicht durchgeführt werden, wenn der Patient gerinnungshemmende Medikamente (z.B. Marcumar®) einnimmt, weil dann die Blutungsgefahr zu groß ist. Mit Hilfe des EMGs kann man z.B. unterscheiden, ob eine Lähmung *neurogen*, d.h. durch eine Störung im Nervensystem bedingt ist, oder *myogen*, d.h. durch eine Störung im Muskel selbst verursacht ist. Ein EMG wird meist kombiniert mit einer Messung der *Nervenleitgeschwindigkeiten* (NLG). Hierzu werden über eine Elektrode bestimmte Nerven gereizt, und an einer anderen Stelle wird mit Hilfe einer angelegten Elektrode gemessen, wie lange der Strom von der Reizstelle bis zur Meßstelle braucht. Diese Untersuchung ist in der Regel nicht schmerzhaft und ist bei der Unterscheidung bestimmter neurologischer Erkrankungen von Bedeutung.

Emmenagogum Ein Medikament, ein pflanzlicher Stoff oder ein anderes chemisches Mittel, das zur Herbeiführung einer verspäteten Periode angewandt wird. Sehr starke Emmenagoga können auch zu Gebärmutterkontraktionen führen und damit im Falle einer Schwangerschaft zu einer Fehlgeburt (siehe auch → Abortiva). Zu einer verspäteten Periode kommt es jedoch oft auch bei nicht schwangeren Frauen durch Krankheit, schlechte Ernährung oder Streß. Um im Zweifelsfall über das Bestehen einer Schwangerschaft den Beginn der Periode zu beschleunigen, um prämenstruelle Beschwerden auszuschalten oder einfach aus Gründen der Bequemlichkeit haben Frauen seit jeher auf eine Reihe von hauptsächlich pflanzlichen Substanzen zurückgegriffen. Buchstäblich Dutzende von pflanzlichen Mitteln wurden zu diesem Zweck eingesetzt, darunter eine Teemischung aus Poleiminze (*Mentha pulegium,* nur die Blätter verwenden, da das Öl giftig ist!), Wein- oder Gartenraute (*Ruta graveolens*) und Schafgarbe (*Achillea millefolium*) oder eine Mischung aus Wanzenkraut (*Cimicifuga racemosa,* nicht bei Bluthochdruck!), Rainfarn (*Tanacetum vulagre*) und Herzgespann (*Leonurus cardiaca*).

Empfängnisverhütung Auch *Schwangerschaftsverhütung*. Zusammenfassender Begriff für eine Reihe von verschiedenen Mitteln, Methoden und Maßnahmen zur Verhinderung einer ungewollten Schwangerschaft.

Obwohl man bis ins späte 19. Jahrhundert hinein nur sehr wenig über das menschliche Fortpflanzungssystem wußte, ist die Kenntnis über schwangerschaftsverhütende Maßnahmen uralt und über alle Kulturkreise verbreitet. Bereits im pharaonischen Ägypten, später auch im römischen Kulturkreis, war das Verfahren bekannt, Tampons als Sperre gegen den Kontakt des Muttermundes mit der männlichen Samenflüssigkeit in die Scheide einzuführen. Zum Teil wurden diese Tampons in Honig aus Akazienblättern getränkt, was wegen der daraus entstehenden Milchsäure auch zumindest eingeschränkt eine verhütende Wirkung gehabt haben dürfte. Eine andere, bereits im Buch Genesis (Kap. 38, Vers 9) erwähnte Methode ist der → Koitus interruptus, der über Jahrhunderte hinweg die einzige verbreitete und einigermaßen wirksame Methode der Empfängnisverhütung geblieben ist. Während des Mittelalters galt in Europa uneingeschränkt die auf Augustinus zurückgehende Idee, nach der der Sexualakt nur der Kindeszeugung dienen soll und kein Selbstzweck zur Befriedigung sexueller Bedürfnisse sein darf. Bei der ungemein hohen Säuglingssterblichkeit und der allgemein niedrigen Lebenserwartung dürfte die Möglichkeit der Empfängnisverhütung bei den Menschen dieser Zeit auf relativ wenig Interesse gestoßen sein. Über die gesundheitlichen Folgen zahlreicher Schwangerschaften für die betroffenen Frauen machte man sich wohl aufgrund des damaligen Weltbildes und mangels medizinischer Kenntinisse ohnehin kaum Gedanken.

Im frühen 19. Jahrhundert zeichnete sich ein tiefgreifender Wandel ab. Durch Verbesserung der allgemeinen und auch medizinischen Technologie, den höheren Bildungsgrad weiter Kreise und den bereits damals unübersehbaren Bevölkerungsdruck wurden die Voraussetzungen für die Entwicklung neuartiger Verhütungsmittel geschaffen und der Anstoß gegeben, diese neuen Errungenschaften auch den Massen nahezubringen. Obwohl zahlreiche Kontrazeptiva hergestellt und propagiert wurden, und die Notwendigkeit, bessere Verfahren zu entwickeln, unübersehbar war, blieb das Thema Empfängnisverhütung jedoch bis in das 20. Jahrhundert hinein aus den medizinischen Hörsälen verbannt. In den USA wurde ein berüchtigtes Gesetz, das sogenannte Comstock-Gesetz, erlassen, nach dem die Information über Empfängnisverhütung als obszön anzusehen war und deshalb unter Strafe stand. Unter diesen Umständen muß es als eine besondere Pioniertat gelten, daß die Amerikanerin *Margaret Sanger* 1916 in New York die erste Beratungsstelle für Empfängnisverhütung eröffnete, die jedoch bald darauf von der Polizei wieder geschlossen wurde. Sie gründete mehrere Organisationen zur Informationsverbreitung und Beratung über Geburtenkontrolle und schwangerschaftsverhütende Maßnahmen. Aus dieser Bewegung heraus entstanden die noch heute arbeitenden Pro Familia-Beratungsstellen in ganz Deutschland.

Heutzutage steht eine Vielzahl von geprüften und mehr oder weniger sicheren Verhütungsmaßnahmen zur Verfügung. Die meisten Maßnahmen und Methoden betreffen dabei lediglich die Frau und ihren Körper, obwohl es auch einige wenige Verhütungsmittel und -maßnahmen gibt, die vom Mann eingesetzt werden können (siehe unter → Verhütungsmittel für den Mann). Alle Formen der Empfängnisverhütung haben Vor- und Nachteile, auch wenn ihre Nachteile zum Teil, wie z.B. bei → Natürlichen Methoden der Empfängnisverhütung, nur darin bestehen, daß das Risiko für eine Schwangerschaft noch ziemlich hoch ist.

Die einfachste Form der Empfängnisverhütung ist die sexuelle Enthaltsamkeit, entweder grundsätzlich (z.B. beim → Zölibat) oder vorübergehend während der fruchtbaren Tage im Menstruationszyklus der Frau (siehe unter → Natürliche Methoden der Empfängnisverhütung). Eine andere weit verbreitete Maßnahme ist der → Koitus interruptus, d.h. die Unterbrechung des Geschlechtsverkehrs kurz vor der → Ejakulation des Mannes. Empfängnisverhütend wirkt auch die Anwendung von chemischen Substanzen, die die Spermien in der Scheide abtöten sollen (siehe unter → Spermizide) und die Verwendung mechanischer Barrieren, die die Passage der Spermien von der Scheide durch den Muttermund in die Gebärmutter verhindern sollen. Zu dieser letzteren Gruppe gehören das → Kondom, die → Zervixkappe und das → Scheidendiaphragma. Eine weitere grundsätzliche Methode ist die Verhinderung der Einnistung einer befruchteten Eizelle in die Gebärmutterschleimhaut durch das Tragen einer Spirale (siehe → Intrauterinpessar) und die Unterdrückung des Eisprungs durch die Einnahme von ovulationshemmenden Hormonen (Prinzip der Anti-Baby-Pille, siehe → orale Kontrazeptiva). Maßnahmen zur endgültigen Empfängnisverhütung sind Operationen, bei denen die Eileiter bei der Frau oder die Samenstränge beim Mann unterbrochen werden (siehe unter → Sterilisation). Die drastischste Maßnahme schließlich, eine ungewollte Schwangerschaft abzuwenden, ist der → Schwangerschaftsabbruch.

Die Wirksamkeit, d.h. die Wahrscheinlichkeit, mit der eine ungewollte Schwangerschaft verhindert wird, ist bei den verschiedenen Methoden sehr unterschiedlich und kann der untenstehenden Tabelle entnommen werden.

Darüber hinaus unterscheiden sich die einzelnen Verhütungsmethoden auch in der Art und Häufigkeit ihrer Nebenwirkungen: Bei den mechanischen Methoden (Kondom, Zervixkappe, Scheidendiaphragma) kommt es so gut wie nie zu Nebenwirkungen, während orale Kontrazeptiva und Spirale zum Teil ganz erhebliche Nebenwirkungen verursachen können (siehe unter den einzelnen Stichwörtern).

Die meisten Verhütungsmittel enthält man nur per Rezept über einen Arzt. Ausgenommen hiervon sind die Spermizide (Cremes, Schaum oder Zäpfchen) sowie das Kondom.

Idealerweise sollte die Entscheidung für und die Auswahl einer Verhütungsmethode *vor* dem sexuellen Verkehr stattfinden, es sei denn natürlich, eine eventuelle Schwangerschaft ist nicht unerwünscht oder sogar gewollt. Vor dem ersten Einsatz eines Verhütungsmittels empfiehlt sich ein Besuch bei einem Frauenarzt, der eine gründliche körperliche Untersuchung, einen Abstrich aus der Scheide (→ Papanicolaou-Abstrich), Blut- und Urinuntersuchungen sowie eine Blutdruckmessung durchführt. Wird die Pille als Verhütungsmethode in Erwägung gezogen, werden unter Umständen noch weitere Tests notwendig. Wichtig bei dieser ersten Untersuchung ist auch und vor allem das Gespräch, in dem der Arzt sowohl bedeutsame Krankheiten oder Gewohnheiten (z.B. Probleme mit der Leber, Bluthochdruck, Rauchen) herauszufinden versucht als auch die Frau darüber informiert, welche empfängnisverhütenden Maßnahmen grundsätzlich zur Verfügung stehen und welche davon für sie persönlich am ehesten in Frage kommen. Nach der Wahl einer Methode wird man in der Regel einen weiteren Arztbesuch drei bis sechs Monate später anschließen, um sicherzustellen, daß die ausgewählte Methode zufriedenstellend ist.

Wirksamkeit einiger gebräuchlicher Verhütungsmethoden

Methode	*Wirksamkeit**
Hormonale Kontrazeption	
– Kombinationspräparate	99 bis 99,66%
– Minipille	96%
Intrauterinpessar	94 bis 99%
Scheidendiaphragma mit spermizider Creme	85 bis 97%
Zervixkappe mit spermizider Creme	85 bis 97%
Kondom	75 bis 93%
Spermizide Creme allein	60 bis 95%
Koitus interruptus	65 bis 90%
Vaginalspülung	50 bis 80%
Operative Sterilisation	99,5%
Hysterektomie (Gebärmutterentfernung)	100%

* ausgedrückt in %, d.h. der Wahrscheinlichkeit, mit der die betreffende Methode *nicht* zur Schwangerschaft führt. Falls keine Verhütungsmaßnahmen ergriffen werden, beträgt diese Wahrscheinlichkeit 20 bis 40%.

Endogene Depression Siehe → Depression und unter → Manisch-depressive Krankheit

endokrin Wörtlich „nach innen sezernierend", womit → Drüsen gemeint sind, die Hormone und andere chemische Substanzen, die für die Erhaltung der Körperfunktionen notwendig sind, direkt an die Blutgefäße abgeben und nicht über spezielle Ausführungsgänge (wie das bei manchen, dann *exokrin* genannten Drüsen der Fall ist). Die wichtigsten endokrinen Drüsen beim Menschen sind die → Bauchspeicheldrüse, die → Hypophyse (Hirnanhangsdrüse), die → Schilddrüse, die Nebenschilddrüsen, die → Nebennieren, der → Hypothalamus und die Gonaden (Keimdrüsen, d.h. → Ovarien und → Hoden) sowie die → Plazenta. Die endokrinen Drüsen mit ihren Sekreten, den Hormonen, stellen in ihrer Gesamtheit das endokrine System des Körpers dar, dessen Studium, die *Endokrinologie*, erst seit dem Beginn dieses Jahrhunderts betrieben wird. Die jeweiligen endokrinen Drüsen beeinflussen sich hinsichtlich ihrer Hormonproduktion und -abgabe und hinsichtlich ihrer Wirkungen auf die Körperfunktionen untereinander in großem Ausmaß. Im Endeffekt sind es diese komplexen Beziehungen untereinander, die für die Veränderungen der hormonellen Aktivität während des Lebens, von der Pubertät über Empfängnis, Schwangerschaft, Geburt bis hin zur Menopause verantwortlich sind. Siehe auch unter → Hormon.

Endometriose Das Auftreten von Gebärmutterschleimhaut (→ Endometrium) außerhalb der Gebärmutter an verschiedenen Stellen wie z.B. an den Eierstöcken, den Eileitern, an der Außen- und Rückseite der Gebärmutter, im kleinen Becken, im Raum zwischen Gebärmutter und Enddarm oder in seltenen Fällen an einer beliebigen anderen Stelle des Körpers. 75% aller Endometriosefälle treten im Alter zwischen 25 und 45 Jahren auf. Die Hauptsymptome sind Menstruationsstörungen, vor allem in Form von sehr schmerzhaften Regelblutungen (→ Dysmenorrhoe), die in Dauerschmerzen übergehen können, sowie bei manchen Frauen eine → Dyspareunie (Schmerzen beim Geschlechtsverkehr). Etwa ein Drittel der Patientinnen hat zwar keine Beschwerden, klagt jedoch über eine ungewollte Kinderlosigkeit (→ Unfruchtbarkeit).

Die Ursache der Endometriose ist nicht bekannt. Eine Theorie geht davon aus, daß aus nicht geklärten Gründen die bei jeder normalen Menstruation rückwärts in die Eileiter und durch deren Öffnung in die Bauchhöhle gelangenden Endometriumszellen sich an den oben beschriebenen Stellen niederlassen und zu wachsen beginnen. Inwieweit bei diesem Prozeß immunologische Faktoren beteiligt sind, ist noch ungeklärt.

Besser bekannt als ihre Ursache ist der Verlauf der Endometriose. Das endometriale Gewebe außerhalb der Gebärmutter antwortet in gleicher Weise wie das in der Gebärmutter auf die hormonellen Stimulationen während des → Menstruationszyklus. Das bedeutet, daß während der Menstruation, wenn die Gebärmutterschleimhaut, die in den Wochen zuvor langsam für eine eventuelle und dann nicht erfolgte Schwangerschaft aufgebaut worden ist, abgestoßen wird, auch das Schleimhautgewebe außerhalb der Gebärmutter unter Blutungen abstirbt. Das Blut sammelt sich in der Bauchhöhle, und es können sogenannte *Schokoladenzysten* (so genannt, weil sie mit altem, schokoladenfarbig aussehendem Blut gefüllt sind) entstehen.

Zunächst treten die Schmerzen in Form von schweren Krämpfen nur während der Menstruation auf. Mit der Zeit jedoch führt die chronische Gewebsentzündung zur Bildung von Verwachsungen und Narbengewebe, die die empfindlichen Fortpflanzungsorgane (Eierstöcke, Eileiter, Gebärmutter) ummauern. Während der Zeit des Aufbaus des Schleimhautgewebes werden diese Organe dann zusammengepreßt, und die Schmerzen können schon zwei Wochen und länger vor der Menstruation auftreten. Die Verwachsungen können so massiv sein, daß die Eileiter, Eierstöcke und der Uterus praktisch an ihrem Platz „festgefroren" werden. Springende Eizellen verfangen sich in Narbengewebsmassen, was zur Unfruchtbarkeit führt. Mit Fortschreiten der Erkrankung, können ältere Endometriumszellen absterben. An ihre Stelle tritt dann wiederum Narbengewebe.

Die Diagnose wird anhand der Anamnese, der → gynäkologischen Untersuchung, bei der man die verdickten und verhärteten Eileiter und Eierstöcke tasten kann, und in jedem Fall auch durch eine → Laparaskopie mit Biopsie zur feingeweblichen Untersuchung gestellt, die am besten im letzten Zyklusdrittel erfolgt, da dann die Endometrioseherde am besten zu erkennen sind.

Die frühzeitige Erkennung und Behandlung einer Endometriose kann Verwachsungen und Narben größeren Ausmaßes verhindern und stellt damit zugleich die beste Prophylaxe zur Verhütung einer Unfruchtbarkeit dar. Die Behandlung besteht in hormonellen und operativen Verfahren, die einzeln oder kombiniert angewendet werden können. Die hormonelle Behandlung entstand ausgehend von der Beobachtung, daß sich die Endometriose während einer Schwangerschaft bessern kann und nach der Menopause gewöhnlich ganz verschwindet. Deshalb verabreicht man heute Medikamente, die, ähnlich wie es nach der Menopause natürlicherweise der Fall ist, zu einer Unterdrückung der Hormone der Hirnanhangsdrüse und damit auch der Follikelreifung, des Eisprungs, der Schleimhautveränderungen und der Menstruationsblutung führen. Ein solches Medikament ist z.B. das synthetisch hergestellte männliche Hormon Danazol, das je nach Schweregrad der Erkrankung zwischen drei und neun Monate lang täglich eingenommen werden muß. Unter dieser Behandlung werden die Endometrioseherde kleiner und sterben zum Teil völlig ab. Jedoch können sie nach Beendigung der Therapie erneut aufflammen. Darüber hinaus hat Danazol Nebenwirkungen wie Gewichtszunahme, Akne, Haarwachstum, Tieferwerden der Stimmlage und Erhöhung des → Cholesterins im Blut. Eine neuere und stärker wirksame Behandlungsmethode ist die Einnahme von sogenannten GnRH-Agonisten (das heißt von Substanzen, die wie das Hormon LHRH wirken) z.B. als Nasenspray. Diese Substanzen rufen nur geringe Nebenwirkungen wie beispielsweise Hitzewallungen hervor.

Keine dieser Therapieformen führt immer zu einer vollständigen Heilung, sondern oft kommt es nur zu einer vorübergehenden Besserung. Diese kann auch durch eine Schwangerschaft erreicht werden. Jedoch sind fast die Hälfte der Frauen mit einer Endometriose unfruchtbar, auch wenn sie normale Perioden, einen regelmäßigen Eisprung und durchgängige Eileiter haben. Sogar milde Formen der Endometriose beeinträchtigen die Entwicklung einer Schwangerschaft auf irgendeiner Stufe des Prozesses. Manche Forscher glauben, daß sich → Antikörper gegen das ausgelagerte Schleimhautgewebe bilden. Diese Antikörper reagieren dann auch mit der normalen Gebärmutterschleimhaut, wodurch eine Implantation erschwert wird, was die hohe Rate an Fehlgeburten (etwa dreimal so hoch wie normal) bei Patientinnen mit Endometriose zumindest teilweise erklären könnte. Bei einer Endometriose besteht außerdem ein erhöhtes Risiko für eine → Extrauteringravidität, deren Wahrscheinlichkeit 16% beträgt im Gegensatz zu 1% bei der Normalbevölkerung.

Für Frauen mit Kinderwunsch kommt eine operative Therapie in Betracht. Mit Hilfe der Laparaskopie können Endometrioseherde durch Herausschneiden, Verbrennen oder mit Hilfe von Laserstrahlen entfernt werden. In etwa einem Drittel bis der Hälfte der Fälle kann auf diese Weise die Fruchtbarkeit wiederhergestellt werden. In fortgeschritteneren Stadien wird eine → Laparatomie durchgeführt, bei der in Abhängigkeit vom Ausmaß der geweblichen Veränderungen, den Beschwerden, dem Alter und dem Kinderwunsch versucht wird, unter Erhaltung von funktionsfähigen Organen so viel wie möglich des zerstörten Gewebes zu entnehmen. Manchmal kommt man jedoch um die vollständige Entfernung der Eierstöcke, der Eileiter und auch der Gebärmutter nicht umhin.

Nach der Menopause kommt es fast immer zu einem Stillstand und Rückgang der Endometriose. Jedoch empfiehlt man Frauen, bei denen eine Endometriose diagnostiziert wurde, die (noch) fruchtbar sind und einen Kinderwunsch haben, so bald wie möglich zu empfangen, da es bis zur Menopause zu einem stetigen Fortschreiten der Erkrankung kommt und Rückfälle sogar nach einer operativen Therapie möglich sind. Siehe auch unter → Adenomyosis uteri.

Endometritits Eine Entzündung des → Endometriums, d.h. der die Gebärmutterhöhle auskleidenden Schleimhaut. Die Hauptsymptome sind Schmerzen im Unterbauch bzw. im Beckenbereich, ein tastempfindlicher → Uterus (feststellbar bei der → gynäkologischen Untersuchung) und ein dicklicher, übelriechender, gelblicher Ausfluß aus der Scheide. Die Endometritis entsteht durch Hochwandern von Keimen aus der Vagina in die Gebärmutter vor allem, wenn der Muttermundkanal nicht vollständig verschlossen ist. Dies ist am häufigsten der Fall nach einer Fehlgeburt (siehe → Abort), nach einer Entbindung oder bei Verwendung einer Spirale (→ Intrauterinpessar). Die Endometritis reagiert fast immer auf eine angemessene antibiotische Behandlung.

Endometrium Auch *Gebärmutterschleimhaut*. Eine dünne, rosafarbene, samtartige Schleimhaut, die die Gebärmutterhöhle auskleidet. Die Schleimhaut besteht aus mehreren Schichten: aus einer oberflächlichen Zellschicht, aus Drüsen, die eine dünnflüssige, alkalische Flässigkeit produzieren, die die Gebärmutterhöhle feucht hält, sowie aus Blutgefäßen und Bindegewebe. Die Schleimhaut wächst während des → Menstruationszyklus in ihrer Dicke von 0,5 mm auf 3 bis 5 mm, indem sie als Vorbereitung für eine Schwangerschaft langsam aufgebaut wird. Erfolgt keine Befruchtung, wird ein großer Teil der Schleimhaut zusammen mit Blut mit der Menstruation wieder abgestoßen. Nach der → Menopause wird das gesamte Endometrium atrophisch, die oberflächlichen Zellen werden flacher, die Drüsen verschwinden mit der Zeit, und an ihre Stelle tritt Bindegewebe.

Am Endometrium können eine Reihe von Störungen und Krankheiten entstehen, von denen die gefährlichste die maligne Entartung zum → Korpuskarzinom ist. Einen häufigen gutartigen Tumor stellt der Gebärmutterpolyp (siehe → Polyp, Def. 2) dar. Gelegentlich kommt es zum Wachstum von endometrialem Gewebe außerhalb der Gebärmutter, was zu starken Schmerzen bei der Periode, beim Geschlechtsverkehr und zur Unfruchtbarkeit führen kann (siehe → Endometriose). Zyklusstörungen können zu einem übermäßigen Wachstum der Gebärmutterschleimhaut führen, ein Zustand, der als → Endometriumhyperplasie bezeichnet wird und oft durch die teilweise Entfernung des überschüssigen Gewebes mit Hilfe einer → Abrasio behoben werden kann. Die Entzündung des Endometriums wird → Endometritis genannt und spricht gut auf → Antibiotika an.

Endometriumbiopsie Siehe → Biopsie, Def. 4

Endometriumhyperplasie Das übermäßige Wachstum der Gebärmutterschleimhaut (→ Endometrium), so daß die normalerweise während der Jahre der Menstruation dünne und bei jeder Regelblutung zur Hälfte abgestoßene Schleimhaut verdickt ist. Erfolgt dieses Wachstum nur an einer Stelle, entsteht ein Gebärmutter*polyp* (siehe → Polyp, Def. 2). Ist die gesamte Schleimhaut verdickt, spricht man von der Hyperplasie. Während des Monatszyklus bewirken zuerst das → Östrogen und dann das → Progesteron ein kontinuierliches Wachstum der Gebärmutterschleimhaut, um sie auf die Einnistung einer befruchteten Eizelle vorzubereiten. Erfolgt keine Implantation, wird die Schleimhaut mit der Menstruationsblutung wieder abgestoßen. (Siehe unter → Menstruationszyklus für eine genauere Beschreibung.) Bei einer Menstruation ohne vorherige → Ovulation (Eisprung), die als → anovulatorische Blutung bezeichnet wird, wird kein Progesteron produziert und der Mechanismus der regelmäßigen Schleimhautabstoßung ist gestört. Außerdem produziert der nicht gesprungene → Graaf'sche Follikel weiterhin Östrogen, wodurch die Gebärmutterschleimhaut weiter zum Wachstum angehalten wird. Anovulatorische Zyklen treten grundsätzlich vor allem zur Zeit der → Menarche und der → Menopause auf, dem Beginn und Ende der geschlechtsreifen Jahre der Frau. Jedoch geht bei den anovulatorischen Zyklen nach der Menarche der nicht gesprungene Follikel meist bald von alleine unter, so daß es nicht lange genug zur anhaltenden Östrogenbildung kommt und eine Endometriumhyperplasie daher selten ist.

Anders ist es bei den anovulatorischen Zyklen zur Zeit vor der Menopause. Hier bleibt der Follikel über längere Zeit hinweg bestehen, und das von ihm gebildete Östrogen führt zu einer Hyperplasie der Gebärmutterschleimhaut, die unter dem Mikroskop viele Drüsen und → Zysten aufweist, weswegen sie auch *glandulär-zystische* Endometriumhyperplasie genannt wird. Bei der dann im Verlauf auftretenden → Durchbruchblutung wird die hyperplastische Schleimhaut meist nur teilweise abgestoßen, und typischerweise kommt es im Gefolge zu einer Dauerblutung. Andere Gründe für die Entstehung einer Endometriumhyperplasie sind eine alleinige Östrogentherapie ohne gleichzeitige Gabe von Progesteron oder (selten) hormonaktive Tumore, die große Mengen an Östrogenen bilden. In all diesen Fällen ist der wirksame Faktor die anhaltende Stimulation der Gebärmutterschleimhaut durch Östrogen bei gleichzeitigem Fehlen von Progesteron. Von der ungefährlichen glandulär-zystischen Hyperplasie abzugrenzen ist die sogenannte *atypische, adenomatöse* Hyperplasie, die eine Vorstufe des → Korpuskarzinoms ist (siehe dort).

Das Hauptsymptom einer Endometriumhyperplasie sind schwere, anhaltende vaginale Blutungen ohne Schmerzen. Die Diagnose wird durch eine Endometriumbiopsie (siehe → Biopsie, Def. 4) mit anschließender feingeweblicher Untersuchung des entnommenen Schleimhautgewebes gestellt. In den meisten Fällen stellt diese diagnostische Maßnahme auch gleichzeitig eine erfolgreiche Behandlung dar, indem der größte Teil der Schleimhaut entfernt wird. Wenn die Blutungen weiterbestehen oder erneut auftreten, kann eine neuerliche Abklärung (u.a. auch Tumorsuche) notwendig werden. Um eine erneute Entwicklung einer Hyperplasie zu verhindern und bei allen anovulatorischen Zyklusstörungen sollte darüber hinaus gegebenenfalls über Jahre die Einnahme entweder von Östrogen-Progesteron-Präparaten oder von Progesteron allein erfolgen, um das eventuelle Entstehen eines Korpuskarzinoms über eine adenomatöse Hyperplasie zu vermeiden. Wenn es trotz einer Ausschabung und anschließender Progesterongabe dennoch zu einem erneuten Auftreten der Hyperplasie kommt, empfehlen manche Fachleute sogar die prophylaktische operative Entfernung der Gebärmutter, um das Risiko eines Krebses vollständig auszuschließen.

Endometriumkarzinom Siehe → Korpuskarzinom

Entbindung Das Gebären eines Kindes. Siehe unter → Geburt.

Entbindung nach *Read* Eine Methode der → Geburtsvorbereitung, die um 1930 von einem englischen Geburtshelfer, *Grantly Dick-Read*, entwickelt wurde. Der Schwangeren werden Informationen über den Geburtsvorgang und die Methode vermittelt, und es werden bestimmte Atmungs- und Entspannungstechniken geübt. Hauptziel der Methode ist es, der Frau beizubringen, sich während jeder Wehe zu entspannen und sich die innerhalb des eigenen Körpers ablaufenden Geburtsprozesse bildlich vorzustellen. In dieser Hinsicht ähnelt die Methode fernöstlichen Meditationstechniken und unterscheidet sich von anderen Methoden der Geburtsvorbereitung wie beispielsweise der → psychoprophylaktischen Methode. Die bei der Entbindung nach Read eingesetzte Atemtechnik ist die Bauchatmung (im Gegensatz zur Brustatmung, die bei der psychoprophylaktischen Methode propagiert wird) sowie ein leichtes Hecheln während der Austreibunsperiode. Der Partner der Frau wird dazu ermutigt, während der Geburt anwesend zu sein, vor allem um seine Frau zu unterstützen. Die Entbindung nach Read war die erste Form der Geburtsvorbereitung, die um 1960 in Deutschland populär wurde. Er selbst nannte sie „natürliche Geburt“, ein Begriff, der heutzutage als Überbegriff für alle Formen der Geburtsvorbereitung verwendet wird.

Entzündung Die Schutzantwort des Körpers auf eine Verletzung oder Zerstörung des Gewebes durch Mikroorganismen wie z.B. Bakterien, Fremdkörper wie z.B. Glassplitter, Gifte oder andere schädigende Einflüsse. Durch die Entzündungsreaktion wird das geschädigte Gewebe und manchmal auch gleichzeitig die schädigende Substanz gleich mit vom übrigen Körper abgekapselt. Die klassischen Zeichen einer Entzündung sind Schmerzen, Überwärmung, Rötung, Anschwellung und Funktionsverlust des betroffenen Gewebes. Nicht jedes dieser Zeichen ist bei jeder Entzündung anzutreffen. Eine Entzündung ist nicht prinzipiell gleichzusetzen mit einer → Infektion, d.h. einer Entzündung durch Mikroorganismen, jedoch kann eine vernachlässigte Entzündung durch eine Infektion verkompliziert werden.

Entzugsblutung Siehe unter → Östrogen-Substitutionstherapie

Enzym Siehe unter → Bluttest

EPH-Gestose Siehe → Eklampsie

Epiduralanästhesie Siehe unter → Leitungsanästhesie. Siehe auch → Peridualanästhesie.

Episiotomie Auch *Scheidendammschnitt* oder *Dammschnitt*. Ein während der → Geburt des kindlichen Kopfes zu dessen Entlastung und zur Vermeidung von → Dammrissen unterschiedlichen Schweregrades bei der Mutter durchgeführter Schnitt in den Dammweichteilen. Der Schnitt erfolgt zum Zeitpunkt des Einschneidens des kindlichen Kopfes, d.h. bei Sichtbarwerden des Kopfes von außen auch während der Wehenpausen, und zwar auf dem Höhepunkt einer Wehe, wenn die lokale Schmerzempfindlichkeit herabgesetzt ist. Man kann auch vorher eine → Lokalanästhesie im Bereich der geplanten Schnittführung anbringen. Nach der Entbindung wird der Schnitt sorgsam wieder genäht, ebenfalls unter lokaler Betäubung. Die Wunde verheilt nach etwa zwei bis drei Wochen vollständig und kann in der ersten Woche noch etwas schmerzhaft sein. Bei nachgiebigem Damm, vor allem bei Mehrgebärenden, sowie bei in der Schwangerschaft gut auf die Geburt vorbereiteten Frauen kann auf die Episiotomie häufig verzichtet werden. Die Frau sollte ihre diesbezüglichen Wünsche und Vorstellungen mit dem betreuenden Arzt und der Hebamme bei der Geburt besprechen, da mit der Handhabung eines Dammschnittes unterschiedlich großzügig verfahren wird.

Erbkrankheiten Siehe unter → Angeborene Krankheiten

Erbrechen Siehe → Schwangerschaftserbrechen, → Nausea, → morgendliche Übelkeit

Erektion Das Anschwellen und Festwerden von Schwellkörpergewebe durch Stimulation. Ein solches Gewebe enthält zahlreiche kleine Arterien, die als Antwort auf eine sexuelle oder andere Stimulation weiter werden und damit eine Schwellung hervorrufen. Die Schwellung wiederum blockiert den Rückfluß des Blutes aus den Venen, was zur weiteren Vergrößerung beiträgt. Durch die Blutfülle wird das Gewebe dunkler in der Farbe und härter in der Konsistenz. Das bekannteste Beispiel für eine Erektion ist das Steifwerden des männlichen Gliedes bei sexueller Erregung. Bei Frauen schwellen auf diese Weise durch Stimulation die Brustwarzen, die → Klitoris, die inneren Schamlippen und der Scheideneingang an. Siehe auch unter → Sexuelle Reaktion, → Impotenz.

Ergotamin Eine Substanz, die in durch Pilzbefall veränderten Getreidekörnern, dem sogenannten Mutterkorn, enthalten ist und im menschlichen Körper zu Gebärmutterkontraktionen und Gefäßeng-, aber auch -weitstellungen führt. Reines Mutterkorn ist giftig und verursacht starke Schmerzen, Krampfanfälle, Durchblutungsstörungen bis hin zum Tod. In seiner abgewandelten Form als Alkaloid jedoch kann es unter anderem dazu verwendet werden, um die Rückbildung der Gebärmutter nach der Geburt zu ihrer Anfangsgröße zu unterstützen. Andere Anwendungsgebiete sind die → Migräne und ausgeprägte orthostatische Beschwerden, d.h. Kreislaufregulationsstörungen. Die langjährige, übermäßige Einnahme von Ergotaminpräparaten kann in Einzelfällen zu Vergiftungserscheinungen meist in Form von ausgeprägten Durchblutungsstörungen an den Fingern und Zehen führen, einem Krankheitsbild, das *Ergotismus* genannt wird. Früher trat der Ergotismus durch mit Mutterkorn verunreinigtes Mehl häufiger, oft in Form von Massenerkrankungen auf.

Ernährung Die Zufuhr von Nahrungsmitteln zur Aufrechterhaltung der körperlichen und seelichen Gesundheit. Eine normale Ernährung besteht aus einer Vielzahl von Lebensmitteln, die ausreichende und angemessene Mengen aller lebenswichtigen Nährstoffe enthalten, d.h. Kohlenhydrate (Stärkeprodukte), Proteine (Eiweiße), Fette, Vitamine, Mineralstoffe und Spurenelemente. Während bestimmter Lebensabschnitte, besonders während der Pubertät, der Schwangerschaft und der Stillzeit, ist der Nahrungsbedarf sowohl hinsichtlich der Gesamtmenge (normalerweise in Kalorien gemessen und angegeben) als auch hinsichtlich bestimmter Nährstoffe erhöht. Aber selbst zu diesen Zeiten hängt der individuelle Bedarf von Körperbau, Körpergröße und dem Ausmaß der körperlichen Aktivität ab.

Während des Wachstumsschubes in der → Pubertät — bei Mädchen im Alter zwischen zehn und 15, bei Jungen zwischen zwölf und 19 Jahren — steigt der Kalorienbedarf bei beiden Geschlechtern stark an. Während dieser Periode erreichen die meisten Jugendlichen zwei Drittel ihres späteren Gewichtes im Erwachsenenalter. Männliche Jugendliche brauchen mindestens 2750 Kalorien und weibliche mindestens 2200 Kalorien am Tag. Die Teilnahme an sportlichen Aktivitäten kann den Bedarf um zusätzlich 1500 oder mehr Kalorien pro Tag erhöhen. (Auch im Erwachsenenalter brauchen Männer mehr Kalorien als Frauen, einfach deshalb weil sie in der Regel größer sind und einen schwereren Körperbau besitzen.) Nach der Pubertät können kalorienreduzierte Diäten, spezielle Sportlerdiäten, eine strikte vegetarische Ernährung oder andere Beschränkungen in den Essensgewohnheiten zu einer Beeinträchtigung der → Fertilität führen. Das äußert sich am häufigsten in einer → Amenorrhoe, d.h. dem Versiegen der Regelblutung, und manchmal in → anovulatorischen Blutungen, d.h. Menstruationsblutungen ohne vorherigen Eisprung (siehe auch unter → Kritisches Gewicht).

Empfohlene tägliche Nahrungszufuhr*

Gesamtenergie	*2000 Kalorien*
Proteine	122 Gramm ≙ 500 kcal
Kohlenhydrate	244 Gramm ≙ 1000 kcal
Fett	54 Gramm ≙ 500 kcal
NaCl (Kochsalz)	3300 Milligramm (höchstens)

* für Frauen mit mäßiger körperlicher Betätigung

Während der Schwangerschaft benötigt die Frau ungefähr 300 Kalorien pro Tag zusätzlich für eine gesunde Ernährung. Vor allem die Proteinzufuhr ist für die Ernährung des wachsenden → Fetus wichtig, und die tägliche Proteinaufnahme sollte ungefähr 65% höher sein als vor der Schwangerschaft. Obwohl die Frauenärzte früher während der Schwangerschaft routinemäßig Vitamintabletten verschrieben, geht man heute davon aus, daß eine gesunde schwangere Frau, die eine ausgewogene Nahrung aus Früchten, Gemüse, Fleisch, Fisch, Eiern, ganzen Körnern und Milchprodukten zu sich nimmt, keine zusätzlichen Vitamine benötigt. Sofern jedoch nicht sicher gestellt ist, daß sie die einem Viertelliter Milch entsprechende Menge Calcium pro Tag erhält, kann eine zusätzliche Gabe von Calcium notwendig werden, und die meisten Fachleute sind sich darüber einig, daß man während der Schwangerschaft Eisen und Folsäure ergänzend verschreiben sollte, um einer → Anämie (Blutarmut) vorzubeugen. Auch eine ausreichende Flüssigkeitszufuhr ist wichtig, wobei jedoch ein Zuviel an alkoholischen Getränken schädlich für das Kind sein kann. „Sichere" Mengenangaben gibt es noch nicht, so daß meist empfohlen wird, während der Schwangerschaft ganz auf Alkohol zu verzichten (siehe auch unter → Alkoholismus). Außerdem empfehlen viele Experten, die Koffeinzufuhr auf drei Tassen starken Kaffees pro Tag zu beschränken sowie den Nikotingenuß und die Einnahme von nicht unbedingt notwendigen Medikamenten, einschließlich Aspirin® und Vitamintabletten, einzustellen.

Während der Stillzeit benötigt die Frau ungefähr 500 Kalorien täglich mehr als vor der Schwangerschaft, das meiste davon in Proteinen. Die Ernährung stillender Mütter sollte außerdem reich an Calcium und Vitamin B sein sowie reichlich Flüssigkeit enthalten, um den Verlust über die Muttermilch auszugleichen. Manche Frauen machen die Erfahrung, daß ihre Babies mehr Blähungen und Koliken haben, wenn sie bestimmte Nahrungsmittel, insbesondere einige Gemüsesorten wie Blumenkohl, Rosenkohl, Brokkoli oder Krautsorten, Zwiebeln, Knoblauch oder auch Schokolade zu sich nehmen. Andere behaupten, daß sie alles essen können, ohne daß es einen merklichen Effekt auf ihr Kind hat.

Mit zunehmendem Alter läßt der Kalorienbedarf nach. Tatsächlich sinkt schon nach dem 20. Lebensjahr der tägliche Kalorienbedarf bei gleichem Körpergewicht kontinuierlich um etwa 5 bis 10% pro Jahrzehnt ab. Zur Zeit der → Menopause werden nur noch etwa zwei Drittel des vormaligen Bedarfs benötigt, und nach der Menopause sogar noch weniger. Der Bedarf an Calcium, Vitamin D und B bleibt jedoch hoch (manche glauben, daß er sogar größer wird, da der Körper nicht mehr soviel → Östrogen produziert, das bei der Aufnahme von Nährstoffen aus dem Darm eine wichtige Rolle spielt), so daß die Frau zwar ihre Kalorienzufuhr auf ungefähr 1.600 Kalorien pro Tag beschränken, jedoch eventuell diese Nährstoffe zusätzlich einnehmen sollte. Die empfohlene Calciummenge beträgt 1.000 bis 1.500 Milligramm pro Tag zusammen mit 400 bis 500 Einheiten Vitamin D (jedoch nicht mehr, da höhere Dosen toxisch sind) und einem einfachen Vitamin B-Komplex-Präparat. Manche Frauen machen die Erfahrung, daß Vitamin E gut gegen → Hitzewallungen hilft, es gibt jedoch noch keine gesicherten Erkenntnisse über die diesbezügliche Rolle des Vitamin E, und zumindest Frauen mit Bluthochdruck sollten es nicht einnehmen. Schließlich sollten bestimmte Substanzen nach dem 50. Lebensjahr beschränkt werden, nämlich vor allem → Cholesterin, das das Risiko für eine → Arteriosklerose erhöht, und Kochsalz (nicht mehr als 1,5 Gramm pro Tag), das zur Erhöhung des Blutdruckes beiträgt (siehe auch unter → Adipositas).

Im hohen Alter wird es noch schwieriger, eine gute Ernährung sicher zu stellen. Alte Personen sind oft einsam und depressiv, was ihren Appetit und ihr Interesse, für sich zu sorgen, verringert. Eventuell haben sie weger körperlichen Gebrechen Schwierigkeiten beim Einkaufen und der Nahrungszubereitung. Oder es fehlen ihnen Zähne oder die Prothese sitzt nicht richtig, was das Kauen fester und gesunder Nahrung erschweren kann. Oft haben sie auch nicht viel Geld, was ihre Kaufkraft für gute Nahrung einschränkt. Aus all diesen Gründen nehmen viele alte Personen nicht genügend Proteine, Calcium, Eisen, Vitamine, Ballaststoffe und nicht einmal ausreichend Kalorien zu sich. Manche gewinnen zwar an Gewicht durch eine kohlenhydratreiche Ernährung, sind aber dennoch hinsichtlich gesunder Nährstoffe mangelernährt. Eine erhöhte Kapillarbrüchigkeit (Kapillare sind kleinste Blutgefäße), die sich in vermehrten blauen Flecken und langsamer Wundheilung bemerkbar machen kann, ist ein häufiges Problem, dem man mit erhöhter Einnahme von Vitamin C begegnen kann. Viele Ärzte sind dazu übergegangen, allen alten Patienten routinemäßig Vitamine und Mineralien zu verabreichen, unter der Annahme, daß sie diese Stoffe nicht in ausreichender Menge zu sich nehmen können, ohne ihren Gesamtkalorienbedarf bei weitem zu überschreiten. Darüber hinaus empfehlen sie die drastische Einschränkung von Kochsalz, raffiniertem Zucker, Kohlenhydraten und Fetten, um der Entstehung eines → Diabetes mellitus, eines →Bluthochdruckes oder einer → Arteriosklerose vorzubeugen.

Eröffnungsperiode Siehe unter → Geburt

Erosion Medizinischer Ausdruck für eine oberflächliche, nässende Hautläsion, die ohne Narbenbildung abheilt.

Erythroblastosis fetalis Auch *Morbus haemolyticus neonatorum, hämolytische Krankheit.* Eine Erkrankung des Neugeborenen oder auch schon des Fetus im Mutterleib mit Zerstörung der roten Blutkörperchen aufgrund von → Antikörperbildung durch Blutgruppenunverträglichkeiten zwischen Mutter und Kind. Sie trat am häufigsten bei Unverträglichkeit im → Rhesus-Faktor-System auf, ist heute jedoch durch die Anti-D-Prophylaxe (siehe unter → Rhesus-Faktor) selten geworden. Auch Unverträglichkeiten im ABO-System (siehe unter → Blutgruppe) können Ursache einer hämolytischen Krankheit sein.

Eßstörung Siehe → Anorexia nervosa, → Bulimie, → Adipositas

exokrin Wörtlich „nach außen hin absondernd". Mit dem Begriff beschreibt man vor allem → Drüsen, die bestimmte Substanzen, z.B. Verdauungsenzyme produzieren und diese dann durch einen Ausführungsgang an eine innere oder äußere Oberfläche des Körpers abgeben.

Extrauteringravidität kurz *EUG.* Auch *Bauchhöhlenschwangerschaft, Tubargravidität, ektopische Schwangerschaft.* Die Einnistung und Entwicklung eines befruchteten Eies außerhalb der Gebärmutter, in der Regel in einem der Eileiter (Tubargravidität), gelegentlich (wenn auch selten) auch in einem Eierstock (Ovarialgravidität), im Peritoneum (Bauchfell) oder im Muttermundkanal. Die Ursache hierfür ist in der Regel die Veränderung oder Zerstörung der Eileiter durch eine → Endometriose, eine → Gonorrhoe oder eine andere Eileiterentzündung oder durch den früheren oder jetzigen Gebrauch einer Spirale (→ Intrauterinpessar). Wegen des entstandenen Narbengewebes im Eileiter kann das befruchtete Ei nicht wie normal den Eileiter hinunter bis in die Gebärmutter wandern und verbleibt deshalb im Eileiter (meist in dessen aufgeweitetem Anfangsteil), wo es im allgemeinen über eine Dauer von zwei bis drei Monaten heranwächst. Wenn der Eileiter für den größer werdenden Embryo zu klein wird, kommt es zum Einreißen der Eileiterwand (*Tubarruptur*), der Embryo stirbt ab und wird zusammen mit großen Mengen Blutes in die Bauchhöhle abgestoßen. Der große innere Blutverlust ist potentiell lebensgefährlich und stellt einen medizinischen Notfall dar. Zu einem sogenannten *Tubarabort* kann es dagegen kommen, wenn der Embryo wie meistens bei einer Eileiterschwangerschaft im weiteren, größeren Anfangsteil des Eileiters sitzt. Auch hier wird der Platz allmählich zu klein, die Frucht stirbt ab und wird durch Muskelkontraktionen der Eileiterwände in Richtung Bauchhöhle ausgestoßen, ohne daß jedoch dabei die Eileiterwand einreißt. Das dabei abgehende Blut sammelt sich unter anderem im → Douglas-Raum zwischen Scheidenhinterwand und Enddarmvorderwand an.

Die Feststellung einer Extrauteringravidität kann sehr schwierig sein. Die ersten Wochen einer EUG sind normalerweise symptomarm und verlaufen wie bei einer normalen Schwangerschaft: Die Periode bleibt aus, der → Schwangerschaftstest wird meist positiv, und der Untersuchungsbefund ist unauffällig. Manchmal kommt es schon in den ersten Wochen zu leichten vaginalen Blutungen und/oder zu untypischen Schmerzempfindungen im Unterbauch. Später, je nach Sitz der EUG in der 5. bis 8. Woche, kommt es dann zu stärkeren Symptomen. Bei einer Tubarruptur (siehe oben) verspürt die Patientin einen zunehmenden, einseitigen Unterbauchschmerz, der von einem plötzlichen, stichartigen Schmerz gefolgt wird sowie von zunehmenden Symptomen des Blutverlustes in die Bauchhöhle wie Müdigkeit, Benommenheit, Schwindel, Blässe bis hin zum Schock. Der Schwangerschaftstest ist meist noch positiv. Bei einem Tubarabort (siehe oben) sind die Symptome weniger heftig. Zunächst kommt es durch das Absterben der Frucht und dem damit verbundenen Untergang der Gebärmutterschleimhaut zu einer leichten vaginalen Blutung. Es folgen leichte einseitige Unterbauchschmerzen, die stärker und z.T. krampfartig werden können. Kommt es gleichzeitig zu einer inneren Blutung, können sich auch hier Schocksymptome entwickeln. Der Schwangerschaftstest kann bei Aufsuchen des Arztes schon wieder negativ sein, so daß die EUG in diesem Fall schwieriger zu erkennen und z.B. mit einer → Appendizitis verwechselt werden kann. Weiterführende diagnostische Maßnahmen sind die → gynäkologische Untersuchung, die → Ultraschallsonograpie, eventuell eine → Douglaspunktion, eine → Laparaskopie oder im Zweifelsfall auch eine → Laparatomie.

Die Behandlung hängt vom Stadium einer EUG und dem klinischen Zustand der Patientin ab. Besteht der Verdacht auf eine EUG, wird man unter ständigen Kontrollen zunächst abwarten, bei Entwicklung von mäßigen Symptomen muß die Patientin jedoch ins Krankenhaus. Bei gesicherter EUG und bedrohlichen Symptomen muß zunächst der Schock bekämpft werden, bevor sich in jedem Fall eine Operation anschließt, bei der man in den meisten Fällen den betroffenen Eileiter entfernen werden muß.

Das Auftreten einer EUG erhöht die Wahrscheinlichkeit einer weiteren Extrauteringravidität, da in den meisten Fällen die zugrundeliegende Ursache weiterhin vorhanden ist.

Exzision *Ausschneidung*. Das chirurgische Entfernen von Gewebe.

Familienplanung Auch *Empfängnisregelung.* Das Bestreben, Zahl und Altersabstand der Kinder entsprechend den eigenen Lebensumständen zu planen mit dem Ziel, eine sozial und medizinisch gesunde Familie zu schaffen. Die Empfängnisregelung umfaßt sowohl Maßnahmen zur Verhütung einer Schwangerschaft, also die → Empfängnis*verhütung,* als auch solche zur bewußten und geplanten Elternschaft. Die sogenannten → Natürlichen Methoden der Empfängnisregelung können dabei sowohl zur Verhütung als auch zur Planung des günstigsten Empfängniszeitpunkts im Menstruationszyklus der Frau und damit zur Erreichung einer Schwangerschaft eingesetzt werden.

Im weiteren Sinne stellt die Familienplanung angesichts der wachsenden Weltbevölkerung nicht nur ein persönliches Problem der jeweiligen Partnergemeinschaft, sondern auch ein öffentliches Anliegen dar. Siehe dazu unter → Geburtenkontrolle.

Farnphänomen Die Tatsache, daß ein Tropfen Zervikalschleim nach Lufttrocknung auf einem Objektträger unter dem Mikroskop wie Farn aussieht. Das Farnphänomen entsteht nur beim Einfluß von → Östrogen auf den Zervikalschleim und ist dann etwa ab dem 8. Tag des Menstruationszyklus nachweisbar mit einem Höhepunkt um die Zeit des Eisprungs. Acht bis zehn Tage nach dem Eisprung ist es wieder verschwunden. Die Untersuchung auf das Farnphänomen wird vor allem in der Infertilitätsdiagnostik herangezogen, um über die Güte und normale Entwicklung des Zervikalschleims, die von Bedeutung für eine Befruchtung sind, Aussagen machen zu können. Siehe auch → Zervikalschleim-Methode, → Unfruchtbarkeit.

Fehlgeburt Siehe → Abort

Feigwarzen Siehe → Condylomata acuminata

Fellatio Auch *„Blasen"* (umgangssprachlich). Eine Form des → oralen Geschlechtsverkehrs, bei dem der oder die Partner(in) des Mannes den Mund (Lippen, Zunge) zur sexuellen Stimulation des Penis verwendet. Siehe auch → Cunnilingus.

Feministische Therapie Eine Form der Psychotherapie, bei der die Therapeutin die grundsätzlichen Einstellungen des Feminismus teilt und darauf ihr Behandlungskonzept aufbaut. Theoretisch kann der feministische Therapeut entweder ein Mann oder eine Frau sein, in der Praxis handelt es sich jedoch fast immer um weibliche Therapeuten. Sie verwenden keine bestimmte, einheitliche therapeutische Methode, sondern jeweils diejenige von allen möglichen Methoden, die die Therapeutin persönlich vorzieht und die gleichzeitig mit dem feministischen Gedankengut in Einklang gebracht werden kann. Obwohl es unter Feministinnen eine Vielzahl verschiedener Ansichten und Überzeugungen gibt, teilen sie eine Reihe von Grundüberzeugungen, die der feministischen Therapie zugrundeliegen. Dazu gehört vor allem die Überzeugung, daß die traditionelle Rolle der Frau als passives, machtloses, dem Mann untergeordnetes und von ihm (emotional und finanziell) abhängiges Wesen zugunsten einer aktiven, selbständigen und gleichberechtigten Rolle ersetzt werden sollte. Aus diesem Grund versucht man in der feministischen Therapie, der Frau zu helfen, den Zusammenhang zwischen ihrer Sozialisation (sozial-gesellschaftlich beeinflußten Entwicklung) als Frau in der Gesellschaft und ihrer momentanen psychischen Situation zu verstehen. Anders als die traditionellen Psychotherapeuten, die sich in der Regel auf innere, psychische Konflikte als hauptsächliche (oder einzige) Quelle von emotionalen Problemen konzentrieren, glauben feministische Therapeutinnen, daß soziale Faktoren zum großen Teil, wenn nicht allein, für die emotionalen Probleme von Frauen verantwortlich sind. Eine andere zentrale Überzeugung besteht darin, daß sich ein Therapeut nicht als mächtige Autoritätsfigur verhalten sollte, die die Klientin dominiert und einschüchtert. Seine/ihre Aufgabe als Therapeut/in sollte vielmehr darin bestehen, die Frau bei der Überwindung der Gefühle der Hilflosigkeit und Abhängigkeit, die mit der traditionellen weiblichen Rolle verknüpft sind, zu unterstützen und sie zu Eigenständigkeit und Unabhängigkeit zu ermutigen. Zu diesem Zweck können feministische Therapeutinnen z.B. jeglichen Fachjargon vermeiden, der Klientin Einsicht in die Unterlagen gewähren und grundsätzlich eine Atmosphäre der Gleichberechtigung zwischen Therapeutin und Klientin schaffen. Die Klientin wird ermutigt, ihre eigenen Ziele für die Therapie aufzustellen, anstatt daß die Therapeutin die Ziele und Maßstäbe setzt. Auch die oft eingesetzte Form der Gruppentherapie hilft der Klientin, sowohl Gefühle der Abhängigkeit von der Therapeutin zu verringern als auch gleichzeitig zu erkennen, was sie mit anderen Frauen in der Gruppe und anderswo gemeinsam hat.

Die feministische Therapie entstand im Gefolge der Frauenbewegung in den sechziger Jahren dieses Jahrhunderts und stellt eine Reaktion auf bestimmte Annahmen der von *Sigmund Freud* begründeten Psychoanalyse dar. Vertreten wurde dort unter anderem die Ansicht, daß normale Frauen sexuell weniger bedürftig und aktiv seien als Männer, daß ihre beste Form der Selbstverwirklichung die Geburt von Kindern (am besten von männlichen) sei und daß die emotionalen Probleme einer Frau oft z.B. auf den unbewußten Neid auf den Penis des Mannes oder den unterdrückten Wunsch, den Vater zu heiraten, zurückzuführen sind. Obwohl heutzutage nur noch wenige männliche Psychotherapeuten diese Ansichten vollständig teilen, ist ihr Einfluß weiterhin in den kulturell geformten Geschlechtsrollen zu spüren, an die sich anzupassen man traditionellerweise von der Frau erwartet (ansonsten wird sie als schlecht angepaßt, abnormal oder „krank“ betrachtet).

Wie bei anderen Psychotherapien auch ist die feministische Therapie am erfolgreichsten, wenn zwischen Therapeutin und Klientin eine Beziehung entsteht, in der die Klientin der Therapeutin vertraut und sich von ihr verstanden und respektiert fühlt. Vor Beginn einer Therapie sollte die Frau die Therapeutin einige grundsätzliche Dinge fragen, wie z.B. zu den von der Therapeutin angewandten psychotherapeutischen Methoden (Verhaltenstherapie, Gestalttherapie, Psychoanalyse etc.), über ihre Ansichten zu Themen, die für die Frau besonders wichtig sind (z.B. Geschlechterrollen, Sexualität, Scheidung oder Abtreibung), über die Behandlungskosten, die wahrscheinliche Häufigkeit und Dauer der Therapie, über ihre beruflichen Qualifikationen und ob sie in Notfällen erreichbar ist oder nicht.

Fertilität Auch *Fruchtbarkeit*, bei Männern auch *Zeugungsfähigkeit*. Bei Frauen die Fähigkeit, schwanger zu werden und ein Kind bis zur Geburt auszutragen. Sie erreicht einen Höhepunkt etwa um das 25. Lebensjahr und beginnt dann, zunächst langsam und ab dem 40. Lebensjahr schneller, nachzulassen. Sie ist mit der → Menopause vollständig erloschen.

Bei Männern bedeutet Fertilität die Fähigkeit, eine Frau zu schwängern bzw. ein Kind zu zeugen. Sie ist am größten in den frühen Zwanzigern, klingt danach jedoch nur wenig ab. Es gibt Männer, die noch mit siebzig und älter Kinder gezeugt haben.

Etwa 10 bis 20% der Paare in Deutschland leiden unter einer ungewollten Kinderlosigkeit. Siehe hierzu unter → Unfruchtbarkeit. Siehe auch → Gebärfähiges Alter.

Voraussetzungen für die Fertilität

bei der Frau	*beim Mann*
– Eisprung	– Hormone zur Spermienbildung
– Günstige Zervixschleimhaut-verhältnisse	– ungestörte Hodenfunktion zur Spermienbildung
– Befruchtung	– ungestörter Transport der Spermien in den Samenleitern
– Eileiterdurchgängigkeit	– Ejakulation von Spermien
– Einnistung der befruchteten Eizelle in der Gebärmutterschleimhaut	
– Aufrechterhaltung der Schwangerschaft	

Weibliche Fertilität in Abhängigkeit vom Alter

Alter	*Wahrscheinlichkeit einer Empfängnis*
unter 25	73%
26 bis 30	74%
31 bis 35	61,5%
35 bis 40	53,6%

Fetale Überwachung Die Beurteilung des körperlichen Gesundheitszustandes des ungeborenen Kindes vor und während der Geburt mit verschiedenen Methoden. Die älteste und einfachste Methode ist das Abhören der kindlichen Herztöne, die etwa zur Hälfte der Schwangerschaft (zwischen der 20. und 24. Woche) erstmals gehört werden können. Dazu kann man einfach den Kopf auf den Bauch der Schwangeren legen und nach den Herztönen des Kindes lauschen. Klarer und lauter hört man sie jedoch, wenn man ein *Stethoskop* verwendet, vor allem bei Verwendung eines speziellen geburtshilflichen Stethoskops, das einen Metalltrichter an seinem Ende besitzt, der den Schall durch Knochenleitung weiter verstärkt. Mit Hilfe der → Ultraschallsonographie kann man den kindlichen Herzschlag schon etwa ab der 12. Schwangerschaftswoche feststellen. Eine weitere Methode zur Registrierung der kindlichen Herztöne ist die *Kardiotokographie*, bei der gleichzeitig auch die Wehentätigkeit bei der Mutter aufgezeichnet wird und die vor allem zur kontinuierlichen Überwachung während der Geburt angewendet wird (siehe auch weiter unten). Der fetale Herzschlag ist ein Doppelschlag, der sich wie das Ticken einer Uhr anhört, und hat normalerweise eine Frequenz von 120 bis 160 Schlägen pro Minute. Wenn die Herzfrequenz während der Schwangerschaft oder der Geburt stark absinkt und/oder unregelmäßig wird, ist das ein eindeutiger Hinweis darauf, daß es dem Kind schlecht geht.

Eine andere Methode der fetalen Überwachung stellt die Beurteilung des Fruchtwassers dar. Eine → Amniozentese z.B. wird bei Verdacht auf oder zum Auschluß von genetischen Erkrankungen beim Kind ab der 16. Schwangerschaftswoche durchgeführt. Eine einfachere Untersuchung ist die → Amnioskopie am Ende der Schwangerschaft oder kurz vor Beginn der Geburt. Normalerweise ist das Fruchtwasser zu dieser Zeit farblos trüb. Wenn es eine bräunlich-grüne Farbe hat, zeigt es die Anwesenheit von *Mekonium* an (kindlicher Darminhalt), den das Baby bei Streß in das Fruchtwasser absetzt. Die Amnioskopie wird vor dem → Blasensprung mit einem kleinen optischen Instrument (dem Amnioskop) durchgeführt, das durch den Muttermund bis zur Fruchtblase vorgeschoben wird, ohne sie jedoch zu zerstören. Nach dem Blasensprung erfolgt die Fruchtwasserbeurteilung durch die Beobachtung des abgehenden Fruchtwassers während der Geburt.

Die wichtigste und mitttlerweise routinemäßig durchgeführte Überwachungsmethode ist jedoch die schon oben erwähnte Kardiotokographie, bei der mit Hilfe von elektronischen Vorrichtungen sowohl der kindliche Herzschlag als auch gleichzeitig die Gebärmutterkontraktionen aufgezeichnet werden. Diese Methode verbessert oder ersetzt die älteren Verfahren des Abhörens mit dem Stethoskop und Abtastens des Bauches während der Wehen. Sie wurde in den späten 50iger Jahren dieses Jahrhunderts entwikkelt und ursprünglich nur bei Risikogeburten eingesetzt, z.B. wenn die Mutter unter einem → Diabetes mellitus, einer schweren Herz- oder Nierenerkrankung, einer → Rhesus-Faktor-Unverträglichkeit oder einer anderen Erkrankung litt, die erfahrungsgemäß gehäuft mit einer potentiellen Gefährung für das Baby während der Geburt einhergeht. Wenn der Monitor kindlichen Streß anzeigte, d.h. eine bestimmte Form der Herzschlagverlangsamung in Abhängigkeit von den mütterlichen Wehen nachwies, war das eine Indikation für einen → Kaiserschnitt. Heute wird die Kardiotokographie fast überall routinemäßig eingesetzt, d.h. auch dann, wenn keine schwierige Geburt zu erwarten ist, um eventuelle Gefahren frühzeitig erkennen zu können und entsprechende Maßnahmen einzuleiten.

Bei der *internen* (inneren) Kardiotokographie werden zwei elektronische Leitungen durch die Scheide und den Muttermund eingeführt. Eine wird am Kopf des Kindes befestigt (die sogenannte Skalp-Elektrode) und gibt den kindlichen Herzschlag weiter, während die andere zwischen dem Fetus und der Uteruswand zu liegen kommt und die Häufigkeit und Stärke der Gebärmutterkontraktionen mißt. Bei der *externen* (äußeren) Kardiotokographie werden zwei Bänder um den Bauch der Mutter gespannt. Das obere enthält einen Druckmesser zur Registrierung der Wehen, das andere, um den Unterbauch geschnallt, enthält eine Vorrichtung zu Aufzeichnung der fetalen Herzrate. Bei beiden Formen der Kardiotokographie sind die Leitungen an eine Maschine angeschlossen, die die Befunde auf einer fortlaufenden Papierrolle aufzeichnet.

Eine letzte Methode schließlich zur Beurteilung des Zustandes des Kindes während der Geburt ist die sogenannte *fetale Blutanalyse*. Sie wird durchgeführt bei unklaren beziehungsweise verdächtigen Befunden im Kardiotokogramm sowie bei Risikoschwangerschaften mit deutlich erhöhtem Risiko für das Kind während der Geburt. Bei dieser Untersuchung wird mit Hilfe des Amnioskopes (siehe oben) der vorangehende Kindsteil sichtbar gemacht und mittels eines kleinen Messers ein kleiner Schnitt auf der Kopfhaut des Kindes gesetzt. Das austretende Blut wird mit einer Glaskapillare aufgesogen und dann im Labor auf den pH-Wert des Blutes untersucht. Ein saurer pH-Wert zeigt die Gefährdung des Kindes an. In diesem Fall sollte das Kind so schnell als möglich entbunden werden, um ihm eine weitere Belastung zu ersparen und damit mögliche Spätschäden für das Kind zu vermeiden.

Fetoskopie Eine Untersuchungsmethode, bei der ein sogenanntes Endoskop in die Amnionhöhle (siehe unter → Eihäute) eingeführt wird, um Teile des Fetus direkt ansehen zu können, Haut- oder Blutproben des Fetus zu entnehmen und damit klären zu können, ob bestimmte Erkrankungen vorliegen oder nicht. Dazu wird zwischen der 16. und 20. Schwangerschaftswoche unter Ultraschallkontrolle (→ Ultraschalluntersuchung) und → Lokalanästhesie ein optisches Instrument durch einen kleinen Schnitt in der Bauchdecke und in der Gebärmutter bis in die Amnionhöhle eingebracht.

Die Fetoskopie ist sehr viel risikoreicher als die → Amniozentese mit einer Komplikationsrate in Form von nachfolgenden Fehlgeburten von etwa 5% und wird daher heute nur noch eingesetzt, wenn die Wahrscheinlichkeit, daß das Kind eine ernsthafte Erkrankung hat, sehr groß ist. Mit Hilfe des Fetoskopes kann man nicht nur sichtbare Defekte an den Gliedmaßen, Augen, Ohren, Mund, Haut und Genitalorganen direkt sehen, sondern man kann durch die Entnahme von Blut aus der → Plazenta auch bestimmte Bluterkrankungen, die bei der Amniozentese öfters unentdeckt bleiben, diagnostizieren. Man kann die Fetoskopie auch dazu verwenden, beim Kind erhöhte Blutspiegel von giftigen Substanzen, gefährlichen Viren und Parasiten, denen die Mutter während der Schwangerschaft ausgesetzt war, zu entdecken, sowie zur Verabreichung von Medikamenten direkt an den Fetus und zur Durchführung kleinerer Operationen noch im Uterus.

Fettsucht Siehe → Adipositas

Fetus Die Bezeichnung des heranwachsenden, noch ungeborenen Kindes im Mutterbauch ab dem dritten Monat nach der → Befruchtung. (Vorher wird es → Embryo genannt.) Am Ende des zweiten Monats ist der Fetus ungefähr 2,5 cm groß und wiegt etwas mehr als 1 Gramm. Sämtliche Organe (Herz, Lungen, Gehirn etc.) sind in ihrer Grundform angelegt, und am ganzen Skelett (vor allem am Schädel und den Gliedmaßen) zeigen sich die ersten Verknöcherungsstellen. Die Merkmale des Kopfes, der im Vergleich zum übrigen Körper sehr groß ist, sind gut entwickelt, Finger und Zehen sind abgrenzbar, und zu beiden Seiten des Kopfes sieht man Ansätze für die späteren Ohren. Bezüglich der weiteren Entwicklung des Fetus siehe unter → Tragzeit.

Fibroadenom Auch *Adonofibrom*. Ein besonders häufig in der Brust auftretender gutartiger Tumor, der aus einer festen, gut abgrenzbaren, beweglichen, langsam wachsenden und schmerzlosen Gewebsmasse besteht. Das Fibroadenom der Brust tritt am häufigsten bei Frauen im Alter zwischen 15 und 35 auf. Es kann durch eine → Mammographie leicht entdeckt werden, eine endgültige Diagnose sollte jedoch wegen seiner

Ähnlichkeit mit dem → Brustkrebs erst nach einer → Biopsie und anschließenden feingeweblichen Untersuchung erfolgen. Fibroadenome bestehen aus Binde- und Drüsengewebe, deren Zellen sich schneller als normal teilen. Sie verursachen meist keine Beschwerden, und ihre Entfernung ist im Prinzip nur nötig, um eine bösartige Erkrankung auszuschließen.

Fibrozystische Mastopathie Auch *Mastopathia fibrocystica*. Die häufigste gutartige Brusterkrankung, die durch die Bildung von → Zysten in einer, häufiger jedoch in beiden Brüsten gekennzeichnet ist. Zysten, d.h. kleine flüssigkeitsgefüllte Säcke, treten am häufigsten bei Frauen im Alter zwischen 35 und 55 auf, wenn Störungen des → Menstruationszyklus mit erhöhten Spiegeln des Hormons → Östrogen besonders häufig sind. Man schätzt, daß etwa 15 bis 30% der Frauen zu dieser Zeit solche Zysten haben, nach feingeweblichen Untersuchungen treten sie sogar bei 90% aller Frauen auf. Anders als bösartige Gewebsvergrößerungen sind Zysten beweglich, meist rund, relativ weich und in der Größe schnellen Veränderungen unterworfen. Oft treten gleichzeitig auch noch härtere Knötchen und Knoten in der Brust auf, daher der Name „fibrozystisch". Die Veränderungen betreffen meist den oberen äußeren Quadranten der Brust und können Ausläufer in Richtung Achselhöhle haben. Die Mastopathie kann, muß aber nicht Beschwerden in Form von Schmerzen (häufig periodisch in den Tagen vor der Regelblutung auftretend) und selten auch von pathologischen Absonderungen eines bräunlichen Sekretes aus den Brustwarzen bereiten.

Es hat den Anschein, daß die Entstehung der fibrozystischen Veränderung in Zusammenhang mit Östrogenen steht. Dafür spricht, daß sie nur selten nach der → Menopause auftreten, wenn die Östrogenspiegel niedriger sind, und daß die Zysten vor der Periode oft fester und empfindlicher werden, wenn die Östrogenspiegel hoch sind. Diese Beschwerden können bei manchen Frauen durch eine Einschränkung der Kochsalzaufnahme in den Tagen vor der Periode oder durch die Einnahme von milden → Diuretika gelindert werden. Bei anderen hilft der Verzicht auf coffeinhaltige Substanzen (Kaffee, Tee, Cola, Schokolade). Obwohl diese Gewebsveränderungen im Grunde genommen harmlos sind, ist es nicht immer ganz einfach, sie von bösartigen Veränderungen zu unterscheiden, weshalb man in aller Regel zunächst eine → Mammographie und bei weiterhin bestehender Unsicherheit eine → Biopsie der verdächtigen Stellen mit anschließender feingeweblicher Untersuchung des entnommenen Gewebes durchführt, um sicherzugehen, daß keine bösartige Erkrankung vorliegt. Anhand dieser feingeweblichen Untersuchung kann man auch feststellen, ob es sich tatsächlich nur um die harmlose fibrozystische Mastopathie handelt oder ob die Gewebsveränderungen zwar noch nicht bösartige, aber vermehrt *atypische* Zellen enthalten, die das Risiko für eine spätere → Brustkrebsentwicklung erhöhen.

Nach Ausschluß einer atypischen oder bösartigen Gewebsvermehrung besteht die Behandlung einer fibrozystischen Mastopathie in Abhängigkeit vom Ausmaß der subjektiven Beschwerden bei der Patientin in der Gabe von → Progesteron, um die meistens bestehende Östrogendominanz zu beseitigen. Dies kann durch spezielle Pflaster oder auch durch Tabletten erfolgen. Einen antiöstrogenen Effekt haben auch die Medikamente Danazol und Tamoxifen. Hat die feingewebliche Untersuchung Hinweise auf atypische oder gar bösartige Gewebsveränderungen ergeben, kommen als Therapie operative Maßnahmen in Betracht.

Filzlaus Auch *Schamlaus*. Ein kleiner Parasit, der sich im menschlichen → Schamhaar aufhält und durch sexuellen Kontakt von Mensch zu Mensch weitergegeben wird. Die Filzlaus ist ein kleines, etwa 0,5 bis 1,5 Millimeter großes, grau-gelbliches, flügelloses Insekt mit einem rundlichen abgeplatteten Körper und drei Beinpaaren, was ihr ein krabbenartiges Aussehen verleiht. Die Filzlaus bewegt sich von Haar zu Haar fort. Sie ernährt sich durch Bisse in die Haut, durch die sie sich feinste Blutgefäße eröffnet. Unabhängig vom Menschen kann sie höchstens 12 Stunden (seltener einige Tage) lang überleben. Während ihres 30tägigen Lebens paaren sich die Filzläuse ausgesprochen häufig, und die weibliche Laus legt täglich etwa drei weißliche, ovale Eier, die sogenannten *Nissen*, die sie an die Seite eines Haares klebt. Die Larven schlüpfen in sieben bis neun Tagen. Die Symptome eines Filzlausbefalls bestehen in ausgeprägtem Juckreiz, seltener spürt man so gut wie gar nichts. Kratzen bringt erstens keine Erleichterung und kann zweitens dazu führen, daß man die Nissen mit den Fingern an andere behaarte Körperstellen transportiert. Die Diagnose wird durch eine Untersuchung der Schamhaare und durch das Auffinden der Läuse und/oder ihrer Nissen gestellt. Die Behandlung besteht in der Einreibung der befallenen Stellen z.B. mit Jacutin®N Creme, Lotion oder Schampoo. Nach der Behandlung sollten Bettwäsche und Wäsche gewechselt und heiß gewaschen werden. Nicht waschbare Sachen wie Polster oder Matrazen sollten der Sicherheit halber mit einem entsprechenden Spray eingesprüht werden, um ein eventuelles Überleben der Läuse zu unterbinden.

Fissur Auch *Rhagade, Schrunde*. Schmerzhafter Hauteinriß bei unelastisch gewordener spröder Haut, z.B. an den Lippen, Brustwarzen und am After. Siehe auch → Analfissur.

Fistel Ein angeborener oder durch eine Erkrankung (z.B. Entzündungen) entstandener, abnormer Verbindungsgang zwischen einer Körperhöhle und der Haut oder einer anderen Körperhöhle. Eine *vaginale* Fistel kann z.B. die Scheide mit der Blase (*vesicovaginale* Fistel) oder mit dem Enddarm (*rectovaginale* Fistel) verbinden. Bei ersterer besteht das Hauptsymptom im Abgehen von Urin aus der Scheide, bei letzterer von Gasen und/oder Stuhl aus der Scheide. Die meisten vaginalen Fisteln entstehen durch Verletzungen oder im Rahmen von Operationen, häufig bei einem → Kaiserschnitt oder einer → Hysterektomie. Kleine Vaginalfisteln können sich unter Umständen wieder von alleine verschließen, bei größeren wird oft ein operativer Verschluß notwendig.

Eine *Analfistel* ist ein Verbindungsgang zwischen dem Analkanal und der Außenseite des Afters. Die Ursache liegt hier meist in entzündlichen Prozessen wie einem chronischen → Abszeß, einer → Analfissur oder einem → Morbus Crohn. Analfisteln heilen nur selten spontan und erfordern fast immer eine Operation.

Flüssigkeiteinlagerung Siehe → Ödem

Fluor vaginalis Siehe → Ausfluß aus der Scheide

Foetus Siehe → Fetus

Follikel Lateinisch für *Schlauch* oder *Bläschen*. Ein *Eifollikel* ist eine menschliche → Eizelle zusammen mit den sie umgebenden Zellen, den Follikelzellen, im Eierstock.

Während der ersten Hälfte des → Menstruationszyklus jeden Monats bewirkt das von der → Hypophyse (Hirnanhangsdrüse) gebildete follikelstimulierende Hormon (→ FSH) das Wachstum von mehreren Eifollikeln und damit die Bildung von → Östrogen durch die Follikelzellen. Die meisten Follikel gehen jedoch wieder unter, und nur einer (oder zwei) erreichen das Stadium des reifen Follikels, der dann → Graaf'scher Follikel genannt wird. Durch die Einwirkung eines anderen Hormons aus der Hirnanhangsdrüse, dem luteinisierenden Hormon (→ LH), wandert dieser reife Follikel direkt unter die Oberfläche des Eierstockes, platzt und entläßt die im Innern gelegene Eizelle nach außen. Dieser Vorgang wird Eisprung oder → Ovulation genannt. Nach der Ovulation rücken die zurückgebliebenen Follikelzellen zusammen, und in ihrer Mitte sammelt sich ein gelbliches Pigment (Farbstoff) an. Der jetzt → Corpus luteum (Gelbkörper) genannte Follikel bildet zunächst noch weiter Östrogen und unter dem Einfluß des LH auch → Progesteron. Wenn das gesprungene Ei nicht befruchtet wird, sinken die LH-Spiegel in den letzten Tagen vor der Regelblutung deutlich ab, und das Corpus luteum zerfällt und kann kein Östrogen und Progesteron mehr bilden. Manchmal jedoch zerfällt der Gelbkörper nicht und bleibt stattdessen als kleine flüssigkeitsgefüllte → Zyste bestehen, was zu Blutungsunregelmäßigkeiten führen kann.

Follikelstimulierendes Hormon Siehe → FSH

Forzeps Geburtszange. Siehe unter → Zangengeburt

Frauenarzt Siehe → Gynäkologe

Freßanfall Siehe unter → Bulimie

Frigidität Auch *Geschlechtskälte*. Veraltete Bezeichnung für eine Form der → sexuellen Funktionsstörung, bei der die Frau Schwierigkeiten hat, einen Orgasmus zu erreichen. Wegen seiner mittlerweile wertenden Bedeutung verwendet man heute eher den Begriff Orgasmusstörung. Die Ursache einer Abnahme oder des vollständigen Fehlens der Orgasmusfähigkeit ist dabei, wie bei den anderen sexuellen Funktionsstörungen auch, in der Regel in psychischen Faktoren zu sehen, wie z.B. Versagensangst, schlechte frühere Erfahrungen, mangelnde Information, Partnerschaftskonflikte, Angst vor ungewollter Schwangerschaft und vieles andere mehr, auch wenn gelegentlich organische Störungen (wie z.B. → Libidoverlust durch Medikamente oder durch Warzen oder ähnliches im Genitalbereich) eine zusätzliche Rolle spielen. Siehe auch unter → Sexualtherapie, → Vaginismus.

Fruchtbarkeit Siehe → Fertilität

Fruchtblase Die aus den → Eihäuten gebildete Blase, die mit → Fruchtwasser gefüllt ist und die heranwachsende Frucht enthält. Am Anfang der embryonalen Entwicklung sind Fruchtblase und Embryo (später Fetus) noch klein und nehmen nur einen Teil der Gebärmutterhöhle ein. Später wachsen Fruchtblase und Fetus, und die Wand der Fruchtblase legt sich der Gebärmutterwand direkt an, so daß die Fruchtblase die gesamte Gebärmutterhöhle ausfüllt.

Fruchtwasser Eine klare, anfangs gelbliche, später weißliche Flüssigkeit, die das heranwachsende Kind innerhalb der → Fruchtblase umgibt. Das Fruchtwasser wird von der inneren Eihaut, dem *Amnion*, produziert und enthält neben Wasser, Eiweiß, Zucker und Harnstoff auch Wollhaare, Hautschuppen und Talgdrüsenreste vom Fetus. Durch Aufnahme in den mütterlichen Blutstrom über die Plazenta und in den kindlichen Blutstrom über den Verdauungstrakt des Feten wird das Fruchtwasser in sehr kurzer Zeit ständig erneuert. Die Fruchtwassermenge beträgt in der 12. Schwangerschaftswoche etwa 55 ml und nimmt ab der 16. Woche um etwa 50 ml pro Woche zu. In der 20. Schwangerschaftswoche beträgt die Fruchtwassermenge etwa 500 ml und macht damit ungefähr zwei Drittel des Gebärmutterinhaltes aus, von der 36. bis 38. Woche sind es sogar 1000 ml Fruchtwasser. Danach nimmt die Menge des Fruchtwassers bis zur Geburt wieder ab und es wird, je länger die Schwangerschaft dauert, umso spärlicher und auch vom Aussehen her trüber.

Das Fruchtwasser erfüllt einige wichtige Aufgaben: Es stellt eine Umgebung dar, in der sich der Fetus ohne Mühe bewegen kann, die ihn gegen mögliche Erschütterungen und Verletzungen abpuffert, ihn vor Austrocknung schützt und die ihm dabei hilft, eine gleichmäßige Temperatur aufrechtzuerhalten. Auch trinkt der Fetus große Mengen des Fruchtwassers zu seiner Ernährung und scheidet seine Stoffwechselprodukte wieder in das Fruchtwasser aus.

Eine Überproduktion von Fruchtwasser über 1.500 ml, → *Hydramnion* genannt, kommt bei bestimmten Mißbildungen des Fetus, bei Mehrlingsschwangerschaften (vor allem bei eineiigen Zwillingen) und bei manchen mütterlichen Erkrankungen wie z.B. einem Diabetes mellitus vor. Eine Verminderung der Fruchtwassermengee unter 100 ml wird als *Oligohydramnie* bezeichnet und ist meist Folge von Mißbildungen des Urogenitaltraktes des Fetus oder das Resultat eines vorzeitigen → Blasensprungs.

Bezüglich der Beurteilung des Fruchtwassers vor und unter der Geburt als einer Methode der → fetalen Überwachung siehe unter → Amnioskopie, → Amniozentese.

Frühgeburt Die Geburt eines Kindes vor Vollendung der 37. Schwangerschaftswoche, gerechnet ab dem 1. Tag der letzten Periodenblutung. Da die genaue → Tragzeit oft nicht bekannt oder unsicher ist und nicht in jedem Fall zuverlässige Ultraschallbefunde aus der bisherigen Schwangerschaft zur Bestimmung der Schwangerschaftsdauer vorliegen, zieht man häufig auch das Geburtsgewicht des Kindes zusätzlich zur Beurteilung des kindlichen Alters mit heran. Neugeborene mit einem Geburtsgewicht von unter 2.500 Gramm (dem durchschnittlich normalem Gewicht zur Zeit der beginnenden 38. Schwangerschaftswoche) werden als Kinder mit niedrigem Geburtsgewicht bezeichnet und haben in der Regel eine schlechtere Überlebenschance als Kinder mit einem Geburtsgewicht von 2.500 Gramm und mehr. Je niedriger das Geburtsgewicht ist, desto schlechter ist die Überlebenschance. Bei Neugeborenen mit einem Geburtsgewicht unter 1.500 Gramm (entsprechend einer Tragzeit von weniger als 32 Wochen) spricht man von Kindern mit einem *sehr niedrigen Geburtsgewicht* oder auch von *kleinen Frühgeborenen*. Unter 1.000 Gramm beziehungsweise 28 Wochen Tragzeit spricht man definitionsgemäß in Deutschland nicht mehr von Frühgeburten, sondern von Fehlgeburten (→ Abort), auch wenn die verbesserte Neu- und insbesondere Frühgeborenenmedizin heutzutage unter Umständen auch Kinder am Leben erhalten kann, die zwischen 500 und 1.000 Gramm wiegen. Bei einer alleinigen Einteilung nach dem Geburtsgewicht entsteht das Problem, daß ein niedriges Geburtsgewicht auch noch andere Gründe haben kann als einfach eine kürzere Schwangerschaftsdauer. So können ausgetragene Kinder weniger als 2.500 Gramm wiegen und vor der 38. Woche geborene Babies schwerer als 2.500 Gramm sein. Im ersteren Fall spricht man auch von → *Mangelgeburten*, da ihr Gewicht und meist gleichzeitig damit auch die Reife des Kindes nicht ihrem Schwangerschaftsalter entspricht, wie es aus Normkollektiven ermittelt wurde.

Die Häufigkeit von Frühgeburten beträgt in Deutschland zwischen 4,5 und 8%. Jedoch sind von allen Neugeborenen, die versterben, bis zu 80% Frühgeborene, wobei der Anteil der Frühgeborenen mit sehr niedrigem Geburtsgewicht am größten ist. Die Ursachen für eine Frühgeburt sind ausgesprochen zahlreich. Neben dem Lebensalter der Mutter (vor dem 20. und nach dem 35. Lebensjahr häufen sich Frühgeburten), einigen Erkrankungen in der Schwangerschaft wie der → Präeklampsie, der → Zervixinsuffizienz, der → Placenta praevia oder der → Abruptio placentae spielen auch soziale, berufliche und psychische Faktoren sowie bestimmte Lebensgewohnheiten eine Rolle. Verkürzend auf die Tragzeit können sich dabei unter anderem auswirken: Berufstätigkeit bei einem Beruf mit viel Stehen und Gehen, Tragen schwerer körperlicher Lasten und Akkordarbeit, psychischer Streß (z.B. Partnerschaftskonflikte) sowie Rauchen, Drogen, hoher Kaffee- und Alkoholkonsum und eine schlechte, d.h. ungenügende und nicht ausgewogene → Ernährung. Auch bei → Mehrlingsschwangerschaften kommt es häufig zu einem frühzeitigen Geburtsbeginn.

Die Hauptgefahr für das Frühgeborene besteht in ausgeprägten Atemstörungen (siehe → Idiopathisches Atemnotsyndrom). Andere häufig auftretende Probleme sind eine noch ungenügende Fähigkeit des Babys zu saugen und damit selbständig Nahrung zu sich zu nehmen sowie die Unfähigkeit, die Körpertemperatur konstant zu halten (aus diesem Grund liegen Frühgeborene häufig im Inkubator). Darüber hinaus sind Frühgeborene anfälliger für Lungen- und Magen-Darminfektionen und im Falle eines hohen zusätzlichen Sauerstoffbedarfs für die Entwicklung einer sogenannten → retrolentalen Fibroplasie. Siehe auch → Abort.

FSH Abkürzung für *follikelstimulierendes Hormon*, ein Hormon, das in der → Hypophyse (Hirnanhangsdrüse) gebildet wird. Bei Frauen bewirkt es das Wachstum der → Follikel im Eierstock (→ Ovar) und damit die Bildung von Östrogen. Außerdem spielt es eine Rolle beim Eisprung (→ Ovulation). Bei Männern trägt das FSH zur Reifung der → Spermien im → Hoden bei. Siehe auch unter → Menstruationszyklus.

Fundusstand Siehe unter → Tragzeit

Fundus uteri Siehe unter → Uterus

Galaktorrhoe Das Auftreten von milchigem Ausfluß aus der Brustwarze ohne vorausgegangene Geburt. Siehe → Amenorrhoe-Galaktorrhoe-Syndrom. Siehe auch unter → Laktation, → Prolaktin.

Galaktozele Auch *Milchzyste*. Eine → Zyste in der Brust, die durch Milchstauung in einem verschlossenen Milchgang entsteht.

Gallenblase Ein birnenförmiger Schleimhautsack unterhalb der Leber, der als Aufbewahrungsort für die Galle dient. Die Galle, die in einer Menge von etwa 0,5 bis 1 Liter täglich in den Leberzellen gebildet wird, gelangt über die Gallengänge in die Gallenblase und von dort bei Bedarf (d.h. zu den Mahlzeiten) in den Dünndarm. Die Galle besteht aus Gallensäuren, die für die Fettverdauung von Bedeutung sind, Gallenfarbstoffen und Wasser. Außerdem enthält sie Ausscheidungsprodukte aus dem Körperstoffwechsel und von Medikamenten und in geringen Mengen auch Cholesterin.

Eine sehr häufige Erkrankung ist die Bildung von *Gallensteinen* durch eine veränderte Zusammensetzung der Galle (z.B. Cholesteringallensteine bei zuviel Cholesterin), die sich entweder in der Gallenblase selbst oder auch in den Gallengängen sammeln. Gallensteine treten bevorzugt bei Frauen über vierzig und bei → Adipositas auf. Auch häufige Schwangerschaften scheinen einen begünstigenden Effekt zu haben. Viele Menschen haben Gallensteine, ohne daß sie etwas davon merken. Gallensteine können aber auch eine Reihe von Beschwerden verursachen, darunter allgemeines Unwohlsein, Druckgefühl im Oberbauch, Blähungen, Aufstoßen und Unverträglichkeit bestimmter, vor allem fettiger Speisen. Außerdem kann es zu sogenannten *Gallenkoliken* kommen, das sind plötzliche, heftige, krampfartige Schmerzen im rechten Oberbauch, manchmal mit Ausstrahlung in die rechte Schulter, die im allgemeinen nach einer fetten Mahlzeit oder nachts auftreten und durch die Wanderung eines Steines durch die Gallengänge verursacht werden. Bei manchen Patienten mit Gallensteinen kommt es nie oder nur einmal zu solchen Schmerzattacken, andere leiden immer wieder darunter.

Da Gallensteine zu ernsthaften Komplikationen führen können, erfordert das Auftreten von schweren oder wiederholten Gallenkoliken eine baldige Behandlung. Diese besteht in der operativen Entfernung der Gallensteine, wobei verschiedene Methoden zur Verfügung stehen. Die bekannteste ist die Herausnahme der Gallenblase, genannt *Cholezystektomie*. Neuere Methoden sind die sogenannte *ERCP*, bei der über einen durch den Mund, die Speiseröhre und den Magen bis in den Dünndarm vorgeschobenen Katheter die Gallenwege vom Darm aus eröffnet und die Steine mit einer kleinen Schlinge herausgefischt werden, und die *Lithotrypsie*, bei der mit Hilfe von Stoßwellen von außerhalb des Körpers versucht wird, die Steine zu zertrümmern (ein Verfahren, das auch bei Nierensteinen Anwendung findet). Solange die Steine noch keine starken Beschwerden verursachen, kann man auch versuchen, sie mit Medikamenten aufzulösen, was allerdings nur bei Cholesterinsteinen und nach sehr langer Tabletteneinnahme über mindestens 9 Monate gelingen kann.

Gallensteine Siehe unter → Gallenblase

Gardnerella vaginalis Auch *Hämophilus vaginalis*. Ein Bakterium, das unter bestimmten Umständen zu einer → Kolpitis (Scheidenentzündung) führen kann, die sich durch grau-weißlichen, fischartig riechenden Ausfluß aus der Scheide sowie Juckreiz und Brennen im Genitalbereich bemerkbar macht. Die durch dieses Bakterium hervorgerufene Kolpitis wird auch *bakterielle Vaginose* genannt, weil neben Gardnerella vaginalis auch noch andere Bakterien, vor allem solche aus dem Darmtrakt, in der Scheide gefunden werden. Erst das gemeinsame Auftreten dieser Bakterienarten führt zur Infektion mit den oben beschriebenen Symptomen. Die bakterielle Vaginose gehört zu den häufigsten Formen der Kolpitis und wird vor allem durch Geschlechtsverkehr übertragen, weswegen sie auch zu den → sexuell übertragbaren Krankheiten gezählt wird. Die Diagnose wird mit Hilfe eines Abstriches aus der Scheide gestellt (siehe → Vaginalabstrich), bei dem die Bakterien erkennbar werden, sowie durch die Bestimmung des pH-Wertes in der Scheide, der bei einer bakteriellen Vaginose über 4,5 liegt, d.h. weniger sauer ist als normal. Zusätzlich führt man den sogenannten *Amintest* durch, bei dem einige Tropfen 10%iger Kalilauge zum Ausfluß gegeben werden. Im positiven Fall, d.h. bei Vorliegen einer bakteriellen Vaginose, wird der typische fischartige Geruch dadurch verstärkt. Die Behandlung erfolgt mit Antibiotika, die als Tabletten gegeben werden. In 90% kommt es darunter zu einer Ausheilung. Um eine Neuansteckung zu verhindern, ist es ratsam, den Sexualpartner ebenfalls antibiotisch zu behandeln.

Gaumenspalte Eine angeborene Mißbildung, bei der in der Mitte des Gaumens eine unterschiedlich lange Spalte in Längsrichtung (von vorne nach hinten) besteht. Die Spalte kann dabei nur den weichen Gaumen oder den weichen und harten Gaumen betreffen und zusätzlich auch noch mit einer ein- oder beidseitigen Spaltung der Oberlippe verbunden sein (sogenannte *Gaumen-Lippenspalte*). Die Mißbildung entsteht in der 6. bis 7. Schwangerschaftswoche, wenn eigentlich die beiden Gaumenfortsätze des Embryos in der Mitte zusammenwachsen sollten, dies aber aus unterschiedlichen Gründen nicht tun. Ein Grund kann z.B. in der Einwirkung von schädlichen Substanzen von außen auf den Embryo liegen. In manchen Fällen wird eine Gaumenspalte auch von den Eltern an ihre Kinder vererbt. Die Therapie besteht in einem operativen Verschluß der Spalte, der jedoch erst ab dem 3. Lebensjahr durchgeführt werden kann.

Gebärfähiges Alter Auch *Geschlechtsreife*. Die Jahre vom ersten Eisprung nach der → Menarche (Durchschnittsalter 12,6 Jahre) bis zur → Menopause (Durchschnittsalter 50 Jahre), also die Zeit im Leben einer Frau, in der sie Kinder empfangen und gebären kann. Physisch gesehen sind die besten Jahre zum Kinder-Bekommen diejenigen zwischen etwa 18 und 30. Das geht so weit, daß jede Frau, die bei einer Schwangerschaft jünger als 16 und älter als 34 Jahre alt ist, als besonders gefährdet betrachtet wird (→ Risikoschwangerschaft). Diese Gefährdung betrifft sowohl die Mutter als auch das ungeborene Kind. Bei schwangeren Frauen über 34 besteht ein höheres Risiko, daß sich Komplikationen wie eine → Präeklampsie oder eine → Placenta praevia einstellen, obwohl diese von der → Plazenta ausgehenden Komplikationen offenbar eher mit Herz-Kreislauf-Erkrankungen zusammenhängen als mit dem mütterlichen Alter. Chronische Erkrankungen, die häufiger bei älteren Frauen vorkommen, wie z.B. der → Diabetes, Bluthochdruck und Herz- und Nierenerkrankungen tragen zusätzlich zu den möglichen Komplikationen bei. Vor allem beim ersten Kind ist es wahrscheinlich, daß sich Wehen und Geburt schwieriger gestalten als bei jüngeren Frauen: Die Wehen ziehen sich tendenziell über einen längeren Zeitraum hin, eine → Lage- oder → Haltungsanomalie tritt öfter auf, und → postpartale Blutungen (aufgrund schwacher Gebärmutterkontraktionen nach der Geburt) sind häufiger.

Andere Gefährdungen für das Kind, abgesehen von den oben genannten, betreffen die größere Wahrscheinlichkeit von angeborenen Erkrankungen. Eine solche, genetisch bedingte Erkrankung, die mit einem höheren Alter der Eltern zusammenhängt, ist das → Down-Syndrom (Mongolismus), für das das Erkrankungsrisiko des Kindes bei einer Mutter über 40 zehnmal höher ist als bei einer Frau um die 20. Auch andere Chromosomenanomalitäten stehen mit dem mütterlichen Alter in Zusammenhang, desgleichen auch nicht-chromosomale Erkrankungen des Kindes wie z.B. eine Lippen- oder → Gaumenspalte, angeborene Herzfehler, eine → Spina bifida, ein Hydrozephalus (Wasserkopf) und andere Hirnschäden. Da bestimmte Erkrankungen schon vor der Geburt mit einer sogenannten → Amniozentese oder einer → Chorionbiopsie entdeckt werden können, empfehlen einige Ärzte diese Untersuchung für alle schwangeren Frauen ab 35 Jahren. Das Alter hat auch einen Einfluß auf die Fähigkeit der Gebärmutter, den Fetus zu erhalten, so daß das Risiko für eine Fehlgeburt oder eine Totgeburt mit dem Alter ansteigt.

Auf der anderen Seite sind auch sehr junge Frauen gefährdet. Bei ihnen kommt es häufiger zu einem schwangerschaftsbedingten Bluthochdruck, zu einer → Präeklampsie und → Eklampsie, und ihre Kinder neigen dazu, ein sehr niedriges Geburtsgewicht zu haben. Das Auftreten einer → Anämie (Blutarmut) in der Schwangerschaft, vielleicht wegen einer schlechten Ernährung, ist ebenso häufiger. Da bei einer Schwangerschaft und Geburt jedoch nicht nur physische Faktoren eine Rolle spielen, sondern auch seelische Umstände wie z.B. die Zufriedenheit der Frau mit ihrer Schwangerschaft eine nicht unbedeutende Rolle spielen, sollte man sich nicht strikt an ein medizinisch gesehen „gutes" Alter halten, sondern alle Faktoren bei der Planung einer Schwangerschaft bedenken und abwägen.

Gebärmutter Siehe → Uterus

Gebärmutterkrebs Siehe → Korpuskarzinom

Gebärmutterpolyp Siehe → Polyp, Def. 2

Gebärmuttersenkung Auch *Descensus uteri*. Das Tiefertreten der Gebärmutter innerhalb des kleinen Beckens durch eine Erschlaffung der Beckenbodenmuskulatur, die den Uterus normalerweise an seinem Platz hält. Tritt die Gebärmutter dabei so tief, daß der Muttermund vor der → Vulva sichtbar wird, dann handelt es sich um einen *Gebärmuttervorfall* oder *Prolaps uteri*. Dies kann soweit gehen, daß nicht nur der Gebärmuttermund, sondern die gesamte Gebärmutter vor der Vulva liegt. Dabei ist dann die Scheide vollkommen nach außen umgestülpt. Die Erschlaffung der Beckenbodenmuskulatur und damit eine Gebärmuttersenkung beziehungsweise ein Vorfall ist in den allermeisten Fällen die Folge von Geburten, bei der sämtliche Weichteilgewebe im Becken einschließlich der Muskulatur extrem geweitet werden, um den Durchtritt des Kindes nach außen zu ermöglichen. In selteneren Fällen besteht von Haus aus eine Neigung zur Bindegewebsschwäche, die auch die Beckenbodenmuskulatur erfassen kann. In jedem Fall neigt eine solche Schwäche der Beckenbodenmuskulatur dazu, nach der → Menopause zuzunehmen, was zusätzlich noch verstärkt wird, wenn gleichzeitig Übergewicht besteht.

Eine leichte Gebärmuttersenkung verursacht unter Umständen keine Symptome. Ausgeprägtere Senkungen oder gar ein Vorfall führen jedoch fast immer zu einem ständigen Druckgefühl nach unten in der Scheide sowie zu ständigen Beschwerden beim Sitzen und Gehen. Zusätzlich können Schmerzen tief in der Kreuzbeingegend oder im Unterbauch auftreten. Durch den ständigen Kontakt des Muttermundes mit Kleidung und anderem Gewebe kommt es gehäuft zu Entzündungen und Scheuerwunden, die neben einem unangenehmen Ausfluß auch leichte Blutungen hervorrufen können. Fast immer geht die Gebärmuttersenkung mit einem gleichzeitigen Vorfall der Blase (→ Blasenvorfall), seltener auch mit einem Vorfall des Enddarms (→ Rektozele) einher. Daher bestehen die am häufigsten geäußerten Beschwerden in Blasenstörungen, insbesondere in einem unwillkürlichen Urinabgang bei Lachen, Husten, Niesen oder körperlicher Belastung (siehe → Streßinkontinenz).

Die Senkung der Gebärmutter beziehungsweise ein Vorfall kann durch eine → gynäkologische Untersuchung leicht diagnostiziert werden. In leichteren Fällen mit keinen oder nur minimalen Beschwerden kann eine konsequent durchgeführte → Beckenbodengymnastik ein Fortschreiten der Senkung verhindern. Bei übergewichtigen Frauen steht die Gewichtsreduktion zusätzlich im Vordergrund. Ein Vorfall der Gebärmutter muß immer behandelt werden, und zwar vorzugsweise mit einer Operation, bei der einerseits die Gebärmutter auf vaginalem Weg (d.h. durch die Scheide) entfernt (→ Hysterektomie) und andererseits gleichzeitig eine sogenannte *Scheidenplastik* durchgeführt wird. Dabei wird durch Straffung der Gewebe die Blase wieder an ihren ursprünglichen Ort verlagert, um die Inkontinenz zu beheben. Bei Frauen, die noch Kinder gebären wollen, oder bei Frauen im hohen Alter, bei denen eine Operation ein nicht zu vertretendes Risiko bedeuten würde, kann man sich ausnahmsweise auch mit einem sogenannten *Pessar* behelfen, durch das eine mechanische Barriere in der Scheide gebildet wird, um die Gebärmutter am Absinken zu hindern. Ein solches Pessar muß jedoch alle 6 bis 8 Wochen durch einen Arzt gereinigt und wieder eingesetzt werden. Außerdem müssen ständige Kontrollen der Scheidenhaut erfolgen, da Druckwunden und Infektionen bei einer Pessarbehandlung sehr häufig sind.

Gebärmutterverwachsungen Siehe unter → Adhäsion, → Asherman-Syndrom

Gebärmuttervorfall Siehe unter → Gebärmuttersenkung

Gebärstuhl Siehe unter → Steinschnittlage

Geburt Auch *Entbindung* oder *Partus*. Der Prozeß am Ende der Schwangerschaft, bei dem ein Kind geboren wird. Bei fast allen Lebewesen, deren Junge im Körper der Mutter gezeugt und getragen werden, kommt es nach einer mehr oder weniger konstanten → Tragzeit, nach der das Junge einerseits reif genug ist, um außerhalb des mütterlichen Körpers (mit Hilfe) zu überleben, aber andererseits noch klein genug ist, um den Weg aus dem mütterlichen Körper nach außen ermöglichen zu können, zur spontanen Geburt. Was genau zur Auslösung der Geburtswehen und damit zur Geburt führt, ist dabei weder bei Tieren noch beim Menschen genau bekannt.

Die Geburt ist — durchaus wörtlich zu nehmen — physikalische Arbeit, d.h. die Erzeugung von Bewegung gegen einen Widerstand. Die bei der Geburt beteiligten Kräfte sind die Muskeln der Gebärmutter (→ Uterus), des Beckenbodens und der Bauchdecke. Mit ihrer Hilfe müssen die knöchernen und die Weichteilstrukturen des → Geburtskanals überwunden werden, die der Passage des Kindes einen Widerstand entgegensetzen. Unterstützt durch hormonelle Einflüsse, bewirken die Kontraktionen der Gebärmuttermuskulatur (→ Wehen), daß die → Zervix (Gebärmutterhals) weich wird, sich abflacht und sich schließlich sich so weit öffnet, daß das Baby durch den Muttermund paßt. Anhaltende Kontraktionen der Gebärmutter- und Bauchmuskeln führen dann zur schrittweisen Austreibung des Kindes durch den Geburtskanal. Dabei bewirken die Muskeln des Beckenbodens, daß der Kopf des Kindes sich dreht und streckt, während der nicht nachlassende Druck von oben das Kind nach außen preßt. Für eine genauere Beschreibung siehe unter → Geburtsmechanismus. Die enormen Kräfte, die dabei auf den Kopf des Kindes wirken, führen oft zu einer vorübergehenden Veränderung der Kopfform, um den Durchtritt nach außen zu ermöglichen.

Die Geburt wird in drei Phasen eingeteilt. Die erste Phase, *Eröffnungsperiode* genannt, beginnt mit der ersten Geburtswehe und ist beendet, wenn der Muttermund vollständig eröffnet ist, d.h. eine runde Öffnung mit etwa 10 cm Durchmesser bildet. Diese Eröffnung des Muttermundes wird *Zervixdilatation* genannt und ist eine Folge der Geburtswehen sowie, im Falle eines schon erfolgten → Blasensprunges, des Druckes des vorangehenden Kindsteiles auf den Muttermund. Während dieser Geburtsphase kommt es gleichzeitig zu einer vollständigen Abflachung und Verkürzung des Gebärmutterhalses, bis er praktisch nicht mehr vorhanden ist (siehe auch → Zervixreifung).

Die zweite Geburtsphase heißt *Austreibungsperiode*. Sie beginnt mit der vollständigen Eröffnung des Muttermundes und endet mit der eigentlichen Geburt des Kindes. Während dieser Geburtsphase wird das Kind durch die Wehen — langsam, aber sicher beim ersten Kind, und etwas schneller bei darauffolgenden Entbindungen — nach unten gedrückt. Spätestens jetzt kommt es auch zum Blasensprung, das Fruchtwasser ergießt sich nach außen, und der vorangehende Kindsteil ist noch besser zu ertasten. Bei einer „normalen“ Geburt, d.h. mit dem Kopf des Kindes in der sogenannten vorderen Hinterhauptslage als führendem Kindsteil, beginnt nun der Kopf langsam in der Scheide und Vulva, zuerst nur während der Wehen, später kontinuierlich, sichtbar zu werden. Dieser Vorgang wird *Einschneiden* des Kopfes genannt. Dann wird der Kopf des Kindes geboren, gefolgt vom Rest des kindlichen Körpers. Bei einer → Beckenendlage wird zunächst der untere Körperteil des Kindes geboren, d.h. die Füße, Beine oder der Steiß, gefolgt vom Körperstamm, den Schultern und zuletzt vom Kopf. Die Entbindung aus der Beckenendlage erfordert mehr Kraft von der Mutter, da der Kopf der größte Teil des Kindes ist und die Vordehnung des Geburtskanals durch die zuerst kommenden Teile bei einer Steißlage nicht so groß ist wie bei einer normalen Kopflage. Außerdem ist die Steißlage etwas gefährlicher für das Kind, da die Sauerstoffversorgung durch eine eventuelle Kompression der Nabelschnur zwischen dem Körper des Kindes und der Wand des Geburtskanals beeinträchtigt sein kann. (Siehe auch unter → Beckenendlage, → Nabelschnurvorfall.)

Die dritte Phase der Geburt, die *Nachgeburtsperiode*, beinhaltet die Loslösung der → Plazenta (Mutterkuchen) von der Gebärmutterwand und ihre anschließende Ausstoßung nach außen. Das geschieht mit Hilfe der sogenannten Nachgeburtswehen, während derer sich die Gebärmuttermuskulatur zusammenzieht, wodurch die Plazenta so lange nach unten gedrückt wird, bis sie sich von der Wand löst und schließlich ebenfalls geboren wird. Die nach der Geburt des Kindes in der Gebärmutter verbliebenen → Eihäute werden durch die Kontraktionen der Gebärmuttermuskulatur und durch den Zug der Plazenta dabei mit nach außen gezogen. Manchen Frauen gelingt es nicht, die Plazenta nach außen zu pressen. In solchen Fällen kann man durch leichten Druck mit der Hand auf den obersten Teil der Gebärmutter die Muskelkontraktionen noch weiter stimulieren, was meist zur Geburt der Plazenta ausreicht.

Die durchschnittliche Dauer der Eröffnungsperiode beträgt beim ersten Kind etwa zwölf Stunden und bei der zweiten und weiteren Geburten etwa sieben Stunden, wobei es jedoch beträchtliche Unterschiede von Frau zu Frau gibt. Auch die Position des Kindes hat einen Einfluß auf die Dauer der Eröffnungsperiode wie überhaupt der gesamten Geburt (siehe unter → Lageanomalien, → Haltungsanomalien, → Geburtsverzögerung). Gegen Ende der Eröffnungsperiode, wenn der Muttermund etwa acht Zentimeter weit ist, werden die Wehen deutlich stärker, länger und kommen in immer kürzeren Abständen. Diese Übergangsphase wird oft von verschiedenen Symptomen wie vor allem Übelkeit, Brechreiz, Zittern und psychischer Anspannung begleitet. Diese dauern jedoch nur kurz, nämlich selten länger als eine halbe Stunde beim ersten Kind. Die durchschnittliche Dauer der Austreibungsperiode beträgt ein bis zwei Stunden beim ersten und zwanzig Minuten oder weniger beim zweiten oder darauffolgenden Kind. Die Loslösung der Plazenta in der Nachgeburtsperiode dauert selten länger als zwei bis drei Minuten, und die Ausstoßung der Plazenta benötigt weitere fünf Minuten. Der Grund für die kürzere Geburtsdauer bei Mehrgebärenden liegt darin, daß die Zervix in einer vorausgegangenen Entbindung schon einmal erweitert war und deshalb bei nachfolgenden Geburten weniger Widerstand bietet. Das gleiche gilt für die Weichteile des Beckenbodens, die bei Mehrgebärenden in der Regel entspannter sind. Ebenfalls etwas kürzer dauert die Geburt bei Frauen, bei denen es schon vor Wehenbeginn zum Blasensprung gekommen ist, was in etwa 12% der Geburten der Fall ist. In diesem Fall beträgt die durchschnittliche Geburtsdauer zehn Stunden bei Erst- und sechs Stunden bei Mehrgebärenden. Siehe auch unter → Braxton-Hicks-Kontraktionen, → Geburtseinleitung, → Geburtsmechanismus, → Geburtsvorbereitung, → Leitungsanästhesie, → Wehen.

Geburtenkontrolle Bezeichnung für die staatliche Einflußnahme auf die → Familienplanung und damit auf die Geburtenrate bestimmter Bevölkerungsgruppen bzw. der Gesamtbevölkerung mit dem Ziel, das Bevölkerungswachstum zu kontrollieren. Je nachdem, ob die Geburtenzahlen erhöht oder gesenkt werden sollen, werden z.B. materielle Anreize wie Kindergeld oder andere Vergünstigungen geboten oder z.B. kostenlos Verhütungsmittel verteilt. Geburtenkontrollierende Maßnahmen zur Senkung der Geburtenrate sind insbesondere in Ländern von Bedeutung, in denen kein einigermaßen akzeptables Gleichgewicht zwischen Sterbe- und Geburtenrate herrscht, sondern die Bevölkerungszahl stattdessen ständig anwächst. Dies ist weniger in industrialisierten Ländern der Fall, in denen die Geburtenzahl bewußt eingeschränkt wird, als in den wenig entwickelten Ländern der Welt, die der Bevölkerungsexplosion meist am wenigsten gewachsen sind und in denen die ständig wachsende Bevölkerungszahl jeden wirtschaftlichen und sozialen Fortschritt verhindert oder zumindest verzögert. Nicht selten wirken aber gerade in diesen Kulturkreisen Maßnahmen zur Geburtenkontrolle besonders schlecht, was zum Teil daran liegt, daß es für die Betroffenen unglaubwürdig klingt, wenn sie einerseits ihre Kinderzahl beschränken sollen, ihnen aber auf der anderen Seite z.B. keine Alternative für die Altersversorgung angeboten wird, die sie sich später von den Kindern erhoffen. Dazu kommen soziale, politische und vor allem religiöse Faktoren, die nicht selten die Anwendung von empfängnisverhütenden Maßnahmen auf breiter Ebene schwierig machen. (So lehnt z.B. die katholische Kirche offiziell nach wie vor jede Verhütungsmethode mit Ausnahme der periodischen Enthaltsamkeit ab.) Im großen und ganzen muß man deshalb feststellen, daß das Problem der Familienplanung zwar für den einzelnen mit der Einführung moderner Verhütungsmittel gelöst ist, nicht aber das Problem der Geburtenkontrolle hinsichtlich der Weltbevölkerung insgesamt.

Geburtsdauer Bezüglich der normalen Dauer siehe unter → Geburt, bezüglich einer verlängerten Geburtsdauer unter → Geburtsverzögerung und bezüglich einer verkürzten Geburtsdauer unter → Sturzgeburt.

Geburtseinleitung Das Herbeiführen von → Wehen durch ärztliche Maßnahmen, um eine Geburt in Gang zu bringen oder zu beschleunigen. Die beiden hauptsächlich und fast immer gleichzeitig eingesetzten geburtseinleitenden Maßnahmen sind die → Blasensprengung und die Verabreichung des Hormons → Oxytozin. Um mit einer Blasensprengung allein eine Geburt erfolgreich in Gang zu bringen, muß die → Zervix *reif* sein. Das heißt, sie muß zu mindestens 50% abgeflacht, weich und so weit geöffnet sein, daß ein Zeigefinger leicht durch den äußeren Gebärmuttermund paßt (etwa zwei Zentimeter) (siehe auch unter → Zervixreifung). Ist eine diese Voraussetzungen nicht gegeben, dann wird eine Blasensprengung aller Wahrscheinlichkeit nach nicht zum Einsetzen von Wehen führen, und selbst wenn daraufhin Wehen einsetzen, ist die Wahrscheinlichkeit einer → Geburtsverzögerung sehr groß. Auch sagen manche Kliniker, daß eine frühe Blasensprengung zum verminderten Schutz des Kindes gegen starke Wehen führt, da dann weniger Fruchtwasser als „Kissen“ zwischen dem Kind und der Gebärmutterwand vorhanden ist.

Wenn die Zervix noch nicht reif, eine Geburtseinleitung aber wegen einer → Präeklampsie oder einem anderen ernsten Umstand notwendig ist, kann man durch die Dehnung des Muttermundes und Ablösung des unteren Fruchtblasenpols von der Zervixwand mit dem Zeigefinger eine zusätzliche geburtseinleitende Wirkung erzielen. Dies ist jedoch nur möglich, wenn die Zervix bereits so weit eröffnet ist, daß der Zeigefinger des Geburtshelfers hindurchpaßt, um dann kreisende Bewegungen zur Ablösung der Fruchtblase zu vollführen. Die andere grundsätzliche Möglichkeit der Geburtseinleitung ist die Verabreichung von Oxytozin, in der Regel als Infusion über eine Armvene. Dieses Hormon regt die Gebärmuttermuskulatur zu Wehen an. Auch diese Methode ist umso erfolgversprechender, je reifer die Zervix ist. Wenn die Wehen begonnen haben, und das Baby eine normale Geburtslage hat (d.h. keine → Haltungs- oder → Einstellungsanomalie vorliegt), kann die Oxytozin-Infusion, falls notwendig, bis zu zehn Stunden belassen werden, wobei jedoch die kindlichen Herztöne und die Wehenaktivität ständig sorgfältig kontrolliert werden müssen, um eine Gefahrensituation wegen zu starker Wehen nicht zu übersehen (siehe → fetale Überwachung). Wenn die Wehen zu stark sind oder Zeichen einer kindlichen Gefährdung vorliegen, kann unter Umständen ein → Kaiserschnitt notwendig werden.

Die Hauptgefahr des Oxytozins ist die Entstehung zu starker Gebärmutterkontraktionen, die zum Reißen der Gebärmutterwand und/oder zum Tod des Kindes führen können. Wegen dieser potentiellen Gefahr gibt es eindeutige → Kontraindikationen für die Verwendung von Oxytozin zur Geburtseinleitung. Oxytozin darf grundsätzlich nicht in den Fällen eingesetzt werden, in denen eine vaginale Geburt wegen eines relativen Mißverhältnisses zwischen der Größe des mütterlichen Beckens und der des kindlichen Kopfes nicht möglich ist, d.h. wenn entweder das Becken der Mutter zu eng oder der Kopf des Kindes zu groß ist, als daß der kindliche Kopf ohne stecken zu bleiben auf normalem Wege (d.h. durch die Vagina) geboren werden könnte. Dasselbe gilt, wenn das Baby sehr groß zu sein scheint (bei einem geschätzten Geburtsgewicht von über 4.000 Gramm). Auch sollte Oxytozin nicht bei Frauen eingesetzt werden, die schon fünf oder mehr Kinder geboren haben, weil die Gebärmutter in diesen Fällen durch die häufigen Schwangerschaften eine größere Anfälligkeit zum „Reißen" zeigt als bei Frauen mit weniger Schwangerschaften. Schließlich sollte Oxytozin nur dann zum Einsatz kommen, wenn das Kind offensichtlich in einer guten Verfassung ist, was man anhand einer normalen Herzfrequenz und der Abwesenheit von → Mekonium (kindlichem Stuhl) im Fruchtwasser beurteilen kann. (Ein totes Baby ist dagegen keine Kontraindikation für eine Geburtseinleitung und -beschleunigung mit Oxytozin.)

Auch wenn das Oxytozin, abgesehen von den größeren Beschwerden durch sehr starke Wehen für die Mutter, in aller Regel harmlos ist, kann seine Anwendung gefahrvoll für das Kind sein. Da Oxytozin die Wehen beschleunigt, verstärkt und außerdem die Zeitabstände zwischen den Wehen verkürzt, kann es zu einer schlechteren Versorgung des Kindes mit Sauerstoff kommen. Auf ähnliche Weise kann es bei einem → Nabelschnurvorfall während der Geburt oder durch einen anders verursachten Druck auf die Nabelschnur, durch den die in ihr enthaltenen Blutgefäße für den Blutstrom von der Mutter zum Kind abgedrückt werden, zu einer Unterversorgung des Kindes mit Sauerstoff kommen. Ein Sauerstoffmangel beim Kind wiederum kann einen nicht mehr rückgängig zu machenden Hirnschaden zur Folge haben.

Wegen dieser Gefahren sollte eine Geburtseinleitung nur dann stattfinden, wenn ein weiteres Aufschieben der Entbindung genauso viel oder noch mehr Gefahren mit sich bringt. Wenn es z.B. bereits spontan zum → Blasensprung gekommen ist, jedoch innerhalb von 24 Stunden keine regelmäßigen Wehen einsetzen (oder wieder aufhören), dann steigt das Risiko für eine Infektion des Kindes gewaltig an, und eine Geburtseinleitung ist gerechtfertigt. Ähnliches gilt für Blutgruppenunverträglichkeiten (siehe → Rhesus-Faktor) oder wenn das Baby schon tot ist oder andere Gefahrenzustände bei Mutter oder Kind bestehen. In all diesen Fällen ist unter Umständen eine schnelle Geburt risikoärmer als weiteres Zuwarten. Eine Tragzeitüberschreitung allein, ohne daß Zeichen für eine Gefährdung des Kindes vorliegen, erfordert jedoch keine Therapie und damit keine geburtseinleitenden Maßnahmen.

Geburtserleichterung Eine Reihe verschiedener Maßnahmen und Methoden, die alle das Ziel haben, die Schmerzen für die Mutter während der Geburt so weit wie möglich zu lindern und das Kind möglichst schonend zur Welt zu bringen. Die Entbindung soll kein qualvolles Erlebnis sein! Die wichtigsten geburtserleichternden Methoden, die heute zur Anwendung kommen, sind die → Entbindung nach *Read*, die → psychoprophylaktische Methode, die medikamentöse Geburtserleichterung und die → sanfte Geburt. Die Entbindung nach *Read* und die psychoprophylaktische Methode werden auch als Formen der sogenannten *natürlichen Geburt* bezeichnet (siehe unter → Geburtsvorbereitung). Für eine genaue Beschreibung dieser beiden Methoden sowie der sanften Geburt siehe unter den jeweiligen Stichwörtern.

Zur *medikamentösen* Geburtserleichterung stehen mehrere Verfahren zur Auswahl, die sich in ihrer Wirksamkeit, der Häufigkeit von Nebenwirkungen und hinsichtlich des Zeitpunktes im Geburtsablauf unterscheiden, zu dem sie gegeben werden können. Während der Eröffnungsperiode – und nur dann – kann man stark wirksame → *Analgetika* aus der Opiatgruppe verabreichen. Von ihnen wird vor allem Pethidin (Dolantin®) in einer Dosierung von 100 mg in zweistündigen Abständen bis zu einer Gesamtdosis von etwa 250 mg als Tablette oder intramuskuläre Spritze gegeben. Pethidin hat den Nachteil, daß es über die → Plazenta in den Blutkreislauf des Kindes gelangt und dort zu einer Unterdrückung der Atmungsfähigkeit nach seiner Geburt führen kann. Es darf deswegen nicht kurz vor der Austreibungsperiode gegeben werden. Gleiches gilt für ein anderes häufig eingesetztes Schmerzmittel, das Pentazocin (Fortral®). Neben den Schmerzmitteln kann man auch bestimmte → *Psychopharmaka*, vor allem Valium® und Psyquil® einsetzen, die beide als Spritze in den Muskel verabreicht werden. Sie führen zu einer Erhöhung der Schmerzschwelle und damit zu einer Einsparung von Analgetika und haben gleichzeitig einen muskelentspannenden und angstlösenden Effekt. Man kann sie schon zu Beginn der Eröffnungsperiode verabreichen bzw. später mit Pethidin oder Pentazocin kombinieren. Zu einer Schmerzausschaltung während der Austreibungsphase ist die → Pudendusanästhesie geeignet und lediglich zur Betäubung bei einem Dammschnitt (→ Episiotomie) die sogenannte *Damminfiltration*, bei der ein lokales Betäubungsmittel in die Stelle gespritzt wird, an der der Schnitt erfolgen wird. Sowohl Pudendusanästhesie als auch Damminfiltration stellen eine Form der → Leitungsanästhesie dar genauso wie zwei weitere Verfahren, der → parazervikale Block und die → Peridualanästhesie, von denen letztere in über 90% der Fälle jegliche Schmerzempfindung vollständig ausschaltet und in den letzten Jahren zu einer der wichtigsten schmerzlindernden Methode unter Geburt geworden ist. (Für eine genaue Beschreibung dieser beiden Verfahren siehe unter den jeweiligen Stichwörtern.) Eine Allgemeinnarkose dagegen kommt heutzutage praktisch nur noch bei Kaiserschnittentbindungen zur Verwendung.

Geburtsgewicht Das Gewicht eines neugeborenen Kindes, das oft in direktem Zusammenhang mit seiner Entwicklungsreife und damit seinen Überlebenschancen steht. Das durchschnittliche Gewicht eines *reifen* Neugeborenen beträgt für Knaben 3.400 und für Mädchen 3.200 Gramm, wobei die Schwankungsbreite jedoch sehr groß ist, nämlich von 2.800 bis 4.100 Gramm. Die meisten *Frühgeborenen* (→ Frühgeburt), d.h. Kinder, die vor Vollendung der 37. Schwangerschaftswoche geboren werden, wiegen weniger als 2.500 Gramm und sind oft noch nicht reif genug, um ohne besondere Pflege und Behandlung überleben zu können (und manchmal nicht einmal dann). Aus diesem Grund wurde lange Zeit ein Geburtsgewicht von 2.500 Gramm als ein Zeichen für die ausreichende Reife des Kindes angesehen und ein weniger wiegendes Neugeborenes als sehr gefährdet betrachtet. Das Gewicht allein ist jedoch nicht das einzige Reifheitsmerkmal, und manche termingerechten oder sogar spätgeborenen Kinder wiegen weniger als 2.500 Gramm, ohne sich in besonderer Gefahr zu befinden. Deswegen tendiert man heutzutage dazu, die Neugeborenen sowohl nach dem Gewicht als auch nach der Dauer der Tragzeit zu beurteilen, und ihre Behandlung richtet sich nach diesen Kriterien sowie nach dem → Apgar-Index und anderen Faktoren. (Siehe auch unter → Tragzeit.)

Ein niedriges Geburtsgewicht kann genetisch bedingt sein (Eltern, die selbst eher klein sind, oder die eine Krankheit vererben, die mit geringer Körpergröße einhergeht), oder der Grund liegt, was öfter der Fall ist, in einer Mangelernährung des Kindes. Diese Mangelernährung kann ihrerseits durch eine Krankheit der Mutter, wie z.B. einen Bluthochdruck, eine schwere Nierenerkrankung oder einen → Diabetes mellitus (Zuckerkrankheit) verursacht sein, die die Passage von genügend Nährstoffen über die → Plazenta zum Kind erschwert. Auch das Zigarettenrauchen und eine Drogenabhängigkeit bei der Mutter scheinen mit einem niedrigen Geburtsgewicht des Kindes einherzugehen, genauso wie eine unzureichende Ernährung der Mutter. Einige Forscher gehen davon aus, daß der Versuch einiger Geburtshelfer, schwangere Frauen von einer zu starken Gewichtszunahme abzuhalten — für viele Jahre eine beliebte Strategie — zu einer unzureichenden Proteinzufuhr führt, was wiederum zu einem niedrigen Geburtsgewicht (und anderen Problemen) beiträgt. Siehe auch unter → Gewichtszunahme, Def. 2, und unter → Ernährung.

Geburtskanal Der Korridor oder die Passage, durch die das Kind bei der Geburt von der Gebärmutter hinunter durch die Scheide nach außen gelangt. Manche beschränken den Begriff auf die Scheide selbst. Häufiger meint man damit das gesamte knöcherne Becken, den Muttermund und die Vagina, da eine Behinderung an jeder Stelle in diesen Bereichen die Passage des Kindes erschweren oder unmöglich machen kann.

Geburtsmechanismus Die Art und Weise, in der sich die Lage und Haltung des Kindes während der Geburt an die anatomischen Verhältnisse der Mutter anpaßt, um den Austritt des Kindes aus dem Mutterbauch zu bewerkstelligen. Für die normale Geburt, d.h. bei der Geburt eines normal großen Kindes aus der sogenannten → vorderen Hinterhauptslage, gilt dabei folgendes (siehe auch Abb. 5): Beim Eintritt in das querovale mütterliche Becken dreht sich das Kind mit dem Kopf zur Seite, d.h. quer, um den zur Verfügung stehenden Platz optimal auszunützen. Beim Tiefertreten in das jetzt eher rundlich geformte Becken dreht sich der Kopf mit dem Gesicht langsam nach hinten. Auf dem Beckenboden, der geradoval ist, steht der kindliche Kopf nicht mehr seitlich, sondern geradeaus mit dem Gesicht nach hinten zum Steißbein der Mutter. Gleichzeitig ist das Kinn auf die Brust gebeugt. Nun folgt der Durchtritt durch die Scheide. Hierbei streckt sich der Kopf und wird schließlich geboren. Zur Geburt des restlichen Körpers dreht sich der Kopf noch einmal zur Seite, wodurch die sich mitdrehenden Schultern den → Geburtskanal besser passieren können. Rumpf und Beine folgen dann schnell nach. Siehe auch unter → Einstellungsanomalie, → Haltungsanomalie, → Lageanomalie.

Geburtsschaden Auch *Geburtstrauma.* Ein gesundheitlicher Schaden des neugeborenen Kindes, der mit dem Geburtsvorgang ursächlich im Zusammenhang steht. Hierzu gehören z.B. Blutungen im Gehirn oder unter der Kopfhaut (→ Kephalhämatom), Lähmungen z.B. eines Armes oder einer Gesichtshälfte durch Quetschungen von Weichteilgewebe (meist bei → Zangengeburten) und Knochenverletzungen. Die meisten Geburtsschäden sind harmlos und vergehen nach einiger Zeit von alleine.

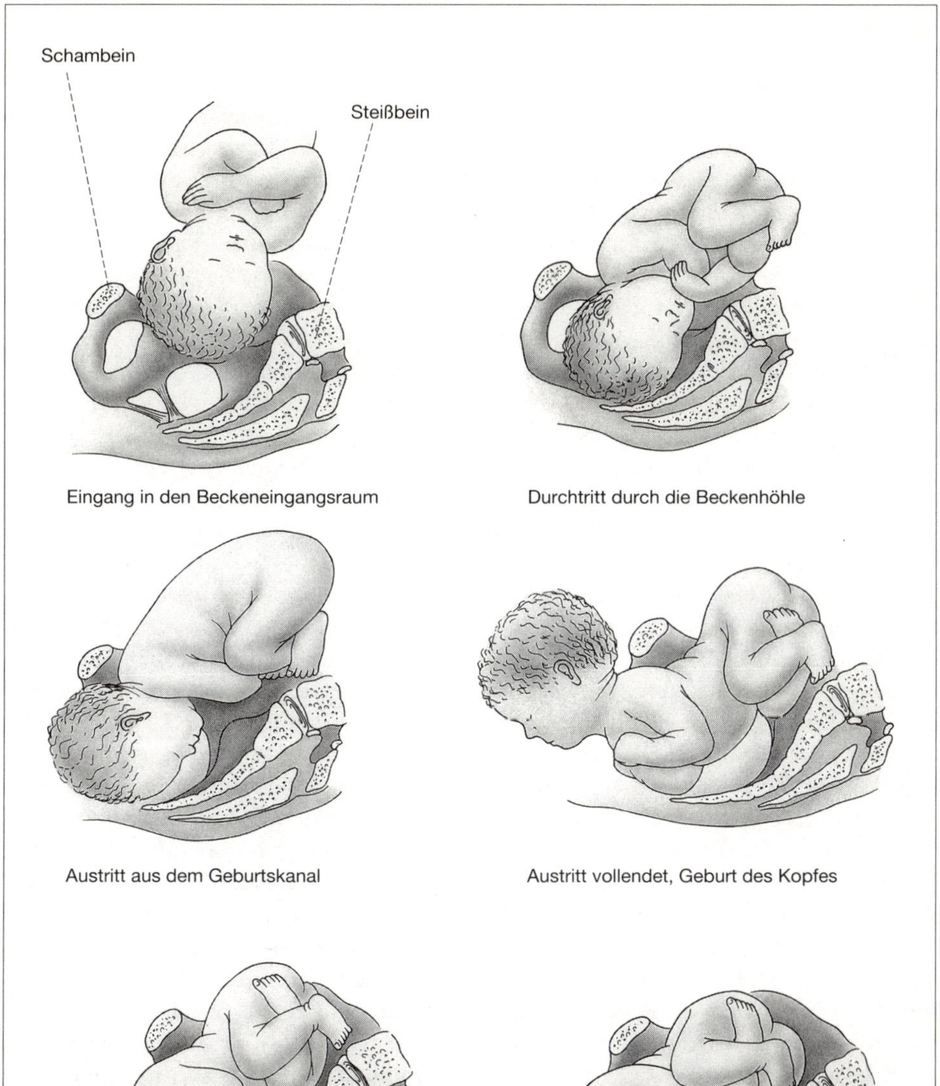

Abb. 5: Schematische Darstellung der Position des Kindes im Verhältnis zum mütterlichen Becken bei der Geburt aus der (normalen) vorderen Hinterhauptslage

Geburtstermin Siehe unter → Tragzeit

Geburtsverzögerung Auch *Protrahierte* (= in die Länge gezogene) *Geburt.* Eine Geburt, die länger dauert als normal. Dabei wird als normal eine Geburtsdauer von bis zu zwölf Stunden bei einer Erstgebärenden und von bis zu acht Stunden bei einer Mehrgebärenden angesehen (siehe auch unter → Geburt). Eine Verzögerung des normalen Geburtsablaufes kann im Prinzip bei jedem Stadium im Verlauf der Entbindung eintreten und ist insofern gefährlich, als mit steigender Geburtsdauer die Wahrscheinlichkeit einer Beeinträchtigung der Sauerstoffversorgung des Kindes und damit potentiell auch seiner Gesundheit ansteigt. Darüber hinaus wächst sowohl die körperliche als auch die seelische Belastung für die Mutter sowie die Gefahr von aufsteigenden Infektionen in die Gebärmutter, insbesondere dann, wenn der → Blasensprung schon erfolgt ist.

Die Ursachen einer Geburtsverzögerung sind vielfältig und können entweder auf seiten der Mutter oder auf seiten des Kindes liegen. Zu den häufigsten Gründen gehört die mütterliche Wehenschwäche, die ihrerseits durch zu viel Schmerzmittel während der Geburt bedingt sein kann, oder durch kleinere Grade eines Mißverhältnisses zwischen der Beckengröße der Mutter und der Größe des Kindes oder, am häufigsten, durch eine Kombination dieser Faktoren. Auch eine abnorme Lage, Haltung oder Einstellung des Kindes wie z.B. eine → hintere Hinterhauptslage oder eine → Beckenendlage führen häufig zu einer Geburtsverzögerung, sowie jede Situation, bei der entweder das Becken der Mutter zu klein oder der Kopf des Kindes zu groß ist, so daß die Entbindung des Kindes auf normalem Wege grundsätzlich unmöglich wird. Eine Geburtsverzögerung ist außerdem häufiger bei Erstgebärenden und bei Frauen über 35 Jahren.

Wegen der oben beschriebenen Gefahren für das Kind bei einer zu langen Geburtsdauer erfordert eine Geburtsverzögerung (gleich welcher Art) den Einsatz von geburtshilflichen Maßnahmen. Zuvor muß jedoch versucht werden, die Ursache der Geburtsverzögerung zu bestimmen. Eine Wehenschwäche kann durch die Aufzeichnung der Wehen mit einem speziellen Gerät, dem Tokogramm (siehe unter → fetaler Überwachung), erkannt werden, ein Mißverhältnis von Becken- und Kindgröße durch eine Röntgenaufnahme des Beckens. Mit der Hand kann man tasten, welcher Teil des Kindes vorne liegt und ob es sich in einer geburtsunmöglichen Lage befindet. Zeigt sich bei diesen Untersuchungen irgendeine Abnormität, kann die einzige sichere Möglichkeit der Entbindung der → Kaiserschnitt oder eine → Zangen- bzw. → Saugglockengeburt sein. Zeigen sich keine Auffälligkeiten, kann man durch eine → Blasensprengung versuchen, den Geburtsablauf zu beschleunigen. Ist dies nicht wirksam, kommt auch der Einsatz von wehenfördernden Medikamenten wie dem → Oxytozin in Frage, dessen Gabe jedoch kontinuierlich überwacht werden muß. Siehe auch unter → Geburtseinleitung.

Geburtsvorbereitung Die psychische und physische Vorbereitung einer Schwangeren auf die Entbindung durch die Vermittlung von Informationen über den Prozeß einer Geburt, durch das Erlernen von Entspannungsübungen für die Zeit vor und während der Entbindung und andere Methoden. Zur Zeit sind eine Reihe von verschiedenen Methoden der Geburtsvorbereitung gebräuchlich, die jedoch alle das gleiche Ziel verfolgen: die Angst der Frau vor der Geburt abzubauen, indem man ihr ein größeres Wissen darüber vermittelt, was auf sie zukommt, sowie sie seelisch und körperlich auf die während einer Geburt auftretenden Gefühle und Beschwerden vorzubereiten, um die Notwendigkeit von medikamentösen Formen der → Geburtserleichterung, einer Zangengeburt oder anderen medizinischen Maßnahmen so weit wie möglich zu verringern. Es gilt als erwiesen, daß eine gute Geburtsvorbereitung zu einem niedrigeren Verbrauch von Schmerzmitteln während der Geburt und insgesamt zu einem schnelleren Geburtsablauf führt.

Die früheste spezifische, d.h. neben der üblichen Vorbereitung durch den Geburtshelfer, eingesetzte Form der Geburtsvorbereitung wurde von dem englischen Arzt *Grantly Dick-Read* entwickelt und wird etwa seit den frühen sechziger Jahren verwendet. Sie heißt nach ihrem Begründer auch → Entbindung nach *Read*. Etwa ein Jahrzehnt später wurde sie durch die sogenannte → psychoprophylaktische Methode, die von einem französischen Arzt, *Fernand Lamaze*, entwickelt wurde, weitgehend ersetzt bzw. ergänzt. Beide Methoden werden auch als Methoden der *natürlichen Geburt* bezeichnet. Ausgehend von diesen Modellen wurden außerdem eine Reihe von abgewandelten Methoden in Umlauf gebracht, je nachdem, was ein Geburtshelfer persönlich und seinen Erfahrungen nach als besonders wichtig für die Geburtsvorbereitung erachtete. Zusätzlich werden z.B. auch Autogenes Training oder bestimmte Yoga-Formen eingesetzt. Andere Vertreter einer natürlichen Geburt sind der Meinung, daß die Eltern jeweils ihren eigenen Weg für die Geburt finden sollten, ohne sich auf eine feste Methode zu verlassen, um dem weiblichen Körper so weit wie möglich zu erlauben, ganz „natürlich" zu reagieren. Mit jeder Form der Geburtsvorbereitung wird meist zwischen der 28. und 32. Schwangerschaftswoche in speziellen Vorbereitungskursen, die im allgemeinen einmal wöchentlich stattfinden, begonnen. Informationen über solche Kurse bekommt man vom betreuenden Frauenarzt. Siehe auch → Geburtserleichterung, → sanfte Geburt.

Geburtswehen Siehe → Wehen

Geburtszange Siehe unter → Zangengeburt

Gehirnschlag Siehe → Apoplex

Gelbkörper Siehe → Corpus luteum

Gelbkörperhormon Siehe → Progesteron

Gelbkörperinsuffizienz Siehe unter → Nidation

Gelbsucht Siehe → Ikterus

Gen Siehe unter → Genetik

Genetik Erblehre, Lehre von der Vererbung. Die Genetik hat ihren Namen vom Grundbaustein der Erbmasse, dem *Gen*, das die Information für die Bildung eines bestimmten Proteins (Eiweiß) enthält. Es gibt ungefähr 50.000 bis 100.000 menschliche Gene. Die aktive Substanz eines Gens ist die *DNS* (*D*esoxyribo*n*uklein*s*äure, siehe unter → Nukleinsäuren), deren Aufbau erst 1953 entdeckt wurde. Fünf Jahre später gelang es, Gene einer Kröte in ein Bakterium einzubauen und sie dort arbeiten zu lassen, ein Experiment, das den Beginn einer neuen Wissenschaft, der *Gentechnologie*, einleitete. Bald darauf waren die Wissenschaftler in der Lage, Gene fast beliebig aufzuspalten, zu transplantieren, synthetische Gene herzustellen, die Informationen auf den Genen abzulesen und sogar neue genetische Infomationen zu konstruieren.

Der nächste große Fortschritt kam 1966 mit der kompletten Übersetzung des in der DNS enthaltenen genetischen Codes, wodurch gezeigt werden konnte, wie die Reihenfolge der DNS-Untereinheiten für die Bildung von Proteinen verantwortlich ist. Seit dieser Zeit gab es einen Durchbruch nach dem anderen, die das Gebiet der Medizin wesentlich beeinflußt haben. Dazu gehören z.B. die Transplantation von „gesunden" Genen in Zellen, die ursprünglich einen Gendefekt hatten, die Entdeckung von veränderten Genen, den sogenannten *Onkogenen*, im Zusammenhang mit Krebserkrankungen, die Identifizierung von Dutzenden von Genen, die für vererbbare Krankheiten verantwortlich sind, wodurch eine Diagnose noch vor der Geburt möglich wurde, die Entwicklung von Impfstoffen gegen Krankheiten wie die Cholera, indem man die Gene des Organismus, der die Krankheit verursacht, manipulierte, und die gentechnische Herstellung von Insulin, menschlichem Wachstumshormon und anderen körpereigenen Stoffen.

Schon vor diesen Entdeckungen hatte man durch die Experimente von *Gregor Mendel* (1822–84), einem österreichischen Mönch und Botaniker, und *Luther Burbank* (1849–1926), einem amerikanischen Pflanzenzüchter, einiges über die Gene herausgefunden. Z.B. wußte man, daß die Gene auf *Chromosomen* liegen, die tatsächlich im Prinzip nichts anderes als eine lange Kette von aneinandergereihten Genen sind, und daß jedes Gen die Information für ein bestimmtes Merkmal wie beispielsweise die Augenfarbe des Lebewesens trägt. Die Gene sind in linearer Reihenfolge auf einem Chromosom angeordnet, und ein bestimmtes Gen liegt normalerweise in jeder Zelle des jeweiligen Lebenwesens an der gleichen Stelle auf dem Chromosom. Die Chromosomen treten in jeder Zelle als Paar, d.h. zweimal auf, was bedeutet, daß es in jeder Zelle zwei Gene für das gleiche Merkmal gibt. Diese beiden Gene sind nicht notwendigerweise identisch: so kann eine Person ein Gen für braune Augen und eines für blaue Augen haben. Wenn es für ein Merkmal mehrere mögliche Gene gibt, dann sind in der Regel manche Gene *dominant* über die anderen, die dann als *rezessiv* bezeichnet werden. Z.B. sind braune Augen dominant über blaue Augen, die also umgekehrt rezessiv gegenüber den braunen Augen sind. Eine Person, die ein Gen für braune und ein Gen für blaue Augen hat, wird also braune Augen, eine Person mit zwei Genen für blaue Augen wird blaue Augen haben. Da manche Gene mit bestimmten Erkrankungen oder einem erhöhten Risiko für die Entwicklung einer Erkrankung in Zusammenhang stehen, ist die Bestimmung des Vererbungsmodus, d.h. ob sie dominant oder rezessiv sind, wichtig, um die Wahrscheinlichkeit einer Weitergabe an die Nachkommen zu beurteilen.

Die Merkmale, die ein Lebewesen von seinen Eltern erbt, werden durch den Prozeß reguliert, durch den die einzelnen Gene weitergegeben werden. Bei der normalen Zellteilung, die *Mitose* genannt wird, verdoppelt sich jedes Chromosom — und damit auch jedes Gen —, bevor sich die Zelle teilt, so daß jede der beiden neuen oder auch „Tochter"-Zellen eine identische Genzusammensetzung hat. Bei der sexuellen Reproduktion, d.h. dem geschlechtlichen Fortpflanzungsprozeß, kommt es jedoch zur *Verschmelzung* zweier bestimmter Zellen, nämlich der Eizelle von der Mutter und der Spermienzelle vom Vater. Damit das entstehende neue Lebewesen durch diese Verschmelzung nicht die doppelte Anzahl an Chromosomen (und Genen) hat, sondern genauso viel wie jeweils die Eltern, dürfen Ei- und Spermienzelle nur jeweils die Hälfte des Chromosomensatzes zur Verschmelzung beitragen. Deshalb wird in einem speziellen Zellteilungsprozeß, der sogenannten *Meiose*, jedes Chromosomenpaar getrennt, und nur jeweils ein Chromosom gelangt in die entstehende Ei- oder Spermienzelle. Daher kann z.B. der Elternteil mit einem Gen für braune und einem für blaue Augen nur eines von beiden in die Ei- oder Samenzelle weitergeben. Das zweite Gen für die Augenfarbe des neuen Lebewesens kommt vom anderen Elternteil. Bei den menschlichen Zellen, die normalerweise 46 Chromosomen besitzen, kommen jeweils 23 von der Mutter und 23 vom Vater.

Die meisten erblichen Merkmale werden durch einzelne Gene oder Genkombinationen bestimmt. Bei der Bestimmung des Geschlechts des neuen Lebewesens jedoch dachte man lange Zeit, daß nicht nur einzelne Gene, sondern ganze Chromosomen von Bedeutung sind. Die Geschlechtschromosomen sind die einzigen des menschlichen Chromosomensatzes, bei denen die beiden Chromosomen eines Paares äußerlich verschieden sein können: Jede Frau trägt zwei X-Chromosomen, d.h. zwei weibliche Geschlechtschromosomen, während jeder Mann ein X- , d.h. ein weibliches, und ein Y- , d.h. ein männliches Geschlechtschromosom besitzt. Während der Meiose erhält das männliche Spermium entweder ein X- oder ein Y-Chromosom, bei der Frau erhält dagegen jede Eizelle ein X-Chromosom. Findet die → Befruchtung mit einem Spermium statt, das ein Y-Chromosom enthält, dann hat das Kind ein X- und ein Y-Chromosom und ist damit männlich (XY); enthält das Spermium ein X-Chromosom, dann hat das Kind zwei X-Chromosomen und ist weiblich (XX). Neuerdings hat man jedoch herausgefunden, daß es nicht das Y-Chromosom als ganzes, sondern bestimmte Gene auf dem Y-Chromosom sind, die für die „Männlichkeit" verantwortlich sind.

Auf dem X-Chromosom liegen außer denjenigen für das Geschlecht noch Gene für andere Merkmale. Wenn ein männlicher Nachkomme ein solches Merkmal auf dem X-Chromosom erbt, so fehlt ihm unter Umständen das entsprechende Gen auf dem andersartigen Y-Chromosom, so daß das Merkmal in jedem Fall zum Vorschein tritt. Dagegen hat ein weiblicher Nachkomme zwei X-Chromosomen, so daß selbst in dem Fall, daß sich auf einem X-Chromosom ein solches Merkmal befindet, noch ein zweites, eventuell dominantes Gen für das gleiche Merkmal auf dem anderen X-Chromosom sitzt, das zur Maskierung des ersten Genes führen kann. Aus diesem Grund treten manche Merkmale oder Krankheiten, die sogenannten *geschlechtsgebundenen* oder *X-chromosomalen Krankheiten*, bei Männern weitaus öfter in Erscheinung als bei Frauen. Zu diesen Krankheiten gehören z.B. die Rot-Grün-Blindheit und die Bluterkrankheit (→ Hämophilie). (Siehe unter → Angeborenen Krankheiten für weitere Beispiele.)

Normalerweise gleichen sich Kinder untereinander oder ihren Eltern oder Großeltern in den meisten körperlichen Grundmerkmalen. Gelegentlich tritt jedoch ein völlig neues Merkmal auf, das selbst über mehrere Generationen zurück nicht aufgefunden werden kann. In einem solchen Fall ist es zu einer plötzlichen Änderung eines oder mehrerer Gene gekommen. Diese Änderung wird *Mutation* genannt, und der Träger des *mutierten* (veränderten) Gens heißt *Mutant*. Normalerweise betrifft die Mutation nur ein Gen, aber manchmal ist ein ganzes Chromosom verändert. In beiden Fällen wird das mutierte genetische Material wieder an die Nachkommen weitergegeben. Zu solchen Mutationen kann es durch Umweltfaktoren kommen, von denen manche bekannt, andere noch nicht identifiziert sind. Mit der Entwicklung und der Anwendung von vielen neuen chemischen Substanzen und der steigenden Anwendung von energiereichen Strahlen sind Mutationen sehr viel häufiger geworden. Mutationen konnten bei Versuchstieren durch die Bestrahlung mit hochdosierten Röntgen-Strahlen und Gamma-Strahlen sowie durch die Behandlung mit hohen Temperaturen und mit einer wachsenden Vielzahl von chemischen Substanzen ausgelöst werden. Die meisten mutierten Gene sind rezessiv — die Nachkommen mit dominanten mutierten Genen überleben meist nicht —, so daß sie durch das unveränderte, nicht mutierte Gen des betroffenen Chromosomenpaars verdeckt werden. Sie treten erst in Erscheinung, wenn zwei Eltern mit dem gleichen mutierten Gen Kinder bekommen. Für weitere Informationen über rezessive Erbkrankheiten siehe unter → Angeborene Krankheiten. Siehe auch → Genetische Beratung.

Genetische Beratung Die fachmännische Beratung hinsichtlich der Wahrscheinlichkeit und der Bedeutung der Übertragung einer vererbbaren Krankheit innerhalb einer Familie und hinsichtlich der zur Verfügung stehenden Alternativen. Der Beratungsprozeß beginnt in der Regel mit der Feststellung des Grundes, warum eine solche Beratung gewünscht wird: Manche Paare z.B. haben schon ein Kind mit einer vererbbaren oder anderen → angeborenen Krankheit bekommen. Andere wissen (z.B. durch einen Bluttest), daß bei ihnen die Chance, ein krankes Kind zu bekommen, erhöht ist, oder sie selbst oder ein Mitglied ihrer Familie leiden an einer vererbbaren Krankheit. Frauen über 35 wollen eventuell Infomationen darüber, wie groß die Wahrscheinlichkeit ist, daß sie ein Kind mit einem Chromosomendefekt (siehe unter → angeborene Krankheiten) gebären (siehe auch → gebärfähiges Alter). Wiederum andere sind vielleicht besorgt über den Einfluß von Umweltfaktoren oder haben in ihrer Vorgeschichte wiederholt Fehlgeburten gehabt (→ habitueller Abort).

Der nächste Schritt der Beratung besteht in der Erhebung einer umfassenden Familienanamnese und der persönlichen Krankheitsvorgeschichte beider Eltern. Dazu gehören neben dem Alter und der Nationalität oder dem kulturellen Hintergrund beider Partner auch Ernährungsgewohnheiten, Hobbies, Ausbildung und Beruf sowie Informationen über eventuelle frühere Partnerschaften, Krankheiten in der Familie und Fehlgeburten. Gefragt wird auch nach der Strahlenbelastung sowie nach Drogenkonsum und Kontakt mit giftigen oder infektiösen Substanzen. Dieser sorgfältigen Anamnese folgt eine gründliche körperliche Untersuchung, zu der unter Umständen verschiedene Spezialisten herangezogen werden. Bei Bedarf werden bestimmte Laboruntersuchungen von Blut und Urin sowie eine → Chromosomenanalyse durchgeführt. Manchmal werden auch nahe Verwandte in die Untersuchungen mit einbezogen.

Wenn alle Informationen zusammengetragen sind, versucht der Berater sich ein Bild darüber zu machen, ob ein genetisches Problem oder eine Belastung durch schädigende Umweltfaktoren vorliegt oder nicht. Bei einem genetischen Problem versucht man darüber hinaus, die Vererbungsweise zu bestimmen. Dann werden die Ergebnisse mit der betroffenen Person oder dem betroffenen Paar besprochen, die Vererbungsweise und das Wiederholungsrisiko werden ausführlich erklärt, und das weitere Vorgehen (z.B. → Amniozentese, → Künstliche Befruchtung und anderes) wird besprochen.

Die genetische Beratung ist zeitaufwendig und wird in der Regel in speziell dafür eingerichteten Beratungsstellen durchgeführt (siehe Adressenliste im Anhang). Man schätzt, daß bei etwa 40% der Kinder, die sterben, vererbbare Krankheiten die Todesursache sind. 15% aller Lebendgeborenen haben die eine oder andere genetische Störung.

Man schätzt sogar, daß jede Person fünf bis acht Gene für eine genetische Erkrankung trägt und daß bei jedem Paar eine Wahrscheinlichkeit von 3% besteht, daß es ein Kind mit einer angeborenen Krankheit zur Welt bringt, die von einer harmlosen Störung wie einem Muttermal bis hin zu sehr schwerem Erkrankungen reichen kann. Siehe auch unter → angeborene Krankheiten, → Genetik.

Genitale Auch *Genitalorgan*, *Geschlechtsorgan*. Die Genitalien sind die zur geschlechtlichen Fortpflanzung notwendigen Organe und werden in die *inneren*, d.h. äußerlich nicht sichtbaren, und die *äußeren* Genitalien unterteilt. Bei der Frau bestehen die inneren Genitalorgane aus → Ovarien, → Eileiter, → Uterus und → Vagina, beim Mann aus den → Samenleitern. Die äußeren Genitalien sind bei der Frau die → Vulva und beim Mann das Skrotum mit den darin befindlichen → Hoden sowie der → Penis.

Genitalhygiene Siehe unter → Hygiene

Genitalwarzen Siehe → Condylomata acuminata

Geschlechtsidentität 1. Die physische (körperliche) Identifikation einer Person mit einem bestimmten Geschlecht. Für die meisten Menschen stellt sich niemals die Frage, welchem Geschlecht sie zugehören. Bei manchen Erkrankungen jedoch, wie z.B. dem → Turner-Syndrom, dem → Klinefelter-Syndrom oder in noch ausgeprägterer Form beim → Adrenogenitalen Syndrom, treten körperliche Merkmale beider Geschlechter auf, so daß eine Entscheidung darüber getroffen werden muß, ob man das Kind als Jungen oder als Mädchen erzieht. Siehe auch unter → Transsexualität.

2. Die emotionale Identifikation einer Person mit einem bestimmten Geschlecht, die sie zur Suche nach einem sexuellen Partner desselben oder des anderen Geschlechtes, oder manchmal beider Geschlechter, veranlaßt. Siehe → Bisexualität, → Heterosexualität, → Homosexualität.

Geschlechtskrankheiten Siehe → Sexuell übertragbare Krankheiten

Geschlechtsmerkmale Siehe → Sekundäre Geschlechtsmerkmale

Geschlechtsreife Siehe → Gebärfähiges Alter

Geschlechtsverkehr Im Prinzip jede Form des sexuellen Kontaktes zwischen zwei Personen. In der Praxis meint man damit jedoch meistens den vaginalen Geschlechtsverkehr oder Koitus zwischen Mann und Frau. Siehe auch Analer Sex unter → Anus, → oraler Geschlechtsverkehr, → Orgasmus, → Sexuelle Reaktion.

Geschlechtsverkehr, vaginaler Auch *Koitus, Beischlaf, Kopulation.* Geschlechtsakt, bei dem der Penis des Mannes in die Scheide der Frau eingeführt wird. Für analen Geschlechtsverkehr siehe unter → Anus. Siehe auch → oraler Geschlechtsverkehr.

Gesichtslage Eine → Haltungsanomalie des Kindes während der Geburt, bei der nicht wie normal das Hinterhaupt sondern das Gesicht der führende Kindsteil beim Austritt nach außen ist. Bei dieser Haltung ist das Kind im Nacken weit überstreckt, so daß der Kopf praktisch den Rücken berührt. Zu einer Gesichtslage kommt es bei etwa zwei bis vier von tausend Entbindungen. Wenn bei der Gesichtslage das Kinn des Kindes nach vorne (d.h. weg vom Kreuzbein der Mutter) schaut (sogenannte *mentoanteriore* Gesichtslage), das Becken der Mutter groß genug und das Kind im Kinn nicht zu sehr gestreckt ist, ist in den meisten Fällen eine vaginale Entbindung — entweder spontan oder durch eine → Zangengeburt — möglich. Bei einer mentoposterioren Gesichtslage, d.h. wenn das Kinn nach hinten zum Kreuzbein der Mutter schaut, und bei zu großer Überstreckung des kindlichen Kinns ist eine vaginale Entbindung jedoch meist unmöglich, so daß ein → Kaiserschnitt erfolgen muß.

Gestagen Bezeichnung für synthetisch (im Labor) hergestelltes Progesteron, das in → oralen Kontrazeptiva und anderen Medikamenten enthalten ist. Für weitere Informationen siehe unter → Progesteron. Siehe auch → Gestagentest.

Gestagentest Ein Test zur Klärung der Frage, ob einer → Amenorrhoe, d.h. einer fehlenden Regelblutung bei einer Frau, ein Östrogenmangel zugrunde liegt oder nicht. Hierzu muß die betreffende Frau über 10 Tage lang täglich ein → Gestagenpräparat einnehmen. Kommt es drei bis sieben Tage nach der letzten Tabletteneinnahme *nicht* zu einer Blutung, ist der Test also negativ, dann liegt ein Östrogenmangel vor, der dazu führt, daß die Gebärmutterschleimhaut nicht wie sonst aufgebaut wird und damit auch nicht in Form einer Blutung ausgestoßen werden kann. Tritt eine Blutung auf, d.h. ist der Test positiv, dann kann die Ursache für die Amenorrhoe nicht in einem zu niedrigen Östrogenspiegel liegen.

Gewicht Tabellen für das normale Körpergewicht in Abhängigkeit von der Körpergröße, dem Knochenbau und dem Geschlecht sind überall erhältlich. In den meisten Industrieländern der Welt, in denen die Beschaffung von Nahrung kein Problem darstellt, ist ein zu hohes Gewicht bei weitem häufiger als Untergewicht. (Siehe auch → Adipositas.) Ein unbeabsichtigter *Gewichtsverlust*, d.h. eine Abnahme des Körpergewichts, die nicht durch verminderte Nahrungsaufnahme oder verstärkte körperliche Aktivität erklärt werden kann, kann ein Hinweis auf zahlreiche, zum Teil ernste Erkrankungen sein und erfordert deshalb immer eine gründliche ärztliche Untersuchung. Häufiger ist es jedoch eher eine Gewichtszunahme, die als ärgerlich und beunruhigend empfunden wird. Mit Ausnahme derjenigen Fälle, in denen eine Gewichtszunahme durch Wassereinlagerung (→ Ödeme) in die Körpergewebe zustande kommt, ist Übergewicht fast immer eine Folge von Überernährung. Siehe auch → Adipositas, → Anorexia nervosa, → Ernährung, → Geburtsgewicht, → Gewichtszunahme, → kritisches Gewicht.

Gewichtszunahme 1. **prämenstruell** Viele Frauen nehmen regelmäßig in der Woche vor der → Menstruation mehrere Pfunde an Gewicht zu. Diese Gewichtszunahme ist fast immer die Folge einer verstärkten Wassereinlagerung und eines etwas gesteigerten Appetits und geht während der ersten Tage der Regelblutung von alleine wieder zurück (siehe auch → prämenstruelles Syndrom). Dasselbe kann unter der Einnahme von → oralen Kontrazeptiva (Anti-Baby-Pille) geschehen, d.h. die höheren Hormonspiegel scheinen eine Wassereinlagerung und manchmal auch eine Appetitsteigerung zu verursachen, die sich in einer Gewichtszunahme manifestieren. Nach Absetzen der Pille nimmt das Gewicht in der Regel wieder ab.

2. **während der Schwangerschaft** Eine Gewichtszunahme während der Schwangerschaft ist sowohl normal als auch notwendig. Früher wurde den Frauen häufig geraten, die Gewichtszunahme während der Schwangerschaft auf zehn bis 15 Pfund zu beschränken, weil man glaubte, daß dies die Entbindung erleichtern, einen Bluthochdruck und damit eine → Präeklampsie verhindern und es außerdem einfacher machen würde, eine attraktive Figur (nach der Entbindung) zu behalten. Es stellte sich jedoch heraus, daß die salz- und oft auch eiweißreichen Diäten, die zu einer solchen beschränkten Gewichtszunahme während der Schwangerschaft eingesetzt wurden, nicht ohne schädliche Folgen waren. Die Kinder waren tendenziell kleiner und weniger gesund, und auch die Mutter war anfälliger für Krankheiten in der Schwangerschaft. Aus diesem Grunde geht man heutzutage davon aus, daß eine Gewichtszunahme von 20 bis 28 Pfund während der Schwangerschaft völlig normal ist und daß auch eine noch etwas höhere Zunahme nicht schadet. Ob eine Gewichtszunahme noch normal ist, hängt zum Teil natürlich auch davon ab, ob eine Frau vor der Schwangerschaft dick oder dünn war. Jedoch sollte selbst eine Frau, die vor der Schwangerschaft übergewichtig war, nicht versuchen, während der Schwangerschaft abzunehmen, um ihrem Kind keine notwendigen Nährstoffe vorzuenthalten. Wenn ein Gewichtsverlust notwendig ist, dann sollte er erst nach der Entbindung angestrebt werden. Siehe auch → Ernährung, → Geburtsgewicht.

3. **nach der Menopause** Idealerweise sollte eine Frau zur Zeit der → Menopause und danach (d.h. etwa im 50. Lebensjahr) genauso viel wiegen wie im Alter von 20. Die meisten Frauen tendieren jedoch dazu, in diesem Alter erheblich mehr zu wiegen. Etwa ab dem 45. Lebensjahr wird der Stoffwechsel im Körper langsamer, der Grundumsatz fällt und nur noch zwei Drittel der vorherigen Kalorienmenge wird benötigt, um das Gewicht konstant zu halten. Nach der Menopause wird der Kalorienbedarf mit dem Versiegen der Fortpflanzungsfunktionen des Körpers noch geringer. Dazu kommt, daß die körperliche Aktivität(sbereitschaft) mit steigendem Alter oft nachläßt. Wenn also die Nahrungsmenge nicht entsprechend eingeschränkt wird, verwandeln sich die überflüssigen und nicht gebrauchten Kalorien in Körperfett und führen damit zur Gewichtszunahme. Abgesehen davon, daß Übergewicht oft als unattraktiv empfunden wird, erhöht Übergewicht nach der Menopause die Wahrscheinlichkeit für das Auftreten von ernsten Erkrankungen wie z.B. einer → Arteriosklerose mit all ihren unangenehmen Folgen, eines → Diabetes mellitus oder eines → Bluthochdruckes. Eine Frau, die mäßig körperlich aktiv ist, benötigt nach der Menopause etwa 30 Kalorien pro Kilogramm Körpergewicht, um ihr Gewicht konstant zu halten. Jede weitere Kalorie wird als Fett gespeichert. Siehe auch → Adipositas, → Ernährung.

Gleithoden Siehe unter → Kryptorchismus

Gleitmittel Eine Substanz, die zur verminderten Reibung, d.h. zur erhöhten Gleitfähigkeit beiträgt. Bei sexueller Erregung produzieren die Drüsen in der Scheidenschleimhaut einen dünnflüssigen Schleim, der als natürliches Gleitmittel dient und dadurch den → Koitus (Beischlaf) erleichtert. Bei ungenügender Bildung dieses natürlichen Gleitmittels kann der Geschlechtsverkehr für die Frau schmerzhaft werden, was für manche

Frauen ein chronisches Problem darstellt. In solchen Fällen können ein längeres Vorspiel, das der Frau mehr Zeit zur sexuellen Erregung läßt, oder die Verwendung von Speichel schon ausreichend sein, um die Schmerzen zu verhindern. Wenn diese Maßnahmen nicht ausreichen oder in den Fällen, in denen die ungenügende Bildung von Vaginalschleim eine Folge hormoneller Veränderungen ist, wie sie bei manchen Frauen während jedes → Menstruationszyklus oder bei anderen lediglich nach der Menopause (siehe unter → Vaginale Atrophie) und/oder während der Stillzeit auftreten, kann die Verwendung eines wasserlöslichen künstlichen Gleitmittels das Problem in aller Regel beseitigen. Manche Frauen ziehen natürliche Pflanzenöle, wie z.B. Sonnenblumen- oder Distelöl, oder andere Substanzen wie beispielsweise Yoghurt den käuflichen Gleitmitteln vor. Auch eine Behandlung mit Hormoncremes oder der Pille ist wirksam, da das in ihnen enthaltene Östrogen die Produktion von vaginalem Schleim fördert. Auf der anderen Seite mögen die möglichen Nebenwirkungen und Risiken (siehe → Östrogensubstitutionstherapie) diesen Einsatz von Hormonen nicht wert sein. Vaseline ist zwar ein gutes Gleitmittel, ist jedoch nicht wasserlöslich und von daher nicht leicht wegzuwaschen. Darüber hinaus greift sie das Gummi von Kondomen, Scheidendiaphragmas und Zervixkappen an, weshalb man sie nur in Verbindung mit anderen Verhütungsmitteln verwenden sollte.

Glückshaube Siehe unter → Eihäute

GnRH Abkürzung für *gonadotropin-releasing hormone* (gonadotropin-freisetzendes Hormon), ein Hormon, daß vom → Hypothalamus gebildet wird und die → Hypophyse (Hirnanhangsdrüse) zur Ausschüttung der Gonadotropine, d.h. der Hormone → LH und → FSH (siehe auch unter → Menstruationszyklus für weitere Erklärungen) und möglicherweise auch des → Prolaktins anregt. GnRH kann inzwischen synthetisch im Labor hergestellt werden. Dem GnRH ähnliche Substanzen, die sogenannten *GnRH-Agonisten,* werden zur Behandlung der → Endometriose, bei → Myomen oder zur Unterbrechung von abnormen vaginalen Blutungen eingesetzt. Ihre Wirkung besteht darin, daß sie sich an die Bindungsstellen des körpereigenen GnRH setzen, ohne jedoch dessen ausschüttende Wirkung zu haben. Dadurch verhindern sie die Bindung und damit Wirkung des körpereigenen „echten" GnRH, und die Ausschüttung von LH und FSH kann nicht erfolgen. Es entsteht eine künstliche, reversible (rückgängig machbare) → Menopause. Ältere Bezeichnungen für das GnRH sind FSRH und LRH.

Gonaden Medizinischer Ausdruck für Keimdrüsen oder Geschlechtsdrüsen. Bei der Frau sind die Keimdrüsen die → Ovarien (Eierstöcke), beim Mann sind es die → Hoden.

Gonadendysgenesie Medizinischer Ausdruck für das Vorliegen von fehlentwickelten und nicht funktionstüchtigen → Gonaden. Das vollständige Fehlen der Keimdrüsen wird auch als *Gonadenagenesie* oder *Gonadenaplasie* bezeichnet. Die Ursache besteht meistens in einem Chromosomendefekt (siehe unter → angeborene Erkrankungen) mit nur einem Geschlechtschromosom statt, wie normal, zwei Geschlechtschromosomen. Das bekannteste und häufigste Beispiel für eine Gonadendysgenesie ist das → Turner-Syndrom. Gemeinsames Merkmal aller Formen der Gonadendysgenesie ist die → Unfruchtbarkeit bei den betroffenen Personen.

Gonadotropine Auch *gonadotrope Hormone*. Hormone, die die Funktion der → Gonaden (Keimdrüsen) regulieren. Beim Menschen gibt es zwei solcher Hormone, das follikel-stimulierende Hormon (→ FSH) und das luteinisierende Hormon (→ LH), die beide in der → Hypophyse (Hirnanhangsdrüse) gebildet werden. Die Produktion der Gonadotropine ist wiederum abhängig von eimem im → Hypothalamus gebildeten Hormon, dem → GnRH. (Siehe unter → Menstruationszyklus für eine weitergehende Erklärung.) Ein weiteres Hormon der Hypophyse, das → Prolaktin, bremst die Bildung der Gonodotropine und wird deshalb manchmal auch *Antigonadotropin* genannt. Siehe auch → Humanes Choriongonadotropin.

Gonorrhoe Auch *Tripper*. Eine der häufigsten Geschlechtskrankheiten (→ sexuell übertragbare Krankheiten), die in der Regel über → Geschlechtsverkehr (vaginal, anal oder oral) übertragen wird. Sie wird durch ein gram-negatives (siehe unter → Gram-Färbung) Bakterium, das *Neisseria gonorrhoeae* (oft einfach nur Gonokokkus genannt), verusacht. Außerhalb des Körper sterben die Gonokokken innerhalb von Sekunden ab, d.h. die Krankheit kann nicht durch Handtücher, Toilettenbrillen oder andere von einer kranken Person verwendete Gegenstände übertragen werden. Die Gonokokken können nur in Schleimhäuten überleben, d.h. den feuchten Auskleidungen von Mund, Rachen, Harnröhre und Vagina bzw. Muttermund. Bei Männern treten die Symptome ein bis 14 Tage und bei Frauen sieben bis 21 Tage nach dem sexuellen Kontakt mit einer infizierten Person auf, wobei sich jedoch bei etwa 80% der Frauen und bei etwa 20% der Männer, die sich angesteckt haben, überhaupt keine Symptome zeigen. Wenn es zu Symptomen kommt, dann bestehen sie bei der Frau in der Regel aus einem grünlichen oder gelb-grünlichem Ausfluß aus der Scheide und selten auch aus Mißempfindungen im → Vulvabereich. Beim Mann kommt es zu Schmerzen beim Wasserlassen und zu einem in der Regel weißen, manchmal auch gelben Ausfluß aus der Harnröhre. Bei beiden findet man eine schmerzhafte Vergrößerung der Lymphknoten in der Leiste. Erfolgt die Ansteckung über → oralen Geschlechtsverkehr, kann es zu Halsschmerzen kommen. Eine anale Gonorrhoe, d.h. eine Gonorrhoe des Afters durch analen Geschlechtsverkehr (siehe unter → Anus), macht selten Symptome. Die gonorrhoische Entzündung kann auch die Augen betreffen, bei Erwachsenen in der Regel durch Kontakt mit dem Harnröhrenausfluß eines infizierten Mannes und bei neugeborenen Kindern durch den Kontakt mit der Scheidenschleimhaut während der Passage durch den → Geburtskanal einer infizierten Mutter. Die Hauptkomplikation einer Gonorrhoe besteht bei beiden Geschlechtern in der Entstehung einer → Unfruchtbarkeit.

Die Diagnose einer Gonorrhoe erfordert eine körperliche Untersuchung sowie die Entnahme von Schleim aus dem Muttermund, dem Penis und bei möglichem oralen oder analen Kontakt auch aus dem Mund, Rachen und After. (Bei Frauen sollte der After immer mit untersucht werden, da sich eine Gonorrhoe von der Scheide zum After ausbreiten kann.) Außerdem entnimmt der Arzt mit Hilfe eines → Spekulums etwas Sekret aus dem Muttermund, da dieser meist die erste Stelle einer Infektion ist. Auch eine → gynäkologische Untersuchung sollte erfolgen, um eventuelle Veränderungen an den → Eileitern zu entdecken. Auch der Test, der mit dem entnommenen Sekret durchgeführt wird, ist von Bedeutung. Die häufig verwendete Gram-Färbung kann die Gonokokken nur in 40 bis 60% der Fälle nachweisen. Sinnvoller ist deshalb das Anlegen einer → Bakterienkultur, bei der den Bakterien in einem bestimmten Nährmedium ermöglicht wird, zu wachsen und sich zu vermehren, wodurch sie besser entdeckt werden können.

Die Behandlung einer nachgewiesenen Gonorrhoe besteht in der intravenösen Gabe von Penicillin und der gleichzeitigen Einnahme von Probenecid, einem Anti-Gichtmittel, das die zu schnelle Ausscheidung des Penicillins über die Nieren verhindert. Bei einer Penicillinallergie kann auch das Antibiotikum Tetrazyklin zum Einsatz kommen, das für Schwangere allerdings wegen der nachteiligen Effekte auf den Fetus nicht geeignet ist. Bei Penicillinallergie und Schwangerschaft verwendet man das Antibiotikum Spectinomycin.

Nach der Behandlung sind drei Kontrolluntersuchungen notwendig, um sicherzugehen, daß die Gonorrhoe wirklich ausgeheilt ist. Die erste sollte innerhalb einer Woche nach Beendigung der Therapie erfolgen, die zweite und dritte folgen in den Wochen danach. Jeglicher sexueller Kontakt sollte vermieden werden, bis drei Bakterienkulturen negativ waren, d.h. keine Gonokokken mehr nachweisbar waren, um die Ansteckung anderer Personen zu verhindern. Wenn bei den Kontrolluntersuchungen noch immer Gonokokken nachweisbar sind, muß die Behandlung mit dem gleichen oder einem anderen Antibiotikum wiederholt werden. Manche Fachleute glauben, daß die Einnahme von → oralen Kontrazeptiva (Pille) zu einer idealen Wachstumsumgebung für Gonokokken führt und von daher während der Behandlung einer Gonorrhoe unterlassen werden sollte. Andere stimmen dem nicht zu. Auf jeden Fall sollte eine Spirale (→ Intrauterinpessar) sofort entfernt werden, wenn die Diagnose einer Gonorrhoe gestellt worden ist.

Eine unbehandelte Gonorrhoe bei Frauen kann zu einer Entzündung der Eileiter oder einer generalisierten Infektion im kleinen Becken führen und entsteht bei etwa der Hälfte der infizierten Frauen, die acht bis zehn Wochen unbehandelt geblieben sind. Diese Entzündungen können ihrerseits zur Bildung von Narbengewebe um den und im Eileiter führen, was sowohl zur Unfruchtbarkeit führen kann als auch die Wahrscheinlichkeit für eine → Extrauteringravidität (Eileiterschwangerschaft) erhöht. Die Symptome einer Eileiterentzündung (*Salpingitis*) können mit einer länger und/oder schmerzhafteren Regelblutung als gewöhnlich beginnen oder mit Schmerzen, die sich innerhalb von Tagen auf einer oder beiden Seiten des Unterbauches entwickeln. In akuten Fällen werden die Schmerzen sehr stark, die Körpertemperatur steigt bis etwa 39° C, und es kann zu Kopfschmerzen, Übelkeit und Erbrechen kommen. Bei manchen Frauen verläuft die Salpingitis weniger akut und macht sich nur durch dumpfe Schmerzen im Unterbauch, Schmerzen während oder nach dem Geschlechtsverkehr oder bei einer gynäkologischen Untersuchung, Rückenschmerzen und leicht erhöhten Temperaturen bis 38° C bemerkbar. Andere mögliche Komplikationen einer Gonorrhoe sind die *Gonokokkenkonjunktivitis* oder *Gonoblennorrhoe*, eine Augeninfektion durch Gonokokken, die in der Regel nur bei Neugeborenen von infizierten Müttern auftritt und die zur Verhinderung einer Erblindung eine sofortige Behandlung mir Silbernitrat oder Penicillin-Augentropfen erfordert (siehe auch → Credé-Prophylaxe), eine *Sepsis* (Blutvergiftung), Haut- und Gelenkentzündungen und vieles anderes. Eine Gonokokken-Sepsis tritt häufiger bei Frauen und homosexuellen Männern auf, die schon über Monate eine Gonorrhoe gehabt haben, ohne daß es bisher zu irgenwelchen Symptomen gekommen ist. Die Verschleppung der Bakterien in den Blutkreislauf führt zu hohem Fieber (bis 41° C), Schüttelfrost, Appetitsverlust, allgemeinem Krankheitsgefühl und Gelenkschmerzen. In ungefähr 3% der Fälle kommt es zu einer *Arthritis* (Gelenksentzündung), die besonders oft das Kniegelenk betrifft. Häufig entwickelt sich auch eine charakteristische und sehr schmerzhafte Entzündung der Haut vor allem um eventuell betroffene Gelenke herum. Obwohl der Ausschlag innerhalb von Tagen von allein wieder verschwinden kann, neigen die Gelenkschmerzen dazu, immer wieder aufzutreten. Die intravenöse antibiotische Behandlung sollte in diesen Fällen einer Gonokokken-Sepsis unverzüglich begonnen werden, um bleibende Schäden vor allem auch an den Gelenken zu verhindern.

Bei schwangeren Frauen kann die Ansteckung mit Gonokokken zu einer Fehlgeburt oder zu Eileiterentzündungen in der Frühschwangerschaft führen. Eine Infektion nach dem dritten Monat beschränkt sich in der Regel auf den unteren Genitaltrakt, kann aber, wie schon oben erwähnt, zur Ansteckung des Kindes während der Geburt führen.

Die Gonorrhoe war schon im Altertum bekannt. Ihre Symptome werden z.B. im Alten Testament im Buch Levitius beschrieben, das ungefähr aus dem Jahre 1.500 v. Chr. stammt. Auch *Hippokrates* (400 v. Chr.) und *Galen* (200 v. Chr.) kannten die Gonorrhoe. Die Form der Übertragung wurde jedoch erst im späten Mittelalter entdeckt. Das Bakterium selbst wurde 1879 durch *Albert Neisser* identifiziert. Die Gonorrhoe war schon immer zu Kriegszeiten besonders häufig, wahrscheinlich durch die Übertragung von Prostituierten auf Soldaten. Prostituierten haben wegen der großen Zahl an verschiedenen sexuellen Kontakten ein sehr hohes Risiko, die Krankheit zu bekommen, und können sie, einmal angesteckt, ohne es zu wissen an viele andere weitergeben. Die erste bedeutende weltweite Gonokokken-Epidemie trat während und nach dem Ersten Weltkrieg auf. Zwischen den beiden Weltkriegen wurde sie seltener, um während des Zweiten Weltkrieges wieder drastisch an Bedeutung zuzunehmen. Nach dem Zweiten Weltkrieg sank die Zahl der Krankheitsfälle auch durch die weitverbreitete Einführung des Penicillins und durch Erlassung von *Gesetzen zur Bekämpfung der Geschlechtskrankheiten*. Nach diesen Gesetzen ist der Geschlechtskranke verpflichtet, sich durch einen Arzt untersuchen und bis zur Beseitigung der Ansteckungsgefahr behandeln zu lassen. Der Arzt muß den Patienten ausführlich über die Gefahr der Weiterverbreitung belehren und nach der Diagnose den Krankheitsfall zunächst ohne Namensnennung des betroffenen Patienten an das Gesundheitsamt melden. Nur bei Weigerung des Geschlechtskranken, die Behandlung zu beginnen oder fortzusetzen und damit ernster Gefahr der Weiterübertragung erfolgt die namentliche Nennung des Patienten an das Gesundheitsamt. In besonderen Fällen kann eine stationäre Zwangsbehandlung angeordnet werden. Personen, die trotz Kenntnis ihrer Geschlechtskrankheit diese weiterverbreiten, können mit Gefängnis bestraft werden.

Graaf'scher Follikel Derjenige → Follikel im Eierstock (→ Ovar), der sich während jedes → Menstruationszyklus aus einem unreifen Follikel in einen reifen Follikel entwickelt und dann zur Zeit der → Ovulation platzt und eine reife Eizelle nach außen entläßt. Er wurde nach *Reinier de Graaf* benannt, der ihn 1672 als erster beschrieb. Vor der Ovulation (Eisprung) kann der Graaf'sche Follikel bis zu einem Viertel des gesamten Eierstocks einnehmen und bis zu 1,5 cm groß werden.

Der Graaf'sche Follikel besteht aus zwei Zellschichten, der sogenannten *Theka granulosa*, die die reife Eizelle in der Mitte des Follikels umhüllt, und der *Theca interna*, die eine Schicht um die Theka granulosa bildet und der Hauptproduktionsort für das Hormon → Östrogen ist. Nachdem die Eizelle gesprungen ist, fällt der Follikel in sich zusammen, und an der Stelle, wo das Ei gelegen hat, sammelt sich Blut, das allmählich in eine gelbliche Substanz abgebaut wird. In diesem Stadium wird der Follikel *Gelbkörper* oder → Corpus luteum genannt.

Gram-Färbung Eine spezielle Färbemethode von Gewebe- oder Flüssigkeitsproben, die dabei hilft, bestimmte Organismen unter dem Mikroskop zu entdecken. Die Gram-Färbung wird z.B. zur Entdeckung von Gonokokken, den Erregern der → Gonorrhoe, und von → Trichomonaden verwendet.

Gravida Medizinischer Ausdruck für eine schwangere Frau.

Gravidität Siehe → Schwangerschaft

Gürtelrose Auch *Herpes zoster* oder kurz *Zoster*. Eine Erkrankung der Haut, die mit kleinen schmerzhaften Bläschen im Bereich des Versorgungsgebiet eines Nerven einhergeht. Der Name Gürtelrose rührt daher, daß die Versorgungsgebiete der Nerven am Körperrumpf in um den Körper laufenden Streifen angeordnet sind, so daß ein Herpes zoster in einem dieser Gebiete ein gürtelförmiges Aussehen hat. Die Gürtelrose ist eine virusbedingte Infektionskrankheit, und zwar durch das *Varicella-Zoster-Virus,* dem gleichen Virus, das auch die Windpocken verursacht. Wie auch andere Herpes-Viren (siehe unter → Herpesinfektion) ist das Windpocken-Virus in der Lage, nach einer einmal erfolgten Infektion in bestimmten Nervenzellen im Körper zu verweilen. Dort kann es jahrelang ruhen, ohne daß man je etwas davon bemerkt. Oder es kann zu irgendeinem Zeitpunkt, vor allem dann, wenn man durch eine andere Erkrankung (z.B. → AIDS oder einen → Krebs) in seiner Körperabwehr geschwächt ist, aktiviert werden und erneut zum Ausbruch einer Krankheit führen, diesmal jedoch nicht als Windpocken, sondern als Gürtelrose. Eine Gürtelrose ist ansteckend und kann bei Kindern zu Windpocken führen. Oft ist eine Gürtelrose sehr schmerzhaft, wobei die Schmerzen, die sich ebenfalls an das Versorgungsgebiet des befallenen Nerven halten, nicht selten den Hauterscheinungen vorausgehen. Die Hauterscheinungen bestehen in kleinen, in Gruppen angeordneten Bläschen, die später platzen und einbluten können und schließlich unter Bildung einer Kruste wieder abheilen. Hat man einmal eine Gürtelrose durchgemacht, ist man in der Regel den Rest des Lebens immun gegen eine erneute Erkrankung. Die Behandlung besteht in der Verabreichung von Schmerzmitteln bei sehr heftigen Schmerzen und in einer sorgfältigen Hautpflege. Eine spezifische Therapie gegen das Virus gibt es nicht. Die Gürtelrose klingt fast immer nach etwa zwei bis vier Wochen von alleine wieder ab, ohne daß Narben zurückbleiben.

Gynäkologe Frauenarzt. Ein Arzt, der sich auf das Gebiet der Frauenheilkunde und Geburtshilfe spezialisiert hat. Viele niedergelassene Gynäkologen haben sogenannte Belegbetten in nahen Krankenhäusern, d.h. wenn eine ihrer Patientinnen einen stationären Krankenhausaufenthalt benötigt, kann ein Gynäkologe sie in dieses Krankenhaus einweisen. Er betreut sie so auch während des Krankenhausaufenthaltes und führt z.B. notwendige Operationen bei ihr durch oder betreut ihre Entbindung. Wie auch in den anderen Fachgebieten sind die meisten Gynäkologen Männer. Auch wenn es immer mehr weibliche Medizinier gibt, ist der Anstieg von weiblichen Gynäkologen wie in allen chirurgischen Fächern, wozu die Gynäkologie zählt, etwas langsamer als in den nichtchirurgischen Fachgebieten. Eine Frau, die einen weiblichen Gynäkologen vorzieht, sollte sich entweder in ihrer Bekanntschaft umhören, ihren Hausarzt fragen oder im Telephonbuch nach einer Gynäkologin schauen.

Gynäkologische Untersuchung Die vom Gynäkologen (Frauenarzt) durchgeführte Untersuchung, die besonderes Augenmerk auf die spezifisch weiblichen Organe (Brüste, Vagina und Beckenorgane) legt, mit dem Ziel, irgendwelche Auffälligkeiten aufzudecken oder auszuschließen und — falls nötig — eine entsprechende Behandlung einzuleiten. Allen Frauen wird eine gynäkologische Untersuchung in regelmäßigen Abständen empfohlen, auch wenn man sich über die Empfehlungen für die genauen Zeitabstände nicht immer ganz einig ist. Die meisten Fachleute stimmen jedoch darin überein, daß die erste Untersuchung im Alter zwischen 16 und 19 Jahren stattfinden sollte, oder früher, wenn ein Mädchen schon vorher sexuell aktiv ist oder werden will, oder wenn die Regelblutungen nicht wie erwartet (siehe unter → Pubertät) einsetzen. Danach sollten manche der Untersuchungen beim Gynäkologen jährlich, andere alle zwei bis drei Jahre durchgeführt werden.

Eine gründliche gynäkologische Untersuchung beinhaltet: 1. eine Anamneseerhebung (Erhebung der Krankengeschichte), 2. die körperliche Untersuchung selbst, 3. bestimmte Laboruntersuchungen und 4. die abschließende Besprechung der erhobenen Befunde einschließlich eventueller Behandlungs- oder Verhaltensempfehlungen. Bei der Erhebung der *Anamnese* versucht der Arzt, sich anhand von Fragen ein Bild über den Gesundheitszustand der Patientin und der nächsten Angehörigen zu machen. Dazu gehören Fragen zum Alter, der Anzahl der bisherigen Schwangerschaften und deren Ausgang, zu den derzeitigen Beschwerden (wenn solche vorhanden sind), zur Dauer, Stärke und Regelmäßigkeit der Regelblutungen, zur eventuellen Verwendung von Verhütungsmitteln (früher und jetzt), zu früheren gynäkologischen Problemen, zum allgemeinen Gesundheitszustand, früheren Krankenhausaufenthalten und Operationen und zu derzeit (und früher) eingenommenen Medikamenten einschließlich Alkohol, Nikotin und Drogen.

Die *körperliche Untersuchung* beginnt in der Regel mit dem Messen von Größe, Gewicht, Temperatur, Puls und Blutdruck. Viele Ärzte hören auch das Herz und die Lungen mit einem Stethoskop ab, schauen sich den Mund und Rachen an und untersuchen den Hals auf Lymphknotenvergrößerungen und Schilddrüsenauffälligkeiten. Es folgt eine Untersuchung der Brüste auf eventuelle Knoten, Druckempfindlichkeiten, Brustwarzenveränderungen und andere Hinweise auf einen möglichen Tumor (siehe unter → Brustuntersuchung für eine genauere Erklärung).

Bei der oft als eigentliche *gynäkologische Untersuchung* bezeichneten Beurteilung der weiblichen Genitalorgane werden nach Lagerung der Patientin im gynäkologischen Untersuchungsstuhl sowohl die äußeren als auch die inneren → Genitalien der Frau untersucht. Zunächst erfolgt die *Inspektion* (Betrachtung) der → Vulva und des Scheideneinganges nach Knoten, offenen Stellen, Farbveränderungen, Ausfluß oder Kratzeffekten. Das wird ergänzt durch eine Tastuntersuchung der → Bartholin-Drüsen und des Unterbauches. Der nächste Schritt zur Beurteilung der *inneren* Genitalorgane besteht in der *Spekulumuntersuchung*. Dazu wird ein → Spekulum in die Scheide eingeführt, so daß man die Scheidenwände und den Muttermund auf Rötungen, Schwellungen oder andere Veränderungen hin betrachten kann. Zu diesem Zeitpunkt werden auch Abstriche für eventuelle Laboruntersuchungen (siehe unten) entnommen, indem ein Wattestäbchen oder Spatel durch das Spekulum eingeführt und damit zunächst der äußere Muttermund und mit einem zweiten Wattestäbchen auch der Muttermundkanal abgewischt wird. Nach der Entfernung des Spekulums (oder auch vorher — die genaue Reihenfolge unterscheidet sich von Arzt zu Arzt) folgt die sogenannte *bimanuelle* (d.h. mit zwei Händen durchgeführte) Untersuchung, indem der Arzt Zeige- und Mittelfinger der einen Hand in die Vagina einführt und die andere Hand zunächst flach, später unter leichtem Druck auf den Unterbauch der Patientin legt (siehe auch Abb. 6). Zwischen den beiden Händen kann man auf diese Weise die Gebärmutter, die Eileiter und Eierstöcke tasten und sie auf ihre Position, Größe, Konsistenz und Beweglichkeit hin beurteilen sowie nach ungewöhnlichen Knoten suchen. Manchmal wird die Patientin auch aufgefordert, wie zum Stuhlgang zu pressen, wodurch ein eventueller Vorfall von Blase oder Gebärmutter (siehe → Gebärmuttersenkung und → Blasenvorfall) erkennbar wird. Dann folgt gewöhnlich noch eine *rektovaginale* Untersuchung, bei der der Arzt einen Finger in der Scheide läßt und den zweiten in den After einführt, um sowohl die Wand zwischen Gebärmutter und Enddarm als auch die Beckenorgane von diesem Winkel aus beurteilen zu können. Gelegentlich wird auch lediglich eine *rektale* Untersuchung ohne gleichzeitige Austastung der Vagina durchgeführt.

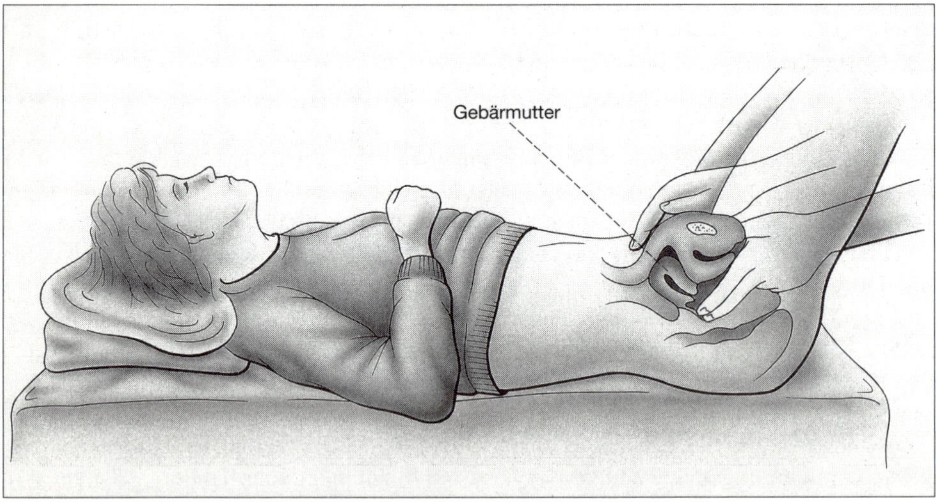

Abb. 6: Die Position der Hände bzw. Finger des Untersuchers bei der bimanuellen Untersuchung

Normalerweise bereitet die gynäkologische Untersuchung keine Schmerzen, auch wenn sie manchmal unangenehm sein kann. Dagegen hilft die Blasenentleerung vor der Untersuchung, zu der man meist ohnehin vom Arzt aufgefordert wird, auch um Urin für Laboruntersuchungen zu gewinnen. Wenn das Problem, das zum Arzt führt, in Ausfluß aus der Scheide besteht, sollte man sich 24 Stunden vorher nicht zu gründlich im Genitalbereich waschen, um die Untersuchungsergebnisse nicht zu verfälschen. Die Einführung des Spekulums gelingt leichter und ist weniger unangenehm, wenn die Beckenmuskeln entspannt sind, wobei das Atmen durch den offenen Mund oft gut beitragen kann. Die meisten Frauen können relativ problemlos untersucht werden, auch wenn sie noch nie einen vaginalen Geschlechtsverkehr hatten oder noch nie ein Tampon verwendeten. (Der Arzt kann aus der Untersuchung nicht schließen, ob eine Frau Geschlechtsverkehr hatte oder nicht.) Frauen, die die Untersuchung sehr schmerzhaft oder peinlich finden, können den Arzt auch fragen, ob sie eine Freundin oder eine andere Begleitperson mit dabei haben dürfen. In jedem Fall ist jedoch immer eine dritte Person im Raum anwesend.

Zu den Laboruntersuchungen, die im allgemeinen durchgeführt werden, gehören: Urinuntersuchungen auf Eiweiß, Zucker und Bakterien, ein → Papanicolaou-Abstrich mit der Frage nach dem Vorliegen von abnormalen, krebsverdächtigen Zellen (siehe auch unter → Cervikale intraepitheliale Neoplasie und → Zervixkarzinom), eine → Bakterienkultur auf Gonokokken (siehe → Gonorrhoe) und andere Erreger sowie eventuelle Blutuntersuchungen mit bestimmten Fragestellungen je nach Art der Beschwerden.

Nach Beendigung der Untersuchung setzen sich die meisten Ärzte mit der Patientin zusammen, um ein abschließendes Gespräch zu führen, bei dem die Ergebnisse der Untersuchung(en) — soweit beim ersten Besuch schon vorhanden — besprochen, wenn nötig Medikamente oder Verhütungsmittel verschrieben, Fragen beantwortet und ein Termin für die nächste Untersuchung ausgemacht werden. Siehe auch unter → Schwangerenvorsorge, → Krebsvorsorge.

Haarausfall Auch *Alopezie*. Die Ausdünnung oder der Ausfall von Kopfhaar, was bis zu einem gewissen Ausmaß durch hormonelle Veränderungen beeinflußt, letztlich jedoch noch nicht vollständig verstanden wird. Eine häufige Ursache für Haarausfall ist eine Unterfunktion der Schilddrüse, die deshalb bei Haarausfall immer durch einen Bluttest ausgeschlossen werden sollte. Manche Frauen bemerken einen Haarausfall, wenn sie → orale Kontrazeptiva (Anti-Baby-Pille) einnehmen, was gelegentlich durch den Wechsel auf ein anderes Präparat wieder behoben werden kann. Bei anderen dagegen kommt es zum Haarausfall, wenn sie aufhören, die Pille zu nehmen. Dies ist jedoch in der Regel nur ein vorübergehendes Problem, das wahrscheinlich durch Änderungen der Hormonspiegel verusacht wird und sich innerhalb weniger Monate von selbst wieder normalisiert. Auch eine Schwangerschaft wirkt sich manchmal auf das Haarwachstum und die Haarbeschaffenheit aus, und bei vielen Frauen kommt es nach einer Entbindung zu einer beträchtlichen Ausdünnung des Kopfhaares. Auch hier handelt es sich in aller Regel um eine vorübergehende und sich von selbst wieder normalisierende Erscheinung. Nach der → Menopause bemerken die meisten Frauen, daß sowohl die Kopf- als auch die Schamhaare ausdünnen, und manchmal auch, daß im Gesicht vermehrt Haare wachsen („Frauenbart"). Diese Veränderungen sind höchstwahrscheinlich durch das relative Überwiegen männlicher Hormone im Vergleich zu → Östrogen und → Progesteron nach der Menopause bedingt. Weitere mögliche Gründe für vermehrten Haarausfall sind eine → Anämie (Blutarmut), die man ebenfalls mit einem einfachen Bluttest ausschließen kann, ein Befall der Kopfhaut mit Läusen oder anderen Parasiten, bestimmte Medikamente (z.B. → Zytostatika, Marcumar® und blutfettsenkende Medikamente), chronische Krankheiten verschiedenster Art, Hauterkrankungen, straffe Frisuren, eine → Strahlentherapie und Vergiftungen (z.B. mit Thallium).

Sofern keine behandelbare, dem Haarausfall zugrundeliegende Erkrankung oder Störung gefunden wird und man von altersbedingten Hormonveränderungen im Körper als Usache eines vermehrten Haarausfalls ausgehen muß, bestehen im Prinzip keine wirksamen Therapiemöglichkeiten.

Habitueller Abort Der spontane, d.h. nicht künstlich herbeigeführte Verlust von mindestens drei Schwangerschaften durch Fehlgeburten (→ Abort). Die Gründe für solche wiederholten Fehlgeburten liegen (wie bei anderen Fehlgeburten auch) entweder beim Fetus, der z.B. eine genetische oder andere Erkrankung haben kann, oder bei der Mutter bzw. dem Vater. Zu den die Mutter betreffenden ursächlichen Erkrankungen gehören endokrine (hormonelle) Störungen (z.B. der Schilddrüse oder der Nebennieren, ein Diabetes mellitus oder ein Progesteronmangel), Störungen der Gebärmutter (→ Uterus) wie z.B. eine → Zervixinsuffizienz, eine → Endometriose oder Entzündungen im Genitalbereich. Auch Rauchen, starker Alkohol- und Coffeingenuß (mehr als zehn Tassen Kaffee pro Tag) und verschiedene Medikamente (Hormone, Antibiotika, Blutdruckmittel) können zu einer Fehlgeburt beitragen. Darüber hinaus kann der Kontakt mit bestimmten chemischen Substanzen (Kupfer, Blei, Schwefel u.a.) mit einer erhöhten Fehlgeburtsrate in Zusammenhang stehen. Bei manchen Frauen kann der Grund in einer immunologischen Reaktion liegen, die dazu führt, daß ihr Körper das fetale Gewebe als fremd ansieht und es mit Abwehrreaktionen zerstört. Merkwürdigerweise haben Forschungen auf diesem Gebiet Hinweise darauf ergeben, daß in einem solchen Fall die Ursache nicht in einem überaktiven, sondern in einem zu wenig aktiven Immunsystem der Frau liegt, das nicht in der Lage ist Antikörper zu bilden, um das eigene Körperabwehrsystem an der Abstoßung des Fetus zu hindern. Gründe von seiten des Vaters können umweltbedingte Störungen der Spermien sein, z.B. durch Kontakt mit giftigen Substanzen, was ebenfalls mit einem erhöhten Risiko für Fehlgeburten einhergeht.

Das Alter der Schwangerschaft zum Zeitpunkt der Fehlgeburt ist oft ein Hinweis auf die zugrundeliegende Ursache. Aborte bis zur 12. Schwangerschaftswoche sind in der Regel durch genetische oder hormonelle Störunge bedingt, danach kommen eher Ursachen von seiten der Gebärmutter und der → Zervix in Frage. Untersuchungen bei wiederholten Fehlgeburten in den ersten zwölf Wochen sollten → Chromosomenanalysen beider Partner, Schilddrüsenfunktionstests und eine Endometriumbiopsie (siehe unter → Biopsie) umfassen, von denen letztere von der Zeit her so gelegt werden sollte, daß bestimmte Hormonstörungen nach der → Ovulation wie z.B. eine Corpus-luteum-Insuffizienz (siehe unter → Nidation) beurteilt werden können. Falls alle diese Untersuchungen nichts Auffälliges ergeben, kann auch eine → Hysterosalpingographie (eine spezielle Untersuchung von Gebärmutter und Eileiter mit Kontrastmittel) angebracht sein. Wiederholte Fehlgeburten in der späteren Schwangerschaft erfordern eine sorgfältige Untersuchung von Gebärmutter und Muttermund mit verschiedenen Methoden.

Man glaubte lange, daß Frauen, die dreimal hintereinander eine Fehlgeburt hatten, auf jeden Fall auch eine vierte Schwangerschaft verlieren würden. Jüngere Studien ergaben jedoch, daß das Risiko einer vierten Fehlgeburt nur bei 25% liegt, d.h. die Chance für eine vollkommen normale vierte Schwangerschaft immerhin 75% beträgt. Unklar ist, wie es zu der spontanen Rückbildung der jeweiligen zugrundeliegenden Störung bei den vorausgegangenen Schwangerschaften kommt.

Hämatom Medizinischer Ausdruck für die Blutansammlung im Gewebe durch eine Blutung. Am häufigsten ist das Hämatom der Haut, das besser als „blauer Fleck“ bekannt ist.

Hämaturie Die Anwesenheit von Blut im Urin, die in der Regel Ausdruck einer Entzündung der Harnblase (→ Zystitis) ist, manchmal aber auch bei ernsteren Erkrankungen wie einem Tumor der Harnblase oder der Niere, Nierensteinen, Nierenzysten oder Gerinnungsstörungen vorkommen kann. Der Urin ist rötlich oder bräunlich, je nachdem, wieviel Blut dem Urin beigemischt ist und wie sauer der pH-Wert des Urins ist. Da die Hämaturie ein Zeichen auch ernster Erkrankungen sein kann, erfordert sie immer eine gründliche ärztliche Untersuchung, um die zugrundeliegende Ursache herauszufinden.

Hämophilie Auch *Bluterkrankheit*. Eine angeborene und vererbliche Gerinnungsstörung des Blutes, bei der es durch eine Unterfunktion oder durch vollständiges Fehlen eines Gerinnungsfaktors zu einer verlangsamten Gerinnung des Blutes und damit zu erhöhter Blutungsbereitschaft kommt. Die Hämophilie wird X-chromosomal gebunden vererbt (siehe unter → Genetik für eine Erklärung) und wird von Müttern, die in der Regel nicht erkrankt sind, an ihre Söhne, nicht aber an die Töchter weitergegeben. Es gibt verschiedene Formen der Hämophilie, je nachdem, welcher Gerinnungsfaktor im Blut defekt ist. Die häufigsten Formen sind die Hämophilie A (Faktor VIII-Mangel) und die Hämophilie B (Faktor IX-Mangel). Die Krankheit wird gewöhnlich schon früh im Leben entdeckt, wenn die ersten Symptome wie Hämatome (blaue Flecken) und → Hämaturie (Blut im Urin) auftreten. Manchmal kommt es lediglich zu einer verzögerten Wundheilung von oberflächlichen Schnittverletzungen oder anderen Wunden, bei anderen Betroffenen verursachen jedoch schon minimale Unfälle und Verletzungen starke Blutungen in die Haut, den Muskel und vor allem in die Gelenke. Eine Heilung für die Hämophilie gibt es nicht, jedoch kann man versuchen, durch die Gabe des fehlenden Gerinnungsfaktors die Schäden und Blutungen so gering wie möglich zu halten. Die Gerinnungsfaktoren werden aus gespendetem und speziell behandeltem (z.B. tiefgefrorenem) Blut gewonnen und können durch den Patienten selbst oder ein Familienmitglied gespritzt werden. Bei schweren Blutungen kann auch ein Krankenhausaufenthalt mit Infusion des fehlenden Gerinnungsfaktors über einige Tage notwendig werden. Das übertragene Blut ist dabei auf die Anwesenheit von HIV-Viren geprüft worden, so daß die Gefahr einer Ansteckung mit → AIDS heutzutage minimal ist.

Hämophilus vaginalis Siehe → Gardnerella vaginalis

Hämorrhagie Medizinischer Ausdruck für Blutung. Siehe auch unter → Blutung, vaginale.

Hämorrhoiden Eine knötchenförmige Erweiterung der Gefäße am → Anus oder im unteren Teil des Enddarms. Die Gefäßerweiterung wird ähnlich wie bei Krampfadern (→ Varizen) am Bein durch einen erhöhten Druck verursacht, was zur Wandschwäche und Zerstörung der Klappen im Gefäß führt und damit zu einem verminderten Abtransport und Aufstau des Blutes vor Ort. Zu den Ursachen der Druckerhöhung gehören eine chronische → Obstipation (Verstopfung), anhaltender Husten oder Niesen, Übergewicht, Schwangerschaft und Tumoren im Bauchraum. Das Hauptsymtom besteht in Blutungen, gewöhnlich als hellrote Blutauflagerung auf dem Stuhl. Die Hämorrhoiden können sich innerhalb (sogenannte *innere Hämorrhoiden*) oder außerhalb des Anus (*äußere Hämorrhoiden*) befinden. Äußere Hämorrhoiden sind kleine, weiche und bläuliche Venenvorwölbungen um den After herum, die durch das Pressen beim Stuhlgang deutlicher hervortreten können. Sie verursachen nur selten Schmerzen, es sei denn, sie thrombosieren, d.h. es kommt zur Blutgerinnung und damit zum völligen Versiegen des Blutflusses in den betroffenen Gefäßen. Durch eine solche Thrombose können sich die Hämorrhoiden entzünden, aufbrechen, stark bluten und vor allem während des Stuhlganges extrem schmerzhaft werden. Nach einigen Tagen wird das Gerinnsel aufgelöst und die Schwellung verschwindet wieder.

Innere Hämorrhoiden gehen nicht wie die äußeren von Venen, sondern von Arterien aus, treten oft in Gruppen auf und sind von einer dünnen Schleimhaut bedeckt. Je nachdem, wie groß sie sind, können sie nur bei der *rektalen Untersuchung* mit dem Finger ertastet werden, oder sie wölben sich entweder nur beim Pressen oder ständig nach außen vor. Die Passage von hartem Stuhl kann zum Aufreißen der Schleimhaut und der Wände der Hämorroiden und damit zu Blutungen führen. Oft verursachen sie auch Juckreiz, Brennen, Nässen, ein Fremdkörpergefühl sowie das Gefühl der unvollständigen Entleerung beim Stuhlgang. Häufig sind die Beschwerden bei Bettruhe und Wärme schlimmer.

Kleine Hämorrhoiden, die nur gelegentlich leicht bluten und sonst keine Beschwerden verursachen, erfordern keine Behandlung bis auf den Ausschluß anderer Blutungsursachen und eventuell die Beseitigung einer Verstopfung, um ein Größerwerden der Hämorrhoiden zu verhindern. Sie können sich ebenso wie Hämorrhoiden, die während der Schwangerschaft auftreten, wieder zurückbilden. Eine Verstopfung kann mit ballaststoffreicher Ernährung (Körner, Obst, rohes Gemüse etc.) und viel Flüssigkeitszufuhr behoben werden. Der Analbereich sollte sorgfältig gereinigt werden, um eine weitere Irritation des Gewebes zu vermeiden. Auch Sitzbäder haben oft eine erleichternde Wirkung. Die Verwendung von Zäpfchen und jegliche lokale Manipulation am Anus einschließlich des analen Geschlechtsverkehrs sollte vermieden werden. Wenn diese Maßnahmen scheitern und bei größeren und/oder symptomreichen Hämorrhoiden wird eine chirurgische Therapie entweder in Form einer Verödung der betroffenen Gefäße oder in Form einer operativen Entfernung der Hämorrhoiden notwendig. Die oft verschriebenen Hämorrhoidalsalben enthalten häufig Cortison und sollten nicht auf Dauer angewendet werden, da sie zu Hautschäden führen können. Pflanzliche Heilmittel gegen Hämorrhoiden umfassen Aufgüsse aus Löwenzahn (*Taraxacum officinale*), Chicoree-Wurzeln (*Cichorium endiva*), Erlenblättrigem Kreuzdorn (*Rhamnus purshiana*), Mahonie (*Berberis aquifolium*) oder Süßholz (*Glycyrrhiza glabra*), die als Tee getrunken werden, oder auch das direkte Einbringen in den Anus von Aufgüssen aus Virginischem Zauberstrauch (*Hamamelis virginiana*) oder Kanadischer Gelbwurzel (*Hydrastis canadensis*).

Haltungsanomalie Eine Abweichung der Haltung des kindlichen Kopfes bei der Geburt. Normalerweise hält das Kind seinen Kopf so, daß das Hinterhaupt der vorangehende Kindsteil ist (siehe auch unter → Geburtsmechanismus). Dazu muß es das Kinn auf die Brust beugen. Weil im Normalfall das Gesicht des Kindes dabei nach hinten zum Steißbein der Mutter, d.h. das Hinterhaupt nach vorne zu liegen kommt, spricht man auch von der *vorderen Hinterhauptslage*. Haltungsanomalien kommen dann zustande, wenn der Kopf des Kindes weniger als normal nach vorne gebeugt ist und statt dem Hinterhaupt andere Teile des Kopfes den vorangehenden Kindsteil bilden. Ist der Kopf des Kindes weder nach vorne noch nach hinten gebeugt, steht er also gerade, dann kommt es zu einer Scheitelhaltung. Je weiter er nach hinten gebeugt bzw. gestreckt ist, kommt es zu einer Vorderhauptshaltung, einer Stirnhaltung oder im Extrem zu einer Gesichtshaltung, die sich alle jeweils bei 0,5% der Geburten einstellen. Je weiter dabei der Kopf des Kindes nach hinten gestreckt ist, desto mehr Platz beansprucht der Kopf bei der Passage durch den Geburtskanal. Ist das mütterliche Becken groß genug, kann trotzdem eine spontane Entbindung durch die Scheide stattfinden, unter Umständen mit Hilfe einer Zange oder Saugglocke. In ungünstigen Fällen wird jedoch ein Kaiserschnitt notwendig. Bei allen Haltungsanomalien sollte unverzüglich eine Krankenhauseinweisung erfolgen, da es sich durch sie um eine Risikogeburt handelt. Siehe auch → Lageanomalie, → Einstellungsanomalie.

Harnblase Ein Organ im vorderen Becken, das als Reservoir für den Urin dient, der von den Nieren über die *Ureteren* (Harnleiter) in die Blase gelangt und von dort über die *Urethra* (→ Harnröhre) nach außen abgegeben wird. Im leeren Zustand hat die Blase ungefähr die Form eines Dreiecks, während sie sich in gefülltem Zustand enorm aufweiten und dann eine rund-ovale Form annehmen kann.Die Innenseite der Blase ist mit Schleimhaut ausgekleidet. Nach außen hin folgen mehrere kompliziert aufgebaute Muskelschichten, die sich bei der Blasenentleerung zusammenziehen und bei geschlossenem → Sphinkter entspannt sind. Aus den Nieren kommen ungefähr 30 Tropfen Urin pro Minute in die Harnblase. Wenn die Blase voll ist, entsteht ein Druck, der sich in einem Harndrang äußert. Vor allem wegen der im Vergleich zu Männern kürzeren Harnröhre ist die weibliche Blase sehr anfällig für Entzündungen, die in der Regel durch Bakterien hervorgerufen werden, die über die Harnröhre nach oben in die Blase gewandert sind (siehe → Zystitis). Die Dehnung der Muskeln und des Bindegewebes durch Schwangerschaft und Geburt führt gelegentlich zu einem verminderten Halt der Harnblase, so daß sie nach unten, manchmal bis in die Vagina vorfällt. Siehe → Blasenvorfall. Siehe auch unter → Harndrang, häufiger und → Streßinkontinenz, siehe auch → Blasenkatheter.

Harndrang, häufiger Auch *Pollakisurie*. Das dringende Bedürfnis, die Harnblase öfter als normal zu entleeren, ohne daß die jeweilige Urinmenge dabei größer ist. Häufiger Harndrang ist ein oft vorkommendes Symptom in der Schwangerschaft, vor allem in den ersten Monaten (bis zur 10. oder 12. Woche) und in den Wochen vor der Entbindung. Vor allem nachts kann er durch das notwendige häufige Aufstehen sehr lästig sein. In der Frühschwangerschaft liegt der Grund für die Pollakisurie in der Regel in einer verstärkten → Anteversion der Gebärmutter, wodurch die Blase irritiert wird. In der Spätschwangerschaft wird sie durch den Druck der vergrößerten Gebärmutter und des kindlichen Kopfes auf die Blase verursacht.

Ein häufiger Harndrang kann auch durch den Druck eines → Myoms entstehen. Vor allem aber ist er das Hauptsymptom von Blasen- und Nierenerkrankungen (siehe → Zystitis, → Urethritis). Er kann durch einen → Blasenvorfall verstärkt werden. Siehe auch unter → Streßinkontinenz.

Harninkontinenz siehe unter → Streßinkontinenz

Harnröhre auch *Urethra*. Bei Frauen ist die Harnröhre etwa drei bis vier Zentimeter lang, verläuft von der Harnblase an der Vorderseite des unteren Scheidenteils entlang und mündet im Scheidenvorhof zwischen → Klitoris und Scheideneingang nach außen. Die Mündungsstelle wird auch *äußere Harnröhrenöffnung* oder auf lateinisch *Ostium urethrae externum* genannt, im Gegensatz zu der inneren Harnröhrenöffnung dort, wo die Harnröhre in die Blase mündet. Die Harnröhre ist mit einer Schleimhaut ausgekleidet, die der der Blase ähnlich ist. Sie wird von einer Reihe von Muskelfasern umgeben, die nach oben hin in die Muskulatur des Blasenhalses übergehen und vom autonomen Nervensystem in einer bestimmten Spannung gehalten werden. Am oberen Ende wird die Harnröhre zusätzlich von einem ringförmigen Schließmuskel, dem *Musculus sphincter urethrae*, umgeben, der zusammen mit dem Schließmuskel am Blasenhals die Harnröhre verschließt und damit einen Urinabgang verhindert. Der Harnröhrenschließmuskel kann jedoch willkürlich entspannt werden, um den Urin zu entleeren. Beim Mann ist die Harnröhre wesentlich länger und vereinigt sich nicht weit nach dem Austritt aus der Harnblase mit den Samenleitern zur gemeinsamen Harnsamenröhre, die an der Penisspitze nach außen mündet.

Eine der häufigsten Erkrankungen der Harnröhre ist die Entzündung der Harnröhrenschleimhaut, die sogenannte → *Urethritis*. Sie tritt oft gemeinsam mit einer Blasenentzündung (→ Zystitis) auf und äußert sich wie diese in häufigem Harndrang und Brennen beim Wasserlassen. Auch die Therapie entspricht der der Zystitis.

Hausgeburt Die Entbindung eines Kindes in der häuslichen Umgebung anstatt in einer Klinik. Hausgeburten waren früher die Norm und kamen erst um die Jahrhundertwende aus der Mode, als die Verwendung von Betäubungsmitteln während der Geburt zur vermehrten Einweisung in Kliniken führte. Bis 1950 waren dann Klinikgeburten die allgemeine Regel. Nicht davon Gebrauch machten lediglich Frauen, die zu arm für jede Form der Schwangerschaftsbetreuung waren oder deren Babies so schnell zur Welt kamen, daß ein Transport ins Krankenhaus nicht mehr möglich war. Im Laufe der 70iger Jahre wurde jedoch mit der immer mehr in den Vordergrund tretenden „Technisierung" der Krankenhausgeburt die Hausgeburt wieder als gute Alternative betrachtet. Seitdem steigt die Zahl der Frauen, die ihr Kind zuhause gebären möchten, und es entstehen immer mehr spezielle Einrichtungen, die z.B. eine → ambulante Geburt ermöglichen.

Eine Hausgeburt hat sowohl Nachteile als auch Vorteile. Für die 5% aller nicht normalen Geburten — bei denen also Komplikationen irgendeiner Art tatsächlich auftreten — bedeuten sie eindeutig ein größeres Risiko, als es mit einer Entbindung in einer gut eingerichteten Klinik verbunden wäre. Zu den häufigsten Geburtskomplikationen gehören Anomalien bei der Lage des Kindes, ein im Verhältnis zur Beckengröße der Mutter zu großes Kind, Blutungen wegen einer abnorm sitzenden Plazenta (→ Placenta praevia) oder einer Plazentaablösung (→ Abruptio placentae), Verzögerungen oder Stillstand im Geburtsablauf sowie Gefährdungszustände des Kindes durch einen → Nabelschnurvorfall oder andere Ursachen, die wegen der schlechteren → fetalen Überwachung nicht erkannt werden.

Obwohl es einen andauernden Konflikt zwischen denen gibt, die eine Hausgeburt in *keinem* Fall gutheißen, und denen, die der Ansicht sind, daß sie der einzig natürliche (und daher wünschenswerte) Weg ist, sein Kind zur Welt zu bringen, sind sich die meisten anerkannten Fachleute darin einig, daß zumindest alle Frauen mit einer sogenannten → Risikoschwangerschaft (etwa 10 bis 15% aller Schwangerschaften) ihr Kind nicht zuhause, sondern in der Klinik gebären sollten. Darüber hinaus geben Kritiker der Hausgeburt zu bedenken, daß selbst eine risikoarme Schwangerschaft ohne Warnzeichen während der Geburt plötzlich zu Komplikationen führen kann, da der Prozeß der Entbindung die belastendste Zeit für das Kind ist. Die Befürworter der Hausgeburt weisen dagegen darauf hin, daß die meisten Geburten völlig normal verlaufen, daß die Eltern sich zuhause in Entbindungsfragen nicht fremden Leuten unterordnen müssen, daß Verwandte und Freunde bei der Geburt anwesend sein können und so von Anfang an in Kontakt mit dem neugeborenen Familienmitglied treten können, daß die medizinischen Kosten minimal sind und schließlich, daß die Entbindung in einer entspannten, familiären Atmosphäre tendenziell schneller abläuft und Medikamente verschiedenster Art vermieden werden können. Falls bei einer häuslichen Geburt kein qualifizierter Geburtsbetreuer (z.B. eine Hebamme) zugegen sein kann, sollte jedoch zumindest das schnelle Erreichen einer solchen Kraft oder einer Klinik gewährleistet sein, um im Notfall Hilfe für Mutter und/oder Kind sicherzustellen. Siehe auch unter → Geburtsvorbereitung, → ambulante Geburt, → Hebamme.

Hautkrebs Ein → Krebs der Haut. Die Krebserkrankungen der Haut lassen sich aufteilen in solche, die von den Hautzellen selbst ausgehen, die sogenannten *Karzinome*, und in solche, die von den Pigmentzellen der Haut ihren Ursprung nehmen, die sogenannten → *Malignen Malinome*. Die Karzinome wiederum lassen sich je nach ihrem feingeweblichen Aufbau in vier Untergruppen aufteilen: Die sogenannten *Basaliome* sind sehr häufig und stellen insofern eine Sonderform dar, als sie keine → Metastasen (Tochtergeschwülste) setzen, sondern lediglich unter Zerstörung des umliegenden Gewebes immer weiter wachsen. Durch dieses Wachstum können die Basaliome aber dennoch tödlich verlaufen. Basaliome treten häufiger bei hell- als bei dunkelhäutigen Menschen und vor allem im Gesicht auf. Sie können ganz verschieden aussehen, z.B. wie kleine gelbliche, rötliche oder bräunliche Knötchen mit glänzender Oberfläche, die meist ringförmig oder auch wie Pflastersteine hintereinander angeordnet sind. Oder sie nehmen das Aussehen eines offenen und nässenden Geschwürs an, das ausgesprochen schnell größer wird und in die Tiefe wächst. Basaliome können auch ganz harmlos wie eine kleine Hautschuppung mit Pigmentverlust aussehen. Wegen dieser Variablität im Erscheinungsbild empfiehlt es sich, bei *jeder* neuen unerklärlichen Hautveränderung, und sei sie auch noch so klein, einen Hautarzt aufzusuchen. Je früher nämlich ein Basaliom erkannt wird, desto einfacher ist die Behandlung. Diese besteht in einer chirurgischen Entfernung des veränderten Gewebes und ist natürlich umso einfacher und gefahrloser, je kleiner und je oberflächlicher das Basaliom sitzt. Oft erfolgt nach der Entfernung des Tumors auch noch eine → Strahlentherapie, um sicherzustellen, daß wirklich alle bösartigen Zellen zerstört sind. Ist ein Basaliom vollständig entfernt worden, dann kann man auch von einer Heilung ausgehen.

Eine weitere Form des Hautkarzinoms ist das sogenannte *Plattenepithelkarzinom*, das im Vergleich zum Basaliom selten und oft in höherem Lebensalter auftritt. Auch das Plattenepithelkarzinom wächst in der Mehrzahl der Fälle im Gesicht, sehr häufig vor allem an der Unterlippe von Männern. Sein Aussehen ist wie das der Basaliome sehr unterschiedlich, so daß eine Unterscheidung zwischen beiden nicht selten erst nach der Untersuchung unter dem Mikroskop möglich ist. Plattenepithelkarzinome wachsen jedoch sehr viel schneller als Basaliome und können auch Metastasen setzen. Nicht selten entstehen sie auf dem Boden einer → Präkanzerose wie z.B. einer → Bowen- oder einer → Paget-Krankheit. Ihre Behandlung besteht in einer chirurgischen Entfernung des bösartigen Gewebes, wobei man einen großen Sicherheitsabstand einhalten muß, d.h. auch noch einiges an gesund aussehendem Gewebe darum herum herausschneiden muß, um sicherzustellen, daß der Tumor vollständig entfernt wird. Manchmal kommt auch eine Röntgenbestrahlung in Frage. Auf jeden Fall muß man die Lymphknoten in der Umgebung sorgfältig daraufhin untersuchen, ob sie eventuell von Metastasen befallen sind, und sie dann gegebenenfalls mit entfernen.

Seltenere Hautkarzinome sind die sogenannten *intermediären Karzinome*, d.h. solche, die sich nicht einer bestimmten Gruppe zuordnen lassen, und die sogenannten *Adnexkarzinome*, bei denen der Tumor Anhangsorgane der Haut wie z.B. Schweiß- oder Talgdrüsen nachahmt.

Der bei weitem am gefürchtetste Hautkrebs ist jedoch das → maligne Melanom, dessen Auftreten vor allem bei hellhäutigen Menschen immer häufiger wird. Für eine ausführliche Beschreibung dieses bösartigen Hauttumors siehe unter dem entsprechenden Stichwort.

Hautveränderungen Siehe unter → Altersveränderungen der Haut

Hebamme Eine nichtärztliche Geburtshelferin. Nach der Definition der → Weltgesundheitsorganisation ist die Hebamme eine zur Ausübung der Geburtshilfe qualifizierte Person, die ausgebildet ist, Frauen während der Schwangerschaft, der Geburt und dem Wochenbett notwendige Fürsorge und Rat zu geben, normale Geburten verantwortlich zu leiten und Neugeborene zu versorgen. Die Ausbildung zur Hebamme, die neben dem Arzt die einzige Fachkraft ist, die selbständig und eigenverantwortlich im gesundheitlichen Bereich mit dem Patienten arbeiten darf, dauert drei Jahre und erfolgt an staatlichen Lehrstätten. Die Ausbildung, Prüfung, Zulassung und Ausübung des Hebammenberufs werden vor allem durch das Hebammengesetz und einige andere Verordnungen geregelt. Eine Hebamme kann sowohl in einem Krankenhaus angestellt als auch freiberuflich tätig sein. Oft verbindet sie beide Möglichkeiten und arbeitet eng mit einem Krankenhaus zusammen wie z.B. bei der → ambulanten Geburt. Männliche Hebammen werden Entbindungspfleger genannt.

Hegar-Zeichen Eine in der frühen Schwangerschaft (2. und 3. Monat) tastbare Auflokkerung des unteren Gebärmutterabschnittes am Übergang zur → Zervix. Diese Auflokkerung kann bei der bimanuellen Untersuchung (siehe unter → gynäkologische Untersuchung) getastet werden und ist ein nützlicher Hinweis zur Diagnose einer Schwangerschaft.

Hepatitis Eine Entzündung der Leber, die durch bestimmte, sogenannte Hepatitis-Viren hervorgerufen wird. Die Art der Übertragung und das Ausmaß der Langzeitschäden unterscheidet sich von Virus zu Virus, allen gemeisam ist jedoch, daß sie eine vorübergehende Leberentzündung einige Wochen nach der Ansteckung verursachen. Es gibt im wesentlichen drei verschiedene Hepatitis-Viren: Das *Hepatitis-A-Virus* wird durch Kontakt mit kontaminiertem (d.h. den Virus enthaltendem) Stuhl oder mit verunreinigter Nahrung oder Wasser übertragen. Es führt nach etwa zwei bis vier Wochen zu einer milden bis schweren Entzündung der Leber, der in der Regel eine vollständige Ausheilung folgt.

Die *Hepatitis B*, durch das Hepatitis-B-Virus hervorgerufen, wird zu den → sexuell übertragbaren Krankheiten gerechnet. Eine Ansteckung erfolgt hier durch Geschlechtsverkehr oder durch Übertragung von infiziertem Blut (Bluttransfusionen, Verwenden gemeinsamer Nadeln bei Drogenabhängigen, plazentare Übertragung von der Mutter zum Fetus). Ein bis drei Monate nach der Ansteckung tritt eine Leberentzündung auf, die entweder ausheilen (90%) oder zum Tod (0,1–1%) oder zu einer *chronischen Hepatitis* mit erhöhter Gefahr einer Leberkrebsentstehung führen kann. Zu einer chronischen Hepatitis kommt es jedoch nur bei einem Drittel der insgesamt 10% von Patienten, bei denen das Virus auch nach Abklingen der akuten Hepatitis noch im Blut nachweisbar ist. Diese sogenannten Virusträger können, auch wenn sie selbst gesund sind und keine chronische Hepatitis haben, andere Personen anstecken.

Die Non-A-Non-B-Hepatitis, die keine einheitliche Gruppe darstellt, sondern von verschiedenen weiteren Hepatitis-Viren verursacht wird, wird hauptsächlich durch Blut übertragen. Die akuten Leberentzündungen sind meist weniger dramatisch, es kann jedoch auch bei dieser Form der Hepatitis zu chronischen Verlaufsformen kommen.

Die Symptome einer Hepatitis (gleich welcher Form) bestehen in der Regel aus einem unspezifischen Vorstadium mit Abgeschlagenheit, leichten Temperaturen, Übelkeit, Appetitlosigkeit und eventuell Durchfällen, das etwa zwei bis sieben Tage dauert. Danach kommt es zur eigentlichen Hepatitis, deren auffälligstes Symptom in einem → Ikterus (Gelbsucht) besteht. Zusätzlich kann es zu Dunkelfärbung des Urins und Entfärbung des Stuhls, zu Juckreiz und zu Druckempfindlichkeit im Oberbauch kommen. Mit Beginn der Gelbsucht geht es dem Patienten subjektiv meist besser. Bei zwei Dritteln der Patienten, die eine Hepatitis haben, bleibt die Gelbsucht jedoch aus, so daß die Diagnose oft nicht gestellt und erst anhand späterer Blutuntersuchungen bemerkt wird. Die wichtigste Untersuchung bei Verdacht auf eine Hepatitis ist die Antikörperbestimmung gegen Hepatitis-Viren im Blut, die auch zu Verlaufskontrollen herangezogen wird.

Eine ursächliche Therapie für die Hepatitis gibt es wie auch bei anderen Viruserkrankungen nicht. Die Behandlung besteht deshalb im wesentlichen aus Bettruhe und, solange Ansteckungsgefahr besteht, in einer Isolierung des Patienten. Außerdem besteht ein Alkoholverbot, und man verzichtet auf alle Medikamente, die die Leber zusätzlich belasten könnten. Da es keine eigentliche Therapie gibt, ist die Vorbeugung besonders wichtig. Diese besteht in allgemeinen hygienischen Maßnahmen wie Trinkwasserdesinfektion, sterilem Arbeiten im Krankenhaus sowie der Untersuchung aller gespendeten Blutproben auf Hepatitis- (und andere) Viren. Der beste Schutz gegen eine Hepatitis B besteht außerdem in der Vermeidung der → Promiskuität und im Verwenden eines → Kondoms. Außerdem kann man sich gegen die Hepatitis B und in Grenzen auch gegen Hepatitis A impfen lassen.

Hermaphroditismus Auch *Zwitterbildung* oder *Intersexus*. Eine Anomalie, bei der bei einem Menschen Merkmale beider Geschlechter auftreten. Ein sogenannter *echter Hermaphroditismus* liegt vor, wenn ein Mensch sowohl Eierstöcke als auch Hoden hat, unabhängig davon, ob er von seinen Geschlechtschromosomen (→ siehe unter Genetik) her männlich oder weiblich ist. Der echte Hermaphroditismus ist ausgesprochen selten, bisher wurden in der Weltliteratur nur ungefähr 300 solcher Fälle beschrieben. Häufiger ist der sogenannte *Pseudohermaphroditismus*, bei dem die → Gonaden (Keimdrüsen) einem Geschlecht, die äußeren Geschlechtsmerkmale jedoch dem anderen Geschlecht zugehören. Dabei spricht man von einem *männlichen Hermaphroditismus*, wenn eine Person männliche Keimdrüsen, d.h. Hoden hat (die meist im Bauchraum liegen), äußerlich aber wie eine Frau aussieht mit Brüsten, → Vulva und → Vagina. Ein *weiblicher Hermaphrodit* ist dagegen jemand, der weibliche Keimdrüsen (Eierstöcke) besitzt, in seinem Äußeren jedoch einem Mann ähnelt. Beim Pseudohermaphroditismus stimmen das gonadale und das chromosomale Geschlecht immer überein, nur die äußere Erscheinung hält sich nicht an dieses Geschlecht.

Alle Formen des Hermaphroditismus entstehen durch eine fehlerhafte Entwicklung in der Fetalzeit, die ihrerseits verschiedene Ursachen haben. Eine Ursache des weiblichen Pseudohermaphroditismus ist z.B. das → Adrenogenitale Syndrom, bei dem durch einen Enzymdefekt bei eigentlich weiblichen Personen männliche Hormone im Überschuß gebildet werden und damit zur Ausprägung von männlichen Geschlechtsmerkmalen führen, obwohl Eierstöcke vorhanden sind. Eine Ursache für den männlichen Pseudohermaphroditismus ist die sogenannte *Testikuläre Feminisierung*, bei der zwar Hoden vorhanden sind, die auch genügende männliches Hormon bilden, die Körperzellen jedoch wahrscheinlich wegen eines Rezeptordefektes nicht auf das männliche Hormon reagieren können, was zur Ausbildung eines weiblichen Äußeren führt.

Die Behandlung eines Hermaphroditismus versucht in der Regel durch Hormongaben und operative Eingriffe das äußere und innere Geschlecht aneinander anzugleichen. Welches Geschlecht dabei endgültig gewählt wird, hängt unter anderem auch von psychischen Faktoren ab und muß sorgfältig mit den Eltern und gegebenenfalls auch mit dem betroffenen Kind (abhängig vom Alter) besprochen werden. Siehe auch unter → Transsexualität.

Hernie Auch *Bruch.* Das Vortreten von Darmanteilen aus der Bauchhöhle durch eine abnorme oder normalerweise bestehende Lücke in der Bauchwand nach außen. Dabei unterscheidet man zwischen *reponiblen* Hernien, d.h. der vorgefallene Darm kann von außen wieder in die Bauchhöhle geschoben werden, und *irreponiblen*, bei denen das nicht gelingt, sowie *inkarzerierten* Hernien, bei denen es durch eine besonders starke Einklemmung im Bruchspalt zu Untergang und Zerstörung der Eingeweide kommt. Eine Hernie entsteht in der Regel allmählich durch oft wiederholte Einflüsse wie beispielweise durch Bauchpressendruck bei andauerndem Husten und gleichzeitig schon vorhandener oder — bei nachlassender Binde- und Muskelgewebsfestigkeit — erworbener Öffnung in der Bauchdecke.

Hernien werden nach dem Ort ihres Auftretens benannt, was im Prinzip an jeder Stelle der Bauchhöhlengrenzen sein kann. Am häufigsten ist die vor allem bei Männern auftretende *Leistenhernie*, bei der sich die Eingeweide unterhalb des Leistenbandes nach außen vorstülpen und die in der Regel eine operative Versorgung erfordert. Eine vorwiegend bei Frauen auftretende Hernienform ist die *Schenkelhernie*. Hier ist die Austrittsstelle an der Innenseite des Oberschenkels nicht weit unter dem Leistenband. Eine weitere Form stellt die *Nabelhernie* dar, die ebenfalls bei Frauen weitaus häufiger ist als bei Männern und oft mit vorausgegangenen Schwangerschaften sowie mit Übergewicht in Zusammenhang steht. Nabelhernien treten auch bei Neugeborenen auf, bei denen nach der Heilung der Haut des Nabels meist noch eine Öffnung im darunterliegenden Muskelgewebe besteht. Wenn das Baby schreit, können sich kleine Darmanteile durch diese Öffnung nach außen schieben, was zu einer vermehrten Vorwölbung des Nabels führt. Diese Nabelhernien heilen von allein, was jedoch bei sehr großen Nabelbrüchen einige Monate bis sogar Jahre dauern kann. Eine Behandlung ist nicht erforderlich.

Herpesinfektion Eine Erkrankung der Haut an verschiedenen Körperstellen (v.a. im Gesicht und Genitalbereich) und manchmal auch der inneren Organe, die durch das *Herpes-simplex-Virus* (HSV) hervorgerufen wird. Es gibt zwei Typen dieses Virus, das HSV Typ 1 und das HSV Typ 2. Typ 1 befällt vornehmlich die Lippen und die Mundschleimhaut (auch *Herpes labialis* genannt), während Typ 2 vor allem den Genitalbereich (*Herpes genitalis*) betrifft. Die Übertragung beider Viren erfolgt durch direkten Kontakt von Mensch zu Mensch, und zwar bei Typ 1 durch orale (z.B. Speichel) und bei Typ 2 durch genitale Ausscheidungen (also beim Geschlechtsverkehr), weswegen der Herpes genitalis auch zu den → sexuell übertragbaren Krankheiten gerechnet wird. Eine andere Möglichkeit der Übertragung besteht in der Ansteckung des Neugeborenen während der Geburt, wenn die Mutter einen Herpes genitalis hat. Beide Virustypen sind sehr verbreitet, d.h. die Durchseuchung in der Bevölkerung und damit die Ansteckungsgefahr ist sehr hoch. Oft erfolgt die Erstansteckung schon in den Kindesjahren. Das besondere an diesem Virus ist, daß er auch nach Abklingen der Symptome (siehe unten) im Körper verbleiben und so immer wieder zu Rezidiven, vor allem bei Änderung der Abwehrlage des Organismus (z.B. bei Fieber), führen kann. Die Erstinfektion wird von 99% aller Menschen nicht bemerkt. Manchmal verläuft sie jedoch sehr stürmisch mit Befall des Mundes, der Augen, der Genitalregion oder in Form der Herpessepsis bei Neugeborenen mit Befall der gesamten Haut und auch der inneren Organe, oder als Gehirnentzündung (Herpesenzephalitis). Jede Form der Erstinfektion, auch die symptomlose, kann zu einem rezidivierenden Herpes führen, der sich entweder als Herpes labialis oder als Herpes genitalis bemerkbar macht.

Das Hauptsymptom einer Herpesinfektion, egal ob der ersten oder einer weiteren, ist das Auftreten einer oder mehrer Gruppen von kleinen, schmerzhaften, juckenden Bläschen an der Lippe und/oder der Mundschleimhaut. Beim Herpes genitalis der Frau befinden sich die Bläschen vor allem an den Schamlippen, aber auch die → Klitoris, der Scheideneingang, der Muttermund und die Afterregion können betroffen sein. Die Bläschen sind mit einer zunächst farblosen, später (nach 2 bis 3 Tagen) grau-gelblichen Flüssigkeit gefüllt und haben einen roten Randsaum. Beim Herpes genitalis des Mannes treten die Bläschen an der Eichel, der Vorhaut, dem Penisschaft und bei Homosexuellen auch im Afterbereich auf. Nach einer Weile platzen die Bläschen und es entstehen weiche, sehr schmerzhafte offene Wunden, die von einer gelblichen Kruste überzogen sein können. Die umgebende Haut kann anschwellen und schließlich sogar von der Entzündung mitbetroffen werden und so — je nach Lokalisation — z.B. zu Schmerzen beim Wasserlassen oder zu Ausfluß aus der Scheide führen. Zusätzlich zu diesen lokalen Symptomen kann es bei der Erstinfektion auch noch zu einem allgemeinen Krankheitsgefühl mit leicht erhöhten Temperaturen und Lymphknotenschwellungen sowie gelegentlich zu den oben erwähnten Komplikationen kommen.

Auch ohne Behandlung heilen die Bläschen in der Regel innerhalb von zwei bis drei Wochen aus, ohne Narben zu hinterlassen. Es kann jedoch, wie schon erwähnt, zu einem Überleben der Viren in Nervenzellen kommen, wo sie vom Abwehrsystem des Körpers nicht erreicht werden. Dort können die Viren ein Leben lang bleiben, ohne jemals wieder in Erscheinung zu treten, oder aber sie führen zu immer wiederkehrenden (rezidivierenden) Herpesbläschen, die meist jedoch nicht so ausgeprägt sind wie bei der Erstinfektion. Die Wahrscheinlichkeit für ein Rezidiv des Herpes ist größer während der Menstruation, einer Schwangerschaft, bei → Gonorrhoe, Hitze und Sonnenbestrahlung, Fieber oder körperlichem oder psychischem Streß sowie bei Herabsetzung der allgemeinen Körperabwehr (z.B. durch → AIDS oder eine andere schwere Erkrankung).

Eine (genitale) Herpesinfektion ist in der Regel eher unbequem und lästig als gefährlich — mit zwei Ausnahmen: Erstens scheint insbesondere der rezidivierende Herpes genitalis in einem Zusammenhang mit der Entwicklung eines → Zervixkarzinoms zu stehen, wobei jedoch die Art dieses Zusammenhangs noch nicht geklärt ist. Vorbeugend empfiehlt man jedoch den betroffenen Frauen, die Vorsorgeuntersuchungen mit einem → Papanicolaou-Abstrich besonders gewissenhaft wahrzunehmen. Die zweite Gefahr besteht darin, daß sich ein Kind bei seiner Passage durch den Geburtskanal von einer Mutter mit einer frischen genitalen Herpesinfektion anstecken kann oder manchmal auch schon vor der Geburt dadurch, daß Viren aus dem Genitalbereich hoch in die Gebärmutter wandern und dort das Kind befallen. Vor allem noch unreife Kinder scheinen besonders anfällig für eine Ansteckung mit Herpesviren zu sein, die in solchen Fällen schnell zu einer Gehirnentzündung, Blindheit und sogar zum Tod führen kann. Eine Erstinfektion der Mutter während der Schwangerschaft scheint dabei für das Kind gefährlicher zu sein als das zweite oder folgende Auftreten von Herpesbläschen. Um das Kind zu schützen, wird man einer schwangeren Frau mit genitalem Herpes meist einen → Kaiserschnitt empfehlen, so daß es nicht den Geburtskanal passieren muß. (In den Fällen, in denen sich das Kind schon vor der Entbindung angesteckt hat, ist diese Maßnaheme natürlich nicht erforderlich.) Ein infiziertes Neugeborenes zeigt in der Regel die ersten Symptome innerhalb von vier bis sieben Tagen nach der Entbindung, obwohl die Symptome in manchen sehr schweren Fällen auch sofort auftreten können. Die Behandlung solcher Kinder ist extrem schwierig, da die einzig wirksamen Medikamente — vor allem antivirale Medikamente — giftige Nebenwirkungen haben können.

Ein genitaler Herpes wird oft übersehen, da die Wunden denen von zwei anderen Geschlechtskrankheiten, der → Syphilis und dem weichen Schanker (siehe → Schanker, weicher) sehr ähnlich sehen. Daher sollte man in allen Fällen von offenen Stellen im Genitalbereich auch an eine Herpesinfektion denken. Eine Untersuchungsmethode im Verdachtsfall ist ein Abstrich von den Wunden, der bei Anwesenheit von Herpesviren bei der Betrachtung unter dem Mikroskop charakteristische Veränderungen der Zellkerne erkennen läßt. Außerdem können bei einer frischen Herpesinfektion bestimmte, gegen das Herpesvirus gerichtete → Antikörper im Blut gefunden werden und dadurch die Diagnose erleichtern.

Bisher gibt es noch keine endgültige Heilungsmöglichkeit der Herpesinfektion. Ein Medikament, das Azyklovir®, kann zwar vor allem bei einer Erstinfektion die Symptome unterdrücken oder zu einer schnelleren Ausheilung der Bläschen führen, es verhindert jedoch nicht weitere Herpesrezidive. Die Behandlung richtet sich deshalb vor allem auf die Linderung der Beschwerden z.B. mit Schmerzmedikamenten oder Sitzbädern bei Herpes genitalis. Aus dem Gebiet der → Pflanzenheilkunde werden in schwarzem Tee oder Pfefferminzöl getränkte Kompressen zur Auflage auf die Wunden empfohlen. Im Falle eines Herpes genitalis fördern die Verwendung von Baumwollunterwäsche und lockerer sitzender Kleidung sowie das Sauber- und Trockenhalten des Genitalbereiches durch normales Baden die Abheilung. Manche Fachleute empfehlen auch eine vitaminreiche Diät (vor allem Vitamin C und Vitamin-B-Komplex) sowie die Einnahme eines Teelöffels Sonnenblumenöls täglich.

Herzinfarkt Auch *Myokardinfarkt*. Der Untergang von Herzmuskelgewebe infolge einer mangelnden Versorgung dieses Gewebes mit Sauerstoff und anderen notwendigen Nährstoffen. Zu einer solchen Mangelversorgung kann es kommen, wenn die Blutgefäße, die den Herzmuskel versorgen, die sogenannten *Herzkranzgefäße* oder *Koronargefäße*, z.B. durch eine → Arteriosklerose verengt sind, so daß nicht mehr genügend Blut hindurchfließen kann. Oder die Gefäße sind normal, aber der Herzmuskel benötigt mehr Sauerstoff, als er bekommt, weil er z.B. wegen eines → Bluthochdrucks gegen den erhöhten Druck in den Gefäßen arbeiten muß. Da nicht selten eine → Arteriosklerose an der Entwicklung eines Bluthochdruckes schuld hat beziehungsweise mit einem Hochdruck einhergeht, spielen oft beide Faktoren, d.h. eine Arteriosklerose der Koronargefäße und ein Bluthochdruck, eine ursächliche Rolle bei einem Herzinfarkt.

Häufig gehen einem Herzinfarkt seit Jahren oder Monaten auftretende → Angina pectoris-Beschwerden voraus. Ein akuter Infarkt äußert sich durch heftige Schmerzen in der Brustbeingegend, die in die linke Schulter, den linken Arm, die rechte Schulter und seltener auch in den Oberbauch oder in das Gesicht hin austrahlen und typischerweise mit Todesangst und einem starken Vernichtungsgefühl einhergehen. Anders als die Schmerzen bei einer Angina pectoris sprechen sie jedoch nur ungenügend oder schlecht auf die Gabe von Nitro-Spray oder -kapseln an. Zu den Schmerzen kommen Blässe, ein schneller Puls und nicht selten auch Kaltschweißigkeit der Haut.

Die Diagnose eines Herzinfarktes wird anhand der typischen Symptome vermutet und kann mit Hilfe eines → EKGs und Blutuntersuchungen bestätigt werden, bei denen sich ein Anstieg von Enzymen zeigt, die vom untergegangenen Herzmuskelgewebe freigesetzt werden. Diese Enzyme sind die CK (Kreatininkinase), die LDH (Laktatdehydrogenase), die GOT (Glutamat-Oxalat-Transaminase) und die GPT (Glutamat-Pyruvat-Dehydrogenase) (siehe auch unter → Bluttest). Ob ein Herzinfarkt überlebt wird, hängt von der Größe des untergegangenen Gewebes und dem weiteren Verlauf ab. Häufig kommt es in den ersten Stunden nach einem Herzinfarkt zu Herzrhythmusstörungen, manchmal zur Ausbildung eines Herzversagens und eines Schocks. Als Spätkomplikation kann ein *Herzwandaneurysma* entstehen, das ist eine Ausbeulung der Herzwand nach außen an der Stelle des Infarktes durch die Ausdünnung des Gewebes. Wenn ein solches Aneurysma platzt, führt dies in den meisten Fällen zum Tod, da das ganze Blut aus der Herzkammer in den Brustraum verloren geht und nicht mehr zur Versorgung des Körpers bereitsteht.

Die Behandlung eines frischen Herzinfarktes erfolgt fast immer auf der Intensivstation eines Krankenhauses und besteht in der Gabe von Beruhigungsmitteln (z.B. Valium®) und Medikamenten, die durch eine verminderte Blutzufuhr in die Herzkammern die Belastung für das Herz und damit seinen Sauerstoffbedarf senken. Dazu gibt man meist sogenannte Nitro-Präparate als Infusion. Gleichzeitig gibt man Sauerstoff über eine Nasensonde. Treten Komplikationen wie ein Herzversagen oder Rhythmusstörungen auf, so werden diese entsprechend behandelt. Ist der Infarkt noch sehr frisch (nicht älter als vier bis sechs Stunden), dann kann man auch mit einer sogenannten *Fibrinolysetherapie* versuchen, das verstopfte Herzkranzgefäß wieder zu eröffnen. Dies kann jedoch nur durch erfahrene Ärzte an bestimmten Krankenhäusern und nur bei bestimmten Patienten durchgeführt werden.

Nach einem Herzinfarkt wird zum einen der Patient langsam mobilisiert, zum anderen versucht man über eine Kontrastmitteldarstellung der Herzkranzgefäße (*Koronarangiographie*) die Ursache für den Herzinfarkt zu bestimmen und in günstigen Umständen auch zu behandeln, indem man die meist zugrundeliegenden Stenosen (Verengungen) der Gefäße durch Aufdehnung beseitigt. Nach dem Aufenthalt im Akutkrankenhaus, der bei unkompliziertem Verlauf meist etwa drei Wochen dauert, folgt in der Regel eine Anschlußheilbehandlung (AHB) in einer Rehabilitationsklinik. Dort spielt neben der Bewegungstherapie vor allem auch die Gesundheitserziehung eine wichtige Rolle, um zum einen Ängste abzubauen und die Wiedereingliederung in das Berufsleben vorzubereiten und zum anderen einen erneuten Infarkt möglichst zu verhindern. Dazu wird der Patient angehalten, nicht mehr zu rauchen, sein Gewicht zu normalisieren, auf seinen Blutzucker und Blutdruck zu achten, Streß zu vermeiden und akute *übermäßige* Kraftanstrengungen zu vermeiden.

Herzklopfen Auch *Herzrasen*. Die oft als unangenehm empfundene Wahrnehmung des eigenen Herzschlags. Dabei hat man das Gefühl, daß das Herz ungewöhnlich heftig oder irgendwie unregelmäßig oder zu schnell schlägt. Herzklopfen kann ein Hinweis auf eine *Tachykardie*, d.h. eine schnelle Herzschlagfrequenz sein, oft findet man aber auch überhaupt nichts, weder am Herzen noch sonst. Herzkopfen kommt häufig bei Angstattacken im Rahmen einer → Angstneurose oder z.B. bei Prüfungsangst und anderern seelischen Aufregungen und auch während der → Menopause vor.

Herzschmerzen Siehe unter → Angina pectoris und unter → Herzinfarkt.

Heterosexualität Die Bevorzugung eines sexuellen Partners vom jeweils anderen Geschlecht, im Vergleich zur → Homosexualität, bei der der bevorzugte Partner dem gleichen Geschlecht angehört wie die betroffene Person.

Hexenmilch Eine klare bis gelbliche Flüssigkeit, die sich manchmal aus den Brustdrüsen von sowohl männlichen als auch weiblichen Neugeborenen in den ersten Lebenstagen absondert. Sie kommt durch die Wirkung der mütterlichen Hormone und deren schnelles Absinken nach der Geburt zustande. Die Bildung von Hexenmilch ist nicht krankhaft und gibt sich nach zwei bis drei Wochen von alleine wieder.

Hintere Hinterhauptslage Eine → Haltungsanomalie des kindlichen Kopfes während der Geburt, bei der der Kopf nicht wie sonst mit dem Gesicht nach hinten zum Rücken der Mutter (→ Vordere Hinterhauptslage), sondern nach vorne in Richtung des mütterlichen Bauches schaut, mit anderen Worten, das Hinterhaupt liegt nach hinten (siehe auch Abbildung unter → Geburtsmechanismus zum besseren Verständnis). Die vorübergehende hintere Hinterhauptslage ist die häufigste Form der regelwidrigen Einstellung des Kindes bei Geburtsbeginn. In der überwiegenden Mehrzahl der Fälle (in etwa 90%) dreht sich der kindliche Kopf bei seinem Tiefertreten in das mütterliche Becken jedoch noch in die geburtstechnisch wesentlich einfachere vordere Hinterhauptslage, d.h. nun liegt das Kind wie normal mit dem Hinterkopf nach vorne zum mütterlichen Bauch. Geschieht dies nicht, dann ist der Geburtsablauf bei einer hinteren Hinterhauptslage in der Regel verzögert, vor allem wenn es sich um das erste Baby handelt, und die Mutter klagt vermehrt über Rückenschmerzen. Fast immer kommt man nicht darum herum, das Kind schließlich mit der Zange (→ Zangengeburt) oder → Saugglocke zu entbinden. Dabei versucht man, wann immer möglich, den Kopf des Kindes vorher zu drehen, da man auf diese Weise den Dammschnitt (→ Episiotomie) meist wesentlich kleiner halten kann. In Anbetracht des meist erheblich verzögerten Geburtsablaufes und der damit verbundenen Belastung für Mutter und Kind muß man in nicht seltenen Fällen, insbesondere bei großen Kindern, auch auf die Möglichkeit einer Schnittentbindung (→ Kaiserschnitt) zurückgreifen. Behält man dies im Auge, ist die Krankheits- und Sterblichkeitsrate des Kindes bei einer hinteren Hinterhauptslage nur unwesentlich höher als bei Normalgeburten. Für die Frau ergeben sich häufiger Probleme in Form größerer Weichteilverletzungen des Dammes und leichten Nachblutungen.

Hirsutismus Das Wachstum von Haaren bei Frauen an Körperstellen, wo man sie normalerweise nur bei Männern findet, wie z.B. im Gesicht, auf der Brust und am Bauch unterhalb des Nabels. Ein Hirsutismus ist selten einmal erblich bedingt, in der Regel ist er jedoch die Folge einer erhöhten Bildung von → Androgenen (männlichen Hormonen) durch die Nebennieren, wie z.B. beim → Adrenogenitalen Syndrom, einem Tumor der Nebennieren, dem → Cushing-Syndrom oder einer Störung in den Eierstöcken wie z.B. beim → Stein-Leventhal-Syndrom. In Abhängigkeit von der Ursache wird ein Hirsutismus mit Hormonen und/oder Elektrolyse zur dauernden Haarentfernung behandelt. Gelegentlich führt auch die Einnahme von → oralen Kontrazeptiva zu einem Hirsutismus, was in den meisten Fällen durch den Wechsel auf ein anderes Präparat behoben werden kann (obschon es Monate dauern kann, bis die bereits gewachsenen Haare wieder ausfallen). Bei anderen Frauen kommt es zu einem vermehrten Haarwachstum zusammen mit Akne und Gewichtszunahme, *nachdem* sie die Pille abgesetzt haben. Hier sieht man den Grund in einer plötzlichen, jedoch befristeten Zunahme der Androgenbildung durch die Nebennieren. Siehe auch unter → Haarausfall.

Hitzewallungen Ein plötzlich auftretendes Hitzegefühl, das sich in der Regel von der Brust über den Halsbereich bis in das Gesicht ausbreitet, mit Errötung der Haut einhergehen kann und oft von Schweißausbrüchen und schüttelfrostartigen Gefühlen gefolgt wird. Hitzewallungen sind das häufigste Symptom der Wechseljahre (→ Menopause) und treten dort in unterschiedlicher Häufigkeit und Stärke bei 60 bis 80% aller Frauen auf. Eine Hitzewallung kann wenige Sekunden bis einige Minuten dauern und sehr selten (z.B. ein- bis zweimal im Jahr) oder sehr häufig bis zu 15- bis 20mal am Tag auftreten. Hitzewallungen kommen auch in der Nacht vor, obwohl man sie dann oft erst dadurch bemerkt, daß man schweißgebadet von dem der Hitzewallung folgenden Schweißausbruch aufwacht.

Hitzewallungen entstehen durch eine schnelle Erweiterung von oberflächlichen Blutgefäßen, die durch Störungen der Funktion des → Hypothalamus (der die Körpertemperatur reguliert) verursacht wird, die ihrerseits wiederum Folge eines gestörten Hormongleichgewichtes sind. Nach der Menopause, wenn sich der Körper langsam an die niedrigeren Östrogenspiegel gewöhnt hat, hören auch die Hitzewallungen in der Regel wieder auf. Sie treten typischerweise um die Zeit der ersten schwächeren Regelblutungen auf und halten an, bis die Menstruationsblutungen vollständig aufgehört haben (obwohl es bei manchen Frauen auch noch einige Jahre lang nach der letzten Regelblutung zu Hitzewallungen kommt). Sie treten auch bei Frauen auf, deren Eierstöcke operativ entfernt wurden, und sind dann oft plötzlicher und schwerer in ihrer Ausprägung.

Hitzewallungen können mit oder ohne äußerlich sichtbare Zeichen (Schweißperlen, Errötung) auftreten. Bei einigen wenigen Frauen sind sie ausgesprochen stark ausgeprägt mit zusätzlich begleitendem Taubheitsgefühl der Hände und Füße, Atemnot, Erstickungsgefühl, Herzrasen, Schwindel und sogar Ohnmachtsanfälle. Hitzewallungen und eventuelle Begleitsymptome können durch eine → Östrogensubstitutionstherapie sehr gut unterdrückt werden, eine Therapie, die jedoch wegen der möglicherweise erhöhten Gefahr einer Krebsentwicklung von den Fachleuten kontrovers beurteilt wird. Jedoch hat man herausgefunden, daß die gleichzeitige Gabe von → Progesteron zum Östrogen einen schützenden Effekt hinsichtlich einer Krebsentstehung hat, so daß die Hormontherapie im Prinzip eine anerkannte und sinnvolle Behandlung der klimakterischen Beschwerden darstellt.

Eine andere Behandlungsmöglichkeit besteht in der Gabe von Vitaminen, insbesondere von Vitamin E-Präparaten (entweder allein oder zusammen mit Vitamin C oder Calcium). Bei Frauen mit Diabetes, einer rheumatischen Herzerkrankung oder Bluthochdruck sollte eine Vitamin E-Gabe jedoch mit Vorsicht und nur unter regelmäßiger medizinischer Kontrolle angewandt werden. Auch verschiedene pflanzliche Präparate werden zur Bekämpfung von Hitzewallungen empfohlen. Zu ihnen gehören die Süßholzwurzel (*Glycyrrhiza lepidota*), die eine östrogen-ähnliche Substanz enthält, und die Sarsaparillwurzel (*Smilax officinalis*), die eine progesteron-ähnliche Substanz enthält. Weiterhin die Ginsengwurzel (*Panax quinquefolium*) und ein Tee aus Himbeerblättern (*Rubus idaeus*). Eine einfache, aber sehr wirksame Methode ist auch das Auflegen von kalten Kompressen auf das Gesicht.

Hoden Auch *Testes* (Pl.), *Testiculi* (Pl.), *Orchis*. Die männlichen Keimdrüsen (→ Gonaden), deren Hauptaufgaben die Bildung von → Spermien sowie die Produktion von männlichen Geschlechtshormonen, den → Androgenen, sind. Es gibt zwei Hoden, auf jeder Seite im → Skrotum (Hodensack) einen. Anders als die weiblichen Keimdrüsen, die Eierstöcke (→ Ovar), die schon von Geburt an Eizellen besitzen, die später nur noch heranreifen müssen, fängt die Bildung der Spermien erst mit der Pubertät an. Dann aber werden täglich Millionen von Spermien gebildet. Jeder Hoden ist etwa dreieinhalb Zentimeter lang und zweieinhalb Zentimeter dick und hat eine ovale, eiförmige Form. Er besteht aus rund 250 Läppchen, die durch Bindegewebsschichten voneinander getrennt sind. In jedem dieser Läppchen finden sich zwei bis fünf sogenannte Hodenkanälchen. Die Hodenkanälchen sind mit einer dickeren Zellschicht ausgekleidet, in der sich sowohl die eigentlichen Samenbildungszellen als auch die sogenannten *interstitiellen Zellen* (Zwischenzellen) befinden, die die Androgene bilden. Alle Hodenkanälchen laufen schließlich zusammen und bilden den Anfangsteil des *Nebenhodens*, der dem Hoden aufsitzt und in dem die Samenzellen gespeichert werden. Von dort aus beginnt der eigentliche Samenstrang oder *Vas deferens*, der schließlich in die Harnröhre mündet (siehe auch die Abbildung unter → Penis). Entzündungen und nachfolgende Narbengewebsbildungen können die Gänge im Nebenhoden verschließen und damit zur → Unfruchtbarkeit des Mannes führen. Gelegentlich bleibt die Wanderung der Hoden aus der Bauchhöhle in den Hodensack aus, was → Kryptorchismus genannt wird und ebenfalls bei zu langem Bestehen zur Unfruchtbarkeit des Mannes führen kann.

Höhepunkt, sexueller Siehe → Orgasmus

Homosexualität Die Bevorzugung einer sexuellen Partnerschaft, bei der beide Partner demselben Geschlecht angehören. Siehe auch → Heterosexualität, → lesbisch.

Hormon Eine chemische Substanz im menschlichen Körper, die in einer → Drüse gebildet wird und zur Stimulation und Kontrolle lebenswichtiger Körperfunktionen dient. Hormone sind eine Art chemischer Botenträger und werden über den Blutstrom zu verschiedenen Organen und Geweben transportiert. Die wichtigsten Hormone regulieren das Wachstum, die sexuelle Entwicklung und Fortpflanzung, die Blutzusammensetzung, den Stoffwechsel, die Nachrichtenübermittlung im Nervensystem, die Bildung von anderen Hormonen sowie noch viele andere Funktionen, die noch nicht alle vollständig verstanden sind. Bestimmte Hormone, wie z.B. das Insulin, sind für die Erhaltung des Lebens unabdingbar.

Die Entdeckung der Hormone und ihrer Funktionen ist noch relativ jung. Der Begriff „Hormon“ stammt aus dem Jahr 1902, als das erste Hormon identifiziert wurde. Mit der Möglichkeit, Hormone künstlich im Labor herzustellen, wurden Hormone zunehmend zur Behandlung von Erkrankungen oder Störungen eingesetzt, die durch den Mangel eines Hormons verursacht sind, wie z.B. der → Diabetes mellitus oder bei der → Östrogensubstitutionstherapie. Darüber hinaus verwendet man Hormone in der Anti-Baby-Pille zur Schwangerschaftsverhütung (siehe → orale Kontrazeptiva) oder auch zur Behandlung von Erkrankungen, die nicht direkt durch einen Hormonmangel entstehen, wie z.B. eine Therapie mit Cortison bei Gelenksentzündungen oder anderen Störungen (siehe auch unter → Hormontherapie).

Die meisten Hormone werden in → endokrinen Drüsen gebildet, und manchmal werden alle Hormone nach ihrem Bildungsort eingeteilt: Hypophysenhormone, Ovarialhormone, Nebennierenhormone und so weiter. Eine andere Möglichkeit der Klassifizierung ist die nach der Funktion, die die einzelnen Hormone ausüben, wie z.B. Geschlechtshormone, → Gonadotropine (geschlechtsdrüsenstimulierende Hormone), Stoffwechselhormone und so weiter. Wieder eine andere Unterscheidungsmöglichkeit besteht in der Bezeichnung nach der jeweiligen chemischen Grundstruktur, die jedoch noch nicht für alle Hormone bekannt ist. Chemisch gesehen unterscheidet man zwischen zwei grundsätzlich verschiedenen Hormontypen: den *Steroiden*, die sich vom Cholesterin ableiten und zu denen die Geschlechtshormone und die sogenannten Cortikosteroide, d.h. Hormone, die in der Nebenniere gebildet werden, gehören, und auf der anderen Seite die Hormone, die aus einzelnen oder Ketten von Aminosäuren, den sogenannten *Proteinen*, bestehen, zu denen z.B. das Insulin oder das Schilddrüsenhormon Thyroxin gehören. Die Hauptsteroide sind die → Androgene (Testosteron und Androsteron), die → Östrogene und das → Progesteron sowie das → Cortison. Obwohl Androgene in der Regel in den Hoden, Östrogene und Progesteron in den Eierstöcken und die Cortikosteroide in der Regel in den Nebennieren gebildet werden, können all diese Organe prinzipiell jede Form der Steroidhormone herstellen, was sie auch manchmal tun. Zu den Hauptproteinhormonen gehören das HCG (→ humanes Choriongonadotropin), das während der Schwangerschaft von der Plazenta gebildet wird, das → FSH (follikel-stimulierende Hormon), → LH (luteinisierende Hormon), → Prolaktin, → Oxytozin und das Wachstumshormon STH, die alle von der Hypophyse (Hirnanhangsdrüse) ins Blut abgegeben werden. Bei Männern kommt normalerweise kein Prolaktin und Oxytozin vor, obwohl es manche Erkrankungen gibt, bei denen sie dennoch im Blut gefunden werden können. Die sogenannten Gonadotropine FSH und LH gibt es bei beiden Geschlechtern, sie üben nur jeweils andere Funktionen aus.

Die meisten Hormone des Körpers sind über Regelkreise eng miteinander verknüpft. Zum Beispiel stimulieren FSH und LH die Produktion von Östrogen in den Eierstöcken. Die Bildung von FSH und LH wird ihrerseits durch das GnRH (Gonadotropin-freisetzendes Hormon) aus dem Hypothalamus stimuliert. Wenn der Östrogenspiegel fällt, wird der Hypothalamus stimuliert, GnRH zu bilden, was wiederum zur Stimulation der Bildung von FSH und LH in der Hypophyse führt, was wiederum die Eierstöcke zur Bildung von Östrogen anregt. Ein ähnliches Regelsystem gibt es bei der Bildung von Testosteron beim Mann sowie bei vielen anderen Hormonen. Für alle wichtigen Hormone gibt es ein eigenes Stichwort in diesem Buch. Siehe auch → Hypothalamus, → Menstruationszyklus und die Tabelle unter → Hypophyse.

Hormontherapie Die Verabreichung von natürlichen oder synthetischen Hormonen oder auch die Entfernung von hormonbildenden Organen zur Behandlung von verschiedenen Erkrankungen. Obwohl der Begriff eigentlich alle Formen der Therapie mit Hormonen, wie z.B. die Gabe von Insulin an insulinpflichtige Diabetiker (siehe → Diabetes mellitus) einschließt, bezieht man sich mit dem Begriff heutzutage meistens auf die Hormontherapie von bösartigen Erkrankungen. Zu den frühesten Formen dieser Art von Hormontherapie gehörte die operative Entfernung der Eierstöcke und Nebennieren bei Frauen mit Brustkrebs, wodurch die Möglichkeit des Körpers, das Hormon Östrogen herzustellen, stark eingeschränkt wurde (siehe unter → Östrogen-Rezeptor-Untersuchung). Heutzutage werden viele Tumoren auf ihre Empfindlichkeit gegenüber Östrogenen hin getestet. Wenn sich dabei herausstellt, daß ihr Wachstum östrogenabhängig ist, leitet man eine Behandlung mit Antiöstrogenen oder Östrogen-Gegenspielern ein. Eine ähnliche Therapie gibt es auch für progesteronabhängige Tumoren. Auch Krebserkrankungen der Gebärmutter oder der Prostata können durch eine Hormontherapie beeinflußbar sein. Manche Formen der Schilddrüsenkarzinome sprechen gut auf eine Behandlung mit Schilddrüsenhormonen an, und das Hormon → Cortison wird erfolgreich in der Behandlung mancher Leukämie- und Lymphkrebsformen eingesetzt. Schließlich ist Cortison oft auch bei der Bekämpfung von Übelkeit oder Erbrechen als Nebenwirkung einer → Chemotherapie hilfreich. Siehe auch unter → Hormon und → Östrogensubstitutionstherapie.

Humanes Choriongonadotropin Auch *hCG*. Ein Hormon, das während der Schwangerschaft von der → Plazenta (Mutterkuchen) gebildet und unter anderem auch im Urin der Schwangeren ausgeschieden wird. Seine Anwesenheit ist daher ein guter Indikator für das Vorliegen einer Schwangerschaft, eine Tatsache, die sich die meisten → Schwangerschaftstests zunutze machen. Die Funktion(en) des hCGs sind noch nicht vollständig aufgeklärt. Es scheint jedoch dem → FSH und → LH ähnliche Eigenschaften zu haben, und man geht davon aus, daß das hCG für die Erhaltung des → Corpus luteum (Gelbkörper) und damit der Schwangerschaft in den ersten Wochen von Bedeutung ist. Das Einspritzen von hCG in einen Eierstock, der vorher mit FSH stimuliert wurde, führt zum Eisprung, weshalb hCG auch manchmal in der Behandlung einer ungewollten Kinderlosigkeit eingesetzt wird. Auch gibt es verschiedene Tumoren, die hCG produzieren, vor allem das → Chorionkarzinom, und die Bestimmung des Blutspiegels von hCG stellt in diesen Fällen einen guten Parameter für den Erfolg einer Behandlung des Tumors dar.

Hydramnion Eine abnorme Vermehrung des → Fruchtwassers während der Schwangerschaft. Die normale Fruchtwassermenge zum Zeitpunkt kurz vor Entbindung beträgt etwa 1.000 ml, eine Menge über 2.000 ml wird als pathologisch betrachtet und Hydramnion genannt. In seltenen Fällen hat man bis zu 15 Litern Fruchtwasser gemessen. Meistens ist die Vermehrung des Fruchtwassers ein langsamer Prozeß und erstreckt sich über die gesamte Schwangerschaftsdauer, weshalb man auch von einem *chronischen* Hydramnion spricht. Manchmal kommt es jedoch zu einem eher plötzlichen Fruchtwasseranstieg mit ausgeprägter Vergrößerung der Gebärmutter in wenigen Tagen. In diesen Fällen handelt es sich um ein *akutes* Hydramnion. In jedem Fall eines Hydramnions ist nur die Menge des Fruchtwassers pathologisch verändert, die chemische Zusammensetzung bleibt die gleiche.

Da das Fruchtwasser ständig vom Fetus geschluckt und dann im Körper resorbiert wird, kommt es vor allem dann zur Fruchtwasservermehrung, wenn beim Kind aus verschiedensten Gründen Schluckstörungen vorliegen wie z.B. bei Fehlbildungen des Magen-Darm-Traktes oder bei Erkrankungen des Nervensystems. Außerdem kommt ein Hydramnion öfter bei → Mehrlingsschwangerschaften und bei Schwangeren mit → Diabetes mellitus vor. Die Symptome bei einem Hydramnion sind hauptsächlich eine Folge des Druckes der übergroßen Gebärmutter auf die umgebenden Organe: Das Atmen wird schwieriger, und häufig kommt es durch den erschwerten Abfluß in den Venen zu Flüssigkeitseinlagerungen in den Beinen, im Genital- und im Bauchbereich. Die Diagnose kann durch eine → Ultraschalluntersuchung leicht gestellt werden. Bei extremer Fruchtwasservermehrung ist die Prognose für das Baby schlecht. Zusätzlich zu den oft mit einem Hydramnion einhergehenden angeborenen Mißbildungen, von denen viele lebensbedrohlich sind, besteht bei einem Hydramnion die Neigung zum vorzeitigen Wehenbeginn. Zusammen mit den Problemen während des Geburtsvorganges führt dies zu einer Gesamtsterberate (vor und nach der Geburt) von 20% und mehr.

Eine befriedigende Behandlung gibt es bislang nicht. Bettruhe und Beruhigungsmittel können zwar die Beschwerden der Mutter etwas lindern, verhindern aber nicht die weitere Fruchtwasservermehrung. Auch eine Therapie mit Wasser ausschwemmenden Medikamenten (→ Diuretika) oder eine Einschränkung der Kochsalzzufuhr sind wirkungslos. Liegt als Grund für das Hydramnion eine fetale Mißbildung vor, wird man sich bei rechtzeitiger Erkennung für einen Schwangerschaftsabbruch entscheiden. Bei Vorliegen eines Diabetes müssen die Blutzuckerwerte mit Hilfe von Insulinspritzen optimal eingestellt werden. Darüber hinaus kann man sogenannte Entlastungspunktionen durch die Bauchdecke zum Ablassen des vermehrten Fruchtwassers durchführen, die allerdings nicht ohne Risiko sind, da es bei plötzlicher Druckentlastung der Gebärmutter häufig zum vorzeitigen Wehenbeginn kommt. Deshalb gibt man gleichzeitig wehenhemmende Medikamente. Oft kommt man nicht darum herum, die Schwangerschaft vorzeitig, z.B. mit einem → Kaiserschnitt, zu beenden.

Hydrosalpinx Die Ansammlung von nicht eitriger Flüssigkeit im → Eileiter durch Verschluß der Mündungen. Eine Hydrosalpinx ist in der Regel die Folge einer Eileiterentzündung (siehe unter → pelvine Entzündung) z.B. bei → Gonorrhoe, bei der es zunächst zur Entzündung und nach Resorption des Eiters zum Auffüllen des Eileiterlumens mit wäßriger Flüssigkeit kommt. Eine Hydrosalpinx ist häufig beidseitig und führt dadurch zur Unfruchtbarkeit, da die verschlossenen Eileiterenden die Aufnahme des Eis nach dem Eisprunng verhindern. Die Behandlung besteht in einer möglichst frühen Diagnosestellung durch die → gynäkologische Untersuchung und eine → Hysterosalpingographie sowie dem Versuch einer chirurgischen Wiedereröffnung der Eileiter.

Hydrozele Auch *Wasserbruch*. Die Ansammlung von wäßriger Flüssigkeit in der Wand eines → Hodens oder eines Samenstrangs, in dem Bereich, in dem dieser noch nicht in die Bauchhöhle eingetreten ist. Die Hydrozele führt zu einer von außen sichtbaren Vergrößerung eines Hodens und fühlt sich prall elastisch an, ohne schmerzhaft zu sein. Sie kann als Begleithydrozele bei Entzündungen der Hoden oder der Nebenhoden oder bei einem Hodentumor auftreten. Manchmal ist sie auch angeboren. Oft jedoch findet man keine Ursache für die Hydrozele, sie wird dann *idiopathische Hydrozele* genannt. Die Diagnose wird durch den typischen Tastbefund und anhand einer → Diaphanoskopie des Hodens (siehe dort) gestellt. Außerdem kann man eine Ultraschalluntersuchung durchführen. Wichtig ist es, vor allem bei jungen Männern keinen Hodentumor zu übersehen, weshalb gelegentlich der Hoden sogar operativ freigelegt werden muß. Therapeutisch ist eine Abpunktion der Flüssigkeit der Hydrozele nur vorübergehend erfolgreich, da die Flüssigkeit immer wieder nachläuft. Stattdessen kann man eine Operation durchführen, bei der die Wände der Hydrozele vernäht werden, so daß keine Flüssigkeit mehr einlaufen kann. Solange sie keine Beschwerden macht, was meistens der Fall ist, ein Hodentumor ausgeschlossen ist und keine störende → Unfruchtbarkeit durch die Hydrozele vorliegt, kann man zunächst auch auf eine Therapie verzichten.

Hygiene Die Wissenschaft von der Gesundheit und ihrer Aufrechterhaltung durch prophylaktische Maßnahmen. Da die Gesundheit eines Menschen von körperlichen, seelischen und sozialen Faktoren abhängig ist, richten sich die Maßnahmen der Hygiene grundsätzlich auf all diese Bereiche und betreffen somit nicht nur die persönliche Körperhygiene, sondern auch allgemeine hygienische Maßnahmen wie z.B. die Trinkwasserüberwachung oder die Sterilisation oder Desinfektion von Geräten beispielsweise im Krankenhaus.

Zur ausreichenden Körperhygiene genügt im allgemeinen die regelmäßige Anwendung von Wasser, Seife und Zahnbürste. Der Körpergeruch ist hauptsächlich eine Folge des Schwitzens und kann durch tägliches Waschen der Körperbereiche, an denen man am meistens Schweiß bildet, d.h. in den Achselhöhlen und im Genitalbereich, verhindert werden. Die Entfernung von Haaren an den Unterarmen und Beinen dient weniger der Hygiene als dem optischen Erscheinungsbild. In den Achselhaaren fängt sich zwar der Schweißgeruch, was durch eine Entfernung dieser Haare vermindert werden kann, jedoch dient auch das weniger der Gesundheit als der Kosmetik. Die Verwendung von → Deodorants hilft ebenso, man sollte sie aber nicht im Genitalbereich anwenden, da sie die dort empfindliche Haut reizen können.

Das Waschen oder Duschen der Scheide ist nicht notwendig, da es sich um normale, natürliche, nicht „schmutzige" Sekrete handelt, die in der Vagina zu finden sind. Ein unangenehmer Geruch in der Genitalgegend entsteht in der Regel durch das Haften von Sekreten in den Schamhaaren und kann durch regelmäßiges Waschen verhindert werden. Wenn ein unangenehmer Geruch trotz regelmäßigen Waschens anhält, kann dies ein Zeichen für eine Infektion im Genitalbereich sein und sollte durch eine ärztliche Untersuchung abgeklärt werden. Abzuraten ist von der Anwendung von „Hygiene-Sprays" innerhalb der Scheide, da sie zu allergischen Reaktionen führen können. Nach dem Stuhlgang sollten Frauen sich von vorne nach hinten abwischen, um ein Verschleppen von Darmbakterien in die Scheide oder Harnröhre zu verhindern.

Hymen Auch *Jungfernhäutchen*. Eine dünne, elastische Schleimhautfalte am Scheideneingang. Bei den meisten jungen Mädchen und Frauen, die noch keinen vaginalen Geschlechtsverkehr hatten, verdeckt das Jungfernhäutchen teilweise den Scheideneingang. Das Menstruationsblut kann jedoch ungehindert vorbeifließen. Die Größe und Form des Hymens unterscheiden sich enorm. Durch den Gebrauch von Tampons, aber auch durch körperliche Betätigung wie Gymnastik, Ballet oder Reiten kann es gedehnt werden oder einreißen. Daher kann man durch eine Untersuchung des Jungfernhäutchens nicht feststellen, ob eine Frau jemals Geschlechtsverkehr hatte oder nicht. Wenn es nicht schon vorher eingerissen ist, kann das Hymen während des ersten Geschlechtsverkehrs an mehreren Stellen einreißen. Die Enden der Risse heilen, und das Jungfernhäutchen bleibt so permanent in zwei oder drei Teile aufgeteilt. Das Einreißen kann mit oder ohne leichtes und nur gelegentlich mit schwerem Bluten einhergehen. Daher sagt auch die An- oder Abwesenheit solchen Blutes nichts über die Jungfräulichkeit der Frau aus. In seltenen Fällen ist das Jungfernhäutchen so kräftig, daß es nicht einreißt, so daß ein chirurgischer Schnitt oder die vollständige operative Entfernung des Hymens notwendig ist, bevor ein vaginaler Geschlechtsverkehr stattfinden kann. Noch seltener ist die sogenannte *Hymenalatresie*, bei der das Hymen den Scheideneingang nicht nur wie normal teilweise, sondern vollständig blockiert, was zum Aufstau des Menstruationsblutes in der Scheide und Gebärmutter führt. Die Behandlung besteht hier in einer operativen Eröffnung des Jungfernhäutchens. Siehe auch unter → Jungfrau.

Hyperbilirubinämie Siehe unter → Ikterus und → Neugeborenenikterus

Hyperemesis gravidarum Siehe unter → Schwangerschaftserbrechen

Hypermenorrhoe Verstärkte Regelblutung. Die Hypermenorrhoe beruht in der Mehrzahl der Fälle auf organischen Ursachen wie → Myomen, → Polypen oder einer Entzündung der Gebärmutterschleimhaut (→ Endometritis). Auch nicht gynäkologische Erkrankungen wie ein Bluthochdruck, Herz- oder Nierenleiden und Gerinnungsstörungen des Blutes können zu einer verstärkten Regelblutung führen. Die Therapie besteht in der Behandlung des Grundleidens. Siehe auch unter → Menstruation.

Hyperplasie Die Größenzunahme eines Organs, z.B. einer → Drüse, durch eine krankhafte Zellvermehrung in diesem Organ, die wiederum durch fehlerhafte Steuerungsimpulse bedingt ist. So führt z.B. die vermehrte Anwesenheit des Adrenocorticotropen Hormons (ACTH) aus der → Hypophyse zu einem vermehrten Wachstum der Zellen der → Nebennieren, es entsteht eine *Nebennierenrindenhyperplasie*. Anders als bei der → Neoplasie ist das Ausmaß der Hyperplasie begrenzt und vom auslösenden Faktor abhängig. Wenn der auslösende Faktor beseitigt wird, bildet sich auch die Hyperplasie wieder zurück.

Hyperthyreose Siehe unter → Schilddrüse

Hypertonie, arterielle Siehe unter → Bluthochdruck

Hypoglykämie Auch *Unterzucker*. Die Erniedrigung des Blutzuckers auf Werte, die ein normales Funktionieren der Körperfunktionen nicht mehr ermöglichen. Zu einem solchen Blutzuckerabfall kommt es, wenn das Regelsystem für die Zuckermenge im Blut versagt, weil entweder zuviel des blutzuckersenkenden Hormons Insulin oder zu wenig des blutzuckererhöhenden Enzyms Glukagon vorhanden ist. Die häufigste Ursache für eine Hypoglykämie ist eine von außen zugeführte und im Vergleich zur Nahrungsaufnahme zu hohe Insulindosis bei Diabetikern (siehe unter → Diabetes mellitus). Andere, seltenere Ursachen sind Insulin-bildende Tumoren, Lebererkrankungen, Operationen im Magen-Darm-Bereich, lange Hungerperioden oder schwere Infektionskrankheiten. Zur Unterzuckerung kann es auch bei Frühgeborenen, Neugeborenen oder Kleinkindern im Rahmen von ernsten Erkrankungen kommen.

Die Symptome einer Hypoglykämie erklären sich zum einen aus der Unterversorgung des Nervensystems mit dem zur Ernährung der Zellen wichtigen Zucker und reichen von Aufmerksamkeitsschwäche und Benommenheit bis hin zum Koma und zerebralen Krampfanfällen. Zum anderen sind sie eine Folge der Versuche des Körpers, den Zuckermangel durch vermehrte Adrenalinbildung auszugleichen. Dazu gehören Heißhungergefühle, Unruhe, Zittern, Schweißausbrüche und Herzrasen. Ein Unterzuckerungszustand muß *sofort* behandelt werden, am einfachsten durch Zuckerzufuhr (z.B. als Traubenzucker oder, wenn die betroffene Person schon bewußtlos ist, durch intravenöse Zuckerzufuhr). Eine andere Möglichkeit ist die Verabreichung einer Spritze mit Glukagon. Darüber hinaus muß natürlich eine eventuell zugrundeliegende Ursache wie ein Tumor beseitigt werden. Weil die Symptome einer Hypoglykämie auch bei anderen Erkrankungen vorkommen, ist zur Diagnosestellung die Bestimmung des Blutzuckers *während* der Zeit der Symptome vonnöten. Wenn die Blutglukose dabei weniger als 45 mg/dl beträgt und die Symptome mit Anheben des Blutzuckers verschwinden, ist die Diagnose eines echten Unterzuckerzustandes bestätigt.

Hypomenorrhoe Sehr schwache Regelblutungen. Oft ist bei einer Hypomenorrhoe die Regelblutung nicht nur besonders schwach, sondern auch nur von kurzer Dauer. Sie entsteht meist dadurch, daß die Gebärmutterschleimhaut im vorangegangenen → Menstruationszyklus aus unterschiedlichen Gründen nur ungenügend aufgebaut worden ist. Darüber hinaus kann sie das erste Zeichen einer beginnenden Unterfunktion der Eierstöcke z.B. in der Zeit der → Menopause sein. Besteht gleichzeitig noch ein → Hirsutismus, d.h. eine vermehrte Körperbehaarung an für eine Frau untypischen Stellen, dann muß man eine vermehrte Produktion von → Androgenen in den Eierstöcken oder den Nebennieren annehmen, die zu einem ungenügenden Schleimhautaufbau in der Gebärmutter führt. Eine Hypomenorrhoe als einziges Symptom jedoch ist als solche nicht behandlungsbedürftig (siehe auch unter → Menstruation). Siehe auch Abb. 3 unter → dysfunktionelle Blutungen.

Hypophyse Auch *Hirnanhangsdrüse*. Eine → endokrine (hormonproduzierende) Drüse an der Hirnbasis, die über den sogenannten *Hypophysenstiel* mit dem Gehirn verbunden ist. Sie hat eine ovale Form, ist ungefähr 1,5 Zentimeter lang und weniger als 1,5 Zentimeter breit und besteht aus zwei Teilen: Die *Adenohypophyse* oder auch der Hypophysen*vorderlappen*, der drei Viertel der gesamten Drüse ausmacht, produziert zum einen sogenannte tropische Hormone, d.h. Hormone, die die Produktion und Abgabe von Hormonen in anderen Drüsen regulieren, als auch zum anderen Hormone, die bestimmte Körperfunktionen, vor allem das Körperwachstum, direkt beeinflussen. Die Adenohypophyse wurde früher als die „Chef-Drüse" des Hormonsystems angesehen, bis man herausfand, daß die meisten ihrer Funktionen wiederum von einem anderem

Organ, dem → Hypothalamus, kontrolliert und geregelt werden. Die hauptsächlichen Hormone, die von der Adenohypophyse gebildet werden, sind das *S*omato*t*rope *H*ormon (STH), auch Wachstumshormon genannt, das *A*drenoc*o*rtico*t*rope *H*ormon (ACTH), das → FSH, das → LH, das Schilddrüsen-(beziehungsweise *T*hyreoidea-)*s*timulierende *H*ormon (TSH), das → Prolaktin und das *M*elanozyten-*s*timulierende *H*ormon (MSH). Die Funktionen dieser Hormone werden in der untenstehenden Tabelle beschrieben.

Der andere Teil der Hypophyse, die sogenannte *Neurohypophyse* oder Hypophysen*hinterlappen,* produziert selbst keine Hormone, sondern stellt einen Speicherplatz für zwei wichtige Hormone aus dem Hypothalamus dar: Für das → *Oxytozin*, das die Wehen fördert und den → Milchsekretionsreflex auslöst, und das sogenannte *Vasopressin*, ein Hormon, das einen Einfluß auf die Weite der Blutgefäße, auf die Gebärmutter und die Nieren hat und bei der Regulation des Blutdruckes eine wichtige Rolle spielt (siehe auch unter → Hypothalamus). Gelegentlich muß man die Hypophyse wegen eines Tumors oder als Bestandteil einer Therapie bei einem → Brustkrebs oder anderen Krebserkrankung operativ entfernen, eine Operation, die *Hypophysektomie* genannt wird.

Beschwerden, die durch das Versagen der Hormonproduktion in der Hypophyse (z.B. durch einen Tumor oder nach einer Hypophysektomie) verursacht werden, können manchmal mit der Gabe des benötigten Hormons in Tabletten- oder anderer Form behoben werden. Zum Beispiel kann die ungenügende Produktion von Wachstumshormon zu einem verminderten Körperwachstum führen. Eine Zeitlang hat man dieses Hormon aus den Hypophysen von Verstorbenen gewonnen, was aber die große Nachfrage nicht stillen konnte. Heutzutage kann man das Wachstumshormon synthetisch mit Hilfe von gentechnisch entsprechend manipulierten Bakterien herstellen. Dieses Wachstumshormon kann man an abnorm kleine Kinder verabreichen, um das Größenwachstum in Gang zu setzen und zu fördern.

Die Hormone der Adenohypophyse

Hormon	*Funktion*	*Regulation*
Somatotropes Hormon (STH) (Wachstumshormon)	Führt zur Eiweißbildung, zum Wachstum der Knochen und zum Abbau von Fett, damit dieses zum Körperwachstum verwendet werden kann. Gegenspieler des Insulins.	Anstieg durch Aminosäuren und erniedrigte Blutzuckerwerte
Adrenocorticotropes Hormon (ACTH)	Stimulation der Bildung und Abgabe von Cortison aus den Nebennieren	Anstieg durch niedrige Cortisonspiegel und bei Streß; Abfall durch hohe Cortisonspiegel

Follikel-stimulierendes Hormon (FSH)	Stimulation des Follikelwachstums in den Eierstöcken. Förderung der Spermienproduktion in den Hoden.	Abfall durch hohe Östrogenspiegel
Luteinisierendes Hormon (LH)	Stimulation des Follikelwachstums und der Östrogenbildung in den Eierstöcken, Stimulation des Eisprungs. Stimulation der Testosteronproduktion in den Hoden.	Anstieg bei niedrigen Östrogen- und Progesteronspiegeln; Abfall bei hohem Spiegel dieser Hormone
Prolaktin	Förderung des Brustwachstums und der Milchbildung. Hemmung der FSH- und LH-Produktion.	Anstieg durch Saugreiz und psychische Einflüsse
Melanozyten-stimulierendes Hormon (MSH)	Stimulation der Melanozyten (Pigmentzellen) und damit der Pigmentierung der Haut	Anstieg bei Fehlen von Cortison (z.B. bei der Addison-Krankheit)
Thyreoidea-stimulierendes Hormon (TSH) (Schilddrüsenstimulierendes Hormon)	Stimulation des Schilddrüsenwachstums und der Produktion des Thyroxins (Schilddrüsenhormons)	Anstieg bei niedrigen Thyroxin-Spiegeln, Abfall bei hohen Thyroxin-Spiegeln

Hypothalamus Ein Teil des Gehirns, der sowohl dem Hormonsystem des Körpers als auch dem zentralen Nervensystem angehört. Der Hypothalamus liegt in der Nähe des hinteren Anteils der Hirnanhangsdrüse (→ Hypophyse) und produziert zwei Hormone, die in diesem hinteren Anteil gespeichert und von dort bei Bedarf in das Blut abgegeben werden. Diese beiden Hormone sind das Oxytozin, das eine Rolle bei den Wehen während der Geburt und bei der Milchbildung spielt, und das Vasopressin, das eine Engstellung der Gefäße und eine Erhöhung des Blutdruckes bewirkt und Einflüsse auf die Gebärmutter und die Nieren ausübt. Außerdem kontrolliert der Hypothalamus die Bildung und Freisetzung der Hormone aus der Hypophyse durch die Produktion des Hormons → GnRH, das zur Freisetzung von → LH und → FSH aus der Hypophyse führt, die ihrerseits für die Bildung von → Östrogen und → Progesteron in den Eierstöcken von Bedeutung sind (siehe unter → Menstruationszyklus für eine genauere Erklärung). Die Östrogen- und Progesteronspiegel beeinflussen rückwirkend wiederum die Aktivität des Hypothalamus zusammen mit Impulsen aus dem zentralen Nervensystem. Die letzteren sind auch der Grund dafür, warum Gedanken und Gefühle Einfluß auf das Hormonsystem haben können.

Andere, vom Hypothalamus gebildete Hormone sind das Corticotropin-freisetzende Hormon, das einen fördernden Einfluß auf die Bildung von ACTH und damit des Cortisons hat (siehe unter → Nebennieren), der Prolaktin-inhibierende (hemmende) Faktor (PIF), der die Freisetzung von Prolaktin aus der Hypophyse hemmt, sowie zwei weitere Hormone, die die Freisetzung von Wachstumshormon und schilddrüsenstimulierendem Hormon ebenfalls aus der Hypophyse regulieren. Der Hypothalamus scheint darüber hinaus noch mehr Aufgaben zu haben, die jedoch noch nicht vollständig erforscht sind.

Hypothyreose Siehe unter → Schilddrüse

Hysterektomie Die chirurgische Entfernung der Gebärmutter. Bei der *totalen* Hysterektomie wird die gesamte Gebärmutter entfernt, bei der *subtotalen* oder *partiellen* Hysterektomie läßt man die → Zervix (Gebärmutterhals) stehen. Letztere Operation wird heutzutage nur noch selten durchgeführt, da die Zervix allein keine Funktion mehr erfüllt und nur das Risiko einer späteren bösartigen Entartung mit sich bringt. Eine Hysterektomie an sich bedeutet nicht, daß gleichzeitig auch die Eierstöcke und Eileiter entfernt werden und führt demzufolge auch nicht zur → Menopause, da die Eierstöcke weiterhin → Östrogen produzieren. Dagegen bedeutet sie immer, daß eine Schwangerschaft nicht mehr möglich ist, genauso wie natürlich auch die Regelblutungen aufhören. Die operative Entfernung der Eierstöcke, auch → Ovarektomie, und der Eierstöcke, auch → Salpingektomie genannt, kann und wird auch oft gleichzeitig mit der Hysterektomie durchgeführt. Dies erfolgt dann immer als *abdominale* Hysterektomie, d.h. über eine Eröffnung der Bauchhöhle, im Gegensatz zur *vaginalen* Hysterektomie, bei der die Gebärmutter über einen Schnitt innerhalb der Vagina (Scheide) entfernt wird.

Es gibt einige eindeutige Indikationen zur Durchführung einer Hysterektomie, bei denen die Operation zur Rettung des Lebens der betroffenen Frau notwendig ist: 1. zur Stillung von schweren, unkontrollierbaren Blutungen aus der Gebärmutter, 2. als letzte Möglichkeit bei einer schweren Infektion und 3. zur Entfernung eines bösartigen Tumors der Scheide, der Gebärmutter, der Eileiter oder der Eierstöcke. Darüber hinaus kann eine Hysterektomie manchmal als Teil eines größeren operativen Eingriffes notwendig werden, um eine lebensbedrohliche Erkrankung an anderer Stelle im Bauchraum, z.B. in der Blase oder dem Darm, zu behandeln.

Bei einigen anderen Erkrankungen ist die Indikation zur Hysterektomie weniger eindeutig und hängt im wesentlichen von der Schwere der Erkrankung ab. Zu diesen gehören: 1. schwere und wiederholte Entzündungen der Genitalorgane, 2. eine ausgeprägte → Endometriose mit Beschwerden, die auf eine andere, nicht-operative Therapie nicht ansprechen (vor allem dann, wenn die Erkrankung an vielen Orten im Körper auftritt, so daß eine Schwangerschaft ohnehin sehr unwahrscheinlich wird, oder wenn das → gebärfähige Alter bereits überschritten ist), 3. → Myome, die sehr groß sind und/oder Druck auf andere Organe ausüben und/oder wiederholt sehr starke Regelblutungen verursachen, 4. Fälle, bei denen beide Eierstöcke entfernt werden müssen (bilaterale Ovarektomie), 5. → präkanzeröse Läsionen und 6. ein Vorfall von Gebärmutter, Blase oder Enddarm, der so stark ist, daß die Blasen- oder Mastdarmfunktionen gestört sind und der nicht durch kleinere chirurgische Eingriffe behoben werden kann.

Eine Hysterektomie sollte nicht wegen Schmerzen im Becken- oder Rückenbereich, unregelmäßigen Regelblutungen, Menstruationsbeschwerden, kleinen Myomen, → Polypen in der Gebärmutter oder Eierstockzysten durchgeführt werden, solange nicht andere, weniger risikoreiche Behandlungsmethoden ausprobiert worden sind. Darüber hinaus ist eine Hysterektomie nur zur Sterilisierung (eine → Tubensterilisation ist einfacher, billiger und sicherer) oder zur Ausschaltung eines Gebärmutterkrebsrisikos in Fällen, in denen keine Anzeichen für ein erhöhtes Risiko vorhanden sind, nicht angezeigt.

Ist die Indikation zur Hysterektomie gestellt, hängt das Ausmaß des chirugischen Eingriffes von mehreren Faktoren ab. Bei Frauen nach der Menopause empfiehlt man oft die gleichzeitige Entfernung der Eierstöcke, da sie womöglich ohnehin keine Hormone mehr bilden und möglicherweise bösartig entarten können. Bei Frauen, die noch regelmäßige Menstruationsblutungen haben und deren Eierstöcke gesund sind, gibt es unterschiedliche Ansichten. Die Befürworter für eine gleichzeitige Ovarektomie sagen, daß bei Frauen über 40 die Eierstöcke bald in ihrer Funktion nachlassen und ein Risiko der Krebsentstehung darstellen und empfehlen deshalb ihre Entfernung. Bei jüngeren Frauen sind sie in der Regel weniger „streng“. Die Kritiker weisen darauf hin, daß das → Ovarialkarzinom sehr selten ist und daß die durch eine operative Entfernung der Eierstöcke sehr plötzlich herbeigeführte Menopause ein Schock für das Hormonsystem des Körpers ist, der oft zu schweren Klimakteriumsbeschwerden führt. Darüber hinaus glauben manche Fachleute, daß die Ovarien (Eierstöcke) auch noch nach der Menopause beträchtliche Hormonmengen produzieren. In Deutschland ist man deswegen sehr zurückhaltend und entfernt meist „nur“ die Gebärmutter.

Einfacher ist im allgemeinen die Wahl zwischen einer abdominalen oder einer vaginalen Hysterektomie. Eine vaginale Hysterektomie wird in der Regel vorgezogen, wenn der Grund zur Hysterektomie in einem Blasen- oder Gebärmuttervorfall (siehe → Gebärmuttersenkung, → Blasenvorfall, → Rektozele) besteht. Die Hauptvorteile einer vaginalen Operation bestehen in einer wegen der verborgenen Schnittführung später nicht sichtbaren Narbe und der schnelleren Erholung nach der Operation. Ein Nachteil ist, daß die Operation technisch etwas schwieriger durchzuführen ist, vor allem wenn Narbengewebe vorliegt: das Operationsgebiet ist weniger leicht überschaubar, und das Risiko für eine versehentliche Verletzung der Harnblase und der Harnröhre ist größer. Außerdem besteht die Gefahr der Verkürzung der Vagina, wenn der Operationsschnitt wieder zugenäht wird, was zu nachfolgenden Schmerzen beim Geschlechtsverkehr führen kann. Die Operation erfordert eine Allgemeinnarkose (siehe unter → Anästhesie). Die Patientin wird in der gleichen Weise wie zu einer → gynäkologischen Untersuchung gelagert. Der Operateur zieht einen Schnitt innerhalb der Vagina in der Nähe der Zervix und gelangt dadurch in die Bauchhöhle, wo die Gebärmutter liegt. Nach und nach wird jetzt die Gebärmutter von ihren Blutgefäßen und anhängenden Strukturen (Bänder, Bindegewebe und Eileiter) getrennt und dann einschließlich der Zervix durch die Vagina nach außen entfernt. Es folgt die schrittweise Vernähung aller Hautschichten, wodurch die Vagina — wenn auch jetzt mit einem blinden Ende nach oben — wiederhergestellt wird.

Zu einer abdominalen Hysterektomie wird man sich immer dann entscheiden, wenn auch die Eierstöcke und Eileiter entfernt werden sollten, wenn ein Myom zu groß ist, um durch die Vagina zu passen, und wenn man von Narbengewebe in der Bauchhöhle aufgrund von früheren Infektionen oder Operationen ausgehen muß. Der Hauptvorteil des abdominalen Operationszuganges ist die bessere Überschaubarkeit des Operationsgebietes für den Chirurgen. Die Nachteile bestehen in einer längeren Erholungsphase nach der Operation, mehr postoperativen (nach der Operation auftretenden) Schmerzen (da die Bauchmuskeln durchtrennt wurden und erst wieder zusammenwachsen müssen) und einer höheren Wahrscheinlichkeit, daß sich Verwachsungen im Bauchraum bilden. Es gibt zwei Formen der Schnittführung: Eine vertikale (senkrechte) oder Mittellinien-Schnittführung, die sich vom Schambeinknochen hoch zum Nabel erstreckt, oder eine transversale Schnittführung parallel zur Schamhaargrenze, bei der die spätere Narbe durch das vollständige oder teilweise Überwachsen der Schamhaare äußerlich nicht so auffällig ist. Die vertikale Schnittführung hinterläßt zwar eine sichtbare Narbe, ermöglicht aber dem Operateur mehr Platz und bessere Sicht bei der Operation.

Die abdominale Hysterektomie ist eine größere Operation, die einen Krankenhausaufenthalt von acht bis 14 Tagen notwendig macht. Nach Einleitung der Narkose wird die Patientin auf dem Operationstisch gelagert und die Bauchhöhle chirurgisch eröffnet. Die Blase wird von der Gebärmutter abgelöst, um versehentliche Verletzungen zu vermeiden. Dann wird wie bei der vaginalen Hysterektomie die Gebärmutter von dem anhängenden Gewebe nach und nach befreit und aus ihrer Verbindung mit der Vagina herausgeschnitten. Danach wird das in der Vagina entstandene Loch wieder vernäht, wobei die Scheide insgesamt immer etwas an Länge verliert. Oft wird gleichzeitig auch eine → Appendektomie („Blinddarm"-Entfernung) durchgeführt. Eine Hysterektomie im Rahmen einer Krebsoperation kann noch ausgedehnter sein: Bei der sogenannten *radikalen* oder *Wertheim*-Operation werden neben der Gebärmutter, den Eierstöcken und Eileitern auch noch die Beckenlymphknoten und der obere Teil der Vagina entfernt.

Obwohl das Operationsrisiko bei einer Hysterektomie ausgesprochen gering ist, gibt es doch eine Reihe von postoperativen Komplikationen. Zu den häufigsten gehören Infektionen im Operationsbereich, die jedoch meistens mit → Antibiotika gut zu behandeln sind und nur in Ausnahmen eine nochmalige Operation erfordern. Weitere Komplikationen sind schwerere Blutungen während der Operation, die eine oder mehrere Bluttransfusionen notwendig machen können, und die Bildung von Blutgerinnseln in den Beckenvenen, die sich von den Gefäßwänden lösen und in die Lunge verschleppt werden können, was unter Umständen lebensgefährlich werden kann (siehe unter → Embolie). Leichtere Blasenentzündungen sind in den ersten Wochen nach der Operation häufig. Seltener ist die versehentliche Verletzung eines oder beider Harnleiter oder der Blase während der Operation, was zu verschiedenen Problemen führen kann. Jede Auffälligkeit nach der Rückkehr nach Hause wie z.B. hohes Fieber, anhaltende Schmerzen, starke Blutungen aus der Scheide, anhaltende Blasenstörungen, Harnverhalt oder blutiger Urin, Schmerzen, Anschwellung, Druckempfindlichkeit und Dunkelverfärbung eines Beines, Brustschmerzen, Husten oder Atemnot sowie übelriechender Ausfluß aus der Scheide, sollte zum sofortigen Aufsuchen eines Arztes führen.

Zusätzlich zu den oben erwähnten Komplikationen leiden die meisten Frauen für einige Wochen unter Müdigkeit und leichteren Allgemeinbeschwerden. Manchen Frauen ist häufig weinerlich zumute. Auch kann es zu → Hitzewallungen kommen, auch wenn die Eierstöcke nicht mit entfernt wurden. Der Grund dafür ist unbekannt, aber wahrscheinlich handelt es sich dabei um ein vorübergehendes Ungleichgewicht im Hormonsystem nach der Operation. Die zur Erholung notwendige Zeit unterscheidet sich in Abhängigkeit vom Alter und dem allgemeinen Gesundheitszustand der betroffenen Frau. Die meisten sind nach vier bis sechs Wochen wieder arbeitsfähig, andere brauchen erheblich länger. Bei manchen Frauen können extreme Müdigkeitsgefühle und Depressionen bis zu einem Jahr und länger nach der Operation anhalten. Bei Frauen vor der Menopause, denen mit der Gebärmutter auch die Eierstöcke entfernt wurden, wird es postoperativ zur Menopause mit mehr oder weniger allen Symptomen der damit verbundenen Hormonumstellung im Körper kommen. Manche Frauen zeigen postoperativ eine Tendenz zur Gewichtszunahme, vor allem weil sie sich während der Erholungszeit weniger bewegen. Diese Gewichtszunahme kann durch eine Einschränkung der Kalorienzufuhr einfach vermieden werden. Gymnastische Übungen helfen beim Wiederaufbau der durch die lange Ruhezeit erschlafften Muskeln und können vier bis sechs Wochen nach der Operation wieder aufgenommen werden. Vaginaler Geschlechtsverkehr ist in der Regel nach sechs Wochen wieder möglich. Manche Frauen stellen eine Veränderung in ihrem sexuellen Erleben fest: Die Entfernung der Gebärmutter und der Zervix hinterläßt weniger Gewebe, das bei sexueller Erregung mit Anschwellung reagieren kann. Das Gefühl der Gebärmutterkontraktionen während des Orgasmus kann nicht mehr gespürt werden. Diese Veränderungen werden von manchen Frauen sehr deutlich, von anderen wiederum so gut wie gar nicht bemerkt. Im Gegensatz dazu kommt es bei einigen zu eher verstärkten sexuellen Reaktionen, vor allem, wenn der Geschlechtsverkehr vor der Operation schmerzhaft war oder die Möglichkeit einer Schwangerschaft ein nicht akzeptables Risiko darstellte. Bei Frauen, deren Eierstöcke mit entfernt wurden, kann es durch die darauffolgende Erniedrigung des Östrogenspiegels zur Verdünnung und Austrocknung der Scheidenschleimhaut kommen, was einen Geschlechtsverkehr schwieriger und manchmal auch schmerzhaft machen kann. Hier kann die Verwendung von Gleitmitteln Linderung verschaffen.

Die Nachteile einer Hysterektomie werden für viele Frauen zum Teil oder ganz durch die Erleichterung darüber ausgeglichen, das eine zuvor schmerzhafte oder gar lebensbedrohliche Erkrankung ebenso ausgeschaltet ist wie das „Lästige“ der Menstruation und das Risiko einer Schwangerschaft. Obwohl manche Frauen ein tiefes Verlustgefühl empfinden, betrachten daher andere (und manchmal sogar die gleichen Frauen) die Operation als eine Entlastung von den Bürden einer Krankheit, der Menstruation oder einer ungewollten Schwangerschaft.

Hysterie Ein Begriff, der ursprünglich für bestimmte psychogene Verhaltensweisen geprägt wurde, heute jedoch sehr unterschiedlich gebraucht wird und oft einen wertenden Beigeschmack hat. Siehe unter → Konversionssyndrom.

Hysterosalpingographie Eine röntgenologische Untersuchung der Gebärmutter und Eileiter mit Kontrastmittel zur Klärung der Frage, ob eine ungewollte Kinderlosigkeit bei einer Frau eventuell durch einen Verschluß der Eileiter oder durch eine Störung in der Gebärmutterhöhle verursacht ist. Bei dieser Methode wird ein bestimmtes Kontrastmittel durch die Vagina in die Gebärmutterhöhle gespritzt und anschließend mit Hilfe eines Röntgenschirmes geschaut, ob und wie das Kontrastmittel in die Eileiter und von dort in die Bauchhöhle fließt. Dabei kann man Blockierungen der Eileiter, Wandunregelmäßigkeiten und durch übermäßiges Verweilen des Kontrastmittels in bestimmten Bereichen auch Narbengewebe erkennen.

Die Untersuchung ist etwas unangenehm, was in der Regel eine Folge der Dehnung des Gebärmutterkanals zum Einspritzen des Kontrastmittels ist. Auch muß die → Zervix mit einer kleinen Klemme festgehalten werden, was bei Anlegen der Klemme zu leichten krampfartigen Schmerzen führen kann. Die Untersuchung wird in der Regel nach einer Menstruation, aber noch vor dem Eisprung, also etwa zwischen dem 7. und 12. Tag nach Regelbeginn durchgeführt. Ihr Hauptnachteil ist die notwendige, hohe Strahlenbelastung für die Eierstöcke, weswegen viele Ärzte die → Laparoskpie vorziehen.

Hysteroskopie Die Betrachtung der Innenwände der Gebärmutterhöhle mit Hilfe eines speziellen optischen Instrumentes, dem sogenannten *Hysteroskop*, das durch den Gebärmutterkanal in die Gebärmutterhöhle vorgeschoben wird. Mit dem Hysteroskop kann man nicht nur die Gebärmutter und eventuell dort vorhandene Auffälligkeiten betrachten, sondern man kann auch kleinere Operationen durchführen wie z.B. eine Spirale entfernen, die in die Gebärmutterwand einwachsen ist, oder die Eileiter in ihrem Anfangsteil direkt an der Gebärmuttermündung verschließen (zur → Sterilisation). Andere Möglichkeiten sind die Entfernung von Verwachsungen in der Gebärmutter oder manchmal auch von → Myomen.

Hysterotomie Die chirurgische Eröffnung der Gebärmutter durch die Bauchwand zur Beendigung einer Schwangerschaft zwischen der 16. und 24. Schwangerschaftswoche. Sie ähnelt vom Prinzip her der Methode beim → Kaiserschnitt, indem der → Fetus und die → Plazenta durch einen kleinen Schnitt durch die Gebärmutterwand entfernt werden. Manchmal lebt der Fetus dann noch, stirbt aber in der Regel in kurzer Zeit, weil er noch zu unreif ist, um zu überleben. Die Komplikationen und Sterberate sind deutlich höher als bei anderen Formen des Schwangerschaftsabbruchs, so daß eine Hysterotomie nur bei fortgeschrittenen Schwangerschaften und Versagen der anderen Verfahren in Frage kommt.

Iatrogene Krankheiten Krankheiten oder Störungen, die als Folge einer ärztlichen Behandlung oder auch Untersuchung entstehen. Bis zum modernen Zeitalter war es sehr häufig, daß Ärzte und Chirurgen mit ihrer Therapie mehr schadeten als nutzten, und auch heute noch ist die Heilkunde manchmal selbst die Ursache für neue Krankheiten. Ein Beispiel für eine iatrogene Störung ist das → Cushing-Syndrom, das als Nebenwirkung einer hochdosierten Cortisontherapie über längere Zeit (mehrere Monate) entstehen kann. Dabei handelt es sich um eine iatrogene Störung, die man aufgrund der Notwendigkeit der Cortisontherapie wegen einer anderen (nicht-iatrogenen) Grunderkrankung in Kauf nimmt. Anders ist es mit iatrogenen Schäden, die unabsichtlich und trotz größter Sorgfalt des Arztes entstehen und nicht voraussehbar sind. Siehe auch unter → Nebenwirkungen.

ICSH Abkürzung für *Interstitielle Zellen-stimulierendes Hormon.* Ein Hormon beim Mann, das identisch mit dem → LH (luteinisierendes Hormon) bei der Frau ist. Es wird in der → Hypophyse (Hirnanhangsdrüse) gebildet und stimuliert das Wachstum der interstitiellen Zellen in den → Hoden. Diese Zellen liegen zwischen den samenbildenden Zellen und bilden ihrerseits das männliche Hormon → Testosteron, was ebenfalls durch das ICSH gefördert wird.

Icterus neonatorum Siehe → Neugeborenenikterus

idiopathisch Medizinischer Ausdruck für „ohne erkennbare Ursachen entstanden". Man verwendet diesen Begriff für die Beschreibung von Erkrankungen oder Syndromen (d.h. Symptomenkomplexen), deren Ursache(n) man nicht kennt beziehungsweise nicht nachweisen kann. Statt „idiopathisch" sagt man oft auch „*essentiell*" (z.B. essentielle Hypertonie, siehe unter → Bluthochdruck), was die gleiche Bedeutung hat.

Idiopathisches Atemnotsyndrom Auch *Syndrom der hyalinen Membranen* oder „*respiratory distress syndrome*", kurz *RDS*. Eine lebensbedrohliche Erkrankung des Neugeborenen, vor allem von unreifen Neugeborenen (siehe → Mangelgeburt), deren Lungen noch nicht weit genug entwickelt sind, um eine ausreichende Atmung und damit eine ausreichende Sauerstoffversorgung des Babys zu ermöglichen. Diese Unreife besteht vor allem darin, daß die Lungen des Kindes vor der 24. Schwangerschaftswoche noch gar nicht und erst ab der 37. Woche ausreichende Mengen eines bestimmten Stoffes, des sogenannten *Surfactant*, bilden, der zum Offenhalten der Lungenbläschen notwendig ist. Ohne diesen Surfactant fallen die Lungenbläschen bei jeder Ausatmung zusammen, wodurch das Kind nicht genügend Sauerstoff bekommt. Zu den Anzeichen eines Atemnotsyndroms gehören eine schnelle Atmung des Kindes mit Wimmern und Röcheln bei der Ausatmung, das Flattern der Nasenflügel beim Atmen und die Blauverfärbung der Haut. Alle diese Symptome resultieren aus der Anstrengung des Kindes, genügend Luft zu bekommen. Das idiopathische Atemnotsyndrom ist die häufigste Todesursache bei Neugeborenen und kann innerhalb von 72 Stunden nach der Geburt zum Tod führen. Die Behandlung besteht in der Zufuhr von Sauerstoff unter positivem Druck, um das Zusammenfallen der Lungenbläschen zu verhindern. Die Reife der Lungen kann auch schon vor Geburt durch die Bestimmung von Surfactant im Fruchtwasser mittels einer → Amniozentese beurteilt werden. Wird dabei festgestellt, daß die

Lungen noch nicht reif genug sind, um ein Überleben des Kindes auch außerhalb des Mutterleibes zu ermöglichen, versucht man, die Entbindung falls möglich noch aufzuschieben und gibt der Mutter Cortisonspritzen, was zu einer Beschleunigung der Lungenreifung beim Kind führt.

Ikterus Medizinischer Ausdruck für *Gelbsucht.* Eine hell- bis dunkelgelbe Verfärbung der Haut, die durch den Übertritt von Bestandteilen der Galle, nämlich → Bilirubin und Gallensäuren, in das Blut und von dort in die Haut verursacht wird. Ein leichter Ikterus kann sich gelegentlich auch nur durch die Gelbverfärbung des weißen Anteils der Augen bemerkbar machen. Da dieser weiße Teil Sklera genannt wird, spricht man in einem solchen Fall auch von einem *Sklerenikterus.* Zu einem Übertritt der Gallenbestandteile in die Haut kommt es, wenn der Bilirubinspiegel im Blut einen bestimmten Wert, nämlich 1,5 bis 2 mg/dl, übersteigt. Eine Erhöhung des Bilirubinspiegel über diesen Wert hinaus wird auch *Hyperbilirubinämie* genannt. Eine Hyperbilirubinämie kann verschiedene Ursachen haben, was auch heißt, daß eine Gelbsucht lediglich ein Symptom darstellt und keine einheitliche Erkrankung. Bilirubin ist ein Abbauprodukt des Hämoglobins, dem Farbstoff der roten Blutkörperchen, an das der Sauerstoff im Blut gebunden wird. Im Blut wird das Bilirubin normalerweise an bestimmte Eiweiße gebunden und transportiert, wodurch es nicht durch die Nieren ausgeschieden werden kann. Dieses Bilirubin wird gebundenes oder *indirektes Bilirubin* genannt. Mit dem Blutstrom gelangt das indirekte Bilirubin in die Leber. Dort wird es mit Hilfe eines bestimmten Enzyms, der Glukuronyltransferase, so verändert, daß es jetzt wasserlöslich ist und in die Galle abgegeben werden kann. Es wird jetzt als ungebundenes oder *direktes Bilirubin* bezeichnet. Von der Leber aus gelangt das direkte Bilirubin mit der Galle in die Gallenblase und von dort in den Darm, wo es zum Teil weiter abgebaut und zum Teil wieder in den Blutstrom aufgenommen wird. An jeder Stelle dieses komplizierten Kreislaufs kann nun eine Störung auftreten und damit zu einem Aufstau von Bilirubin führen. Z.B. kann durch einen vermehrten Untergang von roten Blutkörperchen vermehrt Hämoglobin und damit auch Bilirubin anfallen, so daß die Leber mit der weiteren Verarbeitung nicht mehr fertig wird. Da in einem solchen Fall der Grund für die Hyperbilirubinämie und damit der Gelbsucht durch eine Störung noch vor der Leber — und zwar durch eine Hämolyse (medizinischer Ausdruck für den Untergang von roten Blutkörperchen) — bedingt ist, spricht man auch von einem *prähepatischen* oder *hämolytischen Ikterus.* (Bei dem → Neugeborenenikterus handelt es sich z.B. um einen solchen hämolytischen Ikterus.) Bei einem *intrahepatischen* Ikterus dagegen liegt die Störung in der Leber selbst: durch eine Entzündung (siehe → Hepatitis) oder ein z.B. durch → Alkoholismus verursachtes Leberversagen sind die Leberzellen nicht mehr ausreichend in der Lage, das anfallende Bilirubin weiterzuverarbeiten. Das Bilirubin staut sich vor der Leber auf und verursacht eine Gelbsucht. Eine dritte Möglichkeit der Hyperbilirubinämie ergibt sich, wenn sich die Galle nach ihrer Abgabe aus der Leber in den Gallenwegen aufstaut, weil z.B. ein Stein in den Gallenwegen den Abfluß der Galle in den Darm verhindert (siehe auch unter → Gallenblase). Das in der Galle enthaltene direkte Bilirubin tritt bei einem solchen Stau in Blutgefäße über und führt damit zur Gelbsucht. Ein solcher Stauungsikterus wird auch *posthepatischer Ikterus* genannt.

Aus diesen Ausführungen wird verständlich, daß es zum einen viele verschiedene Gründe für die Entstehung einer Gelbsucht gibt, und zum anderen, daß die Bestimmung der Art des Bilirubins, nämlich direktes oder indirektes, bei der Suche nach dem Grund eine große Hilfe darstellt. Darüber hinaus spielen die Art der zusätzlichen Symptome, z.B. Gallenkoliken bei einem Gallenstein, und weitere Blutuntersuchungen, wie z.B. die Bestimmung der Leberenzyme, eine wichtige Rolle, um die Ursache einer Gelbsucht herauszufinden. Die Gelbsucht an sich ist schmerzlos, jedoch verursachen bisweilen die gleichzeitig in die Haut eingelagerten Gallensäuren (vor allem beim posthepatischen Ikterus) einen quälenden Juckreiz. Die Behandlung der Gelbsucht besteht verständlicherweise in der Therapie der Störung, die zur Gelbsucht geführt hat.

Ileostoma Auch *Anus praeter.* Eine chirurgisch angelegte permanente Öffnung in der Bauchwand, durch die ein Teil des Dünndarms, das *Ileum*, an die Oberfläche gelangt und durch das der Stuhl nach außen entleert wird. Das Ileostoma ist somit eine Form des künstlichen Afters oder Darmausgangs. Ein Ileostoma wird angelegt, wenn der Dickdarm und Enddarm aus den verschiedensten Gründen entfernt werden müssen. Dabei wird der Endteil des Ileums mit seinem offenen Ende durch die Bauchwand geführt und so befestigt, daß ein *Stoma* (Öffnung) entsteht, das in der Regel im Bereich des rechten Unterbauches sitzt. Zum Auffangen des sich ständig entleerenden Stuhls und zur Geruchsvermeidung wird über das Stoma ein auswechselbarer Beutel befestigt. Bei einer ähnlichen Prozedur — der Reservoiroperation nach *Kock* — wird aus dem Ileumende eine Art innerer Sack genäht, in dem sich der Stuhl ansammelt, anstatt nach außen in den Beutel abzulaufen. Dieser Sack muß mit Hilfe eines Katheters vier bis fünf Mal am Tag durch den Patienten geleert werden. Bei dieser Methode kann man den äußeren Plastikbeutel vermeiden; sie ist allerdings nicht bei allen Patienten, bei denen ein künstlicher Darmausgang notwendig wird, möglich.

Die meisten Ileostomata werden wegen einer Colitis ulcerosa angelegt, einer chronischen entzündlichen Erkrankung des Dickdarms, die u.a. durch häufige, blutige Durchfälle gekennzeichnet ist und bei der andere (nicht-operative) Behandlungsformen erfolglos geblieben sind. Andere Gründe für ein Ileostoma sind Dickdarmverletzungen, Dickdarmkrebs, die familiäre Polyposis coli (eine Erkrankung, bei der im ganzen Dickdarm verstreut → Polypen sitzen, die die Gefahr einer bösartigen Entartung mit sich bringen), und der → Morbus Crohn, eine chronische Entzündung, die meistens den Endteil des Ileums kurz vor seinem Übergang in den Dickdarm betrifft. In all diesen Fällen übernimmt das Ileostoma die Entleerungsfunktionen, die der Dickdarm zuvor ausgeübt hat.

Die Anlegung eine Ileostomas ist eine größere Operation, die eine gewisse Periode der Erholung und Anpassung an die veränderte Lage erfordert. Ein Ileostoma bedeutet nicht, daß man kein normales Leben mehr führen kann. Lediglich Berufe, in denen man schwer heben muß, können nicht mehr ausgeübt werden, um das Ileostoma dabei nicht zu verletzen. Die sexuellen Funktionen werden weder beim Mann noch bei der Frau beeinträchtigt, wobei jedoch die psychische Umstellung vor allem am Anfang zu sexuellen Problemen führen kann und einen verständnisvollen Partner erfordert. Duschen und Baden (mit oder ohne Plastikbeutel) sind kein Problem. Obwohl für die ersten Wochen nach der Operation eine Diät mit leicht verdaulicher, ballaststoffarmer Nahrung (kein rohes Obst oder Gemüse) empfohlen wird, ist eine im großen und ganzen normale Ernährung sehr bald wieder möglich. Manche, jedoch nicht alle Patienten leiden unter vermehrten Blähungen. In der Regel kann man das durch das Weglassen bestimmter Speisen und durch gründliches und langsames Kauen verhindern.

Ileus Medizinischer Ausdruck für *Darmverschluß.*

Immunsuppression Auch *immunsuppressive Therapie.* Die Unterdrückung oder Abschwächung der Abwehrmechanismen des Immunsystems des Körpers mit dem Ziel, unerwünschte Immunreaktionen auszuschalten. Zu diesem Zweck werden neben physikalischen Maßnahmen (z.B. ionisierende Strahlen) bestimmte Substanzen, die sogenannten *Immunsuppressiva* eingesetzt, die die Fähigkeit besitzen, Immunreaktionen des Körpers zu unterdrücken. Als Immunsuppressiva kann man einige Substanzen aus der Gruppe der Zytostatika, nämlich die sogenannten Antimetabolite und die Alkylierenden Substanzen sowie das Hormon → Cortison einsetzen. Der Wirkmechanismus der Zytostatika wird unter dem Stichwort → Chemotherapie erklärt. Das Cortison wirkt dadurch immunsuppressiv, daß es allgemein einen hemmenden Effekt auf die Entzündungsvorgänge im Körper hat. Außerdem zählt man noch das sogenannte *Antilymphozytenserum* zu den Immunsuppressiva, das in der Lage ist, nur ganz bestimmte Zellen des Immunsystems, nämlich im Blut kreisende Lymphozyten abzutöten.

Eine immunsuppressive Therapie wird vor allem nach Transplantationen von Organen eingesetzt, um die Abstoßungsreaktionen des Körpers gegen das genetisch fremde Gewebe zu unterbinden oder abzuschwächen. Darüber hinaus wird sie immer bei solchen Erkrankungen in Betracht gezogen, bei denen man vermutet, daß bestimmte pathologische Immunreaktionen die Ursache der Krankheit sind oder zumindest eine bedeutsame Rolle spielen. Dies gilt z.B. für viele der → Autoimmunkrankheiten. Da die Immunsuppressiva nicht nur diejenigen Zellen des Immunsystems abtöten, die für eine Abstoßungsreaktion nach einer Transplantation oder für die Entwicklung einer Autoimmunerkrankung verantwortlich sind, sondern insgesamt alle Komponenten des Immunsystems und darüber hinaus auch gesunde Zellen, ist eine Immunsuppression keine ungefährliche Therapie. Sie führt zu einer allgemeinen Schwächung und Anfälligkeit des Körpers gegen Infektionserkrankungen und erhöht das Risiko für das Auftreten bösartiger Tumoren. Außerdem haben bestimmte Substanzen noch spezielle Nebenwirkungen, die unter den Stichworten → Chemotherapie und → Cortison erwähnt werden. Die Indikation zu einer solchen Therapie muß daher sorgfältig gestellt werden, wobei die Behandlung mit Cortison meist weniger gefährlich ist als die Immunsuppression mit Zytostatika. Siehe auch → Immuntherapie.

Immuntherapie Die Beeinflussung immunologischer Reaktionen des Körpers durch medikamentöse oder physikalische Maßnahmen. Dazu gehören 1. die → Immunsuppression, bei der die Abwehrmechanismen des Körpers unterdrückt werden, 2. die Gabe von Immunglobulinen oder anderen Substanzen (z.B. Interferon) zur allgemeinen Stärkung des Immunsystems des Körpers und 3. verschiedene Impfmaßnahmen, durch die das Immunsystem des Körpers befähigt werden soll, gezielter und schneller auf bestimmte Krankheitserreger zu reagieren.

Implantation Siehe → Nidation

Impotenz Eine → sexuelle Funktionsstörung beim Mann, die in einer ungenügenden Fähigkeit zur → Erektion in der sexuellen Erregungsphase besteht. Dabei kann die Schwierigkeit für den Mann entweder darin bestehen, eine Erektion zu bekommen oder darin, die Erektion zu erhalten und nicht vor oder während der → Penetration wieder zu verlieren. Bei praktisch jedem Mann kommt es das ein oder andere Mal im Leben zur Impotenz. Sie kann durch Müdigkeit, Angst, Trauer, übermäßigen Alkohol- oder Medikamentenkonsum oder irgendeine andere vorübergehende Störung verursacht sein und dauert nur selten so lange an, daß eine Behandlung notwendig wird. Eine Impotenz kann jedoch auch die Folge von organischen Erkrankungen wie einem → Diabetes mellitus, einer fortgeschrittenen → Arteriosklerose, einer → Multiplen Sklerose, eines → Morbus Parkinson, schweren Leber-, Herz- oder Nierenerkrankungen, Rückenmarksverletzungen, chronischen Lungenerkrankungen und ausgeprägter Adiopositas (Fettleibigkeit) sein. Starkes Rauchen und exzessiver Alkoholgenuß gehen häufig mit Impotenz einher. Auch verschiedene Medikamente (Herz- und Bluthochdruckmedikamente, → Psychopharmaka, Antihistaminika, Hormone und andere) sowie Drogen (Marihuana, Heroin, Methadon und Amphetamine) können zur Impotenz führen. Die Potenz, d.h. die Fähigkeit zur Erlangung und Erhaltung einer Erektion, wird nicht durch → Masturbation oder häufigen Geschlechtsverkehr beeinträchtigt. Auch gibt es keinen körperlichen Grund für männliche Sportler, Sex vor einem wichtigen Wettkampf zu vermeiden. Die meisten Operationen an der → Prostata (Vorsteherdrüse) haben keinen negativen Effekt auf die Potenz, obwohl es bei manchen zur sogenannten retrograden Ejakulation (siehe unter → Ejakulation, retrograde) kommen kann. Auch das Alter muß nicht notwendigerweise zur Beeinträchtigung der Potenz führen, obwohl mit steigendem Alter die Zeit, die zum Erreichen einer Erektion notwendig ist, länger werden kann, ebenso wie die Erholungszeit nach einem → Orgasmus. Sexualtherapeuten und andere in diesem Bereich Bewanderte vermeiden den Begriff „Impotenz“ gerne, da er einen extrem negativen und wertenden Beigeschmack hat. Sie verwenden stattdessen den Begriff → „sexuelle Funktionsstörung“. Siehe auch unter → Sexualtherapie.

Es gibt einige wenige Behandlungsmöglichkeiten einer irreversiblen Impotenz im Rahmen organischer Erkrankungen. Dazu gehört z.B. Injektionen bestimmter Medikamente in den Penis durch den Mann selbst zum Zeitpunkt einer gewünschten Erektion.

Impregnation Ein anderer Ausdruck für → Befruchtung.

Infantile Zerebralparese Auch *zerebrale Kinderlähmung*. Allgemeiner Ausdruck für eine Gruppe von motorischen Störungen und Lähmungserscheinungen, die als Folge einer Schädigung des zentralen Nervensystems vor, während oder nach der Geburt (bis zum 28. Lebenstag) — oft durch Sauerstoffmangel — entstehen. Die Symptome sind je nach dem Ausmaß der Schädigung gering bis schwer und bestehen in unterschiedlichen Kombinationen aus einer spastischen Muskeltonuserhöhung, Gangstörungen, Lähmungen, Sprechstörungen und unfreiwilligen, merkwürdig anmutenden Bewegungsstörungen des Gesichtes und der Gliedmaßen. Die Ursachen für eine zu einer infantilen Zerebralparese führenden Schädigung des zentralen Nervensystems bestehen unter anderem in einer schwierigen Geburt, Infektionen, Gehirnblutungen, Sauerstoffmangel, Blutgruppenunverträglichkeiten und Vergiftungen. In Abhängigkeit davon, welcher Teil des Gehirns geschädigt ist, kann, muß aber auch nicht die Intelligenz beeinträchtigt sein. Die Schwierigkeiten eines Patienten mit infantiler Zerebralparese bei der Kommunikation und bei der Kontrolle seiner motorischen Bewegungen bedeuten nicht notwendigerweise, daß seine oder ihre geistigen Fähigkeiten beeinträchtigt sind.

Die infantile Zerebralparese ist keine fortschreitende Erkrankung. Im Gegenteil können die Beschwerden und Behinderungen sogar durch geeignete Therapien wie intensive Krankengymnastik, Logopädie, Schienen und/oder orthopädische Operationen sogar beträchtlich verbessert werden. Bei Frauen mit infantiler Zerebralparese sind Menstruation und Fruchtbarkeit unbeeinträchtigt. Eine Schwangerschaft ist in weniger schlimm ausgeprägten Fällen möglich, auch wenn die Geburt durch Muskelkrämpfe und die fehlende Möglichkeit, die Bauchpresse willentlich einzusetzen, verkompliziert werden kann. Sexuelle Stimulation und Erregung können spastische und andere unfreiwillige Bewegungen hervorrufen, was zu Schwierigkeiten beim Geschlechtsverkehr in bestimmten Positionen führen kann. Die (sexuelle) Empfindungsfähigkeit und der Orgasmus sind jedoch in der Regel nicht beeinträchtigt.

Infektion Die Übertragung und das Eindringen von Mikroorganismen wie Bakterien, Viren und Pilzen in den Körper, wo sie sich vermehren und zur Zerstörung von Körperzellen und -gewebe führen können. Eine Infektion ist strenggenommen nicht das gleiche wie eine *Infektionskrankheit*, die aus einer Infektion entstehen kann, aber nicht muß. In der Praxis werden diese beiden Begriffe jedoch oft gleichbedeutend gebraucht. Viele Mikroorganismen leben ganz natürlicherweise im Körper — z.B. im Darm, im Mund und Nasen-Rachenraum, auf der Haut und anderswo. Durch die Aktivität des Körperabwehrsystems werden sie jedoch daran gehindert, sich so sehr zu vermehren, daß sie Schaden anrichten können. Nur gelegentlich überwinden diese Mikroorganismen die Körperabwehr und können dann zur Infektion bzw. Infektionskrankheit führen.

Unabhängig von der Art des beteiligten Bakteriums oder dem Ort der Infektion laufen bakterielle Infektionen im großen und ganzen immer nach dem gleichen Schema ab. Die Bakterien ernähren sich von der Flüssigkeit oder dem Gewebe, in das sie eingedrungen sind, und geben dort hinein ihre Stoffwechselabfallprodukte ab. Auf diese fremden Substanzen reagiert der Körper, indem er weiße Blutzellen (die „Polizisten" des Blutes) zu dem infizierten Gebiet entsendet, um sich zu verteidigen. Durch die Auseinandersetzung zwischen Bakterien und weißen Blutzellen kommt es zur → Entzündung und damit zur Rötung, Überwärmung und Anschwellung des betroffenen Körpergebietes. Außerdem entsteht Eiter, der nichts anderes ist als ein Gemisch aus abgestorbenen Bakterien, weißen Blutzellen und Gewebsflüssigkeit. Wenn sich der Eiter abkapselt, dann ist ein → Abszeß entstanden. Auch ohne Abkapselung kann der oben beschriebene Entzündungsvorgang bei einer bakteriellen Infektion auf ein umschriebenes Körpergebiet begrenzt bleiben. In diesem Fall handelt es sich um eine sogenannte *Lokalinfektion*. Von einer *Allgemeininfektion* dagegen spricht man, wenn die Bakterien oder von ihnen gebildete *Toxine* (Gifte) in den Blutkreislauf gelangen und einen schädigenden Einfluß auf den gesamten Körper ausüben, der sich u.a. in Fieber, Schüttelfrost, allgemeinem Krankheitsgefühl und Gliederschmerzen zeigen kann. Andere Zeichen einer bakteriellen Allgemeininfektion können in Hautausschlägen und, je nachdem, welches Organ durch die Bakterien geschädigt wird, in spezifischen Symptomen wie blutigem Urin bei Blasenbeiteiligung oder epileptischen Krämpfen bei einer Beteiligung des zentralen Nervensystems bestehen. Eine *Sepsis* ist eine besonders starke Allgemeininfektion. Das Abwehrsystem des Körpers setzt im Kampf gegen die Bakterien nicht nur weiße Blutkörperchen, sondern auch → Antikörper ein, die das Bakterium als fremd erkennen, sich anheften und dadurch den weißen Blutkörperchen ein Signal geben, daß sie das Bakterium zerstören sollen. Diese Antikörper werden bei Kontakt mit Bakterien (und auch Viren) gebildet und können im Blut nachgewiesen werden, was in manchen Fällen die Diagnosestellung erleichtert. Die Bakterien können auch mit Hilfe von → Antibiotika zerstört werden, wobei nicht jede Art von Antibiotikum bei jedem Bakterium gleich wirksam ist. Selbst wenn alle Bakterien ausgerottet sind, kann es unter Umständen eine Zeitlang dauern, bis das betroffene Körpergewebe sich wieder vollständig erholt hat, und manchmal ist eine Wiederherstellung des Gewebes nur unter Narbenbildung möglich.

Virale Infektionen, zu denen z.B. der sogenannte „grippale Infekt", d.h. die gewöhnlichen Erkältungskrankheiten, ebenso gehören wie ernstere Erkrankungen wie z.B. → Herpesinfektionen, sprechen dagegen nicht auf eine Therapie mit Antibiotika an. Es gibt nur einige wenige gegen Viren wirksame Medikamente, die oft darüber hinaus noch schwere Nebenwirkungen haben können und von daher nur unter sorgfältiger medizinischer Überwachung eingesetzt werden dürfen. Es gibt jedoch die Möglichkeit, sich gegen eine Reihe von viralen Infektionskrankheiten durch Impfungen zu schützen. Die breite Durchführung solcher Impfungen hat in manchen Gegenden zur fast völligen Ausrottung von bestimmten Virusinfektionen geführt. Dazu gehören z.B. die Pocken, die Tollwut, die Kinderlähmung und das Gelbfieber und viele andere.

Zu den Infektionskrankheiten, die vor allem Frauen betreffen, gehören vaginale Infektionen (siehe → Kolpitis), Harnwegsinfektionen (siehe → Zystitis), Brustinfektionen (siehe → Mastitits) und Infektionen der Beckenorgane (siehe → Endometritis, → pelvine Entzündungen). Bei sexuell aktiven Frauen besteht darüber hinaus die Gefahr einer Ansteckung mit → sexuell übertragbaren Krankheiten (Geschlechtskrankheiten).

Infertilität Siehe unter → Unfruchtbarkeit

Infertilitätsdiagnostik Siehe unter → Unfruchtbarkeit, siehe auch → Gestagentest

Infiltrationsanästhesie Siehe unter → Lokalanästhesie

Infusion Das langsame, meist tropfenweise Einfließenlassen von Flüssigkeit (z.B. Blut, Blutersatz, Medikamente, Nährlösungen und anderes) in eine Körpervene oder seltener an eine andere Körperstelle. Um eine Infusion anzuhängen, muß man eine „Nadel" legen, d.h. eine künstliche Verbindung zwischen dem Blutgefäß und dem Infusionsschlauch herstellen. Die einfachste Möglichkeit ist die sogenannte *Butterfly*-Nadel (engl. für „Schmetterling"), die in eine oberflächliche Vene geschoben und nur für die Dauer einer kurzen Infusion dort belassen wird. Etwas schwieriger, aber in der Regel auch unkompliziert und in der Hand des Geübten fast schmerzlos ist das Legen einer sogenannten *Braunüle*, einer etwas dickeren Nadel, die über mehrere Tage belassen werden kann und für Dauerinfusionen geeignet ist. Auch bei einer Braunüle wird lediglich eine oberflächliche Vene, meist am Unterarm oder auf dem Handrücken, angestochen. Bei einem *zentralen Venenzugang* gelangt dagegen die Infusionsflüssigkeit über einen Katheter, der entweder von einer Armvene aus oder von der Vena subclavia hinter dem Schlüsselbein aus vorgeschoben wird, direkt in die obere Hohlvene, d.h. die Vene, die alles Blut aus der oberen Körperhälfte gesammelt hat und dann in das Herz einmündet. Ein zentraler Venenzugang ist nur bei besonderen Umständen nötig, wenn z.B. unter intensivmedizinischen Bedingungen gleichzeitig mit der Verabreichung von Flüssigkeit eine ständige Kontrolle über den Gesamtflüssigkeitsgehalt des Blutkreislaufes notwendig ist oder wenn die über die Infusion gegebenen Medikamente die Wände einer kleinen, oberflächlichen Vene zu schnell schädigen würden. Während in der Regel jeder Arzt eine Braunüle legen kann, erfordert das Legen eines zentralen Venenzugangs speziellere Kenntnisse aus der Intensivmedizin und bleibt deswegen auch den Ärzten vorbehalten, die es im Lauf ihrer beruflichen Ausbildung gelernt haben.

Inguinalhernie Leistenbruch. Siehe unter → Hernie.

Inkompletter Abort Siehe unter → Abort

Inkubationszeit Die Zeitspanne zwischen dem Eindringen eines infektiösen Keims (Krankheitserregers) in den Körper bis zum ersten Auftreten von Symptomen und Zeichen der Erkrankung. Die Inkubationszeit ist je nach Art der entsprechenden Infektionskrankheit unterschiedlich lang und beträgt z.B. bei Scharlach drei bis fünf Tage und bei Röteln zwei bis drei Wochen. Die Inkubationszeit ist nicht das gleiche wie die Periode der Ansteckungsgefahr, d.h. die Zeit, in der sich eine andere Person am Patienten anstecken kann. Die Zeit der Ansteckungsgefahr kann jedoch in die Inkubationszeit, d.h. noch vor Auftreten von Krankheitssymptomen fallen. Z.B. kann man sich schon zwei Tage vor Auftreten des Masernausschlages bei der betreffenden Person anstecken.

Insemination Siehe unter → Künstliche Befruchtung

Inspektion Medizinischer Ausdruck für den Teil der körperlichen Untersuchung eines Patienten, bei dem man durch genaues Betrachten der dem Auge zugänglichen Körperteile Aufschluß über irgendwelche krankhaften Vorgänge erhalten will. Die Inspektion spielt verständlicherweise insbesondere in der Dermatologie (Lehre der Hautkrankheiten) eine übergeordnete Rolle. Siehe auch → Auskultation, → Palpation und → Gynäkologische Untersuchung.

Interferon Siehe unter → Immuntherapie

intramuskulär Medizinischer Ausdruck für „in/innerhalb eines Muskels“. Er wird häufig in seiner abgekürzten Form, nämlich i.m., verwendet und beschreibt eine ärztliche Maßnahme oder eine Krankheit, die sich innerhalb des Muskels abspielt. Eine i.m.-Spritze z.B. ist eine Spritze, bei der die Wirksubstanz in einen Muskel, meist den Gesäßmuskel, gespritzt wird. Ein intramuskuläres Hämatom ist ein Bluterguß in einen Muskel. Siehe auch → intravenös und → subcutan.

Intrauterine Polypen Siehe → Polyp, Def. 2

Intrauterinpessar Auch kurz *IUP* oder *Spirale*. Ein kleines T-förmiges Gebilde aus Plastik oder Metall (meist Kupfer), das in die Gebärmutter eingeführt und dort für Monate oder Jahre belassen wird und die Aufgabe hat, eine Schwangerschaft zu verhüten. Es ist ein reversibles Verhütungsmittel, d.h. nach seiner Entfernung kann eine Frau wieder schwanger werden. Die Spirale unterscheidet sich jedoch unter anderem von anderen auswechselbaren Verhütungsmethoden wie z.B. dem → Scheidendiaphragma dadurch, daß sie von einem Arzt sowohl eingesetzt als auch wieder entfernt werden muß. Neben den reinen Plastik-Spiralen gibt es Spiralen, die zusätzlich Kupfer enthalten und in kleinen Mengen kontinuierlich in die Umgebung abgeben, ein Metall, das auf bisher ungeklärte Weise zur Schwangerschaftsverhütung beiträgt, und solche, die → Progesteron freisetzen, wodurch der Zervikalschleim so verändert wird, daß die Spermien weniger leicht in die Gebärmutter eindringen können.

Die Wirkungsweise der Spirale, d.h. auf welche Weise sie eine Schwangerschaft verhindert, ist bisher nicht völlig geklärt. Eine Spirale unterdrückt weder den Eisprung (→ Ovulation) noch in jedem Fall eine Befruchtung der Eizelle durch ein Spermium. Stattdessen geht man davon aus, daß die Spirale durch die Abgabe von Kupferionen und die Bewirkung einer Entzündungsreaktion in der Gebärmutterschleimhaut einerseits einen negativen Effekt auf die Beweglichkeit der Spermien hat und andererseits die Einnistung (→ Nidation) der befruchteten Eizelle in die Gebärmutterschleimhaut und damit die weitere Entwicklung des Embryos verhindert.

Vor dem Einsetzen einer Spirale muß durch eine sorgfältige Erhebung der Anamnese und eine gründliche Untersuchung sichergestellt werden, daß bei der betreffenden Frau kein Grund vorliegt, die Spirale *nicht* zu verwenden. Eine Spirale verbietet sich bei Frauen, die schwanger sind oder sein könnten, bei vorausgegangenen → Extrauteringraviditäten, bei Anomalien der Gebärmutteranatomie wie z.B. eine geteilte oder eine sehr kleine Gebärmutterhöhle, beim jetzigen oder früher häufigerem Vorliegen einer Unterleibsentzündung, bei einer → Gonorrhoe oder einer anderen → sexuell übertragbaren Krankheit oder auch nur bei einer erhöhten Wahrscheinlichkeit, eine solche zu bekommen, bei einem oder mehreren → Myomen der Gebärmutter, die groß genug sind, die Form der Gebärmutterhöhle zu verändern, bei sehr starken Regelblutungen und/oder Menstruationsschmerzen in der Vorgeschichte, bei einer floriden Entzündung der Zervix (→ Zervizitis) oder einem pathologischen Befund im → Papanicolaou-Abstrich, bei Störungen der Gebärmutterschleimhaut, insbesondere bei einer → Endometriose oder einer → Endometriumhyperplasie und bei einer Reihe von internistischen Erkrankungen wie Herz- und Lebererkrankungen, einer → Anämie, einem → Diabetes mellitus, einer → Leukämie, Gerinnungsstörungen des Blutes sowie während einer Therapie mit → Cortison oder cortisonähnlichen Medikamenten und solchen, die die Gerinnungsbereitschaft des Blutes herabsetzen (z.B. Marcumar®). Darüber hinaus sollten kupferhaltige Spiralen nicht von Frauen mit einer Allergie gegen Kupfer angewendet werden.

Außerdem setzt man die Spirale ungern jungen Frauen (unter 25 Jahren) ein, die noch keine Kinder gehabt haben, sowie solchen, die häufig ihren Partner wechseln, da bei ihnen das Risiko, sich an einer sexuell übertragbaren Krankheit anzustecken, erhöht ist. Solche Frauen sollten sich zumindest einem Gonorrhoe-Test unterziehen, bevor eine Spirale eingesetzt wird (da die Gonorrhoe bei Frauen oft keine Symptome verursacht). Manche Ärzte vertreten die Ansicht, daß *keine* kinderlose, aber noch fruchtbare Frau wegen der erhöhten Gefahr einer nachfolgenden Infertilität (siehe weiter unten) eine Spirale verwenden sollte.

Wenn man sich einmal für die Spirale als Methode zur → Empfängnisverhütung entschlossen hat, ist es wichtig, den richtigen Zeitpunkt für das Einsetzen der Spirale zu bestimmen. Der beste Zeitpunkt ist während der → Menstruation, da zu dieser Zeit eine

Schwangerschaft mit einiger Sicherheit ausgeschlossen werden kann (bezüglich der Gefahren einer Spirale für eine Schwangerschaft siehe weiter unten), Nachblutungen zu dieser Zeit als nicht so lästig empfunden werden und außerdem der Gebärmutterkanal, durch den die Spirale eingeführt werden muß, relativ weit ist. Man kann die Spirale auch direkt im Anschluß an eine Geburt oder einen Schwangerschaftsabbruch einsetzen, wobei die Gefahr einer Abstoßung sowie von schweren Nachblutungen und Entzündungen jedoch erhöht ist. Besser ist es, mit dem Einsetzen einer Spirale bis zur ersten spontanen Regelblutung nach einer Geburt, einer Fehlgeburt oder einem Schwangerschaftsabbruch zu warten.

Ein Intrauterinpessar kann ambulant in der Praxis eines Frauenarztes oder der Ambulanz einer Frauenklinik eingesetzt werden. Zunächst erfolgt eine Untersuchung der Beckenorgane, um die Lage der Gebärmutter zu bestimmen. Dann wird mit dem → Spekulum der Gebärmuttermund eingestellt und eine Sonde durch den Gebärmutterkanal in die Gebärmutter geführt, um die Länge der Gebärmutterhöhle plus Gebärmutterkanal zu messen. Nach Entfernung der Sonde wird die Spirale zusammengeklappt und in einem Einführungsrohr befestigt. Auf dem Einführungsrohr wird die mit der Sonde gemessene Länge der Gebärmutter markiert. Dann wird das Einführungsrohr mit der Spirale durch den Gebärmutterkanal so weit in die Gebärmutterhöhle eingeführt, bis die Markierung auf dem Rohr am äußeren Gebärmuttermund angelangt ist. Jetzt wird das Einführrohr so

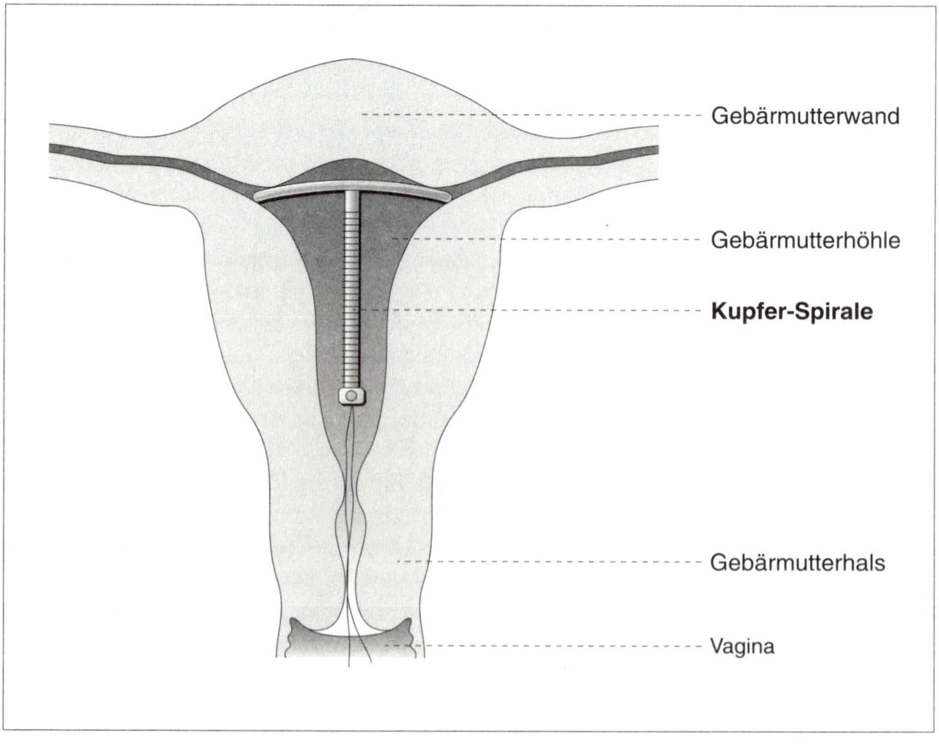

Abb. 7: Sitz eines Intrauterinpessars (Spirale) in der Gebärmutter

weit zurückgezogen, daß sich die Spirale in der Gebärmutter entfalten und ihre natürliche Form annehmen kann. Das Einführrohr wird entfernt und das Intrauterinpessar sitzt an seinem Platz, wobei zwei dünne Fäden am Ende der Spirale bis in die Scheide hineinreichen. Einmal pro Woche sollte die Frau diese Fäden ertasten, um sicherzugehen, daß die Spirale noch richtig sitzt.

Die empfängnisverhütende Wirkung des Intrauterinpessars setzt sofort ein, zu den häufigsten Problemen der Spirale gehört jedoch die spontane Abstoßung des Pessars meist innerhalb der ersten drei Monate nach dem Einsetzen. Aus diesem Grund empfiehlt man häufig während dieser Zeit eine zusätzliche Verhütungsmethode.

Das Einsetzen der Spirale wird als unterschiedlich schmerzhaft wahrgenommen. Die Empfindungen reichen von einem mäßig ausgeprägten, unangenehmen Gefühl bis hin zu stärkeren Schmerzen mit Krämpfen und Blutungen. Nach dem Einsetzen sollten Tampons und auch Geschlechtsverkehr für die verbleibende Zeit der Regelblutung vermieden werden. Die Krämpfe verlieren sich in kurzer Zeit. Wenn sie über mehr als 24 Stunden heftig anhalten und/oder wenn es zu Fieber kommt, kann dies ein Zeichen einer beginnenden Infektion sein. In diesem Fall sollte man umgehend einen Arzt aufsuchen. Mit einer Spirale sind die Menstruationsblutungen bei den meisten Frauen stärker, länger und oft auch schmerzhafter. Darüber hinaus kommt es bei vielen Frauen, die eine Spirale tragen, zu leichten Blutungen zwischen den Perioden, vor allem in der Zeit um den Eisprung. Solche Blutungen sollten immer Anlaß zur Untersuchung bei einem Arzt geben, um eine andere Erkrankung auszuschließen, da sie auch ein frühes Zeichen einer Unterleibsentzündung (→ pelvine Entzündung) sein können.

Eine andere Komplikation ist die Perforation, zu der es meist während des Einsetzens der Spirale kommt. Perforation bedeutet, daß (meist durch die Sonde) versehentlich ein Loch in der Gebärmuttermuskulatur und damit eine Verbindung zwischen der Gebärmutterhöhle und dem Bauchraum entsteht. Durch dieses Loch kann die Spirale mit der Zeit in die Bauchhöhle gelangen, wo sie zwar keine weiteren Probleme verursacht (es sei denn, es handelt sich um eine Kupfer-abgebende Spirale), jedoch verständlicherweise auch keine Schwangerschaft mehr verhindern kann. Sollten die Fäden der Spirale also nicht mehr in der Scheide tastbar sein, heißt das, daß die Spirale entweder über die Scheide nach außen abgestoßen wurde oder daß sie aus der Gebärmutter an irgendeinen anderen Ort hin gewandert ist. Aus diesem Grund ist das Überprüfen, ob die Fäden noch tastbar sind, so wichtig.

Sitzt die Spirale richtig, so hat sie eine 96%ige Wirksamkeit in der Verhütung einer Schwangerschaft. Das heißt, wenn 100 Frauen ein Jahr lang eine Spirale verwenden, dann kommt es lediglich bei vier von ihnen zu einer ungewollten Schwangerschaft, wobei die Versagensquote bei den reinen Plastik-Spiralen höher ist als bei den moderneren kupfer- oder progesteronhaltigen Intrauterinpessaren. Wird eine Frau trotz liegender Spirale schwanger, können sich ernste Probleme daraus ergeben. Die Wahrscheinlichkeit einer Fehlgeburt z.B. ist sehr hoch — ungefähr 50% —, und wenn es zusätzlich zu einer Infektion kommt, kann die Situation sehr gefährlich werden. Falls daher bei einer Frau mit liegender Spirale die Regelblutung ausbleibt oder andere Zeichen einer Frühschwangerschaft auftreten, sollte sie sich umgehend an ihren Arzt wenden, um eine Schwangerschaft auszuschließen. Das gilt umso dringender, wenn gleichzeitig Zeichen einer Entzündung vorliegen. Stellt sich heraus, daß sie tatsächlich schwanger ist, muß die Spirale innerhalb von 24 Stunden entfernt werden, um einer Infektion vorzubeugen, unabhängig davon, ob sie die Schwangerschaft austragen will oder nicht. Ein anderes Risiko der Spirale ist die → Extrauteringravidität, d.h. einer Schwangerschaft an einer anderen Stelle als der Gebärmutterhöhle, die unter Umständen lebensbedrohlich werden kann. Man weiß nicht genau, ob Intrauterinpessare tatsächlich das Risiko einer Extrauteringravidität erhöhen oder ob sie einfach nur weniger wirksam in der Verhinderung einer solchen sind. Auf jeden Fall ist das Auftreten von Extrauteringraviditäten bei Frauen, die eine Spirale verwenden, deutlich höher als im Durchschnitt.

Neben dem Risiko einer Extrauteringravidität ist die Hauptkomplikation einer Spirale das gehäufte Auftreten von Unterleibsentzündungen. Dieses Risiko ist so hoch, daß die Verwendung einer Spirale einer der Hauptgründe für eine spätere Infertilität (→ Unfruchtbarkeit) durch Unterleibsentzündungen geworden ist. Solche Entzündungen können sehr mild sein, aber auch sehr schwere Formen mit Lebensgefahr für die Patientin annehmen. Zeichen einer Entzündung sollten daher immer ernstgenommen werden und zu einem sofortigen Arztbesuch führen. Zu diesen Zeichen gehören Bauchschmerzen oder Druckempfindlichkeit in der Unterleibsregion, Schmerzen während des Geschlechtsverkehrs, Fieber oder Schüttelfrost und ungewöhnliche Blutungen oder Ausfluß aus der Scheide (siehe auch unter → Pelvine Entzündung). Auch Entzündungen der Zervix (→ Zervizitis) scheinen bei Spiralenträgerinnen häufiger vorzukommen. Wegen dieser Komplikationen und der Nebenwirkungen (vor allem stärkere und schmerzhaftere Regelblutungen) lassen sich bis zur Hälfte aller Frauen die Spirale innerhalb von zwei Jahren wieder entfernen.

Grundsätzlich kann eine Plastik-Spirale uneingeschränkt lang belassen werden, ohne daß sie an Wirksamkeit verliert. Einmal jährlich sollte jedoch eine Kontrolluntersuchung stattfinden, und nach Eintreten der → Menopause sollte sie nach spätestens sechs Monaten entfernt werden. Eine progesteronhaltige Spirale muß etwa jährlich, eine kupferhaltige Spirale etwa alle ein bis zwei Jahre ausgetauscht werden, da ihre Wirksamkeit mit der Zeit nachläßt.

Das Einführen von Gegenständen in die Gebärmutter zur Verhütung einer Schwangerschaft wurde angeblich als Methode schon von Kameltreibern im Altertum eingesetzt, die Kieselsteine in die Gebärmutter der weiblichen Tiere einführten, um zu verhindern, daß sie auf einer langen Wüstenreise schwanger werden und damit als Transporttier ausfielen. Moderne Intrauterinpessare tauchten am Anfang dieses Jahrhunderts auf, wobei eine Vielzahl verschiedener Materialien, vom Darm der Seidenraupe bis hin zu Silberdrähten verwendet wurden. Plastik-Spiralen kamen in den späten Fünfzigern unserers Jahrhunderts auf den Markt, kupferhaltige Pessare etwa ein Jahrzehnt später, und progesteronhaltige Spiralen sind seit den siebziger Jahren erhältlich.

intravenös Abgekürzt auch *i.v.* Medizinischer Ausdruck für „in/innerhalb einer Vene". Eine intravenöse Injektion oder kurz i.v.-Injektion ist eine Spritze, bei der das Medikament in eine Vene gespritzt wird. Ebenso werden die meisten → Infusionen intravenös gegeben. Siehe auch → intramuskulär, → subcutan.

Introitus Lateinisch für „Eingang". Als *Introitus vaginae* bezeichnet man in der Anatomie den Scheideneingang, der zwischen der Mündung der Harnröhre und dem After im Scheidenvorhof liegt. Seine Form und Größe sind von Frau zu Frau sehr unterschiedlich. Er wird verdeckt durch die beiden kleinen → Schamlippen. Bei Jungfrauen ist er außerdem teilweise oder ganz durch das Jungfernhäutchen (→ Hymen) verschlossen, das beim ersten Geschlechtsverkehr oder auch durch sportliche Aktivität einreißt und den Zugang zur Scheide freigibt. Siehe auch Abb. 17 unter → Vulva.

In vitro Lateinisch für „im Glas", d.h. außerhalb des lebenden Organismus, im Gegensatz zu *in vivo*, d.h. am oder im lebenden Organismus. Die beiden Begriffe werden vor allem zur Beschreibung bestimmter Untersuchungsmethoden oder biologisch-chemischer Reaktionen verwendet.

In-vitro-Fertilisation Siehe unter → Künstliche Befruchtung

In vivo Lateinisch für „am Lebenden". Siehe auch unter → in vitro

Involution Lateinisch für „Rückbildung". Ganz allgemein unterliegen alle Organe des Körpers einem gewissen Involutionsprozeß, d.h. sie bilden sich zurück, werden kleiner und leichter, je älter der Mensch wird. Besonders ausgeprägt ist die Involution beim Thymus, einem kleinen Organ im Brustraum, daß für die Bildung von bestimmten Körperabwehrzellen, den sogenannten T-Lymphozyten, von Bedeutung ist. Der Thymus eines alten Menschen wiegt normalerweise nur noch etwa ein Sechstel des Thymus eines Jugendlichen.

Mit *Involutio uteri* oder *Gebärmutterinvolution* bezeichnet man die Rückbildung der Gebärmutter nach einer Geburt zu ihrer ursprünglichen Größe. Sie beginnt unmittelbar im Anschluß an die → Geburt des Kindes, sogar noch vor der Geburt der Nachgeburt, und wird durch anhaltende Kontraktionen der Gebärmuttermuskulatur für etwa 48 Stunden nach der Entbindung unterstützt. Am Ende der ersten Woche nach der Entbindung wiegt die Gebärmutter nur noch etwa ein Pfund im Vergleich zu zwei Pfund direkt nach der Geburt und ist auf etwa zwei Querfinger oberhalb des Schambeinknochens abgesunken. Wenig später (etwa am 9. bis 10. Tag nach der Entbindung) ist sie wieder vollständig im kleinen Becken verschwunden und kann nicht mehr durch einfaches Betasten der Bauchdecke von außen getastet werden. Der Schrumpfungsprozeß geht schneller, wenn die Frau stillt, und setzt sich solange fort, bis die Gebärmutter ungefähr fünf bis sechs Wochen nach der Geburt wieder die Größe und Form einer Birne angenommen hat und nur noch etwa 50 Gramm wiegt. Das Wachstum der Gebärmutter während der Schwangerschaft ist die Folge der Größenzunahme jeder einzelnen Muskelfaser der Gebärmutterwand, die dann nach der Geburt während der Involution alle wieder schrumpfen müssen. Dieser Prozeß des Wachstums und der Rückbildung der Gebärmutter findet bei jeder Schwangerschaft statt und macht sie zu einem in dieser Hinsicht einzigartigen Körperorgan.

Inzest Eine sexuelle Beziehung zwischen zwei Personen, die so eng miteinander verwandt sind, daß eine Heirat zwischen ihnen vom Gesetz verboten wäre. Am häufigsten sind Inzestbeziehungen zwischen Elternteil und Kind und zwischen Bruder und Schwester. Ein Kind aus einer solchen Verbindung hat ein deutlich erhöhtes Risiko für ernste Erbkrankheiten, was auch der Grund ist, warum das Gesetz hier schützend eingreift.

IUP Abkürzung für → Intrauterinpessar.

Juckreiz Auch *Pruritus*. Ein unangenehmes Gefühl in der Haut, das durch Kratzen subjektiv gebessert wird. Juckreiz ist ein begleitendes Symptom sowohl bei manchen Hautkrankheiten als auch bei einer Reihe von verschiedenen Erkrankungen innerer Organe (vor allem der Leber und der Gallenblase), die sowohl Männer als auch Frauen betreffen. Zwei Formen des Juckreizes kommen jedoch nur bei Frauen vor. Dazu gehört zum einen der sogenannte *Pruritus gravidarum* oder auch *Schwangerschaftscholestase*. Bei dieser Erkrankung kommt es meist im letzten Schwangerschaftsdrittel, seltener auch schon früher in der Schwangerschaft, zu einem Juckreiz, der sich vom Stamm über den ganzen Körper ausbreitet, vor allem nachts auftritt, und von einer gleichzeitigen, meist mild ausgeprägten Gelbsucht (→ Ikterus) begleitet wird. Ursache hierfür sind die in der Schwangerschaft erhöhten Hormonspiegel, die die Leberfunktion und damit die Ausscheidung von Gallensäuren beeinträchtigen. Die Gallensäuren lagern sich in der Haut ab und rufen so den Juckreiz hervor. Wie genau und warum es bei manchen Schwangeren zu dieser Leberfunktionsstörung kommt, ist nicht geklärt. Der Juckreiz verschwindet sofort nach der Entbindung des Kindes, die begleitende Gelbsucht kann manchmal noch etwas länger bestehen. In folgenden Schwangerschaften und auch bei der Verwendung von → oralen Kontrazeptiva (Anti-Baby-Pille) muß jedoch mit einem Wiederauftreten des Juckreizes gerechnet werden.

Die andere Form eines nur bei Frauen auftretenden Juckreizes ist der Pruritus der → Vulva und → Vagina, der häufig sowohl bei Entzündungen (→ Vulvitis und → Kolpitis) als auch bei trockener Haut und Schleimhäuten im Scheidenbereich (siehe → Vaginale Atrophie) vorkommt. Ein Juckreiz bei → Pilzerkrankungen hat die Tendenz, sich bis zum Bereich um den After herum auszudehnen. Die Behandlung der dem Juckreiz zugrundeliegenden Infektion führt in der Regel zum Abklingen des Pruritus, auch wenn es zuweilen lange Zeit und den Einsatz verschiedener Salben und Medikamente erfordert, bis die Haut wieder vollständig geheilt ist.

Jungfernhäutchen Siehe → Hymen

Jungfrau Auch *Virgo*. Eine Frau, die noch keinen vaginalen Geschlechtsverkehr gehabt hat. In Kulturen, in denen die Frauen als das Eigentum ihrer Männer betrachtet werden, oder in patriarchalischen Gesellschaften, in denen Macht und Besitz vom Vater auf die Söhne weitergegeben werden, stellt die Jungfräulichkeit ein wichtiges Konzept dar, weil sie angeblich sicherstellt, daß der Ehemann die erste Person ist, die mit der Frau schläft, und damit dessen Vaterschaft über ihr erstes Kind sicherstellt. Der Beweis für die Jungfräulichkeit einer Frau war traditionellerweise ein intaktes Jungfernhäutchen (→ Hymen), und körperlich gesehen ist eine Frau solange Jungfrau, wie ihr Jungfernhäutchen nicht gerissen ist. Allerdings kann das Jungfernhäutchen nicht nur durch den Penis beim Geschlechtsverkehr einreißen, sondern auch z.B. durch ein Tampon oder körperliche Aktivitäten wie Sport, so daß das Konzept der Jungfräulichkeit im rein körperlichen Sinn mittlerweise bedeutungslos geworden ist. Darüber hinaus kann auch eine Jungfrau schwanger werden, obwohl das nur sehr selten geschieht: Spermien, die außerhalb der Scheide im Genitalbereich abgesetzt werden, können nämlich in die Vagina und von dort nach oben in die Eileiter wandern und eine Eizelle befruchten. Die Bedeutung des Begriffs Jungfrau als einer Frau, die noch nie mit einem Mann geschlafen hat, besteht zwar noch immer, hat aber angesichts der zunehmenden Verfügbarkeit von Verhütungsmitteln und der damit einhergehenden größeren sexuellen Freiheit (zumindest in den westlichen Kulturen) viel von seiner ursprünglichen Bedeutung und Wichtigkeit verloren.

Käseschmiere Siehe unter → Tragzeit

Kaiserschnitt auch *Sectio caesarea*, kurz *Sectio*, oder *Schnittentbindung*. Die Entbindung eines Kindes durch eine chirurgische Eröffnung der Gebärmutter. Obwohl der Kaiserschnitt schon im Altertum bekannt war, wurde er bis in die neuere Zeit nur durchgeführt, um das Leben des Kindes zu retten, da er fast immer den Tod der Mutter mit sich brachte. Heutzutage hat die Anwendung von Bluttransfusionen und Antibiotika die Sterblichkeitsrate der Mütter durch Blutungen und Infektionen bei Kaiserschnitten so reduziert, daß die Sektio eine der ungefährlichsten größeren Operationen ist. Auch andere medizinische Fortschritte, wie z.B. die Verbesserung der Anästhesieverfahren und die bessere postoperative Versorgung und Prophylaxe von → Thrombosen oder → Embolien, haben zu einer Senkung der Erkrankungs- und Todesfälle der Mutter bei einer Schnittentbindung geführt. Aus diesem Grunde wird die Indikation zu einem Kaiserschnitt heutzutage großzügiger und nicht nur bei Lebensgefahr für Mutter und/oder Kind gestellt, was zu einem Anstieg der Kaiserschnittrate auf bis zu 12% der Gesamtgeburtenzahl geführt hat. Die Notwendigkeit oder Indikation zu einer Sektio kann sich entweder von seiten des Kindes oder von seiten der Mutter oder von seiten der Mutter und des Kindes ergeben. Prinzipiell unterscheidet man in Abhängigkeit vom Zeitpunkt der Schnittentbindung zwischen einer *primären* oder *elektiven* (frei gewählten) Sektio, die vor oder unmittelbar mit dem Wehenbeginn durchgeführt wird, und einer *sekundären* Sektio nach Beginn der Geburt. Eine primäre Sektio wird notwendig, wenn von vornherein, d.h. noch vor Beginn der eigentlichen Geburt, absehbar ist, daß das Kind nicht vaginal (durch die Scheide) entbunden werden kann, z.B. bei einem Mißverhältnis zwischen der Größe des kindlichen Kopfes und des mütterlichen Beckens, bei einer vor dem Muttermund sitzenden Plazenta (→ Plazenta praevia), bei einer vorzeitigen Lösung der Plazenta (→ Abruptio placentae), bei einer → Querlage des Kindes und in Situationen, bei denen die vaginale Entbindung ein hohes Risiko für die Mutter und/oder das Kind beinhalten würde (z.B. bei einer schweren mütterlichen Erkrankung). Außerdem gibt es noch eine Reihe von Bedingungen, bei denen unter Umständen eine Sektio primär in Betracht gezogen werden kann, z.B. bei einer → Beckenendlage des Kindes einer Erstgebärenden, bei vorausgegangenen Kaiserschnitten oder Operationen am Uterus oder bei → Frühgeburten u.a.

Eine sekundäre Sektio, d.h. eine Schnittentbindung, zu der man sich während einer laufenden Geburt entschließt, kann notwendig werden, wenn Gefahr für Mutter oder Kind droht, die nur durch eine schnelle chirurgische Entbindung abgewendet werden kann (z.B. Anzeichen für eine Mangelversorgung des Kindes mit Sauerstoff während der Geburt [→ Nabelschnurvorfall]) oder wenn eine schon in Gang gekommene Geburt zum Stillstand kommt (z.B. bei bestimmten → Einstellungs- oder → Haltungsanomalien des Kindes, Wehenschwäche, mangelnder Eröffnung des Muttermundes u.a.).

Eine Kaiserschnittentbindung ist zwar heutzutage wesentlich risikoärmer und sicherer als noch vor zwanzig Jahren, sie ist aber nach wie vor ein größerer operativer Eingriff, der nicht ohne Gefahren für Mutter und Kind ist. Die Sterblichkeitsrate für die Mütter bei Kaiserschnitten liegt bei ungefähr 0,5 von Tausend im Gegensatz zu 0,15 von Tausend bei vaginalen Entbindungen, d.h. das Risiko der Mutter, bei oder nach einer

Sektio zu sterben, ist ungefähr dreimal so groß wie bei einer normalen Geburt. Auch dauert die Erholungsphase nach einem Kaiserschnitt viel länger als nach einer vaginalen Entbindung.

In Abhängigkeit von der Stelle, an der die Gebärmutter eröffnet wird, werden zwei gebräuchliche Arten der Schnittentbindung unterschieden. Die eine ist die *zervikale Inzision*, bei der entweder ein transversaler (quer) oder ein vertikaler (der Länge nach) Schnitt in die Zervix, d.h. in den *unteren* Teil der Gebärmutter oberhalb des Muttermundes und hinter der Blase gemacht wird. Dazu wird, wann immer möglich, ein transversaler Schnitt (*Kerr-Inzision*) verwendet, da er mit weniger Blutverlust während der Operation, einem geringeren Risiko der Gebärmutterruptur (Riß) während nachfolgenden Schwangerschaften und vaginalen Geburten, weniger postoperativen Entzündungen und leichterem Wundverschluß einhergeht. Manchmal wird wegen der Größe oder Lage des Kindes, bei fehlendem Platz oder aus anderen Gründen eine vertikale Schnittführung (*Kronig-Selheim-Inzision*) durch die Zervix verwendet. Sie wird allgemein mit einer höheren Erkrankungsrate in Verbindung gebracht als die transversale Schnittführung, wird aber immer noch der klassischen Kaiserschnittform vorgezogen.

Bei dieser älteren *klassischen Sektio* wird ein vertikaler Schnitt in den *Körper* der Gebärmutter (und nicht in den unteren Teil) gesetzt. Das ermöglicht eine größere chirurgische Eröffnung und damit mehr Platz zur Entbindung des Babys. Diese Technik verwendet man bei Problemen von seiten der Mutter (z.B. wenn die Plazenta direkt im unteren Teil der Gebärmutter sitzt) oder häufiger bei Problemen von seiten des Kindes (z.B. bei Querlage). Diese Form der Schnittführung geht mit mehr Blutverlust während der Operation und häufigeren postoperativen Infektionen einher. Der Vorteil der klassischen Sektio ist, daß sie schneller und einfacher durchzuführen ist, weshalb sie vor allem bei Zeitdruck angewandt wird. Etwa 1% aller Kaiserschnitte sind klassische Sektiones.

Die eben beschriebenen Schnittführungen sind Schnitte im Uterus und nicht in der Bauchdecke und sind daher von außen nicht sichtbar. Es gibt außerdem zwei Formen der Schnittführung in der Bauchdecke, die dann später als Narben sichtbar sind: eine vertikale Schnittführung vom Nabel bis kurz oberhalb der Schambehaarung und eine transversale sogenannte → Pfannenstiel-Inzision direkt oberhalb der Schambehaarung. Bei einem vertikalen Bauchschnitt ist auch der Schnitt in der Gebärmutter in aller Regel vertikal, bei einer transversalen Bauchdeckeninzision kann der Uterusschnitt entweder vertikal oder transversal erfolgen. In der Regel wird beim Kaiserschnitt eine Allgemeinnarkose (siehe unter → Anästhesie) eingesetzt, er kann aber auch mit einer → Leitungsanästhesie durchgeführt werden.

Kalendermethode siehe unter → Natürliche Methoden der Empfängnisverhütung

Kardiotokogramm Auch *Cardiotokogramm* oder kurz *CTG*. Siehe unter → fetale Überwachung.

Kardiovaskuläre Erkrankungen Siehe unter → Angina pectoris, → Herzinfarkt, → Bluthochdruck

Karyogramm Siehe → Chromosomenanalyse

Karzinom Genaugenommen ein bösartiger Tumor des epithelialen Gewebes (Epithel ist ein Gewebe, das die inneren und äußeren Oberflächen der menschlichen Organe auskleidet), im Gegensatz zu einem Tumor, der von Bindegewebe (siehe unter → Sarkom), Drüsengewebe (→ Adenokarzinom) oder Lymphgewebe (→ Lymphom) ausgeht. Im täglichen Sprachgebrauch wird jedoch der Begriff Karzinom oft gleichbedeutend mit → Krebs gebraucht.

Kastration Die operative Entfernung oder die Zerstörung durch Strahlen beider Gonaden (Geschlechts- oder Keimdrüsen), d.h. bei Frauen beider Eierstöcke und bei Männern beider Hoden. Wenn diese Drüsen ihrer Aufgabe der Hormonproduktion nicht mehr nachkommen können, kommt es zu einer dauerhaften Unfruchtbarkeit. Siehe auch unter → Ovarektomie, → Sterilisation.

Kausale Therapie Eine Therapie, die in der Lage ist, die *Ursache* einer Erkrankung zu beseitigen und damit zu einer möglichst dauerhaften Heilung der Krankheit zu führen. Z.B. stellt die Verwendung von → Antibiotika bei → Infektionen eine kausale Therapie dar. Siehe auch → symptomatische Therapie.

Kauterisation Die Zerstörung von Gewebe durch die Anwendung chemischer Ätzstoffe oder durch Hitze. Die Kauterisation ist eine häufig angewandte Behandlungsmethode bei Warzen im Genitalbereich (→ Condylomata acuminata), Entzündungen der Zervix (→ Zervizitis) und bei präkanzerösen Läsionen der Zervix (→ Cervikale intraepitheliale Neoplasie). Die Hitze, mit Hilfe derer die Zellen zerstört werden, entsteht durch einen kontrollierten hochfrequenten Strom an der Spitze des sogenannten *Kauters*, mit der man die betreffende Stelle berührt. Durch die Hitze werden nur die oberflächlichen Zellen zerstört. Die nur wenige Sekunden dauernde Prozedur bereitet in Abhängigkeit von der Art des zu zerstörenden Gewebes geringe bis mäßige Schmerzen und verbreitet einen unangenehmen Geruch nach Verbranntem. Bevor die elektrische Kauterisation (auch Elektrokoagulation genannt) zur Verfügung stand, verwendete man chemische Substanzen wie z.B. → Silbernitrat an der Zervix, was aber wesentlich weniger effektiv war. Durch die Kauterisation an der Zervix kann es vorübergehend zur Schwellung und damit zur Einengung des Gebärmutterkanals (siehe auch unter → Zervikalstenose) kommen. In der Regel tritt danach für einige Wochen ein wäßriger Scheidenausfluß auf, der manchmal auch etwas blutig sein kann. Komplikationen sind selten. Neuere und inzwischen häufiger angewandte Methoden für ähnliche Störungen sind die → Kryotherapie und die → Lasertherapie. Die Kauterisation wird auch zum Verschluß der Eileiter bei der → Tubensterilisation und der → Samenleiter bei der → Vasektomie eingesetzt.

Kephalhämatom Auch *Kopfblutgeschwulst.* Ein Bluterguß zwischen der Knochenhaut und dem Knochen am Schädel eines Neugeborenen. Das Kephalhämatom ist ein → Geburtsschaden und in der Regel Folge einer schwierigen Geburt (z.B. bei einer Saugglokkengeburt), bei der es letztlich zur Zerreißung von Blutgefäßen zwischen der Knochenhaut und dem Knochen kommt. Es tritt gelegentlich erst 12 bis 24 Stunden nach der Geburt in Erscheinung, neigt dazu, während der nächsten Tage noch größer zu werden, bleibt dann für einige Wochen stabil und fängt dann an, sich wieder zurückzubilden. Es erfordert keine Behandlung und hinterläßt auch keinen bleibenden Schaden.

Kernspintomographie Auch *NMR*, als Abkürzung des englischen Begriffs für Kernspintomographie, *Nuclear Magnetic Resonance*. Ein neueres computergestütztes bildgebendes Verfahren, das auf dem Prinzip der Kernspinresonanz beruht. Dieses Prinzip besteht, vereinfacht ausgedrückt, darin, daß Wasserstoffkerne in einem von außen angelegtem starken Magnetfeld ihrerseits elektromagnetische Wellen bestimmter Wellenlängen abgeben. Diese elektromagnetischen Wellen werden vom Körper abgegeben und können mit Hilfe komplizierter Computerverfahren gemessen und in ein Bild umgewandelt werden. Da die verschiedenen Gewebe im Körper verschieden viel Wasserstoffkerne enthalten, ergeben sich je nach Gewebe unterschiedliche Signale, so daß am Ende ein ziemlich genaues Bild des jeweiligen Körperabschnittes entsteht. Im Gegensatz zur → Computertomographie ist die Kernspintomographie ein Verfahren ohne Röntgenstrahlen und hat praktisch keine Nebenwirkungen, da das von außen angelegte Magnetfeld keine Zerstörung des Gewebes verursacht. Die Kernspintomographie ist jedoch erheblich teurer, sowohl was die Anschaffung des Gerätes als auch was die Betriebskosten für die Erstellung von Bildern angeht (die Kosten für Bilder vom Gehirn liegen beispielsweise bei 800 DM im Vergleich zu 100 bis 200 DM bei der Computertomographie).

Bei der Untersuchung wird der Patient ähnlich wie bei der Computertomographie auf eine Liege gelegt, die dann in eine Art Tunnel hineingefahren wird, der dem Magnetfeld entspricht. Die Untersuchungsdauer beträgt etwa 20 bis 40 Minuten. Das ganze ist schmerzlos, kann aber bei manchen Personen Platzangst auslösen. Nicht anwenden darf man die Kernspintomographie bei Personen, die aus irgendeinem Grund (nach Operationen, Kriegsverletzung) Metallteile in ihrem Körper haben, da diese durch die starken magnetischen Kräfte in ihrer Lage verändert werden können.

Prinzipiell kann man ein Kernspintomogramm von jedem Körperteil anfertigen. Besonders häufig wird es derzeit beim Gehirn und Rückenmark eingesetzt, wodurch einige Erkrankungen des zentralen Nervensystems erst oder leichter diagnostizierbar sind.

Kindbettfieber Auch *Wochenbettfieber*, *postpartale Infektion*. Eine Infektion des Genitaltraktes, meist der Gebärmutterschleimhaut, die im Anschluß an eine Geburt auftritt. Der Name rührt daher, daß eine solche Infektion im Wochenbett fast immer mit einer deutlichen Erhöhung der Körpertemperatur über 38° Celsius irgendwann innerhalb von zehn Tagen nach einer Entbindung auftritt.

Das Kindbettfieber war bis in die neuere Zeit hinein der hauptsächliche Grund für den Tod der Mutter nach der Entbindung. Es wurde schon im Altertum von *Hippokrates* und später von *Galen* beschrieben, aber seine Ursache, nämlich die Wundinfektion, wurde erst 1847 durch den Wiener Arzt *Ignaz Semmelweis* herausgefunden, der aus seinen Erfahrungen mit den vielen mütterlichen Todesfällen nach der Entbindung zu der damaligen Zeit den Schluß zog, daß die Krankheitsursache durch die untersuchenden Hände der Ärzte, Studenten und Hebammen an die Mütter herangetragen wurde. Er ordnete an, daß alle Personen, die während und nach der Entbindung eine Mutter untersuchen wollten, vorher ihre Hände mit Chlorkalk desinfizieren mußten, worauf die Sterblichkeitsrate in seinem Krankenhaus innerhalb kürzester Zeit von 10 auf 1% absank. Dennoch wurden seine Gedanken viele Jahre lang nicht anerkannt. Noch in unserem Jahrhundert kam es zum epidemischen Auftreten des Kindbettfiebers, obwohl im Laufe der Zeit die Entwicklung von aseptischen Methoden in der Medizin, die Einführung der antibiotischen Therapie sowie die Senkung der Zahl sehr lang dauernder Geburten und der allgemein bessere Gesundheitszustand der Mütter zu einer deutlichen Senkung der mütterlichen Sterblichkeitsrate geführt hat.

Infektionen im Wochenbett können durch eine Reihe von verschiedenen Organismen verursacht werden, aber am weitaus häufigsten sind es die *Streptokokken*, die als Krankheitserreger auftreten. Zur Ansteckung kommt es meist im Verlauf der Entbindung durch ein Hochwandern der Keime in die Gebärmutter oder später im Wochenbett. Glücklicherweise reagieren die meisten Keime sehr gut auf eine sofortige Antibiotika-Therapie, wobei sich die Wahl des Antibiotikums nach dem Ergebnis der bakteriologischen Testung richtet, d.h. danach, welcher Erreger gefunden wurde. Wichtig ist jedoch die sofortige Behandlung, was bedeutet, daß Frauen, die die Klinik bald nach der Entbindung verlassen haben oder eine Haus- oder ambulante Geburt hatten, sich beim Auftreten von Fieber sofort in ärztliche Behandlung begeben sollten. Siehe auch → Wochenbett, → Endometritis.

Kinderlähmung, spinale Auch *Poliomyelitis anterior* oder kurz *Polio* beziehungsweise *Kinderlähmung*. Eine entzündliche Erkrankung des zentralen Nervensystems, und zwar vor allem des Rückenmarks, die durch die sogenannten *Poliomyelitis-Viren* hervorgerufen wird. Die Ansteckung erfolgt von Mensch zu Mensch über Schmutz- und Schmierinfektionen, da sich das Virus im Stuhl von infizierten Personen aufhält. Die → Inkubationszeit beträgt sieben bis 21 Tage.

Nicht jeder Mensch, der sich ansteckt, erkrankt an der Kinderlähmung, sondern die meisten Personen machen eine sogenannte *stille Feiung* durch, bei der sie durch den Kontakt mit dem Virus eine andauernde Immunität gegen das Virus erlangen, ohne jedoch jemals Krankheitserscheinungen durchgemacht zu haben. Kommt es zum Ausbruch einer Kinderlähmung, dann verläuft diese meist in zwei Phasen: Im ersten Stadium treten unspezifische Allgemeinsymptome wie bei einem grippalen Infekt mit Glieder-, Kopf- und Rückenschmerzen, Schweißausbrüchen, leichtem Fieber sowie Erkältungssymptomen oder Durchfall auf. Diese Beschwerden klingen nach wenigen Tagen wieder ab. Nach weiteren ein bis vier Tagen jedoch kommt es zum sogenannten Lähmungsstadium, bei dem sich unter erneutem Fieberanstieg in wenigen Stunden bis Tagen schlaffe Lähmungen an Beinen und Armen entwickeln. Gefühlsstörungen treten dabei nicht auf, eventuell kann jedoch die Atemmuskulatur betroffen sein. Einige Tage nach dem Auftreten der Lähmungen beginnt in der Regel meist die Rückbildungsphase, in der sich nicht selten die Lähmungen weitgehend bessern. Oft bleiben aber auch deutliche Lähmungen zurück, wodurch es bei Kinder zu Wachsstumsstörungen der betroffenen Gliedmaßen kommen kann.

Die Poliomyelitis war früher ausgesprochen häufig, konnte jedoch durch die Einführung von Impfmaßnahmen, der sogenannten *Schluckimpfung*, drastisch eingedämmt werden, so daß sie bei uns nur noch selten auftritt. Häufiger ist sie dagegen noch in tropischen Ländern, in denen zum einen die hygienischen Verhältnisse schlechter sind und zum anderen erst wenige Personen der Bevölkerung geimpft sind, so daß sich das Virus leichter ausbreiten kann. Da es keine Therapie für die Kinderlähmung gibt, ist die Impfung die einzig wirksame Maßnahme gegen diese Erkrankung.

Kinderlähmung, zerebrale Siehe → Infantile Zerebralparese

Kindsbewegungen Die Bewegungen des → Fetus in der Gebärmutter im Verlauf einer → Schwangerschaft, die von Erstgebärenden etwa um die 20. Schwangerschaftswoche und von Mehrgebärenden zwischen der 16. und 20. Schwangerschaftswoche wahrgenommen werden. Die Bewegungen können anfänglich als ein zartes Flattern erscheinen oder vor allem in der Spätschwangerschaft in deutlichen „Tritten" des Kindes bestehen. Man kann die Kindsbewegungen auch spüren, wenn man eine Hand auf den Unterbauch der Schwangeren legt. Die Bewegungen des Fetus sind von der Anwesenheit von → Fruchtwasser abhängig, in dem der Fetus schwimmt. Während des vierten und fünften Monats ist der Fetus im Vergleich zur Fruchtwassermenge sehr klein. Ein plötzlicher kleiner Schlag oder leichter Druck auf den Bauch führt dazu, daß der Fetus im Fruchtwasser nach hinten sinkt. Wenn er wieder an seine ursprüngliche Lage zurückkehrt, stößt er dabei an die Hand des Untersuchers. Diese passiven Bewegungen des Kindes werden auch als → Ballottement bezeichnet und werden bei jeder Untersuchung der Schwangeren durchgeführt. Nach dem Eintritt des kindlichen Kopfes in das mütterliche Becken in der Spätschwangerschaft kann das Ballottement nicht mehr ausgelöst werden. Ab der 30. Schwangerschaftswoche ist das vollständige Fehlen von Kindsbewegungen für länger als 24 Stunden ein Zeichen für eine eventuelle Gefährdung des Kindes und sollte deshalb weiter untersucht werden.

Kindslage Die Position des → Fetus innerhalb der Gebärmutter. Man beschreibt die Kindslage mit mehreren Begriffen: Unter *Lage* versteht man das Verhältnis der kindlichen Längsachse im Vergleich zur Längsachse der mütterlichen Gebärmutter. Bei der sogenannten Längslage liegt der kindliche Rücken parallel zur Längsachse der Gebärmutter. Sowohl die → Beckenendlage, bei der der Steiß des Kindes nach unten liegt, als auch die → Schädellage, bei der der Kopf des Kindes nach unten liegt, sind Längslagen. Eine Längslage liegt bei 99% aller Geburten vor, wovon wiederum 96% Schädellagen sind und 3% Beckenendlagen (siehe auch unter → Querlage und unter → Lageanomalien). Mit dem Begriff *Stellung* beschreibt man das Verhältnis des kindlichen Rückens zur Gebärmutterinnenwand, d.h. ob der Rücken des Kindes nach rechts oder nach links gestellt ist. Der Begriff *Haltung* bezeichnet die Stellung der Körperteile des Kindes zueinander, d.h. ob der Kopf des Kindes wie normal auf die Brust gesenkt ist oder nicht (siehe unter → Haltungsanomalien für eine weitere Beschreibung). Und mit dem Begriff *Einstellung* schließlich beschreibt man die Stellung des vorangehenden Kindsteils zum → Geburtskanal (siehe unter → Einstellungsanomalie). Siehe auch unter → Geburtsmechanismus.

Kindspech Siehe → Mekonium

Klimakterium Siehe unter → Menopause

Klimax 1. Höhepunkt einer Erkrankung. 2. Anderer Ausdruck für → Orgasmus

Klinefelter-Syndrom Eine → angeborene Erkrankung infolge einer → Chromosomenanomalie, bei der ein männliches Kind drei Geschlechtschromosomen, nämlich zwei X- und ein Y-Chromosom, anstatt nur eines X- und eines Y-Geschlechtschromosoms besitzt (siehe unter → Genetik für eine Erklärung des Begriffes Geschlechtschromosom).

Ein Mann mit einem Klinefelter-Syndrom hat in der Regel kleine Hoden und einen kleinen Penis, und die sekundären Geschlechtsmerkmale (d.h. tiefe Stimme, Bart, Schamhaar etc.) sind nur schwach ausgeprägt und reagieren auch nicht auf die Verabreichung von männlichen Hormonen. Ein solcher Mann ist unfruchtbar, d.h. er kann keine Kinder zeugen, die Orgasmusfähigkeit ist jedoch erhalten. Außerdem sind die Betroffenen häufiger als der Durchschnitt zusätzlich geistig behindert. Manche Männer mit einem Klinefelter-Syndrom entwickeln in der Pubertät Brüste, und das Risiko für Brustkrebs ist bei diesen Männern etwa 66 mal größer als bei normalen Männern. Ein Klinefelter-Syndrom liegt bei etwa jedem 700. männlichen Neugeborenen vor und kann als Chromosomenanomalie mit Hilfe der → Amniozentese schon im Mutterleib diagnostiziert werden.

Klitoris Auch *Kitzler*. Eine kleine zylindrische Struktur am vorderen Ende der → Vulva zwischen den beiden kleinen → Schamlippen, die die Vorhaut (→ Präputium) der Klitoris bilden (siehe auch Abb. 17 unter → Vulva). Sie liegt direkt vor der Harnröhrenöffnung und ähnelt dem männlichen → Penis insofern, als sie ebenso viele Nervenendigungen enthält und die Fähigkeit zum Anschwellen besitzt. Wie der Penis ist die Klitoris vor allem an der Spitze extrem sensibel und füllt sich während sexueller Erregung mit Blut. Sie ist jedoch, auch im erregten Zustand, wesentlich kleiner, und zwar in der Regel zwei bis zweieinhalb Zentimeter groß. Durch ihre große Empfinsamkeit gegenüber Berührung, die bei manchen Frauen so hoch ist, daß die direkte Stimulation fast schmerzhaft ist, dient die Klitoris der Übermittlung sensibler Reize und löst dadurch den → Orgasmus aus. Dies ist die einzige bekannte Funktion der Klitoris. Die Bedeutung und Wichtigkeit der Klitoris für die sexuelle Reaktion der Frau wurde lange übersehen. Noch in den fünfziger Jahren dieses Jahrhunderts unterschieden Mediziner und anerkannte Sexualexperten zwischen einem sogenannten „klitoralen“ und einem „vaginalen“ Orgasmus und behaupteten dabei, daß der erstere eine „unreife“ Form und nur der letztere die einzig angemessene Form des Orgasmus für eine Frau sei. Diese Unterscheidung basierte eher auf den unterschiedlichen Stimulations*orten* — vaginale → Penetration, im Vergleich zur manuellen Stimulation der Klitoris — als auf einer tatsächlich unterschiedlichen Reaktion auf die Stimulation und ist inzwischen als falsches Konzept anerkannt und wieder verworfen worden.

Im 19. Jahrhundert wurde in Europa (und in manchen Teilen der Welt auch heute noch) aus verschiedensten Gründen die Klitoris operativ entfernt, eine Prozedur, die *Klitoridektomie* genannt wird. 1885 wurde diese Operation in England zum ersten Mal ausgeführt, um weibliche „Erkrankungen der Psyche“ zu heilen. Später wollte man mit der Klitoridektomie die Masturbation von Frauen verhindern. Heutzutage wird diese Operation in den meisten zivilisierten Ländern als eine grausame und unnötige Verstümmelung betrachtet — mit Ausnahme der seltenen Fälle, in denen ein maligner Tumor den Genitalbereich befallen hat (siehe → Vulvakarzinom).

Knochenschwund Siehe unter → Osteoporose

Knochenszinitigraphie Siehe unter → Nuklearmedizinische Untersuchungen

Körperliche Bewegung Freiwillig unternommene körperliche Anstrengung zur Entspannung und zur Förderung der Gesundheit. Eine regelmäßige, ausreichende körperliche Aktivität ist während des ganzen Lebens wichtig. Sie verbessert die Blutzirkulation und die Muskelspannung, vergrößert die Atmungskapazität der Lunge, fördert die Verdauung, trägt zu einer guten Körperhaltung und besserem Aussehen bei, verringert das Körpergewicht und fördert schließlich die Entspannung und den gesunden Schlaf.

Vor allem Frauen neigen zu bestimmten Zeiten ihres Lebens dazu, ihre körperliche Fitneß zu vernachlässigen. Ein solcher Abschnitt ist die Schwangerschaft und die Zeit nach der Geburt, wenn Müdigkeit, die Angst, dem Kind zu schaden oder die Sorge für ein neugeborenes Kind normale Übungsprogramme verhindern. Dabei profitiert der Körper gerade während und nach der Schwangerschaft besonders von körperlicher Aktivität. Z.B. kann eine Reihe von einfachen, täglich durchgeführten Übungen den Muskeltonus erhöhen, die Entbindung vereinfachen und manche der Pobleme, die aus den Gewichtsänderungen während und nach der Schwangerschaft resultieren, verhindern. Ein anderer Zeitpunkt, zu dem Frauen dazu neigen, körperliche Anstregungen zu vermeiden, sind die Wecheljahre, obwohl gerade dann regelmäßige Bewegung — die nicht mehr sein muß als regelmäßige, schnelle Spaziergänge — von großer Wichtigkeit für den Erhalt einer guten Herzfunktion und zur Verhinderung von Knochenschwund (siehe → Osteoporose) sein kann.

Vor dem Beginn eines spezifischen Ertüchtigungsprogramms (das nicht nur in schnellen Spaziergängen oder Schwimmen besteht) sollten sich Frauen mit einer chronischen Erkrankung, wie z.B. einem → Bluthochdruck, und alle Frauen über 45, die bisher ein Leben in vorwiegend sitzender Tätigkeit geführt haben, einer gründlichen medizinischen Untersuchung unterziehen. Als prinzipielle Regel sollte man mit allen Bewegungsprogrammen langsam beginnen und dann allmählich Dauer und Schwierigkeitsgrad steigern. Extreme körperliche Aktivitäten über längere Zeit können die Hormonproduktion im Körper und den → Menstruationszyklus beeinflussen, so daß es zu → anovulatorischen Blutungen oder zur → Amenorrhoe kommen kann. Deshalb empfehlen die meisten Mediziner, vor allem für Frauen mit Kinderwunsch, eine gemäßigte Form der körperlichen Aktivität.

Körperliche Bewegung ist auch für diejenigen von Nutzen, die Gewicht verlieren wollen, indem sie sowohl den Kalorienverbrauch erhöht (obwohl nicht so ausgeprägt, wie die meisten Leute annehmen) als auch die Muskelbildung fördert, nachdem der Körper etwas Fett verloren hat. Man schätzt, daß schnelles Gehen (5 km/Stunde) etwa 5 Kalorien pro Minute, Radfahren (20 km/Stunde) etwa 8 Kalorien und Schwimmen (50 m/Minute) etwa 11 Kalorien pro Minute zusätzlich verbraucht. Siehe auch → Leistungsfähigkeit, sportliche.

Koitus Anderer Ausdruck für (vaginalen) → Geschlechtsverkehr.

Koitus interruptus Lateinischer Ausdruck für „unterbrochener Beischlaf“, womit man eine Methode der → Empfängnisverhütung meint, bei der der männliche Partner seinen Penis kurz vor der → Ejakulation aus der Vagina seiner Partnerin zurückzieht. Der Koitus interruptus ist eine der ältesten und einfachsten Methoden zur Schwangerschaftsverhütung, für die man keine zusätzliche Vorbereitung oder Mittel braucht, die jedoch aber auch die höchste Versagensquote hat. Z.B. kann etwas Samenflüssigkeit schon vor der eigentlichen Ejakulation aus dem Penis tropfen, und selbst ein oder zwei Tropfen können Tausende von Spermien enthalten. Darüber hinaus schaffen es viele Männer nicht, ihren Penis noch rechtzeitig zurückzuziehen, und die Benetzung des äußeren Genitalbereichs der Frau selbst mit winzigen Mengen an Samenflüssigkeit kann Spermien hinterlassen, die durch die Vagina nach oben wandern können. In jedem Fall erfordert diese Methode ein hohes Ausmaß an Selbstkontrolle und ist in höchstens 75% der Fälle in der Verhinderung einer Schwangerschaft erfolgreich. Viele Paare finden diese Methode außerdem unbefriedigend: der Mann, weil er ständig den Grad seiner Erregung beobachten muß, um rechtzeitig handeln zu können, und die Frau, weil sie eventuell kein Vertrauen in seine Selbstkontrolle hat und sich deswegen aus Angst nicht auf ihre eigenen Empfindungen konzentrieren kann.

Kolostomie Auch *Künstlicher Darmausgang* oder *Anus praeter*. Die operative Eröffnung und Ableitung des Kolons (Dickdarms) durch die Darmwand nach außen, die durchgeführt wird, wenn ein erkranktes oder verletztes Kolon und/oder Rektum (Enddarm) anders nicht behandelt werden kann. Die Hauptursache einer solchen Erkrankung ist der Krebs des Dickdarms und/oder Enddarms. Andere Ursachen sind entzündliche Darmerkrankungen (z.B. → Morbus Crohn, Colitis ulcerosa), Divertikulitis, familiäre Polyposis coli, angeborene Darmerkrankungen und schwere Verletzungen. Die Kolostomie kann zum einen als Übergangslösung erfolgen, um dem unteren Darmteil die Gelegenheit zu geben, ohne die Stuhlpassage besser zu heilen. In diesen Fällen gibt es in der Regel zwei sogenannte *Stomata* (Plural von lateinisch *stoma* = Mund, Öffnung) in der Darmwand, von denen durch das eine Stuhl entleert wird und durch das andere lediglich Schleim. Wenn der betroffene Darmabschnitt wieder geheilt ist, werden die beiden Darmenden wieder miteinander verbunden und die Schnitte in der Bauchwand geschlossen. Bei der permanenten oder endgültigen Kolostomie wird in der Regel ein Teil des Kolons und der ganze Enddarm entfernt, und das Endstück des verbleibenden Kolons wird durch die Darmwand nach außen gelegt, wodurch ein einziges Stoma oder Anus praeter entsteht.

Kolostomien werden, je nachdem, welcher Abschnitt des Kolons erkrankt ist, an verschiedenen Stellen des Kolons durchgeführt. In der Regel werden sie nach dem betroffenen Kolonabschnitt benannt: Ein Sigmaafter ist ein Stoma am oberen Ende des Colon sigmoideum, das ist der unterste, s-förmige Dickdarmabschnitt vor dem Enddarm. Die meisten Kolostomien liegen in diesem s-förmigen Abschnitt oder etwas weiter oben im absteigenden Schenkel des Dickdarms. Die jeweils entstehenden Stomata liegen auf der linken Seite des Bauches. Ein Sigmaafter ist in der Regel ein endgültiger Anus praeter. Die Entleerung des Stuhls geschieht oft durch Irrigation, das heißt durch das periodische Einführen von kleinen Einläufen, wodurch man auf das Tragen eines Sammelbeutels verzichten kann. Ein Transversumafter ist eine Öffnung im Colon transversum, dem querverlaufenden Dickdarmabschnitt, und sitzt in der Mitte des rechten Oberbauches. In diesen Fällen gelingt die Stuhlkontrolle durch Irrigation nicht immer, so daß ein Sammelbeutel verwendet werden muß. Ein Transversumafter wird in der Regel nur vorübergehend angelegt und hat zwei Stomata. Beim → Ileostoma mit nur einer Öffnung ist der gesamte Dickdarm entfernt, und das Ende des Ileums (unterer Anteil des Dünndarms) wird am rechten Unterbauch über ein Stoma nach außen geleitet. Die aus der Anlage eines künstlichen Darmausgangs entstehenden Probleme für den Betroffenen können zum großen Teil, wie z.B. die Geruchsbelästigung, Hautreizung und Verschmutzung, durch die Verwendung hautfeundlicher und geruchsdichter Klebebeutel gelöst werden.

Mit einem Stoma kann man ganz normal leben. Eine spezifische Therapie ist nicht erforderlich, jedoch sollte man darauf achten, daß man genügend Flüssigkeit zu sich nimmt. Frauen mit einem Stoma werden genauso häufig schwanger wie ihre Altersgenossinnen, die Geburt des Kindes kann auf normalem Wege erfolgen.

Kolostrum Siehe unter → Laktation

Kolpitis Auch *Vaginitis.* Eine Entzündung der Scheidenschleimhaut, die zu starkem Juckreiz und Brennen im Genitalbereich (→ Vulva) führt und oft mit einem → Ausfluß aus der Scheide einhergeht. Die Farbe des Ausflusses kann weiß, gelb, wäßrig oder blutig sein, je nach der Ursache der Kolpitis. Bei erwachsenen Frauen ist die Entzündung der Scheidenschleimhaut in den meisten Fällen die Folge einer → Infektion mit einem oder mehreren Keimen. Dabei kann es sich um die Keime handeln, die auch unter normalen Bedingungen in der Scheide siedeln, die aber durch eine Änderung des Scheidenmilieus z.B. während der Einnahme der Anti-Baby-Pille, von Hormonen oder Antibiotika oder während einer Schwangerschaft oder einer Erkrankung wie beispielsweise dem → Diabetes mellitus die Überhand gewonnen, sich rapide vermehrt und so zur Infektion geführt haben. Oder aber es handelt sich um Keime, die von außen in die Scheide gelangt sind, z.B. durch Übertragung beim Geschlechtsverkehr mit einem Partner, der den Keim in seinem Genitaltrakt beherbergt.

Zu den häufigsten Formen der Kolpitis gehören die sogenannte *bakterielle Vaginose* durch das Bakterium → *Gardnerella vaginalis*, die → Pilzinfektionen der Scheide (meistens durch den Pilz *Candida albicans*) und Infektionen durch *Trichomonas vaginalis* (siehe → Trichomonadeninfektion). Manchmal treten auch mehrere Keime gleichzeitig auf. Sowohl Gardnerella vaginalis als auch Trichomonaden und Pilze werden durch sexuellen Kontakt übertragen und gehören deswegen zu den → sexuell übertragbaren Krankheiten. Andere durch Geschlechtsverkehr übertragbare Infektionen der Scheide sind die → Herpesinfektion, die zu Schleimhautschädigungen an der → Zervix, in der Scheide und im Scheidenvorhof führen kann, und die → Gonorrhoe.

Daneben können auch → Zysten oder Tumoren in der Scheide zu einer Entzündung führen. Abschürfungen oder kleine offene Stellen in der Scheide (z.B. durch Geschlechtsverkehr, von einer Entbindung oder einer Operation) können sich entzünden und mit Bakterien z.B. aus dem Darmtrakt infizieren. Dasselbe kann bei Fremdkörpern in der Scheide wie einem vergessenen Tampon oder einem Scheidendiaphragma passieren. Schließlich gibt es eine sogenannte unspezifische Kolpitis, als deren Ursache man Chlamydien (siehe → Chlamydieninfektionen) vermutet, und die sogenannte *senile Kolpitis* bei Frauen nach der → Menopause, bei denen es durch die sinkenden Östrogenspiegel im Körper zur Austrocknung und Schrumpfung des Scheidengewebes kommt, wodurch die Scheide anfälliger für Infektionen aller Art wird (siehe → vaginale Atrophie).

Die Behandlung einer Kolpitis hängt von der zugrundeliegenden Ursache ab, weswegen in jedem Fall versucht werden muß, über einen Abstrich aus der Scheide (→ Vaginalabstrich) und bakteriologische Untersuchungen den Krankheitserreger zu identifizieren. Je nach Art des Erregers werden unterschiedliche Antibiotika verabreicht, meist in Tablettenform, manchmal auch zusätzlich als Vaginalzäpfchen. Bei den sexuell übertragbaren Formen der Kolpitis ist es außerdem von entscheidender Bedeutung, den Partner der Frau mit zu behandeln, um eine Neuansteckung zu verhindern.

Zusätzlich zur spezifischen Behandlung mit Antibiotika gibt es eine Reihe von Empfehlungen für unterstützende und vorbeugende Maßnahmen bei einer Kolpitis, vor allem in Fällen, in denen eine Neigung zum wiederholten Auftreten der Entzündung besteht. Dazu gehören:

- das regelmäßige Waschen und sorgfältige Abtrocknen des Genitalbereichs,
- die Verwendung von Baumwollunterwäsche anstatt synthetischer Materialien,
- das Abwischen von vorne nach hinten nach dem Stuhlgang, um zu verhindern, daß Darmbakterien in die Scheide gelangen können.
- die Vermeidung von eng sitzender Kleidung an Oberschenkeln und im Genitalbereich.
- die Vermeidung von parfümierten Seifen, Tampons und Monatsbinden, die einige der normalen Bakterien abtöten und damit anfälliger für krankmachende Keime machen sowie
- die Vermeidung von gefärbtem Toilettenpapier und jeglichen Scheidensprays.

Bei starkem Juckreiz kann man versuchen, fünf- bis sechsmal täglich kalte Kompressen mit Milch, Yoghurt oder Weichkäse fünf bis zehn Minuten auf den Genitalbereich zu legen und damit den Juckreiz zu lindern. Auch Sitzbäder in reinem Wasser oder in Aufgüssen aus Salbei, Nessel (*Urtica dioica*) oder Vogelmiere (*Stellaria media*) können hilfreich gegen Juckreiz sein. Siehe auch → Vulvitis, → Vaginalabstrich.

Häufige Formen der Kolpitis

Krankheitserreger	*Symptome*	*Diagnose durch*	*Behandlung*
Gardnerella vaginalis	grau-weißlicher, fischartig-faulig riechender Ausfluß	Scheidenabstrich (mit Methylenblau gefärbtes Nativpräparat)	Antibiotika (z.B. Metronidazol)
Trichomonas vaginalis	gelber oder grünlicher, blasiger Ausfluß mit unangenehmem Geruch, Juckreiz und Wundsein an Vulva und Vagina	Scheidenabstrich (Nativpräparat)	Antibiotika (z.B. Metronidazol)
Pilzinfektionen (meist *Candida albicans)*	weißlicher Ausfluß mit süßlichem Geruch, stärkster Juckreiz im Genitalbereich	Scheidenabstrich (Nativpräparat)	Antimykotika (z.B. Clotrimazol, Nystatin)
Herpes simplex Typ II	Schmerzhafte, juckende Bläschen und offene Stellen an der Vulva, manchmal auch in der Scheide	Speziell gefärbter Scheidenabstrich	Azyklovir (Zovirax®), lokale Betäubungsmittel

Kolposkopie Die Untersuchung der → Zervix und der Scheide mit einem *Kolposkop*. Das Kolposkop ist ein optisches Gerät mit einer starken Lichtquelle und einem vorgeschalteten Grünfilter, mit dem man die Blutgefäße besser beurteilen kann. Im allgemeinen wird eine Kolposkopie dann durchgeführt, wenn ein zuvor durchgeführter → Papanicolaou-Abstrich auf das Vorliegen abnormer Zellen hinweist, mit dem Ziel, die Stelle, von der die Zellen stammen, zu lokalisieren und diagnostisch einzuordnen. Die Kolposkopie ist jedoch auch bei der genaueren Untersuchung von Wunden oder anderen Schädigungen der → Vulva oder bei der Suche nach dem Grund für Blutungen oder Schmerzen im Genitalbereich hilfreich und sinnvoll. Das Kolposkop vergrößert die Zervix um das 10- bis 40fache, wodurch man einen besseren Blick auf die Stelle der Zervix gewinnt, an der das Plattenepithel der äußeren Zervix auf das Schleimhautepithel der inneren Zervix trifft, eine Zone, die *Transformationszone* genannt wird (siehe unter → Ektopie für eine genauere Erklärung). Außerdem kann man den Verlauf der Blutgefäße beurteilen sowie nach normalerweise nicht vorkommenden weißen Flecken Ausschau halten. Wenn irgendein Areal durch das Kolposkop verdächtig z.B. auf eine → präkanzeröse Läsion oder auf einen Tumor selbst erscheint, kann eine Biopsie (Gewebeentnahme), möglichst aus dem Gebiet mit der größten Veränderung, erfolgen und im Labor untersucht werden. Wenn Veränderungen bis weit in den → Zervikalkanal hineinreichen, wo sie nicht einmal mehr nach Aufweitung des Kanals mit einem kleinen → Spekulum gesehen werden können, dann werden eventuell weitere Untersuchungen nötig wie z.B. eine → Abrasio (bei der Gewebe aus dem Innern des Zervikalkanals „abgekratzt" wird) oder eine → Konisation. Die Kolposkopie ist eine fast völlig schmerzlose Untersuchung. Der Untersucher führt ein Spekulum in die Scheide ein, betupft die Zervix mit Essigsäure, wodurch eventuelle abnorme Bezirke sichtbar werden, und plaziert dann das Kolposkop vor der Vagina. Die ganze Untersuchung dauert etwa 15 bis 20 Minuten.

Kompressionsfraktur Der Bruch eines Knoches durch Kompression, d.h. durch einfachen Druck ohne ein schwereres Trauma irgendeiner Art. Eine Kompressionsfraktur tritt am häufigsten als Folge einer → Osteoporose (Knochenschwund) auf und betrifft vor allem die Wirbelkörper. In der Regel kommt es zu einem akuten Schmerz (wie bei jedem Knochenbruch), der durch Belastung verstärkt wird und nach einigen Tagen oder Wochen wieder verschwindet. Die Fraktur kann aber auch völlig ohne Symptome verlaufen und wird dann nur anhand eines Röntgenbildes sichtbar. Patienten mit Kompressionsfrakturen mehrerer Wirbelkörper können mit der Zeit eine verformte Wirbelsäule entwickeln, wodurch sie einige Zentimeter kleiner werden, sowie unter chronischen, dumpfen Rückenschmerzen leiden. Bei akuten Schmerzen durch eine Kompressionsfraktur setzt man therapeutisch orthopädische Stützhilfen, Schmerzmedikamente und bei Muskelverspannungen auch Massagebehandlungen ein.

Kondom Auch *Präservativ, Gummi*. Eine zarte Hülle, in der Regel aus Latex-Gummi, die während des Geschlechtsverkehrs über den Penis gestreift wird, um den Kontakt der ejakulierten Spermienflüssigkeit mit der Vagina der Frau zu verhindern. Das Kondom ist das älteste und am häufigsten gebrauchte mechanische → Verhütungsmittel für den Mann und ist auch heute noch eine weit verbreitete Methode der → Empfängnisverhütung. Außerdem verringert seine Anwendung die Verbreitung → sexuell übertragbarer Krankheiten wie z.B. der → Syphilis, der → Gonorrhoe, der → Herpesinfektionen, der

→ Condylomata acuminata und von → AIDS. Das Kondom wird über den erigierten (steifen) Penis gestreift, bevor er Kontakt auch nur mit dem äußeren Genitalbereich der Frau haben konnte. Um sicherzugehen, daß das Kondom nicht reißt, sollte an der Spitze eine ungefähr 1 cm große, nicht mit Luft gefüllte Kappe überstehen, in der sich die Samenflüssigkeit sammeln kann (bei manchen Kondomen gibt es dafür eine extra „Kappe" am oberen Ende). Nach der → Ejakulation muß man den unteren Rand des Kondoms mit der Hand fest um den Penisschaft drücken, während der Penis im noch erigierten Zustand langsam zurückgezogen wird, damit nichts von der Samenflüssigkeit an den inneren und äußeren Genitalbereich der Frau gelangt. Als Gleitmittel kann man entweder wasserlösliche Creme oder Spucke verwenden. Vaseline sollte man dagegen vermeiden, da sie das Gummi des Kondoms zerstört. Es gibt auch vorbehandelte Kondome, bei denen man kein zusätzliches Gleitmittel mehr braucht. Kondome können ohne Rezept in Apotheken, Drogerien und Kaufhäusern erworben werden. Die Kondome aus Automaten in Toiletten oder Tankstellen sollte man nicht erstehen, da sie älteren Datums sein und damit leicht reißen können. In seiner Originalverpackung kann ein Kondom bis zu zwei Jahren aufbewahrt werden, bevor man es verwendet, wobei der Aufbewahrungsort jeoch weder warm noch feucht sein darf (wie z.B. eine Geldbörse oder die Jackentasche), da Hitze und Wärme das Material zerstören.

Ein Kondom soll nur für einen Geschlechtsverkehr verwendet werden. Reißt es beim Zurückziehen des Penis ein, sollte die Frau sofort ein → spermizides Vaginalzäpfchen oder Vaginalcreme einführen, um die ausgetretenen Spermien möglichst abzutöten. Vom Duschen wird dagegen abgeraten, weil es zur besseren Ausbreitung der Spermien beitragen kann. Bei alleiniger Verwendung eines Kondoms bietet diese Methode eine theoretische Sicherheit von 75 bis 90% gegen eine ungewollte Schwangerschaft. Zusammen mit einem spermiziden Mittel steigt diese Zahl theoretisch auf 95% und mehr. Die Verwendung eines Kondoms hat keinerlei Nebenwirkungen, weder für den Mann noch für die Frau. Der einzige Nachteil besteht in der notwendigen Unterbrechung zum Überziehen des Kondoms. Manche Männer finden darüber hinaus, daß ein Kondom die Empfindsamkeit des Penis herabsetzt.

Die meisten Kondome sind aus Latex-Gummi. Früher wurden sie aus tierischen Darmhäuten (meistens vom Schaf) hergestellt. Solche Kondome kann man auch heute noch erwerben, sie bieten jedoch keinen Vorteil. Dagegen sind sie teurer, und manche Experten sind der Ansicht, daß ihre Herstellung weniger standardisiert ist als die der Latex-Präservative, weswegen sie unter Umständen weniger zuverlässig sind.

Im alten Ägypten wurden Kondome als Zierde und Schmuck verwendet. Im 16. Jahrhundert wurden sie als Verhütungsmittel wieder neu entdeckt. Gummi-Kondome wurden erstmals im frühen 19. Jahrhundert entwickelt und bald darauf als Massenprodukt angefertigt. Heutzutage unterscheiden sich die verschiedenen Kondome kaum. Die meisten sind ca. 19 cm lang, und das offene Ende ist aus etwas dickerem Latex, um ein Abrutschen zu verhindern. Manche Firmen bieten Kondome in verschiedenen Farben an. Die meisten sind aufgerollt und mit Gleitmittel versehen. Wenn ein Kondom nicht aufgerollt ist, sollte man dies direkt vor der Verwendung tun und es dann über den Penis streifen.

Mit dem Auftreten von AIDS in den achtziger Jahren soll die Verwendung von Kondomen wieder größere Verbreitung gefunden haben, da sie den besten zur Zeit verfügbaren Schutz vor einer Ansteckung bieten.

Konisation Die operative Ausschneidung eines kegelförmigen Gewebestücks aus der → Zervix. Mit der Konisation verfolgt man zwei Ziele: zum einen sollen verdächtige, in der → Kolposkopie lokalisierte Gewebsareale vollständig entfernt werden, zum anderen will man über die anschließende feingewebliche Untersuchung des entnommenen Materials genauen Aufschluß über die Art und Ausdehnung der krankhaften Gewebsveränderung erlangen. Damit stellt die Konisation gleichzeitig ein diagnostisches und ein therapeutisches Mittel vor allem für → Cervikale intraepitheliale Neoplasien Grad III, d.h. krebsverdächtige Areale dar.

Die Konisation wird unter Allgemeinnarkose (siehe unter → Anästhesie) im Krankenhaus durchgeführt. Komplikationen können als Früh- oder Spätkomplikationen auftreten. Frühkomplikationen sind vor allem Nachblutungen und Entzündungen, die behandelt werden müssen. Zu den Spätfolgen gehören vor allem die → Zervikalstenose und die → Zervixinsuffizienz mit den jeweiligen Konsequenzen (siehe dort).

Konnatale Infektionskrankheit Zum Zeitpunkt der Geburt vorhandene Infektionskrankheit, die von der Mutter vor oder während der Geburt auf das Kind übertragen wurde. Die eine Möglichkeit ist dabei, daß der Krankheitserreger mit dem Blutstrom über die Plazenta in das kindliche Blut gelangt. Verschiedene Infektionskrankheiten, vor allem → Röteln und → Windpocken, können auf diesem Weg an das ungeborene Kind weitergegeben werden, und selbst wenn sie bei der Mutter nur mild ausgeprägt sind, können sie für das Kind sehr gefährlich — manchmal sogar lebensgefährlich — werden. Die andere Möglichkeit der Erregerübertragung, die vor allem bei Geschlechtskrankheiten wie z.B. einer → Herpesinfektion oder einer → Gonorrhoe eine Rolle spielt, ist, daß sich das Kind während seiner Passage durch den → Geburtskanal der Mutter mit dort vorhandenen Viren oder Bakterien ansteckt. Abgesehen von solchen Infektionen kann ein Kind auch *abhängig* von Drogen, wie z.B. Heroin, Kokain oder Alkohol, geboren werden und Entzugssymptome zeigen, wenn nach der Geburt die Versorgung mit den Drogen aus dem mütterlichen Körper aufhört. Siehe auch unter → Alkoholismus, → Drogenmißbrauch während der Schwangerschaft und unter → Angeborene Krankheiten.

Kontaktdermatitis Auch *Kontaktallergie*. Eine → Entzündung der Haut infolge eines Kontaktes mit reizenden Stoffen. Die Haut mancher Personen ist besonders empfindlich und reagiert allergisch auf Stoffe, die bei anderen keine Hautreaktion hervorrufen. Wenn man den auslösenden Stoff meidet, geht die Entzündung in aller Regel wieder zurück. In manchen Fällen ist die Entzündungsreaktion jedoch so stark, daß man vorübergehend mit → Cortison behandeln muß.

Kontraindikation Jeder Umstand, der eine bestimmte Therapie oder Prozedur nicht wünschenswert macht. Eine *absolute* Kontraindikation besteht, wenn die Therapie lebensbedrohende Folgen für den Patienten hätte und von daher nicht durchgeführt werden darf. *Relative* Kontraindikation bedeutet, daß die Risiken der Behandlung im Vergleich zu den Nutzen sorgfältig gegeneinander abgewogen werden müssen, bevor man die Therapie beginnt. Z.B. ist eine kardiovaskuläre Erkrankung in der Anamnese (Herzinfarkt, Schlaganfall) eine absolute Kontraindikation für die Einnahme von → oralen Kontrazeptiva. Ein → Diabetes mellitus (Zuckerkrankheit) oder Gallenerkrankungen sind dagegen relative Kontraindikationen für die oralen Kontrazeptiva. In ähnlicher Weise ist eine bestehende Schwangerschaft eine absolute Kontraindikation für das Einsetzen einer → Spirale, während eine schwere Anämie (Blutarmut) in der Vorgeschichte eine relative Kontraindikation ist, weil die Spirale bei vielen Frauen zu schwereren Menstruationsblutungen führt.

Kontrazeptiva Medizinischer Ausdruck für *Verhütungsmittel.* Siehe unter → Empfängnisverhütung. Siehe auch unter → orale Kontrazeptiva.

Kontrazeptiva für den Mann Siehe → Verhütungsmittel für den Mann

Konversionssyndrom Auch *hysterische Neurose* oder *Hysterie*. Eine seelische Störung, die sich in einer schweren körperlichen Funktionsstörung ohne zugrundeliegende organische Erkrankung ausdrückt („konvertiert“, d.h. umgewandelt wird). Das Konversionssyndrom tritt weitaus häufiger bei Frauen als bei Männern auf und kann die verschiedensten Formen annehmen. Z.B. kann es zu einer teilweisen oder vollständigen Lähmung einer Gliedmaße kommen, die im Prinzip völlig gesund ist, oder zum Verlust der Sehfähigkeit, obwohl die Augen organisch gesehen in Ordnung sind. Andere Möglichkeiten sind Schluckstörungen, Sprechstörungen, Gefühlsstörungen und Schmerzen. Diese Symptome, so behindernd sie für den Betroffenen auch sind, werden oft von einer scheinbaren Gleichgültigkeit des Patienten ihnen gegenüber begleitet, was Psychiater als *la belle indifférence* (französisch für „schöne Gleichgültigkeit“) bezeichnen.

Die Hysterie wurde zum ersten Mal von dem griechischen Arzt *Hippokrates* beschrieben, der glaubte, daß sie durch die Gebärmutter verursacht wird, die sich auf irgendeine Weise von ihrem Platz gelöst hatte und nun im Körper umherwanderte und das Körpergebiet „verschloß“, an dem die Symptome auftraten. Daher auch der Begriff „Hysterie“, der sich von *hysterikos*, dem griechischen Wort für Gebärmutter, ableitet. Die Erkrankung wurde dann vor allem von *Sigmund Freud* untersucht, der den Begriff „Konversion“ prägte und der der Überzeugung war, daß sie ein Ergebnis von unterdrückten seelischen Konflikten, meist sexueller Natur, sei. Z.B. können sich Schuldgefühle wegen → Masturbation als Lähmung der Hand äußern, die zur Masturbation verwendet wird. Die meisten modernen Psychiater haben dieses Konzept erweitert und schließen auch nicht-sexuelle seelische Konflikte als Ursache eines Konversionssyndrom mit ein. Die Behandlung richtet sich auf die Aufdeckung des zugrundeliegenden unbewußten seelischen Konfliktes, was bei Erkennung und Akzeptierung durch den Patienten in der Regel zum Verschwinden der Symptome führt. Das ist jedoch oft ausgesprochen schwierig, da es ja gerade das Nicht-Erkennen-Wollen eines seelischen Problems ist, das zur Entwicklung von stattdessen körperlichen Symptomen führt, und die Konfrontation mit dem unbewußten Problem als bedrohlicher empfunden wird als das Leben mit körperlichen Beschwerden.

Konzeption Empfängnis. Siehe unter → Befruchtung

Kopfschmerzen Auch *Kopfweh*. Allgemeine Bezeichnung für leichte bis sehr schwere Schmerzen im Kopf, die ein Symptom zahlreicher Krankheiten sein können, im allgemeinen jedoch keine ärztliche Behandlung erfordern, es sei denn, die Kopfschmerzen kommen immer wieder oder sie sind so stark, daß eine ernste Erkrankung unbedingt ausgeschlossen werden sollte. Die Kopfschmerzen bei einer Erkältung oder anderen Infektionskrankheiten vergehen normalerweise mit der Erkrankung wieder und sprechen in der Regel gut auf Aspirin® oder andere rezeptfreie Schmerzmedikamente an. Ein sehr heftiger, plötzlicher, so noch nie erlebter oder immer wiederkehrender Kopfschmerz kann jedoch durch z.B. einen Hirntumor oder eine andere Schädigung im Gehirn wie etwa eine Hirnblutung, durch schwere Gehirn- oder Hirnhautentzündungen, durch Entzündungen der Augen, Ohren, Nase, Mund oder Nasennebenhöhlen oder auch der Zähne verursacht sein und sollte immer Anlaß zum sofortigen Aufsuchen eines Arztes oder Krankenhauses sein. Die häufigsten Formen von immer wieder auftretenden Kopfschmerzen, deren genaue Ursache oft schwierig herauszufinden ist, sind diejenigen, die durch verschiedene vaskuläre Störungen verursacht sind, d.h. durch Störungen des Blutflusses im Gehirn. Dazu gehören die → *Migräne*, die wahrscheinlich durch Gefäßkrämpfe verursacht ist, der häufige *Spannungskopfschmerz*, bei dem Verspannungen der Kopf-, Gesichts- und Nackenmuskulatur zu Verkrampfungen der Gefäße führen und der meistens als Druck im Stirnbereich oder im Hinterkopf empfunden wird, die sogenannten *Cluster-Kopfschmerzen*, die vor allem junge Männer betreffen und mit bis zu dreimal täglich auftretenden, unerträglichen Kopfschmerzattacken sowie einer meist einseitigen Gesichtsrötung mit Tränen- und Nasenlaufen einhergehen, sowie schließlich die Kopfschmerzen bei Bluthochdruck, die meistens morgens auftreten. Kopfschmerzen können auch als Nebenwirkung von → oralen Kontrazeptiva oder anderen Medikamenten, paradoxerweise vor allem bei chronischer Einnahme von (Kopf-)Schmerzmitteln, auftreten. Bei Kopfschmerzen während der Einnahme der Anti-Baby-Pille kann das Wechseln auf ein anderes Pillenpräparat helfen, es sei denn, es handelt sich um Migränekopfschmerzen während der Pilleneinnahme, in welchem Fall die Pille ganz abgesetzt werden muß. Bei den durch die Einnahme von Schmerzmitteln verursachten Kopfschmerzen, dem sogenannten *Analgetika-Kopfschmerz,* hilft nur der langsame Entzug jeglicher Schmerzmedikamente im Krankenhaus, um den Teufelskreis Kopfschmerzen-Schmerzmittel-Kopfschmerzen zu durchbrechen.

Zur Behandlung der chronischen Spannungskopfschmerzen werden mit unterschiedlichem Erfolg zahlreiche Methoden von Medikamenten bis hin zur Psychotherapie eingesetzt. Ein vielversprechender Ansatz ist die *Biofeedback*-Methode, bei der der Patient lernt, den Blutzufluß zum Gehirn zu steigern. Eine andere Methode besteht in Entspannungsübungen, die immer dann angewendet werden, wenn es zu einer Streßsituation kommt. Manche Forscher glauben, daß eine schlechte Ernährung über körperlichen Streß zu chronischen Spannungskopfschmerzen führen kann, und empfehlen eine Calcium- und Vitamin B-reiche Ernährung. Eine andere Form der Eigenbehandlung ist die Akupressur, bei der durch festes Drücken des Zeigefingers auf bestimmte Körperstellen bei gleichzeitigem Kreisen des Fingers für etwa 20 bis 30 Sekunden der Kopfschmerz innerhalb von Minuten verschwinden kann. Auch viele pflanzliche Mittel (siehe unter → Pflanzenheilkunde) werden seit jeher verwendet, darunter Tees aus getrocknetem Rosmarin (*Rosmarinus officinalis*), Passionsfrucht (*Passiflora incarnata*), Pfefferminze (*Mentha piperita*), Hopfen *(Humulus lupulus)* oder Baldrian (*Valeriana officinalis*) sowie das Einreiben von Schläfen und Stirn mit Pfefferminzöl.

Koronare Herzerkrankung Siehe unter → Angina pectoris, → Herzinfarkt

Korpuskarzinom Auch *Gebärmutterkrebs, Endometriumkarzinom, Adenokarzinom der Gebärmutter.* Ein → Krebs, d.h. ein bösartiger Tumor der Gebärmutter, der seinen Ausgang von der die Gebärmutterhöhle auskleidenden Schleimhaut, dem → Endometrium, nimmt. Es tritt bevorzugt bei Frauen nach der → Menopause im Alter zwischen 50 und 70 auf und bei solchen, die gleichzeitig an → Adipositas, einem → Bluthochdruck oder einem → Diabetes mellitus leiden. Bei der Entstehung des Korpuskarzinoms scheint darüber hinaus unter anderem ein langfristiger → Östrogeneinfluß auf die Gebärmutter bei gleichzeitigem Fehlen einer entsprechenden → Progesteronwirkung von Bedeutung zu sein, wie er z.B. bei einer reinen Östrogentherapie oder bei häufigen → anovulatorischen Blutungen in der Vorgeschichte zustande kommt. Beim Korpuskarzinom handelt es sich in den meisten Fällen um ein Adenokarzinom, d.h. um einen Krebs, der von den Drüsenzellen der Gebärmutterschleimhaut ausgeht und deren Struktur und Form er nachahmt. Als eine Vorstufe des Korpuskarzinoms kann die sogenannte atypische, adenomatöse Hyperplasie der Gebärmutterschleimhaut (siehe unter → Endometriumhyperplasie) betrachtet werden, die unbehandelt nicht selten in ein Karzinom übergehen kann.

Das häufigste Symptom eines Gebärmutterkrebses sind unregelmäßige Blutungen aus der Scheide mit oder ohne Schmerzen. Aus diesem Grund sollten sich Frauen nach der Menopause, d.h. nachdem die Regelblutungen aufgehört haben, bei denen irgendeine Form der vaginalen Blutung auftritt, und sei es nur eine leichte Schmier- oder Spurblutung, sofort von einem Arzt untersuchen lassen. In den meisten Fällen wird man um eine Endometriumbiopsie (siehe → Biopsie, Def. 4) oder sogar um eine → Abrasio nicht umhinkommen, um etwas Schleimhautgewebe zu gewinnen, das unter dem Mikroskop auf irgendwelche verdächtige Auffälligkeiten untersucht werden kann. Ein → Papanicolaou-Abstrich ist bei der Diagnose eines Gebärmutterkarzinoms nicht ausreichend oder hilfreich (im Gegensatz zum → Zervixkarzinom), da die sich von der Gebärmutterschleimhaut und damit vom Karzinom ablösenden Zellen in der Regel nicht bis in den Gebärmutterkanal beziehungsweise in die Scheide gelangen, wo sie mit einem Abstrich erfaßt werden könnten. Bei Frauen vor der Menopause mit sehr unregelmäßigen Regelblutungen und/oder Schmier- oder größeren Blutungen zwischen den Perioden sollte ebenfalls ein Korpuskarzinom ausgeschlossen werden, da etwa 20% aller Korpuskarzinome bei Frauen vor der Menopause auftreten. Auch in diesem Fall ist eine Ausschabung mit anschließender histologischer Untersuchung der gewonnenen Schleimhaut der Gebärmutter notwendig, um eine exakte Diagnose stellen zu können.

Die Art der Behandlung eines Korpuskarzinoms hängt vom Stadium ab, in dem der Tumor diagnostiziert wird (siehe auch unter → Stadieneinteilung). Im frühen Stadium, wenn der Tumor auf die Gebärmutter beschränkt ist und sich noch nicht in das umliegende Gewebe ausgebreitet hat, reicht unter Umständen die operative Entfernung der Gebärmutter sowie beider Eileiter und Eierstöcke. Wenn der Tumor den Gebärmutterhals erreicht hat, entfernt man zusätzlich noch das obere Scheidendrittel. Der Operation folgt in fortgeschritteneren Stadien fast immer eine → Strahlentherapie, die entweder als Bestrahlung von außen oder als sogenannte intravaginale Bestrahlung erfolgen kann, bei der ein begrenzt radioaktives Material in das obere Scheidenende eingelegt wird, damit die Strahlung eventuell verbliebene Tumorzellen abtötet. In Sonderfällen reicht auch eine alleinige Strahlentherapie, die dann meist in Form einer intrakavitären Bestrahlung, d.h. durch Einlage einer radioaktiven Substanz in die Gebärmutterhöhle, zusätzlich zu einer Bestrahlung von außen durchgeführt wird. Da manche Korpuskarzinome in ihrem Wachstum hormonabhängig sind, kann vor allem in Fällen, bei denen es trotz Operation zu einem erneuten Tumorwachstum gekommen ist, eine → Hormontherapie in Form einer sehr hoch dosierten Gestagendauertherapie versucht werden.

Die Heilungsaussichten sind umso besser, je früher ein Korpuskarzinom entdeckt und behandelt wurde, und betragen bei Stadium I, in dem der Tumor auf die Gebärmutter beschränkt ist, immerhin 75 bis 90%. Im Anschluß an die Therapie sollten regelmäßige Kontrolluntersuchungen stattfinden (im ersten Jahr alle zwei bis drei Monate, im 2. Jahr alle drei bis vier Monate, im 3. Jahr alle vier bis fünf Monate und danach alle sechs Monate), um ein eventuelles Neuwachstum (Rezidiv) des Tumors rechtzeitig erfassen und behandeln zu können. Darüber hinaus sollte bei Frauen mit einem Korpuskarzinom eine → Östrogensubstitutionstherapie vermieden werden, da Östrogen das Wachstum des Tumors fördern kann. Man hat nämlich festgestellt, daß Frauen, die eine reine Östrogentherapie über längere Zeit erhielten, ein vier- bis achtmal höheres Risiko für die Entwicklung eines Korpuskarzinoms haben. Niedrige Dosen von Östrogen jedoch, die mit der gleichzeitigen Gabe von Progesteron kombiniert werden, können dieses Risiko bei der Östrogensubstitutionstherapie senken.

Kosmetika Auch *Makeup*. Allgemeine Bezeichnung für Substanzen, die zum besseren Aussehen von Gesicht, Haut, Augen, Haaren und anderen Körperteilen beitragen sollen, die jedoch nicht in solchen Mengen über die Haut in den Körper aufgenommen werden, daß sie irgendwelche Körperfunktionen beeinflussen könnten. Lippenstift, Nagellack, Mascara, Lidschatten, Parfüm, Haarfärbemittel, Puder und Lotionen sind im allgemeinen harmlos, können jedoch gelegentlich zu Problemen führen. Am häufigsten sind allergische Reaktionen (erkennbar an Juckreiz, Schwellungen, Tränenfluß und/oder Hautausschlägen), die in der Regel, aber nicht immer von dem Parfüm verursacht werden, das in fast jedem Kosmetikum enthalten ist. Sogenannte *hypoallergische* oder *hautverträgliche* Kosmetika sind praktisch geruchslos. Manche Makeup-Sorten für das Gesicht können eine → Akne verschlimmern, und manche Haarfärbemittel enthalten Analin, das häufig Allergien hervorruft. Mascarasorten, in denen nicht genügend Konservierungsstoffe sind, können Bakterien enthalten, die, wenn sie in Kontakt mit den Augen kommen, ernste Entzündungen und sogar permanente Augenschäden hervorrufen können. Siehe auch unter → Deodorant.

Gelegentlich setzt man den Kosmetika → Östrogene bei, unter der Annahme, daß Östrogene manchen Alterungsprozessen wie z.B. Falten vorbeugen könnten. Für die Richtigkeit dieser Annahme gibt es keinen Beweis oder Hinweis. Im Gegenteil, das Östrogen kann über die Haut in den Körper aufgenommen werden und damit möglicherweise zu gefährlichen Nebenwirkungen führen.

Krampf Eine plötzliche, schmerzhafte Kontraktion (Zusammenziehung) eines Muskels oder einer Muskelgruppe. Menstruationskrämpfe sind Kontraktionen der Gebärmuttermuskulatur wie bei den Geburtswehen, jedoch wesentlich milder und unregelmäßiger (→ Dysmenorrhoe, Def. 4). Beinkrämpfe sind ein häufiges Ereignis während der Schwangerschaft und der Geburt. Es kann vorkommen, daß eine Schwangere in der Nacht mit schmerzhaften Krämpfen in einer Wade oder einem Fuß aufwacht. Das beste Mittel dagegen ist eine lokale Massage der Muskeln, bis sie sich wieder entspannen, oder die Überdehnung des Muskels bei Wadenkrämpfen, indem man die Großzehe des betroffenen Beins nach oben Richtung Kopf zieht. Beinkrämpfe können auch während der → Austreibungsperiode der Geburt auftreten, wenn der Kopf des Kindes auf die Nerven im Beckenbereich drückt. Sie werden am besten mit Massagen behandelt.

Krampfadern Siehe → Varizen

Krebs auch *Bösartiger Tumor*, *Karzinom* oder *Neoplasma*. Eine allgemeine Bezeichnung für mindestens 100 verschiedene Erkrankungen, die bestimmte gemeinsame Charakteristika aufweisen. Erstens gehen alle mit einer *abnormen Zellteilung* einher; d.h. anstatt sich wie normale Zellen in geregelter Weise für den Wachstums- und Heilungsprozeß des betreffenden Gewebes zu teilen, beginnen Krebszellen einen unkontrollierten Zellteilungsprozeß, wodurch eine Masse an Extrazellen oder Gewebe entsteht, die im Falle einer festen Form der Extramasse *Tumor* genannt wird. Dabei gibt es verschiedene Arten von Krebszellen mit unterschiedlichen Wachstumsgeschwindigkeiten und unterschiedlichem Metastasierungsverhalten; was aber die gesteigerte Wachstumsrate angeht, verhalten sich praktisch alle Krebserkrankungen gleich. Zweitens wächst ein Krebs in der Regel *invasiv*, d.h. er infiltriert und zerstört das umgebende gesunde Gewebe (siehe jedoch auch → Carcinoma in situ). Drittens kann ein Krebs metastasieren, d.h. Krebszellen können an andere Orte des Körpers verschleppt werden und dort zu Tochtergeschwülsten, sogenannten *Metastasen*, heranwachsen. Man glaubte lange Zeit, daß die Metastasierung durch die Verschleppung von Tumorzellen über den Blutstrom oder mit der → Lymphe geschieht. Heute gelangt man jedoch immer mehr zu der Überzeugung, daß zumindest manche Krebsarten von vorneherein eine systemische Erkrankung sind, d.h. eine Erkrankung, die wie z.B. eine Infektion den ganzen Körper betrifft. Das letzte gemeinsame Merkmal der Krebserkrankungen ist die Neigung zu *Rezidiven*: Nach einer Zeit der Besserung, die wie eine Heilung aussieht und *Remission* genannt wird, taucht der Krebs eventuell an der gleichen oder einer anderen Stelle wieder auf. Unbehandelt führt eine Krebserkrankung meist zum Tode, indem gesundes Gewebe zerstört und damit das Versagen der normalen Funktion eines oder mehrerer Organe bewirkt wird, woran der Patient verstirbt. Gelegentlich kommt jedoch eine spontane, d.h. nicht durch eine Therapie verursachte Remission der Erkrankung vor.

Ein Krebs kann im Prinzip in jedem Körperorgan entstehen — in der Lunge und den Atemwegen, im Magen-Darm-Trakt, im Bereich der Fortpflanzungs- und Geschlechtsorgane, in den Knochen, im Gehirn, der Haut, dem Blut und der Lymphe. In der Tat sind die Krebserkrankungen oft nach dem Organ benannt, aus denen sie ihren Ursprung nehmen (Lungenkrebs, Brustkrebs etc.). Krebserkrankungen können auch entsprechend der Art des Gewebes, in dem sie entstehen, eingeteilt werden: *Adenokarzinome* ent- oder bestehen aus Drüsengewebe; *Sarkome* aus Bindegewebe; Adenosarkome weisen Anteile sowohl von Drüsen- als auch Bindegewebe auf (siehe auch unter → Adenokarzinom, → Sarkom); *Leukämien* sind Krebserkrankungen des Blutes; *Lymphome* ziehen das Lymphsystem in Mitleidenschaft. Ungefähr 85% aller Krebserkrankungen bestehen aus festen Gewebstumoren, d.h. Adenokarzinomen und Sarkomen.

Fast die Hälfte aller Krebserkrankungen bei Frauen betrifft den Bereich der Fortpflanzungs- und Geschlechtsorgane. Davon macht der Brustkrebs ungefähr ein Viertel aus, der Rest betrifft die Unterleibsorgane (Vulva, Vagina, Zervix, Gebärmutter, Eileiter und Eierstöcke). Von den letzteren ist das Zervixkarzinom der häufigste Genitalkrebs, gefolgt vom Korpuskarzinom. Das Zervixkarzinom kommt gehäuft bei Frauen ab Mitte Vierzig vor, während Korpus- und Ovarialkarzinome häufiger nach der → Menopause auftreten. Die meisten Todesfälle an Krebs bei Frauen werden jedoch durch einen Brustkrebs verursacht.

Die genaue Ursache für die Entstehung eines Krebses ist nicht bekannt, es scheint jedoch eine Anzahl von Faktoren zu geben, die bei der Auslösung des ungehemmten Wachstums von bösartigen Zellen eine Rolle spielen. Einige von diesen sind *Karzinogene* (krebserzeugende Substanzen in der Umwelt), wie z.B. hohe Dosen ultravioletter oder ionisierender Strahlung, Nikotingenuß (der bei schätzungsweise 80% und mehr aller Lungenkarzinome eine ursächliche Rolle spielt), der Kontakt mit Asbest, Kohlenstaub und zahlreichen anderen toxischen Substanzen aus der Industrie sowie die Infektion mit manchen Viren, wie z.B. HTLV-1 (humanes T-lymphotropes Virus), das eine Form der Leukämie (Blutkrebs) bei Erwachsenen hervorrufen kann. Alle diese Substanzen scheinen Änderungen in den Genen normaler Zellen zu bewirken, wodurch sie für ein unkontrolliertes Wachstum anfällig werden. Die so veränderten Gene werden *Onkogene* (Krebsgene) genannt. Ergebnisse aus der Genforschung weisen darauf hin, daß es für viele Krebsformen darüber hinaus eine angeborene Prädisposition (Anfälligkeit) gibt. Obwohl bisher für nur sehr wenige Krebsarten solche spezifischen Gene identifiziert wurden, kann die Familienanamnese Personen mit einem erhöhten Risiko für Krebserkrankungen aufdecken.

Viele Karzinome sind, wenn sie in einem frühen Stadium diagnostiziert werden, potentiell heilbar. Aus diesem Grunde und auch, weil viele Karzinome erst in Spätstadien mit dann schlechterer Heilungschance zu Warnsymptomen wie z.B. Schmerzen führen, ist die frühe Diagnose eines Krebses von höchster Bedeutung. Hierzu dienen die sogenannten Vorsorgeuntersuchungen (siehe unter → Krebsvorsorge). Z.B. wird allen Frauen empfohlen, monatlich die Brüste auf Knoten oder andere Auffälligkeiten selbst zu untersuchen (→ Brustuntersuchung) sowie regelmäßige Untersuchungen der Zervixzellen mit Hilfe eines → Papanicolaou-Abstrichs durchführen zu lassen. Bei einer Diagnose im Frühstadium, d.h. bevor der Krebs Zeit gehabt hat, große Teile des umgebenden Gewebes zu zerstören oder gar Metastasen in andere Körperbereiche zu setzen, sind die Chancen für eine vollständige Heilung (mit Hilfe von chirurgischer, → Strahlen- oder → Chemotherapie), so glaubt man, wesentlich höher. Neuere diagnostische Möglichkeiten wie z.B. → nuklearmedizinische Untersuchungen tragen ebenfalls zur frühen Diagnosestellung bei.

Manche Patienten verweigern eine medikamentöse, chirurgische oder Strahlenbehandlung und ziehen stattdessen eine Ernährungs-, Manipulations- oder psychologische Therapie vor, allein oder als Kombinationstherapie (oder zusammen mit einer schulmedizinischen Behandlung). Der ernährungsbezogene Ansatz, der den Krebs als eine Systemerkrankung ansieht, will z.B. durch Fasten Gifte aus dem Körper eliminieren und Krebszellen von ihrer Ernährung abschneiden. Andere Methoden sind Rohkostdiäten (nach Fasten), um die Elimination von Giftstoffen aus dem Körper zu beschleunigen und die Krebszellen „auszuhungern", das Weglassen oder Reduzieren von Salz, raffiniertem Zucker und Coffein, sowie Vitamintherapien mit großen Dosen von Vitamin A (zur Stärkung der Körperabwehr, zur Bekämpfung von Infektionen und zur Vorbeugung des Alterungsprozesses von Zellen), der verschiedenen B-Vitamine (zur größeren

Streßresistenz und um den Östrogenstoffwechsel zu erleichtern), Vitamin B_{17}, das in Aprikosen vorkommt und angeblich Krebszellen abtötet, ohne normale, gesunde Zellen zu schädigen, Vitamin C in extrem hohen Dosen, Vitamin E und Mineralstoffe wie Magnesium, Selen und Zink. Manipulationsmethoden sind z.B. die Akupressur, Akupunktur und Shiatsu (eine japanische Massagetechnik, die auch Akupressur verwendet). *Keine dieser Behandlungsmethoden ist von renommierten medizinischen Organisationen als wirksame Krebstherapie anerkannt oder konnte in sorgfältig überwachten Studien als wirksam, d.h. heilend nachgewiesen werden.*

Eine Form der psychologischen Therapie, die in Kombination mit schulmedizinischen (operativen, chemotherapeutischen) Behandlungen und/oder Ernährungstherapien eingesetzt wird, beruht auf Techniken der visuellen Imagination. Bei dieser Methode sucht man im Geiste nach Situationen oder Problemen des eigenen Lebens, die den Krebs „hervorgerufen" haben könnten, und konzentriert dann seine ganzen emotionalen und geistigen Energien auf den Kampf gegen den Tumor. Man bringt den Patienten bei, sich in regelmäßigen täglichen Abständen die Zerstörung der Krebszellen durch die eigenen Körperabwehrzellen (oder durch jede andere Form der Therapie, der sie sich unterziehen) bildlich vorzustellen. Diese Therapieform mag zwar etwas weit hergeholt erscheinen, dennoch kommt es vor, daß ein Krebs kleiner wird oder ganz verschwindet, ohne daß es einen objektiven Grund dafür gäbe. Man weiß so wenig über Biofeedback (d.h. die Antworten des Körpers auf innere, geistige Prozesse), daß man eine solche Möglichkeit nicht völlig von sich weisen sollte. Dennoch sollte jede Form der psychologischen Therapie in jedem Fall als eine *zusätzliche* — und nicht anstelle — einer konventionellen schulmedizinischen Therapie eingesetzt werden.

Die klinische Forschung hat sieben Warnzeichen für eine Krebserkrankung aufgestellt, und jedem, der eines dieser Symptome bei sich beobachtet, wird empfohlen, sich so schnell wie möglich in ärztliche Behandlung zu begeben. Diese Warnsymptome sind:

1. Veränderungen oder Unregelmäßigkeiten bei der Darm- und/oder Blasenentleerung;
2. eine nicht heilende Wunde;
3. eine ungewöhliche Blutung oder Ausfluß;
4. eine Verhärtung oder ein Knoten in der Brust oder einer anderen Körperstelle;
5. konstante Verdauungsstörungen oder Schwierigkeiten beim Schlucken;
6. eine sichtbare Veränderung einer Warze oder eines Leberfleckes;
7. ein bleibender Husten oder Heiserkeit.

Meistens werden diese Symptome Zeichen irgeneiner anderen Erkrankung und nicht von Krebs sein, es ist jedoch sicherer, eine Krebserkrankung auszuschließen. Siehe auch unter den Einträgen für die jeweiligen Krebsformen sowie unter → Präkanzerose und unter → Krebsvorsorge.

Krebsvorsorge Auch *Krebsfrüherkennungsuntersuchung*, *Vorsorgeuntersuchung*. Eine Reihe von verschiedenen ärztlichen Untersuchungen, die ab einem bestimmten Alter in bestimmten regelmäßigen Zeitabständen durchgeführt werden (sollen), um eine Krebserkrankung (→ Krebs) in einem möglichst frühen und damit noch heilbaren Stadium zu erfassen. Zu dem Prinzip der Krebsvorsorge gelangte man ausgehend von der

Beobachtung, daß zum einen Krebserkrankungen im Anfangsstadium durch eine Behandlung mit deutlich größerer Wahrscheinlichkeit geheilt werden können und zum anderen viele Krebserkrankungen in frühen Krankheitsstadien wenig oder gar keine Symptome und Beschwerden verursachen, was dazu führt, daß der Betroffene erst in einem unheilbaren Krankheitsstadium in die ärztliche Behandlung gelangt. Mit den Vorsorgeuntersuchungen versucht man durch bestimmte Maßnahmen bösartige und noch symptomlose Veränderungen auszuschließen beziehungsweise frühzeitig zu erfassen, um gegebenenfalls eine möglichst heilende Therapie einzuleiten. Die typische Vorsorgeuntersuchung umfaßt eine gründliche Erhebung der Krankengeschichte, eine → gynäkologische Untersuchung mit Abnahme eines → Papanicolaou-Abstriches, eine rektale Untersuchung (Untersuchung des Enddarms mit dem Finger), eine → Brustuntersuchung und gegebenfalls eine → Mammographie sowie eine Blutdruckmessung und eine Stuhluntersuchung auf nicht sichtbares Blut (sogenannter *Hämoccult-Test*). Von diesen Untersuchungen sollten alle bis auf den Hämoccult-Test und die rektale Austastung ab dem 20. Lebensjahr einmal jährlich unternommen werden. Der Hämoccult-Test und die rektale Untersuchung werden ab dem 45. Lebensjahr einmal jährlich empfohlen. Diese Zeitabstände gelten natürlich nur, wenn der letzte Untersuchungsbefund normal war und keine auffälligen Symptome aufgetreten sind. Zu den Warnsymptomen, die im jeden Fall zum Aufsuchen eines Arztes führen sollten, gehören: Unregelmäßige vaginale Blutungen vor und nach der → Menopause, Ausfluß aus der Scheide oder der Brustwarze, Entstehung von Knoten oder Verhärtungen oder schlecht heilenden Wunde in der Brust, im Genitalbereich oder an einer anderen Stelle des Körpers, auffällige Gewichtsab- oder zunahme, Schluckbeschwerden, anhaltender Husten und Heiserkeit sowie Darmentleerungsstörungen (siehe auch unter → Krebs).

Die jährliche Krebsvorsorgeuntersuchung wird von den Krankenkassen bezahlt und konnte die Häufigkeit z.B. des → Zervixkarzinoms seit ihrer Einführung um 8 bis 10% senken. Die Bereitschaft in der Bevölkerung, an diesen freiwilligen Vorsorgeuntersuchungen teilzunehmen, ist leider noch sehr gering. Insgesamt nehmen derzeit nur etwa 35% aller Berechtigten die Untersuchung wahr. Deswegen sei noch einmal betont, daß die frühzeitige Erkennung eines Krebsleidens die wirksamste und nicht selten die einzige Möglichkeit ist, eine vollständige und dauerhafte Heilung zu erreichen.

Kreißsaal Der Raum in einer Klinik, in dem die Geburten stattfinden. Eine *Kreißende* ist eine Schwangere, die sich im Prozeß der Entbindung befindet.

Kritisches Gewicht Das Verhältnis von Fett- zu übrigem Körpergewebe, das Voraussetzung für die → Menarche (erste Regelblutung) und die Aufrechterhaltung mehr oder weniger regelmäßiger Regelblutungen ist. Vor dem Wachstumsschub, der der Menarche vorausgeht, beträgt das Verhältnis von Fett- zu übrigem Gewebe bei den meisten Mädchen 1 zu 5. Bis zur Menarche steigt der Anteil an Fettgewebe über zwei bis drei Jahre bis zu 24% an, das entspricht einem Verhältnis von 1 zu 3. Das durchschnittliche kritische Gewicht zur Zeit der Menarche beträgt zur Zeit etwa 47 kg. Das könnte erklären, warum molligere Mädchen tendenziell früher mit Regelblutungen beginnen als dünne Mädchen.

Die ersten ein bis zwei Jahre des → Menstruationszyklus sind in der Regel anovulatorisch (ohne Eisprung; siehe unter → Anovulatorische Blutungen). Bei Eintritt der →

Ovulation (Eisprung) in einem durchschnittlichen Alter von 15 beträgt der Anteil an Fettgewebe am Gesamtkörpergewebe 28%. Aus nicht bekannten Gründen steigt das Gewicht bei vielen Mädchen auch noch nach dem Wachstumsschub über einige Jahre hinweg an.

Vor den frühen 70er Jahren dieses Jahrhunderts führte man viele mögliche auslösende Gründe für den Beginn der Menstruation an: Klima, genetische Faktoren, Erziehung, Größe, Gewicht, Ernährung. *Rose Frisch,* eine amerikanische Ärztin, stellte dann die Theorie des kritischen Gewichts auf, das erreicht sein muß, damit die Menstruation einsetzen kann. Wie jedoch der höhere Fettanteil genau die Hormonbildung und damit die Menstruation beeinflußt, ist nicht bekannt. Eine Theorie besagt, daß Änderungen in der Stoffwechsellage des Körpers dem → Hypothalamus (einem Gehirnteil) signalisieren, bestimmte Faktoren zu bilden, die die Menstruation in Gang setzen (siehe → Menstruationszyklus). Wie auch immer der genaue Mechanismus aussieht, er kommt auch bei Frauen mit → Anorexia nervosa und bei Leistungssportlerinnen zum Tragen, die, wenn ihr Anteil an Fettgewebe unter 15% (manchmal auch nur unter 22%) sinkt, entweder sehr unregelmäßige oder gar keine Periode mehr haben, die aber wieder einsetzen oder regelmäßig werden kann, wenn das Gewicht wieder steigt.

Kropf Siehe unter → Schilddrüse

Kryotherapie Auch *Kryochirurgie*. Die Zerstörung abnormer Zellen durch Kälte. Die Kryotherapie wird häufig eingesetzt bei Warzen im Genitalbereich (→ Condylomata acuminata), bei manchen → präkanzerösen Läsionen der → Zervix (→ cervikale intraepitheliale Neoplasie) und gelegentlich bei Entzündungen der Zervix (→ Zervizitis). Andere Anwendungsgebiete sind Erkrankungen aus den Fachbereichen Dermatologie, Urologie, Hals-Nasen-Ohrenkunde, Augenheilkunde und Neurochirurgie. Die Vorteile gegenüber der → Kauterisation (Verbrennen des Gewebes) bestehen in der Schmerzarmut für den Patienten und in der größeren Gewebeschonung, wodurch es nach dem Eingriff seltener zur Entstehung von Narbengewebe kommt. Die Kryotherapie wird mit speziellen Kanülen oder Kältesonden durchgeführt, an deren Spitze durch Verdampfung flüssiger Gase (Stickstoff, Kohlendioxid oder Lachgas) Temperaturen bis - 196° Celsius erzielt werden. Die Metallspitze des Instruments wird für etwa 2 Minuten auf das entsprechende Gebiet gehalten, wodurch das Gewebe zerstört wird. Die Prozedur ist praktisch schmerzlos; das einzige, was man spürt, ist ein Kältegefühl und manchmal eine milde Verkrampfung. Wie die Kauterisation kann die Kryotherapie an der Zervix eine vorübergehende Schwellung mit Einengung des → Zervikalkanals sowie für einige Wochen einen wäßrigen Ausfluß aus der Scheide verursachen. Tampons zum Auffangen dieses Ausflusses sollten nicht verwendet werden, sondern lediglich Einlagen, um die Entstehung einer Infektion nicht zu begünstigen. Eine Spirale (→ Intrauterinpessar) kann bei einer Kryotherapie an der Zervix belassen werden.

Kryptomenorrhoe Siehe unter → Amenorrhoe

Kryptorchismus Medizinischer Fachbegriff für die Nicht-Tastbarkeit der → Hoden von außen. Normalerweise sollen beide Hoden bei der Geburt im Skrotum (Hodensack) liegen, spätestens jedoch bis zum Ende des 1. Lebensjahres. Kann man sie dort nicht tasten, spricht man von einem *Maldeszensus testis*, d.h. die Hoden sind von ihrem ursprünglichen Ort in der Bauchhöhle nicht oder nur unvollständig nach unten in den Hodensack gewandert. Stattdessen sind sie entweder in der Bauchhöhle verblieben (*Bauchhoden*) oder sie liegen im Leistenkanal (*Leistenhoden*), das ist eine Verbindung zwischen Bauchhöhle und Hodensack. Nur in ersterem Fall spricht man auch von Kryptorchismus, weil man hier die Hoden nicht von außen tasten kann. Der Leistenhoden ist dagegen bei der klinischen Untersuchung tastbar, wenn auch nicht im Hodensack, sondern im Leistenkanal. Eine Sonderform stellt der mobile Hoden oder *Gleithoden* dar, bei dem die Hoden ihre Lage ändern und manchmal im Hodensack, manchmal im Leistenkanal liegen können. Eine andere Ursache für einen Kryptorchismus ist die Hodenaplasie, d.h. die fehlende Anlage der Hoden von Geburt an.

Nach dem ersten Lebensjahr sollten nicht nach unten in den Hodensack gewanderte Hoden behandelt werden, da es danach nur noch selten zu einem spontanen Deszensus testis (Hodenabsinkung) kommt und die Lage im Hodensack Voraussetzung für eine normale Entwicklung der späteren Spermienbildung ist. Verbleibt ein Hoden in der Bauchhöhle, kann daraus eine Unfruchtbarkeit des Mannes resultieren. Die Behandlung besteht zunächst in der Gabe des Hormons Choriongonadotropin (→ hCG) über fünf Wochen. Bei Erfolglosigkeit kann eine zweite Kur mit hCG nach zwei bis drei Monaten angeschlossen werden. Sollten die Hoden auch danach noch nicht im Hodensack tastbar sein, muß man sie operativ nach unten verlagern, um einer späteren Unfruchtbarkeit vorzubeugen. Nebenwirkungen der hormonellen Behandlung, durch die es zu einer gesteigerten → Testosteronbildung kommt, können in einer verfrüht einsetzenden Schambehaarung sowie vermehrt auftretenden → Erektionen betehen. Die Pubertät setzt jedoch nicht früher ein als normal.

Künstliche Befruchtung Die auf nicht natürlichem Wege, d.h. durch vaginalen Geschlechtsverkehr, herbeigeführte Befruchtung einer weiblichen Eizelle mit männlichem Sperma mit dem Ziel einer Schwangerschaft. Es gibt verschiedene Methoden der künstlichen Befruchtung: Die *Insemination*, d.h. das Einführen von Sperma entweder in den Muttermund oder in die Gebärmutter der Frau, wobei man von *homologer Insemination* spricht, wenn das Sperma des Partners, und von *heterologer Insemination*, wenn das Sperma eines Donors (Spenders) verwendet wird, und die sogenannte *in-vitro-Fertilisation*, bei der die weibliche Eizelle außerhalb des Körpers mit männlichem Sperma befruchtet und danach in die Gebärmutter eingepflanzt wird. Je nachdem, wohin die außerhalb des weiblichen Körpers befruchtete Eizelle hinterher eingepflanzt wird, unterscheidet man zwischen dem *Embryonentransfer* (ET), bei dem die befruchtete Eizelle in die Gebärmutter eingeführt wird, und dem *intratubaren Embryotransfer* (EIFT), bei dem der Embryo in einen Eileiter der Frau verpflanzt wird. Eine Sonderform der in-vitro-Fertilisation stellt der sogenannte *intratubare Gametentransfer* oder *Gamete-intrafallopian-Transfer* (GIFT) dar, bei dem nicht eine befruchtete Eizelle, sondern weibliche Eizelle und männliche Spermien getrennt in den Eileiter der Frau verpflanzt werden. In diesem Fall findet die eigentliche Befruchtung innerhalb des weiblichen Körpers statt.

Grundsätzlich ist die künstliche Befruchtung eine letzte Möglichkeit eines Paares, eine ungewollte Kinderlosigkeit zu beheben. Je nachdem, welcher Grund oder Gründe der Kinderlosigkeit zugrunde liegen, kann man sich für das eine oder andere Verfahren entscheiden. In der Regel wird man sich jedoch zunächst für eine homologe Insemination entscheiden, bevor die aufwendigeren Verfahren der in-vitro-Fertilisation versucht werden. Die homologe Insemination kommt in Betracht, wenn die Frau erwiesenermaßen fertil (fruchtbar) ist, der Mann aber aus psychischen oder anatomischen Gründen zu keiner normalen Kohabitation (Beischlaf) oder Ejakulation (Samenerguß) fähig ist; oder wenn der Samen des Mannes zu wenige oder geschwächte Spermien (Oligozoospermie bzw. Astehnozoospermie) enthält, die bei einem normalen Geschlechtsverkehr nicht ausreichen würden, um bis in die Eileiter, dem Ort der Befruchtung, zu gelangen. Ein anderer Grund wäre, wenn Verwachsungen oder Mißbildungen in der Scheide der Frau einen normalen Geschlechtsverkehr unmöglich machen. Manchmal kommt die homologe Insemination auch dann zum Einsatz, wenn der Geschlechtsverkehr zum Zeitpunkt des Eisprunges z.B. aus gesundheitlichen Gründen nicht möglich ist. So kann man etwa das Sperma eines Mannes, der schwer krank ist oder der sich beispielsweise einer Krebstherapie mit Zytostatika, die die Spermienbildung stören wird, unterziehen muß, einfrieren und dann zum Zeitpunkt des Eisprunges bei der Frau einsetzen. Da die Spermien im weiblichen Genitaltrakt nur eine begrenzte Zeit (bis zu 72 Stunden) überleben können, muß die Insemination möglichst genau zum Zeitpunkt des Eisprungs erfolgen, damit eine Befruchtung stattfinden kann. Deshalb muß man über mehrere Monate den Zyklus der Frau beobachten und mit Hilfe von Temperaturmessungen und Untersuchungen des Muttermundsekretes den Ovulationstermin möglichst genau festlegen. Zu diesem Termin kommt das Paar dann zum Arzt. Der Mann gewinnt durch Masturbation das Sperma, welches dann so schnell wie möglich mit einer speziellen Spritze in den Muttermund oder bis in die Gebärmutter eingeführt wird. In der Regel muß die Frau danach noch eine Weile liegenbleiben, damit so wenig Sperma wie möglich wieder nach außen abläuft. Diese Prozedur wird normalerweise sechs Monate lang wiederholt. Wenn es dann noch nicht zu einer Schwangerschaft gekommen ist, werden die Untersuchungen zur Fertilität wiederholt. Eventuell kann auch noch ein zweiter 6-Monats-Zyklus angeschlossen werden. Die Erfolgsraten sind mit 15 bis 20% gering, das heißt, nur bei bis zu 20 von 100 Paaren, bei denen eine homologe Insemination durchgeführt wird, kommt es im Anschluß daran zu einer Schwangerschaft. Auch sollte man bedenken, daß eine solche Prozedur zu psychischen Belastungen sowohl für den Mann als auch für die Frau führen kann, weswegen man die Vor- und Nachteile vor und während der Behandlung immer wieder sorgfältig abwägen sollte.

Die heterologe Insemination, d.h. die Insemination mit dem Sperma eines Spenders, kommt in Betracht, wenn der Mann erwiesenermaßen unfruchtbar ist, oder in selteneren Fällen auch dann, wenn der Mann eine vererbbare Krankheit hat, die er nicht an das Kind weitergeben will. Der eigentliche Vorgang ist der gleiche wie bei der homologen Insemination. Die psychischen Belastungen für das Paar sind jedoch in der Regel größer. Die Durchführung einer artifiziellen Insemination mit Spendersamen wirft einige schwerwiegende Rechtsprobleme auf: Sowohl das Kind als auch der Ehemann können die Ehelichkeit des Kindes im nachhinein anfechten, was gleichzeitig heißt, daß dem Kind ein Recht auf die Feststellung seines biologischen Vaters und darauf basierend auch Unterhalts- und erbrechtliche Ansprüche an den biologischen Vater, der den Samen gespendet hat, zustehen. Das heißt auch, daß der Samenspender nicht anonym bleiben kann. Wegen dieser nicht unproblematischen Rechtslage wird eine heterologe Insemination in Deutschland von der Ärztekommission grundsätzlich abgelehnt und nur in Ausnahmefällen unter bestimmten Voraussetzungen durchgeführt.

Die in-vitro-Fertilisation mit anschließendem Embryonentransfer kann in den Fällen angewandt werden, bei denen beide Eileiter der Frau nicht vorhanden oder durch vorausgegangene Entzündungen, Operationen u.a. nicht mehr funktionsfähig sind. Bei diesem Verfahren werden mit Hilfe von Hormonen (siehe → Ovulationsauslöser) die Eierstöcke zur Ausbildung von reifen Follikeln (Eier) stimuliert. Kurz vor dem Sprung werden diese Eier durch eine → Laparaskopie oder durch eine Punktion von der Scheide aus entnommen und zusammen mit dem frischen Sperma des Mannes in eine Nährstofflösung gebracht. In der Nährstofflösung findet die Befruchtung statt, und das befruchtete Ei beginnt, sich zu teilen und größer zu werden. Ungefähr ein bis höchstens drei Tage später wird es bei einer bestimmten Größe mit Hilfe eines dünnen Katheters in die Gebärmutter der Frau zurückverpflanzt. Jetzt hofft man, daß sich das Ei wie normal in der Gebärmutterschleimhaut einnistest und eine Schwangerschaft in Gang kommt. Da bei dieser Methode ein schon befruchtetes Ei im Mehrzellenstadium, d.h. also ein winziger Embryo in einer sehr frühen Entwicklungsphase, übertragen wird, heißt dieses Verfahren auch *Embryo-Transfer*. Die Erfolgsrate ist ähnlich hoch wie bei der Insemination und liegt etwa bei 20%.

Die in-vitro-Fertilisation mit Spendersamen, die technisch gesehen auch möglich ist, wird genauso wie die heterologe Insemination wegen der daraus entstehenden schwierigen Rechtslage (siehe oben) in Deutschland grundsätzlich abgelehnt. Gleiches gilt für die Verwendung von heterologen Eizellen, d.h. von Eizellen einer Spenderin für eine invitro-Fertilisation mit dem Samen des Mannes und auch für den Einsatz von sogenannten *Leihmüttern*. Eine Leihmutter ist eine Frau, die selbst ein Kind, das genetisch nicht von ihr abstammt, für eine andere Frau austrägt, weil diese keine Schwangerschaft austragen kann oder will. Hier können rechtliche Auseinandersetzungen um das gezeugte Kind entstehen, wenn die Leihmutter das Kind nach der Geburt nicht herausgeben oder die biologische Mutter das Kind, z.B. wegen einer Mißbildung, nicht übernehmen will. Aus diesem Grund wird die Behandlung einer Unfruchtbarkeit mit Hilfe einer Leihmutter-Schwangerschaft in Deutschland ausnahmslos abgelehnt.

Führt keine Form der künstlichen Befruchtung zum Erfolg, oder entscheidet sich ein Paar mit unerfülltem Kinderwunsch aus unterschiedlichen Gründen gegen die Durchführung einer künstlichen Befruchtung, besteht die Möglichkeit einer Adoption.

Künstlicher After Siehe → Kolostomie, → Ileostoma

Kürettage Siehe → Abrasio

Kyphose Medizinischer Ausdruck für *Buckel*. Eine abnorme Krümmung der Brustwirbelsäule nach hinten. Eine Kyphose kann sowohl bei manchen angeborenen Krankheiten als auch bei erworbenen Krankheiten des Knochenstoffwechsels entstehen und führt je nach Ausmaß der Buckelbildung zu unterschiedlich starken physischen (z.B. Schmerzen, Atemschwierigkeiten) und psychischen Belastungen. Auch im Alter kann durch einen allmählichen Knochenschwund (siehe unter → Osteoporose) und dem damit verbundenen Zusammensintern und Kleinerwerden der Wirbelkörper eine meist geringere Kyphose entstehen.

Läsion Jede Veränderung von Gewebe im Vergleich zum umliegenden Gewebe der gleichen Art, die durch eine Erkrankung oder Verletzung hervorgerufen worden ist. Beispiele für Läsionen sind Wunden wie eine Schnitt- oder Brandverletzung, ein Pickel, eine Warze oder ein Abszeß, aber auch beginnende bösartige Gewebsveränderungen. Siehe auch → Präkanzerose.

Lageanomalie Jede Lage des Kindes während der Geburt, bei der ein anderer Körperteil des Kindes als der Kopf nach unten liegt, d.h. während der Geburt den führenden Kindsteil bildet (→ Hinterhauptslage). Die Hauptformen der Lageanomalien sind die → Beckenendlage, die → Schräg- und die → Querlage. Siehe auch unter → Kindslage.

Laktation Die Produktion von Milch in den weiblichen Brüsten nach der Geburt eines Kindes, die durch zwei Hormone, das → Prolaktin und das → Oxytozin, geregelt wird und das → Stillen eines neugeborenen Kindes ermöglicht. Prolaktin wird von der Hirnanhangsdrüse (→ Hypophyse) in die Blutbahn abgegeben. Normalerweise wird das Prolaktin durch ein anderes, vom → Hypothalamus gebildetes Hormon, dem PIF (= Prolaktin-inhibierender Faktor), in seiner Bildung gehemmt. Nur nach der Geburt und unter bestimmten anderen Umständen, wenn PIF nicht gebildet wird, wird genügend Prolaktin in die Blutbahn abgegeben, erreicht die Brustdrüsen und stimuliert dort die Milchproduktion. Durch den Reiz, den das Baby beim Saugen auslöst, wird die Abgabe von Prolaktin aus der Hypophyse stimuliert, was seinerseits wieder die Milchproduktion steigert, ein Prozeß, der solange anhält, wie die Mutter stillt. Wenn sich eine Frau nach der Geburt jedoch gegen das Stillen ihres Kindes entscheidet, versiegt die Milchproduktion in ihren Brüsten innerhalb weniger Tage nach der Entbindung, vorausgesetzt allerdings, daß die Prolaktinabgabe und damit die Milchbildung in ihren Brüsten nicht durch das Anlegen und Saugen des Kindes stimuliert werden. Das Hochbinden der Brüste, die Beschränkung der Flüssigkeitsaufnahme oder die Einnahme von → Östrogen, alles Maßnahmen, zu denen man früher gegriffen hat, um die Milchproduktion zu stoppen, reichen allein nicht aus, sondern sind höchstens als unterstützende Maßnahmen wirksam. Es ist allein der fehlende Saugreiz durch das Kind, der die Milchproduktion zum Erliegen bringt. (Davon abgesehen, bringt die Einnahme von Östrogen zu diesem Zweck ein nicht vertretbares Risiko für die überschießende Bildung von Blutgerinnseln mit sich.) Durch den Saugreiz wird neben dem Prolaktin die Hypophyse stimuliert, auch Oxytozin in die Blutbahn abzugeben, das gleiche Hormon, das während der Geburt die Gebärmuttermuskulatur zu den Wehen anregt. Nach der Entbindung bewirkt das Oxytozin neben der Rückbildung der Gebärmutter zu ihrer ursprünglichen Größe vor allem den → *Milchsekretionsreflex*, d.h. die *Abgabe* der in der Milchdrüse durch den Prolaktineinfluß gebildeten Milch in die Ausführungsgänge der Drüsen und dadurch den Milchfluß bis in die Brustwarzen, wo sie vom Kind abgesaugt werden kann.

Die Vorbereitung der Brüste auf die Laktation beginnt schon in der Schwangerschaft, wenn hohe Spiegel an Östrogen und Progesteron ein Wachstum der Ausführungsgänge und die Reifung der Drüsenstrukturen in den Brüsten bewirken (siehe auch unter → Brust). Das vermehrte Drüsengewebe in den Brüsten ist für die merkliche Vergrößerung der Brüste einer schwangeren Frau verantwortlich. Ab dem zweiten Schwangerschaftsdrittel bilden die Drüsenzellen in den Brüsten *Kolostrum*, eine eiweißreiche gelbliche Flüssigkeit, die Mineralien, Vitamin A und → Antikörper enthält. Diese *Vormilch* wird von da an bis etwa zwei bis drei Tage nach der Entbindung gebildet, bis die eigentliche Milchbildung beginnt. Sie ist die erste Nahrung des neugeborenen Kindes. Wenn die Milchbildung durch das fehlende Anlegen des Kindes unterdrückt wird, kommt es auch zum Versiegen der Vormilch.

Nach der Entbindung steigt die Produktion des Prolaktins in der Hypophyse schnell an. Dadurch kommt es — wie schon beschrieben — zur Stimulation der Milchbildung, deren Beginn sich für die Frau am dritten bis vierten Wochenbettag relativ plötzlich durch den sogenannten *Milcheinschuß* bemerkbar macht. Dabei schwellen die Brüste durch vermehrte Blutfülle und Flüssigkeitseinlagerung bis zu einem Drittel über ihre vorherige Größe an, die Haut rötet sich, und man sieht die Venen deutlicher hervortreten. Dies kann von einer gewissen Druckempfindlichkeit der Brüste bis hin zu Schmerzen begleitet sein, die aber in aller Regel innerhalb von ein bis zwei Tagen wieder abklingen, vor allem, wenn mit dem Stillen begonnen beziehungsweise dieses fortgesetzt wird. Erleichterung kann auch das öftere kurze Anlegen des Kindes und/oder das Ausdrücken von etwas Flüssigkeit aus der Brust mit der Hand verschaffen. Möchte die Mutter dann abstillen, lindern ein fester Büstenhalter, Eisbeutel und schwache Schmerzmittel die Beschwerden, bis die Schwellung von alleine wieder zurückgegangen ist. Mit dem Milcheinschuß beginnt die eigentliche Milchbildung. Zunächst wird die sogenannte Übergangsmilch produziert, die immer weniger Kolostrum (siehe oben) enthält und ab etwa dem 15. Tag nach der Entbindung in die reife Muttermilch übergeht. Die verschiedenen Milchformen entsprechen dabei den jeweiligen Bedürfnissen des Säuglings, d.h. eine Zufütterung unter der Vorstellung, daß nur die reife Milch für eine ausreichende Ernährung sorgt, ist nicht notwendig.

Seit Jahrhunderten haben Frauen eine Reihe von verschiedenen pflanzlichen Heilmitteln (→ Pflanzenheilkunde) eingesetzt, um die Produktion ihrer Muttermilch entweder zu steigern oder auch herabzusetzen. Ein Aufguß aus den Samen und Blättern des Gurkenkrautes (*Borago officinalis*) oder Schwarzkümmel *(Foericulum officinale),* entweder als rohes Gemüse gegessen oder als in einem Tee aufgebrühte Schwarzkümmelsamen, sollen z.B. den Muttermilchfluß erhöhen. Zur Verminderung der Milchmenge und Unterstützung des Abstillens werden Tees aus Zimtpulver oder Zimtstangen sowie aus Salbei (*Salvia officinalis*) verwendet (siehe auch unter → Stillen).

Prolaktin wird in größeren Mengen normalerweise nur nach der Geburt eines Kindes in die Blutbahn abgegeben. Jedoch können auch bestimmte Tumoren der Hypophyse, der Östrogenanteil in → oralen Kontrazeptiva (Anti-Baby-Pille) und bestimmte andere Medikamente einen Einfluß auf die Prolaktinbildung haben mit dem Ergebnis, daß auch ohne den Saugreiz eines Kindes Milch in den Brüsten gebildet wird (siehe z.B. → Amenorrhoe-Galaktorrhoe-Syndrom). Auch starker seelischer oder körperlicher Streß kann über den Hypothalamus Einfluß auf die Produktion des PIF und damit des Prolaktins nehmen. Gelegentlich hat man versucht, die Milchbildung auch bei Frauen in Gang zu bringen, die nicht gerade ein Kind geboren haben — oder seltener noch bei Frauen, die niemals schwanger gewesen sind —, um ihnen das Stillen eines adoptierten Kindes zu ermöglichen. Manchmal gelingt es auch, die Laktation nach einer langen Stillpause wegen einer notwendigen Trennung von Mutter und Kind oder wegen eines frühen Abstillens wieder in Gang zu bringen. Dies erreicht man in der Regel durch regelmäßiges Anlegen des Kindes, Massage der Brüste und Abpumpen der Milch entweder mit der Hand oder mit mechanischen oder elektrischen Brustpumpen.

Laktobazillen Siehe → Döderlein-Bazillen

Laminaria Eine Form einer Meeresalge, mit deren Hilfe man eine Erweiterung des → Zervikalkanals vor einer → Abrasio oder einer anderen Prozedur bewirken kann, die das Einführen von Instrumenten durch den Zervikalkanal notwendig macht. Im nassen Zustand quellen Laminaria-Algen zum drei- bis fünffachen ihrer trockenen Größe an. Ein oder zwei dünne Stengel Laminaria werden in den Zervikalkanal eingeführt, wo sie über einen Zeitraum von etwa sechs Stunden die Flüssigkeit des Zervikalschleims aufsaugen und kontinuierlich anschwellen, wobei sie den sie umgebenden Zervikalkanal langsam Stück für Stück mit aufdehnen. Beim Einführen der Laminaria kann man zuweilen einen leichten krampfartigen Schmerz verspüren, aber danach merkt man in aller Regel nur wenig oder gar nichts, was diese Methode im Vergleich zu anderen Arten der Zervixerweiterung praktisch schmerzlos macht. Nach Einführen der Laminaria ist es wichtig, den Gebrauch von Tampons, vaginalen Geschlechtsverkehr und Duschen zu vermeiden, im wesentlichen, um eine aufsteigende Infektion durch den sich erweiternden Zervikalkanal zu verhindern. Siehe auch unter → Abortiva.

Lanugo-Haare Auch *Wollhaar*. Die Behaarung des → Fetus ab der zweiten Schwangerschaftshälfte bis zur Geburt. Beim Erwachsenen kann man Lanugo-Haare noch an einigen wenigen Körperstellen feststellen wie z.B. im Gesicht oder an den Beugeseiten der Arme. Die Verminderung der Lanugo-Haare bei der Geburt ist eines der Hinweise auf eine → Übertragung des Neugeborenen.

Laparoskopie Auch *Bauchspiegelung*. Eine Untersuchungsmethode, bei der man sich mit Hilfe eines durch einen kleinen Schnitt am Nabel in die Bauchhöhle eingeführten optischen Instrumentes die Bauchorgane, insbesondere diejenigen im Beckenbereich, betrachten und auch kleinere Operationen an ihnen durchführen kann. Man verwendet die Laparoskopie, um Narbengewebe, Eierstockzysten, blockierte Eierstöcke, eine → Extrauteringravidität, eine → Endometriose und andere Ursachen eines akuten Bauch- oder Unterbauchschmerzes aufzudecken sowie eventuelle Gründe einer bestehenden → Unfruchtbarkeit zu finden und gegebenenfalls zu beheben. Außerdem kann man mit ihr eine → Sterilisation durchführen. Das Einblasen von zwei oder mehr Litern Kohlendioxid oder eines anderen Gases führt dabei zum Abheben der Bauchdecke von den darunterliegenden Darmanteilen und ermöglicht die Sicht auf die Gebärmutter und die Eileiter. Speziell dafür angefertigte Instrumente können durch das Laparoskop in die Bauchhöhle eingeführt werden, um z.B. eine in die Bauchhöhle gewanderte Spirale (siehe unter → Intrauterinpessar) zu bergen, eine → Eileiterschwangerschaft oder eine → Endometriose zu diagnostizieren, Gewebsproben zu entnehmen, Narbengewebe zu entfernen oder eine → Tubensterilisation (Eileiterunterbindung) durchzuführen. Nach Beendigung der Laparoskopie und Entfernung des Gases aus dem Bauchraum wird der kleine, halbmondförmige Schnitt in der Nähe des Nabels mit ein oder zwei kleinen Stichen wieder vernäht und mit einem Pflaster versehen.

Die Laparoskopie stellt einen enormen Fortschritt in der Diagnostik und Behandlung vieler Erkrankungen dar, da sie in vielen Fällen die früher notwendige größere Bauchchirurgie (siehe → Laparotomie) überflüssig macht. Im Falle einer Laparoskopie zur *Tubensterilisation* erfordert diese Methode etwas mehr Geschick durch den Operateur als bei einer Tubensterilisation im Rahmen einer Bauchoperation, für den Patienten jedoch ist sie wesentlich einfacher und auch risikoärmer. Sie wird in der Regel frühestens acht Wochen nach einer Entbindung durchgeführt. Nach Einführung einer Allgemeinnarkose (→ Anästhesie) wird ein kleiner Schnitt an der Unterseite des Nabels gezogen und eine lange, dünne Nadel durch das entstehende Loch in der Bauchdecke in die Bauchhöhle vorgeschoben. Die Nadel wird über einen Schlauch an eine Gasflasche angeschlossen, und über diesen Schlauch wird nun Gas in die Bauchhöhle gepumpt, bis sich die Bauchdecke genügend vom darunterliegenden Darm abhebt. Danach wird ein größeres Metallinstrument, ein sogenannter *Trokar*, der von einem Rohr aus nicht leitendem Material umgeben ist, durch den Schnitt in den Bauchraum vorgeschoben. Der Trokar wird entfernt, das Rohr bleibt. Durch dieses Rohr wird nun das Laparoskop mit der starken Lichtquelle eingeführt. Durch einen weiteren, kleinen Schnitt meist in der Mitte des Unterbauches wird ein dünnes, zangenähnliches Instrument in die Bauchhöhle vorgeschoben. Nun schaut der Operateur durch das Laparoskop und versucht gleichzeitig mit Hilfe der Zange, jeden Eileiter zu fassen und mit einem schwachen Stromstoß über die Zange das Gewebe praktisch zu verbrennen (Koagulation). Nachdem sichergestellt ist, daß es nicht nachblutet, werden Zange und Laparoskop wieder entfernt und das Gas aus dem Bauch gelassen, indem man eine Klappe an dem Rohr (siehe oben) öffnet und mit der Hand vorsichtig auf den Bauch drückt. Nach Vernähen der kleinen Schnittwunde ist die Operation beendet.

Wird die Laparoskopie aus diagnostischen oder therapeutischen Gründen durchgeführt, ist der Vorgang im wesentlichen der gleiche wie der eben bei der Tubensterilisation beschriebene, nur daß natürlich nicht die Eileiter koaguliert werden. Stattdessen kann man z.B., um herauszufinden, ob die Eileiter verstopft sind, ein Kontrastmittel über die Scheide in die Gebärmutter spritzen und mit dem Laparoskop schauen, ob es am Ende der beiden Eileiter wieder herauskommt, d.h. ob die Eileiter durchgängig sind oder nicht. Außerdem kann man, wie schon oben beschrieben, mit jeweils entsprechenden zusätzlichen Instrumenten z.B. Gewebsproben entnehmen oder Narbengewebe entfernen. Seit neuestem ist auch eine Entfernung des Blinddarms, Appendektomie genannt, auf laparoskopischem Wege möglich.

Die Laparoskopie wird im Krankenhaus durchgeführt und erfordert in der Regel nicht mehr als ein bis zwei Tage stationären Aufenthaltes. Am Tag nach der Untersuchung kann das Pflaster entfernt werden. Das einzige, was man eventuell hinterher spüren wird, sind leichtere Schmerzen in der Brust oder Schulter, die durch eventuell verbliebene Gasreste im Bauch hervorgerufen werden. Dies hält jedoch selten länger als drei bis fünf Tage an. Man sollte jedoch für einige Wochen Flugreisen vermeiden, da die beim Fliegen auftretenden Druckveränderungen über eventuell im Bauch verbliebenes Gas Schmerzen hervorrufen können.

So einfach sie ist, ganz ohne Risiken ist auch die Laparoskopie nicht. Mögliche Komplikationen sind ein stärkerer Blutdruckabfall während der Untersuchung und Bauchfellentzündungen oder Abszeßbildungen danach. Zuviel Gas im Bauchraum kann in überaus seltenen Fällen zu einem Herzstillstand führen, was aber durch das Einblasen einer nur begrenzten Gasmenge und durch die ständige Kontrolle der Herzfrequenz während der Untersuchung vermieden werden kann. Gelegentlich kommt es auch vor, daß man mit den Instrumenten versehentlich den Magen oder Darm ansticht. Die Hauptbeschwerde mancher Frauen nach einer Laparoskopie, von der man aber nicht weiß, ob sie wirklich eine Folge der Laparoskopie ist, sind stärkere Regelblutungen als zuvor, die gelegentlich so stark werden, daß eine Ausschabung (→ Abrasio) notwendig wird.

Eine Laparoskopie sollte nicht bei Frauen durchgeführt werden, die an einem Darmverschluß, einem ausgedehnten Krebsleiden im Bauchraum, an Tuberkulose oder einer ernsten Herzerkrankung leiden. Bei Frauen mit einem Nabelbruch (siehe unter → Hernie) kann sie durchgeführt werden, jedoch erfolgt in einem solchen Fall der Hautschnitt weiter entfernt vom Nabel als gewöhnlich. Schließlich ist man sich darüber einig, daß bei Frauen Ende vierzig, also nicht lang vor der → Menopause, eine Laparoskopie aus Sterilisationsgründen das Risiko nicht wert ist, da die Wahrscheinlichkeit, daß sie schwanger werden, ohnehin relativ gering ist und außerdem andere sichere Verhütungsmittel zur Verfügung stehen.

Laparotomie Die operative Eröffnung der Bauchhöhle entweder aus diagnostischen Gründen (*Probelaparotomie* genannt) oder häufiger zur operativen Behandlung verschiedener Erkrankungen. Eine Probelaparotomie kann beispielsweise zum Ausschluß oder zur Bestätigung einer vermuteten ernsteren Erkrankung wie einer → Extrauteringravidität, einem vergrößerten Eierstock, dem eventuell eine Krebserkrankung zugrunde liegt, oder einer schweren Unterleibsentzündung (→ pelvine Entzündung) mit Verdacht auf Abszeßbildung durchgeführt werden, sowie zur Beurteilung des Ausbreitungsstadiums einer Bauchkrebserkrankung. Therapeutisch wird die Laparotomie zur Behandlung einer → Endometriose eingesetzt, die so ausgedehnt ist, daß eine Hormonbehandlung oder eine Entfernung der Herde mit einer → Laparoskopie nicht ausreichend ist, darüber hinaus zur operativen Korrektur einer Lageveränderung der Gebärmutter, zur Entfernung von → Myomen, um eine → Tubensterilisation rückgängig zu machen, zur Entfernung von Verwachsungen im Bauchraum, zu verschiedenen Operationen an den Eierstöcken sowie natürlich zu Operationen im nicht-gynäkologischen Bereich an den anderen Organen des Bauchraumes (Leber, Milz, Darm). Während die Laparotomie aus therapeutischen Gründen nach wie vor eine sehr häufige Operation ist, ist die Probelaparotomie in den letzten Jahren durch die Fortschritte in der Medizin, vor allem aber durch die breite Anwendung der Laparoskopie immer seltener notwendig geworden.

Die Laparotomie, sei es aus diagnostischen oder aus therapeutischen Gründen, wird in Allgemeinnarkose über einen Schnitt im Unterbauch kurz oberhalb des Schamhaares (bei gynäkologischen Operationen) oder an anderer Stelle des Bauches durchgeführt, je nachdem, an welchem Organ der Chirurg operieren muß. Der Krankenhausaufenthalt dauert etwa eine Woche, und zur weiteren Erholung ist noch eine zusätzliche Schonungszeit von etwa zwei Wochen zuhause notwendig. Danach kann man im allgemeinen wieder mit einer mäßig belastenden Betätigung beginnen. Auch Geschlechtsverkehr ist jetzt wieder erlaubt. Zur vollständigen Erholung benötigt man in der Regel etwa sechs Wochen.

Lasertherapie Eine operative Methode, bei der anstatt des traditionellen Skalpells Laserstrahlen eingesetzt werden, d.h. gebündelte Strahlen mit sehr hoher Lichtenergie. Nach der ersten Verwendung in der Behandlung von Augenerkrankungen wird die Lasertherapie mehr und mehr auch in anderen medizinischen Bereichen und auch in der Gynäkologie angewandt, wo sie in hohem Ausmaß zu einer Minderung von Schmerzen, dem Komplikationsrisiko und der Erholungszeit bestimmter, früher mit anderen Methoden durchgeführter Behandlungsarten beitragen kann. Die Lasertherapie wird z.B. zur Beendigung → dysfunktioneller Blutungen aus der Gebärmutter (wodurch manches Mal eine → Hysterektomie, d.h. die operative Entfernung der Gebärmutter zur Blutungsstillung vermieden werden kann) eingesetzt, zur Korrektur von Gebärmuttermißbildungen, zur Reparatur von zerstörten Eileitern oder auch zur → Tubensterilisation, zur Behandlung der → Endometriose, zur Entfernung von Genitalwarzen und zur Behandlung von → präkanzerösen Veränderungen der Zervix, Vagina und Vulva. Im Kommen ist auch der Einsatz der Lasertherapie bei Brustoperationen, z.B. zur Gewebsprobenentnahme, zur Tumorentfernung oder gar zur vollständigen → Mastektomie.

Das Besondere am Laserstrahl ist, daß man mit ihm gezielt das „kranke" Gewebe zerstören kann, ohne dabei das umliegende gesunde Gewebe zu verletzen. Außerdem verklebt der Laserstrahl eröffnete kleine Blut- und Lymphgefäße, so daß der Blut- und Flüssigkeitsverlust wesentlich geringer ist als bei anderen Methoden. Das Infektionsrisiko ist geringer, da man bei der Lasertherapie keinen Schnitt in das Gewebe setzen muß und außerdem kein Kontakt zwischen dem behandelten Gewebe und den Händen des Operateurs stattfindet. Der Nachteil der Lasertherapie sind die hohen Kosten der Vorrichtung, sowohl was den Kauf als auch was die Instandhaltung angeht, und daß eine spezielle Schulung und einiges an Erfahrung notwendig ist, um richtig mit dem Gerät umgehen zu können.

Lebenserwartung Das Lebensalter, das eine Person im Durchschnitt erreicht. Frauen leben länger als Männer, zur Zeit werden sie im Durchschnitt sieben Jahre älter als Männer. Mit den Fortschritten in der Medizin und der Ernährung ist die durchschnittliche Lebenserwartung sowohl der Männer als auch der Frauen vor allem im 20. Jahrhundert stetig angestiegen. Im Jahre 1900 betrug sie für eine Frau 49 Jahre, 1960 lag sie bei 70 und heutzutage liegt sie bei 79 Jahren. Folglich gibt es immer mehr Frauen (und Männer), die von den Problemen und Erkrankungen des Alters betroffen sind, wie z.B. vom Grauen Star (Katarakt) und anderen Schwierigkeiten mit der Sehkraft, von Schwerhörigkeit, Knochenschwund und Zahnproblemen. Je mehr Personen jedoch lange genug leben, um mit diesen Problemen konfrontiert zu werden — man bedenke, daß um 1900 die Zeit nach der → Menopause von kaum jemandem erlebt wurde —, desto größer wird auch die Wahrscheinlichkeit, daß sowohl mehr vorbeugende Maßnahmen als auch Behandlungsmöglichkeiten für die mit dem Alter verbundenen Probleme und Krankheiten gefunden werden. Die Entstehung eines relativ jungen Zweiges der Medizin und vor allem der Psychologie in den letzten Jahren, der sogenannten *Gerontologie*, die sich mit den psychischen und physischen Belangen des Alters beschäftigt, ist eine der Reaktionen auf die höhere Lebenserwartung der Menschen in unserer Gesellschaft.

Leberfleck Auch *Linsenfleck*, *Lentigo*. Ein linsengroßer, rundlicher oder ovaler brauner Fleck in der Haut, der meist angeboren ist oder in der Jugend entsteht und im Gegensatz zur Sommersprosse ständig vorhanden ist. Ein Leberfleck an sich ist harmlos, jedoch sollte man, insbesondere dann, wenn man sehr viele Leberflecken hat, die Form, Farbe und Größe seiner Leberflecken regelmäßig kontrollieren und bei jeder Veränderung einen Hautarzt aufsuchen, da sich aus einem Leberfleck ein → malignes Melanom bilden kann.

Leihmutter Eine Frau, die ein Kind, das genetisch nicht von ihr abstammt, für eine andere Frau austrägt, weil diese kein Kind austragen kann und/oder will. Die Befruchtung findet außerhalb des Körpers mit einer Eizelle und Spermien der biologischen Eltern als → künstliche Befruchtung statt, und der Embryo wird dann in die Gebärmutter der Leihmutter eingebracht. Nach der Geburt wird das Kind von seinen biologischen Eltern adoptiert. Dabei können rechtliche Probleme entstehen, wenn die Leihmutter das Kind nach der Geburt nicht zur Adoption freigeben möchte, oder wenn die biologischen Eltern das Kind z.B. wegen einer Mißbildung nicht übernehmen wollen. Darüber hinaus besteht die Gefahr, daß die Leihmutterschaft kommerzialsiert wird. Aus diesen Gründen wird bei uns in Deutschland (im Gegensatz z.B. zu den Vereinigten Staaten) die Verwendung einer Leihmutter in den Richtlinien, die die Bundesärzteschaft zum Themenkomplex der Künstlichen Befruchtung erstellt hat, in jedem Fall abgelehnt. Insbesondere da es keine gesetzliche Regelung für dieses spezielles Problem gibt, gelten diese Richtlinien als bindend für alle Ärzte.

Leiomyom Ein anderer Ausdruck für → Myom

Leistenbruch Siehe unter → Hernie

Leistenhoden Siehe unter → Kryptorchismus

Leistungsfähigkeit, sportliche der Frau. Die Kraft, das Zusammenspiel der Muskeln, die Geschwindigkeit der Reflexe und andere Qualitäten und Fähigkeiten, die für verschiedenste Sportarten erforderlich sind, wie sie bei Frauen im Vergleich zu Männern gefunden werden. Bis zum Alter von ungefähr zehn Jahren unterscheiden sich Mädchen und Jungen in ihrer körperlichen Leistungsfähigkeit kaum. Die Menge an Sauerstoff, die ein Mädchen oder Junge zu den Muskeln transportieren kann, ist genauso wie Kraft und Ausdauer identisch. Im Alter von 15 Jahren, wenn die Geschlechtshormone ihren Einfluß auf den Körper ausüben, herrschen jedoch beträchtliche Unterschiede zwischen den beiden Geschlechtern. Obwohl sowohl weibliche als auch männliche Geschlechtshormone bei beiden Geschlechtern vorhanden sind, so unterscheiden sich doch die jeweiligen Anteile der betreffenden Hormone erheblich. Der länger dauernde Wachstumsschub und der erhöhte Spiegel an → Testosteron (männliches Geschlechtshormon) führen bei Jungen zu einer starken Zunahme der Kraft im Oberkörperbereich (Arme und Schultern), und der gesamte Körper wird größer und schwerer. Im Gegensatz dazu hat der weibiche Körper nach der → Pubertät einen weitaus größeren Fettanteil am Gesamtgewicht (25% im Vergleich zu 14% bei Männern) und weniger Potential zur Muskelentwicklung. Im Erwachsenenalter ist der durchschnittliche deutsche Mann 10 bis 12 cm größer und 10 bis 20 kg schwerer. Frauen haben schmalere Knochen, kleinere Lungen und weniger Muskelmasse als Männer. Bei Sportarten, in denen Kraft, Körpergröße und Geschwindigkeit eine wichtige Rolle spielen (z.B. Basketball), sind daher die besten weiblichen Athleten notwendigerweise schlechter als ihre besten männlichen Kollegen. Das gleiche gilt für Sportarten, für die viel Kraft im Oberkörper erforderlich ist, wie z.B. Tennis, Squash und andere. Wo jedoch andere Qualitäten wie beispielsweise Flexibilität der Gelenke und Muskeln (Gymnastik) eine große Rolle spielen, da sind Frauen besser. Und in manchen Sportarten haben Frauen sogar die Lücke zwischen sich und den Männern geschlossen, vor allem beim Schwimmen (sowohl bei kurzen als auch bei langen Strecken) und beim Langstreckenlauf.

Ein Problem von weiblichen Athletinnen, die sehr viel trainieren, ist, daß ihre Regelblutung sistieren (ausbleiben) kann (→ Amenorrhoe, Def. 2). Vorläufige Ergebnisse von gerade laufenden Studien legen nahe, daß, wenn das Verhältnis von Körperfett zu Gesamtgewicht unter einen bestimmten Wert fällt, wie es bei extremen körperlichem Training geschieht, ein Signal zur → Hypophyse (Hirnanhangsdrüse) gesendet wird, den Eisprung einzustellen, was dann zum Ausbleiben der Regelblutung führt. Wenn diese Frauen wieder an Gewicht zunehmen, normalisiert sich auch die Menstruation in der Regel wieder. Was man noch nicht weiß, ist, welchen Einfluß Training und körperliche Anstrengung auf Hormone ausüben, ob z.B. bei starker körperlicher Aktivität die Nebennieren einer Frau wie beim Mann größer werden und eventuell auch mehr Androgene (männliche Hormone) produzieren, die ihrerseits mit einem aggressiveren Verhalten, höherer Knochendichte und größerer Muskelproteinbildung in Zusammenhang stehen. Siehe auch unter → Anabolika.

Leitungsanästhesie Eine Form der → Lokalanästhesie, bei der durch die direkte Betäubung eines größeren Nerven („Leitung") die Schmerzempfindung aus dem Körperbereich, der von dem betäubten Nerven versorgt wird, ausgeschaltet wird. Im Vergleich zur Oberflächen- und Infiltrationsanästhesie (siehe unter → Lokalanästhesie) können dadurch wesentlich größere Körperareale, z.B. die gesamte untere Körperhälfte, schmerzunempfindlich gemacht werden.

Grundsätzlich kommt die Wahrnehmung von Schmerz dadurch zustande, daß der schmerzhafte Reiz über spezielle Nervenendigungen in der Haut oder dem Gewebe aufgenommen wird. Die Ausläufer dieser Nervenendigungen vereinigen sich zu den sensiblen Nervenfasern, die zusammen mit den motorischen Nervenfasern in sogenannten peripheren Nervenfasern zum Rückenmark ziehen. Das Rückenmark liegt im Wirbelkörperkanal, der durch die bogenförmigen Fortsätze der Wirbelkörper gebildet wird. Die Nerven treten durch bestimmte Knochenlücken, die sogenannten *Zwischenwirbellöcher* oder *Foramina intervertebralia,* in den Wirbelkörperkanal ein beziehungsweise aus. Von diesen Knochenlücken gibt es jeweils rechts und links zwischen allen Wirbelkörpern eines, so daß an der gesamten Wirbelsäule entlang zu beiden Seiten Nerven aus- und eintreten. Während des Durchtritts durch ein Zwischenwirbelloch teilen sich die sensiblen und motorischen Nervenfasern wieder auf. Die motorischen laufen an die Vorderseite des Rückenmarks zur sogenannten Vorderwurzel, während die sensiblen von hinten durch die Hinterwurzel in das Rückenmark eintreten. Zwischen dem Rückenmark selbst und dem knöchernen Wirbelkörperkanal liegt noch eine Haut, die sogenannte harte Rückenmarkshaut, die auch *Dura* genannt wird.

Je nachdem, an welcher Stelle des langen Verlaufs der Nerven nun die Betäubung gesetzt wird, unterscheidet man verschiedene Formen der Leitungsanästhesie. Wird ein Nerv weit entfernt vom Rückenmark innerhalb seines Verlaufes im Körpergewebe betäubt, dann wird die Leitungsanästhesie nach dem Namen des Nerves benannt, der betäubt wird. Z.B. wird bei der → Pudendusanästhesie, einer Leitungsanästhesie, die während der Geburt angewendet werden kann, der Nervus pudendus betäubt. Da die sensiblen Nervenfasern immer empfindlicher gegenüber den Betäubungsmitteln sind, fällt bei einer solchen *peripheren* Leitungsanästhesie in der Regel nur die Berührungs-

und Schmerzempfindung aus, während die motorischen Funktionen, d.h. die Fähigkeit, die von dem betroffenen Nerv versorgten Muskeln zu bewegen, erhalten bleiben.

Die *Epiduralanästhesie* ist dagegen eine Leitungsanästhesie, bei der das Betäubungsmittel mittels einer Nadel innerhalb des Wirbelkörperkanals, aber noch außerhalb der Dura eingebracht wird. Weil man dazu von hinten durch die Haut des Rückens und zwischen den Dornfortsätzen der Wirbelkörper in den Epiduralraum gelangt, werden vor allem die von hinten in das Rückenmark eintretenden Nerven, d.h. die sensiblen Nervenfasern betäubt. Die am häufigsten eingesetzte Form einer solchen Epiduralanästhesie ist die sogenannte → *Peridualanästhesie,* die auf verschiedenen Höhen der Wirbelsäule angebracht werden kann und damit zur Schmerzausschaltung in unterschiedlich großen Körperarealen führt. Weitere Formen der Epiduralanästhesie sind die → *Kaudalanästhesie*, bei der das Betäubungsmittel am Übergang zwischen Lendenwirbelsäule und Steißbein in den Epiduralraum gespritzt wird, und die *Sakralanästhesie*, die auch *Reithosenanästhesie* oder *Sattelblock* genannt wird, bei der das Betäubungsmittel weiter unten in Höhe des Steißbeins eingebracht wird und die zu einer Betäubung lediglich der Oberschenkelinnenseiten sowie des Genital- und Afterbereiches führt.

Schiebt man die Nadel noch weiter vor, so daß das Betäubungsmittel nicht außerhalb der Dura, sondern innerhalb des Duralsacks direkt in der Umgebung des Rückenmarks deponiert werden kann, dann handelt es sich um eine sogenannte → *Spinalanästhesie.* Bei dieser Form der Leitungsanästhesie werden sowohl sensible als auch motorische Fasern betäubt, so daß nicht nur die Schmerzempfindung, sondern auch die Muskelbewegungsfähigkeit ausgeschaltet ist. Während einer Geburt heißt das z.B., daß die Gebärmuttermuskulatur sich nicht mehr kontrahieren kann, weshalb man eine Spinalanästhesie nur dann bei einer Entbindung anwenden kann, wenn man die Wehen nicht (mehr) benötigt, wie z.B. bei einem → Kaiserschnitt oder nach der Geburt des Kindes. Außer in der Geburtshilfe kann man jedoch insbesondere die Spinalanästhesie auch bei anderen chirurgischen Eingriffen an den Beinen, im Unterbauch oder im Dammbereich einsetzen. Siehe auch → Anästhesie.

Leopold-Handgriffe Vier verschiedene Handgriffe, die bei jeder → Schwangerenvorsorgeuntersuchung durchgeführt werden und der Bestimmung der → Kindslage innerhalb der Gebärmutter und im Verhältnis zum Becken der Mutter dienen. Mit dem 1. Leopold-Handgriff bestimmt man die Höhe des Gebärmutterbauches, d.h. wie weit nach oben der Oberrand der Gebärmutter schon reicht. Man mißt den Abstand zwischen dem so ermittelten Gebärmutterstand und dem Schambein in Zentimetern, was einen Anhaltspunkt für die Größe der Gebärmutter und damit der Dauer der Schwangerschaft gibt. Mit dem 2. Leopold-Handgriff wird untersucht, nach welcher Seite der Rücken des Kindes schaut. Beim 3. Leopold-Handgriff wird die Lage und Größe des vorangehenden, d.h. nach unten schauenden Kindsteils bestimmt. Dies ist in 99% aller Geburten der Kopf des Kindes. Gleichzeitig kann man mit dem 3. Handgriff auch das → Ballottement auslösen, wodurch man einen Aufschluß darüber erhält, ob der kindliche Kopf schon fest in das mütterliche Becken eingetreten ist. Der 4. Leopold-Handgriff ergänzt den 3., indem man prüft, wie weit der Kopf schon in das mütterliche Becken eingetreten ist.

Lesbierin auch *Lesbe.* Eine homosexuelle Frau, d.h. eine Frau, die andere Frauen den Männern als sexuelle Partner vorzieht. Die Bezeichnung kommt von Lesbos, einer Insel im Mittelmeer, auf der im alten Griechenland die Dichterin *Sappho* lebte und über ihre Liebe zu anderen Frauen schrieb. Bis in die zweite Hälfte unseres Jahrhunderts hinein wurden lesbische Frauen, ähnlich wie männliche Homosexuelle, fast überall als krank und/oder verrückt angesehen. Um 1950 herum begannen manche Fachleute, diese Sichtweise zu hinterfragen, und inzwischen wird die Homosexualität im allgemeinen eher als eine von der Norm abweichende Form sexuellen Verhaltens als eine psychische Krankheit betrachtet. Mehr und mehr Homosexuelle, Männer wie Frauen, stehen inzwischen zu ihrer Homosexualität, d.h. sie bekennen sich offen zu ihren Vorlieben. Obwohl homosexuelle Personen immer noch einer beträchtlichen gesellschaftlichen Diskriminierung ausgesetzt sind, die von leichter Neugier bis zu ausgesprochener Feindseligkeit von seiten der nicht-homosexuellen Bevölkerung reicht, wird langsam damit begonnen, manche der sie benachteiligenden Gesetze zu verändern oder abzuschaffen.

Physisch (körperlich) gesehen unterscheiden sich lesbische Frauen in nichts von heterosexuellen Frauen. Sie durchlaufen ebenso wie diese → Pubertät, → Menstruation, eventuell → Geburt und → Menopause. Der einzige Unterschied besteht darin, daß sie sexuell eher auf andere Frauen als auf Männer reagieren. Manche lesbischen Frauen entdecken ihre Neigungen schon früh in ihrem Leben, andere erst später, manchmal auch erst nach Jahren in einer heterosexuellen Beziehung.

Eine Reihe von gesundheitlichen Fragen betrifft lesbische Frauen in besonderer Weise, was vor allem mit ihrem Lebensstil zusammenhängt. Wenn sie z.B. nur lesbische Beziehungen haben, sind sie weder auf Verhütungsmaßnahmen noch auf geburtshilfliche Unterstützung angewiesen. Aus diesem Grund gehen sie weniger wahrscheinlich zu jährlichen gynäkologischen Untersuchungen und laufen eher Gefahr, regelmäßige Vorsorgeuntersuchungen nicht wahr- bzw. ernstzunehmen. Darüber hinaus können ihre Erfahrungen mit konventionellen Kliniken und Ärzten, die oft intolerant oder verständnislos gegenüber lesbischen Frauen sind, dazu führen, solche Kontakte wenn möglich zu vermeiden. Wenn sie dann ernsthaft krank werden, ist das Risiko, daß diese Erkrankung in den frühen und einfacher zu behandelnden Stadien übersehen wird, größer. Die Wahrscheinlichkeit, sich mit → Syphilis oder → Gonorrhoe anzustecken, ist für lesbische Frauen geringer als für heterosexuelle. Andere häufige Infektionen der Scheide wie Pilzerkrankungen, → Herpes- und Trichomonas-Entzündungen sind jedoch bei beiden Gruppen gleich häufig.

Ein weiteres Problem lesbischer Frauen ist das Kinder-Bekommen. Frauen, die ihre lesbischen Neigungen entdecken, nachdem sie Kinder geboren haben, und sich daraufhin von ihren Ehemännern trennen, haben oft Schwierigkeiten, das Sorgerecht für ihre Kinder zu bekommen, vor allem dann, wenn sie mit einer anderen Frau zusammenleben. Andere, die nie geheiratet haben, wollen trotzdem Kinder bekommen und sich deshalb z.B. einer künstlichen Befruchtung unterziehen. Dies ist in Deutschland praktisch nicht möglich, da die künstliche Befruchtung in aller Regel nur bei stabilen, heterosexuellen Ehepaaren durchgeführt wird (siehe auch unter → Künstliche Befruchtung). Um dennoch Kinder zu bekommen und nicht mit einem Mann schlafen zu müssen, experimentieren manche Frauen mit eigenen Methoden einer künstlichen Befruchtung, z.B. indem sie den Samen eines dazu bereiten Spenders in ein Kondom füllen und dann in ihre Scheide einführen. Man weiß jedoch wenig über den Ausgang solcher Experimente.

Vielleicht der frustrierendste Bereich für lesbische Frauen ist der der psychiatrischen Versorgung. Lesbische Frauen haben die gleichen emotionalen Probleme wie heterosexuelle Frauen, wenn nicht sogar mehr, einfach deswegen, weil sie mehr Vorurteilen und negativen Bewertungen durch die Gesellschaft ausgesetzt sind. Dennoch gibt es nach wie vor nicht wenige Psychiater, die die lesbische Liebe im Prinzip für eine Krankheit halten und deshalb Schwierigkeiten damit haben, eine lesbische Frau mit z.B. einer manifesten → Depression zu behandeln, ohne zu versuchen, sie zu einer „gesünderen", d.h. heterosexuellen Lebens- und Liebesweise bewegen zu wollen.

Leukämie Auch *Blutkrebs*. Eine bösartige Erkrankung des Blutes, die von den weißen Blutkörperchen, den sogenannten *Leukozyten,* ausgeht. Es gibt verschiedene Formen der Leukämie, die nach ihrem klinischen Verlauf, dem Reifegrad der bösartigen Blutzellen und danach, welche von den weißen Blutkörperchen von der malignen Entartung befallen sind, unterschieden werden. So gibt es eine akute und chronische *lymphatische* Leukämie und eine akute beziehungsweise eine chronische *myeloische* Leukämie. Die akute lymphatische Leukämie ist die häufigste Leukämieform im Kindesalter, während die akute myeloische Leukämie vor allem im Erwachsenenalter auftritt. Die chronisch myeolische Leukämie und insbesondere die chronisch lymphatische Leukämie kommen vor allem im höheren Lebensalter vor. Die akuten Leukämien nehmen unbehandelt sehr schnell innerhalb von Monaten einen tödlichen Verlauf, die chronischen verlaufen sehr viel langsamer, sind unbehandelt jedoch auch tödlich.

Allen Leukämien gemeinsam ist die Verdrängung der normalen Blutkörperchen, sowohl der roten als auch der weißen, durch die entarteten, bösartigen Leukozyten. Das führt dazu, daß die Aufgaben, die von den roten und weißen Blutkörperchen normalerweise erfüllt werden, zunehmend weniger ausgeübt werden können. Im Falle der roten Blutkörperchen führt das zur Blutarmut (Anämie) mit Müdigkeit und verminderter Belastbarkeit sowie zu einem chronischen Sauerstoffmangel, da es die roten Blutkörperchen sind, die den in der Lunge aufgenommenen Sauerstoff zu den Körperzellen transportieren. Hinsichtlich der weißen Blutkörperchen, die im wesentlichen Abwehrfunktionen erfüllen, heißt dies, daß der Körper eines Leukämiekranken immer anfälliger für Infektionen wird, was schließlich zum Tod z.B. an einer schweren Lungenentzündung führen kann. Da zu den normalen Bestandteilen des Blutes auch noch die Blutplättchen gehören, die für eine normale Gerinnungsfähigkeit des Blutes verantwortlich sind und die ebenfalls von den leukämischen Zellen verdrängt werden, kommt es außerdem zu Gerinnungsstörungen bei den Leukämiekranken.

Zur Diagnose einer Leukämie benötigt man ein Blutbild (siehe unter → Bluttest) sowie fast immer auch etwas Knochenmarksgewebe, meist aus dem Beckenknochen, das unter dem Mikroskop untersucht wird. Die Untersuchung des Knochenmarks ist deshalb so wichtig, weil die Produktion der Blutkörperchen im Knochenmark erfolgt und man auf diese Weise herausfinden kann, ob und was an pathologischen Prozessen im Knochenmark vorgeht.

Die Behandlung einer Leukämie richtet sich nach der Form der Leukämie und deren Stadium. In den meisten Fällen besteht sie aus irgendeiner Form der → Chemotherapie, eventuell zusammen mit einer → Strahlentherapie. In manchen Fällen hilft auch eine sogenannte *Knochenmarkstransplantation*, bei dem dem Leukämiekranken ein gesundes Knochenmark von genetisch möglichst identischen Personen, d.h. nahen Verwandten (um einen Abstoßungsprozeß zu vermeiden), gespritzt wird, damit dieses sein eigenes krankes Knochenmark ersetzt.

Leukoplakie Auch *Weißschwielenkrankheit.* Die Entstehung weißlicher Flecken in der Schleimhaut, die möglicher-, aber nicht notwendigerweise Vorboten einer bösartigen Erkrankung sein können (siehe → Präkanzerose). Eine Leukoplakie entsteht am häufigsten im Mund oder im Genitalbereich, und hier vor allem an der → Vulva, aber auch in der Scheide und am Muttermund. Weil die Leukoplakie im Vulvabereich schwer sowohl von Narbengewebe nach chronischen Entzündungen als auch von den normalen Alterungsprozessen wie Ausdünnung und Austrocknung des Gewebes zu unterscheiden ist, sollte das Auftreten einer Leukoplakie immer durch weitere Untersuchungen abgeklärt werden, um die Ursache zu finden und, falls notwendig, die richtige Behandlung einleiten zu können.

LH Abkürzung für *luteinisierendes Hormon,* ein Hormon, das in der Hirnanhangsdrüse (→ Hypophyse) gebildet wird. Bei Frauen ist das LH vor allem für den Eisprung (→ Ovulation) und nach dem Eisprung für die Bildung von → Östrogen und → Progesteron durch den Gelbkörper (→ Corpus luteum) zuständig. (Siehe unter → Menstruationszyklus für eine genauere Erklärung.) Bei Männern stimuliert das LH, auch ICSH (Interstitielle Zellen-stimulierendes Hormon) genannt, die Bildung von Testosteron und Spermien in den Hoden.

Libido Auch *Geschlechtstrieb, Geschlechtslust.* Das Bedürfnis nach sexueller Betätigung. Die Stärke und Häufigkeit des Geschlechtstriebes ist sowohl von einer zur anderen Person als auch bei einer Person zu verschiedenen Zeiten sehr unterschiedlich. Der Bereich des „Normalen" ist dabei so breit, daß eine genaue Definition nicht möglich ist. Die biochemischen Veränderungen im Körper während der Pubertät, vor allem der enorme Anstieg an Geschlechtshormonen, führt in der Regel zu einem Anstieg der Libido im frühen Erwachsenenalter, was sich vor allem bei Männern und, weniger ausgeprägt, auch bei Frauen bemerkbar macht. Dieser Unterschied bezüglich der Libido zwischen den Geschlechtern ist offensichtlich die Folge der höheren → Androgenspiegel bei Männern. Genauso wie jedoch auch die → sexuelle *Reaktion* von bewußten Gedanken und Gefühlen gesteuert wird, so ist dies auch bei der Libido der Fall. Aus diesem Grund können Steigerungen oder Abschwächungen des Geschlechtstriebes in hohem Ausmaß oder vollständig von psychischen oder von anderen, äußeren Faktoren abhängig sein, und nicht nur von der Chemie oder den Hormonspiegeln des Körpers. Eine ungewöhnlich starke Libido bei Frauen (früher *Nymphomanie* genannt), die zu Promiskuität, d.h. häufig wechselnden Geschlechtspartnern, und in Ausnahmefällen auch zu Prostitution führen kann, ist fast immer das Ergebnis psychischer Probleme und führt zu körperlichen Problemen nur insofern, als das Risiko, sich an einer → sexuell übertragbaren Krankheit anzustecken, für die betreffende Frau erhöht ist.

Müdigkeit sowie körperlicher und seelischer Streß sind die hauptsächlichen Gründe einer *verminderten* Libido. Auf die gleiche Weise können Angst vor einer ungewollten Schwangerschaft, Beziehungskonflikte, starke Inanspruchnahme durch den Beruf oder ernstere persönliche Probleme sowohl bei Männern als auch bei Frauen die Lust auf sexuellen Kontakt herabsetzen. Wenn ein verminderter Geschlechtstrieb zu einem chronischen Problem wird, sieht man das als eine Form der → sexuellen Funktionsstörung an, die eventuell durch eine → Sexualtherapie oder eine Psychotherapie behoben werden kann. Auch Krankheit und bestimmte Medikamente, vor allem Tranquilizer (→ Psychopharmaka) und Blutdruckmittel, können zum Nachlassen der Libido führen. Manche → orale Kontrazeptiva scheinen den Geschlechtstrieb zu verstärken, andere ihn zu vermindern. Die Verwendung einer Spirale (→ Intrauterinpessar) hat ähnlich unterschiedliche Auswirkungen auf die Libido. In beiden Fällen kann eine verstärkte sexuelle Lust das Ergebnis der fehlenden Angst vor einer Schwangerschaft sein, bei der Anti-Baby-Pille mögen darüber hinaus auch hormonelle Veränderungen eine Rolle spielen. In ähnlicher Weise führt bei manchen Frauen eine Schwangerschaft zu mehr Interesse an sexuellem Kontakt, während bei anderen genau das Gegenteil der Fall ist. Auch nach der → Menopause kann die Libido entweder steigen, abfallen oder unverändert bleiben, und manche Frauen — in der Regel vor allem diejenigen, die auch in jungen Jahren Freude an sexueller Betätigung hatten — bleiben bis ins hohe Alter mit Lust sexuell aktiv.

Lipom Ein gutartiger Tumor aus Fettgewebe, der meist im Unterhautfettgewebe an irgendeiner Stelle des Körpers sitzt, langsam größer wird und von außen als ein rundlicher, weicher Knoten getastet werden kann. Wenn mit einer Gewebsentnahme einwandfrei festgestellt werden kann, daß es sich bei dem Knoten um ein Lipom handelt, kann er ohne weitere Therapie belassen werden. Wenn der Knoten jedoch ungewöhnlich fest ist oder andere Kennzeichen aufweist, die die Diagnose eines Lipoms unsicher machen, wird man den Knoten in aller Regel chirurgisch entfernen. Dies trifft vor allem auch dann zu, wenn es sich um ein vermeintliches Lipom der Brust handelt.

Lippenspalte Siehe unter → Gaumenspalte

Liquorpunktion Auch kurz *LP*. Die Entnahme von Nervenwasser, auch *Liquor* genannt, aus dem Wirbelkörperkanal zu diagnostischen und manchmal auch therapeutischen Zwecken. Das Nervenwasser ist eine wasserklare Flüssigkeit, die sich sowohl innerhalb des Gehirns in den sogenannten *Ventrikeln* als auch um das Gehirn und das Rückenmark herum befindet und diese Strukturen gegen Erschütterungen abfedert. Normalerweise enthält das Nervenwasser eine bestimmte Menge an Eiweiß, Zucker und an weißen Blutkörperchen. Bei verschiedenen Erkrankungen des zentralen Nervensystems, vor allem bei Entzündungen, verändert sich diese Zusammensetzung meist in Form einer Erhöhung des Eiweißwertes und der Zellzahl und kann von daher wichtige Hinweise für die Ursache einer Erkrankung des Nervensystems liefern.

Für die Liquorpunktion wird am liegenden oder besser sitzenden Patienten eine von einer dünnen Hülse umgebene Nadel zwischen den Dornfortsätzen des dritten und vierten Lendenwirbelkörpers bis in den Wirbelkörperkanal vorgeschoben. Wenn man am richtigen Ort ist, wird die Nadel herausgezogen, so daß nur die Hülse um die Nadel stehenbleibt, durch die das Nervenwasser jetzt abtropfen kann. Hat man genug Nervenwasser in die dafür vorgesehenen Röhrchen aufgefangen, zieht man die Hülse wieder heraus und klebt ein Pflaster auf die Einstichstelle.

In der Hand des Erfahrenen bereitet die Liquorpunktion keine Schmerzen, und man spürt lediglich einen kleinen Stich, wenn die Nadel die Haut durchdringt. Bei Veränderungen der Wirbelsäule oder z.B. bei sehr übergewichtigen Personen kann es manchmal etwas schwieriger sein, die Stelle in der Tiefe zu finden, an der die Nadel ungehindert durch den umliegenden Knochen in den Wirbelkörperkanal vordringen kann. Wenn man dabei dann etwas „suchen“ muß, kann dies gelegentlich zu milden Schmerzen im

Rücken führen. Da man bei der Liquorpunktion in einer Höhe punktiert, in der das Rückenmark bereits aufgehört hat, besteht auch keine Gefahr, das Rückenmark mit der Nadel zu verletzen. Nach der Punktion wird in der Regel empfohlen, eine von Krankenhaus zu Krankenhaus verschieden lange Bettruhe (meist zwischen zwei und 12 Stunden) einzuhalten, um das Risiko für das Auftreten von sogenannten postpunktionellen Kopfschmerzen möglichst gering zu halten. Diese Kopfschmerzen kommen wahrscheinlich dadurch zustande, daß durch das mit der Nadel in die harte Rückenmarkshaut gestochene Loch gelegentlich noch etwas Nervenwasser austritt, was zu einem leichten Unterdruck führt, der sich bei manchen Patienten als Kopfschmerz bemerkbar macht. Diese Kopfschmerzen treten in der Regel nur auf, wenn man sich aufrichtet, und können zuweilen mit Übelkeit und auch Erbrechen einhergehen. Wenn man sich wieder hinlegt, ist man beschwerdefrei. Auch ohne Behandlung verschwinden sie meist nach vier bis fünf Tagen von alleine wieder.

Lochialstauung Der Aufstau von Lochialsekret (→ Wochenfluß) in der Gebärmutter nach der Entbindung durch einen Verschluß des Gebärmuttermundes, wodurch der Wochenfluß nicht wie normal abfließen kann und stattdessen in der Gebärmutterhöhle verbleibt und dort von Bakterien zersetzt wird, was zu einem unangenehmen Geruch des Lochialsekrets führt. Die Verlegung des Gebärmuttermundes kann dabei durch in der Gebärmutter verbliebene Eihautreste oder durch Blutgerinnsel, in manchen Fällen auch durch einen Spasmus des Gebärmuttermundes zustande kommen. Die Therapie besteht in der Verabreichung des Hormons → Oxytozin als Nasenspray, wodurch sich die Gebärmutter besser kontrahiert und das den Gebärmuttermund verschließende Gewebe meist nach außen gedrückt wird.

Lokalanästhesie Auch *Regionalanästhesie*. Eine Form der Betäubung, bei der im Gegensatz zur Allgemeinnarkose, bei der das Bewußtsein und damit jegliche Schmerzempfindung überhaupt ausgeschaltet wird (siehe unter → Anästhesie), die Schmerzempfindung nur lokal, d.h. an bestimmten Körperstellen unterdrückt wird. Das Bewußtsein bleibt bei allen Formen der Lokalanästhesie erhalten. Je nachdem, wie und in welchem Ausmaß die lokale Schmerzwahrnehmung ausgeschaltet wird, unterscheidet man drei Formen der Lokalanästhesie: Bei der *Oberflächenanästhesie* wird mit Hilfe eines Betäubungssprays die oberflächliche Haut schmerzunempfindlich gemacht. Sie kommt z.B. zum Einsatz, wenn man eine Magensonde durch die Nase schieben will. In einem solchen Fall kann das Besprayen der Nasenschleimhaut die unangenehmen Empfindungen unterdrücken, die durch das Vorbeischieben der Magensonde an der Nasenschleimhaut entstehen. Eine andere Möglichkeit der Oberflächenanästhesie ist das Eintropfen von Betäubungsmitteln in die Augen bei schmerzhaften Augenerkrankungen. Die Oberflächenanästhesie ist leicht durchzuführen, praktisch ohne Nebenwirkungen, aber auch nur begrenzt wirksam. Sie hilft nicht, wenn die Schmerzen von tiefer gelegenen Wunden herrühren. In solchen Fällen kann man die sogenannte *Infiltrationsanästhesie* einsetzen. Hierbei wird mit Hilfe einer dünnen Nadel Betäubungsmittel unter die Haut gespritzt. Auf diese Weise werden die feinen Nervenausläufer in der Haut dieses Gebietes ausgeschaltet. Die Infiltrationsanästhesie kommt z.B. bei kleineren Operationen an der Haut wie dem Vernähen von Schnittwunden oder zur oberflächlichen Gewebsentnahme zum Einsatz. Auch die bei der Geburt zur Durchführung eines Dammschnitts (→ Episiotomie) manchmal eingesetzte Damminfiltration (siehe → Geburtserleichterung) ist eine Form der Infiltrationsanästhesie.

Die dritte Form der Lokalanästhesie ist die → *Leitungsanästhesie*, bei der größere Nerven, die ein bestimmtes Körpergebiet versorgen, betäubt werden. Bezüglich der verschiedenen Formen der Leitungsanästhesie und den Möglichkeiten ihrer Anwendung siehe dort.

LTH Abkürzung für *luteotropes Hormon,* einer älteren Bezeichnung für das Hormon → Prolaktin.

Luftembolie Siehe unter → Embolie

Lunazeption Eine Methode zur Bestimmung der Zeit des Eisprungs (→ Ovulation), die auf der Vorstellung beruht, daß das Sonnen- und Mondlicht (*luna* = lateinisch für „Mond") den Zeitablauf des → Menstruationszyklus beeinflussen. Forscher haben herausgefunden, daß Frauen, die in der Mitte des Menstruationszyklus mit einem angeschalteten Licht schlafen, während dieser Zeit mit dem Eisprung beginnen. Die Beziehung von Licht und Körpervorgängen wurde schon von den Menschen im Altertum und in primitiven Kulturen beobachtet — was sich auch daran zeigt, daß die Wörter „Mond" und „Menstruation" eine gemeinsame Wortwurzel haben —, und Forschungen aus der heutigen Zeit haben Hinweise dafür geliefert, daß Licht über die → Zwirbeldrüse im Gehirn die Fortpflanzungsvorgänge des Menschen beeinflußt. Eine amerikanische Frau, *Louise Lacey,* begann mit sich selbst zu experimentieren und entdeckte dabei, daß sie mit der Verwendung von Licht ihren Menstruationszyklus so genau steuern konnte, daß ein anderes Verhütungsmittel nicht mehr notwendig war. Noch sind jedoch weitere, ausgedehnte Forschungsstudien notwendig, um die Wirksamkeit der Lunazeption zur Schwangerschaftsverhütung zu bestätigen. Siehe auch unter → Astrologische Geburtenkontrolle, → Natürliche Methoden der Empfängnisverhütung.

Lungenembolie Siehe unter → Embolie

Lungenkrebs Auch *Bronchialkarzinom.* Ein → Krebs, der von den Bronchien und/oder von Lungengewebe seinen Ausgang nimmt. Das Bronchialkarzinom ist sowohl bei Männern als auch bei Frauen einer der häufigsten malignen Tumore überhaupt und derjenige, der am häufigsten zum Tod führt. Die Häufigkeit des Bronchialkarzinoms bei Frauen ist im Zunehmen begriffen, wahrscheinlich vor allem deshalb, weil immer mehr Frauen rauchen und das Rauchen einer der Hauptgründe für die Entstehung eines Lungenkrebses ist. Es ist sehr schwierig, ein Bronchialkarzinom im Anfangsstadium zu entdecken, was die hohe Sterbenswahrscheinlichkeit durch diesen Tumor (Letalitätsrate) erklärt. Oft kommt es erst dann zu Symptomen und Beschwerden, wenn der Tumor schon weit fortgeschritten ist. Etwa zwei Drittel aller Patienten mit Bronchialkarzinom sind zum Zeitpunkt der Diagnosestellung schon unheilbar krank. Warnzeichen für ein Bronchialkarzinom sind ein anhaltender Husten, blutiger Auswurf, Schmerzen im Bereich der Brust sowie immer wiederkehrende Lungen- oder Bronchienentzündungen. Der wichtigste Risikofaktor für die Entwicklung eines Lungenkrebses ist das Rauchen, vor allem, wenn man schon mehr als 20 Jahre raucht. Andere Substanzen, die zu einem

Bronchialkarzinom führen können, sind einige Materialien aus der chemischen Industrie wie z.B. Asbest, Uran, Arsen u.a. Diese Substanzen sind noch gefährlicher, wenn man gleichzeitig raucht.

Zur Diagnosestellung werden verschiedene Untersuchungsmethoden eingesetzt. Die einfachste ist die Röntgenaufnahme der Lunge, die bei verdächtigen Befunden durch ein → Computertomogramm der Lunge und vor allem durch eine Bronchioskopie ergänzt wird, bei der man mit Hilfe eines optischen Instrumentes direkt in die Bronchien schaut. Die Therapie eines Bronchialkarzinoms hängt wie bei jedem Krebsleiden von der Art des Tumors und dem Stadium ab, zu dem er diagnostiziert wird, d.h. ob z.B. schon Metastasen (Tochtergeschwülste) vorliegen. Bei vielen Bronchialkarzinomen, die auf Lungengewebe beschränkt sind, stellt die operative Entfernung der betroffenen Lunge die Therapie der Wahl dar. Da bei den meisten Patienten jedoch auch schon Metastasen vorliegen, wird man die chirurgische Therapie oft noch mit einer → Chemotherapie und/oder einer → Strahlentherapie kombinieren. Bei dem sogenannten *kleinzelligen Bronchialkarzinom* verzichtet man in der Regel auf die Operation und führt nur eine Chemo- mit oder ohne begleitende Strahlentherapie durch, da man festgestellt hat, daß eine Operation bei diesen Tumoren nicht zu einer Verbesserung der Heilungschancen geführt hat. Ganz allgemein ist die Überlebensrate von Patienten mit Bronchialkarzinom sehr schlecht. Nur etwa 15% aller Patienten, unabhängig von der Art und dem Stadium des Lungentumors bei Diagnosestellung, überleben die nächsten fünf Jahre oder länger.

Lupus erythematodes Siehe → Systemischer Lupus erythematodes

Lutealphasendefizienz Siehe unter → Nidation

Luteinisierendes Hormon Siehe → LH.

Luteotropes Hormon Ältere Bezeichnung für das Hormon → Prolaktin.

Lymphe Eine hellgelbe Körperflüssigkeit, die aus Gewebeflüssigkeit und aus Lymphozyten, einer Unterform der weißen Blutkörperchen, besteht. Sie wird in allen Teilen des Körpers durch Filtration aus dem Blut gebildet und fließt in die Gewebsspalten ab. Von dort wird sie in Lymphgefäße aufgenommen, die die Lymphe über dazwischen geschaltete → Lymphknoten schließlich wieder dem Blutkreislauf zuführen. Das lymphatische System dient vor allem der Krankheitsabwehr und besteht neben der Lymphe, den Lymphgefäßen und Lymphknoten auch noch aus der Milz und dem Thymus, die beide die entzündungsbekämpfenden Lymphozyten bilden und speichern.

Lymphknoten Kleine, bohnenförmige Gewebsknoten, die in die Strombahn der Lymphgefäße (siehe → Lymphe) des Körpers eingeschaltet sind. Ihre Aufgabe ist es, aus der sie durchlaufenden Lymphe Bakterien, Krebszellen und andere schädigende Organismen herauszufiltern. Außerdem bilden sie Lymphozyten, eine Unterform der weißen Blutkörperchen, die bei der Körperabwehr eine große Rolle spielen. Vergrößerte Lymphknoten sind ein Hinweis dafür, daß sich der betroffene Lymphknoten mit einer körperfremden oder körperschädigenden Substanz auseinandersetzt. So kommt es z.B.

bei Hals-Nasen-Rachenentzündungen häufig zu Schwellungen der Lymphknoten unter dem Unterkiefer oder am Hals, bei einer Verletzung irgendwo am Bein zu einer Schwellung der Leistenlymphknoten. Diese Lymphknotenvergrößerungen gehen wieder vorüber. Sollte ein Lymphknoten an irgendeiner Stelle des Körpers permanent über die Norm vergrößert tastbar sein, kann dies ein Zeichen einer Krebserkrankung sein und sollte zum sofortigen Arztbesuch führen.

Lymphödem Eine chronische, nicht schmerzhafte Schwellung (Ödem) einer Gliedmaße, die durch die Verlegung, Verstopfung oder Unterbrechung von Lymphgefäßen und/oder Erkrankungen oder Entfernung von → Lymphknoten entsteht, wodurch die → Lymphe nicht mehr abfließen kann. Im Gegensatz zu einem Ödem der Beine, z.B. bei Herzinsuffizienz, ist die Schwellung beim Lymphödem nur zum Teil mit den Fingern so eindrückbar, daß eine Delle hinterbleibt. Ein Lymphödem des Armes ist eine relativ häufige Komplikation nach einer → Mastektomie (Brustentfernung), bei der auch die Lymphknoten in der Achselhöhle auf der betroffenen Seite entfernt werden mußten, wodurch der Lymphfluß unterbrochen wird und mit der Zeit ein Lymphödem entsteht. Die vom Lymphödem betroffene Hand und/oder Arm sind anfälliger für Entzündungen und Infektionen jeglicher Art, so daß selbst eine kleine Verbrennung oder Verletzung zu einer ausgedehnten Infektion mit hohem Fieber führen kann. Ist ein Lymphödem einmal aufgetreten, gibt es keine endgültige Heilung, d.h. keine Möglichkeit, den unterbrochenen Lymphabfluß wieder herzustellen. Man kann jedoch die Schwellung vorübergehend erleichtern, indem man eine sogenannte *Lymphdrainage* durchführt, bei der man mit den Fingerkuppen auf der Haut in Richtung der Lymphbahnen streicht, um so die Flüssigkeit durch eine Art Streichmassage auszudrücken. Auch das häufige Anheben des Armes, die Verwendung von elastischen Binden, regelmäßige körperliche Aktivität, Gewichtsverlust und physikaltherapeutische Maßnahmen können bei einem postoperativ entstandenem Lymphödem wirksam sein. Darüber hinaus ist es zur Vorbeugung von Infektionen empfehlenswert, bei Gartenarbeiten oder beim Umgang mit stark ätzenden Putzmitteln Handschuhe zu tragen, einen Fingerhut beim Nähen zu verwenden, sich vor Verbrennungen, auch Sonnenbränden, in acht zu nehmen, Spritzen, Impfungen und Blutdruckmessungen am anderen Arm vornehmen zu lassen, jeglichen ausgedehnten Druck auf den betroffenen Arm zu vermeiden und auch schon bei kleineren Verletzungen antibiotische Salben und Verbände zu verwenden.

Lymphogranuloma inguinale Auch *Lymphopathia venerea*. Eine auf der ganzen Welt, besonders aber in den Tropen verbreitete → sexuell übertragbare Krankheit (Geschlechtskrankheit), die durch das Bakterium *Chlamydia trachomatis* hervorgerufen und durch vaginalen, analen und manchmal auch oral-genitalen Geschlechtsverkehr (siehe → Fellatio, → Cunnilingus) übertragen wird. Eine Übertragung kann auch durch andersartigen intimen Körperkontakt stattfinden, nicht unbedingt nur durch Geschlechtsverkehr. Die ersten Symptome treten etwa 5 bis 21 Tage nach der Ansteckung auf und bestehen zunächst in einem kleinen, schmerzlosen Bläschen im Genitalbereich, bei Männern in der Regel am Übergang von der Eichel zum Penisschaft, bei Frauen auf der Innenseite der kleinen Schamlippen, im Scheideneingangsbereich oder auch in der Scheide. Die kleine Wunde verschwindet normalerweise innerhalb von Tagen von alleine wieder und wird wegen ihrer Schmerzlosigkeit unter Umständen von der betreffenden Person gar nicht bemerkt. Danach wandern die Bakterien von dem Ort der Erstwunde weiter zu nahe gelegenen Lymphgefäßen und Lymphknoten, meistens den Leistenlymphknoten (daher auch der Name: *inguinale* bedeutet „in der Leiste liegend"). Dort verursachen sie eine schmerzhafte Anschwellung der Lymphknoten. Die betroffenen Lymphknoten verbacken miteinander und bilden eine einzige, schmerzhafte Gewebsmasse, die → *Bubo* genannt wird und in der Leistenfalte einer oder auch beider Seiten liegt. Die Haut über dem Bubo wird blau-rot. Manche der Lymphknoten innerhalb des Bubos sind weich, andere hart. In den meisten Fällen werden die Lymphknoten durch die Infektion zerstört, und es bilden sich → Abszesse, die platzen und Eiter nach außen an die Oberfläche entleeren können. In etwa einem Viertel der Fälle verschwinden die Bubos auch ohne Behandlung von alleine wieder, wobei jedoch charakteristische kleine Narben entstehen.

Die Bildung eines Bubos kommt häufiger bei heterosexuellen Männern als bei Frauen oder homosexuellen Männern vor. Bei Frauen kann die Erstwunde auch tief innerhalb der Scheide sein, und da die dazugehörigen Lymphknoten nicht die in der Leiste sind, sondern innerhalb des Beckens liegen, wandern die Bakterien dann von dort in die Beckenlymphknoten weiter, wo sie genauso wie oben beschrieben zur Bildung von Bubos führen können. Liegt die Erstwunde innerhalb des Anus (vor allem bei Männern), werden ebenfalls die Beckenlymphknoten befallen. In diesen Fällen sieht man außen am Körper keine Veränderung, und die betroffene Person merkt unter Umständen nichts von der Erkrankung.

Zur Zeit der Lymphknotenvergrößerung kann es allerdings sowohl bei Männern als auch bei Frauen zu Fieber, Schüttelfrost, Bauchschmerzen, Appetitverlust und Gelenkschmerzen kommen. Wenn die Beckenlymphknoten befallen werden, kommt es oft auch zu Rückenschmerzen. Bleibt die Behandlung aus oder verzögert sie sich, können Komplikationen eintreten. Zu diesen gehören Verengungen des Enddarms und/oder Afters durch Narbenbildung im Falle einer Infektion über den Anus und vor allem ein Verschluß der Lymphgefäße im Genitalbereich mit daraus resultierender Anschwellung dieses Bereiches, was *Elephantiasis* genannt wird und häufiger bei Frauen als bei Männern vorkommt.

Die Diagnose eines Lymphogranuloma inguinale kann mit Hilfe eines Hauttestes, bei dem abgetötete Chlamydien verwendet werden, oder anhand einer Blutuntersuchung, der sogenannten Komplementbindungsreaktion (KBR) für Chlamydien, gestellt werden. Die Blutuntersuchung ist etwas genauer. Manchmal gelingt auch eine Anzüchtung der Erreger in einer Zellkultur. Die Behandlung der Wahl besteht in einer dreiwöchigen Antibiotikatherapie mit Tetrazyklinen. Bei schwangeren Frauen oder Personen mit einer Allergie gegen Tetrazykline kann man alternativ Erythromycin oder ein anderes Antibiotikum einsetzen. Bubos, die kurz vor dem Aufplatzen sind, sollten operativ eröffnet werden, um den Eiter abzulassen. Verengungen im Analkanal durch Gewebsverwachsungen können ebenfalls chirurgisch entfernt werden. Da die vollständige Ausheilung des Lymphogranuloma inguinale schwierig sein kann, sollten sich alle Patienten über mindestens sechs Monate sorgfältigen Kontrolluntersuchungen unterziehen.

Männliches Klimakterium Genaugenommen das Ende der männlichen Hodenfunktion, was sich in einer deutlichen Herabsetzung der Produktion von männlichen Geschlechtshormonen, vor allem des → Testosterons, und von Spermien äußert. Wie im Klimakterium der Frau bewirkt die abnehmende Bildung von Hormonen in den → Gonaden (Keimdrüsen) auch beim Mann, daß die → Hypophyse (Hirnanhangsdrüse) mehr gonadotrope Hormone (→ FSH und → LH) bildet, um die Testosteronproduktion anzuregen. Daher findet man bei einem Mann im Klimakterium niedrige Testosteron- und hohe FSH-Spiegel im Blut. Anders als bei der Frau (→ Menopause)hört die Spermienproduktion in den Hoden jedoch nicht abrupt auf, es sei denn, die Hoden sind durch Operationen oder Strahlentherapie geschädigt worden. Stattdessen ist die Abnahme der Spermienbildung ein allmählicher, langsamer Prozeß, der im Prinzip schon nach dem 20. Lebensjahr beginnt, jedoch bis zum Alter von 50 bis 55 keinerlei bemerkbare Symptome verursacht. Das erste Zeichen des männlichen Klimakteriums ist in der Regel eine nachlassende Potenz, d.h. die nachlassende Fähigkeit, eine → Erektion zu bekommen und zu erhalten. Gelegentlich spürt ein Mann den → Hitzewallungen der Frau ähnliche Symptome, aber die Mehrzahl der Männer bemerkt lediglich, daß es länger dauert, bis sie eine volle Erektion und schließlich den Orgasmus erreichen, und daß die notwendige Erholungsphase zwischen zwei sexuellen Höhepunkten (→ Orgasmus) zunimmt. Da die Potenz sehr eng mit psychologischen Faktoren wie Langeweile, Ablenkung durch beruflichen Streß, Angst vor dem Altern, geistiger oder körperlicher Müdigkeit oder der Besorgnis über die eigenen sexuellen Fähigkeiten verknüpft ist, kann man nicht genau sagen, inwieweit die Potenzabnahme durch die hormonellen Veränderungen und nicht von anderen Faktoren verursacht wird (siehe auch unter → Impotenz). Auch Bluttests können keine absolut sichere Aussage darüber machen, da die Testosteronspiegel bei einer Person von Monat zu Monat und sogar von Stunde zu Stunde unterschiedlich sein können, ohne daß man eine Auswirkung davon weiß oder sehen könnte.

Das häufigste gesundheitliche Problem des Mannes über 55 sind Erkrankungen der Prostata (Vorsteherdrüse). Man schätzt, daß etwa die Hälfte aller Männer über 60 eine mehr oder weniger ausgeprägte Prostatavergrößerung haben. Dazu kommen einige ernstere Prostataprobleme von harmlosen Entzündungen bis hin zu bösartigen Krebserkrankungen (siehe auch unter → Prostata).

Eine große Anzahl von Männern erlebt trotz sinkender Hormonspiegel und selteneren Geschlechtsverkehr keine Veränderung in ihrer sexuellen Erlebnisfähigkeit an sich. Bezüglich des Klimakteriums der Frau siehe unter → Menopause.

Männliche Verhütungsmittel Siehe → Verhütungsmittel für den Mann

Makeup Siehe → Kosmetika

Maligne Medizinischer Ausdruck für *bösartig*, womit meist Krebserkrankungen gemeint sind. Eine gutartige Veränderung wird als *benigne* bezeichnet. Siehe → Krebs.

Malignes Melanom Ein bösartiger Tumor, der seinen Ausgang von Pigmentzellen, meistens der Haut oder Schleimhaut, seltener auch des Auges oder des zentralen Nervensystems nimmt. Manche Formen des malignen Melanoms breiten sich so schnell aus, d.h. setzten mit einer solchen Geschwindigkeit Tochtergeschwülste, daß sie schon wenige Monate, nachdem sie erstmals diagnostiziert worden sind, zum Tod führen können, was das maligne Melanom zum bei weitem gefährlichsten → Hautkrebs überhaupt macht. Fast die Hälfte aller maligenen Melanome entstehen aus Leberflecken. Außerdem besteht nachgewiesenermaßen ein enger Zusammenhang zwischen einer häufigen und intensiven Sonnenlichtexposition und der Entwicklung von malignen Melanomen. Darüber hinaus scheint es so zu sein, daß, je häufiger jemand Sonnenbrände hatte, die Wahrscheinlichkeit desto größer ist, daß ein malignes Melanom entsteht. Es gibt Studien, die nachweisen, daß bereits sechs schwere Sonnenbrände bis zum 15. Lebensjahr mit einem erhöhten Risiko für ein malignes Melanom im späteren Leben einhergehen. Diese Abhängigkeit gilt im übrigen auch für Solariumsbesuche und nicht nur für das natürliche Sonnenlicht. Allgemein sind hellhäutige Menschen wesentlich gefährdeter als dunkelhäutige. Insgesamt ist die Häufigkeit des Auftretens von malignen Melanomen in den letzten Jahrzehnten erschreckend gestiegen, und sie steigt auch noch weiterhin an.

Die Melanome treten bei Frauen bevorzugt an den Beinen, bei Männern vor allem am Körperstamm auf. Zu den Warnsymptomen gehören jegliche unübliche Hautveränderung, vor allem aber eine Veränderung der Größe oder Farbe eines Leberfleckes oder eines anderen dunkel pigmentierten Hautfleckes. Andere Warnzeichen sind Schuppung, Nässen oder Blutaustritt aus einem Leberfleck sowie das Neuauftreten einer Vorwölbung oder eines Knotens und die Ausbreitung von Pigment außerhalb der Grenzen des Leberfleckes (siehe auch untenstehende Auflistung). Eine frühzeitige Behandlung, die aus einer chirurgischen Entfernung des verdächtigen Hautareals, der umgebenden Haut und oft auch den nahe gelegenen Lymphknoten besteht, kann in bis zu 90% der Fälle zur Heilung führen. Wenn das Melanom jedoch schon Metastasen an andere Körperstellen gesetzt hat, sind die Überlebenschancen sehr viel geringer. Aus diesem Grund ist es mehr als ratsam, jegliche Haut- beziehungsweise Leberfleckveränderung sofort von einem Arzt untersuchen und gegebenenfalls eine Biopsie (Gewebsentnahme) durchführen zu lassen. Personen, die von Haus aus sehr viel Leberflecken haben (und dadurch ohnehin gefährdeter für ein malignes Melanom sind), sollten ihre Leberflecken regelmäßig und sorgfältig selbst oder durch einen Arzt kontrollieren, um bei auffälligen Veränderungen sofort die nötigen Schritte einleiten zu können.

ABDCE-Regel: Die Warnzeichen des malignen Melanoms

A = Asymmetrie: Die eine Hälfte des Leberflecks sieht anders aus als die andere.
B = Begrenzung: Die Ränder des Leberflecks sind eingekerbt, ausgefranst, gezackt oder verschwommen (Pigment findet sich auch außerhalb der Begrenzung des Leberflecks).
C = Color: Der Leberfleck zeigt verschiedene Farbtöne von braun, schwarz oder blau mit möglicherweise einigen roten, weißen, rosafarbenen oder grauen Anteilen; der Leberfleck ist nicht einheitlich gefärbt.
D = Durchmesser: Der Durchmesser des Leberflecks beträgt mehr als 6 Millimeter und/oder zeigt ein plötzliches Größenwachstum.
E = Elevation: Die Oberfläche des Leberflecks wölbt sich ganz oder teilweise deutlich über das Hautniveau hinaus.

Mamilla Siehe → Brustwarze

Mamma Medizinische Bezeichnung für die weibliche → Brust

Mammakarzinom Siehe → Brustkrebs

Mammaplastik Die operative Wiederherstellung der „natürlichen" Brustform bei zu kleinen oder zu großen Brüsten, Hängebrüsten oder nach einer operativen Brustentfernung (siehe → Mastektomie) aus unterschiedlichen Gründen (meist wegen einer Krebserkrankung der Brust). Die operative Brust*verkleinerung* ist nicht immer eine rein kosmetische Operation. Extrem schwere Brüste können zu chronischen Rücken- und Nackenschmerzen, Atemproblemen und Hautreizungen durch einschnürende BH-Träger und/oder Schweißstau führen. Dennoch sollte der Entschluß zu einer Brustverkleinerung sorgfältig überdacht werden, da dies eine komplizierte chirurgische Operation ist. Dies gilt insbesondere dann, wenn die Frau in Zukunft noch stillen möchte, da der Chirurg in diesen Fall besonders vorsichtig sein muß, um nicht zuviel des Drüsengewebes zu entfernen oder größere Milchausführungsgänge zu durchtrennen.

Es gibt im wesentlichen zwei verschiedene Operationsmethoden zur Brustverkleinerung. Bei der einen werden Brustwarze und Warzenhof zunächst entfernt, überschüssiges Gewebe aus dem unteren Brustteil herausgeschnitten und anschließend Brustwarze und Warzenhof als Hauttransplantat wieder angenäht. Bei dieser Methode wird die Empfindlichkeit der Brustwarze deutlich herabgesetzt und außerdem späteres Stillen unmöglich gemacht. Bei der anderen Technik bleiben Brustwarze und Warzenhof über eine dünne Gewebsbrücke mit dem Brustgewebe verbunden, während der Chirurg überschüssiges Gewebe darum herum entfernt und danach die Brustwarze an einer weiter oben gelegenen Stelle der Brust wieder fixiert. Bei dieser Methode bleibt die Berührungsempfindlichkeit der Brustwarze erhalten, und in manchen Fällen kann danach auch noch gestillt werden. In jedem Fall beträgt die Operationsdauer etwa drei bis vier Stunden und wird im Krankenhaus unter einer Allgemeinnarkose durchgeführt. Nach der Operation bleibt die Frau noch eine knappe Woche in stationärer Behandlung und kann in aller Regel innerhalb von zwei bis drei Wochen wieder alle vorherigen Aktivitäten aufnehmen.

Eine Mammaplastik zur Brust*vergrößerung* oder zum Ersatz von Gewebe, das durch eine Krankheit oder → Mastektomie verloren gegangen ist, beinhaltet das Einpflanzen eines mit Silikongel oder Salzwasserlösung gefüllten Beutels. Das Einspritzen von Silikon direkt in die Brust, eine Methode, die in den fünfziger und sechziger Jahren dieses Jahrhunderts angewandt und danach grundsätzlich verworfen wurde, ist extrem gefährlich, da es häufig zu Infektionen, Gewebszerstörung und sogar zur Entwicklung von Krebsgewebe geführt hat. Silikon*gel*, ein inertes (das heißt nicht reagierendes) Material, das selten Entzündungen oder andere Gewebsreaktionen hervorruft, ist von seiner Konsistenz her dem normalen Brustgewebe ähnlich und ist in weichen, nahtlosen Silikon- oder Polyurethan-Beuteln verschlossen, so daß das Gel nicht in andere Teile des Brustgewebes außerhalb des Beutels gelangen kann. Ein festes Silikonstück kann auch ohne Beutel in die Brust gebracht werden, aber die meisten Operateure bevorzugen das in Beuteln verschlossene gelartige Silikon. Dieser Beutel wird durch einen kleinen Schnitt an der Brustbasis eingeführt und unter der Brusthaut fixiert. Manchmal wird der Silikonbeutel auch unter den Brustmuskel gebracht. 1988 wurde bekannt, daß Silikon bei Ratten Krebs hervorrufen kann, was zu Besorgnis hinsichtlich der Sicherheit bei Menschen Anlaß gab. Verfolgt man jedoch die wissenschaftlichen Veröffentlichungen zu dieser Operationsmethode, die seit nunmehr mindestens 15 Jahren durchgeführt wird, gibt es keine Hinweise für derartige Probleme bei Frauen, die diese Silikonimplantate erhalten haben. Bei aufblasbaren Implantaten, die weniger oft als die Silikonbeutel eingesetzt werden, wird nach dem Einsetzten des untertassenförmigen Implantats eine Salzwasserlösung in dieses Implantat hineingespritzt, wodurch es sich aufbläht. Die Hauptnachteile dieser Methode bestehen in Leckbildung mit langsamem Flüssigkeits- und Volumenverlust. Der Vorteil dieser Technik liegt darin, daß in Fällen, in denen für die neue, größere Brust viel Haut gebraucht wird, durch das Einspritzen von nur wenig Flüssigkeit nach und nach die vorhandene Haut sich langsam dehnen kann. Wenn die Haut genügend gedehnt ist, kann man in einer zweiten Sitzung auch einen Silikonbeutel einlegen, oder man beläßt das erste, aufblasbare Implantat.

In manchen Fällen kann die Brustwarze einer erkrankten und operativ entfernten Brust erhalten werden, indem man sie während der Brustentfernung herausschneidet und vorübergehend an einer anderen Stelle des Körpers einpflanzt, damit das Gewebe „lebendig“ bleibt. Bei einer später erfolgenden Mammaplastik mit Bildung einer neuen Brust kann die Brustwarze dann dafür verwendet werden. Eine andere Möglichkeit besteht in der Formung einer künstlichen Brustwarze aus Gewebe vom Vulvabereich oder anderen Körperteilen. Bei einer neueren und wesentlich komplizierteren chirurgischen Technik wird Bauchgewebe von der Patientin selbst — anstatt von körperfremden Material — verwendet, um eine neue Brust zu bilden. Dabei wird ein Bauchschnitt gesetzt, das unter der Haut liegende Gewebe wird abgelöst und unter der Haut nach oben bis zur Brust verschoben. Die Verbindung zu den ursprünglichen Blutgefäßen wird dabei nicht unterbrochen. Oben angekommen, formt der Chirurg aus dem Gewebe unter der Haut eine neue Brust. In einer späteren Sitzung wird dann entweder durch ein Hauttransplantat oder auch durch Tätowierung eine Warze und ein Warzenhof geschaffen. Obwohl diese Prozedur um einiges komplizierter und aufwendiger ist, sind die so entstehenden neuen Brüste sowohl vom Aussehen als auch vom Gefühl her viel natürlicher, und darüber hinaus besteht keine Gefahr, daß der Körper das Gewebe wieder abstößt, da es sein eigenes ist. Diese Methode kann jedoch nicht bei Frauen angewandt werden, die rauchen, zuckerkrank sind oder eine andere Erkrankung haben, die die Blutversorgung zu der neu gebildeten Brust beschränken könnte. Auch ist die Erholungszeit nach einer solchen Operation länger.

Die Meinungen darüber, wie lange man nach einer Mastektomie warten sollte, bevor man eine Mammaplastik durchführt, gehen etwas auseinander. Es häufen sich jedoch die Anhaltspunkte dafür, daß die gleichzeitige Entfernung der kranken und der operative Aufbau einer neuen Brust in *einer* Sitzung nicht zu vermehrten Komplikationen führt. Dennoch ziehen es die meisten Chirurgen vor, drei Monate bis ein Jahr zu warten, bis die Wunden der Mastektomie vollständig verheilt sind. Es gibt keine obere Grenze für den Zeitpunkt für eine operative Wiederherstellung einer Brust nach einer Mastektomie; manche Frauen haben 10 bis 20 Jahre gewartet, bis sie sich zu einer Mammaplastik entschlossen haben.

Normalerweise kann man nach einer Mammaplastik bereits nach wenigen Tagen das Krankenhaus wieder verlassen, man muß jedoch im allgemeinen noch einige Tage länger den Arm der betroffenen Seite eng am Körper halten. Innerhalb eines Monats ist der Arm in der Regel wieder voll einsatzfähig, auch wenn es etwas länger dauern kann, bis anstrengendere Aktivitäten wie beispielsweise Golf oder Tennis wieder möglich sind. Manche Chirurgen empfehlen, daß man während der ersten Monate einen speziell angepaßten BH sowohl tagsüber als auch nachts trägt, damit die neue Brust die gewünschte Form annimmt.

Bei Silikonimplantaten können eine Reihe von Problemen auftreten. Die häufigste Komplikation jeder Brustchirurgie mit Implantaten besteht in der Nekrose (Absterben) der darüberliegenden Haut. Wenn die Haut über dem Implantat nur dünn ist, kann es passieren, daß sie mit der Zeit noch dünner wird und sich die Farbe der Haut dadurch verändert. Gelegentlich wird die Haut so dünn, daß sie sich ablöst. In einem solchen Fall muß das Implantat entfernt werden. Andere mögliche Komplikationen bestehen in Blutungen, Infektionen und Ödemen (Flüssigkeitsansammlung). Außerdem kann sich um das Implantat herum eine Kapsel aus Narbengewebe bilden, was der Brust die Form und Konsistenz eines Gummiballes geben kann. Dies kann auch noch Monate bis Jahre nach der Operation auftreten (da das Wachstum von Narbengewebe unter Umständen Jahre beansprucht). Diese Verwachsungen können jedoch durch verschiedene Methoden behandelt werden, die von Massagen der Brust mit dem Ziel, das Narbengewebe vom Implantat zu lösen, bis zu operativen Maßnahmen reichen. Eine andere Gefahr besteht darin, daß das Implantat durch übergroße Belastung oder ein Trauma reißt, wodurch das darin enthaltene Material in das umgebende Brustgewebe austreten kann. Dies wiederum hat nicht nur Schmerzen und eine Gewebszerstörung zur Folge, sondern kann sogar eine → Autoimmunerkrankung wie z.B. die Sklerodermie hervorrufen, da das Abwehrsystem des Körpers beginnt, das fremde Material anzugreifen. Ein ernstzunehmender Einwand gegen eine Mammaplastik im Anschluß an eine Mastektomie, die wegen einer Krebserkrankung der Brust durchgeführt worden ist, besteht darin, daß es durch das Implantat schwierig bis unmöglich werden kann, eventuell wieder nachwachsendes Tumorgewebe in der Brust frühzeitig zu entdecken.

Eine Mammaplastik nach Mastektomie kann nicht bei jeder Frau durchgeführt werden. Die meisten Chirurgen raten bei sehr großen Tumoren oder bei ausgeprägter Beteiligung der Achsellymphknoten von einer an die Mastektomie anschließenden Mammaplastik ab, ebenso bei Frauen in höherem Lebensalter, bei ausgeprägter Fettleibigkeit oder anderen ernsten Erkrankungen. Am besten für eine Mammaplastik eignen sich diejenigen Frauen, bei denen der Tumor kleiner als zwei Zentimeter groß war und weniger als drei Lymphknoten mit erfaßt worden waren. Manche Chirurgen vertreten jedoch die Ansicht, daß eine Mammaplastik auch bei Frauen mit Krebs in fortgeschrittenen Stadien (d.h. mit Metastasen an anderen Körperstellen) angezeigt ist, wenn sie dazu verhilft, die verbleibende Lebenszeit als weniger schlimm zu erleben.

Einer der größten Nachteile der Mammaplastik ist die Tatsache, daß man eine solche Operation in der Regel selbst bezahlen muß, da sie von den Krankenkassen als kosmetische und nicht als eine der Gesundheit dienende Maßnahme betrachtet wird.

Mammographie Eine Röntgenuntersuchung der weiblichen → Brust, mit Hilfe derer man krankhafte Veränderungen des Brustgewebes einschließlich eines → Brustkrebs entdecken und diagnostizieren kann. Die Mammographie wird als die zuverlässigste Methode zur Diagnose von Brustkrebs angesehen, noch bevor ein Tumorknoten von außen tast- oder sichtbar ist. Jedoch kann auch die Mammographie Tumoren übersehen: man schätzt, daß die Mammographie in etwa 10% der Fälle falsch negative Resultate erbringt, d.h. ein Tumor übersehen wird, obwohl er schon da ist. Etwa die Hälfte aller durch eine Mammographie entdeckten Brusttumoren sind zu klein, als daß man sie von außen ertasten könnte. Deshalb gehört die Mammographie neben der → Brustuntersuchung zu den Vorsorgeuntersuchungen für Brustkrebs. Dabei empfiehlt man, daß alle Frauen zwischen dem 40. und 60. Lebensjahr mindestens einmal alle zwei Jahre und Frauen ab dem 60. Lebensjahr jährlich eine Mammographie erhalten. Zwischen dem 35. und 40. Lebensjahr sollte bei jeder Frau eine Basismammographie als Grundlage für den Vergleich mit den späteren Aufnahmen durchgeführt werden. Frauen unter 35 Jahren bedürfen nur dann einer regelmäßigen röntgendiagnostischen Überwachung, wenn bei ihnen ein erhöhtes Risiko besteht, an Brustkrebs zu erkranken (bezüglich dieser Risikopersonen siehe unter → Brustkrebs). Diese Empfehlungen gelten natürlich nur für Frauen, bei denen keine Symptome einer Brusterkrankung vorliegen. Jeglicher verdächtige Knoten in der Brust dagegen muß sofort zu weitergehenden Untersuchungen führen, auch dann, wenn eine im Rahmen der Vorsorgeuntersuchung erst kürzlich durchgeführte Mammographie unauffällig gewesen war.

Die Mammographie dient jedoch nicht nur der Krebsfüherkennung, sondern sie ist auch eine wertvolle diagnostische Methode in den Fällen, in denen ein Knoten in der Brust oder in der Achselhöhle tastbar ist, bei dem man entscheiden muß, ob eine → Biopsie des Knotens durchgeführt werden soll oder ob der Knoten aus einer → Zyste besteht, die man nach Ablassen der Flüssigkeit aus der Zyste mit Hilfe einer feinen Nadel zunächst einfach beobachten kann. Ähnlich hilfreich ist die Mammographie bei Frauen, die Veränderungen der Brusthaut (Verfärbungen, Grobporigkeit, Einziehungen etc.) der Brustwarzen (Ausfluß, plötzliche Einwärtsverziehung u.a.) und/oder der Größe und Form einer Brust bemerkt haben. Alle diese Veränderungen sind zunächst verdächtig auf Brustkrebs und sollten deshalb umgehend weiter abgeklärt werden.

Die Strahlendosis, die zur Herstellung eines guten Mammogramms (d.h. eines Röntgenbildes der Brust) benötigt wird, ist von der Größe der Brüste und der Dichte des Brustgewebes abhängig. Um eine unnötige Strahlenbelastung zu vermeiden, ist es ratsam, die niedrigst mögliche Strahlendosis, die jedoch noch ein ausreichend gutes Bild liefert, zu wählen. Die Mammographie sollte von einem Radiologen oder einer/m radiologisch geschulten medizinisch-technischen Assistentin/en (MTA) durchgeführt werden. Idealerweise beträgt die maximale Strahlendosis pro Untersuchung und pro Brust weniger als 1 rad (= physikalische Einheit der Strahlendosis). Heutzutage gibt es Geräte und Zubehör, die mit nur 0,1 bis 0,2 rad pro Untersuchung gute Bilder liefern, und noch bessere Apparate befinden sich in der Entwicklung. Trotz der niedrigen Strahlenbelastung sollte in jedem Fall eine Bleischürze zum Schutz des Bauchraumes vor Strahlen verwendet werden. Im übrigen ist das karzinogene Risiko der Strahlenbelastung bei einer Mammographie (d.h. die Wahrscheinlichkeit, daß durch die Strahlen ein Krebs ausgelöst wird) deutlich geringer als das Risiko überhaupt, an Brustkrebs zu erkranken, weshalb auch der Nutzen der Mammographie größer ist als ihre Nachteile.

Mangelgeburt Auch *intrauterine Dystrophie*. Ein Neugeborenes, das gemessen an seinem Alter Zeichen einer Mangelentwicklung aufweist, d.h. kleiner und leichter ist, als man es im Verhältnis zur Schwangerschaftsdauer erwarten würde. Eine → Frühgeburt, bei der das Kind fast immer kleiner ist, ist dabei nicht notwendigerweise gleichbedeutend mit einer solchen Mangelentwicklung, da auch ausgetragene Kinder untergewichtig beziehungsweise mangelhaft entwickelt und umgekehrt Frühgeborene gemessen an ihrem Alter so weit entwickelt sein können, wie man es für ihr Alter erwartet. Häufig gehen jedoch eine Frühgeburt und eine Mangelentwicklung Hand in Hand, da die Gründe, die zu einer Frühgeburt führen, oft auch gleichzeitig ein mangelndes Wachstum des Kindes im Mutterbauch mit sich bringen. Etwa 3 bis 4,5% aller untergewichtigen Neugeborenen sind Frühgeburten, und von diesem sind wiederum etwa ein Drittel Mangelkinder. Ursachen für eine Mangelgeburt sind unter anderem eine chronische Plazentainsuffizienz (z.B. durch starken Nikotin- oder Drogenmißbrauch der Mutter), bei der nicht genügend Nährstoffe und Sauerstoff zum Fetus gelangt, oder mütterliche Erkrankungen wie eine → Präeklampsie oder akute und chronische Infekte z.B. der Harnwege oder auch bei einer → Röteln-Ansteckung des Kindes. Andere Gründe für eine Mangelentwicklung sind angeborene Erkrankungen des Feten wie z.B. das → Down-Syndrom, ein → Hydramnion, → Mehrlingsschwangerschaften sowie Anomalien der Gebärmutter. Wie auch bei den → Frühgeburten spielt darüber hinaus der sozioökonomische Status der Mutter eine nicht unbedeutende Rolle.

Da die Gründe, die zu einer Wachstumsverzögerung und Mangelentwicklung des Kindes während seiner Entwicklungszeit in der Gebärmutter führen, bei weiterem Bestehen unter Umständen sogar den Tod des Kindes im Mutterbauch bewirken können, ist es wichtig, eine intrauterine Mangelentwicklung möglichst frühzeitig zu erkennen. Hierzu dienen die Untersuchungen bei jeder → Schwangerenvorsorge. Anhand der Krankheitsgeschichte der Mutter können eventuell von einer Mangelentwicklung besonders bedrohte Schwangerschaften entdeckt werden. Die Bestimmung der Gebärmuttergröße mit dem 1. → Leopold-Handgriff und der des Kindes selbst mit Hilfe der → Ultraschalldiagnostik erlaubt die Beurteilung, ob der Fetus normal wächst oder nicht. Auch die Bestimmung der Fruchtwassermenge mit der Ultraschalluntersuchung kann wichtige Hinweise bringen.

Hat man einmal festgestellt, daß sich das Kind verzögert entwickelt, dann kommen noch Untersuchungen zur Beurteilung der kindlichen Gefährdung hinzu, wie z.B. laufende Kardiotokogramm-Kontrollen (siehe unter → fetale Überwachung) und/oder der → Oxytozinbelastungstest. Gleichzeitig gilt es, bekannte mütterliche Ursachen oder Faktoren für die Mangelentwicklung soweit wie möglich auszuschalten oder zu mindern. Dazu gehört die intensivere Behandlung einer eventuellen Grundkrankheit der Mutter und/oder die Verbesserung der Lebensbedingungen der Schwangeren wie z.B. die Herausnahme aus dem Beruf, ein Arbeitsplatzwechsel, die Reduktion eines Zigarettenkonsums sowie die Verbesserung der Ernährung. Mit all diesen Maßnahmen versucht man, eine möglichst lange Schwangerschaftsdauer zu erreichen (ohne daß das Kind gefährdet wird), da unterentwickelte Kinder, die gleichzeitig noch zu früh geboren werden, schlechtere Überlebenschancen haben als Mangelkinder, die nach einer normalen Tragzeit zur Welt kommen. Sobald sich aber eine lebensbedrohliche Gefährdung des Kindes im Mutterbauch abzeichnet, wird man auch dann die Schwangerschaft auf schnellstmöglichem Weg beenden, wenn die normale Schwangerschaftsdauer noch nicht erreicht wird. Von den überlebenden Mangelkindern besteht bei etwa einem Drittel in den ersten Lebensjahren noch ein deutlicher Wachstumsrückstand, der aber von den meisten bis zum 10. Lebensjahr aufgeholt wird.

Manisch-depressive Krankheit Auch *Zyklophrenie, bipolare endogene Depression* oder *bipolare affektive Psychose*. Eine schwere Gemütskrankheit, die durch den phasenhaften Wechsel von manischen und depressiven Symptomen gekennzeichnet ist. Ähnlich wie bei anderen Formen schwerer → Depressionen geht man davon aus, daß die manisch-depressive Krankheit eine organisch-biologische Ursache beziehungsweise Basis hat. Sie zeigt eine Neigung, „in der Familie zu liegen", d.h. Verwandte eines Erkrankten haben ein erhöhtes Risiko, ebenfalls an einer manisch-depressiven Krankheit zu erkranken. Die Gemütsveränderungen treten ohne erkennbaren äußeren Anlaß oder Grund auf, können jedoch oft sehr gut mit Medikamenten wie beispielsweise einer Lithium-Dauertherapie (siehe unter → Antidepressiva), die jedoch auch unangenehme Nebenwirkungen haben kann, behandelt werden.

Die manisch-depressive Krankheit kann in jedem Lebensalter beginnen, oft tritt die erste Phase (meist eine depressive Phase) jedoch schon zwischen dem 20. und 25. Lebensjahr auf. Unbehandelt ist die depressive Phase durch eine extreme Antriebslosigkeit vor allem zu Tagesbeginn, durch Gefühlsarmut, Gefühlsstarre und zunehmenden Rückzug aus Beruf, sozialen Aktivitäten und anderen Kontaktformen mit anderen Menschen gekennzeichnet. Bei vielen Patienten besteht ein erhöhtes Suizidrisiko (Selbstmordrisiko). Typischerweise folgt nach einer sechs- bis neunmonatigen depressiven Phase eine manische Phase. Hierbei fühlen sich die Patienten extrem wohl und selbstsicher und entfalten unerschöpfliche Energien für alles und jedes. Die meisten werden überaktiv, unbremsbar und extrem gesprächig. Oft legen sie ein unangemessenes Verhalten an den Tag, indem sie beispielsweise Unmengen von Geld ausgeben oder immense Kredite aufnehmen, sich bizarr kleiden und überall aus dem Rahmen fallen. Manche sind in dieser Phase auch sehr reizbar. Nach drei bis sechs Monaten klingt die Manie wieder ab, und es folgt eine erneute depressive Phase. Die Länge sowohl der manischen als auch der depressiven Krankheitsphasen ist großen Schwankungen unterworfen, nicht immer gehen die beiden Phasen nahtlos ineinander über, und meistens sind die depressiven Phasen sehr viel häufiger als die manischen. Bei den meisten Patienten nehmen Häufigkeit und Dauer der einzelnen Phasen mit steigendem Lebensalter zu. Die Therapie erfordert in der Regel einen mehr oder weniger langen Aufenthalt im Krankenhaus sowie die Gabe verschiedener zur Verfügung stehender Medikamente (siehe unter → Antidepressiva).

Masern Eine akute, sehr ansteckende Kinderkrankheit, die durch Fieber, Husten, Entzündung der Bindehaut der Augen (Konjunktivitis) und vor allem durch einen sich rasch ausbreitenden Hautausschlag am ganzen Körper gekennzeichnet ist. Die Masern werden durch ein Virus hervorgerufen, dauern etwa eine Woche und können durch eine entsprechende Impfung vollständig vermieden werden. Die Masern selbst sind in der Regel keine ernste Erkrankung, lediglich gewisse Komplikationen wie die Masernpneumonie (Lungenentzündung) oder die Masernenzephalitis (Gehirnentzündung) können gefährlich werden. Es ist wichtig, die Masern von einer ähnlichen Kinderkrankheit, den → Röteln, zu unterscheiden, die zu Mißbildungen bei Kindern führen können, deren Mutter während der Schwangerschaft mit dem Röteln-Virus angesteckt worden ist. Erwachsene Personen bekommen äußerst selten die Masern, wenn es jedoch so weit kommt, verlaufen sie in der Regel sehr viel heftiger und mit mehr Komplikationen als die Masern beim Kind.

Mastektomie Auch *Ablatio mammae*. Die chirurgische Entfernung der Brust. Die Mastektomie wird in der Regel wegen eines → Brustkrebses durchgeführt, gelegentlich kann jedoch auch ein sehr großer, gutartiger Brusttumor nicht entfernt werden, ohne die gesamte Brust wegzunehmen, oder das Risiko einer Brustkrebserkrankung ist so hoch, daß man vorsichtshalber eine subkutane Mastektomie durchführt (siehe weiter unten). In Abhängigkeit von der Art und Menge des bei der Operation entfernten Gewebes unterscheidet man verschiedene Formen der Mastektomie. Bis in die siebziger Jahre wurde vor allem die sogenannte *radikale Mastektomie* nach *Halsted* durchgeführt, bei der nicht nur das Brustgewebe, sondern auch die darunterliegenden Muskeln und die in der Nähe liegenden Lymphknoten entfernt wurden, unter der Annahme, daß die Krebszellen über die Lymphwege zu anderen Stellen des Körpers gelangen und dort Tochtergeschwülste bilden. Seit ungefähr 1975 werden der Brustkrebs und andere Krebserkrankungen zunehmend als systemische Erkrankungen betrachtet, deren Behandlung aus einer lokalen Entfernung des Muttertumors und einer anschließenden systemischen Therapie mit Strahlen, Chemotherapie, Hormonen und/oder anderen Methoden bestehen sollte. Aus diesem Grund wird heutzutage häufig empfohlen, daß alle Patientinnen nach einer Mastektomie wegen Brustkrebs im Anschluß an die Operation zusätzlich entweder mit Hormonen oder mit Chemotherapie behandelt werden, auch wenn es keine faßbaren Hinweise dafür gibt, daß der Tumor schon an andere Körperstellen gelangt ist. Diese Theorie hat zur Entwicklung verschiedener weniger ausgedehnten Operationsmethoden geführt sowie zu alternativen Behandlungsansätzen einschließlich psychologischer Therapien (siehe unter → Brustkrebs).

Zunehmend wird außerdem erkannt, daß die Patientin in den Entscheidungsprozeß darüber, ob und, wenn ja, welche Form der Mastektomie durchgeführt werden soll, durchaus mit einbezogen werden sollte. Als Konsequenz daraus wird die alte einzeitige Operation, bei der die Patientin vor der Narkose wegen einer Brustbiopsie ihr Einverständnis gab, daß im Falle eines bösartigen Befundes in gleicher Sitzung die Biopsie zur Mastektomie erweitert werden durfte, immer mehr zugungsten einer zweizeitigen Operation verlassen, bei der zwischen Biopsie und Mastektomie Stunden, Tage oder sogar Wochen liegen. Bei diesem Vorgehen hat die Patientin Zeit, sich zu entscheiden, eventuell noch andere ärztliche Meinungen einzuholen und sich in Ruhe auf die Operation und ihre (psychischen) Folgen vorzubereiten. Darüber hinaus ermöglicht die Aufschiebung, daß das bei der Biopsie entnommene Gewebe genauer untersucht und zusätzliche Tests durchgeführt werden können, um z.B. herauszufinden, ob es sich bei dem vorliegenden Tumor um einen hormonabhängigen Tumor (siehe unter → Östrogen-Rezeptor-Untersuchung) handelt. Bei der Wahl der Mastektomieform muß jedoch darüber hinaus auch das Ausbreitungsstadium des Tumors in Betracht gezogen werden.

Genauso traumatisch oder sogar noch traumatischer als die Operation selbst können die Nachwirkungen einer Mastektomie sein. Für einige Tage nach der Operation verbleiben noch kleine Plastikschläuche in der Wunde, die Blut und Wundflüssigkeit nach außen ableiten. In der Regel dauert es zehn bis 14 Tage, bis die Wunde oberflächlich geheilt ist. Der Arm der betroffenen Seite ist normalerweise für mindestens einige Tage geschwollen, jedoch helfen einfache Übungen, wie z.B. das Zusammendrücken eines kleinen Gummiballes, die Schwellung in Grenzen zu halten. Gefühle der Verstümmelung, „weniger weiblich" zu sein sowie Angst vor Schmerzen und Tod können schwierige psychische Probleme nach einer Mastektomie darstellen. Bei vielen Frauen ist die

Beweglichkeit des Armes und der Schulter der betroffenen Seite mehr oder weniger eingeschränkt, und bei nicht wenigen entsteht postoperativ ein vorübergehendes oder permanentes → Lymphödem. Darüber hinaus können durchgeschnittene Nervenfasern und Narbengewebe im Brustbereich zu einer Kombination aus Taubheitsgefühl und Überempfindlichkeit in diesem Bereich führen, was Berührungen schmerzhaft oder unangenehm werden läßt. Oft wird die Mastektomie gefolgt von einer Strahlen- und/oder Chemotherapie, die nicht nur unangenehme Nebenwirkungen haben, sondern darüber hinaus auch eine ständige Erinnerung an die Lebensbedrohlichkeit der Grunderkrankung darstellen können.

Zumindest einige der Nachwirkungen einer Mastektomie scheint man verringern zu können, wenn die Operation anstatt mit konventionellen chirurgischen Instrumenten mit Laser-Methoden durchgeführt wird. Mit dem CO_2- (Kohlendioxid)-Laser, der Strahlen aus dem Infrarot-Bereich mit einer Wellenlänge von 10^6 mm abgibt, kann man bösartiges Gewebe sehr viel gezielter zerstören, ohne das umliegende gesunde Gewebe zu stark zu schädigen. Der Laser kann bei jeder Form der Mastektomie (siehe unten) eingesetzt werden. Seine Vorteile sind geringere postoperative Blutungen und Schmerzen, ein kürzerer stationärer Aufenthalt im Krankenhaus und eine kürzere Erholungszeit nach der Operation. Zur Zeit sind jedoch die Möglichkeiten für die Laserchirurgie noch nicht so verbreitet wie die konventionellen chirurgischen Methoden.

Nach einer Mastektomie kann bei einem Großteil der Frauen, wenn sie es wünschen, eine → Mammaplastik durchgeführt werden, d.h. die verlorengegangene Brust operativ wieder hergestellt werden. Außerdem gibt es spezielle Büstenhalter und Prothesen, mit deren Hilfe man zumindest von außen nicht bemerkt, daß eine Brust fehlt.

Es können folgende Formen der Mastektomie unterschieden werden:

1. **Radikale Mastektomie** nach *Halsted*. Diese Operation beinhaltet neben der vollständigen Entfernung der Brust und Brusthaut die Entfernung der darunterliegenden Brustmuskeln (des kleinen und großen Pectoralmuskels), der Lymphknoten in der benachbarten Achselhöhle sowie des Fettgewebes. Äußerlich resultiert dies in einer flachen, eingesunkenen Brustwand und häufig auch in der Entwicklung eines → Lymphödems des Armes der betroffenen Seite sowie in einer mehr oder weniger ausgeprägten Bewegungseinschränkung der Schulter. Diese Operationsform wurde zum ersten Mal etwa 1882 von *William Stewart Halsted* durchgeführt, der seine Methode 1894 in einer Zeitschrift veröffentlichte, und wurde bald zu der am häufigsten eingesetzten Behandlungsmethode bei Brustkrebs. Halsteds Technik war ein Ergebnis seiner Beunruhigung über die hohe Lokalrezidivrate (d.h. die hohe Rate des Wiederauftretens von Krebsgewebe an derselben Stelle nach einer operativen Entfernung); bei einer Untersuchung von 50 Patienten fand er in 6% der Fälle lokale Tumorrezidive und in 16% Metastasen (Tochtergeschwülste an anderer Stelle des Körpers). Es gibt jedoch keine sicheren Beweise dafür, daß seine Technik der radikalen Mastektomie bessere Überlebensraten bewirkte. Halsted selbst entfernte die Lymphknoten nicht, da er ihre Funktion noch nicht kannte und verstand. Heutzutage weiß man, daß selbst, wenn man alle Lymphknoten in der Achselhöhle entfernt, die Krebszellen möglicherweise schon vorher an andere Körperstellen verschleppt worden sind. Es scheint eher die Anzahl von befallenen Achsellymphknoten zu sein, die in direktem Zusammenhang mit der Rezidiv- und Überlebensrate steht (d.h. je mehr Lymphknoten von Krebszellen befallen sind, desto schlechter ist die Prognose).

2. **Modifizierte radikale Mastektomie** Bei dieser Operationsform werden die Brust, ein Teil des Fettgewebes, die meisten oder alle Achsellymphknoten und die Lymphknoten auf und zwischen den Brustmuskeln entfernt. Die Brustmuskeln selbst werden jedoch im Gegensatz zur Halsted-Operation (siehe Def. 1) belassen. Diese Operationsmethode ist technisch gesehen schwieriger und zeitaufwendiger als die Halsted-Methode, da man nicht so leicht an die Achsellymphknoten herankommt, wenn man die Brustmuskulatur intakt läßt. Dafür ist das kosmetische Ergebnis um einiges befriedigender, und auch die Beweglichkeit des Schulter-Arm-Gürtels bleibt erhalten. Die Technik der modifizierten radikalen Mastektomie wurde erstmals 1948 von zwei britischen Chirurgen beschrieben, die die Auffassung vertraten, daß die Krebszellen nicht durch die Brustmuskeln verschleppt werden, und Vergleiche zeigen, daß die rezidivfreien Überlebensraten nach dieser Operationsmethode nicht niedriger sind als nach der Halsted-Operation. Die modifizierte radikale Mastektomie stellt heute das Routineverfahren in der Behandlung des Mammakarzinoms dar.

3. **Einfache Mastektomie** Auch *Ablatio mammae simplex*. Ein Operationsverfahren, bei der nur die Brust entfernt und die Achsellymphknoten und die Brustmuskulatur intakt belassen werden. Sie vermeidet die eingefallene Brustwand, die aus den radikaleren Operationsmethoden (Def. 1 und 2) resultiert, und verringert deutlich die Wahrscheinlichkeit eines Lymphödems. Die einfache Mastektomie ohne Lymphknotenentfernung ist keine kurative (heilende) Therapie, sondern dient lediglich der lokalen Tumorentfernung und wird deshalb nur in Fällen durchgeführt, in denen keine Heilung mehr erwartet werden kann und eine radikalere Operation nur eine unnötige Belastung für die Patientin bedeuten würde. Manchmal wird die einfache Mastektomie mit einer Lymphknotenentfernung der Achsellymphknoten, die der Brust am nächsten liegen, verbunden, was in erster Linie aus diagnostischen Gründen zur → Stadieneinteilung des Tumors geschieht, d.h. um das Ausmaß des Lymphknotenbefalls und die Notwendigkeit anschließender strahlentherapeutischer und/oder medikamentöser Behandlungen zu bestimmen. Diese einfache Mastektomie *mit* Entfernung lediglich der der Brust am nächsten liegenden Lymphknoten wird — außer aus diagnostischen Gründen (siehe oben) — manchmal in sehr frühen Tumorstadien empfohlen, in denen nachweislich noch keine Lymphknoten vom Tumor befallen sind. Dies erfordert jedoch eine engmaschige Kontrolle der verbliebenen Achsellymphknoten in kurzen Zeitabständen, um gegebenenfalls sofort auch die restlichen Lymphknoten entfernen zu können.

4. **Quadrantenresektion** Auch *Lumpektomie*, *Tylektomie* oder *Mamma-Teilresektion*. Bei diesem Verfahren wird lediglich das verdächtige (Tumor-)Gewebe samt eines Ringes gesunden Brustgewebes und der darüberliegenden Haut entfernt. Das restliche Brustdrüsengewebe, Fett- und Muskelgewebe sowie die Lymphknoten werden nicht angetastet. Dieses sehr restriktive Vorgehen ist nur bei sehr kleinen Tumoren (kleiner als 2 cm im Durchmesser) mit nachweislich fehlendem Befall der Achsellymphknoten, d.h. im Frühstadium der Erkrankung gerechtfertigt, und sollte immer durch eine Nachbestrahlung und manchmal auch durch eine Chemotherapie ergänzt werden. Die Quadrantenresektion findet in letzter Zeit zunehmend Verbreitung.

5. **Subkutane Mastektomie** Ein Verfahren, bei dem etwa 95% des gesamten Brustdrüsengewebes entfernt wird, ohne daß die darüberliegende Haut mit der Brustwarze zerstört wird. Die subkutane Mastektomie wird vor allem als prophylaktische Maßnahme bei Frauen mit einem ausgesprochen hohen Brustkrebsrisiko (siehe unter → Brust-

krebs) durchgeführt. Wenn bei der sorgfältigen Untersuchung des entnommenen Brustgewebes Krebsgewebe gefunden wird, werden in einer weiteren Sitzung sowohl das zunächst verbliebene Brustgewebe als auch die Achsellymphknoten nachträglich entfernt. Zum Ersatz des Drüsenkörpers wird eine Silikon-Prothese eingesetzt, um die Brustkontur wieder herzustellen.

Die subkutane Mastektomie wird auch als Therapie bei dem lobulären → Carcinoma in situ oder anderen nicht-invasiven Tumorformen durchgeführt, die weit weg von der Brustwarze liegen. Der Haupteinwand gegen dieses Verfahren als Behandlung für invasive Tumorformen besteht darin, daß das Brustgewebe in der Nähe der Brustwarze nicht vollständig entfernt werden kann, so daß das Risiko besteht, daß einige Krebszellen in der Brust verbleiben.

Mastitis Eine Entzündung der Brust, die meistens durch eine → Infektion mit dem Bakterium *Staphylococcus aureus*, manchmal aber auch durch andere Organismen verursacht wird. Man kann sich eine Mastitis über einen Biß, z.B. im Liebesspiel, zuziehen, aber meistens geht der Infektionsweg vom Mund beziehungsweise Nasen-Rachenraum des Säuglings über die Brustwarzen einer stillenden Frau. Die Symptome einer Mastitis sind Schmerzen in der betroffenen Brust, meistens betont an einem Punkt, Druckempfindlichkeit und Schwellung. Fast immer hat man auch Fieber, das manchmal sehr hoch und eventuell von Schüttelfrost begleitet sein kann. Durch eine Behandlung mit warmen Kompressen und oralen → Antibiotika geht die Mastitis oft innerhalb von 48 Stunden wieder zurück. Ist dies nicht der Fall, dann bildet sich an einer Stelle gewöhnlich ein Abszeß (siehe → Abszeß, Def. 3) aus, der dann chirurgisch eröffnet und abgelassen werden muß.

Obwohl es Zeiten gab, in denen man aus Furcht vor einer Infektion des Babys die sofortige Abstillung empfahl, machen viele Frauen mit einer Mastitis die Erfahrung, daß das Saugen die Schmerzen etwas lindert. Gleichzeitig führt es über die Entleerung der Brust dazu, daß die Bakterien sich schlechter vermehren können. Dem Kind kann es nicht schaden, da die Bakterien ja normalerweise aus seinem eigenen Mund stammen. Der Begriff *chronische zystische Mastitis* wird manchmal für die → fibrozystische Mastopathie verwendet, was aber ungenau beziehungsweise sogar falsch ist, weil die zystischen Veränderungen nur extrem selten mit einer Entzündung oder gar Infektion einhergehen.

Frauen, die pflanzliche Arzneimittel vorziehen, verwenden seit jeher verschiedene Kräuter und Pflanzen, um die Schmerzen bei entzündeten oder verkrusteten Brustwarzen oder bei einer Mastitis zu lindern. Dazu gehören z.B. Breiumschläge aus Holunderbeerenblüten (*Sambucus nigra*) und Olivenöl, geriebene rohe Kartoffeln, frische Ingwerwurzeln und Schwarzwurzelblätter (*Symphytum officinale*).

Mastopathia fibrocystica Siehe → Fibrozystische Mastopathie

Masturbation Auch *Selbstbefriedigung*. Die sexuelle Eigenstimulation bis zum → Orgasmus. Nach Ansicht der meisten Experten ist Masturbation während der Adoleszenz etwas ganz Normales, viele halten sie in jedem Lebensalter für normal. Offensichtlich erleben Frauen die durch Masturbation erreichten Höhepunkte oft intensiver und mit stärkeren Muskelkontraktionen als die Orgasmen mit einem Partner, obwohl die Mediziner, die dieses Phänomen beobachtet haben, gleichzeitig betont haben, daß eine meßbare physische Intensität nicht notwendigerweise mit dem Gefühl der Befriedigung identisch sein muß, das seinerseits wiederum bei einem Orgasmus mit einem Partner stärker sein kann. Die gegenseitige Masturbation — die sexuelle Befriedigung des einen durch den anderen Partner, gleichzeitig oder nacheinander — kann eine befriedigende Form der sexuellen Beziehung sein. Für → heterosexuelle Partner stellt sie eine hervorragende Alternative dar, wenn Krankheit, eine Verletzung oder die „fruchtbaren Tage" den Geschlechtsverkehr unmöglich oder unerwünscht machen. Zugleich bietet sie den Partnern die Möglichkeit, sich mit den sexuellen Antworten und Bedürfnissen des anderen vertraut zu machen, und wird deshalb von Sexualtherapeuten oft empfohlen, um Frauen zu helfen, die noch nie einen Orgasmus gehabt haben (siehe → Frigidität).

Es gibt unter Frauen eine Vielzahl von verschiedenen Techniken der Masturbation, wobei jedoch fast alle die Stimulation der → Klitoris mit einschließen: mit den Fingern, durch Überkreuzen der Beine und gleichzeitige Druckausübung, mit einem Wasserstrahl, einem elektrischen oder batteriebetriebenem Vibrator, einem Kissen oder irgendeinem anderen Objekt. Während des 19. und im frühen 20. Jahrhundert wurde zumindest in Europa und Amerika die Masturbation, und besonders die der Frauen, als ein krankhaftes Verhalten angesehen, und es gab tatsächlich einige Mediziner, die die Klitoris (→ Klitoridektomie) oder ihre Vorhaut enfernten, um diese Praxis im Zaum zu halten. Im Gegensatz dazu empfehlen heutzutage sogar einige Mediziner die Masturbation vor allem für Frauen nach der Menopause, die seltene oder keine sexuelle Beziehungen mit einem Partner haben, in der Überzeugung, daß die häufige Anfeuchtung der Vagina durch sexuelle Erregung hilft, ein zu starkes Austrocknen der Gewebe zu verhindern (siehe → Vaginale Atrophie).

Medikamenteneinnahme während der Schwangerschaft Praktisch jedes Medikament, das von einer schwangeren Frau eingenommen wird (wie auch Drogen, Alkohol und Nikotin), erreicht über die → Plazenta den Blutkreislauf des Kindes und kann dort unter Umständen lebensbedrohliche Auswirkungen auf die Entwicklung des Fetus haben. Die Art und das Ausmaß dieser sogenannten *teratogenen* (d.h. den Fetus schädigenden) Auswirkungen hängen dabei unter anderem davon ab, in welchem Entwicklungsstadium sich der Fetus zum Zeitpunkt der Medikamenteneinnahme befindet. In den beiden ersten Wochen nach der → Befruchtung, also noch vor der Einnistung der befruchteten Eizelle in die Gebärmutterschleimhaut und für einige Tage danach, führt eine teratogene Substanz in der Regel zum Absterben des Embryos. Es gilt das „Alles-oder-nichts-Gesetz", d.h. entweder stirbt der Embryo ab oder er überlebt den Einfluß der Substanz vollkommen unbeschadet. Im weiteren Verlauf während der Zeit der Organentwicklung des Embryos, d.h. zwischen der 3. und 8. Schwangerschaftswoche, in der im Prinzip alle Organe des zukünftigen Menschen in ihren Grundstrukturen entstehen, kann eine teratogene Substanz zu hochgradigen Mißbildungen beim Kind führen, während sich ein noch späterer schädigender Einfluß ab der Fetalzeit vor allem in einem verzögerten Wachstum eines bestimmten Organs oder des gesamten Fetus äußert und damit unter Umständen zur → Mangelgeburt führt.

Ob ein während der Schwangerschaft eingenommenes Medikament teratogen (schädigend) wirkt, hängt außerdem auch noch von der Art des Medikamentes, der Art und Dauer seiner Verabreichung und vom eventuellen Zusammentreffen mit anderen schädigenden Faktoren ab. Zu den Medikamenten, von denen man mit Sicherheit weiß, daß sie zu ausgeprägten Mißbildungen verschiedenster Art der Leibesfrucht führen können, gehören das in den sechziger Jahren als Schlafmittel eingesetzte → Contergan®, bestimmte Zytostatika wie Methotrexat und Aminopterin (siehe unter → Chemotherapie), bestimmte Hormone und hormonähnliche Substanzen wie Ethisteron, Norethisteron, Danazol und einige Anabolika sowie das Isotretionin, das zur Behandlung der → Akne eingesetzt wird. Diese Medikamente sollten unter keinen Umständen während der Schwangerschaft eingenommen werden.

Zu den Substanzen, für die eine teratogene Wirkung nicht mit absoluter Zweifelsfreiheit erwiesen ist, die jedoch mit großer Wahrscheinlichkeit zu Schäden beim Kind führen können, wenn sie während einer Schwangerschaft eingenommen werden, gehören unter anderem: die sogenannten *Antikonvulsiva*, die zur Behandlung von epileptischen Anfällen verwendet werden (vor allem das Hydantoin und das Valproinat), das Marcumar®, das bei bestimmten Erkrankungen zur Gerinnungshemmung des Blutes eingesetzt wird und einige Zytostatika und → Antibiotika wie Imurek®, Tetrazykline und Aminoglykoside. (Dagegen gilt Penicillin als ungefährlich.)

Die große Mehrzahl der Medikamente scheint jedoch keinen schädigenden Einfluß auf die Entwicklung des Kindes im Mutterbauch zu haben. Dennoch kann man niemals mit absoluter Gewißheit sagen, daß ein bestimmtes Medikament unschädlich für die Frucht ist. Daraus ergibt sich als Konsequenz, daß man *jedes* Medikament in der Schwangerschaft, vor allem im ersten Drittel, vermeiden soll, wenn es nicht für die Gesundheit der Mutter und damit auch indirekt für das Kind absolut notwendig ist. Dies gilt auch für rezeptfreie Medikamente. Darüber hinaus sollte eine schwangere Frau jeden Arzt, den sie aufsucht, darauf aufmerksam machen, daß sie schwanger ist, damit er dies bei der Wahl der Therapie beziehungsweise der Auswahl eines unbedingt notwendigen Medikamentes in Betracht ziehen kann.

Mehrlingsschwangerschaft Eine Schwangerschaft, bei der mehr als ein Fetus zur gleichen Zeit in der Gebärmutter heranwächst, z.B. Zwillinge, Drillinge, Vierlinge usw. Grundsätzlich gibt es zwei verschiedene Formen der Mehrlingsschwangerschaft: zum einen die eineiigen Mehrlinge, bei denen sich eine Eizelle *nach* der Befruchtung so aufteilt, daß zwei oder mehr Embryos entstehen, zum anderen die mehreiigen Zwillinge, bei denen gleichzeitig während eines Menstruationszyklus zwei oder mehr Eizellen (jedoch nicht notwendigerweise durch den gleichen Geschlechtsakt) von entsprechend vielen Spermien befruchtet werden. Zum Entstehen von eineiigen Zwillingen sind also eine Eizelle und ein einziges Spermium nötig, zu den zweieiigen zwei Eizellen und zwei verschiedene Spermien. Eine Drillingsschwangerschaft kann theoretisch aus einer einzigen, aus zwei oder aus drei Eizellen entstehen, wobei jedoch eineiige Drillinge am seltensten sind. Häufiger entstehen Drillinge aus zwei Eizellen, von denen sich eine in einen einzigen Fetus entwickelt und die andere in Zwillinge.

Die mit Abstand am häufigsten auftretende Form der Mehrlingsschwangerschaft sind Zwillinge. Dabei sind ein Viertel der Zwillingsschwangerschaften eineiige, drei Viertel zweieiige Zwillinge. Zweieiige Zwillinge sind Geschwister und ähneln sich nicht mehr als andere Kinder der gleichen Eltern. Sie können das gleiche Geschlecht haben oder auch Bruder und Schwester sein. Dagegen sind eineiige Zwillinge immer vom gleichen Geschlecht (da ihr genetisches Material einschließlich der Geschlechtschromosomen identisch ist) und sehen sich extrem ähnlich. Gelegentlich kommt es vor, daß sich eineiige Zwillinge nicht vollständig voneinander trennen, sondern mehr oder weniger miteinander verwachsen auf die Welt kommen. Diese Kinder werden *siamesische Zwillinge* genannt. Sie entstehen dadurch, daß sich die befruchtete Eizelle nur teilweise und nicht vollständig in zwei Embryos aufgeteilt hat.

Das Auftreten von eineiigen Zwillingen ist, soweit man weiß, allein vom Zufall abhängig. Man hat keine Faktoren herausfinden können, die vermehrt zu eineiigen Zwillingsschwangerschaften führen. Auf 200 Schwangerschaften kommt eine eineiige Zwillingsschwangerschaft vor.

Das Auftreten von nicht-eineiigen Zwillingen jedoch wird durch die Menge des von der → Hypophyse (Hirnanhangsdrüse) abgegebenen Hormons → FSH (follikel-stimulierendes Hormon) sowie von einer Reihe anderer Faktoren beeinflußt. Mehreiige Zwillinge sind häufiger bei Angehörigen der dunkelhäutigen Rassen und seltener bei orientalischen Völkern als bei den Weißen der westlichen Kulturländer. Die Wahrscheinlichkeit für mehreiige Zwillinge ist höher, wenn es in der Familie in der Vergangenheit schon ein- oder mehrmals zu Zwillingsgeburten gekommen ist, wahrscheinlich, weil die Eigenart, daß es zum Eisprung von mehr als einem Ei zur gleichen Zeit, d.h. zur *Polyovulation* kommt, vererblich ist.

In den letzten Jahrzehnten ist es mit dem Einsatz von verschiedenen Medikamenten zur Behandlung der → Unfruchtbarkeit, nämlich vor allem den → Ovulationsauslösern, zu einem beträchtlichen Anstieg der Häufigkeit von Mehrlingsgeburten gekommen. Die Verwendung solcher Medikamente kann zur Bildung von drei, vier oder sogar so vielen wie acht oder neun Embryos führen. Mehrlinge entwickeln sich außerdem nicht selten bei einer → künstlichen Befruchtung, bei der mehrere Embryos in die Gebärmutter einer Frau gebracht werden in der Hoffnung, daß sich zumindest einer zu einem lebensfähigen Fetus entwickelt. Die Wahrscheinlichkeit für Zwillinge steigt darüber hinaus mit dem Alter der Mutter und der Anzahl der vorausgegangenen Schwangerschaften: Im Alter von 20 besteht eine Wahrscheinlichkeit von 1 zu 250, im Alter von 40 dagegen von 1 zu 62,5. Nach dem 40. Lebensjahr sinkt die Wahrscheinlichkeit einer Mehrlingsschwangerschaft jedoch wieder. Adipöse (übergewichtige) Frauen bekommen wahrscheinlicher zweieiige Zwillinge als dünne Frauen, vielleicht wegen ihrer höheren Hormonspiegel.

Bei zweieiigen Zwillingen können die beiden Eizellen sowohl aus demselben Eierstock als auch aus beiden Eierstöcken stammen. Jeder Zwilling hat seine eigene Fruchtblase und seine eigene Plazenta. Eineiige Zwillinge können zu verschiedenen Zeiten in der frühen Entwicklung einer befruchteten Eizelle entstehen, aber man geht davon aus, daß die Teilung in aller Regel vor dem achten Tag nach der Befruchtung stattfindet. Manche eineiigen Zwillinge haben eine gemeinsame Plazenta, aber verschiedene Nabelschnüre. Diese Babies können oft nicht überleben, da sich ihre Nabelschnüre miteinander verwickeln, was zu einer Unterbrechung der Sauerstoffzufuhr für die Kinder führt. Häufiger jedoch hat jeder Zwilling seine eigene Plazenta und seine eigene Nabelschnur. Selbst dann kommt es jedoch vor, daß nur einer der Zwillinge lebend geboren wird. Der andere, tote Zwilling kann entweder durch eine frühe Fehlgeburt abgehen, (während der lebende bis zur Geburt ausgetragen wird) oder, was häufiger ist, er verbleibt bis zur Geburt des lebenden Zwillings in der Gebärmutter und wird dann zusammen mit ihm entbunden. Zu einem solchen Verlauf mit Absterben des einen Zwillings kommt es häufiger bei eineiigen als bei mehreiigen Zwillingen. Häufig ist er die Folge eines sogenannten *Transfusions-Syndroms*, bei dem die Zwillinge eine arterielle Verbindung *miteinander* haben, durch die der eine den anderen praktisch zu Tode ausblutet, weil er ihm alles Blut „abzapft“.

Eine Mehrlingsschwangerschaft ist sowohl für die Mutter als auch für die Babies risikoreicher als eine Einlingsschwangerschaft. Die Rate von Fehl- und Totgeburten ist wesentlich höher, ebenso wie die Neugeborenen-Sterblichkeit. Letzteres ist zumindest teilweise durch die Tatsache bedingt, daß Zwillinge wie alle Mehrlinge selten so lange ausgetragen werden wie einzelne Kinder — nämlich im Durchschnitt 37 Wochen im Gegensatz zu 39 Wochen bei Einlingen — und daß frühgeborene Kinder immer eine schlechtere Überlebenschance haben als ausgetragene. Andere Komplikationen, die häufiger bei Mehrlings- als bei normalen Schwangerschaften auftreten, sind ein → Hydramnion, die → Präeklampsie, eine → Placenta praevia, → Lageanomalien bei Geburt, → Geburtsverzögerungen und → postpartale Blutungen.

In den Fällen, in denen die Mehrlingsschwangerschaft durch die Behandlung einer Infertilität mit Ovulationsauslösern zustande gekommen ist und bei denen man Gefahren für die Mutter oder die Kinder befürchtet, kann eine sehr umstrittene Technik, die sogenannte *fetale Reduktion*, eingesetzt werden. Hierbei wird vor der 12. Schwangerschaftswoche ein tödliches Medikament in einen oder in mehrere der Feten (durch den Bauch der Mutter unter Ultraschallkontrolle) gespritzt, um den verbleibenden Babies (in der Regel zwei) eine bessere Überlebenschance zu ermöglichen. Dieses Verfahren wird jedoch aus moralisch-ethischen Gründen sehr skeptisch betrachtet. Außerdem kann es zur Fehlgeburt sämtlicher Feten führen.

Zuweilen wird das Vorliegen einer Mehrlingsschwangerschaft erst dann entdeckt, wenn ein Kind geboren ist und die Größe der Gebärmutter nach der Entbindung dieses Kindes darauf schließen läßt, daß sie noch nicht leer ist. Es ist vorgekommen, daß man der Mutter nach der Geburt → Oxytozin oder ein anderes Medikament gegeben hat, das die Kontraktion der Gebärmutter und die Rückkehr zu ihrer normalen Größe unterstützen soll, bevor man realisiert hatte, daß da noch ein zweites Kind im Bauch war. Dies ist sowohl für die Mutter als auch für das Kind extrem gefährlich und kann vermieden werden, indem man sofort nach der Geburt den Uterus der Mutter abtastet, so daß ein eventuelles zweites Kind nicht übersehen werden kann.

Der Verdacht auf das Vorliegen einer Mehrlingsschwangerschaft muß gestellt werden, wenn die Gebärmutter im Verhältnis zur Schwangerschaftsdauer (→ Tragzeit) größer ist, als man normalerweise erwarten würde. Oft können die fetalen Herztöne erst später als normal gehört werden, wahrscheinlich weil die Babies im Vergleich zu Einzelkindern desselben Schwangerschaftsalters kleiner sind. Erhöhte Spiegel des Alpha-Fetoproteins (siehe → Alpha-Fetoproteintest) in der 16. Schwangerschaftswoche können ein Hinweis auf eine Mehrlingsschwangerschaft sein. Früher noch kann eine → Ultraschalluntersuchung der Gebärmutter das Vorhandensein von Mehrlingen feststellen. Ab dem siebten Monat kann man die Mehrlinge oft auch von außen ertasten (→ Leopold-Handgriffe.)

Besonders während der beiden letzten Schwangerschaftsmonate erfordern Frauen mit einer Mehrlingsschwangerschaft besondere Sorge und Überwachung, um die beiden zu dieser Zeit möglichen Hauptkomplikationen zu vermeiden, nämlich eine → Präeklampsie und einen vorzeitigen Geburtsbeginn. Dazu sind Vorsorgeuntersuchungen in kurzen Zeitabständen notwendig. Außerdem ist es wichtig, auf eine ausreichende und richtige Ernährung der Mutter zu achten und für genügend Ruhepausen zu sorgen. Manche Ärzte gehen sogar so weit, ab etwa der 28. Schwangerschaftswoche eine fast komplette Bettruhe zu fordern, um das Risiko eines vorzeitigen Geburtsbeginnes zu verringern.

Die → Geburt selbst setzt in aller Regel spontan ein, und ihre erste Phase, die Eröffnungsphase, verläuft genauso wie bei der Geburt eines einzelnen Kindes. Die Entbindung des ersten Zwillings in der Austreibungsphase stellt kein Problem dar, solange er mit dem Kopf voraus liegt. Eine Lageanomalie betrifft meistens erst den zweiten Zwilling, der entweder mit dem Steiß zuerst (→ Beckenendlage) oder sogar quer statt längs in der Gebärmutter liegt. Oft gelingt es in letzterem Fall, das Kind nach der Entbindung des ersten Zwillings im Uterus zu drehen, so daß entweder der Kopf oder der Steiß vorne liegen und eine Entbindung problemlos möglich ist. Eine solche Wendung des Babys gelingt bei Zwillingen prinzipiell einfacher, weil sie tendenziell kleiner sind als die Kinder bei einer Einlingsschwangerschaft. Gelegentlich sind die Zwillinge ineinander verhakt, so daß eine gefahrlose Entbindung auf normalem Wege nicht möglich ist. In unglücklichen Fällen wird dies jedoch erst entdeckt, wenn Teile des ersten Zwillings — in der Regel die Beine — schon geboren sind. In einem solchen Fall muß sofort ein notfallmäßiger → Kaiserschnitt durchgeführt werden.

Ein anderes Problem bei der Geburt von Mehrlingen kann dadurch auftauchen, daß die Wehen nach der Entbindung des ersten Kindes aufhören oder zu schwach werden, um das nächste Kind auszutreiben. Die Meinungen darüber, wie lange man zuwarten kann, bevor man die Entbindung des zweiten Kindes vorantreibt beziehungsweise einleitet, gehen etwas auseinander. Manche sind der Ansicht, daß man der Mutter etwa eine Stunde Zeit geben sollte, damit sich die Wehen für die Geburt des zweiten Kindes von alleine wieder einstellen. Die meisten geben jedoch zu bedenken, daß eine zu lange Verzögerung zu Gefahren für das noch ungeborene Kind führt, und fordern deshalb, nicht länger als 15 bis 20 Minuten nach der Geburt des ersten Kindes abzuwarten, ob das zweite von alleine kommt, im negativen Fall dann aber schleunigst zu weiteren Maßnahmen zu greifen. Wenn es die vaginale Untersuchung und die Lage des Kindes erlauben, wird die → Fruchtblase des zweiten Kindes gesprengt und, falls notwendig, das Kind in eine Kopf- oder Steißlage gewendet. Durch Druck auf den oberen Teil der Gebärmutter versucht man dann, die Austreibung des Kindes zu fördern. Gelingt dies nicht, wird es mit der Hilfe einer Zange oder einer Saugglocke entbunden. In aller Regel lösen sich die Plazenten beider Kinder erst nach der Geburt *beider* Kinder. Bei Mehrlingsgeburten wird man nach der Austreibungsphase prophylaktisch immer ein Kontraktionsmittel geben, um die Verkleinerung der Gebärmutter zu fördern und damit unter Umständen bedrohliche Nachblutungen zu vermeiden.

Alle geborenen Mehrlinge sind als Risikokinder zu betrachten und bedürfen zumindest anfänglich einer Intensivüberwachung.

Mekonium Auch *Kindspech*. Der vom ungeborenen Kind während der Zeit im Mutterbauch gebildete Stuhl, der normalerweise erst nach der Geburt vom Kind abgesetzt wird. Bis zum vierten Monat der intrauterinen (in der Gebärmutter stattfindenden) Entwicklung hat der heranwachsende Fetus genügend Magen-Darm-Gewebe gebildet, um Fruchtwasser zu schlucken, das darin enthaltene Wasser über den Magen-Darm-Trakt zu resorbieren und den Rest weiter bis in den Enddarm zu transportieren, wo er zunächst liegen bleibt. Im neunten Monat schluckt der Fetus etwa 450 ml Fruchtwasser am Tag, was ungefähr der Menge an Muttermilch entspricht, die ein neugeborenes Baby trinkt. Vor der Geburt besteht das Mekonium nicht nur aus den unverdauten Fruchtwasseranteilen, sondern auch aus verschiedenen anderen Substanzen, die vom Magen-Darm-Trakt des Fetus produziert und abgegeben werden. Die Farbe des Mekoniums ist dunkelgrün bis schwarz. Kommt das ungeborene Kind in eine Streßsituation, z.B. durch einen Sauerstoffmangel, dann läßt die Spannung der Darmmuskulatur nach, und das Mekonium wird vom Enddarm in das Fruchtwasser hinaus abgegeben. Aus diesem Grund erfordert die Anwesenheit von Mekonium im Fruchtwasser während oder gar vor der Geburt eine sorgfältige Beobachtung des kindlichen Herzschlages. Wenn die Herzfrequenz nicht zwischen 120 und 180 Schlägen pro Minute liegt oder bestimmte Formen der Verlangsamung zeigt, dann ist das ein sicheres Zeichen dafür, daß das Baby unter Sauerstoffmangel leidet und weitere Maßnahmen getroffen werden müssen. Aber selbst bei normaler Herzfrequenz kann das Mekonium ein Hinweis auf eine Gefährdung des Kindes sein.

Bei einer → Beckenendlage des Kindes wird fast immer Mekonium in die mütterliche Scheide abgegeben, da es während der Wehen zu einem beträchtlichen Druck auf den Bauch des Babys kommt, was seinerseits wiederum das Mekonium aus dem Darm nach außen drückt, von wo es direkt in die Scheide gelangt. Bei einer Hinterhauptslage jedoch (d.h. der Kopf geht voran) weist das Vorhandensein von Mekonium darauf hin, daß das Baby nicht genügend Sauerstoff bekommt.

Abgesehen von der zugrundeliegenden Gefahr (dem Sauerstoffmangel) liegt die Hauptgefahr von Mekonium im Fruchtwasser darin, daß das Kind etwas von dem Mekonium aspiriert, d.h. in die Lungen verschluckt, wo das Mekonium zu einer ernsten chemischen Irritation des Lungengewebes mit nachfolgender Infektion durch Bakterien, der sogenannten *Mekoniumaspirations-Pneumonie*, führen kann. Diese Erkrankung ist nach dem → idiopathischen Atemnotsyndrom der häufigste Grund für Atemprobleme bei Neugeborenen und erfordert ein gründliches Absaugen der Lungen noch vor dem ersten Atemzug sowie eine spezifische Neugeborenenüberwachung auf der Intensivstation.

Nach der Geburt wird das Mekonium mit dem normalen Stuhlgang abgesetzt. Dann ist das Mekonium weich, braun-grün und normalerweise geruchslos. Nach dem dritten oder vierten Tag, wenn sich die Ernährung des Kindes mit Muttermilch oder der Flasche etabliert hat, verschwindet das Mekonium und wird durch einen hellen, gelben Stuhl mit charakteristischem Geruch ersetzt.

Mekoniumileus Eine Sonderform des Darmverschlusses bei Neugeborenen durch Ausstopfung des Darmes mit zähklebrigem → Mekonium. Zu einem Mekoniumileus kommt es besonders häufig bei Neugeborenen, die an einer → Mukoviszidose (Zystischen Fibrose) erkrankt sind.

Mekoniumtest Ein Schnelltest bei Neugeborenen zur Früherkennung der Krankheit → Mukoviszidose. Er beruht auf dem Nachweis des bei dieser Krankheit typischerweise erhöhten Albumin-(Eiweiß)-Gehalts des → Mekoniums.

Melanom Siehe → Malignes Melanom

Menarche Der Zeitpunkt der ersten Menstruationsblutung, der normalerweise zwischen dem neunten und 16. Lebensjahr liegt, bei 5% der Mädchen jedoch erst im Alter zwischen 16 und 18 eintritt. Ein Beginn der Regelblutung vor dem neunten Lebensjahr wird als → Pubertas praecox (vorzeitige Geschlechtsreife) bezeichnet und kann ohne ersichtlichen Grund (idiopathisch) oder als Ausdruck eines Tumors oder einer Hormonstörung auftreten. Das Durchschnittsalter beim Eintritt der Regelblutung beträgt heute 12,6 Jahre und ist seit dem letzten Jahrhundert, als es noch bei 15,5 Jahren lag, ständig gesunken. Diese Vorverlegung der Pubertät ist zum großen Teil eine Folge der verbesserten Ernährung, wodurch die Mädchen ihr → kritisches Gewicht heute schneller als früher erreichen. Die Menarche ist außerdem abhängig von klimatischen Bedingungen; so erleben Eskimo-Mädchen ihre erste Regelblutung im Durchschnitt erst mit 20 Jahren und beispielsweise ägyptische Mädchen schon im Alter von etwa zehn Jahren. *Extreme* klimatische Bedingungen führen zu einer Verlangsamung der Geschlechtsreife, was bedeutet, daß Mädchen aus tropischen Gebieten im Gegensatz zum weit verbreiteten Mythos nicht schneller „reif“ werden als Mädchen aus gemäßigten Klimazonen. Auch die Rassenzugehörigkeit hat keinen Einfluß auf die Menarche. Dagegen kann jedoch mangelnde Gesundheit — sowohl körperlich als auch seelisch gesehen — zu einer Verzögerung der Menarche führen.

Die Menarche setzt in der Regel drei bis vier Jahre nach den ersten Zeichen der → Pubertät ein. Zu diesem Zeitpunkt ist das Größen- und Gewichtswachstum schon zu 90% abgeschlossen, d.h. die meisten Mädchen haben zum Zeitpunkt ihrer ersten Regelblutung schon fast vollständig ihre spätere Körpergröße erreicht und wachsen danach nur noch wenige Zentimeter. Die Häufigkeit und Menge der Regelblutungen während der ersten Jahre nach der Menarche sind noch starken Schwankungen unterworfen und reichen von einer Blutung alle paar Monate und leichten Schmierblutungen bis zu monatlichen, voll ausgeprägten Blutungen, die denen der späteren Erwachsenenzeit ähneln. Die ersten Blutungen sind außerdem in der Regel, jedoch nicht immer → anovulatorische Blutungen, d.h. Blutungen ohne vorherigen Eisprung. Siehe auch → Amenorrhoe, → Menstruationszyklus, → dysfunktionelle Blutungen.

Menopause Auch *Klimakterium*, *Wechseljahre*. Genau genommen bezeichnet man mit dem Begriff Menopause die letzte Menstruationsblutung im Geschlechtsleben einer Frau, während mit dem Begriff Klimakterium beziehungsweise Wechseljahre der gesamte Zeitraum des sich ankündigenden Verlustes der Eierstockfunktion gemeint ist, der mit der Menopause seinen Abschluß findet. Im allgemeinen Sprachgebrauch verwendet man jedoch diese Begriffe oft identisch. Zudem kann man immer erst im Nachhinein sagen, welche Blutung tatsächlich die letzte war, wann also genau die Menopause eingesetzt hat. Die Wechseljahre erstrecken sich bei den meisten Frauen über wenige Monate bis wenige Jahre, bei manchen dauern sie jedoch lediglich einige Tage und bei anderen bis zu fünf oder sechs Jahren. Neben dieser natürlichen Menopause gibt es noch die „künstliche“ beziehungsweise chirurgische Menopause, d.h. die Menopause, die durch die chirurgische Entfernung beider Eierstöcke (→ Ovarektomie) hervorgerufen wird. Obwohl auch die Herausnahme der Gebärmutter (→ Hysterektomie) zu einem Sistieren der Menstruationsblutungen führt, finden weiterhin noch Eisprünge und eine Östrogenbildung statt, bis die natürliche Menopause einsetzt — vorausgesetzt, die Frau besitzt noch mindestens einen funktionsfähigen Eierstock. Das Durchschnittsalter bei der Menopause liegt in Deutschland zwischen dem 45. und 53. Lebensjahr, wobei es jedoch starke Schwankungen nach oben und unten gibt. Eine Menopause, die vor dem 40. Lebensjahr einsetzt, wird als vorzeitge Menopause betrachtet und erfordert eine sorgfältige ärztliche Untersuchung, um sicherzugehen, daß keine Erkrankung dahintersteckt.

Abgesehen von den Fällen, in denen die Menopause die Folge eines operativen Eingriffes ist, erfolgt das Ende der Menstruation in aller Regel nicht abrupt oder plötzlich, sondern kündigt sich durch Schwankungen im → Menstruationszyklus und den Periodenblutungen an. Die Perioden werden leichter, d.h. weniger und/oder weniger häufig, oder es fällt sogar eine Periode zwischendurch ganz aus. Genauso ist es aber auch möglich, daß die Perioden schwerer und/oder häufiger werden und manchmal sogar alle 21 Tage auftreten. Manchmal kommen beide Formen der Veränderung bei ein und derselben Frau vor. Grundsätzlich ist die Menopause die Umkehr der → Pubertät. Während in der Pubertät die → Hyphophyse (Hirnanhangsdrüse) die Eierstöcke dazu stimuliert, das Hormon Östrogen zu bilden und befruchtungsfähige Eizellen heranzubilden und abzugeben, beginnt im mittleren Alter — in der Regel irgenwann nach dem 40. Lebensjahr — die Östrogenproduktion nachzulassen, die → Ovulation (Eisprung) wird immer unregelmäßiger, bis schließlich gar keine Eizelle mehr abgegeben wird und die Menstruationsblutungen ganz aufhören. Bei Männern, die während der Pubertät in der Regel viel plötzlichere und auffälligere Symptome als Frauen erleben — Stimmbruch, mehr Pickel, Gefühlsausbrüche, Aggressionsgefühle —, erfolgt der Rückgang der Hormon- und Spermienbildung in den mittleren Jahren dagegen viel allmählicher und oft völlig unbemerkt (siehe → männliches Klimakterium). Wenn über einen Zeitraum von zwölf Monaten keine Menstruationsblutungen mehr aufgetreten sind, ist der Wechsel in der Regel, jedoch nicht immer, abgeschlossen. Danach befindet sich die Frau in der sogenannten *Postmenopause*.

Genauso wie die wachsende Hormonbildung während der Pubertät mit körperlichen und seelischen Veränderungen einhergeht, so kommt es auch während der Wechseljahre zu körperlichen und seelischen Symptomen, die durch die sinkende Hormonbildung verursacht sind. Wenn die Eierstöcke aus „Altersgründen“, d.h., weil der Vorrat an Eizellen verbraucht ist und die Eierstöcke langsam von Bindegewebe durchwachsen werden, immer weniger → Östrogen produzieren, dann führt das über das hormonelle Feedback-System (siehe unter → Menstruationszyklus) dazu, daß die Hypophyse immer mehr → FSH (follikel-stimulierendes Hormon) bildet, um die Östrogenbildung in den Eierstöcken „anzuheizen“. Dies zeigt sich in höheren Spiegeln von FSH im Blut und im Urin einer Frau während der Wechseljahre, was entweder durch einen Test mit einem über 24 Stunden gesammelten Urin oder anhand einer Blutuntersuchung nachgewiesen werden kann. Eine weitere Folge der Hormon- und Eierstockveränderungen besteht darin, daß Eisprünge nur noch sporadisch stattfinden. Mehr und mehr Menstruationszyklen verlaufen mit → anovulatorischen Blutungen, d.h. es kommt zu Regelblutungen, ohne daß vorher eine Eizelle gesprungen ist. Obwohl also durch die Stimulation des FSH noch genügend Östrogen in den Ovarien gebildet wird, um die Gebärmutterschleimhaut während der ersten Hälfte des Menstruationszyklus in der üblichen Weise aufzubauen, bleibt bei fehlenden Eisprung die Bildung des → Progesterons in der zweiten Zyklushälfte aus. Folglich wird zwar die Gebärmutterschleimhaut genügend aufgebaut, um eine befruchtete Eizelle aufnehmen zu können, reift aber nicht genügend aus, um bei fehlender Einnistung einer befruchteten Eizelle abgelöst und nach außen abgestoßen werden zu können. Die Folge ist, daß der Menstruationszyklus aus der Bahn geworfen wird. Die Blutungen setzen verspätet ein oder beginnen zwar zum richtigen Zeitpunkt, dauern aber länger als die gewöhnlichen fünf bis sieben Tage, oder sie sind leichter oder schwerer als zuvor. Gelegentlich kommt es vor, daß unter dem anhaltenden Östrogen- und fehlendem Progesteroneinfluß die Gebärmutterschleimhaut dicker und dicker wird, bis es schließlich statt zu der gewöhnlichen Regelblutung zu einer sogenannten → Durchbruchblutung kommt, die verstärkt und lange andauernd sein kann. In diesem Fall kann eine Hormontherapie und/oder eine Ausschabung notwendig werden (siehe auch unter → Endometriumhyperplasie).

Es ist also das aus den Fugen geratene hormonelle Gleichgewicht, das für die Periodenunregelmäßigkeiten während der Wechseljahre verantwortlich ist. Die Unregelmäßigkeiten an sich sind dabei normal, bestimmte Symptome jedoch können die Möglichkeit einer ernsthaften Erkrankung signalisieren. Extrem starke Blutungen (deutlich mehr Blut als sonst bei einer starken Periode, oft auch mit Blutgerinnseln), Blutungen, die häufiger als alle 21 Tage auftreten, Schmierblutungen außerhalb der Regelblutungen (über drei bis vier Wochen) und Blutungen nach einem blutungsfreien Intervall von 12 Monaten oder mehr, all dies erfordert eine baldige gynäkologische Untersuchung, um → Myome, → Polypen, eine bösartige oder eine andere Erkrankung auszuschließen.

Obwohl es nach dem 40. Lebensjahr immer seltener zu einem Eisprung kommt, ist eine Schwangerschaftsverhütung noch so lange notwendig, bis mindestens ein Jahr lang keine Menstruationsblutungen mehr aufgetreten sind. Selbst nach dieser Zeit kann es machmal nochmals zu einem Eisprung kommen, obwohl die Wahrscheinlichkeit, schwanger zu werden, dann sehr gering geworden ist. Während der Wechseljahre sind weder die → oralen Kontrazeptiva („Pille") wegen der mit dem Alter wachsenden Gefahr von unliebsamen Nebenwirkungen noch die Spirale (→ Intrauterinpessar) wegen der ohnehin bei einer liegenden Spirale verstärkten Blutungen als Verhütungsmaßnahmen besonders empfehlenswert. Mechanische Mittel wie das → Scheidendiaphragma und das → Kondom sind wesentlich sicherer. Darüber hinaus stellen all die Methoden, mit Hilfe derer man den Zeitpunkt des Eisprungs und damit die „fruchtbaren Tage" bestimmen kann, eine gute Alternative dar und erlauben außerdem gleichzeitig festzustellen, ob eine Frau in der Zeit der Menopause noch einen Eisprung hat oder nicht (siehe unter → Natürliche Methoden der Empfängnisverhütung).

Abgesehen von den Periodenunregelmäßigkeiten sind → Hitzewallungen das häufigste während der Wechseljahre auftretende Symptom. Sie werden in unterschiedlichem Maße — von sehr leicht und selten bis zu sehr ausgeprägten und häufigen Hitzewallungen — von etwa drei Viertel aller Frauen erlebt und können über Jahre anhalten. Man glaubt, daß sie die Folge einer Störung im → Hypothalamus sind, der für die Regulation der Körpertemperatur eine zentrale Rolle spielt, und daß entweder die erniedrigten Östrogenspiegel oder die erhöhten FSH-Spiegel der Grund für diese hypothalamische Störung sind. Der genaue Mechanismus ist noch nicht bekannt, aber die Hitzewallungen können durch Östrogeneinnahme abgeschwächt werden, was darauf hinweist, daß sie durch hormonelle Störungen verursacht werden. Da eine Therapie mit Östrogenen (siehe → Östrogensubstitutionstherapie) nicht ohne Risiken ist, wird ihr Einsatz nur aus diesem Grund, d.h. zur Behandlung lediglich von Hitzewallungen, kontrovers beurteilt.

Eine weitere, durch die Menopause hervorgerufene Veränderung, die in unterschiedlichem Ausmaß bei vielen Frauen meistens erst nach der Menopause und typischerweise mehrere Jahre nach der letzten Regelblutung auftritt, ist ein Ausdünnen, Trocken-Werden und ein Elastizitätsverlust der Schleimhautgewebe im Vulva- und Vaginalbereich, was insgesamt als → vaginale Atrophie bezeichnet wird. Die Schamlippen verlieren nach und nach einiges von ihren Fettgewebsschichten, wodurch die → Klitoris prominenter erscheint, und die Scheidenwände werden dünner und bilden weniger Schleim. Als Folge davon kann der Geschlechtsverkehr schmerzhaft werden (→ Dyspareunie), und die Anfälligkeit für Scheiden- und Blasenentzündungen steigt an. Wie die Hitzewallungen kann man auch die vaginale Atrophie gut mit Östrogenen behandeln, unter anderem auch mit Scheidenzäpfchen oder -cremes, die aus der Scheide in den Körperkreislauf gelangen. Auch hier müssen die Nachteile gegen die Vorzüge einer solchen Therapie gegeneinander aufgewogen werden, obwohl in manchen Fällen eine Applikation einmal pro Woche ausreicht, um die Beschwerden zu lindern und gleichzeitig zu selten ist, um Nebenwirkungen hervorzurufen.

Ein weiteres Problem, das mit der Menopause und vor allem den Jahren danach zusammenhängt, ist die → Osteoporose (Knochenschwund), eine chronische Erkrankung des Skelettsystems, die bei Frauen früher und schwerer auftritt als bei Männern. Auch hier konnte gezeigt werden, daß eine Östrogensubstitutionstherapie den Prozeß der Osteoporose verlangsamen kann.

Neben den Periodenunregelmäßigkeiten und den Hitzewallungen, die man direkt auf die Hormonveränderungen während der Wechseljahre beziehen kann, gibt es noch eine Reihe von weiteren Symptomen im Klimakterium, die teilweise eine Nebenfolge des hormonellen Ungleichgewichtes und zum Teil eine Erscheinung des allgemeinen Alterungsprozesses sind. Bei manchen Frauen z.B. kommt es zu ähnlichen Symptomen wie beim → prämenstruellen Syndrom mit Ödemen, Kopfweh, Verstopfung, Brustveränderungen und psychischer Labilität. Diese Symptome sind wahrscheinlich eine Folge der Östrogenabgabe bei gleichzeitigem Fehlen von Progesteron. Andere Frauen erleben Schwindelanfälle und/oder → Herzklopfen, von denen man glaubt, daß sie durch Störungen in der Regulation des Kreislaufsystems verursacht werden — ähnlich wie auch die Hitzewallungen. Bei wieder anderen führen häufige Hitzewallungen und nachfolgene Schweißausbrüche während der Nacht zu zunehmender Nervosität und Reizbarkeit sowie zu vermehrter Müdigkeit wegen der ständigen Schlafunterbrechungen in der Nacht. Anhaltende Beschwerden dieser Art sowie die Hormonschwankungen selbst können dabei zu Gemütsveränderungen ähnlich denen während der Pubertät einschließlich Angstattacken und Depressionen führen. Entsprechend den gemischten Gefühlen eines heranwachsenden Mädchens, das mit dem Frau-Sein und dessen neuen Verantwortungen konfrontiert ist, kann es zu emotionalen Problemen bei einer Frau in den mittleren Lebensjahren kommen, die einer Reihe von mehr oder weniger eingreifenden Lebensveränderungen gegenübersteht und sich mit der Aussicht auf den Prozeß des Alterns in einer Gesellschaft auseinandersetzen muß, in der häufig Attraktivität mit Jugend gleichgesetzt wird und Altsein an sich oft aus unterschiedlichsten Gründen einen negativen Beigeschmack hat.

Die Menopause hat keinen Einfluß auf die → Libido (sexuelle Bedürfnisse) einer Frau, die im wesentlichen von der unverändert anhaltenden Produktion von → Androgenen (männlichen Hormonen) durch die Nebennieren und die Eierstöcke abhängt. Im

Gegenteil erleben viele Frauen eher eine Verbesserung ihres Sexuallebens, wenn die Angst vor einer Schwangerschaft unnötig geworden ist. Allgemein kann man sagen, daß eine Frau, die vor der Menopause befriedigende sexuelle Kontakte und Beziehungen gehabt hat, wahrscheinlich auch weiterhin ein erfülltes Sexualleben haben wird. Auch wenn dies nicht der Fall war, gibt es keinen Grund (außer der dann nicht mehr notwendigen Furcht vor einer ungewollten Schwangerschaft), daß es nach der Menopause anders wird.

Die meisten Frauen — schätzungsweise 60 bis 80% — empfinden nur wenige Beschwerden während der Wechseljahre. Nach einem oder zwei Jahren mit unregelmäßigen Perioden und einigen mild bis mäßig ausgeprägten Hitzewallungen bleibt die Regelblutung einfach aus. Etwa 10 bis 20% haben überhaupt keine Beschwerden. Bei den verbleibenden 10 bis 20%, einschließlich derer mit einer chirurgisch hervorgerufenen Menopause, können die Beschwerden — vor allem die Hitzewallungen — zu einer Quelle ständigen Ärgernisses und starker Beeinträchtigung führen. Die große Bandbreite und Variation in der Ausprägung von Wechseljahrenbeschwerden von Frau zu Frau ist beeindruckend und zweifellos unter anderem eine Folge der enormen Variation in der Hormonproduktion bei verschiedenen Individuen. Auch noch nach der Menopause wird im Körper — und zwar von den Nebennieren und wahrscheinlich auch von den Eierstöcken — Östrogen gebildet (wenngleich auch in einer anderen Form, die dann erst an anderer Körperstelle, z.B. im Fettgewebe, in das engültige Östrogen umgewandelt wird). Die Mengen dieser Östrogene unterscheiden sich von Frau zu Frau beträchtlich. Nach der Menopause scheinen übergewichtige Frauen höhere Östrogen-Spiegel (und zwar in der Form des Östrons) zu haben als dünne Frauen, was ein Hinweis darauf sein mag, daß Fettzellen z.B. als Speicher eine Rolle im Östrogen-Stoffwechsel spielen. In jedem Fall gibt es keinen Zweifel daran, daß die Schwere von klimakterischen Beschwerden zum größten Teil eine Folge der hormonellen Umstellung im Körper ist und nur zum kleineren Teil von psychischen Faktoren wie Zufriedenheit mit dem eigenen Leben, Ängsten oder Beunruhigung vor dem Altern oder ähnlichen Sorgen beeinflußt wird.

Der Mensch ist die einzige Spezies, bei der die Lebenszeit des Weibchens bzw. der Frau deutlich länger ist als die Zeit der Geschlechtsreife. Andere weibliche Lebewesen sterben nicht lange, nachdem sie ihre Gebärfähigkeit eingebüßt haben. Davon abgesehen gab es jedoch bis ins 19. Jahrhundert nur wenige Frauen, die lange über die Menopause hinaus lebten. Aus diesem Grund ist das medizinische Wissen über Klimakterium und Menopause noch relativ neu und begrenzt. Im Verlauf des 19. Jahrhunderts wurden verschiedenste Einstellungen gegenüber und Behandlungsformen für klimakterische Beschwerden entwickelt. Zu den Behandlungsformen gehörten Aderlässe (angewandt in London bis etwa 1850), die Hysterektomie (eingeführt 1872), Bestrahlungen, Transplantationen von Affendrüsen und das Spritzen von Zellen ungeborener Lämmer. Eine Einstellung, die damals sowohl unter Frauen als auch Ärzten populär wurde und noch bis heute angehalten hat, ist, daß klimakterische Beschwerden ignoriert und vernachlässigt werden sollten und daß die Beschwerden nur auftreten, wenn man sich auf sie konzentriert und sich nicht ablenkt. Diese Einstellung wird auch heute noch von Personen vertreten, deren Bild von der Frau während der Wechseljahre dem eines neurotischen Kindes entspricht, ein Ärgernis für den Ehemann und den Arzt, eine Bürde für Familie und Freunde. Klimakterische Symptome haben jedoch eine reale Basis in physiologischen Fuktionsstörungen, und einige Frauen — glücklicherweise nur eine Minderheit — benötigen Unterstützung, um über das Gröbste hinwegzukommen. Da eine Östrogentherapie nicht ohne Risiken ist und Beruhigungstabletten und andere Psychopharmaka zwar Angstgefühle nehmen können, jedoch auch unliebsame Nebenwirkungen haben, sollten zunächst einfachere und sicherere Maßnahmen ausprobiert werden. Zu den am häufigsten empfohlenen Maßnahmen gehören Änderungen in der Ernährung: Eine Minderung der Kochsalzzufuhr kann bei der Bekämpfung von Ödemen (Flüssigkeitseinlagerungen) und anderen Beschwerden ähnlich dem → prämenstruellen Syndrom helfen. Auch die Vermeidung von Nahrungsmitteln, die reich an Tyramin sind, einer Substanz, die den Blutdruck steigert und in Rotwein, Schokolade, Dosen- und geräuchertem Fisch, Avocados, Rosinen, Soya-Soße, lang gereiftem Käse und anderem enthalten ist, sowie die gesteigerte Zufuhr von natürlichen diuretischen (wassertreibenden) Nahrungsmitteln (Gurke, Sellerie, Rettich) können nützlich sein. Eine ausgewogene Ernährung ist immer wichtig, und die zusätzliche Zufuhr von bestimmten Vitaminen während der Menopause scheint besonders hilfreich zu sein. Die Bestandteile des Vitamin-B-Komplexes bekämpfen Streß (und Vitamin B_6 hilft auch besonders gut beim → prämenstruellen Syndrom); Bierhefe, ganze Körner und Samen sind gute natürliche Quellen dieser Vitamine. Manche Frauen erfahren eine Abschwächung ihrer Hitzewallungen durch Vitamin E (vorhanden in ganzen Körnern, Pflanzenölen, Erdnüssen und Lachs; siehe auch unter → Hitzewallungen), jedoch ist es ratsam, daß Frauen mit → Diabetes mellitus, rheumatischer Herzerkrankung oder → Bluthochdruck ihre Vitamin E-Zufuhr auf 125 Internationale Einheiten pro Tag oder weniger beschränken. Vitamin C hilft bei der Resorption von Vitamin E und kann zur Vorbeugung von Scheideninfektionen hilfreich sein. Calcium, dessen Bedarf mit dem Alter steigt, hilft bei der Bekämpfung der Osteoporose; man nimmt es am besten mit natürlichen Quellen wie Milch, Joghurt und Käse zu sich. Bei sehr langen und starken Blutungen kann eine zusätzliche Eisengabe notwendig werden, um einer → Anämie (Blutarmut) vorzubeugen. Da der individuelle Bedarf deutlichen Unterschieden unterworfen ist, sollten Vitamin-Tabletten jedoch immer mit Vorsicht eingenommen werden, um schädliche Folgen durch Überdosierungen zu vermeiden.

Regelmäßige körperliche Bewegung, vor allem schnelles Gehen und Schwimmen, hilft, Knochen und Muskeln kräftig zu halten, bekämpft Osteoporose und → Arthrose, erhält den Muskeltonus, stärkt die Herzleistung, verbraucht zusätzlich Kalorien und verleiht ein Gefühl des Gesundseins. Die Verwendung von zusätzlichen → Gleitmitteln in der Vagina kann gegen Wunden infolge einer Austrocknung des Gewebes schützen.

Seit altersher werden außerdem eine Reihe von homöopathischen und pflanzlichen Mitteln (siehe → Pflanzenheilkunde) zur Bekämpfung klimakterischer Beschwerden eingesetzt. Gegen Ödeme und die anderen, dem prämenstruellen Syndrom ähnlichen Beschwerden können die gleichen Substanzen wie dort hilfreich sein(siehe → prämenstruelles Syndrom). Die Wurzeln des Süßholzes (*Glycyrrhizya lepidota*) enthalten eine Substanz, die chemisch dem Östrogen verwandt ist, und Sarsaparillwurzeln (*Smilax officinalis*) eine, die dem Progesteron ähnelt; ein aus diesen beiden Wurzeln gebrauter Tee wird zur Bekämpfung von Hitzewallungen eingesetzt. Die Wurzel des Ginseng (*Panax quinquefolium),* seit langem in China in Gebrauch, wird von manchen Frauen ebenfalls gegen Hitzewallungen eingesetzt, genauso wie dong kwai (oder tang kuei; *Angelica sinensis*), eine chinesische Pflanze, die man kauen, gekocht als Tee oder in Puderform zu sich nehmen kann. Lange und starke Blutungen kann man mit einem Tee aus Hirtentäschel (*Capsella bursa pastoris*) oder aus Bärentraube (*Arctostaphylos uva ursi*) behandeln.

Nach der Menopause sollten auch weiterhin regelmäßige körperliche Untersuchungen stattfinden, einschließlich einer mindestens jährlichen Messung von Blutdruck, Größe und Gewicht, einer Untersuchung der Brüste (siehe auch unter → Mammographie), und einer vollständigen → gynäkologischen Untersuchung. Zu diesem Zeitpunkt können auch die Routineblut- und Urinuntersuchungen durchgeführt werden, außerdem sollte ebenfalls jährlich der Augendruck gemessen werden, um einen grünen Star, einer potentiell blind machenden Augenerkrankung, die in der Regel erst nach dem 40. Lebensjahr auftritt, rechtzeitig erkennen und gegebenenfalls behandeln zu können. Frauen sollten auch weiterhin ihre Brüste monatlich selbst untersuchen (siehe auch → Brustuntersuchung) und ab dem 50. Lebensjahr etwa alle fünf Jahre ein EKG schreiben lassen, oder auch häufiger, wenn eine Herzerkrankung, ein hoher Blutdruck oder andere das Herz in Mitleidenschaft ziehende Krankheiten oder Risikofaktoren bekannt sind.

Menorraghie Eine verstärkte und verlängerte Regelblutung, die meist die gleichen Ursachen hat wie die → Hypermenorrhoe und dementsprechend auch die gleiche Behandlung erfährt (siehe dort). Siehe auch unter → Menstruation.

Menses lateinisch für „die Monate“, Ausdruck für die monatliche Regelblutung bei der Frau. Siehe → Menstruation.

Menstruation Auch *Menses*, *Periode*, *Periodenblutung*, *Regelblutung*. Die bei der geschlechtsreifen Frau von der Zeit der → Menarche bis zur → Menopause mehr oder weniger regelmäßig einmal im Monat auftretende Blutung aus der Scheide. Die Blutung dauert durchschnittlich zwei bis sieben Tage. Die Menge des dabei abgehenden Blutes unterscheidet sich von Frau zu Frau beträchtlich, scheint aber im Durchschnitt etwa bei 60 bis 70 ml pro Periode zu liegen. Das Blut hat eine dunkelrote oder — bei sehr starker Periode — auch eine eher hellrote Farbe. Die bei der Menstruation abgehende Flüssigkeit besteht jedoch nicht nur aus Blut, sondern enthält auch abgestorbene Zellen aus der Gebärmutterschleimhaut (siehe unter → Menstruationszyklus für eine genauere Erklärung), Schleim aus den Drüsen im Gebärmutterkanal und der Scheide sowie Bakterien. Sie enthält normalerweise keine Blutgerinnsel, weil das mit ihr abgehende Blut die Fähigkeit zu gerinnen verloren hat. Das Blut ist nämlich eigentlich Serum, das schon in der Gebärmutter geronnen gewesen war und dann durch Enzyme wieder verflüssigt worden ist, ein Prozeß, bei dem die Gerinnungsfaktoren des Blutes ihre Wirkung verlieren.

Bei vielen Frauen ist die Blutung an den beiden ersten Tagen am stärksten und nimmt danach kontinuierlich ab. Dieses Blutungsmuster kann man jedoch auf keinen Fall verallgemeinern. Bei manchen Frauen kommt an den ersten beiden Tagen nur sehr wenig Blut, und erst dann setzt die Blutung richtig ein, während bei anderen wiederum der Blutfluß über alle Tage verteilt gleich stark ist. Manche Frauen haben immer sehr starke Blutungen (d.h. sie benötigen mehr als acht Binden oder Tampons pro Tag), und andere haben immer sehr leichte Blutungen (d.h. sie benötigen nur ein oder zwei Binden bzw. Tampons pro Tag). Da es also schon normalerweise sehr große Unterschiede im Blutungsmuster zwischen verschiedenen Frauen gibt, ist eine auffallende Änderung des Blutungstyps bei ein und derselben Frau wesentlich aussagekräftiger als Unterschiede von der einen zur anderen Frau.

Zur Menstruationshygiene werden in westlichen Ländern vor allem zwei Methoden eingesetzt, nämlich Vorlagen oder sogenannte → Monatsbinden und → Tampons (siehe auch → Menstruationsschwamm). Für welche Methode man sich dabei entscheidet, ist reine Geschmackssache. Es gibt keinen Grund, während der Menstruation auf Geschlechtsverkehr zu verzichten. Im Gegenteil kann die Zeit der Periode für Paare, die eine Schwangerschaft verhindern wollen, günstig sein, da nur wenige Frauen während der Zeit der Menstruation einen Eisprung (→ Ovulation) haben. Diejenigen, die Geschlechtsverkehr während der Periode wegen des Blutes zu unangenehm finden, können die Verwendung eines Scheidendiaphragmas versuchen, das das Blut sammelt, so daß es nicht nach außen ablaufen kann, aber gleichzeitig im Gegensatz zum Tampon den Geschlechtsverkehr nicht verhindert.

Sehr leichte Blutungen, → *Hypomenorrhoe* genannt, werden manchmal durch → orale Kontrazeptiva („Pille“) hervorgerufen und stellen keinen Grund zur Besorgnis dar. Im Gegensatz dazu kann einer → *Hypermenorrhoe* (verstärkte Blutungen) oder einer → *Menorraghie* (verstärkte und auch verlängerte Blutungen) eine ganze Reihe von Störungen zugrunde liegen; diese sollten daher immer untersucht werden. Ein sehr häufiger Grund für verstärkte (und verlängerte) Blutungen sind z.B. → Myome der Gebärmutter. Ein anderer Grund, an den man oft nicht denkt, ist eine → Extrauteringravidität (Eileiterschwangerschaft). Zu weiteren möglichen Ursachen zählen → Polypen in der Gebärmutter oder im Zervikalkanal, → pelvine Entzündungen (Unterleibsentzündungen), eine → Zyste oder ein anderer Tumor im Eierstock oder eine → Adenomyosis uteri. Gelegentlich führen auch Schilddrüsenfunktionsstörungen oder ein Mangel an Blutplättchen zu verstärkten Regelblutungen. Bei manchen Frauen kann es auch vorkommen, daß eine Spirale (→ Intrauterinpessar) zu Blutungen führt, die so stark sind, daß die Spirale entfernt und durch eine andere Form der Empfängnisverhütung ersetzt werden muß.

Oft ist jedoch eine Hypermenorrhoe einfach das Ergebnis von Störungen im hormonellen Gleichgewicht, wozu es am wahrscheinlichsten um die Zeit der → Menarche und der → Menopause kommt. Solche sogenannten → dysfunktionellen Blutungen erfordern gelegentlich eine Ausschabung (→ Abrasio) oder die Einnahme von Hormonen. Verstärkte Blutungen sind sowohl alarmierender als auch potentiell gefährlicher als zu leichte Blutungen. Eine Hypermenorrhoe kann mit so viel Blutverlust einhergehen, daß sich eine → Anämie (Blutarmut) herausbilden kann, so daß manchmal sogar eine Bluttransfusion notwendig wird. Wenn starke Blutungen und eine Anämie anhalten und keine andere Maßnahme erfolgreich ist, kann als letztes Mittel unter Umständen eine → Hysterektomie (Gebärmutterentfernung) erwogen werden. Eine Alternative zur Hysterektomie aus der jüngsten Zeit ist die → Lasertherapie, bei der mit einem extrem gebündelten und konzentrierten Lichtstrahl die Gebärmutterschleimhaut bestrahlt und das blutgefüllte Gewebe koaguliert (zur Gerinnung gebracht) wird, wodurch eine dünne Schicht Narbengewebe entsteht, die nicht blutet. Zuvor führt man jedoch in der Regel eine Endometriumbiopsie (siehe → Biopsie, Def. 4) durch, um sicherzustellen, daß kein Gebärmutterkrebs vorliegt, und gibt außerdem das Medikament Danazol, das zum Schrumpfen der Gebärmutterschleimhaut auf einen Millimeter Dicke führt. Die Lasertherapie selbst kann ambulant erfolgen. Siehe auch → Durchbruchblutung, → Oligomenorrhoe, → Polymenorrhoe.

Es gibt eine Reihe von pflanzlichen Heilmitteln (siehe → Pflanzenheilkunde) und speziellen Nahrungsmitteln, die gegen zu starke Blutungen empfohlen werden. Manche Frauen machen die Erfahrung, daß Dolomit, das Calcium und Magnesium enthält, sowohl gegen schwere Menstruationskrämpfe als auch gegen starke Blutungen hilft. Sie empfehlen die Einnahme von einer Tablette alle paar Stunden während der ersten beiden Tage einer solchen Periode. Auch Vitamin A-Tabletten (in einer Dosis von weniger als 25000 Internationalen Einheiten pro Tag) werden zu diesem Zweck eingesetzt. Zu den pflanzlichen Mitteln gehören Tees aus Schafgarbe (*Achillea millefolium*; nicht bei Schwangerschaft verwenden, da Gefahr der Fehlgeburt!), aus roten Himbeerblättern (*Rubus idaeus*), aus Hirtentäschel *(Capsella bursa pastoris)* oder Zimtstangen. Bezüglich schmerzhafter Regelblutungen und anderen mit der Menstruation verbundenen Problemen siehe unter → Dysmenorrhoe und → prämenstruelles Syndrom.

Menstruationsbeschwerden Siehe → Dysmenorrhoe. Siehe auch → prämenstruelles Syndrom.

Menstruationshygiene Siehe unter → Menstruation

Menstruationsschwamm Ein kleiner natürlicher Schwamm, der während der → Menstruation in die Scheide eingeführt wird, um das Periodenblut aufzufangen. Er wird von manchen Frauen als Alternative zu den kommerziell hergestellten → Monatsbinden und → Tampons verwendet unter der Annahme, daß ein Schwamm frei von Bleichstoffen und Chemikalien ist, außerdem billiger, bequemer und ökologisch gesehen günstiger, da er wiederverwendet werden kann. Der Schwamm kann in der gewünschten Größe zurecht geschnitten werden (für stärkere oder leichtere Regelblutungen) und hält etwa soviel Blut wie eine Monatsbinde oder ein Tampon. Der zu diesem Zweck verwendete Schwamm sollte aus Naturfasern (nicht die künstlich hergestellte Zellulosevariante, die zu Reinigungszwecken verkauft wird) und möglichst nicht gebleicht, d.h. eher braun als gelb oder weiß sein. Nach dem Zuschneiden (beim ersten Mal ungefähr auf die Größe eines kleinen Eis) sollte er zunächst gut ausgespült, auf Wunsch auch ausgekocht werden (jedoch nicht länger als fünf Minuten, damit der Schwamm nicht brüchig wird). Dann wird er angefeuchtet und in die Scheide eingeführt. Dort dehnt er sich durch die Aufnahme von Blut noch etwas auf. Um ihn leichter wieder zu entfernen, kann man vorher auch einen starken Faden oder etwas Zahnseide um den ganzen Schwamm oder um ein Ende binden. Zur Entfernung des Schwammes zieht man einfach vorsichtig an dem Faden oder am Schwamm selbst. Wenn er zu reißen beginnt, sollte man sich zunächst entspannen, dann noch einmal besser nachfassen und erneut vorsichtig ziehen. Einmal draußen, wird der Schwamm mit klarem Wasser ausgespült und dann wieder eingeführt. Ist keine Möglichkeit zum Ausspülen vorhanden, kann man ihn auch einfach nur ausdrücken, bevor man ihn wieder verwendet. (Manche Frauen haben immer einen zweiten Schwamm in einer kleinen Plastikbox bei sich, um die Wiederverwendung eines „schmutzigen" Schwammes vermeiden zu können.)

Nach dem Ende der Menstruationszeit wird der Schwamm einige Male in Essigwasser (ein Teelöffel farbloser Essig auf einen halben Liter Wasser) ausgewaschen, um jegliche Geruchsannahme zu vermeiden. Nach Luftrocknung wird er dann bis zur nächsten Periode weggepackt. Manche Frauen empfehlen auch Wasser und Seife für die abschließende Spülung, andere sind der Überzeugung, daß Seife auf jeden Fall vermieden werden sollte. Ungebleichte Schwämme halten mehrere Monate lang, bevor sie ihre Saugfähigkeit verlieren und brüchig werden. Obwohl solche natürlichen Schwämme selten in Drogerien zu kaufen sind, lohnt sich die Nachfrage dort und auch in Naturkostläden oder ähnlichen Geschäften. Ein Schwamm hat gegenüber Tampons oder Monatsbinden keine gesundheitlichen Nachteile.

Menstruationszyklus Die Zeit vom ersten Tag der → Menstruation bis zum letzten Tag vor der nächsten Menstruation und die in dieser Zeit sich regelmäßig und regelhaft abspielenden komplexen Veränderungen im Hormonhaushalt, an den Eierstöcken, in der Vagina und an der Gebärmutterschleimhaut. Der ungefähr einen Monat dauernde Menstruationszyklus wird durch die Blutspiegel und das Zusammenspiel bestimmter Hormone gesteuert, die den Eisprung (siehe → Ovulation), den Aufbau der Gebärmutterschleimhaut für eine eventuelle Schwangerschaft und die Wiederabstoßung der Gebärmutterschleimhaut bei ausbleibender Schwangerschaft mit der Regelblutung (Menstruation) bewirken.

Die Zyklusdauer ist von Frau zu Frau und manchmal auch bei ein und derselben Frau von Monat zu Monat verschieden. Die meisten Zyklen dauern zwischen 23 und 35 Tagen. Der Durchschnittszyklus ist 28 Tage lang, wobei man vom Tag 1 einer Menstruation bis zum letzten Tag vor der nächsten Blutung zählt. Der Menstruationszyklus wird in drei Phasen aufgeteilt: 1. in die Menstruationsphase vom 1. bis 4. Tag, 2. die *Proliferations-* oder *Follikelreifungsphase* vom 5. bis 12. Tag und 3. die *Sekretions-* oder *Luteal-* beziehungsweise *Gelbkörperphase* vom 13. bis 28. Tag. Manchmal verzichtet man auf die Unterscheidung zwischen erster und zweiter Phase und faßt die Menstruation und die Proliferationsphase von Tag 1 bis Tag 12 als Proliferationsphase zusammen.

Zwischen der Proliferations- und der Sekretionsphase, also in der Mitte des Zyklus am oder um Tag 13 oder 14 findet der Eisprung statt, d.h. die Abgabe einer befruchtungsfähigen Eizelle aus dem Eierstock in den Eileiter. Bei Frauen, deren Zyklus länger oder kürzer als 28 Tage dauert, ist es fast immer die Menstruations- und/oder die Proliferationsphase, die mehr Zeit beansprucht, während die Sekretionsphase bei fast allen Frauen (nämlich bei 90%) relativ stabil zwischen 13 und 15 Tage lang ist. Aus diesem Grund kann man den Zeitpunkt des letzten Eisprungs einfach dadurch bestimmen, indem man vom ersten Tag der Periode 14 Tage zurückzählt. (Im vorhinein, d.h. zur Berechnung des Zeitpunkts des nächsten Eisprungs, geht das nicht so einfach, da — wie schon gesagt — die Proliferationsphase in ihrer Dauer größeren Schwankungen unterworfen ist. Hier muß man zusätzliche Methoden einsetzen, mit Hilfe derer man den Ovulationstermin schon vorher beziehungsweise während des Eisprungs bestimmen kann [siehe unter → Natürliche Methoden der Empfängnisverhütung.])

Der Menstruationszyklus beginnt mit dem ersten Tag der Periode. Während der Periode wird die zuvor aufgebaute Gebärmutterschleimhaut zusammen mit Blut nach außen durch die Vagina abgestoßen. Diese Abstoßung ist eine Folge der gegen Ende der Sekretionsphase des vorangegangenen Zyklus abgefallenen Blutspiegel der Hormone → Östrogen und → Progesteron. Außerdem, so glaubt man, wirken diese niedrigen

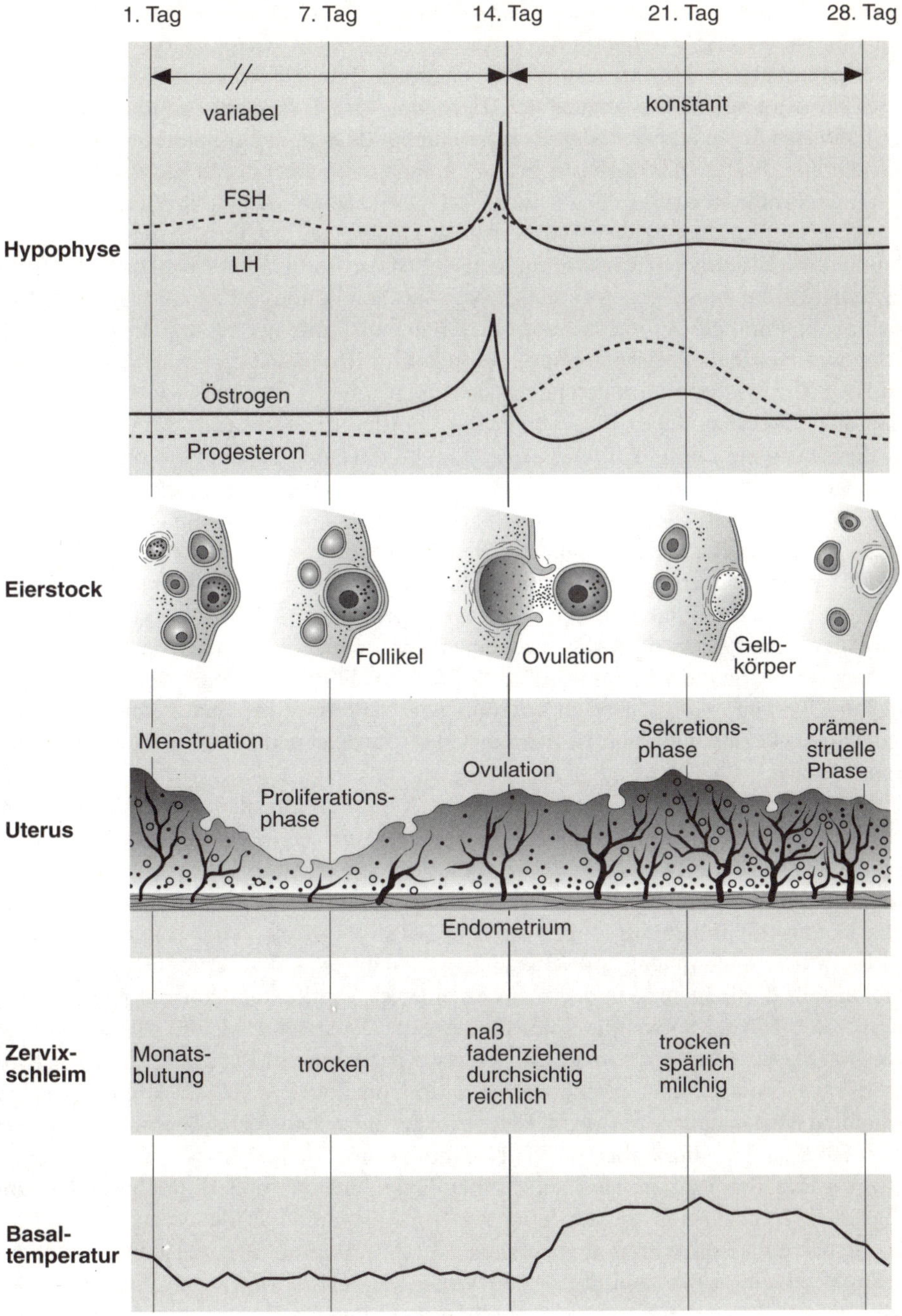

Abb. 8: Schematische Darstellung der verschiedenen Veränderungen im Verlaufe eines Menstruationszyklus

Hormonspiegel über ein sogenanntes positives, d.h. stimulierendes Feedback-System auf den → Hypothalamus im Gehirn und verursachen dort die Bildung und Abgabe des Hormons → GnRH (= *Gonadotropin-releasing hormone* = Gondadotropes Hormon freisetzendes Hormon), das seinerseits wiederum die → Hypophyse (Hirnanhangsdrüse) zur Bildung und Freisetzung der Hormone → FSH (Follikel-stimulierendes Hormon) und → LH (luteinisierendes Hormon) anregt. Das FSH stimuliert das Wachstum von mehreren Follikeln (von denen jeder eine Eizelle umgibt) in den Eierstöcken. Einer von diesen Follikeln wird der sogenannte → Graaf'sche Follikel werden, d.h. derjenige, der voll ausreift und schließlich beim Eisprung eine ausgereifte Eizelle freigibt. Das LH stimuliert die Bildung von Östrogen in den Zellen der Follikel im Eierstock.

Mit der Bildung und Abgabe von Östrogen aus den Follikelzellen am Ende der Menstruation beginnt die *Proliferationsphase*. Sie endet mit der Ovulation (Eisprung). Während dieser Zeit steigt der Östrogenspiegel im Blut ständig an, alle bis auf einen Follikel gehen wieder zugrunde und nur der Graaf'sche Follikel entwickelt sich weiter. Außerdem wächst in dieser Phase unter dem Einfluß des Östrogens die Gebärmutterschleimhaut in die Dicke, sie *proliferiert*, und bereitet sich dadurch auf die Aufnahme einer befruchteten Eizelle vor. Mit dem Anstieg des Östrogenspiegels kommt es zu einem Abfall des FSH-Spiegels, weil — so glaubt man — die höheren Östrogenspiegel jetzt einen negativen, d.h. bremsenden Effekt auf den Hypothalamus ausüben. Die LH-Spiegel bleiben jedoch konstant. In der Mitte des Menstruationszyklus, am Ende der Proliferationsphase, führt der hohe Östrogenspiegel dazu, daß die Hypophyse eine große Menge an LH abgibt, was seinerseits die endgültige Ausreifung des Graaf'schen Follikels und dann die Abgabe der Eizelle aus dem Follikel in den Eileiter, den sogenannten Eisprung, auslöst. Der zurückgebliebene leere Follikel verwandelt sich in das sogenannte → Corpus luteum (Gelbkörper), das Östrogen und vor allem auch Progesteron produziert.

Mit dem Eisprung endet die Proliferationsphase, die vor allem durch das Hormon Östrogen gekennzeichnet ist. Es folgt die *Sekretionsphase*, in der das Hormon Progesteron die dominante Rolle spielt. Es wird (zusammen mit Östrogen) vom aus dem Follikel nach dem Eisprung entstandenen Gelbkörper gebildet. In dieser Phase wächst die Gebärmutterschleimhaut zum einen noch weiter in die Dicke, zum anderen beginnen Drüsen in der Schleimhaut, Substanzen zu produzieren und zu sezernieren (= *Sekretion*), die für die Erhaltung und Ernährung einer sich in die Schleimhaut einnistenden befruchteten Eizelle notwendig sind. Findet eine Befruchtung der Eizelle statt, dann wird die Funktion des Gelbkörpers durch ein weiteres, von der Plazenta (Mutterkuchen) gebildetes Hormon, dem → Humanen Choriongonadotropin (HCG) kontrolliert und schließlich übernommen. Wird die Eizelle nicht befruchtet, dann übernimmt das LH diese Aufgabe. Die durch die Gelbkörperproduktion verursachten höheren Spiegel an Östrogen und Progesteron üben jetzt (über Hypothalamus und Hypophyse [Hirnanhangsdrüse]) einen negativen, d.h. hemmenden Effekt auf die Bildung von FSH und LH aus, die beide an Konzentration abnehmen. Der Abfall des LH-Spiegels führt zum Untergang des Gelbkörpers und damit zum Versiegen der Östrogen- und Progesteronbildung. Ohne diese beiden Hormone (vor allem aber ohne das Progesteron) kann der Aufbau der Gebärmutterschleimhaut nicht aufrecht erhalten werden, weshalb sie zusammen mit Blut und Schleim abgestoßen wird: es kommt zur Regelblutung. Die gefallenen Hormonspiegel stimulieren erneut den Hypothalamus, dieser die Hypophyse, und die

Produktion von LH und FSH und der ganze Zyklus beginnen wieder von vorne. Siehe auch unter den jeweiligen Einträgen für alle hier erwähnten Hormone. Siehe auch → Amenorrhoe, → anovulatorische Blutungen, → Follikel, → Graaf'scher Follikel, → Menstruation, → Ovulation.

Metabolismus Auch *Stoffwechsel.* Ein übergeordneter Begriff für all die physikalischen und chemischen Prozesse im Körper, mit denen der Körper die Nährstoffe und Energie erhält und umsetzt, die er zu Leben, Wachstum und Reifung benötigt. Dazu gehören die Umwandlung von Substraten (Nahrungsmittel, Sauerstoff) in lebendes Gewebe und zu deren Erhaltung sowie die Vorgänge, bei denen komplexe Substanzen in einfachere umgewandelt werden. Der Stoffwechsel beinhaltet auch all die Prozesse, durch die nicht mehr gebrauchtes oder abgestorbenes Material wieder nach außen abgegeben wird. Als *basaler Metabolismus* oder *Grundumsatz* wird die geringstmögliche Energie bezeichnet, die der Körper in völliger Ruhe für die Aufrechterhaltung der basalen Funktionen benötigt: Atmung, Kreislauf, Körpertemperatur, Drüsenfunktion usw. Die Höhe des Grundumsatzes ist abhängig von Alter, Geschlecht, Körperoberfläche, Hormonfunktion (besonders der Schilddrüsenhormone), Schwangerschaft, Krankheiten und der Art der Ernährung und wird in Kalorien angegeben.

Störungen des Stoffwechsels, d.h. die teilweise oder vollständige Unfähigkeit, Nährstoffe und Energie in der notwendigen Weise umzusetzen, sind als Stoffwechselkrankheiten entweder von Geburt an vorhanden (vererbt oder im Mutterbauch entstanden) oder entstehen erst im späteren Leben. Ein Beispiel einer solchen vererbbaren Stoffwechselerkrankung ist die → Phenylketonurie (PKU), bei der wegen eines angeborenen Enzymdefektes eine bestimmte Aminosäure, das Phenylalanin, nicht verarbeitet werden kann und sich deshalb überall im Körper ansammelt, was unter anderem zur geistigen Behinderung führt. Diese Erkrankung kann mit einem einfachen Test, der inzwischen routinemäßig bei allen Neugeborenen durchgeführt wird, diagnostiziert werden. Wenn dann sofort die richtige Therapie eingeleitet wird, nämlich eine konsequente Diät, dann können schwerere Schäden verhindert werden.

Metastasierung Allgemeine Bezeichnung für die Verschleppung von Teilen eines erkrankten Gewebes über den Blut- und/oder Lymphweg an eine fern davon gelegene andere Körperstelle, wo dadurch ein neuer Krankheitsherd entstehen kann. Die entstandenen neuen Krankheitsherde heißen *Metastasen* oder im Falle von verschleppten Krebszellen auch *Tochtergeschwülste.* Meistens meint man mit Metastasen Krebsmetastasen (siehe auch unter → Krebs), es können aber auch z.B. bakterienhaltige Gewebsstücke verschleppt werden. In diesem Fall spricht man von sogenannten *septischen Metastasen.*

Metrorrhagie Völlig unregelmäßige Blutungen aus der Scheide, die in keinem erkennbaren Zusammenhang mit dem normalen → Menstruationszyklus stehen. In zwei Drittel der Fälle sind die Metrorrhagien → dysfunktionelle Blutungen, d.h. es liegt eine Störung im normalen hormonellen Zusammenspiel des Menstruationszyklus mit gestörter Follikelreifung (siehe unter → Menstruationszyklus) und daraus folgenden → Durchbruchblutungen vor. Solche hormonellen Ungleichgewichte treten oft in den Jahren nach der ersten und vor der letzten Regelblutung auf. Sie sind wesentlich seltener in den Jahren zwischen 18 und 40. Zu einem Drittel werden die Metrorrhagien durch organische

Störungen verursacht. Dazu gehören Entzündungen oder → Polypen des Muttermundes oder der Gebärmutter, → Myome oder Krebserkrankungen. Auch eine → Extrauteringravidität, die Einnahme von → oralen Kontrazeptiva (Pille) oder eine Spirale können unregelmäßige Blutungen verursachen. Einer Metrorrhagie, die durch Geschlechtsverkehr ausgelöst wird, liegen meistens Veränderungen am Muttermund zugrunde.

Die Behandlung richtet sich nach der jeweiligen Ursache der Metrorrhagie. Um die Ursache zu bestimmen, wird man oft eine diagnostische → Abrasio (Ausschabung) nicht umgehen können. Bei hormonellen Störungen kann man den Zyklus mit der Einnahme von Östrogen-Progesteron-Präparaten regulieren, in den anderen Fällen muß die jeweilige organische Ursache, z.B. ein Polyp, entfernt werden. Grundsätzlich sollte jede Blutung bei Mädchen vor der Pubertät und bei Frauen nach der Menopause zu einer sofortigen Untersuchung und Abklärung führen, um eine eventuelle ernste Erkrankung nicht zu übersehen. Siehe auch unter → postmenopausaler Blutung.

Migräne Anfallsweise auftretende typische Kopfschmerzattacken, die bei Frauen etwas häufiger vorkommen als bei Männern. Man teilt die Migräne in verschiedene Formen auf: Bei der *einfachen* Migräne, die etwa die Hälfte aller Migränepatienten betrifft, stehen die Kopfschmerzen ganz im Vordergrund. Meist beginnt das Kopfweh in der Stirn- oder Schläfengegend einer Seite und breitet sich von dort nach hinten und auf die andere Schädelseite aus. Der Schmerz ist pochend, klopfend, machmal auch bohrend und wird durch äußere Einflüsse wie Lärm oder Licht verstärkt. Sehr häufig werden die Schmerzen von Übelkeit, seltener auch von Erbrechen begleitet. Andere Begleitsymptome sind Blässe, Bauchschmerzen, Schweißausbrüche, Trockenheit im Mund und Harnflut nach der Kopfschmerzattacke. Die Anfallsdauer beträgt einige bis viele Stunden, selten kann eine Attacke über einige Tage anhalten. Die Anfallshäufigkeit variiert sehr stark und kann bei einigen wenigen Attacken pro Jahr, in anderen Fällen bei bis zu einem Anfall pro Tag (extrem selten) liegen.

Bei der *klassischen* Migräne wird die Kopfschmerzattacke durch eine sogenannte *visuelle Aura* eingeleitet, in der die Patienten über bizarre Sehstörungen klagen: Typisch sind die sogenannten *Flimmerskotome*, wobei man zunächst farbige, blitzende, von der Mitte nach außen wandernde, zackig begrenzte Figuren sieht, die bei ihrer Wanderung nach außen einen vorübergehenden Gesichtsfelddefekt hinterlassen. Nach etwa 15 bis 30 Minuten folgt dann der typische, oben beschriebene Kopfschmerz. Etwa ein Drittel aller Migränepatienten leidet unter einer solchen klassischen Migräne.

Von einer *komplizierten* Migräne spricht man, wenn zusätzlich zu den Kopfschmerzen und eventuell auch einer visuellen Aura andere neurologische Ausfallserscheinungen auftreten. Diese können in Sensibilitätsstörungen, Lähmungen (beides typischerweise auf einer Körperseite), Sprachstörungen, Schwindel, Augenmuskellähmungen oder sogar epileptischen Krampfanfällen bestehen. Die Ausfallserscheinungen bilden sich in aller Regel innerhalb einer Stunde wieder zurück, nur gelegentlich bleiben sie länger oder gar für immer bestehen.

Alle Formen der Migräne können unter Umständen durch bestimmte äußere Faktoren ausgelöst werden. Zu solchen Faktoren gehören abrupte Wetterwechsel, Entspannungsphasen oder längere Bettruhe („Sonntagsmigräne“) sowie psychische Streßfaktoren. Auch in den Tagen direkt vor der Menstruation tritt eine Migräne gehäuft auf. Andere Auslösefaktoren sind bestimmte Nahrungsmittel wie Schokolade, Tee, Kaffee,

Alkohol (vor allem Rotwein), bestimmte Käsesorten u.a. Auffallend oft bewirkt auch die Einnahme von → oralen Kontrazeptiva die Auslösung einer Migräneattacke (aus diesem Grund stellt eine Migräne in der Vorgeschichte eine relative → Kontraindikation für die Einnahme der Anti-Baby-Pille dar). In solchen Fällen muß die Pille sofort abgesetzt und eine andere Form der → Empfängnisverhütung gewählt werden. Die Migräne tritt familiär gehäuft auf und beginnt in der Regel zwischen dem 10. und 30. Lebensjahr, selten noch später. Häufig treten nach dem 50. Lebensjahr keine Attacken mehr auf.

Die genaue Entstehung und die Ursache der Migräne sind noch nicht vollkommen verstanden. Es scheinen aber sowohl Störungen in der Regulation der Gefäßweite der Hirngefäße als auch hormonelle Störungen und eventuell auch zentralnervöse Faktoren eine Rolle zu spielen. Sicher ist, daß es über eine vermehrte Freisetzung von *Serotonin*, einem Hormon und wichtigem Informationsüberträger im zentralen Nervensystem, zunächst zu einer Engstellung der Gehirnarterien führt. Gleichzeitig bewirkt es über komplizierte Mechanismen die Freisetzung eines anderen Stoffes, des sogenannten *Neurokinins*, das die Schmerzschwelle herabsetzt. Nach einer Weile sinkt der Serotoninspiegel wieder, die Gefäße erweitern sich und lösen über die Dehnung der Gefäßwände den typischen Kopfschmerz aus.

Es gibt verschiedene Empfehlungen, was die Therapie einer Migräne betrifft. Bei milden Attacken kommt man unter Umständen mit einem in der Frühphase eingenommenem Schmerzmittel wie Aspirin® aus. Bei schwereren Attacken bietet sich die Einnahme von → ergotaminhaltigen Medikamenten wie Celetil®, Cafergot® oder Migrex® an, die entweder als Tabletten oder als Zäpfchen am besten sofort bei Auftreten der ersten Symptome eingenommen werden sollten. Selten wird auch noch eine Spritze eines Ergotaminpräparates notwendig. Alternativ kann man auch bei den ersten Symptomen zunächst ein Paspertin®-Zäpfchen oder -Tropfen nehmen. Sollte dies nach einer halben Stunde nicht gewirkt haben, kann man auf Aspirin® oder Paracetamol® umsteigen oder auf eines der oben genannten Mittel. Oft reicht es auch, sich hinzulegen und zu schlafen.

Bei mehr als zwei Migräneattacken pro Monat kann man darüber hinaus noch eine Attackenprophylaxe mit dem Beta-Blocker Propanolol versuchen, was sich jedoch bei Patienten mit Asthma, schweren Herzerkrankungen oder einigen anderen Krankheiten wegen der Nebenwirkungen verbietet. Auch das Medikament Methysergid kann als Prophylaxe gegeben werden, hat jedoch ebenfalls schwere Nebenwirkungen und darf deshalb nicht länger als drei Monate eingenommen werden. Meist dauert es eine Weile, bis diese prophylaktischen Mittel eine Wirkung zeigen, weshalb man sich in Geduld üben muß. Abgesehen von diesen Medikamenten sollte man natürlich, sofern man irgendwelche anfallsauslösenden Faktoren festgestellt hat, diese Faktoren soweit irgend möglich vermeiden und für eine vernünftige Lebensweise mit genügend Schlaf und Entspannung sorgen.

Mikrochirurgie Chirurgische Operationen unter Zuhilfenahme eines Operationsmikroskopes zur optischen Vergrößerung des Operationsgebietes. Der Begriff impliziert auch die Verwendung von besonders feinen Instrumenten, sehr kleinen, das Gewebe besonders schonenden Fäden zum Nähen und besonderer Salzlösungen (um die Gewebe ständig feucht zu halten). Die Mikrochirurgie wird immer dann eingesetzt, wenn der zu operierende Gewebsanteil besonders klein oder fein ist, so daß ein sehr genaues Vorgehen notwendig wird, um kein gesundes Gewebe zu zerstören und/oder bessere Ergebnisse zu erzielen. Dies ist der Fall bei Replantationen teilweise oder vollständig amputierter Finger, Daumen, Ohrmuscheln und anderem, wo die Gefäßversorgung aufs genaueste wiederhergestellt werden muß, um ein erfolgreiches Anwachsen zu ermöglichen; es gilt auch für Operationen am Auge, im Gehirn und am Eileiter.

Milcheinschuß Siehe unter → Laktation

Milchsekretionsreflex Die reflexartige Entleerung der Milch aus den mütterlichen Brüsten, die manchmal mit einem kurzen Spannungsgefühl einhergehen kann. Die Milchentleerung wird durch das Hormon → Oxytozin hervorgerufen, dessen Produktion und Abgabe seinerseits wiederum durch den Saugreiz — oder das Schreien des Kindes oder sogar nur durch den Gedanken an das Stillen — bei einer stillenden Frau stimuliert wird. Oxytozin bewirkt eine Kontraktion der um die Drüsenzellen und Ausführungsgänge gelegenen glatten Muskelfasern. Die in ihnen befindliche Milch wird dadurch von den kleinen in die großen Drüsengänge bis nach vorne in die Brustwarzen gedrückt. Das oben beschriebene Spannungsgefühl hört in dem Moment auf, in dem die Milch nach außen abgelassen wird. Es ist am stärksten während der ersten Wochen des Stillens und tritt in der Regel in beiden Brüsten gleichzeitig auf. Manche Frauen bemerken jedoch nie etwas davon. Wenn der Milchsekretionsreflex ausgelöst wird, ohne daß das Kind in der Nähe ist, kann die Mutter versuchen, ein Tröpfeln der Milch aus den Brustwarzen zu verhindern, indem sie mit der Handfläche, den Fingern oder Armen leichten Druck auf die Brustwarzengegend ausübt. Siehe auch → Laktation, → Stillen.

Milchstau Der Aufstau von Milch in einer oder beiden Brüsten bei einer → stillenden Frau, der dadurch zustande kommt, daß einzelne Bereiche der Brust vom Säugling nur unvollständig leergetrunken werden. Die Bezirke der Brust, in denen sich die Milch aufstaut, werden hart und schmerzempfindlich, und manchmal kommt es auch zu einem leichten Anstieg der Körpertemperatur. Das Auflegen von Eisbeuteln, das Vorpumpen mit einer Handpumpe und das vorsichtige Ausstreichen des gestauten Bezirkes bringen in aller Regel Linderung. Durch die kurzfristige Anwendung des Medikamentes Pravidel® in niedriger Dosierung, durch das das Hormon → Prolaktin und damit die Milchproduktion unterdrückt wird, können die Beschwerden ebenfalls schnell beseitigt werden. Siehe auch unter → Laktation und → Stillen.

Milchzyste Siehe → Galaktozele

Minipille Ein → orales Kontrazeptivum, das lediglich → Progesteron in einer sehr niedrigen Dosierung enthält. Es verhindert nicht wie andere Formen der Anti-Baby-Pille den Eisprung, sondern verändert den Zervikalschleim so, daß die Spermien weniger gut bis zur Eizelle im Eileiter vordringen können. Außerdem hat es wahrscheinlich einen negativen Einfluß auf die Beweglichkeit der Eileiter, was sich in einem langsameren Transport der Eizelle durch den Eileiter in die Gebärmutter äußert. Da die Minipille kein → Östrogen enthält, fehlen bei ihr viele der unerwünschten Nebenwirkungen der anderen oralen Kontrazeptiva. Sie kann jedoch Schmierblutungen zwischen den Perioden sowie Zyklusunregelmäßigkeiten verursachen. Anders als bei den anderen Pillen muß man ohne Pause täglich eine Tablette einnehmen. Ihre Wirksamkeit bezüglich einer Schwangerschaftsverhütung liegt mit 92 bis 98% etwas niedriger als bei den Kombinationspräparaten (d.h. den Pillen, die zusätzlich noch Östrogen enthalten). Das bedeutet, daß von 100 Frauen, die die Minipille über ein Jahr lang regelmäßig und in der vorgeschriebenen Weise einnehmen, zwei bis acht Frauen dennoch ungewollt schwanger werden. Um die Wirksamkeit der Minipille zu steigern, verwenden manche Frauen während ihrer fruchtbaren Tage noch ein zweites Verhütungsmittel wie z.B. ein → Scheidendiaphragma oder ein → Kondom.

Bei manchen Frauen fällt unter der Einnahme der Minipille immer wieder eine Periodenblutung vollständig aus, was bedeutet, daß sie sich nie sicher sein können, ob die Periode wegen der Pille oder wegen einer eventuell doch eingetretenen Schwangerschaft ausgeblieben ist. Auch kommt es bei Frauen, die die Minipille einnehmen, etwas öfter zu einer → Extrauteringravidität (einer Schwangerschaft außerhalb der Gebärmutter), wenn sie trotz der Pilleneinnahme schwanger werden. Möglicherweise liegt das an dem verlangsamten Eitransport durch den Eileiter (siehe oben). Wegen all dieser Nachteile und Risiken empfehlen die meisten Ärzte die Minipille nur dann, wenn Präparate mit Östrogenen kontraindiziert und andere Verhütungsmethoden nicht möglich sind.

Missed abortion Englisch für „verhaltener Abort", siehe → Abort, Def. 4

Mittelschmerz Bezeichnung für den krampfartigen Schmerz auf einer Seite des Unterbauches, den manche Frauen mehr oder weniger regelmäßig zur Zeit des Eisprunges (→ Ovulation) verspüren. Gelegentlich ist dieser Schmerz sehr ausgeprägt und ahmt die Symptome einer akuten Blinddarmentzündung (→ Appendizitis) nach. Er kann unter Umständen von einer leichten, manchmal sogar stärkeren Blutung aus der Scheide begleitet sein. Die Ursache des Mittelschmerzes ist nicht bekannt, insbesondere da viele Frauen niemals irgendetwas von ihrem Eisprung bemerken. Eine Theorie geht dahin, daß der Schmerz die Folge einer Irritation des Bauchfells durch Flüssigkeit oder Blut ist, das beim Eisprung aus dem → Follikel freigesetzt wird. Eine andere Theorie besagt, daß das Wachstum des Follikels die Oberfläche des Eierstocks dehnt und dadurch Schmerzen verursacht (siehe auch unter → Graaf'scher Follikel). Was auch immer die Ursache sein mag, der Mittelschmerz ist harmlos und hält in der Regel nicht länger als einige Stunden und selten länger als 24 Stunden an.

Mittelstrahlurin Siehe unter → Urinuntersuchung

Monatsbinde Eine Vorlage aus saugfähigem Material, das dem Auffangen des Periodenblutes (oder Wochenflusses o.ä.) dient. Monatsbinden wurden während des ersten Weltkrieges von einem amerikanischen Fabrikanten, *Kimberly Clark,* entwickelt, der Operationsmaterial herstellte und nach einer Methode suchte, die dabei anfallende überflüssige Baumwollzellulose zu verwerten. Bevor die Monatsbinden auf den Markt kamen — und auch noch heute in vielen Ländern — verwendeten die Frauen Stofflappen oder auch Papier, um das Blut aufzufangen. Siehe auch → Tampon, → Menstruation, → Menstruationsschwamm.

Mongolismus Ältere Bezeichnung für das → Down-Syndrom.

Mononukleose Siehe → Pfeiffer'sches Drüsenfieber

Mons pubis Siehe → Venushügel

Montgomery-Drüsen Siehe unter → Brustwarzenhof

Morbus Basedow Siehe unter → Schilddrüse

Morbus Crohn Auch *Enterocolitis regionalis*. Eine chronische entzündliche Darmerkrankung unklarer Ursache, die häufiger bei Frauen als bei Männern und meist zwischen dem 20. und 40. Lebensjahr auftritt. Es handelt sich dabei um eine Entzündung irgendeines Darmabschnittes, meistens am Übergang vom Dünn- zum Dickdarm, die wahrscheinlich nicht durch Bakterien oder Viren verursacht ist und unter dem Mikroskop ein typisches Aussehen zeigt. Leitsymptome dieser Erkrankung sind kolikartige Bauchschmerzen im rechten Unterbauch und nicht-blutige Durchfälle. Manchmal kann es in Abhängigkeit von der Schwere der Entzündung auch zu leichtem Fieber kommen. In schwereren Fällen bilden sich Fisteln und Abszesse, vor allem im Analbereich, sowie Stenosen (Verengungen) einzelner Darmabschnitte, die einen Darmverschluß verursachen können. Zur Diagnosestellung und Abgrenzung von anderen Darmerkrankungen sind einige Untersuchungen notwendig. Dazu gehören Röntgenuntersuchungen mit Kontrastmittelgabe (z.B. Kolonkontrasteinlauf) zur Darstellung von Dünndarm und Dickdarm (Kolon). Zusätzlich wird man eine Endoskopie durchführen. Bei dieser Untersuchung wird ein röhrenförmiges, flexibles optisches Instrument mit einer Lichtquelle durch z.B. den Anus in das Darminnere eingeführt. Durch das Endoskop kann man die Schleimhaut des Darmes betrachten und an entzündlich veränderten Stellen auch Gewebsproben zur Untersuchung unter dem Mikroskop entnehmen.

Die Therapie eines Morbus Crohn ist nicht einfach. Sie besteht zunächst in der Vermeidung von Speisen, die die Patienten nicht vertragen, und in der Gabe von Vitaminen, Eisen und anderen Bedarfsstoffen in Fällen, in denen es durch die häufigen Durchfälle schon zu Mangelerscheinungen gekommen ist. Daneben versucht man mit Hilfe von Medikamenten den Entzündungsprozeß zu unterdrücken. Zu diesen Medikamenten gehören bei Befall des Dickdarms z.B. Azulfidine® und Salofalk® und bei Dünndarmbefall Cortison. In vielen Fällen sind außerdem Selbsthilfegruppen (siehe Adressenanhang) und psychosomatische Hilfestellungen sinnvoll. Bei Auftreten von Komplikationen wie Darmstenosen oder Fisteln muß darüber hinaus auch operiert werden.

Morbus haemoliticus neonatorum Siehe → Erythroblastosis fetalis

Morgendliche Übelkeit Bezeichnung für die in der frühen Schwangerschaft vor allem morgens auftretende Übelkeit. Die Übelkeit, oder auch nur ein flaues Gefühl im Magen, gehören zu den frühesten Symptomen einer Schwangerschaft und bleibt in der Regel auf die ersten drei bis vier Monate beschränkt. Nur bei einem kleinen Prozentsatz von Schwangeren tritt sie entweder permanent oder gelegentlich auch noch nach der 16. Schwangerschaftswoche auf. Viele Schwangere verspüren die Übelkeit lediglich morgens direkt nach dem Aufstehen (daher der Name), wenige Frauen leiden eher am späten Nachmittag oder sogar während des ganzen Tages unter ihr. Manchen Frauen wird übel, sie erbrechen dann und fühlen sich danach wieder vollkommen in Ordnung. Bei anderen bleibt die Übelkeit auch noch nach einem eventuellen Erbrechen bestehen. Wieder andere, und das sind die weitaus häufigsten, verspüren lediglich ein leichtes Unwohlsein und erbrechen nie. Üblicherweise ist der Allgemeinzustand der Schwangeren durch die Übelkeit und das manchmalige Erbrechen nicht beeinträchtigt. Nur wenn sich das Erbrechen über das normale Ausmaß hinaus steigert, bestehen Gefahren für Mutter und Kind. Diese Störung, die *Hyperemesis gravidarum* genannt wird, macht in der Regel eine Krankenhausaufnahme notwendig (siehe unter → Schwangerschaftserbrechen).

Zu den Maßnahmen, die im allgemeinen gegen die leichteren „normalen" Formen empfohlen werden, gehören kleine, leichte, häufige über den Tag verteilte Mahlzeiten (anstatt weniger großer Mahlzeiten), das langsame Kauen eines Zwiebacks oder Toasts vor dem morgendlichen Aufstehen und die Vermeidung von fetten Speisen und aller Speisen, die im Einzelfall die Übelkeit zu verschlimmern scheinen (viele Frauen empfinden Fleisch und andere Proteine als besonders schlimm). Eine Reihe von sowohl rezeptpflichtigen als auch rezeptfreien Medikamenten, vor allem Antihistaminika und andere Mittel gegen Übelkeit, wurden über die Jahre gegen die Schwangerschaftsübelkeit eingesetzt. Viele von ihnen wurden jedoch zunehmend mit Skepsis betrachtet, da sie möglicherweise den Fetus schädigen können. Aus diesem Grund ist es wahrscheinlich am besten, auf jegliches Medikament zu verzichten (es sei denn, es handelt sich um eine schwere Form des Schwangerschaftserbrechens). Ein pflanzliches Mittel, das oft sehr gut zu helfen scheint, ist die Ingwerwurzel, die in Form von zwei bis drei 500-Milligramm-Kapseln eingenommen wird. Man sollte nur die Kapselform verwenden, da es ansonsten zu Schäden der Speiseröhrenschleimhaut kommen kann. Manche Frauen nehmen jedoch an, daß der Ingwer zu Verdauungsstörungen führen kann. Wieder andere können die Übelkeit gut mit Akupressur (siehe unter → Akupunktur) bekämpfen. Zu diesem Zweck übt man Druck etwa drei Zentimeter oberhalb des Handgelenkes auf die Stelle zwischen den beiden dort verlaufenden Sehnen aus.

„Morning-after pill" Siehe → „Pille danach"

Mucosa Siehe → Schleimhaut

Müdigkeit Das normale Gefühl der körperlichen und geistigen Erschöpfung am Ende eines Tages oder bei Schlafmangel. Ein verstärktes Müdigkeitsgefühl ist eine der Beschwerden, über die beim Arzt am häufigsten geklagt wird, und oft ist es schwierig, die Ursache herauszufinden. Vermehrte Müdigkeit kann ein Symptom einer Vielzahl von Erkrankungen sein, angefangen vom → Diabetes mellitus über eine → Anämie (Blutarmut) bis hin zu Krebserkrankungen. Häufiger ist sie jedoch Ausdruck einer seelichen Störung, wie z.B. einer Depression.

Bei Frauen hängt die Müdigkeit manchmal auch mit den Hormonschwankungen im Körper zusammen. Z.B. fühlen sich viele Frauen regelmäßig zu irgendeinem Zeitpunkt ihres → Menstruationszyklus, am häufigsten kurz vor Beginn oder während der ersten beiden Tage der Periode, müder als sonst. Müdigkeit ist auch ein klassisches Symptom der ersten Schwangerschaftsmonate sowie der Wechseljahre, vor allem bei Frauen, deren Schlaf durch → Hitzewallungen und Schweißausbrüche gestört wird. Obwohl hinter Müdigkeit nur selten eine ersthafte Erkrankung steckt, sollte sich jeder, der sich über Wochen hinweg müde und ohne Energie fühlt, einer gründlichen medizinischen Untersuchung unterziehen, um eine behandlungsbedürftige Krankheit nicht zu übersehen. Eine Behandlung mit Schlaftabletten, Tranquilizern und Aufputschmitteln (Coffein, Alkohol und andere Drogen) sollte vermieden werden, da sie auf lange Sicht die Müdigkeit mit großer Wahrscheinlichkeit nur verschlimmern und nur sehr selten zur Lösung des zugrundeliegenden Problems beitragen. Siehe auch unter → Schlaflosigkeit.

Mukosviszidose Auch *Cystische Fibrose.* Eine vererbbare Funktionsstörung aller exokriner → Drüsen des Körpers, die zu den häufigsten angeborenen Stoffwechselerkrankungen überhaupt gehört. Exokrine Drüsen sind Drüsen, die im Gegensatz zu den endokrinen Drüsen ihr Sekret nicht direkt in die Blutbahn, sondern durch einen Ausführungsgang an eine innere oder äußere Oberfläche des Körpers abgeben. Dazu gehören z.B. die → Bauchspeicheldrüse, die die Verdauungsenzyme bildet und in das Darminnere abgibt, oder die Drüsen in den Atemwegen, aber auch z.B. die Schweißdrüsen. Bei der Mukoviszidose produzieren diese Drüsen aufgrund eines Gendefektes einen vermehrten und dickeren Schleim als normal, wodurch es zur Verlegung der Ausführungsgänge und zur Ansammlung von Schleim z.B. in den Atemwegen kommt, der wiederum einen guten Nährboden für Bakterien darstellt. Betroffen sind vor allem die Bauchspeicheldrüse, die Lungen sowie die Leber und das Gallenblasensystem. Durch die mangelnden Verdauungsenzyme aus der Bauchspeicheldrüse ist das Wachstum der betroffenen Kinder (ohne Behandlung) verzögert, wie überhaupt Patienten mit Mukoviszidose im allgemeinen eher sehr schlank sind. Der Schleimstau in den Atemwegen führt zu häufiger Bronchitis und zu Lungenentzündungen, oft bilden sich Gallensteine, und durch den Gewebeuntergang der Bauchspeicheldrüse kann ein → Diabetes mellitus entstehen.

Die Krankheit wird autosomal rezessiv vererbt (siehe unter → Genetik für eine Erklärung dieses Begriffes) und kann in verschiedenen Schweregraden von sehr leicht bis extrem schwer auftreten. Die Mukoviszidose wird in der Regel im Neugeborenen- oder im frühen Kindesalter mit Hilfe des sogenannten Schweißtestes diagnostiziert, mit dem der erhöhte Natrium-Gehalt des Schweißes von Mukoviszidosepatienten gemessen werden kann. Je früher die Diagnose gestellt wird, desto besser ist die Prognose, da eine konsequente Betreuung und Behandlung der Kinder in Form von regelmäßigen Inhalationen zur Schleimlösung, Atemübungen zum Abhusten des zähen Schleims, rechtzeitiger Antibiotikabehandlung bei Entzündungen und nicht zuletzt der Ersatz der Verdauungsenzyme durch Enzymtabletten entscheidend für die normale Entwicklung und Lebenserwartung ist. Obwohl man den ursächlichen Defekt bei dieser Erkrankung noch nicht genau kennt und auch noch keine → kausale Therapie, die die Krankheit heilen könnte, zur Verfügung steht, erreichen heutzutage durch die verbesserten symptomatischen Behandlungsmöglichkeiten 80% der Kinder das Erwachsenenalter, während sie früher oft schon im Kindesalter an schweren, immer wiederkehrenden Lungenentzündungen verstarben.

Betroffene Eltern und Mukoviszidosepatienten im Erwachsenenalter können sich an die *Deutsche Gesellschaft für Mukoviszidose* wenden, deren Adresse im Anhang dieses Buches aufgelistet ist.

Multigravida Eine Frau, die sechsmal und häufiger gravide, d.h. schwanger war.

Multipara Auch *Vielgebärende*. Eine Frau, die sechsmal und häufiger geboren hat.

Multiple Sklerose Kurz *MS*, auch *Encephalomyelitis disseminata*. Eine schubförmige Erkrankung des zentralen Nervensystems, bei der es durch Entzündungsvorgänge zu Schäden an den Hüllschichten der Nervenfasern, den sogenannten *Myelinscheiden*, im Gehirn und Rückenmark kommt. An den betroffenen Nervenfasern bilden sich Narben in Form harter, sklerotischer Plaques (Auflagerungen), die die Informationsübertragung in den Nervenfasern für das Sehen, das Gefühl und die willkürliche Bewegung des Körpers beeinträchtigen. Je nachdem, wo sich der Entzündungsvorgang abspielt, kommt es zu einer Reihe von verschiedenen Symptomen wie Gleichgewichtsstörungen, Lähmungen, Muskelverkrampfungen, Taubheitsgefühlen oder anderen Gefühlsstörungen, Blasen- und Sehstörungen und anderem. Die Krankheit betrifft Frauen häufiger als Männer, Weiße häufiger als Schwarze, und tritt vor allem in kälteren Regionen und nur selten in tropischen und subtropischen Ländern auf. Sie beginnt in der Regel zwischen dem 20. und 40. Lebensjahr. Der Verlauf der Krankheit ist jedoch von Fall zu Fall so verschieden, daß man ihn praktisch nicht vorhersagen kann. Nach der ersten Attacke, die in der Regel zwei bis sechs Wochen dauert, kann es bis zu zehn Jahre oder länger dauern, bis erneut irgendwelche Symptome auftreten. Oder es folgt ein zweiter Schub im Abstand von Monaten oder gar nur Wochen, wobei die Zeitabstände zwischen den Schüben in der Regel mit der Zeit immer kürzer werden. Fast immer bilden sich die jeweiligen Symptome zumindest am Anfang der Erkrankung nach einer verschieden langen Zeit, meist innerhalb von wenigen Wochen, wieder zurück. Im weiteren Verlauf, selten schon von Anfang an, können jedoch nach jedem Schub Restsymptome verbleiben, die zu einer wachsenden Behinderung der betroffenen Person führen. Der Grund für die Rückbildung der Symptome liegt darin, daß das durch die Entzündung zerstörte und durch Narbengewebe ersetzte Myelin — ein Prozeß, der *Entmarkung* oder *Demyelinisation* genannt wird — sich wieder neu bilden und dadurch den Defekt reparieren kann (Remyelinisation). Wird das Reparaturvermögen der Myelinscheiden überfordert, können bleibende Schäden entstehen. Es ist jedoch — wie schon gesagt — unmöglich, den Verlauf einer Multiplen Sklerose im Einzelfall vorauszusagen.

Die Ursache für das Auftreten der Multiplen Sklerose ist nicht bekannt, man vermutet jedoch neben einer erblichen Veranlagung, daß eine in der Kindheit unbemerkt abgelaufene Infektion des zentralen Nervengewebes mit einem Virus (eventuell dem Herpes-Virus) zu einem Einbau des Erbmaterials des Erregers in die Nervenzellen und dann zu einem periodischen Aufflammen der Entzündungsvorgänge führt und daß dadurch Autoimmunprozesse als Abwehrmaßnahmen des Körpers in Gang gesetzt werden. Dies sind jedoch zur Zeit der Veröffentlichung dieses Buches nur Theorien, die noch der wissenschaftlichen Bestätigung bedürfen.

Die Diagnose einer Multiplen Sklerose kann nicht anhand eines einzigen Schubes gestellt werden. Entscheidend ist vielmehr der Verlauf, d.h. ob bestimmte typische Symptome wie Sehstörungen, Gefühlsstörungen und Lähmungen wiederholt und an verschiedenen Körperstellen auftreten. Bei nur einem einzigen Schub, manchmal auch bei mehreren, kann es schwierig sein, die Diagnose mit Sicherheit lediglich anhand des klinischen Bildes zu stellen, da die Symptome so verschieden sind und oft denen von anderen Erkrankungen, wie z.B. eines Gehirschlages, Gehirntumoren oder anderer Entzündungen des Nervensystems, ähneln können. Aus diesem Grund führt man beim Verdacht auf das Vorliegen einer Multiplen Sklerose noch einige andere zusätzliche Untersuchungen durch, anhand derer die Verdachtsdiagnose gestützt, bestätigt oder verworfen werden kann. Dazu gehören vor allem die → Kernspintomographie des Schädels, mit Hilfe derer man im typischen Fall einer MS die Entmarkungsherde im Gehirn sehen kann, und die Untersuchung des Nervenwassers durch eine → Liquorpunktion, bei der sich im typischen Fall einer MS sogenannte *oligoklonale Banden* im Liquor als Ausdruck einer isoliert im zentralen Nervensystem gesteigerten Antikörperproduktion nachweisen lassen.

Bisher gibt es noch keine Heilung der Multiplen Sklerose, und die Erforschung verschiedener Behandlungsmethoden wird durch die häufige spontane Rückbildung der Symptome erschwert, wodurch man nie sagen kann, ob es die Therapie oder der normale Verlauf der Erkrankung war, die zur Besserung geführt haben. Man hat jedoch herausgefunden, daß die Gabe von → Cortison die Dauer eines Schubes abkürzen kann, ohne daß dadurch der langfristige Verlauf, d.h. das eventuelle Wiederauftreten von Symptomen, das Ausmaß der Rückbildung etc. beeinflußt werden. Das Cortison wird *während* eines frischen Schubes in Abhängigkeit von der Schwere der Symptome entweder in Tablettenform über eine bis drei Wochen oder als Infusion, meist über fünf Tage, gegeben. Treten zwei oder mehr Schübe pro Jahr auf, dann kann man außerdem eine → immunsupressive Behandlung mit dem Medikament Azathioprin (Imurek®) versuchen, die jedoch nicht ohne Nebenwirkungen ist. Andere Maßnahmen kommen unterstützend hinzu wie z.B. Krankengymnastik, Medikamente gegen eine eventuelle spastische Tonuserhöhung der Muskulatur und die sofortige Behandlung von sekundären Komplikationen wie Blasenentzündungen und ähnlichem.

Die Multiple Sklerose beeinträchtigt bei Frauen weder die Menstruation noch die Fertilität (Fruchtbarkeit). Eine Schwangerschaft ist möglich. Es gibt einige Hinweise dafür, daß eine Schwangerschaft zu einer Verschlechterung der Multiplen Sklerose führt, andere sind jedoch der Überzeugung, daß die physiologische Unterdrückung des Immunsystems während der Schwangerschaft zu einer vorübergehenden Verbesserung der Erkrankung führt. Die Entscheidung über die Gründung einer Familie sollte vom Grad der Behinderung zum Zeitpunkt der Entscheidung, dem vorangegangenen Krankheitsverlauf, der Fähigkeit, die Sorge für die Kinder in späteren Jahren zu übernehmen und der Belastungsfähigkeit hinsichtlich der Schwierigkeiten, Kinder großzuziehen, abhängig gemacht werden. Jegliche Form der Empfängnisverhütung kann verwendet werden, vorausgesetzt, die Koordinationsfähigkeit der Frau ist gut genug, um z.B. ein Scheidendiaphragma einzuführen. Von einer Spirale wird jedoch dann abgeraten, wenn die Krankheit bei einer Frau zu Taubheitsgefühlen im Unterbauch geführt hat, weil dann die Möglichkeit besteht, daß die Spirale abgeht, ohne daß es bemerkt wird.

Das Bedürfnis nach Sex kann in Perioden extremer Müdigkeit verringert oder verschwunden sein, und zu Orgasmusschwierigkeiten kommt es, wenn Gefühlsstörungen im Beckenbereich bestehen. Manche Frauen mit solchen Gefühlsstörungen machen jedoch die Erfahrung, daß andere Stellen ihres Körpers besonders sensibel und empfänglich für sexuelle Stimulation werden. Während des Geschlechtsverkehrs oder der → Masturbation kann es zu gesteigertem Harndrang oder unwillkürlichem Urinabgang kommen, was in manchen Fällen dadurch verhindert werden kann, daß man direkt zuvor die Blase vollständig entleert. In der Zeit zwischen den Schüben können jedoch viele Patienten ein normales oder fast normales Leben führen.

Muskeldystrophie Eine Erbkrankheit (siehe unter → angeborene Krankheiten), bei der die Willkürmuskulatur mit der Zeit immer schwächer wird. Bei der häufigsten Form der Muskeldystrophie, dem *Typ Duchenne*, handelt es sich um eine X-chromosomal oder geschlechtsgebundene, rezessiv vererbliche Erkrankung (siehe unter → Genetik für eine genaue Erklärung), die von Müttern, die selbst nicht oder nur sehr leicht erkrankt sind, an ihre Söhne weitergegeben wird. Die ersten Symptome treten meist vor dem siebten Lebensjahr auf und bestehen zunächst in Schwierigkeiten beim Gehen und Stehen, später sind auch die Schulter- und Armmuskeln betroffen. Bis zum Pubertätsalter sind die meisten Patienten auf einen Rollstuhl angewiesen. Bisher gibt es noch keine Heilung für diese Erkrankung. Vor kurzer Zeit hat man jedoch den Gendefekt gefunden, der für die Muskeldystrophie Typ Duchenne verantwortlich ist. Dieser Defekt hat das Fehlen eines bestimmten Eiweißes in der Zelle, des sogenannten Dystrophins, zur Folge, das für die normale Funktion der Muskelzellen von entscheidender Bedeutung ist. Bei einer anderen Form der Muskeldystrophie, dem *Typ Becker*, fehlt dieses Dystrophin nicht vollständig, sondern ist nur vermindert, was den wesentlich leichteren Krankheitsverlauf erklärt. Man hofft, daß diese neuen Erkenntnisse zur Entwicklung von Behandlungsmethoden führen, die das fehlende oder verminderte Dystrophin ersetzen oder kompensieren. Bezüglich der pränatalen (vorgeburtlichen) Diagnostik der Erkrankung siehe unter → Amniozentese.

Mutter-Kind-Bindung Auch *Eltern-Kind-Bindung*. Die Herstellung einer engen emotionalen Beziehung zwischen einem Kind und seinen Eltern, die schon während der Schwangerschaft vorbereitet und nach heutigem Verständnis so bald als möglich nach der Geburt begonnen werden sollte. Man geht davon aus, daß die zu Beginn des Lebens entstandene Bindung einen dauernden Einfluß auf die späteren Beziehungen zwischen Eltern und Kind hat. Um diese frühe Bindung zu erleichtern, wird die ältere Praxis, ein neugeborenes Kind direkt nach der Geburt auf die Kinderpflegestation zu bringen, zunehmend verlassen; stattdessen wird der Mutter — und dem Vater, sofern er anwesend ist — erlaubt, das Kind für eine gewisse Zeit nach der Entbindung zu halten und zu liebkosen und es, wenn die Mutter stillen möchte, sofort an die Brust zu legen. Auch das sogenannte → *Rooming in* findet immer mehr Anklang. Größere Hindernisse für eine frühe Bindung sind die spezielle Ausrüstung und Versorgung, die ein Frühgeborenes (siehe → Frühgeburt) oder ein Neugeborenes mit ernsten gesundheitlichen Problemen benötigt. In einem solchen Fall ist die Kontaktaufnahme durch Isolierscheiben, Beatmungsgeräte, Monitore und anderes erschwert, und das Kind kann nicht wie bei problemlosen Geburten auf den Arm genommen und gehalten werden. Den Eltern, die dennoch eine frühe, warme Beziehung zu ihrem im Krankenhaus liegenden Neugeborenen aufnehmen möchten, werden häufige Besuche mit vielen Berührungen und Streicheln ihres Kindes empfohlen sowie in manchen Fällen die Beteiligung an der Pflege des Babys.

Mutterkorn Siehe unter → Ergotamin

Mutterkuchen Siehe → Plazenta

Muttermilch Siehe → Laktation, → Stillen

Muttermund Siehe unter → Zervix

Mutterschaftsrichtlinien Ein Katalog von Richtlinien, der vom Bundesausschuß der Ärzte und Krankenkassen aufgestellt wurde und sich mit der ärztlichen Betreuung während der Schwangerschaft und nach der Entbindung befaßt. Durch diese Richtlinien werden bestimmte Untersuchungen und Betreuungsmaßnahmen festgelegt, die während der → Schwangerenvorsorge und nach der Entbindung erfolgen sollen, um mögliche Gefahren für Leben und Gesundheit von Mutter oder Kind abzuwenden beziehungsweise rechtzeitig zu erkennen und zu behandeln. Die durch die Betreuung entstehenden Kosten werden von den Krankenkassen übernommen. Bezüglich der einzelnen empfohlenen Maßnahmen und Untersuchungen siehe unter → Schwangerenvorsorge.

Mutterschutzgesetz Auch *Mutterschutzrecht*. Ein vom Gesetzgeber verabschiedetes Gesetz zum Schutze der erwerbstätigen Mutter. Anders als die → Mutterschaftsrichtlinien, die für jede Schwangere gelten und sich mit der ärztlichen Betreuung während der Schwangerschaft und nach der Entbindung befassen, gilt das Mutterschutzgesetz für diejenigen Schwangeren, die in einem Arbeitsverhältnis stehen oder mit Heimarbeit (z.B. in der Landwirtschaft) beschäftigt sind. (Für nicht versicherte Frauen ohne ausreichendes Einkommen gilt das Bundessozialhilfegesetz.) Der Zweck des Mutterschutzgesetzes ist es, durch bestimmte Regelungen, die die Arbeitszeit, den Arbeitsplatz, die Tätigkeit am Arbeitsplatz und anderes betreffen, die Gesundheit der schwangeren Arbeitnehmerin sowie die ihres Kindes zu schützen und Gefährdungen der Gesundheit für Mutter und Kind durch zu große Belastungen am Arbeitsplatz und durch die Arbeit zu vermeiden.

Zu den wichtigsten Schutzvorschriften des Mutterschutzgesetzes gehören: Generelle Beschäftigungsverbote für werdende Mütter, wenn Leben oder Gesundheit von Mutter oder Kind durch eine Fortdauer der Beschäftigung gefährdet sind. Hierzu ist ein ärztliches Zeugnis notwendig. Grundsätzlich verboten ist ebenfalls die Akkord- und Fließbandarbeit von werdenden Müttern sowie Arbeiten, bei denen regelmäßig Lasten von 5 kg oder gelegentlich Lasten von 10 kg gehoben werden müssen. Schwangere dürfen nicht an Arbeitsplätzen beschäftigt werden, an denen schädliche Außeneinwirkungen oder erhöhte Unfallgefahren vorliegen. Nach dem dritten Monat der Schwangerschaft ist eine Beschäftigung auf Beförderungsmitteln (z.B. Busschaffnerin) verboten, nach dem fünften Monat solche Tätigkeiten, bei denen die Schwangere ständig stehen muß. Darüber hinaus muß der Arbeitgeber Liegeräume für werdende oder stillende Mütter zur Verfügung stellen, damit Schwangeren, die bei ihrer Tätigkeit ständig oder viel stehen müssen, Gelegenheit zu kurzen Unterbrechungen und Erholungszeiten geboten werden kann.

Weiterhin sind im Mutterschutzgesetz verschiedene Schutzfristen festgelegt: So dürfen werdende Mütter in den letzten sechs Wochen vor der Entbindung generell nicht beschäftigt werden, sofern die betreffende Frau nicht ausdrücklich darauf besteht. Nach der Entbindung gilt ein Beschäftigungsverbot bis zum Ablauf von acht Wochen, bei Frühgeburten und Mehrlingsgeburten verlängert sich diese Frist auf zwölf Wochen. Außerdem dürfen werdende und stillende Mütter nicht mit Mehrarbeit, nicht in der Nacht zwischen 20 und 6 Uhr und nicht an Sonn- und Feiertagen beschäftigt werden. Ausnahmen hiervon sind für bestimmte Tätigkeitsbereiche (wie z.B. Gaststättengewerbe, Krankenpflege u.a.) möglich, sofern in jeder Woche einmal eine ununterbrochene Ruhezeit von 24 Stunden im Anschluß an eine Nachtruhe gewährt wird. Grundsätzlich darf die tägliche Höchstarbeitszeit bei werdenden und stillenden Müttern 8 1/2 Stunden nicht überschreiten. Eine Kündigung durch den Arbeitgeber während der Schwangerschaft und bis zum Ablauf von vier Monaten nach der Entbindung ist nicht zulässig, vorausgesetzt, daß dem Arbeitgeber die Tatsache der Schwangerschaft bekannt war beziehungsweise innerhalb von zwei Wochen nach Ausspruch der Kündigung mitgeteilt wird. Innerhalb der oben genannten Schutzfristen muß der Arbeitgeber das Gehalt an die Schwangere beziehungsweise Wöchnerin weiterzahlen.

Neben diesen Schutzfristen und Schutzregelungen besteht noch die Möglichkeit des *Erziehungsurlaubes*. Die Dauer des Erziehungsurlaubes wurde kürzlich auf drei Jahre angehoben. Seine praktische Bedeutung liegt unter anderem darin, daß die Mutter bis zum Ablauf dieser drei Jahre einen Anspruch darauf hat, von ihrem ehemaligen Arbeitgeber wieder eingestellt zu werden, sofern sie das möchte. Während des Erziehungsurlaubes, der zur Hälfte auch vom Vater genommen werden kann, wird das Gehalt vom Arbeitgeber nicht weitergezahlt. Es kann jedoch ein Erziehungsgeld beim Staat beantragt werden.

Myasthenia gravis Eine chronische Erkrankung, die durch eine zunehmende Ermüdbarkeit einzelner Muskeln bei Belastung und nachfolgender Erholung in Ruhe gekennzeichnet ist. Die genaue Ursache für die Myasthenie ist nicht gekannt, man geht jedoch davon aus, daß es sich um eine → Autoimmunerkrankung handelt, bei der Antikörper gegen die Bindungsstellen an der Muskelzellmembran für das sogenannte *Acetylcholin* gebildet werden, das für die Impulsübertragung von den Nervenendigungen an die Muskelzellen und damit für die Kontraktion der Muskeln von Bedeutung ist. Wenn die Bindungsstellen (Rezeptoren) an der Muskelmembran durch die Antikörper besetzt sind, dann kann sich das Acetylcholin nicht wie normal dort anheften und seine Funktion erfüllen. Der Beginn der Erkrankung kann plötzlich oder schleichend sein und betrifft häufig zuerst die Augenmuskeln. Die häufigsten Symptome sind herunterhängende Augenlider, vor allem abends oder nach längerem Lesen oder Hochschauen, und Doppelbilder. Später folgen Sprech-, Schluckstörungen und Ermüdbarkeit der Gliedmaßen. Die Schwäche kann auch die Atemmuskulatur erfassen, was zu lebensbedrohlichen Situationen führen kann.

Frauen sind von diesem Leiden dreimal häufiger betroffen als Männer. Es manifestiert sich meistens zwischen dem 20. und 40. Lebensjahr. Neugeborene Kinder einer erkrankten Frau können vorübergehende, unter Umständen lebensbedrohliche myasthene Symptome zeigen, die jedoch rasch wieder abklingen. Bei 80% der Patienten finden sich Tumoren (selten) oder (häufig) ein übernormales Größenwachstum des Thymus (siehe unter → Lymphe). Die Myasthenie nimmt gewöhnlich einen chronischen Verlauf, wobei es sowohl zu schubweisen Verschlechterungen als auch zwischenzeitlichen, unter Umständen jahrelangen Remissionen mit Symptomfreiheit kommen kann. Seltener bildet sich die Krankheit auch vollständig zurück.

Die Diagnose wird anhand der typischen Symptome, dem Nachweis von Antikörpern gegen den Acetylcholinrezeptor (siehe oben) im Blut und mit einer speziellen

Untersuchung, dem sogenannten *Tensilon-Test*, in Kombination mit einem → EMG gestellt. Bei diesem Test wird zunächst eine Elektromyographie eines betroffenen Muskels durchgeführt, die bei Vorliegen einer Myasthenie einen charakteristischen Befund aufweist. Dann wird das Medikament Tensilon gespritzt, und der Patient wird sowohl klinisch als auch erneut elektromyographisch untersucht. Ist der Test positiv, d.h. verschwindet die Muskelschwäche durch das Tensilon, dann liegt eine Myasthenie vor.

Die Behandlung der Myasthenie umfaßt mehrere Maßnahmen, die oft auch gleichzeitig eingesetzt werden müssen. In den meisten Fällen wird man sich zu einer operativen Entfernung der Thymusdrüse entschließen, vor allem bei Frauen unter 40 mit erst kurzem Krankheitsverlauf, und bei allen, bei denen eine veränderte Thymusdrüse gefunden wurde. In letzter Zeit wird diese Operation grundsätzlich mit nur wenigen Ausnahmen für alle Myastheniepatienten empfohlen. Neben der Operation gibt es einige medikamentöse Therapiemöglichkeiten der Myasthenie, unter anderem mit sogenannten *Cholinesterasehemmern* (z.B. Mestinon®) oder mit einer → Immunsupression durch → Cortison oder Azathioprin (Imurek®).

Mykoplasmeninfektion Die Besiedlung des Uro-Genitaltraktes von Mann oder Frau durch zwei miteinander verwandte Bakterienarten, nämlich dem *Mycoplasma hominis* und dem *Ureaplasma urealyticum*. Die Besiedlung des weiblichen Genitaltraktes mit Mykoplasmen beginnt nach der Pubertät und ist umso häufiger, je mehr sexuelle Kontakte eine Frau hat. Der Nachweis von Mykoplasmen im Genitaltrakt heißt jedoch nicht, daß die Frau etwas davon bemerkt. Halten sich die Mykoplasmen lediglich in der Scheide, im Gebärmutterhalskanal oder auch im unteren Teil der Harnröhre auf, dann kommt es bei den wenigsten Frauen zu irgendwelchen Symptomen außer eventuell einem vermehrten Ausfluß aus der Scheide. In ungünstigen Fällen jedoch können die Bakterien von diesen Stellen an weiter oben gelegene Abschnitte des Harn- und Genitaltraktes gelangen, was zu schweren Infektionen insbesondere der Eileiter und damit eventuell zu einer Unfruchtbarkeit der betroffenen Frau durch Verklebung und Vernarbung der Eileiter führen kann. Außerdem besitzen die Mykoplasmen die Fähigkeit, sich an Spermien anzuheften, wodurch wahrscheinlich deren Beweglichkeit eingeschränkt wird, was ebenfalls zu einer verminderten Fruchtbarkeit der Betroffenen führen kann.

Die Diagnose einer Besiedlung mit Mykoplasmen erfolgt durch die Abnahme eines → Scheidenabstrichs mit anschließender → Bakterienkultur. Die Therapie besteht in der Verabreichung von → Antibiotika, am besten von Tetrazyklinen, die als Tabletten über zehn bis 14 Tage eingenommen werden.

Myom Ein gutartiger Tumor der Gebärmuttermuskulatur. Das Myom kann als einzelner Tumor auftreten, häufiger findet man jedoch mehrere Myome auf einmal in der Gebärmutter. Ein so von Myomen durchsetzter Uterus wird *Uterus myomatosus* genannt. Myome sind ausgesprochen häufig. Etwa 20 bis 35% aller Frauen haben mindestens ein Myom. Ihr Wachstum wird offensichtlich durch → Östrogeneinfluß gefördert, was sich auch daran zeigt, daß die Myome nach der → Menopause kleiner werden oder sogar ganz verschwinden.

Die Myome variieren in ihrer Größe von der Größe einer Bohne bis zu der einer großen Grapefruit oder mehr. Ein großes Myom kann bis zu 10 kg schwer werden. Zu den Symptomen eines Myoms gehören ein tastbarer Knoten im Bauch, starke und verlängerte Regelblutungen (→ Menorraghien), seltener auch zyklusunabhängige Blutungen (→ Metrorrhagien) und ein Völlegefühl im Unterbauch. Gelegentlich kommt es durch Druck auf die Blase auch zu einem häufigen Harndrang oder bei Druck auf den Enddarm zu Darmentleerungsstörungen. In der Regel hat man keine Schmerzen, aber manchmal kann die Regelblutung schmerzhaft sein (→ Dysmenorrhoe). Gelegentlich kann es auch zu plötzlichen sehr starken Schmerzen kommen, wenn sich ein gestieltes Myom (siehe unten) um den Stiel dreht und sich dabei die Blutzufuhr abschneidet, was zum Absterben des Myoms führt.

Kleine Myome, die nur minimale Symptome verursachen, erfordern keine Therapie. Auch größere, die keine oder nur geringe Beschwerden verursachen, können ignoriert werden. Oft ist es weniger die Größe der Myome als ihre Lage, die ein therapeutisches Einschreiten notwendig macht. Abhängig von der Lokalisation der Myome gibt es drei Formen (siehe auch Abb. 9): Die häufigste Form ist das *intramurale* Myom, d.h. ein Myom, das in der Mitte der Muskulaturschichten der Gebärmutter sitzt. Das intramurale Myom führt oft zu einer tastbaren Uterusvergrößerung und zu verstärkten Regelblutungen. Das *subseröse* Myom geht auch von der Muskulatur aus, wächst aber oft mit einem Stiel von der äußeren Oberfläche der Gebärmutter in die Bauchhöhle hinein und bildet einen vom Uterus abgrenzbaren Knoten. Es kann gelegentlich durch Stieldrehung zu Blutungen in die Bauchhöhle führen, ist aber ansonsten meist symptomlos. Die dritte und seltenste Myomform ist das *submuköse* Myom, das direkt unter der Gebärmutter-

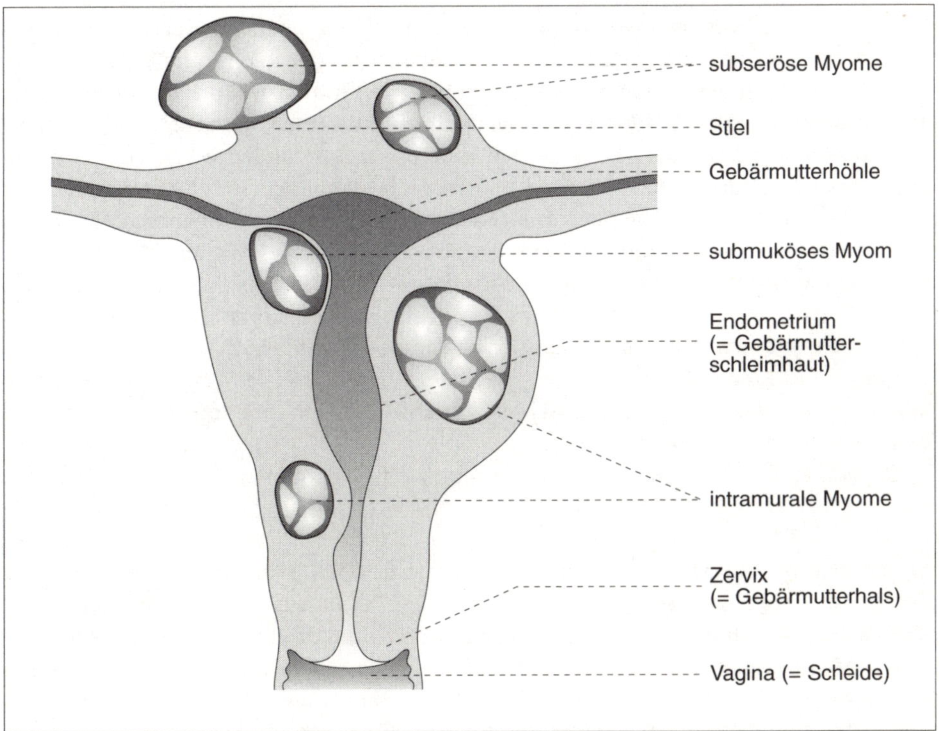

Abb. 9: Schematische Darstellung eines *Uterus myomatosus* mit verschiedenen Myomtypen (nähere Erläuterungen siehe Text)

schleimhaut liegt, die es mit zunehmender Größe in die Gebärmutterhöhle vordrängt. Obwohl selten, verusacht es fast immer starke Blutungen, auch wenn es noch klein ist. Die intramuralen und subserösen Myome erfordern selten eine Therapie, es sein denn, sie sind sehr groß oder drücken auf die Harnblase oder den Enddarm. Bei den submukösen Myomen jedoch wird häufiger eine Behandlung nötig sein, weil sie so schwere Menstruationsbeschwerden verursachen.

Die Diagnose stützt sich auf den Tastbefund bei der → gynäkologischen Untersuchung. Gelegentlich wird jedoch zur Abklärung der durch die Myome verursachten Blutungsstörungen zusätzlich eine → Abrasio (Ausschabung) notwendig sein, vor allem bei den submukösen Myomen, die schlecht ertastet werden können. Bei der operativen Entfernung des Myoms, genannt *Myomenukleation*, versucht man, nur das Myom oder die Myome herauszuschneiden und die übrige Gebärmutter intakt zu lassen. Diese Operation bietet sich vor allem für Frauen an, die noch Kinderwunsch haben. Bei sehr großen Myomen jedoch kann es notwendig werden, die gesamte Gebärmutter zu entfernen (→ Hysterektomie), was auch damit begründet werden kann, daß sehr große Myome die Gebärmutter so sehr zerstören, daß eine Schwangerschaft ohnehin sehr unwahrscheinlich wird. Wenn die Beschwerden ausschließlich aus Blutungen bestehen und eine andere Ursache ausgeschlossen ist, kann man auch eine konservative (d.h. nicht-operative) Therapie mit → Progesteron oder ovulationsunterdrückenden Medikamenten versuchen. Darüber hinaus kann eine Eisengabe zur Behandlung einer durch schwere Blutungen entstandenen → Anämie notwendig werden.

Schon vor einer Schwangerschaft vorhandene Myome tendieren dazu, vor allem in der ersten Schwangerschaftshälfte durch die hohen Östrogenspiegel an Größe zuzunehmen. Meistens verlagern sich durch die gleichzeitige Größenzunahme der Gebärmutter dabei die intramuralen Myome mehr nach außen und werden zu subserösen Myomen, was im Prinzip sehr günstig ist. Dennoch kann es einmal durch diese Verlagerung zur Drosselung der Blutzufuhr zum Myom und dadurch zur akuten Gewebszerstörung kommen, die dann eine operative Sofortbehandlung notwendig macht. Während der → Geburt neigt eine Gebärmutter mit Myomen zu unregelmäßiger Wehentätigkeit und zu Störungen in der Nachgeburtsperiode. Aus diesem Grund ist eine Schwangerschaft bei einem Uterus myomatosus als Risikoschwangerschaft einzuordnen, die eine engmaschige Überwachung vor, während und nach der Geburt erfordert.

Frauen mit einem (oder mehreren) Myomen sollten auf die Verwendung einer → Spirale verzichten, da eine durch Myome geschädigte Gebärmutterhöhle vermehrt zu Blutungen neigt.

Bezüglich eines weiteren gutartigen Tumors der Gebärmutter siehe unter → Polyp, Def. 2.

Myometrium Die Muskelschicht der Gebärmutter, die den größten Teil der Gebärmuttermasse ausmacht. Nach innen liegt über dem Myometrium das → Endometrium, die Gebärmutterschleimhaut, die die gesamte Gebärmutterhöhle auskleidet. Nach außen ist das Myometrium von einer dünnen serösen Hautschicht überzogen. Die wichtigste Aufgabe der Gebärmuttermuskulatur ist die Erzeugung von → Wehen (Muskelkontraktionen) bei der Geburt eines Kindes, durch die das Kind nach außen getrieben wird. Bezüglich einer — wenngleich auch nicht sehr häufigen — Erkrankung des Myometriums siehe unter → Adenomyosis uteri.

Nabelbruch Siehe unter → Hernie

Nabelschnur Auch *Funiculus umbilicalis*. Ein etwa 50 bis 60 cm langes Organ, das vom Nabel des Kindes bis zur → Plazenta (Mutterkuchen) reicht und damit die lebensnotwendige Verbindung zwischen mütterlichem und kindlichem Blutkreislauf herstellt. Die Nabelschnur besteht aus einer halbdurchsichtigen, gelartigen Substanz, der sogenannten *Wharton-Sulze*, in die drei Gefäße eingebettet sind: Zwei Arterien, die die Abfallstoffe und das sauerstoffarme Blut vom Kind zur Mutter transportieren, und eine Vene, die sauerstoffreiches und andere Nährstoffe enthaltendes Blut von der Plazenta und damit von der Mutter zum Kind bringt. Die Nabelschnur ist fast immer spiralig gedreht und außen von den → Eihäuten überzogen. Da das Kind im Mutterbauch noch nicht über die Lungen atmet, ist es auf die Sauerstoffversorgung über die Nabelschnur angewiesen. Jede Unterbrechung dieser Sauerstoffzufuhr führt daher zu einer Bedrohung der Überlebensfähigkeit des Fetus. Eine solche gefährliche Situation entsteht z.B. bei einem → Nabelschnurvorfall während der Geburt, wenn die Nabelschnur vor oder gleichzeitig mit dem Kind durch den Muttermund nach außen wandert. Eine andere gefährliche Situation ist die *Nabelschnurumschlingung*, bei der sich die Nabelschnur um den Nacken oder andere Körperteile des Kindes windet und bei der es unter Umständen auch zur Bildung eines *Nabelschnurknotens* kommen kann. Diese Situationen treten gehäuft bei einer zu langen Nabelschnur, bei übernormal viel Fruchtwasser (siehe → Hydramnion) und bei Anomalien der Kindslage bei der Geburt, vor allem bei einer → Querlage auf. Auch bei einer *Kompression* (Abdrückung) *der Nabelschnur* durch starke Wehen kann es zu einer Beeinträchtigung des Blutflusses in der Nabelschnur und damit zu einer periodischen Mangelversorgung des Kindes mit Sauerstoff kommen.

Fast sofort nach der Entbindung beginnt ein termingerechtes und damit reifes Neugeborenes zu atmen und damit seinen Sauerstoffbedarf über die Lungen zu decken. Der kindliche Blutkreislauf stellt sich innerhalb von Minuten um und erlaubt es nun, daß Blut aus der rechten Herzkammer in die Lungen strömt, dort den Sauerstoff aufnimmt und dann in die linke Herzkammer und von dort in den übrigen Körper zu den Organen fließt. Sobald das Baby atmet, ist also die Nabelschnur nicht mehr notwendig und wird deshalb durchgeschnitten. Dabei geht man so vor, daß man im Abstand von etwa fünf Zentimetern vom kindlichen Nabel, d.h. der Stelle im Bauch, an der die Nabelschnur im Körper des Babys verschwindet, zwei Klemmen anbringt. Dann wird die Nabelschnur zwischen diesen beiden Klemmen mit einer sterilen Schere durchtrennt und eine weitere sterile Klemme oder eine Unterbindung wird etwa zwei Zentimeter vom Nabel entfernt an der Nabelschnur angebracht. Der Nabelschnurstummel wird trocken verbunden und solange sauber gehalten, bis er etwa ein bis zwei Wochen später von alleine abfällt. Die „Öffnung“ in der Bauchdecke wächst zu und hinterläßt bei jedem Menschen den Nabel oder auch *Umbilicus*. Siehe auch Nabelbruch unter → Hernie.

Nabelschnurvorfall Eine Regelwidrigkeit während der Geburt, bei der die Nabelschnur nach dem → Blasensprung vor dem vorangehenden Kindsteil (Kopf, Schultern, Steiß) in der Scheide zu tasten oder zu sehen ist, anstatt wie normal oberhalb des führenden Kindsteils zu liegen. Dies ist eine sehr gefährliche Situation für das Kind, da jeglicher Druck auf die Nabelschnur zu einer bedrohlichen Beeinträchtigung der Blut- und damit der Sauerstoffversorgung des Babys führen kann. Wenn, wie fast immer, der Kopf des Kindes bei der Geburt vorangeht und zur Zeit des → Blasensprungs tief im Becken sitzt, dann kommt es nur selten zu einem Nabelschnurvorfall, weil in solchen Fällen der kindliche Kopf gegen den Gebärmutterhals drückt und keinen Platz daneben für die Nabelschnur freiläßt. Wenn aus irgendeinem Grund jedoch der kindliche Kopf zur Zeit des Blasensprungs hoch im Becken steht (weil z.B. das Kind oder das Becken sehr klein sind) oder wenn ein anderer Teil des Kindes, z.B. die Schultern oder die Füße, vorangehen, dann kann es beim Blasensprung zu einem Vorfall der Nabelschnur durch den Gebärmutterhals kommen. Das Vorgehen in einer solchen Situation hängt davon ab, wie weit der Gebärmutterhals schon erweitert ist, außerdem von der Lage und dem Gesundheitszustand des Kindes. Wenn der Muttermund vollständig eröffnet und eine sehr schnelle Entbindung denkbar ist, dann kann man versuchen, das Leben des Kindes durch eine sofortige vaginale Entbindung zu retten. Diese Vorbedingungen sind aber nur selten gegeben. Wenn der Muttermund nur teilweise eröffnet ist oder wenn aus einem anderen Grund die vaginale Entbindung zu lange dauern würde, so daß die Nabelschnur zu lange abgedrückt werden könnte, dann wird man zur Rettung des Kindes sofort einen → Kaiserschnitt durchführen. Jedoch ist selbst bei unverzüglicher Behandlung die Wahrscheinlichkeit, daß das Baby wegen Sauerstoffmangel stirbt, ziemlich hoch (etwa 2%), vor allem dann, wenn der Nabelschnurvorfall im Verlauf einer Hausgeburt oder vor Erreichen der Klinik stattfindet.

Nachgeburt Siehe → Plazenta

Nachgeburtsblutung Siehe → Postpartale Blutung

Nachgeburtsperiode Die Phase der Entbindung, in der die Nachgeburt (→ Plazenta) geboren wird. Siehe unter → Geburt.

Nachwehen Wehenähnliche schmerzhafte Zusammenziehungen der Gebärmuttermuskulatur in den ersten zwei bis drei Tagen nach der Entbindung eines Kindes. Sie führen zu einer verminderten Durchblutung der Gebärmutter und unterstützen dadurch die Blutstillung an der Stelle der Gebärmutter, an der die Plazenta mit der Gebärmutterwand verwachsen war. Darüber hinaus unterstützen sie die Rückbildung der Gebärmutter zu ihrer ursprünglichen Größe. Nach der ersten Entbindung werden meist keine Nachwehen empfunden. Ab der zweiten Entbindung werden sie dann mit der Zahl weiterer Geburten zunehmend schmerzhafter.

Nadelbiopsie Siehe unter → Biopsie

Natürliche Geburt Siehe unter → Geburtsvorbereitung, → Entbindung nach *Read,* → Psychoprophylaktische Methode

Natürliche Methoden der Empfängnisverhütung Auch *periodische Abstinenz.* Verhütungsmethoden, deren Prinzip darin besteht, die fruchtbaren Tage im → Menstruationszyklus einer Frau, d.h. die Zeit des Eisprungs (→ Ovulation), zu bestimmen und dann jeden (ungeschützten) Geschlechtsverkehr während dieser Zeit zu vermeiden. Der größeren Sicherheit wegen muß sich diese periodische Enthaltsamkeit nicht nur auf den Tag des Eisprungs, sondern auch auf einige Tage davor und danach erstrecken. Da eine Eizelle nach dem Sprung aus dem Eierstock 24 Stunden lang befruchtungsfähig bleibt und Spermien ihrerseits bis zu 72 Stunden nach der → Ejakulation im Genitaltrakt der Frau überleben können, kann unter Umständen ein Geschlechtsverkehr auch schon drei Tage vor und bis zu einem Tag nach dem Eisprung zu einer Befruchtung führen, beziehungsweise die Spermien müssen während dieses Zeitraumes in die Eileiter gelangen, wenn eine Befruchtung stattfinden soll.

Die natürlichen Methoden der Empfängnisverhütung sind nach wie vor die einzigen Formen der → Geburtenkontrolle und → Empfängnisverhütung, die von der römisch-katholischen Kirche akzeptiert werden. Ihr erfolgreicher Einsatz hängt vollständig davon ab, wie genau man die Zeit des Eisprungs im vorhinein bestimmen kann, um dann einen Geschlechtsverkehr zu dieser Zeit zu vermeiden. Der Zeitabstand zwischen der → Menstruation (Regelblutung) und dem Eisprung ist sowohl von Frau zu Frau als auch bei ein und derselben Frau großen Schwankungen unterworfen (siehe → Menstruationszyklus), während der Abstand zwischen dem Eisprung und der darauffolgenden Periode ziemlich genau immer 14 Tage beträgt. Daher kann man bei einer Regelblutung immer sagen, wann der *letzte* Eisprung stattgefunden hat. Das heißt, es ist leicht, im *nachhinein* die fruchtbaren Tage zu bestimmen, jedoch ungleich schwieriger, sie *vorherzusagen*.

Die vier wichtigsten Methoden zur Bestimmung des Ovulationszeitpunktes sind die Kalender-Methode nach Knaus-Ogino, die Temperaturmethode oder → Basaltemperaturmessung, die → Zervikalschleimmethode und die Kombinations- oder symptothermale Methode.

Die *Kalendermethode* nimmt die Länge vergangener Menstruationszyklen als Grundlage zur Berechnung des wahrscheinlichen Ovulationszeitpunktes in folgenden Zyklen. Hierzu muß die Frau mindestens ein halbes Jahr lang, besser ein ganzes Jahr, ihre Zyklen genau beobachten und die Tage der Regelblutungen schriftlich festhalten. Ein Menstruationszyklus beginnt mit dem ersten Tag der Periode und hört mit dem letzten Tag vor der nächsten Periode auf. Zur Bestimmung der fruchtbaren Tage zieht man von der Länge des kürzesten Zyklus der letzten 12 Monate 18 Tage ab und erhält damit den ersten potentiell fruchtbaren Tag im Zyklus. Für den letzten potentiell fruchtbaren Tag zieht man elf Tage vom längsten Zyklus der letzten zwölf Monate ab. Die Zeit vom ersten fruchtbaren Tag bis zum letzten fruchtbaren Tag wird als die fruchtbare Periode angenommen, während derer man — will man eine Schwangerschaft verhindern — Enthaltsamkeit üben muß. Der Rest des Monats wird als „sichere Zeit“ angesehen. Ein Beispiel: Eine Frau hat über zwölf Monate den Zeitpunkt ihrer Perioden dokumentiert. Sie rechnet nun aus, daß in dieser Zeit ihr kürzester Zyklus 24 Tage und ihr längster 29 Tage lang war. Nach der Kalendermethode beginnen ihre fruchtbaren Tage also am 6. Tag (24 minus 18) und dauern bis zum 18. Tag (29 minus 11) ihres Menstruationszyklus. Die Kalendermethode wird als die unzuverlässigste Form der natürlichen Empfängnisverhütung angesehen, und bei Frauen mit sehr unregelmäßigen Zyklen, nach einer Geburt oder Fehlgeburt oder während der Stillzeit ist sie praktisch nicht einsetzbar.

Die Methode der *Basaltemperaturmessung* macht sich die Tatsache zunutze, daß die Körpertemperatur nach dem Eisprung durch die Abgabe von → Progesteron aus dem →

Corpus luteum (Gelbkörper) ansteigt und bis zur nächsten Periode im Vergleich zur ersten Zyklushälfte erhöht bleibt. Auch mit dieser Methode kann man den Ovulationszeitpunkt nur im nachhinein feststellen, d.h. lediglich den *letzten* Tag der fruchtbaren Periode beziehungsweise den Beginn der „sicheren" Zeit bestimmen, der auf den dritten Tag *nach* dem Anstieg der Körpertemperatur fällt. Bis zum Beginn der sicheren Zeit muß man abstinent bleiben, wenn man eine Schwangerschaft verhindern will. Die Temperaturmethode ist etwas zuverlässiger als die Kalendermethode und kann auch von Frauen mit unregelmäßigen Zyklen angewandt werden. Nach einer Fehlgeburt oder Entbindung ist sie jedoch nutzlos. Über einen längeren Zeitraum gemessen, kann die Erstellung von Körpertemperaturkurven einen guten Eindruck über das persönliche Ovulationsmuster einer Frau liefern. In der Regel empfiehlt man ebenfalls eine Zeit von mindestens sechs Monaten, in der die Temperatur nur gemessen und dokumentiert wird, bevor man sich auf diese Methode zur Empfängnisverhütung verläßt. Siehe auch unter → Basaltemperaturmessung.

Die *Zervikalschleimmethode* beruht auf der Tatsache, daß der Zervikalschleim, d.h. die Absonderungen aus dem Gebärmutterkanal, im Verlauf jedes Menstruationszyklus bei den meisten Frauen charakteristischen Veränderungen unterliegt. Nach der Menstruation und vor dem Eisprung ist der Schleim zäh, dick, gering in der Menge und von milchiger Farbe. Einige Tage vor der Ovulation steigt die Menge des Schleimes an, er wird dünnflüssiger und bekommt ein durchsichtiges Aussehen, ähnlich wie rohes Eiweiß. Die Frau untersucht ihren Zervikalschleim mit der Hand und den Augen täglich und notiert das Ergebnis, um Aufschluß über ihr persönliches Ovulationsmuster zu erhalten. Diese Methode wurde noch nicht über einen längeren Zeitraum in kontrollierten Studien wissenschaftlich getestet, sie scheint aber sehr gut zu funktionieren, sobald eine Frau mit ihrem persönlichen Muster vertraut ist (siehe auch unter → Zervikalschleimmethode).

Die kombinierte oder *symptothermale Methode* verwendet sowohl die Veränderung der Körpertemperatur als auch die Veränderungen des Zervikalschleimes, um die fruchtbaren Tage zu bestimmen. Bei strenger Beachtung der Vorschriften ist hierbei ein Geschlechtsverkehr nur in der Zeit nach dem Eisprung möglich, wenn die Schleimsekretion nachgelassen hat und die Basaltemperatur mindestens 48 Stunden lang eindeutig angestiegen ist. Wird dies befolgt, so ist diese Methoden von den geschilderten vier die zuverlässigste. Alle vier Methoden sind jedoch nicht ganz so zuverlässig wie die Verwendung von → oralen Kontrazeptiva („Pille"), eines → Scheidendiaphragmas in Kombination mit → spermizider Vaginalcreme oder eines → Intrauterinpessars (Spirale). (Siehe unter → Empfängnisverhütung für einen Vergleich aller Verhütungsmittel und -methoden.)

Die natürlichen Methoden haben sicherlich Vorteile. Zur Empfängnisverhütung eingesetzt, sind sie alle vollständig reversibel, erfordern kein zusätzliches Instrumentarium (bis auf ein Fieberthermometer), sind billig und verursachen keine Nebenwirkungen. Sie können sowohl zur Empfängnisverhütung als auch zur Planung einer Schwangerschaft verwendet werden. Ihre Hauptnachteile sind ihre begrenzte Zuverlässigkeit (in Abhängigkeit von der Regelmäßigkeit der Menstruationszyklen) und die Notwendigkeit der Selbstbeherrschung und Disziplin beider Partner (es sei denn, man verwendet während der fruchtbaren Tage eine alternative Form der Verhütung). Ein weiteres Risiko dieser Methoden wird diskutiert: Wenn die Methode versagt und es zu einer ungewollten Schwangerschaft kommt, dann scheint es eine erhöhte Rate an Fehlgeburten und Mißbildungen beim Kind zu geben. Man vermutet, daß dies durch die Befruchtung einer älteren Eizelle und/oder mit einem alten Spermium zustande kommt. Die größte Chance für eine *normale* Schwangerschaft besteht, wenn die Befruchtung genau zum Zeitpunkt der Ovulation stattfindet, wenn sowohl Eizelle als auch Spermien „frisch" sind. Eine Fehleinschätzung des Ovulationstermins, zu der es mit den natürlichen Methoden immer kommen kann, kann zu einer Befruchtung z.B. erst 24 Stunden nach dem Eisprung kommen, wodurch das Risiko von Störungen in der Embryonalentwicklung erhöht wird.

Nausea Medizinischer Ausdruck für → Übelkeit

Nebenhoden Siehe unter → Hoden

Nebennieren Ein Paar endokriner (d.h. hormonbildender) → Drüsen, die jeweils dem oberen Ende der Nieren aufsitzen. Jede Drüse besteht aus einer Rinde, die den größten und äußeren Teil der Drüse ausmacht, und aus dem Mark, dem kleineren inneren Teil. Im Mark wird das Hormon Adrenalin gebildet und in der Rinde mehr als 30 verschiedene Hormone, die zum Teil lebensnotwendig sind. Die wichtigsten von ihnen sind das → Cortison und Corticosteron, beide sogenannte Glukokortikoide, das Aldosteron, ein sogenanntes Mineralokortikoid, und das Dehydroepiandrosteron und Androstenedion, beides → Androgene (männliche Hormone). Die Nebennieren bilden auch noch andere Hormone, wie z.B. Östrogene, die in manchen Fällen, wie z.B. bei einem → Brustkrebs, einen Krankheitsprozeß verschlimmern können (siehe → Adrenalektomie).

Die Menge der jeweiligen Hormone, die von den Nebennieren gebildet werden, hängt vom Lebensalter ab. Die Nebennieren eines Fetus bilden hauptsächlich Dehydroepiandrosteron. In der Säuglingszeit und der Kindheit werden Kortikoide in einer Menge gebildet, die der jeweiligen Körpergröße proportional ist. Während der Pubertät und danach werden sehr viel Androgene gebildet, wobei man nicht weiß, ob das ein Grund für oder eine Folge der Veränderungen in der Pubertät ist. Im Alter hält zwar die Kortikoidproduktion an, die der Androgene aus den Nebennieren kann jedoch etwas nachlassen, eine Veränderung, von der manche behaupten, daß sie für die → Osteoporose und andere Knochenveränderungen im Alter verantwortlich ist.

Um richtig zu funktionieren, muß die Nebennierenrinde durch ein anderes Hormon, das ACTH (Adrenocorticotropes Hormon), das in der → Hypophyse gebildet wird, stimuliert werden. Die Ausschüttung des ACTHs wiederum ist abhängig von einem stimulierenden Faktor aus dem → Hypothalamus. Wenn kein ACTH vorhanden ist, atrophieren (schrumpfen) die Nebennieren und hören auf, Hormone zu produzieren. Nur das Aldosteron wird noch weiter produziert, da es in einer weiter außen gelegenen Schicht der Rinde produziert und offenbar nicht vom ACTH, sondern von einer anderen Substanz namens Angiotensin stimuliert wird, die ihrerseits im Blut gebildet und durch komplizierte Enzymveränderungen aktiviert wird.

Die Nebennieren können bei einer Reihe von Krankheiten eine wichtige Rolle spielen, von denen zwei vor allem für Frauen von Bedeutung sind, indem sie Blutungsunregelmäßigkeiten und andere Probleme verursachen. Es sind dies das → adrenogenitale Syndrom und das → Cushing-Syndrom. Siehe auch unter → Aldosteron.

Nebenschilddrüse Auch *Parathyreoidea.* Vier kleine hormonproduzierende → Drüsen in der Nähe der Schilddrüse. Sie bilden das sogenannte *Parathormon*, das zusammen mit dem Vitamin D den Calcium- und Phosphat-Stoffwechsel im Körper reguliert.

Nebenwirkung Eine andere als die beabsichtigte Wirkung eines Medikamentes oder einer medizinischen Maßnahme. Z.B. haben die sogenannten Antihistaminika, Medikamente, die unter anderem gegen Juckreiz und Allergien eingesetzt werden, die Nebenwirkung, daß sie müde und schläfrig machen. Das Ausmaß der Nebenwirkungen kann bei manchen Medikamenten so stark sein, daß weitere Medikamente als Gegenmittel notwendig werden oder die ursprüngliche Medikation ganz abgesetzt werden muß. Zu bedenken ist jedoch, daß es kaum eine pharmakologische Substanz gibt, die nicht, wenn auch oft erst in hoher Dosis, auch Nebenwirkungen auslösen kann. Es kommt deshalb häufig darauf an, die richtige Dosierung eines Medikamentes zu finden, bei der sich die Nebenwirkungen noch in Grenzen halten oder gar nicht auftreten. In jedem Fall ist es wichtig, die Packungsbeilage eines Medikamentes sorgfältig zu lesen und prinzipiell bei Auftreten irgendwelcher neuer Probleme nach Einnahme eines Medikamentes einen Arzt aufzusuchen.

Nekrospermie Wörtlich „totes Sperma". Die Abwesenheit von beweglichen, d.h. lebenden Spermien in der Samenflüssigkeit. Dabei haben die Spermien ein normales Aussehen und können in normaler Anzahl vorhanden sein. Es fehlt ihnen lediglich die Fähigkeit zur Fortbewegung, ohne die sie nicht bis in die → Eileiter, den Ort der Befruchtung, vordringen können. Zu einer Nekrospermie kommt es regelmäßig bei Verwendung eines → Kondoms, da die zur Kondomherstellung verwendeten Stoffe toxisch (giftig) auf die Spermien wirken. Die Untersuchung eines solchen unter Kondombenutzung gewonnenen Spermas läßt also nur eine Aussage darüber zu, ob die Spermien normal aussehen oder nicht. Die Tatsache ihrer Unbeweglichkeit allein heißt noch nicht, daß der Mann unfruchtbar ist. Siehe auch → Unfruchtbarkeit, → Spermium.

Neoplasie, Neoplasma Ein anderer Ausdruck für → Tumor, der meist im Sinne eines bösartigen Tumors gebraucht wird.

Neugeborenenikterus Auch *Icterus neonatorum, Hyperbilirubinämie des Neugeborenen.* Das Auftreten einer Gelbsucht (Ikterus) bei einem Neugeborenen. Tritt die Gelbsucht, d.h. die Gelbfärbung der Haut und der Skleren (das Weiße der Augen) ab dem 3. bis zum 6. Lebenstag auf und hat sie sich bis zum 10. Tag wieder von allein zurückgebildet und ist die zugrundeliegende Hyperbilirubinämie (Erhöhung des Blutspiegels des → Bilirubins) nur leicht bis mäßig (maximal bis 12,5 mg/dl), dann handelt es sich um die sogenannte *physiologische* Hyperbilirubinämie. Sie ist nicht pathologisch, sondern Ausdruck der nach der Geburt verzögert einsetzenden Fähigkeit der kindlichen Leber, das Bilirubin weiter zu verarbeiten, das ein Abbauprodukt des Hämoglobins (dem Sauerstoff transportierenden roten Blutfarbstoff) aus dem Stoffwechsel der roten Blutkörperchen ist. Solange der Bilirubinspiegel nicht über 12,5 mg/dl beziehungsweise über 15 mg/dl bei Frühgeborenen steigt, ist eine Behandlung der Gelbsucht nicht erforderlich. Wenn jedoch die Gelbsucht schon vor dem 2. Lebenstag oder erst nach dem 5. Tag auftritt, länger als zehn Tage dauert oder wenn die Spiegel zu irgendeinem Zeitpunkt über die Norm erhöht sind (siehe oben), dann liegt eine *unphysiologische* Hyperbilirubinämie des Neugeborenen vor, die über eine Schädigung des Gehirns, dem sogenannten *Kernikterus*, zum Tod oder zu lebenslangen schweren Behinderungen führen kann. Zu den Ursachen einer unphysiologischen Gelbsucht beim Neugeborenen gehören unter anderem Blutgruppenunverträglichkeiten zwischen Mutter und Kind (siehe → Erythroblastosis fetalis), angeborene Lebererkrankungen, bestimmte Blutkrankheiten und Infektionen des Kindes.

Unabhängig von der Ursache muß eine solche abnorme Gelbsucht immer sofort behandelt werden, um die oben erwähnten Schäden beim Kind zu vermeiden. Die Behandlungsform richtet sich nach der Schwere der Gelbsucht und besteht in leichteren Fällen in einer sogenannten *Phototherapie*, bei der das Kind nur mit einer Augenbinde (zum Schutz der Augen) und einer Abdeckung über den Keimdrüsen unter blaues Licht in den Inkubator gelegt wird. Das Licht führt dazu, daß das Bilirubin so umgewandelt wird, daß es gefahrlos für das Kind ist und über die Nieren nach außen ausgeschieden wird. Ist die Hyperbilirubinämie sehr ausgeprägt oder die Phototherapie erfolglos, dann wird eine Austauschtransfusion durchgeführt, bei der das kindliche Blut in kleinen Portionen durch anderes, „gesundes" Blut der gleichen Blutgruppe ersetzt wird. Beide Verfahren sind kompliziert und nicht ohne Risiken, weshalb die Betreuung solcher Kinder immer auf der Neugeborenenintensivstation erfolgt. Gelingt es, die Bilirubinspiegel zu senken, ist die Gefahr abgewendet, und nach einer Beobachtungsperiode kann das Kind zu seiner Mutter zurückkehren. Siehe auch → Ikterus.

Neuralgie Typische, meist nur einige Sekunden lang anhaltende, heftigste, einschießende Schmerzen im Bereich des Versorgungsgebietes eines Nerven. Am häufigsten und bekanntesten ist die → Trigeminusneuralgie, bei der die Schmerzen im Versorgungsgebiet des Nervus trigeminus auftreten, der unter anderem für die sensible Versorgung des Gesichtes zuständig ist. Neuralgische Schmerzen können z.B. auch dem Ausbruch einer → Gürtelrose vorausgehen und auch noch nach Abheilung der Bläschen fortbestehen. Neuralgien sind extrem schmerzhaft und führen oft zu einer starken Beeinträchtigung der betroffenen Person. Gewöhnliche Schmerzmittel wie Aspirin® sind meist wirkungslos, dagegen kann ein Medikament, das auch zur Behandlung von epileptischen Anfällen eingesetzt wird, das Carbamazepin (z.B. Tegretal®), in vielen Fällen zur Schmerzfreiheit oder wenigstens zu einer deutlichen Linderung der Schmerzen führen.

Neuralrohr, Entwicklungsstörungen des Eine Gruppe von häufigen, je nach Ausmaß harmlosen bis hin zum Tod führenden → angeborenen Krankheiten, bei denen es durch eine Entwicklungsstörung des Feten zu einer unvollständigen bis fehlenden Bedeckung des zentralen Nervensystems durch Spaltbildungen im darüberliegenden Knochen gekommen ist. Wenn die Spaltbildung den obersten Teil der Wirbelsäule betrifft, dann kann sich das Gehirn nicht oder nur unvollständig entwickeln, und es kommt zur sogenannten Anenzephalie (Fehlen des Gehirns), was in der Regel wenige Stunden nach der Geburt zum Tod des Kindes führt. Liegen die Spaltbildungen weiter unten, dann spricht man von einer → Spina bifida (siehe dort).

Nidation Auch *Implantation*. Die Einnistung der befruchteten Eizelle, auch → Zygote genannt, in die Gebärmutterschleimhaut. Die Nidation findet zwischen dem 7. und 10.

Tag nach der Befruchtung statt, das entspricht dem Zeitraum, den die Zygote benötigt, um vom Eileiter, dem Ort der Befruchtung, in die Gebärmutter zu wandern. Dort löst sie mit Hilfe von Enzymen an einer Stelle die Schleimhaut auf und nistet sich ein. Die äußeren Zellagen der Zygote bilden mit der Zeit viele Gewebsausläufer, die sogenannten *Villi*, die sich tief in die Gebärmutterschleimhaut eingraben und für den Transport von Nährstoffen aus der Umgebung zum Embryo sorgen. Etwa um den 12. Tag nach der Befruchtung bilden sich an der Stelle der Einnistung aus den Villi die ersten Vorstufen der → Plazenta (Mutterkuchen), indem im Verlauf der nächsten beiden Wochen Blutgefäße von der Zygote bis in die Villi hinein wachsen, die die Nährstoffe und den Sauerstoff, die durch die dünne Wand der Villi aus der Umgebung aufgenommen werden, zum Embryo weiterleiten. Bei manchen Frauen kommt es etwa zur Zeit der Nidation zu einer schwachen Blutung, der sogenannten Nidationsblutung, die durch die vorübergehende „Verletzung" der Gebärmutterschleimhaut mit Eröffnung von mütterlichen Blutgefäßen an der Nidationsstelle entsteht und vollkommen harmlos ist.

Damit die Nidation einer befruchteten Eizelle erfolgreich stattfinden kann, ist es notwendig, daß das → Corpus luteum (Gelbkörper) nach der → Ovulation (Eisprung) genügend → Progesteron bildet. Durch den Einfluß den Progesterons bereitet sich die Gebärmutterschleimhaut durch weiteres Wachstum und Bereitstellung der notwendigen Nährstoffe auf die Nidation vor. Fehlt dieser Progesteroneinfluß, wie das bei der sogenannten *Lutealphasendefizienz* oder *Corpus-luteum-Insuffizienz* der Fall ist, so ist die Schleimhaut nicht aufnahmebereit für die Eizelle, und die Nidation kann nicht erfolgen. Dies kommt bei etwa 3 bis 5% der ungewollt kinderlosen Frauen vor. Manchmal kann die Verabreichung von Progesteron zum richtigen Zeitpunkt diese Störung beheben.

Nissen Die Eier von Läusen. Siehe → Filzlaus.

Nodus Lateinisch für „Knoten". Ein Knoten kann normal sein wie im Falle von → Lymphknoten *(Nodus lymphaticus),* oder er stellt eine abnorme Gewebsvermehrung dar, die Hinweis auf eine Erkrankung sein kann wie z.B. die Rheumaknoten bei rheumatischen Erkrankungen.

Nuklearmedizinische Untersuchungen Untersuchungen, bei denen zunächst Radionuklide (radioaktiv markierte Substanzen) verabreicht und anschließend mit speziellen Geräten Aufnahmen gemacht werden, bei denen die Verteilung und/oder Aktivität des verabreichten Radionuklids gemessen und sichtbar gemacht werden. Nuklearmedizinische Untersuchungen werden zur Diagnose bestimmter Krankheiten, oft von Krebserkrankungen, eingesetzt. Die Radionuklide werden als Kapsel, als Spritze oder direkt in den zu untersuchenden Körperteil eingebracht. Die Auswahl des Radionuklids richtet sich nach dem Körperteil, das untersucht werden soll, da verschiedene Organe die Substanzen verschieden gut aufnehmen. Z.B. verwendet man bei nuklearmedizinischen Untersuchungen der Schilddrüse radioaktiv markiertes Jod, da die Schilddrüse auch normalerweise Jod aufnimmt und verarbeitet. Bei Untersuchungen des Knochens, z.B. einer *Skelett-* oder *Knochenszintigraphie*, verwendet man radioaktiv markierte Phosphatverbindungen, mit deren Hilfe man selbst kleinere bösartige → Läsionen im Knochen entdecken und daher das Ausmaß der Knochenmetastasierung bei → Brustkrebs oder anderen Krebserkrankungen schon früh feststellen kann.

Die radioaktiv markierten Substanzen, die in der Nuklearmedizin zum Einsatz kommen, werden künstlich hergestellt. Sie geben ionisierende Strahlen in Form von Gamma-Strahlen ab, die von außerhalb des Körpers durch spezielle Strahlenkameras erfaßt werden können. Das entstehende Bild nennt man auch *Szintigramm*. Da die modernen Strahlenkameras schon geringste Dosen von Gamma-Strahlen, die von kleinen Mengen an Radionukliden abgegeben werden, erfassen können, besteht durch ihre Anwendung keine Gefahr, und selbst sehr junge Kinder können mit Hilfe solcher Methoden untersucht werden. Jedoch sollte man wenn möglich auf nuklearmedizinische Untersuchungen während der Schwangerschaft und Stillzeit verzichten, da man nichts über die möglichen Auswirkungen auf den Fetus oder Säugling weiß.

Nukleinsäuren Die chemischen Substanzen, die das genetische Material aller lebenden Organismen ausmachen, d.h. die Substanzen, über die die körperlichen Eigenschaften von den Eltern an ihre Nachkommen weitergegeben werden, egal ob die Eltern Einzeller oder Menschen sind. Chemisch gesehen bestehen die Nukleinsäuren aus großen Molekülen, die ihrerseits wiederum aus kleineren Einheiten, den sogenannten *Nukleotiden,* aufgebaut sind. Diese enthalten als den eigentlich genetischen Baustein eine von vier verschiedenen sogenannten Basen: Adenin, Cytosin, Guanin oder Thymin. Es gibt zwei Hauptgruppen von Nukleinsäuren: Die *D*esoxyribo*n*uklein*s*äuren (abgekürzt DNS) und die *R*ibo*n*uklein*s*äuren (kurz RNS). In fast allen lebenden Zellen stellt die DNS das eigentliche genetische Material dar, während die RNS bei der Umsetzung der genetischen Information von der DNS in bestimmte Eiweißstrukturen von Bedeutung sind. Bestimmte DNS-Abschnitte sind das chemische Korrelat der Gene. Mehrere Gene hintereinander, also im Prinzip eine lange DNS-Kette, bilden ein → Chromosom, das im Kern jeder menschlichen Zelle zu finden ist. Siehe auch unter → Genetik.

Nulligravida Bezeichnung für eine Frau, die noch nie schwanger gewesen ist.

Nullipara Bezeichnung für eine Frau, die noch nie ein überlebensfähiges Kind geboren hat. Z.B. wird eine Frau mit einer Fehlgeburt, die jetzt wieder schwanger ist, als → Plurigravida (2. Schwangerschaft) und Nullipara bezeichnet.

Nymphomanie Siehe unter → Libido

Oberflächenanästhesie Siehe unter → Lokalanästhesie

Obstipation Auch *Verstopfung*. Eine seltene oder erschwerte Entleerung des Darminhaltes, definiert als weniger als drei Stühle pro Woche. Im Gegensatz zu früheren Annahmen ist ein täglicher Stuhlgang keine notwendige Voraussetzung für eine optimale Gesundheit. Obwohl eine regelmäßige Darmentleerung wichtig ist, ist die Häufigkeit des Stuhlgangs großen individuellen Schwankungen unterworfen, und was für den einen normal ist, kann beim anderen schon pathologisch sein und umgekehrt. Manche Personen entleeren drei Stühle täglich, andere dagegen einmal alle drei bis vier Tage. Eine gelegentliche Verstopfung stellt in der Regel kein großes Problem dar, genausowenig wie die gelegentliche Verwendung eines milden Abführmittels. Nur wenn die Obstipation chronisch wird, so daß die betroffene Person mehr oder weniger vollständig von Abführmitteln abhängig ist, sollte eine dahintersteckende ernste Erkrankung ausgeschlossen werden. Organische (körperliche) Ursachen für eine Obstipation sind u.a. Darmverengungen unterschiedlichster Art, Tumoren, → Hämorrhoiden und andere Erkrankungen des Analkanals, eine Divertikulitis oder andere entzündliche Darmerkrankungen, ein → Diabetes mellitus und andere Stoffwechselerkrankungen. Sie können in aller Regel leicht diagnostiziert werden. Am häufigsten ist eine Verstopfung jedoch nicht organisch bedingt, sondern funktioneller Genese, d.h. der Darm arbeitet aus unterschiedlichen Gründen sehr träge, wie z.B. bei alten Leuten, bei Bettlägerigen und bei Personen, die abhängig von Abführmitteln sind. Außerdem spielen psychische Faktoren und bestimmte Gewohnheiten wie z.B. mangelnde körperliche Bewegung oder unregelmäßige und/oder ballaststoffarme Ernährung eine entscheidende Rolle.

Bei manchen Frauen kommt es regelmäßig während der Schwangerschaft, vor allem in den letzten Monaten, wenn die vergrößerte Gebärmutter auf den absteigenden Abschnitt des Dickdarms drückt, zu Problemen mit der Darmentleerung. Andere leiden jeweils in den Tagen vor der Regelblutung unter Verstopfung, während wieder andere vor allem Probleme während der Wechseljahre haben, was die Vermutung zuläßt, daß die sich ändernden Hormonspiegel einen Einfluß auf den Muskeltonus des Magen-Darm-Trakts haben. In den meisten Fällen besteht die beste Behandlung in mehr körperlicher Bewegung und einer Ernährung mit viel Ballaststoffen (Vollkornprodukte, Nüsse, frisches Obst, rohes Gemüse) und viel Flüssigkeit. Auch manche Medikamente führen zu Verstopfung, wie z.B. → orale Kontrazeptiva, Eisenpräparate, Entwässerungsmittel (→ Diuretika), verschiedene Herzmedikamente, manche Antazida (Mittel gegen Sodbrennen und Magenschleimhautentzündungen) und Beruhigungsmittel wie z.B. Codein. Falls eine richtige Ernährung und mehr körperliche Bewegung nicht helfen, kann man vorübergehend auch einen kleinen Darmeinlauf anwenden, der den Stuhl weicher macht. Außerdem gibt es zahlreiche rezeptfreie Abführmittel, von denen manche auf pflanzlicher Basis, andere wieder künstlich hergestellt werden. Eine regelmäßige Anwendung ist jedoch in keinem Fall wünschenswert, da sie auf Dauer abhängig macht und die Obstipation nur verstärkt.

Ödem Auch *Wassersucht*. Eine abnorme Ansammlung von Flüssigkeit in den Gewebsspalten bzw. -räumen des Körpers. Die hauptsächlichen Symptome eines Ödems sind schmerzlose, nicht gerötete Schwellungen, die von außen vor allem an den Gliedmaßen (Finger, Beine) sichtbar sind, sowie eine anderweitig nicht erklärbare Gewichtszunahme. Milde Wassereinlagerungen sind bei Frauen zu bestimmten Zeiten, vor allem vor der Periode (siehe unter → prämenstruelles Syndrom) und während der Schwangerschaft, nichts Ungewöhnliches. Man weiß nicht, warum der Körper zu diesen Zeiten zu vermehrter Wassereinlagerung neigt, vermutet jedoch, daß die erhöhten Spiegel der Hormone → Östrogen und → Progesteron ein entscheidender Faktor sind. Auf der anderen Seite sind ausgeprägte Ödeme ein Symptom bei einer Reihe von zum Teil lebensgefährlichen Erkrankungen wie z.B. der → Eklampsie oder schweren Erkrankungen der Leber, bei denen sich das Wasser meist im Bauchraum ansammelt, was *Aszites* (Wasserbauch) genannt wird, des Herzens, bei denen sich das Wasser in der Lunge staut (*Lungenödem*) und der Niere. Das akute Lungenödem, eine Komplikation beim Versagen des linken Herzens, die mit akuter Luftnot einhergeht, ist ein medizinischer Notfall, der sofortiges Eingreifen erfordert.

Ödeme, gleich welcher Ursache, werden häufig mit → Diuretika behandelt, einer Gruppe von Medikamenten, die zu einer erhöhten Flüssigkeitsausscheidung über die Nieren führen. Diese Behandlung wird fast immer mit einer gleichzeitigen Beschränkung der Kochsalzzufuhr über die Nahrung kombiniert, da hohe Spiegel von Natrium (Kochsalz) im Blut dazu führen, daß Flüssigkeit im Körper zurückgehalten wird.

Östrogen Allgemeiner Name für eines der weiblichen Geschlechtshormone, das bei Frauen vor allem in den Eierstöcken (→ Ovar) und in der → Plazenta gebildet wird. Bei Männern wird etwas Östrogen von den Hoden gebildet. Es gibt drei Hauptformen des Östrogens aus Ovar und Plazenta — nämlich Östron, Östradiol und Östriol — und mindestens zwölf Nebenformen. Zur Zeit der → Pubertät bewirkt die Bildung des Hormons → FSH in der Hirnanhangsdrüse (→ Hypophyse) die Entwicklung von Eifollikeln im Eierstock, die Östrogen produzieren. Die dadurch steigenden Östrogenspiegel verursachen die pubertären Veränderungen: Wachstum der Brüste, der Gebärmutter, der Eileiter und der Vagina; die Bildung von mehr Fettgewebe und die typisch weibliche Fettverteilung; die Verlangsamung und schließlich Beendigung des Knochenwachstums (Arme, Beine, Hände und Füße) sowie das Wachstum von Achsel- und Schambehaarung. Über die nächsten 35 bis 40 Jahre steigt der Östrogenspiegel während jedes → Menstruationszyklus an und fällt wieder ab, wenn keine Befruchtung erfolgt. Während der Schwangerschaft übernimmt die Plazenta die Östrogenproduktion und hält auf diese Weise hohe Spiegel bis zur Entbindung aufrecht. Etwas Östrogen wird auch von den weiblichen Nebennieren und im Fettgewebe gebildet, das offensichtlich in der Lage ist, in den Nebennieren gebildete → Androgene (männliche Hormone) in Östrogene umzuwandeln. Nach der → Menopause, wenn der monatliche Gipfel an Östrogen aus den Eierstöcken wegfällt, bleibt die Östrogenbildung und -abgabe aus den Nebennieren und dem Fettgewebe bestehen (was ein Grund für die Tatsache sein könnte, daß große, mollige Frauen oft weniger Wechselbeschwerden haben als kleine, dünne Frauen).

Das Östrogen wurde 1915 entdeckt, und das erste synthetische Östrogen wurde etwa 15 Jahre später hergestellt. Sowohl natürliches Östrogen (oft aus dem Urin von schwangeren Stuten gewonnen) als auch das synthetische Östrogen (in chemischen Laboratorien hergestellt) werden in → oralen Kontrazeptiva zur Verhinderung einer Schwangerschaft, zur → Östrogensubstitutionstherapie nach einer chirurgisch bedingten oder natürlichen Menopause, zur Behandlung von Menstruationsunregelmäßigkeiten, zum Abstillen und zur Behandlung mancher Krebsformen verwendet. Die Nebenwirkungen einer Östrogeneinnahme bestehen in Übelkeit und Erbrechen (bei zu hoher Dosierung), Brustvergrößerung und -empfindlichkeit (auch bei Männern), Kopfweh, Benommenheit und Schwindel, Flüssigkeitseinlagerungen (→ Ödem) und unregelmäßigen vaginalen Blutungen. Außerdem vermutet man, daß die Einnahme von Östrogenen zur Entstehung einer Reihe von Erkrankungen beiträgt, vor allem von → Thrombosen, → Bluthochdruck und von manchen Krebsformen, so daß eine Therapie mit Östrogenen nicht unumstritten ist. Eine Östrogentherapie jeglicher Form verbietet sich bei Krebserkrankungen der Brust oder der Beckenorgane, einer Thrombose und eines Bluthochdruckes in der eigenen oder familiären Vorgeschichte. Darüber hinaus sollte man bei Übergewicht, Gallenblasenerkrankungen und einem → Diabetes mellitus vorsichtig mit der Östrogeneinnahme sein. Bezüglich spezieller Kontraindikationen siehe auch unter → Östrogensubstitutionstherapie und → orale Kontrazeptiva.

Östrogen-Rezeptor-Bestimmung Ein diagnostischer Test, um herauszufinden, ob das bösartige Wachstum eines Tumors abhängig von → Östrogenen ist. Einige Krebserkrankungen der Brust werden in ihrem Wachstum durch Östrogene stimuliert, andere nicht. Bei den ersteren Formen, d.h. den östrogenabhängigen Tumoren, ist eine → Chemotherapie oft nicht besonders erfolgreich, dagegen kann jedoch eine endokrine (hormonelle) Manipulation, d.h. eine Veränderung von Hormonspiegeln im Körper, oft zu einer Kontrolle des Krebswachstums führen. Zu einer solchen Manipulation gehören die Entfernung oder das Unschädlichmachen von Organen und Drüsen, die bei der Östrogenproduktion beteiligt sind (Eierstöcke, Nebennieren, Hirnanhangsdrüse) und die Verabreichung hoher Hormondosen. Die Eierstöcke können entweder operativ entfernt werden, oder man kann ihre Funktion mit Chemotherapie oder → Strahlentherapie zerstören. Die Nebennieren können chirurgisch entfernt werden (→ Adrenalektomie). Insgesamt sind jedoch weniger als die Hälfte aller → Brustkrebse hormonabhängig, so daß es wichtig ist, mit Hilfe der Östrogen-Rezeptor-Bestimmung zu klären, ob im Einzelfall ein Tumor hormonabhängig ist oder nicht, bevor man mit solchen Therapieformen beginnt. Der Test wird an Tumorgewebe selbst durchgeführt, das mit Hilfe einer → Biopsie entnommen wurde. Etwa zwei Drittel der Patienten, deren Tumore Östrogen-Rezeptoren enthalten (d.h. östrogenabhängig sind) reagieren auf eine → Hormontherapie. Ähnliche Tests und Behandlungen gibt es auch für progesteronabhängige Tumoren.

Östrogensubstitutionstherapie Der Einsatz von natürlichen oder synthetischen Östrogenen — oral, durch Injektionen, in Creme- oder Zäpfchenform —, um Östrogen zu substituieren (ersetzen), das von den Eierstöcken nicht mehr gebildet wird. Die Substitution von Östrogenen wird vor allem eingesetzt, um einige der Beschwerden in der Zeit der → Menopause, die entweder auf natürlichem Weg erfolgt oder das Ergebnis einer operativen Entfernung beider Eierstöcke ist, zu lindern. So wirkt sie z.B. sehr gut gegen → Hitzewallungen und die → vaginale Atrophie, und, was noch wichtiger ist, sie scheint den Prozeß des Knochenschwundes (siehe → Osteoporose) zu verlangsamen. Auf der anderen Seite kann die Behandlung mit Östrogenen das Risiko für Herz-Kreislauf-Erkrankungen (→ Herzinfakrt), vor allem für eine → Thrombose, für die Entwicklung eines Gebärmutterkrebses (siehe → Korpuskarzinom) und für Gallenwegserkrankungen erhöhen. Sie sollte nie bei Frauen mit schweren Nieren- oder Lebererkrankungen, einer Venenentzündung, einem → Bluthochdruck, mit Hirngefäßerkrankungen (einschließlich einer → Arteriosklerose der Blutgefäße im Gehirn) oder mit einer Vorgeschichte von Brust- oder Genitalkrebs verwendet werden. Vorsicht ist geboten bei Frauen, bei denen jemand in der Familie einen Brustkrebs hatte, oder die selbst gutartige Brustveränderungen hatten, sowie bei → Migräne und Epilepsie.

Frauen mit einem hohen Osteoporoserisiko (z.B. wegen starkem Nikotin- oder Alkoholmißbrauch, nach einer Langzeittherapie mit Cortison oder bei Osteoporose in der Familie) und Frauen, deren Eierstöcke schon in jungen Jahren entfernt wurden, sind die geeignetesten Kandidaten für eine Östrogentherapie. Vor Beginn sollten sie sich gründlich untersuchen lassen, einschließlich einer → gynäkologischen Untersuchung mit einem → Papanicolaou-Abstrich, einer → Brustuntersuchung und einer → Mammographie sowie Tests zur Beurteilung der Leber- und Schilddrüsenfunktion, der Blutzucker- und Cholesterinspiegel. Auch während der Therapie sind häufige Kontrollen ungefähr alle sechs Monate ratsam, um eventuelle Nebenwirkungen früh erkennen und gegebenenfalls die Behandlung beenden zu können.

Die Art der Anwendung des Östrogens macht keinen großen Unterschied. Östrogen in Vaginalcremes, Zäpfchen oder Hautpflastern wird sogar besser vom Körper aufgenommen als von Tabletten, weil die Leber offensichtlich einen großen Teil des im Darm resorbierten Östrogens abbaut, bevor es in den Kreislauf gelangt. Bei Frauen, bei denen kein Risiko für einen Gebärmutterkrebs besteht (weil die Gebärmutter operativ entfernt wurde), kann allein das Östrogen in Vier-Wochen-Zyklen mit jeweils drei Wochen Östrogeneinnahme und einer Woche Pause gegeben werden. Dies führt bei manchen Patientinnen in der vierten Woche zu periodischen vaginalen Blutungen, die einer leichten Menstruationsblutung ähneln und *Entzugsblutungen* genannt werden. Bei Frauen mit einer intakten Gebärmutter sollte zu dem Östrogen immer auch Progesteron gegeben werden, um die Entstehung eines Gebärmutterkrebses zu verhindern. Das Einnahmeschema ist im Prinzip das gleiche, nur daß in der dritten Woche noch zusätzlich Progesteron gegeben wird. In der Woche der Einnahmepause kommt es dann in der Regel ebenfalls zu leichten Entzugsblutungen.

Manche Frauen erleben schwer erträgliche Nebenwirkungen einer Östrogentherapie, zu denen Kopfschmerzen, Übelkeit, Spannungsgefühle in der Brust, unregelmäßige vaginale Blutungen und Schmierblutungen und ein schwerer vaginaler Ausfluß gehören. Manchmal führt eine Erniedrigung der Östrogendosis zum Verschwinden dieser Probleme. Alle Frauen unter einer Östrogentherapie, bei denen es zu Blutungen aus der Scheide kommt, die nicht den periodischen leichten Entzugsblutungen (siehe oben) entsprechen, sollten unverzüglich einen Arzt aufsuchen, da eine solche Blutung der einzige offensichtliche Hinweis auf eine bösartige Erkrankung der Gebärmutter sein kann.

Oligomenorrhoe Seltene Regelblutungen mit mehr als 35 Tagen zwischen den → Menstruationen. Die Oligomenorrhoe ist besonders häufig zur Zeit der → Menarche, wenn bei den Mädchen in den ersten Jahren der Menstruation oft zwei bis drei Monate zwischen den Regelblutungen liegen. Sie ist auch häufig in den Jahren vor der → Menopause, also etwa ab dem 45. Lebensjahr. In beiden Fällen handelt es sich meist um → anovulatorische Blutungen, d.h. um Regelblutungen ohne vorausgegangenen Eisprung meist aufgrund eines gestörten hormonellen Gleichgewichtes, also um → dysfunktionelle Blutungen. Manche Frauen haben jedoch von Haus aus einen längeren Zyklus als normal, und wenn es bei ihnen einigermaßen regelmäßig zu Blutungen z.B. alle zwei Monate anstatt monatlich kommt, dann bedeutet dies allein noch nicht, daß eine Störung vorliegt, die behandelt werden sollte. Wie bei anderen dysfunktionellen Blutungen auch kann eine Oligomenorrhoe gelegentlich durch starke psychische Belastungen, extreme Fastenkuren oder durch eine extreme → Adipositas verursacht sein.

Behandlungsbedürftig ist die Oligomenorrhoe im Prinzip nur, wenn Kinderwunsch besteht. In diesen Fällen versucht man durch Gabe verschiedener Medikamente (z.B. Clomifen) einen Eisprung zu provozieren (siehe auch unter → Ovulationsauslöser). Besteht kein Kinderwunsch, aber dennoch das Bedürfnis nach regelmäßigen Blutungen in normalen Abständen, dann kann man dies durch die Einnahme eines Östrogen-Gestagen-Präparates erreichen. Siehe auch → Menstruationszyklus.

Oligospermie Die Erniedrigung der Spermienanzahl auf unter 40 Millionen Spermien pro Milliliter Samenflüssigkeit. Meist liegt gleichzeitig auch eine Reduktion der normal beweglichen Spermien auf weniger als 60% und eine Reduktion der Spermien mit normalem Aussehen auf weniger als 60% vor. In diesem Fall spricht man auch von einer *Oligozoospermie*. Sie ist als eine Störung der Spermiogenese (Spermienproduktion) anzusehen und kann zur Zeugungsunfähigkeit des Mannes führen. Eine Oligozoospermie kann die Folge von Ernährungsproblemen, akuten oder chronischen Erkrankungen, einer allgemeinen Stoffwechselerkrankung, einer Schädigung der Hoden durch Bestrahlung oder Gifte (z.B. am Arbeitsplatz), von Störungen in der Hirnanhangsdrüse (→ Hypophyse) oder im → Hypothalamus, von Erkrankungen des Genitaltraktes, die mit einer Blockade oder Vernarbung der Samenleiter einhergehen, von Krampfadern in den Hoden (→ Varikozele) oder angeborenen Krankheiten wie dem → Klinefelter-Syndrom sein. Bei manchen Männern findet man trotz ausgedehnter Untersuchungen den Grund für die Oligospermie nie heraus. Unter den Hauptmaßnahmen, die zunächst zur Erhöhung der verminderten Spermienzahl und damit zur Wiederherstellung der Zeugungsfähigkeit empfohlen werden, gehören die Sorge für eine gesunde Ernährung und vernünftige Lebensweise mit genügend Ruhepausen, eine strenge Enthaltsamkeit bezüglich Alkohol und Rauchen und die Vermeidung jeglicher Form von Wärme im Genitalbereich (keine engen Unterhosen beziehungsweise Jeans, keine langen heißen Sitzbäder; siehe unter → thermatischer Sterilisation für eine genauere Erklärung). Das Medikament Clomifen kann bei einer niedrig dosierten Einnahme über einen längeren Zeitraum (drei Monate bis zu einem Jahr) zu einem Anstieg der Spermienzahl führen. Eine ähnliche Wirkung kann auch die tägliche Gabe von Vitaminpräparaten, die reich an Vitamin C (300 Milligramm), dem Vitamin-B-Komplex und Zink sind, sowie die Verabreichung des Mittels Pseudoephedrin (30 Milligramm zweimal täglich) haben.

In Fällen, in denen die Gesamtmenge des bei einer → Ejakulation abgegebenen Spermas hoch (d.h. mehr als 5 Milliliter), aber die Zahl der in ihm enthaltenen Spermien gering ist, kann eine bestimmte Technik, die sogenannte *fraktionierte Ejakulation* oder auch *split ejaculation* (engl.) zur Erzielung einer Schwangerschaft wirkungsvoll sein. Hierbei deponiert der Mann beim Geschlechtsverkehr nur die erste Portion seines Spermas in die Vagina der Frau. Da die erste Portion oft den größten Teil aller Spermien enthält, kann man mit dieser Technik praktisch eine größere Konzentration der Spermien erreichen. In manchen Fällen mit Oligospermie kann jedoch die → künstliche Befruchtung die einzige Möglichkeit zur Vaterschaft darstellen. Siehe auch → Unfruchtbarkeit, → Spermium.

Orale Kontrazeptiva (Pl.) Auch *Anti-Baby-Pille*, *„die Pille“*, *orale Antikonzeptiva*. Hormonpräparate, die per os (über den Mund) eingenommen werden und den Eisprung (→ Ovulation), die → Befruchtung und die Einnistung (→ Nidation) einer befruchteten Eizelle in die Gebärmutterschleimhaut behindern und auf diese Weise vor einer ungewollten Schwangerschaft schützen. Die Pille kam erst in den sechziger Jahren dieses Jahrhunderts auf den Markt und war die erste Verhütungsmethode,die eine fast 100%ige Sicherheit gegen eine ungewollte Schwangerschaft bot (vorausgesetzt, es wird keine einzige Pilleneinnahme vergessen). Man schätzt, daß heutzutage etwa 80 bis 100 Millionen Frauen auf der Welt die Anti-Baby-Pille verwenden. Eine gewisse Desillusionierung setzte jedoch ein, als man immer deutlicher erkannte, daß die Pille nicht nur positive Effekte hat, sondern auch zum Teil äußerst unangenehme Nebenwirkungen verursachen kann. 1975 wurden sogar alle Pillenpräparate, die ein bestimmtes Progesteron (Megestrolacetat) enthielten, wegen ihrer Gefährlichkeit wieder vom Markt genommen. Da die Wirkung der oralen Kontrazeptiva darin besteht, den normalen Ablauf im Hormonsystem des Körpers zu stören, und da alle Hormonsysteme des Körpers unter- und miteinander verknüpft sind, bleibt die Wirkung der Pille nicht auf das Fortpflanzungssystem beschränkt, sondern kann auch in andere Organsysteme eingreifen und dort zu unerwünschten Effekten führen. So erhöht die Einnahme der Pille z.B. das Risiko für bestimmte potentiell lebensbedrohliche Erkrankungen wie Gefäßkrankheiten, Gerinnungsstörungen, Bluthochdruck und Lebererkrankungen.

Je nachdem, wie und welche Hormone in der Pille enthalten sind, unterscheidet man zwei Hauptgruppen der oralen Kontrazeptiva: Die *Östrogen-Gestagen-Präparate* enthalten, wie der Name schon sagt, sowohl → Östrogen als auch Gestagen (d.h. ein synthetisch hergestelltes → Progesteron). Dabei kann die Zusammensetzung dieser beiden Hormone nach verschiedenen Prinzipien erfolgen: Bei den *Kombinationspräparaten* enthält jede Tablette Östrogen und Gestagen in jeweils gleichbleibender Dosierung. Bei den *abgestuften Kombinationspräparaten* wird die Gestagendosis im Laufe des Zyklus verändert, und zwar so, daß pro Tablette in der ersten Zyklushälfte wenig Progesteron, in der zweiten Hälfte viel Progesteron eingenommen wird. Das dritte Prinizip verkörpern die *Sequenzpräparate*, bei denen in der ersten Hälfte nur Östrogen und in der zweiten Zyklushälfte Östrogen und Progesteron gegeben wird. Bei allen drei Formen der Östrogen-Gestagen-Präparate besteht die hauptsächliche antikonzeptive (schwangerschaftsverhütende) Wirkung darin, daß das in ihnen enthaltene Östrogen über eine Bremsung (negatives Feedback) der Produktion und Abgabe der körpereigenen Hormone (→ GnRH aus dem Hypothalamus, → FSH und → LH aus der Hypophyse [Hirnanhangsdrüse]) den normalen Ablauf der hormonellen Veränderungen während eines Menstruationszyklus stört und damit den Eisprung unterdrückt (siehe auch unter → Menstruationszyklus für eine genaue Beschreibung der normalen hormonellen Veränderungen während eines Zyklus). Die Gestagenkomponente bewirkt darüber hinaus auch noch eine Veränderung der Gebärmutterschleimhaut und des Zervikalschleims, so daß sowohl das Eindringen der Spermien in den Zervikalkanal als auch die Einnistung einer befruchteten Eizelle in die Gebärmutterschleimhaut beeinträchtigt ist. Diese zusätzliche antikonzeptive Wirkung ist bei den Kombinationspräparaten (durch die von

Krankheit oder die Entstehung einer neuen Krankheit möglichst zu verhindern. Das größte Risiko der oralen Kontrazeptiva besteht im vermehrten Auftreten von Gefäßerkrankungen und Gerinnungsstörungen während der Pilleneinnahme. Hierzu gehören vor allem oberflächliche oder tiefe Beinvenenthrombosen (siehe → Thrombose) mit der Gefahr einer Lungenembolie (siehe unter → Embolie) sowie der Verschluß einer Arterie (wie beim Herzinfarkt oder Schlaganfall). Das Risiko für solche Komplikationen steigert sich noch, wenn die Frau raucht (vor allem bei mehr als 15 Zigaretten pro Tag und einem Alter von über 30) oder älter als 35 Jahre alt ist. Andere mit der Pille verbundene Risiken sind das vermehrte Auftreten von seltenen Lebertumoren und die erhöhte Wahrscheinlichkeit für die Entwicklung eines Bluthochdruckes. Darüber hinaus wurde durch manche Studien ein Zusammenhang zwischen der Einnahme von oralen Kontrazeptiva und einer erhöhten Rate an Brustkrebs hergestellt. Diese Ergebnisse werden jedoch mit Skepsis betrachtet, und Fachleute weisen darauf hin, daß dieses Risiko durch die niedrigeren Östrogendosen in den heutigen Pillenformen — 30 bis 35 Mikrogramm — ausgeschaltet wurde.

Daneben gibt es noch eine Reihe von unangenehmen, aber harmlosen Nebenwirkungen der Pille. Manchmal vergehen diese nach einigen Monaten der Pilleneinnahme, und manchmal können sie durch den Wechsel auf ein anderes Präparat gelindert oder ganz ausgeschaltet werden. Zu diesen Nebenwirkungen gehören → Ödeme (Flüssigkeitseinlagerungen), Übelkeit, Beinkrämpfe, Gewichtszunahme, Kopfschmerzen, Reizbarkeit und Druckempfindlichkeit der Brüste. Außerdem Hautveränderungen, vor allem ein Dunklerwerden der Haut um den Mund und um die Augen durch die erhöhten Östrogenspiegel (siehe → Chloasma), androgene Effekte (Vermännlichung) wie fettige Haut, fettiges Haar, Akne und verstärktes Körperhaarwachstum als Folge der erhöhten Androgenspiegel, Haarausfall als Folge erhöhter Progesteronspiegel, Veränderungen des normalen Ausflusses aus der Scheide durch zuviel oder zuwenig Östrogen, → Depressionen sowie wiederholte → Pilzinfektionen. Manche Frauen bemerken außerdem eine Veränderung ihres Appetits, ihrer → Libido sowie ihrer allgemeinen Stimmungslage. Bei Einnahme der Anti-Baby-Pille dauert es weiterhin zweimal so lang wie ohne Pille, bis Coffein wieder aus dem Körper ausgeschieden ist. Dies kann nach Genuß von nur geringen Mengen an Kaffee, Tee oder anderen coffeinhaltigen Substanzen zu vermehrter Schlaflosigkeit, Ängstlichkeit und Unruhezuständen führen. Da es ausgesprochen unterschiedliche Pillenpräparate gibt, kann der Wechsel auf ein anderes Präparat alle genannten Beschwerden unter Umständen lindern oder gänzlich ausschalten.

Eine Reihe von Blut- und anderen Laboruntersuchungen können durch die Pilleneinnahme verfälscht werden, weshalb es immer wichtig ist, den Arzt vor einer solchen Untersuchung über die Pilleneinnahme zu informieren. Zu den Untersuchungen, die solchermaßen verfälscht werden können, gehören Schilddrüsenfunktionstests, Leberwerte, Eisenspiegelbestimmungen, Blutfettspiegel, Blutzuckerwerte, die Zahl der weißen Blutkörperchen und der Tuberkulin-Test. Darüber hinaus reagiert die Pille mit anderen Medikamenten, wodurch es einerseits zur Abschwächung der empfängnisverhütenden Wirkung, andererseits zu anderen nicht erwünschten Medikamentenwirkungen kommen kann. Zu diesen durch die Pille beeinflußbaren Medikamenten gehören unter anderem Antibiotika wie die Tetrazykline und das Ampicillin, Barbiturate (Schlafmittel), Medikamente gegen Epilepsie sowie Medikamente gegen Gelenksentzündungen. Auch deshalb sollte man es einem Arzt immer sagen, wenn man die Pille einnimmt.

Möchte eine Frau, die bislang die Pille eingenommen hat, schwanger werden, dann muß sie die Pille natürlich absetzen. Danach dauert es in manchen Fällen einige Monate, bis der Eisprung wieder einsetzt, was auch heißt, daß die Regelblutungen anfangs sehr unregelmäßig oder gar ganz fehlen können. Bei den meisten Frauen normalisiert sich dies jedoch innerhalb eines halben Jahres von allein. Bei den 2 bis 3%, bei denen dies nicht der Fall ist, handelt es sich in der Regel um Frauen, die auch schon vor der Pilleneinnahme sehr unregelmäßige Zyklen oder eine → Oligomenorrhoe (sehr seltene Regelblutungen) gehabt haben. Ist mehr als ein halbes Jahr nach Absetzen der Pille vergangen, ohne daß es zur Regelblutung gekommen ist, wird man nach Ausschluß einer ursächlichen organischen Erkrankung (z.B. eines → Prolaktin-produzierenden Tumors) versuchen, die Periode mit Hilfe von Hormonpräparaten herbeizuführen. Bei Kinderwunsch kann man gegebenenfalls auch einen Versuch mit → Ovulationsauslösern zur Provokation eines Eisprungs anschließen.

Die früher empfohlenen Pillenpausen über einige Monate alle zwei Jahre werden heute nicht mehr als notwendig erachtet, da man inzwischen davon ausgeht, daß die Pille keinen langfristigen nachteiligen Effekt auf die Fruchtbarkeit der Frau hat.

Vor der ersten Einnahme von oralen Kontrazeptiva sollte man mindestens sechs Menstruationen gehabt haben, um eine vorzeitige Beendigung des Knochenwachstums (siehe unter → Pubertät) durch das Östrogen in der Pille zu vermeiden. Außerdem sollte zuvor eine gründliche körperliche Untersuchung sowie eine genaue Erhebung der bisherigen Krankengeschichte erfolgen, damit eventuelle Umstände, die eine Verwendung der Pille nicht ratsam oder sogar verboten erscheinen lassen (siehe oben) rechtzeitig erkannt werden (siehe auch unter → gynäkologische Untersuchung).

Konkret geht man bei Verwendung der Pille so vor, daß man zunächst auf die nächste Periodenblutung wartet. Am fünften Tag der Blutung beginnt man mit der Tabletteneinnahme und nimmt dann für die nächsten 21 Tage täglich eine Tablette ein. Dann kommt eine Pause von sieben Tagen, bevor man wieder mit einer neuen Packung beginnt. Dieses Muster von 21 Tagen Tabletteneinnahme und 7 Tagen Pause führt dazu, daß man immer am gleichen Wochentag mit der neuen Packung beginnt. Um die Wahrscheinlichkeit zu verringern, daß man nach der siebentägigen Einnahmepause den Beginn mit einer neuen Packung vergißt, liefern manche Hersteller auch Packungen mit 28 Tabletten, so daß man *jeden* Tag eine Tablette einnimmt. Von diesen 28 Tabletten enthalten lediglich 21 die wirksamen Hormone und haben meist auch eine andere Farbe als die restlichen sieben Tabletten, die keine Hormone, sondern lediglich Zucker oder z.B. Eisen enthalten. Die Periode tritt in der Regel einige Tage nach der letzten beziehungsweise nach der 21. Tabletteneinnahme auf. Mit der neuen Packung muß man auf jeden Fall sieben Tage nach Aufbrauchen der letzten Packung beginnen, auch wenn es während der Pause nicht zu einer Blutung gekommen ist. Man nimmt die Pille möglichst immer zur gleichen Zeit des Tages ein (egal wann), damit die Hormonspiegel so konstant wie möglich bleiben.

Wird die Pille einmal vergessen, so sollte man die Einnahme nachholen, sobald man sich daran erinnert, auch wenn das heißt, daß man zwei Tabletten am Tag schlucken muß. Das Risiko einer Schwangerschaft ist auch dann noch gering. Es steigt jedoch, wenn man mehr als eine Tablette pro Zyklus vergißt. Auch in einem solchen Fall sollte man die vergessene Einnahme nachholen, sobald man daran denkt. Man sollte jedoch nie mehr als zwei Tabletten pro Tag einnehmen und außerdem für den Rest dieses Zyklus zur Sicherheit eine weitere, zusätzliche Form der → Empfängnisverhütung einsetzen. Manche Kliniker empfehlen, daß man in Fällen, in denen man drei oder mehr Tabletten hintereinander vergessen hat, die Pilleneinnahme bis zur nächsten Periode aussetzt, um dann wieder von vorne zu beginnen. Setzt die Periode nicht ein, ist ein Schwangerschaftstest angebracht.

Frauen, bei denen es während der Pilleeinnahme zu Übelkeit kommt, erfahren manchmal eine Besserung, wenn sie die Tablette zu einer Mahlzeit oder direkt vor dem Schlafengehen einnehmen. Kommt es länger als einen Tag zu wiederholtem Erbrechen, muß man eine zusätzliche Verhütungsmethode verwenden, da es sein kann, daß durch das Erbrechen nicht genügend Hormone in den Körper gelangt sind.

Bestimmte Symptome sind als Warnsignal für eine ernsthafte Komplikation durch die Pilleneinnahme aufzufassen und machen eine sofortigen Arzt- oder Krankenhausbesuch notwendig. Diese Symptome sind:

— starke Schmerzen im Bein (Wade oder Oberschenkel);
— starke Bauchschmerzen;
— starke Kopfschmerzen;
— starke Brust-(Herz-)Schmerzen;
— Atemnot;
— Sehstörungen (Verschwommensehen, Blindheit);
— Gelbverfärbung der Haut.

Bei allen Frauen, bei denen die Pille zum ersten Mal verschrieben wird (die Pille ist verschreibungspflichtig), sollte innerhalb von drei bis sechs Monaten eine ärztliche Kontrolluntersuchung stattfinden. Ist dabei alles in Ordnung, reichen für die Zukunft jährliche Kontrollen. Eine Frau, die während der Pilleneinnahme schwanger wird, sollte die Pille sofort absetzen. Auch Frauen, bei denen eine Operation egal welcher Art geplant ist, sollten wenigstens einen Monat vor dem Operationstermin mit der Pilleneinnahme aufhören, um das erhöhte Risiko für Kreislaufkomplikationen zu vermeiden. Frauen, die die Methode der oralen Kontrazeptiva bevorzugen, aber das in ihnen enthaltene Östrogen nicht vertragen, können als Alternative auf die → Minipille umsteigen, die lediglich Progesteron enthält, jedoch auch etwas weniger wirksam in der Verhinderung einer Schwangerschaft ist.

Die Anti-Baby-Pille wurde 1951 von *Dr. Gregory Pincus* in den Vereinigten Staaten entwickelt. Zunächst untersuchte er die ovulationshemmende Wirkung von Progesteron und verschiedenen synthetisch hergestellten Gestagenen beim Kaninchen. Da die Ergebnisse ermutigend waren, ging er auf die Erprobung von Progesteron bei Frauen über. Dies war zwar auch, was die Wirksamkeit der Schwangerschaftsverhütung anging, erfolgreich, in der Praxis waren jedoch die Nebenwirkungen wegen der enorm hohen Dosis an Progesteron, die zur Ovulationshemmung notwendig war, zu groß, so daß er begann, synthetische Formen des Progesterons, die sogenannten Gestagene, herzustellen, mit denen man auch in niedrigeren Dosen Erfolge erzielen konnte. Schließlich fügte er zur Vermeidung von Zwischenblutungen noch Östrogen hinzu: das Kombinationspräparat war geboren. Seitdem wurden die Mengen der in der Pille enthaltenen Hormone ständig weiter reduziert, da man erkannte, daß dadurch immer noch der Eisprung unterdrückt wird, aber wesentlich weniger Nebenwirkungen verursacht werden.

Außer zur Empfängnisverhütung können die oralen Kontrazeptiva auch noch zur Behandlung verschiedener Erkrankungen und Störungen eingesetzt werden, wie z.B. bei extrem starken Regelblutungen, bei einer → Endometriose, beim → Stein-Leventhal-Syndrom, bei Ovarialzysten (siehe → Zyste, Def. 2) und anderem. Siehe auch unter → Östrogen, → Progesteron, → Gestagen, → „Pille danach", → Minipille.

Oraler Geschlechtsverkehr Eine Form des sexuellen Kontaktes, bei der einer oder beide Partner den Mund (Lippen, Zunge) zur Stimulation der Genitalien (Geschlechtsteile) des jeweils anderen verwenden. Er kann zusätzlich oder anstelle anderer Arten des Geschlechtsverkehrs (anal, vaginal) eingesetzt werden. Es gibt keinen medizinischen Grund, den oralen Geschlechtsverkehr zu vermeiden, mit Ausnahme der Fälle, bei denen der eine (oder beide) Partner an einer → sexuell übertragbaren Krankheit (Geschlechtskrankheit) erkrankt ist. → AIDS, → Syphilis und die → Gonorrhoe können alle durch den Kontakt des Mundes (der Schleimhäute) mit dem Geschlechtsteil übertragen werden. Auch für die → Herpesinfektionen vermutet man die Möglichkeit einer Ansteckung auf diesem Weg. Die beiden Hauptformen des oralen Geschlechtsverkehrs sind der → Cunnilingus und die → Fellatio (siehe dort). Siehe auch unter → Anus, → Geschlechtsverkehr, → sexuelle Reaktion.

Orgasmus Auch *Klimax*, *Höhepunkt*. Das plötzliche Nachlassen von physischer und psychischer Anspannung, begleitet von einem Gefühl des intensiven Wohlbefindens, die zusammen den Höhepunkt einer sexuellen Erregung und Erfahrung ausmachen. Bei Frauen kommt es während des Höhepunktes zu rhythmischen unwillkürlichen Muskelkontraktionen der Scheide und der umgebenden Gewebe. Bei Männern führen rhythmische Kontraktionen der Beckenmuskulatur während des Höhepunktes zur → Ejakulation, d.h. der plötzlichen Abgabe von Samenflüssigkeit. Der Orgasmus ist bei Männern in der Regel plötzlich und eher kurz. Bei Frauen gibt es mehr Unterschiede, sowohl von Mal zu Mal als auch bei verschiedenen Frauen. Der Höhepunkt kann plötzlich kommen und nur kurz dauern, oder er kommt langsam und hält länger an. Darüber hinaus können Frauen (und, seltener, auch Männer) bei anhaltender sexueller Stimulation mehrere Höhepunkte hintereinander, d.h. eine Serie von Orgasmen innerhalb jeweils weniger Minuten erleben. Auf der anderen Seite dauert es tendenziell länger, bis eine Frau zum Höhepunkt kommt (im Durchschnitt 15 Minuten) — im Gegensatz zu durchschnittlich drei Minuten beim Mann. (Die individuellen Unterschiede sind jedoch sehr groß.)

Die Fähigkeit zum Orgasmus ändert sich bei der Frau mit dem Alter nicht. Bei Männern wird jedoch der Zeitabstand zwischen zwei Höhepunkten, die sogenannte *Refraktärperiode*, mit steigendem Alter ständig größer. Sie beträgt bei einem heranwachsenden Jungen so wenig wie 30 bis 60 Sekunden und bei einem 50jährigen Mann (im Durchschnitt) zwölf Stunden. Auch hier gibt es enorme Unterschiede zwischen verschiedenen Personen und auch bei der gleichen Person zu verschiedenen Zeiten.

Bis zu einem gewissen Ausmaß hängt die Fähigkeit, einen Orgasmus zu bekommen, bei der Frau von der Übung und Erfahrung ab. Manche Frauen haben jedoch diesbezüglich sehr große Schwierigkeiten oder erleben niemals in ihrem Leben einen Höhepunkt, was auch als → Frigidität bezeichnet wird (siehe dort). Am leichtesten ist es für eine Frau, einen Orgasmus zu erreichen, wenn die → Klitoris stimuliert wird. Dies kann mit der Hand entweder durch die Frau selbst (→ Masturbation) oder durch ihren Partner geschehen, sowie bei anderen Formen des Geschlechtsverkehrs (vaginal oder oral). Viele Frauen machen die Erfahrung, daß allein die Bewegungen des Penis in der Scheide bei einem vaginalem Geschlechtsverkehr *nicht* ausreichen, um bis zum Höhepunkt zu kommen, und stimulieren deshalb zusätzlich die Klitoris mit der Hand. Auf der anderen Seite kann eine Frau (häufiger als der Mann) das Liebesspiel genießen, auch ohne daß sie einen Höhepunkt hat, und Frauen, deren Berührungsempfindlichkeit im Unterbauch sich durch eine Erkrankung oder Verletzung verringert hat oder ganz verlorengegangen ist, stellen nicht selten fest, daß andere Teile ihres Körpers sehr sensibel für sexuelle Stimulation und Erregung werden.

Obwohl die Person, die den Höhepunkt erlebt, sich dessen fast immer bewußt ist, heißt das nicht notwendigerweise, daß auch der Partner das bemerkt hat, weshalb es sinnvoll sein kann, es dem anderen durch Worte, Gestik oder Mimik mitzuteilen.

Eine regelmäßige sexuelle Stimulation ohne anschließenden Orgasmus kann zu Beschwerden im Unterbauch und sogar zu einer chronischen Anschwellung der Unterbauchgewebe durch Blutstau führen. Aus diesem Grund erfahren viele Frauen mit schmerzhaften Regelblutungen (siehe → Dysmenorrhoe) und anderen menstruellen Beschwerden (siehe → prämenstruelles Syndrom) durch einen Orgasmus Erleichterung. Für weitere Informationen über die Physiologie des Orgasmus siehe auch unter → Sexuelle Reaktion.

Osteoporose Auch *Knochenschwund*. Ein allgemeiner Verlust an Knochengewebe, der Teil des normalen Alterungsprozesses zu sein scheint, bei Frauen jedoch wesentlich früher und ausgeprägter stattfindet als bei Männern. In jedem Alter findet ein ständiger Knochenumbau statt, bei dem alter Knochen abgebaut und durch neu gebildeten Knochen ersetzt wird. Man geht davon aus, daß sowohl bei Frauen als auch bei Männern die Knochenmasse etwa um das 35. Lebensjahr am größten ist (obwohl eine Studie den Beginn des Knochenschwundes bei 10 bis 15% der untersuchten Personen schon im Alter von 25 Jahren nachwies). Danach bleibt die Knochenmenge entweder konstant, oder es wird mehr Knochen ab- als wieder aufgebaut. Mit dem Verlust des Knochengewebes werden die Knochen brüchiger und anfälliger für Brüche schon bei leichten Verletzungen (Osteoporose bedeutet „poröser Knochen"). Das Ausmaß des Knochenschwundes ist über lange Zeit hinweg bei Frauen größer als bei Männern, auch wenn die Männer dies bis zum 80. Lebensjahr wieder ausgeglichen haben. Zum Teil liegt dies daran, daß der weibliche Knochen von Anfang an weniger dicht ist als der männliche. Außerdem sind Frauen tendenziell körperlich weniger aktiv als Männer, und körperliche Aktivität scheint den Prozeß des Knochenschwundes zu verlangsamen. Darüber hinaus verstärkt sich der osteoporotische Prozeß bei Frauen nach der → Menopause, offensichtlich weil der Abfall des Östrogenspiegels zu einer verminderten Calciumaufnahme aus der Nahrung in das Blut und zum vermindertem Calciumeinbau in den Knochen führt.

Etwa ein Viertel aller deutschen Frauen leidet an einer Osteoporose verschieden starken Ausmaßes — im Gegensatz zu einem Achtel der deutschen Männer. Die meisten dieser Frauen sind älter als 50 und haben die Menopause schon hinter sich. Die Osteoporose der Wirbelsäule ist viermal häufiger bei Frauen als bei Männern (siehe auch → Kompressionsfraktur), Oberschenkelfrakturen (die nicht selten den Beginn einer bleibenden Behinderung bei alten Personen darstellen und sogar mit dem Tod enden können) sind zweieinhalbmal so häufig, und Unterarm- und Handgelenksbrüche sind zehnmal so häufig. Sehr große Frauen, Übergewichtige und schwarze Frauen sind weniger anfällig, während Rauchen, die Einnahme von Steroiden (z.B. von → Cortison) und eine vorwiegend sitzende Lebensführung das Risiko erhöhen. Andere, weniger zur Behinderung oder Verunstaltung führende Symptome bestehen in Rückenschmerzen, Verringerung der Körpergröße (durch das Zusammensintern der Wirbelkörper und damit Kürzerwerden der Wirbelsäule) sowie eine veränderte Körperhaltung durch eine → Kyphose (Buckel) oder ein vorgeschobenes Becken.

Der eigentliche Grund für die Entwicklung der Osteoporose ist nach wie vor unbekannt, noch hat man bisher irgendeine effektive Heilung finden können. (Gelegentlich ist die Osteoporose oder eine andere, ähnliche Knochenerkrankung, die *Osteomalazie*, Folge einer Nierenerkrankung oder einer spezifischen hormonellen Störung, die dann durch die Behandlung der zugrundeliegenden Ursache therapiert werden kann.) Wenn es erst einmal zu einem deutlichen Knochenschwund gekommen ist, gibt es keine Therapie, durch die der verlorene Knochen wieder hergestellt werden kann. Körperliche Beschwerden können durch Schmerzmittel wie Aspirin®, Hitzeanwendung, Massagen und bedarfsweise auch durch orthopädische Hilfsmittel gelindert werden. Man weiß, daß körperliche Aktivität und Bewegung zur Stimulation des Knochenaufbaus führt, wohingegen Bettruhe mit Knochenabbau einhergeht. Sport (vor allem Joggen, schnelles Gehen und Tanzen) führt zu einem verstärkten Knochenaufbau. Auch eine calciumarme Ernährung — die sich bei ausgesprochen vielen Personen findet — fördert den Knochenverlust, und ein Zuviel an Phosphor (enthalten in Fleisch, Geflügel, Fisch, kohlensäurehaltigen Getränken und vielen Fertigpackungen) scheint die Fähigkeit des Körpers zu beeinträchtigen, das Calcium, das er bekommt, zu verwerten. Aus diesem Grund werden eine regelmäßige körperliche Belastung und eine ausgewogene Ernährung, die reich an Calcium ist (am besten aus Milch und anderen Milchprodukten, da Calciumpräparate weit weniger wirkungsvoll sind), zumindest zu einer Stärkung der Bindegewebe — Muskeln, Sehnen, Bänder — führen und auf diese Weise den Osteoporose-Prozeß verlangsamen. Für die Zeit vor der Menopause werden 1.000 Milligramm Calcium täglich, für die Zeit nach der Menopause 1.500 Milligramm empfohlen. In manchen Ländern wurde eine aktivierte Form des Vitamin D erfolgreich in der Bekämpfung der Osteoporose eingesetzt. Die Wirkungsweise besteht in der Förderung der Calciumaufnahme aus dem Darm. In den zivilisierten Ländern wirkt es jedoch oft toxisch, da der Calciumgehalt der Nahrung zu hoch ist. Er darf nämlich bei dieser Form der Behandlung nicht über 500 Milligramm täglich liegen. Obwohl diese Substanz zur Behandlung eines Knochenschwundes durch Rachitis und manche Nierenerkrankungen eingesetzt werden kann, wird sie aus diesem Grund für die Behandlung der Osteoporose vermieden. Eine Behandlung mit Östrogenen (siehe → Östrogensubstitutionstherapie) verlangsamt den Knochenabbau bei Frauen, ist jedoch nicht ohne Risiken und wird deshalb kontrovers beurteilt.

Ova Die Mehrzahl von Ovum. Siehe → Eizelle.

Ovar Auch *Eierstock*. Die weiblichen Keimdrüsen (→ Gonaden), die vor allem für die Produktion der weiblichen Geschlechtshormone → Östrogen und → Progesteron sowie für die Bildung von befruchtungsfähigen Eizellen (→ Ovum) verantwortlich sind. Es gibt zwei Eierstöcke, die jeweils an der Rückseite eines breiten Bandes, das von der Gebärmutter von beiden Seiten nach außen zur Beckenwand zieht, liegen. Auf jeden Eierstock stülpt sich das offene Ende des → Eileiters. Bei erwachsenen Frauen ist jedes Ovar etwa 3,5 mal 1,5 mal 2 Zentimeter groß und hat die Form eines abgeflachten Eis. Seine Oberfläche wird von einer grau-weißlichen Hautschicht überzogen. Jedes Ovar ist durch eine spezielle, etwa vier Zentimeter lange Sehne mit der Gebärmutter verbunden (siehe auch Abb. 10). Obwohl Ovare auch noch an anderen Sehnen befestigt sind, können sie ihre Position geringfügig verändern.

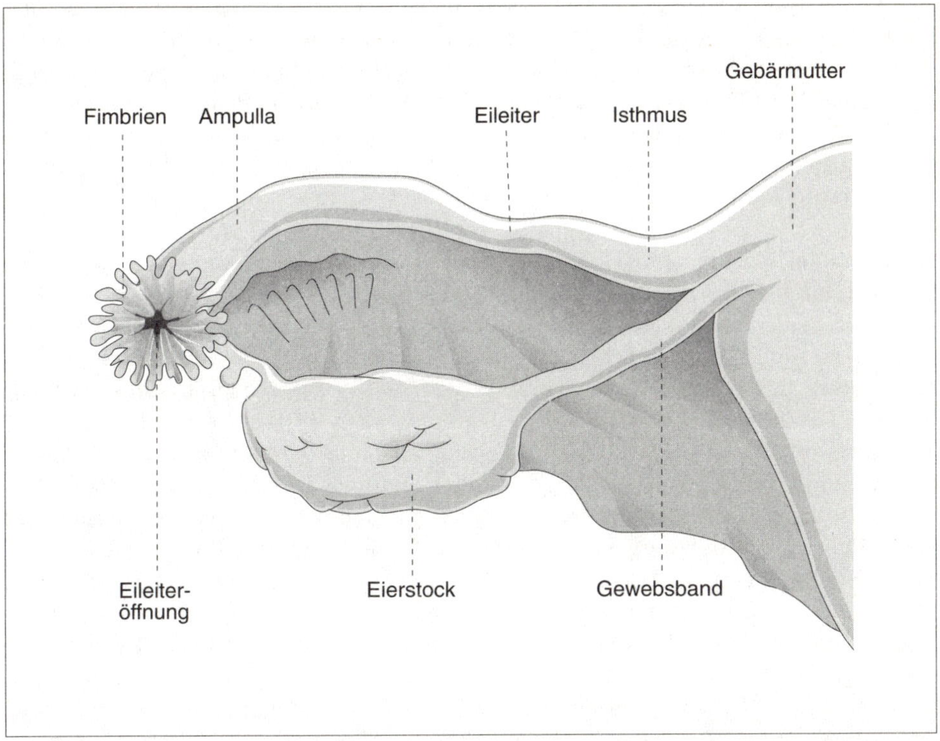

Abb. 10: Schematische Darstellung eines Eierstockes mit dazugehörigem Eileiter

Zur Zeit der Geburt enthalten die Eierstöcke einige hunderttausend → Follikel mit sogenannten *Primordialeiern*. Nach der Pubertät fangen in jedem Menstruationszyklus etwa 20 dieser Follikel an, auszureifen, aber nur einer (manchmal zwei) wächst bis zur vollständigen Reife heran und gibt bei der → Ovulation (Eisprung) eine befruchtungsfähige Eizelle ab. Nach dem Eisprung verwandelt sich der zurückgebliebene leere Follikel in das → Corpus luteum (Gelbkörper), das zunächst bestehen bleibt und Progesteron bildet. Wurde die gesprungene Eizelle von einem Spermium im Eileiter befruchtet und hat sich die befruchtete Eizelle in die Gebärmutterschleimhaut eingenistet (→ Nidation), dann übernimmt die entstehende → Plazenta die Progesteronproduktion. Kam es nicht zur Befruchtung, dann geht das Corpus luteum nach zwei Wochen zugrunde, und ein neuer Zyklus beginnt (siehe unter → Menstruationszyklus für eine genauere Erklärung). Nach der Menopause sterben die noch verbliebenen Follikel ab, und der Eierstock schrumpft auf etwa ein Drittel seiner Größe während der vorherigen Zeit der Geschlechtsreife.

Die Palpation (Ertastung) der Ovarien ist ein wichtiger Bestandteil jeder → gynäkologischen Untersuchung. Ein auffälliger Größenunterschied zwischen den beiden Eierstöcken oder ein Wachstum beider Ovarien über eine bestimmte Größe hinaus kann von Bedeutung sein. Die häufigsten Krankheiten der Eierstöcke sind Zysten (siehe → Zyste, Def. 2) und das → Ovarialkarzinom. Die Ovarien können auch von einer → pelvinen Entzündung oder bei verschiedenen → sexuell übertragbaren Krankheiten (Geschlechtskrankheiten) in Mitleidenschaft gezogen werden sowie durch die Entwicklung von sehr vielen Zysten beim → Stein-Leventhal-Syndrom beeinträchtigt sein. Die operative Entfernung der Eierstöcke, die sogenannte → Ovarektomie, die im Falle der Herausnahme *beider* Ovarien zur künstlichen → Menopause führt, sollte nur bei nachgewiesener Erkrankung und nach Erfolglosigkeit anderer, weniger einschneidender Therapieformen unternommen werden.

Ovarektomie Die operative Entfernung eines oder beider Eierstöcke (→ Ovar). Ersteres wird *unilaterale* Ovarektomie genannt. Bei der *bilateralen* Ovarektomie werden neben den beiden Eierstöcken in der Regel auch noch beide Eileiter und die Gebärmutter entfernt. Die Entfernung beider Eierstöcke bedeutet sowohl die Sterilisation (→ Unfruchtbarkeit) als auch die → Kastration, da die Eierstöcke der Ursprungsort sowohl der befruchtungsfähigen Eizellen als auch fast des gesamten → Östrogens des Körpers sind. Nach einer bilateralen Ovarektomie wird eine Frau, deren → Menopause zum Zeitpunkt der Operation noch nicht eingetreten war, alle Symptome der Menopause durchmachen — wegen der Plötzlichkeit der Hormonveränderungen oft in besonders ausgeprägter Form. Bei einer Ovarektomie *nach* der Menopause dürften solche Probleme kaum auftreten. Zur Linderung der Beschwerden verordnen viele Ärzte nach einer bilateralen Ovarektomie eine → Östrogensubstitutionstherapie. Die Entfernung nur eines Eierstockes verringert zwar die Wahrscheinlichkeit für die Frau, schwanger zu werden, sie führt aber nicht zur völligen Unfruchtbarkeit, da aus dem anderen Eierstock noch befruchtungsfähige Zellen abgegeben werden können. Außerdem produziert der verbleibende Eierstock auch noch ausreichend Östrogen, so daß es nicht zur Menopause kommt.

Wegen der Radikalität einer beidseitigen Ovarektomie sollte sie bei Frauen im gebärfähigen Alter nur dann durchgeführt werden, wenn nach sorgfältigen Untersuchungen die Diagnose einer Erkrankung der Eierstöcke gestellt wird, die mit anderen Mitteln nicht oder nur unzureichend behandelt werden kann. Die Hauptgründe für eine beidseitige operative Eierstockentfernung sind eine Krebserkrankung der Ovarien und schwere Infektionen der Eierstöcke z.B. als Folge einer → pelvinen Entzündung. Darüber hinaus glauben manche Kliniker, daß sie zusammen mit einer beidseitigen Eileiterentfernung bei allen Frauen über 40 durchgeführt werden sollte, die sich einer → Hysterektomie aus den unterschiedlichsten Gründen unterziehen müssen, unter der Annahme, daß die Ovarien mit der bald zu erwartenden Menopause ohnehin aufhören zu funktionieren und daß durch die Entfernung der Eierstöcke jedes Risiko für eine eventuelle spätere Krebserkrankung der Ovarien ausgeschaltet wird. Andere halten dagegen, daß diese

Überlegungen zu viele Fragen offen lassen, daß die Eierstöcke nach der Menopause auch weiterhin (wenn auch nur wenig) Östrogen bilden und daß jede Frau in voller Kenntnis aller verschiedener Möglichkeiten ihre eigene Entscheidung treffen sollte. Darüber hinaus vertreten einige Fachleute die Ansicht, daß selbst ein bösartiger Tumor, solange er klein und auf ein Ovar beschränkt ist, nicht notwendigerweise die Entfernung auch des anderen Eierstockes bedeuten muß. Sie betonen jedoch, daß solche Patientinnen für den Rest ihres Lebens besonders sorgfältig und häufig beobachtet und nachuntersucht werden müssen, damit sich der Krebs nicht im verbliebenen Eierstock entwickeln beziehungsweise schon im Frühstadium behandelt werden kann (siehe auch → Ovarialkarzinom). Der Hauptgrund für eine unilaterale Ovarektomie ist neben einer Entzündung und Krebserkrankung die Entwicklung eines gutartigen Ovarialtumors, der zu groß ist, als daß er ohne die gleichzeitige Herausnahme des gesamten Eierstockes entfernt werden könnte.

Die Ovarektomie als Operation (die technisch gesehen ähnlich wie eine abdominelle Hysterektomie abläuft; siehe dort) wurde 1872 durch den amerikanischen Gynäkologen *Robert Battey* eingeführt. Zwei seiner zehn ersten Patientinnen starben, sechs hatten nach der Operation die gleichen Symptome wie zuvor, einer ging es danach etwas besser und eine Frau wurde von ihrer Krankheit, die Battey „bedrohliche Manie" nannte, geheilt. Bis ins frühe 20. Jahrhundert wurde trotz einer ausgesprochen hohen Mortalitätsrate (bis zu 40% der Patientinnen starben während oder nach der Operation) die Ovarektomie als Therapie für Zyklusunregelmäßigkeiten und psychische Störungen relativ häufig durchgeführt. Heutzutage wird sie nur noch selten und nur bei nachgewiesener organischer Erkrankung (meist beim Ovarialkarzinom) eingesetzt. Siehe auch → Ovarialkarzinom, → Zyste, Def. 2, → pelvine Entzündungen, → Stein-Leventhal-Syndrom.

Ovarialkarzinom Ein → Krebs eines oder beider Eierstöcke (→ Ovar). Etwa 15 bis 20% aller Krebserkrankungen des weiblichen Genitales entfallen auf die Ovarialkarzinome. Sie stehen damit hinsichtlich ihrer Häufigkeit hinter dem → Zervix- und dem → Korpuskarzinom an dritter Stelle. Hinsichtlich der Mortalitätsrate, d.h. der Wahrscheinlichkeit, an der bösartigen Erkrankung zu versterben, stehen sie jedoch unter den Genitalkrebsen an erster Stelle. Das Ovarialkarzinom wächst von allen Genitalkarzinomen am „stillsten", d.h. ohne daß es zu merklichen Symptomen kommt, und ist am schwierigsten zu diagnostizieren, was dazu führt, daß das Ovarialkarzinom in den meisten Fällen erst in einem so fortgeschrittenen Stadium diagnositziert wird, so daß eine erfolgreiche Heilung nicht mehr möglich ist. In der Regel verursacht das Ovarialkarzinom im Frühstadium keine Beschwerden. Es neigt zu einem schnellen Wachstum und zu früher Metastasierung und betrifft im allgemeinen beide Eierstöcke gleichzeitig. Obwohl das Ovarialkarzinom auch schon im Kindesalter auftreten kann, ist es doch am häufigsten im hohen Alter, nämlich zwischen dem 65. und 85. Lebensjahr. Die ersten Warnsignale sind eine anhaltende Verstopfung und Unterbauchbeschwerden, vor allem in Form eines Völlegefühls im Bauch, da das Ovarialkarzinom zur Ansammlung von Flüssigkeit in der Bauchhöhle führen kann, was auch *maligner Aszites* genannt wird. Auch Schmerzen beim Geschlechtsverkehr können auf ein Ovarialkarzinom hinweisen. Die einzige Möglichkeit, das Ovarialkarzinom einigermaßen früh zu entdecken, ist die → gynäkologische Untersuchung, bei der der Arzt die Vergrößerung eines oder beider Eierstöcke von außen ertasten kann. (Aus diesem Grund wird eine solche Untersuchung einmal jährlich für jede Frau ab dem 40. Lebensjahr empfohlen.) Vergrößerte Eierstöcke können außer durch ein Karzinom auch durch gutartige Tumoren oder durch Zysten der Eierstöcke (siehe → Zyste, Def. 2) bedingt sein, weshalb man ergänzend zur Tastuntersuchung noch eine → Ultraschalluntersuchung des Unterbauches durchführt. Grundsätzlich gilt jedoch, daß vor allem im höheren Alter jeder auffälliger Tastbefund an den Eierstöcken solange als Zeichen eines Ovarialkarzinoms angesehen wird, solange nicht durch eine Gewebsentnahme und anschließende Untersuchung unter dem Mikroskop das Gegenteil bewiesen ist. Das heißt auch, daß bei älteren Frauen mit auffällig vergrößerten Eierstöcken fast immer eine → Laparotomie, wenigstens aber eine → Laparoskopie durchgeführt werden muß. Bei jüngeren Frauen, bei denen es sich mit größerer Wahrscheinlichkeit um eine Zyste und nicht um ein Karzinom handelt, kann man ein oder zwei Menstruationszyklen abwarten und dann erneut kontrollieren. Jeder Tumor der Eierstöcke muß operativ entfernt werden. Ist man sich während der Operation sicher, daß es sich lediglich um einen gutartigen Tumor des Eierstocks handelt, genügt in der Regel die einfache → Ovarektomie, d.h. die Entfernung eines oder beider Eierstöcke. Besteht während der Operation Zweifel an der Gutartigkeit des Tumors oder muß sogar mit Sicherheit von einem Karzinom ausgegangen werden, dann werden sowohl beide Eierstöcke als auch in der Regel beide Eileiter und die Gebärmutter entfernt. Bei jüngeren Frauen vor der → Menopause, bei denen das Karzinom mit Sicherheit auf einen Eierstock beschränkt ist, kann man unter Umständen den anderen Eierstock und die Gebärmutter samt der Eileiter belassen. An die Operation schließt sich üblicherweise eine → Chemotherapie an. In manchen, vor allem in sehr fortgeschrittenen Fällen kommt auch eine zusätzliche → Strahlentherapie in Frage. Bei einer Therapie im Stadium I (siehe Tafel Ovarialkarzinom unter dem Stichwort → Stadieneinteilung) liegt die 5-Jahres-Überlebensrate immerhin bei über 80%. Erfolgt, wie leider so häufig, die Diagnose und Therapie jedoch erst in späteren Stadien, dann sind die Heilungsaussichten und die Überlebenszeiten wesentlich schlechter und niedriger.

Ovarialzyste Siehe → Zyste, Def. 2

Ovula Nabothi Siehe unter → Ektopie

Ovulation Auch *Eisprung*. Die regelmäßige Abgabe einer → Eizelle aus den Eierstöcken (→ Ovar). Abgesehen von der Zeit während einer Schwangerschaft kommt es in der Zeit von der → Menarche bis zur → Menopause, also etwa vom 14. bis zum 54. Lebensjahr, mehr oder weniger regelmäßig einmal monatlich zu einem Eisprung. In der → Pubertät steigt die Produktion der Geschlechtshormone deutlich an, und die → Hypophyse (Hirnanhangsdrüse) beginnt mit der Bildung von → FSH (follikel-stimulierendes Hormon), das zum Wachstum und zur Ausreifung von etwa 20 → Follikeln im Eierstock führt. Jeder Follikel enthält eine Eizelle. Während ihres Reifungsprozesses bilden die Follikel → Östrogen, das seinerseits die Hirnanhangsdrüse zur Bildung und Abgabe von → LH (luteinisierendes Hormon) anregt. Dieses LH unterdrückt zusammen mit dem Östrogen die vollständige Ausreifung *aller* Follikel bis auf einen einzigen oder gelegentlich auch von zwei Follikeln pro Menstruationszyklus. Dieser eine Follikel, der sogenannte → Graaf'sche Follikel jedoch, reift weiter aus und rückt immer mehr zur

Oberfläche des Eierstocks hin. Dabei wird die Oberfläche des Eierstocks immer dünner und wölbt sich schließlich nach außen vor. Unter dem Einfluß eines erneuten Anstiegs des LH-Spiegels platzt der Follikel und reißt dabei die Oberfläche des Eierstockes auf. Durch diese Öffnung wandert die Eizelle aus dem Follikel nach außen. Zur gleichen Zeit bewegen sich die fingerartigen Fortsätze, die sogenannten *Fimbrien*, des nahe gelegenen Eileiters zu der entstandenen Öffnung im Eierstock hin, um die nach außen wandernde Eizelle aufzufangen und in den Eileiter aufzunehmen. Von dort aus wandert die Eizelle in die Gebärmutter, was etwa vier bis sechs Tage in Anspruch nimmt. So weit, d.h. bis zur Gebärmutter, kommt die Eizelle jedoch nur im Falle einer → Befruchtung, die innerhalb von 24 Stunden nach dem Eisprung durch ein bis in den Eileiter hochgewandertes Spermium stattfinden muß. Findet keine Befruchtung statt, dann geht die Eizelle nach 24 Stunden zugrunde. Manchmal springen während eines Menstruationszyklus zwei Eizellen. Werden auch beide befruchtet, dann kommt es zur Entwicklung von zweieiigen Zwillingen (siehe → Mehrlingsschwangerschaft).

Bei manchen Frauen kommt es während des Eisprungs zu Schmerzen im Unterbauch, die leicht bis stark ausgeprägt sein können, aber in der Regel nicht länger als wenige Stunden andauern (siehe → Mittelschmerz). Viele Frauen bemerken jedoch überhaupt nichts vom Eisprung. Weil die Eizelle nur so kurz überleben kann (24 Stunden, siehe oben), kann es sowohl für Frauen, die schwanger werden wollen, als auch für die, die eine Schwangerschaft vermeiden wollen, wichtig sein, den Zeitpunkt ihrer Ovulation zu kennen. Die Länge des Menstruationszyklus liefert dabei erst *nach* dem Eisprung Aufschluß darüber, wann er stattgefunden hat: er erfolgt nämlich ziemlich genau 14 Tage vor der nächsten Periodenblutung. Bei einem Zyklus, der über 23 Tage geht, würde also der Eisprung am Tag 9 auftreten, bei einem 40tägigen Zyklus am oder um Tag 26. Da nur wenige Frauen einen sehr regelmäßigen Zyklus haben, sind andere Methoden notwendig, um den Ovulationstermin im voraus feststellen und damit eine Schwangerschaft zeitlich planen oder vermeiden zu können. Diese Methoden sind vor allem die Bestimmung der basalen Körpertemperatur (→ Basaltemperatur), die zum Zeitpunkt der Ovulation ansteigt und bis zur nächsten Periode erhöht bleibt, und die Untersuchung beziehungsweise Beobachtung des Zervikalschleims (siehe → Zervikalschleimmethode), der sich unmittelbar vor der Ovulation in seiner Farbe und Konsistenz verändert. Die Methode der Basaltemperaturbestimmung wird vor allem von Frauen eingesetzt, die schwanger werden wollen, während die Zervikalschleimmethode häufig zur → Empfängnisverhütung verwendet wird. (Siehe auch unter → natürliche Methoden der Empfängnisverhütung, → Farnphänomen.) Liefert keine der zur Verfügung stehenden Methoden Hinweise darauf, daß eine Ovulation stattfindet, und möchte die Frau schwanger werden, dann kann man auch eine Endometriumbiopsie (siehe → Biopsie, Def. 4) durchführen. Durch die dabei erfolgende Untersuchung der Gebärmutterschleimhaut kann man mit ziemlicher Sicherheit sagen, ob eine Ovulation stattgefunden hat oder nicht. Über den Zeitpunkt des Eisprungs kann man damit jedoch keine Aussagen machen. Siehe auch → Anovulatorische Blutungen.

Ovulationsauslöser Medikamente, die einen Eisprung (→ Ovulation) auslösen können und in der Behandlung bestimmter Formen einer weiblichen → Unfruchtbarkeit eingesetzt werden, bei denen ein fehlender Eisprung als Ursache der ungewollten Kinderlosigkeit angesehen wird. Der bekannteste Ovulationsauslöser ist das Clomifen (Dyneric®). Clomifen ist eine synthetisch im Labor hergestellte Substanz, die zu einer Stimulation des → Hypothalamus führt, was seinerseits eine Freisetzung der Hormone → FSH und → LH aus der → Hypophyse und damit einen Eisprung aus dem Eierstock bewirkt (siehe unter → Menstruationszyklus für eine genauere Erklärung dieses Regelkreises). Es ist bei etwa 70% der mit Clomifen behandelten Frauen wirksam. Die Konzeptionsrate (Häufigkeit einer Empfängnis) unter Clomifentherapie entspricht etwa der von normalen Paaren, wobei vor allem Frauen zwischen 20 und 35 gut auf das Clomifen ansprechen. Unter Clomifen kann es zu einer zystischen Vergrößerung der Eierstöcke mit Unterleibsschmerzen kommen, in welchem Fall sich die Frau sofort beim behandelnden Arzt melden sollte. Eine Therapie mit Clomifen sollte nur von dafür ausgebildeten Spezialisten (z.B. Ärzten in einer Kinderwunschsprechstunde) durchgeführt werden, da bestimmte Bedingungen (z.B. ein intakter Regelkreis zwischen Hypothalamus, Hypophyse und Eierstöcken) vorliegen müssen, um die Behandlung mit Clomifen zu rechtfertigen. In der Regel werden 50 bis 100 mg (1 bis 2 Tabletten) täglich vom 5. bis 9. Zyklustag nach Regelbeginn gegeben. Die Patientin sollte die → Basaltemperatur messen und wird etwa fünf bis sechs Tage nach der letzten Tabletteneinnahme zu einer Untersuchung einbestellt, bei der die Größe und Reaktion der Eierstöcke und gleichzeitig die Beschaffenheit des Muttermundes und des Zervixschleims kontrolliert werden.

Wenn eine Therapie mit Clomifen nicht zum Eisprung führt, kann man stärkere Präparate einsetzen. Dazu gehören das Hormon *Humanes menopausales Gonadotropin* (HMG), das aus dem Urin von Frauen nach der → Menopause gewonnen wird, sowie das → *humane Choriongonadotropin* (HCG), das man im Urin von schwangeren Frauen findet. Beide Präparate ähneln entweder dem FSH oder dem LH und können damit einen Eisprung auslösen. Sie dürfen nur unter engmaschiger (täglicher) ärztlicher Kontrolle eingesetzt werden, da sie dazu neigen, die Eierstöcke zu überstimulieren, was in großen Zysten resultieren kann. Fast immer reifen mehrere Follikel im Eierstock heran, so daß es außerdem vermehrt zu → Mehrlingsschwangerschaften kommt — dabei entstehen nicht nur Zwillinge oder Drillinge, sondern zum Teil auch Fünflinge und mehr, bei denen die Überlebenschance sehr viel geringer ist als bei Einlingsschwangerschaften. Die Behandlung mit HMG und HCG ist teuer und aufwendig und besteht in täglichen Spritzengaben, regelmäßigen Blutuntersuchungen und häufigen → Ultraschalluntersuchungen der Eierstöcke, um eine Überstimulation rechtzeitig zu erkennen. Wenn die Östrogenspiegel im Blut extrem ansteigen und sich im Ultraschall mehrere große Eifollikel im Eierstock zeigen, dann muß die Behandlung sofort gestoppt werden. Es gibt noch andere Nebenwirkungen. In den Eierstöcken entstehen Zysten, die einbluten und platzen oder sich um sich selbst drehen können, wodurch ihre Blutzufuhr unterbrochen wird. In der Regel geben sich solche Probleme von allein wieder, doch manchmal können blutende oder gedrehte Zysten einen chirurgischen Eingriff mit Entfernung des betroffenen Eierstockes notwendig machen. Unter einer Therapie mit HMG kommt es bei 99% der Frauen zu einem Eisprung, und zwei Drittel von diesen werden meist innerhalb von drei Monaten schwanger. Von diesen wiederum gebären etwa die Hälfte ein Kind, und ein Viertel bekommt Mehrlinge. Das verbleibende Viertel der schwanger gewordenen Frauen erlebt eine Fehlgeburt.

Eine dritte Form von Ovulationsauslösern ist das Hormon → GnRH, das in den Fällen nützlich sein kann, in denen der Hypothalamus schlecht funktioniert, die Hypophyse aber in Ordnung ist. Der Hauptnachteil des GnRH ist, daß es, um wirksam zu sein, alle

90 Minuten gespritzt werden muß, weswegen man es mit Hilfe einer kleinen, tragbaren und computergesteuerten Pumpe verabreicht. Dagegen führt es nicht zu Mehrlingsschwangerschaften und nicht zu einer Überproduktion von Östrogen. Obwohl es bei fast allen Frauen zum Eisprung führt, werden nur 25 bis 30% auf seine Anwendung hin schwanger.

Ovulationshemmer Siehe → Orale Kontrazeptiva

Ovulationstermin, Bestimmung des Siehe → Natürliche Methoden der Empfängnisverhütung, → Zervikalschleimmethode.

Ovum, Plural *Ova.* Siehe → Eizelle

Oxytozin Ein Hormon, das im → Hypothalamus gebildet, in der → Hypophyse gespeichert und von dort bei Bedarf in die Blutbahn abgegeben wird. Die Hauptfunktionen des Oxytozins sind die Förderung der → Wehen während der Geburt sowie die Kontraktion der Muskelzellen um die Milchausführungsgänge in der Brust zur Abgabe der Muttermilch bei einer stillenden Frau (siehe → Milchsekretionsreflex). Es wurde erstmals in den dreißiger Jahren unseres Jahrhunderts von *Vincent du Vigneaud* entdeckt und isoliert. Seit 1953 kann man es synthetisch (im Labor) herstellen. In seiner synthetischen Form wird das Oxytozin (häufige Markennamen sind Syntocinon® oder Pitocin®) sowohl zur → Geburtseinleitung als auch zur Wehenförderung während der Geburt (→ Wehenschwäche) verwendet. Sein unvorsichtiger Gebrauch kann jedoch zu zu starken Wehen führen und damit möglicherweise zu einer Beeinträchtigung der Sauerstoffversorgung des noch ungeborenen Kindes, weshalb man in der Regel sehr zurückhaltend und vorsichtig mit dem Einsatz von Oxytozin ist.

Oxytozinbelastungstest Ein Test, mit dem der Zustand des Kindes im Mutterbauch in der Zeit vor der Geburt beurteilt werden kann. Er wird immer dann durchgeführt, wenn der Verdacht besteht, daß das Kind gefährdet sein könnte. Mit Hilfe des Belastungstestes kann man eine solche Gefährdung nachweisen und entsprechende Maßnahmen ergreifen, um die Gefahr abzuwenden. Der Test besteht im Prinzip aus einer erweiterten Kardiotokographie (siehe unter → fetaler Überwachung für eine genauere Erklärung). Das heißt, es werden zunächst durch Anbringen von Elektroden auf den mütterlichen Bauch die Herztöne des Kindes bei Ruhe der Mutter über eine gewisse Zeit hinweg (meist 15–20 Minuten) mit einem Schreiber registriert. Dann erhält die Mutter eine Infusion mit → Oxytozin, wodurch praktisch Wehen ausgelöst werden und damit die Situation der Geburt imitiert wird. Man beobachtet dann das Verhalten der kindlichen Herztöne während der Kontraktionen der Gebärmuttermuskulatur, die für das Kind — wie auch während der Geburt — eine erhöhte Belastung bedeuten. Die Dauer der Infusion hängt von der Reaktion der kindlichen Herztöne ab. Manchmal muß man bereits nach zwei bis drei Minuten die Infusion wieder abstellen, weil die Gefährdung für das Kind sonst zu groß würde. Zeigt das Kind keine Zeichen der Gefährdung während des Testes, das heißt reagieren die kindlichen Herzschläge nicht mit einem bedrohlichen Abfall, dann ist der Test unauffällig und es kann unter regelmäßiger Kontrolle abgewartet werden. Bei unsicherem Ergebnis wird der Test spätestens am nächsten Tag wiederholt. Ist der Test leicht pathologisch, wird man bei reifen Kindern, d.h. ab der 38. Schwangerschaftswoche, sofort die Geburt einleiten. Bei unreifen Kindern versucht man, die Lungenreife durch die Gabe von → Cortison zu stimulieren, um dann bald möglichst bei ständiger Überwachung die Entbindung einzuleiten. Ist der Test deutlich pathologisch, d.h. zeigt das Kind eindeutige und massive Zeichen der Gefährdung, dann muß unabhängig vom Alter des Kindes sofort und zwar meist mit → Kaiserschnitt entbunden werden.

Paget-Krankheit Auch *Morbus Paget*. 1. Eine seltene atypische Gewebsveränderung in der Brust, seltener auch im Genital- oder Achselhöhlenbereich, die zunächst noch ungefährlich ist, sich aber später zum *Paget-Karzinom* weiterentwickeln kann. Im letzteren Fall findet man karzinomatöse Veränderungen in den darunterliegenden Milchgängen der betroffenen Brust sowie häufig auch in denen der anderen Seite. Die Paget-Krankheit tritt vorwiegend bei älteren Frauen auf und macht sich als scharf begrenzte, rundliche, gerötete, schuppende, nässende und eventuell mit Krusten belegte Hautveränderung im Bereich der → Brustwarze und des Brustwarzenhofes auf einer Seite der Brust bemerkbar. Sie sieht von außen wie eine chronische Entzündung aus, wobei das fehlende Ansprechen auf eine anti-entzündliche Therapie und die ständige langsame Größenzunahme typisch sind. Die Heilungsaussichten des Paget-Karzinoms der Brust sind vergleichsweise schlecht. Die Therapie besteht in der großzügigen operativen Entfernung des befallenen Brustgewebes mit Nachbestrahlung beziehungsweise in der vollständigen Brustentfernung (siehe → Mastektomie). Vergleiche auch → Brustkrebs.

2. Auch *Osteodystrophia deformans*. Eine meist im mittleren Lebensalter schleichend beginnende, langsam fortschreitende Knochenerkrankung unklarer Ursache, die häufiger bei Männern als bei Frauen vorkommt und zu einem verstärkten Knochenwachstum mit Verdickung des Knochens an einer oder mehreren Stellen führt. Häufig sind die Unterschenkelknochen, das Kreuzbein und der Schädel (der Hut paßt nicht mehr) betroffen. Bei Befall des Felsenbeines im Schädel kann es durch eine Beeinträchtigung des Hörapparates zu Taubheit kommen. Anfangs oder auch noch in späteren Krankheitsstadien kann der Patient völlig symptomlos sein. In anderen Fällen dagegen kommt es zu chronischen Knochenschmerzen, die als „rheumatisch" verkannt werden können. Meist führt oft erst eine von außen auffallende Verdickung und Verbiegung der Knochen zur Untersuchung. In späteren Stadien kann es zu vermehrten Knochenbrüchen kommen. Die Diagnose wird durch das typische Röntgenbild des oder der betroffenen Knochen gestellt. Die Therapie ist lediglich symptomatisch — eine Heilung für die Erkrankung gibt es nicht — und besteht in der Verabreichung von Schmerzmitteln, Vitamin D und neuerdings auch des Hormons Kalzitonin. Außerdem werden eventuell auftretende Knochenbrüche wie üblich behandelt. Auch ohne Therapie kann es von allein zu einem Stillstand der Erkrankung kommen.

Palpation Die Untersuchung eines Körperteils oder Organs durch Betasten. Bei der Palpation übt man mit den Fingern leichten Druck auf die Körperoberfläche aus, um die Lage und Größe darunterliegender Organe wie z.B. der Gebärmutter oder der Eierstöcke (siehe → Gynäkologische Untersuchung) zu bestimmen oder eventuelle abnorme Knoten oder Gewebsveränderungen, z.B. in der Brust (siehe → Brustuntersuchung) zu finden oder auszuschließen. Die Palpation ist ein grundsätzlicher Bestandteil jeder körperlichen Untersuchung. Siehe auch → Auskultation, → Inspektion.

Pankreas Siehe → Bauchspeicheldrüse

Papanicolaou-Abstrich Ein nach seinem Erfinder, *Dr. George Papanicolaou,* benannter Test zur Früherkennung von → Zervixkarzinomen. Er sollte regelmäßig alle neun bis zwölf Monate bei allen Frauen über 20 Jahren, bei jeder gynäkologischen Erstuntersuchung sowie gezielt bei verdächtigen Veränderungen an der Zervix einer Frau durchgeführt werden. Die gesetzlichen Krankenkassen sind verpflichtet, für eine jährliche Krebsvorsorgeuntersuchung aufzukommen. Dabei ist der Abstrich nach Papanicolaou nur *ein* Bestandteil der Vorsorgeuntersuchung und dient der *Zytodiagnostik* (→ Zytologie), d.h. der mikroskopischen Untersuchung von Zellen aus dem Zervikalkanal mit der Frage, ob abnorme, krebsverdächtige Zellen vorliegen, was im positiven Fall weitere Untersuchungen und Behandlungen nach sich zieht (bezüglich der anderen Bestandteile einer Vorsorgeuntersuchung siehe unter → Krebsvorsorge).

Für den Abstrich wird zunächst der Gebärmuttermund mit dem → Spekulum eingestellt. Dann wird die gesamte Oberfläche des Gebärmuttermundes mit einem Watteträger abgestreift und das dabei entnommene Material auf einen Objektträger gebracht und fixiert. Es folgt ein zweiter Abstrich, bei dem man mit einem Watteträger unter drehenden Bewegungen Material aus dem Inneren des Gebärmutterkanals entnimmt und ebenfalls auf einem Objektträger ausstreicht. Nach einer speziellen Färbung werden die Abstriche von einem Pathologen unter dem Mikroskop durchgemustert. Der Abstrich nach Papanicolaou ist sehr sensibel, daß heißt man kann mit seiner Hilfe das Vorhandensein von atypischen, → präkanzerösen oder schon bösartigen Zellen auf der Zervix entdecken. Mit der gleichen Methode kann man auch Material für die Untersuchung auf bakterielle Entzündungen über die durch Östrogen hervorgerufenen Schleimhautveränderungen gewinnen. Wenn bei einem solchen Abstrich verdächtige Befunde gefunden werden, dann muß man je nach Art des verdächtigen Befundes weitere Untersuchungen anschließen (siehe unten). Die Befunde aus der zytologischen Untersuchung der Abstriche werden nach untenstehendem Schema in fünf Gruppen eingeteilt, wobei Gruppe I einen Normalbefund darstellt und Gruppe V das Vorliegen einer bösartigen Veränderung sehr wahrscheinlich macht.

Gruppe	*Zellbild*	*Bewertung, empfohlene Maßnahmen*
I	regelrechtes Zellbild	negativ; keine Maßnahmen notwendig
II	normales Zellbild, jedoch Hinweise auf sicher gutartige Zellveränderungen (Entzündung, Hormoneinfluß oder ähnliches)	negativ; Kontrolle nach Therapie
III	unklares, zweifelhaftes Zellbild mit schwereren Zellveränderungen	verdächtig; Kontrolle nach entsprechender Therapie
IV	pathologisches Zellbild, Verdacht auf Karzinom bzw. Carcinoma in situ	positiv; weitere Untersuchungen sind zur Klärung notwendig, z.B. eine Ausschabung bzw. Gewebsprobenentnahme
V	Massenhaft eindeutige Tumorzellen, hochgradiger Verdacht auf Karzinom	positiv; Gewebsprobenentnahme.

Siehe auch → Cervikale intraepitheliale Neoplasie, → Carcinoma in situ, → Krebs, → Vaginalabstrich, → Zervixkarzinom.

Parametrium Anatomische Bezeichnung für den zu beiden Seiten der Gebärmutter liegenden Raum, durch den Blut- und Lymphgefäße zur Gebärmutter gelangen. Außerdem enthält er Bindegewebe und Muskelfasern, durch die die Gebärmutter an ihrem Platz im kleinen Becken gehalten wird. Entzündungen der Gebärmutter oder der Eileiter können auf das Parametrium übergreifen, dies wird dann *Parametritis* genannt. Auf die gleiche Weise können Krebserkrankungen der Genitalorgane das Parametrium mit einbeziehen, was deshalb sehr ungünstig ist, weil die im Parametrium laufenden Blut- und Lymphgefäße dann mit einer größeren Wahscheinlichkeit die Tumorzellen schon an andere Stellen des Körpers verschleppt haben.

Paraparese Eine Lähmung beider Beine meist auch mit einem mehr oder weniger ausgeprägten Verlust der Empfindungsfähigkeit für Berührung, Schmerz und Temperatur. Ist die Lähmung komplett, d.h. kann der Patient seine Beine überhaupt nicht mehr bewegen, dann spricht man von einer *Paraplegie.* Eine Paraparese wird meistens durch eine Störung im Rückenmark verursacht, wie z.B. durch einen Verkehrs-, Arbeits- oder Sportunfall mit Verletzung des Rückenmarks, oder durch Tumoren und Entzündungen des Rückenmarks sowie durch Bandscheibenvorfälle, und wird auch *Querschnittslähmung* genannt. Je nachdem, auf welcher Höhe und in welchem Ausmaß das Rückenmark geschädigt ist, gibt es verschiedene, zum Teil sehr typische Formen der Paraparese. Liegt die Schädigung sehr weit oben im Halsmark, dann kann es nicht nur zu einer Paraparese, sondern sogar zu einer → Tetraparese kommen, d.h. zur Lähmung aller vier Gliedmaßen. In seltenen Fällen kann eine Paraparese auch durch einen Prozeß im Gehirn (z.B. durch einen Hirntumor) ausgelöst werden. Die Behandlung einer Paraparese richtet sich nach der jeweiligen Ursache und kann z.B. in einer Operation (der vorgefallenen Bandscheibe oder eines Tumors) oder in einer anti-entzündlichen Therapie bestehen. In den Fällen, in denen es keine Heilung gibt oder jede Therapie zu spät kommt, weil das Rückenmark schon unwiderruflich zerstört ist, sind die Patienten oft rollstuhlabhängig und zeigen neben den Lähmungen und Sensibilitätsstörungen oft auch verschiedene Arten der Blasenstörung.

Parasiten Auch *Schmarotzer, Mitesser.* Lebewesen, die ganz oder teilweise, ständig oder vorübergehend auf Kosten einer anderen Gattung von Lebewesen existieren. Sie halten sich entweder außen auf der Haut oder tiefer im Gewebe, in Körperhöhlen oder im Blut auf und können je nach Art unterschiedlich großen Schaden für den Wirtskörper anrichten. Strenggenommen gehören auch Bakterien und Viren zu den Parasiten. Meist meint man mit Parasiten und den von ihnen hervorgerufenen Krankheiten, den *Parasitosen,* jedoch kleine tierische Lebewesen wie z.B. Würmer (z.B. Schweinebandwurm, Hundebandwurm, Spulwurm), sogenannte *Arthropoden,* zu denen auch die Flöhe, Milben, Wanzen, Läuse u.a. gehören, und die sogenannten *Protozoen,* bei denen es sich um einzellige Lebewesen handelt, die z.B. die → Toxoplasmose hervorrufen können.

Parathyreoidea Siehe → Nebenschilddrüse.

Parazervikaler Block Eine Form der → Lokalanästhesie, die früher zur Schmerzausschaltung während der Geburt eingesetzt wurde. Bei dieser Methode wird eine lokales

Betäubungsmittel über die Scheide in die Gewebe um den Gebärmutterhals gespritzt, in denen Nervengeflechte liegen. Da bei der Methode des parazervikalen Blocks gehäuft zum Teil lebensgefähliche Komplikationen beim Kind aufgetreten sind, wird sie heutzutage nur noch selten eingesetzt. Bezüglich anderer, heute gebräuchlicher Methoden zur Schmerzausschaltung während der Geburt siehe unter → Geburtserleichterung.

Partus Medizinische Bezeichnung für *Entbindung* oder → *Geburt.*

Pearl-Index Eine statistische Größe im Rahmen der Empfängnisverhütung. Mit dem Pearl-Index gibt man die Zahl von Schwangerschaften an, die bei sachgerechter Verwendung eines entsprechenden Verhütungsmittels im Laufe von 100 Frauenjahren aufgetreten sind. 100 Frauenjahre kommen beispielsweise zusammen, wenn 100 Frauen über ein Jahr das Mittel anwenden oder 50 Frauen über 2 Jahre etc. Der Pearl-Index eines Verhütungsmittels ist somit ein Hinweis auf die Wirksamkeit des Mittels bezüglich der erfolgreichen Verhinderung einer ungewollten Schwangerschaft. In diesem Buch wurde wegen der leichteren Verständlichkeit meist nicht der Pearl-Index angegeben, sondern die Wirksamkeit von Verhütungsmaßnahmen in Prozent ausgedrückt. Bezüglich der Wirsamkeit einiger Verhütungsmaßnahmen siehe unter → Empfängnisverhütung.

Pedikulose Das Befallensein mit Läusen. Siehe unter → Filzlaus.

Pelvektomie Auch *Pelviektomie.* Eine radikale Operationsmethode, bei der neben der gesamten Gebärmutter, den Eileitern und Eierstöcken auch die Harnblase und der im Becken liegende Enddarm entfernt werden. Die Beckenausräumung durch Pelvektomie war vor den verbesserten Therapieformen mit → Chemo- und → Strahlentherapie häufiger und wird heute nur noch in schwersten Fällen einer Krebserkrankung (meist beim → Zervix- oder → Vulvakarzinom) mit Befall aller Beckenorgane durchgeführt.

Pelvine Entzündung Auch *„pelvic inflammatory disease"* (engl.) oder abgekürzt *PID, Unterleibsentzündung.* Eine Entzündung der Eileiter, die oft auch das umgebende Gewebe (→ Parametrium) und die Eierstöcke mit einbezieht. Genaugenommen ist eine Entzündung der Eileiter eine *Salpingitis*, eine der Eierstöcke eine *Oophoritis* und eine Entzündung der umliegenden Gewebe eine *Parametritis.* Der Begriff pelvine Entzündung stellt also einen Sammelbegriff dar, unter den jede Form der Entzündung im Unterbauch beziehungsweise im kleinen Becken zusammengefaßt wird.

Eine pelvine Entzündung kann sehr mild verlaufen oder sich bis zu einer sogar lebensbedrohlichen Erkrankung ausweiten. Sie kann *akut* (z.B. bei einer schweren akuten Salpingitis) oder *subakut* (weniger schwer) auftreten oder einen *chronischen* Verlauf (mit anhaltendem Entzündungsprozeß und weniger Symptomen) nehmen. Nicht selten kann auch aus einer akuten Form eine chronische werden. Die *akute* Verlaufsform ist durch starke Schmerzen im Unterbauch mit Druckempfindlichkeit vor allem bei Bewegung des Gebärmutterhalses gekennzeichnet. Hinzu kommen hohes Fieber, Schüttelfrost, ein eitriger Ausfluß aus der Scheide, vaginale Blutungen und eine Vermehrung der weißen Blutkörperchen im Blut als Hinweis auf eine Infektion. Häufig kommt es durch schnelle Bildung von Narbengewebe zu Verwachsungen zwischen den bei der

Entzündung beteiligten Organen (Eierstöcke, Eileiter und Gebärmutter) sowie unter Umständen auch mit anderen Strukturen im Becken- und Bauchraum wie dem Dünn-, Dick- oder Enddarm. Die Schmerzen, die man empfindet, wenn man diese Verwachsungen palpiert (ertastet), sind denen bei einer → Appendizitis (Blinddarmentzündung) oder einer → Pyelonephritis (Nierenbeckenentzündung) sehr ähnlich, weshalb diese Erkrankungen immer ausgeschlossen werden müssen.

Um die Diagnose stellen zu können, ist eine → gynäkologische Untersuchung zur Lokalisierung der Schmerzen und der Schwellung und eine Laboruntersuchung des Ausflusses aus der Scheide notwendig. Besteht irgendein Zweifel an der Diagnose (was sehr häufig der Fall ist), kann eine → Laparaskopie (Bauchspiegelung) sowie bei Verdacht auf die Bildung eines → Abszesses eine → Ultraschallsonographie des Unterbauches notwendig werden. Die Bildung eines Abszesses stellt eine ernste Komplikation dar: Wenn der Abszeß platzt, kann sich die Entzündung über die Eileiter in die gesamte Bekken- und Bauchhöhle ausbreiten, was zu einer Bauchfellentzündung und damit zu einer medizinischen Notfallsituation führen kann. Dabei kann es in weniger als einer Stunde zum Tod kommen. Weil ein solcher Abszeß oft nur ungenügend auf eine antibiotische Therapie anspricht, ist nicht selten eine operative Eröffnung zur Drainage (Ablassen) des Eiters vonnöten.

Eine andere ernste Komplikation einer akuten pelvinen Entzündung besteht in der massiven Erweiterung eines Eileiters durch Flüssigkeit (*Hydrosalpinx*) oder Eiter (*Pyosalpinx*), was zum Platzen des Eileiters führen kann. Eine weitere Komplikation ist die *Sepsis* (Blutvergiftung), zu der es in der Regel nur dann kommt, wenn die pelvine Entzündung nach einer Geburt, Fehlgeburt oder Abtreibung auftritt. In diesen Fällen gelangen Bakterien durch die eröffneten Blutgefäße der Gebärmutter in den Blutkreislauf und rufen dadurch die Sepsis hervor. Glücklicherweise führen die starken Beschwerden bei einer akuten pelvinen Entzündung in der Regel dazu, daß die betroffene Frau ärztliche Hilfe aufsucht, bevor sich diese oben erwähnten Komplikationen entwickeln können.

Die pelvine Entzündung ist die Folge einer → Infektion mit Bakterien. Im allgemeinen gelangen die Krankheitserreger durch die Scheide in den Körper und wandern von dort nach oben in die Gebärmutter und in die Eileiter. In den meisten Fällen handelt es sich dabei um *Gonokokken*, die Erreger der → Gonorrhoe, *Chlamydien* (siehe unter → Chlamydieninfektion) und → *Mykoplasmen*. In den restlichen Fällen sind es andere Bakterien, insbesondere aus dem Darmbereich und hier vor allem *E. coli*-Bakterien, die in den weiblichen Genitaltrakt gelangt sind — z.B. während einer Geburt, Fehlgeburt oder Abtreibung oder auch bei Verwendung eines → Intrauterinpessars (Spirale) entweder beim Einsetzen oder entlang des in die Scheide hineinreichenden Fadens. Gelegentlich, wenn auch heutzutage sehr selten, können auch die Tuberkelbazillen, die Erreger der Tuberkulose, oder andere seltenere Organismen eine pelvine Entzündung hervorrufen.

Sobald die Diagnose einer akuten Salpingitis gestellt ist, muß mit der Therapie begonnen werden. Sofern nicht frühe Komplikationen (siehe oben) zu einem chirurgischen Eingreifen zwingen, besteht die Therapie in der Gabe von hochdosierten → Antibiotika mit breitem Wirkungsspektrum. Liegt das Ergebnis der Laboruntersuchungen vor und konnte ein bestimmter Keim isoliert und damit als Ursache der Entzündung bestimmt werden, dann erfolgt die Umstellung auf ein gezielt diesen Keim abtötendes Antibiotikum. Zusätzlich zu den Antibiotika gibt man häufig noch → Cortison, das ebenfalls entzündungshemmend wirkt. Die medikamentöse Therapie wird durch Bettruhe, meist im Krankenhaus, und physikalische Maßnahmen (siehe unten) ergänzt. Die Bettruhe ist notwendig, um ein Ausbreiten der Infektion möglichst zu verhindern. Das gleiche gilt für jegliche Form der körperlichen Anstrengung einschließlich des Geschlechtsverkehrs.

Zu den physikalischen Maßnahmen gehören im Anfangsstadium kalte Umschläge (z.B. Eisbeutel) auf den Unterbauch und nach Abklingen der akuten Symptome Wärmepackungen zur Förderung der Durchblutung und damit des Heilungsprozesses. Wenn die Symptome innerhalb von zwei Wochen abklingen, wird man in der Regel die Antibiotikatherapie noch über mindestens eine Woche weiterführen, um ein Wiederaufflammen der Entzündung zu vermeiden. Tritt trotz Therapie keine Besserung oder gar eine Verschlechterung ein, muß man in der Regel ein anderes Antibiotikum ausprobieren. Wird eine akute pelvine Entzündung nicht rechtzeitig durch eine Therapie abgefangen oder bleibt die Therapie erfolglos, dann kann sie in eine chronische Entzündung übergehen.

Die *chronische pelvine Entzündung* ist eine schleichende infektiöse Erkankung, die über einige Wochen bis Monate anhalten kann und immer auch das Gewebe um die Eileiter herum und auch die Eierstöcke mit einbezieht. Zu den Symptomen gehören mehr oder weniger ständig ausgeprägte, wechselnd starke, ein- oder beidseitige Unterbauchschmerzen, allgemeine Schwäche, Müdigkeit und oft auch starke Regelblutungen mit mehr Schmerzen als üblich. Verstopfung und Blähungen treten fast immer auf, während Zyklusstörungen oder Ausfluß aus der Scheide nicht in allen Fällen vorhanden sind. In milden Fällen können sogar nur wenige oder gar keine Symptome auftreten. Nichtsdestotrotz sollte ein anhaltendes unangenehmes Gefühl im Unterbauch zu einer sorgfältigen Untersuchung führen, da auch eine subklinische (fast symptomfreie) Entzündung zu der häufigsten Spätfolge einer Unterleibsentzündung führen kann: der teilweisen oder vollständigen → Unfruchtbarkeit. Die Entzündung, auch eine leichte, kann zu einer permanenten Vernarbung des empfindlichen Eileitergewebes führen, so daß Stränge von Narbengewebe (Verwachsungen) die Form der Eileiter zerstören oder ihr offenes Ende nahe am Eierstock verkleben können. Als Folge daraus wird der Transport der Eizelle in und durch die Eileiter blockiert oder behindert, und eine → Befruchtung kann nicht stattfinden. Ein teilweise verschlossener Eileiter kann auch zu einer → Extrauteringravidität führen, weil die befruchtete Eizelle nicht bis in die Gebärmutter gelangen kann und sich stattdessen im Eileiter oder an einer anderen Stelle einnistet. Schließlich erhöht das Vorhandensein von Narbengewebe die Gefahr einer erneuten Infektion und kann darüber hinaus in Abhängigkeit von der Lokalisation des Narbengewebes zu starken Schmerzen während des Geschlechtsverkehrs und der Regelblutungen führen. Eine richtige und frühzeitige Behandlung, insbesondere der akuten Salpingitis, die ja ein Vorläufer der chronischen pelvinen Entzündung ist, kann jedoch diese Komplikationen vermeiden beziehungsweise vermindern.

Solange noch Zeichen einer Entzündung bestehen, wird die chronische pelvine Entzündung genauso wie die akute Entzündung behandelt, nämlich mit Bettruhe, Antibiotika und physikalischen Maßnahmen. Manche Frauen haben gute Erfahrungen mit einer Reihe von verschiedenen pflanzlichen Heilmitteln (→ Pflanzenheilkunde) zusätzlich zu den Antibiotika gemacht. Zu diesen Mitteln gehören heiße Breiumschläge aus frischen Ingwerwurzeln oder Yucca-Pflaster (hergestellt aus grob geriebenen Yucca-Knollen).

Zu den eingesetzten Tees gehören ein Tee aus Kanadischer Gelbwurzel (*Hydrastis canadensis)* und Myrrhe (*Commiphora myrrha*) sowie ein Tee aus roten Himbeerblättern (*Rubus idaeus*), Ginseng (*Panax quinquefolium*), Schwarzwurzelblättern oder -wurzeln (*Symphytum officinale*) und Zimtstangen (*Cinnamonum zeylanicum*). Die Schwarzwurzel (weniger die Blätter als vielmehr die Wurzeln) sollte jedoch mit Vorsicht angewendet werden, da sie Alkaloide enthält, Substanzen, die eventuell zu Leberschäden führen können.

Bei schweren chronischen Entzündungen, die zu einer Zerstörung des ganzen Unterbauchgewebes führen und auf keine andere Therapie ansprechen, kann die Operation die einzige Behandlungsmöglichkeit sein. Dabei gelingt es entweder, die Geschlechtsorgane zu erhalten und nur das Narbengewebe und andere Entzündungsherde zu entfernen, oder aber es müssen alle entzündeten Organe — einer oder beide Eileiter, die Gebärmutter und manchmal auch einer oder beide Eierstöcke — entfernt werden, um den Entzündungsprozeß zu beenden.

Die Vorbeugung und gegebenenfalls frühe Behandlung einer pelvinen Entzündung sind bei weitem einfacher als die Therapie und Heilung einer manifesten Entzündung. Eine der einfachsten Vorbeugemaßnahmen ist es, sich nach einem Stuhlgang immer von vorne nach hinten abzuwischen, um den Eintritt von Darmbakterien in die Scheide zu verhindern. Nach einer Geburt, Fehlgeburt, Abtreibung und auch nach einer Ausschabung bleibt der Gebärmuttermund für eine Zeit lang noch etwas erweitert und damit anfälliger für eine Infektion. Während dieser Zeit sollte man es vermeiden, irgendetwas — Finger, Tampons, Scheidendiaphragma — in die Scheide einzuführen und deshalb auch keinen vaginalen Geschlechtsverkehr ausüben. Frauen, die anfällig vor allem für Scheidenentzündungen sind, sollten eine andere Methode als die Spirale zur Empfängnisverhütung einsetzen. Frauen, die die Spirale verwenden, sollten sich bei ersten Anzeichen einer Entzündung sofort in ärztliche Behandlung begeben und außerdem das richtige Liegen der Spirale mindestens einmal jährlich überprüfen lassen. Frauen, bei denen die Möglichkeit besteht, daß sie sich mit Gonokokken angesteckt haben könnten, sollten dies anhand einer Bakterienkultur aus dem Scheidensekret sofort überprüfen lassen, da bei 80% der infizierten Frauen keine Symptome der Gonorrhoe im unteren Genitaltrakt auftreten. Die Symptome einer durch Gonokokken verursachten pelvinen Entzündung jedoch machen sich in der Regel eine Woche bis zu zehn Tagen nach der Ansteckung bemerkbar. Selbst wenn die Gonokokken, die bis in das Becken vorgedrungen sind, abgetötet werden oder absterben, können sie den Weg für andere entzündungsauslösende Bakterien bahnen und leichter machen. → Kondome, → Scheidendiaphragmas und → spermizide Vaginalcremes erschweren alle die Weitergabe von Gonokokken, sollten jedoch nicht als ein vollständiger Schutz gegen die Ansteckung betrachtet werden. Da die Erreger der pelvinen Entzündung meist die gleichen Keime wie bei den → sexuell übertragbaren Krankheiten (Geschlechtskrankheiten) sind, und da sich das Risiko, sich einen solchen Keim zu holen, verständlicherweise mit der Anzahl verschiedener Geschlechtspartner erhöht, muß die beste Vorbeugung gegen eine pelvine Entzündung auch in einer möglichst geringen → Promiskuität bestehen.

Penetration Wörtlich „Ein-/Durchdringen“. Z.B. bezeichnet man das beim vaginalen Geschlechtsverkehr erfolgende Eindringen des männlichen Gliedes in die Scheide der Frau als Penetration.

Penis Auch *Glied*, *Phallus; Schwanz* (umgangsspr.). Das männliche Glied, das sowohl dem Urinieren als auch als Geschlechtsorgan dient. Es besteht zum größten Teil aus drei schwammartigen, erektilen (d.h. mit der Fähigkeit zum Steifwerden versehenen) Geweben. Zwei dieser Gewebe, die sogenannten *Corpora cavernosa*, liegen nebeneinander an der Oberseite des Penis und bilden den sogenannten Penisschaft. Am körpernahen Ende teilen sie sich auf und verankern den Penis am darunterliegenden Schambeinknochen. Zwischen ihnen an der Penisunterseite liegt das *Corpus spongiosum*, das in seiner Mitte die Harnröhre enthält. An seinem körperfernen Ende weitet sich das Corpus spongiosum auf und bildet die Eichel oder *Glans penis*, das kuppelförmige, hochsensible Ende des Penis. Die Außenseite des Penis ist locker von einer Haut überzogen, die an der *Corona penis*, dem Übergang von der Eichel zum Schaft, befestigt ist. Eine Falte dieser Haut, die sogenannte Vorhaut oder Präputium, bedeckt dabei locker die Penisspitze. Es ist lediglich diese Hautfalte, die bei der → Zirkumzision (Beschneidung) entfernt wird. Nicht beschnittene Männer müssen die Vorhaut regelmäßig zurückziehen, um die darunterliegende Eichel von *Smegma* zu säubern, einem wachsartigen Sekrekt aus den Vorhautdrüsen. An der Spitze des Penis befindet sich die Harnröhrenöffnung, aus der sowohl der Urin als auch das Sperma nach außen abgegeben werden.

Im nicht erregten Zustand ist der Penis im Durchschnitt 6 bis 10 Zentimeter lang. Während der sexuellen Erregung füllen sich die schwammartigen Gewebe des Penis (siehe oben), die im Prinzip aus einer Unmenge von Blutgefäßen bestehen, mit Blut, was zur Versteifung, Aufrichtung und Vergrößerung des normalerweise nach unten hängenden Penis führt. In diesem erigierten Zustand ist der Penis im Durchschnitt 15 bis 19 Zentimeter lang und vier Zentimeter dick. Dieses Phänomen, auch *Erektion* genannt, ermöglicht das Einführen des Penis in die weibliche Scheide. Wenn der Höhepunkt der sexuellen Erregung, der → Orgasmus, erreicht wird, dann kommt es zur → Ejakulation (Herausschleuderung) der Samenflüssigkeit, d.h. von Spermien und anderen Sekreten, durch die Harnröhrenöffnung nach außen.

Die → Spermien, die mit Beginn der Pubertät in kleinen Gewebsgängen (Tubuli seminiferi) in den Hoden gebildet werden, wandern von den Hoden nach oben zum jeweiligen Nebenhoden, der dem Hoden aufliegt. Von dort gelangen sie in den Samenleiter oder *Vas deferens*. Die beiden jeweils etwa 18 Zentimeter langen Samenleiter laufen von den Hoden im Hodensack nach oben in die Bauchhöhle und über die Blase hinweg zur Blasenhinterwand, wo sich jeder Samenleiter etwas aufweitet, um die Spermien zu speichern, die durch unwillkürliche Muskelkontraktionen bis dorthin gelangt sind. An der Außenseite dieser Erweiterung liegt auf jeder Seite eine kleine Drüse, die sogenannte *Samenblase*, die für die Lebensfähigkeit der Spermien wichtige Substanzen bildet. Der Ausführungsgang dieser Samenblase verbindet sich mit dem Samenleiter zum sogenannten *Ductus ejaculatorius*, der sich mit dem *Ductus ejaculatorius* der Gegenseite vereint und dann durch die Prostata zur Harnröhre kurz unterhalb der Harnblase zieht und in sie mündet. Auch die Prostata bildet eine Flüssigkeit, die zur Funktionsfähigkeit der Spermien beiträgt. Sowohl die Sekretionen aus den Samenblasen als auch die der Prostata werden dem Sperma erst kurz vor der Ejakulation beigemischt. Unterhalb der Prostata befindet sich eine weitere Drüse, die sogenannte *Cowper'sche Drüse,* die während der sexuellen Erregung Gleitflüssigkeit in die Harnröhre abgibt. Diese klare Flüssigkeit tritt schon vor der Ejakulation in kleinen Tropfen aus der Harnröhre aus.

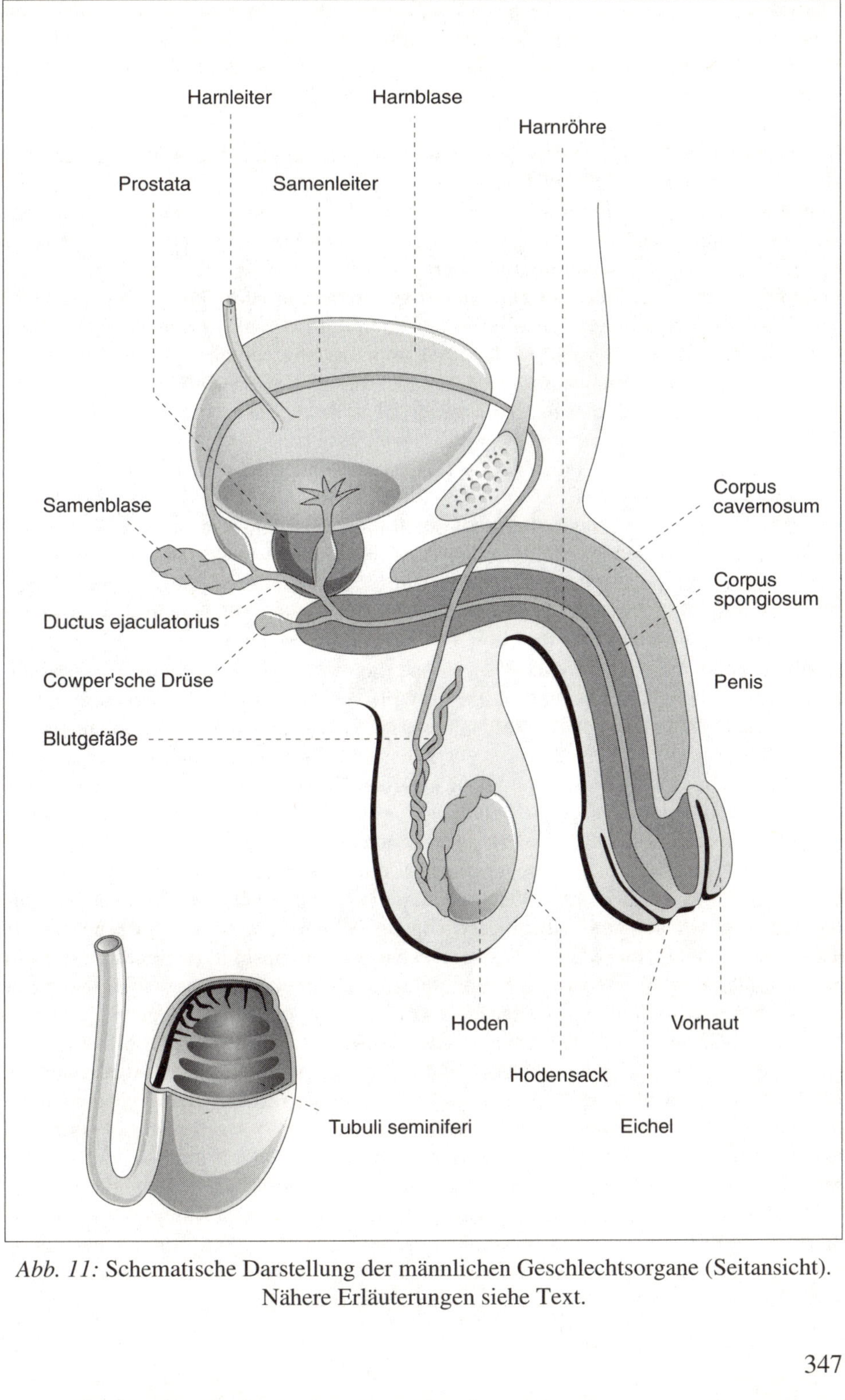

Abb. 11: Schematische Darstellung der männlichen Geschlechtsorgane (Seitansicht). Nähere Erläuterungen siehe Text.

Peptidhormone Hormone, die aus Eiweißen bestehen. Zur Zeit versucht man, bestimmte Peptidhormone synthetisch herzustellen und studiert ihre Anwendbarkeit als Verhütungssubstanzen sowohl bei Männern als auch bei Frauen. Das erste Peptidhormon, das intensiv untersucht wurde, ist ein Analogon (d.h. diesem entsprechender Stoff) des GnRH (→ Gonadotropin-freisetzendes Hormon), ein Hormon, das über bestimmte Kettenreaktionen beim Mann zur → Androgenbildung in den Hoden und bei der Frau zur → Östrogenbildung in den Eierstöcken führt. Zusätzlich zu ihrer möglichen Verwendung zur Empfängnisverhütung versprechen die Peptidhormone Erfolge auf dem Gebiet der Infertilitätsbehandlung, indem sie bei Frauen zum Eisprung und bei Männern zur gesteigerten Spermienproduktion führen sollen. Die ersten, 1981 veröffentlichten Ergebnisse zeigten, daß das GnRH zu einer nicht-toxischen, rückgängig machbaren Unterdrückung der Spermienproduktion in der Lage war. Die gleichzeitig aufgetretenen Nebenwirkungen wie → Libidoverlust und Impotenz machen aber gegenwärtig seine Verwendung als Verhütungsmittel unakzeptabel. Eine Form des GnRH wird jedoch zur Behandlung der → Endometriose eingesetzt.

Peridualanästhesie Eine Form der → Leitungsanästhesie, bei der ein lokales Betäubungsmittel mittels einer Nadel in den Epiduralraum in Höhe der Lendenwirbelsäule eingebracht wird. Der Epiduralraum ist der Raum zwischen dem Duralsack (der das Rückenmark und das Nervenwasser umhüllt) und den Wirbelkörpern. Durch diesen Raum ziehen die von den Beinen und dem Rumpf kommenden sensiblen Nervenfasern (d.h. die Fasern, die Schmerz, Temperatur und Berührungsempfindung leiten) auf ihrem Weg zum Rückenmark. Das dort abgelagerte Betäubungsmittel führt somit zu einer vorübergehenden Schmerzausschaltung, ohne die motorischen Funktionen wesentlich zu beeinträchtigen. Die Peridualanästhesie wird vor allem in der Geburtshilfe eingesetzt, um den Wehenschmerz auszuschalten, der werdenden Mutter jedoch nicht die Erfahrung der Geburt zu nehmen. Das Verfahren kann auch beim → Kaiserschnitt verwendet werden. Darüber hinaus bringt sie gewisse Vorteile bei Risikoentbindungen und Mehrlingsgeburten, indem sie die Belastung für die Mutter herabsetzt und den Geburtsverlauf bei spastischen Gebärmutterkontraktionen beschleunigt.

Praktisch wird dabei so vorgegangen, daß eine spezielle Nadel im Sitzen oder in Linksseitenlage zwischen dem dritten und vierten Lendenwirbelkörper bis in den Epiduralraum vorgeschoben wird. Über diesen Zugang werden dann einmalig oder bei Bedarf auch wiederholt kleine Mengen eines lokalen Betäubungsmittels eingespritzt. Von einem erfahrenen Anästhesisten durchgeführt, verspürt man bis auf einen winzigen Hautstich und eventuell einem leichten Druckgefühl im Bereich der Nadel keine Schmerzen. Gewöhnlich beginnt man mit der Peridualanästhesie in der Eröffnungsperiode (siehe unter → Geburt) und läßt sie dann über die gesamte Geburtsdauer bestehen. Ein Nachteil dieser Methode besteht darin, daß die Mutter keinen Preßdrang verspürt, so daß die Koordination beim Pressen schlechter ist und die → Austreibungsperiode verlängert sein kann. Weitere Nebenwirkungen bestehen in einem Blutdruckabfall bei der Mutter, was zu Versorgungsstörungen beim Kind führen kann. Deshalb wird eine Peridualanästhesie in der Regel immer unter ständiger Kontrolle des Kindes mit dem Kardiotokogramm (siehe unter → fetale Überwachung) durchgeführt, um eine eventuelle Gefährdung des Kindes rechtzeitig erkennen und behandeln zu können. Siehe auch unter → Geburtserleichterung, → Anästhesie, → Lokalanästhesie.

Perinatalmedizin Der Zweig der Medizin, der sich mit den Krankheiten und Problemen in der *Perinatalperiode*, d.h. in der Zeit zwischen dem Ende der 28. Schwangerschaftswoche bis zum einschließlich 7. Lebenstag des Kindes beschäftigt.

Perineum Auch *Mittelfleisch, Damm.* Anatomisch gesehen all die Muskeln und das Bindegewebe um die Harnröhre, die Scheide und den Anus, die in ihrer Gesamtheit den Beckenboden bilden. Im allgemeinen Sprachgebrauch bezieht man sich jedoch mit dem Begriff „Damm" beim Mann auf den Bereich zwischen Hoden und After und bei Frauen auf den Bereich zwischen Scheide und After, der während der Geburt eines Kindes oft ganz erheblich gedehnt wird und sogar einreißen kann. Um ein solches Einreißen, den sogenannten → *Dammriß*, zu verhindern, führt der Geburtshelfer oft einen Dammschnitt (→ Episiotomie) durch, bei dem die Scheidenöffnung künstlich erweitert wird. Manche Fachleute vertreten die Ansicht, daß eine Dammassage — d.h. eine Massage des Gebietes zwischen Scheide und After — während der Spätschwangerschaft und der Geburt zu einer verstärkten Durchblutung in diesem Bereich und damit zu einem verringerten Risiko eines Dammrisses oder einer Episiotomie führt.

Periode Siehe → Menstruation

Periodenschmerzen Siehe unter → Dysmenorrhoe

Periode, unregelmäßige Siehe → Unregelmäßige Periode

Pertubation Auch *Insufflation, Tubenperflation, Tubendurchblasung*. Eine früher häufig angewandte Methode zur Untersuchung der Eileiterdurchgängigkeit im Rahmen der Infertilitätsdiagnostik (siehe unter → Unfruchtbarkeit). Bei diesem Test wird das Gas Kohlendioxid unter Druck durch den Zervikalkanal und die Gebärmutterhöhle in die Eileiter (Tuben) gepumpt. Der dafür notwendige Druck und die Menge des benötigten Kohlendioxids werden dabei ständig auf einem Papierschreiber registriert, wodurch man einen Aufschluß darüber bekommt, ob die Eileiter teilweise oder vollständig verschlossen sind (was eine Empfängnis verhindern kann). Der Test kann ambulant durchgeführt werden und dauert nur wenige Minuten. Nachdem das Gas durch die Eileiter passiert ist, entweicht es in die Bauchhöhle und kann beim Aufsitzen leichte, vorübergehende Schulterschmerzen verursachen. Sind die Eileiter verschlossen, dann entweicht das Gas wieder nach unten durch die Scheide nach außen. In manchen Fällen kann allein schon die Durchführung der Pertubation einen Eileiterverschluß beseitigen, indem kleine Teile von Schleim oder Narbengewebe „weggeblasen" werdenen. Mit der Pertubation kann man jedoch keine Aussagen über den Grund einer evenutellen Eileiterblockade machen, weswegen sie heute kaum noch angewendet wird. Stattdessen zieht man die → Hysterosalpingographie und die → Laparoskopie vor, mit denen man wesentlich genauere Befunde bekommt.

Pessar Ein Ring oder eine Schale aus Hartgummi oder Kunststoff, der bzw. die in die Scheide vor den Gebärmuttermund eingeführt wird, um eine vorgefallene Gebärmutter (→ Gebärmuttersenkung) oben zu halten. Im allgemeinen muß das Pessar zur Säuberung alle sechs bis acht Wochen durch einen Arzt entfernt werden. Darüber hinaus hat es noch weitere Nachteile: es kann einen unangenehm riechenden und das Gewebe angreifenden Ausfluß aus der Scheide hervorrufen, was die regelmäßige Anwendung von Vaginalduschen oder Vaginalcremes notwendig machen kann. Es kann die empfindliche Haut innerhalb der Scheide angreifen und zerstören, und es kann durch die faktische Verkürzung der Scheide zu Beschwerden beim Geschlechtsverkehr führen. Aus diesen Gründen wird das Pessar zur Behandlung eines Gebärmuttervorfalls im Prinzip nur bei den Frauen eingesetzt, bei denen eine operative Therapie des Vorfalls ein zu großes Risiko bedeuten würde. Gelegentlich wird ein Pessar auch dazu verwendet, eine nach hinten abgeknickte Gebärmutter (→ Retroflexio uteri) in eine aufrechte Postition zu bringen und dort zu halten. Siehe auch → Zervixkappe, → Intrauterinpessar.

Pfannenstiel-Inzision Ein etwa 12,5 Zentimeter langer, horizontaler (querverlaufender) Schnitt im Unterbauch direkt an der Schamhaargrenze über dem Schambeinknochen, der als operativer Zugang zum Bauchraum bei einer → Hysterektomie, einem → Kaiserschnitt oder einer abdominellen → Tubensterilisation verwendet wird. Er hinterläßt eine sehr viel weniger auffällige Narbe als die früher ausschließlich verwendete senkrechte Schnittführung in der Bauchmitte.

Pfeiffer'sches Drüsenfieber Auch *Mononucleosis infectiosa* oder *infektiöse Mononukleose*. Eine → Infektionskrankheit, die meist im jungen Erwachsenenalter auftritt und durch ein Virus, das sogenannte *Epstein-Barr-Virus* (EBV) ausgelöst wird. Die Anstekkung erfolgt über den Kontakt mit Speichel einer infizierten Person, weshalb diese Erkrankung im angloamerikanischen Sprachraum auch als „kissing disease" („Kußkrankheit") bezeichnet wird. Etwa 30 bis 50 Tage nach der Ansteckung treten die ersten Symptome auf. Sie bestehen typischerweise in einer fieberhaften Rachenmandelentzündung sowie einer Anschwellung der Halslymphknoten. In der Hälfte der Fälle können sämtliche Lymphknoten am Körper anschwellen, und oft kommt es auch zu einer Vergrößerung der Milz. Komplikationen des Pfeiffer'schen Drüsenfiebers sind Herzmuskelentzündungen, selten einmal eine Gehirnentzündung oder ein Platzen der Milz (Milzruptur). Die Diagnose wird durch typische Veränderungen des Blutbildes (siehe unter → Bluttest) gestellt sowie durch den Nachweis von → Antikörpern gegen das Epstein-Barr-Virus im Blut. Wie jede Virusinfektion kann man auch das Pfeiffer'sche Drüsenfieber nicht spezifisch behandeln. Stattdessen muß man den spontanen Erkrankungsverlauf abwarten, der meist innerhalb von wenigen Wochen zur Ausheilung führt. Eine Therapie mit dem Antibiotikum Ampicillin ist nicht nur wirkungslos, sondern kann auch zu einer allergischen Reaktion mit Hautausschlag und Juckreiz führen.

Pflanzenheilkunde Die seit Jahrtausenden praktizierte Anwendung von in der Regel speziell aufbereiteten Pflanzen und Kräutern zur Heilung oder Linderung einer Reihe von Erkrankungen. Die Pflanzenmedizin wurde und wird in praktisch jedem Land der Erde durchgeführt und bildete die Ausgangsbasis für die moderne Pharmakologie (Arzneimittellehre). Der im alten Griechenland lebende Arzt *Hippokrates* hinterließ eine wertvolle Beschreibung der zu seiner Zeit angewandten pflanzlichen Heilmittel, von denen manche heute noch eingesetzt werden, und *Dioscorides* (1. Jahrhundert vor Christus) verfaßte die *materia medica*, eine Liste mit über 500 Pflanzenheilmitteln. Bücher über solche Heilmittel erschienen bald nach der Erfindung der Buchdruckkunst, und ihre Verbreitung ermöglichte es jedem, der wollte (und lesen konnte), sich selbst zu behandeln. Im Gegensatz zu anderen Behandlungsformen erfordert die Anwendung von pflanzlichen Heilmitteln keine speziellen Fähigkeiten oder kostspielige Apparaturen. Mit der offiziellen Einführung des Arztberufes begannen operative Methoden und die Anwendung von chemischen Substanzen (wie Arsen und Quecksilber) die Verwendung von pflanzlichen Mitteln in der Medizin zu ersetzen. Die Pflanzenheilkunde überlebte jedoch, vornehmlich durch mündliche Weitergabe, bis sie in der Mitte des 20. Jahrhunderts immer mehr in Verruf geriet. Die Pharma-Firmen stellten mehr und mehr und angeblich bessere chemische Heilmittel her, oft indem sie im Labor organische Substanzen synthetisierten, d.h. im Prinzip die Natur im Labor nachahmten. In den 70iger Jahren lebte das Interesse an der Pflanzenheilkunde wieder auf, zum Teil durch die Frauenbewegung mit ihrer Betonung auf das Recht der Frauen, ihren Körper selbst zu kontrollieren, und zum Teil durch die Vertreter einer vegetarischen und „natürlichen" Ernährung. Genau betrachtet sind pflanzliche Heilmittel jedoch nur insofern „natürlicher", als ihre Herstellung nicht im Labor erfolgt und alle Bestandteile organisch sind. Chemisch gesehen können sie mit künstlich hergestellten anorganischen Mitteln identisch und auch genauso giftig sein.

Pflanzliche Heilmittel werden aus Blüten, Wurzeln, Blättern, Stengeln, Samen oder Keimlingen von Pflanzen hergestellt. Man kann sie inhalieren (einatmen), als Salbe oder Öl auf die Haut auftragen, als Zäpfchen einführen oder als Tee oder Tablette einnehmen. Oft werden zur Erzielung einer besseren Wirkung verschiedene Pflanzen miteinander kombiniert. Da auch pflanzliche Heilmittel Nebenwirkungen haben können und sie nicht bei jedem gleich gut wirken, ist es ratsam, zunächst immer nur eine Pflanze (und z.B. keine Tee*gemische*) und niedrige Dosierungen einzusetzen. Sobald man sich einigermaßen sicher ist, daß keine nachteiligen Effekte entstehen, kann man nach und nach die Dosis erhöhen und andere Pflanzensorten zufügen.

Pflanzen haben immer einen im Volksmund gebräuchlichen und einen wissenschaftlichen Namen. Da diese Namen im Volksmund oft verschieden sind und manchmal ein Name für mehrere verschiedene Pflanzen verwendet wird, ist in diesem Buch immer auch der wissenschaftliche Name mit angegeben, um eine exakte Identifizierung zu ermöglichen.

Pflanzliche Stoffe können eine extrem wirksame Medizin darstellen. Die Blätter des Fingerhutes z.B. wurden schon lange zur Behandlung von Herzerkrankungen eingesetzt, bevor ihr wirksamer Bestandteil, das Digitalis, isoliert wurde. Es wird noch heute bei Patienten mit bestimmten Herzerkrankungen verwendet. Pflanzliche Heilmittel wirken auf den Körper in der gleichen Weise wie die künstlich hergestellten Medikamente und können potentiell genauso gefährlich sein. In mancher Hinsicht sind sie sogar eher gefährlicher, weil die Wirksamkeit und Mengen weniger genau bemessen werden können, wohingegen die Menge und die Qualität einer wirksamen Substanz in einer Tablette oder Kapsel im allgemeinen streng kontrolliert werden. Pflanzliche Heilmittel können ernste Nebenwirkungen und extreme allergische Reaktionen hervorrufen, so daß ausdrücklich betont werden muß, daß *Pflanzenheilmittel kein Ersatz für eine professionelle ärztliche Betreuung bei einer akuten Erkrankung oder einer andauernden gesundheitlichen Störung* sind.

Kräuter und Pflanzen können von speziellen, allerdings in Deutschland selten zu findenden Pflanzenhändlern gekauft werden. Die häufigeren Sorten gibt es oft auch in

Naturkostläden. Die beste Art, frische Kräuter zu erhalten, ist es, sie selbst zu sammeln. Viele wachsen in der freien Natur oder wild in Gärten, Feldern und Stadtparks. Nach dem Sammeln trocknet man sie entweder, indem man sie in Sträußen an einem gut durchlüfteten Ort mit dem Kopf nach unten aufhängt, oder indem man sie in einen kaum erhitzten Ofen (nicht mehr als 35 °C) legt. Sie sollten nicht in Sonnenlicht getrocknet werden. Einmal getrocknet, kann man sie in Dosen, Gläsern oder Taschen bis zu etwa drei Jahren aufbewahren.

Zur Anwendung wird aus den meisten Kräutern ein Aufguß oder Tee zubereitet, in der Regel indem man einen Teelöffel getrockneter (oder drei Teelöffel frischer) Kräuter pro Tasse mit kochendem Wasser übergießt. Wurzeln läßt man gewöhnlich für 15 Minuten bei leichter Hitze köcheln. Bei Blättern oder Blüten gießt man das kochende Wasser über die Pflanzen und läßt sie zugedeckt 10 bis 20 Minuten lang ziehen. Für ein Mittel aus Wurzeln *und* Blättern werden zunächst die Wurzeln gekocht und dann das Kochwasser samt der Wurzeln zum Ziehen über die Blätter oder Blüten gegossen. Das Ganze wird vor Gebrauch durch ein Sieb passiert. Ein Aufguß hält an einem kühlen, dunklen Ort aufbewahrt ein bis zwei Tage.

Hinweise auf Pflanzenheilmittel finden sich in diesem Buch unter den folgenden Stichwörtern: → Abortiva, → Analgetikum, → Anämie, → Bluthochdruck, → Dysmenorrhoe, → Emmenagogum, → Hämorrhoiden, → Hitzewallungen, → Kolpitis, → Kopfschmerzen, → Laktation, → Mastitis, → Menopause, → Menstruationsblutung, → pelvine Entzündung, → Pilzinfektion, → Schlaflosigkeit, → Sitzbad, → Stillen, → Trichomonadeninfektion, → Vaginitis, → Zervizitis, → Zystitis.

Das Sammeln und Trocknen von Kräutern

1. Wählen Sie gesunde Pflanzen. Versichern Sie sich, daß keine Pestizide oder Herbizide verwendet wurden.
2. Sammeln Sie die Pflanzen am Morgen eines trockenen, sonnigen Tages, nachdem der Tau weggetrocknet ist.
3. Für die Lufttrocknung hängen Sie einen Bund Pflanzen mit dem Kopf nach unten auf. Wickeln Sie den Strauß vorher in eine mehrmals durchlöcherte Papiertüte, um ihn vor Licht zu schützen und gleichzeitig herunterfallende Blätter aufzufangen. Wählen Sie einen trockenen Ort, der gut durchlüftet ist. Wenn die Pflanzen vollständig getrocknet sind, zupfen Sie die Blätter von den Stengeln und bewahren Sie sie in einem luftdichten Gefäß an einem dunklen Ort auf.
4. Für die Ofentrocknung zupfen Sie die Blätter von den Stengeln der frisch gesammelten Pflanzen und breiten sie auf einem Backblech aus. Stellen Sie den Ofen auf die niedrigstmögliche Temperatur ein und lassen Sie die Tür während des Trocknens offen, damit die Temperatur nicht zu hoch wird. Wenden Sie die Blätter öfters. Die Blätter sind trocken, wenn sie beim Reiben zwischen den Fingern zerbröseln. Bewahren Sie sie in luftdichten Gefäßen an einem dunklen Ort auf.

Phallus Siehe → Penis

Phenothiazine Siehe unter → Psychopharmaka

Phenylketonurie Kurz *PKU*. Eine seltene angeborene erbliche Stoffwechselerkrankung, bei der durch das Fehlen eines Enzyms (Phenylalanin-Hydroxilase) die Umwandlung der Aminosäure Phenylalanin in die Aminosäure Tyrosin nicht stattfinden kann. Stattdessen wird das Phenylalanin zum Teil in Phenylbrenztraubensäure und andere Substanzen umgewandelt, die sich in den Körperflüssigkeiten ansammeln und oft zu einer schweren Schädigung des Gehirns mit starker geistiger Behinderung führen. Die PKU tritt bei einem von 10.000 Neugeborenen auf und kann mit Hilfe eines einfachen Urin- und Bluttests in den ersten Lebenstagen festgestellt werden. Man kann die Phenylketonurie auch schon vor der Geburt durch eine → Chorionbiopsie diagnostizieren. Heutzutage wird routinemäßig bei allen Neugeborenen der oben erwähnte Bluttest durchgeführt, um die Erkankung entdecken und behandeln zu können, bevor sie Schäden angerichtet hat. Die Behandlung besteht dabei aus der strengen Einhaltung einer Diät, die arm an Phenylalanin ist und mindestens bis zum 5. Lebensjahr durchgeführt werden muß. Auch danach muß eine gewisse Diät lebenslang fortgesetzt werden, da eine Reihe von Studien erbracht hat, daß bei einer Beendigung der Diät im 5. Lebensjahr vermehrt geistige Entwicklungsstörungen und Verhaltensauffälligkeiten auftreten. In jedem Fall trägt das Kind die Anlage für die Krankheit in seinem genetischen Erbmaterial und kann sie auf seine Nachkommen weitergeben. Zur Zeit wächst auch die Besorgnis über die Frauen mit PKU, deren Diät im Kindesalter beendet wurde, und die jetzt vor dem Problem einer hohen Fehlgeburtsrate und Geburten von in vielerlei Hinsicht behinderten Kindern stehen. Viele Frauen wußten nicht (oder können sich nicht mehr daran erinnern), daß sie im Kindesalter wegen einer PKU behandelt wurden und welche Konsequenzen sich daraus für ihre Kinder ergeben. Dieses Problem ist deshalb neu, weil bis zu den frühen sechziger Jahren die Neugeborenen nicht auf das Vorliegen einer PKU getestet wurden und mangels einer entsprechenden Diät die meisten Mädchen mit PKU geistig stark behindert waren und selten ihrerseits Kinder bekamen. Zu den Überlegungen, die man zu Lösung dieses Problems anstellt, gehört auch die Einführung einer routinemäßigen Bluttestung auf PKU bei jeder Frau in gebärfähigem Alter. Sollte sich dabei eine Frau, die eine Schwangerschaft plant, als PKU-positiv erweisen, dann empfiehlt man die Wiederaufnahme einer phenylalaninarmen Diät sogar noch vor der Empfängnis, um eine Ansammlung des Phenylalanins und die anschließende Weitergabe an das ungeborene Kind über die Plazenta zu verhindern. Die Erfahrungen mit solchen Lösungsversuchen sind jedoch zur Zeit der Veröffentlichung dieses Buches noch zu beschränkt, um verbindliche Schlußfolgerungen daraus zu ziehen.

Phlebographie Siehe unter → Thrombose

Phlebothrombose Siehe → Thrombose

Phlegmasia alba dolens Eine Sonderform der tiefen Bein- und Beckenvenenthrombose (siehe → Thrombose), die mit einer akuten Entzündung der tiefen Venen einhergeht und vor allem bei einer Entzündung der um die Gebärmutter im kleinen Becken liegenden Gewebe nach einer Entbindung auftritt. Ein oder beide Beide schwellen dabei deutlich an, sind sehr schmerzhaft und zeigen nicht wie sonst bei einer Thrombose eine bläuliche, sondern eine weiß-blasse Farbe, die durch die reflexartige Engstellung aller Blutgefäße zustande kommt. (*Phlegmasia* heißt „Entzündung“, *alba* heißt „weiß“ und *dolens* heißt „schmerzhaft“.) Im Gegensatz zu früher, als eine Phlegmasia als Komplikation nach der Entbindung sehr häufig war, tritt sie heute nur noch sehr selten auf. Die Therapie besteht in Bettruhe mit hochgelagerten Beinen, elastischen Kompressionsverbänden der Beine und der Gabe von Schmerzmittel sowie Antikoagulanzien (Mittel, die die Gerinnungsfähigkeit des Blutes herabsetzen) mit dem Ziel, ein Größerwerden des bestehenden Blutgerinnsels zu vermeiden und das schon bestehende Gerinnsel wenn möglich wieder aufzulösen.

Phobie Siehe unter → Agoraphobie, siehe auch → Angstneurose

physiologisch Medizinischer Fachausdruck für die Beschreibung von *normalen*, gesunden Vorgängen im Körper, im Gegensatz zu *pathologischen* Vorgängen, bei denen eine krankhafte Störung vorliegt. Z.B. ist ein Anstieg der Herzschlagrate und damit des Pulses bei körperlicher Anstregung physiologisch, man spricht auch von einer *physiologischen Tachykardie*.

physisch Wörtlich „den Körper betreffend“. Physische Beschwerden sind z.B. solche Symptome wie Atemnot, Herzschmerzen, Lähmungen und anderes. Im Gegensatz dazu sind *psychische* Symptome Beschwerden, die seelischer Natur sind, wie z.B. Traurigkeit, Antriebslosigkeit, Angst und anderes.

Pica-Syndrom Das unwiderstehliche Bedürfnis nach und die darauffolgende Aufnahme von Stoffen und Substanzen, die normalerweise nicht als eßbar betrachtet werden. Das Pica-Syndrom kommt gehäuft bei (meist geistig behinderten) Kindern sowie traditionellerweise auch bei Frauen in der Schwangerschaft vor. Zu den dabei am häufigsten gegessenen Stoffen gehören Waschpulver, Mehl, Backpulver, Erde und Eiswürfel. Manche Fachleute meinen, daß das Pica-Syndrom ein Ausdruck eines genuinen Mangels an bestimmten Substanzen, vor allem an Eisen ist. Andere vertreten in Anbetracht der Tatsache, daß es häufiger bei Angehörigen der armen und ungebildeten Schichten vorkommt, die Ansicht, daß das Pica-Syndrom eher eine soziale Sitte oder überlieferte Gewohnheiten widerspiegelt als Ausdruck eines echten Mangels an bestimmten Substanzen ist. Das Essen von Erde — selbst von eisenhaltiger — hat keinen positiven Effekt, da die Erde einen Filter im Magen-Darm-Trakt bildet, der die Aufnahme von Eisen sogar verhindert und so zu einer ausgeprägten Blutarmut (→ Anämie) führen kann. Was auch immer die Ursache für das Pica-Syndrom ist, es kann zu Schäden sowohl bei der Mutter als auch bei ihrem ungeborenen Kind führen. Auch das Essen von Papier und anderen Materialien bei Kindern ist nicht ungefährlich. So kann z.B. die Aufnahme von bedrucktem Papier zu Vergiftungen und nicht wieder rückgängig machbaren Hirnschäden führen.

PID Abkürzung für *pelvic inflammatory disease*, der englischen und auch häufig bei uns gebrauchten Bezeichnung für die → pelvine Entzündung.

Pigmentierung Siehe → Chloasma, → Leberfleck, → Hautveränderungen. Siehe auch → Malignes Melanom.

Pille Siehe → orale Kontrazeptiva

„Pille danach“ Auch *„morning-after pill“* (engl.) oder *Postkoitalpille*. Jegliche Medikation, die innerhalb von 48 Stunden nach einem ungeschützten Geschlechtsverkehr (z.B. auch nach einer Vergewaltigung) zur Verhinderung einer ungewollten Schwangerschaft eingenommen wird. Gegenwärtig wird zu diesem Zweck ein → orales Kontrazeptivum eingesetzt, das sowohl das → Östrogen Äthinylöstradiol als auch das → Gestagen Levonnorgestrel enthält. Zwei Tabletten werden innerhalb von 48 Stunden nach dem Geschlechtsverkehr, zwei weitere Tabletten 12 Stunden später eingenommen. Falls es zur Befruchtung gekommen ist, verhindern diese Hormone die Einnistung der befruchteten Eizelle in die Gebärmutterschleimhaut und damit die Schwangerschaft. Damit entspricht die „Pille danach“ in ihrer Wirkungsweise der Spirale (→ Intrauterinpessar), die ebenfalls die Einnistung der Eizelle verhindert. Sie ist als *Notmaßnahme* bei Verdacht auf eine unerwünschte Empfängnis anzusehen und eignet sich nicht zur regelmäßigen Anwendung. Eine andere Möglichkeit der postkoitalen (nach dem Geschlechtsverkehr) Verhütung besteht in der Verabreichung des in Deutschland noch nicht zugelassenen Medikamentes → RU-486.

Pilzerkrankungen des Genitales Auch *Soorkolpitis*, *Kandidose*, *Candidamykose*. Eine Pilzinfektion des äußeren Genitalbereichs und der Scheide gehört zu den häufigsten Ursachen einer → Kolpitis und/oder eines Ausflusses aus der Scheide. Dabei sind es meist Hefepilze der Candida-Gruppe und hier vor allem *Candida albicans*, die zu der Infektion führen. Hefepilze sind auch unter normalen Bedingungen in geringer Anzahl in der Scheide vorhanden. Erst wenn sie sich über alle Maßen vermehren und die anderen Mikroorganismen dadurch verdrängen, kommt es zu einer manifesten Infektion mit Symptomen. Dieses Überhandnehmen der Pilze kann durch verschiedene innere und äußere Faktoren begünstigt werden. Dazu gehören z.B. eine Schwangerschaft und die Einnahme der Anti-Baby-Pille oder eine andere Hormonbehandlung, ein → Diabetes mellitus, eine Behandlung mit Zytostatika (→ Chemotherapie) oder mit → Immunsuppressiva, eine → Strahlentherapie oder die Erkrankung an einem schweren Leiden, das die Abwehrkraft des Körpers herabsetzt. Außerdem kann der sexuelle Kontakt mit einer Person, die den Pilz in ihrem Genitalbereich beherbergt, ebenfalls zu einer Ansteckung führen, oder aber er gelangt aus dem Darmbereich durch mangelnde Hygiene in die Scheide.

Von besonderer Bedeutung ist eine Pilzinfektion des Genitales während der Schwangerschaft. Bei etwa 30% aller Schwangeren können Pilze in der Scheide nachgewiesen werden. Unbehandelt kann dies dazu führen, daß sich das Kind während der Geburt ansteckt. *Candida albicans* ist für ein Neugeborenes, im Gegensatz zum Erwachsenen, immer pathogen, d.h. krankheitserregend. Die Pilzerkrankung des Säuglings kann sich entweder durch einen Mundsoor (Pilzbefall des Mundes) oder im Anogenitalbereich als sogenannte Windeldermatitis meist im Verlauf der dritten bis vierten Lebenswoche bemerkbar machen. In schweren Fällen, insbesondere bei Frühgeborenen, kann es zu einer Blutvergiftung mit *Candida albicans* kommen, an der das Kind unter Umständen sogar verstirbt.

Im typischen Fall einer *Soorkolpitis* (d.h. einer Pilzinfektion der Scheidenschleimhaut) bestehen die Symptome in einem reichlichen, krümeligen, weißen Ausfluß aus der Scheide, der einen süßlichen Geruch hat, und vor allem in einem heftigen Juckreiz im Genitalbereich. In schweren Fällen können auch Schmerzen beim Wasserlassen und während des Geschlechtsverkehrs auftreten. Der Ausfluß muß nicht vorhanden sein, sondern der Juckreiz kann das alleinige Symptom der Infektion bleiben.

Die Diagnose wird durch eine gynäkologische Untersuchung, bei der sich im typischen Fall, jedoch nicht notwendigerweise grauweißliche Beläge im Bereich des Scheideneingangs und im Innern der Scheide zeigen, und durch die Untersuchung eines Scheidenabstriches unter dem Mikroskop gestellt. In Zweifelsfällen kann man den Pilz auch auf geeigneten Nährböden anzüchten und damit die Diagnose bestätigen.

Die Behandlung einer Soorkolpitis besteht in der Verabreichung von *Antimykotika*, d.h. Medikamenten, die speziell gegen Pilze wirksam sind. Sie werden als Vaginalzäpfchen über sechs Tage angewendet. Gleichzeitig empfiehlt es sich, den Partner mit dem gleichen Medikament z.B. in Form einer Salbe, die auf den Penis verstrichen wird, mit zu behandeln, um eine Neuansteckung zu verhindern. Bei verzögerter Abheilung oder bei Rückfällen kann auch eine Therapie mit Tabletten notwendig werden, vor allem um die Hefepilze aus dem Darmtrakt zu entfernen. Schwangere mit nachgewiesenem Pilzbefall im Genitalbereich sollten rechtzeitig vor der Entbindung auch dann behandelt werden, wenn sie keine Symptome aufweisen, um eine Ansteckung des Neugeborenen zu vermeiden.

Eine zusätzliche Maßnahme, die bei manchen Frauen Erfolg zeigt, ist das reichliche Essen von Yoghurt, der das Wachstum von Pilzen im Darm unterdrückt. Man kann den Yoghurt auch direkt in die Scheide einführen (z.B. mit einem Löffel oder einem Einführungsrohr, wie es den → Spermiziden oft beigelegt ist). Dabei ist jedoch nur nicht-pasteurisierter Yoghurt wirksam, da nur dieser lebende Milchsäurebakterien enthält. Die Milchsäurebakterien helfen dabei, den Zucker des Scheidensekretes in Milchsäure abzubauen, wodurch weniger Zucker für das Wachstum von anderen Bakterien und auch von Pilzen zur Verfügung steht. Die Wirksamkeit von so eingesetztem Yoghurt ist jedoch wissenschaftlich nicht erwiesen und kann nicht mit Sicherheit und wenn, dann nur als zusätzliche Maßnahme empfohlen werden.

Pinealkörperchen Siehe → Zirbeldrüse

PKU Abkürzung für → Phenylketonurie

Placebo Auch *Plazebo*. Ein Scheinmedikament, das keinen gegen die Erkrankung wirksamen Stoff enthält, gegen die es verabreicht wird. Placebos werden vor allem in der medizinischen Forschung eingesetzt, um herauszufinden, ob die getestete Substanz tatsächlich wirksam ist oder nicht. Bei einer sogenannten *Doppelblind-Studie* wissen weder der Arzt noch der Patient, ob der Patient das zu testende Medikament oder ein Placebo erhält. Häufig ist das Placebo eine Tablette, die wie eine echte Tablette aussieht, jedoch nur Zucker oder eine andere harmlose Substanz enthält. Darüber hinaus werden Placebos manchmal auch zur Erzielung des *Placebo-Effektes* eingesetzt, d.h. zur Linderung von Beschwerden egal durch welche Maßnahme unabhängig von dem tatsächlich zugrunde liegenden Problem (manchen Patienten geht es allein dadurch besser, weil sie daran *glauben*, daß eine Tablette oder ein Arzt ihnen helfen kann). Ein Placebo hat meistens die Form eines Medikamentes (d.h. einer Tablette, Kapsel, Tropfen etc.), aber genaugenommen kann der Begriff für jede Form der Behandlung eingesetzt werden, unter anderem auch für Hypnose, Operationen oder einfach auch die Anwesenheit und Zuwendung des Arztes. Vom ethischen Standpunkt aus gesehen wird die Verwendung von Placebos (vor allem bei der Behandlung von Patienten, weniger im Rahmen von Studien) kontrovers beurteilt. Befürworter weisen auf den Nutzen in der Praxis hin — Placebos wirken in manchen Fällen ausgesprochen gut — und darauf, daß die Wechselwirkungen und das Zusammenspiel zwischen menschlichem Geist und Körper nach wie vor nur unvollständig verstanden werden. Kritiker bestehen darauf, daß die Anwendung von Placebos heißt, den Patienten zu betrügen, und von daher ethisch zu verurteilen ist.

Placenta praevia Wörtlich *vorausgehende Plazenta*. Eine Störung in der Schwangerschaft, bei der die → Plazenta nicht wie gewöhnlich im oberen Teil der Gebärmutter, sondern weiter unten nahe oder über dem inneren Muttermund sitzt (siehe Abb. 12). Die Placenta praevia ist zusammen mit der → Abruptio placentae (vorzeitige Plazentaablösung) eine der beiden Hauptursachen für eine Blutung aus der Scheide in der Spätschwangerschaft. Die Plazenta kann den inneren Muttermund vollständig (*Placenta praevia totalis*) oder teilweise (*Placenta praevia partialis*) überdecken, oder sie reicht gerade bis zum Rand des inneren Muttermundes (*Placenta praevia marginalis*). In jedem Fall einer Placenta praevia führt die Erweiterung des Zervikalkanals (Gebärmutterhalskanals) direkt vor und während der Geburt zu einer Ablösung der Plazenta von der Gebärmutterwand. Das Ausmaß einer Placenta praevia hängt zum Teil davon ab, wie weit der Zervikalkanal erweitert ist. Eine marginale Placenta praevia bei einer Weite des Zervikalkanals von zwei Zentimetern kann bei einer Weite von acht Zentimetern zu einer partiellen Placenta praevia führen, einfach deshalb, weil durch die Erweiterung der Zervix mehr Anteile der Plazenta freigelegt werden. Sowohl bei der totalen als auch der par-

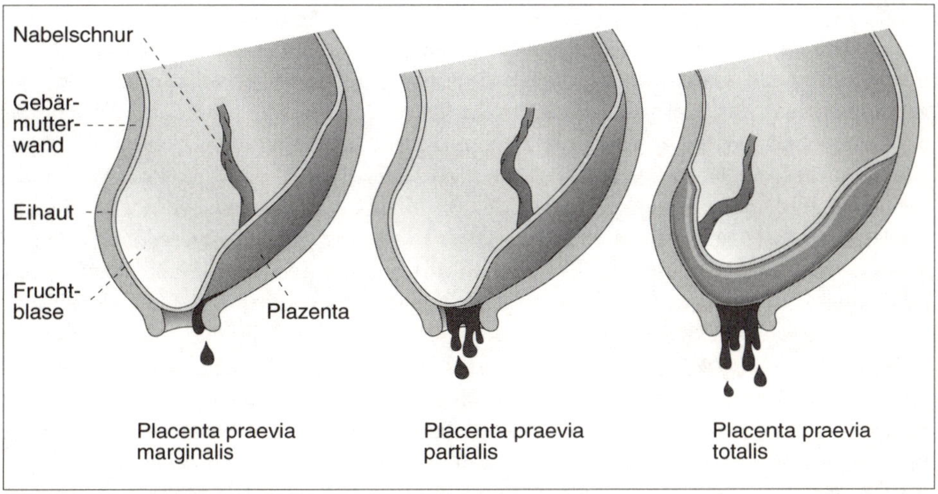

Abb. 12: Schematische Darstellung verschiedener Formen der Placenta praevia

tiellen Placenta praevia löst sich mit der langsamen Zervixerweiterung ein Teil der Plazenta von der Gebärmutterwand, was zur Zerreißung der darunterliegenden Blutgefäße und damit zur Blutung (meist nach außen) führt. Bei einer marginalen Placenta praevia erfolgt diese Plazentaablösung erst, wenn der Zervikalkanal sehr weit aufgeweitet ist, d.h. erst während der Geburt, so daß Blutungen auch erst zu diesem Zeitpunkt auftreten und nicht wie bei den anderen Formen schon in der Spätschwangerschaft.

Zu einer Placenta praevia kommt es ungefähr bei einer von 200 Schwangerschaften. Sowohl das Alter der Schwangeren als auch die Anzahl der vorausgegangenen Geburten spielen für ihr Auftreten eine Rolle: Bei Frauen über 35 und Frauen mit mehreren Kindern kommt es mit einer drei- bis viermal größeren Wahrscheinlichkeit zu einer Placenta praevia als bei jüngeren Frauen und solchen, die noch keine Kinder haben. Ist einmal eine Placenta praevia aufgetreten, dann ist die Wahrscheinlichkeit, daß dies wieder passiert, ebenso erhöht.

Das Hauptsymptom einer Placenta praevia ist eine schmerzlose, meist relativ starke Blutung aus der Scheide während des achten Schwangerschaftsmonats. Beim ersten Mal hört die Blutung in der Regel von allein wieder auf und ist selten lebensbedrohlich, es kann aber jederzeit wieder eine Blutung auftreten. In selteneren Fällen kommt es zu einem Dauerabgang von kleineren Blutmengen. Bei einer marginalen Placenta praevia kommt es im allgemeinen erst während der Entbindung zu einer leichten bis sehr ausgeprägten Blutung.

Bei jeder Blutung in der Spätschwangerschaft besteht der Verdacht entweder auf eine Placenta praevia oder auf eine Abruptio placentae. Die Diagnose läßt sich am einfachsten anhand einer → Ultraschalluntersuchung des Unterbauches stellen. Eine innere Untersuchung (sowohl der Scheide als auch des Enddarms) mit der Hand sollte in solchen Fällen nie erfolgen, es sei denn, es stehen ein Operationsteam und -saal sowie ausreichende Bluttransfusionen bereit, da durch eine solche Untersuchung bedrohliche Blutungen ausgelöst werden können, die ein sofortiges Handeln erfordern.

Die Hauptgefahr einer Placenta praevia für das Kind besteht im vorzeitigen Einsetzen von Wehen und damit einer Geburt, bevor das Baby reif ist, sowie bei stärkeren Blutungen in einer Schädigung durch Mangelversorgung mit Blut und damit mit Sauerstoff. Für die Mutter besteht die Gefahr in einem unter Umständen zu großen Blutverlust, der bis zum Schock und damit zur Lebensbedrohung gehen kann. Das therapeutische Vorgehen wird in erster Linie durch die Gefahr für die Mutter, d.h. die Stärke der Blutung bestimmt. Sind, wie in den meisten Fällen, die Blutungen nicht bedrohlich und zeigt eine Kontrolle des Gesundheitszustandes des Kindes keine Auffälligkeiten, kann unter strenger Bettruhe und ständiger Kontrolle von Mutter und Kind abgewartet werden. Ist der Blutverlust zu stark, dann muß auch ohne Rücksicht auf den Reifegrad des Kindes unverzüglich ein → Kaiserschnitt durchgeführt werden, um die Gefahr abzuwenden. Das gleiche gilt, wenn sich eine Gefährdung des Kindes zeigt.

Bei einer totalen Placenta praevia muß die Entbindung auch im Falle einer bisherigen Komplikationslosigkeit über den Weg des Kaiserschnitts erfolgen, da diese sehr viel schneller erfolgt und daher viel weniger Blutverlust, d.h. Gefahr für Mutter und Kind bedeutet. Bei Frauen, die schon geboren haben, bei denen es sich um eine marginale Placenta praevia handelt und deren Gebärmutterhals schon auf mindestens drei Zentimeter erweitert, d.h. bei denen die Geburt schon im Gang ist — Bedingungen, die bei etwa der Hälfte aller Fälle mit Placenta praevia vorliegen — kann auch eine vaginale

Entbindung (zur Beschleunigung meist mit Hilfe der Zange oder Saugglocke) stattfinden, vorausgesetzt wieder, daß die Blutung nicht zu stark ist. Hierbei kommt es jedoch oft zu Störungen in der Nachgeburtsperiode, weshalb man meist der Schnittentbindung den Vorzug gibt, um kein unnötiges Risiko einzugehen.

Plazenta Auch *Mutterkuchen, Nachgeburt.* Ein hochspezialisiertes Organ, das den Fetus im Mutterbauch mit der Mutter verbindet und den Austausch von im Blut gelösten Nährstoffen und Sekreten und damit auch von Sauerstoff ermöglicht. In der Regel liegt die Plazenta am oberen Ende der Gebärmutter und ist über die → Nabelschnur mit dem Fetus verbunden. Ein Anteil der Plazenta, die sogenannte *Pars fetalis*, entwickelt sich aus der äußeren → Eihaut, dem sogenannten Chorion. Das Chorion stellt die äußerste Schicht der befruchteten Eizelle dar und sorgt solange für die Ernährung des Embryos, bis sich die Plazenta vollständig gebildet hat und diese Aufgabe dann übernehmen kann. Der andere, mütterliche Anteil der Plazenta, auch *Pars materna* genannt, entwickelt sich aus dem Teil der Gebärmutterschleimhaut, in den sich die befruchtete Eizelle eingenistet hat (siehe → Nidation). Das Wachstum und die Entwicklung der Plazenta wird durch das Hormon → Progesteron, das vom Gelbkörper (→ Corpus luteum) im Eierstock produziert wird, gefördert. Später, wenn sich die Plazenta so weit entwickelt hat, bildet sie selbst → Östrogen und Progesteron, die beide zur Erhaltung der Schwangerschaft notwendig sind. Außerdem bildet sie noch mindestens zwei weitere Hormone, das → humane Choriongonadotropin (hCG) und das Chorionsomatomammotropin, die beide ebenfalls für den Erhalt der Schwangerschaft und das Wachstum des Feten von Bedeutung sind. Das Östrogen fördert das Wachstum der Gebärmuttermuskulatur und damit die notwendige Größenzunahme zur Beherbergung des heranwachsenden Kindes sowie das Wachstum und die Zunahme der Blutgefäße, die den Sauerstoff für die Ernährung der wachsenden Muskelfasern zur Verfügung stellen. Das Progesteron hemmt die Kontraktionen der Gebärmuttermuskulatur und damit die vorzeitige Ausstoßung des Kindes. Zusätzlich zu den hormonellen und ernährenden Funktionen dient die Plazenta auch als eine Art Barriere und Schutz gegen die Übertragung mancher (jedoch nicht aller!) Krankheitserreger.

Ohne eine intakte, funktionierende Plazenta kann der Fetus nicht überleben. Bei einer → Abruptio placentae und einer → Placenta praevia, bei denen sich die Plazenta von der Gebärmutterschleimhaut ablöst, ist die Versorgung des Fetus mit Sauerstoff und Nährstoffen bedroht. Hat sich die Plazenta einmal vollständig abgelöst, kann kein Sauerstoff mehr an das Kind übertragen werden, noch kann das Kind seine Abfallprodukte abgeben. Die Abfallprodukte häufen sich in den kindlichen Geweben und im Gehirn an, das höchstens acht Minuten ohne Sauerstoffzufuhr überleben kann, und es kommt zu nicht reparablen Gewebsschäden.

Nach neun Monaten am Ende der Schwangerschaft hat die Plazenta die Form einer flachen Scheibe und mißt im Durchmesser etwa 15 bis 20 Zentimeter. Ihre Dicke beträgt zwei bis drei Zentimeter und ihr Gewicht etwa 500 Gramm. Sie sitzt in den oberen zwei Dritteln der Gebärmutter. Die dem Kind zugewandte Seite ist mit einer dünnen durchsichtigen Haut, dem *Amnion* (siehe unter → Eihäute) überzogen. Das Blut vom Fetus fließt in zwei Arterien durch die Nabelschnur zur Plazenta und ist sauerstoffarm (d.h. venös), während das sauerstoffreiche Blut der Mutter von der Plazenta über eine einzige Nabelschnurvene zum Fetus gelangt.

Im Verlauf der Entbindung löst sich die Plazenta von der Gebärmutterwand und wird im Anschluß an die Geburt des Kindes als sogenannte Nachgeburt geboren. Falls die Nabelschnur nicht schon vorher von der Hebamme oder dem Geburtshelfer durchtrennt wurde, ist die Plazenta dabei nach wie vor über die Nabelschnur mit dem Kind verbunden. Die durch die Ablösung der Plazenta von der Gebärmutterwand an dieser Stelle eröffneten Blutgefäße werden durch die Kontraktionen der Gebärmuttermuskeln verschlossen. Das ist der Grund, warum sich die Gebärmuttermuskulatur auch noch nach der Geburt des Kindes zusammenziehen muß und warum es, falls dies nicht geschieht, zu mehr oder weniger starken, anhaltenden Blutungen kommen kann.

Die Geburt der Plazenta wird *Nachgeburtsperiode* genannt (siehe unter → Geburt). Gelegentlich kommt es vor, daß sich die Plazenta von alleine gar nicht oder nur unvollständig von der Gebärmutterwand ablöst, so daß sie nicht geboren werden kann. In einem solchen Fall muß sie entweder dadurch, daß man mit der Hand auf das obere Ende der Gebärmutter drückt, oder, falls dies versagt, mit der Hand oder einem Instrument aus der Gebärmutter entfernt werden. Die Plazenta muß nach der Geburt immer auf ihre Vollständigkeit hin untersucht werden. In der Gebärmutter verbliebene Plazentaanteile können nämlich sowohl zu Blutungen als auch zu Infektionen bei der Mutter führen und müssen daher vorsorglich entfernt werden.

Plazentainsuffizienz Siehe unter → Übertragung

Plazentapolyp Siehe → Polyp, Def. 3

Plurigravida Eine Frau, die wiederholt schwanger war, d.h. mehr als einmal und weniger als sechsmal. Ab der sechsten Schwangerschaft wird die Schwangere als → Multigravida bezeichnet.

Pollakisurie Medizinischer Ausdruck für *häufiger Harndrang*. Siehe unter → Harndrang, häufiger

Polyhydramnie Eine andere Bezeichnung für → Hydramnion.

Polymenorrhoe Häufig auftretende Periodenblutungen mit Zeitabständen von weniger als 25 Tagen zwischen den → Menstruationen. Die Polymenorrhoe ist in der Regel eine → dysfunktionelle Blutung, d.h. sie ist Ausdruck eines hormonellen Ungleichgewichtes im normalen Zusammenspiel des → Menstruationszyklus. Die Zyklusstörung kann dabei verschiedene Formen annehmen: Einmal kann die Störung in der ersten Phase des Zyklus mit einer Verkürzung der Follikelreifungsphase bei annähernd normal langer Corpus-luteum Phase liegen, oder die zweite Phase des Zyklus, die Corpus-luteum-Phase, ist im Sinne einer *Gelbkörperinsuffizienz* bei normal langer Follikelreifungsphase verkürzt (siehe unter Menstruationszyklus für eine genauere Erklärung der Begriffe). Eine dritte Möglichkeit ist die eines kurzen einphasigen Zyklus ohne Eisprung.

Wie jede dysfunktionelle Blutung tritt auch die Polymenorrhoe gehäuft in den Jahren nach der → Menarche und vor der → Menopause auf und ist oft gleichzeitig eine → anovulatorische Blutung, d.h. eine Blutung ohne vorangehenden Eisprung. Sie kommt aber auch nicht selten während der geschlechtsreifen Zeit vor und kann dann ein Grund für eine gegebenenfalls behandlungsbedürftige → Unfruchtbarkeit sein. In seltenen Fällen liegt der Polymenorrhoe eine organische Störung wie z.B. ein → Myom der Gebärmutter zugrunde. Die Hauptgefahr der häufigen Blutungen besteht in der Ausbildung einer → Anämie, insbesondere bei jungen Mädchen.

Die Behandlung besteht in Abhängigkeit von der zugrundeliegenden Störung, die man zunächst mit Hilfe der → Basaltemperaturmessung und anderer Methoden herauszufinden versucht, in der Gabe von → Östrogenen (bei verkürzter Follikelreifungsphase), von → Progesteron (bei verkürzter Corpus-luteum-Phase) und von → Ovulationsauslösern wie z.B. Clomifen bei anovulatorischen kurzen Zyklen und gleichzeitig bestehendem Kinderwunsch. Liegt die Ursache einer Polymenorrhoe in einem Myom oder hat sie einen anderen organischen Grund, dann zielt die Behandlung natürlich auf die Beseitigung der jeweiligen Ursachen. Eine drohende oder bereits entstandene Eisenmangelanämie durch die häufigen Blutungen wird durch Eisenpräparate ausgeglichen. Manche Frauen haben jedoch von Haus aus einen sehr kurzen Zyklus, der — vorausgesetzt es besteht keine Anämie oder ein anderes Problem — keiner Behandlung bedarf.

Polyp Eine weiche, leicht blutende, meist gutartige Schleimhautgeschwulst, die in der Regel über einen mehr oder weniger langen Stiel mit dem normalen Gewebe verbunden ist. Häufige Orte für das Auftreten von Polypen sind die Nasenhöhlen, die Stimmbänder, der Magen-Darm-Trakt und der weibliche Genitalbereich.

1. **Zervixpolyp** Ein Polyp, der sich innerhalb des → Zervikalkanals bildet. Er kann allein oder zusammen mit mehreren Polypen auftreten und besteht aus im Überschuß gebildetem Gewebe der den Zervikalkanal auskleidenden Schleimhaut. Insbesondere bei kleinen Polypen können Symptome vollständig fehlen, sie werden dann als Zufallsbefund bei einer Routineuntersuchung oder einer → gynäkologischen Untersuchung aus einem anderen Grund festgestellt. Größere und/oder zahlreiche Polypen hingegen können zu einem vermehrten Ausfluß aus der Scheide und zu leichteren Kontaktblutungen z.B. während des Geschlechtsverkehrs, zwischen den Perioden oder nach der → Menopause führen. Sehr große Polypen verursachen manchmal auch krampfartige Schmerzen, wenn sie sich ihren Weg durch den Zervikalkanal nach unten bahnen. Die Diagnose ist relativ einfach zu stellen, da die Zervixpolypen normalerweise nach unten in die Scheide hineinragen und von daher bei einer gynäkologischen Untersuchung leicht zu entdecken sind. Die Behandlung besteht in der Abtragung des Polypen, was ambulant mit einer kleinen Kornzange, mit der der Polyp solange um seinen Stiel gedreht wird, bis er sich ablöst, geschieht. Nachblutungen sind äußerst selten. Bei älteren Frauen sollte zusätzlich jedoch auch noch eine Ausschabung der Gebärmutterhöhle (→ Abrasio) erfolgen, da bei ihnen der Polyp häufig aus der Gebärmutter stammt und ein Gebärmutterkarzinom ausgeschlossen werden muß. In jedem Fall muß der Polyp histologisch (unter dem Mikroskop) untersucht werden, um eventuelle Anomalien nicht zu übersehen.

2. **Korpuspolyp** Auch *Gebärmutterpolyp, intrauteriner Polyp.* Ein Polyp, der seinen Ausgang von der Schleimhaut der Gebärmutter nimmt und so groß werden kann, daß er durch den Zervikalkanal bis in die Scheide hineinreicht. Genau wie der Zervixpolyp ist er das Resultat eines überschießenden Wachstums der Schleimhaut. Kleine Polypen sind meist symptomlos, größere können zu schwachen, unregelmäßigen oder

anhaltenden Blutungen aus der Scheide sowie gelegentlich auch zu dumpfen Schmerzen im Unterbauch führen. Sie treten häufiger als der Zervixpolyp allein auf, aber auch hier können sich viele Polypen auf einmal entwickeln. Wichtig ist außerdem, daß Polypen gehäuft bei gleichzeitigem Bestehen eines Gebärmutterkarzinoms vorkommen. Die Diagnose wird entweder anhand des Sichtbefundes bei durch die Zervix wachsenden Polypen gestellt, oder man findet sie bei der Ausschabung, die bei jedem Fall von unregelmäßigen Blutungen, vor allem nach der Menopause, durchgeführt werden muß, um ein → Korpuskarzinom auszuschließen. Die Ausschabung stellt bei erwiesener Gutartigkeit auch gleichzeitg die Therapie dar. Handelt es sich um sehr viele Polypen oder treten sie immer wieder auf, dann muß unter Umständen auch eine vorbeugende → Hysterektomie in Erwägung gezogen werden.

3. **Plazentapolyp** Eine Komplikation im Verlauf des → Wochenbetts, zu der es durch einen nach der Entbindung in der Gebärmutterhöhle verbliebenen Plazentarest kommen kann. Um den noch an der Gebärmutterwand haftenden Gewebsrest lagern sich Blutbestandteile an, und durch die noch erhaltene Blutzufuhr über die Gebärmutter kann dieser Plazentarest zu einem relativ großen Plazentapolypen heranwachsen, der unter Umständen bis zum Muttermund hinausragt. Da es durch einen solchen Plazentapolypen zu einer verzögerten Rückbildung der Gebärmutter im Wochenbett kommt, können manchmal sogar lebensbedrohliche Blutungen aus der Gebärmutter auftreten. Die Diagnose wird mit Hilfe einer → gynäkologischen Untersuchung und einer → Ultraschalluntersuchung gestellt. Die einzig wirksame Therapie besteht in der operativen Entfernung des Polypen, bei der man im Prinzip vorgeht wie bei einer Ausschabung (siehe → Abrasio). Wegen der erhöhten Infektionsgefahr werden meist auch gleichzeitig → Antibiotika verabreicht. Siehe auch unter → postpartale Blutung.

Polyzystische Ovarien, Syndrom der Siehe → Stein-Leventhal-Syndrom

Portio Siehe unter → Zervix

Portiokappe Siehe → Zervixkappe

Postkoitalpille Siehe → „Pille danach“

Postkoital-Test Siehe → Sims-Huhner-Test

Postmenopausale Blutung Jede Schmier- oder größere Blutung aus der Scheide in der Postmenopause, d.h. in der Zeit ab zwölf Monaten nach der letzten aufgetretenen Regelblutung (→ Menopause). Eine solche Blutung sollte zur sofortigen Untersuchung durch einen Arzt führen, auch dann, wenn es sich nur um extrem wenig Blut handelt, weil sie ein Zeichen einer Krebserkrankung oder anderen ernsten Störung sein kann. Neben der → gynäkologischen Untersuchung wird fast immer auch eine Ausschabung (→ Abrasio) notwendig sein, um ein → Korpuskarzinom (Gebärmutterkrebs) auszuschließen. Bei manchen Frauen kommt es jedoch einfach auch nach zwölf Monaten Pause zu erneuten Regelblutungen, meist in sehr unregelmäßigen Abständen, bis die Periode dann ganz ausbleibt. Aus diesem Grunde sprechen manche Fachleute erst dann von der Menopause, wenn die Blutungen mindestens zwei Jahre ausgeblieben sind. Nichtsdestotrotz empfiehlt es sich, sicherzugehen und jede Blutung nach einer Blutungspause von zwölf Monaten gründlich abklären zu lassen. Siehe auch → Menopause.

Postpartale Blutung Eine Blutung, die nach der Entbindung auftritt und das Ausmaß des normalen postpartalen Blutverlustes übersteigt. Je nachdem, wann es zu einer solchen Blutung kommt, unterscheidet man die *Nachgeburtsblutung* direkt im Anschluß an die Geburt des Kindes und der → Plazenta von der *Blutung im Wochenbett* nach einem mehr oder weniger langen blutungsfreien beziehungsweise -armen Intervall.

Die häufigste Ursache für eine *Nachgeburtsblutung* ist die unvollständige Ablösung der Plazenta entweder durch eine Schwäche der Nachwehen (z.B. nach insgesamt verzögertem Geburtsablauf, nach Überdehnung der Gebärmutterwand durch Zwillinge oder ein → Hydramnion oder durch alte Narben in der Gebärmuttermuskulatur) oder durch Störungen der Plazenta selbst wie eine an ungewöhnlicher Stelle oder eine zu fest sitzende Plazenta. In anderen Fällen kommt es trotz nachgewiesenermaßen vollständiger Ausstoßung der Plazenta zu Nachblutungen. Auch hier liegt dies an einer Wehenschwäche, die dazu führt, daß sich die Gebärmutter nicht kontrahiert und damit nicht zu einer Kompression der bei der Plazentaablösung eröffneten Gefäße führt. Diese Form der Blutung wird auch als *atonische Nachblutung* bezeichnet, während man im Falle von Nachgeburtsblutungen durch eine unvollständig abgelöste Plazenta auch von *verstärkten Lösungsblutungen* spricht.

Im Gegensatz zu anderen Formen starker Blutungen geht das Blut bei einer Nachgeburtsblutung eher in mäßigen, aber konstanten Mengen ab, weswegen es manchmal schwierig sein kann, das Ausmaß des Blutverlustes abzuschätzen. Da der Blutverlust jedoch eine unter Umständen lebensbedrohliche Gefahr für die Mutter darstellt, ist es wichtig, einen solchen Blutverlust rechtzeitig zu erkennen und zu behandeln. Dies kann insbesondere dort vor große Probleme stellen, wo keine sofortige Möglichkeit zur Bluttransfusion vorhanden ist, wie z.B. bei → Hausgeburten. Ein Eingreifen wird immer dann nötig, wenn die Menge des verlorenen Blutes 300 Milliliter übersteigt und/oder wenn die Plazenta nicht innerhalb von 30 Minuten ausgestoßen ist. In einem solchen Fall wird man zunächst überprüfen, ob die Blase entleert ist und sie gegebenenfalls mit einem Blasenkatheter entleeren, da eine volle Blase zur Behinderung der Gebärmutterkontraktion führen kann. Hilft dies nicht und wurde nicht schon prophylaktisch ein Mittel zur Förderung der Uteruskontraktion gegeben, dann verabreicht man jetzt ein solches Medikament, und zwar meistens → Oxytozin. Indem man die eine Hand von außen auf den oberen Abschnitt der Gebärmutter legt, kann man ertasten, ob eine Kontraktion nun einsetzt. Geschieht dies, dann versucht man, unter leichtem kontinuierlichen Zug an der Nabelschnur mit der anderen Hand die Plazenta zu entfernen und damit die Blutung zu stillen. Bleibt auch das erfolglos, muß man die Plazenta mit der Hand direkt aus der Gebärmutter von der Wand loslösen und entfernen. Dabei sollte man keine unnötige Zeit verlieren und sich zur Not, wenn es gar nicht anders geht, auch zu einer → Hysterektomie, d.h. der operativen Entfernung der Gebärmutter entschließen. Im Falle von atonischen Nachblutungen versucht man lediglich durch die Gabe von Oxytozin und leichtem Druck auf den oberen Gebärmutteranteil mit der flachen Hand die Kontraktion des Uterus und damit die Blutstillung zu provozieren, was auch fast immer gelingt. Bei allen Blutungen muß man neben den Bemühungen zur Blutstillung auch immer den Gesundheitszustand der Mutter überprüfen und gegebenenfalls für Flüssigkeits- und Blutzufuhr sorgen.

Blutungen im Wochenbett treten am häufigsten innerhalb der ersten beiden Wochen nach der Entbindung auf und sind meist durch in der Gebärmutter verbliebene Plazentareste verursacht, die direkt in der Nachgeburtsperiode noch zu keinen Problemen geführt haben (siehe oben). Ein solcher in der Gebärmutter verbliebener Plazentarest kann durch die Anlagerung von Blut und Gewebe zu einem sogenannten *Plazentapolyp* (siehe → Polyp, Def. 3) anwachsen, der unter Umständen bis in den Gebärmuttermund vorragt. Bei der → gynäkologischen Untersuchung, die in jedem Fall einer erneuten Blutung im Wochenbett zu erfolgen hat, fällt dann auf, daß der Gebärmutterkanal übernormal weit ist, und manchmal kann man auch den Plazentapolyp schon von außen sehen. Mit Hilfe einer → Ultraschalluntersuchung der Gebärmutter kann man die Verdachtsdiagnose bestätigen. Die Therapie besteht in der Ausräumung des Polypen mit dem Finger und/oder Instrumenten bei gleichzeitiger Gabe von Oxytozin und Antibiotika, da ein solcher Polyp nicht selten mit Keimen besiedelt ist und zur Quelle einer Infektion werden kann. Andere seltenere Ursachen für eine Blutung im Wochenbett sind eine verzögerte Rückbildung der Gebärmutter beziehungsweise der Gebärmutterschleimhaut nach der Geburt sowie Infektionen (siehe unter → Kindbettfieber).

Postpartale Depression Siehe unter → Depression

Postpartale Infektion Siehe → Kindbettfieber

Post partum Wörtlich „nach der Geburt". Mit dem daraus abgeleiteten Adjektiv *postpartal* beschreibt man Umstände, Störungen oder Erkrankungen, die in der Zeit des → Wochenbettes, d.h. bis zu sechs Wochen nach einer Entbindung auftreten. Siehe z.B. → postpartale Blutung.

Potenz Siehe unter → Impotenz

Präeklampsie Auch *schwangerschaftsinduzierte proteinurische Hypertension*, *EPH-Gestose*, *Spätgestose*. Die Entwicklung eines Bluthochdruckes, einer Proteinurie (Eiweiß im Urin) und von Ödemen (Flüssigkeitseinlagerungen) in der Spätschwangerschaft, seltener auch während oder innerhalb von 48 Stunden nach der Geburt. Unbehandelt kann die Präeklampsie in eine → Eklampsie übergehen und damit möglicherweise zum Tod der Mutter (und des Kindes) führen. Da diese Weiterentwicklung zur Eklampsie innerhalb kürzester Zeit (innerhalb von Stunden) stattfinden kann, ist die Erkennung und prompte Behandlung einer Präeklampsie von entscheidender Bedeutung.

Die Ursache der Präeklampsie, die bei etwa 10% aller Schwangeren auftritt, ist nicht bekannt. Sie entsteht jedoch am häufigsten bei Erstschwangerschaften und Frauen mit einem vorbestehenden → Bluthochdruck oder einer anderen Gefäßerkrankung. Da der erhöhte Blutdruck bei dieser Erkrankung eine Schlüsselrolle spielt, werden die Präeklampsie, die Eklampsie und ein Bluthochdruck, der sich in der Spätschwangerschaft entwickelt, häufig auch als sogenannte *schwangerschaftsinduzierte Hypertension* zusammengefaßt. Der Bluthochdruck bei der Präeklampsie ist die Folge eines aus noch nicht vollständig geklärten Gründen stattfindenden Vasospasmus, d.h. einer pathologischen Engstellung der Blutgefäße, was zu einer Verringerung des Blutflusses insbesondere in den Nieren, der Gebärmutter und der Leber führt.

Da die Symptome einer Präeklampsie verschieden stark ausgeprägt sein können und manche von ihnen, namentlich die Ödeme und die Gewichtszunahme, auch physiologischerweise in der späten Schwangerschaft auftreten können, wurden bestimmte Standards aufgestellt: Bei einer echten Präeklampsie muß ein Bluthochdruck *zusammen* mit einer Proteinurie oder mit Ödemen bestehen. Weder ein Hochdruck noch eine Proteinurie oder Ödeme allein stellen eine Präeklampsie dar. Um von einem Bluthochdruck in der Schwangerschaft sprechen zu können, muß der diastolische Blutdruck entweder bei einer einmaligen Messung bei oder über 110 mmHg oder bei einer zweimaligen Messung im Abstand von vier Stunden bei oder über 90 mmHg liegen. Dabei wird der Blutdruck am rechten Arm in linker Seitenlagerung gemessen. Der systolische Blutdruck spielt bei der Beurteilung eines schwangerschaftsbedingten Bluthochdrucks eine geringere Rolle, ein Anstieg über 30 mmHg über den gewöhnlichen Wert oder Werte über 140 mmHg sollten jedoch Anlaß zur genauen Überwachung geben (siehe unter → Bluthochdruck für eine genauere Erklärung dieser Messungen). Eine krankhafte Proteinurie besteht definitionsgemäß, wenn der Eiweißwert im 24-Stunden-Urin (d.h. dem gesamten über 24 Stunden ausgeschiedenen Urin) gleich oder über 0,3 Gramm pro Liter beziehungsweise bei einer wiederholten Bestimmung einer einzelnen Urinprobe im Abstand von sechs Stunden bei oder über 1 Gramm pro Liter liegt. Von pathologischen → Ödemen spricht man, wenn sich Flüssigkeitseinlagerungen in den gesamten Körpergeweben (nicht nur in den Füßen oder Waden) bilden, insbesondere wenn sie mit einer raschen Gewichtszunahme (mindestens ein Kilogramm pro Woche) einhergehen. Das Auftreten von Ödemen muß nicht pathologisch sein, für die Diagnose einer Präeklampsie spielen die Bestimmung des Blutdrucks und der Eiweißausscheidung im Urin die wesentliche Rolle. Das Vorhandensein von Ödemen geht jedoch in die Gesamtbeurteilung mit ein. Von einer schweren Präeklampsie spricht man, wenn zusätzlich zu den eben erwähnten Symptomen noch zentralnervöse Störungen wie Kopfschmerzen, Ohrensausen, Sehstörungen, Schmerzen im Oberbauch, Übelkeit, Erbrechen und eine motorische Unruhe mit Steigerung der Muskelreflexe auftreten. In diesem Fall kann es in jeder Minute zu einem Krampfanfall und damit zu der bedrohlichen Situation einer Eklampsie kommen.

Die einzige spezifische Behandlung einer schweren Präeklampsie ist die Beendigung der Schwangerschaft. Allein die Entbindung kann das Auftreten von Krampfanfällen und den Tod des Kindes verhindern. Da das Baby in der Regel noch unreif ist, ist man häufig versucht, die Entbindung noch hinauszuzögern, bis das Kind reifer ist und damit seine Überlebenschancen größer sind. Jedoch kann eine schwere Präeklampsie selbst zum Tod des Kindes führen, und auch für die Mutter ist jedes Zuwarten in einem solchen Fall mit potentieller Lebensgefahr verbunden.

Abgesehen von der schnellen Entbindung geht die Therapie einer Präeklampsie dahin, es erst gar nicht so weit kommen zu lassen und das Auftreten von schweren Präeklampsien beziehungsweise Eklampsiesymptomen durch die Früherkennung und symptomatische Frühbehandlung zu verhindern. Aus diesem Grund ist die regelmäßige und gründliche → Schwangerenvorsorge insbesondere im letzten Schwangerschaftsdrittel so wichtig. Werden bei einer solchen Vorsorgeuntersuchung isoliert ein mäßig erhöhter Blutdruck (jedoch nicht über 140/90 mmHg) oder eine leichte Proteinurie festgestellt, dann kann unter engmaschiger ambulanter Kontrolle abgewartet werden. Zusätzlich werden in einem solchen Fall körperliche Schonung, eine eiweißreiche, relativ kalorienarme Kost, Eisen- und Vitamin-Präparate und gegebenenfalls auch Beruhigungsmittel und Magnesiumsulfat verordnet. (Harntreibende Medikamente, die früher häufig gegeben wurden, sollten auf jeden Fall vermieden werden, da sie zur Verschlimmerung des Zustandes beitragen können.) Steigt trotz dieser Maßnahmen der Blutdruck weiter an und kommt noch eine Proteinurie dazu, dann muß auf jeden Fall die stationäre Aufnahme in ein Krankenhaus erfolgen, weil es sich jetzt um das Vollbild einer Präeklampsie handelt. Im Krankenhaus besteht weiter strenge Bettruhe, und es werden Beruhigungsmittel in höherer Dosierung und bestimmte Hochdruckmedikamente verabreicht. Außerdem gibt man zur Verhinderung eines eklamptischen Anfalls Magnesiumsulfat. Daneben wird ständig auch der Gesundheitszustand des Feten kontrolliert und im Falle einer Gefährdung des Kindes sowie den Zeichen einer Weiterentwicklung zur schweren Präeklampsie oder gar Eklampsie die unverzügliche Entbindung des Kindes meist mittels eines → Kaiserschnittes eingeleitet.

Präkanzerose Auch *Krebsvorstufe*. Tumore oder andere Gewebsveränderungen, die (noch) gutartig sind, aber mit hoher Wahrscheinlichkeit früher oder später in eine Krebserkrankung übergehen, sofern man sie nicht vorher chirurgisch entfernt. Zu solchen Präkanzerosen zählen z.B. die mäßige und vor allem die schwere → cervikale intraepitheliale Neoplasie (CIN) der Zervikalschleimhaut und die atypische, adenomatöse Hyperplasie der Gebärmutterschleimhaut (siehe unter → Endometriumhyperplasie). Andere Beispiele sind die → Leukoplakie vor allem der Mundschleimhaut, aber auch im Bereich der Vulva, die → Bowen-Krankheit der Haut und das Auftreten von vielen Polypen im Darm, die sogenannte Polyposis coli. Die Präkanzerose ist zu unterscheiden von einem → Carcinoma in situ, bei dem die Gewebsveränderung mit Sicherheit schon bösartig, jedoch noch auf die oberflächlichste Hautschicht beschränkt ist, so daß die Wahrscheinlichkeit, daß der Krebs schon gestreut, d.h. Tumorzellen an andere Körperstellen verschleppt hat, extrem gering ist. Die beste und sicherste Therapie einer Präkanzerose ist die chirurgische Entfernung des veränderten Gewebes, wobei die Radikalität der Operation, d.h. ob z.B. nur eine → Abrasio (Ausschabung) der Gebärmutterschleimhaut oder gar eine → Hysterektomie (Gebärmutterentferung) durchgeführt wird, unter anderem durch die Schwere der Gewebsveränderungen mitbestimmt wird und von Fall zu Fall neu entschieden werden muß.

Prämenstruelle Beschwerden Siehe unter → Prämenstruelles Syndrom

Prämenstruelles Syndrom Auch *prämenstruelle Beschwerden*. Eine Reihe von Symptomen, die allein oder in Kombination vor dem Beginn der → Menstruation, in der Regel sieben bis zehn Tage davor, auftreten. Die häufigsten Beschwerden sind dabei eine Neigung zur Ausbildung von → Ödemen (Flüssigkeitseinlagerungen) mit Schwellung und Schweregefühl in Brüsten, Bauch, Fingern und Waden und begleitender Gewichtszunahme; daneben dumpfe Schmerzen im Unterbauch, Kopf- und Rückenschmerzen, Gelenkschwellungen und -schmerzen, Hautveränderungen (vor allem → Akne), Reizbarkeit, Aggressivität, Depressivität und Müdigkeit. Das mehr oder weniger regelmäßige Auftreten dieser Symptome vor jeder (ovulatorischen) Regelblutung und ihr Nachlassen bald nach Einsetzen der Blutung sind charakteristisch und führen zu der richtigen Diagnose. Das prämenstruelle Syndrom tritt vor allem bei Frauen ab dem 40. Lebensjahr auf und verschwindet nach der → Menopause. Mehr als die Hälfte aller

Frauen erlebt in den Tagen vor dem Einsetzen der Periode Unlust- und Spannungsgefühle mit Verminderung der Leistungsfähigkeit, jedoch sind diese Beschwerden nur bei etwa 10% so ausgeprägt, daß man von einem prämenstruellen Syndrom sprechen kann, das sie in ihrer Lebensführung (z.B. in ihrer Arbeitsfähigkeit) beeinträchtigt.

Eine allgemein anerkannte Erklärung für die Entstehung des prämenstruellen Syndroms konnte bisher nicht gefunden werden. Die Ursache für die meisten Symptome dürfte jedoch der Einfluß des Hormons → Östrogen auf den Salz- und Wasserhaushalt des Körpers sein. In der zweiten Hälfte des → Menstruationszyklus sind die Östrogenspiegel besonders hoch, was offensichtlich zu einer verminderten Ausscheidung von Salz und Wasser über die Nieren führt. Das so zurückgehaltene Wasser wird dann auf die verschiedenen Gewebe im Körper verteilt, wodurch die Ödeme entstehen. Neuerdings macht man auch die Hormone → Aldosteron und die → Prostaglandine für die Flüssigkeitseinlagerungen verantwortlich. Bezüglich der seelischen Störungen, die ebenso charakteristisch für das prämenstruelle Syndrom sind wie die Flüssigkeitseinlagerungen, glauben manche, daß sie im wesentlichen das Ergebnis einer negativen Einstellung der betroffenen Frau gegenüber der Menstruation sind, während andere von noch nicht bekannten und noch unerforschten biochemischen Veränderungen als Ursache der psychischen Erscheinungen ausgehen. Obwohl der genaue Mechanismus der Entstehung der Beschwerden noch nicht bekannt ist, ist man sich allgemein darüber einig, daß die Veränderungen, die durch den Eisprung in Gang gesetzt werden, eine wichtige Rolle spielen.

Therapeutisch kann eine Reihe von einfachen Maßnahmen erfolgreich sein. Die Flüssigkeitseinlagerung kann durch eine verminderte Salzaufnahme (Vermeidung von Kochsalz, kohlenhydrathaltigen Getränken, Sojasoße und sehr salzigen Speisen wie den meisten Käsesorten und geräucherten Fisch- oder Fleischprodukten) sowie eine erhöhte Kalium- (z.B. in reifen Bananen, Orangensaft, Erdnüssen und Erdnußbutter) und Calciumzufuhr (Milch und Milchprodukte) vermindert werden. Auch die Einschränkung oder der Verzicht auf Coffein, Alkohol, fette und süße Speisen während der Zeit vor der Periode kann die Beschwerden lindern. Eine ballaststoffreiche Ernährung (ganze Körner, rohes Obst und Gemüse) hilft dabei, eine Verstopfung zu verhindern, die oft mit einem prämenstruellen Syndrom einhergeht. Auch tägliche körperliche Bewegung an frischer Luft (z.B. Jogging, schnelles Gehen, Radfahren etc.) kann hilfreich sein. In schwereren Fällen kann jedoch die Verschreibung von stärkeren Medikamenten notwendig werden: Z.B. Diuretika (ausschwemmende Medikamente) gegen die Flüssigkeitseinlagerung, Beta-Blocker zur Verhinderung von Migräneattacken und/oder kleine Dosen von stimulierenden Psychopharmaka gegen die Müdigkeit, die verminderte Konzentrationsfähigkeit und das vermehrte Essen im Rahmen von depressiven Verstimmungen. Andere Möglichkeiten sind die Gabe von Hormonen in der zweiten Hälfte des Menstruationszyklus oder von Vitamin B_6 in hoher Dosierung.

Zu den wirksamen pflanzlichen Mitteln gehören Tees aus Kamille (*Matricaria chamomilla*), Hopfen (*Humulus lupulus*), Herzgespann (*Leonurus cardiaca*), Beifuß (*Artemisia vulagris*), Zitronenmelisse (*Melissa officinalis*) oder Großem Baldrian (*Valeriana officinalis*).

pränatal Wörtlich „vor der Geburt". Mit dem Begriff beschreibt man Umstände, Bedingungen oder Störungen, die das Kind vor der Geburt, d.h. noch im Mutterbauch betreffen. Z.B. sind *pränatale Erkrankungen* Krankheiten des Kindes, deren Ursachen zeitlich vor dem Geburtstermin liegen und zu einer Störung des Wachstums und der Entwicklung noch im Mutterbauch führen. Die *pränatale Diagnostik* dient zur Aufdeckung solcher, schon im Mutterbauch beginnender beziehungsweise erkennbarer Krankheiten des Kindes. Siehe auch → präpartal.

Pränatale Diagnostik Siehe unter → Schwangerenvorsorge

Präpartal Wörtlich „vor der Entbindung". Dieser Begriff wird meistens als Zeitbestimmung verwendet oder zur Beschreibung einer Schwangeren, die kurz vor der Entbindung steht. Siehe auch → pränatal.

Präputium Der medizinische Ausdruck für *Vorhaut*. Die Vorhaut ist eine teilweise zurückstreifbare Hautfalte, die beim Mann die Penisspitze (→ Penis) und bei der Frau die → Klitoris bedeckt. Bei einer Beschneidung, → Zirkumzision genannt, die aus religiösen (z.B. bei den Juden) oder hygienischen Gründen durchgeführt wird, werden Teile dieser Vorhaut chirurgisch entfernt.

Primär chronische Polyarthritis Siehe → Rheumatoide Arthritis

Primigravida Eine Frau, die zum ersten Mal schwanger ist.

Primipara Auch *Erstgebärende*. Eine Frau, die zum ersten Mal entbunden wird.

Progesteron Ein vom Gelbkörper (→ Corpus luteum) nach dem Eisprung (→ Ovulation) im Eierstock gebildetes Hormon, das den Aufbau der Gebärmutterschleimhaut für die Aufnahme und die Ernährung einer befruchteten Eizelle bewirkt und bei der Aufrechterhaltung einer Schwangerschaft mithilft. Außer in den Eierstöcken wird es in winzigen Mengen bei Frauen und Männern in den Nebennieren gebildet, bei den Männern zusätzlich auch von den Hoden und bei schwangeren Frauen in sehr großen Mengen von der → Plazenta, die die gesamte Progesteronproduktion übernimmt, nachdem der Gelbkörper zugrunde gegangen ist. Das Hormon wurde 1934 entdeckt und isoliert, es dauerte jedoch noch einige Jahre, bis man seine Rolle im → Menstruationszyklus der Frau verstanden hatte. Die Bildung des Progesterons wird in der Mitte des Menstruationszyklus durch das luteinisierende Hormon (→ LH) aus der → Hypophyse in Gang gesetzt. Findet in der daran anschließenden Zeit keine Befruchtung statt, dann wird die aufgebaute Gebärmutterschleimhaut mit der Regelblutung wieder ausgestoßen und die abgesunkenen Progesteron- und Östrogenspiegel stimulieren einen Neubeginn des Zyklus. Der zur Zeit des Eisprungs (Zyklusmitte) ansteigende Progesteronspiegel führt zu einer Erhöhung der Körpertemperatur um etwa 0,5° Celsius. Anhand einer täglichen Temperaturmessung kann man deshalb sagen, ob und wann es zu einem Eisprung gekommen ist (siehe unter → Basaltemperatur für eine genauere Erklärung). Während einer Schwangerschaft hemmt das Progesteron Kontraktionen der Gebärmuttermuskulatur, stoppt den Eisprung und stimuliert die Brustentwicklung.

Da das natürliche Progesteron bei oraler Einnahme relativ unwirksam ist, hat man synthetische Progesteronformen, die sogenannten *Gestagene*, entwickelt, die sich vom eigentlichen Progesteron etwas unterscheiden und als Tablette eingenommen werden können. Je nachdem, welche chemische Substanz als Ausgangspunkt für die Herstellung eines Gestagens dient, unterscheidet man viele verschiedene Gestagene, die im Einzelfall unterschiedliche Hauptwirkungen und unterschiedliche Nebenwirkungen haben. Wenn eine Therapie mit Gestagenen notwendig wird, muß man daher je nach Art der Erkrankung das richtige Präparat sorgfältig auswählen. Gestagene allgemein, d.h. im Prinzip eine Progesteronbehandlung, werden unter anderem bei folgenden Störungen und Erkrankungen eingesetzt: bei → dysfunktionellen Blutungen, und hier insbesondere bei → anovulatorischen Blutungen und bei der → Polymenorrhoe, bei → Dysmenorrhoe und → prämenstruellen Beschwerden, bei → Endometriose und in manchen Fällen eines → Brustkrebses oder eines → Korpuskarzinoms. Sie werden außerdem zusammen mit Östrogen zur hormonellen Empfängnisverhütung in den → oralen Kontrazeptiva verwendet. Bei der Behandlung des drohenden oder → habituellen Abortes ist jedoch Vorsicht geboten. Gestagene werden auch bei der → Östrogensubstitutionstherapie eingesetzt, da man davon ausgeht, daß ihr zusätzlicher Einsatz dabei hilft, das ungebremste Wachstum der Gebärmutterschleimhaut unter alleiniger Östrogentherapie zu verhindern und damit die Gefahr einer Weiterentwicklung zum Korpuskarzinom zu verringern.

Gestagene sind auch der einzige Wirkstoff in der → Minipille, einem oralen Kontrazeptivum, das bei Frauen verwendet werden kann, die das Östrogen in den normalen, kombinierten Anti-Baby-Pillen nicht vertragen. Außerdem finden Gestagene bei manchen Spiralen (→ Intrauterinpessar) Verwendung, die dieses Hormon enthalten und es in kleinen Mengen ständig abgeben und damit zur Steigerung der Wirksamkeit der Spirale beitragen. Neben Gestagen enthaltenden Tabletten gibt es auch Plastikkapseln, die unter die Haut eingebracht werden, dort für fünf Jahre und länger verbleiben und wirksam sein können, sowie Depot-Spritzen mit Gestagenen, bei denen man alle paar Monate eine Spritze verabreichen muß.

Gestagene haben relativ wenig Nebenwirkungen. Da sie meist zusammen mit Östrogenen verabreicht werden, ist es im Einzelfall oft schwierig zu entscheiden, welche der Nebenwirkungen durch das Östrogen und welche durch das Gestagen verursacht werden. Im allgemeinen sagt man aber, daß wahrscheinlich die Neigung zu vaginalen Entzündungen und zu Schmerzen bei der Regelblutung, sicher aber die Neigung zu verstärkter → Akne, die Appetitsteigerung und Gewichtszunahme als Nebenwirkung der Gestagene angesehen werden können. Vermieden werden sollten Gestagene während einer Schwangerschaft und von Frauen mit Leber- und Nierenerkrankungen.

Prognose Wörtlich „Vorhersage“. In der Medizin meint man mit Prognose einer Erkrankung die Aussicht auf Heilung beziehungsweise die Voraussicht auf den Verlauf der Erkrankung. Eine gute Prognose bedeutet, daß eine Heilung wahrscheinlich ist, eine schlechte das Gegenteil.

Prolaktin Ein Hormon, das vom Vorderlappen der → Hypophyse (Hirnanhangsdrüse) gebildet wird und die Milchbildung in der Brust stimuliert. Es ist deshalb bei stillenden Frauen von besonderer Bedeutung (siehe → Laktation). Gleichzeitig hemmt Prolaktin die Bildung der Hormone → LH und → FSH (ebenfalls aus der Hypophyse) und damit indirekt den Eisprung (→ Ovulation). Erhöhte Spiegel an Prolaktin führen deshalb zu einem seltenen oder fehlenden Eisprung (siehe → Amenorrhoe) sowie (seltener) zu einer Milchbildung auch bei nicht-stillenden Frauen (siehe → Galaktorrhoe). Die Prolaktinbildung wird durch ein anderes Hormon, den sogenannten *Prolaktin-inhibierenden Faktor*, abgekürzt PIF, gebremst, der im → Hypothalamus gebildet wird. Erhöhte Prolaktinspiegel, auch *Hyperprolaktinämie* genannt, können bei einem Mangel dieses Faktors oder bei Prolaktin-bildenden Tumoren der Hypophyse entstehen. Solche Tumoren sind in der Regel gutartig und reagieren gut auf die Verabreichung bestimmter Medikamente wie des Bromocriptins, das den Prolaktinspiegel senkt. Siehe auch → Amenorrhoe-Galaktorrhoe-Syndrom, → Laktation.

Proliferationsphase Die erste Hälfte des → Menstruationszyklus, während derer unter dem Einfluß des → Östrogens aus den Eierstöcken das Wachstum (die Proliferation) der Gebärmutterschleimhaut zur Aufnahme einer befruchteten Eizelle stattfindet.

Promiskuität Ein Sexualverhalten, das durch den häufigen Wechsel von Geschlechtspartnern gekennzeichnet ist. Siehe auch unter → Libido.

Prophylaxe *Vorbeugung*. In der Medizin die Verhütung von Krankheiten z.B. durch regelmäßige Vorsorgeuntersuchungen (siehe → Krebsvorsorge). Eine prophylaktische Therapie ist z.B. die Gabe von Antibiotika nach einer Fehlgburt zur Verhinderung einer möglichen Infektion.

Prostaglandine Sammelbegriff für eine Gruppe von aus Fettsäuren gebildeten hormonähnlichen Substanzen, die in fast allen Organen des Körpers vorkommen und vielfältige Aufgaben haben. Ihr Name rührt daher, daß sie zuerst im Prostatagewebe (Vorsteherdrüse; → Prostata) entdeckt wurden. Prostaglandine sind an vielen lebenswichtigen Vorgängen im Körper, z.B. bei der Regulation der Gefäßweite, beteiligt und spielen eine Rolle bei einer Reihe von krankhaften Prozessen. Prostaglandine sind darüber hinaus an der Auslösung von → Wehen beteiligt und werden aus diesem Grund auch zur Einleitung der Geburt oder einer Abtreibung (siehe → Geburtseinleitung, → Abortiva, → Schwangerschaftsabruch) eingesetzt. Dabei treten jedoch oft sehr unangenehme Begleiterscheinungen wie starke Gebärmutterkontraktionen, Übelkeit, Erbrechen, Durchfälle und manchmal auch Fieber auf. Man vermutet überdies, daß Prostaglandine für die Schmerzen bei der Regelblutung (siehe → Dysmenorrhoe), wie sie bei nicht wenigen Frauen auftreten, verantwortlich sind, indem sie zu einer Kontraktion der Gebärmuttermuskulatur und zu einer Engstellung der Gefäße führen, was dann als Schmerz wahrgenommen wird. Dies wird gestützt durch die Erfahrung, daß manche Medikamente, die gegen Prostaglandine gerichtete Eigenschaften haben, eine Linderung dieser Schmerzen bewirken können.

Prostata Auch *Vorsteherdrüse*. Eine etwa kastaniengroße → Drüse beim Mann, die unterhalb der Harnblase liegt und den Anfangsteil der Harnröhre umgibt. Innerhalb der Prostata münden die beiden → Samenleiter in die Harnröhre. Die Vorsteherdrüse bildet ein dünnflüssiges, milchiges Sekret, das bei jeder → Ejakulation den über die Samenleiter aus den Hoden kommenden Spermien beigemischt wird. Dieses Sekrekt enthält Substanzen, die für die Beweglichkeit der Spermien von großer Bedeutung sind.

Eine der häufigsten Erkrankungen der Prostata ist das *Prostata-Adenom*, ein gutartiger Tumor, der bei etwa 60% aller Männer nach dem 50. Lebensjahr innerhalb der Prostata wächst und mit steigendem Wachstum zu Behinderungen bei der Blasenentleerung führen kann. Das Prostata-Adenom ist auch der Grund für die häufig bei älteren Männern anzufindende Verzögerung und Abschwächung des Urinstrahls. Ist das Adenom so groß, daß die Blase nicht mehr vollständig entleert werden kann oder gar schon einen Aufstau von Urin in die Harnleiter verursacht, dann sollte das Adenom chirurgisch entfernt werden. Die bösartige Entartung von Prostatagewebe, das sogenannte *Prostatakarzinom*, ist der dritthäufigste Krebs des Mannes und tritt meist erst im Alter auf. Da er lange Zeit keinerlei Beschwerden verursachen kann, sollte sich jeder Mann ab dem 45. Lebensjahr einmal jährlich durch eine Austastung des Enddarms vorsorglich untersuchen lassen. Durch eine solche rektale Untersuchung kann man nämlich die Prostata und eventuelle Verhärtungen und Vergrößerungen der Drüse durch die Darmwand ertasten. Die Therapie besteht in einer operativen Entfernung der Prostata und gegebenenfalls in einer zusätzlichen → Chemo-, → Strahlen und/oder → Hormontherapie.

Protrahierte Geburt Siehe → Geburtsverzögerung

Pruritus Medizinische Bezeichnung für → Juckreiz

Pseudogravidität Siehe → Scheinschwangerschaft

Pseudohermaphroditismus Siehe → Hermaphroditismus

psychogen Wörtlich „seelisch bedingt". Man verwendet diesen Begriff, um subjektive Beschwerden zu bezeichnen, die durch seelische Faktoren verursacht und nicht objektivierbar sind beziehungsweise keine feststellbaren Folgen an irgendwelchen Organen hinterlassen. Z.B. kann eine Person über Kopfschmerzen, Magenschmerzen, Schmerzen beim Wasserlassen oder anderes klagen, ohne daß sich bei einer gründlichen Untersuchung irgendein Schaden an den entsprechenden Organen findet. Solche psychogenen Beschwerden können entweder eine Reaktion auf eine vorübergehende extreme seelische Belastung sein oder sie sind Ausdruck einer schweren psychischen Erkrankung, wie z.B. einer Depression. Bezüglich des Extremfalls von psychogenen Beschwerden siehe unter → Konversionssyndrom. Vergleiche auch → psychosomatisch.

Psychopharmaka Eine uneinheitliche Gruppe von verschiedenen Medikamenten, denen gemeinsam ist, daß sie auf das zentrale Nervensystem einwirken und zur Behandlung von psychischen Störungen, d.h. zur Änderung von Verhalten, Erleben und Befinden eingesetzt werden. Man kann die Psychopharmaka in Abhängigkeit von ihrer hauptsächlichen Wirkung in fünf große Gruppen einteilen: die *Neuroleptika*, die *Antidepressiva*, die *Lithiumsalze*, die *Tranquilizer* und die *Psychostimulanzien*. Die Lithiumsalze und die Antidepressiva werden gesondert unter dem Stichwort → Antidepressiva beschrieben.

1. **Neuroleptika** Auch *Antipsychotika*. Medikamente, die zur Behandlung von ernsten psychiatrischen Störungen eingesetzt werden, vor allem bei der → Schizophrenie, einer akuten Manie oder akuten hirnorganischen Verwirrtheitszuständen. Sie führen

einen Zustand der emotionalen Ruhe und scheinbaren Gleichgültigkeit herbei, der auch *Neurolepsie* genannt wird. Die Hauptvertreter der Neuroleptika sind die Phenothiazine (z.B. Melleril®) und die Butyrophenone (zum Beipsiel Haldol®) sowie einige neuere Substanzgruppen. Sie lindern in der Regel solche Symptome wie Halluzinationen, Gedankenstörungen, Wahnvorstellungen und Erregtheitszustände. Je besser sie gegen solche Symptome wirken, desto eher kommt es auch vor allem bei Langzeitanwendung zu Nebenwirkungen, die vor allem in einer Störung der Willkürbewegung bestehen wie z.B. in der Herbeiführung eines Parkinson-Syndroms. Neuroleptika sollten deshalb nur unter engmaschiger ärztlicher Kontrolle und nie von schwangeren Frauen eingenommen werden, um keine Schäden beim Kind hervorzurufen.

2. **Tranquilizer** Auch *Psychosedativa*. Medikamente, die vor allem zur Beruhigung bei Angstzuständen (siehe auch unter → Angstneurose) eingesetzt werden. Die Tranquilizer gehören zu den am häufigsten verschriebenen Medikamenten, und viele vertreten die Ansicht, daß ihre Verordnung vor allem bei Frauen häufig zu sorg- und gedankenlos geschieht. Die meisten Tranquilizer gehören zu der Gruppe der Benzodiazepine (z.B. Valium®, Librium® und andere) und führen neben der angstlösenden Wirkung in unterschiedlichem Ausmaß auch zu einer Muskelentspannung, zu Müdigkeit als auch zu einer Unterdrückung von epileptischen Krampfanfällen. So wirksam sie gegen Angstzustände sind, sie haben den Nachteil, daß sie zur Gewöhnung führen (d.h., man braucht immer mehr Tabletten, um die gleiche Wirkung zu erzielen) und vor allem auch abhängig machen, so daß ein Absetzen der Medikamente zu Entzugssymptomen führen kann, die praktisch dem entsprechen, warum man überhaupt mit der Einnahme dieser Mittel begonnen hat. Darüber hinaus vermindern sie die Konzentrationsfähigkeit, machen oft schläfrig und antriebsarm und können in hoher Dosierung zu Gleichgewichtsstörungen beim Gehen und Stehen führen. Diese Wirkungen werden noch verstärkt, wenn man gleichzeitig Alkohol zu sich nimmt, was deshalb von jedem, der Tranquilizer nimmt, unbedingt vermieden werden sollte. Sie sollten vorsichtshalber zu keiner Zeit während einer Schwangerschaft, auf jeden Fall aber nicht während der ersten drei Schwangerschaftsmonate eingenommen werden, da man sie in Zusammenhang mit Mißbildungen beim Kind gebracht hat. Auch stillende Mütter sollten auf eine Einnahme von Tranquilizern verzichten. Wie prinzipiell bei allen Medikamenten, sollten die Vorteile sorgfältig gegen die Nachteile einer Einnahme abgewogen werden. Alles in allem sind die Tranquilizer bei der anfänglichen Behandlung von Angstzuständen und anderen emotionalen Problemen hilfreich, sie sollten jedoch nur so kurz wie möglich eingenommen werden und am besten in Zusammenhang mit einer Form der → Psychotherapie, mit deren Hilfe man versucht, den auslösenden Faktor zu bestimmen und auszuschalten.

3. **Psychostimulanzien** Auch *Weckamine, „Aufputschmittel"*. Substanzen, die zu einer erhöhten Aufmerksamkeit, Leistungsfähigkeit und Gedächtnisleistung führen können. Diese Wirkungen sind meist nur vorübergehender Natur. Bei den Psychostimulanzien handelt es sich meist um amphetaminartige Substanzen, die wie die Tranquilizer den großen Nachteil der Gewöhnung und Abhängigkeitsbildung haben, weswegen sie nur extrem selten eingesetzt werden.

Psychoprophylaktische Methode Auch *Lamaze-Methode*. Eine Form der → Geburtsvorbereitung oder der *natürlichen Geburt*, bei der die Frau (und ihr Partner) zum einen über die normalen Vorgänge bei der Fortpflanzung, Schwangerschaft und Geburt informiert wird und zum anderen bestimmte Übungen, einschließlich verschiedener Atemformen, vermittelt werden, die vor und während einer bestimmten Phase der Geburt eingesetzt werden sollen. Die Methode wurde ursprünglich von dem französischen Arzt *Fernand Lamaze* entwickelt, der sich dabei an die Arbeit russischer Ärzte vor allem aus der sogenannten Pawlowschen Schule der konditionierten Reflexe (d.h. des Erlernens einer immer gleichen Reaktion auf einen bestimmten Reiz) anlehnte. Auf die Geburt angewandt heißt dies, daß schmerzhafte Empfindungen mit Hilfe von Gegenreizen ausgeschaltet werden sollen. Das Einsetzen einer Wehe dient dabei als Reiz dafür, bestimmte Muskeln zu entspannen, ein Prozeß, der durch die Verwendung einer bestimmten Atmungsform unterstützt wird. Der Name „psychoprophylaktisch“ wurde aus den beiden Begriffen für „Seele, Psyche“ und „vorbeugend“ gebildet und bezieht sich auf die Fähigkeit der Psyche, Schmerzen zu verhindern oder zu minimieren.

Die psychoprophylaktische Methode wird in sechs wöchentlich aufeinander folgenden Kursen mit Beginn im siebten Schwangerschaftsmonat erlernt, wobei wenn möglich auch der Partner der Frau teilnehmen sollte. Er unterstützt die Frau während der Geburt, indem er die Dauer und Häufigkeit der Wehen registriert, den Rücken seiner Frau massiert, ihr das Gesicht abwischt, sie an die erlernten Reaktionen erinnert und sie allgemein emotional unterstützt und ihr Mut macht.

Kritiker der psychoprophylaktischen Methode vertreten die Ansicht, daß man mit ihrer Hilfe den Schmerz abblockt, anstatt „mit dem Rhythmus des Körpers zu gehen“ und sich von den Wehen „tragen“ oder „führen“ zu lassen. Außerdem könne die Technik des Hechelns zur Beeinträchtigung der Sauerstoffversorgung des Kindes führen, ebenso wie die Technik des Luftanhaltens in der Austreibungsphase der Geburt. Siehe auch → Entbindung nach *Read*.

psychosomatisch Ein Begriff zur Beschreibung von körperlichen Beschwerden oder Erkrankungen, bei deren Entstehung seelische Faktoren eine wichtige, wenn nicht die einzige, jedoch oft noch nicht vollständig verstandene Rolle spielen. Das Symptom oder die Erkrankung sind körperlich faßbar und nachweisbar, aber es bzw. sie wird entweder durch psychische Faktoren zeitlich eingeleitet, verschlimmert oder gar verursacht. Diese psychischen Faktoren müssen dabei der betreffenden Person keineswegs bewußt sein (und sind es in den meisten Fällen auch nicht). Abgesehen davon, daß seelische Einflüsse in Abhängigkeit von der Art der Erkrankung und der Persönlichkeit des Patienten eine unterschiedlich große Rolle bei jeder Krankheit spielen, gibt es doch eine Reihe von Erkrankungen, die zu den psychosomatischen Erkrankungen im engeren Sinn gezählt werden wie die Herzneurose, das Zwölffingerdarmgeschwür und auch manche Formen des Asthmas sowie der Dickdarmentzündungen. Oft wird jedoch der Begriff „psychosomatisch“ wesentlich weiter gefaßt gebraucht, nicht selten auch gleichbedeutend mit → „psychogen“. Siehe auch → Konversionssyndrom.

Psychotherapie Eine allgemeine Bezeichnung für die Behandlung von seelischen Störungen durch eine direkte psychische Beeinflussung, die bei den meisten (jedoch nicht allen) Psychotherapieformen über verbale Kommunikation (Reden) stattfindet. Eine Psychotherapie kann von Psychiatern oder anderen speziell dafür ausgebildeten Ärzten, Psychologen, Psychoanalytikern und auch von Sozialarbeitern, Angehörigen von kirchlich-religiösen Gruppen und anderen Personen durchgeführt werden, die eine

Ausbildung in einer der verschiedenen Methoden der Psychotherapie besitzen. Sie kann als Einzeltherapie (d.h. nur der Therapeut und man selbst) oder als Gruppentherapie zusammen mit anderen Teilnehmern und einem oder mehreren Therapeuten stattfinden. Davon zu unterscheiden sind sogenannte Selbsthilfegruppen, bei denen die einzelnen Teilnehmer sich praktisch gegenseitig selbst „therapieren".

Eine Psychotherapie findet meist ambulant in der Praxis des Therapeuten statt. Bei schwereren oder akuteren Fällen kann sie jedoch auch stationär in einer psychotherapeutischen Abteilung oder Klinik oder in einer sogenannten Tagesklinik durchgeführt werden, bei der die Patienten tagsüber betreut und therapiert werden, nachts aber zum Schlafen nach Hause gehen. Eine andere Möglichkeit sind sogenannte Wohngemeinschaften, bei denen man in kleineren Gruppen mit anderen zusammenlebt und in unterschiedlichem Ausmaß von einem oder mehreren Therapeuten betreut wird.

Nicht selten werden zusätzlich zur Psychotherapie auch Medikamente gegeben, die die seelische Gesundung fördern und unterstützen können. Zu diesen Medikamenten gehören vor allem Tranquilizer (siehe → Psychopharmaka, Def. 2) und → Antidepressiva.

Es gibt sehr viele verschiedene Methoden der Psychotherapie, angefangen mit der von *Sigmund Freud* entwickelten klassischen Psychoanalyse und anderen tiefenpsychologischen Verfahren (Individualtherapie nach *Alfred Adler,* analytische Therapie nach *C.G. Jung*) über verhaltensorientierte Therapien (Verhaltenstherapie, kognitive Verhaltenstherapie, rational-emotive Therapie, Sexualtherapie und andere) bis hin zu Gruppentherapien wie Familientherapie und Psychodrama. Einige Formen der Psychotherapie wie etwa die klassische Psychoanalyse und verhaltenstherapeutische Verfahren werden dabei auf einen entsprechenden Antrag hin zumindest teilweise von den Krankenkassen bezahlt. Siehe auch → Feministische Therapie, → Sexualtherapie.

Pubertät Die Entwicklungsperiode im Leben eines jeden jungen Menschen, in der die geschlechtliche Reifung stattfindet und die durch tiefgreifende körperliche, seelische und soziale Veränderungen gekennzeichnet ist. Die Pubertät beginnt bei Mädchen in der Regel etwa zwei Jahre früher als bei Jungen, und zwar zur Zeit im Durchschnitt etwa im 9. bis 10. Lebensjahr, und dauert etwa fünf Jahre (bei Jungen beginnt sie im Durchschnitt um das 12. Lebensjahr und kann erst mit dem 18. Lebensjahr beendet sein, ohne das dies pathologisch wäre). Die Pubertät ist unter anderem auch mit einem Wachstumsschub verbunden, an dessen Ende meist die endgültige Körpergröße feststeht. Das liegt daran, daß die erhöhten Hormonspiegel am Ende der Pubertät zu einem Schluß der sogenannten Epiphysenfugen (den Wachstumszonen) des Knochens führen, so daß ein weiteres Wachstum nicht mehr möglich ist. Die meisten Frauen erreichen ihre endgültige Körpergröße bald nach dem Eintritt der → Menarche, d.h. der ersten Regelblutung, also etwa im 12. bis 13. Lebensjahr. Bei Knaben kommt der Wachstumsschub später. Die mit der Pubertät ansteigenden Mengen des Hormons → Östrogen bei den Mädchen führen darüber hinaus auch zur vermehrten Fettablagerung im Unterhautgewebe der Brüste, der Oberarme, des Pos, der Hüften und der Oberschenkel, wodurch die charakteristisch weibliche Körperform entsteht. Außerdem wachsen Gebärmutter und Scheide, die kleinen → Schamlippen werden größer, so daß sie unter Umständen nicht mehr vollständig von den darüberliegenden großen Schamlippen bedeckt sind. Das Verhältnis von Fett- zum übrigen Körpergewebe (Knochen, Muskeln) wird größer, so daß die Muskeln im Vergleich zum Fettgewebe weniger auffallen. Bei Jungen führt dagegen der erhöhte → Androgenspiegel (männliches Hormon) zu einer Betonung und zum Hervortreten der Muskulatur vor allem an der Brust und den Schultern. Nach der Pubertät haben Frauen im Vergleich zu Männern vor allem am Oberkörper grundsätzlich weniger Muskelmasse. Auf der anderen Seite führt der größere Anteil an Fettgewebe bei den Frauen im Vergleich zu den Männern dazu, daß sie in kalter Umgebung die Körpertemperatur besser erhalten können, d.h. weniger schnell frieren. (Siehe auch unter → Leistungsfähigkeit, sportliche, der Frau.)

Während der Pubertät entwickeln sich auch die sogenannten *sekundären Geschlechtsmerkmale*. Bei Jungen und Mädchen kommt es zur Ausbildung der Scham- und Achselbehaarung und zur Vergrößerung der Schweißdrüsen in der Achselhöhle mit verstärkter Neigung zur Schweißbildung und Schweißgeruch. Bei Mädchen wachsen die Brüste, wobei häufig eine Brust über eine Zeit lang deutlich schneller wächst als die andere, und bei Knaben wachsen der Penis und die Hoden, erste Bart- und Brusthaare erscheinen, und es kommt zum Stimmbruch. Alle diese Veränderungen gehen sehr langsam und kontinuierlich und bei jedem unterschiedlich schnell vor sich. Viele Heranwachsende sorgen sich, daß die Veränderungen bei ihnen zu schnell beziehungsweise zu früh einsetzen oder — sehr viel häufiger —, daß sie zu langsam beziehungsweise zu spät erfolgen. Meist genügt es jedoch, den Jugendlichen zu versichern, daß alles ganz „normal“ verläuft. Eine verzögerte Pubertätsentwicklung durch später einsetzende Hormonbildung ist an sich kein Grund zur Besorgnis. Wenn jedoch bei Mädchen bis zum 16. und bei Jungen bis zum 18. Lebensjahr keinerlei Zeichen der Pubertät aufgetreten sind, dann ist eine ärztliche Untersuchung zum Ausschluß eines Tumors oder einer anderen ernsten Erkrankung angebracht. Siehe auch → Pubertas praecox, → Amenorrhoe.

Pubertas praecox Auch *vorzeitige Pubertätsentwicklung*, *vorzeitige Geschlechtsentwicklung*. Das Auftreten von sexuellen Reifezeichen (Schambehaarung, Brustentwicklung, Menstruation, Erektion) bei Mädchen vor dem achten und bei Jungen vor dem zehnten Lebensjahr. Eine echte Pubertas praecox, die sowohl von einem sehr frühen, jedoch noch im Normbereich liegenden Pubertätsbeginn als auch z.B. von anderen Ursachen einer genitalen Blutung bei Mädchen abgegrenzt werden muß, ist sehr selten und tritt bei Mädchen etwa vier- bis siebenmal häufiger auf als bei Knaben. In der Mehrzahl der Fälle (80 bis 90%) gelingt es nicht, die zugrundeliegende Ursache der verfrüht einsetzenden Pubertätsentwicklung herauszufinden. In diesen Fällen spricht man von einer *idiopathischen* Pubertas praecox. In jedem Fall einer Pubertas praecox, d.h. gleich welcher Ursache, kommt es über eine abnorme Hormonstimulation entweder von seiten des → Hypothalamus und der → Hypophyse (Hirnanhangsdrüse) oder von seiten der Keimdrüsen selbst (Ovarien, Hoden) oder der → Nebennieren zur vorzeitigen Ausbildung von sexuellen Reifemerkmalen. Weil dieser Hormonstörung unter anderem auch Tumore des Gehirns, der Keimdrüsen oder der Nebennieren zugrunde liegen können, ist es notwendig, eine solche Erkrankung mittels bildgebender Verfahren (z.B. mit einer → Kernspintomographie des Gehirns oder einer → Ultraschalluntersuchung des Unterbauches) sowie verschiedenster Blut- und Urinuntersuchungen zur Hormonbestimmung auszuschließen. Findet sich dabei keine zugrundeliegende Erkrankung, die einer spezifischen Therapie bedarf, dann zielt die Behandlung der Pubertas praecox auf eine Normalisierung der Blutspiegel der Sexualhormone und damit auf eine Unterdrückung ihrer Auswirkungen (nämlich der verfrühten Pubertätsentwicklung). Die zur Zeit bewährteste Therapie ist dabei die Verabreichung der Substanz Cyproteronacetat, die eine Hemmung sowohl der Androgene als auch der → Gonadotropine aus der Hypophyse bewirkt. Dadurch wird die Reifeentwicklung ebenso wie das Knochenwachstum gestoppt beziehungsweise verlangsamt. Die Behandlung mit einer anderen Substanz, den sogenannten GnRH-Analoga, befindet sich derzeit noch im Stadium der Erprobung, wobei sich bislang ebenfalls günstige Ergebnisse zeigen. Neben der medikamentösen Therapie ist die sorgfältige Aufklärung und psychische Unterstützung der betroffenen Kinder und ihrer Familien besonders wichtig, da sich die meisten Kinder psychisch gesehen im Entwicklungsstadium ihrer gleichaltrigen Kameraden befinden und nicht in dem, das ihrer äußerlichen sexuellen Reife entsprechen würde. Z.B. sollte man einem Mädchen die Brustbildung als „früh“ und nicht als „abnormal“ erklären, ebenso wie man es, möglichst schon vor Beginn der eigentlichen Blutungen, auf die Menstruation und ihre Bedeutung vorbereiten sollte.

Pudendusanästhesie Eine Form der → Leitungsanästhesie, die als schmerzstillende Maßnahme während der Austreibungsphase einer Geburt (siehe unter → Geburt) sowie zur Betäubung bei einer → Episiotomie (Dammschnitt) Verwendung findet. Dabei wird ein örtliches Betäubungsmittel mittels einer Spritze durch die seitlichen Scheidenwände bis zu der Stelle, an der der Nervus pudendus sitzt, eingebracht, wodurch die Schmerzleitung aus dem Scheidenbereich zum Gehirn unterbrochen wird. Diese Form der Schmerzausschaltung ist technisch einfach durchzuführen und hat keine negativen Auswirkungen auf die Wehentätigkeit oder gar auf das Kind. Siehe auch → Geburtserleichterung.

Puerperium Medizinischer Ausdruck für → *Wochenbett.*

Puls Siehe unter → Arterie

purulent Medizinischer Ausdruck für *eitrig*. Siehe auch → Eiter.

Pus Medizinischer Ausdruck für → Eiter.

Pustel Auch *Pustula*. Ein mit Eiter gefülltes Bläschen. Siehe auch unter → Akne.

Pyelonephritis Auch *Nierenbeckenentzündung*. Eine gewöhnlich akut verlaufende → Infektion einer oder beider Nierenbecken, die in der Regel durch Bakterien verursacht wird, die über die Harnröhre, die Harnblase und die Harnleiter bis nach oben in das Nierenbecken hochgewandert sind. Eine Pyelonephritis kommt vor allem bei jungen Mädchen und Schwangeren vor, außerdem bei Personen mit → Diabetes mellitus oder solchen, die einen → Blasenkatheter oder eine andere Untersuchung bekommen haben, bei der ein Instrument in den Harntrakt eingeführt worden ist. Das Bakterium, das am häufigsten eine Pyelonephritis verursacht, ist *Escherichia coli*, ein Bakterium, das sich normalerweise im Darmtrakt aufhält und dort wichtige Aufgaben erfüllt. Eine Nierenbeckenentzündung macht sich typischerweise relativ plötzlich durch Fieber, Schüttelfrost und ein- oder beidseitige Flankenschmerzen bemerkbar. Zusätzlich können Übelkeit und Erbrechen auftreten. Bei gleichzeitiger Infektion der Harnblase kann es überdies zu den Zeichen einer Harnblasenentzündung (siehe → Zystitis) mit häufigem und schmerzhaftem Harndrang und eventuell auch blutigem Urin kommen. Eine sofortige Behandlung ist wichtig, da eine Nierenbeckenentzündung zu einer bleibenden Nierenschädigung führen kann. Der ursächliche Erreger kann durch eine Urinuntersuchung bestimmt werden, jedoch fängt man mit der antibiotischen Therapie in aller Regel schon an, bevor man das Ergebnis dieser Testung hat, um keine Zeit zu verlieren. Ist das Ergebnis dann da, muß man unter Umständen die Art des Antibiotikums entsprechend umändern. Wie im Falle anderer Entzündungen des Harntraktes, so ist es auch bei der Nierenbeckenentzündung wichtig, so viel wie möglich zu trinken — mindestens zwei bis drei Liter pro Tag, und wenn möglich noch mehr —, da dies zu einer Verdünnung des Urins und damit zu einer Erschwerung des Bakterienwachstums führt. Außerdem sollte man die Blase häufig und vollständig entleeren (um die Bakterien auszuschwemmen) und Kaffee, schwarzen Tee und alkoholische Getränke weglassen, da sie die Niere zusätzlich schädigen können.

Querlage Eine → Lageanomalie während der Geburt, bei der das Kind statt wie normal längs und mit dem Kopf voraus quer in der Gebärmutter liegt, so daß die Schulter des Kindes den vorangehenden Körperteil bildet. Zu einer Querlage kommt es bei etwa einer von 200 Geburten. Die Ursache dafür kann zum einen darin bestehen, daß das Kind z.B. durch eine von vielen Geburten her überdehnte Gebärmutter oder bei zuviel Fruchtwasser (→ Hydramnion) zuviel Bewegungsspielraum hat und nicht wie sonst in die Längslage „gezwungen" wird, oder zum anderen darin, daß durch ein zu enges Becken oder beispielsweise eine → Placenta praevia das Eintreten des kindlichen Kopfes in das kleine Becken verhindert wird. Die Diagnose einer Querlage ist oft schon einfach dadurch zu stellen, daß sich der Bauch der Mutter ungewöhnlich stark nach den Seiten auswölbt. Außerdem kann man durch Ertasten des Kindes oder durch eine → Ultraschalluntersuchung die ungewöhnliche Lage des Kindes erkennen.

Die Geburt aus einer Querlage ist in keinem Fall ohne eine Gefährdung für Mutter und Kind möglich. Für das Kind besteht die Gefahr darin, daß es nach dem → Blasensprung zu einem Vorfall der Schulter und vor allem zu einem Vorfall der Nabelschnur (→ Nabelschnurvorfall) und damit zu einer gefährlichen Unterbrechung der Sauerstoffversorgung des Kindes kommen kann. Diese Situation wird auch *verschleppte Querlage* genannt und erfordert ein sofortiges Einschreiten des Geburtshelfers. Die Mutter wird dadurch gefährdet, daß nach Beginn der Geburt die Wehen immer stärker werden, um das Kind gebären zu können, was schließlich zu einem Zerreißen der Gebärmutterwand und damit zur lebensbedrohlichen Blutung in den Bauchraum führen kann. In einem solchen Fall hat auch das Kind keine Überlebenschance. Wegen dieser Gefahren muß eine Schwangere, bei der gegen Ende der Schwangerschaft eine Querlage festgestellt wird, sorgfältig überwacht werden und frühzeitig, meist eine Woche vor dem errechneten Geburtstermin in die Klinik eingewiesen werden. Hier kann man versuchen, das Kind von außen in die richtige Lage zu wenden, wobei dies wegen der Gefahr eines vorzeitigen Blasensprunges und damit eines vorzeitigen Geburtsbeginnes mit all seinen oben beschriebenen Gefahren nicht ungefährlich ist und nur unter Verabreichung wehenhemmender Medikamente geschehen sollte. Gelingt damit nicht eine dauernde Korrektur der kindlichen Lage oder weiß man von vornherein, daß eine Längslage z.B. wegen einer falsch sitzenden Plazenta nicht möglich ist, dann ist die einzig richtige Maßnahme die frühzeitige Schnittentbindung (→ Kaiserschnitt), und zwar noch vor Einsetzen der Wehen, um das Leben von Mutter und Kind nicht zu gefährden.

Querschnittslähmung Siehe unter → Paraparese und unter → Tetraparese

Radiatio Medizinischer Ausdruck für → Strahlentherapie.

Radikale Mastektomie Siehe → Mastektomie, Def. 1 und 2

Rauchen Die gewohnheitsmäßige Inhalation von Tabakrauch mittels Zigaretten, Zigarren oder Pfeifen, die anerkanntermaßen vor allem bei Frauen zu Gesundheitsschäden führen kann. Raucherinnen, die gleichzeitig die Anti-Baby-Pille (→ orale Kontrazeptiva) einnehmen, haben ein deutlich höheres Risiko, einen → Herzinfarkt und Venenverschlüsse (→ Thrombose) zu erleiden als Nichtraucherinnen, vor allem, wenn sie mehr als 30 Jahre alt sind. Auch die Rate an Fehlgeburten ist unter Raucherinnen deutlich höher. Das Rauchen während einer Schwangerschaft stellt eine Gefahr für das ungeborene Kind dar. Neugeborene von rauchenden Müttern haben im Durchschnitt ein niedrigeres Geburtsgewicht als die von Nichtraucherinnen. Darüber hinaus kann der Zigarettenkonsum der Mutter zu angeborenen Mißbildungen (siehe → angeborene Krankheiten) beim Kind führen, da das Nikotin die Blutgefäße engstellt, was seinerseits zu einer Mangelversorgung des Fetus mit Sauerstoff und anderen Nähstoffen aus dem Blut führt. Über die Muttermilch wird das Nikotin auch an das Kind einer stillenden Mutter transportiert. Schließlich ist, wie schon erwähnt, das Herzinfarktrisiko bei Raucherinnen wesentlich größer als bei Nichtraucherinnen (zwei- bis elfmal so groß, je nachdem, wieviel man raucht), und es besteht, wie bei rauchenden Männern auch, ein erhöhtes Risiko für die Ausbildung eines Lungenemphysems, einer Bronchitis, von Gaumenerkrankungen und vor allem von Krebserkrankungen der Lunge, des Rachens, der Mundhöhle und der Speiseröhre (bei diesen Krebsformen wird das Rauchen als die Hauptursache angesehen). Das Krebsrisiko steigt noch zusätzlich an, wenn starkes Rauchen mit → Alkoholismus einhergeht.

Es ist nicht einfach, mit dem Rauchen aufzuhören. Ein nikotinhaltiges Kaugummi oder ein Nikotinpflaster kann die Entzugssymptome mindern und von daher das Aufhören leichter machen. Andere Raucher machen Gruppentherapien oder wenden sich an Selbsthilfegruppen. Eine amerikanische Studie zeigte jedoch, daß 95% der Leute, die das Rauchen erfolgreich aufgegeben haben, dies ohne organisierte Programme geschafft haben, und daß außerdem das sofortige und vollständige Aufhören erfolgreicher zu sein scheint als die langsame Abgewöhnung.

Refertilisierung Auch *Refertilisation.* Operationsverfahren zur Wiederherstellung der Durchgängigkeit von Eileiter oder Samenleiter, die durch eine → Sterilisation unterbrochen worden waren. Eine Refertilisierung kann notwendig werden, wenn eine Frau oder ein Mann nach einer Sterilisation ihre Meinung ändern und doch noch ein Kind wollen, z.B. weil sie eine neue Beziehung eingegangen sind und mit dem neuen Partner ein gemeinsames Kind haben wollen oder weil ein Kind gestorben ist.

Bei einer Refertilisierung nach einer → Tubensterilisation der Frau wird versucht, die unterbrochenen Eileiter wieder durchgängig zu machen. Dies geschieht mit mikrochirurgischen Methoden, d.h. unter Verwendung eines Operationsmikroskopes entweder nach Eröffnung der Bauchhöhle (→ Laparotomie) oder bei einer → Laparoskopie (Bauchspiegelung). Das genaue Vorgehen hängt dabei davon ab, welche Methode der

Tubensterilisation angewendet wurde. Bei einer erfolgten Unterbindung der Eileiter werden die Eileiterenden wieder aneinander genäht. Bei einer erfolgten Verödung wird zunächst das Narbengewebe entfernt, d.h. die Eileiterlichtung wieder hergestellt, und dann werden die Enden aneinander genäht. Eine andere Möglichkeit ist die sogenannte *Tubenimplantation*. Hierbei wird der Teil des Eileiters, der mit seinem äußeren Ende dem Eierstock aufliegt, mit seinem inneren Ende statt an den anderen Eileiterteil direkt in die Gebärmutterwand eingenäht.

Der Erfolg der Refertilisierungsoperation hängt zum größten Teil davon ab, welche Methode ursprünglich zur Sterilisation verwendet wurde. Wenn die Eileiter durch Elektro- oder Thermokoagulation (siehe unter → Tubensterilisation für eine genauere Erklärung) verödet wurden, dann liegt die Erfolgsrate bei etwa 10%, wenn die Fimbrien entfernt wurden, liegt sie praktisch bei Null. Wenn die Sterilisation durch das Anlegen eines Plastikringes um die Eileiter erfolgte, dann liegen die Chancen einer erfolgreichen Refertilisierung wesentlich höher, nämlich bei etwa 60 bis 75%. Je feiner die operationstechnischen Möglichkeiten werden, desto größer sind jedoch auch die Erfolgsraten bei Refertilisierungsoperationen. In jedem Fall einer gelungenen Refertilisierung ist die Wahrscheinlichkeit der Entstehung einer Eileiterschwangerschaft (siehe unter → Extrauteringravidität) sehr hoch, nämlich etwa 10 bis 15%.

Die Erfolgsraten einer Refertilisierung beim Mann nach einer → Vasektomie (Samenleiterunterbindung) sind wesentlich besser als bei einer Refertilisierung der Frau. Hierbei werden in einer Operation, der sogenannten *Vasostomie*, die beiden Samenleiterenden wieder aneinander genäht. Eine andere Möglichkeit ist die Vernähung des Samenleiterendes direkt mit dem Nebenhoden oder die Anlage einer künstlichen Samenblase, aus der man Sperma für eine → künstliche Befruchtung abpunktieren kann.

Regionalanästhesie Siehe → Lokalanästhesie

Rektozele Wörtlich „Enddarm-Bruch". Die Vorwölbung der Enddarmwand nach vorne in die Scheide. Eine Rektozele kann isoliert oder (häufiger) zusammen mit einer → Gebärmuttersenkung und/oder einem → Blasenvorfall (*Zystozele*) auftreten und ist wie diese eine Folge der Erschlaffung der Beckenbodenmuskulatur, die den Enddarm (und die Gebärmutter und die Blase) normalerweise an seinem Platz hält. Diese Erschlaffung wiederum ist in aller Regel die Folge von Geburten (vor allem bei großen Kindern und häufigen Geburten), bei denen die Binde- und Stützgewebe sowie die Muskulatur des Beckengewebes erheblich gedehnt werden, um den Durchtritt des Kindes zu ermöglichen. Die Symptome eine Rektozele bestehen normalerweise in einem Druckgefühl in der Scheide während der Darmentleerung. Manchmal muß man sogar beim Stuhlgang von der Scheide aus die Darmwand nach hinten drücken, um eine Entleerung des Darms zu ermöglichen. Eine isolierte Rektozele kann durch eine kleine Operation behoben werden, bei der durch einen Schnitt in der Scheidenhinterwand der Enddarm nach hinten und oben zurückverlagert und dort an seinem Platz festgenäht wird. Bei einer mit einer Gebärmuttersenkung oder einem Blasenvorfall kombinierten Rektozele ist der Eingriff etwas größer (siehe unter → Gebärmuttersenkung).

Remission Wörtlich „Nachlassen". Das Zurückgehen oder vollständige Verschwinden von Krankheitserscheinungen, entweder von allein oder als Antwort auf eine Therapie.

Darüber hinaus beschreibt man mit dem Begriff Remission den Zeitabschnitt, in dem diese positiven Veränderungen stattfinden und anhalten. Man sagt dann, der Patient befindet sich in der Remission. Der Begriff wird meist für ernstere Erkrankungen gebraucht, bei denen eine Tendenz zum Wiederaufflammen der Symptome besteht, wie z.B. bei Blutkrebs (Leukämie) oder bei einer → Multiplen Sklerose. Dagegen bezeichnet man das Besserwerden bei akuten, vorübergehenden Beschwerden als „Heilung".

Retroflexio uteri Eine Lageveränderung der Gebärmutter, bei der nicht wie sonst üblich der Gebärmutterbauch im Verhältnis zur Scheiden- und zur Gebärmutterhalsachse nach vorne gerichtet ist, sondern stattdessen nach hinten zum Kreuzbein hin umgeknickt ist. Meist knickt dabei nicht nur der Gebärmutterkörper nach hinten, sondern der Gebärmutterhals wird gleichzeitig so verschoben, daß der Muttermund nicht wie sonst auf die Scheidenhinterwand, sondern stattdessen auf die Scheidenvorderwand hin gerichtet

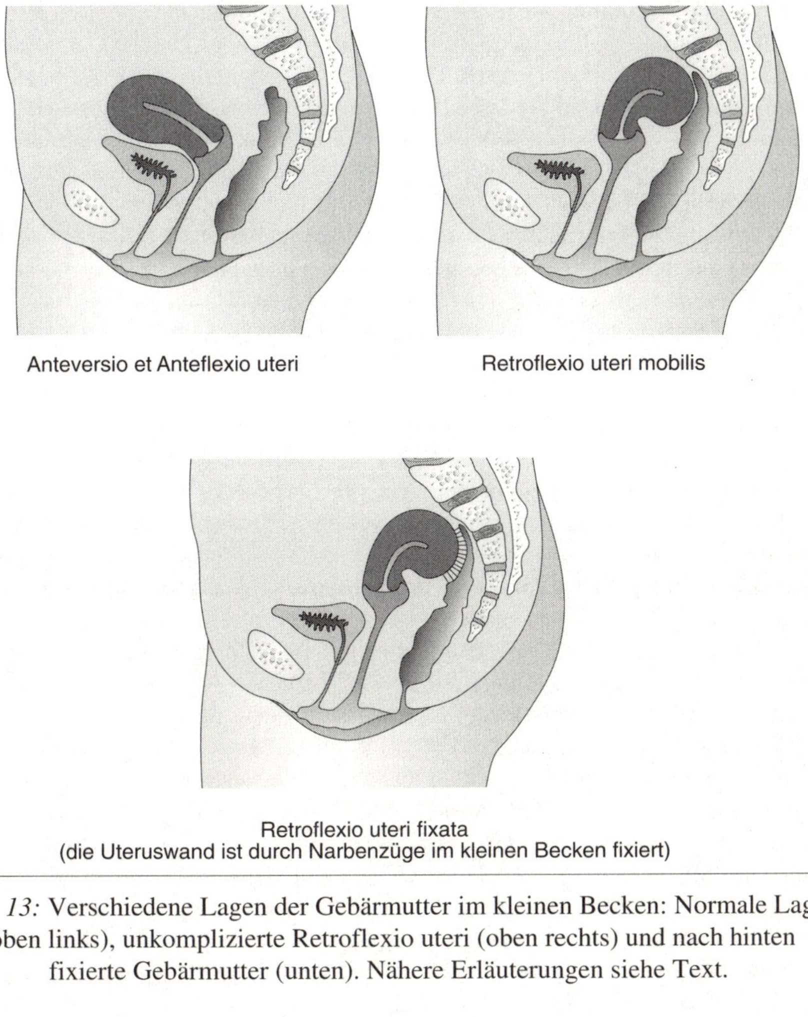

Abb. 13: Verschiedene Lagen der Gebärmutter im kleinen Becken: Normale Lage (oben links), unkomplizierte Retroflexio uteri (oben rechts) und nach hinten fixierte Gebärmutter (unten). Nähere Erläuterungen siehe Text.

ist (siehe auch Abb. 13 auf der vorhergehenden Seite). Außerdem unterscheidet man eine Retroflexio uteri, bei der die Beweglichkeit der Gebärmutter (d.h. die Möglichkeit, sie durch bestimmte Handgriffe aufzurichten) erhalten ist, von der Retroflexion, bei der die Gebärmutter durch Narben- oder anderes Gewebe in der nach hinten gerichteten Lage fixiert ist. Eine Retroflexio uteri tritt bei etwa 10% aller Frauen auf, verursacht in der überwiegenden Zahl der Fälle keine Symptome und erfordert daher auch keine Behandlung. Wenn es zu Beschwerden kommt, dann bestehen sie meist aus dumpfen Rükkenschmerzen, Verstopfungsneigung oder in extremen Fällen in verstärkten Schmerzen bei der Regelblutung und/oder beim Geschlechtsverkehr. Die Retroflexio uteri kann angeboren sein oder als Folge des Nachlassens des Stützgewebes der Gebärmutter nach Geburten auftreten. Eine andere Ursache sind häufige Infektionen im Beckenbereich oder eine → Endometriose, bei denen es durch Bildung von Narbengewebe, das die Gebärmutter nach hinten Richtung Kreuzbein zieht, ebenfalls zu einer Retroflexio uteri, meist in einer fixierten Form, kommen kann.

Grundsätzlich muß eine nach hinten abgeknickte Gebärmutter nur dann behandelt werden, wenn sie stärkere, anhaltende Beschwerden verursacht. In diesen Fällen wird eine Aufrichtungsoperation durchgeführt, bei der die Bänder, die die Gebärmutter normalerweise am Platz halten, verkürzt werden. Bei vorübergehenden starken Beschwerden kann auch ein Pessar in die Scheide eingeführt werden, durch das die Gebärmutter in eine aufrechte Position „gezwungen" wird. Dies funktioniert aber nur bei nicht fixierten Gebärmüttern. Frauen mit einem retroflektierten Uterus, die über längere Zeit aus sonst unerklärlichen Gründen ungewollt kinderlos bleiben, empfiehlt man nicht selten, beim Geschlechtsverkehr andere Positionen als die „Missionarsstellung" (Mann oben, Frau unten) auszuprobieren, da bei dieser Position und einer bestehenden Retroflexio uteri der Gebärmutterhals nicht in den Spermasee eintaucht, der sich nach der Ejakulation im hinteren Scheidengewölbe befindet. Siehe auch → Uterus, → Anteflexio uteri, → Anteversio uteri.

Retrograde Ejakulation Siehe → Ejakulation, retrograde.

Retrolentale Fibroplasie Eine potentiell ernste Erkrankung der Augen bei frühgeborenen Kindern (→ Frühgeburt), die in den ersten Lebenstagen mit hohen Konzentrationen von Sauerstoff versorgt werden mußten oder wurden. Bei diesen Kindern entwickelt sich unter zuviel Sauerstoff die noch unreife Netzhaut der Augen nicht wie normal, wobei das Ausmaß des Schadens von der Konzentration des verabreichten Sauerstoffs und der Dauer der Verabreichung abhängig ist. Zunächst kommt es zu einem übermäßigen Wachstum der Blutgefäße in der Netzhaut, und später kann sich eine Fibrose (Verödung, Verhärtung) in der Netzhaut ausbilden. In schweren Fällen löst sich die Netzhaut ab, was eine teilweise oder vollständige Blindheit des betroffenen Kindes zur Folge haben kann. Die retrolentale Fibroplasie läßt sich fast vollständig verhindern, indem man die an die Frühgeborenen verabreichten Sauerstoffkonzentrationen möglichst unter 30% hält. Ist eine Konzentration von 100% (d.h. reiner Sauerstoff) notwendig, um das Baby am Leben zu erhalten, was manchmal der Fall ist, dann sollte dies über die kürzestmögliche Zeit geschehen. Frühgeborene, die wegen eines → idiopathischen Atemnotsyndroms oder einer anderen Erkrankung an einer chronischen Hypoxie (Sauerstoffmangel) leiden, benötigen unter Umständen über mehrere Tage lang hohe Konzentrationen an Sauerstoff, um überleben zu können. In diesen Fällen muß der Sauerstoffgehalt des arteriellen Blutes sorgfältig überwacht werden, um den toxischen Effekt auf die Netzhaut zu verhindern. Eine kürzlich veröffentlichte Studie weist darauf hin, daß die Gabe von hohen Dosen an Vitamin E an Kinder, die Sauerstoff benötigen, innerhalb von 24 Stunden nach der Geburt das Ausmaß der entstehenden retrolentalen Fibroplasie deutlich senken konnte. Diese Therapie befindet sich jedoch noch im Versuchsstadium. Das Abdunklen der gewöhnlich sehr intensiv beleuchteten Frühgeborenen-Intensivstationen könnte möglicherweise ebenfalls dazu beitragen, die Netzhautschäden zu verhindern oder abzumildern.

Rezidiv Wörtlich „Rückfall". Das Wiederauftreten einer Erkrankung nach vorheriger Abheilung. Im Falle einer Krebserkrankung spricht man von einem Rezidiv, wenn der Tumor an der gleichen Stelle wieder auftritt, von der er vorher vollständig (durch Operation, Bestrahlung oder Chemotherapie) entfernt worden war.

Rhesus-Faktor Auch *Rh-Faktor.* Ein → Antigen auf den roten Blutkörperchen, das bei den meisten Menschen (85%) vorhanden ist, deren Blut folglich als Rh-positiv bezeichnet wird. Ist der Rhesus-Faktor nicht vorhanden, dann ist das Blut Rh-negativ. Wenn eine Frau mit Rh-negativem Blut mit einem Rh-positiven Kind (weil der Vater des Kindes Rh-positiv ist) schwanger ist, dann kann es über einen Kontakt der beiden verschiedenen Blutgruppen zu einer sogenannten *Sensibilisierung* bei der Mutter kommen, d.h. der Körper der Mutter bildet → Antikörper gegen Rh-positive Blutkörperchen, die bei einem erneuten Kontakt mit Rh-positivem Blut diese Blutkörperchen angreifen und zerstören. Zu der Sensibilisierung kommt es meistens erst während der Entbindung, seltener schon vorher durch Übertritt von kindlichem Blut über die Plazenta in den mütterlichen Blutkreislauf. Eine andere Möglichkeit der Sensibilisierung besteht in der (versehentlichen) Transfusion von Rh-positivem Blut an die Rh-negative Person. Eine Sensibilisierung verläuft stets unbemerkt, d.h. sie verursacht keine Beschwerden. Eine gefährliche Situation entsteht erst dann, wenn eine sensibilisierte Frau erneut mit einem Rh-positivem Kind schwanger ist. Jetzt können nämlich die mütterlichen Antikörper über die Plazenta in den kindlichen Blutkreislauf gelangen und dort zu einer Zerstörung der fetalen Blutkörperchen führen. Diese Situation einer Blutgruppen-Unverträglichkeit zwischen Mutter und Kind wird auch als Inkompatibiliät und im Falle des Rhesus-Faktors als *Rh-Inkompatibilität* bezeichnet. Die Zerstörung der fetalen roten Blutkörperchen (Erythrozyten) und die daraus resultierenden Probleme für das Kind bezeichnet man als *Rh-Erythroblastose* oder *Erythroblastosis fetalis.*

Eine Rhesus-Inkompatibiliät zwischen Mutter und Kind tritt bei etwa 0,5% aller Schwangerschaften auf und kann, wie schon beschrieben, zum Tod des Kindes durch die Erythroblastose führen, die eine Form der Anämie (Blutarmut) darstellt. Je nach Ausmaß der Erkrankung beim Fetus kann der Tod schon im vierten Schwangerschaftsmonat auftreten. Der einzig sichere Weg, einen bedrohten Fetus zu retten, besteht in einer Austauschtransfusion, d.h. im Ersatz des kindlichen Rh-positiven Blutes durch Rh-negatives Blut, dem die mütterlichen Antikörper nichts anhaben können. Früher wurden solche Austauschtransfusionen sofort nach der Entbindung durchgeführt, was für viele Kinder jedoch schon zu spät war. 1963 entwickelte ein Arzt aus Neuseeland, *Dr. William Liley,* eine Methode, bei der man Rh-negatives Blut direkt in den mütterlichen Bauch spritzte und auf diese Weise einen Austausch des fetalen Blutes noch während der Schwangerschaft durchführen konnte. Dies führte zur deutlichen Senkung der Todesrate durch Rh-Inkompatibilität. Eine neuere Methode wurde in Frankreich entwickelt, bei der das Austauschblut über die Nabelschnur schon ab der 18. Schwangerschaftswoche gegeben werden kann. Dieses Verfahren heißt *intrauterine* Transfusion.

Wesentlich besser und risikoärmer als diese Methoden zur Behandlung einer bereits eingetretenen Erythroblastose des Feten ist die prophylaktische Gabe eines bestimmten Immunglobulins, d.h. die Durchführung der sogenannten *Anti-D-Prophylaxe* bei allen Rh-negativen Frauen. Wenn man diesen Impfstoff einer nicht sensibilisierten Rh-negativen Mutter verabreicht, die gerade ein Kind entbunden oder eine Fehlgeburt oder Abtreibung gehabt hat, dann werden eventuell in ihren Körperkreislauf gelangte Rh-positive Blutkörperchen abgetötet und damit eine Sensibilisierung, d.h. die Antikörperbildung, die ein späteres Kind schädigen könnte, verhindert. Um wirksam zu sein, muß die Anti-D-Prophylaxe innerhalb von 72 Stunden nach der Entbindung (bzw. Fehlgeburt oder Abtreibung) erfolgen.

Grundsätzlich werden alle schwangeren Frauen auf den Rhesus-Faktor hin getestet, auch wenn sie einen Abbruch der Schwangerschaft planen. Wenn die Frau Rh-negativ ist und der Vater ebenfalls, dann besteht keine Gefahr. Ist der Vater Rh-positiv oder ist die Vaterschaft und damit die Blutgruppe nicht bekannt beziehungsweise bestimmbar, dann muß untersucht werden, ob die Frau schon Antikörper gegen Rh-positives Blut gebildet hat (in einer früheren Schwangerschaft oder durch eine Bluttransfusion; siehe oben). Sind keine Antikörper im Blut der Mutter vorhanden, dann wird der Test von der 28. Schwangerschaftswoche an bis zur Beendigung der Schwangerschaft monatlich wiederholt, um zu schauen, ob sich Antikörper entwickeln. Sind Antikörper vorhanden, ist die Schwangerschaft als Risikoschwangerschaft einzustufen und muß sorgfältig überwacht werden. Mit Hilfe einer → Amniozentese bestimmt man den → Bilirubin-Gehalt des Fruchtwassers, um den Gefährdungsgrad des Feten abzuschätzen. Begleitend wird mit der → Ultraschallsonographie untersucht, wie weit der Fetus entwickelt ist und ob sich schon irgendwelche Schäden zeigen. Ist dies der Fall, muß man eine Austauschtransfusion vornehmen oder, wenn der Fetus schon reif genug ist, unter Umständen die Geburt einleiten.

Bei der Mehrzahl aller Rh-negativen Frauen treten während der ersten Schwangerschaft keine Probleme auf, jedoch kommt es bei 10 bis 15% nach einer oder mehreren Schwangerschaften zu einer Sensibilisierung. Die Anti-D-Prophylaxe führt bei etwa 90% zu einer Ausschaltung jeglichen Risikos bei einer weiteren Schwangerschaft. Die Prophylaxe muß jedoch nach jeder weiteren Entbindung, Fehlgeburt oder Abtreibung wieder erneut durchgeführt werden.

Rheumatoide Arthritis Auch *progredient* oder *primär chronische Polyarthritis* (abgekürzt pcP), im Volksmund oft einfach auch nur *Rheumatismus* bzw. *Rheuma*, wobei man sich dabei auf verschiedenste Formen der Gelenkserkrankungen bezieht. Eine chronische, fortschreitende Systemerkrankung des Bindegewebes, die vor allem die Gelenke und die darumliegenden Weichteile betrifft. Etwa 1% der Bevölkerung leidet an einer rheumatoiden Arthritis, und von diesen sind drei Viertel Frauen. Die Krankheit tritt bevorzugt, jedoch nicht ausschließlich erstmals zwischen dem 20. und 45. Lebensjahr auf, mit einem Gipfel um das 40. Lebensjahr.

Die rheumatoide Arthritis ist die häufigste Form der *Synovitis*, d.h. einer Entzündung der Innenschicht der Gelenkskapsel. Auf einen noch unbekannten auslösenden Reiz hin kommt es an dieser Innenschicht über eine Antigen-Antikörper-Reaktion (siehe → Antigen, → Antikörper) zu einer Entzündung, die zur Schwellung und durch vermehrte Durchblutung zur Überwärmung und Rötung des betroffenen Gelenks führt. Die bei der Entzündungsreaktion freigesetzten Enzyme führen zu Schmerzen und zu einer Schädigung der knorpeligen Knochenenden innerhalb eines Gelenks. Wenn dieser Prozeß, wie nicht selten, über Jahre anhält, kann der Gelenksknorpel und schließlich auch der darunterliegende Knochen vollständig zerstört werden, was zu einer Versteifung des Gelenks führt.

Der Beginn der Erkrankung ist meist schleichend und besteht typischerweise in Schwellung und Schmerzen in einem oder (häufiger) mehreren Gelenken des Körpers, die mindestens über sechs Wochen hin anhalten. Dabei werden vor allem die Gelenke der Hände und hier insbesondere die Fingergrundgelenke befallen, aber auch die Kniegelenke und die Gelenke des Vorfußes und im Prinzip jedes andere Gelenk kann von der Entzündung betroffen sein. Andere Symptome bestehen in unspezifischen Allgemeinsymptomen wie Müdigkeit, Abgeschlagenheit, Schweißneigung und manchmal auch in niedrigerem Fieber sowie in einem vor allem morgens ausgeprägten Steifigkeitsgefühl in den Gelenken. Die Diagnose wird anhand der typischen Beschwerden und durch den Nachweis des sogenannten *Rheuma-Faktors* im Blut, der bei 80% der Erkrankten positiv ist, gestellt. Röntgenaufnahmen der betroffenen Gelenke sind im Frühstadium der Erkrankung bei der Diagnosestellung wenig hilfreich, können in späteren Krankheitsstadien aber für die rheumatoide Arthritis typische Gelenkschäden zeigen.

Die Krankheit kann im großen und ganzen drei Verlaufsformen nehmen. Sie kann in einer hoch-akuten kurzen Erkrankung bestehen, die höchstens wenige Monate anhält und keine bleibenden Gelenkschäden hinterläßt. Oder sie besteht aus mehreren akuten Episoden, zwischen denen eine → Remission stattfindet, d.h. keinerlei oder nur sehr wenig Beschwerden bestehen. Schließlich kann sie einen chronischen Verlauf über Jahre oder das ganze Leben mit dazwischen geschalteten Phasen der akuten Verschlechterung und einem über die Zeit ansteigenden Behinderungsgrad nehmen. Die letzte Form ist die häufigste Verlaufsform einer rheumatoiden Arthritis.

Die Ursache der rheumatoiden Arthritis ist nicht bekannt, man zählt sie jedoch zu den → Autoimmunerkrankungen, bei denen der Körper aus ungeklärten Gründen plötzlich damit beginnt, Antikörper gegen sein eigenes Gewebe zu bilden. Da es keine spezifische Heilungsmöglichkeit für die Erkrankung gibt, muß der Patient lernen, so gut wie möglich mit ihr zu leben. Sowohl Überanstrengung als auch zuviel Ruhe verschlimmern die Steifigkeit in den Gelenken, so daß man einen Mittelweg zwischen beidem finden muß. Sehr hilfreich kann dabei die unterstützende Behandlung mit Krankengymnastik und anderen physikalischen Methoden (z.B. Wärme, jedoch nicht im akuten Stadium der Entzündung) sein. Darüber hinaus gibt es einige Medikamente, die je nach Schwere der Erkrankung zur Schmerzlinderung und zur Hemmung der Entzündungsreaktion eingesetzt werden können. Zu diesen gehören Aspirin® in hoher Dosierung und andere entzündungshemmende Medikamente wie Diclofenac und Indometacin. Ihr Hauptnachteil besteht in der möglichen Auslösung von Magengeschwüren und Blutungen im Magen-Darm-Trakt und zentralnervösen Störungen wie Kopfweh und Schwindel. Das Auflösen der Tabletten in reichlich Wasser und/oder die zusätzliche Gabe von Magenschutzmitteln können dabei helfen, diese Nebenwirkungen gering zu halten. Wenn jedoch Blutungen auftreten, dann muß die Einnahme sofort beendet werden. Andere Medikamente sind Goldpräparate, die jedoch mit erheblichen Nebenwirkungen belastet sind, sowie Anti-Malariamittel (Resochin®) und D-Penicillamin (Metalcaptase®), deren Wirkung jedoch erst nach Wochen bis Monaten auftritt. In schweren Fällen kann man auch versuchen, das Immunsystem des Körpers mit → Cortison oder z.B. Imurek® (siehe unter → Immunsuppression) zu unterdrücken, was sehr wirksam sein, jedoch leider auch erhebliche Nebenwirkungen auslösen kann wie z.B. Blutbildungsstörungen beim Imurek® und ein → Cushing-Syndrom und anderes beim Cortison. Bei stark zerstörten Gelenken kann man unter Umständen durch orthopädische Hilfsmittel oder Operationen Linderung sowie eine Steigerung der Beweglichkeit erreichen.

Bei Frauen wird weder der Menstruationszyklus noch die Empfängnisfähigkeit durch die rheumatoide Arthritis beeinträchtigt. Eine Schwangerschaft kann sowohl zu einer Besserung als auch zu einer Verschlechterung der Beschwerden führen. Die Entbindung ist unter Umständen durch zerstörte Hüftgelenke erschwert. Die Anti-Baby-Pille (→ orale Kontrazeptiva) muß mit Vorsicht eingenommen werden, da das Risiko für Durchblutungsstörungen bei Frauen mit rheumatoider Arthritis ohnehin schon erhöht ist. Von einer Spirale (→ Intrauterinpessar) wird man abraten, wenn die Frau Zeichen einer begleitenden Anämie (Blutarmut) zeigt, da die Spirale zu verstärkten Regelblutungen führen kann. Obwohl die Fähigkeit zur sexuellen Erregung unbeeinflußt ist, kann die Lust auf Sex durch Schmerzen und/oder Müdigkeit deutlich herabgesetzt sein. Außerdem können Schmerzen bestimmte Positionen beim Geschlechtsverkehr (und bei der → Masturbation) unmöglich machen. Siehe auch → Arthrose.

Risikoschwangerschaft Ein Ausdruck, der für schwangere Frauen verwendet wird, die an einer chronischen Krankheit oder anderen Problemen leiden, durch die die Schwangerschaft für sie und/oder das Kind gefährlicher wird als bei einer gesunden Frau. Zu den chronischen Erkrankungen, die zu einem erhöhten Risiko während der Schwangerschaft führen, gehören z.B. der → Diabetes mellitus (Zuckerkrankheit), ein erhöhter Blutdruck (→ Bluthochdruck), Herz-, Nieren- oder Lungenerkrankungen, Erkrankungen der Leber oder des Blutes und jede Form des → Krebses sowie Alkohol- oder Drogenabhängigkeit. Darüber hinaus können bestimmte Infektionskrankheiten bei der Mutter, besonders → Röteln, genitale → Herpesinfektionen, → AIDS, → Syphilis und → Gonorrhoe, zu ernsten Problemen beim Kind führen. Auch Blutgruppenunverträglichkeiten (siehe unter → Rhesus-Faktor) zwischen Mutter und Kind stellen ein erhöhtes Risiko dar. Schließlich besteht ein erhöhtes Risiko für das ungeborene Kind, wenn die Mutter älter als 35 oder jünger als 16 Jahre alt ist (siehe → gebärfähiges Alter), wenn bei eventuell vorausgegangenen Schwangerschaften Schwierigkeiten aufgetreten waren, wenn die Schwangere übergewichtig ist, bekanntermaßen ein kleines Becken hat oder wenn es sich um eine → Mehrlingsschwangerschaft handelt. In all diesen Fällen muß die → Schwangerenvorsorge häufiger und sorgsamer als gewöhnlich erfolgen, und vor allem im letzten Drittel der Schwangerschaft empfiehlt man der Frau, sich nicht zu weit entfernt von einer geeigneten Klinik (z.B. im Ausland) aufzuhalten.

Ein Bluthochdruck, der vor allem bei übergewichtigen und/oder älteren Schwangeren vorkommt, kann während der Schwangerschaft zur Beeinträchtigung des Blutflusses über die → Plazenta zum Kind und damit zu kleineren Babies führen, was seinerseits

Komplikationen mit sich bringen kann. Ein Bluthochdruck geht auch mit einem erhöhten Risiko für einen Nierenschaden einher, was potentiell lebensbedrohlich sowohl für die Mutter als auch für das Kind sein kann. Eine Schwangerschaft bedeutet immer eine größere Arbeitsbelastung für das Herz und die Nieren. Diese Mehrbelastung kann für vorgeschädigte Herzen oder Nieren zu groß sein. Die Schwangerschaft selbst kann auch bei Frauen, bei denen der Blutdruck vorher normal war, zu einem Bluthochdruck führen (siehe → Präeklampsie). Auch eine ausgeprägte → Adipositas (Übergewicht) bedeutet eine Gefahr für Mutter und Kind. Bei der Mehrzahl aller übergewichtigen Schwangeren kommt es zu der einen oder anderen Komplikation, insbesondere zur Erhöhung des Blutdruckes, zur Entwicklung eines Diabetes, zu Wundheilungskomplikationen oder zu Gerinnungsstörungen des Blutes. Stark rauchende Schwangere gebären häufiger als Nichtraucherinnen zu kleine und unreife Kinder, und das Risiko einer Fehlgeburt (→ Abort), einer → Placenta praevia und einer → Abruptio placentae ist höher.

RNS Siehe unter → Nukleinsäuren

Röteln Eine Infektionskrankheit des Kindesalters (Kinderkrankheit) mit dem sogenannten Röteln-Virus, die, wenn sie zur Ansteckung einer Schwangeren führt, zur Fehlgeburt, zur Geburt eines toten Kindes oder zu schweren → angeborenen Erkrankungen beim Kind führen kann. Je früher in der Schwangerschaft die Ansteckung erfolgt, desto ernster sind die Folgen. Während der ersten zwölf Entwicklungswochen besitzt der → Fetus noch nicht die Fähigkeit, Antikörper gegen das Röteln-Virus zu bilden. Das führt im Falle einer Übertragung des Virus aus dem mütterlichen in den kindlichen Blutstrom dazu, daß sich das Virus im Fetus ungebremst vermehren kann. Wenn das Kind dies überhaupt überlebt, dann kann es als Folge dieser ungebremsten Virusinfektion bei Geburt einen oder mehrere der folgenden Schäden zeigen, die in ihrer Gesamtheit auch als *Rötelnembryopathie* bezeichnet werden: Taubheit und andere Ohrschäden, Linsenstar oder andere Augenschäden, Hirnschäden, Herzfehler und/oder Mißbildungen anderer innerer Organe. Die Gefahr für den Fetus ist während der ersten vier Schwangerschaftswochen am größten, während derer es in 60% der Fälle zu schweren irreparablen Schäden des Kindes kommt. Im zweiten Monat werden 35% der Kinder geschädigt, und nur noch 10% bei einer Ansteckung im dritten Monat. Wegen des ausgesprochen hohen Risikos für das ungeborene Kind wird man einer Frau, die während der Frühschwangerschaft mit Röteln angesteckt wird, eventuell einen → Schwangerschaftsabbruch empfehlen. Wenn religiöse oder andere Gründe gegen einen Abbruch sprechen, dann wird man ihr unter Umständen hohe Dosen an Immunglobulinen verabreichen, obwohl viele Fachleute dies für wirkungslos halten.

Der Zusammenhang zwischen einer Röteln-Infektion bei der Mutter während der Schwangerschaft und dem Auftreten von Mißbildungen beim Kind wurde zum ersten Mal im Jahre 1941 entdeckt, und seit 1969 gibt es einen wirksamen Impfstoff gegen Röteln. Frauen, die eine Schwangerschaft planen, wie überhaupt allen Frauen im gebärfähigen Alter empfiehlt man, eine Blutuntersuchung anstellen zu lassen, anhand derer man feststellen kann, ob die Frau schon einmal Kontakt mit dem Röteln-Virus (z.B. in der Kindheit) gehabt und von daher die schützenden Antikörper schon gebildet hat. Da eine Röteln-Ansteckung vor allem im Erwachsenenalter auch unbemerkt verlaufen kann, empfiehlt sich eine solche Blutuntersuchung auch dann, wenn man sich subjektiv sicher ist, niemals Röteln gehabt zu haben. In jedem Fall sollten Frauen, deren Blut keine Antikörper gegen das Röteln-Virus aufweist, mindestens vier Monate vor einer geplanten Schwangerschaft gegen Röteln geimpft werden. Durch die Impfung entstehen Antikörper im Blut der Mutter, die sie gegen eine Ansteckung mit dem Röteln-Virus schützen. Während dieser Vier-Monats-Periode sollten sie außerdem eine zuverlässige Schwangerschaftsverhütung betreiben. Diese Warteperiode nach der Impfung ist deshalb notwendig, weil der Impfstoff aus einem abgeschwächten, aber lebenden Röteln-Virus besteht, der für einen Fetus gefährlich sein kann. Aus dem gleichen Grund ist es nicht ratsam, eine bereits Schwangere zu impfen. Eine schwangere Frau, die weder geimpft ist noch jemals an Röteln erkrankt war beziehungsweise keine Antikörper im Blut hat, sollte jede Anstregung unternehmen, um eine Ansteckung während der Schwangerschaft zu vermeiden. Dazu gehört z.B. auch die Impfung eventueller schon vorhandener Kinder.

Das Röteln-Virus findet sich überall und wird durch Tröpfcheninfektion von Mensch zu Mensch übertragen. Im typischen Fall treten die ersten Symptome zwischen zwölf und 21 Tagen nach der Ansteckung auf und bestehen bei Kindern in einem charakteristischen Hautausschlag mit vielen kleinen rosaroten Flecken zuerst im Gesicht und dann am ganzen Körper sowie in schmerzhaften Schwellungen der Halslymphknoten. Beschwerden wie bei einer leichten Erkältungskrankheit können dem Ausschlag wenige Tage vorausgehen oder gleichzeitig auftreten. Bei Jugendlichen und Erwachsenen kann die Ansteckung entweder unbemerkt oder im Falle einer Erkrankung deutlich heftiger verlaufen als im Kindesalter. Anders als eine Masernerkrankung im Erwachsenenalter klingen Röteln innerhalb weniger Tage wieder ab.

Neugeborene, die sich im Mutterbauch mit Röteln angesteckt haben, können (abgesehen von Mißbildungen) schwer krank sein. Am schlimmsten steht es um Kinder mit ausgedehnten Hautblutungen, da bei ihnen meist auch innere Blutungen vorliegen. Mehr als ein Drittel dieser Kinder stirbt innerhalb des ersten Lebensjahres. In weniger schweren Fällen kann es nach sechs Monaten zu einer deutlichen Besserung kommen, wenn es dem Körper des Kindes gelingt, das Virus auszuschalten, und das Kind beginnt, an Größe und Gewicht zuzunehmen.

Rooming-in Eine Praxis, bei der es der Mutter ermöglicht wird, ihr neugeborenes Baby im selben Raum im Krankenhaus zu haben, in dem auch sie selbst untergebracht ist, anstatt das Kind in speziellen Säuglingsstationen unterzubringen. Vertreter dieser Methode sind der Ansicht, daß das Rooming-in sowohl zur erfolgreichen Brustfütterung als auch zu einer engeren → Mutter-Kind-Bindung beiträgt. Kritiker meinen, daß die Mutter nach der Entbindung ein Maximum an Ruhe und Erholung genießen und sich nicht schon so früh selbst um ihr Kind sorgen müssen sollte. Viele bevorzugen einen Kompromiß, das sogenannte modifizierte oder abgewandelte Rooming-in, bei dem das Baby auf der gleichen Station in einem anderen Zimmer als die Mutter untergebracht ist, aber jederzeit von der Mutter abgeholt und betreut werden kann. Ein anderer Kompromiß ist der, daß das Kind tagsüber bei der Mutter ist, nachts aber außerhalb schläft, um der Mutter einen ununterbrochenen Nachtschlaf zu ermöglichen.

RU-486 Substanzname einer Art Antihormon gegen → Progesteron, das in Frankreich von *Dr. Etienne Baulieu* und der Pharmafirma Roussel-Uclaf entwickelt wurde. Diese

Substanz blockiert die Progesteronrezeptoren in der Gebärmutterschleimhaut und verhindert dadurch den normalerweise durch Progesteron bewirkten Schleimhautaufbau, der für die Erhaltung einer Schwangerschaft notwendig ist. Die Anwendung von RU-486 verhindert demnach nicht die Befruchtung eine Eizelle durch Spermien und auch nicht die Einnistung der befruchteten Eizelle in die Gebärmutterschleimhaut, so daß es im Prinzip ein Abtreibungsmittel (→ Abortiva) darstellt. Als Tablette, Vaginalzäpfchen oder als Spritze angewendet, verhindert es die Aufrechterhaltung einer Schwangerschaft.

RU-486 kann den Abbruch einer bekannten Schwangerschaft im Frühstadium bewirken. Außerdem kann es in Form einer monatlichen Einnahme kurz vor der Regelblutung zur → Empfängnisverhütung eingesetzt werden. In der frühen Schwangerschaft (erste zwei Monate) führt es in ungefähr 85% der Fälle zu einem Schwangerschaftsabbruch, zusammen mit der Verabreichung von → Prostaglandinen sogar noch etwas häufiger. Mögliche Nebenwirkungen sind Benommenheit und schwere, lang dauernde Blutungen aus der Gebärmutter. 1989 entschied die Firma Roussel-Uclaf, die RU-486 unter dem Namen Mifepriston vertreibt, es ein Jahr lang nur in Frankreich zu verkaufen und danach nur in den Ländern, in denen eine Abtreibung nicht illegal ist, ausreichende medizinische Versorgung vorhanden ist und wo die Verteilung so gut kontrolliert werden kann, daß kein Schwarzmarkt entsteht. In Deutschland ist es derzeit (1993) nicht erhältlich.

Säuglingssterblichkeit Eine statistische Meßgröße, mit der man die Zahl der innerhalb des 1. Lebensjahres verstorbenen Säuglinge bezogen auf 1.000 Lebendgeborene angibt. 1988 betrug die Säuglingssterblichkeit in der damaligen Bundesrepublik Deutschland 7,6 pro Mille (d.h. pro 1.000) im Gegensatz zu noch etwa 50 pro Mille im Jahr 1950. Diese Verringerung der Sterblichkeitsrate von Säuglingen wird vor allem auf die bessere medizinische Versorgung der Schwangeren und des Neugeborenen sowie auf den gestiegenen Lebensstandard der Bevölkerung mit Verbesserung der wirtschaftlichen und sozialen Verhältnisse zurückgeführt. Die wichtigsten Gründe für die Säuglingssterblichkeit sind: eine Vernachlässigung der → Schwangerenvorsorge, wodurch eventuelle Gefährdungen des Kindes zu spät erkannt werden (jede Schwangere, die nicht zur Vorsorge geht, wird als → Risikoschwangerschaft eingeordnet!), eine verspätete Einweisung von Risikoschwangeren in geeignete Kliniken, soziologische Bedingungen (wie z.B. ungeeigneter Arbeitsplatz, alleinstehende Mütter u.a.), Untergewichtigkeit der Neugeborenen (siehe → Mangelgeburt und → Frühgeburt), Sauerstoffmangel vor, während oder nach der Geburt durch verschiedenste Ursachen, Infektionen, kindliche Mißbildungen sowie Mängel in der medizinischen Versorgung des Neugeborenen.

Die prinzipiell immer bestehende Gefahr der Säuglingssterblichkeit vor allem in den ersten Lebenstagen ist es auch, die Kritiker einer → Hausgeburt veranlaßt, eine Geburt in einer gut eingerichteten Klinik mit einer möglichst in der nahen Umgebung befindlichen Neugeborenenspezialklinik in jedem Fall, d.h. auch bei bislang unauffällig verlaufener Schwangerschaft zu empfehlen.

safer sex Siehe Tafel unter → AIDS

Salpingektomie Die operative Entfernung eines oder beider Eileiter, eine Operation, die oft in Kombination mit einer → Ovarektomie (Eierstockentfernung) und/oder einer → Hysterektomie (Gebärmutterentfernung) durchgeführt wird. Bei einer *unilateralen* (einseitigen) Salpingektomie wird ein Eileiter, bei der *bilateralen* (beidseitigen) werden beide Eileiter entfernt. Der Hauptgrund für eine einseitige Eileiterherausnahme ist die Entfernung eines Fetus, der sich im Eileiter anstatt wie normal in der Gebärmutter eingenistet hat (siehe → Extrauteringravidität). In einem solchen Fall wird die Diagnose zunächst durch eine → Laparoskopie und/oder eine → Douglaspunktion bestätigt und anschließend der betroffene Eileiter in der Regel chirurgisch entfernt. Manchmal, wenn der andere Eileiter wegen einer früheren Eileiterschwangerschaft schon entfernt wurde, versucht der Operateur den verbliebenen Eileiter (und damit die einzige Möglichkeit zu einer erneuten Schwangerschaft) zu reparieren statt ihn zu entfernen, was aber nicht selten zur Bildung von Narbengewebe und anderen Schäden am Eileiter und damit auch wieder zu einem erhöhten Risiko für eine erneute Eileiterschwangerschaft führt.

Salpingitis Auch *Eileiterentzündung*. Siehe unter → Pelvine Entzündung.

Samen Auch *Sperma*, *Samenflüssigkeit*. Die im Rahmen des männlichen → Orgasmus durch die → Ejakulation abgegebene Flüssigkeit, die die Samenfäden sowie Drüsensekrete zur Ernährung der Spermien enthält. Für die Beschreibung der Spermauntersuchung siehe unter → Spermien. Siehe auch → Penis.

Samenanalyse Siehe unter → Spermien

Samenblase Siehe unter → Penis

Samenerguß Siehe → Ejakulation

Samenerguß, verspäteter Siehe → Ejaculatio retarda

Samenerguß, vorzeitiger Siehe → Ejaculatio praecox

Samenflüssigkeit Siehe → Samen, siehe auch → Spermien

Samenleiter Auch *Ductus deferens*. Ein 50 bis 60 Zentimeter langer dünner Schlauch, der ausgehend vom Nebenhoden (siehe unter → Hoden) auf jeder Seite nach oben in das kleine Becken zur Rückseite der Harnblase zieht, im weiteren Verlauf die Ausführungsgänge der Samenblase (siehe unter → Penis) aufnimmt, durch die → Prostata (Vorsteherdrüse) zieht und schließlich in die männliche Harnröhre mündet. In den Samenleitern werden die im Hoden gebildeten → Spermien bis zur Harnröhre transportiert und von dort bei einer → Ejakulation nach außen abgegeben. Ohne die Samenleiter ist ein Mann zeugungsunfähig. Die operative Unterbrechung der Samenleiter, die sogenannte → Vasektomie, ist die hauptsächliche Form der Sterilisation beim Mann.

Sanfte Geburt Eine Entbindungsform, deren Ziel es ist, das Geburtstrauma für das neugeborene Kind so gering wie möglich zu halten, indem verschiedene Maßnahmen ergriffen werden wie z.B. die Abdunkelung des Raumes, die Vermeidung beziehungsweise Ausschaltung aller lauten oder plötzlichen Geräusche und das besonders langsame und behutsame Vorgehen bei der Entbindung des Kindes. *Frederick Leboyer,* ein französischer Geburtshelfer, der diese Methode etwa 1970 begründete, vertrat auch die Ansicht, daß das Baby nach der Geburt nicht sofort abgetrocknet und angezogen werden sollte. Stattdessen kommt es zunächst in ein warmes Bad, was dem Zustand im Mutterleib am meisten ähnelt, und man läßt ihm Zeit, sich langsam an die neue Umgebung zu gewöhnen, bis es sich dehnt und ausstreckt. Dann trocknet man das Baby ab, zieht es an und gibt es der Mutter. Verschiedene grundsätzliche Überlegungen dieses Ansatzes werden bis zu einem gewissen Ausmaß heutzutage in vielen geburtshilflichen Kliniken berücksichtigt.

Nicht verwechselt werden sollt die sanfte Geburt mit der *schmerzarmen* oder *schmerzlosen* Geburt für die Mutter. Die Überlegungen bei der sanften Geburt beziehen sich im wesentlichen auf das Neugeborene und seinen möglichst wenig traumatischen Lebensbeginn und nicht auf die Gebärende. Siehe auch → Geburtsvorbereitung.

Sarkom Ein bösariger Tumor (→ Krebs), der seinen Ausgang von Binde- und Stützgewebe des Körpers (z.B. Knochensarkom oder Muskelsarkom) nimmt. Ein Sarkom setzt häufig schon sehr früh (früher als z.B. das → Karzinom) über den Blutweg Metastasen (Tochtergeschwülste) in anderen Körperbereichen.

Sattelblock-Anästhesie Siehe unter → Leitungsanästhesie

Sauerstoffgabe während der Geburt Die Gabe von Sauerstoff meist zusammen mit einem gasförmigen Narkosemittel an die Mutter zur → Geburtserleichterung. Dabei erfolgt die Inhalation (Einatmung) meist durch die Mutter selbst, und zwar immer direkt vor einer Wehe. Die Inhalationen führen, richtig angewandt, zur Ausschaltung der Schmerzen, ohne daß gleichzeitig das Bewußtsein der Mutter ausgeschaltet oder beeinträchtigt wird. Das Kind wird nicht geschädigt. In neuerer Zeit treten Inhalationen durch die bevorzugte Anwendung von psychologischen Methoden zur → Geburtsvorbereitung und → Geburtserleichterung in den Hintergrund.

Eine Sauerstoffgabe kann unter Umständen auch nach der Geburt, und zwar für das Neugeborene notwendig werden, vor allem wenn es sich um eine → Frühgeburt und/ oder ein Baby mit einem → idiopathischen Atemnotsyndrom handelt. Wenn man jedoch einem Neugeborenen zuviel Sauerstoff gibt, besteht die Gefahr, daß die Netzhaut der Augen beschädigt wird, was womöglich zu Blindheit führen kann (siehe → retrolentale Fibroplasie), weshalb man die Sauerstoffzufuhr immer sorgfältig überwachen muß.

Saugglocke Auch *Vakuumextraktor*. Ein geburtshilfliches Instrument, das als Alternative zur Zange bei der Entbindung des Kindes eingesetzt wird. Dabei wird eine flache, metallene Saugglocke auf die Kopfschwarte des Kindes aufgesetzt und über einen angeschlossenen Schlauch langsam die Luft aus der Glocke herausgesaugt, wodurch ein Unterdruck entsteht, durch den die Saugglocke am kindlichen Kopf haftet. Im Schlauch befindet sich außerdem eine Zuggkette, die an einer Platte im Inneren der Saugglocke befestigt ist. Durch vorsichtigen langsamen Zug an dieser Kette wird dann das Kind nach unten gezogen, bis der Kopf geboren ist. Durch Öffnen eines Ventils wird der Unterdruck wieder aufgehoben und die Glocke kann abgenommen werden (siehe auch Abb. 14 auf der folgenden Seite). Der Hauptvorteil der Saugglocke im Vergleich zur Zange besteht darin, daß sie keine Blätter hat, die an der Seite des kindlichen Kopfes angesetzt werden müssen und damit noch mehr Platz wegnehmen. Außerdem führt sie seltener zu Verletzungen sowohl bei der Mutter als auch beim Kind. Ihre Anwendung ist jedoch etwas schwieriger als bei der Zange und erfordert vom Geburtshelfer mehr Übung. Dennoch hat die Saugglocke die Zange heute weitgehend ersetzt, wenn es darum geht, die Geburt des Kindes durch geburtshilfliche Maßnahmen zu unterstützen. Bezüglich weiterer Einzelheiten siehe unter → Zangengeburt.

Saugkürettage Siehe unter → Vakuumkürettage

Schädellage Jede Lage des Kindes bei der Geburt, bei der der Kopf den vorangehenden Teil bildet (d.h. zuerst geboren wird). Die günstigste und häufigste Schädellage ist die, bei der sich der Kopf in der sogenannten → vorderen Hinterhauptslage befindet, d.h. das Hinterhaupt des kindlichen Kopfes bildet den vorangehenden Teil. Dies ist bei weitem die einfachste Stellung des Kindes für die Geburt. Alle anderen Schädelhaltungen werden als → Haltungsanomalie bezeichnet, die jede für sich besondere Probleme hervorrufen. Siehe unter → Stirnhaltung, → Gesichtslage, → Scheitelhaltung. Siehe auch unter → Geburtsmechanismus.

Schamhaar Das Haar, das während der → Pubertät bei beiden Geschlechtern im Genitalbereich wächst. Bei Frauen dehnt sich das Schamhaar in anhähernd dreieckiger Form

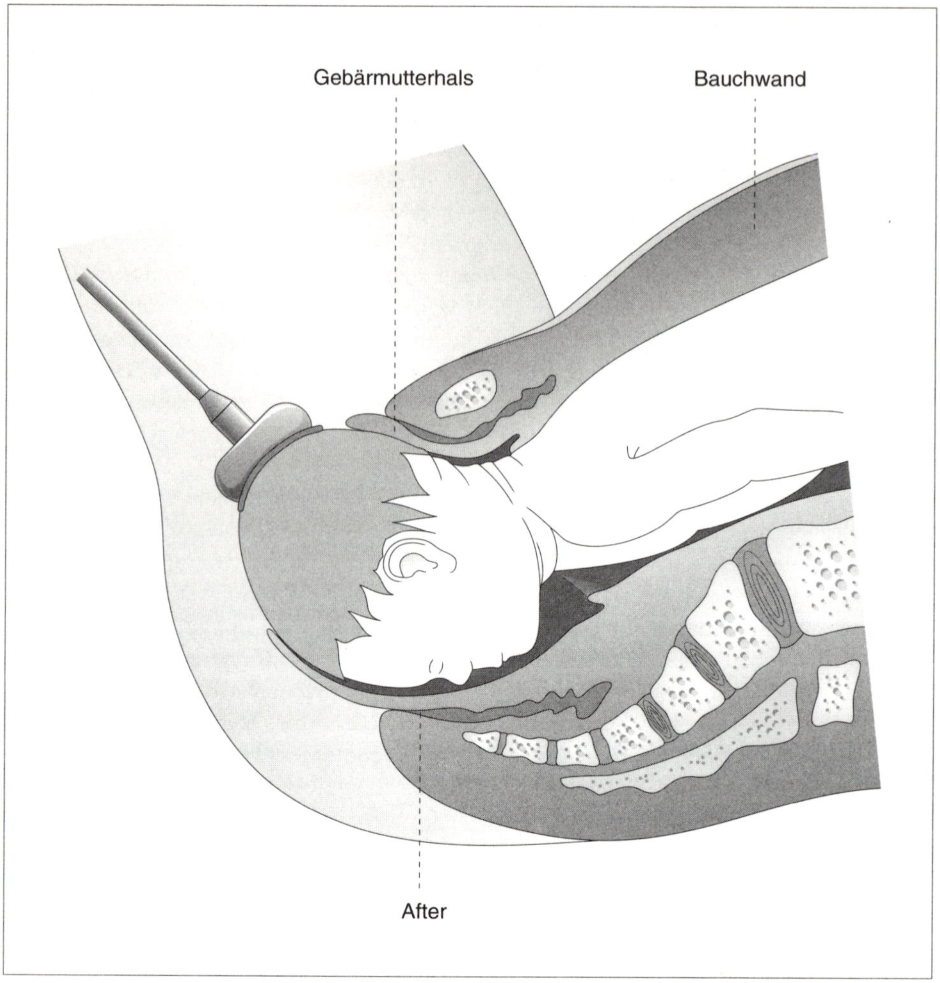

Abb. 14: Schematische Darstellung einer Entbindung mit Saugglocke

über den → Venushügel aus und ist nach oben (zum Bauch) relativ scharf abgegrenzt. Bei Männern ist diese Grenze weniger gut definiert, d.h. die Schamhaare gehen nach oben in die Bauchbehaarung und nach unten in die Beinbehaarung über. Das Schamhaar kann spärlich oder sehr dicht, glatt oder gelockt sein. Seine Funktion ist wie die des Achselhaares das Aufsaugen von Feuchtigkeit sowie das Auffangen des Schweißgeruches (der durch die → Schweißdrüsen in diesem Bereich entsteht). Bei Mädchen setzt das Wachstum der Schambehaarung in der Regel etwa ein Jahr vor dem Eintritt der Menarche (der ersten Regelblutung) ein. Sollte bis zum 14. Lebensjahr (beziehungsweise dem 16. bei Jungen) keinerlei Schambehaarung sichtbar sein, dann ist es ratsam, durch eine ärztliche Untersuchung den Grund dafür untersuchen zu lassen. Manchmal ist das Schamhaar von kleinen Parasiten befallen (siehe → Filzlaus).

Schamhügel Siehe unter → Venushügel

Schamlippen Auch *Labia* beziehungsweise *Labium* (Singular). Zwei Paare von Hautfalten, die sich schützend vor den Scheideneingang legen. Das äußere, größere Paar, *große Schamlippen* oder *Labia majora* genannt, besteht fast vollständig aus Fettgewebe und entspricht dem → Skrotum des Mannes. Die großen Schamlippen reichen vom Schamhügel nach hinten bis zum Damm und sind — wenngleich sehr variabel in ihrer Größe und Form — im Durchschnitt sieben bis acht Zentimeter lang, zwei bis drei Zentimeter breit und eineinhalb Zentimeter dick. Bei Kindern und Jungfrauen liegen sie in der Regel nahe beieinander und verdecken alles Darunterliegende vollständig, wohingegen sie bei Frauen, die eines oder mehrere Kinder geboren haben, weit auseinanderklaffen. Ihre äußere Oberfläche ist trocken, von normaler Körperhaut überzogen und nach der Pubertät mit Haaren besetzt. Ihre innere Oberfläche ist feucht mit wenig oder keinen Haaren und besitzt eine Vielzahl von kleinen Drüsen. Nach der → Menopause nehmen die großen Schamlippen kontinuierlich an Größe ab.

Das innere Schamlippenpaar, die *kleinen Schamlippen* oder *Labia minora*, besteht aus zwei flachen, festen, rötlichen Hautfalten, die von der → Klitoris (Kitzler) nach hinten reichen. An ihrem vorderen Ende teilt sich jede kleine Schamlippe in zwei, die Klitoris umgebende Hautfalten auf, die der Vorhaut des Mannes entsprechen. Auch die Größe und Form der kleinen Schamlippen sind von Frau zu Frau sehr unterschiedlich. Vor der Geburt von Kindern liegen sie in der Regel verborgen unter den großen Schamlippen, danach können sie jedoch hervortreten und somit sichtbar werden. Ihre äußere Oberfläche sieht mehr wie Schleimhaut (wie das Innere des Mundes z.B.) als wie Körperhaut aus. Sie tragen keine Haare, aber viele Drüsen, unter anderem auch Schweißdrüsen. Die Innenseite der kleinen Schamlippen hat viele kleine Nervenendigungen und ist daher sehr empfindlich für Berührung.

Schanker, harter Auch *Ulcus durum*. Ein schmerzloses, hartes Geschwür der Haut an irgendeiner Körperstelle, meistens jedoch im Genital- oder Mundbereich, das das erste sichtbare Zeichen einer → Syphilis darstellt.

Schanker, weicher Auch *Ulcus molle*. Eine → sexuell übertragbare Krankheit oder Geschlechtskrankheit, die durch die Infektion mit dem Bakterium *Haemophilus Ducreyi* hervorgerufen wird, das vor allem in tropischen Ländern vorkommt. In Deutschland ist diese Erkrankung sehr selten geworden. Sie wird durch vaginalen, analen oder oral-genitalen Geschlechtsverkehr übertragen, und zwar vor allem dann, wenn vorher schon eine Schleimhautläsion wie z.B. ein Riß oder Schnitt besteht, durch die das Bakterium eindringen kann. Bei vielen Frauen können sich die Bakterien im Genitalbereich aufhalten, ohne Symptome zu verursachen, so daß diese Frauen, ohne es zu wissen, Bakterienträger und damit Krankheitsüberträger sein können. Andernfalls, d.h. im Falle von Symptomen, kommt es typischerweise nach etwa ein bis fünf Tagen zu einem oder öfter mehreren kleinen Hautgeschwüren am Penis oder an den Schamlippen. Am Anfang besteht ein solches Geschwür aus einem erhabenen Knoten mit einem schmalen rötlichen Randsaum. Später füllt es sich mit Eiter und zerplatzt schließlich, wodurch ein offenes, sehr schmerzhaftes Geschwür mit gezacktem Rand entsteht. Diese Geschwüre bluten leicht bei Berührung, und manchmal entsteht aus mehreren hintereinander liegenden Geschwüren ein einziges großes, längliches Geschwür. In seltenen Fällen verschwinden die Geschwüre von allein innerhalb von einigen Tagen. Bei der Hälfte der unbehandelten Patienten kommt es jedoch auch zu einer Infektion der Leistenlymphknoten: fünf bis acht Tage nach dem Auftreten des ersten Geschwürs werden die Lymphknoten in einer oder beiden Leisten größer, hart und schmerzhaft. Mehrere solcher veränderter Lymphknoten verbacken miteinander und bilden eine einzige schmerzhafte Schwellung, die *Bubo* genannt wird. Die darüberliegende Haut färbt sich rot an. Ohne Therapie rückt der Bubo an die Oberfläche und zerplatzt schließlich, wobei sich gelblicher Eiter entleert. Wieder entsteht ein großes offenes Geschwür, das sehr anfällig für die Infektion mit zusätzlichen anderen Organismen ist.

Der weiche Schanker kann mit anderen Geschlechtskrankheiten, vor allem mit der → Syphilis und dem → Lymphogranuloma inguinale (von denen das letztere ebenfalls durch Bubos charakterisiert ist) verwechselt werden. Die Diagnose wird durch Abstriche aus dem Geschwürsrand mit anschließender mikroskopischer Begutachtung und Anlegen einer Bakterienkultur, das den ursächlichen Erreger nachweist, gestellt. Die Therapie besteht in der Gabe von Sulfonamiden, eventuell auch von Tetrazyklinen (beides → Antibiotika). Manchmal wird eine plastische Operation notwendig, wenn die Geschwüre den Genitalbereich entstellt haben. Nach der Therapie sollten über ein Jahr regelmäßige Kontrollen alle drei Monate erfolgen, um sicherzustellen, daß die Infektion beseitigt ist.

Scheide Siehe → Vagina

Scheidenabstrich Siehe → Vaginalabstrich

Scheidendiaphragma Auch kurz *Diaphragma*. Eine Methode der → Empfängnisverhütung, bei der ein kappenförmiger, elastischer Gegenstand aus Gummi und einem Metallring zusammen mit → spermizider Vaginalcreme in die Vagina vor den Gebärmuttermund eingeführt wird, um eine Befruchtung zu verhindern. Seine Wirksamkeit besteht nicht allein in einer mechanischen Barriere gegen die Spermien, die theoretisch unter dem Rand des Diaphragmas durchwandern könnten, sondern eher darin, daß mit Hilfe des Diaphragmas spermizide, d.h. spermienabtötende Creme an Ort und Stelle, nämlich direkt vor der → Zervix gehalten wird, wodurch die Spermien abgetötet werden, bevor sie in den → Zervikalkanal und damit in die Gebärmutter eindringen können. (Spermien können wegen des sauren pH-Wertes der Sekrete der Scheidenschleimhaut in der Vagina nicht länger als acht Stunden überleben.) Das Diaphragma muß vom Arzt verschrieben und angepaßt werden. Theoretisch ist es eines der wirksamsten und sichersten → Verhütungsmittel. Richtig angewandt bietet es eine Erfolgsrate von schätzungsweise 98%, d.h. nur in 2 von 100 Fällen kommt es trotz richtiger Anwendung zu einer ungewollten Schwangerschaft. Es muß jedoch sorgfältig angepaßt werden, d.h. es sollte groß genug sein, um die Anschwellung der Vagina während sexueller Erregung zu erlauben, und gleichzeitig nicht zu eng, um nicht zu einem unangenehmen Druckgefühl zu führen, wenn die Vagina wieder zu ihrer normalen Größe zurückkehrt. Der richtige Sitz des Diaphragmas sollte jährlich kontrolliert werden, außerdem nach jeder Entbindung, Fehlgeburt oder nach Gewichtsveränderungen ab 5 kg nach unten oder oben, da sich die Größe der weiblichen Geschlechtsorgane durch diese Faktoren verändern kann. Das Diaphragma muß zusammen mit einer ausreichenden Menge an spermizider Creme vor jedem Geschlechtsverkehr neu eingeführt werden und anschließend acht Stunden in der Vagina belassen werden. Wenn es vor dem Ablauf dieser acht Stunden zu einem erneuten Geschlechtsverkehr kommt, dann muß vorher eine zusätzliche Menge an spermizider Creme mit Hilfe eines Applikators eingeführt werden. Da die Cremes nur etwa sechs bis acht Stunden wirksam sind, sollte man das Diaphragma außerdem nicht mehr als zwei Stunden vor dem Geschlechtsverkehr einführen. Wenn mehr als zwei Stunden vergangen sind, sollte man das Diaphragma entfernen und nochmals mit spermizider Creme auffüllen, bevor es zum Geschlechtsverkehr kommt. Angesichts all dieser Erfordernisse ist die Wirksamkeit eines Diaphragmas zur Verhinderung einer ungewollten Schwangerschaft in der Praxis weit geringer als die oben genannten 98% und liegt bei ungefähr 85%.

Das Diaphragma selbst besteht aus einem beweglichen Metallring, der mit Gummi bedeckt ist, so daß die Form einer niedrigen Kuppel oder Kappe entsteht. In diese Kappe und überall auf den Rand des Ringes wird insgesamt etwa ein Teelöffel spermizide Creme gefüllt. Dann drückt man das Diaphragma mit der einen Hand zusammen, spreizt mit der anderen die Schamlippen auseinander und führt es mit der Öffnung nach hinten tief in die Scheide ein, wo es sich durch seine Elastizität entfaltet und an Ort und Stelle gehalten wird. Der Rand des Diaphragmas sollte hinter dem Schambeinknochen liegen, wo man es außer durch Ertasten nicht spüren kann, und die Kappe sollte die Zervix bedecken. Das Einführen ist einfacher, wenn man dabei entweder in die Hocke geht oder ein Bein auf einen Stuhl oder ähnliches stellt. Es gibt auch bei manchen Marken ein spezielles Einführgerät für Frauen, die das Einführen mit der Hand zu schwierig finden. Ein Diaphragma sollte nie länger als 24 Stunden in der Scheide bleiben. Nach der Entfernung (acht Stunden nach dem Geschlechtsverkehr) wäscht man es mit Seife und Wasser, spült es gut aus, trocknet es ab und verwahrt es in einem Behälter, so daß es nicht mit Licht in Berührung kommt. Es darf nicht ausgekocht werden. Außerdem sollte man es regelmäßig auf eventuelle Löcher hin untersuchen. Dies tut man, indem man das Diaphragma gegen das Licht hält oder indem man es mit Wasser füllt und nach Löchern besonders in der Nähe des Randes schaut. Bei guter Pflege hält ein Diaphragma ungefähr zwei Jahre.

Die Diaphragmen gibt es in verschiedenen Durchmessern von 50 bis 100 Millimeter (die meisten Frauen benötigen einen Durchmesser zwischen 70 und 90 Millimeter).

Ein Diaphragma kann auch während der Regelblutung verwendet werden, sowohl als Verhütungsmittel als auch zum Auffangen des Menstruationsblutes. Gelegentlich verrutscht das Diaphragma während des Geschlechtsverkehrs, vor allem dann, wenn die Frau auf dem Mann liegt und der Mann seinen Penis zurückzieht oder den Penis wiederholt ein- und ausführt. Manchmal führt die Verwendung eines Diaphragmas zu Irritationen der Harnröhre mit eventuellen Entzündungen der Harnröhre und der Harnblase (siehe unter → Urethritis und → Zystitis). Dazu kommt es in der Regel dann, wenn der Ring des Diaphragmas auf die Harnröhre drückt, was ein Hinweis darauf sein kann, daß das Diaphragma für die betreffende Frau etwas zu groß ist.

Diaphragma-ähnliche Mittel wurden schon seit Jahrhunderten eingesetzt. Im 18. Jahrhundert verwendeten Frauen manchmal eine halbe ausgedrückte Zitrone, die sie über die Zervix stülpten. Wahrscheinlich half der saure Zitronensaft dabei, die Spermien abzutöten. Das moderne Diaphragma wurde im späten 19. Jahrhundert in Europa entwickelt und war danach weit verbreitet. In den sechziger Jahren wurde es weitgehend durch die → oralen Kontrazeptiva und die Spirale (→ Intrauterinpessar) ersetzt. In den letzten Jahren gewinnt seine Verwendung jedoch wieder an Popularität, weil seine Nebenwirkungen im Vergleich zu denen der Antibaby-Pille und der Spirale deutlich geringer sind. Siehe auch unter → Empfängnisverhütung, → Zervixkappe.

Scheideneingang Siehe → Introitus

Scheidenentzündung Siehe → Kolpitis

Scheidenkrampf Siehe → Vaginismus

Scheidenvorhof Auch *Vestibulum vaginae*. Der längliche Bereich an den äußeren Geschlechtsorganen der Frau, der innerhalb der kleinen → Schamlippen liegt. Er erstreckt sich von der → Klitoris nach hinten bis dorthin, wo die großen Schamlippen mit den kleinen zusammenstoßen. In den Scheidenvorhof münden die → Harnröhre, die Scheide (→ Vagina) und die beiden Ausführungsgänge der → Bartholin-Drüsen. Unter der Schleimhaut des Scheidenvorhofs liegen auf jeder Seite kleine Venenpakete von etwa drei bis vier Zentimetern Länge, die sich bei sexueller Erregung mit Blut füllen und fest werden. (Siehe auch die Abbildung unter → Vulva.)

Scheinschwangerschaft Auch *Pseudogravidität, eingebildete Schwangerschaft*. Das Auftreten von manchen Symptomen einer Schwangerschaft bei Frauen, die nicht schwanger sind. Dazu gehören z.B. Gewichtszunahme, Brustvergrößerung, Ausbleiben der Regelblutung (→ Amenorrhoe), → morgendliche Übelkeit und manchmal auch das Spüren von Kindsbewegungen. Wenn man die Patientin jedoch untersucht, ist die Gebärmutter nicht vergrößert, und der → Schwangerschaftstest fällt negativ aus. Da solche Symptome gelegentlich bei einer → Extrauteringravidität oder einer übersehenen Fehlgeburt (→ Abort) auftreten, muß man diese Fälle ausschließen, bevor man die Diagnose einer Scheinschwangerschaft stellt, die fast immer das Ergebnis eines ausgeprägten Kinderwunsches bei der Patientin ist. Manchmal tritt sie jedoch auch beim Gegenteil, d.h. bei extremer Angst vor einer Schwangerschaft auf. Die Behandlung besteht je nach der zugrundeliegenden Angst/Hoffnung in einer vorsichtigen Beratung über Methoden der → Empfängnisverhütung oder über → Unfruchtbarkeit und deren Behandlungsmöglichkeiten.

Scheitelhaltung Eine → Haltungsanomalie während der Geburt, bei der der kindliche Kopf weniger auf die Brust gebeugt ist als normal, so daß statt des Hinterhauptes des Kindes der Scheitel am weitesten vorne liegt. Meistens drehen sich bei der Scheitelhaltung sowie auch bei den anderen Haltungsanomalien der kindliche Kopf und Rücken nach hinten, so daß das Gesicht des Kindes bei der Geburt nach vorne zum Schambeinknochen der Mutter zeigt — im Gegensatz zur normalen vorderen Hinterhauptslage, bei der das Gesicht nach hinten zum Steißbein der Mutter zeigt und das Hinterhaupt nach vorne liegt. Die Scheitelhaltung erfordert etwas mehr Platz im mütterlichen → Geburtskanal als die normale Hinterhauptshaltung, weshalb es vor allem bei normal großen Kindern zu einer → Geburtsverzögerung kommen kann. Da es jedoch vor allem bei sehr kleinen und untergewichtigen Kindern oder bei einem geräumigen mütterlichen Becken zur Ausbildung einer Scheitelhaltung kommt, verläuft die Entbindung meist unbehindert und normal. Gelegentlich ist aber eine Entbindung unter Zuhilfenahme einer → Saugglocke oder einer Zange nicht zu umgehen.

Schenkelhernie Siehe unter → Hernie

Schilddrüse Auch *Glandula thyreoidea.* Eine endokrine (hormonproduzierende) → Drüse unterhalb des Kehlkopfes, die aus zwei etwa gleichgroßen Lappen besteht, die über eine direkt über der Luftröhre liegende Gewebsbrücke miteinander verbunden sind. Die Schildrüse bildet vor allem zwei → Hormone, das Thyroxin oder auch T4 und das Trijodthyronin oder auch T3, die eine grundlegende, fördernde Rolle im Stoffwechsel vieler Körpersubstanzen spielen. Die Produktion dieser beiden jodhaltigen Hormone kann nur erfolgen, wenn der Körper genügend Jod bekommt. Wie die Hormone, die am normalen Ablauf des → Menstruationszyklus beteiligt sind, so ist auch die Bildung der Schilddrüsenhormone von der Stimulation eines übergeordneten Hormons aus der → Hypophyse abhängig, dem sogenannten *Thyreoidea-stimulierenden Hormon* (oder kurz *TSH*), das seinerseits wiederum von einem Hormon aus dem → Hypothalamus, dem *TRH* (*Thyreotropin-releasing Hormon*) reguliert wird. Und wie im Menstruationszyklus, so gibt es auch im Schilddrüsenhormonsystem ein kompliziertes Rückkopplungssystem (negatives Feedback): Erhöhte Thyroxin- und Trijodthyroninspiegel im Blut führen zu einer Hemmung der Abgabe von TSH, während erniedrigte Spiegel zu einer Stimulierung von TRH führen, das die TSH-Abgabe in Gang setzt, was wiederum zur vermehrten Abgabe von T3 und T4 aus der Schilddrüse führt. Auf diese Weise werden die erforderlichen Spiegel der Schilddrüsenhormone im Blut einigermaßen konstant gehalten. (Das TRH führt darüber hinaus auch zur Bildung von → Prolaktin und damit zur Milchbildung.)

Erkrankungen der Schilddrüse, die bei Frauen etwa vier- bis fünfmal häufiger auftreten als bei Männern, gehen in der Regel entweder mit einer Überproduktion von Schilddrüsenhormonen (*Hyperthyreose*) oder mit einer Unterfunktion der Schilddrüse (*Hypothyreose*) einher. Sowohl die Über- als auch die Unterfunktion der Schilddrüse können entweder durch eine Störung in der Schilddrüse selbst (z.B. ein hormonbildender Tumor oder eine Entzündung der Schilddrüse) verursacht sein oder durch Störungen in der Hypophyse mit überschießender oder mangelnder Bildung des TSH. Die Tatsache, daß Frauen vor allem während der Pubertät, einer Schwangerschaft und nach der Menopause anfälliger für Schilddrüsenerkrankungen sind als Männer, legt den Verdacht auf eine mögliche Verbindung zwischen der Funktion der Schilddrüse und der der Eierstöcke nahe. Erwiesen ist, daß eine Schilddrüsenunterfunktion durch eine gesteigerte Prolaktinbildung und/oder anhaltende Östrogenstimulation bei einer Frau zu Problemen mit der Fruchtbarkeit führen kann. Die regelmäßige Einnahme von Schilddrüsenhormonen wird diese Probleme in der Regel wieder beseitigen.

Eine *Struma*, auch *Kropf* genannt, ist eine von außen tast- oder sichtbare Vergrößerung der Schilddrüse und kommt ebenfalls schätzungsweise fünfmal häufiger bei Frauen als bei Männern vor. Eine Struma allein heißt noch nicht, daß die Schilddrüsenwerte pathologisch sind. In einem solchen Fall, d.h. bei normalen Werten von T3 und T4, spricht man auch von einer *euthyreoten Struma* (eu- ist griechisch für „normal,gesund"). Bei einer *hyperthyreoten Struma* sind die Schilddrüsenwerte erhöht, und bei einer *hypothy-*

reoten Struma sind sie erniedrigt. Bei weitem am häufigsten ist die euthyreote Struma. Sie ist in der Mehrzahl der Fälle die Folge eines Jodmangels. Bei Mangel an Jod sinkt die Produktion an T3 und T4 in der Schilddrüse, was über den Regelkreis (siehe oben) zur vermehrten Abgabe von TSH aus der Hypophyse führt. Das TSH stimuliert wiederum die Schilddrüse zum Wachstum, um über einen vermehrten Umsatz der Hormone die Spiegel im Normalbereich zu halten. Die Verwendung von jodhaltigem Speisesalz reicht oft aus, damit sich der Kropf wieder zurückbildet oder gar nicht erst entsteht. In ausgeprägteren Fällen, in denen der Kropf so groß ist, daß er auf die Luftröhre drückt und diese aufweicht, kommt auch eine operative Entfernung in Frage, die sogenannte *Strumektomie*. Seltenere Ursachen für eine Kropfbildung sind gutartige oder bösartige Tumore, die mit entsprechenden Untersuchungen ausgeschlossen bzw. nachgewiesen werden können und meist operativ behandelt werden.

Eine der häufigsten Ursachen für eine *Hyperthyreose* ist der Morbus Basedow, bei dem es über einen Autoimmunprozeß (→ Autoimmunkrankheit) zu einer gesteigerten Bildung von Schilddrüsenhormonen kommt. Die Symptome bestehen neben einer Kropfbildung aus Nervosität, Wärmeempfindlichkeit und Schweißneigung, Gewichtsverlust trotz gesteigertem Appetit, Durchfall, Zittern der Hände, Muskelschwäche, Herzrasen und auffallend vorstehenden Augen („Glotzaugen"). Bei Frauen kann es darüber hinaus zu Zyklusunregelmäßigkeiten und zur Beeinträchtigung der Fertilität kommen. Die Behandlung zielt darauf ab, die Überproduktion entweder mit Medikamenten (sogenannte *Thyreostatika*) oder mit Hilfe einer Radiojodtherapie zu unterbinden. In manchen Fällen wird auch die teilweise oder vollständige Entfernung der Schilddrüse, die sogenannte *Thyreoidektomie*, notwendig. Nach der Operation müssen die lebensnotwendigen Schilddrüsenhormone in Tablettenform für den Rest des Lebens ersetzt werden, damit es nicht zum Gegenteil, der Hypothyreose, kommt. Bei schwangeren Frauen dürfen bestimmte, gegen die Schilddrüse gerichteten Medikamente nicht gegeben werden, weil sie über den Blutstrom in die Plazenta und von dort an das Kind gelangen können, wo sie zu einer Schilddrüsenunterfunktion mit Kleinwuchs und geistiger Behinderung (eine Erkrankung, die *Kretinismus* genannt wird) führen können.

Eine *Schilddrüsenunterfunktion* bei Erwachsenen kann z.B. durch Entzündungen der Schilddrüse, extremen Jodmangel, nach einer → Strahlentherapie, bei Tumoren oder auch nach einer operativen Entfernung der Schilddrüse wegen einer Überfunktion (siehe oben) entstehen. Sie macht sich durch eine psychische Verlangsamung bis zur Apathie und anderen emotionalen Störungen (z.B. Depressionen) bemerkbar sowie durch trokkene Haut, glanzlose Haare, Heiserkeit, allgemeine Ermüdbarkeit, Kälteempfindlichkeit, Verstopfungsneigung und anderes. Bei heranwachsenden Mädchen kann es zu einer Verzögerung des ersten Auftretens der Regelblutung kommen, und bei Frauen nach der Pubertät eventuell zu starken Regelblutungen mit der Gefahr einer Anämie (Blutarmut) und zu Unfruchtbarkeit. Die Behandlung hängt von der Ursache ab und besteht jedoch zusätzlich immer in der Verabreichung der fehlenden Schilddrüsenhormone, was in der Regel zum baldigen Verschwinden der Symptome führt.

Schiller-Jodprobe Eine Zusatzuntersuchung bei der Beurteilung von krebsverdächtigen Gewebsarealen auf der Gebärmuttermundoberfläche und den Scheidenwänden. Dazu werden die Portio (Gebärmuttermund) und die Scheidenwände mit einer Jodlösung eingepinselt. Das Jod reagiert mit den Zuckerverbindungen (Glykogen) aus normalen

Zellen und verfärbt diese Zellen dadurch braun. Zellen, die weniger oder kein Glykogen enthalten, färben sich hellbraun beziehungsweise bleiben rosa bis gelblich. Da → präkanzeröse oder bösartige Zellen die Fähigkeit zur Glykogenbildung verloren haben und damit kein Glykogen enthalten, können sie mit diesem Test sichtbar gemacht werden. Wenn sich abnorme Gewebsareale bei der Schiller-Jodprobe zeigen, dann wird man sie mittels einer → Kolposkopie weiter untersuchen und eine Gewebsprobe zur Begutachtung unter dem Mikroskop entnehmen, um zu beurteilen, ob es sich tatsächlich um bösartiges Gewebe handelt. Die Jodlösung führt zu einer Verfärbung der Unterwäsche, weswegen man nach dem Test eine Binde tragen sollte.

Schizophrenie Wörtlich „gespaltener Geist", auch *Spaltungsirresein.* Eine in unterschiedlicher Form auftretende Geisteskrankheit unklarer Ursache, die durch Störungen im Denken, Fühlen und Verhalten gekennzeichnet ist. Ein Mensch mit einer Schizophrenie erscheint typischerweise zurückgezogen, isoliert und losgelöst von seiner Umgebung. Seine Wahrnehmung der Umwelt ist teilweise bis vollständig verzerrt. Es kommt zu Halluzinationen (z.B. Stimmenhören) und Wahnvorstellungen (z.B. Verfolgungswahn). Das Verhalten ist unterschiedlich und kann eher still bis apathisch oder aber auch sehr agitiert (unruhig, erregt) sein. Sowohl die Art als auch das Ausmaß der Symptome variieren ausgesprochen stark.

Der Beginn einer Schizophrenie, der nicht selten in das junge Erwachsenenalter fällt, kann sehr plötzlich und oft durch irgendeine Streßsituation (körperlich oder seelisch) ausgelöst sein, oder die Schizophrenie beginnt schleichend und ohne daß man irgendwelche auslösenden Faktoren erkennen könnte. Es bestehen beträchtliche Unklarheiten und Unstimmigekeiten über fast alle Aspekte der Schizophrenie einschließlich ihrer Ursachen, der Einteilung, der Behandlung und der Prognose. Die meisten stimmen jedoch heutzutage darin überein, daß sowohl biochemische als auch genetische Faktoren bei der Schizophrenie eine bedeutende Rolle spielen. In manchen Fällen scheint es zu einer spontanen Heilung der Erkrankung zu kommen, in den meisten verläuft sie jedoch chronisch und kann bis zur seelischen „Verkrüppelung" der betroffenen Person führen. Die Behandlung besteht aus einem kombinierten Einsatz von sehr stark wirksamen → Psychopharmaka und unterschiedlichen Formen der → Psychotherapie, der Beratung und sozialen Betreuung.

Schlaflosigkeit Ein anhaltender Mangel an Schlaf oder eine Störung der Schlafgewohnheiten. Schlaflosigkeit ist ein ausgeprochen häufiges Problem, das bei einer Vielzahl von körperlichen oder seelischen Erkrankungen auftreten kann. Sie tritt z.B. häufig im letzten Drittel einer Schwangerschaft auf, wenn es unter Umständen schwierig wird, eine bequeme Schlaflage für länger als ein paar Stunden ununterbrochenen Schlafs zu finden. Der sicherste Weg, dennoch genügend Schlaf zu bekommen, ist es dann, sich so oft wie möglich auch während des Tages kurz hinzulegen und jegliche Art von Schlaftabletten zu vermeiden (auch schwach wirksame Schlafmedikamente sollten nur nach Rücksprache mit dem Arzt eingenommen werden). Schlaflosigkeit ist auch ein häufiges Problem während der Wechseljahre, insbesondere dann, wenn es nachts zu → Hitzewallungen und/oder Schweißausbrüchen kommt. Andere Ursachen für Schlafschwierigkeiten sind Schmerzen (die wegen der fehlenden Ablenkung nachtsüber häufig stärker sind), höheres Lebensalter, seelische Probleme verschiedenster Natur (Angst, Streß,

Depressionen) und die Umstellung auf eine andere Zeitzone (*jet lag*) oder auf einen anderen Arbeitsrhythmus (z.B. bei Schichtarbeit). Im Alter benötigt man meist weniger Schlaf und kann seltener an einem Stück durchschlafen. Das ist völlig normal, da der gesamte Stoffwechsel mit steigendem Alter absinkt. Sorgen und Probleme sind ein ausgesprochen häufiger Grund für schlaflose Nächte. Auch eine schwere Depression kann zu Schlafstörungen entweder in Form von extremer Müdigkeit oder in Form von Einschlaf- oder Durchschlafstörungen führen. Besonders typisch für eine Depression ist das frühmorgendliche Erwachen (mehrere Stunden vor der gewohnten Aufstehzeit) mit der Unfähigkeit, wieder einzuschlafen.

Die meisten Schlafmittel sind sogenannte *Hypnotika*, die die Hirnfunktionen unterdrücken. Dazu gehören die Barbiturate, die Nicht-Barbiturate (z.B. Bromide, Chloralhydrat) und die Benzodiazepine (z.B. Adumbran®, Oxazepam®, u.a.; siehe unter → Psychopharmaka). Alle diese Medikamente beinhalten das Risiko einer Gewöhnung und Toleranzentwicklung, d.h. immer höhere Dosen werden benötigt, um einen Effekt zu erzielen, und manche von ihnen machen sogar abhängig. Aus diesem Grund sollten Schlaftabletten immer so kurz und so niedrig dosiert wie möglich und nie ohne ärztliche Aufsicht eingenommen werden. Bevor man sich für die Einnahme von Medikamenten entscheidet, ist es ratsam, so altmodische und wesentlich risikoärmere Methoden auszuprobieren wie einigermaßen anstrengende und regelmäßige körperliche Bewegung (möglichst im Freien), ein warmes Bad (jedoch nicht zu heiß) und/oder das Trinken eines Glases warmer Milch oder eines milden Kräutertees kurz vor dem Zu-Bett-Gehen. Cola, Kaffee, Tee und andere coffeinhaltige Getränke sollte man dagegen ab den späten Nachmittagsstunden vermeiden. Wenn man Schwierigkeiten hat, einzuschlafen und wach im Bett liegt, kann es manchmal auch hilfreich sein, wieder aufzustehen und etwas Produktives oder Angenehmes zu tun, wie beispielsweise einen Brief zu schreiben, zu lesen oder ähnliches. Damit kann man oft auch die Sorgen bekämpfen, die durch das lange Wachliegen entstehen. Auch gibt es manche pflanzliche Heilmittel (→ Pflanzenheilkunde) mit einem beruhigenden, müde machenden Effekt wie z.B. Baldriantropfen oder -tabletten oder Tees aus Echtem oder Großen Baldrian (*Valeriana officinalis*) und Kamille (*Matricaria chamomilla*).

Schlaftabletten Siehe unter → Schlaflosigkeit

Schlaganfall Siehe → Apoplex

Schleimhaut Auch *Mucosa*. Ein drüsenhaltiges Gewebe, das Schleim (Mucus) sezerniert (bildet und abgibt). Schleim ist eine zähflüssige, klebrige, gleitfähig machende Flüssigkeit, die aus Drüsensekret, Salzen, abgestorbenen Zellen und weißen Blutkörperchen besteht. Eine Schleimhaut findet sich praktisch als Auskleidung aller Körperhöhlen, die eine Öffnung nach außen haben, wie Mund, Nase, Enddarm, Scheide u.a. sowie an den inneren Oberflächen vieler anderer Organe.

Schmerzen Siehe → chronische Schmerzen, → Unterbauchschmerzen, → Kopfschmerzen

Schmierblutung Siehe → Blutung, vaginale, → Durchbruchblutung

Schokoladenzyste Siehe unter → Endometriose

Schräglage Eine → Lageanomalie während der Geburt, bei der die Längsachse des kindlichen Körpers nicht wie normal von oben nach unten innerhalb der Gebärmutter liegt, sondern schräg, d.h. von einer Seite zur anderen. Im Extremfall, also wenn das Kind senkrecht zur Längsachse der Gebärmutter liegt, spricht man auch von einer → Querlage. Die Schräglage entspricht in ihrer Häufigkeit, ihren Ursachen und Komplikationen für die Mutter und vor allem das Kind der Querlage, siehe deshalb dort.

Schwangerengymnastik Siehe unter → Geburtsvorbereitung

Schwangerenvorsorge Die ärztliche Betreuung einer Frau von der ersten Feststellung einer Schwangerschaft bis zur Entbindung des Kindes. Wie der Begriff schon sagt, ist der Hauptzweck der Schwangerenvorsorge präventiver (vorbeugender) Natur, d.h. sie hat die Entbindung eines gesunden Kindes ohne Gefahr oder Schädigung für die Mutter zum Ziel. Durch die Vorsorgeuntersuchungen versucht man, eventuelle Regelwidrigkeiten während der Schwangerschaft schon im Anfangsstadium zu entdecken, die unentdeckt und unbehandelt Nachteile für Mutter und Kind bedeuten könnten. Viele solcher Regelwidrigkeiten können, wenn sie früh diagnostiziert werden, behandelt beziehungsweise ihre Auswirkungen können in Grenzen gehalten werden. Zu diesen Umständen gehören z.B. Anzeichen einer Infektion des Harntraktes, einer genitalen → Herpesinfektion, einer → Extrauteringravidität, einer → Präeklampsie und einer Wachstumsverzögerung des Feten im Mutterbauch, alles Umstände, die eine Behandlung erfordern, um ernsten Schaden zu vermeiden. Durch eine gute und regelmäßige Schwangerenvorsorge kann erwiesenermaßen die → Säuglingssterblichkeit gesenkt werden. Die gesetzliche Grundlage der Schwangerenvorsorge bilden die sogenannten → *Mutterschaftsrichtlinien*, in denen die Art und Anzahl der Untersuchungen, die während einer Schwangerschaft durchgeführt werden sollten und die von den Krankenkassen bezahlt werden, niedergeschrieben sind.

Die Schwangerenvorsorge geschieht in der Regel durch einen niedergelassenen Frauenarzt, manchmal auch durch die Ambulanz einer geburtshilflichen Klinik oder den Hausarzt. Bei der Wahl der betreuenden Person sollte man bedenken, daß man sie fast ein Jahr lang häufig sehen und in vielerlei Hinsicht auf sie angewiesen sein wird, so daß es sich empfiehlt, sorgfältig auszuwählen. Zu den Dingen, die man dabei in die Überlegung mit einbeziehen sollte, gehören der Ort der Praxis (Ist sie leicht erreichbar? Wie sind die Sprechstundenzeiten, und lassen sie sich mit den eigenen Verpflichtungen und Lebensgewohnheiten vereinbaren?), die allgemeine Einstellung der betreffenden Person bezüglich einiger, die Schwangerschaft und Geburt betreffender Fragen (Was hält die-/derjenige von alternativen → Geburtsvorbereitungsmethoden? Wie ist die Einstellung gegenüber einer eventuellen → Haus- beziehungsweise → ambulanten Geburt?), und kommt man mit der Persönlichkeit und der ärztlichen Einstellung der betreffenden Person zurecht (Besteht die Bereitschaft zur Beantwortung von Fragen? Wieviel Zeit nimmt sie sich und wieviel individuelle Aufmerksamkeit? Das heißt, sind die Voraussetzungen für ein Vertrauensverhältnis gegeben?).

Die erste Untersuchung sollte so früh wie möglich nach Ausbleiben der Periodenblutung beziehungsweise nach einem positiven → Schwangerschaftstest stattfinden. Sie dauert in der Regel länger als alle nachfolgenden Untersuchungen und dient zum einen als Vergleichsgrundlage für spätere Befunde und zum anderen zur frühzeitigen Erfassung eventuell zu erwartender Schwangerschaftskomplikationen. Zur Erstuntersuchung gehören: die Erhebung der gesamten medizinischen Vorgeschichte (Anamnese), bei der besonderes Augenmerk auf den Zeitpunkt der letzten Regelblutung und auf vorausgegangene Schwangerschaften, Fehlgeburten, Geburten und Schwangerschaftsabbrüche und deren jeweiligen Verlauf beziehungsweise Komplikationen gelegt wird sowie auf eventuell in der Familie gehäuft auftretende Krankheiten. Weiter gehören dazu eine vollständige körperliche Untersuchung einschließlich einer → gynäkologischen Untersuchung und der Bestimmung von Größe, Gewicht, Puls und Blutdruck sowie eine Reihe von Laboruntersuchungen des Blutes und Urins. Zu diesen Laboruntersuchungen gehören vor allem die Bestimmung des Hämoglobins (siehe → Blutbild), der → Blutgruppe und des → Rhesusfaktors, die Durchführung von Antikörpersuchtesten für → Röteln, → Syphilis und andere Infektionen, die Untersuchung des Urins auf Zucker und Eiweiß sowie eventuelle Bakterien, die Durchführung eines → Papanicolaou-Abstriches sowie bei gefährdeten Personen Untersuchungen zum Nachweis oder Ausschluß von → sexuell übertragbaren Krankheiten. (Ein HIV-Test [siehe → AIDS] kann auf freiwilliger Basis veranlaßt werden, das Ergebnis wird nicht im Mutterpaß vermerkt.) Dunkelhäutige Frauen sollten sich darüber hinaus auf das Vorliegen einer Sichelzellanämie und jüdische Frauen auf das Vorliegen einer → Tay-Sachs-Krankheit untersuchen lassen. Hat sich bei der Erstuntersuchung die Diagnose einer Schwangerschaft bestätigt beziehungsweise ergeben, dann wird der voraussichtliche Geburtstermin berechnet (siehe unter → Tragzeit). Es folgen eine allgemeine *Beratung* über die Ernährung, über den Gebrauch von Genußmitteln, über körperliche Belastung und Sexualverhalten während der Schwangerschaft sowie der Hinweis auf die Notwendigkeit weiterer regelmäßiger Kontrolluntersuchungen. Entweder schon jetzt oder später wird man sich auch über die Art der Geburt und Geburtsvorbereitung unterhalten und beraten lassen. Außerdem ist es notwendig, daß die Frau über ihre Rechte als Schwangere informiert wird, wie sie im → Mutterschutzgesetz und den Mutterschaftsrichtlinien festgelegt sind (siehe dort). Die Ergebnisse der Erstuntersuchung sowie der Temin für die nächste Untersuchung werden im sogenannten *Mutterschaftspaß* eingetragen, einem wichtigen Dokument, das die Schwangere immer mit sich führen und bei jedem Arztbesuch vorlegen sollte.

Die Kontrolluntersuchungen zur Schwangerenvorsorge sollten in den ersten vier Monaten der Schwangerschaft monatlich, vom fünften bis siebten Monat alle drei, vom achten bis neunten Monat alle zwei Wochen und danach wöchentlich erfolgen. Bei diesen Untersuchungen erfolgt nach einer kurzen Zwischenanamnese zur Erfassung von eventuell neu aufgetretenen Problemen in der Regel lediglich die Bestimmung von Blutdruck und Gewicht, die Untersuchung des Urins auf Eiweiß und Zucker sowie die körperliche Untersuchung der Mutter (Ödeme?) und des Kindes (Größe, Lage, Kindsbewegungen?). Für letzteres wird in regelmäßigen Abständen auch eine Ultraschalluntersuchung durchgeführt, mit der man das Wachstum und die Entwicklung des Kindes sehr gut verfolgen und eventuelle Regelwidrigkeiten früh erfassen kann. Außerdem werden zu festgelegten Zeiten bestimmte Laboruntersuchungen wiederholt beziehungsweise erstmals durchgeführt (z.B. → Alpha-Fetoprotein-Test). In der Spätschwangerschaft wird man manches Mal auch die externe Kardiotokographie (siehe unter → fetaler Überwachung) einsetzen, um über die Wehentätigkeit und den Zustand des Kindes Aufschluß zu erlangen. Bei eventuellen Auffälligkeiten werden dann weitere Untersuchungen wie z.B. eine → Amniozentese oder eine → Chorionbiopsie veranlaßt. Siehe auch → Beckendiagnostik, → Ernährung, → Gewichtszunahme, → Leopold-Handgriff, → Risikoschwangerschaft.

Schwangerschaft Auch *Gravidität*. Der Zustand, bei dem eine Frau eine befruchtete Eizelle (→ Zygote), später einen → Embryo und dann einen → Fetus in sich trägt. Man sagt auch, daß sie *empfangen* hat beziehungsweise daß eine *Konzeption* stattgefunden hat. Eine normale, bis zum Ende ausgetragene Schwangerschaft dauert im Durchschnitt etwa 39 bis 40 Wochen und wird der Einfachheit halber in drei Abschnitte, die sogenannten Schwangerschafts*drittel* oder *Trimenons* eingeteilt.

Während der Schwangerschaft kommt es zu einer Reihe von verschiedenen komplexen Veränderungen und Umstellungen im Körper der Mutter, die schon bald nach der → Befruchtung beginnen. (Die Entwicklung des im Mutterbauch heranwachsenden Kindes wird unter dem Stichwort → Tragzeit beschrieben.) Die frühesten Zeichen einer Schwangerschaft sind in der Regel das Ausbleiben der Periodenblutung, eine leichte Größenzunahme und Druckempfindlichkeit der Brüste, das Auftreten von → morgendlicher Übelkeit, vermehrte Müdigkeit, häufiger Harndrang, ein vermehrter Ausfluß aus der Scheide und milde Krämpfe im Unterbauch. Ob solche frühen Symptome einer Schwangerschaft überhaupt auftreten und wenn ja, wie deutlich sie ausgeprägt sind, das ist von Frau zu Frau und auch von Schwangerschaft zu Schwangerschaft verschieden. Manche Frauen bemerken im ersten Schwangerschaftsdrittel außer der Tatsache, daß ihre Perioden ausbleiben, nichts oder nur sehr wenig von der Schwangerschaft. Bei manchen kommt es für zwei bis drei Monate nach der Empfängnis sogar noch zu periodenähnlichen leichten Blutungen, obwohl dies sehr selten ist. Oder, noch seltener, es wird eine Frau schwanger, die bisher noch nie Regelblutungen (aber dennoch unbemerkte Ovulationen) hatte.

Alle Symptome spiegeln die hormonellen Veränderungen wieder, die im Körper einer Schwangeren stattfinden. Innerhalb von fünf bis sieben Tagen nach der Befruchtung erscheint ein bestimmtes Hormon, das → *humane Chorion-Gondadotropin* (hCG), im Urin und Blut einer schwangeren Frau. Auf dem Nachweis dieses Hormons basieren die gebräuchlichen → Schwangerschaftstests. Die Blutspiegel der Hormone → Progesteron und → Östrogen steigen allmählich an, und es kommt zu einer erhöhten Blutzufuhr zu den Beckenorganen, was sich in frühen klinischen Zeichen wie dem → Chadwick- und → Hegar-Schwangerschaftszeichen bemerkbar macht. Keines dieser Zeichen ist jedoch beweisend für das Vorliegen einer Schwangerschaft. Bis vor wenigen Jahren konnte das definitive Vorliegen einer Schwangerschaft erst im Verlauf des zweiten Schwangerschaftsdrittels bestimmt werden, wenn der kindliche Herzschlag laut genug war, daß man ihn getrennt von dem der Mutter heraushören konnte (heutzutage kann man mit Ultraschall den kindlichen Herzschlages schon in der 11. Schwangerschaftswoche oder früher feststellen), wenn die Mutter Kindsbewegungen verspürte und wenn der Fetus auf Röntgenaufnahmen „sichtbar" wurde. Heutzutage kann man mit Hilfe der → Ultraschalluntersuchung eine Schwangerschaft unter Umständen schon ab der vierten Woche nach der Empfängnis feststellen.

Ab dem zweiten Drittel der Schwangerschaft wird der Bauch dicker und damit die Schwangerschaft von außen erkennbar. Die Gebärmutter hat sich in ihrer Form, Größe und Konsistenz stark verändert, um den Bedürfnissen des heranwachsenden Fetus gerecht zu werden. Bei vielen Frauen kommt es zu Pigmentveränderungen, vor allem zur Nachdunklung der Haut um die Brustwarze herum und manchmal auch der Gesichtshaut (siehe → Chloasma). Auch eine dunkle Linie vom Nabel bis zum Schambein kann in Erscheinung treten. Die Haut über dem wachsenden Bauch wird gedehnt, was sich nicht selten als Schwangerschaftsstreifen oder sogenannte → Striae bemerkbar macht. Bei manchen Frauen kommt es etwa ab der Mitte des zweiten Trimenons zum Austritt von kleinen Mengen milchähnlicher Flüssigkeit aus den Brustwarzen (siehe unter → Laktation). Sodbrennen und Verstopfung als Folge des Druckes der wachsenden Gebärmutter auf Magen und Darm können auftreten. Durch Druck der Gebärmutter auf die Venen im Bauch- und Beckenbereich kann es außerdem zu einem venösen Rückstau und zu Beschwerden von seiten eventuell vorbestehender Krampfadern (→ Varizen) an den Beinen oder auch im Genital- und/oder Analbereich (siehe → Hämorrhoiden) kommen. Die Menge des zirkulierenden Blutvolumes steigt an — um 30 bis 50% während der gesamten Schwangerschaft — und das Herz schlägt schneller, um die größere Blutmenge zu bewältigen, was von manchen Frauen als Herzklopfen wahrgenommen wird. Es kann zu Wadenkrämpfen und/oder Nasenbluten kommen, letzteres durch die vermehrte Blutfülle der Schleimhäute. Manche Frauen schwitzen mehr während einer Schwangerschaft und produzieren auch mehr Speichel. Außerdem besteht eine Neigung zur Ausbildung von → Ödemen, insbesondere an Füßen, Unterschenkeln, Händen und Handgelenken. Diese Gewebsschwellungen treten vor allem am Ende eines Tages in Erscheinung und können gelegentlich in der Nähe verlaufende Nerven abdrücken und dadurch zu Lähmungen führen (z.B. zu einer Gesichtslähmung) oder zu nächtlichen Schmerzen und Gefühlsstörungen in der Hand im Falle einer Kompression des Nervus medianus im Bereich des Handgelenkes. Diese Nervenstörungen verschwinden in der Regel spätestens nach der Entbindung wieder von alleine. Im allgemeinen sind all die aufgezählten Beschwerden nur vorübergehend und nicht zu stark ausgeprägt. Die meisten Frauen erleben das zweite Schwangerschaftsdrittel als die angenehmste Zeit der Schwangerschaft.

Im dritten Trimenon verursacht das anhaltende Wachstum von Gebärmutter und Bauch wachsende Beschwerden. Mehr Striae (siehe oben) können erscheinen. Das Baby ist größer und bewegt sich deutlich häufiger und heftiger. Manchmal wacht man jetzt nachts von heftigen Fußtritten des Kindes gegen die Bauchwand auf. Der Druck des wachsenden Uterus auf andere Organe kann zu Atemnot, verstärkten Verdauungsproblemen (vor allem Sodbrennen), Verstopfung, häufigem Harndrang und wachsenden Beschwerden durch Krampfadern und Ödeme führen. Selbst bei Fehlen all dieser Symptome fühlen sich die meisten Schwangeren in dieser Zeit einfach dadurch verstärkt müde und erschöpft, daß sie mehr Gewicht mit sich herumtragen müssen.

Eine gute → Schwangerenvorsorge ist nicht erst jetzt, sondern vom ersten Moment der Schwangerschaft an von entscheidender Bedeutung für die Gesundheit von Mutter und Kind. Dabei sollte auch Augenmerk auf die richtige → Ernährung und auf genügend körperliche Aktivität gelegt werden. Abgesehen von einigen Ausnahmen sind die meisten Schwangeren in der Lage, während der gesamten Schwangerschaft ihr gewohntes Leben (einschließlich ihrer sexuellen Aktivitäten) fortzusetzen, vorausgesetzt, daß sie genügend Ruhepausen einlegen. Auch bei guter Vorsorge und in Abwesenheit von spezifischen, voraussehbaren Komplikationen im Einzelfall (→ Risikoschwangerschaft) kann es jedoch jederzeit zu Problemen kommen. Zu diesen Problemen gehören unter anderem Blutungen aus der Scheide in der Früh- oder Spätschwangerschaft, starke und/ oder anhaltende Bauchschmerzen, ein → vorzeitiger Blasensprung, ein → vorzeitiger Geburtsbeginn, eine → Präeklampsie und vieles andere mehr. Zu all diesen Problemen kommt es jedoch selten ohne vorausgehende Warnsignale, so daß die meisten Ärzte einer Schwangeren empfehlen, *sich sofort in ärztliche Behandlung zu begeben, wenn eines der folgenden Warnsymptome auftritt:* schwere anhaltende Bauchschmerzen (egal wo im Bauch und in welchem Stadium der Schwangerschaft); vaginale Blutungen zu jedem Zeitpunkt der Schwangerschaft (bei leichten Schmierblutungen in der ersten Schwangerschaftshälfte kann man auch erst am nächsten Tag zum Arzt gehen; in der zweiten Schwangerschaftshälfte sind sie jedoch als Notfall zu betrachten, auch wenn dabei nur sehr wenig Blut abgeht); Sehstörungen (Verschwommensehen und Schatten-Sehen) vor allem in der zweiten Schwangerschaftshälfte; eine Anschwellung des Gesichtes, der Augenlider und der Finger, vor allem wenn sie plötzlich auftritt; Fieber und Schüttelfrost; anhaltende starke Kopfschmerzen (vor allem während des letzten Drittels); fehlende Kindsbewegungen über mehr als 24 Stunden nach dem fünften Schwangerschaftsmonat; jeder Abgang von Fruchtwasser (→ siehe Blasensprung). Siehe auch → Geburt. Bezüglich Schwangerschaftswehen siehe unter → Braxton-Hicks-Kontraktionen und → Senkwehen.

Schwangerschaftsabbruch Auch *induzierter* oder *artifizieller Abort, Abtreibung*. Die Unterbrechung einer Schwangerschaft, bevor der Fetus lebensfähig ist. Ein *therapeutischer Abort* ist ein Schwangerschaftsabbruch, der legal ist; ein *krimineller Abort* ist eine illegal durchgeführte Abtreibung. Die Methode, die für den Abbruch verwendet wird, hängt von der Dauer der Schwangerschaft ab. Für Schwangerschaften bis zur 12. Woche verwendet man die → Vakuumkürettage nach vorheriger Dilatation (Aufweitung) des → Zervikalkanals. Für die Dilatation genügt in den meisten Fällen die Gabe von → Prostaglandinen, entweder als Scheidenzäpfchen oder Scheidengel oder als Spritze, die in den Muskel gegeben wird. Durch die Prostaglandine lockern sich das Gewebe und der Gebärmutterkanal auf, und die Vakuumkürettage kann erfolgen. Nur in seltenen Fällen muß der Kanal noch mit speziellen Instrumenten aufgedehnt werden. Nach der 12. Schwangerschaftswoche ist die Absaugung mittels Vakuumkürettage oder auch die Ausräumung mit Hilfe einer Ausschabung (→ Abrasio) zu gefährlich. Für Schwangerschaften ab der 12. Woche verwendet man daher die Methode der *medikamentösen Weheninduktion mit Prostaglandinen* zur Spontanausstoßung der Frucht. Bei dieser Methode werden Prostaglandine als Infusion oder intramuskuläre Injektion oder durch Einbringen in den Zervikalkanal gegeben. In der richtigen Dosierung (höher als bei der Prostaglandingabe zur Dilatation des Zervikalkanals) führt dies zum Einsetzen von Wehen und damit zur frühzeitigen Geburt des Kindes. Nebenwirkungen und Komplikationen (wie z.B. Risse des Gebärmutterhalses) kommen heutzutage durch die Verwendung bestimmter, nur auf die Gebärmutter wirkender Prostaglandine und durch die exakte Einhaltung der Dosierungsrichtlinien nur noch selten vor. Die Prostaglandingabe sollte jedoch auf jeden Fall in einer Klinik und unter sorgfältiger Überwachung erfolgen.

Eine nur bei Versagen der oben erwähnten Verfahren eingesetzte Methode des Schwangerschaftsabbruchs ist die sogenannte *abdominale Hysterotomie* oder auch *Sectio parva*. Hierbei wird durch einen Schnitt in der Bauchdecke wie bei einem → Kaiserschnitt die Gebärmutter operativ eröffnet und die Frucht entbunden. In ganz seltenen

Ausnahmefällen kann auch die operative Entfernung der Gebärmutter als ganzes (mit der Frucht) erfolgen. Die beiden letztgenannten Verfahren sind jedoch für die Mutter um einiges gefährlicher als die übrigen Methoden und sollten deshalb nur angewendet werden, wenn es für die anderen Methoden zu spät ist oder diese versagt haben.

Das Risiko eines Schwangerschaftsabbruches ist neben der Art der eingesetzten Methode im wesentlichen vom Alter der Schwangerschaft abhängig. Je weiter fortgeschritten die Schwangerschaft ist, desto häufiger kommt es zu Komplikationen, wenn ein Abbruch vorgenommen wird. Die Komplikationen werden nach dem Zeitpunkt ihres Auftretens in Früh- und Spätkomplikationen unterteilt. Zu den *Frühkomplikationen* gehören Narkosezwischenfälle, größere Blutungen, Verletzungen von Gebärmutter oder Gebärmutterhals, unvollständige Entfernungen von fetalem Gewebe, Entzündungen (z.B. → Endometritis, → pelvine Entzündungen) und Nachblutungen. Die Häufigkeit von Frühkomplikationen liegt zwischen zwei und sechs Prozent und ist um so niedriger, je früher während der Schwangerschaft der Eingriff erfolgt. Dasselbe gilt für die *Spätkomplikationen*, die zu Problemen bei nachfolgenden Schwangerschaften führen. Die häufigste Spätkomplikation ist die → Zervixinsuffizienz, d.h. die vorzeitige Eröffnung des Muttermundes mit der Gefahr des Spontanabortes oder der Frühgeburt in einer nachfolgenden Schwangerschaft. Nicht vernachlässigen sollte man auch psychische Störungen als Folge des Schwangerschaftsabbruches. Bei 15% der Frauen kommt es nach einem Schwangerschaftsabbruch unabhängig von dessen Grund zu Schuldgefühlen und depressiven Reaktionen. Nicht selten sind auch → sexuelle Funktionsstörungen.

Anders als die meisten medizinischen Eingriffe ist der Schwangerschaftsabbruch seit langem Gegenstand ethischer und juristischer Kontroversen, im wesentlichen aufgrund der schwierigen Abwägung zwischen dem Schutz des ungeborenen Lebens einerseits und der Selbstverantwortlichkeit der Frau andererseits und aufgrund der Uneinigkeit darüber, wann genau menschliches Leben beginnt. Diejenigen, die glauben, daß Leben mit dem Moment der Befruchtung beginnt, betrachten einen Schwangerschaftsabbruch als gleichbedeutend mit Mord. Es gibt jedoch viele andere Sichtweisen: von dem Gedanken, daß Leben mit dem Moment beginnt, ab dem man zum ersten Mal die Bewegungen des Kindes spürt (Thomas von Aquin), über die Festlegung einer bestimmten Zeitperiode nach der Befruchtung (Aristoteles nannte 40 Tage für Jungen und 90 Tage für Mädchen) bis hin zur Annahme, daß das Leben erst nach der Geburt beginnt (vertreten von den alten Hebräern). Im späten 19. Jahrhundert erklärte Papst Leo XIII. jeden Schwangerschaftsabbruch zu einer Sünde, sogar dann, wenn er zur Rettung des mütterlichen Lebens durchgeführt wird. Die heutige römisch-katholische Kirche hat diese Sichtweise beibehalten. Im Verlauf des 19. Jahrhunderts erklärten die meisten Länder der westlichen Welt den Schwangerschaftsabbruch für illegal. Das hinderte Frauen nicht daran, dennoch einen Abbruch durchführen zu lassen — oft von nicht ausgebildeten Personen, die Abtreibungen nur des Geldes wegen durchführten und „Pfuscharbeit" leisteten. Diese illegalen Aborte waren oft *septische Aborte* (siehe unter → Abort, Def. 5), d.h. Aborte mit ernsten Komplikationen (in der Regel Infektionen und/oder Blutungen). Die Frauen, die überlebten, konnten in der Folge keine Kinder mehr gebären, entweder weil die Eileiter durch Narbengewebe blockiert waren oder weil die einzige Möglichkeit, ihr Leben zu retten, eine → Hysterektomie (Entfernung des → Uterus) gewesen war.

Den oben erwähnten verschiedenen Sichtweisen entsprachen verschiedene Abtreibungsgesetze im Laufe der Jahrhunderte. In der Antike beispielsweise galten Schwangerschaftsabbrüche als ein Mittel zur Bevölkerungsregulierung und wurden nicht bestraft. Das 1532 verabschiedete erste allgemeine deutsche Strafgesetzbuch sah für die Abtreibung eines lebendigen Kindes die Todesstrafe vor, wobei nach damaliger, Aristoteles folgender Ansicht das ungeborene Kind im Falle eines Jungen ab dem 40. Tag nach der Empfängnis und im Falle eines Mädchens erst ab dem dritten Monat nach der Empfängnis als lebendig galt. (Auch die Empfängnisverhütung wurde zu dieser Zeit mit dem Tode bestraft.) Erstmals 1872 trat in Deutschland der Paragraph 218 in Kraft, der eine Strafe von bis zu fünf Jahren Zuchthaus für einen Schwangerschaftsabbruch vorsah. Ab 1926 galt eine Abtreibung nur noch als Vergehen, während in der Zeit des Nationalsozialismus der Abbruch vorübergehend wieder mit Todesstrafe bedroht wurde. Nach dem Zweiten Weltkrieg galten in der Bundesrepublik wieder die Gesetze von vor 1933; in der DDR gab es zunächst eine Indikationsregelung, später eine Fristenregelung (siehe unten). Auch in der Bundesrepublik wurde 1974 vom Bundestag ein Gesetzesentwurf, der eine Fristenregelung vorsah, verabschiedet, der allerdings 1975 durch das Bundesverfassungsgericht wieder verworfen wurde. Seitdem galt bis zur deutschen Einheit 1990 eine Indikationsregelung, nach der ein Schwangerschaftsabbruch rechtswidrig war und strafrechtlich verfolgt wurde, sofern zuvor keine Indikation zum Abbruch gestellt worden war. Als Indikationen galten *medizinische* Gründe im Falle einer Gefahr für Gesundheit oder Leben der Mutter bei Fortsetzung der Schwangerschaft, *embryopathische* Gründe im Falle einer Mißbildung oder schweren Behinderung des ungeborenen Kindes, *kriminologische* Gründe im Falle einer Schwangerschaft als Folge einer Vergewaltigung und *soziale* Gründe im Falle einer sozialen Notlage der Frau. Lag eine dieser Indikationen vor und hatte sich die Frau einer Pflichtberatung unterzogen, dann konnte innerhalb verschiedener Fristen (je nach Indikation) ein Schwangerschaftsabbruch ohne strafrechtliche Folgen durchgeführt wurden, wobei die Kosten von der Krankenkasse übernommen wurden.

Mit der Vereinigung der beiden deutschen Staaten 1990 wurde eine Neufassung des Abtreibungsgesetzes notwendig, da in der DDR eine andere gesetzliche Regelung als in der Bundesrepublik vorlag, nämlich die sogenannte Fristenregelung ohne Beratungspflicht. Nach dieser Regelung konnten Frauen in der DDR innerhalb gewisser Fristen ohne strafrechtliche Folgen selbstverantwortlich entscheiden, ob sie eine Schwangerschaft austragen wollten oder nicht. Um diese nach der Wiedervereinigung zunächst fortbestehende unterschiedliche Rechtslage in den alten und neuen Ländern zu vereinheitlichen, verabschiedete der Bundestag im Jahre 1992 deshalb parteiübergreifend ein neues Abtreibungsgesetz, das gewissermaßen einen Kompromiß zwischen der Indikations- und der Fristenregelung darstellte. Nach diesem Gesetz war ein Abbruch innerhalb der ersten zwölf Schwangerschaftswochen *nicht* rechtswidrig. Beibehalten wurde jedoch die Beratungspflicht.

Gegen dieses neue Gesetz legten eine Gruppe von Bundestagsabgeordneten und das Bundesland Bayern Klage vor dem Bundesverfassungsgericht ein. Im Mai 1993 verkündete das Bundesverfassungsgericht sein Urteil. Danach gilt ab dem 16. Juni 1993 eine Übergangsregelung, bis der Bundestag ein neues Gesetz verabschiedet hat, das die Bedenken, Vorschriften und Entscheidungen des Karlsruher Urteils berücksichtigt. Nach dieser Übergangsregelung bleibt ein Schwangerschaftsabbruch (im Gegensatz zu dem 1992 verabschiedeten Gesetz) *rechtswidrig*. Neu ist jedoch im Vergleich zu den alten Regelungen, daß ein Abbruch trotz seiner Rechtswidrigkeit nicht strafrechtlich verfolgt werden muß. Statt dessen kann der Staat seine Aufgabe des Schutzes des ungeborenen Lebens durch eine Beratung wahrnehmen (und nicht durch Strafandrohung). Die Übergangsregelung sieht deshalb für Frauen, die eine Abtreibung durchführen lassen wollen, eine *Beratungspflicht* an staatlich anerkannten Beratungsstellen vor. In der Beratung, die auf Wunsch anonym erfolgen kann, soll die werdende Mutter über Hilfe, Unterstützung und alternative Möglichkeiten informiert werden, um sie möglichst dazu zu bewegen, das Kind doch auszutragen. Ziel der Beratung ist also der Schutz des ungeborenen Lebens, wobei sie jedoch zugleich „ergebnisoffen" sein soll, d.h. an ihrem Ende kann dennoch die Entscheidung der Frau gegen das Austragen der Schwangerschaft stehen. Frühestens drei Tage nach der abgeschlossenen Beratung kann der Eingriff *innerhalb der ersten drei Monate* der Schwangerschaft straffrei erfolgen. Insofern ist die Indikationsregelung durch eine Fristenregelung (mit Beratungspflicht) ersetzt worden.

Die prinzipielle Rechtswidrigkeit eines Abbruchs bringt es jedoch mit sich, daß in Zukunft Abtreibungen nur noch dann von den Krankenkassen bezahlt werden dürfen, wenn der Abbruch aus medizinischen, kriminologischen oder embryopathischen Gründen erfolgt. In allen anderen Fällen muß die Frau den Eingriff selbst bezahlen, nicht jedoch eventuell notwendige Nachfolgeuntersuchungen. Muß die Frau wegen des Eingriffs für eine gewisse Zeit von der Arbeit fernbleiben, so wird der Lohn fortgezahlt. Für Frauen, die nicht die finanziellen Mittel zur Bezahlung des Eingriffs haben, können die Kosten von der Sozialhilfe übernommen werden.

Die hier skizzierte Übergangsregelung gilt solange, bis vom Bundestag ein neues Gesetz verabschiedet wird. Die Verabschiedung eines solchen Gesetzes wird für 1994 angestrebt. Bis zu dieser endgültigen Regelung muß davon ausgegangen werden, daß die Praxis der Beratung, des Schwangerschaftsabbruchs und der Kostenerstattung seitens der Krankenkassen in den einzelnen Bundesländer durchaus unterschiedlich gehandhabt werden kann.

Schwangerschaftsberatung Siehe unter → Schwangerenvorsorge

Schwangerschaftserbrechen Auch *Hyperemesis gravidarum.* Ein über die normale und bei fast jeder Schwangeren auftretende → morgendliche Übelkeit hinausgehendes häufiges Erbrechen, das unter Umständen zu einer Beeinträchtigung des Allgemeinzustandes der Schwangeren und damit zur Gefährdung auch des Kindes führen kann. Die Hyperemesis ist durch ununterbrochene Übelkeit, Erbrechen nach jeder Mahlzeit und schließlich auch unabhängig von der Nahrungsaufnahme gekennzeichnet. Sie führt zu einem Hungerzustand der Schwangeren mit Gewichtsabnahme, Kräfteverfall und schließlich zu einer schweren Stoffwechselentgleisung. Während die morgendliche Übelkeit bei etwa zwei Drittel aller Schwangeren in der Frühschwangerschaft auftritt und bei etwa der Hälfte von ihnen mit einem meist ebenfalls morgendlichen Erbrechen einhergeht, ist die Hyperemesis ein sehr seltenes Ereignis, dessen Ursache man noch nicht genau klären konnte. Mit Sicherheit spielen die mit einer Schwangerschaft einhergehenden Veränderungen des Hormon- und Stoffwechselsystems im Körper eine große Rolle. Diskutiert werden als Auslöser auch psychogene Ursachen wie z.B. die unbewußte Ablehnung einer Schwangerschaft. Die Symptome beginnen meist in der zweiten bis vierten Schwangerschaftswoche und halten selten länger als bis zur 16. Woche an. Eine schwere Hyperemesis macht eine Behandlung im Krankenhaus notwendig. Hier muß der Wasser- und Elektrolythaushalt des Körpers durch Infusionen wieder stabilisiert werden, zusätzlich wird über Infusionen für eine ausreichende Ernährung der Schwangeren gesorgt. Darüber hinaus sollten eventuelle psychische Belastungen aufgedeckt und wenn möglich behandelt werden, damit sich die Patientin bei Entlassung sowohl körperlich als auch seelisch wieder im Gleichgewicht befindet und ausreichend Nahrung zu sich nehmen kann.

Schwangerschaftsmaske Siehe → Chloasma

Schwangerschaftsstreifen Siehe → Striae

Schwangerschaftstest Ein Test zur Beurteilung der Frage, ob eine Frau schwanger ist oder nicht. Ein Schwangerschaftstest kann sowohl mit Blut als auch mit Urin der betreffenden Frau durchgeführt werden. Das Prinzip ist jedoch bei beiden Formen das gleiche und besteht darin, daß man das → Humane Choriongonadotropin (HCG) nachweist, ein Hormon, das zunächst von der befruchteten Eizelle während ihrer Wanderung vom Eileiter bis in die Gebärmutter und später von der sich entwickelnden → Plazenta produziert wird. Das HCG kann im Blut der Mutter zwischen dem 8. und 10. Tag nach der Befruchtung, also kurz nach der Einnistung der befruchteten Eizelle in die Gebärmutterschleimhaut (→ Nidation) und noch vor Ausbleiben der Regelblutung nachgewiesen werden, und im Urin je nach der Empfindlichkeit des verwendeten Tests ab dem Tag des Ausbleibens der Regel, bei den älteren Tests erst ab dem 10. bis 12. Tag nach deren Ausbleiben. Im Verlauf der ersten Schwangerschaftswochen steigt der Spiegel des HCG immer weiter an bis zu einem Maximun etwa um den 80. Schwangerschaftstag (11. Woche) und fällt danach wieder kontinuierlich ab.

Sowohl die Blut- als auch die Urintests beruhen darauf, daß das HCG, sofern es anwesend ist, eine Reaktion zwischen Antigen und Antikörper aus dem Testansatz stört beziehungsweise verhindert. Diese Reaktion zeigt sich bei den modernen Objektträgertests darin, daß eine Verklumpung (Agglutination) auftritt. Manche Tests brauchen nur wenige Minuten, bis man das Ergebnis ablesen kann, bei anderen dauert es einige Stunden. Der hauptsächliche Unterschied zwischen den verschiedenen Tests liegt in ihrer Empfindlichkeit, d.h. ab welchen Mengen eventuell vorhandenen HCGs sie positiv reagieren. Die Bluttests sind in der Regel empfindlicher als die Urintests (was auch der Grund dafür ist, daß man mit einem Bluttest schon früher, d.h. wenn die Hormonspiegel noch niedriger sind, feststellen kann, ob eine Schwangerschaft besteht oder nicht). Sie sind von besonderer Bedeutung bei Verdacht auf eine → Extrauteringravidität (Schwangerschaft außerhalb der Gebärmutter), da in einem solchen Fall die mit dem Urin ausgeschiedenen Mengen oftmals zu klein sind, als daß sie mit einem Urintest erfaßt werden können. Die Bluttests setzen jedoch einen Gang zum Arzt oder Krankenhaus voraus und sind außerdem teurer.

Urintests sind billiger, leicht erhältlich (in Apotheken) und reichen für die meisten Fälle, in denen eine Frau Gewißheit haben möchte, aus. Es gibt eine Reihe verschiedener Urintests. Die einen verwenden Objektträger, die anderen Reagenzampullen, bei neueren reichen auch kleine Stäbchen, die einfach in den Urin gehalten werden. Bei manchen liegt das Ergebnis nach wenigen Minuten vor, bei anderen erst nach etwa 30 Minuten. Wesentlich bei der Auswahl des Tests ist es, sich vorher zu informieren, wie hoch die Empfindlichkeit ist, d.h. ab welchem Tag nach einer potentiellen Befruchtung beziehungsweise nach Ausbleiben der Regel der betreffende Test im positiven Fall einer Schwangerschaft auch positiv reagiert und dies anzeigt. Falsch positive Ergebnisse, d.h. ein positiver Test, obwohl in Wirklichkeit gar keine Schwangerschaft besteht, sind bei den modernen Testsystemen extrem selten. Das gleiche gilt für den umgekehrten Fall, d.h. ein negatives Testergebnis, obwohl die Frau in Wirklichkeit schwanger ist. Je später die Tests durchgeführt werden, desto sicherer sind sie, was die Richtigkeit ihres Ergebnisses angeht.

Der erste brauchbare Schwangerschaftstest wurde 1928 von *Ascheim* und *Zondeck* entwickelt und benötigte drei bis fünf Tage, bis das Ergebnis feststand. Bei diesem Test wurde Urin der Frau in noch unreife weibliche Mäuse oder Ratten gespritzt. Nach drei bis fünf Tagen wurde das betreffende Tier getötet und untersucht. Wenn in seinen Eierstöcken Blutungen oder blutgefüllte → Follikel aufgetreten waren, dann war der Test positiv und die Frau schwanger. Bei einem ähnlichen Test wurde bei Kaninchen innerhalb von 24 bis 48 Stunden ein Eisprung ausgelöst, wenn der Test positiv war. Bei einem weiteren Test wurde Urin unter die Haut von Kröten gespritzt. Im positiven Fall legte die Kröte innerhalb von 12 bis 24 Stunden Eier, im negativen Fall nicht. Diese Tests an Tieren, auch *Bioassays* genannt, sind heute nicht mehr gebräuchlich und sind durch die moderneren Testverfahren (siehe oben) ersetzt worden.

Schwangerschaftsvergiftung Siehe → Eklampsie

Schwangerschaftsverhütung Siehe → Empfängnisverhütung

Schwangerschaftsvorsorge Siehe → Schwangerenvorsorge

Schwangerschaftswehen Siehe → Braxton-Hicks-Kontraktionen, → Senkwehen.

Schwangerschaftszeichen Siehe → Chadwick-Schwangerschaftszeichen, → Hegar-Zeichen. Siehe auch unter → Schwangerschaft

Schweißdrüsen Duftdrüsen in der Scham- und Achselregion, die ein milchiges, organisches Sekret mit einem erotisch stimulierenden Geruch abgeben. Der Duft wird durch das Achsel- und Schamhaar festgehalten. Frauen haben 75% mehr solcher Duftdrüsen als Männer. Sie entwickeln sich während der Pubertät und liegen auch um die kleinen Schamlippen, die Brustwarzen und den Bauchnabel.

Sekretionsphase Die zweite Hälfte des → Menstruationszyklus, während der unter dem Einfluß von → Östrogen und → Progesteron die Drüsen in der Gebärmutterschleimhaut in Vorbereitung auf die Aufnahme einer befruchteten Eizelle wichtige Nährsubstanzen bilden und abgeben (sezernieren). Kommt es tatsächlich zur Einnistung (→ Nidation) einer befruchteten Eizelle, dann geht die Sekretion dieser Substanzen weiter. Ist keine Empfängnis erfolgt, dann sinken die Östrogen- und Progesteronspiegel steil ab und die für eine Schwangerschaft aufgebaute Gebärmutterschleimhaut kann nicht länger erhalten werden, sondern geht unter und wird mit der Regelblutung nach außen abgestoßen.

Sekundäre Geschlechtsmerkmale Die äußerlich erkennbaren Körpermerkmale, die das Charakteristische des jeweiligen Geschlechtes ausmachen, also z.B. Bart, Brustbehaarung, tiefe Stimme usw. beim Mann und Brüste, typisch weibliche Schambehaarung, hohe Stimme usw. bei der Frau. Die sekundären Geschlechtsmerkmale entwickeln sich während der → Pubertät als Folge ansteigender Hormonspiegel im Körper (Androgene beim Mann, Östrogene bei der Frau) und dienen im Gegensatz zu den *primären* Geschlechtsmerkmalen (Penis, Hoden, Vagina, Gebärmutter, Eierstöcke etc.) nicht direkt der Fortpflanzung. Siehe auch → Pubertät und unter den Einträgen für das jeweilige Körperteil.

Selbstbefriedigung Siehe → Masturbation

Selbstmord Siehe → Suizid

Senkwehen Auch *Vorwehen.* Unregelmäßige Kontraktionen der Gebärmuttermuskulatur, die während der Schwangerschaft auftreten und nahe am Geburtstermin mit echten Geburtswehen verwechselt werden können (siehe auch → Braxton-Hicks-Kontraktionen). Senkwehen können etwa drei bis vier Wochen vor dem eigentlichen Geburtsbeginn empfunden werden, unterscheiden sich jedoch von den Geburtswehen, indem sie relativ schmerzlos und von vorübergehender Natur sind, anstatt an Stärke und Regelmäßigkeit zuzunehmen. Darüber hinaus spürt man sie vor allem im Unterbauch. Sie werden nicht häufiger (d.h. die Abstände zwischen den Wehen bleiben lang, anstatt wie bei echten Geburtswehen immer kürzer zu werden), werden beim Gehen nicht stärker und können durch schwache Beruhigungsmittel erträglich gemacht werden. Die echten Geburtswehen treten dagegen regelmäßig und in immer kürzeren Abständen auf und zeigen überhaupt keine Reaktion auf leichte Beruhigungsmittel. Die Senkwehen haben die Aufgabe, die Gebärmutter für die Geburt vorzubereiten, indem sich der untere Pol abflacht und der Muttermund sich auflockert (siehe auch → Zervixreifung). Siehe auch unter → Wehen.

Sepsis Siehe unter → Infektion

Septischer Abort Siehe unter → Abort, Def. 5

Serum Der Anteil des Blutes, der übrig bleibt, wenn man alle festen Bestandteile (rote und weiße Blutkörperchen, Blutplättchen) und die zur Gerinnung notwendigen Substanzen abgetrennt hat. Das Serum ist flüssig, hat eine hellgelbe Farbe und dient als Grundlage für eine Reihe von Blutuntersuchungen, insbesondere zur Bestimmung von → Antikörpern.

Sexualtherapie Eine Kurzzeit-Behandlung von → sexuellen Funktionsstörungen des Mannes und/oder der Frau, deren Ursache in aller Regel seelische Probleme sind, die in manchen Fällen jedoch auch in Kombination mit organischen Störungen auftreten. Die hauptsächlichen medizinischen Probleme, die zu einer sexuellen Funktionsstörung beitragen können, sind ein → Bluthochdruck, ein → Diabetes mellitus, Hormonstörungen, → Alkoholismus und Nebenwirkungen von Medikamenten.

Die ursprüngliche Sexualtherapie ist von ihrem Ansatz her eine Verhaltenstherapie, d.h. sie konzentriert sich haupsächtlich darauf, ein neues, anderes Sexualverhalten zu erlernen, anstatt sich in aller Ausführlichkeit mit den Ursachen des „alten Verhaltens" zu beschäftigen. Bei den neueren sexualtherapeutischen Verfahren handelt es sich meist um eine Mischung aus Verhaltenstherapie und Gesprächstherapie beziehungsweise Psychoanalyse, d.h. die Lebensgeschichte des einzelnen kommt ebenfalls zur Sprache. Die Behandlung erfolgt entweder in Einzelsitzungen oder, häufiger, mit beiden Partnern. Sie umfaßt eine ausführliche Anamneseerhebung des bisherigen Sexuallebens des betroffenen Paares bzw. der Einzelperson sowie eine genaue Erklärung der Anatomie und Physiologie der Geschlechtsorgane und der → sexuellen Reaktionen. In den meisten Fällen werden auch „Hausaufgaben" gestellt, d.h. es werden eine Reihe von Übungen empfohlen, die das Paar zuhause durchführen soll. Diese Übungen helfen dem Paar, sich auf vorsichtige Formen der Berührung und Zärtlichkeit zu konzentrieren, um dabei zu entdecken, was der einzelne jeweils genießt und erregend findet. Ziel ist es, Angst, Scham oder Ekel abzubauen, Genuß an körperlicher Liebe zu finden sowie Druckgefühle und übersteigerte Erwartungen abzubauen. Dieser Ansatz scheint gut zu wirken sowohl bei Frauen, die keinen → Orgasmus bekommen können (siehe → Frigidität), als auch bei Männern, die Schwierigkeiten mit der → Erektion (siehe auch → Impotenz) oder einem vorzeitigen Samenerguß (→ Ejaculatio praecox) haben. Bei sexuellen Funktionsstörungen, die eine tiefere seelische Ursache haben, tendiert man dazu, den psychodynamischen Anteil der Therapie stärker zu betonen, wie überhaupt die „Hausaufgaben" immer nur einen Teil des gesamten psychotherapeutischen Prozesses ausmachen.

Bis ungefähr 1960 konnte sich ein Paar mit sexuellen Problemen lediglich an den Hausarzt, einen Gynäkologen oder einen Psychotherapeuten wenden. Die eigentliche Sexualtherapie ist ein relativ neues Gebiet und wurde wesentlich von *William Masters* und *Virginia Johnson* sowie von *Helen Singer-Kaplan* begründet und beeinflußt. Mit dem Bekanntwerden ihrer Arbeit begannen zahlreiche Psychologen und Mediziner, sich mit dieser Form der Psychotherapie zu befassen. Wichtig ist, daß ein Sexualtherapeut niemals eine sexuelle Beziehung mit seinen Klienten eingeht oder sich an den sexuellen Übungen mit den Klienten beteiligt. Auch fordert er seine Klienten niemals auf, sich mit sexuellen Praktiken zu beschäftigen, die moralisch gesehen fragwürdig sind (wie z.B. Partnertausch, Gruppensex und dergleichen).

Sexuelle Erregung Siehe unter → Sexuelle Reaktion

Sexuelle Funktionsstörung Eine Störung, die eine Person häufig oder gar immer daran hindert, ein erfülltes Sexualleben zu haben. Solche Funktionsstörungen können an jeder Stelle des normalen Zyklus von Begehren-Erregung-Orgasmus auftreten (siehe auch → sexuelle Reaktion). Eine Störung der Phase des Begehrens wird oft auch als eine niedrige oder fehlende → Libido des Mannes oder der Frau bezeichnet, d.h. das Interesse an oder Bedürfnis nach sexuellen Beziehungen ist gering beziehungsweise fehlt. Probleme in der Erregungsphase sind beim Mann das Unvermögen, eine → Erektion zu bekommen und/oder aufrecht zu erhalten (siehe auch → Impotenz) und bei der Frau, Erregung zu verspüren und „feucht zu werden", d.h. die Anfeuchtung ihrer Vagina durch Drüsenabsonderungen zu erreichen. Zu den Störungen in der Orgasmusphase gehören beim Mann der vorzeitige oder verspätete Samenerguß (siehe → Ejaculatio praecox und →

Ejaculatio retarda) und bei der Frau die Anorgasmie, d.h. die fehlende Fähigkeit, einen Orgasmus zu bekommen. Eine andere sexuelle Funktionsstörung bei der Frau ist der → Vaginismus, bei dem es durch Verkrampfungen in der Scheide und Beckenboden zu Schwierigkeiten und Schmerzen beim Einführen des männlichen Penis kommt. Der Vaginismus ist jedoch wesentlich seltener als die anderen erwähnten Funktionsstörungen. Die häufigste Funktionsstörung bei der Frau, nämlich bei etwa 30 bis 60% aller Frauen (verständlicherweise sind die Statistiken hier nicht sehr genau), ist das Unvermögen, während des vaginalen Geschlechtsverkehrs einen Orgasmus zu bekommen, obwohl es mit dem Partner auf anderen Wegen (z.B. durch Stimulation mit der Hand) kein Problem ist. Am zweithäufigsten ist das Unvermögen, mit dem Partner zum Höhepunkt zu kommen, obwohl ein Orgasmus durch → Masturbation möglich ist. Nur etwa 9% der erwachsenen Frauen haben noch nie (d.h. auch nicht durch Masturbation) einen sexuellen Höhepunkt erlebt (siehe auch → Frigidität). Die häufigste sexuelle Funktionsstörung beim Mann ist der vorzeitige Samenerguß, der bei 25% aller Männer auftritt. Sexuelle Funktionsstörungen sind in der überwiegenden Mehrzahl der Fälle seelisch bedingt, d.h. Gefühle wie Angst, Scham, Scheu, Ekel oder Schuld und anderes hindern die betroffene Person daran, sich „gehen zu lassen" und Spaß an sexuellem Kontakt und körperlicher Berührung zu finden. Dies kann noch durch Unerfahrenheit oder mangelnde Infomation verstärkt werden. In manchen Fällen gibt es jedoch auch medizinische Gründe für eine sexuelle Funktionsstörung, wie z.B. schwere Erkrankungen oder die Einnahme von Medikamenten, die die sexuelle Erlebnisfähigkeit beeinträchtigen. Bezüglich der Behandlung von sexuellen Funktionsstörungen siehe unter → Sexualtherapie.

Sexuelle Probleme Siehe → Sexuelle Funktionsstörung

Sexuelle Reaktion Die Gesamtheit der phasenförmig ausgeprägten physischen und psychischen Reaktionen, wie sie durch sexuelle Reizung bei Mann und Frau nach der Pubertät auftreten. Obwohl diese Reaktionen seit Beginn des menschlichen Lebens auf der Erde von zahllosen Menschen erlebt worden sind, wurden sie erst im späten 19. Jahrhundert, beginnend mit der Arbeit von *Henry Havelock Ellis* (1859-1939), wissenschaftlich untersucht. Große Fortschritte wurden in den vierziger und fünfziger Jahren unseres Jahrhunderts durch die Arbeiten von *Alfred C. Kinsey* und seinen Mitarbeitern sowie in den Sechzigern von *William Masters* und *Virginia Johnson* erzielt. Letztere untersuchten viele Paare unter Laborbedingungen und entdeckten, daß die sexuelle Reaktionsweise in vier aufeinanderfolgenden Phasen abläuft, nämlich in Erregungs-, Plateau-, Orgasmus- und Entspannungsphase. Diese Phasen gehen fließend ineinander über und können von Mal zu Mal unterschiedlich ausgeprägt sein. Die Abfolge der Phasen ist bei beiden Geschlechtern gleich und unabhängig davon, ob sie durch Masturbation oder Geschlechtsverkehr mit einem hetero- oder homosexuellen Partner hervorgerufen wird. Ein beträchtlicher Unterschied zwischen Männern und Frauen besteht jedoch in der Zeit, die bis zum Erreichen des Orgasmus benötigt wird. Der „durchschnittliche" Mann braucht bei ununterbrochener Stimulation drei Minuten bis zum Höhepunkt, während die „durchschnittliche" Frau mit ihrem normalen Tempo etwa 15 Minuten benötigt.

Die *Erregungsphase* kann durch eine enorme Vielfalt an Reizen — Bilder, Geräusche, Farben, Musik, Geruch, Gedanken, Tagträume — in Gang gebracht werden. Die direkte Berührung von Brüsten, Brustwarzen, Oberschenkeln und Genitalorganen sowie von anderen Körperteilen kann sowohl für die berührende als auch für die berührte Person sexuell erregend sein. Der Körper antwortet darauf in verschiedener Art und Weise. Bei Frauen besteht die erste physische Reaktion in der Regel in der Absonderung von Gleitflüssigkeit aus der Scheidenschleimhaut, die nach wenigen Minuten als Feuchtigkeit im Bereich des Scheideneingangs wahrgenommen wird. Die Gebärmutter richtet sich auf und wandert im Becken etwas nach oben, was im Prinzip eine Verlängerung der Scheide mit sich bringt. Bei Männern besteht die erste physische Reaktion in der Regel in der Erektion. Sowohl die Herz- als auch die Atemfrequenz steigen an. Die Haut kann sich, vor allem am Oberkörper, rötlich anfärben. Bei der Frau schwellen die Brüste an und die Brustwarzen werden steif, beim Mann kommt es zum Anschwellen und Steifwerden des Penis, d.h. zur → Erektion. Bei beiden kommt es zu einem Blutstau im Becken- und Genitalbereich durch die Weitstellung von Blutgefäßen in diesem Bereich.

Dauert die Erregungsphase an, dann folgt die *Plateauphase*. In dieser Phase erreicht der Blutstau sowohl bei Männern als auch bei Frauen langsam seinen Höhepunkt. Herzschlag und Atmung steigen noch weiter an. Die → Klitoris wird sehr empfindlich und zieht sich unter die Vorhaut zurück. Eine Stimulation der kleinen → Schamlippen führt zur Stimulation der Klitoris, weil dadurch die Vorhaut über der Klitoris vor- und zurückgeschoben wird. Der Scheideneingang schwillt an und macht dadurch den Eingang kleiner. Dies verursacht ein angenehm festes Gefühl, wenn dann der Penis schließlich in die Scheide eindringt. Beim Mann schwellen die Hoden an und wandern nach oben in Richtung der Peniswurzel. Die Plateauphase erreicht schließlich mit dem *Orgasmus*, einem plötzlichen, fast anfallsartigen Nachlassen der Muskelspannung und des Blutstaus ihren Höhepunkt. Die Muskeln des Scheideneingangs ziehen sich rhythmisch zusammen und entspannen sich wieder, bei Männern führen Kontraktionen der Prostata und der Samenblase zu einem Vorschieben des Spermas in die Harnröhre, von wo es durch die Penismuskeln ruckartig nach außen abgegeben wird. (Siehe auch → Orgasmus.)

Dem Orgasmus folgt die *Entspannungsphase*. Die Blutfülle geht wieder zurück, und die steifgewordenen Gewebe werden wieder schlaff. Bleibt eine erneute Stimulation aus, erreicht der Körper langsam wieder seinen nicht-erregten Zustand. Männer erreichen diesen Zustand ziemlich schnell. Frauen können jedoch fast sofort wieder auf neue sexuelle Stimulation reagieren und bald darauf wieder einen Höhepunkt erleben, während der Mann eine Erholungsphase — oder *Refraktärperiode* — von wenigen Minuten bis zu Stunden, je nach Mann und Alter, benötigt. Die Entspannungsphase wird von einem allgemeinen Wohlgefühl der Entspannung und Befriedigung begleitet.

Die physischen Veränderungen der sexuellen Reaktion werden durch das autonome Nervensystem kontrolliert und gehen mit unwillkürlicher Muskeltätigkeit einher. Daneben spielen jedoch auch seelische Prozesse unter bewußter Kontrolle (Phantasien, Gedanken, Gefühle) eine Rolle, indem sie eine Person z.B. überhaupt erst aufnahmebereit für eine sexuelle Stimulation machen, die dann den sexuellen Reaktionszyklus in Gang setzt. Darüber hinaus kann der sexuelle Reaktionszyklus an fast jedem Punkt (z.B. durch das Klingeln des Telephons, einen negativen Gedanken wie Angst vor einer Schwangerschaft etc.) unterbrochen werden, so daß die Erregung vergeht. Praktisch der einzige Punkt, von dem ab es keine Rückkehr mehr gibt, ist der Moment kurz vor dem Orgasmus. Dies gilt insbesondere für den Mann. Ist das Sperma durch die Kontraktionen der Prostata und Samenblase erst einmal in die Harnröhre gelangt, dann kann eine Ejakulation durch nichts aufgehalten werden. Dasselbe gilt, wenn auch eingeschränkter, für eine

Frau kurz vor dem Höhepunkt: Ab einem bestimmten Punkt findet auf jeden Fall eine mehr oder weniger stark ausgeprägte Kontraktion der Scheidenmuskeln statt. Die Stärke der physischen und psychischen Empfindung kann dabei jedoch sowohl bei Männern als auch bei Frauen durch seelische Faktoren erheblich beeinträchtigt werden.

Sexuell übertragbare Krankheiten Auch *STD* von der englischen Bezeichnung *sexually transmitted diseases*, *Geschlechtskrankheiten, venerische Infektionen*. Infektionskrankheiten, die durch Geschlechtsverkehr jeglicher Art übertragen werden. Als Geschlechtskrankheiten im engeren Sinn bezeichnet man die im *Gesetz zur Bekämpfung der Geschlechtskrankheiten* genannten Erkrankungen → Syphilis, → Gonorrhoe, Ulcus molle (→ Schanker, weicher), → Lymphogranuloma inguinale und → Granuloma venereum. Von diesen fünf Erkrankungen kommen die Syphilis und die Gonorrhoe bei uns häufiger vor, Ulcus molle und Lymphogranuloma inguinale sind selten, während das Granuloma venereum fast nur in den Tropen auftritt. Neben diesen klassischen Geschlechtskrankheiten gibt es jedoch noch eine Reihe von anderen Infektionskrankheiten, die durch Geschlechtsverkehr übertragen werden. Dazu gehören vor allem (in alphabetischer Reihenfolge): → AIDS, → Chlamydieninfektionen, → Condylomata accuminata (Feigwarzen), → Filzläuse, → Hepatitis B, genitale → Herpesinfektionen, → Trichomonadeninfektionen und andere Erreger einer → Kolpitis oder → Urethritis.

Trotz der Entwicklung hochwirksamer Antibiotika in der zweiten Hälfte unseres Jahrhunderts, die zunächst erst einmal zu einem deutlichen Rückgang von Geschlechtskrankheiten (vor allem der Syphilis und Gonorrhoe) führte, steigt die Zahl bestimmter sexuell übertragbarer Krankheiten, vor allem von AIDS, Syphilis und Chlamydieninfektionen, inzwischen wieder alarmierend stark an. Die meisten Geschlechtskrankheiten betreffen zunächst den Urogenitalbereich, nicht wenige können jedoch darüber hinaus sofort oder später im weiteren Verlauf der Infektion auch andere Bereiche des Körpers mit einbeziehen und zu erheblichen Schäden führen.

Da das Auftreten einer Geschlechtskrankheit häufig mit → Promiskuität (häufig wechselnden Geschlechtspartnern) zusammenhängt, führen Schamgefühle und andere aus religiösen und kulturellen Tabus resultierende Empfindungen nicht selten dazu, daß die Erkrankung erst in späteren Stadien entdeckt und behandelt werden kann. Darüber hinaus können manche sexuell übertragbaren Krankheiten (vor allem die Gonorrhoe) oft nur wenige oder praktisch keine Symptome bei einem Partner (hier vor allem bei der Frau) verursachen, so daß man die Infektion unbemerkt an andere weitergeben kann. Wie bei den meisten Infektionskrankheiten besteht die beste Behandlung der sexuell übertragbaren Erkrankungen in der Prophylaxe, d.h. in der Vermeidung einer Ansteckung. Maßnahmen, die das Risiko einer Ansteckung vermindern, vor allem wenn man sie kombiniert anwendet, sind:

- *Bei Männern*: 1. Die Verwendung eines Kondoms bei vaginalem und analem Geschlechtsverkehr. 2. Die Reinigung des Genitales mit Wasser und Seife vor und, noch wichtiger, direkt nach dem Geschlechtsverkehr.
- *Bei Frauen*: Die Verwendung eines Scheidendiaphragmas zusammen mit spermizider Vaginalcreme bei vaginalem Geschlechtsverkehr beziehungsweise von spermizider Vaginalcreme im After bei analem Geschlechtsverkehr. Steht kein Diaphragma zur Verfügung, dann sollte zumindest spermizide Vaginalcreme allein verwendet werden.

Für beide Geschlechter stellt die sorgfältige Auswahl des jeweiligen sexuellen Partners eine präventive (vorbeugende) Maßnahme dar. Je mehr verschiedene Geschlechtspartner man hat, desto größer ist die Wahrscheinlichkeit einer Ansteckung. Im Falle, daß man seine Partner häufig wechselt und irgendeinen Grund für die Annahme hat, daß man sich angesteckt haben könnte, ist die regelmäßige ärztliche Kontrolle und Untersuchung, ob dies der Fall ist, dringend angeraten.

Verdächtige Hinweise auf eine Geschlechtskrankheit am eigenen Körper oder dem des Partners sind unter anderem: offene Wunden, Rötung, ungewöhnlicher Ausfluß, Juckreiz oder ein unangenehmer Geruch im Genitalbereich. Findet sich eine oder mehrere dieser Auffälligkeiten, dann sollte jeglicher sexueller Kontakt bis zur Abklärung durch den Arzt vermieden werden, zumindest aber sollte man sich und vor allem den anderen durch ein Kondom und ein Diaphragma mit spermizider Vaginalcreme vor einer Ansteckung schützen.

Die Anti-Baby-Pille (→ orale Kontrazeptiva) stellt keinen Schutz vor einer sexuell übertragbaren Krankheit dar (manche meinen sogar, daß sie das Wachstum von z.B. Gonokokken eher begünstigt), und auch die Verwendung einer Spirale (→ Intrauterinpessar) kann das Risiko einer Ansteckung an Gonorrhoe erhöhen.

Sheehan-Syndrom Auch *postpartale Hypophysenvorderlappeninsuffizienz*. Der Untergang des vorderen Anteils der Hirnanhangsdrüse (→ Hypophyse) im Anschluß an eine sehr schwierige Geburt mit z.B. → postpartalen Blutungen und/oder Schock. Der Name rührt von dem Arzt *H.L. Sheehan* her, der dieses Syndrom als erster beschrieben hat. Die ersten Symptome der Erkrankung sind die fehlende → Laktation (Milchbildung) und eine Amenorrhoe, d.h. das Ausbleiben der Regelblutungen. Andere Zeichen sind Gewichtszunahme und Schrumpfung des Scheidengewebes. Im Verlauf kommt es zu einem zunehmenden Verlust der Achsel- und Schambehaarung und später zu einem rapiden Gewichtsverlust. Unentdeckt und unbehandelt kann die Krankheit in den Tod münden. Das Prinzip der Behandlung besteht im Ersatz der fehlenden Hormone. In leichteren Fällen kann die Patientin unter Umständen wieder schwanger werden, was gelegentlich zu einer deutlichen Besserung der Symptome führt. Offensichtlich bewirkt eine Schwangerschaft das bessere Wachstum und Funktionieren der Hirnanhangsdrüse. Das Sheehan-Syndrom ist in den letzten Jahren, vielleicht auch durch das bessere, frühzeitige Einschreiten bei Nachblutungen unter Geburt, selten geworden.

Sichere Tage Siehe unter → Natürliche Methoden der Empfängnisverhütung

Silber-Nitrat Eine Metallverbindung, die in sehr verdünnter Lösung als lokales Antiseptikum, d.h. zur Abtötung von bakteriellen Krankheitserregern verwendet wird. Die Silber-Nitrat-Lösung wurde früher häufig bei einer Entzündung der Zervix (→ Zervizitis) eingesetzt, heute ist sie dort durch die → Kauterisation und die → Kryotherapie weitgehend ersetzt worden. Angewendet wird Silber-Nitrat noch bei der sogenannten → Credé-Prophylaxe des Neugeborenen zur Verhinderung einer Gonokokkeninfektion der Augen (siehe dort). Der andere Anwendungsbereich von Silber-Nitrat ist die Verhinderung von Infektionen nach schweren Sonnenbränden.

Silikon-Prothese Siehe unter → Mammaplastik

Sims-Huhner-Test Auch *Postkoitaltest*. Die Untersuchung des Zervikalschleims mit der Frage, ob er für die Spermien des Mannes durchlässig ist. Der Test wird in der Regel nur dann durchgeführt, wenn ein Paar ungewollt kinderlos bleibt, also im Rahmen der Infertilitätsdiagnostik (siehe unter → Unfruchtbarkeit). Der Test muß in der Zeit unmittelbar vor dem Eisprung stattfinden, da zu dieser Zeit der Zervikalschleim die optimalen und wesentlichen Eigenschaften für die Passage der Spermien durch den Schleim in die Gebärmutter besitzt (siehe unter → Zervikalschleim-Methode für eine genauere Erklärung). Zur Durchführung des Postkoitaltests muß die Frau innerhalb von sechs Stunden nach dem Geschlechtsverkehr (daher der Name Postkoitaltest) in die Klinik oder Praxis kommen. Dort wird etwas Zervikalschleim aus der Scheide entnommen und die Menge der beweglichen Spermien im Schleim unter dem Mikroskop begutachtet. Bei einer Zahl von mindestens fünf gut beweglichen Spermien bei einer bestimmten Vergrößerung ist der Test positiv, d.h. der Zervikalschleim ist für Spermien durchlässig genug, um eine Befruchtung zu ermöglichen. Ein negatives Ergebnis, d.h. weniger als fünf gut bewegliche Spermien, kann zum einen an einem unwirtlichen Zervikalschleim liegen oder zum anderen an einer nicht optimalen Technik beim Geschlechtsverkehr, an einer → Oligospermie oder → Azoospermie des Mannes oder daran, daß der Zeitpunkt des Testes falsch, d.h. nicht zum Zeitpunkt der Ovulation gewählt wurde. Andere Gründe für einen negativen Postkoitaltest sind eine ungenügende Östrogenbildung durch die Eierstöcke oder eine Infektion im Bereich der Zervix. Vor der Durchführung eines Postkoitaltestes sollte immer erst das Sperma des Mannes allein auf seine Güte hin untersucht werden (siehe unter → Spermien).

Sitzbad Eine mit warmem Wasser gefüllte Wanne, in die man sich hineinsetzt. Ein 15minütiges Sitzbad mehrmals am Tag ist eine einfache und oft wirksame Methode zur Behandlung von Entzündungen und Hautwunden im Genital- und Afterbereich. Warmes Wasser steigert die Blutzufuhr zu den geschädigten Arealen und fördert so die Heilung. Manche Frauen geben noch bestimmte pflanzliche Heilmittel in das Wasser wie z.B. Ingwerwurzel (*Zingiber officinale*) zur Linderung von Juckreiz und Schwarzwurz (*Symphytum officinale*) zur Heilungsförderung.

Skelettszintigraphie Siehe unter → Nuklearmedizinische Untersuchung

Skene-Gänge Auch *Skene-Drüsen*. Ein Paar schmaler Drüsengänge, die hinter und parallel der weiblichen → Harnröhre verlaufen und direkt hinter der Harnröhrenöffnung in den Scheidenvorhof münden. Ihre Funktion, wenn sie eine haben, ist nicht bekannt. Man glaubt, daß sie das weibliche Pendant zur männlichen Vorsteherdrüse sind. Ihre klinische Bedeutung liegt darin, daß sie der Aufenthaltsort für die Erreger der → Gonorrhoe werden können. In solchen Fällen erreicht man manchmal keine Heilung der Gonorrhoe, ohne die Skene-Gänge zu entfernen. Davon abgesehen können die Skene-Drüsen auch mit anderen Erregern infiziert werden und → Zysten bilden.

Sklerosierende Adenosis Siehe unter → Adenosis, Def. 2

Skoliose Eine fixierte Seitwärtsverkrümmung der Wirbelsäule. Ist die Verkrümmung nicht fixiert, d.h. läßt sie sich durch eine entsprechende Haltungsänderung ausgleichen, dann spricht man von einer *skoliotischen Fehlhaltung*. Eine skoliotische Fehlhaltung kann durch ständige Fehlbelastung in eine Skoliose übergehen. Eine Skoliose ist in der Regel eine progrediente Erkrankung, d.h. sie wird mit der Zeit immer ausgeprägter, vor allem in Phasen des gesteigerten Wachstums wie in der → Pubertät, aber auch z.B. während einer Schwangerschaft, der Stillzeit und auch nach der → Menopause. Im Laufe der Zeit kann sie zu einer Verformung des Brustkorbes und dadurch zum Druck auf Lungen und Herz mit Atem- und Kreislaufstörungen führen sowie zu degenerativen Veränderungen an der gesamten Wirbelsäule mit → Arthrose, Bandscheibenproblemen und Nervenabklemmungen. Sie betrifft etwa 1% der Bevölkerung und weibliche Personen dreimal so häufig wie männliche. Obwohl in den meisten Fällen schon vorher vorhanden, wird sie häufig erst zwischen dem 10. und 12. Lebensjahr diagnostiziert. Es gibt verschiedene Ursachen für die Entwicklung einer Skoliose wie z.B. angeborene Fehlbildungen der Wirbelkörper oder Rippen, Knochenerkrankungen wie Vitamin-D-Mangel in der Kindheit, Entzündungen der Knochen, Beinlängenunterschiede und Erkrankungen der Nerven und/oder Muskeln. In 90% der Fälle bleibt die Ursache jedoch unbekannt. Man nennt diese Skoliosen deshalb auch → idiopathische Skoliosen.

Da eine Skoliose zu jeder Zeit in der Wachstumsphase auftreten kann und da sie in den Anfangsstadien keine Schmerzen bereitet, ist es wichtig, die Wirbelsäule eines Kindes vor allem während des Wachstumsschubes in der Pubertät regelmäßig zu untersuchen, bis das Wachstum abgeschlossen ist. Eine sehr einfache Methode, mit der man eine Skoliose entdecken kann, besteht darin, das Kind sich in nach vorne gebückter Haltung hinstellen zu lassen, wobei die Arme locker nach unten hängen sollen. Man betrachtet nun den Rücken des Kindes von hinten. Verlaufen die gut sichtbaren Dornfortsätze der Wirbelkörper nicht in einer geraden Linie nach unten, sondern zeigen an irgendeiner Stelle eine Abweichung zur Seite, oder steht eine Schulter höher als die andere, dann entsteht der Verdacht auf eine Skoliose und weitere Untersuchungen müssen stattfinden. Ebenfalls abklärungsbedürftig sind ein ausgeprägter Hohl- oder Rundrücken. In manchen Fällen ist die Skoliose so mild ausgeprägt, daß keine Behandlung notwendig ist. In schwereren Fällen kann das ständige Tragen eines speziellen Korsetts oder gar eine Operation notwendig werden. In jedem Fall sind krankengymnastische Übungen sehr wichtig, um die Rückenmuskulatur und Bänder zu stärken und damit die Belastung für den Knochen so gering wie möglich zu halten. Je früher eine Skoliose entdeckt und behandelt wird, desto größer ist die Wahrscheinlichkeit, daß schwerwiegende Folgen vermieden und das Fehlwachstum der Wirbelsäule ausgeglichen werden kann.

Skrotum Auch *Hodensack*. Ein angedeutet zwei-kammeriger, dünnhäutiger und leicht runzliger Hautsack, der hinter dem → Penis zwischen und etwas vor den Beinen des Mannes hängt und die beiden → Hoden enthält. Nach der Pubertät ist das Skrotum mit unterschiedlich viel → Schamhaaren überzogen. Der Hodensack ist empfindlich auf sexuelle Stimulation und auf Temperaturveränderungen. Sowohl bei sexueller Erregung als auch bei Kälte ziehen sich die Muskeln in der Hodensackwand zusammen und ziehen dadurch das Skrotum mit den Hoden nach oben in Körpernähe.

Smegma Wörtlich „Schmiere". Eine schmierige Absonderung aus den Talgdrüsen der Vorhaut (→ Präputium) beim Mann und der Umgebung der → Klitoris und der kleinen → Schamlippen bei der Frau. Angesammeltes Smegma muß regelmäßig vor allem bei unbeschnittenen Männern durch Waschen entfernt werden, da das Smegma einen guten Nährboden für Bakterien bietet und so zu Entzündungen führen kann.

Sonde Ein elastisches oder starres, stab- oder röhrenförmiges Instrument zum Einführen in Hohlorgane oder Hohlräume, das zu diagnostischen oder therapeutischen Zwecken eingesetzt werden kann. Zum Beispiel wird vor einer Ausschabung (→ Abrasio) oder vor dem Einsetzen einer Spirale (→ Intrauterinpessar) mit einer Sonde die Länge der Gebärmutter ausgemessen, um bei den nachfolgenden Maßnahmen keinen Schaden an der Gebärmutter zu verursachen.

Spekulum Spekula (Pl.). Ein Instrument aus Metall, seltener auch aus Plastik, das zur Untersuchung der Scheide und der → Zervix verwendet wird. Es gibt verschiedene Ausführungen eines Spekulums. Beim sogenannten Entenschnabelspekulum besteht das Spekulum aus zwei Blättern, die man auf- und zuklappen kann. Es wird seitlich und mit zugeklappten Blättern in die Scheide eingeführt und dann gedreht. Danach werden die beiden Blätter wie ein Schnabel aufgeklappt und in dieser Postition fixiert. Dadurch werden die Scheidenwände, die normalerweise so eng beieinander liegen, daß sie sich fast berühren, voneinander abgehoben und ermöglichen den Blick auf den Muttermund. Der Arzt kann jetzt mit Spateln oder Wattetupfer Abstriche entnehmen oder andere Untersuchungen am Muttermund und den Scheidenwänden durchführen (siehe auch Abb. 15 auf der folgenden Seite). Spekula werden bei einer Vielzahl von gynäkologischen und geburtshilflichen Untersuchungen und Maßnahmen benötigt. Es gibt sie außer in verschiedenen Formen auch in verschiedenen Größen, einschließlich einer Größe für die Untersuchung von Kindern. Siehe auch unter → gynäkologische Untersuchung.

Sperma Die gesamte bei einer Ejakulation freiwerdende Flüssigkeit. Siehe → Samen. Siehe auch unter → Spermien.

Spermien Spermium (Sing.), auch *Samenfäden*, *Spermatozoen*. Die männlichen Samenzellen, die der Fortpflanzung dienen. Die *Spermatogenese*, d.h. die Produktion der Samenfäden, beginnt in der Pubertät. Unter dem Einfluß von → FSH (follikel-stimulierendes Hormon) und → LH (luteinisierendes Hormon) aus der Hirnanhangsdrüse (→ Hypophyse), den gleichen Hormonen, die die Eizellenproduktion bei der Frau stimulieren, findet beim Mann die Spermienbildung in den → Hoden, den männlichen Keimdrüsen, statt. Es dauert etwa drei Monate, bis aus den Vorläuferzellen, den sogenannten *Spermatogonien*, reife Samenfäden entstehen, die dann bei der Ejakulation abgegeben werden.

Ein einzelnes Spermium hat eine kleine, wurmartige Gestalt mit einem ovalen Kopf, der das Erbmaterial enthält, und einem langen Schwanz, mit Hilfe dessen sich das Spermium fortbewegen kann. Seine Gesamtlänge beträgt etwa 60 Mikrometer (60 Tausendstelmillimeter), wobei 90% davon auf den Schwanz entfallen. Sowohl die Größe, die Gestalt und die Beweglichkeit eines Spermiums als auch die Anzahl der Spermien haben einen wesentlichen Einfluß auf die Fruchtbarkeit des Mannes, d.h. auf die Fähigkeit der Samenfäden, sich mit einer weiblichen Eizelle zu vereinigen und dadurch zur → Befruchtung zu führen. Wie die Eizelle enthält auch ein Spermium nur die Hälfte der Chromosomenzahl einer normalen Körperzelle (23 statt 46), so daß nach der Befruchtung wieder Zellen mit der normalen Chromosomenzahl entstehen.

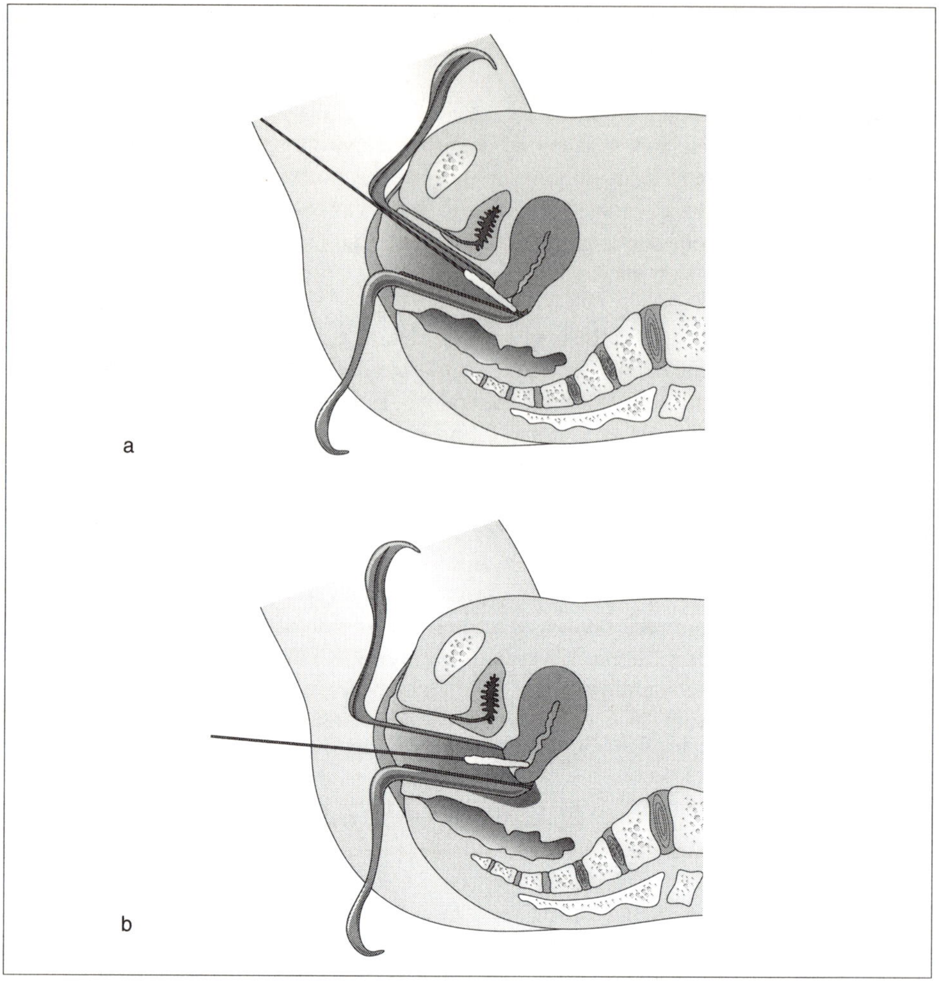

Abb. 15: Seitansicht einer Spekulumuntersuchung mit Entnahme eines Abstrichs von (a) der Muttermund*oberfläche* und (b) aus dem Muttermund*kanal.*

Wenn ein Mann einen → Orgasmus hat, dann werden die Spermien zusammen mit Drüsenflüssigkeit durch die Kontraktion der Beckenmuskulatur und des Penis von ihrem Speicherort durch die Harnröhre nach außen geschleudert (siehe unter → Penis für eine genauere Beschreibung). Bei diesem Vorgang, der → Ejakulation genannt wird, werden jedesmal bis zu 400 Millionen Spermien in Bewegung gesetzt. Die durchschnittliche Menge des Ejakulats beträgt zwei bis fünf Milliliter mit etwa 50 Millionen Spermien pro Milliliter. Die meisten Spermien sterben innerhalb weniger Stunden ab. Nur einige wenige gelangen bis zum Eileiter, wo sie weitere 24 bis 72 Stunden überleben können. Die Gesamtüberlebenszeit im weiblichen Genitaltrakt wird auf etwa 72 bis 96 Stunden oder drei bis vier Tage geschätzt.

Die Untersuchung des Spermas gehört zu einer der ersten Untersuchungen, die bei einem Paar gemacht wird, das ungewollt kinderlos bleibt (siehe → Unfruchtbarkeit). Hierzu muß der Mann durch → Masturbation sein Sperma in einem trockenen Plastikbehälter auffangen und innerhalb einer Stunde im Labor zur Untersuchung abgeben. Da die Spermien außerhalb des weiblichen Körpers sehr empfindlich sind und (z.B. bei Kälte) nicht lange überleben, findet die Masturbation meist in der Klinik oder Praxis statt. Im Labor wird nun zuerst die Gesamtmenge und Konsistenz des Spermas gemessen. Dann wird eine Probe entnommen und diese, zum Teil nach spezieller Anfärbung, unter dem Mikroskop untersucht. Um als fruchtbar zu gelten, müssen dabei folgende Mindestwerte vorliegen:

- *Menge des Ejakulates*: Mindestens 2 ml bei positivem Nachweis von *Fruktose* (Zucker), dem Nährstoff der Spermien.
- *Spermienanzahl*: Mindestens 40 Millionen pro Milliliter
- *Beweglichkeit der Spermien*: Mindestens 60% gut bewegliche Spermien jeweils sofort, zwei und vier Stunden nach der Ejakulation.
- *Aussehen der Spermien*: Mindestens 60% normal geformte Spermien.

Die Qualität des Spermas kann von Probe zu Probe beim selben Mann sehr unterschiedlich sein, was unter anderem auch davon abhängt, wann die letzte Ejakulation stattgefunden hat. Je länger sie her ist, desto höher ist die Zahl der Spermien. Siehe auch unter → Azoospermie, → Nekrospermie, → Oligospermie, → Spermienmotilität.

Spermienmotilität Die Bewegungsfähigkeit der → Spermien, d.h. ihre Fähigkeit, sich fortzubewegen, die notwendig ist, um von der Scheide durch den Zervikalkanal in die Gebärmutter und von dort in den Eileiter wandern zu können, um die dort „wartende" Eizelle zu befruchten. Die Spermienmotilität ist für die Beurteilung der Fruchtbarkeit eines Mannes von entscheidender Bedeutung: 60% der Spermien in einer Samenprobe müssen nach vier Stunden noch beweglich sein, damit der Mann als fruchtbar angesehen wird (bezüglich der Samenanalyse siehe unter → Spermien). Man geht davon aus, daß Hitzeeinwirkung auf die Hoden die Motilität der Spermien herabsetzt (siehe → Thermatische Sterilisation). Hormonelle Einflüsse, Infektionen und Erkrankungen der Prostata sowie unter anderem auch Alkohol und Rauchen können einen ähnlichen negativen Effekt auf die Spermienmotilität haben.

Spermizide Chemische Substanzen, die in der Lage sind, → Spermien innerhalb der weiblichen Scheide abzutöten und deshalb als Methode zur → Empfängnisverhütung eingesetzt werden. Die am häufigsten verwendeten Formen sind die *spermizide Vaginalcreme* und das *spermizide Vaginalgel*, die für die kombinierte Anwendung mit einem → Scheidendiaphragma oder einer → Zervixkappe empfohlen werden, manchmal aber auch als alleinige Verhütungsmittel eingesetzt werden. Außerdem gibt es Spermizide als Schaum, Schaumtabletten und Zäpfchen, die in die Scheide eingeführt werden. Jedes dieser chemischen Verhütungsmittel enthält zwei Komponenten: eine relativ inerte (d.h. nicht-reagierende) Trägersubstanz und den eigentlichen spermiziden Wirkstoff (in der Regel Nonylphenoxypolyethoxyethanol). Sie wirken zum einen als mechanische Barriere, indem sie eine Art Film über dem Muttermund bilden und so das Eindringen der Spermien in die Gebärmutter verzögern, und zum anderen biochemisch, indem sie die Spermien unbeweglich machen und abtöten. Die spermizide Wirkung hält für etwa sechs bis acht Stunden an.

Bei alleiniger Verwendung sind *Cremes* und *Gele* nicht so wirksam in der Verhütung einer ungewollten Schwangerschaft wie Schaum und haben eine höhere Versagerquote. In Kombination mit einem Diaphragma sind sie jedoch wirksamer als Schaum allein. Dessenungeachtet werden Cremes und Gele oft mit einem Plastikapplikator zusammen verkauft, mit dessen Hilfe man sie allein oder zusätzlich zu einem bereits sitzenden Diaphragma (z.B. für einen zweiten Geschlechtsverkehr oder weil das Diaphragma mehr als zwei Stunden vor dem Geschlechtsverkehr eingesetzt wurde) in die Scheide einführen kann. Wenn eine Creme oder ein Gel alleine verwendet werden, dann sollte man es nicht später als 15 Minuten vor dem Geschlechtsverkehr einführen mit einer erstmaligen Gabe von *zwei* Applikatorfüllungen. Vor jedem erneuten Geschlechtsverkehr sollte eine zusätzliche Applikatorfüllung erfolgen. Die stärkeren und besser wirksameren Cremes und Gele haben tendenziell auch einen stärkeren Reizeffekt auf die Haut der Vagina und des Penis als die schwächeren Cremes.

Spermizider *Schaum* ist im Prinzip eine weiße, mit Luft vermischte Creme mit der Konsistenz eines Rasierschaumes. Er wird in der Regel in schmalen Behältern verkauft, an deren Ende eine spezielle Sprühvorrichtung sitzt. Vor Gebrauch muß der Behälter etwa 20mal geschüttelt werden. Danach führt man die Sprühvorrichtung so tief wie möglich in die Vagina ein, und zwar nicht früher als 15 Minuten vor dem Geschlechtsverkehr. So angewendet ist der Schaum wirksamer als die alleinige Anwendung von Cremes oder Gelen, dennoch empfiehlt man die gleichzeitige Verwendung eines → Kondoms beim männlichen Partner, um die Sicherheit zu erhöhen.

Im Prinzip aus Schaum bestehen auch die *Vaginalzäpfchen* oder *Tabletten*, die sich nach Einbringung in die Scheide auflösen und Schaum freisetzen. Ihre Wirksamkeit ist daher mit der des Schaums zu vergleichen. Auch sie sollten nur in Kombination mit Kondomen eingesetzt werden. Da es einige Zeit (etwa 15 Minuten) dauert, bis sich das Zäpfchen aufgelöst und seinen Wirkstoff freigesetzt hat, muß man mit dem Geschlechtsverkehr solange warten, was unter Umständen von den Partnern als Nachteil empfunden wird.

Alle Formen der Spermizide sind in Apotheken und zum Teil auch in Drogerien ohne Rezept zu erhalten. Es empfiehlt sich der Kauf eines Präparates, das mit einem Verfallsdatum versehen ist, da der Wirkstoff bei den meisten Präparaten nach etwa zwei Jahren zerfällt. Die meisten Spermizide sind zusätzlich auch gegen viele Bakterien und Krankheitserreger wirksam wie z.B. gegen die Erreger von AIDS, Gonorrhoe, Syphilis, Trichomonaden- und Pilzinfektionen. Dieser Schutz hängt genauso wie auch die spermizide Wirkung jedoch entscheidend von der Sorgfalt und Genauigkeit bei ihrer Anwendung ab.

Sphinkter Auch *Schließmuskel*. Ein ringförmiger Muskel, der bei Kontraktion zum Verschluß oder Verkleinerung einer natürlichen Körperöffnung oder Passage führt. Solche Muskeln sind von besonderer Bedeutung bei der Kontrolle des Abgangs von Urin — es gibt einen Spinkter am oberen und am unteren Ende der Harnröhre — und von Stuhl (Analsphinkter). Außerdem gibt es Sphinkter am Magenausgang, im Gallengangssystem, am Auge und anderswo.

Spina bifida Auch *Spaltwirbel, Wirbelspalt.* Eine → angeborene Erkrankung, bei der eine abnorme Öffnung im Wirbelbogen (d.h. dem hinteren Abschnitt eines Wirbels) eines oder mehrerer Wirbel besteht. Die Folge ist, daß mehr oder weniger große Anteile der im Wirbelkörperkanal liegenden Gewebe, d.h. Rückenmark, Rückenmarkshäute, Binde- und Fettgewebe, durch diesen Spalt nach hinten hinausrutschen können. Wölbt sich dabei nur ein Teil der Rückenmarkshaut vor, spricht man von einer *Meningozele*, wölben sich Rückenmarkshaut und Rückenmarksanteile vor, spricht man von einer *Meningomyelozele*. Besteht lediglich eine Spaltbildung des Wirbelbogens ohne Vorfall von Rückenmark und dessen Häuten, dann kann man von außen unter Umständen gar nichts erkennen, da die Öffnung von Haut bedeckt ist. Nicht selten zeigt diese Haut aber Auffälligkeiten wie z.B. Einziehungen oder vermehrte Behaarung. Die Spaltbildung betrifft in den meisten Fällen irgendeinen Wirbel im Lenden- oder Kreuzbeinbereich der Wirbelsäule. Je nachdem, wie stark die Spaltbildung ist und wie viel vom Rückenmark nach hinten rutscht und abgedrückt wird, sind die Symptome einer Spina bifida verschieden stark ausgeprägt. In leichten Fällen merkt man gar nichts außer vielleicht einer Hautveränderung (siehe oben). In anderen, ausgeprägteren Fällen kommt es zu Lähmungen der Beine unterschiedlichen Ausmaßes, zu Störungen der Blasen- und Mastdarmfunktion und gelegentlich zu anderen Behinderungen und Verformungen durch Muskelschwäche. In der Regel zeigen sich die Symptome schon bei Geburt, obwohl es auch Fälle gibt, in denen die Krankheitszeichen erst viel später z.B. während des Wachstumsschubes in der Pubertät auftreten. Die Behandlung einer Spina bifida hängt von der Schwere der Krankheit ab. In manchen Fällen, bei denen das Rückenmark praktisch offen und unbedeckt von Haut und Wirbelbogen daliegt, kann das Überleben durch Infektionen und andere Komplikationen in höchstem Maß gefährdet bis unmöglich sein.

Die Spina bifida und andere angeborene Defekte in der Wirbelsäule gehören zu der Krankheitsgruppe der Entwicklungsstörungen des → Neuralrohres. Sie sind die Folge einer mangelhaften Entwicklung des Neuralrohrs im Embryo, das den Vorläufer des zentralen Nervensystems darstellt, und kommen bei etwa zwei von 1.000 Schwangerschaften vor. Da eine Spina bifida häufiger bei Nachkommen von Eltern auftritt, die selbst eine solche Störung haben, empfiehlt sich für solche Patienten eine → genetische Beratung, bevor sie sich zur Familiengründung entschließen. In den Fällen, in denen das Nervensystem offen liegt, also nicht von Haut bedeckt wird, kann man die Erkrankung pränatal, d.h. noch im Mutterbauch, mit Hilfe einer → Amniozentese und einem → Alpha-Fetoprotein-Test diagnostizieren.

Frauen mit einer Spina bifida sind mit einigen speziellen Problemen konfrontiert. Bei sexueller Erregung kann es vermehrt zu unwillkürlichem Urin- und Stuhlabgang kommen. Die Empfindungsfähigkeit im Genitalbereich kann abgeschwächt oder vollständig erloschen sein, und Gliedmaßenverformungen, Muskelschwächen oder -lähmungen können zu Schwierigkeiten bei bestimmten Positionen im Geschlechtsverkehr führen. Menstruation und Empfängnisfähigkeit sind jedoch nicht beeinträchtigt. → Orale Kontrazeptiva können bei gleichzeitig bestehenden Durchblutungsstörungen kontraindiziert sein, und unter Umständen gibt es Schwierigkeiten beim Einsetzen einer Spirale (→ Intrauterinpessar). Bei einer Schwangerschaft ergibt sich nicht nur das Problem, daß das Kind ebenfalls erkrankt sein könnte, sondern die Schwangerschaft selbst kann zu einer Verschlimmerung von Rückenproblemen, Harninkontinenz und Infektionsgefahr im Harntrakt führen.

Die Ergebnisse einer kürzlich veröffentlichten umfangreichen Studie aus Großbritannien weisen darauf hin, daß die Häufigkeit einer Spina bifida und anderer Entwicklungsstörungen des Neuralrohrs durch die prophylaktische Gabe von Folsäure enthaltenden Vitamin-Präparaten an Frauen, die eine Schwangerschaft planen, eventuell deutlich verringert werden kann.

Spinalanästhesie Eine Form der → Leitungsanästhesie, die zur Schmerzausschaltung sowohl in späten Stadien einer → Geburt als auch bei Operationen im Unterbauch oder an den Beinen eingesetzt werden kann. Bei einer Spinalanästhesie wird ein Betäubungsmittel mit Hilfe einer speziellen Nadel durch die Haut zwischen zwei Lendenwirbelkörpern direkt in den Spinalkanal eingebracht. Anders als bei der → Periduralanästhesie, bei der das Betäubungsmittel außerhalb der Rückenmarkshaut bleibt, wird bei der Spinalanästhesie auch die Rückenmarkshaut durchstochen, so daß sich das Mittel direkt um das Rückenmark herum ausbreiten kann. Dies führt dazu, daß vorübergehend sowohl jegliches Gefühl aus beiden Beinen und dem Unterleib betäubt wird als auch die Fähigkeit verloren geht, die Muskeln im Unterbauch und an den Beinen zu bewegen. Dies gilt auch für die Muskeln der Gebärmutter, weswegen man bei der Geburt eine Spinalanästhesie erst dann einsetzen kann, wenn keine → Wehen mehr notwendig sind, um das Kind und die Nachgeburt zu gebären. Da zu diesem Zeitpunkt Schmerzen eigentlich nur noch von der Versorgung eines → Dammrisses oder eines Dammschnittes (→ Episiotomie) herrühren können, wofür auch eine lokale Betäubung ausreicht, spielt die Spinalanästhesie zur Schmerzausschaltung bei der Geburt nur eine begrenzte Rolle. Ein anderer Nachteil ist, daß man nach einer Spinalanästhesie bis zu einer Woche lang heftige Kopfschmerzen bekommen kann, die dadurch entstehen, daß durch das Loch in der Rückenmarkshaut Nervenwasser austritt (siehe auch unter → Liquorpunktion für eine genauere Erklärung dieser sogenannten postpunktionellen Kopfschmerzen). Darüber hinaus kann es während einer Spinalanästhesie zu einem ausgeprägten Blutdruckabfall kommen. Trotz dieser Nachteile ist die Spinalanästhesie bei einer Reihe von Operationen wie z.B. einer → Tubensterilisation oder einem → Kaiserschnitt sehr nützlich, weil man zwar jeden Schmerz, nicht aber das Bewußtsein des Patienten ausschaltet und insgesamt die Gefahren einer Spinalanästhesie deutlich geringer sind als die einer Allgemeinnarkose.

Spinnbarkeit Siehe unter → Zervikalschleim-Methode

Spirale Siehe → Intrauterinpessar

Stadieneinteilung Auch *staging* (engl.).Ein Prozeß, bei dem das Stadium, d.h. die Ausbreitung einer fortschreitenden Erkrankung, in der Regel eines → Krebses, mit Hilfe von diagnostischen Maßnahmen (Röntgenaufnahmen, Blutuntersuchungen, Urinanalysen und anderem) bestimmt wird. Das *staging*, d.h. die Zuordnung zu einem bestimmten Stadium, findet meist vor einer eventuellen Behandlung oder Therapie der Erkrankung statt, nicht selten aber auch erst nach der operativen Entnahme z.B. eines Tumors, da die Größe des Tumors und seine Beziehung zum Nachbarschaftsgewebe mit in die Beurteilung des Stadiums einfließt. Fast für jede Krebserkrankung gibt es eine Stadieneinteilung, an der man sich orientiert. Beispiele zeigen die nebenstehenden Tabellen. Das Stadium einer Krebserkrankung hat einen Einfluß auf die Art der Therapie, die zu wählen ist, und gibt außerdem einen Eindruck davon, wie die Heilungs- und Überlebensaussichten einzuschätzen sind. Aus diesem Grund ist ein genaues *staging* von größter Bedeutung.

Stadieneinteilung des Mammakarzinoms (Brustkrebs)

Stadium I	Der Tumor ist im Durchmesser kleiner als 2 cm und kann an der Brustwand, den Brustmuskeln oder der Muskelfaszie (sehnige Haut über dem Muskel) fixiert sein. Kein Befall der Achsellymphknoten, keine Fernmetastasen (Tochtergeschwüre an weiter entfernt liegenden Stellen des Körpers).
Stadium II	Der Tumor ist im Durchmesser zwischen 2 und 5 cm groß, eine Fixierung an der Brustwand oder den Brustmuskeln ist möglich. Die Achsellymphknoten sind beweglich, enthalten aber Krebsgewebe. Keine Fernmetastasen.
Stadium III	Der Tumor ist größer als 5 cm im Durchmesser und kann an der Brustwand oder den Brustmuskeln festgewachsen sein. Die Achsellymphknoten enthalten Krebsgewebe und sind nicht mehr verschieblich. Keine Fernmetastasen.
Stadium IV	Der Tumor kann jede Größe haben und ist an der Brustwand oder der Haut fixiert. Auch andere als die Achsellymphknoten enthalten Krebsgewebe, oder es besteht ein Armödem. Es liegen Fernmetastasen vor.

Stadieneinteilung des Korpuskarzinoms (Gebärmutterkrebs)

Stadium 0	Das Wachstum des Krebses ist auf die Gebärmutterschleimhaut beschränkt (Carcinoma in situ).
Stadium I	Das Karzinom ist auf den Körper der Gebärmutter (Corpus uteri) beschränkt.
Stadium II	Das Karzinom greift auch auf den Gebärmutterhals (Zervix uteri) über.
Stadium III	Das Karzinom erfaßt auch Gewebe außerhalb der Gebärmutter, aber nicht außerhalb des kleinen Beckens (Eierstöcke, Scheide, Lymphknoten, Eileiter, Bindegewebe um die Gebärmutter).
Stadium IV	Das Karzinom dehnt sich zusätzlich auch auf die Harnblase oder den Enddarm aus oder erfaßt auch Gewebe außerhalb des kleinen Beckens. Auftreten von Fernmetastasen (Tochtergeschwülsten an weiter entfernt liegenden Stellen des Körpers).

Stadieneinteilung des Zervixkarzinoms (Gebärmutterhalskrebs)

Stadium 0	→ Cervikale intraepitheliale Neoplasie Grad III (Carcinoma in situ)
Stadium I	Das Karzinom ist auf die Zervix beschränkt.
Stadium II	Das Karzinom erfaßt zusätzlich die oberen beiden Scheidendrittel oder den Anfangsteil des umliegenden Beckengewebes.
Stadium III	Das Karzinom hat ein- oder beidseitig die Beckenwand erreicht oder dehnt sich bis in das untere Scheidendrittel aus.
Stadium IV	Das Karzinom erfaßt zusätzlich die Harnblase und/oder den Enddarm oder das Karzinom erstreckt sich über das kleine Becken hinaus, d.h. es liegen Fernmetastasen (Tochtergeschwülste an weiter entfernt liegenden Stellen des Körpers) vor.

Stadieneinteilung des Ovarialkarzinoms (Eierstockkrebs)

Stadium I	Das Karzinom beschränkt sich auf die Eierstöcke.
Stadium Ia	Das Karzinom betrifft nur einen Eierstock, es liegt kein Aszites (Wasseransammlung in der Bauchhöhle) vor.
Stadium Ib	Das Karzinom betrifft beide Eierstöcke, es liegt kein Aszites vor.
Stadium Ic	Das Karzinom betrifft einen oder beide Eierstöcke, es findet sich ein Aszites mit Nachweis von bösartigen Zellen in der Flüssigkeit.
Stadium II	Das Karzinom betrifft einen oder beide Eierstöcke und dehnt sich auf umliegendes Gewebe im Becken aus.
Stadium IIa	Das Karzinom betrifft einen oder beide Eierstöcke und hat die Gebärmutter und die Eileiter befallen.
Stadium IIb	Das Karzinom betrifft einen oder beide Eierstöcke und hat andere Beckenorgane als Gebärmutter und Eileiter befallen.
Stadium III	Das Karzinom hat bereits Metastasen (Tochtergeschwülste) innerhalb des Bauchraums, aber nicht außerhalb des Beckens oder in benachbarte Lymphknoten gesetzt.
Stadium IV	Das Karzinom hat bereits Metastasen außerhalb des Bauchraumes gesetzt.

Staging Siehe → Stadieneinteilung

STD Abkürzung für *sexually transmitted disease*, siehe → Sexuell übertragbare Krankheiten

Stein-Leventhal-Syndrom Auch *Syndrom der polyzystischen Ovarien.* Eine Erkrankung, bei der die beiden Eierstöcke (→ Ovar) der Frau von zahlreichen → Zysten durchwachsen sind. Diese Zysten sind im Prinzip Eifollikel (siehe → Follikel), aus denen die Eizellen aus noch nicht verstandenen Gründen nicht springen können. Die Eizellen sammeln sich unter der Follikelkapsel im Eierstock an, wodurch zystenartige Gebilde entstehen. Frauen mit diesem Syndrom haben keinen Eisprung und sind deswegen unfruchtbar. Der fehlende Eisprung bewirkt auch, daß Periodenblutungen ganz fehlen (→ Amenorrhoe) oder nur extrem unregelmäßig als → anovulatorische Blutungen auftreten. Darüber hinaus kommt es oft auch zu einer → Adipositas (Fettsucht) und zu einer vermehrten Körperbehaarung. Der Verdacht auf ein Stein-Leventhal-Syndrom kommt auf, wenn all diese Symptome vorhanden und zusätzlich die Eierstöcke vergrößert tastbar sind. Die Diagnose wird durch eine → Laparoskopie und histologische Untersuchung von Gewebsproben aus den Eierstöcken sowie durch spezielle Blutuntersuchungen gesichert.

Das Syndrom ist nach den beiden amerikanischen Ärzten *Irving Stein* und *Michael Leventhal* benannt, die es 1935 zum ersten Mal beschrieben haben. Die Ursache ist noch nicht vollständig geklärt. Man vermutet jedoch ein hormonelles Ungleichgewicht mit einem Überschuß an Androgenen (männlichen Hormonen), die sowohl von den Nebennieren als auch von den Eierstöcken produziert werden. Dieser Hormonüberschuß erklärt auch den männlichen Behaarungstyp bei vielen der Frauen mit polyzystischen Ovarien. Die Behandlung besteht bei Frauen ohne Kinderwunsch in der Verabreichung von → Östrogen und → Progesteron zur Regulierung des → Menstruationszyklus. Bei Kinderwunsch versucht man eine Therapie mit dem → ovulationsauslösenden Medikament Clomifen oder mit → Gonadotropinen. Bei beiden Medikamenten muß man jedoch sorgfältig kontrollieren, ob es nicht zu einer Überschußreaktion in den Eierstöcken mit zusätzlicher Zystenbildung kommt. In Ausnahmefällen kann man auch versuchen, den Androgenspiegel mit einer Cortisonbehandlung zu senken und dadurch die Fertilität wieder herzustellen. Bei Erfolglosigkeit all dieser Maßnahmen kommt schließlich auch eine Operation in Betracht. Dabei wird durch eine sogenannte *Keilexzision* ein Keil aus dem Eierstock ausgeschnitten und damit in vielen Fällen der Produktionsort der vermehrten Androgene entfernt. Der positive Effekt dieser Operation hält jedoch oft nur ein bis zwei Jahre an, weshalb man den Zeitpunkt der Operation so wählen sollte, daß Kinderwunsch und regelmäßiger Geschlechtsverkehr gleichzeitig gegeben sind. Um die Bildung von Narbengewebe und eine dadurch bedingte Beeinträchtigung der Fruchtbarkeit zu verhindern, geschieht die Operation mit mikrochirurgischen Methoden. Neuerdings verwendet man auch Laserstrahlen zur exakteren Zerstörung der Zysten und gleichzeitigen Erhaltung des gesunden Eierstockgewebes (siehe auch unter → Lasertherapie).

Steinschnittlage Eine bestimmte Lagerung des Patienten in speziellen Stühlen (z.B. Gebärstühle) beziehungsweise Betten, bei der der Patient auf dem Rücken liegt, die Beine spreizt und in der Hüfte und im Kniegelenk beugt. Die Unterschenkel kommen dabei auf dafür vorgesehene Halter zum Liegen. Die Steinschnittlage ermöglicht eine gute Sicht auf den Genital- und Analbereich und wird deshalb vor allem bei einer → gynäkologischen Untersuchung oder bei Operationen im Genitalbereich oder am After (z.B. → Hämorrhoiden) angewendet. Darüber hinaus wurde es die traditionelle Lage der Mutter für die Entbindung eines Kindes in fast allen Krankenhäusern. Kritiker einer Geburt in Steinschnittlage weisen darauf hin, daß bei dieser Lagerung die Schwerkraft den Austreibungsprozeß weniger gut unterstützen kann und daß andere Positionen wie z.B. das

Liegen auf der linken Seite oder das Hocken wesentlich besser zur Geburt eines Kindes geeignet sind. Außerdem drückt in Rückenlage die Gebärmutter mehr auf die große Bauchvene, was unter Umständen zu einer geringfügigen Mangelversorgung des Kindes mit Sauerstoff während der Wehen führen könnte. Auch sei die Notwendigkeit eines Dammschnitts größer als z.B. in hockender Position, weil der Druck und die Belastung für den Damm bei der Steinschnittlage am größten seien. Frauen, die eine andere Position für die Entbindung ihres Kindes wünschen, sollten dies deshalb mit der Hebamme und/oder dem Geburtshelfer besprechen. Für Frauen mit bestimmten Behinderungen wie z.B. einer → Skoliose kann die Steinschnittlage selbst für kurze Untersuchungen extrem schwierig oder sogar unmöglich sein. In solchen Fällen kann man sich dadurch behelfen, daß sich die Frau auf die Seite legt und das obenliegende Bein nach oben hält (oder z.B. auf die Schulter des Untersuchers legt).

Steißlage Siehe → Beckenendlage

Sterilisation Auch *Sterilisierung*. 1. Die Herbeiführung der Unfruchtbarkeit durch operative Maßnahmen, bei denen die Eileiter beziehungsweise die Samenleiter durchtrennt oder funktionsunfähig gemacht werden. Im Gegensatz zur → Kastration werden bei der Sterilisation das Bedürfnis nach und die Fähigkeit zum Sexualverkehr *nicht* beeinträchtigt. Die Sterilisation ist eine Möglichkeit der „endgültigen" → Empfängnisverhütung und wird zu diesem Zweck meist erst dann eingesetzt, wenn der Kinderwunsch der betreffenden Person erfüllt ist.

Die Sterilisation bei der Frau wird auch → *Tubensterilisation* genannt. Hierbei wird durch verschiedene Methoden (z.B. Unterbindung, Verödung) die Kontinuität der Eileiter unterbrochen und somit die Passage sowohl der Spermien als auch der Eizelle durch die Eileiter verhindert, so daß keine Befruchtung stattfinden kann. Die Hauptform der Sterilisation beim Mann ist die → *Vasektomie*, bei der die Passage der Spermien durch die Samenleiter (Vas deferens) unterbrochen wird. Eine andere, noch im Versuchsstadium befindlich Form der Sterilisation beim Mann ist die → thermatische Sterilisation.

Die Vasektomie ist bei weitem risikoärmer und einfacher durchzuführen als jegliche Form der Tubensterilisation. Da sich jedoch nach einer Vasektomie noch etwa drei Monate befruchtungsfähige Spermien in der Samenblase und im Abschnitt des Samenleiters nach der Unterbindungsstelle aufhalten können, muß man noch eine Weile zusätzliche Verhütungsmethoden anwenden, bis das Ejakulat erwiesenermaßen frei von Spermien ist und damit Zeugungsunfähigkeit besteht. Die Wiederherstellung der Fruchtbarkeit nach einer Tubensterilisation oder nach einer Vasektomie ist prinzipiell möglich, jedoch insbesondere bei der Frau nicht immer erfolgreich, weshalb man es sich sorgfältig überlegen sollte, bevor man sich einer Sterilisation unterzieht. Die Sterilisation erfordert wie jede Operation (es sei denn, sie erfolgt, wenn Lebensgefahr besteht) die schriftliche Einwilligung des Patienten und sollte grundsätzlich nicht am gleichen Tag wie die Beratung, Aufklärung und Einwilligung erfolgen.

Die operative Entfernung der Gebärmutter (→ Hysterektomie), beider Eierstöcke (→ Ovarektomie), beider Hoden oder andere Operationen im Genitaltrakt, egal aus welchem Grund sie durchgeführt werden, können verständlicherweise ebenso wie z.B. Unfälle, bei denen wesentliche Teile der Fortpflanzungsorgane verletzt werden, zu einer Unfruchtbarkeit führen. In diesen Fällen handelt es sich jedoch nicht um eine Sterilisation im eigentlichen Sinne, auch wenn vor allem eine Hysterektomie nicht selten allein zur Unfruchtbarmachung durchgeführt wurde.

2. Die Abtötung aller Keime und lebenden Organismen in Stoffen, Instrumenten, Zubereitungen oder anderen Substanzen bzw. Gegenständen mit mechanischen, physikalischen oder chemischen Methoden.

Sterilität Siehe → Unfruchtbarkeit

Steroidhormone Hormone, deren biochemisches Grundgerüst aus Cholesterin besteht. Zu den Steroidhormonen zählen: → Östrogene, → Progesteron, → Androgene, → Cortison und Aldosteron. Siehe auch unter → Hormon und unter → Anabolika.

Stillen Auch *Brusternährung*. Die älteste Ernährungsform menschlicher Säuglinge durch Anlegen und Säugen des Kindes an der mütterlichen Brust, eine Methode, die der Mensch mit allen Säugetieren teilt. (Siehe unter → Laktation für eine Erläuterung der Milchproduktion.) In westlichen Kulturen geriet das Stillen von Zeit zu Zeit immer wieder in Mißkredit. Wohlhabende Frauen, die durch das regelmäßige Füttern eines Kindes nicht ermüdet werden wollten, gaben die Aufgabe des Stillens an *Ammen* weiter, d.h. an Frauen, die gerade selbst ein Kind geboren hatten und willens und in der Lage waren, auch noch das Kind einer anderen Frau zu stillen. Ammen waren unverzichtbar, wenn eine Frau während oder bald nach der Geburt verstarb, was bis zur Einführung von keimarmen Methoden bei der Entbindung im 19. Jahrhundert häufig vorkam. Mit der Entwicklung der Babynahrungs-Industrie im 20. Jahrhundert, durch die speziell für Neugeborene geeignete Milch auf den Markt kam, wurden die Ammen „ersetzbar". Zum *Abstillen* werden verschiedene Methoden eingesetzt. Dazu gehören z.B. das Hochbinden der Brüste sowie Eispackungen. Diese Methoden führen jedoch nicht zur Beendigung der Milchproduktion an sich (das wird nur durch fehlendes Saugen des Säuglings erreicht) und werden lediglich unterstützend eingesetzt, und eine Methode, nämlich die Einnahme von Hormonen (vor allem von → Diäthylstilbesterol) ist nicht ungefährlich für die Mutter. Andere Medikamente zur Unterbindung der Laktation, die deshalb zum schnellen Abstillen eingesetzt werden können, sind Bromocriptin (Pravidel®), Östrogen und Östrogen-Testosteron-Kombinationspräparate. Von diesen dreien ist das Bromocriptin am zuverlässigsten. Wenn man es wieder absetzt, kann es bis in 40% der Fälle auch zum Wiedereinsetzen der Milchbildung kommen. Nebenwirkungen bestehen in Übelkeit, Erbrechen und Erniedrigung des Blutdrucks. In solchen Fällen muß die übliche Dosis von 2 Tabletten über 14 Tage herabgesetzt werden. Wenn man ohne den Einsatz von Medikamenten abstillen möchte, reicht es jedoch auch aus, einen engen BH zu tragen, kalte Lappen oder Eisbeutel aufzulegen und ein schwaches Schmerzmittel zu nehmen. In den meisten Fällen verschwinden die Beschwerden und die Milchbildung in ein paar Tagen — immer vorausgesetzt jedoch, daß das Baby nicht mehr an die Brust angelegt wird. Wenn man erst nach acht Monaten abstillt, verspürt man in der Regel wenig oder gar keine Symptome, da bis zu diesem Zeitpunkt die Milchproduktion schon beträchtlich geringer geworden ist.

Die meisten Fachleute sind sich darüber einig, daß das Stillen die ideale Form der Ernährung für ein neugeborenes Kind ist. Die Muttermilch ist extrem gut verdaulich und enthält eine Vielzahl an immunologischen Abwehrstoffen (Antikörper und Antiallergene) für den noch abwehrschwachen kindlichen Körper, wodurch infektiöse Organismen oder Allergene, die sonst schädlich wären, ausgeschaltet werden. Beim Stillen bestimmt das Kind selbst über seine Ernährung. Die in der mütterlichen Brust produzierte Milchmenge hängt vom Ausmaß des kindlichen Saugens ab, wodurch eine Überfütterung und frühes Fettwerden verhindert werden. Die Muttermilch ist immer warm, frisch, steril und ohne großen Aufwand verfügbar.

Auch für die Mutter hat das Stillen Vorteile. Das Saugen an den Brustwarzen stimuliert nach der Geburt die Hirnanhangsdrüse, das Hormon → Oxytozin abzugeben, das seinerseits dazu beiträgt, daß die Gebärmutter in der Zeit nach der Geburt wieder auf ihre ursprüngliche Größe schrumpft. Auch eine überschüssige Gewichtszunahme während der Schwangerschaft wird durch Stillen leichter wieder abgebaut. Eine stillende Mutter benötigt etwa 500 Kalorien täglich mehr als sonst und muß keine spezielle Diät einhalten. Sie muß lediglich darauf achten, daß sie genügend Flüssigkeit zu sich nimmt. Stillen verzögert in der Regel das Wiedereinsetzen des Eisprungs und der Menstruation und stellt damit einen gewissen natürlichen Schutz vor einer erneuten Schwangerschaft dar. Da man aber nie sicher sein kann, ob ein Eisprung schon wieder stattfindet, ist eine Verhütung dennoch vonnöten, solange man nicht schwanger werden will. Der größte Nachteil des Stillens für die Mutter ist, daß es sehr ermüdend ist. Um sich zu schonen, kann man jedoch auch einmal am Tag mit Flaschenmilch füttern — und sogar öfter, wenn man für die Flaschenfütterung die eigene, abgepumpte und im Kühlschrank aufbewahrte Milch verwendet — und natürlich kann man, wenn man will, jederzeit abstillen.

Es gibt einige Kontraindikationen für das Stillen, d.h. Bedingungen, unter denen man nicht stillen sollte. Dazu gehören eine aktive Tuberkulose und Windpocken bei der Mutter, beides Erkrankungen, die über die Muttermilch auf das Kind übertragen werden können. Auch das → AIDS-Virus kann mit der Muttermilch übertragen werden, so daß jede Frau, die ein erhöhtes Risiko für eine AIDS-Erkrankung hat, sich testen lassen sollte, bevor sie ihr Kind stillt. Frauen, die Medikamente gegen eine Krebserkrankung oder jegliche Form von radioaktiven Substanzen oder Hormone einnehmen, empfiehlt man ebenfalls, auf das Stillen zu verzichten. Wenn man stillt, sollte man Barbiturate (in vielen Schlafmitteln enthalten), große Alkoholmengen und manche Antibiotika und Tranquilizer vermeiden. Auf der anderen Seite muß eine Operation an einer oder beiden Brüsten, sei es aus kosmetischen oder aus therapeutischen Gründen, nicht unbedingt heißen, daß eine Frau nicht mehr stillen kann, es sei denn es wurden im Rahmen einer Brustverkleinerungsoperation (siehe unter → Mammaplastik) große Mengen des milchproduzierenden Gewebes entfernt oder viele Ausführungsgänge durchgeschnitten. Frauen, die sich einer → Mastektomie unterziehen mußten, können in der Regel mit der verbliebenen Brust stillen. Obwohl durch das Stillen Oxytozin freigesetzt wird, kommt es nicht zu einer erhöhten Fehlgeburtsgefahr, so daß man auch dann noch weiter stillen kann, wenn man wieder schwanger geworden ist. (Manche Fachleute wenden jedoch ein, daß das Calcium aus der Nahrung bevorzugt in die Muttermilch geht und von daher zu wenig zum Fetus gelangt, was zu einem niedrigen Geburtsgewicht und zur verzögerten Entwicklung des Kindes im Mutterbauch führen könnte.) Nach der Geburt eines zweiten Kindes kann die Mutter durchaus das Neugeborene und das ältere Kind stillen. Vielen Frauen gelingt es auch, Zwillinge oder Drillinge erfolgreich zu stillen. Ein frühgeborenes Kind, das in den Inkubator muß, kann mit der Milch der Mutter gefüttert werden, die sie mit der Hand oder mit Geräten abpumpt, wodurch das Kind in den Genuß der Vorteile der Muttermilch kommt und gleichzeitig die Stillfähigkeit der Mutter erhalten bleibt, bis das Kind selbst saugen kann.

Es gibt keine Anhaltspunkte dafür, daß das Stillen einen bleibenden Einfluß auf die Größe und Form der Brüste hat. Obwohl man eine Zeitlang davon ausging, daß stillende Frauen ein niedrigeres Risiko haben, später Brustkrebs zu entwickeln, gibt es bislang keine ganz klaren Beweise dafür, daß Stillen tatsächlich einen solchen Schutz bewirkt.

Mit dem Stillen kann im Prinzip sofort nach der Geburt begonnen werden (sogar noch vor der Nabelschnurdurchtrennung), wobei man in vielen Krankenhäusern jedoch acht Stunden bis zum ersten Anlegen wartet. Manchmal gibt man dem Kind auch zuerst ein oder zwei Schluck Wasser, um das Abhusten von während der Geburt eventuell verschlucktem Schleim oder anderen Flüssigkeiten zu erleichtern. Besonders engagierte Befürworter des Stillens verurteilen dieses Abwarten und sind der Überzeugung, daß das Baby sofort nach der Geburt an die Brust der Mutter gelegt werden sollte. Um erfolgreich gestillt zu werden, muß das Kind die → Brustwarze tief in den Mund nehmen, die Lippen fest um den → Brustwarzenhof pressen und dann die Brustwarze mit der Zunge gegen den Gaumen ausdrücken. Mit dieser Technik werden die Milchgänge hinter dem Warzenhof zusammengedrückt und Milch in den Mund gesogen. (So kompliziert das auch klingt, die meisten Kinder finden die richtige Technik schnell heraus.) Für die ersten Wochen, bis die Milchproduktion richtig in Gang gekommen ist und das Kind mit normaler Geschwindigkeit zunimmt, empfehlen die meisten Fachleute, das Kind so oft saugen zu lassen, wie es möchte, im Schnitt ungefähr alle drei bis vier Stunden oder sogar öfter. Später kann die Mutter zu ihrer Entlastung bis zu einem gewissen Ausmaß Einfluß auf die Stillzeiten nehmen.

Eine Reihe von pflanzlichen Mitteln (siehe → Pflanzenheilkunde) werden seit jeher von Frauen eingesetzt, die durch das Stillen wunde Brustwarzen, Schrunden, Risse oder trockene Haut im Bereich der Brustwarzen bekommen. Dazu gehört das Einreiben der Brustwarzen mit Harz der Balsamtanne oder mit süßem Mandelöl. Eine andere Möglichkeit besteht darin, drei Teelöffel von gewöhnlicher Wolfsmilch (*Euphorbia maculata*) in einer Tasse Olivenöl für 15 Minuten köcheln zu lassen und danach die Brustwarzen damit einzureiben. Die Bittere Kreuzblume (*Polygala vulgaris*) wird roh oder als Tee seit jeher verwendet, um die mütterliche Milchmenge zu steigern. Sie kann jedoch giftig sein, weshalb man besser auf sie verzichtet.

Stirnhaltung Eine → Haltungsanomalie des kindlichen Kopfes bei der Geburt, bei der nicht das Hinterhaupt, sondern die Stirn den bei der Geburt vorangehenden Körperteil des Kindes bildet. Diese Haltung ist deshalb ungünstig, weil der Kopf so einen größeren Durchmesser beim Durchtritt durch den → Geburtskanal hat, was die Entbindung schwieriger macht. In günstigen Fällen, d.h. bei großem mütterlichen Becken oder kleinem kindlichen Kopf, kann aber dennoch eine vaginale Entbindung möglich sein. Auf jeden Fall muß man die Mutter, wenn man eine Stirnhaltung feststellt, sofort ins Krankenhaus einweisen, da es sich dann um eine Risikogeburt handelt, bei der unter Umständen ein schneller → Kaiserschnitt notwendig werden kann. Die Stirnhaltung ist jedoch insgesamt sehr selten (siehe auch unter → Geburtsmechanismus).

Strahlentherapie Sammelbegriff für die Anwendung von ionisierender Strahlung zur Behandlung von Krebserkrankungen. Das Prinzip der Strahlentherapie besteht darin, daß ionisierende Strahlen eine Zelle zerstören können, die sich gerade im Teilungsstadium befindet und damit wächst. Da sich die Zellen von bösartigen Tumoren in der Regel schneller teilen (und wachsen) als normale Zellen, sind sie anfälliger gegenüber den Strahlen. Das Ziel bei jeder Strahlentherapie ist es, so viel wie möglich der Strahlung genau dort hinzubringen, wo das kranke Gewebe sitzt, das zerstört werden soll, und so wenig wie möglich an andere Körperstellen. Es gibt verschiedene Formen der Strahlung, die zur Strahlentherapie angewendet werden können. Dazu gehören Röntgen-, Gamma-, Beta- sowie Protonen- und Neutronenstrahlen. Die Auswahl der Strahlenart hängt von der Art des Tumors ab, von seinem Sitz, seiner Größe und auch davon, welche Strahlenform im Einzelfall zur Verfügung steht.

Eine Strahlentherapie ist als primäre Behandlung — d.h. als alleinige Behandlung ohne zusätzliche operative oder → Chemotherapie — bei einer Reihe von Krebserkrankungen wirksam. Dazu gehören bestimmte Tumoren der Haut (z.B. Kaposi-Sarkom), des Gehirns (z.B. Medulloblastom), des Hodens (z.B. Seminom), der Eierstöcke (z.B. Dysgerminom) und einige Krebserkrankungen im Frühstadium (z.B. → Zervixkarzinom). Häufiger wird die Strahlenbehandlung jedoch als *adjuvante* Therapie eingesetzt, d.h. als unterstützende Maßnahme bei Tumoren z.B. *nach* einer Operation oder auch zur Verkleinerung des Tumors *vor* einer geplanten Operation. Außerdem als palliative, d.h. nicht heilende, sondern lediglich das weitere Wachstum verhindernde Therapie bei Krebserkrankungen, die schon zu weit fortgeschritten sind oder in Fällen, in denen sich der Patient gegen eine Operation entscheidet. Strahlen können auch wirksam in der Bekämpfung von Schmerzen sein, die durch Metastasen (Tochtergeschwülste), vor allem durch Knochenmetastasen, hervorgerufen werden.

Wie die Behandlung mit Zytostatika (siehe unter → Chemotherapie), so kann auch die Strahlentherapie die gesunden Zellen nicht vollständig verschonen. Das heißt, daß besonders die Zellen der Gewebe im Körper, die schnell wachsen wie z.B. die Haarwurzeln oder die Magen-Darm-Schleimhaut zum Teil ebenfalls durch die Strahlung zerstört werden. Aus diesem Grund führt eine Strahlentherapie zu ähnlich unangenehmen Nebenwirkungen wie eine Zytostatika-Therapie, nämlich am häufigsten zu Haarausfall, Übelkeit, Erbrechen und offenen Stellen im Mund. Als *Strahlenkater* bezeichnet man in diesem Zusammenhang das (vorübergehende) Auftreten von Appetitverlust, Müdigkeit, Erbrechen und Kopfweh meist relativ bald nach den ersten Bestrahlungen. Eine Strahlentherapie ist in der Regel weniger entstellend als eine Operation. Zum Beispiel kann sie im Falle eines Brustkrebses zu einer vorübergehenden sonnenbrandähnlichen Hautschädigung führen, aber das Aussehen der Haut bleibt bei etwa 75% der Patienten am Ende nicht sehr verändert. In Einzelfällen kann es jedoch zu stärkeren Hautschäden bis hin zu Hautgeschwüren, den sogenannten *Strahlenulcera*, kommen.

Gelegentlich verursacht eine Strahlentherapie noch andere Probleme: Im Falle einer Brustkrebsbestrahlung sind dies strahlenbedingte Knochenbrüche, Schäden am darunterliegenden Lungengewebe und Knochenmark, kurz dauernde Entzündungsreaktionen in der Lunge und (noch seltener) die Bildung von Narbengewebe am Herzbeutel (Perikard). Der Hauptnachteil der Strahlentherapie ist jedoch, daß sie selbst zur Entstehung von Krebskrankheiten führen beziehungsweise beitragen kann. Solche sogenannten *Strahlenkrebse* treten jedoch in den meisten Fällen erst viele Jahre nach der Bestrahlung auf, weshalb diese Überlegungen vor allem bei Bestrahlungen von Tumoren im Kindesalter wichtig sind.

Eine Sonderform der Strahlentherapie ist die sogenannte *interstitielle* (Interstitium = Zwischengewebe) *Strahlentherapie*, bei der kleine radioaktive Kapseln im Rahmen einer Operation in und um das Tumorgewebe eingebracht werden, was es ermöglicht, eine hohe Strahlendosis direkt am Ort des Tumors zu erzielen. Die interstitielle Strahlentherapie findet vor allem bei Krebserkrankungen der → Prostata (Vorsteherdrüse) Anwendung, seltener auch beim Brustkrebs.

Noch eine andere Form ist die sogenannte *intrakavitäre* (intra = innerhalb, cavum = Höhle) *Strahlentherapie*, bei der radioaktive Substanzen in eine Körperhöhle eingebracht wird. Dies ist besonders üblich bei → Zervix- und → Korpuskarzinomen, bei denen eine Metallkapsel mit Radium oder Cäsium für einige Tage innerhalb der Gebärmutter belassen werden. Siehe auch unter den jeweiligen Formen des → Krebses.

Streßinkontinenz Auch *Belastungsinkontinenz*. Der unwillkürliche Abgang von Urin bei Belastungen, die den Druck auf die Blase erhöhen, wie z.B. Husten, Lachen, Niesen, körperliche Belastung und anderes. Unter diesen Bedingungen und bei ausgeprägten Fällen einer Streßinkontinenz auch schon in Ruhe wird die Verschlußfähigkeit des Schließmuskels am Blasenausgang überstiegen, der Muskel öffnet sich gegen den eigenen Willen und läßt Urin durch. Die Ursache für eine solche Verschlußunfähigkeit des Schließmuskels liegt in den meisten Fällen (70 bis 80%) in einer Erschlaffung der Bekkenbodenmuskulatur, die zum Absinken der Blase (siehe → Blasenvorfall) und meist auch der Gebärmutter im kleinen Becken nach unten führt. Dadurch entsteht ein veränderter Winkel zwischen Harnblase und Harnröhre, und der Schließmuskel wird in seiner Funktionsfähigkeit eingeschränkt. Die Erschlaffung der Beckenbodenmuskulatur ist wiederum in den meisten Fällen eine Folge von Geburten oder seltener auch von Haus aus vorhanden. Darüber hinaus können jedoch auch Narbengewebsbildungen im Bereich um die Harnröhre nach Operationen in diesem Gebiet oder nach Geburten zu einer Verschlußinsuffizienz und damit zur Streßinkontinenz führen. Eine Streßinkontinenz bei normaler Funktionsfähigkeit des Schließmuskels kann auch entstehen, wenn der Druck im Bauchraum durch beispielsweise Tumoren, Übergewicht oder eine große Gebärmutter während der Schwangerschaft gesteigert ist.

Bei milden Formen der Streßinkontinenz genügt manchmal eine konsequent durchgeführte → Beckenbodengymnastik zur Behebung der Problematik. In allen anderen Fällen ist die Therapie der ersten Wahl die Operation, bei der die Beckenbodenmuskulatur gestrafft und die Blase in ihrer ursprünglichen Position wieder fixiert wird. Siehe auch → Blasenvorfall, → Gebärmuttersenkung, → Rektozele, → Urethrozele.

Striae gravidarum Auch *Schwangerschaftsstreifen*. Hellrote bis rosafarbene Streifen auf der Haut, die in der Spätschwangerschaft auf dem Bauch, an den Brüsten und manchmal auch an Oberschenkeln und Po erscheinen. Die Striae sind keine Pigmentveränderungen der Haut, sondern resultieren aus einem Verlust der Hautelastizität durch die starke Dehnung der Haut über dem wachsenden Bauch und den Brüsten. Mit der Zeit werden die Streifen immer heller und schauen wie feinste Narben aus. Sind sie einmal aufgetreten, bleiben sie in der Regel für den Rest des Lebens bestehen, obwohl sie nach der Entbindung wesentlich weniger auffallen. Etwa die Hälfte aller Frauen entwickelt solche Striae während der Schwangerschaft. Striae können jedoch auch bei Fettleibigkeit oder bei einer langdauernden Behandlung mit Kortison auftreten.

Struma Siehe unter → Schilddrüse

Sturzgeburt Eine Geburt, bei der das Kind innerhalb weniger Minuten aus dem → Geburtskanal „herausstürzt". Da das ganze so schnell geht, kann das Baby bei der Sturzgeburt an jedem beliebigen Ort geboren werden, z.B. als sogenannte *Toilettengeburt*, wenn die Mutter die einsetzenden Wehen als Stuhldrang mißdeutet. Die Sturzgeburt stellt den Extremfall einer verkürzten → Geburtsdauer dar, die auch als *überstürzte Geburt* oder *Partus praecipitatus* bezeichnet wird und bei der die Geburtsdauer weniger als drei Stunden beträgt. Zur überstürzten Geburt (und zur Sturzgeburt) kann es vor allem bei Mehr- oder Vielgebärenden kommen, bei denen die Weichteile (Gebärmutterhals und Scheide) durch die vorangegangenen Entbindungen bereits mehrmals gedehnt wurden und dem Kind nicht mehr so viel Widerstand entgegensetzen. Sie kommt auch vor — unabhängig von der Zahl der bisherigen Geburten — bei sehr kleinen und untergewichtigen Kindern oder bei einer → Zervixinsuffizienz (siehe dort).

Die Gefahr einer überstürzten Geburt besteht im wesentlichen in der ungenügenden geburtshilflichen Versorgung von Mutter und Kind. Beim Kind kann es durch die starken, rasch aufeinanderfolgenden Wehen zur ungenügenden Sauerstoffversorgung oder durch den plötzlichen Druckunterschied beim Austritt des Kopfes zu Blutungen im Gehirn kommen. Bei der Mutter können Weichteilverletzungen auftretten (z.B. ein → Dammriß höheren Grades). Die beste Behandlung einer zu kurzen Geburtsdauer besteht in der Prophylaxe durch regelmäßige Kontrolluntersuchungen nahe am Entbindungstermin vor allem bei Mehrgebärenden und eine rechtzeitige → Geburtseinleitung. Die eigentliche Sturzgeburt ist eher selten. Sie wird zuweilen als solche gedeutet, wenn z.B. jugendliche Schwangere die Schwangerschafts- und Geburtswehen nicht erkennen oder auch aus Angst verheimlichen. Eine echte Sturzgeburt mit tödlichen Verletzungen des Kindes kann dazu führen, daß die Mutter in den Verdacht der absichtlichen Kindstötung gerät.

subkutan Wörtlich „unter der Haut". Bei einer subkutanen Injektion wird das Medikament (z.B. Insulin) direkt unter die Haut, d.h. nicht sehr tief, entweder am Bauch oder am Oberschenkel eingespritzt. Siehe auch → intravenös, → intramuskulär.

Suizid Auch *Selbstmord, Selbsttötung*. Sich selbst das Leben nehmen. Man schätzt, daß in Deutschland etwa zwei- bis dreimal soviel Frauen wie Männer versuchen, sich das Leben zu nehmen, daß aber mehr Männer als Frauen dabei auch tatsächlich ums Leben kommen. Zum Teil ist dieser Unterschied in den Mitteln begründet, mit denen der Selbstmordversuch erfolgt. Männer neigen dazu, Schußwaffen zu verwenden, wohingegen Frauen eher Gift einsetzen, meist in Form einer Tablettenüberdosierung. Die Weltgesundheitsorganisation (WHO) schätzt, daß weltweit jährlich etwa eine halbe Million Menschen Selbstmord verüben. In Deutschland begehen jährlich pro 100.000 Einwohner etwa 25 Menschen Selbstmord. Suizid*versuche* kommen dagegen drei- bis zehnmal so oft vor und sind besonders häufig bei Jugendlichen und jungen Erwachsenen. Mit steigendem Alter nimmt die Ernsthaftigkeit und der Anteil der vollendeten Suizide zu, Suizidversuche hingegen werden seltener.

Der häufigste Grund für einen Suizidversuch oder einen Suizid sind depressive Reaktionen (→ Depression), denen Beziehungsprobleme — vor allem bei jüngeren Menschen

— oder der Verlust des Partners oder körperliche Behinderungen und Einschränkungen — vor allem bei Älteren — vorausgehen. Ankündigungen, daß jemand beabsichtigt, sich das Leben zu nehmen, sollten nie ignoriert werden, auch wenn sie offensichtlich eine Aufforderung zur Zuwendung oder einen Versuch der Manipulation von anderen darstellen. Immerhin zwei Drittel derjenigen, die einen Selbstmord(-versuch) durchführen, haben nämlich zuvor darüber gesprochen oder den Selbstmord angekündigt.

Nach einem Suizidversuch ist es wichtig, die betroffene Person nach Abklingen der Vergiftungserscheinungen oder Abheilen der Verletzungen (je nachdem, auf welche Weise der Selbstmordversuch erfolgt ist) nicht einfach so wieder nach Hause zu entlassen, sondern stattdessen Hilfe und Unterstützung bei der Bewältigung der Probleme anzubieten, die zu dem Selbstmordversuch geführt haben. Diese Hilfe wird meist in einer psychiatrischen Klinik oder in Form einer ambulanten Psychotherapie erfolgen. Für Menschen, die in einer akuten Krisensituation sind und/oder sich mit Selbstmordgedanken tragen, existieren in ganz Deutschland telephonische Beratungsstellen, die man (auch anonym) für Hilfe und Beratung anrufen kann. Da diese Beratungsstellen nicht einheitlich organisiert sind, empfiehlt es sich, bei der Telefonseelsorge (unter diesem Stichwort im Telefonbuch) anzurufen, um entweder direkt dort Hilfe zu bekommen oder sich die Adresse beziehungsweise die Telefonnummer einer Beratungsstelle vor Ort geben zu lassen.

Suppositorium Abkzg. *Supp.* Zäpfchen. Eine Arznei in Form eines kleinen, festen Kegels, die in den Enddarm oder in die Vagina eingeführt wird und dort bei Körpertemperatur schmilzt und den Wirkstoff freigibt. Viele Medikamente gibt es in Zäpfchenform (z.B. fiebersenkende Medikamente, Schmerzmittel) für Personen, die Zäpfchen den Tabletten vorziehen oder die nicht schlucken können oder auch für Kinder. Abführzäpfchen werden verwendet, um den Stuhlgang herbeizuführen. Vaginalzäpfchen kommen bei Infektionen im Scheidenbereich zum Einsatz. Außerdem gibt es auch → spermizide Vaginalzäpfchen, die zur → Empfängnisverhütung eingesetzt werden.

Suprapubische Blasenfistel Siehe unter → Blasenkatheter

Symphyse Eigentlich *Symphysis pubica.* Schambeinfuge. Die Stelle, an der die beiden Schambeine an der Vorderseite des Beckens zusammentreffen und miteinander verwachsen sind. Die Symphyse wird vom → Venushügel bedeckt und kann bei Unfällen oder manchmal auch während der Geburt zerreißen und damit zu einer Instabilität des Beckens führen.

Symptom Krankheitszeichen. Die Veränderungen am und im Körper, durch die sich eine Krankheit bemerkbar macht.

Symptomatische Therapie Eine Behandlung, die nicht wie die → kausale Therapie die Ursache einer Erkrankung therapiert, sondern die Symptome der Erkrankung bekämpft. Ein Beispiel für eine symptomatische Therapie ist die Einnahme von Schmerzmitteln, wodurch in aller Regel nicht die Ursache der Schmerzen beseitigt wird, sondern lediglich die Auswirkungen. Symptomatische Therapieformen kommen immer da zum Einsatz, wo eine kausale Therapie (noch) nicht bekannt und möglich ist.

Symptothermale Methode Siehe unter → Natürliche Methoden der Empfängnisverhütung

Syndrom Eine Gruppe von → Symptomen und Befunden, die für eine bestimmte Erkrankung typisch und kennzeichnend sind. Als Syndrom werden auch Symptome zusammengefaßt, die gleichzeitig auftreten und in ihrer Gesamtheit einen Hinweis auf die zugrundeliegende Störung liefern (können). Zum Beispiel werden Gefühlsstörungen und eine Lähmung einer Körperseite auch als Halbseiten-Syndrom bezeichnet und legen den Verdacht auf einen Krankheitsprozeß im Gehirn (beispielsweise eine Durchblutungsstörung) nahe.

Syndrom der hyalinen Membranen Siehe → Idiopathisches Atemnotsyndrom

Syphilis Auch *Lues*, *harter Schanker*. Eine Geschlechtskrankheit (→ sexuell übertragbare Krankheit), die durch das Bakterium *Treponema pallidum* hervorgerufen wird. Die Syphilis wird vor allem durch sexuellen Kontakt von Mensch zu Mensch übertragen, in Ausnahmefällen auch durch Bluttransfusionen. Darüber hinaus kann eine Schwangere ihr noch ungeborenes Kind mit Syphilis anstecken. In diesem Fall spricht man von einer angeborenen Syphilis beim Kind im Gegensatz zur erworbenen Syphilis bei der Mutter. Die erworbene Syphilis verläuft unbehandelt in drei Stadien: Zunächst kommt die Frühsyphilis (aufgeteilt in ein Primär- und Sekundärstadium), dann folgt ein Stadium mit keinen oder relativ wenigen Symptomen, die sogenannte Syphilis latens (latente Syphilis), bis die Krankheit nach unterschiedlich langer Zeit in die Spätsyphilis beziehungsweise in das Tertiärstadium übergeht.

Das *Primärstadium* macht sich durch das Auftreten des sogenannten *harten Schankers* (Ulcus durum) bemerkbar, einem schmerzlosen, offenen Geschwür an der Stelle, an der der Krankheitserreger in den Körper eingedrungen ist. Das ist bei Männern in der Regel irgendwo am Penis und bei Frauen am Muttermund oder an der inneren Scheidenwand. Dieses Geschwür tritt zehn bis 90 Tage (im Durchschnitt drei Wochen) nach der Ansteckung auf und verschwindet auch ohne Behandlung innerhalb von einer bis fünf Wochen wieder. Zusätzlich kann es vor allem bei Männern zur gleichen Zeit zu einer schmerzlosen Anschwellung der Leistenlymphknoten kommen, die ebenfalls wieder von allein verschwinden kann.

Das *Sekundärstadium* beginnt in der Regel etwa acht bis zwölf Wochen nach der Ansteckung und ist im typischen Fall durch einen nicht-juckenden Hautausschlag an einer beliebigen Körperstelle gekennzeichnet. Zusätzlich kommt es zu allgemeinen Krankheitssymptomen wie Müdigkeit, Schwäche, Fieber, Lymphknotenschwellungen am ganzen Körper, Muskel-, Gelenk- und Knochenschmerzen sowie verschiedensten Erscheinungen am Auge. Nach einigen Monaten verschwinden auch diese Symptome ohne Behandlung wieder und die Krankheit tritt in das *Latenzstadium*, in dem sie nur durch entsprechende Blutuntersuchungen diagnostizierbar ist.

Während des Primär- und Sekundärstadiums besteht eine sehr hohe Ansteckungsgefahr für andere Personen, während der Latenzphase jedoch kann sich lediglich das ungeborene Kind einer Schwangeren mit Syphilis anstecken. Die Latenzphase kann zehn bis 15 Jahre anhalten. Bei etwa einem Drittel der Erkrankten geht die Syphilis dann in die *Spätsyphilis* oder das *Tertiärstadium* über, in dem die Krankheit das Herz, die Blutgefäße, das Gehirn, das Rückenmark und den Knochen angreifen kann. Herzerkrankungen, Blindheit, Lähmungen, Taubheit, Geisteskrankheiten und Tod können die Folge sein.

Die angeborene Syphilis entsteht durch die Ansteckung eines ungeborenen Kindes über das mütterliche Blut. Eine Schwangerschaft kann die Symptome einer Syphilis maskieren und verdecken, was die Ansteckungsgefahr noch erhöht. Obwohl das Geschwür des Primärstadiums bei einer Schwangeren sehr viel größer als sonst sein kann, kann andererseits der Hautausschlag des Sekundärstadiums kaum sichtbar werden. Die Krankheitserreger erreichen das Kind mit dem mütterlichen Blut über die → Plazenta (Mutterkuchen). Da die Plazenta bis zur 16. bis 18. Schwangerschaftswoche noch nicht weit genug entwickelt ist, um die Übertragung des Krankheitserregers zu ermöglichen, wird eine Syphilis, die *vor* dem vierten Schwangerschaftsmonat entdeckt und behandelt wird, in der Regel keine Schäden beim Kind hervorrufen. Danach besteht jedoch auch bei einer Behandlung der Mutter die Gefahr der Ansteckung für das Kind. Je kürzer die Ansteckung der Mutter her ist, desto wahrscheinlicher ist eine Übertragung an das Kind und desto schwerer sind die Schäden beim Kind. Fast alle Kinder, die von Frauen mit einer unbehandelten Syphilis im Primär- oder Sekundärstadium geboren werden, entwickeln die Krankheit, und viele von ihnen sterben vor oder bald nach der Geburt. Kinder von Frauen mit einer Syphilis im Latenzstadium können jedoch ganz verschont bleiben oder eine Syphilisform entwickeln, die nicht unmittelbar lebensbedrohlich ist. Heutzutage wird bei jeder Schwangeren gemäß der → Mutterschaftsrichtlinien (siehe auch unter → Schwangerenvorsorge) so früh wie möglich in der Schwangerschaft eine Blutuntersuchung auf Syphilis durchgeführt, um die Erkrankung rechtzeitig entdecken und therapieren zu können und damit eine Ansteckung des Kindes zu vermeiden.

Da die Symptome einer Syphilis extrem vielgestaltig sein und denen von vielen anderen Erkrankungen ähneln können, ist es oft nicht ganz einfach, die Diagnose ohne weiterführende Blutuntersuchungen zu stellen. Jeder, der eine offene Stelle oder ein Geschwür im Genitalbereich entwickelt, sollte sich ohne Verzögerung auf Syphilis testen lassen. Bei einer Syphilis enthält Flüssigkeit aus der Wunde den Krankheitserreger, weshalb man mit einem Watteträger etwas von dieser Flüssigkeit entnimmt und unter dem Mikroskop mit einer speziellen Technik untersucht. Der Nachweis des Erregers gelingt jedoch nur bei Flüssigkeit aus dem Primärgeschwür und selbst dort nicht immer. Zuverlässiger sind Blutuntersuchungen, mit denen man die vom Körper gegen den Krankheitserreger gebildeten Antikörper nachweist. Ein solcher Suchtest wird heutzutage bei jeder Person durchgeführt, die ins Krankenhaus kommt, Blut spendet oder schwanger wird. Diese Massentestung hat in vergangenen Jahren (und auch heute noch) zur Diagnose vieler Fälle mit unbehandelter Syphilis bei Personen geführt, die nicht wußten, daß sie sich angesteckt hatten. Auf diese Weise konnten viele Erkrankte behandelt und insgesamt die Häufigkeit der Syphilis deutlich gesenkt werden.

Der erste Bluttest für Syphilis wurde 1906 von *August von Wassermann* entwickelt. Dieser nach ihm als *Wassermann-Reaktion* bezeichnete Test wurde ein halbes Jahrhundert eingesetzt, lieferte jedoch keine sehr genauen Ergebnisse. Heutzutage wird als Suchtest, d.h. zum Ausschluß einer Syphilis vor allem der sogenannte TPHA-Test und der FTA-Abs-Test eingesetzt, mit deren Hilfe man im positiven Fall (also im Falle einer Infektion) etwa zwei Wochen nach der Ansteckung die Antikörper gegen die Krankheitserreger nachweisen kann. Diese Tests sind so empfindlich, daß sie auch nach Ausheilung einer Syphilis ein ganzes Leben lang positiv bleiben und deshalb nichts über die

Aktualität der Erkrankung beziehungsweise über die Notwendigkeit einer Therapie aussagen. Zu diesem Zweck führt man deshalb bei einem positiven Ergebnis in einem der beiden eben genannten Tests den sogenannten VDRL-Test und/oder den IgM-FTA-Test durch, mit deren Hilfe man beurteilen kann, ob es sich um eine frische Infektion oder eine längst abgeheilte Syphilis handelt.

Die Behandlung der Syphilis besteht in allen Krankheitsstadien in der Gabe von → Antibiotika. Dabei ist das Antibiotikum der ersten Wahl das Penicillin und zwar in einer Form, die einen möglichst konstanten Blutspiegel über den Tag ermöglicht. Dazu gehört z.B. das Procain-Penicillin, das im Falle einer Syphilis im Primärstadium als tägliche i.m.-Spritze (d.h. in den Muskel) über zehn bis 14 Tage gegeben wird. Eine andere Möglichkeit ist die Gabe von Benzathin-Penicillin, das ebenfalls als intramuskuläre Injektion, jedoch nur einmal gegeben werden muß. Eine Syphilis im Latenzstadium wird in der gleichen Weise, jedoch über mindestens drei bis vier Wochen behandelt, und bei einer Syphilis im Tertiärstadium sind Infusionen mit Penicillin über etwa zehn Tage notwendig. Bei einer Allergie gegen Penicillin kann man auch ein anderes Antibiotikum, z.B. Erythromycin, verwenden. Die Behandlung einer Syphilis kann nicht selten zu einer unangenehmen Reaktion mit Fieber und Vergrößerung eventueller Geschwüre führen, die jedoch in der Regel nach wenigen Stunden wieder abklingt. Nach Abschluß der Behandlung müssen regelmäßige Blutuntersuchungen erfolgen, um den Erfolg der Behandlung sicherzustellen und gegebenenfalls die Therapie zu wiederholen.

Die Syphilis trat erstmals im Jahre 1494/95 seuchenhaft und in erschreckend schwerer und akuter Form bei der Belagerung Neapels durch den französischen König Karl VIII. auf und breitete sich dann in kürzester Zeit über ganz Europa aus. Wie und warum es damals zum Auftreten der Syphilis kam, darüber wird auch heute noch in Fachkreisen gestritten. Die einen behaupten, daß es die Syphilis schon immer, wenn auch in milderer Form, gegeben hat und unterstützen dies mit Beschreibungen von Krankheiten in altertümlichen Schriften, die der Syphilis zumindest ähnlich waren. Die anderen vertreten die Ansicht, daß die Syphilis durch *Christopher Kolumbus* und seine Mannschaft bei ihrer Heimkehr aus Westindien nach Spanien (1493) eingeschleppt wurde und sich von dort aus verbreitet hat (in der Armee des französischen Königs bei der Belagerung von Neapel waren auch spanische Söldner). In jedem Fall kam es in den Jahren nach der ersten Seuche immer wieder zu vielen Fällen der Erkrankung, die lange Zeit auch Franzosenkrankheit genannt wurde. Der Name Syphilis wurde 1530 von einem Pathologen aus Verona geprägt, der in einem Lehrgedicht das Schicksal eines sagenhaften, wegen Gotteslästerung fluchbeladenen Hirten Syphilus schildert, der mit der „französischen Krankheit" bestraft wurde. Lange Zeit danach glaubte man, daß die → Gonorrhoe und die Syphilis durch den gleichen Ansteckungsstoff verursacht werden, was erst durch die Entdeckung der Gonokokken durch *Albert Neisser* im 19. Jahrhundert widerlegt wurde. Der Krankheitserreger der Syphilis, das *Treponema pallidum*, wurde erst 1905 von *Fritz Schaudinn* und *Erich Hoffmann* entdeckt und bald darauf von vielen anderen Pathologen und Ärzten bestätigt.

systemisch Im ganzen Körper verteilt, d.h. nicht auf einen bestimmten Körperteil oder ein Organ beschränkt. Die meisten Kinderkrankheiten z.B. sind systemische → Infektionen, und auch → Krebserkrankungen sind zumindest ab einem gewissen Stadium als systemisch anzusehen.

Systemischer Lupus erythematodes Auch abgekürzt *SLE*, *Lupus erythematodes visceralis*. Eine Systemerkrankung des Bindegewebes, bei der es zu entzündlichen Veränderungen der Gefäße und ihrer Umgebung in zahlreichen Organen sowie an der Haut kommt. Die Krankheit befällt Frauen etwa achtmal so häufig wie Männer und tritt meist im jüngeren Lebensalter zwischen 20 und 40 auf. Der Name der Erkrankung rührt von einem der typischen Krankheitszeichen her, nämlich dem schmetterlingsförmigen Ausschlag im Gesicht, der an das Gesicht eines Wolfes erinnert (*Lupus erythematodes* ist lateinisch für „roter Wolf"). Die Erkrankung betrifft jedoch nicht nur und auch nicht immer die Haut, sondern von Person zu Person und zu verschiedenen Zeiten unterschiedlich auch alle anderen Bindegewebe im Körper einschließlich der Gelenke, der Blutgefäße, des Herzens, der Lunge, des Gehirns und am gefährlichsten auch der Nieren. Bei der Erkrankung handelt es sich um eine → Autoimmunerkrankung, bei der der Körper aus noch nicht vollständig geklärten Gründen Antikörper gegen körpereigenes Gewebe bildet, die zur Entzündungsreaktion und Zerstörung des Gewebes führen. Man vermutet, daß diese Autoantikörperproduktion durch einen Virus in Gang gesetzt wird. Außerdem kann eine genetische Veranlagung für diese Erkrankung bestehen, was man aus der Tatsache schließt, daß im Falle der Erkrankung eines eineiigen Zwillings an SLE der andere mit einer 50- bis 60%igen Wahrscheinlichkeit ebenfalls von dieser Krankheit betroffen wird, während das Erkrankungsrisiko bei zweieiigen Zwillingen nur etwa bei 2 bis 3% liegt.

Man kann an einem SLE erkrankt sein, ohne es zu bemerken, und solche milden Verlaufsformen erfordern auch keine Behandlung. Die Diagnose wird anhand der Symptome und verschiedener Blut- und Urinuntersuchungen gestellt, was manchmal wegen der Vielgestaltigkeit der Symptome und Befunde nicht einfach ist. In schwereren Fällen sind in der Regel mindestens vier der folgenden Symptome und Befunde vorhanden: 1. Schmetterlingsausschlag im Gesicht mit Verschlimmerung bei Sonnenbestrahlung, 2. andere, zum Teil typische Hautveränderungen, 3. Geschwüre in der Mundschleimhaut, 4. Gelenkschmerzen vor allem an den Fingern, Handgelenken und Knien, 5. eine Entzündung des Brustfells, des Herzbeutels oder des Bauchfells, 6. Störungen im zentralen Nervensystem, 7. erniedrigte Werte für die roten und weißen Blutkörperchen sowie für die Blutplättchen, 8. Antikörper gegen Zellkerne (sogenannte ANA) und andere immunologische Befunde sowie 9. Nierenerkrankungen, die eines der Hauptprobleme bei sehr vielen SLE-Patienten darstellen.

Eine Reihe von gebräuchlichen Medikamenten sind in der Lage, eine Form des SLE auszulösen, bei der es in der Regel zu niedrigem Fieber, Hautausschlägen verschiedenster Form, Muskel- und Gelenkschmerzen und Brustschmerzen kommt. Die Symptome verschwinden im allgemeinen, sobald das auslösende Medikament weggelassen wird. Zu solchen auslösenden Medikamenten gehören unter anderem Procainamid (zur Behandlung von Herzrhythmusstörungen), Hydralazin (zur Behandlung von Bluthochdruck), Phenytoin (unter anderem zur Behandlung von epileptischen Anfällen) und manche → Psychopharmaka.

Die Behandlung eines SLE hängt von der Schwere und dem Verlauf der Krankheit ab. In milden Formen genügen entzündungshemmende Medikamente wie z.B. Aspirin®, in schwereren Fällen kann eine Cortisonbehandlung oder eine Therapie mit → Immunsuppressiva notwendig werden. Sonnenlicht sollte insbesondere dann gemieden werden, wenn sich die Symptome darunter verstärken. Manche Patienten sind schnell ermüdbar und sollten Überanstrengung vermeiden. Banale Virusinfekte können zu einer Verschlimmerung der Symptome führen genauso wie das → Östrogen in der Anti-Baby-Pille, die in einem solchen Fall natürlich weggelassen werden sollte. Eine Schwangerschaft kann ebenfalls zu einem Aufflammen der Krankheit führen, aber manche Frauen erleben auch völlig normale Schwangerschaften und bekommen gesunde Kinder. Die Gefahr einer Fehlgeburt ist jedoch erhöht, und auch nach der Entbindung eines ausgetragenen Kindes kann es zu einem neuen Schub der Erkrankung kommen.

Tampon Ein Bausch aus Watte oder anderem Flüssigkeit aufnehmendem Material, der in die Scheide eingeführt wird und dem Auffangen des Regelblutes dient. Es gibt Tampons mit und ohne Einführhülse und Tampons in verschiedenen Größen für sehr leichte bis sehr starke Periodenblutungen. Die Tampons der kleinsten Größe sind so klein, daß sie von den meisten jungen Mädchen, deren Jungfernhäutchen (→ Hymen) noch intakt ist, ebenfalls verwendet werden können.

Das Tampon wird mit dem Finger oder der Einführhülse in die Scheide eingeführt und verbleibt dort solange, bis es sich mit Blut vollgesaugt hat. Dies dauert je nach Stärke der Blutung und Größe des verwendeten Tampons eine halbe bis mehrere Stunden. Nach spätesten sechs Stunden sollte man aus hygienischen Gründen und zur Vorbeugung eines toxischen Schocksyndroms (siehe unten) jedes Tampon wechseln, auch wenn es sich noch nicht vollgesaugt hat. Zur Entfernung des Tampons zieht man an dem an jedem Tampon befestigten Bändchen und wirft das verwendete Tampon danach weg.

1978 wurde der Gebrauch von Tampons mit einer seltenen, aber potentiell sehr gefährlichen Erkrankung, dem sogenannten *toxischen Schocksyndrom*, in Verbindung gebracht, das vor allem junge Tamponbenützerinnen betraf. Dieses Syndrom macht sich durch akut einsetzende Symptome wie hohes Fieber, Erbrechen, Durchfall, Schwindel und einen sonnenbrandähnlichen Hautausschlag mit Schälen der Haut (vor allem an Händen und Füßen) bemerkbar und führt in kurzer Zeit zu einem gefährlichen Abfall des Blutdrucks und damit zum Schock. Die meisten Fälle dieser Erkrankung traten bei Frauen unter 25 und zu Beginn einer Menstruation auf, wenn Tampons benutzt wurden. Es wurde nie vollständig geklärt, auf welche Weise das toxische Schocksyndrom mit den Tampons zusammenhängt. Man vermutet jedoch, daß sich in sehr großen Tampons, die mehr als sechs bis zwölf Stunden in der Scheide belassen werden, unter Umständen bestimmte Bakterien (*Staphylokokken*) ansammeln können, die Toxine (Gifte) bilden und damit das Krankheitsbild auslösen können. Aus diesem Grund empfiehlt man, die Verwendung von „super"-Größen bei Tampons zu vermeiden, die Tampons häufig zu wechseln und bei abklingender Blutung oder während der Nacht ganz auf Tampons zu verzichten und stattdessen Binden zu verwenden. Bei Frauen, die ein toxisches Schocksyndrom entwickeln, ist eine schnelle Behandlung mit Antibiotika und anderen schockbekämpfenden Maßnahmen notwendig. Ist bei einer Frau einmal ein toxisches Schocksyndrom aufgetreten, dann ist das Wiederholungsrisiko sehr groß (nach einer Studie liegt es bei 42%), weswegen solche Frauen ganz auf Tampons verzichten sollten. Siehe auch → Menstruationsschwamm, → Monatsbinde.

Tay-Sachs-Erkrankung Eine schwere → angeborene Erbkrankheit, die durch das Fehlen eines bestimmten Enzyms, der *Hexoamidase A*, gekennzeichnet ist, was dazu führt, daß der Körper nicht in der Lage ist, bestimmte Fette zu verarbeiten, die dann vor allem im zentralen Nervensystem gespeichert werden und dort zu Schäden führen. Die Symptome beginnen meist im dritten bis siebten Lebensmonat und bestehen aus Trinkschwierigkeiten und Teilnahmslosigkeit sowie ungeordneten Augenbewegungen des Säuglings als Hinweis auf Sehstörungen. Später kommen eine fortschreitende geistige und körperliche Entwicklungsbehinderung sowie Blindheit und epileptische Krampfanfälle hinzu. Die betroffenen Kinder sterben meist vor dem sechsten Lebensjahr. Eine Heilung für die Krankheit ist nicht bekannt. Es handelt sich um eine rezessiv-vererbbare Erkankung (siehe unter → Genetik), die besonders häufig unter Juden aus Ost- und Mitteleuropa auftritt, bei denen schätzungsweise jeder dreißigste den Gendefekt trägt (im Vergleich zu jedem dreihundertsten in anderen ethnischen Gruppen). Wenn beide Eltern den Gendefekt haben, was durch einen Bluttest einfach bestimmt werden kann, dann besteht eine 25%ige Chance für jedes ihrer Kinder, die Krankheit zu bekommen. Ob ein Kind an der Erkrankung leidet, kann schon vor der Geburt durch eine → Amniozentese herausgefunden werden.

Testikuläre Feminisierung Eine angeborene Erkrankung, bei der die betroffenen Mädchen oder Frauen nach außen hin — bis auf eine kleine Schwellung oder Knoten in beiden Leisten — normale weibliche Geschlechtsorgane, jedoch wenig oder keine Scham- oder Achselbehaarung sowie eine blind endende Vagina haben, die in der Regel nicht tief genug für einen Geschlechtsverkehr ist. Außerdem haben sie keine oder nur eine unvollständig entwickelte Gebärmutter und Eileiter und können deshalb nicht menstruieren und auch keine Kinder bekommen. Von den Geschlechtschromosomen her sind diese Frauen männlich, d.h. sie haben ein X- und ein Y-Geschlechtschromosom. Die Störung entsteht in der fetalen Entwicklungszeit, wenn sich die normal angelegten, männlichen inneren Geschlechtsorgane wegen eines fehlenden Ansprechens auf die männlichen Geschlechtshormone (sogenannte Androgen-Resistenz) nicht weiter entwickeln können, gleichzeitig aber auch eine Entwicklung *weiblicher* Geschlechtsorgane verhindern. In der Pubertät entwickeln sich jedoch Brüste und weibliche Körperformen, weil das weibliche Geschlechtshormon → Östrogen in den rudimentären Hoden (die man als Schwellung in beiden Leisten tasten oder sehen kann) gebildet wird. In der Regel fällt diese Erkrankung erst in der Pubertät auf, wenn bei den betroffenen Mädchen die Regelblutung ausbleibt und sie deshalb von einem Arzt untersucht werden. Bis auf die Tatsache, daß diese Frauen keine Kinder gebären können, führen viele von ihnen ein normales Leben. Da in den rudimentären Hoden dieser Frauen vor allem zwischen dem 25. und 30. Lebensjahr ein erhöhtes Krebsrisiko besteht, empfiehlt man im allgemeinen, die Hoden nach der Pubertät, wenn die Feminisierung abgeschlossen ist, operativ zu entfernen.

Testis *Testes* (Pl.). Siehe → Hoden.

Testosteron Das wichtigste der männlichen Geschlechtshormone (→ Androgene), das zum größten Teil von den männlichen Keimdrüsen, den → Hoden, gebildet wird. Die Produktion des Testosterons unterliegt einem ähnlichen Regelmechanismus wie die des → Östrogens in den weiblichen Eierstöcken, d.h. sie wird durch die beiden Hypophysenhormone → FSH (follikel-stimulierendes Hormon) und → LH (luteinisierendes Hormon) kontrolliert, die ihrerseits wiederum vom → Hypothalamus reguliert werden. Vor der → Pubertät, die bei den meisten Jungen im Alter zwischen zehn und 15 Jahren beginnt, produzieren die Hoden nur kleine Mengen an Testosteron. Während der Pubertät ändert sich dies jedoch deutlich, und die dadurch entstehenden hohen Testosteronspiegel im Blut führen zur Ausbildung der männlichen Geschlechtsmerkmale (Bartwuchs, charakteristische männliche Körperbehaarung, Muskelwachstum, Stimmbruch, Hoden- und Peniswachstum) sowie zu dem typischen Wachstumsschub in der Pubertät.

Auch bei der Frau wird Testosteron von den Eierstöcken und den Nebennieren gebildet. Die Menge des Testosterons ist jedoch mit Ausnahme bestimmter Erkrankungen wie z.B. dem → adrenogenitalen Syndrom oder dem → Stein-Leventhal-Syndrom sehr gering. Synthetisch (im Labor) hergestelltes Testosteron wird zur Behandlungen von Störungen eingesetzt, bei denen die Hoden nicht genügend natürliches Testosteron bilden. Siehe auch → Anabolika.

Tetraparese Medizinische Bezeichnung für die Lähmung aller vier Gliedmaßen (beider Arme und beider Beine), die in der Regel die Folge einer Schädigung des Rückenmarkes im Bereich der Halses oder weiter oben im Bereich des Hirnstamms ist. Rührt die Tetraparese von einer Schädigung des Rückenmarks her, dann spricht man auch von einer *Querschnittslähmung*. Eine solche Schädigung kann durch Verkehrs-, Arbeits- oder Sportunfälle oder durch Kriegsverletzungen auftreten. Seltener ist sie die Folge von Tumoren, Entzündungen, Abszessen, Durchblutungsstörungen oder angeborenen Defekten des Rückenmarkes. Wenn das Rückenmark so sehr geschädigt wurde, daß die in ihm verlaufenden Nervenzellen und Nervenfasern vollständig zerstört und untergegangen sind, dann ist der Schaden nicht mehr rückgängig zu machen, da die Nervenzellen und -fasern (im Gegensatz zu anderen Zellen im Körper) nicht die Fähigkeit besitzen, sich wieder neu zu bilden. Der entstandene Schaden führt zu einer Blockade beziehungsweise zu einer Beeinträchtigung der Nervenleitung für die Motorik (Bewegung) und/oder die Sensibilität (Empfindung). Dabei ist das Ausmaß der Behinderung abhängig von der Größe der Schädigung und der Höhe des Schädigungsorts. Je weiter oben das Rückenmark geschädigt ist, desto mehr Körperabschnitte werden in die Behinderung mit einbezogen. Sind alle vier Gliedmaßen nicht nur teilweise, sondern vollständig gelähmt, dann spricht man auch von einer *Tetraplegie*. Patienten mit einer Tetraparese bzw. -plegie leiden unter einem starken bis vollständigen Verlust der Empfindungsfähigkeit für Berührung, Schmerz und Temperatur am gesamten Körper mit Ausnahme des Gesichtes und mehr oder weniger großer Abschnitte des Halses. Andere Probleme sind Störungen der Blutzirkulation, die Verringerung oder aber auch die Steigerung des Muskeltonus (d.h. die Muskeln sind sehr schlaff oder sehr steif) und der Kontrollverlust über die willkürliche Entleerung von Darm und Blase. Als Folge davon sind Tetraparetiker anfällig für sekundäre Komplikationen, nämlich vor allem für Harnwegsentzündungen, für wunde Stellen (Decubitus) an Rücken und Po, für Versteifungen von gelähmten Gelenken (Hüfte, Knie und Ellenbogen) sowie für Knochenbrüche. Ein anderes häufiges Problem bei länger bestehenden Rückenmarksschäden sind die sogenannten *hypertonen Entgleisungen*, bei denen es zu einem unter Umständen bedrohlichen Blutdruckanstieg, begleitet von Kopfweh, Schweißausbrüchen und Benommenheit, kommen kann. Diesem Zustand geht in den meisten Fällen eine (unbemerkte) Überdehnung der Harnblase voraus. Tetraparetiker, die die Willkürkontrolle über ihre Blasenfunktion verloren haben, müssen deshalb unter Umständen entweder mit einem Dauerkatheter in der Blase leben oder regelmäßig mit einem Katheter die Blase selbst entleeren (siehe → Blasenkatheter).

Bei Frauen mit einer Tetraparese sind die Menstruation, die Empfängnisfähigkeit und die Schwangerschaft nicht beeinträchtigt. → Orale Kontrazeptiva und Spiralen (→ Intrauterinpessar) sind im allgemeinen kontraindiziert (nicht angezeigt), da die Gefahr von Durchblutungsstörungen in gelähmten Beinen ohnehin schon erhöht ist und weil durch den Gefühlsverlust jede Form der Infektion im Genitalbereich oder das Abgehen einer Spirale unter Umständen unbemerkt bleibt. Der Geschlechtsverkehr kann (aufgrund der bei Tetraparetikern häufig auftretenden Verkrampfungen bestimmter Muskelgruppen vor allem in der Hüfte und den Beinen) in bestimmten Positionen erschwert sein oder einen Beischlaf gänzlich unmöglich machen. Außerdem ist die Wahrscheinlichkeit für hypertone Entgleisungen (siehe oben) während sexueller Erregung (und auch während einer Geburt) erhöht. Während des Geschlechtsverkehrs oder der Masturbation kann es auch vermehrt zu einem unwillkürlichen Abgang von Urin oder Stuhl kommen. Die Masturbation ist ohne Unterstützung schwierig oder unmöglich und je nachdem, in welcher Höhe die Rückenmarksschädigung sitzt, kann die Empfindungsfähigkeit für einen sexuellen Höhepunkt oder andere sexuelle Stimulation im Genitalbereich vollständig verloren sein. Jedoch können andere Teile des Körpers (in der Regel oberhalb der Rückenmarksschädigung) hoch empfindlich für sexuelle Stimulation werden, und manche Frauen erleben orgasmusähnliche Gefühle, wenn sie dort stimuliert werden. Siehe auch → Paraparese.

Thalidomid Siehe → Contergan-Syndrom

Thermatische Sterilisation Eine Methode, bei der Wärme angewendet wird, um eine vorübergehende Unfruchtbarkeit beim Mann zu erzielen. Die Tatsache, daß Hitze den → Spermien nicht gut tut, ist seit dem Altertum bekannt, man weiß jedoch noch immer nicht genau, ob Wärme die Spermien ganz abtötet oder sie lediglich in ihrer Beweglichkeit einschränkt. (Die Wärmeempfindlichkeit der Spermien ist auch der Grund dafür, warum die Hoden nicht im Körperinneren, sondern außen im Hodensack liegen.) 1921 entschloß sich *Martha Voegeli,* eine Schweizer Ärztin, die in Indien arbeitete, Wärme als Mittel zur → Empfängnisverhütung einzusetzen. Die Methode, die sie entwickelte, erforderte, daß ein Mann drei Wochen lang täglich 45 Minuten in einem Bad mit einer Wassertemperatur von 47 ° Celcius sitzt. Angeblich führte dies zu einer Zeugungsunfähigkeit für sechs Monate, danach war die Fruchtbarkeit des Mannes wieder hergestellt. Voegeli behauptet, diese Methode 20 Jahre lang von 1930 bis 1950 in Indien erfolgreich angewendet zu haben. In den sechziger Jahren experimentierten zum gleichen Zweck einige amerikanische Ärzte, unter ihnen *John Rock,* der an der Entwicklung der Anti-Baby-Pille beteiligt war, mit speziell isolierter Unterwäsche, die zu einem Stau der Körperwärme und damit zu einer Erhöhung der Temperatur in den Hoden führt. Anscheinend war diese Methode ebenfalls erfolgreich, jedoch sind die wissenschaftlichen Ergebnisse noch zu spärlich, um ihre Zuverlässigkeit bestimmen zu können.

Thermographie Wörtlich „Wärmeaufzeichnung". Ein bildgebendes Verfahren, bei dem die Wärmeausstrahlung des Körpers gemessen und aufgezeichnet wird. Es gibt zwei verschiedene Verfahren: Bei der sogenannten *Telethermographie* wird die vom Körper abgegebene Wärme mit Hilfe einer speziellen Infrarot-Kamera aufgezeichnet. Hierzu muß sich die Haut des entsprechenden Körperteiles erst abkühlen, entweder indem man zehn Minuten lang unbekleidet in einem 20 Grad kalten Raum sitzt, oder indem man z.B. die Hände für 15 Minuten in kaltes Wasser hält. Danach wird dann die Aufnahme gemacht. Die andere Methode ist die sogenannte *Plattenthermographie*, deren Prinzip darauf beruht, daß bestimmte Flüssigkeitskristalle bei bestimmten Temperaturen verschiedene Farben annehmen. Hierzu wird eine mit solchen Flüssigkeitskristallen gefüllte Platte auf den entsprechenden Körperbereich gelegt und hinterher farbig abphotographiert.

Die Temperaturunterschiede, die unter Umständen bei einer Thermographie gefunden werden, kommen dadurch zustande, daß Gewebe unterschiedlich stark durchblutet werden. Z.B. führen entzündliche oder bösartige Prozesse zu einer verstärkten Durchblutung, Durchblutungsstörungen in Form einer Gefäßverkalkung zu einer verminderten Durchblutung und damit zu einer verminderten Wärmeabgabe. Eingesetzt wird die Thermographie vor allem bei der Untersuchung der weiblichen Brüste als Zusatzuntersuchung zur → Mammographie. Mit ihrer Hilfe kann man selbst Tumoren, die kleiner als ein Zentimeter sind, entdecken. Jedoch kann man nicht entscheiden, ob dieser Tumor durch einen entzündlichen oder einen bösartigen Prozeß entstanden ist. Der Hauptvorteil der Thermographie ist die Vermeidung von Röntgenstrahlen, wie sie bei der Mammographie notwendig sind. Ihr Nachteil ist die im Vergleich zur Mammographie geringere Aussagekraft.

Thromboembolie Siehe unter → Embolie

Thrombophlebitis Auch *Venenentzündung*. Eine akute Enzündung der Venen, die mit einer Bildung von Blutgerinnseln innerhalb der Vene einhergeht. Dabei kann das Blutgerinnsel auf dem Boden der Entzündung selbst entstanden sein oder sich auf eine beliebige andere Art und Weise gebildet und sich erst danach entzündet haben. Wichtig ist die Unterscheidung einer Thrombophlebitis in den oberflächlichen Venen (meist des Beines) und einer Thrombophlebitis in den tiefer gelegenen Venen (meist des Beines und/oder Beckens). Eine Entzündung der tiefen Venen wird auch als *Phlebothrombose* oder kurz *Thrombose* bezeichnet (für eine genauere Beschreibung dieses Krankheitsbildes siehe unter → Thrombose). Die oberflächliche Thrombophlebitis kommt fast ausschließlich bei Krampfadern (→ Varizen) an den Beinen vor, eine erhöhte Gefahr besteht jedoch auch bei Einnahme von → oralen Kontrazeptiva, Gerinnungsstörungen des Blutes und bei einer Bauchspeicheldrüsenentzündung. In all diesen Fällen kann die Verschleppung eines Keimes, der sich an die Venenwand heftet, oder auch z.B. die Gabe von Infusionen, die die Venenwände reizen, zur Ausbildung einer Entzündung führen. Die oberflächliche Thrombophlebitis macht sich durch eine schmerzhafte Rötung und Schwellung sowie eine starke Druckempfindlichkeit der betroffenen Vene bemerkbar. Manchmal treten auch leicht erhöhte Temperaturen auf. Die Therapie besteht in lokalen Umschlägen mit Heparinsalben sowie der Wicklung des Beines (oder Armes) mit elastischen Binden. Zusätzlich werden entzündungshemmende Medikamente verabreicht. Anders als bei der Entzündung der tiefen Venen, bei der strenge Bettruhe verordnet werden muß, kann und soll man sich bei der oberflächlichen Venenentzündung bewegen, vor allem deswegen, damit es nicht durch Blutstau zusätzlich noch in den tiefer gelegenen Venen zur Bildung von Blutgerinnseln kommt. Eine oberflächliche Venenentzündung ist im großen und ganzen ungefährlich. Sie heilt bei richtiger Behandlung gut aus, wobei die betroffene Vene jedoch zerstört bleibt.

Thrombose Auch *Blutpfropfbildung* oder *intravasale* bzw. *intravitale Blutgerinnung*. Die Bildung eines Blutgerinnsels innerhalb eines Blutgefäßes am lebenden Menschen. (Normalerweise gerinnt das Blut nur außerhalb des Körpers!) Ein größeres Blutgerinnsel kann zum Verschluß des betreffenden Gefäßes führen und damit im Falle einer Arterie die Versorgung von wichtigen Organen mit Sauerstoff und Nährsubstanzen unterbrechen. Betrifft die Thrombose die Herzkranzarterien, spricht man von einer *Koronarthrombose,* bei Gehirnarterien von *zerebraler Thrombose.* Weitaus häufiger als in Arterien kommt es jedoch in Venen zu einer Thrombose. Dies nennt man auch *Phlebothrombose.* Geht die Blutgerinnselbildung in einer Vene mit einer Entzündung der Venenwand einher, dann handelt es sich um eine → *Thrombophlebitis.* Bei einer Thrombose in den großen Gehirnvenen spricht man von einer *Sinusvenenthrombose.*

Die Gefahr einer Thrombose in den Venen besteht vor allem darin, daß sich Teile des Blutgerinnsels ablösen und mit dem Venenblut in die rechte Herzkammer und von dort in die Lunge gelangen können, wo sie je nach Größe des Blutgerinnsels in einem kleineren oder auch größeren Lungengefäß hängenbleiben und damit zu einer Minderversorgung des von diesem Lungengefäß versorgten Lungengewebes und schließlich zu dessen Untergang führen können. Dieser Vorgang wird auch → Embolie genannt und kann bei großen Lungengefäßen zum Tod führen.

Zu einer Phlebothrombose kommt es am häufigsten in den Becken- und Beinvenen. Mehrere wichtige Faktoren spielen bei ihrer Entstehung eine Rolle. Zum einen können Schäden der inneren Gefäßwandauskleidung eine spontane Gerinnung des Blutes in Gang setzen. Zum anderen kann eine vermehrte Gerinnungsbereitschaft des Blutes zu einer Thrombose führen. Der dritte und wichtigste Faktor besteht darin, daß langsam fließendes Blut eher zur Gerinnung neigt als schnell fließendes. Zu einer Verlangsamung des Blutflusses wiederum kommt es bei mangelnder Bewegung der Beine durch beispielsweise Lähmungen oder Bettruhe oder bei Gefäßwandaussackungen. Aus diesem Grund tritt eine Thrombose vor allem bei bettlägerigen Patienten, im höheren Lebensalter und im Anschluß an Operationen oder Geburten auf. Andere begünstigende Faktoren für eine Thrombose sind Übergewicht, Krampfadern, hormonelle Veränderungen z.B. durch → orale Kontrazeptiva, Gefäßentzündungen und auch Krebserkrankungen.

Eine Thrombose der *Becken*venen macht sich unter Umständen erst durch ihre Komplikation, d.h. eine Lungenembolie bemerkbar. Symptomreicher sind dagegen Thrombosen der *Bein*venen. Hier kommt es zu einer Anschwellung des betroffenen Beines, einer leichten Blauverfärbung und zu Schmerzen, die entweder spontan auftreten oder durch bestimmte Bewegungen (z.B. Fersenstand) und/oder Untersuchungen provozierbar sind. Nicht alle diese Symptome müssen vorhanden sein. Manchmal fehlen Schwellung und Blauverfärbung, und man verspürt lediglich leichtere Schmerzen z.B. in der Kniekehle, weshalb eine Thrombose nicht selten erst spät oder gar nicht erkannt wird. Die Diagnose wird durch die klinische Symptomatik und Befundkonstellation vermutet und durch eine Gefäßdarstellung der Venen, die sogenannte *Phlebographie*, bestätigt. Bei dieser Untersuchung wird über einen kleinen Schnitt in der Leiste ein Katheter über die Leistenvene in die Bein- oder Beckenvene vorgeschoben und dann ein Kontrastmittel in das entsprechende Gefäß gespritzt. Bei den anschließend angefertigten Röntgenaufnahmen kann man sehen, wie das Kontrastmittel die Gefäße ausfüllt. Im Falle einer Thrombose, die zu einer Verengung oder einem Verschluß des Gefäßes führt, kommt es zu einer Kontrastmittelaussparung, woran man sie erkennen kann.

Um eine Thrombose zu verhindern und damit die Gefahr einer Lungenembolie zu verringern, wird bei allen Patienten nach einer Operation oder bei Krankheiten und Umständen, die zu längerer Bettlägerigkeit führen, die sogenannte *Thromboseprophylaxe* durchgeführt. Hierbei wird ein- bis dreimal täglich das Medikament Heparin in das Unterhautfettgewebe gespritzt. Das Heparin setzt die Gerinnungsbereitschaft des Blutes herab und vermindert so die Gefahr einer Thromboseentstehung. Die Behandlung einer schon entstandenen Thrombose hängt vom Zeitpunkt der Diagnosestellung ab. Bei sehr frischen Thrombosen (nicht länger als sechs Stunden seit der Gerinnselbildung) kann man versuchen, über einen Katheter, der direkt an der Stelle der Thrombose in das Gefäß eingeführt wird, ein Medikament (z.B. Streptokinase) zu spritzen, das zur Auflösung des Blutgerinnsels führt. Ist es dafür schon zu spät, besteht die Behandlung in strikter Bettruhe für mindestens eine Woche bei gleichzeitiger Hochlagerung und Wickelung des Beines mit elastischen Binden, um durch Ruhe das Verschleppen von Anteilen des Blutgerinnsels in die Lunge zu verhindern. Gleichzeitig wird meistens über eine Infusion Heparin gegeben. Eine andere Möglichkeit ist die Verabreichung von Marcumar®, das ebenfalls die Gerinnungsfähigkeit des Blutes herabsetzt und nie in der Frühphase einer Thrombose, sondern eher im Anschluß an die Heparintherapie zur Vermeidung einer erneuten Thrombose eingesetzt wird. Sowohl Heparin als auch Marcumar® erhöhen die Blutungsgefahr und dürfen nur unter bestimmten Umständen angewendet werden. Ihr Einsatz erfordert eine engmaschige Kontrolle der Blutgerinnungswerte, um eine eventuell entstehende erhöhte Blutungsgefahr rechtzeitig erkennen zu können.

Thrombus Blutgerinnsel. Siehe → Thrombose.

Thymus Siehe unter → Lymphe

Thyreoidea Siehe → Schilddrüse

TIA Abkürzung für *Transiente ischämische Attacke*. Siehe unter → Apoplex.

Totgeburt Die Entbindung eines Kindes, das keinerlei Lebenszeichen zeigt und mindestens 1000 Gramm wiegt. Bei tot geborenen Kindern, die weniger als 1.000 Gramm wiegen, spricht man dagegen von einer Fehlgeburt, die im Gegensatz zu einer Totgeburt nicht standesamtlich erfaßt wird. Zwei bis drei von 1.000 Kindern werden tot geboren. Die häufigsten Gründe für eine Totgeburt sind Sauerstoffmangel des Kindes vor oder während der Entbindung aus unterschiedlichsten Gründen (z.B. durch eine Blutgruppenunverträglichkeit [siehe → Rhesus-Faktor], durch eine vorzeitige Plazentalösung [→ Abruptio placentae] oder durch einen → Nabelschnurvorfall), Fehlbildungen beim Kind, Infektionen, Blutungen und Unreife des Kindes. Siehe auch → Abort, Def. 4, → Frühgeburt.

Toxisches Schocksyndrom Siehe unter → Tampon

Toxoplasmose Eine Infektionskrankheit, die durch *Toxoplasma gondii* verursacht wird, einem halbmond- bis sichelförmigen Parasit, der sich innerhalb der Körperzellen vermehrt und vor allem in der Muskulatur und im zentralen Nervengewebe Zysten bilden kann. Die Ansteckung erfolgt über mit Katzenkot verunreinigte Lebensmittel oder z.B. auch durch Verzehr von rohem Schlachtfleisch, das solche Zysten enthält. Meistens verläuft eine Ansteckung mit den Toxoplasmen, ohne daß man es bemerkt. In manchen Fällen kommt es jedoch bei Erwachsenen zu einer Schwellung der → Lymphknoten vor allem am Hals mit Fieber und grippeähnlichen Symptomen, in schweren Fällen auch zu einer Beteiligung der Hirnhäute und des Hirngewebes mit Nackensteife und Kopfschmerzen. Die besondere Bedeutung der Toxoplasmose liegt darin, daß die Parasiten im Falle einer frischen Infektion einer Schwangeren über den Mutterkuchen in den Blutkreislauf des ungeborenen Kindes gelangen und dort zu unterschiedlich schweren Schäden führen kann. Im schlimmsten Fall kommt es zu einer Früh- oder Totgeburt. Die überlebenden Kinder leiden an einer angeborenen Toxoplasmose mit Verkalkungen im Gehirn, einem Wasserkopf, Schäden am Auge, einer Gelbsucht (→ Ikterus) sowie einer Leber- und Milzvergrößerung. Zu einer solchen, während der Schwangerschaft übertragenen Toxoplasmose kommt es jedoch nur bei den Schwangeren, die vor der Schwangerschaft noch nie Kontakt mit den Toxoplasmen hatten, was man anhand einer Blutuntersuchung mit Bestimmung von Antikörpern gegen die Toxoplasmen sehen kann. Zur Vorbeugung einer Toxoplasmose sollten nicht-infizierte Schwangere kein rohes Fleisch essen und jeden engen Kontakt mit Katzen vermeiden. Die Therapie bei einer Toxoplasmose entweder im Erwachsenenalter oder bei Verdacht auf eine Ansteckung im Mutterbauch besteht in der Gabe von bestimmten → Antibiotika, meist in Form einer Kombinationstherapie mit Pyrimethamin und Sulfonamiden. Hierunter heilt die Toxoplasmose meist folgenlos aus.

Tragzeit Die Entwicklungsperiode beim Menschen und anderen Lebewesen, deren Junge im Bauch der Mutter heranwachsen, vom Zeitpunkt der Befruchtung bis zur Geburt. Bei der Frau wird diese Zeit → Schwangerschaft genannt. Die durchschnittliche Tragzeit beim Menschen beträgt 9 Monate. Da jedoch die meisten Frauen nicht genau sagen können, welcher Beischlaf zur Schwangerschaft geführt hat, und selbst wenn sie es können, die Dauer der Schwangerschaft in Grenzen variabel ist, wird die Tragzeit in der Regel ausgehend vom ersten Tag der letzten Regelblutung vor der Schwangerschaft berechnet, obwohl die → Befruchtung erst etwa zwei Wochen später erfolgt sein muß. Daher beträgt die durchschnittliche Tragzeit 9 1/3 Monate oder 40 Wochen. Die Berechnung des Geburtstermins erfolgt, indem man genau 9 Monate und 7 Tage oder 281 Tage zum ersten Tag der letzten Regelblutung addiert. Ein Kind, das nahe um den Geburtstermin geboren wird, ist termingerecht, während eine Geburt zwischen der 28. und der 38. Schwangerschaftswoche als Frühgeburt, eine Geburt nach der 42. Schwangerschaftswoche als Spätgeburt bezeichnet wird. (Eine Geburt vor der 28. Schwangerschaftswoche wird wegen der meist bestehenden Überlebensunfähigkeit des Kindes als → Abort [Fehlgeburt] bezeichnet).

Obwohl die genaue Dauer jeder Entwicklungsperiode beim ungeborenen Kind individuellen Schwankungen unterworfen ist und auch die Größe des → Fetus beträchtlich variiert, stimmt die nachstehend angegebene Entwicklungsfolge im großen und ganzen bei allen sich normal entwickelnden ungeborenen Kindern überein:

- *4. Woche:* Die → Nidation, d.h. die Einnistung der befruchteten Eizelle in die Gebärmutterschleimhaut ist erfolgt. Die → Zygote ist mit bloßem Auge gerade sichtbar.
- *Ende 8. Woche:* Der → Embryo ist 22 bis 24 mm lang und wiegt etwa ein Gramm. Finger und Zehen beginnen sich auszubilden, am Kopf sind die Ohrknospen sichtbar.

- *Ende 12. Woche:* Finger und Zehen sind vollständig geformt und haben Finger- bzw. Fußnägel. Die äußeren → Genitalien werden sichtbar. Der Fetus ist 7 bis 9 cm lang und wiegt ungefähr 14 Gramm. In weiteren ein bis zwei Wochen wird das Risiko für eine Fehlgeburt (→ Abort) sehr gering.
- *Ende der 16. Woche:* Der Fetus ist 13 bis 17 cm lang und wiegt etwa 100 Gramm.
- *Ende der 20. Woche:* Feine Haare (*Lanugo*-Haare) bedecken den Körper. Kindsbewegungen können schon seit einigen Wochen wahrgenommen werden. Der Herzschlag kann manchmal jetzt schon gehört werden. Der Fetus wiegt mehr als 300 Gramm.
- *24. Woche:* Der Fetus wiegt um 600 Gramm, die Haut hat Falten. Erfolgt jetzt eine Geburt, können etwa die Hälfte bis zwei Drittel der Frühgeborenen durch besondere Pflege am Leben erhalten werden.
- *28. Woche:* Länge 37 cm, Gewicht mehr als 1 kg. Die Haut ist rot und mit der sogenannten *Käseschmiere* bedeckt.(Die Käseschmiere besteht aus Talgdrüsensekreten, abgeschilferten Hautzellen, Haaren und Fett.) Bei jetzt erfolgender Geburt überlebt mehr als die Hälfte der Kinder.
- *32. Woche:* Gewicht 1,7 kg, Länge 42 cm. Bei jetziger Geburt überleben fast alle Kinder.
- *36. Woche:* Länge 47 cm, Gewicht 2,5 kg.
- *40. Woche:* Ausgetragenes, voll entwickeltes Neugeborenes. Durchschnittliche Länge 50 cm; das durchschnittliche Gewicht beträgt 3.100 bis 3.500 Gramm bei erheblicher Schwankungsbreite von 2.800 bis 4.100 Gramm. Die Haut ist noch mit Käseschmiere bedeckt.

Tranquilizer Siehe unter → Psychopharmaka

Transsexualität Die Entwicklung einer Geschlechtsidentität, die zum biologischen Geschlecht im Widerspruch steht. Das heißt, ein Transsexueller ist eine Person, die in körperlicher Hinsicht (genetische Anlage, äußere und innere Geschlechtsmerkmale usw.) eindeutig einem bestimmten Geschlecht zuzuordnen ist, nämlich dem männlichen oder weiblichen, dabei aber in psychischer Hinsicht das Gefühl hat, in Wirklichkeit dem jeweils anderen Geschlecht anzugehören und praktisch im falschen Körper gefangen zu sein. Transsexualität kommt sowohl bei Männern als auch bei Frauen vor. Die Betroffenen leiden oft sehr unter diesem Umstand und streben deshalb nicht selten eine *Geschlechtsumwandlung* an, um ihr äußeres Geschlecht mit dem innerlich empfundenen in Übereinstimmung zu bringen. Eine Geschlechtsumwandlung, die nur von sehr erfahrenen Ärzten durchgeführt werden sollte, kann in beide Richtungen erfolgen (von Mann zu Frau und von Frau zu Mann), die Ergebnisse sind bei der Umwandlung eines Mannes in eine Frau jedoch meist befriedigender als andersherum. Dabei werden Penis und Hoden entfernt und eine künstliche Scheide angelegt. Zusätzlich gibt man weibliche Geschlechtshormone, und manchmal werden auch die Brüste operativ vergrößert. Bei der Frau-zu-Mann-Umwandlung werden beide Brüste, die Eierstöcke und die Gebärmutter entfernt und dann eine Penisprothese und Hoden geformt. Außerdem gibt man männliche Geschlechtshormone. In der Regel erfolgt die Geschlechtsumwandlung in zwei Phasen. In der ersten werden zunächst nur die gegengeschlechtlichen Hormone verabreicht, und in der zweiten Phase erfolgt dann die eigentliche Operation. Nach der Operation beginnen viele ein völlig neues Leben, heiraten (unter Umständen zum zweiten Mal) und ziehen manchmal sogar adoptierte Kinder auf. Das *Transsexuellengesetz* ermöglicht es solchen Personen, schon vor einer Operation den Vornamen und nach der Geschlechtsumwandlung den Personenstand und damit die Geschlechtszugehörigkeit auch im Geburtenbuch zu ändern.

Bevor man sich einer Geschlechtsumwandlung unterzieht, wird jedem empfohlen, sich zunächst von einem speziell dafür ausgebildeten Psychotherapeuten über längere Zeit beraten und behandeln zu lassen. Dabei wird oft auch versucht, in die Rolle des gewünschten Geschlechtes hineinzuwachsen und eine längere Zeit in ihr zu leben, um herauszufinden, ob eine Operation wirklich der beste und einzig richtige Weg ist. Siehe auch → Transvestismus.

Transvestismus Das Bedürfnis, Kleidung des anderen Geschlechts zu tragen, was meist mit sexueller Erregung einhergeht. Die meisten Transvestiten sind → heterosexuell und Männer. Anders als bei der → Transsexualiät, bei der sich der Betroffene einem anderen Geschlecht zugehörig fühlt, haben Transvestiten nicht das Gefühl, im falschen Körper geboren zu sein. Ihr Bedürfnis ist es lediglich, in Frauen-(bzw. Männer-)Kleidern aufzutreten oder auch eine weibliche (männliche) Rolle in der Gesellschaft einzunehmen. Der Transvestismus wird als eine von der Norm abweichende Form des Sexualverhaltens angesehen und erfordert im Prinzip keine Behandlung.

Trichomonadeninfektion Auch *Trichomoniasis*. Eine → Infektion mit dem einzelligen Organismus *Trichomonas vaginalis*, der sich im Urogenitalbereich aufhält und vor allem bei Frauen weit verbreitet ist, aber nicht in jedem Fall zu einer manifesten Entzündung führen muß. Da dieser Keim vor allem durch sexuelle Kontakte übertragen wird, zählt die Trichomonadeninfektion auch zu den → sexuell übertragbaren Krankheiten. Das heißt auch, daß der Partner einer mit Trichomonaden infizierten Person immer mitbehandelt werden muß, um eine stetige Neuansteckung zu verhindern. In feuchter Umgebung kann der Keim unter Umständen einige Stunden überleben, weshalb eine Ansteckung im Prinzip auch durch Handtücher, Waschlappen und Toilettensitze erfolgen kann, was jedoch nur sehr selten der Fall sein dürfte.

Trichomonas vaginalis ruft bei der Frau eine → Kolpitis (Entzündung der Scheide) mit einem dünnflüssigen, gelblichen oder auch leicht blutigen, schaumigen und scharfriechenden Ausfluß aus der Scheide hervor, der im Gefolge meist auch zu einer → Vulvitis (Entzündung der Vulva) mit Juckreiz und Rötung führt. Beim Mann hält sich der Keim meist im Urogenitaltrakt auf und kann dort eine → Urethritis (Entzündung der Harnröhre) hervorrufen. Seltener kommt es auch bei der Frau zu einer → Zystitits (Blasenentzündung) mit Brennen beim Wasserlassen und häufigem Harndrang.

Die Diagnose erfolgt zum einen durch den klinischen Aspekt der Entzündung bei der → gynäkologischen Untersuchung und zum anderen durch den Nachweis des Keimes nach der Entnahme eines Abstrichs aus der Scheide. Die Beteiligung des Harntraktes kann durch die Untersuchung des Urins nachgewiesen werden.

Die Behandlung besteht in der Verabreichung von Antibiotika (z.B. Metronidazol, enthalten etwa in Clont®). Dabei werden gleichzeitig Tabletten und Vaginalzäpfchen über ein bis zwei Wochen verschrieben. Entscheidend für den Therapieerfolg ist die gleichzeitige Antibiotikabehandlung des Partners, um eine Neuansteckung zu verhindern. Bis zur Abheilung der Kolpitis und damit der Keimfreiheit darf kein Geschlechtsverkehr erfolgen. Mit dieser Therapie werden 90% der Patientinnen schnell geheilt, bei 10% treten Rückfälle auf, die dann auf die gleiche Weise erneut behandelt werden müssen. Bei einer Trichomonadeninfektion in der Schwangerschaft, die gar nicht so selten ist, kann die Therapie mit Metronidazol-Tabletten ab der 12. Schwangerschaftswoche durchgeführt werden. Vorher beschränkt man sich wegen der Gefahr einer Schädigung des Fetus auf eine lokale Antibiotikatherapie mit Vaginalzäpfchen.

Eine Trichomonadeninfektion kann die Entstehung von Feigwarzen (→ Condylomata accuminata) und von → Pilzinfektionen begünstigen, die dann entsprechend behandelt werden müssen. Da die Keime jedoch nicht bis in die Gebärmutter oder Eierstöcke gelangen, wird die Fruchtbarkeit im Gegensatz zu anderen Infektionen des Genitalbereichs in der Regel nicht beeinträchtigt. Siehe auch → Kolpitis.

Trigeminus-Neuralgie Auch *Tic douloureux*. Attackenweise auftretende, kurzdauernde (zehn bis 15 Sekunden lang) Schmerzen im Versorgungsgebiet des *Nervus trigeminus* (fünfter Hirnnerv), meist im Ober- oder Unterkieferbereich. Die Schmerzen können durch Kauen, Gähnen, Niesen, Zähneputzen, Sprechen oder ähnliches ausgelöst werden und mit Rötung des Gesichtes und Tränen- und/oder Speichelfluß einhergehen. Bei sehr heftigen Attacken kommt es zuweilen auch zu vorübergehenden Zuckungen der Gesichts- oder Kaumuskulatur, was der Erkrankung ihren zweiten Namen gegeben hat (*tic douloureux* ist französisch für „schmerzhafter Tick"). Die Trigeminus-Neuralgie tritt tendenziell häufiger bei Frauen und häufiger im höheren Lebensalter auf. Als Ursache einer Trigeminus-Neuralgie kommen verschiedenste Prozesse in Frage, die zu einer Kompression (Druckschädigung) des Nervus trigeminus irgendwo in seinem Verlauf vom Hirnstamm bis in die Gesichtshaut führen. Dies können Entzündungen, ungünstig laufende Gefäße, Tumoren oder anderes sein. Nicht selten kann sie auch bei einer → Multiplen Sklerose auftreten. In nicht wenigen Fällen findet man jedoch keine Ursache und spricht dann von einer idiopathischen Trigeminus-Neuralgie. Die Behandlung besteht zunächst in der Gabe eines insbesondere gegen diese Nervenschmerzen wirksamen Medikamentes wie z.B. Tegretal®. In den Fällen, in denen eine Kompression nachgewiesen werden konnte, kann man auch eine Operation durchführen, bei der mit mikrochirurgischen Methoden nach Eröffnung des Schädels der Nerv freigelegt und von der ihn abdrückenden Struktur (meist ein Blutgefäß) gelöst wird.

Trimenon Wörtlich „drei Monate". Ein Zeitraum von drei Monaten. Der Begriff wird vor allem zur Beschreibung der drei Schwangerschaftsabschnitte angewandt.

Tubargravidität Eileiterschwangerschaft. Siehe unter → Extrauteringravidität.

Tuben 1. → Eileiter. 2. Ohrtrompeten, d.h. die anatomische Verbindung vom Rachenraum zum Mittelohr jeder Seite über zwei dünne Röhren, die Ohrtrompeten oder *Tuba auditiva Eustachii* genannt werden. Bei einem Tubenkatarrh schwillt die Schleimhaut der Ohrtrompeten durch Entzündung an und führt dadurch zu einem Verschluß der Ohrtrompeten. Dies macht sich durch Schwerhörigkeit bemerkbar und ist meist nur vorübergehender Natur.

Tubendurchblasung Siehe → Pertubation

Tubensterilisation Die operative Unterbrechung der → Eileiter mit dem Ziel, eine Schwangerschaft dauerhaft zu verhindern. Eine Tubensterilisation kann über einen Zugang durch die Bauchdecke, durch die Scheide oder auch mit Hilfe der → Hysteroskopie durch die Gebärmutter erfolgen. Die eigentliche Unterbrechung der Eileiter kann mit verschiedenen Methoden geschehen. Die zuverlässigste Methode ist die Herausnahme des gesamten Endteils der Eileiter, an dem die Fimbrien (siehe unter → Eileiter) sitzen. Andere Möglichkeiten bestehen in der Unterbindung der Eileiter mit chirurgischem Nahtmaterial, im Verschluß durch Plastikringe oder Clips, in der Elektrokoagulation (elektrische Verödung), in der Thermokoagulation (Verödung durch Hitze) und anderem. Alle Methoden führen zu einer Blockade der Eileiter und verhindern dadurch sowohl die Wanderung der Spermien hinauf in die Eileiter als auch die Wanderung der Eizelle hinunter in Richtung Gebärmutter, so daß eine Befruchtung nicht stattfinden kann.

Bei der *vaginalen Tubensterilisation* wird unter Vollnarkose ein kleiner Schnitt in die Rückseite der Scheidenwand gesetzt. Durch das entstehende Loch werden die Eileiter hinuntergezogen und mit einer der oben genannten Methoden verschlossen. Die vaginale Tubensterilisation kann in keinem Fall direkt im Anschluß an eine Entbindung erfolgen, weil das Scheidengewebe zu dieser Zeit noch zu geschwollen ist. Eine Tubensterilisation durch die Bauchdecke ist technisch gesehen zwar direkt im Anschluß an eine Geburt möglich, man zieht es heute jedoch vor, damit auf jeden Fall mindestens sechs bis acht Wochen nach der Entbindung zu warten, bis die Frau sich in jeder Hinsicht erholt und eine Entscheidung zur Sterilisation in Ruhe getroffen hat.

Die *abdominale Tubensterilisation* wurde früher meist durch einen etwa acht Zentimeter langen Schnitt in der Bauchdecke entweder direkt an der Schamhaargrenze entlang (siehe → Pfannenstielinzision) oder senkrecht in der Mittellinie durchgeführt. Nach der Eröffnung der Bauchhöhle wurden die Eileiter mit einer der oben genannten Methoden unterbrochen. Die Operation wurde unter Vollnarkose durchgeführt und erforderte einen Krankenhausaufenthalt von mehreren Tagen, bis die Wunde gut verheilt war. Bis zur vollständigen Erholung nach der Operation dauerte es etwa sechs Wochen. Der Hauptvorteil dieser Methode ist die Tatsache, daß der Operateur eine gute Übersicht über das gesamte Operationsgebiet hat und dadurch selbst unter schwierigen Bedingungen (z.B. bei Narbenverwachsungen u.ä.) gute Arbeit leisten kann. Heutzutage ist jedoch eine solche große Operation meist nicht mehr notwendig, sondern man kann mit Hilfe der → Laparoskopie ebenfalls sehr gut eine abdominale Tubensterilisation durchführen. Auch hierbei ist eine Vollnarkose notwendig, der Krankenhausaufenthalt verkürzt sich jedoch im Regelfall auf ein bis zwei Tage, und die Gesamterholungszeit ist ebenfalls wesentlich kürzer. Die laparoskopische Tubensterilisation ist daher heutzutage das am häufigsten angewandte Verfahren.

Die Hauptkomplikationen nach einer Tubensterilisation sind Blutungen und Verletzungen des Darmes, die beide jedoch bei der laparoskopischen Methode nur in etwa 1% der Fälle auftreten.

Selbst bei fachgerechter Unterbrechung der Eileiter kommt es in etwa ein bis sechs von 1.000 Tubensterilisationen trotzdem zu einer Schwangerschaft, weil die Eileiter wieder zusammenwachsen. In solchen Fällen ist die Rate an Eileiterschwangerschaften (siehe → Extrauteringravidität) deutlich erhöht.

Vor einer Tubensterilisation muß in jedem Fall ausgeschlossen werden, daß die Frau schwanger ist. Darüber hinaus kommt sie nur dann in Frage, wenn sich die Frau (beziehungsweise das Paar) sicher ist, daß sie keine Kinder mehr haben möchte. Die Wiedereröffnung der Eileiter, die sogenannte → *Refertilisierung*, kann zwar mit mikrochirurgischen Methoden versucht werden, ist aber nur in 60 bis 80% der Fälle erfolgreich, und selbst nach einer erfolgreichen Wiedereröffnung ist die Gefahr einer Eileiterschwangerschaft deutlich erhöht. Bezüglich einer Sterilisation des Mannes siehe → Vasektomie.

Tumor Auch *Neoplasie* oder *Neoplasma, Geschwulst*. Eine Schwellung durch Wachstum eines Gewebes über seine normale Größe und Grenzen hinaus. Ein Tumor kann gutartig (benigne) sein, d.h. er zerstört weder das umliegende Gewebe noch führt er zu Metastasen (Tochtergeschwülsten) in anderen Körperbereichen, oder aber er ist bösartig (maligne) und damit ein → Krebs. Ein gutartiger Tumor kann aus festem Gewebe bestehen oder Flüssigkeit enthalten. Zu letzteren gehören die sehr häufig auftretenden → Zysten. Zu den am häufigsten auftretenden, soliden (festen) gutartigen Tumoren bei der Frau zählen die → Myome der Gebärmutter. Zu den häufigsten bösartigen Tumoren bei der Frau gehört der → Brustkrebs.

Turner-Syndrom Eine → angeborene Krankheit, die dadurch gekennzeichnet ist, daß bei der betroffenen Person nur ein Geschlechtschromosom statt wie normal zwei vorhanden sind. Die betroffenen Personen haben also nur ein X- anstatt zwei X-Chromosomen und sind nach außen hin weiblich. Diese Frauen besitzen jedoch keine oder nur rudimentäre Eierstöcke und sind sehr kleinwüchsig. Nicht selten wird die Erkrankung erst im jugendlichen Alter diagnostiziert, wenn die normale Brustentwicklung und die → Menstruation ausbleiben (→ Amenorrhoe). Andere Auffälligkeiten sind ein breiter, kurzer Hals, weit auseinander liegende Brustwarzen, → Lymphödeme an Händen und Füßen und eventuell auch andere Mißbildungen vor allem am Herzen. Die Erkrankung ist nach *Dr. H.H. Turner* benannt, der sie 1938 als erster beschrieben hat. Die Diagnose wird durch eine → Chromosomenanalyse gestellt, bei der das fehlende X-Chromosom auffällt. Die Behandlung mit Geschlechtshormonen kann zum Einsetzen der Regelblutung und zur Brustentwicklung führen, behebt aber nicht die → Unfruchtbarkeit dieser Patientinnen. Das Turner-Syndrom ist relativ selten und tritt etwa bei einer von 2.500 bis 2.750 Geburten auf. Dennoch ist es die häufigste *genetisch* bedingte Ursache für eine Unfruchtbarkeit bei der Frau.

Tylektomie Siehe unter → Mastektomie, Def. 4

Übelkeit Auch *Nausea.* Ein unangenehmes Gefühl im Magen, das oft mit Erbrechen einhergeht. Übelkeit ist ein sehr vieldeutiges Symptom, das bei einer ganzen Reihe verschiedener Erkankungen oder auch bei psychischen Belastungen auftreten kann. Am häufigsten ist sie Ausdruck einer Erkrankung im Magen-Darm-Bereich, die von einer leichten Gastritis (Magenschleimhautentzündung) oder Durchfallerkrankung über ein Ulcus (Geschwür) im Magen oder Dünndarm bis hin zu einer Krebserkrankung im Magen-Darm-Bereich reichen kann. Andere, wesentlich seltenere Ursachen sind unter anderem Erkrankungen des Nervensystems (z.B. Hirnhautentzündung) oder schwere Allgemeinkrankheiten wie Infektionen oder Krebs. Übelkeit kommt auch als Nebenwirkung verschiedenster Medikamente (z.B. bei → Chemotherapie) oder Behandlungen (z.B. → Strahlentherapie) vor. Darüber hinaus kann Übelkeit bei Frauen bei einer Reihe von Zuständen auftreten, bei denen die Hormonspiegel vorübergehend höher sind als normal. An erster Stelle ist hier die → morgendliche Übelkeit in der Frühschwangerschaft zu erwähnen. Außerdem kann es während der ersten Tage der Menstruation zusammen mit stärkeren Bauchkrämpfen (siehe → Dysmenorrhoe) oder auch während der Einnahme der Anti-Baby-Pille (→ orale Kontrazeptiva) zu Übelkeit kommen. Selten tritt Übelkeit auch bei einer unvollständigen Fehlgeburt (siehe → Abort, Def. 3) auf, wenn Anteile des Feten oder der Plazenta in der Gebärmutter zurückgeblieben sind.

Die Behandlung von Übelkeit richtet sich nach der zugrundeliegenden Ursache. Ist die Übelkeit sehr stark und geht mit häufigem Erbrechen einher und kann die Ursache nicht gefunden oder nicht schnell genug ausgeschaltet werden, ist auch der Einsatz von bestimmten Medikamenten, den sogenannten *Antiemetika* (z.B. Paspertin®-Tropfen), möglich, die über eine Dämpfung des „Brechzentrums" im Hirnstamm die Übelkeit lindern können. Diese Mittel haben jedoch auch Nebenwirkungen, so daß ihr Einsatz vor allem bei Kindern mit großer Zurückhaltung beurteilt werden muß.

Übergewicht Siehe → Adipositas

Übertragung Die Überschreitung der normalen → Tragzeit bei einer Schwangerschaft, d.h. eine Schwangerschaftsdauer von mehr als 42 Wochen beziehungsweise 293 Tagen nach der letzten Regelblutung. Vorausgesetzt, daß die Angaben über den genauen Zeitpunkt der letzten Menstruation verläßlich sind, spricht man ab diesem Zeitpunkt auch von einer *echten* oder *absoluten* Übertragung. Die verlängerte Tragzeit, das heißt eine Schwangerschaftsdauer länger als die normalen 40 Wochen beziehungsweise 280 Tage, aber kürzer als 42 Wochen, liegt im Bereich der normalen biologischen Schwankungsbreite. Wenn sich jedoch schon während dieses Zeitraumes Zeichen für eine *Plazentainsuffizienz* (siehe unten) ergeben, dann spricht man auch von einer *relativen* Übertragung.

Die Gefahr einer Übertragung besteht in der erhöhten Gefährdung des Kindes. Diese ergibt sich daraus, daß die → Plazenta nur eine beschränkte Überlebenszeit hat und nach Überschreitung einer gewissen Tragzeit einem physiologischen (d.h. normalem) Alterungsprozeß unterliegt, der schließlich zur *Plazentainsuffizienz* und damit zur ungenügenden Versorgung des Kindes mit Nährstoffen, Sauerstoff und anderen lebenswichtigen Substanzen führt. Solange die Plazenta jedoch noch funktionsfähig ist, kann das Kind noch weiterwachsen und sogar Übergrößen erreichen. Bei einer Übertragung ist es also wichtig, die ersten Anzeichen einer beginnenden Plazentainsuffizienz und damit der Gefährdung des Kindes zu erfassen und dann die Entbindung einzuleiten, um eine Schädigung des Kindes zu vermeiden. Dazu müssen die Schwangere und der Zustand des Kindes engmaschig überwacht werden. Zu den dabei eingesetzten Maßnahmen gehören vor allem die Ultraschalluntersuchung, mit der sowohl das Wachstum des Kindes als auch die Menge des Fruchtwassers (eine Abnahme des Fruchtwassers und ein Stillstand im Wachstum des Kindes deuten auf eine Plazentainsuffizienz hin) erfaßt werden können, ein regelmäßiges Cardiotokogramm (CTG, siehe unter → fetale Überwachung) zur frühzeitigen Erkennung von Streßzeichen beim Kind, Östrogenbestimmungen im Urin und Blut der Mutter (ein Abfall des Östriolwertes weist auf eine Plazentainsuffizienz hin) sowie die → Amnioskopie, mit deren Hilfe man die Farbe des Fruchtwassers beurteilen kann (grün-schwärzliches Fruchtwasser zeigt die Anwesenheit von → Mekonium und damit eine kindliche Gefährdung an) und die regelmäßige Beurteilung der → Zervixreife. Die Entbindung erfolgt, sobald sich Hinweise für eine Gefährdung des Kindes ergeben. Sie kann entweder über eine → Geburtseinleitung und nachfolgende vaginale Entbindung (nur in Fällen, in denen dafür noch Zeit ist) oder über einen → Kaiserschnitt erfolgen.

Einem übertragenen Neugeborenen fehlen in der Regel die → Lanugo-Haare, seine Haut ist trocken und faltig („Waschfrauenhände"), und die Finger- und Fußnägel sind ebenso wie das Kopfhaar übernormal lang. In schwereren Fällen ist außerdem die Haut durch Mekonium grünlich bis schmutziggelblich verfärbt, und das Neugeborene wirkt weniger lebhaft als normale Kinder. Die Überlebenschancen und die Langzeitprognose von übertragenen Neugeborenen hängen wesentlich von der rechtzeitigen Entbindung und damit der Vermeidung von kindlichen Hirn- und anderen Organschäden ab und sind im Vergleich zu Kindern, die nach normaler Tragzeit geboren sind, deutlich erniedrigt.

Ulkus Auch *Ulcus*. Medizinischer Ausdruck für „Geschwür". Ein *Ulcus ventriculi* z.B. ist ein Magengeschwür, ein *Ulcus duodeni* ein Zwölffingerdarmgeschwür.

Ultraschalluntersuchung Auch *Sonographie*. Ein Untersuchungsverfahren, bei dem unter Anwendung von Ultraschallwellen Bilder von Weichteilgeweben innerhalb des Körpers angefertigt werden. Dabei werden mit einem sogenannten *Schallkopf* Schallwellen mit einer Frequenz von mehr als 20 Kilohertz, also oberhalb der menschlichen Hörgrenze, erzeugt und in den Körper geleitet. Beim Auftreffen und Durchdringen des Körpergewebes entsteht ein Echo dieser Wellen, die vom Schallkopf registriert und mit Hilfe eines Bildschirms dargestellt werden. Das entstehende Bild heißt auch *Sonogramm*. Ein Echo entsteht immer dann, wenn die Wellen auf ein Gewebe treffen, das eine andere akustische Dichte als das darüber- oder darunterliegende Gewebe hat. Auf diese Weise kann man mit der Sonographie Bilder von Weichteilorganen innerhalb des Körpers erstellen, wie das mit Röntgenstrahlen nicht möglich ist, die ja im wesentlichen nur Knochengewebe erfassen können. Bei einem besonderen Ultraschallverfahren, dem sogenannten *Doppler-Verfahren*, kann man darüber hinaus auch noch Töne erzeugen und damit z.B. das Fließverhalten von Blut in Gefäßen oder den Herzschlag des Kindes im Mutterbauch beurteilen. Die Sonographie wird sehr vielseitig eingesetzt: zur Größenbestimmung der Gebärmutter oder eines Fetus während der Schwangerschaft, zur Bestimmung der Lage eines Fetus und zur Diagnostik von → Mehrlingsschwangerschaften. Auch manche Mißbildungen eines ungeborenen Kindes können mittels Sonographie schon im Mutterbauch erkannt werden. Außerdem kann sie eine → Extrauteringravidität aufdecken, einen Tumor aus festem Gewebe von flüssigkeitsgefüllten Zysten in den Eierstöcken unterscheiden und bei der Suche nach in der Bauchhöhle befindlichen Spiralen (siehe unter → Intrauterinpessar) oder Abszessen behilflich sein. Außerhalb des gynäkologischen Fachbereiches wird sie zur Beurteilung der Leber, der Bauchspeicheldrüse, der Nieren, der Schilddrüse und der venösen und arteriellen Blutgefäße und bei vielem mehr eingesetzt. Darüber hinaus kann man den Ultraschall auch verwenden, um bei bestimmten Maßnahmen einen besseren Überblick zu haben, wo im Gewebe man sich z.B. mit einer Nadel befindet. So wird etwa die Nadel bei einer → Amniozentese unter Ultraschallkontrolle vorgeschoben. Die Ultraschalluntersuchung selbst ist schmerzlos und völlig ohne Nebenwirkung für den Patienten.

Unfruchtbarkeit Ungewollte Kinderlosigkeit. Von einer *Sterilität* spricht man dabei, wenn es nach einem Jahr regelmäßigen, ungeschützten Geschlechtsverkehrs entweder durch Zeugungsunfähigkeit des Mannes oder durch Empfängnisunfähigkeit der Frau nicht zu einer Schwangerschaft gekommen ist. Der Begriff der *Infertilität* wird dagegen für die Unfähigkeit der Frau verwendet, eine Schwangerschaft bis zur Geburt eines lebensfähigen Kindes auszutragen. Beim Mann werden die Begriffe Infertilität und Sterilität gleichbedeutend gebraucht, und auch bei der Frau werden die beiden Begriffe in der Praxis oft nicht so scharf voneinander getrennt. So spricht man beispielsweise auch von *Infertilitätsdiagnositk*, wenn es sich um Untersuchungen zur Ursache einer Sterilität und nicht „nur" einer Infertilität handelt. Weiterhin unterscheidet man zwischen einer *primären Sterilität* (oder Infertilität), bei der es trotz Kinderwunsch noch nie zu einer Schwangerschaft gekommen ist, und einer *sekundären*, bei der die Frau nach vorausgegangener Schwangerschaft nicht wieder schwanger wird.

In Deutschland leiden etwa zehn bis zwanzig Prozent der Paare unter einem unerfülltem Kinderwunsch. Die Ursachen für die Unfruchtbarkeit liegen dabei in 35–40% der Fälle bei der Frau und in 30–40% beim Mann. In 10–20% der Fälle resultiert die Sterilität aus einer Kombination von weiblichen und männlichen Faktoren. Bei 10–20% der Paare zeigt sich auch nach Abschluß aller diagnostischen Untersuchungen kein ersichtlicher Grund für die Sterilität. Ihre Unfruchtbarkeit wird als *idiopathisch* bezeichnet. Häufige Ursachen für eine Sterilität bzw. Infertilität bei der Frau sind: Hormonelle Funktionsstörungen, die sich in einem fehlendem Eisprung (→ Ovulation) oder in der Bildung einer nicht überlebensfähigen Eizelle äußern, ein Verschluß der → Eileiter als Folge einer Entzündung (siehe → pelvine Entzündung) oder einer → Endometriose, so daß die Eizelle nicht in den Eileiter aufgenommen oder weiter zur Gebärmutter wandern kann, angeborene oder erworbene Mißbildungen der Eileiter oder Gebärmutter, Veränderungen an der → Zervix, entweder durch Entzündungen (siehe → Zervizitis), Operationen oder anderes, die verhindern, daß die männlichen Spermien durch die Zervix in die Gebärmutter wandern können, Immunreaktionen mit Bildung von → Antikörpern gegen Spermien, die zu einer Funktionsunfähigkeit der Spermien führen, sowie schließlich verschiedene Störungen, die zu einem vorzeitigen Schwangerschaftsende führen (siehe unter → habitueller Abort). Auch eine Reihe von Medikamenten kann die Fruchtbarkeit beeinträchtigen: Hormone, → Antibiotika und Bluthochdruckmittel können die → Nidation (Einnistung) der befruchteten Eizelle in die Gebärmutterschleimhaut verhindern.

Schmerzmedikamente wie Aspirin® und Brufen® können ebenso wie Antidepressiva, Drogen und Alkohol den Eisprung unterdrücken. Manchmal führt einfach die Beendigung der Einnahme dieser Medikamente zur Wiederherstellung der Fruchtbarkeit.

Bei der Sterilität des Mannes unterscheidet man eine *Impotentia generandi*, d.h. die Zeugungsunfähigkeit, von einer *Impotentia coeundi*, d.h. die Unfähigkeit zur Durchführung eines Geschlechtsverkehrs. Zu einer Zeugungsunfähigkeit können Störungen der Spermienbildung in den Hoden z.B. durch Entzündungen wie Tuberkulose, Mumps (bei erwachsenen Männern), → Syphilis und → Gonorrhoe, durch eine → Varikozele oder einen nicht entdeckten und unbehandelten → Kryptorchismus führen. Auch bestimmte angeborene Krankheiten wie z.B. das → Klinefelter-Syndrom sowie bestimmte Medikamente, Drogen, Alkohol und eine → Strahlentherapie können zu einer verminderten oder aufgehobenen Spermienproduktion führen. Darüber hinaus können ausgedehnte heiße Bäder oder eine Hitzeeinwirkung anderer Natur auf die Hoden und Infektionskrankheiten mit hohem Fieber zu einer vorübergehenden Sterilität führen. Zur Zeugungsunfähigkeit kommt es auch bei einem Verschluß der Samenleiter durch Tumoren oder durch die Bildung von Narbengewebe nach Entzündungen oder Operationen. Die Impotentia coeundi durch Störungen der → Erektion und/oder → Ejakulation kann psychischer Natur sein und ist dann meist nur ein vorübergehendes Problem, oder sie kann als Folge organischer Erkrankungen wie z.B. bei einem → Diabetes mellitus oder manchen neurologischen oder endokrinen Erkrankungen auftreten und zur dauerhaften Sterilität des Mannes führen.

Die Ursachenabklärung bei einer ungewollten Kinderlosigkeit, die sogenannte *Infertilitätsdiagnostik*, betrifft immer beide Partner eines Paares und erfolgt in der Regel in einer speziellen Kinderwunschsprechstunde von größeren gynäkologischen Kliniken. Sie beginnt mit einer sorgfältigen Erhebung der Krankheitsgeschichte und gründlichen körperlichen Untersuchung beider Partner einschließlich Blut- und Urinuntersuchungen. Zu den normalerweise durchgeführten Routineuntersuchungen gehören die Erstellung eines sogenannten Spermiogrammes des Mannes (siehe unter → Spermien) sowie verschiedene Methoden wie die → Basaltemperaturmessung oder auch eine Endometriumsbiopsie (siehe unter → Biopsie, Def. 4) zur Bestimmung, ob und wenn ja, wann ein Eisprung bei der Frau auftritt. Es folgen Untersuchungen des Zervixsekretes der Frau und der → Sims-Huhner-Test sowie andere Methoden zur Beurteilung der Frage, wie sich die Spermien des Mannes im Zervixsekret der Frau verhalten und ob im Zusammenspiel zwischen beiden eine Störung vorliegt. Mit Hilfe einer → Hysterosalpingographie oder einer anderen der zahlreichen zur Verfügung stehenden Methoden prüft man die Durchlässigkeit der Eileiter, und mit speziellen Tests untersucht man, ob bei der Frau oder dem Mann Antikörper gegen Spermien vorliegen.

Die Therapie einer Unfruchtbarkeit richtet sich nach der gefundenen Ursache. Wenn der Samen des Mannes normal ist, beim → Sims-Huhner-Test jedoch keine oder nur wenige Spermien im Zervikalschleim gefunden werden, können Veränderungen der Position beim Geschlechtsverkehr, der Techniken oder der Zeitplanung zum Erfolg führen. Ein verändertes Zervikalsekret, das ein Eindringen der Spermien in die Gebärmutter verhindert, kann manchmal durch die Behandlung mit → Östrogen oder durch die Ausheilung von eventuell vorliegenden Entzündungen mit Hilfe von → Antibiotika wieder normalisiert werden. Bei fehlenden Eisprüngen wird man eine Therapie mit bestimmten Hormonen, die einen Eisprung hervorrufen, versuchen (siehe → Ovulationsauslöser). → Myome oder andere Hindernisse in der Gebärmutter können chirurgisch entfernt werden. Eine Operation kann manchmal auch einen Eileiterverschluß wieder aufheben (siehe → Refertilisation). Bei hormonellen Störungen sind verschiedene Medikamente zuweilen von Nutzen. Falls alle diese Behandlungsmöglichkeiten versagen, kommt unter Umständen auch eines der Verfahren der → künstlichen Befruchtung in Frage (für eine genauere Erklärung dieser Verfahren siehe dort).

Unregelmäßige Periode Ein sehr unregelmäßiger → Menstruationszyklus, bei dem die Periodenblutungen in ständig wechselnden, unregelmäßigen Abständen erfolgen, z.B. nach 21 Tagen, dann nach 42, dann nach 35, dann nach 28 Tagen und so weiter. Unregelmäßige Perioden kommen häufig bei jungen Mädchen in den ersten zwei bis drei Jahren nach der ersten Regelblutung und bei Frauen nahe der → Menopause, d.h. der letzten Regelblutung, vor. Sie werden verursacht durch ein hormonelles Ungleichgewicht, vor allem durch das Fehlen von → Progesteron bei einem nicht erfolgten Eisprung (→ Ovulation). Zu Periodenunregelmäßigkeiten kann es auch durch Streß, emotionale Probleme, Abmagerungskuren, Schilddrüsenfunktionsstörungen, Eisenmangel, bei jeder schweren Erkrankung und bei einer Reihe von Störungen der Unterleibsorgane, von der → Endometriumhyperplasie bis hin zu Krebserkrankungen, kommen. Siehe auch unter → Durchbruchblutung, → dysfunktionelle Blutung, → Oligomenorrhoe, → Polymenorrhoe.

Unreifes Neugeborenes Siehe unter → Mangelgeburt

Unterbauchschmerzen Beschwerden im Unterleib, die von leichten vorübergehenden oder in Abständen wiederkehrenden bis zu stärksten und anhaltenden Schmerzen reichen können. Der Schmerz wird entweder im unteren Rückenbereich oder häufiger im Unterbauch empfunden. Die Seite, auf der die Schmerzen betont auftreten, kann ein Hinweis auf die Ursache sein. Nicht selten wird der Schmerz jedoch generalisiert, d.h. ohne Seitenbetonung im gesamten Unterbauch empfunden.

Ein plötzlicher starker Schmerz im Unterbauch kann verursacht sein durch eine akute Eileiterentzünung (siehe → pelvine Entzündung), eine → Extrauteringravidität, die Stieldrehung entweder einer Ovarialzyste (→ Zyste, Def. 2) oder eines → Myoms in der Gebärmutter oder auch durch den Eisprung (→ Ovulation) (siehe → Mittelschmerz). Ein schmerzhaftes Druckgefühl in der Scheiden-, Blasen- oder Enddarmgegend kann durch einen Vorfall der Gebärmutter (→ Gebärmuttersenkung), der Harnröhre (→ Urethrozele), der Harnblase (→ Blasenvorfall) oder des Enddarms (→ Rektozele) sowie durch einen Tumor hervorgerufen werden. Schmerzen tief in der Scheide oder im Unterbauch während des Geschlechtsverkehrs (→ Dyspareunie) können postoperativ durch eine verkürzte Scheide (wie zum Beispiel nach einer vaginalen → Hysterektomie) auftreten oder ein Symptom einer → pelvinen Entzündung oder einer → Endometriose sein. Eine Endometriose kann Schmerzen und Druckempfindlichkeit an verschiedenen Stellen auslösen, je nachdem, wo der Endometrioseherd wächst; charakteristischerweise treten die Schmerzen jedoch vor allem während der Tage kurz vor der → Menstruation und in den ersten Tagen der Regelblutung besonders ausgeprägt in Erscheinung. Schmerzen während der Periode (→ Dysmenorrhoe) können direkt vor oder während der Blutung auftreten und wenige Stunden bis über die ganze Periode hinweg anhalten.

Sie können sich auf den Bauchraum oder auch mehr auf den tiefen Rücken konzentrieren. Ein weiterer Grund für Unterleibsschmerzen ist die → Endometritis, d.h. eine Entzündung der Gebärmutterschleimhaut.

Nicht jeder Unterleibsschmerz hat seine Ursache in Erkrankungen oder Störungen der Geschlechtsorgane. Auch verschiedenste Erkrankungen der Nieren, Harnleiter oder Harnblase, des Magen-Darm-Traktes, der Knochen oder des Bindegewebes können zu Beschwerden im Unterbauch führen. Zu diesen Erkrankungen gehören unter anderem Entzündungen der Harnblase (→ Zystitis), Nierensteine, eine Divertikulitis (spezielle Form der Dickdarmentzündung), eine Blinddarmentzündung (→ Appendizitis), → Gallenblasenerkrankungen, eine → Arthrose oder → Osteoporose der unteren Wirbelsäule, ein Bandscheibenvorfall, ein Knochentumor oder einfach nur eine schlechte Körperhaltung.

In manchen Fällen von Unterleibsschmerzen kann trotz ausgedehnter Untersuchungen und dem Ausschluß aller bekannter möglicher Ursachen keine organische Erkrankung gefunden werden. In einem solchen Fall mag der Kliniker vorschlagen, daß es sich bei den Schmerzen um psychosomatische Beschwerden handelt, und die eine oder andere Form der Psychotherapie empfehlen. Oder aber er bietet bei schweren und anhaltenden Schmerzen die Möglichkeit der operativen Entfernung einer oder mehrerer (oder aller!) Beckenorgane an. Wenn jedoch keine Ursache gefunden wurde, erscheint es kaum wahrscheinlich, daß eine Operation die Schmerzen beseitigen kann, weshalb man solche Eingriffe auch vermeiden sollte. Es gibt spezielle Schmerzambulanzen, an die man sich wenden kann und die versuchen, → chronische Schmerzen mit Maßnahmen wie Krankengymnastik, Massagen, Bäder, elektrischen Stimulationen und Biofeedback zu behandeln (siehe auch Adressenanhang am Schluß des Buches).

Unterleibsentzündung Siehe → Pelvine Entzündung

Unterzucker Siehe → Hypoglykämie

Unvermeidbare Fehlgeburt Siehe unter → Abort, Def. 2

Unwillkürlicher Urinabgang Siehe → Streßinkontinenz

Ureaplasma Siehe unter → Mykoplasmeninfektion

Urethra Medizinischer Ausdruck für → *Harnröhre.*

Urethritis Harnröhrenentzündung. Die Entzündung der → Harnröhre (Urethra) ist eine häufige Erkrankung bei der Frau und geht oft mit einer gleichzeitigen Entzündung der Harnblase einher (siehe → Zystitis). Liegt keine Blasenentzündung vor, dann kann eine Urethritis auch durch Gonokokken (siehe → Gonorrhoe), eine → Trichomonaden- oder eine andere Infektion der Scheide verursacht sein. Außerdem können Bakterien aus dem Darmtrakt bei mangelnder oder falscher Hygiene (wenn z.B. nach dem Stuhlgang von hinten nach vorne abgewischt wird statt andersherum) in die Harnröhre gelangen und dort eine Infektion auslösen. Aus diesem Grund ist es wichtig, den Keim, der zur Entzündung geführt hat, genau zu bestimmen (siehe → Urinuntersuchung) und die entsprechenden therapeutischen Maßnahmen einzuleiten. Eine Entzündung der Harnröhre kann jedoch nicht nur durch Bakterien oder andere Keime entstehen, sondern auch z.B. durch Gewebsirritation oder Verletzung bei zu heftigem Geschlechtsverkehr, durch den Ring eines → Scheidendiaphragmas oder durch Kratzen bei Juckreiz unterschiedlichster Ursache im Scheidenvorhofbereich.

Die Symptome einer Urethritis bestehen in Schmerzen, meist einem brennenden Gefühl beim Wasserlassen, einem häufigen Harndrang und nicht selten auch aus einem Ausfluß aus der Harnröhre, der blutig gefärbt sein kann. Eine Untersuchung auf Gonorrhoe ist bei fast jeder Urethritis angezeigt, ebenso wie eine → Bakterienkultur des Urins, um herauszufinden, welches oder welche Bakterien an der Infektion beteiligt sind. Oft findet sich der Keim *Chlamydia trachomatis* (siehe unter → Chlamydieninfektion), der auch manche Fälle einer unspezifischen → Kolpitis verursachen kann, und *Ureaplasma urealyticum* (siehe unter → Mykoplasmeninfektion). Die Behandlung besteht in der Gabe von → Antibiotika, deren Auswahl von dem gefundenen Keim abhängig gemacht wird. In manchen Fällen kann kein bestimmter Keim als Ursache der Urethritis gefunden werden. Dann spricht man auch — vor allem bei Männern — von einer *unspezifischen Urethritis* oder von einer *nicht-gonorrhoischen Urethritis* (NGU). Die unspezifische Urethritis wird häufig durch sexuellen Kontakt übertragen und kann bei einer Frau vollkommen symptomlos bleiben oder lediglich einen leichten Ausfluß aus der Harnröhre verursachen. Wenn Symptome auftreten, dann meist zwei bis drei Wochen nach dem ansteckenden Geschlechtsverkehr. Unentdeckt kann eine solche Urethritis immer schlimmer werden und zu Komplikationen führen (siehe unten), so daß eine Frau, deren Partner an einer unspezifischen Urethritis leidet, ebenfalls wie ihr Mann behandelt werden sollte. In der Regel führt die Therapie mit einem Antibiotikum mit breitem Wirkungsspektrum wie z.B. den Tetrazyklinen zu einer schnellen Ausheilung der unspezifischen Urethritis.

Bei Frauen nach der → Menopause kann die Trockenheit und Schrumpfung der Schamlippen die Harnröhre exponierter und damit anfälliger für Infektionen machen, was gelgentlich zu einer chronischen Urethritis führt, die auch *senile Urethritis* genannt wird. Hier kann eine Behandlung mit östrogenhaltigen Vaginalzäpfchen Abhilfe schaffen, eine Therapie, die jedoch nicht ohne Nachteile ist (siehe → Östrogen-Substitutionstherapie).

Bei Nichtbeachtung kann die Urethritis ernste Komplikationen nach sich ziehen, wie z.B. eine Eileiterentzündung mit nachfolgender Unfruchtbarkeit bei Frauen oder eine schmerzhafte Entzündung der Nebenhoden beim Mann. (Abgesehen von der unspezifischen Urethritis ist die Urethritis jedoch beim Mann wesentlich seltener als bei der Frau.) Darüber hinaus scheint ein Zusammenhang zwischen einer Urethritis bei der Mutter und Lungenentzündungen und Augeninfektionen bei ihren neugeborenen Kindern zu bestehen.

Urethrozele Eine Vorwölbung der → Harnröhre (Urethra) in die Scheide als Folge einer Erschlaffung der Beckenbodenmuskulatur, die die Urethra normalerweise an ihrem Platz hält. Eine Urethrozele tritt in der Regel zusammen mit einem → Blasenvorfall auf und wird in der gleichen Weise wie diese behandelt.

Urininkontinenz Siehe → Streßinkontinenz

Urinuntersuchung Die Durchführung einer ganzen Reihe von labortechnischen Untersuchungen an einer oder mehreren Harnproben. Dazu gehören die Bestimmung des pH-Wertes, die Aufschluß darüber gibt, wie sauer oder alkalisch der Urin ist, die Untersuchung auf eventuell vorhandenes Blut, weiße Blutkörperchen und Bakterien, die Bestimmung des Zucker- und Eiweißwertes im Urin und vieles andere. (Bezüglich des Schwangerschaftstestes durch den Urin siehe unter → Schwangerschaftstest.) Bei der einfach durchzuführenden sogenannten *Urin-Stix-Untersuchung* wird ein Stück chemisch vorbehandeltes Papier mit einem Tropfen Urin benetzt. Durch Farbveränderungen des Papiers kann man die Werte für Eiweiß, → Bilirubin, Zucker und Ketonkörper (Substanzen aus dem Fettstoffwechsel) ablesen sowie den pH-Wert bestimmen und die eventuelle Anwesenheit von Blut feststellen. Hierbei können sich Hinweise auf Erkrankungen wie einen → Diabetes mellitus (bei Zucker im Urin), auf Nieren- oder Blasenentzündungen ergeben. Wird die Urinprobe zur Zeit der Menstruation abgegeben oder besteht gerade eine Scheidenentzündung, dann können die im Urin gefundenen Werte hierdurch verfälscht werden. Die Anwesenheit von Eiweiß im Urin bei einer schwangeren Frau kann auf das Vorliegen einer → Präeklampsie hinweisen.

Die Untersuchung des *Urinsediments* ist eine etwas aufwendigere Methode, bei der der Urin zunächst zentrifugiert werden muß, wodurch sich die festen Bestandteile am Boden des Röhrchens absetzen. Die festen Bestandteile, das Sediment, werden dann mit einer Pipette aufgesaugt und unter dem Mikroskop untersucht. Hierbei läßt sich feststellen, ob irgendwelche abnormen Zellen, mehr rote oder weiße Blutkörperchen als normal oder auch Bakterien im Urin sind. Sogenannte *Urinzylinder* sind im Sediment erkennbare zylindrisch geformte Strukturen, die aus der Niere kommen und daher auf eine Nierenerkrankung hinweisen. Finden sich Bakterien im Sediment, dann wird man noch eine bakteriologische Harnuntersuchung anschließen und eine *Urinkultur* anlegen. Hierfür wird ein Tropfen Urin auf einem speziellen Nährboden ausgestrichen und das ganze dann bei einer bestimmten Temperatur für mindestens 48 Stunden aufbewahrt (inkubiert). In der Wärme vermehren sich die Bakterien und können dann besser identifiziert werden. Gleichzeitig kann man ihre Empfindlichkeit (therapeutische Ansprechbarkeit) gegenüber bestimmten → Antibiotika austesten, d.h. bestimmen, welche Antibiotika in der Lage sind, die jeweiligen Bakterien abzutöten und welche nicht.

Um sicherzugehen, daß die in einer Urinprobe gefundenen Bakterien tatsächlich aus der Blase stammen und nicht etwa durch Verunreinigung z.B. mit der Haut in den Urin gelangt sind, verwendet man in der Regel für eine Urinkultur einen sogenannten *Mittelstrahlurin*. Bei dieser Technik fängt man wie gewöhnlich an zu urinieren. Nachdem aber etwa ein Drittel des Urins abgegangen ist, stoppt man den Strahl durch Zusammenkneifen der Beckenbodenmuskulatur und hält ein dafür vorgesehenes Röhrchen vor die Harnröhre, ohne freilich die Haut zu berühren. Dann läßt man den Urin wieder fließen und fängt dabei etwas Urin mit dem Röhrchen auf. Ist das Röhrchen gefüllt, kann man den Rest Urin wie gewohnt ablassen. Diese Methode erfordert natürlich eine gute Koordination der Muskeln und ist bei älteren oder kranken Personen oft nicht durchführbar. Hier kann man sich behelfen, indem man zur Uringewinnung einen → Blasenkatheter legt, wobei man ebenfalls das erste Drittel der Urinmenge ablaufen läßt, dann den Katheter kurz abklemmt, ein Röhrchen vor das Katheterende hält, etwas Urin einlaufen läßt, das Röhrchen verschließt und dann den Rest des Urins ablaufen läßt. Weitere kompliziertere Untersuchungen des Urins sind z.B. Hormonbestimmungen oder die Untersuchung auf ganz bestimmte Eiweißkörper und anderes. Hierfür ist nicht selten ein sogenannter *24-Stunden-Urin* notwendig, bei dem man nach der morgendlichen Urinentleerung allen folgenden Urin über 24 Stunden einschließlich des Morgenurins vom nächsten Tag sammeln muß. Dann wird die Gesamturinmenge gemessen und vermerkt, eine Probe entnommen und der Rest weggeschüttet. Diese Probe wird dann untersucht.

Uterus Auch *Gebärmutter*. Ein dickwandiges, muskuläres Hohlorgan der Frau, das im kleinen Becken hinter der Harnblase und vor dem Enddarm liegt. Der Uterus hat eine birnenförmige Gestalt. Sein kuppelartiges oberes Ende wird *Fundus uteri* genannt, der bauchige mittlere und größte Anteil *Corpus uteri* (lateinisch für „Körper"), und sein schmales, halsartiges unteres Ende wird als Gebärmutterhals oder → *Zervix* bezeichnet. (Die Zervix wird in einem eigenen Stichwort beschrieben, siehe dort). Bei erwachsenen Frauen, die nie Kinder geboren haben, ist der Gebärmutterbauch etwa acht bis neun Zentimeter lang und an seiner weitesten Stelle sechs Zentimeter breit. Die vordere und hintere Gebärmutterwand sind so nah beieinander, daß sie sich fast berühren. Nach der Geburt von einem oder mehreren Kindern ist der Gebärmutterbauch immer größer als vorher. Nach der → Menopause schrumpft er jedoch wieder, so daß Corpus und Zervix fast gleich lang sind. Die etwa ein- bis eineinhalb Zentimeter dicken muskulären Wände der Gebärmutter, das sogenannte *Myometrium*, machen fast 90% der Gebärmuttergröße aus. Auf der Außenseite ist die Gebärmuttermuskulatur von einer feinen Membran überzogen, dem *Peritoneum* oder Bauchfell, das das gesamte Becken und die Bauchhöhle auskleidet. Nach innen hin folgt auf die Muskelschicht das sogenannte *Endometrium*, die Gebärmutterschleimhaut, die die gesamte Gebärmutterhöhle auskleidet. Das Endometrium ändert seine Dicke im Verlauf jedes → Menstruationszyklus: Zunächst wird es in Erwartung einer Schwangerschaft aufgebaut und dann, wenn während dieses Zyklus keine Befruchtung erfolgt ist, zusammen mit Blut bei der → Menstruation durch die Scheide wieder abgestoßen.

Die Gebärmutter hat drei Öffnungen: Nach unten öffnet sich die Zervix in die Scheide, und oben in der Nähe des Fundus uteri münden auf jeder Seite die → Eileiter in die Gebärmutter. Der Uterus ist teilweise beweglich, d.h. die Zervix ist zwar fest verankert, aber der Gebärmutterbauch kann sich sowohl nach vorne als auch nach hinten bewegen. Im aufrechten Stand ist die Gebärmutter normalerweise nach vorne abgeknickt, und zwar dort, wo der Bauch an die Zervix stößt. Bei etwa einem Viertel aller Frauen ist die Gebärmutter jedoch nicht nach vorne, sondern nach hinten abgeknickt (siehe → Retroflexio uteri). Zu den Fehlbildungen des Uterus gehören der *Uterus septus*, bei dem Form und Größe der Gebärmutter normal sind, in der Mitte jedoch eine Gewebswand von oben verschieden weit nach unten zieht und die Gebärmutterhöhle in zwei mehr oder weniger voneinander getrennte Teilhöhlen unterteilt, oder der *Uterus bicornis*, bei dem die Gebärmutter aus zwei hörnerartigen Anteilen besteht, die sich unten zur Zervix vereinigen, oder der *Uterus duplex*, bei dem praktische zwei kleinere Gebärmütter nebeneinander liegen und in eine gemeinsame Scheide münden. Bei letzterer Variante kann auch zusätzlich noch die Scheide zweigeteilt sein, so daß jede Gebärmutterhälfte ihre eigene Scheide hat. Alle diese Fehlbildungen sind relativ selten. Sie sind angeboren und können je nach Ausmaß der Fehlbildung zu einer Beeinträchtigung von Schwangerschaft und Geburt und damit zur → Unfruchtbarkeit führen.

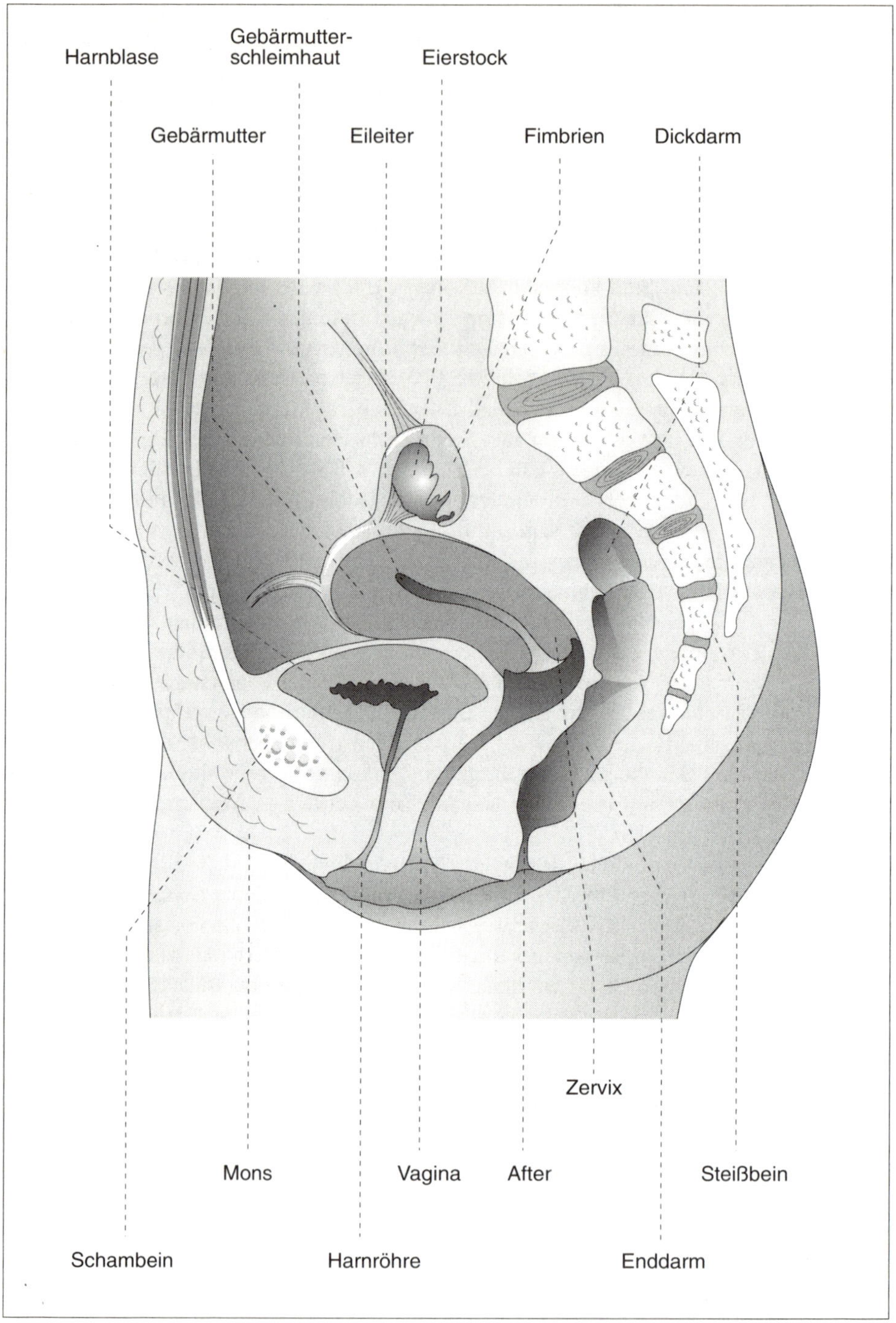

Abb. 16: Schematische Darstellung der weiblichen Beckenorgane (Seitansicht). Nähere Erläuterungen siehe Text.

Die Gebärmutter ist an den Seiten durch mehrere starke Bänder aufgehängt und am Becken festgemacht. Durch diese Bänder gelangen auch die Blutgefäße und Nerven zur Gebärmutter. Die Hauptaufgabe des Uterus ist die Beherbergung und Ernährung eines Fetus, bis dieser reif und groß genug ist, um geboren zu werden, was im Durchschnitt nach einer → Tragzeit von 38 bis 42 Wochen der Fall ist. Mit dem Wachstum des Kindes — oder im Falle von → Mehrlingsschwangerschaften der Kinder — wachsen auch die Muskelfasern der Gebärmutter und dehnen sich, um genügend Raum zu schaffen. Bis zum Ende der Schwangerschaft ist aus der birnengroßen Gebärmutter ein etwa 30 Zentimeter langes Organ geworden, das jetzt statt 50 Gramm etwa 900 Gramm wiegt. Ab einem bestimmten Punkt werden die Gebärmuttermuskeln, die nicht willkürlich bewegt werden können, wahrscheinlich durch das Hormon → Oxytozin stimuliert und beginnen sich zusammenzuziehen. Diese Kontraktionen, auch → Wehen genannt, sind es, die das Baby nach unten in das Becken drücken, die Erweiterung des Gebärmuttermundes bewirken und schließlich das Kind durch die Zervix und die Vagina nach außen treiben. Dieser Prozeß läuft nicht ohne Schmerzen für die Mutter ab, deshalb auch der Name „Wehen". Merkwürdigerweise wird jeder Schmerz, der von der Gebärmutter kommt (egal ob es sich um z.B. eine Entbindung oder die Schmerzen bei der Regelblutung handelt), in der gleichen Art und Weise, nämlich als krampfartig wahrgenommen, wobei sich jedoch Dauer und Stärke der Krämpfe in Abhängigkeit von der Ursache unterscheiden. Nach der Entbindung kehren Gebärmutter und Bänder zu ihrer ursprünglichen Größe zurück, wobei das überschüssige Gewebe vom Blut resorbiert und schließlich mit dem Urin ausgeschieden wird. Am Ende der ersten Woche nach der Entbindung wiegt der Uterus 500 Gramm, nach sechs Wochen wieder nur noch 50 Gramm. Gelegentlich führt die Überdehnung bei Schwangerschaft und Geburt dazu, daß die Muskeln und Bänder des Beckenbodens, die die Gebärmutter an ihrem Platz halten, erschlaffen, wodurch es zu einem Absinken des Uterus nach unten in Richtung Scheide kommen kann (siehe → Gebärmuttersenkung).

Sowohl Corpus uteri als auch die → Zervix können von einer Reihe verschiedener Erkrankungen oder Störungen erfaßt werden (siehe auch unter → Zervix). Z.B. kommt es sehr häufig zu gutartigen Muskeltumoren, den sogenannten → Myomen, oder zu Gebärmutterpolypen (siehe → Polyp, Def. 2). Ernster sind Entzündungen und Infektionen, wie z.B. eine → Endometritis, oder ein Gebärmutterkrebs (siehe → Korpuskarzinom). Zwei der häufigsten operativen Maßnahmen an der Gebärmutter sind die Ausschabung (siehe → Abrasio) und die Entfernung des Uterus (siehe → Hysterektomie).

Uterusperforation Siehe unter → Abrasio

Vagina Auch *Scheide.* Ein mit Schleimhaut ausgekleideter Kanal, der die äußeren Genitalorgane der Frau mit der Gebärmutter verbindet. Die Scheide liegt hinter der Harnblase und vor dem Enddarm und ist bei einer erwachsenen Frau durchschnittlich neun bis zehn Zentimeter lang. An ihrem oberen Ende bildet die Scheide eine blind endende Höhle, den sogenannten *Fornix*, in die der Gebärmutterhals, die → Zervix, hineinragt. An ihrem unteren Ende mündet sie durch den *Scheideneingang* oder *Introitus vaginae* nach außen in den *Scheidenvorhof.* Bei jungen Mädchen ist der Scheideneingang durch das Jungfernhäutchen (→ Hymen) teilweise oder vollständig bedeckt. Etwas oberhalb des Scheideneingangs enthalten die Scheidenwände einen ringförmigen Muskel, der sich während des → Orgasmus rhythmisch zusammenzieht. Dieser Muskel ist es auch, der verhindert, daß ein → Tampon nach außen fällt.

Die rosafarbene Schleimhaut, die die Scheide vollständig auskleidet, bildet ständig kleine Mengen von Schleim, durch den die Scheide feucht gehalten wird. Abgesehen vom Scheideneingangsbereich gibt es nur relativ wenige Nervenendigungen in der Scheide, so daß sie für Berührung oder Schmerzen nicht sehr empfindlich ist. Die Schleimhaut erneuert sich ständig selbst und gibt die abgestorbenen Zellen nach außen ab. Dieser Umbauprozeß kann manchmal an einem klaren oder weißlichen geringen Ausfluß bemerkt werden. Solange er keine Hautreizung hervorruft oder einen unangehmen Geruch verbreitet, ist ein solcher Ausfluß völlig normal (siehe auch unter → Ausfluß aus der Scheide). In einer gesunden Vagina halten sich zahlreiche Mikroorganismen auf, unter ihnen auch die sogenannten → *Laktobazillen* (Milchsäurebakterien), die aus dem Zucker in den Schleimhautzellen Milchsäure machen. Diese Säure hilft dabei, die Infektion mit zahlreichen Krankheitserregern zu verhindern. Außerdem schafft sie ein ungünstiges Milieu für Spermien, die dadurch in der Scheide nur für wenige Stunden überleben können.

Unter der Schleimhaut liegen mehrere Muskelschichten, was die Scheide befähigt, sich sehr stark aufzuweiten. Dies ist nötig, um bei der Geburt die Passage des Kindes durch die Scheide zu ermöglichen.

Die Scheide hat zwei Hauptaufgaben. Zum einen stellt sie einen Ausgang für die Gebärmutter nach außen dar, durch den sowohl Gebärmutterschleimhaut und Blut während der Menstruation nach außen gelangen als auch Babys geboren werden können. Zum anderen ist sie das weibliche Geschlechtsorgan, in das während des Geschlechtsverkehrs der Penis des Mannes eingeführt wird. Ganz selten kommt es vor, daß ein Mädchen ohne Scheide oder mit einer verschlossenen Scheide geboren wird. Wenn die hormonbedingten Veränderungen an Eierstöcken und Gebärmutter während der Pubertät dann zum Einsetzen der Regelblutung führen, dann wird das Blut aufgehalten und kann nicht nach außen abfließen. Diese Schmerzen verusachende Blutansammlung wird *Hämatokolpos* genannt und kann durch die chirurgische Eröffnung der Scheide leicht behoben werden (siehe auch unter → Hymen).

Zu den Erkrankungen der Scheide gehören vor allem Infektionen, z.B. → Pilz- oder → Trichomonadeninfektionen und andere (siehe unter → Kolpitis). Etwas ernster ist die Beteiligung der Scheide bei → sexuell übertragbaren Krankheiten, die durch sexuellen Kontakt übertragen werden. Ein Krebs, der von der Scheide selbst seinen Ursprung nimmt, ist selten, die Vagina kann jedoch von Krebserkrankungen an anderen Stellen wie z.B. an der Zervix oder der → Vulva in Mitleidenschaft gezogen werden und muß dann auch in die Behandlung mit einbezogen werden.

Vaginalabstrich Auch *Scheidenabstrich*. Die Entnahme von Sekretmaterial aus der Scheide und aus dem Gebärmutterhalskanal zur anschließenden Untersuchung unter dem Mikroskop. Dazu wird bei einer → gynäkologischen Untersuchung mit dem → Spekulum der Gebärmuttermund (Portio) so eingestellt, daß der Untersucher eine gute Übersicht hat. Mit einem sterilen Watteträger entnimmt er jetzt an verschiedenen Stellen Schleim und streicht ihn auf dafür vorgesehene Objektträger aus, die je nach Verfahren nicht behandelt, fixiert und/oder gefärbt werden, bevor man sie dann unter dem Mikroskop begutachtet. Das jeweilige Verfahren ist dabei davon abhängig, welches Ziel man mit dem Abstrich verfolgt. Will man z.B. im Rahmen der → Krebsvorsorge die *Zellen* des Scheidensekretes genauer untersuchen, dann fertigt man einen → Papanicolaou-Abstrich an (das genaue Verfahren und die Beurteilung eines solchen Abstriches wird dort beschrieben). Mit diesem sogenannten zytologischen Abstrich kann man nicht nur eventuelle bösartige Zellen auffinden, sondern auch z.B. beurteilen, ob die in jedem Menstruationszyklus ablaufenden Veränderungen der Scheidenschleimhaut stattfinden oder nicht, was bei der Diagnostik einer → Unfruchtbarkeit der Frau eine Rolle spielt. Außerdem können auch manche Viren und Bakterien mit dem Papanicolaou-Abstrich sichtbar gemacht werden.

Will man bestimmte Bakterien oder Parasiten im Scheidensekret nachweisen, dann fertigt man aus dem Abstrich ein sogenanntes *Nativpräparat* an. Hierbei wird das Sekret aus dem seitlichen Scheidengewölbe entnommen, und ein Tropfen davon wird auf einem Objektträger mit etwas Kochsalzlösung vermischt und sofort nach Abschluß der gynäkologischen Untersuchung unter dem Mikroskop beurteilt. Mit Hilfe des Nativpräparates kann man vor allem → Trichomonaden, → Pilze und bestimmte Darmbakterien (z.B. *Escherichia coli*) nachweisen. Gibt man auf den Objektträger zusätzlich noch einen bestimmten Farbstoff (Methylenblau), dann werden auch andere Bakterien, z.B. → *Gardnerella vaginalis*, sichtbar.

Meist wird zusätzlich zum Nativpräparat noch ein *gefärbtes Präparat* angefertigt. Hierzu wird sowohl aus dem Gebärmutterhalskanal als auch aus dem seitlichen Scheidengewölbe Sekret entnommen und auf speziellen Objektträgern ausgestrichen. Man wartet nun ab, bis das Material auf den Objektträgern durch die Luft getrocknet ist und führt dann entweder eine → Gramfärbung für den Nachweis von Gonokokken, den Erregern der → Gonorrhoe, durch oder eine Färbung mit Methylenblau, mit der andere Bakterien gefunden werden können.

In der Regel werden bei einer → gynäkologischen Untersuchung routinemäßig alle Verfahren des Scheidenabstrichs angewandt, d.h. es wird Material für die Zelldiagnostik (Papanicolaou-Abstrich) und für die bakterielle Diagnostik entnommen. Darüber hinaus ist ein Scheidenabstrich immer dann angezeigt, wenn Zeichen einer Entzündung im Genitalbereich vorliegen. Siehe auch → Kolpitis, → Zervizitis, → Ausfluß aus der Scheide.

Vaginaldusche Das Ausspülen der Scheide mit Wasser oder einer anderen Flüssigkeit. Als Methode zur Verhinderung einer Schwangerschaft (Vaginaldusche nach Geschlechtsverkehr) ist sie praktisch nutzlos. Die Spermien können innerhalb einer oder zwei Minuten nach der → Ejakulation durch den Muttermund in den Zervikalkanal wandern, wo sie von einer Vaginaldusche nicht mehr erreicht werden. Innerhalb von zehn Minuten können sie schon in den Eileitern sein, wo in der Regel die Befruchtung stattfindet. Darüber hinaus kann der Druck durch die Duschflüssigkeit das Hinaufwandern der Spermien noch beschleunigen. Als Hygienemaßnahme, vergleichbar dem Baden anderer Körperteile, ist eine Vaginaldusche selten notwendig. Im Gegenteil kann die durch eine Vaginaldusche hervorgerufene Veränderung des sauren Scheidenmilieus das Wachstum von Krankheitserregern (siehe → Kolpitis, → Pilzinfektionen) und die Ausbreitung einer schon vorhandenen Entzündung von der Scheide hoch in die Gebärmutter und die Eileiter eher begünstigen. Frauen, die sich jedoch ohne regelmäßige Vaginaldusche nicht „sauber fühlen“, sollten nicht öfter als einmal in der Woche zu dieser Methode greifen und dabei auch nur wenig Druck ausüben. Als Flüssigkeit verwendet man am besten reines warmes Wasser oder eine Essiglösung aus einem Teelöffel Essig pro Viertelliter Wasser. Eine Vaginaldusche sollte bei möglicher Schwangerschaft, nach einer → Abrasio (für etwa zwei Wochen), nach einer Geburt (für etwa vier bis sechs Wochen) und für drei Tage vor einer → gynäkologischen Untersuchung vermieden werden, weil dadurch Organismen ausgespült werden könnten, deren Entdeckung für den Arzt zur Stellung einer Diagnose wichtig sein könnten.

Vaginale Atrophie Auch *Scheidenatrophie, senile Kolpitis, senile Vaginitis.* Die Schrumpfung, Austrocknung und der Elastizitätsverlust der Scheidenschleimhaut (siehe → Vagina), wie sie bei jeder Frau nach der → Menopause als Folge der veränderen Hormonverhältnisse im Körper mehr oder weniger ausgeprägt auftreten. Vor der Menopause führt der Einfluß des → Östrogens zur Bildung eines dünnen, klebrigen und klaren Schleims aus den Drüsen und der Scheidenschleimhaut. Nach der Menopause, wenn die Östrogenspiegel deutlich absinken, wird sehr viel weniger Schleim gebildet; die Scheidenwände werden dünner, trocknen zunehmend aus und verlieren einiges von ihrer Elastizität. Auch die Farbe der Scheidenschleimhaut ändert sich von dunkel- zu hellrosa. Die Schamhaare werden spärlicher und die Schamlippen schrumpfen, so daß die Harnröhre, die → Klitoris und die Scheide weniger gut gegen Reibung geschützt sind. Die Scheide wird zunehmend kürzer und schrumpft etwas zusammen. Manchmal wird durch den Schrumpfungsprozeß die Harnröhrenöffnung nach hinten verzogen und wird so zum Teil des Scheideneingangs. In ausgeprägten Fällen können diese Veränderungen nicht nur Brennen, Juckreiz und Schmerzen beim Geschlechtsverkehr (→ Dyspareunie) verursachen, sondern auch zu einer größeren Anfälligkeit für Infektionen und Entzündungen vor allem der Harnröhre und der Harnblase (siehe → Urethritis, → Zystitis), aber auch der Scheide (→ Kolpitis) führen.

Weil diese Veränderungen in direkter Weise mit den erniedrigten Östrogenspiegeln im Körper zusammenhängen, führt eine Behandlung mit Östrogenen als Creme oder Scheidenzäpfchen in der Regel zu einer Rückbildung der Veränderungen oder zumindest zu einer Besserung. Da aber auch die lokale Anwendung von Östrogenen in dieser Form zu einer Aufnahme des Östrogens in den Körperkreislauf führt, geht man mit dieser Therapie alle Risiken einer → Östrogensubstitutionstherapie ein (siehe dort). Aus diesem Grund ist es ratsam, andere sicherere Mittel gegen die Scheidenatrophie einzusezten. Die Verwendung eines → Gleitmittels beim Geschlechtsverkehr kann z.B. die Schmerzen lindern. Überhaupt fördert eine regelmäßig sexuelle Stimulation, entweder durch → Masturbation oder durch Geschlechtsverkehr, die Schleimproduktion in der Scheide und kann dadurch die Austrocknung verhindern helfen. Manche Frauen machen auch die Erfahrung, daß das Einführen von Yoghurt in die Scheide einmal wöchentlich entweder allein oder gemischt mit Pflanzenöl (ein Teelöffel Öl auf einen Teelöffel Yoghurt) sowohl gegen die Austrocknung als auch bei der Aufrechterhaltung des normalen sauren Milieus in der Scheide hilft (siehe auch unter → Pilzinfektion für eine genauere Beschreibung).

Vaginalkarzinom Auch *Scheidenkrebs*. Eine → Krebserkrankung der Scheide. Ein Karzinom, das von der Scheide selbst seinen Ausgang nimmt, ist extrem selten (mit Ausnahme von Frauen, deren Mütter während der Schwangerschaft mit → Diäthylstilbesterol behandelt wurden). Die Scheide kann jedoch häufiger durch die Ausbreitung eines Karzinoms von der Zervix (→ Zervixkarzinom) oder von der Gebärmutter (→ Korpuskarzinom) in Mitleidenschaft gezogen werden. Die Behandlung eines echten Vaginalkarzinoms hängt vom Stadium der Erkrankung, der Ausbreitung innerhalb der Vagina und dem Zelltyp des Karzinoms ab. Bei einem Karzinom des oberen Scheidenbereiches ähnelt die Therapie der eines Zervixkarzinoms, bei einem Vaginalkarzinom im unteren Scheidenabschnitt setzt man in der Regel eine Form der → Strahlentherapie ein.

Vaginismus Auch *Scheidenkrampf*. Die unwillkürliche krampfartige Zusammenziehung der Muskeln der Scheide (→ Vagina) und des Beckenbodens, die es im Extremfall unmöglich machen kann, irgendetwas (Penis, Finger, Tampon) in die Scheide einzuführen. Eine leichte bis mäßige Verkrampfung der Scheide ist bei den ersten Malen eines Geschlechtsverkehr nicht ungewöhnlich, vor allem wenn man nervös oder ängstlich ist oder sich vor möglichen Schmerzen bei der Zerreißung des Jungfernhäutchens fürchtet. Ebenso kann es, wenn der Mann versucht, seinen Penis einzuführen, bevor die Frau vollständig erregt ist, zu leichten Verkrampfungen im Bereich des Scheideneingangs kommen. Bei einem echten Vaginismus jedoch löst die Penetration akute heftigste Schmerzen aus und kann jeden Geschlechtsverkehr vollkommen unmöglich machen. Ein Vaginismus ist fast immer durch eine ungewöhnlich starke psychische Abwehr gegen jeglichen genitalen Kontakt bedingt. Die Behandlung besteht am besten in einer → Sexualtherapie, bei der die Frau unter anderem lernt, ihre Muskeln zu entspannen, indem sie zunächst nur die Fingerspitze, dann einen Finger, dann zwei Finger in die Scheide einführt und dabei erfährt, daß dies schmerzlos ist und daß sie eine Kontrolle über ihre Muskeln ausüben kann.

Vaginitis Siehe → Kolpitis

Vakuumkürettage Auch *Saugkürettage*. Eine der → Abrasio (Ausschabung) ähnliche Methode zur Entfernung von Gewebsmaterial aus der Gebärmutterhöhle. Sie wird vor allem zum → Schwangerschaftsabbruch vor der 12. Woche eingesetzt. Technisch gesehen könnte man sie auch noch bis zur 24. Schwangerschaftswoche einsetzen, in der Praxis verwendet man sie jedoch höchstens bis zur 12. Woche, weil man den Gebärmutterkanal danach in zu kurzer Zeit zu weit aufdehnen müßte. Andere Gründe für eine Vakuumkürettage sind die Entfernung einer → Blasenmole oder von in der Gebärmutter verbliebenen Gewebsresten nach einem inkompletten → Abort. Die Vakuumkürettage wird unter Narkose im Krankenhaus von einem Gynäkologen durchgeführt. Zuerst wird wie bei der Abrasio der Zervikalkanal (Gebärmutterkanal) erweitert. Diese Erweiterung wird in jüngerer Zeit bevorzugt durch die Verwendung von bestimmten Hormonen, den → Prostaglandinen, erreicht und zunehmend seltener durch eine mechanische Aufdehnung bei der Ausschabung. Dann wird eine sogenannte Vakuum- oder Saugkürette in die Gebärmutter eingeführt und das darin enthaltene Gewebe abgesaugt. In der Regel schabt man dann noch einmal mit einer normalen Kürette nach, um sicherzugehen, daß alles Gewebe entfernt ist. Oft gibt man nach der Prozedur, die zwischen 15 und 45 Minuten dauert, → Oxytozin, um den Blutverlust einzuschränken und die Rückkehr der Gebärmutter zu ihrer ursprünglichen Größe zu fördern. In der Regel bleibt man danach für einige Stunden oder Tage zur Beobachtung im Krankenhaus.

Varikozele Eine krankhafte Venenerweiterung (Krampfader) im → Hoden, wodurch es zum Blutstau und damit zur Anschwellung einer Hodensackhälfte kommt. Meist ist die linke Seite betroffen, da die vom Hoden kommende Vene, die *Vena testicularis*, auf der linken Seite spitzwinklig in die Nierenvene mündet, was einen Rückstau nach unten begünstigt. Warum es bei manchen Männern zu einer Varikozele kommt, wird außer in den (wenigen) Fällen, in denen die Nierenvene auf der linken Seite im Bereich der Einmündungsstelle der Vena testicularis z.B. durch einen Nierentumor verschlossen ist, noch nicht genau verstanden. Vermutet werden unter anderem eine angeborene Gefäßwandschwäche oder das Fehlen von Venenklappen. Die Varikozele ist die häufigste Ursache einer → Unfruchtbarkeit beim Mann (sie wird bei etwa 40% aller Männer mit Fruchtbarkeitsproblemen gefunden). Die Diagnose kann einfach gestellt werden: Der Mann stellt sich hin und betätigt seine Bauchpresse (Drücken wie zum Stuhlgang), während der Arzt gleichzeitig seine Hände auf die Hoden legt und so bei Vorhandensein einer Varikozele die Schwellung besser tasten kann. In ausgeprägten Fällen fällt schon von vorneherein auf, daß der Hodensack besonders auf einer Seite auffallend groß ist. Eine Varikozele kann zur Unterdrückung der Spermienbildung im Hoden führen, wobei der Grund hierfür nicht eindeutig geklärt ist (vielleicht durch die Temperaturerhöhung durch die erhöhte Blutmenge, vielleicht durch eine gestörte Blutzirkulation mit Anhäufung von giftigen Substanzen). Wenn Kinderwunsch besteht, kann die Varikozele durch eine Operation beseitigt werden, was bei etwa der Hälfte der Männer die Zeugungsfähigkeit wieder herstellt. Bei fehlendem Kinderwunsch oder unbeeinträchtigter Zeugungsfähigkeit ist keine Therapie notwendig, es sei denn, die Ursache der Varikozele liegt in einem Verschluß der Nierenvene durch einen Tumor (siehe oben).

Varizen Auch *Krampfadern*. Die Erweiterung und Schlängelung von oberflächlichen → Venen meist an den Beinen. Varizen können sowohl bei Männern als auch bei Frauen auftreten, sie sind aber bei Frauen wesentlich häufiger. In den meisten Fällen stellen die Krampfadern lediglich ein kosmetisches Problem dar. Sie können aber auch zu einem Schweregefühl und zu Müdigkeit in den Beinen vor allem gegen Ende des Tages führen. Die Knöchel und Waden schwellen an, und entlang der Venen können sich Schmerzen einstellen. Gelegentlich kommt es zu Farbveränderungen, Juckreiz und offenen Stellen im Bereich der Varizen oder weiter unten. Andere Komplikationen bestehen in Beinkrämpfen (vor allem nachts), Entzündungen der Krampfadern (→ Thrombophlebitis) und in Blutgerinnselbildungen (→ Thrombose) innerhalb der Krampfadern.

Um die Entstehung von Krampfadern zu verstehen, muß man etwas über den normalen Aufbau und die Funktion der Venen wissen. Venen sind Blutgefäße mit einer dünnen, muskelschwachen Wand, deren Aufgabe es ist, das sauerstoffarme Blut aus dem Körper zurück zum Herzen (rechte Herzkammer) zu transportieren, damit es von dort in die Lungen gelangen kann, wo es neu mit Sauerstoff angereichert wird. (Von der Lunge fließt das Blut über die Lungenvenen in die linke Herzkammer und von dort wieder in den Körper, um die Organe mit Sauerstoff zu versorgen.) Der stetige Fluß des Blutes in den Venen in Richtung zum Herzen wird zum einen durch den Druck des ständig nachkommenden Blutes erzeugt, und zum anderen durch die Arbeit der darumliegenden Muskeln, der sogenannten *Muskelpumpe*, die bei Bewegung der Beine den Rückstrom des Venenblutes zum Herzen fördert. Darüber hinaus sind die Venen mit Venenklappen ausgestattet, die das Blut nur in eine Richtung (nämlich zum Herzen hin) durchlassen und verhindern, daß es wieder zurückfließt (siehe auch unter → Vene).

An den Beinen gibt es zwei Venensysteme: Das tiefe Venensystem, das in der Tiefe der Beine Blut von unten nach oben transportiert, und das oberflächliche Venensystem, das direkt unter der Haut liegt und an der Leiste in das tiefe Venensystem mündet. Zusätzlich sind die beiden Venensysteme über querverlaufende kürzere Venen miteinander verbunden. Diese Verbindungsvenen heißen *Venae perforantes* (Perforansvenen), weil sie durch die Muskelfaszie (eine die Muskeln umhüllende feste Haut) und die Muskeln stoßen. Die Perforansvenen transportieren im Normalfall Blut aus den oberflächlichen Venen in das tiefe Venensystem und besitzen wie alle Venen Klappen, die einem Rückfluß nach außen verhindern sollen.

Es gibt nun prinzipiell zwei Möglichkeiten für eine Entstehung von Krampfadern: Bei den sogenannten *primären Varizen* besteht eine angeborene Bindegewebsschwäche mit schwachen Venenwänden vor allem der oberflächlichen Venen und oft auch gleichzeitig bestehenden minderwertigen Venenklappen. Diese Wandschwäche führt dazu, daß die Venen immer weiter werden und sich ausdehnen. Dadurch weichen die Klappenränder auseinander, die Klappen können die Venenöffnung nicht mehr vollständig verschließen und Blut kann von oben nach unten zurücksacken, was über den erhöhten Druck die Auswölbung der Venen weiter fördert. Es entstehen geschlängelte, erweiterte Venen, die Krampfadern. Solange die Verbindungsvenen zum tiefen Venensystem jedoch intakt sind, d.h. das Blut aus den oberflächlichen Krampfadern in die Tiefe transportieren, so daß das Blut von dort mit der Muskelpumpe schließlich nach oben zum Herzen gelangt, halten sich die Beschwerden und Komplikationen in Grenzen.

Die primären Varizen sind die häufigste Form der Krampfadern, treten vor allem bei Frauen auf und machen sich irgendwann nach der Pubertät bemerkbar. Ihre Entstehung wird gefördert durch stehende Tätigkeiten, mangelnde Bewegung und Übergewicht. Außerdem kann es während der Schwangerschaft und gelegentlich auch während der Einnahme von → oralen Kontrazeptiva („Pille“) zu einer Krampfadernbildung kommen.

Die Schwangerschaftsvarizen, die auch den Genitalbereich betreffen können, treten häufig in den ersten Schwangerschaftsmonaten auf und verschwinden nicht selten nach der Entbindung wieder. Ihre Entstehung wird durch den Druck der wachsenden Gebärmutter auf die Beinvenen und die Vena cava (große Vene im Bauchraum) gefördert, der dazu führt, daß das Blut schlechter abfließen kann und sich deshalb nach unten staut. Dieser Druck läßt nach, wenn man sich auf die linke Körperseite legt, was deshalb oft zu einer Entleerung auch der Krampfadern und damit zur Verringerung der Beschwerden führt. Schließlich können auch das Tragen von sehr eng sitzender Kleidung an den

Beinen und im Schoß sowie das häufige Sitzen mit übereinander geschlagenen Beinen den Blutrückstau fördern und damit zur Krampfadernbildung beitragen.

Eventuell spielt auch die Ernährung eine Rolle, da Personen, die sich mit faser- und ballaststoffreicher Kost ernähren, selten Krampfadern bekommen. Das könnte daran liegen, daß eine ballaststoffarme Ernährung zu härteren Stühlen führt. Die größere Anstrengung durch Pressen, die zur Entleerung von harten Stühlen notwendig ist, kann dann einen nicht unerheblichen Druck auf die Venen im Darm- und Beinbereich ausüben.

Zur Vorbeugung von primären Varizen werden eine Reihe von Maßnahmen empfohlen. Dazu gehören: eine ballaststoffreiche Ernährung (reich an rohem Obst und Gemüse, ganzen Körnern usw.), die Vermeidung von Übergewicht, genügend Bewegung vor allem der Beine (Fahrradfahren, Jogging, Schwimmen), die Vermeidung von sehr eng sitzender Kleidung und das Tragen von Stützstrümpfen während der Schwangerschaft. Wenn man häufig und für längere Zeit stehen oder sitzen muß, dann empfiehlt es sich, die Beine dennoch viel zu bewegen (beim Stehen kann man z.B. immer wieder das Gewicht von einem auf den anderen Fuß verlagern).

Sekundäre Varizen sind Krampfadern, die an normal entwickelten Venen deshalb entstehen, weil die Perforansvenen nicht mehr intakt sind und einen Blutstau nach außen zulassen oder weil das tiefe Beinvenensystem z.B. nach einer Thrombose gar nicht mehr oder weniger gut durchlässig ist, was ebenfalls zu einem Rückstau führt. Sekundäre Varizen bereiten oft sehr viel mehr Beschwerden als primäre Varizen, weil die im Bein gestaute Blutmenge deutlich größer ist.

Die Behandlung von Krampfadern (sowohl von primären als auch von sekundären) besteht bei geringeren oder fehlenden Beschwerden im Tragen von Stützstrümpfen. Kleinere, vereinzelte Krampfadern können außerdem verödet werden. Dabei wird eine Substanz in die Varize gespritzt, die über eine Blutgerinnselbildung zum Verschluß der Vene und damit der Krampfader führt. Oft öffnet sich eine solche Vene aber nach einer gewissen Zeit wieder, und die Krampfader entsteht von neuem. Wirkungsvoller ist eine Operation, das sogenannte *Venenstripping*, bei der der größte Teil des oberflächlichen Venensystems einschließlich der Perforansvenen entfernt wird. Die Operation wird in der Regel unter Vollnarkose durchgeführt. Danach muß man für einige Wochen Stützstrümpfe tragen, bis sich das Bein daran gewöhnt hat, alles Blut über die tiefen Beinvenen abzutransportieren.

Vasektomie Auch *Vasoresektion*. Die operative Unterbrechung der → Samenleiter beim Mann mit dem Ziel, ihn zeugungsunfähig zu machen. Die Vasektomie ist die bei weitem einfachste Methode der → Sterilisation (Unfruchtbarkeitmachung) und wird schon seit mehr als drei Jahrhunderten durchgeführt. Die Operation kann ambulant bei einem Urologen oder Chirurgen oder im Krankenhaus erfolgen und dauert etwa 20 Minuten. Unter lokaler Betäubung wird auf jeder Seite des Hodensacks ein etwa ein Zentimeter langer Schnitt an der Stelle gemacht, unter der der Samenleiter verläuft. Manche Operateure machen auch nur einen einzigen, größeren Schnitt in der Mitte. Durch die entstehende Öffnung werden die Samenleiter nach außen gezogen und jeweils ein kleines Stück herausgeschnitten. Die losen Enden werden vernäht oder elektrisch verödet. Danach wird die Haut des Hodensackes wieder zugenäht. Die Fäden lösen sich nach einer Woche bis zehn Tagen auf und müssen nicht extra gezogen werden.

Nach der Operation hat man am selben Tag und manchmal auch noch am folgenden Tag leichte bis mäßige Schmerzen im Hodenbereich. Starke körperliche Anstrengung sollte für etwa eine Woche vermieden werden. Der Geschlechtsverkehr ist in der Regel nach sieben Tagen wieder möglich. Allerdings muß beachtet werden, daß die Zeugungsunfähigkeit erst nach einigen Monaten eintritt, da sich im oberen Teil des Samenleiters noch Spermien befinden, die erst entleert werden müssen. Dies erfolgt nach etwa 15 bis 20 Ejakulationen. Um absolut sicher zu sein, sollten drei hintereinander untersuchte Spermaproben keine Spermien mehr enthalten. Für die Zwischenzeit muß man ein anderes Verhütungsmittel einsetzen. Die Erektionsfähigkeit wird durch die Vasektomie *nicht* beeinflußt.

Auch *nach* einer Vasektomie werden im Hoden noch weiter Spermien gebildet, jedoch langsamer und weniger als vorher. Die ausgereiften Spermien gehen wieder unter, da sie ja nicht nach außen gelangen können. Die Menge der bei einer Ejakulation abgegebenen Samenflüssigkeit ändert sich jedoch nur wenig, da die Flüssigkeit hauptsächlich aus den weiter oben gelegenen Samenbläschen und der Prostata stammt, deren Verbindung nach außen nicht unterbrochen ist. Sollten nach einer Vasektomie Fieber, anhaltende oder stärkere Blutungen im Bereich der Wunde oder eine Schwellung und Schmerzen auftreten, die auf Aspirin® und Eisbeutel nicht ansprechen, dann sollte sofort der Arzt aufgesucht werden, weil es sich um eine postoperative Entzündung handeln könnte.

Es wurde eine Reihe von anderen Methoden ausprobiert, um die Samenleiter zu unterbrechen. Hierzu gehörten das Ansetzen von Clips oder kleinen Ringen um den Samenleiter oder das Einspritzen von verschiedenen Substanzen in die Öffnung der Samenleiter, die zur Entzündung und nachfolgenden Bildung von Narbengewebe und damit zum Verschluß führen sollten. Keine dieser Methoden ist jedoch so zuverlässig und risikoarm wie die Vasektomie, bei der einfach ein Stück Samenleiter herausgeschnitten wird.

Eine Vasektomie sollte nur dann durchgeführt werden, wenn sich der Mann (beziehungsweise das Paar) absolut sicher ist, daß er (sie) keine Kinder (mehr) bekommen möchten. Eine → Refertilisierung, bei der die beiden Enden der Samenleiter wieder aneinandergenäht werden, ist zwar möglich, aber nicht in jedem Fall erfolgreich. Wenn sie innerhalb von zehn Jahren nach der Vasektomie erfolgt, dann stehen die Chancen dafür, daß die Refertilisierung gelingt und die Zeugungsfähigkeit wieder hergestellt werden kann, aber immerhin bei 70 bis 90%.

Vaseline Siehe unter → Gleitmittel

Vene Ein dünnwandiges Blutgefäß, das Blut vom Körper zum Herzen *hin*transportiert (im Gegensatz zu den Arterien, in denen das Blut vom Herzen *weg*fließt). Oft sind die Venen von Muskeln umgeben. Anders als bei den → Arterien sind die Venenwände nicht muskelstark genug, um Pumpbewegungen auszuführen, durch die das Blut am Fließen gehalten wird, und das meiste Blut (nämlich all dasjenige, das vom Körper unterhalb des Herzens kommt) muß auf seinem Weg zum Herzen zurück gegen die Schwerkraft ankämpfen. Um dennoch einen kontinuierlichen Fluß in den Venen zu erhalten, spielen drei Faktoren eine wesentliche Rolle. Viele Venen sind mit sogenannten Venenklappen ausgerüstet, die den Blutfluß nur in die Richtung zum Herzen hin zulassen und gleichzeitig verhindern, daß das Blut wieder zurückfließt. Auch der Druck des nachkommenden Blutes fördert den Weitertransport in Richtung Herz. Schließlich verursacht die gewöhnliche Bewegung des Körpers eine Anspannung vieler Muskeln, die sich dabei gegen die Venen pressen und dadurch das Blut in Richtung Herz zwingen. Dieses Phänomen wird auch als *Muskelpumpe* bezeichnet.

Die häufigsten Erkrankungen der Venen sind die → Varizen (Krampfadern), die → Thrombophlebitis (Venenentzündung) und die → Thrombose.

Venenentzündung Siehe → Thrombophlebitis

Venerische Infektion Siehe → Sexuell übertragbare Krankheiten

Venushügel Auch *Mons veneris*, *Mons pubis*, *Schamhügel*, *Schamberg*. Das Fettpolster über dem Schambeinknochen oberhalb des weiblichen Genitalbereiches, das nach der Pubertät mit → Schamhaar in der charakteristischen, ein gleichseitiges Dreieck bildenden Form bedeckt ist.

Vererbung Siehe unter → Angeborene Krankheiten, → Chromosom, → Genetik, → Nukleinsäuren

Vergewaltigung Jede Form der sexuellen Gewalt bis hin zum ungewollten Geschlechtsverkehr (vaginal, anal oder oral) gegenüber bzw. mit einer Frau, einem Mann oder einem Kind. Strafrechtlich wird die Vergewaltigung von der sexuellen Nötigung unterschieden. Über die Vergewaltigung heißt es in § 177 des Strafgesetzbuches: „Wer eine Frau mit Gewalt oder durch Drohung mit gegenwärtiger Gefahr für Leib oder Leben zum außerehelichen Beischlaf mit ihm oder einem Dritten nötigt, wird mit Freiheitsstrafe nicht unter zwei Jahren bestraft." Während eine Vergewaltigung also gesetzlich nur bei vollzogenem Geschlechtsakt vorliegt, macht sich der sexuellen Nötigung nach § 178 des Strafgesetzbuches schuldig, „wer einen anderen mit Gewalt oder durch Drohung mit gegenwärtiger Gefahr für Leib oder Leben nötigt, außereheliche sexuelle Handlungen des Täters oder eines Dritten an sich zu dulden oder an dem Täter oder einem Dritten vorzunehmen." Abgesehen von speziellen Umständen (wie z.B. im Gefängnis) sind Frauen und Kinder bei weitem die häufigsten Opfer sexueller Gewaltanwendung. In Deutschland wird etwa jede zehnte Frau im Laufe ihres Lebens mindestens einmal vergewaltigt. In Großstädten trifft es sogar jede fünfte Frau. Anders ausgedrückt erleben in Deutschland in jeder Stunde etwa 15 Frauen oder Mädchen sexuelle Gewalt.

In den sechziger Jahren, in denen das Problem der Vergewaltigung in das Bewußtsein der Öffentlichkeit zu rücken begann, existierten eine Unzahl von mythischen Vorstellungen über Vergewaltigung in der Bevölkerung, die auch heute noch in vielen Teilen der Gesellschaft lebending sind. Als Konsequenz daraus richteten viele Gruppen der Frauenbewegung und andere Organisationen, die gegen sexuelle Gewalt kämpfen, ihre Bemühungen vor allem darauf, Informationen und Fakten über Vergewaltigung an die Öffentlichkeit zu bringen. Vergewaltigung ist ein *Gewalt*verbrechen und kein *sexuelles* Verbrechen. Bei nur knapp der Hälfte aller Vergewaltigungen sind sich Täter und Opfer völlig unbekannt. Bei einem Drittel bestand eine flüchtige bis gute Bekanntschaft, in etwa 20% der Fälle sind Täter und Opfer sogar sehr gut miteinander bekannt. Vermutlich sind diese Zahlen eher zu niedrig, da die Opfer mit einer Anzeige wahrscheinlich zurückhaltender sind, wenn der Täter ein Freund oder Verwandter war. Fast die Hälfte aller Vergewaltigungen findet in geschlossenen Räumen statt, meistens in der Wohnung des Opfers, in die sich der Täter gewaltsam Zutritt verschafft hat, oder in der des Täters. Die Täter scheinen sich ihre Opfer danach auszusuchen, ob sie verletzlich, ungeschützt und allein erscheinen. Die meisten Vergewaltigungen (70%) sind im voraus geplant, und bei fast allen (85%) wird physische Gewalt oder die Androhung von Gewalt (wie z.B. das Vorzeigen einer Waffe) verwendet. Alle Frauen können Opfer einer Vergewaltigung werden, unabhängig von ihrer sozialen Herkunft, ihrem Ansehen, ihrem Bildungsstand und ihrem Aussehen. Das Alter der Opfer reicht vom Säuglingsalter bis ins hohe Alter hinein, am gefährdesten scheinen jedoch Mädchen zwischen 14 und 20 zu sein. Die meisten Vergewaltiger sind verheiratet oder haben einen regelmäßigen sexuellen Partner, was klar macht, daß die Motivation zur Vergewaltigung nicht aus sexueller Frustration entsteht. Die meisten Täter sind nicht psychisch krank, sondern „normal" und geben häufig an, daß ihr Verbrechen aus dem Verlangen, zu dominieren, zu demütigen und zu verletzen entstanden ist. Nur sehr selten töten sie ihre Opfer.

Auch heute noch halten viele Menschen die Frauen, die Opfer einer Vergewaltigung wurden, für zumindest mitschuldig in dem Sinne, daß sie die Vergewaltigung irgendwie provoziert und vielleicht sogar genossen hätten. Diese Einstellung den Opfern gegenüber wird um so eher vertreten, je niedriger das gesellschaftliche Ansehen der Frau ist (z.B. eher bei einer Kellnerin als bei einer Lehrerin) und je höher gestellt der Täter in der Gesellschaft ist. Aus diesem Grund haben viele Frauen Angst, eine Vergewaltigung bei der Polizei anzuzeigen und sie strafrechtlich verfolgen zu lassen, weil sie sich vor dieser Beurteilung durch Polizisten, Richter und Staatsanwälte, aber auch durch Freunde und Familie fürchten. Ein anderes Ziel der Einrichtungen und Organisationen für vergewaltigte Frauen ist es daher, die Opfer im Umgang mit Krankenhäusern, Polizei und Rechtsapparat zu unterstützen. Aufgrund der Erkenntnis, daß eine Vergewaltigung das Opfer sowohl körperlich als auch seelisch verletzt, sind Notrufstellen für vergewaltigte Frauen eingerichtet worden, an denen Beraterinnen und Therapeutinnen den Vergewaltigungsopfern dabei helfen, die notwendigen Schritte zum medizinischen Schutz, zur polizeilichen und gerichtlichen Verfolgung des Täters und auf Wunsch auch zur psychologischen Betreuung zu unternehmen.

Den Opfern einer Vergewaltigung werden folgende Schritte empfohlen:

1. Wenn möglich, sollte die Frau sofort nach der Tat eine Notrufstelle für vergewaltigte Frauen anrufen, um Beratung hinsichtlich der medizinischen Versorgung und der polizeilichen Maßnahmen sowie Hilfe und Unterstützung während des gerichtlichen Verfahrens zu bekommen.
2. Die Frau sollte sich unverzüglich von einem auf diesem Gebiet erfahrenen Arzt untersuchen lassen (um später vor Gericht möglichst zweifelsfreie Tatsachen vorlegen zu können). Der Arzt sollte zunächst alle Verletzungen, auch kleinere, versorgen und dann eine → gynäkologische Untersuchung vornehmen, bei der möglichst ein → Papanicolaou-Abstrich und ein Abstrich zur Untersuchung auf → Spermien entnommen werden sollte. Hierzu wird eine kleine Menge Salzlösung in die Scheide eingeführt und mit einer Spritze wieder abgesaugt. Die abgesaugte Flüssigkeit wird zum einen auf Spermien hin untersucht, zum anderen auf das Vorhandensein eines bestimmten, von der männlichen → Prostata produzierten und mit der → Ejakulation

freigegebenen Enzyms, der sogenannten *Sauren Phosphatase*, getestet. Der Arzt sollte sowohl die Anzahl der Spermien dokumentieren als auch, ob sie beweglich waren oder nicht (die Spermien können bereits nach acht Stunden verschwunden sein, weshalb eine unverzügliche Untersuchung von Bedeutung ist).

3. Untersuchungen auf → Gonorrhoe, → Syphilis und → AIDS sollten durchgeführt werden. Da keine dieser → sexuell übertragbaren Krankheiten in den Frühstadien zu Symptomen führt, sollte ein zweiter Test für Gonorrhoe zwei Wochen später, ein zweiter Bluttest auf Syphilis drei Monate später und ein AIDS-Test sechs Monate später erfolgen. Kam es bei der Vergewaltigung zu analem bzw. oralem Geschlechtsverkehr, dann sollten Proben auch aus After bzw. Mund entnommen werden.
4. Der Körper und die Kleidung des Opfers sollte auf Substanzen hin untersucht werden, die als Hinweise dienlich sein könnten, wie z.B. Blut- oder Dreckspuren auf der Kleidung, Hautfetzen unter den Fingernägeln (vor allem, wenn die Frau Widerstand geleistet hat), Kopf- oder Schamhaare, die nicht von der Frau stammen und ähnliches.
5. Falls die Möglichkeit einer Schwangerschaft durch die Vergewaltigung besteht — wenn das Verbrechen zur Zeit des Eisprungs stattfand und die Frau nicht durch ein Verhütungsmittel geschützt war — dann sollte die Verwendung der → „Pille danach" innerhalb von 72 Stunden nach der Vergewaltigung erwogen werden. Eine Spirale dagegen sollte nicht eingesetzt werden, da durch sie eine eventuelle Infektion durch Ansteckung vom Täter leichter in die Gebärmutter gelangen kann. Bei einer Schwangerschaft durch Vergewaltigung kann auch ein → Schwangerschaftsabbruch aus kriminologischen Gründen erfolgen, der von den Krankenkassen bezahlt wird.
6. Die Tat sollte der Polizei sofort gemeldet werden (die Entscheidung, ob die Anzeige fallen gelassen wird oder weiter verfolgt werden soll, kann auch später getroffen werden). Der Polizeibericht sollte eine vollständige Darstellung der Ereignisse sowie möglichst auch eine Beschreibung des Täters beinhalten. Frauen, die sich später für eine gerichtliche Verfolgung des Täters entscheiden, werden oft feststellen, daß die sofortige Anzeige bei der Polizei vor Gericht ein Punkt zu ihren Gunsten ist — abgesehen davon, daß nur so der Täter von der Polizei gesucht und gefaßt werden kann.
7. Wenn diese sofortigen Schritte unternommen worden sind, dann sollte die Frau eine Form der psychologischen Betreuung und Beratung suchen. Die Adressen solcher Beratungs- und Therapiestellen können meist über die lokale Notrufstelle für vergewaltigte Frauen, manchmal auch über psychiatrische Kliniken oder von Organisationen der Frauenbewegung erfragt werden. Die meisten Frauen haben nach einer Vergewaltigung zumindest eine Zeit lang erhebliche emotionale Probleme, vor allem auch auf sexuellem Gebiet. Verleugnung und Depressionen maskieren häufig Angst und Wut, und das offene Reden darüber kann es oft einfacher machen, mit dieser Erfahrung fertig zu werden. Nicht selten ist eine professionelle Therapie vonnöten. Selbst sehr unterstützende Freunde, Familienmitglieder oder Partner sind oft überfordert und können nicht ausreichend helfen. Vor allem Kinder und Teenager brauchen oft spezielle Fürsorge und Beratung, um zu verstehen, was geschehen ist, und um mit den eigenen Gefühlen umgehen zu können.

Wie bei vielen Krankheiten und Geschehnissen ist auch bei Vergewaltigung der Versuch der Vorbeugung bei weitem der Behandlung vorzuziehen. Zu den Ratschlägen der Gruppen, die sich mit dem Problem der Vergewaltigung auseinandersetzen, gehören:

- Bereiten Sie sich im Geist auf ein solches Ereignis vor. Stellen Sie sich vor, wie sie reagieren würden (z.B. kämpfen, rennen, schreien, mit dem Täter reden, ihn zu ekeln, indem man Erbrechen vortäuscht etc.). Stellen Sie sich darauf ein, sich zu wehren — obwohl z.B. Schreien sinnlos sein mag, wenn niemand in der Nähe ist, oder Rennen zwecklos, wenn es keinen Ort gibt, an den man rennen könnte.
- Wenn Sie an einem Ort mit vielen anderen Frauen wohnen (z.B. Apartment-Haus, Wohnheim etc.), vereinbaren Sie ein spezielles Hilfesignal wie z.B. eine Trillerpfeife und/oder richten Sie gemeinsam regelmäßige Kontrollrundgänge ein.
- Schließen Sie zuhause Ihre Wohnungstüren sicher ab, halten Sie die Fenster vor allem nachts und in niedrigen Stockwerken verschlossen, bringen Sie Gitter an Fenstern im Erdgeschoß an, lassen Sie die Rolläden nachts herunter und verstecken Sie nie den Wohnungsschlüssel nahe der Wohnungstür oder an einem anderen offensichtlichen Versteck.
- Wenn Sie alleine wohnen, schreiben Sie nur den Anfangsbuchstaben ihres Vornamens an die Wohnungstür und an den Briefkasen und lassen Sie nur die Initialen Ihres Vornamens im Telefonbuch auflisten.
- Lassen Sie keine unbekannten Personen in Ihr Haus oder Ihre Wohnung. Wenn Sie den Verdacht haben, daß bei Ihnen während ihrer Abwesenheit eingebrochen wurde, betreten Sie Ihre Wohnung nicht ohne Begleitung.
- Üben Sie sich in irgendeiner Form der Selbstverteidigung. Selbst wenn Sie z.B. Judo nicht gegen einen bewaffneten Mann einsetzen können, wird Ihnen Ihre Fähigkeit zur Selbstverteidigung mehr Selbstvertrauen geben und Sie darüber hinaus weniger angreifbar erscheinen lassen.

Verhaltener Abort Siehe → Abort, Def. 4

Verhütungsmittel/-methode Siehe unter → Empfängnisverhütung

Verhütungsmittel für den Mann Methoden zur Einflußnahme auf die Bildung und Speicherung, auf die chemische Zusammensetzung und den Transport der Spermien beim Mann mit dem Ziel, eine Schwangerschaft bei der Partnerin zu vermeiden. Die hauptsächliche Verhütungsmethode von seiten des Mannes ist die Verwendung eines → Kondoms, das den ejakulierten Samen des Mannes in einer Gummihaut sammelt und so den direkten Kontakt mit dem weiblichen Genitalbereich und die Wanderung der Spermien von der Scheide in die Gebärmutter verhindert. Das Kondom als Verhütungsmethode ist in Ländern wie Großbritannien, Schweden und Japan weit verbreitet, bei uns in Deutschland etwas weniger, gewinnt aber seit einiger Zeit wegen der → AIDS-Problematik an Bedeutung.

Neben dem Kondom wurden auch eine Reihe von verschiedenen chemischen Substanzen, die die Bildung der Spermien unterdrücken, untersucht. Zu diesen gehören synthetisch hergestellte Hormone wie z.B. das → Testosteron, das die Bildung von → FSH (Follikel-stimulierendes Hormon) unterdrückt. FSH stimuliert beim Mann die Bildung von Spermien im Hoden, wenn es ausfällt, werden somit weniger beziehungsweise keine Spermien mehr gebildet. Die Einnahme von Testosteron zu diesem Zweck hat jedoch Nebenwirkungen, die denen der → oralen Kontrazeptiva („Pille“) bei der Frau ähnlich sind. Andere Hormone zur männlichen Schwangerschaftsverhütung sind Östradiol (eine Form des → Östrogens) in Kombination mit Testosteron und das → GnRH (Gonadotropin-freisetzendes Hormon), das die Freisetzung von Hormonen, die die Spermienbildung stimulieren, unterdrückt. Einige Forscher haben mit einer Gruppe von Hormonen, den sogenannten → Peptiden, experimentiert.

1979 kam aus China die Meldung, daß dort ein Medikament, genannt *Gossypol*, ein Abkömmling von Baumwollsamen, zur Schwangerschaftsverhütung beim Mann getestet würde. Offensichtlich vermindert dieses Medikament sowohl die Zahl als auch die Beweglichkeit von Spermien und hat nur geringe Nebenwirkungen, obwohl hohe Dosen giftig sind. Es scheint jedoch, daß die Einflüsse auf die Spermienproduktion irreversibel sind, d.h. daß der Mann auch nach Beendigung der Medikamenteneinnahme unfruchtbar bleibt. Einige Forscher arbeiten auch an der Entwicklung von Impfstoffen, die die Spermienbildung unterdrücken, was bisher aber nur in Tierversuchen getestet wurde. Eine andere Methode der Unterdrückung der Spermienproduktion ist die → thermatische Sterilisation, deren Vorteil es sein kann, daß sie nur eine vorübergehende Zeugungsunfähigkeit erzeugt. Die Hauptmöglichkeit einer dauerhaften Schwangerschaftsverhütung von seiten des Mannes ist die Sterilisation mittels einer → Vasektomie.

Verstopfung Siehe → Obstipation

Vestibulum vaginae Siehe → Scheidenvorhof

Vibrator Siehe unter → Orgasmus

Vitamine Substanzen, die der Körper — abgesehen von wenigen Ausnahmen — nicht selbst herstellen kann, die aber zur Erhaltung seiner Gesundheit und Funktionstüchtigkeit lebensnotwendig sind. Chemisch gesehen können die Vitamine in zwei große Gruppen aufgeteilt werden: in die fettlöslichen Vitamine A, D, E und K, die vom Körper gespeichert werden können, und in die wasserlöslichen Vitamine, nämlich Vitamin C und den Vitamin B-Komplex, die mit Ausnahme des Vitamin B_{12} nicht im Körper gespeichert werden können und von daher ständig neu zugeführt werden müssen. Alle Vitamine sind wichtig, auch wenn man nicht von allen die genaue Wirkungsweise kennt, und alle Vitamine sind in einer Vielzahl von Nahrungsmitteln vorhanden. Ein Mangel an bestimmten Vitaminen führt zu jeweils spezifischen Symptomen und Krankheiten. Eine Überdosierung bestimmter Vitamine, vor allem der fettlöslichen, kann ebenfalls zu Krankheitserscheinungen führen.

Einige Vitamine sind für die Gesundheit der Frau von besonderer Bedeutung. Die B-Vitamine, insbesondere die Folsäure, sind während der Schwangerschaft wichtig und müssen unter Umständen in dieser Zeit zusätzlich gegeben werden. Die Spiegel von Vitamin B_6, Folsäure und Vitamin B_{12} scheinen durch die Einnahme von → oralen Kontrazeptiva (Anti-Baby-Pille) abzufallen, möglicherweise weil die erhöhten Hormonspiegel zu einer verminderten Aufnahme der Vitamine aus dem Darm führen. Vitamin E kann bei manchen Frauen zur Erleichterung von → Hitzewallungen in den Wechseljahren beitragen, und Vitamin D, das für die Calciumaufnahme in den Knochen von Bedeutung ist, ist insbesondere für Frauen nach der → Menopause wichtig, um einem Knochenschwund (→ Osteoporose) vorzubeugen. Siehe auch die folgende Tabelle. Siehe auch unter → Ernährung.

***Tab. 2:* Die wichtigsten Vitamine des Körpers**

	vor allem zu finden in	*notwendig für*	*Symptome bei Unter- (U) bzw. Überdosierung (Ü)*	*Empfohlene tägl. Menge*
Vitamin A	Lebertran, Leber, Milch, Eigelb, Butter, Sahne, grünes Blattgemüse	Ausbildung normaler Hautgewebe, Körperwachstum, Aufnahme von Licht in der Netzhaut des Auges	U: Nachtblindheit, Austrocknung und Verhornung der Haut und Schleimhäute sowie der Augenbindehaut. Ü: Müdigkeit, Kopf-, Knochen- und Gelenkschmerzen, trockene, rissige Haut, Haarverlust, Lebervergrößerung, Gehirn- und Nervenschäden von noch ungeborenen Kindern bei Ü. in der Schwangerschaft	K: 2000–3300 IE. F: 4000 IE M: 5000 IE S: 5000 IE St: 6000 IE
Vitamin D	Lebertran, Leber, Butter, Eigelb, UV-Strahlen (Sonnenlicht)	Aufnahme von Calcium und Phosphat aus der Nahrung, Knochenverkalkung	U: Rachitis (Knochenschwund und -erweichung) Ü: Appetitlosigkeit, Erbrechen, Durst, vermehrter Harndrang, Calciumablagerungen in der Niere und Haut	N: 500–1000 IE M, F: 1000 IE
Vitamin E	Pflanzenöle, Weizen, Gerste, Roggen, Sojabohnen, Mais, Blattgemüse, Eigelb, Margarine	Schutz vor Oxidation bei vielen biochemischen Prozessen, möglicherweise Einflüsse auf Hormonstoffwechsel	U: Blutarmut, Muskelschwund, Leber- und Gehirnschäden	K: 5–10 IE M, F: 12 IE S, St: 15 IE
Vitamin K	Blattgemüse, Schweinefleisch, Pflanzenöle, Leber	normale Blutgerinnung	U: Blutungsneigung	1µg pro kg Körpergewicht
Vitamin B_1 (Thiamin)	trockene Hefe, ganze Körner, Leber-, Schweine- und anderes Fleisch, Eier, angereichertes Getreide, Nüsse, Gemüse, Kartoffeln	Kohlenhydratstoffwechsel	U: *(Beriberi)*, Nervenschäden, Lähmungen, emotionale Störungen, neuropsychologische Störungen, dementielle Entwicklungen	N: 0,3–0,5 mg K: 0,7–1,2 mg M,F: 1 mg S: 1,4 mg St: 1,5 mg
Vitamin B_2 (Riboflavin)	Milch, Käse, Leber, Fleisch, Eier, angereichertes Getreide	Eiweißstoffwechsel	U: Hautwunden, trockene Haut, Augenschäden	N: 0,4–0,6 mg K: 0,8–1,4 mg M,F: 1,2–1,5 mg S: 1,5 mg St: 1,7 mg

	vor allem zu finden in	*notwendig für*	*Symptome bei Unter- (U) bzw. Überdosierung (Ü)*	*Empfohlene tägl. Menge*
Nikotinsäure	getrocknete Hefe, Leber, Fleisch, Fisch, Gemüse, ganze Körner, angereichertes Getreide	Fettsäurestoffwechsel	U: *(Pellagra)* Hautschäden, Durchfall, Nervenschäden, Demenz, Depressionen	N: 6–8 mg K: 9–16 mg M,F: 13–15 mg S: 15–16 mg, St: 18–19mg
Vitamin B_6 (Pyridoxin)	Getrocknete Hefe, Leber, Innereien, Getreide, Fisch, Gemüse	Eiweiß- und Fettstoffwechsel	U: bei Säuglingen epileptische Anfälle, geistige Behinderung. Bei Erwachsenen Nervenentzündungen und Hautschäden	N: 0,3–0,6 mg K: 0,9–1,6 mg M,F: 2,0 mg S,St: 2,5–2,6 mg
Folsäure	frisches grünes Blattgemüse, Obst, Innereien, Leber, getrocknete Hefe	Blutbildung, Bildung von lebensnotwendigen Substanzen im Körper	U: Blutarmut, Anfälligkeit für Infektionskrankheiten, Hautschäden, Magen-Darm-Störungen, Schwangerschaftskomplikationen	N: 30-45 µg K: 100-300 µg M, F: 300-500 µg S: 800 µg, St: 500 µg
Vitamin B_{12} (Cobalamin)	Leber, Rind- und Schweinefleisch, Innereien, Eier, Milch, Milchprodukte	Blutbildung, DNS-Synthese, Nervenzellenfunktion	U: Blutarmut *(Perniziöse Anämie)*, psychiatrische Störungen, Sehstörungen	N: 0,5–1,5 µg K: 2,0–3,0 µg M, F, S, St: 3–5 µg
Panthotensäure	Fleisch, Geflügel, Milch, Eier, Erdnüsse, Erbsen, Brokkoli	Hormonproduktion	U: Müdigkeit, Hinfälligkeit, Schwäche und Krämpfe in den Beinen, Infektanfälligkeit	N: 2-3 mg K: 3-5 mg M, F, S, St: 7–10 mg
Vitamin C (Ascorbinsäure)	Zitrusfrüchte, Tomaten, Kartoffeln, Kohl, grüner Paprika	Bildung von gesundem Knochen- und Bindegewebe, Wundheilung	U: Skorbut (Zahnausfall, Blutarmut, Blutungsneigung, Müdigkeit, Schwäche u.v.a.m.) Ü: kann eventuell einen Gichtanfall auslösen	N: 35 mg, K: 45 mg M, F: 60 mg S: 80 mg, St: 100 mg

Die in der Tabelle verwendeten Abkürzungen und Einheiten bedeuten: U: Unterdosierung, Ü: Überdosierung, K: Kinder, F: Frauen, M: Männer, S: Schwangere, St: Stillende Frauen, N: Neugeborene, IE: Internationale Einheiten, mg: Milligramm, µg: Mikrogramm

Vorbereitete Geburt Siehe → Geburtsvorbereitung

Vordere Hinterhauptslage Die normale (und häufigste) Haltung des kindlichen Kopfes beim Durchtritt durch den mütterlichen Geburtskanal während der Geburt. Bei der vorderen Hinterhauptslage liegt das Kind der Länge nach und mit dem Kopf nach unten in der Gebärmutter. Zusätzlich ist der Kopf mit dem Kinn auf die Brust gebeugt. Durch diese Haltung ist das Hinterhaupt des Kindes der Teil, der als erster durch die Scheide nach außen tritt. Da in den meisten Fällen der kindliche Kopf so gedreht ist, daß das Hinterhaupt nach vorne zum Bauch der Mutter zeigt (d.h. das Gesicht des Kindes schaut nach hinten zum Steißbein der Mutter), spricht man auch von einer vorderen Hinterhauptslage (im Gegensatz zur → hinteren Hinterhauptslage, bei der das kindliche Hinterhaupt nicht nach vorne, sondern nach hinten zum Rücken der Mutter liegt). Die vordere Hinterhauptslage ist für die Passage des Kindes die weitaus günstigste, weil in dieser Haltung der kindliche Kopf am wenigsten Platz beansprucht. Siehe auch Abbildung 5 unter → Geburtsmechanismus zum besseren Verständnis. Siehe auch unter → Haltungsanomalie, → Lageanomalie, → Einstellungsanomalie, → Geburtsmechanismus.

Vorhaut Siehe → Präputium

Vorsorgeuntersuchung Siehe → Krebsvorsorge. Siehe auch → Schwangerenvorsorge

Vorwehen Siehe → Senkwehen

Vorzeitige Plazentalösung Siehe → Abruptio placentae

Vorzeitiger Blasensprung Siehe unter → Blasensprung

Vorzeitiger Samenerguß Siehe → Ejaculatio praecox

Vulva Die äußeren weiblichen Geschlechtsteile. Dazu gehören der → Venushügel, die kleinen und großen → Schamlippen, die → Klitoris, der → Scheidenvorhof mit der Harnröhrenmündung und dem Scheideneingang (→ Introitus) mit einem eventuell noch vorhandenen Jungfernhäutchen (→ Hymen) und die → Bartholin-Drüsen. Siehe auch Abb. 17 auf der folgenden Seite und unter → Uterus. Die Vulva kann von einer Reihe verschiedener Krankheiten betroffen werden, von denen die ernsteste das → Vulvakarzinom ist. Siehe auch → Vulvitis, → sexuell übertragbare Krankheiten.

Vulvakarzinom Ein → Krebs der → Vulva, der meist von den kleinen und/oder großen → Schamlippen ausgeht. Das Vulvakarzinom ist im Prinzip ein → Hautkrebs und tritt als ein Knoten oder als eine offene Stelle im Vulvabereich zutage, der leicht gesehen und ertastet werden kann. Viele Frauen neigen jedoch dazu, eine solche Hautveränderung zu ignorieren oder nicht ernst zu nehmen, so daß das Karzinom in manchen Fällen zu einer beträchtlichen Größe angewachsen ist, bis die Diagnose gestellt wird. Darüber hinaus tritt ein Vulvakarzinom vor allem im höheren Lebensalter (zwischen 65 und 75) auf, d.h. in einem Alter, in dem man weniger regelmäßig zum Frauenarzt geht und z.B.

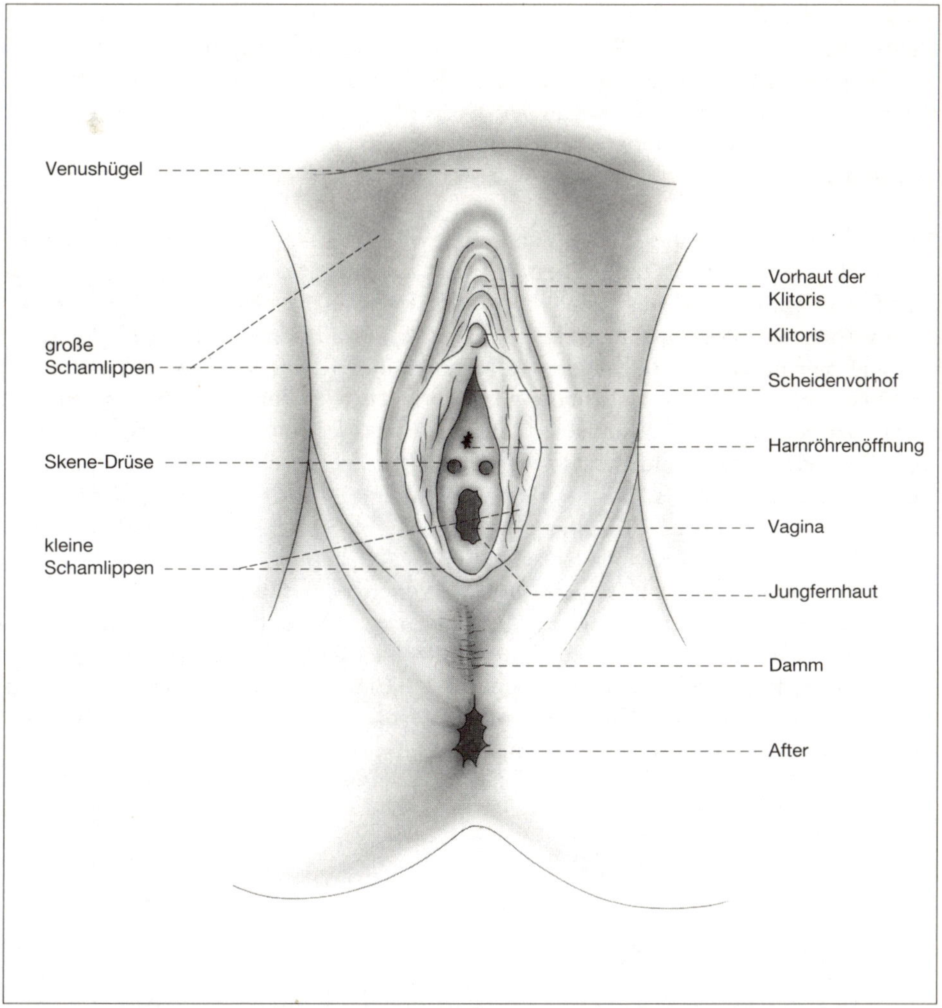

Abb. 17: Schematische Darstellung der äußeren weiblichen Geschlechtsorgane. Nähere Erläuterungen siehe Text.

wegen Gebrechlichkeit oder anderem weniger Augenmerk auf seine Genitalorgane legt. Auch ein → malignes Melanom kann im Vulvabereich wachsen und ist sogar die zweithäufigste Ursache für eine bösartige Veränderung der Vulva.

Die Warnzeichen für ein Vulvakarzinom sind eine nicht abheilende Wunde oder eine warzenähnliche Hautveränderung an der Haut der Vulva, ein anhaltender Juckreiz, Rötung oder Verdickungen der Vulvahaut sowie eine Veränderung eines eventuell dort vorhandenen Leberfleckes. Manchmal sehen die bösartigen Veränderungen ähnlich wie Feigwarzen (→ Condylomata acuminata) aus und können nur durch eine Gewebsprobenentnahme mit anschließender Untersuchung unter dem Mikroskop (siehe → Biopsie, Def. 2) von solchen Warzen unterschieden werden. Falls sich die auffälligen Hautveränderungen noch im Stadium der → Präkanzerose befinden, wird man zur Behandlung lediglich die veränderten Hautareale operativ entfernen. Handelt es sich um ein gesichertes Karzinom, dann muß eine sogenannte → Vulvektomie mit Entfernung der Schamlippen, der → Klitoris, einem Teil der Scheide, den Leistenlymphknoten und mehreren Zentimetern der Vulvahaut auf jeder Seite durchgeführt werden. Trotz einer solch ausgedehnten Operation ist ein Geschlechtsverkehr auch hinterher noch möglich und kann durchaus befriedigend sein.

Vulvitis Eine Entzündung der → Vulva. Eine häufige Ursache ist die → Kontaktdermatitis, bei der es zu Rötung, Brennen oder Juckreiz sowie Schwellung und Bläschenbildung im Bereich der Schamlippen kommt. Die Bläschen können platzen und dann verkrusten. Die Kontaktdermatitis der Vulva ist im Prinzip eine allergische Reaktion und kann durch Seife oder andere Reinigungmittel, Kondome, Vaginalschaum oder -zäpfchen, parfümierte Monatsbinden und Vorlagen oder durch Kleidung verursacht werden. In selteneren Fällen kann sie auch eine Folge der Anwendung von → Antibiotika oder anderen Medikamenten sein. Andere Ursachen für eine Vulvitis sind die Ansteckung mit → Filzläusen, eine → Herpesinfektion oder eine Entzündung der Scheide mit Ausfluß, die auf die Vulva übergreift (siehe → Kolpitis). Die Behandlung richtet sich nach der zugrundeliegenden Ursache. Bei Ausfluß aus der Scheide wird dieser nach eventuellen Keimerregern untersucht, und jede verdächtige Hautveränderung im Vulvabereich sollte näher untersucht werden, um sicherzugehen, daß keine bösartige Veränderung vorliegt (siehe → Vulvakarzinom). Sitzbäder und Kompressen können gegen den Entzündungsprozeß helfen, Medikamente und Cortisoncremes können den Juckreiz lindern (bezüglich pflanzlicher Medikamente gegen Juckreiz siehe unter → Kolpitis). Locker sitzende Unterwäsche ist ratsam, da Luft die Heilung fördert.

Wachstumsschub Siehe unter → Pubertät

Wachstum und Entwicklung Die kontinuierliche Zunahme von Körperlänge und Gewicht sowie die Reifung bestimmter Organe und Funktionen, die die Veränderungen von der Geburt bis hin zum Erwachsenenalter ausmachen. Sowohl die Schnelligkeit dieser Veränderungen als auch das „Endergebnis" sind von Individuum zu Individuum verschieden und hängen von einer Reihe von Faktoren wie Vererbung, Ernährung, allgemeine Gesundheit und anderen ab. Trotz dieser Bandbreite wurden Richtlinien für das normale Wachstum und die normale Entwicklung erstellt, um sie von Erkrankungen und anderen Störungen unterscheiden zu können. Zu diesen Richtlinien gehören z.B. standardisierte Größen- und Gewichtstabellen. Bezüglich der intrauterinen Entwicklung (d.h. der Entwicklung des → Fetus im Mutterbauch) siehe unter → Tragzeit. Siehe auch unter → Pubertät.

Warzen, genitale Siehe → Condylomata accuminata

Wassersucht Siehe → Ödem

Wechseljahre Siehe → Menopause

Wehen Periodische unwillkürliche Kontraktionen (Zusammenziehungen) der Muskulatur der Gebärmutter während der Geburt, die dazu beitragen, das Kind nach unten durch den → Geburtskanal nach außen zu pressen. Darüber hinaus bewirken die Wehen, daß der Gebärmutterhals sich abflacht und der Gebärmuttermund sich langsam öffnet, was eine Voraussetzung für die Austreibung des Kindes ist. Die Gebärmuttermuskeln fangen schon in der frühen Schwangerschaft an, sich periodisch zusammenzuziehen, aber diese Kontraktionen sind in der Regel erst im neunten Monat spürbar und verursachen keine Schmerzen (siehe → Braxton-Hicks-Kontraktionen). Mit Geburtsbeginn werden die Kontraktionen regelmäßig. In der Eröffnungsperiode, dem ersten Stadium der → Geburt, sind sie kurz, nicht so stark und kommen ungefähr alle zehn bis 20 Minuten. Oft spürt man sie zunächst als Druckgefühl im Rücken, bis sie dann auch im Unterbauch wahrnehmbar werden. Mit der Zeit werden die Abstände zwischen den Wehen immer kürzer, die Wehen werden stärker und dauern länger. Wenn der Muttermund ungefähr vier bis sieben Zentimeter weit ist, dauern sie schätzungsweise 60 Sekunden und kommen in vier- bis achtminütigen Abständen. Am Ende der Eröffnungsperiode, wenn der Muttermund zehn Zentimeter weit ist, können sie alle 30 Sekunden auftreten und bis zu eineinhalb Minuten lang dauern. Während der Austreibungsperiode halten die Wehen mit der gleichen Intensität an, zusätzlich verspürt jedoch die Frau den Drang, zusätzlich mit den Bauchmuskeln zu pressen, um das Kind zu gebären. Diese Wehen werden deshalb auch *Preßwehen* genannt. Direkt nach der Geburt des Kindes folgt eine Pause von wenigen Minuten. Dann setzen wieder regelmäßige, jedoch weitgehend schmerzlose Muskelkontraktionen ein, die sogenannten *Nachgeburtswehen*, bis sich die → Plazenta (Nachgeburt) von der Gebärmutterwand gelöst hat und nach außen abgestoßen ist. Auch noch nach der Entbindung kontrahiert sich die Uterusmuskulatur in regelmäßigen Abständen. Bei manchen Frauen, vor allem bei Mehrgebärenden, sind diese sogenannten *Nachwehen* manchmal etwas schmerzhaft und dauern einige Tage. Man spürt sie vor allem, wenn man das Kind zum Stillen an die Brust legt, wahrscheinlich weil dadurch das Hormon Oxytozin abgegeben wird, das die Gebärmuttermuskulatur zu Kontraktionen anregt (siehe unter → Laktation für nähere Erklärungen). In der Regel sind die Nachwehen jedoch innerhalb von 48 Stunden nach der Entbindung nur noch mild ausgeprägt. Sie führen zur Rückbildung der Gebärmutter zu ihrer ursprünglichen Größe und unterstützen die Blutstillung.

Die Kontraktionen der Gebärmuttermuskulatur sind unwillkürlich, d.h. nicht willentlich steuerbar. Sie treten während der Geburt sowohl bei Frauen mit einer Schmerzbetäubung durch eine → Peridualanästhesie auf als auch bei Frauen, die keine Kontrolle mehr über ihre Beckenmuskeln haben wie z.B. bei Querschnittsgelähmten.

Kontraktionen der Gebärmutter treten nicht nur als Wehen während und nach der Geburt auf, sondern manchmal auch als Krämpfe während der Regelblutung und in wesentlich milderer Form während des → Orgasmus. Warum starke Kontraktionen Schmerzen verursachen, ist nicht bekannt. Manche Fachleute glauben, daß sie durch die Dehnung des Gebärmutterhalses und des Beckenbodens zustande kommen, andere, daß sie Folge eines Sauerstoffmangels in den kontrahierten Muskelfasern sind, und wieder andere vertreten die Ansicht, daß durch die Kontraktionen Nerven im Beckenbereich gereizt werden. Siehe auch → Senkwehen, → Wehenschwäche.

Wehenschwäche Wehen, die zu schwach, zu kurz und zu selten sind, um den Fortgang der Geburt des Kindes ausreichend zu gewährleisten. Es gibt viele verschiedene Ursachen für eine Wehenschwäche. So können Überdehnungen der Gebärmutter bei → Mehrlingsschwangerschaften oder einem → Hydramnion oder Fehlbildungen der Gebärmutter als anatomische Hindernisse die Wehentätigkeit beeinträchtigen. Andere Gründe für eine Wehenschwäche sind eine → Beckenendlage oder eine → Querlage des Kindes, bei denen der kindliche Kopf nicht wie normal nach unten liegt und von daher die Wehen weniger gut stimulieren kann. Zu einer sogenannten *sekundären* Wehenschwäche kann es kommen, wenn durch eine → Geburtsverzögerung aus unterschiedlichsten Gründen die Energievorräte aufgebraucht sind.

Die Behandlung einer Wehenschwäche erfolgt durch eine Infusion des Hormons → Oxytozin, dessen Gabe jedoch sorgfältig mit Hilfe einer Kardiotokographie (siehe unter → fetale Überwachung) kontrolliert werden muß, um eine Überstimulation und/oder eine Gefährdung des Kindes zu vermeiden. Unterstützend kann man auch eine → Blasensprengung und eine Dehnung des Muttermundes mit dem Finger vornehmen (vorausgesetzt natürlich, daß die Fruchtblase noch nicht gesprungen und der Muttermund nicht schon ganz eröffnet ist). Bei einer Wehenschwäche infolge einer Geburtsverzögerung bleibt oft nichts anderes übrig, als die Entbindung mit Hilfe einer → Saugglocke oder einer Zange(→ Zangengeburt) zu beschleunigen.

Weibliche Hygiene Siehe unter → Hygiene

Weltgesundheitsorganisation Abgekürzt auch *WHO* von *World Health Organization* (engl.). Eine internationale Organisation, die ihren Sitz in Genf hat und eine weltweite Zusammenarbeit in Fragen des Gesundheitswesens anstrebt. Die WHO erleichtert durch

Erstellung von allgemeinen Nomenklaturen die internationale Verständigung zwischen Ärzten und anderem Personal des Gesundheitswesens, sucht nach Bekämpfungsmöglichkeiten vor allem von Seuchenkatastrophen und Volkskrankheiten und nimmt zu vielen Fragen, Vorbeugemaßnahmen und Behandlungswegen Stellung.

Wertheim-Operation Auch *radikale Hysterektomie*, *Radikaloperation nach Wertheim-Meigs*. Die operative Entfernung der Gebärmutter einschließlich der Zervix, der → Parametrien, der Beckenlymphknoten und des oberen Anteils der Vagina meist im Rahmen der Behandlung eines → Zervixkarzinoms. Siehe auch unter → Hysterektomie.

Windei Eine befruchtete Eizelle, bei der sich nur das → Plazentagewebe, nicht jedoch der → Embryo selbst entwickelt hat. Solche Fehlanlagen führen nicht zu einer erfolgreichen Schwangerschaft, sondern stattdessen gehen die Windeier entweder unbemerkt oder in Form einer Fehlgeburt frühzeitig wieder ab.

Windpocken Eine Infektionskrankheit, die durch das *Varizellen-Zoster-Virus* hervorgerufen wird und meist im Kindesalter auftritt (Kinderkrankheit). Die Ansteckung erfolgt über Kontakt mit erkrankten Personen, selbst wenn dieser nicht eng ist. Etwa 12 bis 16 Tage nach der Ansteckung kommt es zu einem typischen Hautausschlag vor allem am Rumpf mit vielen unterschiedlich großen Bläschen, die zu starkem Juckreiz führen können. Das Allgemeinbefinden ist meist weniger beeinträchtigt. Die Diagnose wird durch das typische Bild und durch die Bestimmung von Antikörpern im Blut gegen das Varizellen-Zoster-Virus gestellt. Zu Komplikationen kommt es nur in extrem seltenen Fällen. Eine → kausale Therapie gibt es wie bei fast allen Virusinfektionen nicht. Stattdessen behandelt man symptomatisch mit Medikamenten gegen den Juckreiz, da aufgekratzte Bläschen zu unschönen Narben führen können. Hat man einmal die Windpocken gehabt, dann ist man für den Rest seines Lebens dagegen immun, d.h. eine Wiederansteckung ist nicht möglich, da der Körper schützende Antikörper gebildet hat.

Wochenbett Auch *Kindbett*, *Puerperium*, *Postpartalperiode*. Die Zeit der ersten sechs Wochen nach einer Entbindung. Die Mutter wird in dieser Zeit als *Wöchnerin* bezeichnet. Im Normalfall erfolgt bei Krankenhausgeburten die Verlegung der Mutter aus der Entbindungsstation auf die Wöchnerinnenstation nach einer Überwachungsperiode von etwa zwei Stunden nach der Entbindung. Dort wird im allgemeinen zweimal täglich der Blutdruck, der Puls und die Temperatur gemessen. Meist kann die Frau in Abhängigkeit von der Art der Entbindung (Schnitt- oder vaginale Entbindung) und der eingesetzten Betäubungsform (Allgemein-, Lokal- oder Regional- beziehungsweise gar keine Betäubung) innerhalb von einer bis zwölf Stunden aufstehen und das Badezimmer benutzen. Manche Frauen haben Schwierigkeiten bei der Blasenentleerung, insbesondere nach einer Zangen- oder Saugglockenentbindung, und benötigen unter Umständen eine einmalige oder wiederholte Katheterisierung der Harnblase (siehe → Blasenkatheter), bis diese sich wieder erholt hat und ihre Funktion wieder aufnimmt. Weitere Maßnahmen während der ersten Wochenbettstage sind die Kontrolle des → Wochenflusses sowie bei erfolgter → Episiotomie der Wundheilung des Dammschnittes. Innerhalb der ersten beiden Tage nach der Entbindung kommt es außerdem zum Milcheinschuß (siehe unter → Laktation), und für einige Tage halten noch Nachwehen (siehe unter → Wehen) an, die nicht selten durch das Anlegen des Kindes ausgelöst werden. Zur Betreuung auf der Wöchnerinnenstation gehört auch die Anleitung und Unterstützung beim → Stillen sowie zur Brustpflege und zur Genitalhygiene. Außerdem sollte mit der Wochenbettgymnastik zur Kräftigung der Beckenboden- und Bauchdeckenmuskulatur und zur Förderung der Durchblutung begonnen werden. Verläuft alles normal, werden Mutter und Kind meist um den 4. Tag nach der Entbindung nach Hause entlassen, falls gewünscht, auch schon früher. Zuhause kann die Mutter im Prinzip ihr normales Leben wieder aufnehmen. Sie sollte sich jedoch öfters Ruhepausen gönnen, warme Sitzbäder nehmen, wenn es zu Beschwerden durch Hämorrhoiden nach dem Pressen oder durch heilende Dammschnittnähte kommt, und stillende Frauen sollten außerdem mehr als sonst trinken. (Manche Ärzte warnen jedoch wegen der Infektionsgefahr durch den noch erweiterten Zervikalkanal in den ersten Wochen vor dem Einsatz warmer Sitzbäder.) Meist wird empfohlen, für die ersten sechs Wochen auf vaginalen Geschlechtsverkehr zu verzichten.

Etwa sechs Wochen nach der Entbindung sollte eine Kontrolluntersuchung stattfinden, bei der das Körpergewicht, der Blutdruck, die Rückbildung der Gebärmutter nach der Geburt, die Brüste sowie der Hämoglobinwert im Blut und der Urin nochmals abschließend untersucht werden. Zu diesem Zeitpunkt wird man sich auch über die weitere Familienplanung beziehungsweise Empfängnisverhütung beraten. Bei stillenden Müttern besteht ein gewisser, jedoch nicht vollständiger Schutz gegen eine erneute Schwangerschaft. Die Einlage eines → Intrauterinpessars (Spirale) sollte während der anfangs hohen Ausstoßungsrate frühestens acht Wochen nach der Geburt erfolgen. Bevorzugt man → orale Kontrazeptiva zur Empfängnisverhütung, muß man bedenken, daß während des ersten Einnahmezyklus nach einer Entbindung noch kein vollständiger Schutz besteht und eventuell andere Verhütungsmethoden eingesetzt werden müssen, soll eine Schwangerschaft auf jeden Fall vermieden werden.

Anhaltende Schmerzen gleich welcher Art sowohl vor als auch nach der Entlassung aus dem Krankenhaus, ein übelriechender Ausfluß aus der Scheide sowie Temperaturen über 38° Celsius sollten sofort dem Arzt berichtet werden, da diese Symptome ein Hinweis für das Vorliegen einer Infektion sein können. Die Hauptkomplikationen des Wochenbettes sind Blutungen und Infektionen. Siehe auch → Ambulante Geburt, → Postpartale Blutungen, → Kindbettfieber, → Depression, → Polyp, Def. 3.

Wochenfluß Auch *Lochien* oder *Lochialsekret*. Die nach einer Entbindung durch die Scheide abfließende Flüssigkeit. Die bei der Geburt stattfindende Ablösung des Mutterkuchens von der Gebärmutterwand, mit der sie während der Schwangerschaft fest verwachsen war, hinterläßt eine offene Wunde in der Gebärmutter, die langsam heilt. Der Wochenfluß ist praktisch ein Wundsekret und entspricht in seiner Menge und Farbe dem Heilungsstadium der Gebärmutterwunde. In der ersten Woche ist der Wochenfluß blutig, in der zweiten braunrot, am Ende der zweiten Woche gelb und ab der dritten Woche schließlich hell weißlich. Jedoch können die Lochien auch noch nach der dritten Woche Blut enthalten, ohne daß dies pathologisch wäre. Nach etwa sechs Wochen versiegt das Lochialsekret. Der normale Wochenfluß hat einen eigenen charakteristischen Geruch, der an den Geruch frischen Blutes erinnert. Ändert der Geruch seinen Charakter und wird eher faulig-übelriechend, kann das ein Hinweis auf eine Infektion sein und sollte Anlaß zum sofortigen Arztbesuch geben. Siehe auch unter → Lochialstauung, → Polyp, Def. 3.

Zäpfchen Siehe → Suppositorium

Zangengeburt Auch *Zangenentbindung*, *Forzepsgeburt* oder kurz *Forzeps*. Die Entbindung eines Kindes mit Hilfe einer Geburtszange (Forzeps). Die Geburtszange besteht aus zwei Löffeln, die getrennt in die Vagina eingeführt und erst dann miteinander verbunden werden, wenn die beiden Löffel in der richtigen Position um den Kopf des Kindes liegen (siehe auch Abb. 18). Nachdem durch Zug an der Zange der Kopf des Kindes geboren wurde, werden die Löffel einzeln wieder abgenommen und der übrige Körper des Kindes wie bei einer normalen → Geburt entbunden. Die Zangenentbindung stellt im Gegensatz zur spontanen Geburt eine *operative* Geburt dar, die grundsätzlich nur

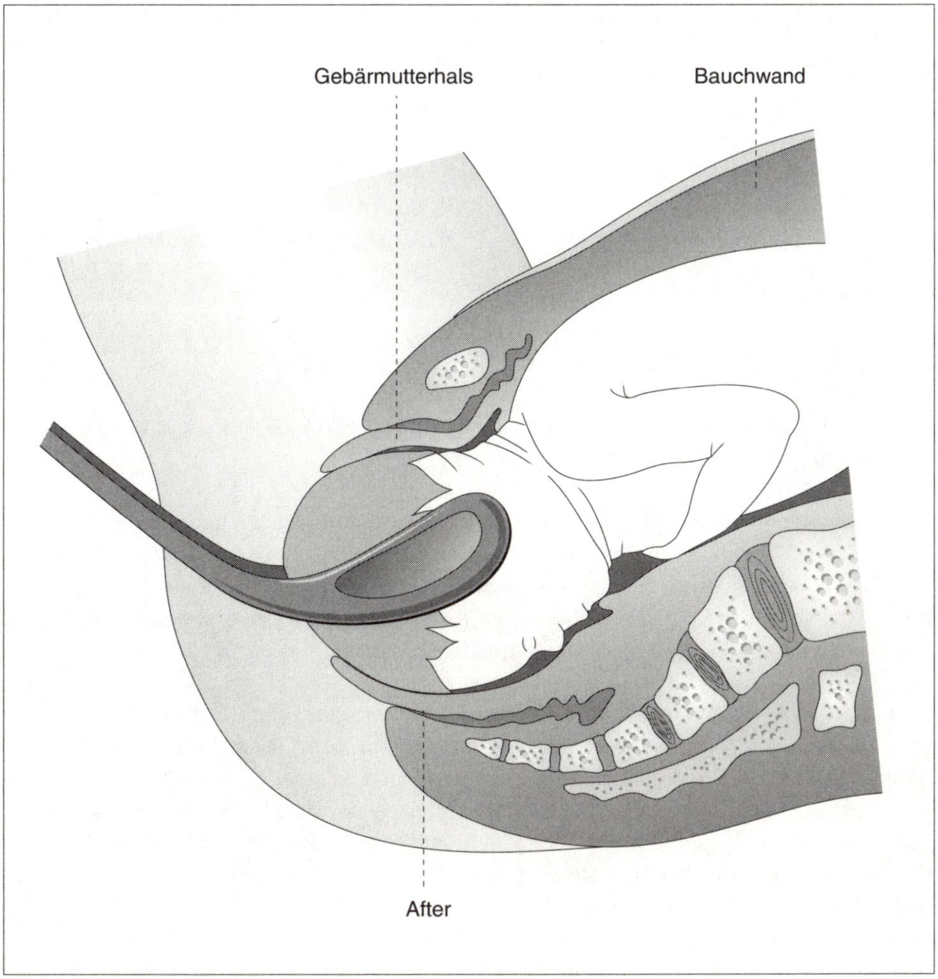

Abb. 18: Schematische Darstellung der Position der Geburtszange bei einer Zangengeburt (Seitansicht)

dann in Frage kommt, wenn ein weiteres Abwarten mit dem Ziel einer Spontangeburt mit Risiken für die Mutter und/oder das Kind verbunden wäre. Solche Risiken können sich aus verschiedenen Situationen ergeben, wie z.B. bei einem Geburtsstillstand aus geburtsmechanischen Gründen (z.B. bei einer → Querlage oder → Beckenendlage oder bei → Haltungsanomalien des Kindes), bei Anzeichen dafür, daß das Kind unter einem Sauerstoffmangel leidet, bei schweren mütterlichen Erkrankungen oder Erschöpfungszuständen oder bei → Wehenschwäche. Dabei ist die Zangenentbindung nur eine Form der operativen Geburt. Andere Möglichkeiten sind z.B. der → Kaiserschnitt oder die Entbindung mit der → Saugglocke. Die Entscheidung darüber, welche Form der operativen Entbindung im gegebenen Fall sinnvoll ist, hängt von mehreren Faktoren ab. Eine Zangengeburt ist z.B. nur möglich, wenn der Kopf der vorangehende Kindsteil ist, wenn der Muttermund vollständig eröffnet ist, wenn die Fruchtblase gesprungen ist (→ Blasensprung) und wenn kein offensichtliches Mißverhältnis zwischen dem mütterlichen Becken und dem kindlichen Kopf besteht, so daß das Kind auf keinen Fall durch den → Geburtskanal passen würde. Sie erfordert einen erfahrenen Geburtshelfer und wird in der Regel ohne Narkose durchgeführt. Verletzungen der Mutter oder des Kindes durch die Zange sind bei fachgerechter Durchführung extrem selten.

Zeichnen Die Ausstoßung des → zervikalen Schleimpfropfes vor Beginn oder während der Geburt durch die langsame Auflockerung und Erweiterung des Muttermundes (siehe auch unter → Zervixreifung). Oft ist der Schleim durch die Entstehung kleiner Geweberisse mit etwas Blut vermischt. Das Zeichnen ist eines der Anzeichen für den Geburtsbeginn.

Zerebralparese, infantile Siehe → Infantile Zerebralparese

Zervikale intraepitheliale Neoplasie siehe unter → cervikale intraepitheliale Neoplasie.

Zervikaler Schleimpfropf Ein kleiner Schleimpfropfen, der während der Schwangerschaft den → Zervikalkanal ausfüllt und verschließt. Mit der langsamen Erweiterung des Zervikalkanals gegen Ende der Schwangerschaft wird er oft spontan zusammen mit etwas Blut ausgestoßen. Dieses Phänomen wird → Zeichnen genannt und kann Wochen vor Wehenbeginn, kurz zuvor oder auch während der Geburt erfolgen.

Zervikalkanal Auch *Gebärmutterhalskanal, Muttermundkanal.* Die kanalförmige untere Öffnung der Gebärmutter, deren Wände durch den Gebärmutterhals, die sogenannte → *Zervix,* gebildet werden. Der Zervikalkanal ist etwa 2,5 cm lang und wird von einer feinen, schleimproduzierenden Schleimhaut ausgekleidet. Normalerweise ist der Zervikalkanal so eng, daß nichts von der Scheide nach oben in die Gebärmutterhöhle eindringen kann. Während der Regelblutung jedoch ist er etwas weiter, damit das Blut nach unten in die Scheide ablaufen kann. Da der Weg durch den Zervikalkanal der einzige natürliche Zugang zur Gebärmutterhöhle ist, muß er für manche ärztliche Maßnahmen wie z.B. für eine Ausschabung (→ Abrasio) oder einen → Schwangerschaftsabbruch erst etwas aufgedehnt (dilatiert) werden, damit man ohne Gefahr Instrumente in die Gebärmutterhöhle einführen kann. Manche Erkrankungen gehen von der Schleimhaut des Zervikalkanals aus, wie z.B. die → Ektopia cervicis, die → cervikale intraepitheliale Neoplasie oder Zervixpolypen (siehe → Polyp, Def. 1).

Zervikalschleim-Methode Ein im Rahmen der → Familienplanung eingesetztes Verfahren zur Bestimmung des Ovulationszeitpunktes (Zeit des Eisprungs), das auf der Tatsache beruht, daß sich der Zervikalschleim (d.h. der Schleim, der von der → Zervix [Gebärmutterhals] gebildet wird) bei den meisten Frauen während jedes Menstruationszyklus bezüglich seines Volumens und seiner Konsistenz in charakteristischer Form verändert: Direkt im Anschluß an die Regelblutung (→ Menstruation) wird eine kaum wahrnehmbare Menge an Schleim produziert. Über die nächsten Tage wird die Schleimmenge langsam immer größer, der Schleim wird dick, klebrig und hat ein milchiges Aussehen. Direkt vor dem Eisprung (→ Ovulation) steigt die Menge nochmals an, der Schleim wird durchsichtig und hat eine spinnbare Konsistenz, ähnlich wie rohes Eiweiß. Mit *Spinnbarkeit* meint man, daß sich der Schleim auseinanderziehen läßt, ohne zu reißen. Kurz, d.h. etwa ein oder zwei Tage, nachdem der Schleim ein Maximum an Spinnbarkeit erreicht hat, kommt es zum Eisprung. Danach wird er, wenn auch nicht so ausgeprägt wie vor der Ovulation, wieder dicker und klebriger bis zur nächsten Menstruation, mit der ein neuer Zyklus beginnt. Die regelmäßige Untersuchung des Zervikalschleims mit dem Ziel, eine Schwangerschaft zu verhindern, wird auch *Billings-Methode* genannt, nach einem australischen Ärzteehepaar, das diese Methode einführte.

In ihrer einfachsten Form besteht die Zervikalschleim-Methode darin, daß die Frau ihren Zervikalschleim täglich mit Augen und Händen untersucht. Dazu setzt sie sich mit leicht gespreizten Beinen (z.B. auf die Toilette) und entnimmt mit den Fingern etwas Schleim aus der Scheide. Wenn sie mit ihrem individuellen Muster der Schleimveränderungen vertraut ist und sich dieses Muster darüber hinaus als einigermaßen regelmäßig herausstellt, dann ist dies eine ziemlich verläßliche Methode der → Empfängnisverhütung. In Kombination mit der Methode der → Basaltemperaturmessung wird sie sogar noch zuverlässiger (siehe auch unter → Natürliche Methoden der Empfängnisverhütung). Bei Anwesenheit von Samenflüssigkeit (nach einem Geschlechtsverkehr), → spermiziden Vaginalcremes/-tabletten oder bei einer Infektion der Vagina oder der Zervix kann der Schleim jedoch verändert sein und diese Methode damit nutzlos machen. (Bezüglich einer grundsätzlichen Erklärung des Menstruationszyklus mit fruchtbaren und unfruchtbaren bzw. „unsicheren" Tagen siehe unter → Menstruationszyklus.)

Zervikalstenose Auch *Zervixstenose*. Die Einengung des → Zervikalkanals, meist als Folge von therapeutischen oder diagnostischen ärztlichen Eingriffen wie einer → Konisation, einer → Kauterisation, einer → Kryotherapie oder einer → Abrasio. Meist tritt eine Zervikalstenose erst nach mehreren solcher Eingriffe durch die Bildung von Narbengewebe auf. Sie kann, wenn vorhanden, sowohl die Empfängnis behindern als auch die erschwerte Eröffnung des Muttermundes bei späteren Geburten bedingen. Die Therapie besteht in der Vermeidung häufiger Manipulationen an der Zervix, wodurch eine Zervikalstenose erst gar nicht entstehen kann, und in der eventuellen operativen Entfernung von Narbengewebe.

Zervix Auch *Gebärmutterhals*. Der untere, zylindrisch geformte Teil der Gebärmutter, der mit seinem größten Anteil in die Vagina hineinragt. Dagegen wird der obere, breitere Teil der Gebärmutter (siehe → Uterus) *Corpus* oder zu deutsch Körper genannt. In der Mitte der ungefähr 2,5 cm langen Zervix verläuft der → Zervikalkanal, dessen oberes Ende in die Gebärmutterhöhle führt und *innerer Muttermund* genannt wird, während sich sein unteres Ende als *äußerer Muttermund* zur Vagina hin öffnet. Der äußere Muttermund wird auch *Portio* genannt. Bei Frauen, die noch nicht geboren haben, hat die Portio eine regelmäßige, runde Form von ca. 5 mm Durchmesser. Während der Geburt öffnet sich der Muttermund bis zu 10 Zentimetern weit im Durchmesser und kehrt danach nie mehr zu seiner ursprünglichen Form zurück, sondern besteht jetzt aus einer querovalen, ca. 5 bis 6 mm breiten Öffnung. Bei nicht schwangeren Frauen ist die Zervix rosa. Während der Schwangerschaft bekommt sie jedoch als Folge der vermehrten Durchblutung eine mehr bläuliche Farbe. Diese Farbänderung ist eines der frühestmöglichen Zeichen einer Schwangerschaft (siehe → Chadwick-Schwangerschaftszeichen).

Der Zervikalkanal ist mit einer Schleimhaut ausgekleidet, deren zahlreichen kleine Drüsen ständig einen dicklichen Schleim produzieren. In Abhängigkeit von der Stimulation durch verschiedene Hormone verändert sich dieser Schleim während des → Menstruationszyklus, eine Tatsache, die man sich zur Bestimmung des Zeitpunktes des Eisprungs und damit zur Empfängnisverhütung oder zur Planung einer Schwangerschaft zunutze macht (siehe unter → Zervikalschleim-Methode).

An der Zervix können sich zahlreiche krankhafte Veränderungen abspielen, von denen die schwerwiegendste das → Zervixkarzinom ist, das wenig Symptome macht, durch regelmäßige Abstriche (siehe unter → Papanicolaou-Abstrich) jedoch früh entdeckt und behandelt werden kann. Weniger ernste, aber oft viel störendere Veränderungen sind die → Ektopie der Zervix, Zervixpolypen (→ Polyp, Def. 1), eine → Zervizitis und die → Cervikale intraepitheliale Neoplasie. Siehe auch unter → Zervixinsuffizienz.

Zervixabstrich Die Entnahme von etwas Sekretmaterial aus dem Zervikalkanal zur anschließenden Beurteilung unter dem Mikroskop. Für eine genauere Erklärung siehe unter → Papanicolaou-Abstrich und unter → Vaginalabstrich.

Zervixdilatation Siehe unter → Geburt

Zervixinsuffizienz Die vorzeitige, d.h. vor der eigentlichen Geburt stattfindende Erweiterung der → Zervix (Gebärmutterhals) während des zweiten Schwangerschaftsdrittels (vierter bis sechster Monat) mit der Gefahr einer Fehlgeburt durch Einreißen der Fruchtblase und anschließenden Abgang des Kindes, das meist noch zu unreif ist, um überleben zu können. Eine Zervixinsuffizienz ist nicht schmerzhaft und verursacht keine Blutungen, so daß es wenig oder keine Warnzeichen für einen drohenden → Abort durch eine Zervixinsuffizienz gibt. Man kann die Erweiterung des Gebärmutterkanals und die gleichzeitige Eröffnung des äußeren Gebärmuttermundes jedoch bei der → gynäkologischen Untersuchung mit dem → Spekulum erkennen. Die Ursache der Zervixinsuffizienz ist nicht bekannt. Da sie jedoch nur selten während der ersten Schwangerschaft auftritt und eine Neigung zeigt, sich bei jeder folgenden Schwangerschaft zu wiederholen, vermutet man, daß Verletzungen der Zervix während einer vorausgegangenen Geburt oder durch operative Maßnahmen wie z.B. eine → Abrasio eine ursächliche Rolle spielen. Die erwähnte Tendenz zum erneuten Auftreten in folgenden

Schwangerschaften macht die Zervixinsuffizienz zu einer der häufigsten Ursachen für → habituelle Aborte. Die Behandlung besteht im Anlegen einer sogenannten *Cerclage*, d.h. im Zunähen der Zervix mit speziellen Fäden, um ein Fortschreiten der Zervixeröffnung und damit eine Fehlgeburt zu verhindern. Die Cerclage wird in der Regel zwischen der 14. und 18. Schwangerschaftswoche angelegt und vor Wehenbeginn, d.h. normalerweise während der 38. oder 39. Woche, wieder entfernt — es sei denn, man plant einen → Kaiserschnitt zur Entbindung, in welchem Fall die Cerclage belassen werden kann. In den meisten Fällen kann eine solche Behandlung eine Fehlgeburt verhindern. Droht dennoch ein Abort, müssen die Nähte der Cerclage rechtzeitig entfernt werden, damit es durch die Fehlgeburt nicht zur Verletzung der Zervix kommt.

Zervixkappe Auch *Portiokappe*. Eine weiche Gummi- oder Plastikkappe, die über die Zervix (Gebärmuttermund) gestülpt wird und dadurch die Spermien am Eindringen in den Zervikalkanal und damit in die Gebärmutter hindert. Die Zervixkappe hat einen Durchmesser von etwa 3,5 bis 4 cm und besitzt einen dicken, festen Rand. Plastikkappen sind etwas größer als Gummikappen und sehen etwas anders aus. Sie werden seltener als die Gummikappen verwendet. Zervixkappen werden durch Sog an ihrem Platz über dem Muttermund gehalten. Wenn man sie zusammen mit einer → spermiziden Vaginalcreme anwendet, entspricht ihre Sicherheit in der Verhütung einer ungewollten Schwangerschaft etwa der des → Scheidendiaphragmas. Die Kappe muß wie das Diaphragma individuell an die Zervixgröße der Frau angepaßt werden. Sie kann jedoch deutlich länger in der Scheide belassen werden (die Fachleute sind sich hier nicht ganz einig; siehe weiter unten) und ist von daher bequemer in der Anwendung. Während der Regelblutung sollte man sich auf die Zervixkappe als Verhütungsmittel nicht verlassen, da das aus der Gebärmutter fließende Blut den Sog durchbricht, der die Kappe an ihrem Platz hält. Man kann sie jedoch dazu verwenden, das Menstruationsblut aufzufangen.

Für Frauen, die wegen einer sehr kurzen vorderen Vaginalwand, einem ausgeprägtem → Blasenvorfall oder anderen anatomischen Problemen kein Scheidendiaphragma verwenden können, kann die Zervixkappe oft eine brauchbare Alternative sein, vorausgesetzt der Gebärmutterhals ragt mindestens sieben Millimeter aus der Ebene der Vaginalwand heraus. Auch muß eine einmal angepaßte Zervixkappe nicht so oft neu angepaßt werden wie das Diaphragma, da bei den meisten Frauen die Zervix selbst weniger Größenveränderungen unterworfen ist (durch z.B. Schwangerschaft, Gewichtsverlust oder -zunahme) als die Scheide. Auf der anderen Seite gibt es jedoch Bedingungen, unter denen eine Zervixkappe nicht verwendet werden soll: dazu gehören eine ungewöhnlich lange oder kurze Zervix und Entzündungen der Vagina (→ Kolpitis), der Zervix (→ Zervizitis) oder der Eierstöcke und Eileiter. Die Entzündungen stellen jedoch nur vorübergehende Einschränkungen dar; sobald sie ausgeheilt sind, kann die Zervixkappe ohne weiteres wieder verwendet werden.

Vorausgesetzt, die Zervixkappe wird immer sachgerecht angewendet, liegt der → Pearl-Index bei 2,0 bis 2,5. Das heißt, von 100 Frauen, die die Zervixkappe verwenden, werden trotz richtiger Anwendung zwei bis drei Frauen schwanger. In der Realität sind es jedoch eher zehn bis 15 Frauen, die schwanger werden. Dieser Unterschied zwischen Theorie und Praxis resultiert aus Anwendungsfehlern im Umgang mit der Kappe.

Neben ihren Vorteilen hat die Zervixkappe jedoch auch einige Nachteile. Sie erfordert eine sorgfältige individuelle Größenanpassung, sie ist etwas schwieriger in die

Scheide einzuführen als ein Diaphragma, und die Anzahl der zur Verfügung stehenden Größen ist begrenzt. Bei manchen Frauen gelingt die Anpassung überhaupt nicht. Auch wurde sie in Zusammenhang mit einer erhöhten Rate an abnormalen Abstrichergebnissen (siehe unter → Papanicolaou-Abstrich) gebracht. Aus diesem Grund empfehlen manche Fachleute, daß die Kappe nur bei normalen Abstrichen angepaßt werden sollte, und daß nach drei Anwendungsmonaten ein erneuter Abstrich durchgeführt wird, um sicherzugehen, daß keine krankhaften Veränderungen an der Zervix stattfinden.

Die Zervixkappe scheint bis auf die Möglichkeit einer Schleimhautreizung durch die spermizide Vaginalcreme keine weiteren Nebenwirkungen zu haben. Tritt eine solche Reizung auf, kann die Benutzung einer anderen Marke das Problem oft lösen. Gelegentlich löst sich die Kappe während des Geschlechtsverkehrs. Wenn dies mehr als einoder zweimal geschieht, sollte die Anpassung neu überprüft werden. Wegen dieser Möglichkeit wird für die ersten acht Male des Geschlechtsverkehrs mit Zervixkappe die zusätzliche Verwendung eines → Kondoms empfohlen. Für manche Frauen, deren Zervix während des Menstruationszyklus beträchlichen Größenveränderungen unterworfen ist, kann es notwendig sein, zwei verschieden große Kappen zu verwenden.

Die Zervixkappe wurde Anfang des 19. Jahrhunderts erfunden und fand bis zum Ende des 19. Jahrhunderts in Europa eine relativ große Verbreitung. Ursprünglich wurde sie ohne spermizide Vaginalcreme eingesetzt. Tatsächlich wird manchmal gesagt, daß die Zervixkappe ohne Creme genauso wirksam sei wie das Diaphragma mit spermizider Creme. (Offensichtlich wirkt die luftdichte Anpassung der Kappe als wirksamere Barriere gegen die Spermien als der lockere Federmechanismus des Diaphragmas.) Darüber gibt es jedoch noch keine gesicherten Erkenntnisse, und um unnötiges Risiko zu vermeiden, sollte man die Kappe auf jeden Fall mit einem spermienabtötendem Mittel verwenden. Dabei geht man so vor, daß man die Kappe zu zwei Drittel mit der Creme füllt und sie dann sorgfältig so einführt, daß sie dierekt über der Zervix sitzt. Sie sollte für mindestens 12 Stunden nach dem letzten Geschlechtsverkehr in der Scheide belassen werden. Wenn sie auch dann noch genügend Creme enthält, kann man sie auch noch länger und für weiteren Sexualverkehr belassen. Um das zu überprüfen, empfiehlt man, die Kappe ein oder zwei Tage nach der ersten Anwendung zu entfernen. Wenn sie mindestens noch zu einem Drittel mit Creme gefüllt ist, kann sie wieder aufgefüllt und erneut eingeführt werden. Diese Überprüfung sollte zweimal erfolgen, bevor man sie dann für 72 Stunden belassen kann. Entfernt wird die Kappe durch das Anheben des Randes, um den Sog zu durchbrechen. Danach wäscht man sie mit Seife und Wasser. Es gibt unterschiedliche Ansichten bezüglich der Verwendungsdauer für eine Kappe. Manche sagen, daß man sie nach einem Jahr durch eine neue ersetzen sollte, andere, daß sie zwei bis fünf Jahre angewendet werden kann.

Zervixkarzinom Ein → Krebs der → Zervix, d.h. des Gebärmutterhalses. Das Zervixkarzinom ist nach dem → Korpuskarzinom das häufigste Karzinom im Genitalbereich der Frau. Es tritt bevorzugt im 5. und 6. Lebensjahrzehnt auf, wird aber, vor allem was seine Vorstufen angeht, zunehmend auch bei jüngeren Frauen beobachtet. Die Ursache für die Entwicklung eines Zervixkarzinoms ist noch nicht ausreichend geklärt. Es fällt aber auf, daß Frauen mit bestimmten Risikofaktoren gehäuft an einem Karzinom der Zervix erkranken. Zu diesen Risikofaktoren gehören: häufig wechselnde Sexualpartner (→ Promiskuität), Aufnahme des Geschlechtsverkehrs in einem frühen Lebensalter, mangelnde Genitalhygiene der männlichen Partner, hohe Geburtenzahl sowie häufige Erkrankungen an → sexuell übertragbaren Krankheiten.

Die Entwicklung eines Zervixkarzinoms verläuft über sogenannte → Präkanzerosen, d.h. Veränderungen des Gewebes, die noch nicht bösartig sind, es aber mit der Zeit werden können. Die Präkanzerosen der Zervix werden als → cervikale intraepitheliale Neoplasien bezeichnet und verursachen in der Regel keine Symptome. Wird eine solche Gewebsveränderung nicht durch eine regelmäßige Krebsvorsorgeuntersuchung entdeckt und behandelt, entwickelt sich nach unterschiedlich langer Zeit ein Karzinom der Zervix. Ist es erst einmal so weit gekommen, dann bleibt der Krebs in seinem Wachstum noch eine Weile auf den Gebärmutterhals beschränkt. Auch jetzt müssen keinerlei Symptome auftreten. Gelegentlich kommt es zu leichten Blutungen beim Geschlechtsverkehr, Schmerzen bestehen in der Regel jedoch nicht. Hat das Krebswachstum einmal die Zervixgrenze überschritten, dann wächst es sehr schnell weiter bis zur Scheide, der Gebärmutter, der Blase und sogar bis zum Enddarm. In diesen Krankheitsstadien kommt es jetzt zu Beschwerden: die Harnleiter werden vom Krebsgewebe ummauert und führen zu einem Aufstau des Urins in die Nieren, was zu einer Urinvergiftung des Blutes und schließlich auch zum Tod führen kann. Außerdem können durch das Tumorgewebe abnorme Verbindungen (Fisteln) zwischen der Harnblase und der Scheide mit Abfluß von Urin aus der Scheide und zwischen Enddarm und Scheide mit Abgehen von Stuhl aus der Vagina auftreten.

Das Vorliegen eines Zervixkarzinoms wird anhand einer → gynäkologischen Untersuchung vermutet, bei der man das veränderte Gewebe an der Zervix sehen kann. Durch eine Gewebsprobenentnahme und anschließende Untersuchung unter dem Mikroskop wird die Diagnose bestätigt oder ausgeschlossen. Es folgen ergänzende Untersuchungen zur Feststellung des Ausbreitungsstadiums (siehe auch unter → Stadieneinteilung). Diese Untersuchungen bestehen in der Regel aus einer → Computertomographie, einer → Ultraschalluntersuchung des Unterbauchs sowie in bildgebenden Verfahren des Enddarms und der Harnblase und der Nieren. Die Behandlung hängt wie bei jeder Krebserkrankung vor allem von dem Stadium des Karzinoms ab, in dem die Diagnose gestellt wird. Bei Präkanzerosen genügt in der Regel eine → Konisation, d.h. eine Entfernung des veränderten Gewebes an der Zervix. In den frühen Stadien einer Karzinomausbildung erfolgt eine Operation, bei der entweder nur die Gebärmutter oder häufiger auch zusätzlich die umliegenden Gewebe einschließlich der Lymphknoten im Becken entfernt werden (siehe → Wertheim-Operation). An eine solche Operation kann sich noch eine → Strahlentherapie anschließen. In weiter fortgeschrittenen Stadien verzichtet man meist auf die Operation (da sie nicht zu einer Erhöhung der Heilungschancen führt) und beschränkt sich statt dessen auf eine alleinige Strahlenbehandlung.

Nach Abschluß der Therapie müssen regelmäßige Kontrolluntersuchungen stattfinden, um ein eventuelles Neuwachstum des Tumors rechtzeitig erfassen und behandeln zu können. Innerhalb der ersten beiden Jahren empfiehlt man Nachsorgeuntersuchungen in drei- bis viermonatigen, in den folgenden drei Jahren in fünf- bis sechsmonatigen Abständen. Nach Ablauf von fünf Jahren kann man sich auf eine jährliche Kontrolle beschränken. Die Heilungschancen und Überlebensraten hängen vom Stadium der Krebserkrankung ab, in dem die Behandlung erfolgt ist. Bei Präkanzerosen und noch sehr winzigen Karzinomen liegt die Wahrscheinlichkeit, die nächsten fünf Jahre zu überleben, bei etwa 100%, d.h. man kann sich als geheilt betrachten. In den späteren Stadien, vor allem wenn das Karzinom schon in das kleine Becken vorgewachsen ist, werden die Überlebenszeiten schnell kürzer.

Da das Zervixkarzinom und sein Vorläufer, die cervikale intraepitheliale Neoplasie, so gut heilbar sind und außerdem bei einer gynäkologischen Untersuchung leicht entdeckt werden können, ist es so wichtig, daß alle Frauen ab 20 oder ab der Aufnahme eines aktiven Sexuallebens eine regelmäßige Vorsorgeuntersuchung für das Zervixkarzinom durchführen lassen. Diese Untersuchung besteht in einer sehr einfachen und schnell durchführbaren Methode, die man → Papanicolaou-Abstrich nennt. Auf diese Weise kann jede Frau verhindern, daß ein Zervixkarzinom so weit vorwächst, daß es nicht mehr heilbar ist.

Zervixpolyp siehe unter Polyp, Def. 1

Zervixreifung Der Prozeß der zunehmenden Auflockerung, Erweichung und Verkürzung der Zervix von etwa 2 cm Länge auf praktisch 0 cm, d.h. die vollständige Abflachung des Muttermundkanals während des letzten Schwangerschaftsmonates und vor allem während der Eröffungsperiode der → Geburt, wodurch sich der Kanal in eine flache, runde Öffnung mit papierdünnen Rändern verwandelt. Der Prozeß beginnt bei Erstgebärenden am inneren Muttermund und wandert nach unten, bei Mehrgebärenden öffnen sich innerer und äußerer Muttermund unter gleichzeitiger Abflachung gleichzeitig. Durch die Wirkung der → Braxton-Hicks-Kontraktionen (Schwangerschaftswehen) hat ein großer Teil der Zervixreifung schon stattgefunden, bevor die eigentliche Geburt stattfindet. Während der Eröffnungsperiode schreitet der Prozeß dann zusammen mit der gleichzeitigen Erweiterung des Muttermundes fort, so daß am Ende der Eröffnungsperiode die eigentliche Geburt des Kindes beginnen kann, was bei noch nicht erfolgter Zervixreifung wegen des geschlossenen Muttermundes nicht möglich ist.

Zervixstenose Siehe unter → Zervikalstenose

Zervixzyste siehe unter Zyste, Def. 4

Zervizitis Eine Entzündung der → Zervix (Gebärmutterhals). Meistens wird die Zervizitis durch eine Infektion mit verschiedenen Keimen (z.B. Chlamydien, Mykoplasmen, Gonokokken, Trichomonaden u.a.), manchmal jedoch auch durch chemische Substanzen oder einen Fremdkörper (z.B. Tampon, Spirale, Penis) verursacht. Eine milde Zervizitis verursacht keine Symptome. Eine akute, heftige Entzündung zeichnet sich vor allem durch einen starken Ausfluß aus der Scheide aus, der verschiedene Farben haben, eher dünn- oder dickflüssig und manchmal auch übelriechend sein kann. Der Geschlechtsverkehr oder die Berührung der Zervix durch ein Tampon oder beim Arzt durch die gynäkologische Untersuchung und manchmal auch das Wasserlassen können schmerzhaft sein, und manchmal kommt es nach Geschlechtsverkehr zu einem blutigen Ausfluß. Bei der → Spekulum-Untersuchung sieht der Arzt eine gerötete und geschwollene Zervixschleimhaut und eventuell auch einen eitrigen Ausfluß aus dem Muttermund. Ein allgemeines Krankheitsgefühl besteht jedoch selten.

In jedem Fall einer Zervizitis muß versucht werden, den verursachenden Erreger festzustellen. Dabei muß auch bedacht werden, daß bösartige Erkrankungen zuweilen wie eine Entzündung aussehen können, die deshalb mittels eines → Papanicolaou-Abstrichs und gegebenenfalls mittels weiterführender Untersuchungen ausgeschlossen werden sollten. Sobald man den Erreger bestimmt hat, beginnt die Behandlung, die in der Gabe des jeweils passenden → Antibiotikums besteht. Nach Abklingen der akuten Entzündung sollten eventuelle narbige Veränderungen operativ durch z.B. → Konisation entfernt werden, um wiederkehrende Entzündungen zu vermeiden. Bei Frauen mit einer Zervizitis, die eine → Spirale zur Empfängnisverhütung tragen, kann diese in der Regel belassen werden. Nur bei häufigen, rezidivierenden Entzündungen ist es ratsam, die Spirale entfernen zu lassen und eine andere Form der → Empfängnisverhütung zu verwenden (siehe auch → Kolpitis).

Zu den pflanzlichen Heilmitteln (siehe → Pflanzenheilkunde), die bei einer Zervizitis eingesetzt werden können, gehören Aufgüsse aus Rosmarin (*Rosmarinus officinalis*), Heildolde (*Sanicula europaea* oder *mariandica*) und Schwarzwurz (*Symphytum officinalis*), mit denen man entweder eine → Vaginalspülung durchführt oder in die man ein Tampon tunkt, bis es sich vollgesaugt hat, und dieses dann in die Scheide einführt.

Zeugungsfähigkeit Siehe → Fertilität

Zirbeldrüse Auch *Pinealkörperchen*, *Glandula pinealis*, *Corpus pineale*, *Epiphyse*. Eine kleine, eiförmige, hormonproduzierende → Drüse im Mittelhirn, von der man weiß, daß sie zumindest ein Hormon, nämlich das *Melatonin,* produziert. Die Funktion(en) des Melatonins beim Menschen werden noch nicht vollständig verstanden. Nach Untersuchungen bei Tieren weiß man, daß das Melatonin zum einen auf die Pigmentzellen der Haut einwirkt und dort zu einer Entpigmentierung führt. Es stellt damit also einen Gegenspieler zu dem in der → Hypophyse (Hirnanhangsdrüse) gebildeten Hormon MSH (= Melanozyten-stimulierendes Hormon) dar, das zu einer Förderung der Pigmentierung in der Haut führt. Nach neueren Untersuchungen soll das Melatonin zum anderen zu einer Hemmung der Freisetzung von → GnRH (Gonadotropin-freisetzendes Hormon) aus dem → Hypothalamus und damit zu einer Hemmung von → FSH und → LH und letztlich der Aktivität der Keimdrüsen führen. Die Melatoninabgabe aus der Zirbeldrüse zeigt dabei eine deutliche Abhängigkeit von der Helligkeit der Umgebung. Je dunkler es ist, desto mehr Melatonin wird gebildet und desto mehr wird die Aktivität der Keimdrüsen und damit auch das Fortpflanzungsverhalten gehemmt. Dies erklärt die periodische Fruchtbarkeit vieler Säugetiere mit einem Minimum in der dunklen Jahreszeit. Bei Lichteinwirkung wird weniger Melatonin gebildet, die Hemmung der Aktivität der Keimdrüsen fällt weg, sexuelle Aktivität wird ausgelöst. Neben diesem speziellen Effekt auf die Keimdrüsen wird auch eine ähnliche Wirkung auf die allgemeine Aktivität des Menschen diskutiert, in dem Sinne, daß sowohl Stimmung als auch körperliche Energie bei längerem Tageslicht steigen, ein Phänomen, das nicht wenige von sich selbst kennen.

Zirkumzision Die operative Entfernung der Vorhaut (→ Präputium) des → Penis oder der → Klitoris. Früher wurde die Zirkumzision fast routinemäßig bei allen Jungen wenige Tage nach der Geburt noch im Krankenhaus durchgeführt unter der Annahme, damit die Hygiene zu fördern und eventuell auch ein Peniskarzinom zu verhindern. Heute ist man davon weitgehend abgekommen und operiert nur noch bei Vorliegen bestimmter Umstände, z.B. wenn die Vorhaut zu eng ist (ein Zustand, der *Phimose* genannt wird) und dadurch Beschwerden beim Wasserlassen und bei der → Erektion verursacht, oder nach wiederholten Entzündungen, um weitere Infekte und eine eventuelle Narbenbildung zu verhindern. Die Zirkumzision ist bei manchen kulturellen Gruppen darüber hinaus ein ritueller Bestandteil der Religion (z.B. Judentum, Islam). Für eine Zirkumzision bei Frauen, die eine reduzierte sexuelle Erregbarkeit mit sich bringt, gibt es keinen medizinisch anerkannten Grund. Sie wurde und wird jedoch in manchen Kulturkreisen auch heute noch durchgeführt mit dem Ziel, die → Masturbation einzudämmen.

Zölibat Das freiwillige Nicht-Verheiratet-Sein bzw. die Enthaltsamkeit in jeglicher sexueller Beziehung. Der Begriff wird vor allem im Zusammenhang mit Personen verwendet, die sexuell enthaltsam leben, um ein Gelöbnis in der Regel religiöser Natur zu erfüllen.

Zona pellucida Siehe unter → Befruchtung

Zwillinge Siehe unter → Mehrlingsschwangerschaft

Zwischenblutung Eine Blutung aus der Scheide in der Zeit zwischen den Regelblutungen. Sie kann unterschiedliche Gründe haben. Siehe → Blutung, vaginale, → dysfunktionelle Blutung, → orale Kontrazeptiva.

Zwitter Siehe unter → Hermaphroditismus

Zygote Die befruchtete Eizelle, die aus der Vereinigung der weiblichen Eizelle mit einem männlichen Spermium entsteht und aus der das neue Individuum hervorgeht. Nach der → Befruchtung, die im Eileiter stattfindet, wandert die Zygote hinunter in die Gebärmutter, wo sie sich in die Gebärmutterschleimhaut einnistet (siehe → Nidation). Schon während dieser Wanderung beginnt sie sich zu teilen und damit zu wachsen. Ab der Einnistung in die Gebärmutter wird die Zygote als → Embryo bezeichnet.

Zyklophrenie Siehe → Manisch-depressive Krankheit

Zyste Ein kleiner, von einer dünnen Gewebewand umgebener und mit Flüssigkeit gefüllter Hohlraum, der im Prinzip an jeder Stelle des Körpers entstehen kann. Manche Zysten enthalten auch zum Teil festes Material.

1. **Bartholin-Zyste** Eine Zyste, die durch die Verlegung des Ausführungsganges einer → Bartholin-Drüse in der Nähe des Scheideneingangs entsteht. Eine kleine Zyste muß nicht behandelt werden. Bei einer großen Zyste jedoch oder bei einer Entzündung der Zyste, was sehr oft der Fall ist, muß operativ therapiert werden. Solche Entzündungen können außerordentlich schmerzhaft sein, und die normalerweise kleine Drüse kann dadurch bis zur Größe einer Zitrone anschwellen. Zu den Keimen, die die Entzündung verursachen können, gehören auch die Erreger der → Gonorrhoe, so daß ein Abstrich mit nachfolgend angelegter → Bakterienkultur notwendig ist. Bartholin-Zysten tendieren dazu, immer wiederzukehren, da der Ausheilungsprozeß zur Bildung von Narben-

gewebe und damit potentiell zur erneuten Blockade des Ausführungsganges führt. In diesen Fällen muß entweder die Zyste oder sogar die ganze Drüse chirurgisch entfernt werden. Eine andere Möglichkeit ist die *Marsupialisation* (siehe unter → Bartholin-Drüse).

2. **Ovarialzyste** Eine Zyste, die im Eierstock entsteht. Ovarialzysten können in jedem Lebensalter, allein oder in größerer Anzahl, an einem oder an beiden Eierstöcken auftreten. Die Zysten bestehen aus einer dünnen, durchsichtigen äußeren Wand und sind mit einem klaren, flüssigkeitsähnlichen oder gelartigen Material gefüllt. Ihre Größe variiert von der Größe einer Rosine bis zu der einer Orange. Sie können, vor allem, wenn sie sehr groß sind, ein „Völlegefühl“ im Unterbauch oder Schmerzen beim vaginalen Geschlechtsverkehr hervorrufen. Oft verursachen die Zysten jedoch keine Symptome und werden lediglich während einer → gynäkologischen Untersuchung entdeckt, während derer der Arzt einen beträchtlich vergrößerten Eierstock tasten kann. In diesem Stadium ist es wichtig, eine bösartige Erkrankung des Ovars (Eierstock) (siehe unter → Ovarialkarzinom) auszuschließen, da auch die Ovarialkarzinome in ihren frühen Stadien keine Symptome hervorrufen und in jedem Lebensalter auftreten können, wenn auch meist erst in höherem Alter.

Viele der Ovarialzysten sind funktionelle Zysten, d.h. sie entstehen im Rahmen der normalen Eierstockfunktion während des → Menstruationszyklus. Z.B. kann aus einem → Follikel, der für die Ovulation (Eisprung) gewachsen, aber dann fälschlicherweise nicht geplatzt ist und die Eizelle nicht abgegeben hat, sondern stattdessen bestehen bleibt und weiterhin Hormone bildet, eine sogenannte *Follikelzyste* entstehen. Durch die anhaltende Bildung des Hormons Östrogen durch diese Follikelzyste kann es zu einem gesteigerten Wachstum der Schleimhaut der Gebärmutter und in der Folge zu sogenannten → *dysfunktionellen Blutungen* kommen.

Eine andere Möglichkeit der funktionellen Zystenentstehung besteht darin, daß das → Corpus luteum (Gelbkörper) nicht wie normalerweise nach dem Eisprung langsam schrumpft, sondern sich durch eine ungewöhnlich starke Einblutung während des Eisprungs zunächst mit Blut und dann mit einer gelblichen Flüssigkeit füllt, länger erhalten bleibt und das Gelbkörperhormon (→ Progesteron) bildet, wodurch es zur Verzögerung der Regelblutung und dadurch eventuell zur Vortäuschung einer Schwangerschaft kommt. Diese Form der Zysten werden *Corpus-luteum-Zysten* genannt. Die funktionellen Zysten bilden sich meist spontan innerhalb weniger Monate zurück und erfordern, solange sie keine Schmerzen verursachen, keine Therapie. Manchmal kann das Verschwinden der Zysten durch die Gabe von → oralen Kontrazeptiva beschleunigt werden.

Eine ganz andere Form der Ovarialzyste, die am häufigsten bei jüngeren Frauen gefunden wird, ist die sogenannte *Dermoidzyste*, die Haare, knochenähnliches Gewebe und manchmal sogar zahnähnliche Gebilde enthalten kann. Man glaubt, daß sie ein Überbleibsel aus der Embryonalzeit ist. Solche Zysten verursachen in der Regel keine Menstruationsunregelmäßigkeiten.

Probleme können die Ovarialzysten, gleich welcher Form, dann bereiten, wenn sie sehr groß werden, wenn sie einreißen und dadurch zu ernsten inneren Blutungen führen oder wenn sie sich plötzlich um ihren Stiel drehen, was die Blutzufuhr zur Zyste unterbricht und zu starken plötzlichen Schmerzen im Unterbauch führt. In diesen Fällen ist eine operative Therapie notwendig, vorzugsweise eine *Zystektomie*, was bedeutet, daß lediglich die Zyste entfernt und so viel wie möglich des übrigen Gewebes des Eierstocks erhalten wird. Manchmal ist die Zyste jedoch so groß, daß man den Eierstock nicht erhalten kann, sondern ihn mit entfernen muß.

Die Diagnostik bei einer Ovarialzyste hängt stark vom Alter der Patientin, ihrer gesundheitlichen und familiären Vorgeschichte, den Symptomen und dem Ausmaß der Vergrößerung des Eierstockes ab. Bei Frauen unter 30 Jahren wartet man gewöhnlich ein oder zwei Menstruationszyklen lang ab, ob das Ovar von allein zu seiner ursprünglichen Größe zurückkehrt. Wenn dies nicht der Fall ist und wenn eine Schwangerschaft ausgeschlossen wurde, kann eine → Computertomographie des Unterbauches und/oder eine → Ultraschallsonographie des Unterbauches die exakte Größe des betroffenen Eierstockes bestimmen sowie auch die Frage beantworten helfen, ob es sich tatsächlich um eine Zyste oder um einen soliden Tumor handelt. Bei älteren Frauen (über 40 Jahre) wird man sich schneller zur Ultraschallsonographie und Computertomographie entschließen und gegebenenfalls, bei weiterhin bestehender Unsicherheit über die zugrundeliegende Störung, auch eine → Laparaskopie durchführen, um sich die Eierstöcke anzuschauen und eventuell auch etwas Gewebe zur histologischen Untersuchung zu entnehmen. Siehe auch unter → Stein-Leventhal-Syndrom.

3. **Schokoladenzyste** Siehe unter → Endometriose.

4. **Zervixzyste** Eine Zyste, die dann entsteht, wenn ein Ausführungsgang einer der vielen schleimproduzierenden Drüsen, die die Oberfläche der → Zervix auskleiden, blockiert ist. Zervixzysten können allein oder in Gruppen auftreten und finden sich meistens an der äußeren Oberfläche der Zervix. Solche Zysten sind in der Regel erbsengroß und sehen wie kleine weiße Vorwölbungen am Muttermund aus. Solange sie nicht zusammen mit anderen Veränderungen der Zervix, wie z.B. einer → Zervizitis, auftreten, verursachen sie in der Regel keine Probleme und bedürfen auch keiner Therapie. Wenn gleichzeitig eine Zervizitis besteht, wird man sie mit → Kryotherapie oder anderen Verfahren behandeln.

Zystische Fibrose Siehe unter → Mukoviszidose

Zystitis *Blasenentzündung*. Eine Infektion der Harnblase, die in der Regel durch Bakterien verursacht und durch mechanische Reizung in Gang gesetzt werden kann. Ein bekannter Auslöser bei Frauen ist häufiger Geschlechtsverkehr, weshalb eine so in Gang gesetzte Blasenentzündung auch *Flitterwochen-Zystitis* genannt wird, weil früher Blasenentzündungen besonders oft bei Frauen in den ersten Wochen nach der Hochzeit auftraten, wenn sie zum ersten Mal und/oder häufig Geschlechtsverkehr hatten. Bei vaginalem Geschlechtsverkehr, insbesondere in der konventionellen Position, bei der der Mann auf der Frau liegt, ist der Penis entlang der Vorderseite der Vagina gegen den Boden der Harnröhre und der Harnblase gerichtet. Die rhythmischen Bewegungen des Penis irritieren diese Strukturen und drücken normalerweise im Bereich der Vulva vorkommende Bakterien in die Harnröhre und Blase hinein. Der beste Weg, dies zu verhindern, besteht in der Blasenentleerung vor und direkt nach dem Geschlechtsverkehr und im Trinken von mehr Wasser als gewöhnlich, um den Urin stärker zu verdünnen und damit unwirtlicher für Bakterien zu machen. Auch ein → Scheidendiaphragma kann zur Blasenirritation führen, wenn der Rand des Diaphragmas während des Geschlechtsverkehrs gegen die Harnröhre reibt. In diesen Fällen kann es manchmal von Nutzen sein, ein kleineres Diaphragma anzupassen, dessen Rand die Harnröhre nicht berühren kann. Andere, seltenere Auslöser für Blasenentzündungen ist das Baden in Schwimmbädern mit chemisch behandeltem Wasser. Kälte, insbesondere als „kalte Füße", kann über eine allgemeine Schwächung der körperlichen Abwehrkräfte eine Zystitis in Gang setzen.

Geschlechtsverkehr ist keineswegs die einzige Möglichkeit, eine Zystitis zu bekommen, da auch Kinder davon betroffen sind. Die ursächlichen Erreger sind oft die normalerweise im Darm vorkommenden Keime, wie z.B. *Escherichia coli*. Sie können vom Enddarm nach vorne in die Harnröhre (z.B. als Folge der Reinigung nach dem Stuhlgang von hinten nach vorne) wandern, oder sie werden mit Instrumenten wie beispielweise einem Urinkatheter zur Entnahme von Urin oder einem Zytoskop zum Betrachten des Inneren der Harnblase in die Blase verschleppt. Auch ein → Blasenvorfall kann zu einer Infektion beitragen, indem dadurch die vollständige Blasenentleerung verhindert wird. Der zurückbleibende Urin (Restharn) ist ein guter Nährboden für Bakterien. Aus einem ähnlichen Grund sind Harnblasenentzündungen auch während einer Schwangerschaft häufig, weil hier der Fetus auf die Blase drückt und eine vollständige Urinentleerung verhindern kann.

Die Symptome einer Zystitis bestehen in häufigem Harndrang mit Entleerung von nur wenigen Tropfen Urin und Schmerzen — in der Regel ein Brennen — während des Wasserlassens. Manchmal kann etwas Blut oder Eiter im Urin erscheinen. Die Diagnose wird anhand der typischen Symptomatik vermutet und anhand der Untersuchung einer Urinprobe bestätigt, bei der mittels einer Urinkultur versucht wird, das krankheitserregende Bakterium und seine Empfindlichkeit auf verschiedene → Antibiotika zu bestimmen. Die Behandlung besteht in der Gabe von Antibiotika über fünf bis sieben Tage und im Trinken von so viel Flüssigkeit wie möglich, um die Bakterien hinauszuspülen. Nach Absetzen der Antibiotika sollte nochmals ein Urintest erfolgen, um sicher zu gehen, daß die Infektion geheilt ist.

Frauen, die pflanzliche Heilmittel (→ Pflanzenheilkunde) vorziehen, berichten, daß Tees aus Mais (*Zea mays*), Bukko (*Barosma betulina*) oder doldenblütigem Wintergrün (*Chimaphila umbellata*) die Schmerzen bei einer Zystitis lindern können. Bei Blasenentzündungen mit blutigem Urin verwenden sie eine Teemischung aus Hirtentäschel (*Capsella bursa pastoris*), Großer Klette (*Arctium lappa*), Bärentraube (*Arctostaphylos uva-ursi*) und Sonnenhut (*Echinacea augustifolia*).

Die Zystitis ist eine der häufigsten Erkrankungen bei Frauen: Fast jede Frau ist mindestens einmal während ihres Lebens davon betroffen. (Die Harnröhre der Frau ist im Vergleich zur Harnröhre des Mannes sehr kurz, nämlich nur etwa drei Zentimeter gegenüber 18 Zentimetern beim Mann, was ein Verschleppen von Bakterien in die Blase bei Frauen prizipiell einfacher macht. Dies ist der Grund, warum eine Zystitis beim Mann wesentlich seltener vorkommt.) Obwohl eine Harnblasenentzündung sehr unangenehm ist, ist sie doch in der Regel eine harmlose Erkrankung. Dennoch sollte sie konsequent behandelt werden, da sie eine Neigung zu Rückfällen zeigt und eine chronische Zystitis über Jahre zu ernsten Nierenschäden führen kann. Siehe auch unter → Urethritis.

Eine Sonderform der Blasenentzündung ist die *interstitielle Zystitis*, die vor allem Frauen im mittleren Lebensalter betrifft. Die interstitielle Zystitis verursacht in vielem die gleichen Symptome wie die bakterielle Zystitis (siehe oben), einschließlich der Schmerzen und des häufigen Harndrangs. Jedoch findet man bei der Urinuntersuchung keinen Keimerreger. Die Ursache dieser Zystitisform ist nicht bekannt, man weiß lediglich, daß es dabei zu einem zunehmenden Gewebeumbau in der Muskulatur der Harnblase kommt. In schweren Fällen entstehen eine Schrumpfblase mit extrem eingeschränkter Urinkapazität und Geschwüren der Blasenschleimhaut, aus denen es bluten kann. Die Behandlung einer Zystitis ohne Bakteriennachweis kann eventuell eine interstitielle Zystitis in Gang setzen, weil durch die Antibiotika die schützende Schleimhaut der Blase zerstört werden kann. Dadurch kommt das darunterliegende Gewebe mit dem sauren Urin in Berührung, was zur Irritation dieser Gewebe mit nachfolgenden Schmerzen, Harndrang und Brennen beim Wasserlassen führt. Zur Diagnose wird, nachdem anatomische Störungen, eine Infektion und eine maligne Erkrankung ausgeschlossen sind, eine *Zystoskopie* durchgeführt, bei der der Untersucher durch das durch die Harnröhre in die Blase eingeführte optische Instrument die für die interstitielle Zystitis typischen vielen kleinen Blutungen in der Blasenschleimhaut sieht. Die Behandlung einer manifesten interstitiellen Zystitis ist schwierig. Manchmal führt eine sorgfältig überwachte Langzeittherapie mit → Cortison zur Ausheilung. Bei Erfolglosigkeit und starker Beeinträchtigung durch die Symptome kommt letzlich nur eine operative Entfernung der Blase mit Verlagerung der Harnleiter in den Darm in Frage.

Zystozele Siehe → Blasenvorfall

Zytologie Die Lehre von den Zellen, ihrer Struktur, Funktion, Herkunft und ihrer Pathologie (Erkrankungen und andere Störungen). Ein Abstrich nach → Papanicolaou ist eines der häufigsten zytologischen Untersuchungsverfahren.

Zytostatika Siehe unter → Chemotherapie

Anhang A
Stichwortverzeichnis

Dieses Stichwortverzeichnis soll dem Leser helfen, die Haupteinträge zu einem größeren, übergeordneten Thema zu finden. In der Liste sind lediglich die größeren Einträge aufgelistet: wenn der Eintrag beispielsweise lediglich aus einem Verweis besteht — z.B. **Anti-Baby-Pille** Siehe → orale Kontrazeptiva — dann ist der Eintrag nicht in dieses Stichwortverzeichnis aufgenommen. Die jeweiligen Seitenzahlen werden nicht mit angegeben, da die Einträge im Buch in alphabetischer Reihenfolge angeordnet und von daher leicht zu finden sind. Die übergeordneten Themen dieses Verzeichnisses sind:

- Anatomie
- Brust (Anatomie und Erkrankungen)
- Chronische und akute Erkrankungen
- Empfängnisverhütung und Familienplanung
- Ernährung
- Fehlgeburt und Schwangerschaftsabbruch
- Hormone
- Krebs
- Medikamente und Drogen
- Medizinische Diagnostik und Therapie
- Menopause
- Menstruation
- Schwangerschaft und Geburt
- Seelische Gesundheit
- Sexualität
- Sexuell übertragbare Krankheiten
- Unfruchtbarkeit
- Vererbung und angeborene Krankheiten
- Wachstum und Entwicklung

Chronische und akute Erkrankungen

Abszeß
Adenomyosis uteri
AIDS
Angina pectoris
Apoplex
Appendizitis
Arteriosklerose
Arthritis
Arthrose
Autoimmunerkrankungen
Blasenvorfall
Bluthochdruck
Chronische Schmerzen
Diabetes mellitus
Diarrhoe
Embolie
Endometritis
Endometriumhyperplasie
Gebärmuttersenkung
Gürtelrose
Hämorrhoiden
Hernie
Herzinfarkt
Ikterus
Ileostoma
Infektion
Kolostomie
Leukämie
Migräne
Morbus Crohn
Mukoviszidose
Multiple Sklerose
Muskeldystrophie
Myasthenia gravis
Myom
Ödem
Paraparese
Polyp
Rheumatoide Arthritis
Skoliose
Systemischer Lupus erythematodes
Tetraparese
Thrombose
Zystitis

Empfängnisverhütung und Familienplanung

Astrologische Geburtenkontrolle
Basaltemperatur
Empfängnisverhütung
Familienplanung
Farnphänomen
Geburtenkontrolle
Hysterektomie
Hysteroskopie
Intrauterinpessar
Kastration
Koitus interruptus
Kondom
Laparoskopie
Lasertherapie
Lunazeption
Minipille
Natürliche Methoden der Empfängnisverhütung
Orale Kontrazeptiva
Peptide
Refertilisierung
RU-486
Scheidendiaphragma
Schwangerschaftsabbruch
Spermizide
Sterilisation
Thermatische Sterilisation
Tubensterilisation
Vaginaldusche
Vasektomie
Verhütungsmittel für den Mann
Zervikalschleimmethode
Zervixkappe

Ernährung

Adipositas
Anämie
Anorexia nervosa
Bulimie
Cholesterin
Ernährung
Gewicht
Gewichtszunahme
Osteoporose
Vitamin

Fehlgeburt und Schwangerschaftsabbruch

Abort
Abortiva
Abrasio
Biopsie, Def. 4
Habitueller Abort
Hysterotomie
RU-486
Schwangerschaftsabbruch
Vakuumkürettage

Hormone

Krebs

Medikamente und Drogen

Medizinische Diagnostik und Therapie

Menopause

Menstruation

Dysmenorrhoe
Eileiter
Eizelle
Emmenagogum
Endometrium
Entzugsblutung
Follikel
Graaf'scher Follikel
Hypermenorrhoe
Hypomenorrhoe
Kritisches Gewicht
Menarche
Menopause
Menorraghie
Menstruation
Menstruationsschwamm
Menstruationszyklus
Mittelschmerz
Monatsbinden
Oligomenorrhoe
Ovar
Ovulation
Polymenorrhoe
Prämenstruelles Syndrom
Proliferationsphase
Sekretionsphase
Tampon
Toxisches Schocksyndrom
Unregelmäßige Periode

Schwangerschaft und Geburt

Abort
Abruptio placentae
Agalaktie
Alkoholismus
Ambulante Geburt
Amniozentese
Apgar-Index
Beckenbodengymnastik
Beckendiagnostik
Beckenendlage
Becken
Befruchtung
Blasenmole
Blasensprung
Braxton-Hicks-Kontraktionen
Chadwick-Schwangerschaftszeichen
Chloasma
Chorion
Dammriß
Depression
Drogenmißbrauch während der Schwangerschaft
Eihäute
Einstellungsanomalie
Eklampsie
Embryo
Entbindung nach Read
Episiotomie
Ernährung
Erythroblastosis fetalis
Extrauteringravidität
Fertilität
Fetale Überwachung
Fetoskopie
Fetus
Fruchtblase
Fruchtwasser
Frühgeburt
Gebärfähiges Alter
Geburt
Geburtsdauer
Geburtseinleitung
Geburtserleichterung
Geburtsgewicht
Geburtskanal
Geburtsmechanismus
Geburtsschäden
Geburtsverzögerung
Geburtsvorbereitung
Geburtswehen
Genetische Beratung
Gewichtszunahme, Def. 1
Gynäkologe
Habitueller Abort
Haltungsanomalie
Hausgeburt
Hebamme
Hegar-Schwangerschaftszeichen
Hexenmilch
Humanes Choriongonadotropin
Hydramnion
Idiopathisches Atemnotsyndrom
Involution
Kaiserschnitt
Kephalhämatom
Kindbettfieber
Kreißsaal
Künstliche Befruchtung
Lageanomalie
Laktation
Medikamenteneinnahme während der Schwangerschaft
Mehrlingsschwangerschaft
Mekonium
Milchsekretionsreflex
morgendliche Übelkeit
Mutter-Kind-Bindung
Mutterschaftsrichtlinien
Mutterschutzgesetz
Nabelschnur
Nabelschnurvorfall
Nachwehen
Nausea
Neugeborenenikterus
Nidation
Phlegmasia alba dolens
Pica-Syndrom
Placenta praevia
Plazenta
Postpartale Blutung
Post partum
Präeklampsie

Seelische Gesundheit

Sexualität

Sexuell übertragbare Krankheiten

Unfruchtbarkeit

Vererbung und angeborene Krankheiten

Wachstum und Entwicklung

Anhang B
Adressen

Anmerkung: Die hier aufgelisteten Adressen und Telefonnummern entsprechen zur Zeit der Veröffentlichung dieses Buches (Herbst 1993) dem neuesten Stand, können sich aber unter Umständen seitdem geändert haben. In einem solchen Fall können die Telefonauskunft oder ein Blick in das Bürgerbuch oder das Branchenverzeichnis („Gelbe Seiten") weiterhelfen. Grundsätzlich kann man sich mit die Gesundheit betreffenden Fragen immer an das zuständige *Gesundheitsamt* wenden, dessen Adresse im örtlichen Telefonbuch vermerkt ist.

Agoraphobie

Selbsthilfe Kontakt- und Informationsstelle
SEKIS
Albrecht-Achilles-Str. 65
10709 Berlin
Tel.: 030/ 892 66 01

AIDS

Viele Organisationen bieten telefonische Beratung überwiegend in den Abendstunden an. Die allgemeine AIDS-Telefonberatung ist unter der Rufnummer 194 11 in den meisten Städten zu erreichen.

Deutsche AIDS-Hilfe e.V.,
Bundesverband der regionalen AIDS-Hilfen
Nestorstr. 8/9
10709 Berlin
Tel.: 030/ 89 69 06-0

AIDS-Telefonberatung der Bundeszentrale für gesundheitliche Aufklärung
Ostmerheimer Str. 200
51109 Köln
Tel.: 0221/ 89 20 31

Akupunktur

Deutsche Ärztegesellschaft für Akupunktur e.V.
Raglovich-Str. 14
80637 München
Tel.: 089/ 159 62 66

Alkohol, Drogen, Sucht

Anonyme Alkoholiker (AA)
Gemeinsames Dienstbüro
Landwehrstr. 9
80336 München
Tel.: 089/ 55 56 85

Blaues Kreuz in Deutschland e.V.
Freiligrathstr. 27
42289 Wuppertal
Tel.: 0202/ 62 10 98

Deutscher Guttempler-Orden e.V.
Adenauer-Allee 45
20097 Hamburg
Tel.: 040/ 24 58 80

Fachverband Sucht e.V.
Grafenberger Allee 115
40237 Düsseldorf
Tel.: 0211/ 67 22 63

Gesamtverband für Suchtkrankenhilfe im Diakonischen Werk der Evangelischen Kirchen in Deutschland e.V.
Brüder-Grimm-Platz 4
34117 Kassel
Tel.: 0561/ 10 26 38

Deutsche Hauptstelle gegen die Suchtgefahren e.V.
Westring 2
59065 Hamm
Tel.: 02381/ 258 55

Kreuzbund e.V. – Selbsthilfe- und
Helfergemeinschaft für Suchtkranke
Jägerallee 5
59071 Hamm
Tel.: 02381/ 87 97/98

Verband ambulanter Beratungsstellen für
Suchtkranke/Drogenabhängige e.V.
Karlstr. 40
79104 Freiburg
Tel.: 0761/ 20 03 63/69

Verband der Fachkrankenhäuser
für Suchtkranke
Brüder-Grimm-Platz 4
34117 Kassel
Tel.: 0561/ 77 93 51

Bundesverband der Elternkreise
drogengefährdeter und -abhängiger
Jugendlicher e.V.
Westring 2
59065 Hamm
Tel.: 02381/ 2 52 69

Allgemeine Gesundheitshilfe

Bundesvereinigung für Gesundheits-
erziehung e.V.
Viktoriastraße 28
53173 Bonn
Tel.: 0228/ 36 15 48

Bundeszentrale für gesundheitliche
Aufklärung
Ostmerheimer Straße 200
51109 Köln
Tel.: 0221/ 8992-1

Deutsche Zentrale für
Volksgesundheitspflege e.V.
Münchener Straße 48
60329 Frankfurt a.M.
Tel.: 069/ 235761/62

Deutscher Patienten-Schutzbund e.V.
Adenauerallee 11
53111 Bonn
Tel.: 0228/ 21 88 01

Bluthochdruck

Deutsche Liga zur Bekämpfung des hohen
Blutdruckes e.V.
Berliner Str. 46
69120 Heidelberg
Tel.: 06221/ 41 17 74

Chorea Huntington

Chorea-Forschungs- und Beratungsstelle
an der Rheinischen Landesklinik Düsseldorf
Bergische Landstr. 2
40629 Düsseldorf
Tel.: 0211/ 2801-349

Deutsche Huntington-Hilfe e.V.
Postfach 28 12 51
47249 Duisburg
Tel.: 0203/ 78 87 77

Contergan-Kinder

Bundesverband Contergangeschädigter e.V.,
Hilfswerk vorgeburtlich Geschädigter
Paffrather Str. 132–134
51069 Köln
Tel.: 0221/ 680 34 79

Diabetes mellitus

Deutscher Diabetiker-Bund e.V.,
Bundesgeschäftsstelle
Danzinger Weg 1
58511 Lüdenscheid
Tel.: 02351/ 850 53

Bundesverband der Insulinpumpenträger
Reinekestr. 31
51145 Köln
Tel.: 0221/ 258 62

Down-Syndrom (Mongolismus)

Arbeitskreis Down-Syndrom e.V.
Hegelstr. 19
33649 Bielefeld 14
Tel.: 0521/ 44 29 98

Die Brücke
I. Brühgel
Hilsmannring 25
59755 Arnsberg
Tel.: 02932/ 13 88

Drogen (siehe unter Alkohol, Drogen, Sucht)

Empfängnisverhütung (siehe unter Familie und Schwangerschaft)

Epilepsie

Deutsche Sektion der Internationalen Liga gegen Epilepsie e.V.
Prof. Dr. Dieter Scheffner
Gottlieb-Fecht-Str. 18
77694 Kehl-Kork
Tel.: 07851/ 31 44

Stiftung Michael zur Bekämpfung der Anfallskrankheiten und ihrer individuellen und sozialen Folgen
Ute D. Becher
Hermannstr. 9
53225 Bonn
Tel.: 0228/ 46 28 59

Eßstörungen

Dick und Dünn, Beratung bei Eßstörungen
Innsbrucker Str. 42
10825 Berlin
Tel.:030/ 782 25 77

Deutsche Gesellschaft für Ernährung e.V.
Feldbergstr. 28
60323 Frankfurt a.M.
Tel.: 069/ 72 01 46

Aktionskreis Eß- und Magersucht „Cinderella“ e.V.
Westendstr. 35
80339 München
Tel.: 089/ 502 12 12

Frankfurter Zentrum für Eßstörungen e.V.
Hansa-Allee 18
60322 Frankfurt a.M.
Tel.: 069/ 55 01 76

Anad, Selbsthilfe Anorexia – Bulimia Nervosa e.V.
Ungererstr. 32
80802 München
Tel.: 089/ 33 38 77; 36 75 07

Familie und Schwangerschaft

Deutsche Gesellschaft für Sexualberatung und Familienplanung e.V., Pro Familia, Bundesverband
Cronstettenstr. 30
60322 Frankfurt a. M.
Tel.: 069/ 55 09 01

Deutsche Arbeitsgemeinschaft für Jugend- und Eheberatung e.V. (DAJEB)
Münchner Str. 20
85774 Unterföhring
Tel.: 089/ 957 08 09

Deutscher Kinderschutzbund (DKSB) e.V.
Drostestr. 14–16
30161 Hannover
Tel.: 0511/ 66 20 56

Genetische Beratung (Auswahl)

Institut für Anthropologie und Humangenetik der Universität, Abteilung für Cytogenetik
Im Neuenheimer Feld 328
69120 Heidelberg
Tel.: 06221/ 56 38 84

Kinderpoliklinik der Universität München, Abteilung für Pädiatrische Genetik
Goethestr. 29
80336 München
Tel.: 089/ 5160-3683

Freie Universität Berlin
Institut für Humangenetik
Heubnerweg 6
14059 Berlin
Tel.: 030/ 838-1

Hämophilie

Deutsche Hämophilie-Gesellschaft zur Bekämpfung von Blutungskrankheiten e.V., Bundesgeschäftsstelle
Halenseering 3
22149 Hamburg
Tel.: 040/ 672 29 70

Ileostoma/Kolostomie (künstlicher After)

Deutsche Ileostomie-Colostomie-Urostomie-Vereinigung e.V. (ILCO)
Kepserstr. 50
85356 Freising
Tel.: 08161/ 849 09/11

Kinder, behinderte

Stiftung für das behinderte Kind zur Förderung und Früherkennung
Kennedyallee 123
60596 Frankfurt a.M.
Tel.: 069/ 63 71 09

Stiftung Hilfswerk für behinderte Kinder
Wielandstr. 4
53173 Bonn
Tel.: 0228/ 83 11

Frühberatungsstelle für entwicklungsgefährdete Kleinkinder, Caritas-Verband Darmstadt e.V.
Schwarzer Weg 14a
64287 Darmstadt
Tel.: 06151/ 760 93

Aktionskomitee Kind im Krankenhaus e.V., Bundesverband
Kirchstr. 34
61440 Oberursel
Tel.: 06172/ 30 36 00

Deutsche Liga für das Kind in Familien und Gesellschaft e.V.
Fährstr. 17a
56575 Weißenthurm
Tel.: 02637/ 89 60

Klinefelter-Syndrom

Kontaktgruppe Klinefelter-Syndrom; B. Groß
Im Kirchfeld 1
34599 Neuental-Schlierbach

Krebs

Krebsinformationsdienst (KID), Deutsches Krebsforschungszentrum
Im Neuenheimer Feld 280
69120 Heidelberg
Tel.: 06221/ 41 01 21

Frauenselbsthilfe nach Krebs, Bundesverband e.V.; Emmy Becker
B6, 10/11
68159 Mannheim
Tel.: 0621/ 244 34

Deutsche Krebshilfe e.V.
Thomas-Mann-Str. 40
53111 Bonn
Tel.: 0228/ 72 99 00

Deutsche Krebsgesellschaft e.V., Geschäftsstelle
Paul-Ehrlich-Str. 41
60596 Frankfurt a.M.
Tel.: 069/ 639166

Deutsche Leukämie-Forschungshilfe Aktion für krebskranke Kinder e.V., Dachverband
Joachimstr. 20
53113 Bonn
Tel.: 0228/ 221833

Gesellschaft f. Biologische Krebsabwehr e.V.
Hauptstr. 27
69117 Heidelberg
Tel.: 06221/ 16 15 25

Lippen-, Kiefer-, Gaumenspalte

Wolfgang Rosenthal-Gesellschaft e.V., Vereinigung zur Förderung von Behandlung der Lippen-, Kiefer-, Gaumen-, Segelspaltträger
Händelstr. 14
35625 Hüttenberg
Tel.: 06403/ 55 75

Lupus erythematodes (SLE)

Lupus Erythematodes Selbsthilfe-
gemeinschaft e.V.
Göllenkamp 3
44357 Dortmund; Tel.: 0231/ 3702 86

Magen-Darm-Erkrankungen

Deutsche Morbus Crohn/Colitis Ulcerosa-
Vereinigung (DCCV) e.V.; Volker Friebel
Äulestr. 40/213
72074 Tübingen
Tel.: 07071/ 877 52

Familienhilfe-Vereinigung (DCCV) e.V.,
Polyposis coli e.V.; Edith Kolb
Rheinlandstr. 5
40468 Düsseldorf
Tel.: 0211/429380 privat

Mukoviszidose

Cystische Fibrose-Selbsthilfe (CF) e.V.,
Bundesverband; Hermann Prietzsch
Mühlenstr. 13
29393 Groß-Oesingen
Tel.: 05838/ 571

Deutsche Gesellschaft zur Bekämpfung
der Mukoviszidose e.V.
Adenauer-Allee 11
53111 Bonn
Tel.: 0228/ 22 15 35

Multiple Sklerose

Deutsche Multiple Sklerose-Gesellschaft
e.V., Bundesverband
Rosental 5
80331 München
Tel.: 089/ 260 80 58

Muskelerkrankungen

Deutsche Gesellschaft zur Bekämpfung
der Muskelkrankheiten e.V.
Hohenzollernstr. 11
79106 Freiburg
Tel.: 0761/ 277932; 278024

Deutsche Myasthenie Gesellschaft e.V.
Oberstudienrat Günther Wöhrle
Dürerstr. 2
76275 Ettlingen
Tel.: 07243/ 999 74

Osteoporose

Bundesselbsthilfeverband Osteoporose e.V.
Hildegard Kaltenstadler
Kirchfeldstr. 149
40215 Düsseldorf
Tel.: 0211/ 31 91 65

Parkinson-Krankheit

Deutsche Parkinson Vereinigung e.V.
Hans Tauber
Kurt-Huber-Str. 3
41466 Neuss
Tel.: 02101/ 47 04 41

Phenylketonurie

Deutsche Interessengemeinschaft für Kinder
mit Phenylketonurie (PKU) und verwandten
angeborenen Stoffwechselstörungen e.V.,
Geschäftstelle
Tegelheide 41
49186 Bad Iburg
Tel.: 05403/ 14 87

Querschnittlähmung

Fördergemeinschaft der Querschnittgelähm-
ten in Deutschland e.V., Geschäftsstelle
Christian Joachimi
Langenbergsweg 102
53179 Bonn
Tel.: 0228/ 85 62 54

Rheuma

Deutsche Rheuma-Liga e.V.
Rheinallee 69
53173 Bonn
Tel.: 0228/ 35 54 25

Selbsthilfe

Nationale Kontakt- und Informationsstelle zur Anregung und Unterstützung von Selbsthilfegruppen (NAKOS)
Albrecht-Achilles-Str. 65
10709 Berlin
Tel.: 030/ 891 40 19

Schmerzhilfe

Deutsche Schmerzhilfe e.V., Bundesverband
Woldsenweg 3
20249 Hamburg
Tel.: 040/ 46 56 46

Schwangerschaft (siehe unter Familie und Schwangerschaft)

Sklerodermie

Selbsthilfegruppe Sklerodermie in Deutschland e.V.; Hildegard Budde
Ringstr. 12
61169 Friedberg
Tel.: 06031/ 24 80

Skoliose

Bundesverband Skoliose Selbsthilfe e.V., Interessen-Gemeinschaft für Wirbelsäulengeschädigte, Geschäftstelle
Düstergasse 9a
42897 Remscheid
Tel.: 02191/ 639 30

Spina bifida

Arbeitskreis Spina bifida und Hydrocephalus
Feldstr. 31
58708 Menden
Tel.: 02373/ 675 76

Suizid

Deutsche Gesellschaft für Suizidprävention – Hilfe in Lebenskrisen e.V.
Kirchstr. 3
88212 Ravensburg
Tel.: 0751/ 760 13 94

Turner-Syndrom

Deutsche Ullrich-Turner-Syndrom-Vereinigung e.V.
Postfach 13 48
51588 Nümbrecht
Tel.: 02293/ 78 33

Spezialisierte Beratungsstelle für Mädchen und Frauen mit Ullrich-Turner-Syndrom und für Betroffene anderer Geschlechtschromosomenstörungen am Institut für Humangenetik,
Universitätskliniken
66424 Homburg
Tel.: 06941/ 16-66 12

Danksagung

Mein ausdrücklicher Dank gilt all den vielen Fachleuten und Frauen, die meine Fragen beantwortet und hilfreiche Vorschläge, Kritik und Verbesserungen angeboten haben. Besonderer Dank gilt Belita Cowan vom *National Women's Health Network;* Joan Caly vom *Cambridge Women's Communitiy Health Center;* sowie den vielen Frauen, die mir ihre persönlichen Erfahrungen in bezug auf Gesundheit, Krankheit und medizinische Betreuung mitgeteilt haben, insbesonere Jeanne Bloom, Helen Citron Boodman, Sigrid Harrison, Anne Novak und Maia Sherman. Bedanken möchte ich mich auch bei den Frauen, die ihren Meinungen in speziellen Arbeitsgruppen und anderen Diskussionsrunden Ausdruck verliehen haben. Der gemeinsame Boden unserer Erfahrungen gab den ersten Anstoß zum Schreiben dieses Buches.

Schließlich gilt meine Dankbarkeit und Anerkennung all den Ärztinnen und Ärzten in verschiedenen Fachbereichen, die große Teile dieses Buch kritisch durchgesehen haben. Zu ihnen gehören: Cynthia P. Anderson, A.C.S.W., *American Association of Sex Education Counselors and Therapists,* Sex- und Familientherapeutin; Vincent W.Ansanelli Jr., M.D., F.A.C.S., P.C., Abteilung für Chirurgie der Columbia-Universität; Shiva Barton, N.D., R.A.C., Vorsitzender der *Massachusetts Acupuncture Society;* Elisabeth Bing, Mitbegründerin der *American Society for Psychoprophylaxis in Childbirth,* Autorin und Beraterin in Geburtsfragen; Katherine Gulick Fricker, Ed. M., Lehrerin und Naturwissenschaftlerin; Peter T. Bruce, M.D., F.R.C.S., *Senior Lecturer* in Urologie, Universität Melbourne; Stephen Fricker, M.D., *Massachusetts Eye and Ear Infirmary;* A. Gordon Gauld, M.D., früher in der Abteilung für Gynäkologie und Geburtshilfe am Bostoner Frauenkrankenhaus; George Grady, M.D., *Assistant Commissioner of Public Health, Chief State Epidemiologist, Commonwealth of Massachusetts;* Nancy Greenleaf, R.N., Ph.D., Professor, *University of Southern Maine School of Nursing;* Cheryl E. Kraley, M.S., R.N., R.N.C., Schwesternausbilderin in Gynäkologie und Geburtshilfe, *Harvard Community Health Plan;* James Gavin Manson, M.D., *Chief Orthopedic Surgeon,* Mt. Auburn-Hospital; Esther Rome, *Boston Women's Health Collective* und *Ananda Health Collective,* Autorin, Ernährungsexpertin und Masseuse; David Satcher, M.D., Ph.D., Vorsitzender des *Department of Community Medicine and Family Practice, Morehouse College School of Medicine;* Nathan T. Sidley, M.D., Mitglied der *American Psychiatric Association* und Präsident der *American Academy of Psychiatry and the Law;* David Singer, M.D., *American Diabetes Association* und private Praxis; Vincent R. Sites, M.D., Lehrbeauftragter Radiologie, *Massachusetts General Hospital* und private Praxis; Louis R. Slattery, M.D., Geschäftsführender Direktor der Chirurgie, Bellevue-Hospital; der verstorbene Samuel Stein, M.D., Stellvertretender Direktor des *M.I.T. Health Service;* und Alan Ziskind, M.D., M.P.H., Mitglied der *American Academy of Pediatrics.* Dieses Buch hat durch ihre Fachkenntnisse erheblich gewonnen. Seine Fehler und Irrtümmer fallen unter meine Verantwortung.

Christine Ammer